企业法律顾问
实务操作全书

北京市兰台律师事务所 / 编著

第四版

中国法治出版社
CHINA LEGAL PUBLISHING HOUSE

序 言

看 见

兰台是一家一体化公司制管理的律师事务所，已创立二十二年了。

一体化的含义，不是"合"，而是"分"。这个分有两层意思，一是合伙人要把不擅长的业务分出去；二是律师要分成不同的专业团队。

如果是这样，在一体化的律师事务所中，专业主义应该得到凸显。专业主义的核心融入兰台的解读就是"以兰台同事为第一客户，以兰台信誉为第一信誉"。

一体化的好，容易被理解、被认同。从最功利的角度出发，也很清晰：合伙人以及合伙人各自带的团队不再是"全科大夫"，专业的活儿可以由专业团队来完成，获得客户的赞赏，赢得更多的客户。

这么好的事情，在律师行业却鲜有成功践行的先例，很多领先的律师事务所努力过，却大多回到了原路。不能铸就专业团队，是其中一个非常重要的原因。

专业团队的铸就是一个过程，而且是一个永恒的过程，没有尽头。从这个意义上来说，一体化公司制本身，不是一个结果，而是一个过程，一个因为专业团队的铸造，从而越来越好的过程。

过程的含义，不是坐等，而是参与其中。

专业主义应该有载体，专业精神应该被看见，专业本身也应该被看见，因为被看见而被激励：被客户激励，被伙伴激励，并在不断的激励中昂扬前行。

兰台人感谢这个伟大的时代，人类几千年聪明才智的累积，成就了这个时代。在这个时代，兰台人铸就专业团队，追求专业主义的过程，得以被记录，能够被看见。

专业主义首要的含义，不是专业本身，而是专业精神，是对伙伴、对客户负有的最大的善意。兰台把对伙伴的最大善意放在首位，因为只有这样，才可成就"二人同心、其利断金"之兰台。

怎么铸就专业团队，进行团队建设呢？这个问题不是一体化公司制律师事务所要回答的首要问题，却是建成一个公司制一体化的律师事务所最难的问题。

负有最大善意之专业精神，是抽象的、主观的，而且是根本的，它根植于文化，要被制度表彰。专业本身是具体的、表象的，是可以被看见的，和专业精神共同成为一个硬币的两面，每一次专业的被看见，都搭载着专业精神的外显。

唯有光阴，不负匠心，兰台人信奉这句话。因为技术，可以让这句话在这个时代实现。匠心意味着，虽然十年磨一剑，但可一剑封喉。而因为技术，在这个时代，磨剑，不用在小黑屋里孤寂，可以被看见，可以因为被看见而被表彰，可以因为被表彰而走在一条充满鲜花的路上。

团队建设的过程，因为技术，可以成为一个被看见的过程：业绩的总结不再仅仅是投标而被几个评委看到，可以被伙伴瞬间了解；法律问题的总结，可以被伙伴瞬间分享；专业问题的研究，可以让伙伴瞬间知道你的努力与坚持。所有这些，都让伙伴知道：你存在，你专业地存在！

专业被看见的过程，是一个专业精神被凝聚、被提升的过程。内敛于心的专业，化为可以被看见的业绩、文章、讲座、专著等，更艰难。

对有匠心的人来说，这是一个最好的时代，对着急的人来说，这是一个最坏的时代！

"做更好的公司法务律师"是兰台的发展战略，兰台的合伙人和律师聚集在这个战略之下，尽展才华，专业和专业精神因为这个战略的实施而被看见。

台高廿年上，幽兰岂独香。二十年是舞台也是足迹，呈此书，以飨读者可见之兰台。

我们既是本书的编著者，又是使用者。自本书出版之日起，我们便不断检视该书存在的问题。本次修订，并非字词的校对，而是加入了近几年新修订的法律法规，并融入了兰台近年来的实务思考。本书分为15个章节，涵盖公司设立、公司融资、公司并购、企业上市、公司治理、企业合同管理、企业知识产权、公司清算与破产、争议解决、企业刑事法律风险防范、企业行政监管风险管理、贸易救济、民营企业股东及实际控制人财富保护与传承等内容，力求展现公司发展治理全貌，做到实务性与可操作性并举，真正地为读者打造一部全面、实用、综合的"企业法律顾问实务操作全书"，为广大从业者提供有益借鉴和实务参考。

本书结构体系图

- 第一章　企业法律实务概述
- 第二章　公司设立
- 第三章　公司融资法律实务
- 第四章　公司并购法律实务
- 第五章　企业上市法律实务
- 第六章　公司治理法律实务
- 第七章　企业合同管理实务
- 第八章　企业劳动人事法律风险防范与合规管理体系构建
- 第九章　企业知识产权法律实务
- 第十章　公司清算与破产法律实务
- 第十一章　争议解决法律实务
- 第十二章　企业刑事法律风险防范
- 第十三章　企业行政监管风险管理
- 第十四章　贸易救济
- 第十五章　民营企业股东及实际控制人财富保护与传承

目 录
Contents

第一章 企业法律实务概述

第一节 企业法律实务的内容与管理模式 ……………………………………… 3
　一、企业法律实务的概念及分类 ……………………………………………… 4
　二、企业法律事务管理模式 …………………………………………………… 9
　三、企业法务系统的职责、管理及其价值再思考 …………………………… 24
第二节 外部律师与企业法务的结合 …………………………………………… 30
　一、企业法务系统特有的法律服务 …………………………………………… 31
　二、企业法务与外部律师的服务范围和角色 ………………………………… 34
　三、外部律师应具备的素质及具体服务事项 ………………………………… 35
第三节 外部法务律师如何有效地为企业服务 ………………………………… 44
　一、外部法务律师的评价 ……………………………………………………… 45
　二、选择合适的外部法务律师，建立良好的服务机制 ……………………… 47
　三、塑造优良的法律服务文化 ………………………………………………… 49
　四、设置科学的内部控制 ……………………………………………………… 51
第四节 "做更好的外部法务律师"的实践与经验 …………………………… 53
　一、"做更好的外部法务律师"是一个过程 ………………………………… 53
　二、"做更好的外部法务律师"是一个熔炼团队的过程 …………………… 54
　三、"做更好的外部法务律师"是一个生产极致法律服务产品的过程 …… 55
　四、"做更好的外部法务律师"，无愧于这个伟大的时代 ………………… 56

第二章 公司设立

第一节 企业设立实务操作 ……………………………………………………… 61

一、有限责任公司设立 …………………………………………………… 61
　　二、股份有限公司的设立 ………………………………………………… 80
　　三、合伙企业的设立 ……………………………………………………… 90
第二节　公司设立过程中的股份代持 ………………………………………… 95
　　一、隐名股东、显名股东、股份代持的定义 ………………………… 95
　　二、选择股份代持的原因 ………………………………………………… 96
　　三、股份代持适用的法律规则 …………………………………………… 97
　　四、股份代持对当事人双方的风险 ……………………………………… 99
　　五、股权代持的适用建议 ………………………………………………… 100
第三节　企业设立过程中的主要法律风险 …………………………………… 101
　　一、有限公司设立过程中的常见风险及防范 …………………………… 101
　　二、股份有限公司设立过程中的法律风险及防范 ……………………… 107
　　三、合伙企业设立过程中的常见风险 …………………………………… 109
　　四、企业设立过程中的出资风险防范 …………………………………… 110
　　五、企业设立过程中的常见争议与启示 ………………………………… 116

第三章　公司融资法律实务

第一节　公司融资法律实务概述 ……………………………………………… 133
　　一、公司融资的本质是什么 ……………………………………………… 133
　　二、公司融资为什么需要法律服务 ……………………………………… 133
　　三、公司融资的分类 ……………………………………………………… 135
　　四、公司融资主要方式概要 ……………………………………………… 135
　　五、公司融资争议 ………………………………………………………… 136
第二节　公司股权融资实务 …………………………………………………… 136
　　一、股权融资的主要方式及其要点 ……………………………………… 137
　　二、资金方在股权融资项下的尽调 ……………………………………… 141
　　三、起底股权融资协议 …………………………………………………… 145
第三节　公司债权融资实务 …………………………………………………… 151
　　一、债权融资的若干基本问题 …………………………………………… 151
　　二、起底债权融资协议——以贷款合同为例 …………………………… 154
　　三、债权融资的特殊形式——明股实债 ………………………………… 159

第四章　公司并购法律实务

第一节　并购概述 ………………………………………………………… 169
一、并购与重组 ………………………………………………………… 169
二、并购的分类 ………………………………………………………… 171
三、国内的并购重组现状 ……………………………………………… 172
四、并购中的风险 ……………………………………………………… 176
五、法律顾问在并购中的作用 ………………………………………… 178

第二节　并购交易实施程序 ……………………………………………… 182
一、一般流程 …………………………………………………………… 182
二、国有资产交易的特别程序 ………………………………………… 183
三、上市公司并购交易特别程序 ……………………………………… 185

第三节　并购的实施 ……………………………………………………… 189
一、交易主体和法律模式 ……………………………………………… 189
二、交易方式 …………………………………………………………… 190
三、支付安排 …………………………………………………………… 192
四、融资安排 …………………………………………………………… 193
五、人员安排 …………………………………………………………… 193
六、风险分摊与控制 …………………………………………………… 194

第四节　法律尽职调查 …………………………………………………… 198
一、尽职调查的目的和范围 …………………………………………… 198
二、尽职调查的程序 …………………………………………………… 199
三、尽职调查工作底稿 ………………………………………………… 211
四、法律尽职调查工具 ………………………………………………… 212

第五节　并购业务案例 …………………………………………………… 218
一、甲科技集团收购某电子产品公司全球 PC 业务 ………………… 218
二、甲信息通信产业集团有限公司重大资产重组四川乙水利电力股份有限公司项目 ……………………………………………………… 220
三、高速公路集团收购某化工项目 …………………………………… 223

第五章　企业上市法律实务

第一节　企业上市概述 …………………………………………………… 227

一、基本概念 227
　　二、境内资本市场上市情况 227
　　三、改制上市程序 232
第二节　主板上市 236
　　一、规则体系 236
　　二、禁止或限制上市的范围 238
　　三、上市条件 239
　　四、特别条件 241
第三节　创业板上市 244
　　一、规则体系 244
　　二、禁止或限制上市的范围 245
　　三、上市条件 246
　　四、特别条件 247
第四节　科创板上市 250
　　一、规则体系 250
　　二、禁止或限制上市的范围 252
　　三、上市条件 252
　　四、特别条件 255
第五节　北交所上市 258
　　一、上市规则体系 258
　　二、与新三板的关系 260
　　三、禁止或限制上市的范围 261
　　四、上市条件 262
　　五、特别条件 265
　　六、转板机制 266
第六节　企业上市主要法律问题 268
　　一、股东相关问题 268
　　二、出资相关问题 272
　　三、股权代持 274
　　四、股权转让 277

第六章　公司治理法律实务

第一节　公司治理的一般概念 283

一、契约法项下的公司治理 …… 283

二、组织法项下的公司治理 …… 285

三、信托法项下的公司治理 …… 287

四、社会责任项下的公司治理 …… 289

五、公司治理概念的总结 …… 290

第二节　公司治理的主要构成

一、股东会 …… 291

二、董事会 …… 300

三、监事会 …… 306

四、高级管理层 …… 309

第三节　公司治理的典型问题

一、关于公司规章制度管理 …… 311

二、关于公司对外担保管理 …… 313

第七章　企业合同管理实务

第一节　合同的全流程管理制度

一、合同全流程管理的意义 …… 319

二、合同的全流程概述 …… 320

三、合同全流程管理的主要框架 …… 323

四、合同流程管理的提升措施 …… 327

第二节　合同订立前的招采程序

一、企业招采管理的概述 …… 328

二、招标采购程序中的主要风险与防范 …… 334

三、投标程序中的主要风险与防范 …… 341

四、参与政府采购程序中的主要风险与防范 …… 345

第三节　合同签订时的文本设置

一、合同文本设置的前提 …… 351

二、合同文本设置的原则 …… 351

三、合同文本设置的框架 …… 356

四、常用合同文本简析 …… 363

第四节　合同履行中的风险防范

一、合同履行的基本原则 …… 377

二、合同履行中的常见问题 …… 380

三、合同履行中的救济路径……………………………………………… 388
　　四、合同履行中的主要管理措施…………………………………………… 392
第五节　合同拟终止的处理思路…………………………………………… 396
　　一、合同终止的基本概述…………………………………………… 396
　　二、合同解除………………………………………………………… 398
　　三、债务清偿………………………………………………………… 405
　　四、债务抵销………………………………………………………… 406
　　五、债务提存………………………………………………………… 408
　　六、债务免除………………………………………………………… 411
　　七、债务混同………………………………………………………… 412
　　八、合同终止的其他情形…………………………………………… 413
第六节　合同档案管理……………………………………………………… 414
　　一、传统的合同归档管理…………………………………………… 414
　　二、合同档案的数字化管理………………………………………… 418

第八章　企业劳动人事法律风险防范与合规管理体系构建

第一节　概　述……………………………………………………………… 425
　　一、企业用工合规化建设过程中，对人的关怀贯穿管理始终……………… 425
　　二、企业用工合规化建设是企业经营的一部分，并不是企业经营的对
　　　　立面……………………………………………………………… 425
　　三、企业合规管理需要规则的执行，没有执行，合规如同虚设………… 426
　　四、接受用工的合规管理无法解决用工管理中的全部问题，客观认识
　　　　风险控制的局限………………………………………………… 426
　　五、企业用工的合规化建设必须考虑企业的历史、文化以及未来发展
　　　　的战略…………………………………………………………… 427
第二节　企业用工合规化管理的路径……………………………………… 427
　　一、企业应建立有效的用工法律风险识别机制……………………… 428
　　二、企业用工法律风险的管理……………………………………… 444
　　三、企业用工法律风险的处置……………………………………… 451
　　四、企业用工合规建设的误区……………………………………… 451
第三节　规章制度制定、公示与适用……………………………………… 452
　　一、规章制度内容的合法性和合理性……………………………… 453
　　二、规章制度的适用………………………………………………… 457

第四节　企业用工流程管理 ………………………………………… 458
一、入职管理 ……………………………………………………… 458
二、劳动合同的签订 ……………………………………………… 463
三、劳动合同的履行和变更 ……………………………………… 464
四、劳动合同的解除与终止 ……………………………………… 471

第五节　劳动争议的解决路径 ……………………………………… 476
一、处理程序——仲裁前置，一裁两审为原则（一裁终局为例外） ……… 476
二、处理理念与原则——协商与调解在劳动人事争议解决中将发挥更大作用 …………………………………………………… 478
三、实体规则——社会法属性对于双方意思自治的限制以及诚信原则在劳动人事争议解决中的作用 …………………………… 481
四、劳动人事争议处理过程中的高频问题 ……………………… 483

第九章　企业知识产权法律实务

第一节　知识产权概要 ……………………………………………… 493
一、中国知识产权强保护的序幕 ………………………………… 493
二、企业知识产权保护的问题及建议 …………………………… 494
三、企业知识产权法律顾问服务要点 …………………………… 498
四、防止知识产权滥用 …………………………………………… 499

第二节　企业专利的保护 …………………………………………… 500
一、专利概述 ……………………………………………………… 500
二、专利的特征和类型 …………………………………………… 501
三、企业如何获得专利 …………………………………………… 502
四、专利侵权概述 ………………………………………………… 506
五、拟上市企业应当注意的专利问题 …………………………… 509

第三节　企业商标权的保护 ………………………………………… 518
一、商标权概述 …………………………………………………… 518
二、商标权人的权利和义务 ……………………………………… 519
三、商标的申请 …………………………………………………… 520
四、企业商标注册的法律风险防范 ……………………………… 521
五、企业商标注册规划 …………………………………………… 526
六、商标使用许可 ………………………………………………… 529
七、企业商标典型案例启示 ……………………………………… 530

第四节　企业的著作权保护 540
- 一、作品著作权归属管理 540
- 二、企业的著作权许可使用和转让 545
- 三、企业著作权侵权风险防范 547

第五节　新技术环境下的著作权保护 556
- 一、网络环境下的著作权保护 556
- 二、元宇宙环境下的著作权保护 562
- 三、AIGC 技术背景下的著作权保护 563

第六节　知识产权中的反不正当竞争保护 565
- 一、竞争法的概念与调整对象 565
- 二、竞争法上的知识产权问题 566
- 三、反不正当竞争法在知识产权保护中的作用 566
- 四、不正当竞争行为的界定 569
- 五、不正当竞争行为的分类 570
- 六、企业的商业秘密保护 573

第七节　数据合规的重要性 584
- 一、数据合规的目的 584
- 二、数据合规的基本概念 587
- 三、数据合规立法体系 590
- 四、数据合规的主体 597
- 五、数据合规的客体 598
- 六、如何建立数据合规管理机制 598

第十章　公司清算与破产法律实务

第一节　公司清算与破产的启动 609
- 一、公司清算与破产概述 609
- 二、程序启动实务 610
- 三、程序受理后的相关事项 618

第二节　破产管理人制度 620
- 一、管理人印章 620
- 二、管理人职责 621
- 三、与管理人相关的其他问题 624

第三节　债权申报与程序会议 626

一、债权申报实务 ··· 627
　　二、申报债权登记 ··· 627
　　三、债权人会议及相关制度 ··· 629
第四节　重整程序 ·· 632
　　一、重整申请主体及重整执行期间 ··································· 632
　　二、重整计划的制定和批准 ··· 634
　　三、重整计划的执行 ·· 635
第五节　财产与财产分配 ·· 636
　　一、破产人的财产 ··· 636
　　二、财产分配 ··· 638
第六节　破产与清算的经验启示 ·· 639
　　一、始终把沟通放在工作首位 ··· 639
　　二、保持良好的工作习惯 ··· 640
　　三、保持学习不断提升能力 ··· 640

第十一章　争议解决法律实务

第一节　争议解决法律实务概述 ·· 645
　　一、诉讼方案设计的基本流程 ··· 645
　　二、诉讼案件的基本工作习惯 ··· 649
　　三、争议解决中应把握的几对关系 ··································· 651
第二节　国际仲裁 ·· 655
　　一、仲裁机构与仲裁员 ·· 655
　　二、机构仲裁与临时仲裁 ··· 658
　　三、仲裁阶段与庭审程序 ··· 659
　　四、律师团队 ··· 666

第十二章　企业刑事法律风险防范

第一节　不可不防的企业刑事法律风险 ································ 671
　　一、企业刑事法律风险的危害 ··· 671
　　二、经济转型阶段企业的刑事法律风险 ··························· 672
　　三、企业刑事法律风险的主要防范、应对措施 ················· 674
　　四、如何区分单位犯罪和自然人犯罪 ······························· 675

第二节　产品质量犯罪风险 ································· 678
一、产品质量犯罪相关罪名 ································ 678
二、产品质量犯罪实务分析 ································ 684
三、产品质量合规要点 ···································· 689

第三节　安全生产犯罪风险 ································· 690
一、安全生产犯罪相关罪名 ································ 690
二、安全生产犯罪实务分析 ································ 692
三、安全生产合规要点 ···································· 701

第四节　税务犯罪风险 ····································· 702
一、税务犯罪相关罪名 ···································· 702
二、税务犯罪实务分析 ···································· 708
三、涉税合规要点 ·· 712

第五节　融资犯罪风险 ····································· 713
一、融资犯罪相关罪名 ···································· 713
二、融资犯罪实务分析 ···································· 718
三、企业融资合规要点 ···································· 729

第六节　不正当竞争犯罪风险 ······························· 730
一、不正当竞争犯罪相关罪名 ······························ 730
二、市场竞争犯罪实务分析 ································ 733
三、市场竞争合规要点 ···································· 737

第七节　职务犯罪风险 ····································· 737
一、职务犯罪相关罪名 ···································· 737
二、职务犯罪实务分析 ···································· 746
三、预防职务犯罪合规要点 ································ 752

第八节　网络犯罪风险 ····································· 753
一、网络犯罪相关罪名 ···································· 753
二、常见网络犯罪实务分析 ································ 757
三、互联网企业合规要点 ·································· 772

第十三章　企业行政监管风险管理

第一节　企业行政监管风险概述 ····························· 777
一、行政监管风险的定义 ·································· 777
二、行政监管风险的类型 ·································· 778

第二节　企业行政监管风险管理的激励机制 780
　　一、企业行政监管风险管理的正向激励机制 780
　　二、企业行政监管风险管理的反向激励机制 783
第三节　行政监管风险的管理 786
　　一、行政监管风险的事前管理 786
　　二、行政监管风险的事中应对 789
　　三、行政监管风险的事后救济 795
　　四、小结 808

第十四章　贸易救济

第一节　与反倾销有关的基本概念 811
　　一、倾销的定义 811
　　二、反倾销调查常用术语 813
第二节　建立反倾销预警机制 816
　　一、企业建立反倾销预警机制的意义和作用 816
　　二、反倾销预警体制如何建立 817
第三节　反倾销征兆发生时的应对 820
　　一、在科学分析测算后适当提高出口价格 820
　　二、开拓新的销售市场 820
　　三、加深发起国反倾销法规的理解 821
　　四、在行业协会的组织协调下，涉案行业共同应对 821
　　五、提前建立与外国出口商及其消费者的应诉同盟 821
　　六、形成审查和调整市场价格策略的日常经营制度 822
　　七、收集整理应诉所需的资料和证据，为立案后做充分准备 822
第四节　反倾销调查正式立案后的应对 823
　　一、填答调查问卷应注意的事项 823
　　二、实地核查的应对 831
　　三、参加听证会应注意的事项 833
　　四、充分利用复审程序 836
　　五、善用司法审查程序 839
　　六、如何聘请律师 840

第十五章　民营企业股东及实际控制人财富保护与传承

第一节　企业股东及实际控制人婚姻家事对企业的影响 …………………… 847
　一、股东及实际控制人婚姻与企业的关系 ………………………………… 847
　二、夫妻共同债务与企业的关系 …………………………………………… 854
　三、遗产继承与企业的关系 ………………………………………………… 858
第二节　企业资产与家庭资产的隔离 …………………………………………… 862
　一、企业资产与家庭资产不分的风险 ……………………………………… 863
　二、企业资产与家庭资产如何隔离 ………………………………………… 865
第三节　家族企业的股权传承 …………………………………………………… 868
　一、家族企业是否有必要做股权传承安排 ………………………………… 868
　二、如何做股权传承安排 …………………………………………………… 873
第四节　财富管理与传承的工具 ………………………………………………… 884
　一、工具一：协议 …………………………………………………………… 885
　二、工具二：保险 …………………………………………………………… 890
　三、工具三：遗嘱 …………………………………………………………… 892
　四、工具四：家族信托 ……………………………………………………… 894
　五、工具五：全球资产配置 ………………………………………………… 898

第一章
企业法律实务概述

第一节　企业法律实务的内容与管理模式

企业法律实务的业务范围主要有五大类：一是与行政监管、合规相关的法律事务，包括反垄断、环境保护、知识产权、劳动、税费、自然资源、土地法律事务；二是平等的民商事主体之间所为的法律事务，包括公司、证券、合同、谈判、招投标等；三是争议解决法律事务，包括诉讼、仲裁、多元争议解决等；四是对国家立法、司法、政策制定的参与和影响；五是对企业的专业或法律意识培训。各类法律事务，很多时候相容、交叉，并没有明显的分界。

针对上述不同的法律事务，企业进行处理的情形或者方式主要包括：先期介入业务进行法律有效性及合规性审查；常规法律事务处理的流程化、标准化；企业内部各个层级的法律专业人员协商解决复杂法律问题；有效使用和管理社会律师处理专项或争议事务。

企业法律事务处理能力的强弱，决定了企业核心竞争能力是否能够持续长久，反映了企业法律事务战略化、体系化、职能化、专业化、流程化的管理水平，影响着企业治理结构是否完善。企业治理结构的完善，意味着企业所有权安排具体化过程中能够最大化企业的总价值，意味着管理模式的制度化和企业经营的法治化。所谓管理模式的制度化，主要是指公司权力结构的制衡性安排；所谓经营的法治化，则主要从企业经营的流程、结果等角度管理企业经营上的法律风险。企业的法务部门及其外部律师，也正是从这两个方面对企业的管理与经营风险予以筛查、识别、评估、管理。企业法律风险的管理能力，是面对潜在风险以及现实风险的化解、把控乃至运用的能力；尤其是运用风险，是企业法务管理风险的一种境界。

企业权力结构的制衡性安排，可以理解为企业的所有利益相关者之间一组合约性安排，以满足个人理性约束和激励相容条件下企业总价值最大化，这是企业法务及其外部律师作业理解的起点以及支点。

企业的法务应贯穿企业管理与经营的始终，在企业的经营管理过程中无处、无时、无事不在。忽视甚至无视企业法务的经营管理，带来的风险将是多样化、多层次、多时态的。从民商事的角度而言，企业法律风险蕴含在企业的设立、劳动关系、知识产权、投融资、衍生品交易等各个领域；从行政监管的角度而言，企业的法律风险涉及税收、不正当竞争、反垄断、环保、市场监管等各个方面；从刑事的角度而言，企业法律风险则包括与融资、税务征收、不当行为等相关的各个环节。此外，更为重要的是，其中需要融入企业法务及其外部律师深层而多元的思考——管理及运用风险，以新思想、新体系、新技术构筑、创新、优化企业的法务系统，对于企业的各类交易，从流程、结构、模式等方面设计、优选或改进。

因此，企业法务及其外部律师的价值不但在于风险防范，解决企业能够生存下去以及低成本生存下去的问题，更在于解决方案的提出与合规性审查，解决企业的竞争性优势及持续发展的问题。

一般情况下，企业法务所处理的事务均是本企业内部的事务，无论何种规模、何种类型的企业，企业法务所能涵括的范围及其视角，都有一定程度的局限性。而对于有经验的外部律师而言，由于他们处理过多样性的法律实务问题，其具备的视野范围和角度可以给企业带来不同问题的解决路径或者多样的思维方式，这种路径及思维方式的改变，有可能会产生截然不同的法律效果。因此，在企业法律实务的处理过程中，对于带来价值增量的交易，比如 IPO[①]、投融资、并购重组，或者新兴的、前瞻性的新业务条线的合法合规性评价或评估，或者需求频率低、知识壁垒高的业务，或者工作量集中繁重的业务，或者重大的诉讼仲裁业务，聘请外部律师是企业通行的选择。

一、企业法律实务的概念及分类

企业法律实务从字面上说即为企业法律事务的实际处理，我们这里所说的法律实务特指企业法律顾问（包括企业法务人员及外部律师）对企业法律事务的实际处理，从企业法律顾问处理企业法律事务的角度来看，企业法律实务包括以下三大类：

（一）企业常规法律实务

即企业日常经营活动中所涉及的常规性的法律事务，一个企业的法律顾问应该可以熟练地处理这些基础性的法律事务。其通常包括：

1. 通过电话、传真、电子邮件和会议形式为企业提供日常法律咨询；
2. 为企业建立完善的法律保障体系提供法律协助；
3. 为企业建立完善的风险监控机制提供法律协助；
4. 协助公司制定和完善日常规章制度；
5. 协助公司起草劳动用工合同和用工手册；
6. 起草、审查、修改公司对外交易的各类合同；
7. 为企业对外合作与商业谈判提供法律咨询；
8. 为企业日常业务出具法律意见和分析报告；
9. 协助企业处理各类非诉讼法律事务；
10. 代理企业的诉讼、仲裁业务；
11. 其他常规性法律业务。

---

① 首次公开发行股票。

（二）企业专项法律实务

企业专项法律实务即对企业单独项目提供专项法律服务，这往往是外部律师为非顾问单位提供的法律服务或是为顾问单位提供的日常法律实务之外的法律服务，企业亦可与外部律师协商将专项法律实务约定为企业日常法律实务。专项法律实务又包括非诉讼类专项法律实务和涉诉类专项法律实务。

1. 非诉讼类专项法律实务，其涉及的法律事务涵括法律顾问专业类别的各个方面，是指法律顾问利用法律专业、过往的实践经验、契合企业需求的特定化响应，为企业提供的专项服务。该种专项服务所涉及的交易模式、交易结构与交易流程，或者定性与定量的法律分析要素以及各种法律报告的结构，随着经济的发展而处于不断演变、创新之中。如各种不同类型及不同国别资本的企业设立、企业改制、并购重组、投融资（含上市）、产权界定、项目开发、知识产权实务处理、公司治理、薪酬设计、私募基金、信托运用、争议的多元化处理（非诉方式）、专项尽职调查、专项法律风险防控、税收筹划、解散清算等。

非诉专项法律事务，考量的是企业法律顾问解决问题的角度、方向以及思维的宽度，考验的是企业法律顾问对于法律、法规、政策全面的衡量以及把握能力。企业法律顾问不能简单陷入风险防范的误区，即不能只是简单出具有关交易不可为或法律风险不可控的法律意见。相反，企业法律顾问应该明了，经济是在不断地突破各种限制、规制中前行，需要法律顾问作出相应的交易安排以响应该种突破，并修订已有的交易思维及惯性做法，逐渐形成一种通行的交易模式。

因此，企业法律顾问为企业提供非诉专项法律服务的标准是：心想、事成、不逾矩。这种标准可以说是一种服务的意识与境界，从某种意义上而言，也是企业法律顾问非诉专项法律服务的三个阶段：一是事前，研究企业所想，明确企业的交易目的，以及企业的法律服务需求；二是事中，想方设法达成企业所想，提出实现企业交易目的的法律服务方案；三是事后，检视该法律服务方案，使该法律服务方案在现行法规、政策范围之内，不逾越，但有创新。

上述三个阶段的顺序并非单向发展，而是在法律服务过程中循环往复、不断严密的。比如，在事中交易结构的设计阶段，可以根据事后检视的合规性要求，修订事前的交易目的及需求；根据对于合规性的考量及合规性的发展趋势，深刻把握合规性的内涵，可以在事中交易结构的设计阶段有所创新，体现企业法律顾问的服务意识、境界以及服务方案的品质。

2. 涉诉类专项法律实务，即争议解决（以诉讼或仲裁的方式）专项法律事务，由企业法律顾问提供的专项代理服务。企业法律顾问代理服务的主要事项为：

（1）接受委托，进行诉前的案件法律分析、研讨、评估；

（2）接受委托，代理进行诉前、诉中调查取证法律事务；

（3）接受委托，起草、修改、审查诉讼法律文书；

（4）接受委托，调查诉讼所涉主体的市场主体登记；

（5）接受委托，代理诉前财产保全和诉中财产保全的法律事务；

（6）接受委托，代理证据保全的法律事务；

（7）接受委托，代理起诉、应诉、提起反诉、参加法庭审理、参加调解、参与和解；

（8）接受委托，书写律师函；

（9）接受委托，代理办理公证事务；

（10）接受委托，为委托方就日常的民商事诉讼提供经常性的法律咨询，协助委托方完善各种诉讼资料的积累和保管工作；

（11）其他委托事务。

涉诉类专项法律事务，考量的是企业法律顾问的思维方式，本质上是方法论的问题。对于一项涉诉法律事务，究竟应如何处理，与其说是法律规范的构成要件与案件事实之间的脉络关联问题，不如说是一个将事实涵摄于法律规范过程中的价值判断以及裁判结果的妥当性考量问题。企业法律顾问妥善处理好涉诉争议事项的前提是，完整、体系性地认识法律规范，对案件事实进行合乎目的的整理。要理解法律规范，"就必须发掘其中所包含的评价及该评价的作用范围"；法律规范的适用则要求，应"依据规范来评价待判断的事件，换言之，在判断事件时，应将规范所包含的评价依其意义付诸实现"。[1]

在处理涉诉法律事务时，企业往往要求法律顾问分析案件事实、评价法律规范、预测可能的裁判结果，并据此衡量法律顾问的工作水平与质量。这是一项包含价值判断及价值取向的工作，企业法律顾问应该依据多种方法进行价值判断和法益衡量。无论是根据法感，还是采用类型塑造、事件比较，抑或涵摄的方式，企业法律顾问对于裁判结果的多维度、多方向的权衡，都可以使得企业能够从中进行可能的利益比较以及进退取舍，进而做出恰当的商业安排。

追求可能更好的争议结果是法律顾问的主要职责所在，但不是唯一的职责。企业法律顾问应该让企业在争议的处理与解决过程中有各种可能的选择机会及选择路径。

（三）企业法律意识培训

法律意识作为一类指向"特定社会的各个方面进行主观识别和选择的复杂而综合的社会意识"[2]，是作为主体的人面向法律所生成之一种精神层面的观念形式。

---

[1] ［德］拉伦茨：《法学方法论》，陈爱娥译，商务印书馆2003年版，序言。

[2] 贾应生：《论法律意识》，载《人大研究》1997年第9期。

法律意识具有相对独立性，是历史性、相对稳定性和能动性的综合体现。其中能动性是法律意识最重要的特征和表现。企业员工的法律意识不是被动地决定于企业的经营管理，消极地反映企业的经营管理，而是积极地反作用于企业的经营管理。培养法律意识本身并不是企业经营管理的目的，而是要依靠与企业愿景、价值观、文化相适配的法律意识作为内在牵引，形成妥适的法律观念，以此制定出企业的行为规范与规章制度，并保证这些行为规范与规章制度能够在日常的经营管理中得到最有质效的遵守、实施与执行，使企业价值最大化。

企业法律意识内涵的关键要素包括：为探索企业风险管理体系而产生的各种观念和认知；对企业行为规范与规章制度的评价和解释；寻求法务系统支持的原因；对交易模式、交易结构项下权利义务的冲突与理解；对交易逻辑适法性评价以及运用；对行为的合规性评价。这些要素作为企业员工意识的一部分，同其道德观念、信仰、人生观等紧密结合在一起，构成该企业员工独有的人文意识，能动作用于该企业员工的言行举止。因此，企业法律意识，是指企业员工对法律以及企业行为规范、规章制度的理性、情感、意志和信念等各种心理要素的有机结合。

企业法律意识方面的培训不是简单的法律培训，而是有深刻内涵的，在此所讲的法律意识的培训包括法律文化、法律价值、法律感受等诸多方面。较之法律专业培训，法律意识培训是根本性的、人的自然属性方面的培训。

理解这一点并不难，以下分而述之。

1. 从争议解决事项的角度而言

在对企业的相关人员进行培训，尤其对企业内设的法务人员、管理人员进行培训时，需要讲授的不仅是争议事项本身的专业问题，更需要进行以下几个方面的培训：争议思维方面的培训；争议事项可能的裁决结果及对企业制度、交易模式、发展战略的影响方面的培训；组织争议事项的案件事实并进行法律判断的培训，即企业对案件客观事实取舍的角度背后所依赖的价值判断或所追求的企业核心价值文化。

2. 从对合规进行培训的角度而言

更加强调的是原则、准则、社会伦理及社会责任层面的事务。"合规"一词是由英文"compliance"翻译而来，它通常包含以下两层含义：（1）遵守公司所在国和经营所在地的法律法规及监管规定；（2）遵守企业内部规章，包括企业价值观、商业行为准则、职业操守准则等。因此，合规培训的目的是在一个企业内部逐渐形成一个符合规矩的共同价值（也可以称为共同法律意识）下的行为标准或行为习惯，真正做到"随心所欲不逾矩"，这才是一个企业真正的核心竞争力的培训。

3. 从法律意识培训的性质或方式而言

企业法律意识的培训方式多种多样，各种有形的培训方式，比如个别辅导方式、集中培训方式等都是看得见的培训，被广泛适用，能够达到一定的效果。但法律意识的培训不但是一个外训的过程，更是一个内训的过程。真正体系化的、入心入脑的培训方式或培训程序，是工作过程中言传身教式的金字塔形培训。也就是要从战略的角度认识企业法律意识培训的高点。对企业的董事长或 CEO①进行法律意识的培训是金字塔的高点②，对企业中层管理人员的培训是法律意识培训的支撑面，对企业全体员工的法律意识培训是基础。从上到下对于法律意识的言传身教，从一封邮件、一次讨论、一个决定开始，法律意识的感受是可以链条式地在企业内部依次传递的；同时，传递之后从下到上的回馈反复，互动式的交流是法律意识演变成企业文化与工作习惯的过程。

4. 从外部律师的培训视角而言

对于外部律师以及企业而言，法律意识的培训是一个双方受益的举措，不但可以使外部律师更准确地了解企业的状况和需求，而且可以使各项工作更加具体化、精致化；而对于企业而言，来自外部律师的培训是另外一种视角，如果这种视角能够契合企业的文化价值，其对于企业整体法律意识的形成与培养起到的作用是不可估量的。

法律意识培训是一项潜移默化的长期工作，也是最能够体现外部律师核心价值的一项工作，体现的是外部律师法律思维的高度、角度及战略意识，贯穿于外部律师为企业提供法律服务的始终。而且，从某种意义上而言，外部律师为企业提供的每一次法律服务都是一种培训。

上述关于企业法律实务的分类并不是确定的，这些都可以因企业与外部律师所签订的协议约定不同而有差异，企业与外部律师的约定也会根据企业经营的特点而变化，这主要是企业与外部律师利益权衡的结果。而且，随着经济的发展，法律事务在企业经营和管理中的含量越来越大，许多企业逐渐形成了法律管理的完备体系和有效机制，企业法律事务与公司业务高度统一，逐渐形成以法律预防为基础的全

---

① 首席执行官。

② 中国铁路通信信号集团有限公司在《夯实法治合规基础 为中国通号高质量发展护航》中谈到提升"关键少数"认识：一是制度一贯到底，公司及全部二级子企业包括重要的三级子企业，均制定了企业主要负责人履行推进法治建设第一责任人职责实施制度、党组织规范性文件及企业规章制度合法合规性审查管理制度，列出企业主要负责人忠实履行推进法治建设第一责任人职责"责任清单"，将法治素养、法治能力作为企业选人用人条件，将法律风险处理损失纳入责任追究制度，从而将法治通号建设理念和要求，通过制度一贯到底。二是学习持之以恒，建立公司各级子企业领导班子法治学习常态化机制，把法律合规列入党委中心组学习内容，过去六年累计开展学习 566 次。把尊法学法守法用法情况作为考核领导班子和领导干部的重要内容，确保法律法规学习学得进、有效果。三是责任层层压实，公司通过专题会议、专项部署、专项汇报等形式，不断强化企业各级领导人员的法治意识、法治思维，"十三五"期间公司连续召开全系统年度法治工作会和总法律顾问述职会，"十四五"开局之年，公司召开全系统风险防控专题会。每年的法治工作会既是法治合规工作部署会，又是一次普法的宣贯会。参见《中国通号"促融合、打基础、提能力、强专业"的法治合规管理体系建设》，载一法管理微信公众号，2022 年 12 月 27 日发布，最后访问时间：2024 年 5 月 20 日。

员预防格局，并且法律事务强化纵向控制。企业法律事务关注的主要方向发生变化，逐渐向合规性转移。企业法律事务的这些变化，导致实务层面，外部律师作业的方向与重点也在发生变化。对于企业法律事务的需求，外部律师响应、满足这种需求，并且尝试超越这种需求，是外部律师作业的应有之义。

二、企业法律事务管理模式

随着各国公司法务部的发展，一些公司的法务部的规模与一些大型律师事务所不相上下。企业的法务系统，不断衍生、进化，在传承、变异和选择中，成为企业的活性组织。

不同法域、不同企业的法务系统，有不同的个性特点。但其共同进化的路径，是相同的，从风险的应对，到风险的识别与预防，到风险的管理，企业的法务系统，正在变得越来越柔韧、越来越有生命力。与此同时，企业对法务的需求越来越精细化、越来越职能化，而法务系统越来越完善、功能越来越集成，一个企业的法务系统的成功建立，纯粹的法律工作只是其中的一部分，同时会包括合规管理、内部控制和风险管理。

（一）企业法务管理模式概述

企业的法务部门需要处理纷繁复杂的法律事务，其工作内容涵盖极为广泛。首先，在对外法律事务方面，法律部门需要处理反垄断、知识产权、环境保护、税费、资源、土地等方面的法律问题；在公司日常经营中，合同、公司治理、证券、谈判、招投标等法律事务是企业法务的常规工作。其次，在对内法律事务方面，企业的法务部门要对职工进行法律培训以及公司在合规、劳工等方面的法律问题处理；出现纠纷或法律问题时，企业法务需应对一般的民商事诉讼、仲裁、纠纷处理，以及各监管部门的监督和调查。最后，一些国家的大型企业，特别是跨国公司的领导层和法务部门还需要对国家立法及政策的制定予以参与和影响。

企业的法律事务的管理一般可分为集中（垂直）管理、分散管理、矩阵管理三种模式。

1. 集中（垂直）管理，即在总部设立一个职能较为全面的法律事务部门，子企业的法律顾问由总部直接派驻，向总部负责。2007年至2009年的全球金融危机过后，为加强集团管控，有效防范法律风险，越来越多的美国大公司更加倾向于采取集中垂直管理的模式。公司法律事务由总法律顾问统一管理，总部设有独立的法律部门，子企业的法律顾问均为总部法律部门的派出人员，负责管理分支机构的法律事务，并逐级向上一级企业的法律顾问负责，而不是向所在企业的管理层负责，其考核和薪酬发放也均由总部直接管理。子企业的法律顾问与该企业管理人员是合作关系，而非隶属关系。在经营过程中法律顾问与子企业经营管理者如出现分歧，则分别逐级向自己的上级汇报，由双方的上级进行协商解决，对于一些难以协调的重大分歧，最终则由 CEO 作出决定。该种模式确保对预算和结果负有单点责任的主体明确，但随着企业规模的扩大，特别是跨国上市公司在全球经营时，异质性和距离给问责制和管理带来挑战。

2. 分散管理，即除在总部设立法律部门，还分别在各子企业设立法律事务部，向所在公司的管理层负责。即重大法律事务和规章制度由总部法务部门归口管理，常规性法律事务根据总部的授权由子公司自行处理。我国大多数国有企业的总部对所属分支机构的法律事务垂直管理力度不大，法律事务管理架构多是分散式模式。在该种模式下，法律机构和人员全面实行区域化和专业化的配置，优点是责任到人、效率提升，缺点是各自为政、各为其主，可能会影响企业法务系统的整体效果，需要进一步厘清、分析和重建，通过共同目标、共同价值观和妥当的结构实现联合绩效。

3. 矩阵管理，即以总部业务和子公司或者区域组合均衡发展为战略目标，推动整个企业法务系统效率化、区域化和专业化的协同管理。矩阵管理模式下企业总部设总法律顾问，根据法律服务专业领域再设置相关首席法务或专家，同时各个区域配置企业法务人员负责合规性审查和日常基本法律事务。集团总部法务部对整个企业法务体系拥有一定程度的管理和考核权限，从而形成总部与区域之间的双向负责、双向汇报的矩阵机制。

具体采用集中制、分散制还是矩阵制，取决于企业整体架构、地域分布、行业特点、管理风格。但是，无论采取哪一种模式，均需要维护企业法务事项的权威，避免区域的法律顾问简单地由当地管理层选聘，从而影响法律顾问提供有效的、独立的建议和服务。因此，总法律顾问需要对整个企业法务的质量和方向负有最终责任，应该保留对所有法务人员选任和薪酬的控制。比如，一个大公司在各地分支机构拥有非常分散的超过 45 个单独的法律办公室，但是法律顾问聘请、监督、考评和支付薪酬的权力都集中在公司总部。

（二）域外企业法务管理

企业法律事务管理是企业管理架构中最年轻和最具活力的一个分支。从国外法律事务管理发展来看，其主要是伴随着企业法律顾问制度、企业管理理论不断更新和企业信用管理制度的发展而逐步进入企业管理者的视野。

1. 美国

美国企业认为，法律风险客观存在，企业运作必须有强烈的风险意识，法律服务是公司最重要的服务之一。

（1）美国企业法律顾问制度

美国企业法律顾问制度的演变是随着市场秩序的不断规范而逐渐发展、完善的。自美国经济由自由竞争逐步走向垄断的 19 世纪后期，跨国公司和规模较大的本土公司即开始将公司的日常法律事务交给法律部处理；20 世纪中期，在经济危机的推动下，国家开始积极干预经济活动，随着经济模式的转变，设立法律部门的公司数量急剧增加；自 20 世纪中后期发展至今，美国公司的法律顾问制度逐步趋于成熟和完善，特别是规模较大的公司基本设立了独立的法律部门，法律顾问制度在美国公司中形成了比较完备、有效的体系。

（2）企业法务人员的执业资格、职责

美国公司法律顾问一般要求取得本州的律师资格；有些州允许那些在其他州已取得执业资格并为唯一客户服务的律师免予参加本州的律师资格考试，担任其客户的法律顾问，也就是"公司内部法律顾问"。但通常他们不被允许从事法庭诉讼或与行政机关打交道。因此，大多数公司法务部（和各州律师协会）规定公司内部法律顾问应在本州取得律师资格。因为这样，他们才可以开展全面的法律事务。美国公司法律顾问协会（ACCA）收集汇总了各州对公司内部法律顾问的不同要求和专门的准入标准。

成长中的公司法务部人员职责是动态的，依据公司规模、管理模式、行业特点所决定。但一般会以一个经验丰富的资深顾问为中心。由 15 名到 20 名法律顾问组成的集中制的公司法务部的职责分工一般是：1 名总法律顾问，工作主要集中在法律政策的制定及对董事和管理层关系的维护，有时包括某些特定领域的法律执业；数名团队负责人，他们负责监督法律顾问向特定团队或在特定专业领域提供法律服务；1 名非法律顾问的部门管理者，工作主要集中于部门内部运作；一个由法律顾问、法律顾问助理、秘书和其他行政人员组成的工作团队。

2. 日本

日本企业法务模式有所不同，并非律师主导。日本的《律师法》规定："律师不经所属律师会的准许，不得经营以营利为目的的业务，或成为经营此类业务人的雇员，或以营利为目的的法人的业务人员、董事或雇员。"因此，日本的企业法务人员都没有律师资格，均为公司雇员。企业的大部分法律事务，包括大部分争议事务由法务部门处理，往往只把自己无法解决的难题交给外部律师。日本企业的法务成本相对比较低，法务部门与业务部门之间的关系也比较协调。2008 年的金融危机以及后续不断发生的经济波动等事件，许多公司缩减外部律师聘用的费用，转而关注企业内部法务人员来满足法务需求。在这种背景下，日本式企业法务模式也受到更多的关注。

以某公司为例，其法律顾问机构为"法务部"，商社总管总务及法律事务的董事领导该部门，下设部长助理。其法律顾问业务包括：

（1）股东大会及董事会股份、档案等文件业务；

（2）抵押的设定及抵押管理的实行等"债权回收业务"；

（3）处理解决贸易纠纷的"纠纷解决法律事务"；

（4）国内外贸易的法律咨询，研究制定合同等"合同业务"；

（5）关于垄断禁止法、环境法、证券贸易法等各种公法规定的"遵守业务"；

（6）关于商标、专利及其他知识产权的审查、手续、管理等"知识产权业务"。

3. 瑞典

在瑞典，任何人都可以从事法律事务，并不需要具备法律职业资格或者具有一定程度的学历学位。根据不同的专业背景和所属协会，瑞典的公司法律事务人员大致可以分为三类。

第一类为无法律职业资格的人员，此类人员可以由公司聘请，处理日常法律事务，为公司提供咨询、非诉讼、诉讼方面的法律服务。这类法律工作人员被视为公司的普通雇员，并不享有特殊的权利义务，也无须加入任何资格类协会组织。

第二类为公司聘请的通过企业法律顾问资格考试的法律顾问，法律顾问也被视为企业的雇员，他们不同于公司外部聘请的专业律师，公司法律顾问需要具备一定的法律专业资格，是瑞典公司律师协会（BJF）的成员，受到瑞典公司律师协会章程、职业道德和行为规则的约束，但该协会主要作为成员业务交流的平台，所属成员并不具备专业律师所具备的法律上的特殊性。企业法律顾问与企业外部聘请的专业律师的主要区别在于法律顾问与公司管理人员、雇员等之间的交流内容不受瑞典法律关于律师和当事人之间保密协议的保护。因而如在实践中公司需要在这些方面规避风险，则只能聘请外部专业律师。

第三类为公司聘请的专业律师。虽然在瑞典，任何人都可以参与法律事务，但能够以"advokat"，即专业律师的名义进行诉讼的，只有律师协会的成员。他人如未经授权擅自以"advokat"头衔进行诉讼，则可能面临刑事指控。同样，也只有律师协会的成员享有较高的法律声誉，能够被法庭指定为刑事辩护人。瑞典律师协会以其成员地位中立，能够为当事人提供专业法律服务而骄傲，因此，禁止成员作为公司雇员被聘为法律顾问。相应地，公司长期法律顾问也不能加入律师协会。在瑞典，公司无法聘请专业律师作为长期法律顾问，只能采取一事一委托的形式。

4. 英国

英国企业的法律事务部依次承担着三个方面的职能：战略管理职能、法律管理职能、法律事务处理职能。战略管理职能主要是对企业发展中重大问题的决策做出法律论证，如企业上市、企业并购、企业发行股票和债券、对外投资等；法律管理职能主要包括规章制度制定和管理、知识产权管理、纠纷管理、经营管理、子公司或分公司的法律事务部门的管理、对聘请外部律师把关等；法律事务处理职能主要是指处理各种法律事务,例如办理登记、起草法律文件、处理劳资关系、税务、环境、各种纠纷的处理等。

英国企业法律事务部一切工作的出发点和落脚点是在保证效益最大的前提下做好事前的法律风险防范,法律部的工作渗入企业运营的每一个环节、每一项工作中,从产品研发到生产,从生产到上市销售,从上市销售到售后服务都有法律顾问部的领导和参与。从以上法律顾问部的职能不难看出,法律顾问部的人不但要懂得法律知识还要懂得管理知识,更要熟悉企业具体业务。在这些高要求下,如果企业法律顾问满足现状很快就会被淘汰,于是就产生了企业法律顾问社团组织。企业法律顾问社团组织创办刊物、组织研讨活动、培训活动等让会员交流信息、互相学习和提高,以适应不断发展的时代要求。

英国律师分为事务律师(solicitor)和出庭律师(barrister)两种。英格兰和威尔士,内部法律顾问律师的数量和比例在增加。2021年,超过25%的执业证书持有者在内部部门工作,总计33370人,比十年前的20%有所上升。苏格兰也出现了类似的趋势,2021年有25%的专业人员在内部工作,高于2010年的22%[①]。

企业法律顾问部并不能解决所有的问题,在一些特别的专业领域或者一些纠纷的解决上也会聘请外部律师。这样,外部律师与企业的法律顾问部之间形成了很好的互补关系。

(三)我国企业法务管理模式

我国企业的法律事务管理与企业的发展阶段密切关联,随着我国市场经济的发展而形成、完善并逐渐体系化。我国企业法律顾问管理方面的法规及政策记载了法律顾问模式的形成过程。

1955年3月28日,原国务院法制局就法律室的任务职责和组织办法,草拟了《关于法律室任务职责和组织办法的报告》[②];1955年4月26日,国务院发布《国务院关于批转"法制局关于法律室任务职责和组织办法的报告"的通知》[③]。

1986年9月15日,《全民所有制工业企业厂长工作条例》[④] 发布,规定"厂长可以设置专职或聘请兼职的法律顾问。副厂长、总工程师、总经济师、总会计师和法律顾问,在厂长的领导下进行工作,并对厂长负责"。该规定确立了法律顾问的地位,将法律顾问列入企业的经营班子,对于今后确立法律顾问在企业中的职责、职级起到了促进性作用。

---

① TheCityUK:2022年《英国卓越法律服务报告》,载国际商法微信公众号,2023年2月13日发布,最后访问时间:2024年7月5日。
② 该文件已失效,仅为说明具体问题,供读者研究和参考。下文不再提示。
③ 该文件已失效,仅为说明具体问题,供读者研究和参考。下文不再提示。
④ 该文件已失效,仅为说明具体问题,供读者研究和参考。下文不再提示。

1988年4月16日，商务部发布《商业部门法律顾问工作试行办法》[1]。此后，该试行办法被1992年1月18日发布的《商业企业法律顾问工作办法》[2]所替代。

1991年9月21日司法部、人事部（已撤销）发布《法律顾问资格考试暂行规定》[3]。

在企业法律顾问制度发展的同时，律师制度也逐步建立和完善，而且，律师制度的制定位阶高于企业法律顾问制度的制定位阶。

1980年8月26日，全国人大常委会通过《律师暂行条例》[4]，规定律师是国家的法律工作者。

1991年3月25日，化学工业部发布《化学企业法律顾问工作规定》。

1992年6月15日，司法部发布《关于律师担任企业法律顾问的若干规定》，就企业聘请律师担任法律顾问进行领导和管理。

1994年6月13日，国家经济贸易委员会发布《关于国家经济贸易委员会负责组织指导企业法律顾问工作的通知》。

1996年5月15日，全国人大常委会通过《律师法》，规定律师可以接受公民、法人和其他组织的聘请，担任法律顾问。

1997年3月12日，司法部等部门出台《企业法律顾问执业资格制度暂行规定》及《企业法律顾问执业资格考试实施办法》。

1997年5月3日，原国家经济贸易委员会发布《企业法律顾问管理办法》。同年6月6日，原国家经济贸易委员会办公厅发布《关于贯彻实施〈企业法律顾问管理办法〉的通知》。

1998年1月23日，国家经济贸易委员会经济法规司、人事部专业技术人员职称司、司法部律师司发布《关于企业法律顾问执业资格认定有关工作的通知》，落实企业法律顾问执业资格认定工作。此后，一直到2014年，企业法律顾问执业资格考试被取消。

1999年3月18日，原国家经济贸易委员会发布《企业法律顾问注册管理办法》[5]。

2001年12月29日，全国人大常委会修改《律师法》，对律师的资格取得进行了修改，此次修改未涉及企业法律顾问方面。

2002年3月27日，原国家经济贸易委员会发布《关于进一步做好企业总法律

---

[1] 该文件已失效，仅为说明具体问题，供读者研究和参考。下文不再提示。
[2] 该文件已失效，仅为说明具体问题，供读者研究和参考。下文不再提示。
[3] 该文件已失效，仅为说明具体问题，供读者研究和参考。下文不再提示。
[4] 该文件已失效，仅为说明具体问题，供读者研究和参考。下文不再提示。
[5] 该文件已失效，仅为说明具体问题，供读者研究和参考。下文不再提示。

顾问试点工作的通知》；2002年7月18日，原国家经济贸易委员会、中共中央组织部、中共中央企业工作委员会、中共中央金融工作委员会、人事部、司法部、国务院法制办公室联合发布《关于在国家重点企业开展企业总法律顾问制度试点工作的指导意见》。

2004年5月11日，国务院国有资产监督管理委员会（以下简称国资委）发布《国有企业法律顾问管理办法》，该管理办法以建立健全国有企业法律风险防范机制，促进国有企业依法决策、依法经营管理，规范国有企业法律顾问工作，进一步加强企业国有资产的监督管理，依法维护企业国有资产所有者和企业的合法权益为目标，明确了国有企业中企业法律顾问、企业总法律顾问、企业法律事务机构的概念、资格、职责等，进一步指导了国有企业法律顾问的工作。

2007年10月28日，全国人大常委会再次修订《律师法》，从律师执业许可、律师事务所组织形式、律师执业权利和义务、律师业务和律师执业监督管理、法律责任等诸多方面进一步改革和完善了我国律师制度。此外，此次修改规定律师可以"接受自然人、法人或者其他组织的委托，担任法律顾问"。

2008年4月29日，国资委发布《国有企业法律顾问职业岗位等级资格评审管理暂行办法》；2009年3月9日，国资委发布《关于贯彻实施〈国有企业法律顾问职业岗位等级资格评审管理暂行办法〉有关事项的通知》。

2014年10月24日，人力资源社会保障部办公厅、国资委办公厅、司法部办公厅发布《关于做好取消企业法律顾问职业资格后续工作的通知》，根据2014年7月22日发布的《国务院关于取消和调整一批行政审批项目等事项的决定》《人力资源社会保障部关于做好国务院取消部分准入类职业资格相关后续工作的通知》的精神，取消企业法律顾问准入类职业资格，后续将按照党的十八届三中全会提出的普遍建立法律顾问制度的要求，统筹研究完善企业法律顾问专业人员评价办法。企业法律顾问执业资格的取消，应该属于因时制宜的一项措施，意味着企业的总法律顾问，可以允许非法律专业人士担任。

2016年6月16日，中共中央办公厅、国务院办公厅发布《关于推行法律顾问制度和公职律师公司律师制度的意见》，以贯彻落实党的十八大和十八届三中、四中、五中全会精神，积极推行法律顾问制度和公职律师、公司律师制度。

2016年11月16日发布《中国银监会关于银行业金融机构法律顾问工作的指导意见》；2016年12月13日，中国气象局发布《中国气象局贯彻落实〈关于推行法律顾问制度和公职律师公司律师制度的意见〉的实施方案》（并于2017年10月31日进一步发布《中国气象局法律顾问管理办法》）；2017年9月25日，国家质量监督检验检疫总局发布《质检总局法律顾问工作办法》；2018年3月16日，国家民委办公厅发布《国家民委法律顾问工作方案》和《国家民委公职律师工作方案》。

2017年9月1日,第十二届全国人大常委会第二十九次会议通过《关于修改〈中华人民共和国法官法〉等八部法律的决定》。由"国家统一司法考试"改为"国家统一法律职业资格考试",对《律师法》相关条款作出相应修改。

从我国企业法律事务管理的现状来看,主要的管理模式有以下几种:

1. 专职法律顾问模式

即企业内部通过设置法律顾问机构或者配置专职法律工作人员处理本企业法律事务的模式,这种模式是我国实行时间最长、企业运用最为普遍的一种模式。我国企业从20世纪80年代开始尝试建立企业专职法律顾问制度,到现在已有近40年的发展历史,严格加以区分的话,我国的专职法律顾问可以分为企业一般法律顾问和公司律师两种。第一,企业一般法律顾问是指具有企业法律顾问执业资格,由企业聘任并经注册机关注册后从事企业法律事务工作的企业内部专业人员。企业总法律顾问是企业法律顾问的一种职责,指《国有企业法律顾问管理办法》第十六条规定的法律顾问,即具有企业法律顾问执业资格,由企业聘任,全面负责企业法律事务工作的高级管理人员。企业总法律顾问并不一定是企业的高级管理人员,这与企业对总法律顾问的职能定位以及认知相关。第二,公司律师是指具有中华人民共和国律师资格或国家法律职业资格,在企业内部专职从事法律事务工作,为企业内部提供法律服务,并依法取得公司律师执业证书的执业人员,公司律师为企业法务人员的专业发展以及职业路径多样性选择提供了制度上的支持。

公司律师与企业法律顾问的区别在于任职条件、主管机关、准入条件、法律依据以及职称评定不同,公司律师必须取得国家律师资格或国家法律职业资格,而法律顾问自2014年以后并没有企业法律顾问执业资格的限定。公司律师的主管机关是司法行政机关和律师协会,受《律师法》等相关法规的规制。

上述两种企业专职法律顾问,从薪酬受领的角度而言,都是企业的内部工作人员,不再从事受聘企业以外的法律事务,与从事企业其他业务的职工没有本质区别,只不过是从事事务种类不同。企业专职法律顾问一般是既懂法律又有管理经验的复合型人才,企业专职法律顾问对企业经营决策提出法律意见,对企业违反法律法规行为提出纠正意见和建议,对企业的经营管理起到了风险预防和监督管理的作用。

但是实践中,专职企业法律顾问在履行职责时与其他相关业务部门存在工作关系的冲突,如何使专职法律顾问的风险管理职责与企业交易达成、公司治理、战略价值形成互动统一,是专职企业法律顾问的长期使命。

2. 兼职法律顾问模式(外包模式)

即企业根据自身的需要,聘请法律专业服务机构和专业法律人员作为兼职顾问，将一些特定事务进行外包。

随着企业各种职能或事务外包方式的发展，法律事务外包又被分为本土外包和离岸外包，本土外包主要是将法律事务外包给本国或本区域内的法律服务机构，而离岸外包主要是将法律事务外包给境外的法律服务机构。选择采用本土外包还是离岸外包，专项法律事务的类型、成本、衔接的便利性、域内外的管理政策等是主要考虑因素。法律事务外包采用的方式主要是企业与律师事务所签订法律顾问或专项服务合同，律师事务所指派或者企业指定律师团队从事企业法律顾问工作。目前，境内客户所需要的域外法律服务，越来越多地聘请境内律师事务所作为牵头所，以实现成本控制与整体协作的顺畅。

什么样的法律事务，企业会外包，并没有一定之规。从人手的角度而言，企业会从控制的角度，将一些常规的、但需要工作时间较多的法律事务外包，比如批量合同的审查或批量诉讼的代理。从发生频率的角度而言，企业会将一些非常规的事务外包，比如并购、重组、清算等。从专业以及监管的角度而言，企业会将IPO、债券发行等进行外包。从重大性或重要性的角度而言，企业会将一些重大争议事项交给事务所。

外包模式的收费方式，需要由企业根据法律服务的类型与事务所进行个案协商，主要有：

（1）小时收费。小时费率根据合伙人、律师、助理等，设定不同的费率模式。有的法律服务，不按照律师职级收费，而按照加权平均的小时费率统一收取一个固定费率。

计时收费，是律师与企业之间的一个双向奔赴的过程，体现了一个法域法律服务市场的理性、文明与成熟。服务律师因此而精雕细琢、精益求精；同时，计时收费账单的审核，使企业支付的法律服务成本，可以在一个可控的范围之内。

（2）包干费用。很多企业青睐该种方式，认为成本可控。实际上，费用包干项下，企业控制的是成本，律师则会因此控制时间和精力，服务的深度、精细度会因律师而异。采用这种方式所确定的费用，往往是跟着感觉走，虽然有经验值可供参考，但并不准确。

（3）基础费用加风险收费。适合于与服务结果挂钩的诉讼或非诉事务。大部分法律服务会采取这种方式，律师和企业共享法律服务的成果，与律师的实际工作时间，关系不大。

现在，一些企业越来越要求律师驻点服务，其收费方式与服务事项、服务时间、服务质量的匹配，是一个值得认真探讨的问题。

法律顾问外包的优点：①企业选择范围广。可以根据所需法律服务的性质，选聘专业、性格、成本等相匹配的律师。②企业会审慎对待律师意见。每一次选择，对企业而言均是较大费用支出，因此，律师意见会受到企业高度重视。③企业成本支出弹性化。一方面，可以减少固定内部法务人员的岗位设置，减少刚性成本以及管理成本；另一方面，管理好律师选聘，律师的费用具有极大的弹性空间。

3. 聘请专职法律顾问与外包并存模式

即企业在聘请专职法律顾问的同时将企业的特定法律事务外包给法律服务机构。这种模式是前两种模式的折中选择，现代企业只要具有一定的规模，一般都会聘请专职法律顾问组成法务部，企业根据经营管理的需求，会聘请专业律师来处理一些特定的法律事务。哪种法律服务需要聘用外部律师，并没有一定之规。是否聘用外部律师，企业考虑的因素无外乎专业性、重要性、监管要求、成本控制等。

由于权衡激增的法律服务需求与成本控制压力，企业聘用外部法律专业人员的必要性是不言而喻的，同时基于企业长期健康发展的视角，企业内部专职法律顾问人才也是不可或缺的，有些企业鼓励管理人员系统地学习法律知识，有些企业则让专业法律人才兼任企业经营管理者，这些人员身居企业内部，与企业共同成长；与此同时，在企业专职法律顾问并非专长的领域，或企业临时存在需要消耗较多资源的任务时，可以将法律事务外包给专业律师，这一做法既能使法律事务管理融入企业经营管理者的意识中，又能使企业充分利用外部资源、获得质效比较高的法律服务。

（四）我国企业法律事务管理模式的现状、问题以及优化

一些发达国家企业法律事务管理模式已经比较成熟，具有以下特点：

第一，从企业的设立到设立之后的所有交易、监管合规、争议解决等，企业的发展战略和防御体系的搭建，无不与法务高度融合，企业法务在经营管理中无所不在无时不在。

第二，企业法律事务管理体系化、职能化。从法律事务体系化的角度而言，建立了战略管理职能、法务管理职能、法务处理职能；从法律事务职能化的角度而言，划分为对外职能和对内职能，前者包括反垄断、知识产权、环境保护、税费、自然资源、土地等方面的法律问题以及涉及合同、证券、谈判、招投标等公司的日常经营方面，后者包括对职工的法律培训以及公司在合规、劳工等方面的法律问题处理。

第三，企业法律顾问均是高素质的专业人士。虽然很多国家并未规定律师资格是法律顾问的必备条件，但能够成为企业法律顾问的人员都具备了相当高的素质和能力。在一些国家，只有具备政府部门、律师事务所或者其他机构工作经验的佼佼者才有机会被聘用为企业法律顾问。此外，很多企业法律顾问是来自诉讼、知识产权、公司业务、证券、并购等方面的专业律师或法律专家，有些法律顾问还具有商事、工程、财务等方面的专业背景。很多企业法律顾问还成为企业重要的高

级管理人员。

第四，成熟的、具有竞争力的外部律师聘用管理机制。企业法务部均建立了外部律师管理机制，以面对日益复杂的市场和激烈的竞争。企业认真审视和修正外部律师服务方案或方式，以适应企业的管理流程和企业文化①。企业会指定监管者（内部法律顾问）负责同外部律师联系并帮助外部律师与雇员、经理、高级管理人员的会见，适当的时候要进行记录。监管者与外部律师沟通的时候会代表企业负责以下八个方面的事务：批准外部律师的（诉讼）策略、人员安排与收费、工作计划与预算、账单、法律研究、利益冲突检索、ADR替代解决办法和事务处理、交流等。

第五，独立并更加契合企业现实发展的法律意见。法律意见的独立性取决于内部法律顾问的专业性以及企业自身的文化导向。

现对我国企业法律事务管理的现状、特点以及优化路径总结如下。

1. 我国企业法律事务管理的现状

自1986年9月15日《全民所有制工业企业厂长工作条例》规定"厂长可以设置专职或聘请兼职的法律顾问"以来，企业法务工作的外部环境、机构设置、职能职责得到全面发展，从边缘化的支持性工作转变为衡量企业核心竞争能力的基础要素。企业法务体系、职能、人才队伍建设长足发展，从传统的"救火队"转化为"防火队""预警机""参谋部"。

以中央企业为例，国资委从2006年开始，在中央企业连续实施法制工作三个三年目标，每三年一个目标：建立机制（2006—2008年），发挥作用（2009—2011年），完善提高（2012—2014年）②。企业法制工作是企业竞争的"软实力"、是企业科学发展的保障。对标世界一流企业，突出"五个融合"，"即加强企业法制工作与企业转型升级、科技创新、国际化经营、精细化管理、和谐发展的有效融合"；着力"三个完善"，"继续以完善法律风险防范机制为核心，以完善总法律顾问制度为重点，以完善法律工作体系为支撑"；加快"两个提高"，"全面提高企业法律

---

① 有的企业根据诉讼状况和未来战略要求其外部律师每周或每月呈送报告；有的企业认为这类报告没有必要且费用不菲，可以通过定期的电话会议保持对诉讼的掌握。企业应该明白从详尽十足的费用单和书面战略备忘录中获益——但同时应该明白为此备忘录是需要付出成本的。对于费用的控制，是企业法务部一项非常重要的技能。

公司要求详尽的每月账单。账单应该包括律师姓名、服务日期、服务内容、费用等级（费用率）。支出一项要特别标出日期、目的、数量等。大量支付如无限制的集中电子化研究服务、大量的复印、文档电子化等，未得到内部顾问许可的话是不予报账的。公司不为下面无限制的支出付款（1）电脑、邮件，或文字处理费用，（2）会议费用或会议厅租金，（3）办公用品，（4）图书馆借阅，（5）餐费（经许可的出差餐饮费除外），（6）来往于律所间的出租车或豪华轿车费用（即使在夜间），（7）秘书、文字处理、抄写、校对、归档、索引，（8）当地电话费，（9）传真费，（10）影印每张超过10美分或者律所影印费事实上更低。参见《跨国公司对外聘法律顾问管理的八大政策》，载赛尼尔法务管理微信公众号，2017年12月20日发布，最后访问时间：2024年10月12日。

② 2011年12月6日，国资委发布《关于落实中央企业法制工作第三个三年目标有关事项的通知》。

顾问队伍素质，全面提高依法治企能力"。第三个三年目标收官要求是完成好六项硬指标，即三项法律审核率①实现三个100%，总法律顾问专职率和法律顾问持证率实现两个80%，以及违规类重大案件②基本杜绝（三个三年执行效果③）。

2012年2月1日开始实施《企业法律风险管理指南》④（GB/T 27914-2011）。2013年7月24日，国家标准委发布2013年第11号国家标准公告：《关于批准发布GB/T 27914-2011〈企业法律风险管理指南〉国家标准第1号修改单的公告》，该第1号修改单系对条款6.3⑤进行修改，自2013年12月1日起实施。

2014年12月18日，国资委发布《关于推动落实中央企业法制工作新五年规划有关事项的通知》，提出"力争再通过五年努力（2015—2019年），进一步深化企业法律风险防范机制、法律顾问制度和法律工作体系建设，进一步提升合规管理能

---

① 三项法律审核指重要决策、规章制度、合同。"三重一大"指的是"重大事项决策、重要干部任免、重要项目安排、大额资金的使用，必须经集体讨论作出决定"的制度。政策依据为2010年6月5日中共中央办公厅、国务院办公厅发布《关于进一步推进国有企业贯彻落实"三重一大"决策制度的意见》，要求各地区各部门结合实际认真贯彻执行。

② 具体规制办法见《中央企业重大法律纠纷案件管理暂行办法》及《中央企业资产损失责任追究暂行办法》。上述两个文件已失效，仅为说明具体问题，供读者研究和参考。

③ 参见《高质量法治央企建设保障高质量发展》，载法治网，http://www.legaldaily.com.cn/Company/content/2022-10/19/content_ 8791655.html，最后访问时间：2024年7月7日。中央企业全系统建立总法律顾问制度的户数从九年前的90余家增至2584家。集团和重要子企业总法律顾问专职率接近80%。中央企业全系统法律顾问队伍超过2万人，其中持证上岗率达到83%。企业法治工作体系更加系统规范，企业法律风险防范机制逐步健全完善。"三项法律审核率"分别达到99.98%、99.68%和99.6%，企业因自身违法违规引发的重大法律纠纷案件明显减少。

④ 《企业法律风险管理指南》包括前言、引言、1. 范围、2. 规范性引用文件、3. 术语和定义、4. 企业法律风险管理原则、5. 企业法律风险管理过程、6. 企业法律风险管理的实施、附录A（资料性附录）法律风险识别框架示例、附录B（资料性附录）法律风险清单示例、附录C（资料性附录）法律风险可能性分析示例、附录D（资料性附录）法律风险影响程度分析示例，系在《风险管理 原则与实施指南》（GB/T 24353-2009）的指导下，结合我国企业法律风险管理的实践经验编制而成。

⑤ 修改前的条款6.3为：6.3 企业法律风险管理的组织机构及职能
企业可以根据现有的组织结构和风险管理职能设置原则，明确法律风险管理的组织架构、职责和内容。需明确：
——本企业法律风险管理的组织结构和人员组成，如外部法律顾问、企业内部法律顾问/法律部门/法律岗位等的构成关系；
——明确内外部法律风险管理资源的分工和合作方式；
——明确法律风险管理体系的制定、实施和维护人员的职责；
——明确执行法律风险应对措施、维护法律风险管理体系和报告相关风险信息人员的职责；
——明确企业管理人员及其他员工在其本职工作中有关法律风险管理方面的职责；
——建立批准、授权制度；
——建立考核方法、奖惩制度。
修改后的条款6.3为：6.3 企业法律风险管理的组织机构及职能
企业应设立专门的法律事务管理机构或者岗位，并明确其法律风险管理职责，具体包括但不限于：
——明确本企业法律事务管理机构或岗位的人员组成。大型企业应建立总法律顾问制度，设置企业总法律顾问，全面负责企业的法律风险管理工作；其他企业根据自身条件和管理需求，必要时可设置企业总法律顾问。

力和依法治企能力，中央企业以总法律顾问为核心的法律顾问队伍全面实现专职化，法律人员配备比例接近国际同行业标准，全部中央企业法制工作达到国内领先水平，三分之一以上企业力争进入世界先进行列，努力为中央企业改革发展、做强做优提供更加坚实的法律支撑和保障"。

2015年12月8日，国资委发布《关于全面推进法治央企建设的意见》。

2017年7月20日，国资委党委制定了《中央企业主要负责人履行推进法治建设第一责任人职责规定》。

2021年10月17日，国资委发布《关于进一步深化法治央企建设的意见》，助力"十四五"时期深化改革、高质量发展，"紧紧围绕国企改革三年行动和中央企业'十四五'发展规划，着力健全领导责任体系、依法治理体系、规章制度体系、合规管理体系、工作组织体系，持续提升法治工作引领支撑能力、风险管控能力、涉外保障能力、主动维权能力和数字化管理能力，不断深化治理完善、经营合规、管理规范、守法诚信的法治央企建设，为加快建设世界一流企业筑牢坚实法治基础"。

就企业合规建设，国资委在《对十三届全国人大五次会议第2530号建议的答复》中进行了系统性的总结：近年来，国资委深入贯彻落实全面依法治国战略部署，将合规管理作为国有企业法治建设重要内容加快推进，2016年在中国石油、中国移动等5家企业开展合规管理试点，2018年印发《中央企业合规管理指引（试行）》，编制一系列重点领域合规指南，2022年确定为中央企业"合规管理强化年"[①]，明确6方面20项重点任务，进一步推动企业深化合规管理工作。

此外，在市场的培育下，民营企业的法务职能体系建设，取得的进展以及发挥的作用，在某些方面，更引人注目。

2. 我国企业法务管理的问题

我国企业，尤其是国有企业的法务系统，虽然越来越受到重视，但是在重视与落地的实践中，却存在一定的差距。一些国有企业在"优化机构设置"中，对于独立设置的法律部或法务部，与企业管理部合并设置，甚至与一些看起来不甚相关的部门合并设置，比如与办公室或外事中心或国际业务部合并设置（仅仅可能是由于共属一个分管领导管理）。具体而言，我国企业法务管理存在以下一些问题：

（1）许多企业的治理结构中，没有将企业法务体系有机嵌套进去，无论是在董事会层面，还是在经理层层面，抑或是在董事会下设的专业委员会层面，企业法务体系的应有地位、职能，不凸显。企业法务更多工作是事务性的。

（2）企业法务与经营管理融合的深度、广度、宽度、长度不够，纸上谈兵，就

[①] 2022年8月23日，国资委公布《中央企业合规管理办法》，自2022年10月1日起施行。

法律论法律，对于交易内在机理理解不够，法务支持体系与交易人员之间缺乏一套共同的话语体系，在交易安全与效率中系统性地处理好业务发展与风险控制之间的关系的能力需要提升。

（3）企业法务工作的权威性需要提升。企业法务的权威性来源于其岗位设置的层级以及职能定位。2004年的《国有企业法律顾问管理办法》第二十四条列举了企业法律顾问10个方面的职责，进而逐步扩展到风险管理、规章制度管理，但基本还是以交易法律事务为主，较少涉及公司治理、政府事务等工作，这使得法律部门职能狭窄，法务人员晋级空间有限。

（4）企业法务工作缺乏战略性、整体性、系统性、规律性、管理性思维，企业法律风险管理体系的认知、建设、运行的持续深化有待时日。

（5）企业法务工作的标准化程度较低，导致工作质效不高。

（6）企业法务工作在原理上理论支持不够，在实操中技术方法不足。企业法务管理常用习惯性做法，缺少业内规范性的模型和技术，使企业法务和其他职能管理相比，一直在低水平的事务操作层面徘徊。

（7）企业法律顾问制度形式比较完备，但实践效果差强人意。

（8）企业法律意见独立性方面不稳定。无论是内部法律顾问，还是外部专业律师，受限于企业文化、聘用关系等因素，法律意见摇摆、不确定或模棱两可，极大影响了企业对法律专业的期待。

3. 我国企业法务管理的优化路径

企业法务管理工作面临的问题在各个企业中的具体表现不一，简单的问题导向方式不能有效解决。体系性、根本性、全面性地解决问题，应该通过认知提升、职能拓展、管理创新、意见独立，才能对企业法务工作进行系统性的变革和提升。

（1）认知提升

企业法务的认知提升，集中表现在以下四个方面：

①提升法务工作不同属性认知，匹配不同人员。企业法务工作从属性上看，可以分为两类，一类是专业事务[1]，另一类是兼具管理的专业事务[2]，前者关注具体专业处理，后者关注整体效能。

②提升法务定位认知。法务工作的定位要从服务与支撑向管理与决策的职能转变。

---

[1] 专业事务包括公司治理结构设计与调整、交易合同的审查、争议的处理、专业法律意见的出具、日常业务的咨询等。

[2] 兼具管理的专业事务包括合同管理制度、律师选聘与考核、法律风险管控、知识产权战略、法律人员培训、法律信息系统等，这些工作虽然与法律专业工作有一定的关联，但是主要是管理性的工作，完成这些工作不需要基本法律专业知识和技能，却需要相应的管理知识和技能。

③提升法务思维模式认知。法务人员的思维要从单纯的法律思维向兼具商业思维和管理思维方面转变。

④提升法务价值认知。法务不但提供行为规范，还提供一种制度资源，更是工作指南。

（2）职能拓展

总法律顾问的职级高低与职责范围，以及在企业治理结构中的位置，决定企业法务系统的作用与价值。总法律顾问的地位决定了其是否能够参与重大决策、合规事务、政府公共关系、竞争策略、知识产权、内部调查、证券事务，同时决定了其对公司规章制度起草、合同管理、诉讼及外部律师选聘等日常事务的决策程度。因此，提升总法律顾问的职级、赋予其更多的职责、摆正位置，以在全面的合同管理、知识产权管理、劳动用工法律管理、招投标管理、政府关系与监管、董事会秘书工作、全面风险管理、税务法律管理、牵头负责对外投资、兼并重组重大项目等方面发挥法务系统的更大作用。

（3）管理创新

管理创新包括两个方面：一是管理理论形成和完善，在法律风险管理领域出台了国家标准《企业法律风险管理指南》；在合同管理领域形成全生命周期管理；在案件管理领域形成全过程理论；同时形成了知识产权运营管理体系。二是管理技术和技能方面，主要集中在专业化程度高、工作量大的企业法务管理领域[①]。一些企业提出要从渗透业务全节点、赋能业务全链条、厘清权责对应关系、节省法务管理成本、提升法务职能效率五个方面，建设法务的数智化系统[②]。

（4）意见独立

法律意见的独立性，是一个相对的概念。企业法务意见的专业性是有效性的基

[①] 参见叶小忠：《中国企业法务管理面临的主要问题和创新发展》，载赛尼尔法务管理微信公众号，2017年3月29日发布，最后访问时间：2024年7月7日。目前有一定基础的有以下几个领域：法律风险管理，主要有风险识别技术、风险测评技术、风险评估技术等，特别是风险量化测评模型的建立，为企业法务管理引入了精细化的评估方式。合同管理领域，串行结构、并行结构、混合结构等三种合同审查流程的结构设计，为企业在效率和安全之间的平衡提供清晰解决思路；合同范本制定的模块化技术，为提高合同范本的质量和使用率提供了保障；合同审查的程序和审查要点的标准化技术，为解决合同审查的随意性问题提供了新的途径；案件管理领域，可视化的诉讼分析技术，让复杂的案件通过重要时间节点、案件当事人、关键法律事件和法律关系等维度，清晰地展现案件发展路径和关系；外部律师管理领域，长名单、短名单等律师管理库的使用，律师工作质量的考核指标体系建立等相关技术，使律师管理更加科学化。

[②] 法务的数智化系统要嵌入SaaS（一种基于云计算技术的软件服务模式）审批管理系统中，建设过程可以循序渐进。首先实现电子化，进行线上无纸化办公，完成流程的可视化。其次是数据化，实现数智一体化管理中的"数"，对法务系统中所留痕的数据进行再加工，得出经营分析数据，比如对合同中的相应条款进行分析，成为业务调整的指示器，赋能业务决策。最后是数智化，实现数智一体化管理中的"智"。提高法务工作效率和业务风控水平。比如实现合同AI智能审核，条款库等方式，过滤低级错误，提升一线人员写合同、看合同能力。

础，是独立性的前提。法律意见的独立性是企业法务权威性的根本，是企业法务体系发挥价值的根本逻辑。

三、企业法务系统的职责、管理及其价值再思考

企业法务系统的职责，是由该系统最高负责人的职级职位所决定的。没有设立总法律顾问的企业，法务系统的职责和其体现的价值，基本集中在事务性的工作上，除非企业主要负责人或高级管理人员对法律的认知与重视达到相当的程度，并且切实经过法律风险的洗礼。在此以一个设立了总法律顾问制度的企业为样本，探讨企业法务系统的职责、管理及其价值。

需要特别说明的是，在此所指的企业法务系统具体的体现形式可以是法务部、法律事务中心，或者内设在企业管理部的一个机构，或者是与合规、风控部门结合在一起的一个机构。

（一）企业法务系统的职责

即使在非因人设事的企业中，企业法务系统的职责范围，与总法律顾问或法务系统负责人的职责息息相关。这并不是管理上需要厘清的一个问题，而确实是一种现实的情境。

1. 总法律顾问是企业董监高与企业法务系统之间的桥梁，其在企业组织层级中所处的位置越高，法务系统拥有的权威及质效则越高

总法律顾问需要持续地、日复一日地展现出其具有实践价值的建议能力、判断能力、战略能力以及推进公司经营目标的能力，以此建立与董监高的密切联系，强化其在公司中的话语分量，进而参与公司的关键决定，并全面参与处理公司的各项活动。

总法律顾问的性格、品格、风格各不相同，也因此影响其在公司中的地位和作用，并影响整个法务系统的价值发挥。但无论如何，总法律顾问至少要以对待客户的心态对待公司，成为董监高的顾问和知己，同时还需要保持必要的独立性，这样一种平衡状态是为了使总法律顾问秉持一种正确的观念，以确保其职责作用的最大化。总法律顾问应该清晰与董监高之间的良性互动能帮助其预见各类法律问题，并采取预防性措施；而且，这种关系也影响到法务系统的独立性，影响到法务系统的职责范围，影响到公司对法务系统的信任程度，影响到法务系统成员的激励措施以及薪酬待遇。

企业及其法务系统规模的大小决定了总法律顾问更像一位专业人士，还是更像一位管理者。较小规模的企业，总法律顾问更可能是一位在本行业领域具有丰富实践经验的专业人士，亲力亲为地处理或聘用并监督外部律师处理法律事务。较大规模的企业，总法律顾问管理的职能会多一些，可能还会处理一些自己擅长的或对企

业具有重要意义的或高度敏感的或高度机密的事项。但总体而言，总法律顾问的工作主要还是管理法务系统并承担最终的责任，包括法务系统运行的原则、规则与程序，成本管控、岗位设置、人员培养、分工协作等。

从汇报线的设置而言，企业总法律顾问应该要求其具有能够与董事会或执行机构直接汇报或沟通重要法律事项的路径。

一些企业的总法律顾问是实实在在的公司高管。总法律顾问因此可能会被要求负责一些非法律职能的事项，比如政府性及公共事务、人力资源相关事务、房地产和保险事务，或者其他业务部门的相关事务。该种情形下，因为横向管理的需要，总法律顾问可能成为多个专门委员会或临时工作组的成员。

综合上述，如果企业的规章制度明晰总法律顾问的角色，比如"企业有权设立由董事会任命的总法律顾问，总法律顾问有权对与企业有关的所有法律事务行使总监督权"，那么，总法律顾问的职责及该职位在企业组织架构中的位置及重要程度，也就确定了下来。法务系统的职责也就定位于：在总法律顾问的主导下，法务系统应制定全面的政策来处理或监督企业的所有法务工作，对公司所有的法律活动拥有集中的权力，以保持工作的一致性并控制成本[①]。

2. 法务系统的一般职责

（1）制定企业日常运营的规则；

（2）采取有效措施，制定并实施相关行动方案以提高企业员工的法律意识，保证企业的经营活动遵守所有对其适用的法律、法规、规章；

（3）制定企业的行为准则并监督其实施；

（4）提供有质效的、具有实践价值的法律咨询、意见等服务；

（5）保护、维护和积极代表企业的利益，并积极利用富于想象力的方式协助运营单位和业务部门完成既定计划和目标；

（6）系统化公司运营领域的相关法律专业知识；

（7）保持一个平衡的、稳定的、梯次的法律顾问队伍，为公司提供后备管理力量。

（二）企业法务系统的结构和管理

1. 企业法务系统会在总法律顾问以及法务顾问之间设立岗位职级，以反映企业法务顾问不同的资深程度、专业能力和专业方向

一些企业的法务系统尝试更多的组织方式，比如在总法律顾问之下，设立首席

[①] 在现实中，不同企业，总法律顾问的职权范围差别较大。但是，为保证始终如一地贯彻公司的相关法务政策和合规要求，即使与法律事务相关的一些事项由企业其他人员负责，如税务、专利商标、风险管理和某些规则创设性的活动等，法务系统仍应提供咨询和协助。

法律专家，同时将管理岗的层级与专业岗的层级齐头并进，以便更好地匹配不同性格与不同发展方向的法务顾问。还有一些企业，尝试学习律师事务所的合伙制结构，将企业法务顾问分为合伙人和普通法律顾问，淡化不同岗位的头衔差异。

这些组织结构的"扁平化"尝试是有益的，这是由法律服务具有高度的个人个性特点所决定的。对于不同的具体法律事项，需要负责该事项的企业法务直接与管理层进行沟通，这样的法务服务，才原汁原味，才是最有效的沟通。转达表述，会失去一些场景感受、对微小细节的体验而触动得更进一步思考。

2. 通过具体效能导向，引导探索法务系统的组织管理模式

一个过度复杂的法务系统组织管理模式会弱化其反应能力，不能快速有效应对企业内部随时而来的法务需求。基于具体效能导向，日益扁平化与市场化是现代企业法务系统组织管理模式的演化趋势。当然，扁平化需要与有效的管理幅度相适应，也要面对中层岗位减少或消失后带来的业务指导的挑战。

（1）法务系统虽然服务于企业内部，但对法务人员的激励机制，应该是市场化的、结果驱动型的，以涵养法务人员的市场意识。只有具有市场意识，才能使法务人员的思维更跳跃、更敏锐，使法务人员更容易发现问题，更善于解决问题。

（2）法务系统本质上是一个成本部门，更应该采取某种机制，使法务人员更有事业成就感。

（3）制定清晰明确的法务人员职级晋升制度，在管理岗位有限的情形下，以专业岗位的职级设定解决管理职位有限与法务人员职业发展瓶颈的矛盾。

（4）法务人员的薪酬待遇取决于其具体的职责，也就是说，干的是什么活儿，负的是什么责，对应取得什么样的报酬。

（5）扁平化结构要求必须对正式的指导和培训计划予以特别的关注，认可和培育非正式的结构发挥作用，比如各种专业指导或学习机构。

具有上述效能的市场化、扁平化的组织管理模式，会使法务人员的工作质效极大提升。

一些大的企业的法务系统，成功试验了"合伙制律所"模式。比如一家企业的法务部设立了由7个人组成的管理委员会，负责本部门工作规则、预算安排、职级及绩效评定等职能。管理委员会4名委员由选举产生，3名委员由企业委任产生。管委会为法务系统各项决策的最高权力机构。采取合伙制律所模式的法务系统，企业法务的晋升路径与律所律师经过5年至7年可以晋升为合伙人的模式一样（如果在这样一个时间期间不能晋升为合伙人，则需要另谋出路），企业法务晋升为合伙人后，其薪酬待遇的种类将会丰富一些，包括股票期权激励、奖金激励等。企业的法务系统将细分不同的专业部门，法务人员如实客观记录其工作时间和内容，并据此向企业或提供服务的部门提供账单。

这样一种等级安排制度，已经最大限度地扁平化了传统的职级等级。虽然多数企业会要求法务系统的组织架构应与企业的整体组织架构和职级或等级的划分保持一致。但基于法务工作相对独立性的特点，企业确实可以借鉴律所扁平化结构所带来的益处。

3. 企业法务系统的有效运作除了运营模式以及管理体系的搭建以外，以下因素的考量，也是相当重要的

（1）工作报告体系以及监督体系应该成为法务系统的重要组成部分。

（2）根据发展以及现实需要，不断刷新审视哪些任务需要由内部法务来完成，哪些任务需要外包给外部律师完成。

（3）企业法务系统的一些事务可以由法律专业的人员来完成，以降低企业法务人员的平均"小时成本"。在企业法务系统的核心工作流程以及法务骨干确定以后，需要将辅助性的工作安排辅助人员处理，如重大诉讼或并购重组中的一些调查取证工作和文件收集工作等。

（4）企业法务系统需要通过数智化重新评估工作方法与工作程序，整合现有的工作、文档、系统，梳理工作流程、明确工作流程，根据法律事务的复杂性、价值、成本和风险来组织和安排，使其有限的资源发挥最大效用，真正实现组织功能的改进。

（5）聚焦于预防性法律工作和合规性教育计划上。

（6）数智化技术和组织的模式是相互依存与相互促进的。知识管理、检索分析、文件生成等，可以基础性地提高法务系统的质效以及对整个企业的实质性渗透与影响。

（三）企业法务系统价值再思考

随着企业法务系统的发展，一些已经发展相当成熟的企业法务系统的价值再造，成为企业管理层和企业法务系统自身不断碰撞思考的问题。

从企业管理层的角度而言，其在不断考量企业法务系统规模的适当性、成本的可控性、职责的伸缩性、服务效率的适度性、服务结果的实效性、外部法律资源的可配置性。从企业法务系统自身而言，也在不断思考为实现企业的任务和目标，所提供的法律服务的创造性、成本支出价值的可比性、识别实质性风险的现实性、合规问题的指引性、服务提供的便利性、合规经营责任的可承担性。在企业管理层与企业法务系统的双向奔赴中，企业法务系统更应在赋能企业发展上，反思企业法务系统的管理优化与数智化进步，反思企业法务系统的价值体系的再造。

1. 赋能企业发展，法务系统的首要价值是风险管理。未来时期内获得收入的不确定性、遭受损失的可能性是企业所面临的风险。风险发生于战略、信用、市场、法律、合规、运营、流动性、操作、声誉、信息安全等企业经营管理的各领

域、全流程。风险管理的价值就是使未来收入变得更确定、损失概率更小，确定什么程度的风险在日常业务运营中是可以接受的，并明确减少和解决冲突的替代方案。从法律风险管理的角度而言，企业法务系统可以设置风险偏好体系，建设风险数据和系统，完善风险治理架构，培育风险文化，参与风险识别评估、风险计量监测、风险报告、风险应对与处置全流程管理，在风险与收益之间权衡比较，得出妥适的决定。

风险管理存在两个极端：一个是单纯追求企业商业目的实现，无视法律合规底线；另一个是风险厌恶型的"唯风险论"，不行、不行就是不行，无替代或优化路径。法律风险管理其实就是在两个极端之间寻找到一个平衡点或支撑点，秉持"风险是消灭不了的""关上一扇门，打开一扇窗""每一次交易都是在两个或两个以上鸡蛋上跳舞"的理念，不过度忽视风险，也不过度畏惧风险，风险管理是交易双方距离的调控器，也是企业江湖行走的护栏。

2. 赋能企业发展，法务系统的现实价值是价值创造。企业的法务系统虽然是成本中心，价值创造也是法务系统存在的天然理由。一般而言，企业法务系统应该是交易达成的"安心丸""润滑剂"。企业法务系统提供的交易文本、交易模式、交易结构，能够使交易各方在一个共同的语境下讨论问题，降低磋商成本，提升交易成功的可能性。此外，企业法务系统通过企业商业秘密保护与反侵权、竞争与反不正当竞争、垄断与反垄断、倾销与反倾销、补贴与反补贴、竞业禁止与同业竞争、关联交易与回避表决等单一或组合措施，来遏制竞争对手、巩固优势地位、争取商业先机、维护企业良好的经营环境这一最大的现实价值。

3. 赋能企业发展，法务系统的理想价值是战略超越。企业战略规划、提升、决策需要企业法务系统的全面合规性评估、合法性评价，以判断战略的可能性障碍及可执行性，包括行业政策的阻遏因素、法律规定的抑制因素，进而超前性提出可实践的优化方案和部署的完善措施，实现战略超越。

4. 赋能企业发展，法务系统的社会价值是共生共赢。ESG[①]项下的企业价值是所有利益相关者，即股东、职业经理人、员工等内部主体，以及债权人、债务人、消费者、国家、社会各个外部主体不同价值形态与价值追求的全面实现。而这一切，需要企业法务系统帮助企业建立起良性的治理结构方能实现所有利益相关者的共生共赢。

---

① E：Environmental（环境）、S：Social（社会）、G：Governance（治理），ESG 也就是这三个英文单词的缩写。是一种关注企业环境、社会、公司治理绩效而非传统财务绩效的投资理念和企业评价标准。参见《全网都在说的 ESG 到底是什么?》，载 Quality 质量与检验微信公众号，2024 年 5 月 17 日发布，最后访问时间：2024 年 10 月 12 日。

（四）企业法务系统职责介绍实例

1. 实例一：部门简介[①]

XYZ 公司法律部的组织和运作与具有可比规模的律所较为相似，是国内法律界公认的领先者。XYZ 的 23 名公司法律顾问来自全国各地，具有不同的背景和经验，组成一个多元化的大家庭。XYZ 公司运作的法律环境复杂，公司的法律顾问需要为公司及其遍布 50 个州及海外多个国家的子公司提供专业的法律服务。法律服务的主要领域包括：

公司业务的法律支撑——为公司业务交易及相关活动提供法律建议、咨询意见并协助进行商业谈判，包括为公司融资、全面商业计划等提供法律意见；相关证券活动的法律支撑；大型建设和大额交易协议、计算机软硬件协议、政府事务、不动产、专利、知识产权、税务、合资企业建立等相关工作的法律支撑等。

收购与分立的法律支撑——为涉及收购与公司分立等复杂法律问题提供法律支撑。

融资活动的法律支撑——为大型贷款协议、股票发行、债券发行、债务重组和项目融资等活动提供法律支撑。

诉讼业务——处理在产品责任、人身伤害、反垄断、劳动用工等各领域发生的各类诉讼。

自然资源类法律事务的处理——积极处理大量环境法方面的事务，如矿产、石油、天然气开采和利用的程序，水电和热能的发展及管理、开采林木或其他自然资源方面的法律事务等。

XYZ 公司法律部拥有现代化的办公环境，使用先进的计算机系统，拥有一个专业的文字处理中心、6 名助理、1 名全职计算机专家和 2 名能干的行政助理。XYZ 公司法律部重视员工培训和专业发展，团队内部持续开展资深法律顾问领导下的各类针对法律顾问的辅导计划、法律专业继续教育（CLE）课程及其他各类法律公益性活动等。

XYZ 公司法律部重视自身组织结构优化，关注客户关系的提升，公司内部法律顾问职业道德和专业化水平高，并因此被多家出版物广为报道。

2. 实例二：任务说明样本[②]

公司法律部的主要职责和任务是：为公司的整体政策提供法律支撑，在公司与其利益相关者之间的争端出现前，要采取预防性措施预防争端的产生；当争端出现后，要公平合理地解决争端（这些公司的利益相关者包括：客户、政府、雇员、监管机构、股东、管理层、工会、供应商、所在社区、债权人、公众等）。

[①] ［美］卡罗尔·巴斯里、欧文·卡根：《公司法律部》（第三版），中国电信组织编译，法律出版社 2010 年版，第 33—34 页。

[②] ［美］卡罗尔·巴斯里、欧文·卡根：《公司法律部》（第三版），中国电信组织编译，法律出版社 2010 年版，第 70—71 页。

为了实现这一任务和目标，公司法律部应该：

（1）在公司各部门中，成为值得信赖的首席监督者；

（2）通过提供优质的服务为实现公司管理层的目标作贡献；

（3）向高级管理层提供法律建议。

在其所有活动中，公司法律部将努力提供如下法律服务：

（1）高品质的法律服务

①独立的态度；

②渊博的法律知识；

③准确、全面地发现事实；

④有逻辑的专业分析；

⑤审慎地进行风险评估。

（2）以客户为中心的法律服务

①理解客户的目标；

②解决问题的态度和工作方法；

③富有创造力地开展工作。

（3）及时响应的法律服务

①及时提供各类法律支撑；

②根据公司管理流程，主动提供法律解决方案。

（4）高效的法律服务

①经济有效地平衡利用内部和外部法律资源；

②根据风险和收益平衡适用法律。

这样的职责和任务说明应该告知读者如下信息：

（1）本部门与其他部门之间的关系（例如，是顾问、监督者还是政策制定者等）；

（2）本部门在帮助公司实现公司目标方面的地位和角色；

（3）本部门分享的价值观或思维模式，以及这些价值观怎样反映出本企业的文化。

每年应对部门的战略计划进行重温，明确并强调一个或两个本年度要实现的基本目标，然后总法律顾问应该和公司法律部的每个成员就本年度的任务目标进行沟通。这些部门目标，应通过各种机会不断向本部门成员强化，部门成员为部门目标的实现而作出的贡献应该得到奖励。

第二节　外部律师与企业法务的结合

当前，我国不少企业已经建立起了自己的法务系统以解决企业面临的法律问题。但是，对于一些法律事务，企业会选择委托给外部律师，而公司的法务部的作用是使用好律师、管理好律师，更好地发挥律师的专业作用。这种内外结合、以内为主的模式是当前我国大多数公司处理法律事务时的主要模式。

通过发达国家在企业法律事务管理方面的实践与经验，我们可以发现：受到高度重视的企业法务系统的构建通常不仅限于建立专门的企业法律部门，而多采用企业法务部门与外部律师共同开展工作的企业法律事务管理模式。因为面对日益复杂的市场和激烈的竞争，单一的企业法律事务管理模式已不利于企业的全面发展及风险抵御，企业内部法务人员与外部律师相结合的双轨制，能够更好发挥企业法务系统的价值。

一、企业法务系统特有的法律服务

（一）预防性的法律服务与响应性的法律服务

1. 企业法务日常工作在企业，易于理解企业意图，了解企业战略，使其有机会预见可能的法律问题并展开预防性的、前瞻性的工作，这是外部律师所不具备的优势。

企业法务的该种信息优势包括两方面：一方面，是对企业事务的了解，可以提升企业法务提供法律服务的及时性、有效性；另一方面，是基于对企业使命、价值观以及战略的了解，可以使企业法务发现业务人员认为可能是无足轻重的重要因素，可以提升企业法务提供建议的质量。此外，企业法务的这种信息优势，在面临无论是紧急问题还是突发事件时，可以节省收集相关背景信息、进行事实调查的时间，进而减少成本支出。

2. 为提高企业法务系统的效能，企业法务人员应当不断进行服务理念的"营销"：事前寻求建议，预防性法律工作才能有效；事后寻求帮助，属于危机应对。

企业法务系统应更早地参与业务部门各类计划性活动的制定，预测问题与后果，并提出建设性的解决方案。

3. 预防性、前瞻性的工作并不能避免所有问题的发生。当出现投诉、争端甚至危机时，企业法务系统应该灵活、快速、高效地评估，以因事因时因势地反应、响应。

（二）合规体系的搭建

深思熟虑、源自认同、量体裁衣、切实可行、易于理解的企业合规体系，能够极大提升法律风险的预防效果。在此情景下，企业法务更像是一名法律与合规意识的倡导者、身体力行的参与者，而不是一个督察者。

一个有效的合规体系搭建，包括以下重要的因素：决策与管理层强有力的支持，配套的企业政策，深入而广泛的研讨以及培训，实实在在的评价性审查，文档留痕保管机制。

(三) 法律审计

1. 法律审计是指对企业运营有关的法律事务进行周期性的审查，包括企业改制重组、可行性方案设计、合同文本管理、反垄断与环境事务、关联交易的程序及认定、产品责任、雇佣关系、治理制度、信息披露、国别监管差异等。简单地说就是筛选、查找、反思、评估相关法律风险。

2. 法律审计的目的包括：

（1）针对企业的重要交易所涉及的法律问题，确保能够同时遵守现有政策，并兼顾变化着的法律和业务环境。

（2）面对新的业务实践、立法、司法裁判或行政决定，潮起潮涌的市场变化，确保既不错失良机，也能管理风险。

3. 法律审计的主体视审计事项而定：

（1）一般企业业务运营的法律审计，由资深企业法务完成，他们了解企业规则政策、交易实践以及过往信息。

（2）公司治理方面的法律审计，由总法律顾问完成（必要的时候可以聘用外部律师）。

（3）非法行为或违规行为，一般由企业法务进行审查的具体工作（外部律师可以就步骤和程序提供咨询）。

4. 法律审计的发起方式取决于审查业务活动的性质和范围。比如，企业对一个行为可能引起的重大不利后果感到忧虑，则由董事会或 CEO 作出决定并指挥法律审计是必要的。

5. 法律审计的方法，包括面谈以及文件审查。面谈的对象包括企业的所有人员，但在必要的时候应该避开问题人员。文件审查包括计划文件、财务文件、业务运营文件、通信、合同、工作日志、开支报表和计算机材料的其他记录。

6. 法律审计结果如何使用，取决于是否发现违法行为或可以采取的补救措施是什么，以此决定采取书面报告的方式还是口头汇报的方式，并根据企业指示采取相应的后续措施。

(四) 诉讼评估或审计

诉讼评估或审计是一种预防性法律工具，通过浏览现有监管、立法和司法环境以及媒体动向，洞悉潜在的法律变化，研究对企业业务和诉讼的趋势性影响，并将该种可能的趋势性影响整合到企业法务系统以及企业的交易流程中，以最优化企业的诉讼境况，并帮助避免诉讼。

诉讼审计的前提是观察并分析企业或社会类似诉讼的共同特征，这些共同特征背后内含了企业运营过程中什么样的问题，以此审查并修改交易行为、交易流程、交易文件，避免诉讼陷阱。

诉讼审计通过对比交易相关文件法庭与企业理解的差异，对于一些法律问题敏感度法庭与企业感知的差异，来倒逼企业重新刷新、升级相关文件系统。

戴维·西尔弗斯坦（David Silverstein）教授所描述的诉讼审计的基本组成如下①：（1）一名经理认识到一个可能影响公司发展的法律问题，该问题还没有被包含在立法或司法决定中；（2）这名经理判断此问题将向哪个方向发展演化以及以多快的速度发展；（3）这名经理决定如何最好地应对。

（五）应对监管调查

任何监管调查应被第一时间通知到企业法务系统，企业法务系统应该按照流程应对监管调查：

1. 表现出配合与合作。
2. 善用监管调查程序。
3. 根据调查要求收集数据或文件。

（六）利益冲突

企业法务系统应该制定企业与员工之间的利益冲突规则，承担发现、审查、处理或推荐行为方式的责任，通过解决个案来评估某种冲突行为是否属于需要纠正的一个利益冲突类型。

（七）企业法务的内部意见

企业法务系统的内部意见由谁签名、如何使用以及使用的范围，每家企业都不一样。但是，毫无疑问，企业法务系统的内部意见会涉及很多领域，包括交易的合法性分析、并购重组、企业达成交易所必需的授权、交易的可履行性等。与外部律师的法律意见相比，内部意见的可担责性较弱。

（八）危机咨询与管理

企业法务系统应该成为制定和执行危机管理应对的主体。因此，企业法务系统应该制定危机应对预案：组建一个危机应对团队，保持 24 小时不间断联系；注意信息以及信息来源的可靠性；统一对外发布信息；到位的技术支持；提供帮助给需要的员工或公众。

（九）文档保存与管理规则

企业法务系统的重要职责之一，是维护和控制企业的文档保存系统。这些文档包括：

---

① ［美］卡罗尔·巴斯里、欧文·卡根：《公司法律部》（第三版），中国电信组织编译，法律出版社 2010 年版，第 166 页。

1. 企业法务系统处理过的任何文件。

2. 与争议相关的文档。

3. 监管机关向公司发出的任何文件。

文档管理的基本原则是：有序合规使用文档；免于未授权的披露或不当及错误使用；免于遗失；免于毁损。

（十）非法律事务的处理

1. 公司秘书。比如起草董事会议程、做会议记录，并处理董事会后续事宜和其他公司内务管理职责。

2. 起草或审核公司的对外公开文件，确保信息披露的正确性、充分性和合时性。

3. 企业经营管理过程中任何可能需要企业法务系统参与处理的事务。

二、企业法务与外部律师的服务范围和角色

（一）服务范围

1. 企业法务系统应处理的任务

（1）一项服务要求充分了解企业及其员工，且获取信息的成本较高。

（2）服务的性质是重复出现的。

（3）具有提供服务的专业能力。

（4）符合就近提供服务的原则。

（5）提供的是预防性法律服务。

（6）服务涉及专业性较低，比如助理性的工作，或者 IT 支持，或者文字处理，企业法务系统自己处理成本更低。

（7）企业法务系统可以驾轻就熟地提供服务而不必耗尽所有法务资源。

（8）服务有助于企业法务的能力增长。

（9）服务与企业政策息息相关，企业法务处理更为便利有效。

（10）服务无需外部律师发表意见。

2. 外部律师可以处理的服务

（1）对于服务所需要的信息易于获取。

（2）服务的性质是低频率出现。

（3）服务所要求的专业技能企业法务系统不能提供。

（4）不符合企业法务系统就近提供服务的原则，而且外部律师完成服务的专业、资源更为便利与效率。

（5）服务工作量大，企业法务系统无法按时保质完成。

（6）某一项服务企业法务的资源不能支撑，外部律师更能高效完成。

（7）服务涉及敏感问题，外部律师较为可靠客观。

（8）服务涉及大量的法律分析以及司法解读。

（9）根据监管要求，需要外部律师发表独立的法律意见。

（10）交易各方需要第三方的法律意见。

（二）角色

1. 企业法务系统的角色

（1）确定在此次服务中所要达到的目标。

（2）列明外部律师的角色和职责。

（3）制定策略和预算。

（4）监控策略执行情况和开支状况。

（5）审批策略和预算的重大变化。

（6）提供及时的内部信息给外部律师。

（7）向企业报告服务情况及项目进展。

（8）协调企业人员与外部律师之间的联络。

（9）应该由企业法务完成的分内工作。

2. 外部律师的角色

（1）要求企业明确界定服务目标。

（2）清晰理解自身的角色。

（3）参加关于服务策略的研究，并预估服务费用。

（4）重大策略改变应征求企业意见。

（5）及时报告服务进展情况。

（6）根据需要最大限度地使用企业法务系统的资源。

（7）谨慎提交研究成果和法律意见。

（8）严格按照聘用协议提供服务。

三、外部律师应具备的素质及具体服务事项

（一）具有企业战略规划意识

企业战略解决的是公司使命、愿景以及价值观的问题，并以企业文化的形式综合体现出来。

企业法律实务处理的是企业经营管理过程中的法律问题，因此与企业战略紧密结合，换言之，没有战略意识的企业法律实务，是没有方向、没有深刻内涵的法律实务。那些深谙公司战略的外部法务律师与仅注重技术操作细节的外部律师，对公司经营管理目标的理解是截然相反的，以至于在提供法律服务时对相同的法律实务问题，其处理的方式、解决的路径迥然有异。

而该种差异，决定了外部法务律师提供的法律服务是否具有现实的正当性及远

期的前瞻性。深具战略眼光的外部律师，在对法律实务问题的处理及把握上更具艺术性，从而使交易的安排更具有前瞻性、适切性和可操作性。

因此，在企业战略视角下，外部法务律师应该注重以下方面：

1. 搭建战略性的法务资源系统

为保障实施企业战略，管理层应在战略目标的控制之下，与外部法务律师一同搭建本企业的法务资源系统。该法务资源系统不但能够理解、识别、降低战略讨论与实施中的一些法律风险，而且能够同时开发合规情形下的机遇。

不同的企业类型，所搭建的法务资源系统的模式及运行方式也是不同的。为发挥法务资源系统的最大功能，企业可以依据地域布局，也可以依据业务门类，还可以通过部门结构来搭建法务资源系统，发挥法律功能的最大作用，以执行企业的各项战略。

2. 熟悉企业的各个战略细节

企业战略对一个企业来说是非常重要的，外部法务律师必须熟悉企业的每个战略细节，针对具体战略规划好具体的法律方案。然而熟悉企业战略的首要前提就是了解企业及其所在的行业，因为不同企业的战略目标是截然不同的，其实现方式也是不同的。

了解企业及其行业的外部法务律师应该具备以下条件：第一，具有财务和会计方面的敏锐度。作为企业法律服务的提供者，拥有一定程度的财务和会计方面的敏锐度是非常必要的，这些敏锐度能帮助我们了解可能存在什么样的附加信息或者应该获得什么样的附加信息，以此来做出更好的决策。因此，业务熟练的外部法务律师会将有效的法律行动从不必要的内部活动中分离出来。第二，能够快速建立起信任关系。业务熟练的公司外部法务律师应该能建立起信任关系，因为他们既与各个法律组织进行横向业务往来，同时又纵向地与各类客户组织打交道。他们虽然不一定必须参与各个具体商业团队的事务，但至少应获得来自这些团队高效且有用的信息。他们应具备能够与不同团队一起工作，并听取和理解相互抵触观点的能力，从而整合各种观点以做出最佳决定。

3. 结合具体法律法规制订好法律方案

外部法务律师应熟悉具体战略所涉及的法律问题，并制订好相关法律方案。外部法务律师必须认真研究每个具体战略环节及其涉及的法律法规、国家政策，积极应对这些战略环节中将遇到的问题。

一般而言，在制定企业战略时要考虑的法律法规因素有：第一，企业市场营销战略涉及的法律法规。企业市场营销的概念会在不同文章的论述中存在差异，总体而言，是指企业在以经营利润为主要导向，对企业产品的生产、设计、包装、定价、存储、运输、销售、服务等各个环节而做出的总体规划。因为产品的市场销售囊括了企业产品的各个环节，因此市场营销战略需要考虑的法律法规非常广泛，涉及《民法典》《消费者权益保护法》《广告法》《商标法》《反不正当竞争法》《产品质量法》等。第二，企业投融资战略涉及的法律法规。企业在发展过程中，基于各种理由会有投融资的需求，而投融资战略选择不仅直接影响企业的获利能力，而且还会影响企业的偿债能力和财务风险，因而在企业运营发展的过程中至关重要。通常而言，企业投融资行为多样，如股权投资、信托投资、发行股票、发行债券、银行贷款等，这就要求外部法务律师在制定、审核公司投融资战略时熟悉《公司法》《证券法》，以及所有相关的司法解释、部门规章、专业或行业协会的指引等规范性文件，并且企业投融资战略大多数涉及财会、税务、相关技术等背景知识，因而一般也要求外部法务律师不但是专业律师，而且是行业律师、技术律师。第三，企业人才开发战略涉及的法律法规。人才开发战略是企业发展的核心战略，企业的人才及人力组织架构在很大程度上决定着企业的现在和未来。外部法务律师应当与企业人力资源协作制订好人才培养实施方案，这些方案的制订必须严格依照我国劳动合同法、劳动法以及各地政府制定的相关实施细则。

(二) 具有企业风险管理的整体意识

20世纪80年代，我国提出了对企业风险控制的研究。一方面，各种所有制企业的出现和跨国公司的进入丰富了我国公司企业的种类；另一方面，改革开放的创新举措和高新信息技术的高速发展使得市场经济快速发展，企业作为市场经济的最重要的主体经济参与度越来越高。企业一方面迎来了巨大的发展机遇，另一方面又面临前所未有的风险。在此背景下，法律学者、法律实务从业者等对企业风险控制的研究也日益蓬勃。

2006年6月6日，国资委公布《中央企业全面风险管理指引》(以下简称《指引》)。《指引》第三条对企业风险作出了界定，即企业风险是指未来的不确定性对企业实现其经营目标的影响。企业风险一般可分为战略风险、财务风险、市场风险、运营风险、法律风险等；也可以能否为企业带来盈利等机会为标志，将风险分为纯粹风险(只有带来损失一种可能性)和机会风险(带来损失和盈利的可能性并存)。上述定义只是将法律风险列为企业众多风险之一，但如上文所述，企业战略及运营的各个环节均涉及不同的法律法规，法律风险在很大程度上体现在企业的诸如战略、财务、市场及运营风险上，因此，企业风险从某种程度上说会通过法律风险予以体现，法律风险已经成为企业最常见的风险之一，也是导致众多企业运营失败的重要因素。

而外部法务律师的作用之一正是对企业的风险进行管理，他们不仅从正面研究问题，更擅长从反面提出疑问，对法律实务中出现的涉及方方面面的问题有更全面的了解和研究，对法律风险的管理也通常具有常人不可比拟的敏感性。比如，某企业准备修订本企业的员工手册，为保证企业财产的安全，规定每位职工在入职时必须有第三方提供担保。作为从事劳动争议案件的律师就能很敏锐地判断，该条款是否符合我国相关劳动法规的规定，如果违反相关法律规定的话，企业要承担怎样的后果。而这些问题往往被企业一般行政管理人员忽视，他们总是在风险转化为现实时才能意识到该行为的不合规性。从这个角度来看，外部法务律师对于企业管理行为看似在挑刺，却恰恰在为企业管理行为的合法合规性进行把关。

从源头上，笔者认为企业法律风险来源于纵向的政府管理（包括市场监管、税务、劳动和社会保障、行业管理等）和横向的交易行为（包括企业与各类市场主体契约合作以及竞争行为）。从表现形式上，企业法律风险主要表现在企业设立中的风险、企业治理过程中的风险、企业合同管理过程中的风险、产品责任风险、涉税风险、劳动关系纠纷、知识产权纠纷、环境风险八个方面。

1. 企业设立中的风险

企业设立中的风险一般是指现代企业设立过程中在企业类型、出资方式、股权架构等方面所产生的风险。主要表现形式及防范措施如下：

（1）企业出资纠纷风险。企业出资纠纷在现实中主要表现在股权代持中，隐名出资人和实际出资人的股东权利义务纠纷、股东出资资产形式及金额不符合法律要求产生的责任纠纷、股东出资不实及抽逃资金产生的民事责任纠纷。

针对该类法律风险，外部法务律师在企业设立过程中应该做到以下方面：①建议客户尽量避免隐名投资，选择其他方式替代隐名投资，实在无法找到替代方案时，建议企业设立者寻找自己非常信赖的人作为自己的显名投资人，以保障投资者自身的权益；②建议出资人对非现金资产进行严格评估，并建议以符合法律规定的资产出资，在投资协议中明确出资不符合法律规定以及日后抽逃出资的责任归属，并进行法律公证。

（2）股权转让纠纷风险。该类型的风险主要包括股东擅自转让股权引发的纠纷、股权转让双方关于公司债权债务约定对公司及其他股东产生的风险等。

针对该类法律风险，外部法务律师应该做到以下方面：①明确掌握相关类型企业股权转让的限制条件；②界定股权转让后转让方及受让方对企业债权债务承担的范围，并且要查清股权对应的企业的债权债务情况，以免在股权转让后，产生对企业债权债务承担者及金额不明情形的出现；③掌握相关类型企业股份转让的程序，需要登记的应建议登记。

2. 企业治理过程中的风险

该类型风险主要包括企业董监高违反忠实与勤勉义务的风险、股东与企业权力机关的纠纷等。

企业董监高违反忠实与勤勉义务，严重损害了企业利益及形象。导致这种现象出现的原因是多种多样的，最主要的是一些企业未能按照《公司法》的要求建立起有效的公司权力机构，或者公司权力机构形同虚设。为防范这种现象的出现，作为外部法务律师应做到：（1）建议企业按照法律规定，建立起合理的公司治理机构以进行有效的激励与制衡；（2）建立法律风险管理以及合规体系；（3）法律议事的培训；（4）涵养与企业生存结构相适配的正向企业文化。

股东与企业权力机关的纠纷也是企业治理过程中经常出现的现象，导致小股东利益受损、治理僵局等情形。对此，外部法务律师应做到：（1）对于诸如有效的合伙架构、自然人直接结构、控股公司架构、混合股权架构、海外股权架构、契约型架构等不同的股权架构适用的情形有深刻认知；（2）对于多轮融资的 AB 股权架构、优先股架构、委托投票权、公司章程特别约定等股权类别有深刻认知；（3）对于同股同权前提下股权比例对表决权的影响有深刻认知[1]；（4）最重要的是，对于企业治理结构的原理有深刻认知。

3. 企业合同管理过程中的风险

企业合同管理风险主要是指企业在合同订立、生效、履行、变更和转让、终止及违约责任的确定过程中，因合同管理不善而造成利益损失的可能性。企业常见的合同管理风险主要有：合同对方主体是否适格风险、合同是否有效风险、合同是否有效履行风险等。

针对企业合同管理风险，作为外部法务律师应做到：（1）严格按照《民法典》《公司法》等法律法规的规定来审查与企业订立合同的对方是不是适格主体，合同的形式是否符合法律法规要求，前者例如无行为能力自然人、未得到企业授权的企业职能部门、未得到授权的代理人以及超越权限的代理人、未取得营业执照的企业、被注销或撤销的企业等都不是订立合同的适格主体，后者例如抵押合同必须以书面形式订立，否则合同不生效。（2）在拟定合同条款或者审查对方拟定的合同时，应该斟酌每一条款，将可能发生争议的地方做详细说明，对合同涉及的标的物的性能、用途等相关指标不了解时，要征求相关技术人员或管理人员的意见，以便更好地拟定合同的条款，避免在履行合同过程中产生不必要的纠纷。（3）建议企业对合同的授权进行严格管理，保管好企业的空白合同、印章，要及时收回授权，以避免被授权人滥用权力与他人签订合同，导致企业产生不必要的损失。（4）重大投融资合同的审核，比如私募股权投资合同、合资合同、信托合同等，应该了解所属

---

[1] 一般情形下，股东持有公司的股权比例为：67%绝对控制权，有权修改公司的章程、增资扩股；51%相对控制权，对重大决策进行表决控制；34%否决权，特定事项的决策可以直接否决；20%界定同业竞争权力，比如上市公司可以合并报表，影响上市；10%有权申请公司解散，超过公司10%的股东有权召开临时股东大会；5%股东变动会影响上市，上市公司超过5%的股权变动就要公告；3%拥有提案权，上市公司持有超过3%的股东有权向股东大会提交临时提案。

行业的话语体系以及交易逻辑。

4. 产品责任风险

该风险是指企业生产的产品有缺陷而使消费者人身和财产遭受损失，该企业应负责任的风险。一般来说，制造业企业会面临该类风险。引发产品责任的原因包括产品设计缺陷、制造缺陷、说明警示不足等，这些都有可能导致许多意料不到的损伤事件的发生，给企业带来严重的经济和信用损失。

针对该类法律风险，外部法务律师应做到：（1）按照《产品质量法》及相关行业的质量标准，严格监管企业生产制造行为；（2）严格拟定、审查与供货商、分包商、销售商签订的合同，通过合同中有关责任的限制条款将产品质量风险转移至供货商、分包商、销售商，限制生产商的责任；（3）与保险公司签订保险合同，做好事后补救工作准备；（4）当发生产品质量问题及由此产生赔偿责任问题时，应当及时有效地为企业提供法律咨询及解决方案。

5. 涉税风险

涉税风险是指企业未能正确有效遵守税收法规而导致企业未来利益的可能损失。涉税风险存在于复杂的社会经济环境中，导致当企业面临越来越复杂的税收政策体系、越来越复杂的市场交易行为时，税收问题较多、风险较大。征税是政府的权力，而按时纳税是企业所必须完成的义务。任何偷税漏税等行为都将会使企业遭受严重的制裁。

针对该类法律风险，外部法务律师应做到：（1）帮助企业树立"依法纳税，不偷税、不逃税"的理念；（2）在增值税方面要注意：增值税销项税是否计算完整、准确，进项税抵扣是否合规，增值税专用发票使用和管理是否合法；（3）在企业所得税方面要注意：应纳税所得额的计算，税前支出扣除的有关规定，有关税收优惠政策的规定。

6. 劳动关系纠纷

劳动关系法律纠纷是众多企业会面临的问题。比较常见的劳动纠纷包括未签订书面劳动合同、劳动合同内容违法、违法单方解除或终止劳动合同，以及因工伤、保险、工资和劳务派遣产生的劳动争议。自我国《劳动合同法》颁布实施以来，劳动关系法律纠纷增多，而且经员工提请劳动争议仲裁后，企业败诉的情况也比较普遍。这从某种程度上说明，企业在处理裁员、辞退员工、解除劳动合同上还缺乏应有的管理知识和法律知识。

针对该类法律风险，外部法务律师应做到：（1）认真审查企业劳动合同的合法性，一定要掌握劳动合同的必备条款、可备条款和禁止条款；（2）强烈建议企业按照《劳动法》《劳动合同法》等的规定及时与员工签订书面劳动合同，明确约定劳动者和企业间的权利义务关系；（3）建议企业慎重解除劳动合同，在非法定解除劳动合同的情形下，尽量与劳动者友好协商解除合同，并在解除合同后要催促企业及时为员工办理相关的手续，避免损失的扩大；（4）在劳动合同履行过程中，建议企业严格按照劳动合同的约定，提供相应的工作条件、薪酬待遇、缴纳保险以及休假安排。

7. 知识产权纠纷

知识产权是一种非物质形态的特殊财产，多数企业没有意识到或没有关注企业知识产权的保护问题。企业的核心竞争力与企业的知识产权是密不可分的，知识产权包括商标、著作权、专利、商业秘密等，知识产权法律风险包括自己的知识产权被他人侵犯的救济风险和侵犯他人知识产权的违法风险。[1]

针对该类法律风险，外部法务律师应做到：（1）建议企业通过强化企业内部规章制度予以严格保护，如制定保密制度、与技术人员签订保密协议等。同时根据法律规定，做好相关的商标权、专利权的申请工作，做好知识产权维护的防御工作。（2）熟悉相关知识产权法规，认真审核企业知识产权应用过程，防止侵犯他人知识产权行为的发生。

8. 环境风险

环境风险主要是指企业在发展过程中对环境的污染和破坏，从而导致企业受损。当企业向环境排放污染时或者将危险引入脆弱的环境周围时，就会出现这方面的法律风险。针对该类法律风险，外部法务律师应做到：（1）在企业选址时，应综合各种规划、法规、环境容量、环境风险、与环境敏感目标的距离、生态环境敏感性、风向等多种因素进行比较；（2）督促企业严格执行环境影响评价制度，尤其在进行土地开发或不动产建设方面；（3）建立环境污染应急机制；（4）建议企业与保险公司签订环境污染责任保险合同，转移环境风险。

（三）外部律师的具体服务事项

当前，外部法务律师在企业中的参与度越来越高，但通常会就公司的法律咨询、合同审查、案件纠纷和项目谈判等传统问题提供相关的法律服务。众所周知，现在越来越多的公司董事会和管理层在重大事项决策前要先征询外部法务律师的意见，这些重大事项既包括公司重大的投资并购、采购销售、上市融资等项目，也包括影响重大的诉讼纠纷、公司品牌质量和政府公共事务沟通等危机处理。优秀的外部法务律师的意见往往对企业的重大交易有着重要影响，当然要做到这一点，外部法务律师不仅需要具备优秀的法律专业能力，还需要对公司的业务、风险等如数家珍，以及与公司管理层形成良好的沟通与反馈，外部法务律师在这些方面做得越好，他出具的意见显然越有分量和针对性，也越会受到高层的重视和信赖。

---

[1] 金华：《浅议我国知识产权保护》，载《华人时刊》2012年第1期。

1. 法律合规审查

合规审查是外部法务律师的重要职责之一，传统意义上的合规一般指企业各环节是否符合法律法规的规定。随着政府监管的加强，企业不得不更加关注企业的合规遵循。

一个大型企业，尤其是跨国企业遇到的合规审核问题常常千奇百怪，涉及公司产品、研发、市场、人力、财务等各个方面。这时，考验的便是外部法务律师的智慧和能力：通过专业的法律和其他专业知识，以及丰富的实务操作经验，他们可以非常敏锐地发现公司潜在的违规事件，之后反馈到公司高层引起重视并督促其进行违规事件的相关治理。

2. 合同起草和审查

说大部分商业风险是由合同产生并不夸张。正是这样，外部法务律师在公司合同的审核和管理方面需要花费大量精力，他们不仅要为公司需要签订的每一份合同出具法律意见，而且需要严格规范公司的合同模板以及配套合同条款的使用指引和风险条款的升级规则，这些方面都需要法律顾问提前做大量的潜在调查工作，预先考虑很多潜在的风险。通常，公司内部法务在合同审查方面最容易犯的毛病是合同审查意见不接地气，换言之，就是给出的法律意见与法律很贴近，但是与公司实际业务太遥远，对实际业务没有指导意义，或者并不考虑促成交易的终极目标，而只是简单给予是或否的答案，让业务部门无所适从。因此，外部法务律师需要更加熟悉和贴近业务，使出具的意见更易被业务部门所接受，这样才能发挥合规风险控制的真正作用。

3. 知识产权管理

公司的知识产权业务通常是外部法务律师继合规管理之后主管的第二大传统业务，特别是在近几年TMT（Technology Media Telecom，数字新媒体产业）行业掀起的全球专利战争的背景下，任何一个聪明的外部法务律师都会在这一块业务上投入重兵。事实也是如此，在很多公司，知识产权部门受到空前的重视，往往有着几百人的庞大团队以及优秀的外部法务律师。

通常，IP大公司的法务律师会有一些技术背景，即使没有技术背景，也常和有技术和法律复合背景的专家一同工作。这样的公司的法务律师往往是法律和商业结合的集大成者，他的战略眼光一定能高于一般的知识产权总监。这样的公司的法务律师在对知识产权的应用上可谓巧妙至极，公司的每一个专利都能被其视为增值的资产、竞争的武器和盈利的筹码，公司的每一个商标在他们眼中都是巨大的价值体现。在他们眼中，法律和技术都是一种实现商业目标的工具，能非常大气地做到用时得之，不用弃之的境界，而绝不会让它们成为商业成就的障碍。因此，外部法务律师会将知识产权真真切切地回归商业，将知识产权的垄断价值发挥到最大。

4. 公司风险把控

如上文所述，公司的风险在很大程度上来说都是法律风险。笔者认为，公司的法律风险分为很多种类，主要有"企业法律实务应考虑企业风险控制"部分所列的八种风险。当然，不同的公司会因为公司性质、主营业务等的不同而导致法律风险侧重点不同。

外部法务律师在着手一家公司的风险管理事宜时，通常会做这三件事情：首先，建立风险控制组织，如筹建公司风控委员会作为公司风险管理的最高机构，一并打通与董事会沟通的渠道，并将风险控制部门作为公司风控委员会的秘书机构，安排各个业务体系的风险控制代表与业务对接，并尽快让风险控制代表成为业务流程的一个控制点，这样形成一个基本完整的公司风险控制的架构；其次，在法律部、内控部、审计部、财务部等部门中建立沟通机制，及时地收集公司的风险信息，由此解决风险信息源的问题；最后，引入外部成熟的风险分析结果，为公司的风险管理工作提供源源不断的专业报告。

5. 受任董事会秘书

董事会秘书或者叫公司秘书是股份公司特别是上市公司必备的机构设置，有些董事会秘书由专人担任，例如由外部法务律师担任这个职务就是很多大公司的选择。

众所周知，董事会秘书是一个非常重要且敏感的职位，也往往是一个比较容易出事的职位，很多自命不凡的董事会秘书就是因为权力太大而陷入违规违法的泥淖，身陷囹圄的也不在少数。而外部法务律师出任董事会秘书的公司出现这种情况的概率要小得多。

董事会秘书一方面必须非常熟悉证券监管的法律法规，另一方面则要严格遵守和执行这些法律法规。这对于很多没有法律和财务背景的董事会秘书来说实属不易，但这对于外部法务律师来说就不是难事，拥有法律和财务复合背景通常是外部法务律师的基本履历要求。再加上外部法务律师对证券交易和上市公司责任的深刻理解和一贯正直、严谨的形象，很多公司董事会和股东都愿意让外部法务律师出任董事会秘书。

如果外部法务律师出任董事会秘书，他们会深知自己的责任和董事会的重托，因为任何一个违规事件在资本市场都会掀起轩然大波，乃至失控，这方面的例子不胜枚举。

通过上述五点的列举陈述，我们可以发现，优秀的外部法务律师不单单关注公司的法律事务，而且越来越多地成为 CEO 和 CFO 的商业伙伴，与公司的管理层站在同一高度共同去关注公司的前途和发展。外部法务律师不仅要负责公司法律事务相关计划的制订和执行，而且是公司全局业务的战略管理者，越来越多的整体性战略任务开始逐渐落在外部法务律师身上并依赖他们的能力去推动落实。毫不夸张地说，一名出色的外部法务律师的工作可以直接影响到公司的生存和发展。

外部法务律师的多张面孔后面是其在公司中扮演的各种角色。例如，外部法务律师既应该是一位严谨的律师，又必须是一个敏感的商人，同时还是对违规事件不留情面的监督者等。作为律师，职责使然，需要天然谨慎地关注风险和讲究先例，避免过度地从商业角度考虑问题；作为商人，厌恶风险、着眼未来、敢为天下先则是一个优秀商人的特质，但缺乏合规的神经又常常会让自己暴露在法律风险之下。这种风险与商机的深层次矛盾因素集合于外部法务律师一身，需要外部法务律师有极高的水平才能去把握平衡和节度，对这些因素的综合处理非常考验外部法务律师的功力。

第三节　外部法务律师如何有效地为企业服务

截至 2023 年 7 月，中国律师队伍已发展到 67.7 万多人，律师事务所 3.9 万多家。① 2023 年 3 月，司法部公布《司法部 2022 年法治政府建设年度报告》，截至 2022 年底，全国拥有社会律师、兼职律师 51 万人，公职律师 9.4 万人。② 2024 年 3 月，司法部公布《司法部 2023 年法治政府建设年度报告》，显示公职律师发展到 11.48 万人。③ 而全国企业法务的人数，一直是一个不确定的数字，央企的法务人数可以作为一个参考④。

根据观察，中国律师与企业法务人员的发展是相辅相成、互相促进的。设立功能齐全的法务部，是一些企业面临法务需求时自然而然想到的解决方案，但同时会面临企业法务系统建设的刚性成本。因此，选择性购买外部律师的法律服

---

① 《中国律师队伍已发展到 67.7 万多人 律师事务所 3.9 万多家》，载司法部网站，https：//www.moj.gov.cn/pub/sfbgw/zwgkztzl/2023zt/zdhrmmmhlyzth20230626/mtjj20230626/202307/t20230701_481845.html，最后访问时间：2024 年 7 月 11 日。

② 参见《司法部 2022 年法治政府建设年度报告》，载中国政府网，https：//www.gov.cn/xinwen/2023-03/22/content_5747914.htm，最后访问时间：2024 年 7 月 7 日。

③ 《司法部 2023 年法治政府建设年度报告》，载司法部网站，https：//www.moj.gov.cn/pub/sfbgw/gwxw/xwyw/szywbnyw/202403/t20240329_496747.html，最后访问时间：2024 年 7 月 11 日。

④ 参见《"决策先问法"——中央企业强化法治建设为改革发展护航加力》，载中国共产党新闻网，http：//cpc.people.com.cn/n1/2021/0514/c64387-32103750.html，最后访问时间：2024 年 10 月 12 日。据新华社 2021 年 5 月 14 日报道，央企集团层面均已建立总法律顾问制度，重要子企业设置比例超过九成，法务人员数量达到 3.2 万人，比 2015 年增长 60%。90 家中央企业将依法治企要求纳入考核评价体系，全部央企均设立了合规委员会，"决策先问法、违法不决策"的理念渐入人心。

务，应该是另外一种解决方案。很多企业，都在根据自身法律服务的需求，考虑公司法务在整个商业流程中的合适位置，以便找到内部法务资源与外部律师资源相融合的平衡点。该平衡点既要降低企业获得法律服务的成本，又要最大化法律服务的质效。

面临乌卡 VUCA[①] 时代，企业对法律服务的需求与依赖是毋庸置疑的。一家企业想扩大、保持或缩减法务系统的规模，成本虽然是其首当其冲的考虑因素，但是，法律服务的质效以及因此带来的赋能价值，应该逐年提升。

一、外部法务律师的评价

在明确了外部法务律师的职责以后，我们需要思考的是，评价外部法务律师的标准是什么？

我们常说，律师做的是良心活儿。很多时候，一个法律服务产品被客户消费完了之后，客户并不知道这个产品"质量"的好坏。但不能否认的是，如何评价外部法务律师服务的质量是一个非常重要的问题。要解决这个问题，需要先搞清楚法律服务产品的特性，即法律服务产品与其他服务产品的几个不同之处。

（一）法律服务产品是一个"良心活儿"

用"良心活儿"来形容法律服务太恰当不过，就单个法律服务产品而言，均属于"私人定制"，私人定制产品的质量保证往往依靠的是"良心品质"。规模化律师事务所中专业团队的建设是给这种私人定制设立标准和门槛，而且是不断创新和提升的门槛，这有赖于一种机制，这种机制的作用是使得法律服务产品这个内在于律师大脑中的东西，外显于团队的知识管理之中，使得团队成员的经验能够被分享和传承。

（二）大部分时候法律服务产品不能外形化，更不易完整呈现

法律服务产品的外显是对外部法务律师的要求，但法律产品又有天然地内含于人的大脑中的属性，能否做到外显和恰当的外显不是单个律师的智慧可以完成的。在提供数据的基础上，一家长期合作的律师事务所的专业团队可以构建全面的法律服务系统，以法律文本工作为例，律师会根据法律服务的具体事项制作以下法律服务文书：

法律意见书，针对合同、法律文件、其他法律事项涉及的法律问题提供法律分

---

① Volatility（易变的）事物的本质是变化，成文法时代的"成文法"下的语义，因为贸易政策、产业政策、价值观念等越来越变动不居。Uncertainty（不确定性），事物发展的特性是预见性的降低，不确定性即是挑战，也是机遇，关键是如何面对。Complexity（复杂性）是事物演化过程中的一种状态，相对于法律风险而言，商业风险是第一性的，法律风险是衍生的风险，人们使其越来越复杂。Ambiguity（模糊性）是对事物认知的一般状态，法律专业人士的工作就是一个从模糊到清晰的过程。

析、修改意见、风险提示、解决方案、律师建议等的建议性常用法律服务文书。

律师风险提示，对于公司涉及的不适合出具法律意见书的事项，或者仅需对某种法律风险作出特别提示的情况下，出具的风险提示法律文书。

紧急情况反应事项，用于对公司有重大影响，时间较为紧迫的事项，包括需要及时采取补救措施，或者需要公司紧急作出决策的事项。

律师建议或谏言，律师服务过程中，发现公司存在某种普遍或具有一定代表性的事件，而提供律师建议，用于提示公司防范某种普遍行为律师工作简报，包括建议性、说明性和记录性的内容情况说明，律师针对法律问题提供的说明性法律服务文书，为公司了解法律事项的相关情况提供帮助法律信息，律师提供给公司，对公司有影响的新法律、法规、规章或政策信息。

工作日志，律师服务事项的简单记录，按照日期记录法律顾问服务记录，律师服务过程中，根据服务事项填写的记录性表格，表明服务内容、律师意见等主要事项。

日常法律咨询服务记录，律师对于公司口头或电话咨询事项填写的记录性表格。

服务跟踪表，律师提供谈判法律服务过程中，对谈判法律服务事项进行记录的法律服务文书，按照一事一表的原则进行管理、归档。

会议纪要，律师参与公司召开的会议或者律师与公司进行法律服务事项会谈时，制作的记录性法律服务文书，按照固定格式制作和管理。

(三) 验证法律产品质量的周期长

实体产品有两个特征：一是可以观察；二是可以比较。因此，在购买实体产品之后，很快可以由体验得出质量结论。但是，法律服务产品存在于律师的大脑中，即使外显为某一个文本，于客户而言，因为不专业、不可比较也不能对质量做出评判。在极端情形下，一个极差的法律产品可能在诉讼后才能做出质量鉴定的结论。

(四) 法律产品的使用价值较难呈现

法律工作的完成不同于销售业绩的产生，外部法务律师对每一项合规审查的审慎思考，对每一次法律谈判的全面考量都难以立刻体现为公司的财富增加。一个好的法律文本可以有这样的作用：揭示法律风险；促成交易的达成；遏制违约的冲动；诉讼时不产生歧义形成胜诉。这些作用，较难呈现和量化。

基于法律产品这样的特性，就"外部法务律师"这个产品而言，评判单个法律产品的质量是不现实的，可以评判的是：

1. 外部法务律师是否为一个规模律师事务所。

2. 事务所内部是否形成了专业化的、有机的分工。专业化、有机两个标准相较而言，互为促进，但有机分工是专业化分工的晋级。

3. 是否有专业团队的建设，对客户而言，并不容易亲眼所见、亲身感受，但专业团队建设的成果，客户是可以看得见并有所体会的：把以同事为第一客户作为信仰，作业标准统一，作业质量稳定，相互协同，技术精良，能够建立专业门槛（壁垒，或者说在该专业领域有建树），不断生产出极致的、创新的产品。

4. 其他可以外显并得以看见的细节，如微信文章、专业声誉、品牌推广等。品牌推广的过程，实质是一个不断提高产品质量的过程，二者互为因果。

二、选择合适的外部法务律师，建立良好的服务机制

外部法务律师契合公司的发展战略，揭示法律风险并作出恰当的评估，促进交易的达成，遏制相对人违约的冲动，化解危机，为企业发展提供法律支撑。确定一个合适的律师事务所就意味着建立起一个良好的沟通机制，从而获得良好的法律服务。

如前所述，本节所指外部法务律师，特指一个规模所作为企业外部律师的情形。

相较于企业内部的法务人员，外部法务律师拥有视野范围和法律思维的多样性、执业机构不受企业内部管理干预与限制、能够就法律事务发表独立看法等优势。一个有规模、能够进行专业上有机划分的律师事务所还具有律师业务领域与企业业务较好匹配的优势。这样的外部法务律师能够为企业提供沟通及时、法律解决方案到位、法律意见有效的法律服务。

服务机制的确立是外部法务律师为企业提供法律服务的前提。具体来讲，企业法律服务机制可以概括性地分为以下两种类型：单兵作战模式和篮球队模式项下的团队式外部法务律师服务机制。一般而言，在不同类型的企业法律服务机制下，企业得到的法律服务体验以及实际的法律服务效果是根本不同的。单兵作战模式并不是指单个律师为企业作业，而是指单个律师或单个律师带领的团队为企业提供法律服务。

（一）单兵作战类型法律服务模式

在单兵作战法律服务模式下，突出的优势在于外部法务律师的工作灵敏度高，工作方式机动灵活，作业维护与市场开发高度统一，对于企业的法律需求全方位理解并响应。

但单兵作战类型的法律服务模式存在明显的缺点：

首先，单兵的力量极为有限，难以响应较大负荷的工作量。随着市场经济的深入发展，企业交易模式逐渐多样化和复杂化，各种合规性要求逐渐提高，遇到的法律问题在数量、深度和难度上也不断增加。单兵作战在面对大量且复杂的法律问题时，在人力匹配方面，难以承受高负荷的工作量。

其次，单兵作战存在专业性局限。因为专业而分工，因为分工而协作，是一体化律师机构服务企业的最根本优势。企业面临的法律问题因为分属不同的行业、不同的领域、不同的法律需求而具有很大的专业差异,企业遇到的法律问题逐渐综合化和复杂化,有时甚至会超出法律范围。这就需要不同执业领域、具有不同的专业背景的企业外部律师去解决。同时也意味着企业外部律师要分工协作,而不能仅仅局限于某一领域或某一框架,要综合全面地去思考问题。可见,单兵模式在思考问题的多样性、广度、深度、高度上均存在不足。

最后,单兵作战为企业提供法律服务的性价比不高。由于单兵作战模式很难形成一定高度的专业差异,其作业力量的组合因为不具备专业差异性,而不能形成专业错配,不能在有效工作小时内为企业提供性价比最优的法律服务。

(二) 篮球队类型法律服务模式

所谓篮球队类型法律服务模式项下的企业外部律师的法律顾问服务,是指多名在不同领域执业的专业律师协作、分工,通过彼此之间的相互影响、相互作用、相互支持,为企业提供内涵差异、外观统一、性价比最优的法律服务。篮球队模式项下的团队式法律顾问服务既是一个分工、协作、团结、配合的概念,也是一个领导、服务、组织、指导的概念。特别是作为篮球队模式项下的团队式法律顾问服务的牵头人,需要进行有效的组织以及协调工作以实现团队的目标,有机整合团队成员的作业进度、作业质量和作业成果来提高团队的效率,如正确理解和把握团队目标,使团队结构梯次化、专业差异化,实现协同效应。再如牵头人需要整合团队工作所需的资源,清除团队工作的障碍,引导并协助团队成员完成各自的任务,强化他们各自对团队的贡献,与团队作为一个整体来开展工作,更合理地配置并利用共同资源以完成团队的目标等。

与单兵作战类型的法律服务模式相比,篮球队模式项下的团队式外部法务律师服务更具有优势:

首先,团队模式可以形成合力,团队力量远远大于个体的简单相加,使用较少的人力便可达到较高的绩效,可显著提高外部法务律师的服务效率,因此,凡是一体化协作的律师机构都采用团队模式来完成作业任务。

其次,篮球队项下的团队模式可以增强解决问题的能力,避免单兵作战的专业局限性,提高外部法务律师的竞争力和对抗性。团队组织的成员各自优势不同,专业方向、执业能力也不同,可以形成取长补短、集思广益、互相启发、差异化作业的整体优势,达到能力进一步强化的结果。在团队组织中,团队成员也有机会提高能力、发挥潜质,在完成挑战性的工作中使业务能力得到培养和强化,成长为独当一面的人才。

最后,团队模式有利于培养外部法务律师的合作与协作能力。现代化的生产模式更加注重合作与协调能力,这对在团队模式中每一位成员的合作与协作能力都提出了更高的要求。团队成员的精神状态由"离散型"转变为"聚集型",从而被共同的目标理想所激励,为达到共同的目标而持续努力。

如上所述,相较于单兵作战法律服务模式,篮球队服务模式具有明显的优势,更符合当下经济发展的趋势和需要。而且,企业外部律师不同于企业内部法务工作人员,可以根据企业法务工作的需要组成不同类型的团队模式而不受企业内部制度的干预和限制,这一优势得以让企业外部律师根据企业的规模、业务复杂程度和业务本身的特点等因素灵活地确定团队服务模式,比如单一联系人制度、分属不同专业的联系人制度、驻场服务制度等,以满足企业的实际和现实的需要。同时,具体采用哪一种方式,也需要律师服务机构在满足企业服务需求的基础上,合理平衡自身成本。无论是企业还是企业外部律师,在管理上都应遵循德鲁克的一个说法:"管理是一个企业或公司的生命线,任何死板、概念式管理都容易把公司引入不敢跨越雷池一步的尴尬境地,对于现代的管理者来说,最需要的是智能管理。"这个说法的本质是需要有原则、有制度、有约束,但也需要因时制宜、因地制宜、因需制宜、因人制宜。而篮球队类型的团队法律服务模式则为此提供了空间和机会——如何更好地服务企业法律需求的空间、机会和可能,其中团队组织类型或成员的变化组合,正是此模式项下法律服务的魅力所在。

三、塑造优良的法律服务文化

法律服务文化,是指法律顾问在为企业提供法律服务过程中所逐步形成的、为整体团队所认同并遵守的价值观、服务理念和服务精神。企业内部法务工作人员,其本质是企业内部员工,因此极易受到企业自身文化的影响和熏陶。而外部律师独立于企业之外并常以团队的形式出现,因此塑造良好的法律服务文化有利于增强团队内部的向心力,为团队指明努力和前行的方向。

(一)正确认识外部法务律师的价值

实务中,存在对外部法务律师较多的偏见与误解,主要有"花瓶论"、"雨伞论"、"降低效率论"及"社会律师会念经论"。这些误解产生的根本原因在于缺乏对外部法务律师价值的正确认知。外部法务律师对企业的价值主要体现在业务领域层面与企业治理层面。从表面上看,该价值体现在对企业生产、经营和管理过程中法律风险的预防、控制与解决,但从本质上来讲,其是在为企业创造价值。该种价值主要体现在一个法律服务全面而系统指导的企业,其内在的稳定性、安全性、竞争性会极大地提升,因而实际上会降低企业的经营成本,提高企业的产出能力。我国的外部法务律师制度从 20 世纪 50 年代开始萌芽,随着我国社会变迁、境内外企业竞争的加剧、裁判尺度在确定性与不确定性之间的无规律变化、企业管理的复杂性增加等因素,在跌宕起伏之中绵延而又不断地强势发展。

正是由于这种企业内外环境的不断演化，企业自身对法律工作的需求也在不断地深化、不断地衍生、不断地内生。法律服务对企业的真正价值在于其能够为企业带来收益与价值，虽然这些收益与价值大多依附于企业的经营业务和管理活动，需要通过经营业务和企业管理的结果体现出来，但是，一个法务管理、法务文化先进的企业，其本身便能够带来竞争的效益以及内生的文明。无论是企业法律内部顾问还是企业外部律师，作为企业法律事务价值的实现者，首先其必须正确地认识到自身的执业能力，然后从自身执业能力出发，认识到其执业能力能够为企业经营、发展带来何种价值，能够在深度、广度、高度等方向上为企业带来何种明晰的法律意见、潜在的法律价值，这事关外部法务律师为企业提供的法律服务的基本定位。

(二) 树立"极致、精准、效率"的服务理念

任何企业都希望自己所获得的法律服务是"高质量、高水平、高效率"的。而外部法务律师提供的法律服务能否满足企业的希望、实现企业的规划，不仅决定了外部法务律师和企业的合作关系能否持续，也是对外部法务律师作为一名法律工作者的职业素质的最直接评价。因此，外部法务律师应当以"极致、精准、效率"为服务标准，为企业有效地提供法律顾问服务，并将其提升至理念和意识的层面。

极致是指外部法务律师应当具备努力提供尽善尽美服务的理念，并时时刻刻保持这种内心的驱动力。只有树立并遵循"提供尽善尽美法律服务"的理念，外部法务律师才能在分析问题、解决问题和与客户沟通的各个环节中，想对方之所想，急对方之所急，做到"心想、事成、不逾矩"。提供极致法律服务的理念是外部法务律师在为企业提供法律服务中所形成的群体意识和精神风貌的集中体现，用以指导外部法务律师的行为取向和判断标准，并使之成为外部法务律师所广泛认同、接受并为之奋斗的方向，在市场竞争过程中得以立足的精神支柱和内在动力。可以说，提供极致的法律服务是外部法务律师有效提供法律服务的基本前提和基石。

精准包括准确、正当和妥当。准确是指外部法务律师为企业所提供的法律服务应当严格符合事实、标准或真实情况，没有偏差或模糊。正当是指外部法务律师所提供的服务具有合法性和合理性，符合合规性审查的标准，契合商业目的的需要。妥当是指外部法务律师所提供的法律服务是合适和恰当的，符合企业目前的经营情况和未来的发展趋势。精准不仅是指外部法务律师提供给企业的最终法律意见的准确、正当和妥当，更要求外部法务律师在前期准备和提供法律服务的过程中的精准。万丈高楼平地起，只有在事前、事中的环节中做到了精准的法律服务，外部法务律师才有可能最终为企业有效地提供法律服务。

效率包括工作流程上的紧凑、工作沟通上的信息无盲点、工作结果上的及时。具体来讲：第一，工作流程上的紧凑，是指外部法务律师在工作安排上充分利用时间，能够在短时间内迅速提供高水平的法律服务。工作流程不仅与每一位外部法务

律师的个人能力有关，还与外部法务律师的负责人的宏观调控能力以及外部法务律师团队的合作协调能力有关。在努力提高各位外部法务律师自身水平的同时，还应加强外部法务律师之间的团队作业能力。第二，工作沟通上的信息无盲点。第三，工作结果上的及时。包括工作结果本身的及时性以及工作结果沟通的及时性。及时性体现了商事交易效率的要求，而效率是企业生存和发展的生命线。从企业对法律事务管理工作需求的价值顺序而言，对及时性的期望比成本、专业知识，甚至对客户需求的理解还重要。及时性的重要性很好理解，如果无法在商定的最后期限提供法律建议，那么所有客户，无论他们是否为律师，都会注意到，公司律师无法按时提供法律建议会给客户造成困扰，也会使委任他们的内部法务显得无能。更重要的是，中国经济发展的速度和变化的深度日新月异，因此对公司来说，做出反应的速度关系到生死存亡的问题，外部法务律师必须能够在紧迫的时间限制下工作。此外，仅仅强调工作结果的及时性还远远不够，只有及时地将工作结果与企业沟通，才能最终让企业及时地了解外部法务律师对于突发情况的分析和应对措施的提出，也更能体现外部法务律师的及时性、专业性、服务性。

四、设置科学的内部控制

内部控制是管理学分支的一个概念，是指企业为达到一定的生产、经营和管理目标所设计和实施的政策和程序。笔者借鉴这一概念，将外部法务律师工作的内部控制定义为：外部法务律师为及时、有效地帮助企业防范、控制和消除其在生产、经营和管理过程中的法律风险，所制定和实施的政策与程序。

外部律师担任外部法务律师，为了达到法律服务及时、有效的效果，应当考虑以下几个方面。

（一）业务领域匹配制度

社会经济的发展越来越体现出分工进一步细化的趋势，这就意味着企业所需要的法律服务也将体现出精细化、专业化的需求。企业外部律师担任外部法务律师，具有视野范围广泛、法律思维多样、组织形式不受企业内部管理干预与限制、能够就法律事务发表独立看法等优势，但有经验的企业外部律师却往往容易陷入只精通于某一项或某几项法律事务领域的困境，所谓"闻道有先后，术业有专攻"。

因此，外部法务律师团队应当根据企业业务领域的具体情况，合理配置团队内部的人力资源，让每一位律师经手和负责自身最精通和擅长的业务领域，使法律顾问与业务板块的结合更紧密，熟悉产品、业务，理解需求，增强法律服务的有效性和及时性。一般来讲，外部法务律师应当根据企业的职能部门划分进行律师业务与企业业务的匹配，一般包括公司治理与控制权、IPO与并购重组、债权与融资、雇主责任、争议解决、知识产权、安全合规、房地产及基础设施、贸易壁垒等领域。

(二) 信息共享制度

外部律师独立于企业之外，极易在捕获和了解企业内部的生产、经营和管理的重要信息和潜在重要信息时产生信息漏洞、信息迟延等情况，这种由于自身独立性带来的信息不对称，给企业外部律师为企业提供及时、有效的法律服务制造了障碍。因此，外部法务律师应当主动与企业建立及时、全面的信息共享制度。

信息共享制度建立的核心目的是达到工作沟通上的信息无盲点，即外部法务律师与企业进行沟通时，两方所交换的信息均是自己所能收集到的所有信息，即全对称、无隐藏。无盲点的信息沟通能够使企业在瞬息万变的经济领域中，及时捕捉各类相关信息，迅速采取有效应对措施。为实现工作沟通上的信息无盲点，外部法务律师必须在沟通方式、沟通时间、沟通地点等方面与企业达成一致。

第一，在沟通方式方面，法律顾问作为法律人应该具有较强的谨慎性，应该选择对自己有利而又能让企业管理层容易接受的方式与管理层沟通，针对不同的沟通内容应该有不同的沟通方式，但是在一般情况下，外部法务律师对于比较正式或是有分歧的问题，应该采取书面方式与企业管理层进行沟通。这种方式一方面是因为书面形式的复制性、长久有效性以及缜密性特点，另一方面可以避免言语的针锋相对从而使双方都能冷静下来整理好解决问题的思路。对于不太正式的问题，可以通过口头、电子媒介、非语言方式来沟通。

第二，在沟通时间和地点方面，一般情况下应该在工作的时间和场所进行沟通。但对于某些紧急情况，外部法务律师则应当迅速及时地与企业相关负责人沟通。

(三) 内部工作日报制度

工作日报制度，是指外部法务律师对自己每天完成工作的内容和所花费的时间进行记录和报告的制度。工作日报是保障法律服务质量的内控制度，可以对律师的工作进行有效的绩效考核。对于外部法务律师来讲，工作日报制度可以提高其自身工作的效率和执行力；对于外部法务律师的管理者来讲，工作日报制度可以直观了解每个外部法务律师的工作情况和工作效率，为以后合理高效分配任务提供依据，也便于向客户展示自身的工作进展情况；对于客户来讲，工作日报制度可以便于其知悉雇用的外部法务律师的工作进展情况，并判断所聘用的外部法务律师所提供的服务是否"物有所值"。

工作日报制度既是保障法律服务质量的内部控制制度，也是体现外部法务律师工作的外部监督制度。因此，外部法务律师应当设立完善的内部工作日报制度。外部法务律师应当为每一个客户建立专属的工作日志，对客户交办的专项事务，进行

"一事一档、一日一报"。完善的内部工作日报制度，包括书面的工作报告，以及定期、紧急汇报的工作制度，保证双方信息沟通顺畅。此外，外部法务律师应根据为客户提供法律服务的实际进展，定期向客户出具阶段性工作报告。在法律服务合同因期满或法律服务事项完成而终止后，外部法务律师要及时写出总结报告并及时归卷备查。

第四节 "做更好的外部法务律师"的实践与经验

"做更好的公司法务律师"是兰台一直秉承的发展战略，该战略于2009年正式确立。遥记那是6月的一个下午，《飞得更高》的背景音乐回荡在兰台的大会议室，也诉说着年轻的兰台的信念与希望，同样年轻的兰台律师共聚一堂讨论这个话题，一条生涩却充满憧憬的实践之路由此启程。

确立这样一个发展战略的初衷是以专业为本，放开熟人市场，恰恰也暗合了兰台一体化的管理架构及规模。兰台一直认为，仅凭借一个律师或者一个律师团队的力量，是不能为客户提供好的法律顾问服务的，故选择这样的法律顾问服务不能达到更好的效益。

市场经济是自主选择、自己负责的经济。市场活动首先是市场主体的活动，而资源的配置和使用是市场主体活动的主要内容。虽然从本质上而言，市场经济是自由的经济，但即便在市场经济最发达的国家，也有市场主体准入标准及活动内容等方面的限制，不同的主体亦确定了市场活动的内容和范围。仅就主体而言，就确立了在法律层面之下，应该遵循的法规、规章等差异。就市场本身而言，挑战重重却又商机无限，充满着瞬息万变的可能，因而促进决策的同时亦揭示风险的所在，是法律顾问的分内职责。外部法务律师于企业而言，"无讼"并不是目标，而促进交易，让企业对交易的代价（法律风险）了然于心并有所准备的措施才是目标。

市场经济之下，最宝贵的就是资源，其中包括资金、设备、房地产、知识产权、商业秘密、主体资格等。而在更广泛的意义上，"人"如果可以归类为资源的话，那无疑是最大的资源。这些资源的配置，无一不与法律、法规、规章、规定等所有规范性的文件相关，同样，亦无一不与"专业律师""专业律师团队"相关。

一、"做更好的外部法务律师"是一个过程

实施"做更好的外部法务律师"战略，需要文化的加持和以文化为灵魂的制度支撑。而"以同事为第一客户""我为人人、人人为我"则是实施这个战略的文化根基，建立于这个根基上的合伙人制度及绩效考评制度体系是实施这个战略的制度保障，而移动互联网的日新月异为这个战略的实施插上了飞翔的翅膀。

"小时计费"的律师收费模式发端于欧美，兴起于20世纪60年代，虽然现在受到诟病之处不少，但依然有其存在的巨大价值。我们理解，"专业工作小时数"是指一个专业领域的专业律师，在完成一项工作时所耗费的时间，不包括为完成这项工作而学习和研究的时间。这样的定义确立了专业分工的必要性和必然性，确立了专业律师的工作价值，确立了律师收费的计量标准，而这也成为客户非常关心的问题。

如果给"专业工作小时数"以这样的定义，其应该且合理的结论就是专业分工，唯有这样，才有效益。效益的含义于客户而言代表着专业、及时；于律师而言包含产出的最大化，一个工作小时数可以记录为客户账单上的一个工作小时，而并非两个、三个工作小时数在客户的账单上只能记录为一个工作小时。

即便从趋利的角度出发，规模律所都希望建立起专业分工、相互协作的作业体系，因为这样做才有效益。专业分工有一个前提，就是有海量的同质业务；相互协作也有一个前提，就是以同事为第一客户。这两个前提，一个是硬件，另一个是软件（文化），殊途同归，就是能够为客户提供专业的、质量稳定且不断升级的法律服务产品。

专业的法律服务产品与质量稳定且不断升级的法律服务产品之间互为因果，如前文所述，专业性来自实践，来自海量的同质业务。因为能够以同事为第一客户，所以律所能够提供质量稳定且不断升级的法律服务产品，而正是因为质量稳定且不断升级的法律服务产品的提供，才会使得海量的同质法律服务需求不断得以产生和提供，并通过多样的实践和总结而更加专业，由此循环往复，呈螺旋式上升。

"做更好的外部法务律师"是兰台的发展战略，这更意味着一个过程：一个没有最好只有更好的过程；一个给客户提供好产品的过程；一个锻造能够提供好产品的专业团队的过程。

二、"做更好的外部法务律师"是一个熔炼团队的过程

"专业团队"这个概念的含义为：一是技术（专业）好，二是有相同的作业习惯，三是有统一化的作业标准，四是能够提供质量稳定的产品，五是有协同作战的能力，六是有产品创新和产品升级的能力，七是有满心欢喜地接受伙伴交办专业任务的态度。专业团队的熔炼，就是把"以同事为第一客户"的文化，把"我为人人、人人为我"的理念落实的过程。

一个专业团队，少则几人，多则几十人甚至上百人，熔炼团队、实现专业化发展的路径很多，每家事务所的管理者和合伙人也都有着丰富的实战经验，可谓条条道路通罗马。但有两点不能离开：不能离开移动互联网这个工具，在当今社会它几乎同水和空气一样重要；不能离开怎样写好字，毕竟这是一个以写字为生的职业。

我们以为，在今天这个网络信息技术发达的时代，微信是一种契合时代发展需求的有利方式。

微信的作用是什么？它不是获得客户的工具，而是一个过程：一个各领域专业知识积累的过程；一个敦促每个人书写能力逐步提高、日益准确的过程；一个锻造专业团队之专业门槛的过程；一个通过移动互联网传递行业信息、专业见地的过程；一个和客户通过专业信息交流互动的过程；一个逐渐形成"专业主义"的过程。

通过微信的互通有无，专业团队内每一个个体专业技能的提升路径清晰而确定；通过微信的传播影响，在本专业领域内形成知名度。律师就是写字的，以微信这个平台作为知识管理的手段和方法，铸就专业团队的专业品牌，而不单是展示个体的能力——在专业路径上，没有个人利益，有的只是团队品牌。微信的出现，使我们在投标过程中，拥有了让评委老师看得见的专业产品；微信成就的知识管理成果，将形成本专业领域的标准和门槛，亦会提供本专业领域质量稳定的法律服务。

专业主义，这是最高要求。在兰台，专业主义的深层次内涵是"以兰台的信誉为第一信誉，以兰台的同事为第一客户"。

三、"做更好的外部法务律师"是一个生产极致法律服务产品的过程

"公司法律顾问"是一个法律服务产品吗？答案是确定及肯定的。"公司法律顾问"是集各种专业领域产品之大成的法律"航天产品"。这个产品的生产，是对各专业团队生产的专业产品之系统集成。

移动互联网、共享经济给这个世界带来了诸多改变，大数据、云计算正重新定义着我们生活与工作的点点滴滴。在这个更为快节奏的时代背景下，我们并不是更浮躁，而是更沉寂了。在信息流动、时刻在线的浮光掠影下，越来越多的人已然沉下心来，组合碎片化的时间研究专业，他们认真做事、研磨产品，在各行各业中不断出现让我们惊叹的好作品、好产品，而且它们被迅速传播，斩获的是影响和美誉，乃至对传统的逆袭与颠覆。

一个企业的成功离不开诚信与紧跟潮流。

诚信，是指产品的提供者所提供的产品必须能够展现其目前为止的最高水准；紧跟潮流，是指要准确把握客户的需求变化，及时应用新的技术手段，从而不断创新，突破自我，以期没有最好，只有更好！

"互联网+"的时代，移动互联代表了一种主动探索、寻找和分享的精神，亦是对服务提供者提出的要求，要求服务提供者提供极致的产品服务。因为对于消费者来说，无极致，不消费。正如大家在网上购买东西精挑细选的时候，一定会有很

深的体会吧？比产品、比价格、比质量、比所有的细节。如果说在以前，提供"差不多"产品的人还拥有生存的余地和空间，那么在今后，不能提供极致产品服务的人，一定会被这个时代快速地淘汰。

众所周知，招投标最大的功用是使得买方和卖方的信息对称，从而使买方以公平、适当的价格购买到商品或者服务。而因为移动互联网的存在，类似招投标这样的功用在当下成为一件极简易的事情，弹指之间就可以做到货比三家、多重权衡。因而，作为法律服务的提供者，我们所能够做的便是提供极致的法律服务。

那么对法律服务产品来说，什么样的产品才算作极致的产品呢？其实，打造"做更好的外部法务律师"影响力的这个过程，就是一个形成极致产品的过程，一个内力提升的过程。因为这条主线的存在和延伸，所有的工作被有机地整合、串联在一起：拎不散，不混乱，有步骤，努力干！

而在这样一个互联与共享的时代背景下，运营微信平台的过程是一个把好的产品、专业的服务分享、推广并被人知道和看见的过程；是一个为了极致法律服务产品而挥洒汗水、并肩奋斗的过程；更是一个打造"做更好的外部法务律师"品牌影响力的过程。

四、"做更好的外部法务律师"，无愧于这个伟大的时代

这是一个最好的时代，在这个时代，我们拥有了更多的选择权和突破口。

正如移动互联网的两个含义：一是极致，无极致不生存，无极致不发展；二是传播方式是"革命性"的，即无地域限制、无时差、无死角、无信息衰减、瞬时传播。这个伟大的时代，这个自由的环境，给予了能够做出极致产品的服务者以更多的期待，他们凭借发达的资讯技术、思维的深度创新，把产品瞬间推送到客户面前。

"苟利于民，不必法古；苟周于事，不必循俗"，变革创新推动着人类社会前行的脚步。在这个伟大的时代，成功虽非坦途却不再遥不可及，正是这个时代，赋予了认真做事的人更多的机遇与可能！

因为认真做事，做出的好产品将会被传播得更快、更广！所以，这个世界亦将在滤掉杂质后越发沉淀，而非越来越浮躁。所以，这个时代是十年磨一剑的时代，而非急功近利；是团结协作的时代，而非单打独斗！

有人也许会问，难道以前不需要认真做好产品吗？不，专注于细节和创新的极致精神在任何时代都被需要，只不过在这个"互联网+"的时代，沉下心来做出的极致产品，会在瞬间被传播开来，和之前那个信息技术并未如此迅猛发展的时代相比，会有着完全不同数量级的成功。因此，做出极致的产品，也是当下移动互联环境下的必然要求。

今天，对于律师来说，是一个用心锤炼书面功夫、研磨专业知识，就可成就一方天地的时代。今天，作为一家律师事务所，是一个践行"做更好的外部法务律师"的发展战略和历史使命，众人齐心协力有规划、有组织地好好锤炼、研磨、分享，便可以加速度取得成就的时代！

经济的起伏跌宕，其实未见得是一件坏事，这让我们静下心来切磋琢磨，认认真真地研发一些好东西，不久，就会崛起！会更高、更快地崛起！

当法律人、法治路的梦想照进现实，愿时光不负，且待兰台可期。

第二章

公司设立

第一节　企业设立实务操作

公司的设立类似于自然人的出生，公司设立后，公司各项权利和义务随之开始。设立是公司开展业务的前提。企业法律服务的基础环节是公司设立的实务操作，公司设立对于公司的长远发展具有非常重要的意义。

一、有限责任公司设立

（一）有限责任公司设立的基本理论

1. 有限责任公司的定义

依照我国《公司法》的定义，有限责任公司是指依照公司法设立，由符合法律规定人数的股东出资组成，每个股东按照其认缴的出资额为限度对公司承担责任，而公司以自身全部资产对公司债务承担责任的法人。根据我国《公司法》的规定，有限责任公司的股东人数应为50人以下。

2. 有限责任公司的特点

有限责任公司与股份有限公司两者的法律特征既有区别又有相似之处。首先，它们都具有资金联合的特点，如股东对公司债务均承担有限责任，均具有法人资格和从事营利活动等。其次，有限责任公司具有不同于股份有限公司的特点。

人合性与资合性的统一	一方面，作为资合的表现，它的股东以出资为限，享受权利并承担义务；另一方面，作为人合的表现，其成立和运行基于股东间的信任关系，并不公开募集资金。
封闭性	（1）公司设立时，在人数和资金上都有限制，股东人数应当在50人以下，全部的出资额由发起人认缴（该特征区别于股份有限公司设立时，发起人无须认缴全部出资额）。 （2）公司不得向社会公开募集股份和发行股票。 （3）须事先通知其他股东，股东出资额才可以对外转让，其他股东有优先购买权。 （4）公司的经营事项和账目明细无须对社会公开。
机构设置灵活，设立程序简单	有限责任公司的设立和出资主要表现为股东自身的内部事务，立法没有过多进行干预。而且，根据我国《公司法》的规定，规模较小、股东人数较少的有限责任公司可以不设董事会和监事会，只设一名执行董事和一名到两名监事。

注：根据2023年修订的《公司法》的相关规定，已不再强制要求有限责任公司与股份有限公司设立监事会或监事，而是可在董事会中设置审计委员会，行使监事会的职权。另，在2023年修订的《公司法》中，以"董事"取代了原《公司法》中"执行董事"的表述。

3. 有限责任公司的设立原则

在我国，有限责任公司的设立，以严格准则设立主义为原则。[①] 一般的有限责任公司，符合《公司法》的基本规定，即可直接办理登记注册。但是，法律和行政法规规定必须事先报批的，如银行、保险和证券等行业，在登记之前应当报有关部门审批，适用核准设立主义原则。

4. 有限责任公司的设立条件

根据我国《公司法》的规定，有限责任公司的设立条件为：

（1）符合公司章程规定的全体股东认缴的出资额

目前，2023年修订的《公司法》将"有符合公司章程规定的全体股东认缴的出资额"作为公司设立的条件，删除了原《公司法》中股东出资要求达到法定资本最低限额的内容，取消了全体股东首次认缴的出资额不得低于注册资本的20%，且不得低于法定注册资本最低限额（有限责任公司的最低注册资本额一般为人民币3万元，一人有限责任公司的最低注册资本为人民币10万元）的规定。所以，目前公司设立不再要求股东实际出资的标准，而是只要在公司章程中明确约定公司的注册资本总额，以及全体股东认缴的出资额即可。

需要注意的是，根据2023年修订的《公司法》第四十七条的规定，有限责任公司全体股东认缴的出资额由股东按照公司章程的规定自公司成立之日起5年内缴足。该规定对我国原《公司法》所确立的注册资本认缴制作了一定的限缩（对在2023年修订的《公司法》实施之前设立的认缴期限大于5年的公司的注册资本何时需要全部实缴完毕的问题，修订后的《公司法》并未明确，仅规定应逐步调整至修订后的《公司法》规定的实缴期限内，但是应避免"一刀切"的调整方式，对相关公司的运营造成影响。在实践中，部分地区为响应修订后的《公司法》的要求，已颁布了关于存量有限公司注册资本应何时实缴的法规草案并征求意见，如根据《北京市市场监督管理局关于全面开展促进经营主体高质量发展登记试点工作的意见（征求意见稿）》[②] 的规定，存量有限责任公司应当在修订后的《公司法》生效后3年以内将剩余出资期限调整至5年以内，存量股份有限公司全体股东应当在修订后的《公司法》生效后3年以内缴足全部认购股份，法律、行政法规或者国务院决定另有规定的除外）。同时，对于采取募集方式设立的股份有限公司以及一些特殊性质的公司，如银行、保险公司、证券公司、期货公司、担保公司、典当行、信托公司、劳务派遣公司等，现行法律、行政法规以及国务院决定对其注册资本实

[①] 崔勤之：《我国公司法的基本原则》，载《法学杂志》1994年第5期。
[②] 《关于对〈北京市市场监督管理局关于全面开展促进经营主体高质量发展登记试点工作的意见（征求意见稿）〉公开征集意见的公告》，载北京市市场监督管理局网站，https://scjgj.beijing.gov.cn/hdjl/myzj/ywgzyjzj/202401/t20240116_3536998.html，最后访问时间：2024年10月12日。

缴、注册资本最低限额另有规定的，应当从其规定。

实践中，根据我国现行有效法律法规规定仍然实行注册资本实缴登记制的公司主要有：

序号	公司类型	最低注册资本额（人民币）	法律规定
1	商业银行	全国性商业银行注册资本最低限额为10亿元，且为实缴资本；城市商业银行的注册资本最低限额为1亿元，且为实缴资本；农村商业银行的注册资本最低限额为5000万元，且为实缴资本	《商业银行法》第十三条
2	外资银行	10亿元人民币或者等值的自由兑换货币，且为实缴资本	《外资银行管理条例》第八条
3	金融资产管理公司	100亿元，由财政部核拨	《金融资产管理公司条例》第五条
4	信托公司	3亿元人民币或等值的可自由兑换货币，且为实缴资本	《信托公司管理办法》第十条；《银行业监督管理法》第二条
5	财务公司	注册资本为一次性实缴货币资本，最低限额为10亿元人民币或等值的可自由兑换货币	《银行业监督管理法》第二条；《企业集团财务公司管理办法》第七条
6	金融租赁公司	注册资本为一次性实缴货币资本，最低限额为1亿元人民币或者等值的可自由兑换货币	《银行业监督管理法》第二条；《金融租赁公司管理办法》第七条
7	汽车金融公司	注册资本最低限额为10亿元人民币或等值的可自由兑换货币，注册资本为一次性实缴货币资本	《银行业监督管理法》第二条；《汽车金融公司管理办法》第九条
8	消费金融公司	最低限额为10亿元人民币或者等值的可自由兑换货币，注册资本为一次性实缴货币资本	《银行业监督管理法》第二条；《消费金融公司管理办法》第六条
9	货币经纪公司	2000万元人民币或者等值的自由兑换货币，注册资本为实缴货币资本	《银行业监督管理法》第二条；《货币经纪公司试点管理办法》第十一条
10	贷款公司	50万元人民币，为实收货币资本，由投资人一次足额缴纳	《银行业监督管理法》第二条；《贷款公司管理规定》第八条

续表

序号	公司类型	最低注册资本额（人民币）	法律规定
11	农村信用合作联社	500万元人民币	《银行业监督管理法》第二条；《农村信用社省（自治区、直辖市）联合社管理暂行规定》第八条
12	农村资金互助社	乡（镇）设立的，注册资本不低于30万元人民币，在行政村设立的，注册资本不低于10万元人民币，注册资本应为实缴资本	《银行业监督管理法》第二条；《农村资金互助社管理暂行规定》第九条
13	证券公司	证券经纪、证券投资咨询与证券交易、证券投资活动有关的财务顾问为5000万元；经营证券承销与保荐、证券自营、证券资产管理及其他证券业务，经营任一业务的证券公司的注册资本最低限额为1亿元且为实收资本；经营两项以上的证券公司的注册资本最低限额为5亿元，且为实缴资本	《证券法》第一百二十一条
14	期货公司	3000万元	《期货交易管理条例》第十六条
15	基金管理公司	1亿元人民币，且必须为实缴货币资本	《证券投资基金法》第十三条
16	保险公司	2亿元，且为实缴资本	《保险法》第六十九条
17	保险专业代理机构、保险经纪人	设立保险专业代理公司，其注册资本最低限额为人民币5000万元，中国保监会另有规定的除外。保险专业代理公司的注册资本必须为实缴货币资本 经营区域不限于工商注册登记地所在省、自治区、直辖市、计划单列市的保险经纪公司的注册资本最低限额为5000万元。经营区域为工商注册登记地所在省、自治区、直辖市、计划单列市的保险经纪公司的注册资本最低限额为1000万元。保险经纪公司的注册资本必须为实缴货币资本	《保险法》第一百二十条；《保险代理人监管规定》第七条；《保险经纪人监管规定》第十条
18	外资保险公司	2亿元人民币或者等值的自由兑换货币，且为实缴资本	《外资保险公司管理条例》第七条
19	直销企业	8000万元	《直销管理条例》第七条

续表

序号	公司类型	最低注册资本额（人民币）	法律规定
20	对外劳务合作企业	600 万元人民币	《对外劳务合作管理条例》第六条
21	融资性担保公司	500 万元，且为实缴货币资本	《融资性担保公司管理暂行办法》第十条
22	劳务派遣企业	200 万元	《劳动合同法》第五十七条
23	典当行	典当行注册资本最低限额为 300 万元；从事房地产抵押典当业务的，注册资本最低限额为 500 万元；从事财产权利质押典当业务的，注册资本最低限额为 1000 万元。典当行的注册资本最低限额应当为股东实缴的货币资本，不包括以实物、工业产权、非专利技术、土地使用权作价出资的资本	《典当管理办法》第八条
24	保险资产管理公司	保险资产管理公司的注册资本应当为实缴货币资本，最低限额为 1 亿元人民币或者等值可自由兑换货币	《保险资产管理公司管理规定》第十四条
25	小额贷款公司	小额贷款公司的注册资本来源应真实合法，全部为实收货币资本，由出资人或发起人一次足额缴纳。有限责任公司的注册资本不得低于 500 万元，股份有限公司的注册资本不得低于 1000 万元	《中国银行业监督管理委员会、中国人民银行关于小额贷款公司试点的指导意见》第二条

基于以上内容，我们也可以看出，随着《公司法》的修订，国家对于一般行业的公司开始实行有限制的认缴注册资本制度，但是对于银行业金融机构、证券公司、期货公司、基金管理公司、保险公司、保险专业代理机构、对外劳务合作企业、融资性担保公司、以募集方式设立的股份有限公司、劳务派遣企业、典当行、保险资产管理公司、小额贷款公司等专业性强、影响面广的公司设立则实行实缴资本制度。因此，投资者在设立上述行业的公司时，应首先了解该行业的注册资本是否有特殊规定。

（2）股东人数符合法律规定

根据《公司法》的规定，对有限责任公司而言，其股东人数应当在 1 名以上 50 名以下。

（3）股东共同制定章程

公司章程是公司的组织规范和行为规则。公司章程是在经过全体出资人自愿协商一致的情况之下，在公司发起时，由全体出资人共同制定且在章程上签字盖章，由此生效施行。需要注意的是，这一点不同于公司章程日后的修改，公司章程的修改一般只需代表 2/3 以上有表决权的股东表决通过即可，但公司设立时的章程必须经过全部股东一致通过。

根据《公司法》第四十六条的规定，公司章程应记载的事项包括：①公司的名称和住所；②公司经营范围；③公司注册资本；④股东的姓名或者名称；⑤股东的出资额、出资方式和出资日期；⑥公司的机构及其产生办法、职权、议事规则；⑦公司法定代表人的产生、变更办法；⑧股东会认为需要规定的其他事项。

若上述事项在公司章程上记载有遗漏，或公司章程有违反法律、行政法规的相关规定的，其后果是该章程无法在有关登记管理部门成功注册备案，此时需要重新修改公司章程，这将会延误公司设立的时间，并可能会产生额外的设立成本。

（4）有公司名称，建立符合要求的组织机构

我国《公司法》规定，设立有限责任公司，其公司的法定名称中必须注明"有限责任公司"或"有限公司"字样。有限责任公司的组织机构，一般应包括股东会、董事会、监事会，对于规模较小、股东人数较少的有限责任公司，也可以不设董事会和监事会，设一名执行董事和一名到两名监事即可。

关于有限责任公司的内部治理结构设置问题，2023 年修订的《公司法》的规定相较于原《公司法》更为灵活，具体体现在，一是对于不设立董事会的有限责任公司，不再体现"执行董事"的称呼，而直接称呼"董事"；二是不再强制要求设立监事会或监事，可在董事会中设立审计委员会，行使监事会的职权。

（5）有公司住所

公司以其主要办事机构所在地为住所地。有限公司住所的法律意义，不仅是作为公司的经营场所，而且也是确定税务征管机关、市场监管等机关、诉讼管辖法院等的重要依据。

在我国某些地区和城市的市场监督管理部门，要求企业（包括但不限于有限责任公司）的注册地址必须为商用房，而不是居民楼。如果将居民楼中的地址注册为公司住所，需要将房屋用途从居民用房变为经营性房屋才可以。根据《民法典》第二百七十九条的规定，作出这种改变，除不违反法律、法规及物业管理规约之外，还需经过有利害关系的业主（包括邻居）同意，但是，实践中，部分地区对此作出了一定的突破，对于特定行业的企业（电子商务、软件开发、设计创意企业等），部分地区允许在未征询有利害关系业主同意的情况下直接进行登记。另外，根据实践中的做法和我国法律法规的规定，在市场监督管理部门，已被划入拆迁范围的房屋无法作为公司的住所地注册登记。

另外，随着《国务院关于印发注册资本登记制度改革方案的通知》的颁布实施，使一个地址之上同时注册多个公司（一址多照、集群注册）成为可能，截至目

前，我国多个省、市区均开展了关于一址多照与集群注册的企业登记改革，但是，由于各个地区对于可办理一址多照或集群注册的条件规定不一（例如，湖南省仅允许有投资关联关系的市场主体、同一经济园区内市场主体以及经营股权投资、电子商务、文化创意、软件设计、动漫游戏等现代服务业的市场主体将同一地址作为多家市场主体的住所①），所以，在办理一址多照或申请集群注册之前，尚需申请人与地方市场监督管理部门及产业园区管理部门确认具体的适用条件。

（二）有限责任公司设立的流程

1. 发起

（1）发起人数量和资格

根据《公司法》的相关规定，有限责任公司的发起人人数应当在50人以下。

发起人的资格限制	
行为能力限制	无民事行为能力人或限制民事行为能力人不得成为有限责任公司的发起人。
身份限制	公务员、法官、检察官不得经商，不能成为公司发起人。

关于发起人的资格，对自然人而言，应该具有完全民事行为能力，无民事行为能力人或限制民事行为能力人不得成为有限责任公司的发起人。除对自然人的民事行为能力的要求外，我国对公司发起人的身份也有禁止性条款。根据我国《公务员法》第五十九条第十六项的规定，公务员应当遵纪守法，不得违反有关规定从事或者参与营利性活动，在企业或者其他营利性组织中兼任职务。

（2）发起人协议

一般情况下，有限责任公司的发起人就是全体股东，所以实践中有限责任公司股东之间往往签订的是《出资协议》，无论是发起人协议还是出资协议，根据《公司法》的相关规定和司法实践，其法律性质本质上属于合伙，是发起人之间的内部契约。

发起人协议的效力主要体现在两个方面：

发起人内部	发起人外部
发起人协议在法律性质上属于民事合同，所有违反发起人协议的行为，对公司发起人内部而言都是违约行为，应适用《民法典》合同编的有关规定执行。	由于公司在核准登记设立前不具有法人资格，不能独立承担责任，各发起人应当对外承担无限连带责任，即"对外连带，对内按份"。

---

① 参见《湖南省放宽市场主体住所（经营场所）登记条件的规定》。

投资人往往对发起人协议或出资协议不太重视，但是事实上这份文件非常重要，尤其体现在公司设立失败的情况下。如公司成功设立，该协议履行完毕，因设立所派生出的权利义务由公司承担；若设立不成功，如对外产生债务，则应依发起人协议或出资协议由发起人对第三人承担连带责任，发起人内部依照协议按份承担责任。用通俗的语言表述，发起人协议签订的要旨为"把丑话全部说到前头"，这种设计模式，不但能预先规避法律风险，而且能够从商业运作的层面使得全体发起人的意志通过书面形式得到统一，从而更清晰地明确公司从设立到运营的方针战略。

由此可见，发起人协议对于一个公司的设立是不可或缺的。在实践中，发起人协议一般应具备以下内容：

①发起人的名称、住所、法定代表人的姓名、国籍、住所、职务；
②组建公司的名称、住所；
③公司的宗旨、经营范围；
④公司设立的方式、组织结构；
⑤公司注册资本、股份总额、类别、发起人出具数额、形式及期限；
⑥发起人的权利和义务；
⑦公司设立费用的承担；
⑧股利的分配；
⑨营业期限；
⑩违约责任；
⑪适用法律及争议的解决；
⑫协议的生效、变更与终止；
⑬订立协议的时间、地点、发起人签字；
⑭其他需要载明的事项。

除以上内容外，为了避免争议，在发起人协议中，还可考虑设置以下内容：

①委托代理人

公司设立时需要委托代理人到市场监管、税务、银行等机关办理相关手续。在出资协议中提前约定代理人，可以更好地保证代理人的独立性，以便代理人能代表全体发起人的利益，顺利完成公司的注册登记程序。另外，结合我国政府部门的特点，很多地方经常要求受委托的代理人能够从头到尾完成公司设立任务，所以提前选定代理人也可以避免造成流程上的时间延误。

②终止设立的条件

在公司发起设立协议上约定终止设立的条件，是维护发起人利益行之有效的方法。终止设立的原因主要包括：时间成本投入过大，设立时间过长导致资金占用紧张；法律法规和政策的改变；核心发起人撤出或失去发起人资格（例如自然人失去民事行为能力或被追究刑事责任，以及作为法人的发起人出现重大情况变动）等。在这些情况下，发起人往往很难有机会坐到一起对公司的设立通过协商达成一致意见，因此需要事先约定终止设立的条件。

③保密条款

公司在发起设立阶段，发起人有机会获悉其他发起人的商业秘密，为了防止发起人在公司终止设立后滥用这些商业机密，发起人协议应当包括保密条款，约定所有发起人对在设立公司过程中所知悉的其他发起人的商业秘密负有保密义务，未经许可，不得对外披露。

2. 制定有限责任公司章程

（1）概述

公司章程是公司组织和活动的基本准则。公司章程是指公司依法制定的，规定公司名称、住所、经营范围、经营管理制度等重大事项的基本文件，或者是指公司必备的规定公司组织及活动的基本规则的书面文件，是以书面形式固定下来的股东间的统一的意思表示。公司章程的基本特征是要具备法定性、真实性、自治性和公开性。公司章程是公司设立的最基本和最重要的法律文件。我国要求设立公司必须订立公司章程，公司的设立程序以订立章程开始，以设立登记结束。公司章程是国家对公司进行监督管理的主要依据，是公司对外作出的书面保证。公司章程是公司获准成立的必要条件。

但是，在实践之中，大多数公司并没有重视制定符合本公司实际的章程的作用，依旧采用市场监督管理局提供的格式文本，章程内容简单、千篇一律、可操作性差。因此在矛盾与纠纷发生的时候，公司章程基本起不到作用。尤其《公司法》于2013年修正后，删除了对实缴资本的验资规定，是否实际缴纳出资不再是市场监管部门登记备案的事项，对于股东的实际出资的规定和约束，主要靠公司章程来完成。因此，制定一个内容详尽、结构严谨、条款可操作性强的公司章程是股东在公司成立之初的一项重要工作。

（2）章程制定前的准备工作

有限责任公司可以根据本公司特点，通过公司章程约定符合股东利益、公司利益的特色条款，完善的公司章程可以最大限度地避免公司运营管理过程中出现治理僵局，也会降低股东投资风险。

①了解章程的记载事项

根据法律规定，是否必须将该事项记载入公司章程，可以将公司章程条款划分为三类：绝对必要记载事项、相对必要记载事项以及任意记载事项。

序号	类型	效力或作用	内容或要求
1	绝对必要记载事项	依照法律规定必须记载于公司章程之中的条款，公司章程缺少其中任何一项或任何一项记载不合法，就会导致整个章程的无效，使公司设立归于失败	公司名称和住所；公司经营范围；公司注册资本；股东的姓名或者名称；股东的出资额、出资方式和出资日期；公司的机构及其产生办法、职权、议事规则；公司法定代表人的产生、变更办法；股东会认为需要规定的其他事项
2	相对必要记载事项	由公司章程的制定者自选决定是否记载的事项，不予记载或记载违法，不影响整个章程的效力。但是一旦记载于公司章程，就会对公司、对外产生约束力	属于《公司法》的授权性法律规范，分散规定在《公司法》不同的条款之中
3	任意记载事项	法律未规定，由公司章程制定者共同协商制定的内容，体现有限责任公司股东对公司的特色性安排	不得违反法律、行政法规的强制性规定，不得违背公序良俗

②章程中的核心部分由股东协商确定

章程的核心部分，是指公司章程中规定公司经营活动的内容，会对公司日后的经营发展产生重大影响。由于公司的运营实际上要通过公司的内部各治理机构来实现，故公司机构的设置、公司机构的职权和议事规则应作为有限责任公司章程制定的核心部分。根据《公司法》的规定，有限责任公司需要设置股东会作为权力机构，董事会作为公司决策机构，经理等高级管理人员作为公司的执行机构，监事会则为公司的监督机构。

不同公司章程的核心部分也不同。相较于原《公司法》，对于有限责任公司，2023年修订的《公司法》对有限公司的内部治理相关的事项作了较大调整，根据修订后《公司法》的规定，在股东人数较少和规模较小时，一是可以不设董事会，只设一名董事；二是可以不设监事会，仅设一名至两名监事或仅设置审计委员会。因此，在制定公司章程前，有限责任公司的发起人要组织会议，根据拟设立公司的性质和特点，对这些机关的设置、职权和议事规则加以明确约定，同时制定在公司章程中，这样一来，制定的章程就能够起到规范公司经营运作的作用。

此外，由于有限责任公司具有人合性，各个股东之间一般有比较深的信任关系，所以对公司成立后的股权转让问题作出清晰的规范是非常必要的，否则势必影响有限公司股东之间的信任关系和公司的良好运作。例如，股东的资格能否直接由继承人继承、股东对外转让股权时需要注意的问题、股东之间出现表决僵局时的解决方案、股权动态调整等，都应当通过协商规定在公司章程当中。

③公司设立协议与公司章程之间关系的实务处理

有限责任公司的发起人协议，是发起人之间签订的关于公司设立事项的合伙协议。设立协议与公司章程之间存在密切联系，两者的目标都是设立公司；内容上都包含公司名称、注册资本、经营范围、股东构成、出资形式等事项。在实务中，如有限责任公司的发起人签订了发起人协议，在公司章程的制定过程中，设立协议的基本内容通常会为公司章程所吸收。

因发起人协议的效力仅及于发起人，公司章程属于公司登记事项，具有对外效力且签署的时间一般在发起人协议订立之后，故当发起人协议与章程发生冲突时，应以章程规定为准。但如果公司存续或解散之后可能会遇到的事项，在发起人协议中有规定，公司章程未涉及，则应以发起人协议中的相应条款作为执行依据，但协议效力只应限于签约的发起人或原始股东。

（3）有限公司章程的制定

制定公司章程是公司设立的一个必经程序。制定公司章程时，一方面，内容不得与《公司法》的强制性规定相违背；另一方面，为实现有限责任公司章程的完善，需要发起人对《公司法》中授权或需要由公司章程予以规定的内容作详细的规定，以增强公司章程的可操作性。

有限责任公司章程的制定需要把握以下要点：

①公司章程应当尽可能公平

在制定公司章程时，要尽可能地体现全体股东的意志。有限责任公司较强的人合性决定了公司事项的决定权不仅根据股东的出资份额确定，而往往由一名到若干名具有实际决策权的股东来决定公司事项及经营管理，因此，制定公平完善的公司章程，是公司能够持续良好运营的保证。

②事项尽可能完备

公司章程的内容必须完备，应尽量避免出现公司内部事务"无章可依"的情况。对于《公司法》明文规定需要包括在公司章程中的内容，均应当在章程中完备记载。

③可参考市场监督管理局的示范范本

通常市场监督管理局的示范公司章程范本较为机械，但一般情况下内容较为完备，也具有相对比较严密的逻辑性，在制定章程时可予以参考，但一定要根据股东及公司的实际需要予以调整。但是，实践中，各地方市场监督管理局对于股东是否可对其公示的范本章程进行补充与调整的监管口径不一，部分地方市场监督管理局不允许发起人对其公示的章程范本进行少量调整，或者仅允许进行少量调整，在该情况下，公司在设立完成后，可能会存在内容不一的两份章程，其中用于市场主体登记注册的章程通常不会实际执行，此时，在制定章程的过程中，即需要明确不同版本章程的用途以及内容发生冲突时的效力适用规则，以避免后续在章程适用等方面发生争议。

④公司章程的内容，不得违反法律法规

公司章程虽然能够体现公司内部高度自治的特点，但是，依然需要遵循法律和法规，不得违反我国《公司法》和其他法律、法规的强制性规定，否则，相关内容存在被认定为无效的法律风险。

3. 公司名称

（1）自主申报

现行企业名称预先核准制度发源于改革开放初期，为企业筹备设立、办理审批等事宜提供了便利和保障，对保护企业合法权益和规范市场秩序发挥了重要作用。随着商事制度改革不断深化，新增企业快速增长，企业名称预先核准制度政府管制过多、核准效率较低等弊端日益凸显。

基于以上背景，市场监管总局于2019年4月1日公布、施行的《关于做好取消企业名称预先核准行政许可事项衔接工作的通知》，该通知规定2019年9月底前全面推行企业名称自主申报，不再发放《企业名称预先核准通知书》，同时，该《通知》还规定涉及工商登记前置审批事项的，申请人可以向企业登记机关申请企业名称预先登记，经企业登记机关确认予以保留的，在申请人办理企业登记时直接予以登记。该通知指出，企业登记机关在企业登记时对名称与其他登记事项一并审查。企业名称应当符合法律法规的相关规定，对不符合规定的企业名称不予登记并说明理由。另，该《通知》还指出，不断完善企业名称禁限用规则，将加强企业名称通用字词的动态管理，提高名称自主申报系统审查的智能化水平，加强对自主申报名称的监督检查。由此可知，目前，企业名称已由之前的许可批准变更为现在的企业自主申报，市场监督管理机关在确定企业名称过程中的职能亦完成了由审核批准到监督检查的转变。

（2）公司的名称构成

根据《企业名称登记管理规定》《企业名称登记管理规定实施办法》的相关规定以及行政监管实践，我国现行法律、法规对公司名称有如下要求：

第一，一个企业只允许使用一个名称，在企业登记主管机关的管辖辖区不得与已经登记注册的同行业有一定影响的企业名称相同或相似。据此，在企业登记的过程中，并不完全禁止企业名称与其他企业名称相同或相似，而仅为不得存在与在先注册登记且已有一定影响的企业名称存在相同或相似的情况。

第二，企业的名称所使用的文字应当是符合国家法律规范的汉字。不得使用汉语拼音、阿拉伯数字、外国文字。民族自治地方的企业名称可以同时使用本民族自治地方通用的民族文字（注意：是可以同时使用，即名称中必须有汉字，不能只有少数民族文字）。企业名称需译成外文使用的，由企业依据文字翻译原则自行翻译使用，无须报市场监督管理机关核准登记，但是不得违反法律法规的规定。

第三，企业的名称中不允许包含下列文字和内容：损害国家尊严或利益；损害社会公共利益或妨碍社会公共秩序；使用或者变相使用政党、党政军机关、群团组织名称及其简称、特定称谓和部队番号；使用外国国家（地区）、国际组织名称及其通用简称、特定称谓；含有淫秽、色情、赌博、迷信、恐怖、暴力的内容；含有民族、种族、宗教、性别歧视的内容；违背公序良俗或者可能有其他不良影响；可能使公众受骗或者产生误解；法律、行政法规以及国家规定禁止的其他情形。

第四，除经国务院批准外，企业名称不得冠以"中国""中华""全国""国家""国际"等字样。在企业名称中间使用"中国""中华""全国""国家""国际"等字样的，该字样应是行业的限定语。例如，"国际贸易""国际航运"，"国际"二字代表的是该行业的经营特点而不是经营范围。如使用外国（地区）出资企业字号的外商独资企业、外方控股的外商投资企业，可以在名称中间使用"（中国）"字样。[注意："（中国）"中的括号不能省略]

我国法律规定，在我国登记注册的公司名称，一般由四部分组成：行政区划+字号+行业或经营特点+组织形式。

①行政区划

企业名称中的行政区划名称应当是企业所在地的县级以上地方行政区划名称。市辖区名称在企业名称中使用时应当同时冠以其所属的设区的市的行政区划名称。开发区、垦区等区域名称在企业名称中使用时应与行政区划名称连用，不得单独使用。

根据我国法律规定，除国务院批准以外，企业名称不得冠以"中国""中华""全国""国家""国际"等字样。如果拟在企业名称中间使用"中国""中华""全国""国家""国际"等字样的，该字样应是行业的限定语。该条还规定使用外国（地区）出资企业字号的外商独资企业、外方控股的外商投资企业，可以在名称中间使用"（中国）"字样。

企业可以在名称中的字号之后使用国家和地区的名称或者县级以上行政区划的地名，该地名不视为企业名称中的行政区划，例如"北京烤鸭""四川火锅""云南米线""郫县豆瓣"之类，这些名称中的行政区划的意义在于说明该企业所经营的产品或提供的服务的特点，不代表该企业的所在地或经营的地域范围。

②字号

相关法律法规规定，字号除不得有前文所述禁止性情形外，还应当由两个以上汉字组成。私营企业（自然人投资人设立的企业）可以使用投资人的姓名作字号。

③行业或经营特点

企业名称中的行业表述应当是反映企业经济活动性质所属国民经济行业或者企业经营特点的用语。企业名称中行业用语表述的内容应当与企业经营范围第一项一致。企业经济活动性质分别属于国民经济行业不同大类的，应当选择主要经济活动性质所属国民经济行业类别用语表述企业名称中的行业。[1]

---

[1] 《企业名称中的行业特点如何确定?》，载南通市人民政府网站，https://www.nantong.gov.cn/ntsrmzf/jjzh/content/syn8235BA8713749F173A170490600314761.html，最后访问时间：2024年7月25日。

④组织形式

企业应当根据其组织结构和责任形式，在公司名称中如实标明其组织结构名称，根据我国《公司法》的规定，有限责任公司在企业名称中应当写明"有限责任公司"或"有限公司"。

此外，企业名称的登记注册，除了应满足与同地域同行业的在先已具有一定影响力的其他企业名称不得相同或近似之外，还应当满足不与已经注册的同行业产品或服务的商标相同或近似，《最高人民法院关于审理商标民事纠纷案件适用法律若干问题的解释》第一条第一项规定，"将与他人注册商标相同或者相近似的文字作为企业的字号在相同或者类似商品上突出使用，容易使相关公众产生误认的"，应当认定构成侵权。例如，某饮料公司把企业名称中的字号登记为"雪碧"，但是，"雪碧"作为著名跨国企业可口可乐公司旗下一知名产品的注册商标，不能作为其他饮料公司的字号进行登记。

（3）公司分支机构名称的特殊规定

企业设立分支机构的，企业及其分支机构的企业名称应当符合下列规定：

①企业分支机构名称应当冠以其所从属企业的名称，缀以"分公司""分厂""分店"等字词，并在名称中标明该分支机构的行业和所在地行政区划名称或者地名等，其行业或者所在地行政区划名称与所从属企业一致的，可以不再标明；

②境外企业分支机构应当在名称中标明该企业的国籍及责任形式。

（4）公司名称自主申报具体程序和要点

①申请人

实践中，申请人可以自行或指定代表人、委托代理人办理市场主体登记、备案事项。该代理人既可以是公司的股东或工作人员，也可以是公司以外的市场主体登记注册代理机构。需要注意的是，由于公司尚未成立，因此委托人应当是公司的发起人（股东），且应当是全体发起人（股东）一致同意的委托，不能用公司的名义委托该代理人代理相关手续。

②申请方式

根据《企业名称登记管理规定实施办法》第二十一条规定，申请人可以通过企业名称申报系统或者在企业登记机关服务窗口提交有关信息和材料。具体采取哪种方式，应当事先与有管辖权限的市场监督管理登记部门沟通查询。

③申请时应当提交的文件

a. 全体发起人或股东签署的授权委托书，及受委托的代理人的身份证复印件；

b. 名称的行政区划冠以"中国""中华""国家""国际"等字样的批准文件；

c. 市场监督管理登记部门要求的其他文件。

④两个以上企业申请相同企业名称的处理

根据《国家市场监督管理总局办公厅关于推进企业名称自主申报改革试点工作的通知》的相关规定，国家将建立企业名称自主申报系统。落实企业名称禁限用规则和相同相近比对规则，对申请的名称与在先登记名称相同以及属于禁用范围的，系统不予通过；对涉及相关情形限用内容的，系统提示申请人需提供有关证明或者授权文件方可通过；对与在先登记名称近似的，提示申请人存在的侵权风险。强化企业名称自主申报的主体责任，企业应当承诺自行承担相关法律责任。因此，在企业名称实行自主申报之后，两个企业申请相同企业名称的可能性几乎为零，因为不同企业同时登记申报的可能性极小。

4. 前置审批程序

根据我国《公司法》的规定，法律、行政法规规定设立公司必须报经批准的，应当在公司进行登记前依法办理报批手续。取得相应的行政批准后，市场主体登记注册方能获批。

根据《市场监管总局关于调整企业登记前置审批事项目录的通知》的相关规定，我国市场监督管理部门对以下35项事项实施前置性审批：

序号	项目名称	实施部门
1	证券公司设立审批	中国证券监督管理委员会
2	烟草专卖生产企业许可证核发	国家烟草专卖局
3	烟草专卖批发企业许可证核发	国家烟草专卖局或省级烟草专卖行政主管部门
4	营利性民办学校（营利性民办培训机构）办学许可	县级以上人民政府教育行政部门、县级以上人民政府人力资源社会保障部门
5	金融控股公司设立审批	中国人民银行
6	民用爆炸物品生产许可	中华人民共和国工业和信息化部
7	爆破作业单位许可证核发	省级、设区的市级人民政府公安部门
8	民用枪支（弹药）制造、配售许可	中华人民共和国公安部、省级人民政府公安部门
9	制造、销售弩或营业性射击场开设弩射项目审批	省级人民政府公安部门
10	保安服务许可证核发	省级人民政府公安部门
11	设立经营个人征信业务的征信机构审批	中国人民银行
12	卫星电视广播地面接收设施安装许可审批	国家广播电视总局

续表

序号	项目名称	实施部门
13	设立出版物进口经营单位审批	国家新闻出版署
14	设立出版单位审批	国家新闻出版署
15	境外出版机构在境内设立办事机构审批	国家新闻出版署国务院新闻办
16	境外电影机构在华设立办事机构审批	国家电影局国务院新闻办
17	境外广播电视机构在华设立办事机构审批	国家广播电视总局国务院新闻办
18	危险化学品经营许可	县级、设区的市级人民政府应急管理部门
19	新建、改建、扩建生产、储存危险化学品（包括使用长输管道输送危险化学品）建设项目安全条件审查；新建、改建、扩建储存、装卸危险化学品的港口建设项目安全条件审查	设区的市级以上人民政府应急管理部门；港口行政管理部门
20	烟花爆竹生产企业安全生产许可	省级人民政府应急管理部门
21	外资银行营业性机构及其分支机构设立审批	中国银行保险监督管理委员会①
22	外国银行代表处设立审批	中国银行保险监督管理委员会
23	中资银行业金融机构及其分支机构设立审批	中国银行保险监督管理委员会
24	非银行金融机构（分支机构）设立审批	中国银行保险监督管理委员会
25	融资担保公司设立审批	省级人民政府确定的部门
26	外国证券类机构设立驻华代表机构核准	中国证券监督管理委员会
27	设立期货专门结算机构审批	中国证券监督管理委员会
28	设立期货交易场所审批	国务院或中国证券监督管理委员会
29	证券交易所设立审核、证券登记结算机构设立审批	国务院、中国证券监督管理委员会
30	专属自保组织和相互保险组织设立审批	中国银行保险监督管理委员会
31	保险公司及其分支机构设立审批	中国银行保险监督管理委员会
32	外国保险机构驻华代表机构设立审批	中国银行保险监督管理委员会
33	快递业务经营许可	国家邮政局或省级邮政管理机构
34	经营劳务派遣业务许可	省、市、县级人民政府人力资源社会保障部门
35	使用"交易所"字样的交易场所审批	国务院或国务院金融管理部门、省级人民政府

---

① 2023年3月，中共中央、国务院印发了《党和国家机构改革方案》。在中国银行保险监督管理委员会基础上组建国家金融监督管理总局，不再保留中国银行保险监督管理委员会。下文不再提示。

基于以上内容,在进行登记之前,公司发起人应当先到当地市场监督管理部门查询,了解拟设立公司的经营范围是否属于需要前置审批的范围,并根据当地市场监管部门及相关审批部门的要求办理前置审批手续。

另外,在我国现行法律监管体系下,对于外商投资的市场准入,我国实行负面清单制度,在该背景下,如外商拟在中国境内实施投资,其投资领域以及外资主体所持外商投资企业的股权比例等事项,基于投资行为是否发生在自由贸易试验区,需分别同时满足《市场准入负面清单(2022年版)》与《外商投资准入特别管理措施(负面清单)(2021年版)》(投资行为未发生在自由贸易试验区时适用)或《市场准入负面清单(2022年版)》与《自由贸易试验区外商投资准入特别管理措施(负面清单)(2021年版)》(投资行为发生在自由贸易试验区时适用)的要求。否则,对应的企业设立行为将不会被我国行政监管机关所批准。同时,根据《自由贸易试验区外商投资准入特别管理措施(负面清单)(2021年版)》与《外商投资准入特别管理措施(负面清单)(2021年版)》的说明内容,及目前我国外商投资监管部门(商务部)公布的监管问答的内容显示,对于外商在中国境内设立的外商投资企业,如拟在中国境内实施投资,亦应当满足我国关于外商投资市场准入的要求。

5. 出资和验资

公司的注册资本是公司能够独立承担民事责任的保证,注册资本的多少反映出公司的实力。

(1)出资额

根据《公司法》的规定,有限责任公司的注册资本为在公司登记机关登记的全体股东认缴的出资额,不再限定一般有限责任公司注册资本的最低限额以及股东的首次出资额,但法律、行政法规对有限责任公司注册资本的最低限额有较高规定的,应从其规定。例如:

公司类型	最低注册资本限额(人民币)
劳务派遣公司	200万元
保险公司	2亿元
全国性商业银行	10亿元
城市性商业银行	1亿元
农村商业银行	5000万元
信托公司	3亿元人民币或等值的可自由兑换货币
基金管理公司	1亿元

(2) 出资形式

《公司法》对于股东的出资形式有以下要求：

在出资时，对作为出资的非货币财产应当评估作价，核实财产，不得高估或者低估作价。法律、行政法规对评估作价有规定的，从其规定。需注意的是，2023年修订的《公司法》事实上对非货币财产出资范围进行了限制，只有能用货币评估价格且能在市场上流通的非货币财产才能用作出资，这是因为非货币财产必须用货币作为价格计算的单位，才能计算其所占全部出资额度的比例，并且，非货币财产只有能够转让，才能成为公司的财产用作经营。

根据《公司法》的规定，对于有限公司的注册资本，并未要求发起人立即完成实缴，而是应在公司设立之日起五年内完成实缴。但是，值得注意的是，对于非货币财产出资，如非即时实缴，则需关注在出资期间内该非货币财产可能发生贬值，如专利失去新颖性、商标使用权贬值、实物折旧贬值等，因此需要在出资协议中约定非货币财产经过评估作价后实际出资的期限，超过该期限则需要重新评估作价。并且，需要约定对于突发事件造成的非货币财产贬值，不适用于该期限。

对于知识产权出资，应当保证在不侵犯第三方权利的情况下用以出资的知识产权经过评估作价，同时需注意出资的知识产权是否在出资前已经许可第三方使用。若之前已许可第三方使用，需区分是否为独占性或排他性使用，否则公司日后可能会出现侵权。即使是非独占性或非排他性使用，也会对公司日后的经营造成竞争。用知识产权出资的股东应当签署保证不侵犯第三方权利的声明，若出现侵权，责任由该股东独立承担。还需注意的是，股东在以知识产权出资后，即丧失对该知识产权的出资部分的所有权，因此自身不得继续使用该知识产权，应要求该股东对此出具保证。

在实践中，部分地区和城市的市场监督管理部门不允许使用某些形式的财产出资。虽然此类规定是否合法有待商榷，但是由于我国《行政诉讼法》不允许对抽象行政行为提起诉讼，因此企业在发起阶段最好还是向当地有关市场监督管理部门进行具体咨询。

(3) 出资的缴纳

根据《公司法》以及其他相关法律法规的规定，出资的实质是股东将财产的所有权转移给公司，作为对价，股东取得对应的出资额度所从属的权利。因此，出资首先必须将财产的所有权转移给公司。对于现金，应当转入公司在取得名称核准许可后在银行设立的临时公司账户；对于动产，应当交付给公司；对于不动产，应当办理相应的权属变更登记手续，将所有权转移给公司。

根据《公司法》的规定，除向社会公开募集股份的股份公司外，法律不再强制要求股东出资以及验资。但股东实际缴纳出资的义务是法定的，缺少了行政机关的监督，股东更应该对出资、验资予以重视。所以，公司章程中应该明确规定各股东认缴的出资额、出资方式、出资期限，并明确约定不按期出资或出资不足的违约责任等内容。同时，为确保股东出资真实，在每次出资之后，笔者建议仍然委托法定的验资机构对出资进行检验并保留好证明文件备查。验资的主要内容有：①出资形式是否符合我国法律法规的强制性规定；②出资是否符合公司章程所规定的数额、比例和形式；③出资是否虚假，以货币形式出资的，是否已将出资货币真实存入公司的临时账户；④对非实物出资的作价是否公平合理，是否符合有关法律、法规的规定。如果不符合以上条件，则验资机构不得出具验资报告。

（4）验资

如前文所述，虽然2023年修订的《公司法》除特定情况外原则上不再强制要求验资，但验资还有其必要性。我国的法定验资机构是会计师事务所和审计师事务所，具体由在会计师事务所工作的注册会计师或在审计师事务所工作的经依法认定为具有注册会计师资格的注册审计师担任，由验资机构出具的验资报告应妥善留存。

6. 设立登记

（1）登记申请

①申请人与申请时间

根据《市场主体登记管理条例实施细则》第十四条规定，申请人可以自行或者指定代表人、委托代理人办理市场主体登记、备案事项。第二十二条第一款规定，法律、行政法规或者国务院决定规定市场主体申请登记、备案事项前需要审批的，在办理登记、备案时，应当在有效期内提交有关批准文件或者许可证书。

②申请方式

申请人申请时应当书面提交符合法定形式的各类文件，该等资料与文件的提供，既可现场提交，也可通过市场主体登记注册系统提交，无论通过何种方式提交，申请人都要保证申请材料的真实性，提供虚假材料要承担相应的法律责任。

③申请材料

根据我国《市场主体登记管理条例实施细则》的规定，申请设立有限责任公司，应当向公司登记机关提交下列文件：

a. 申请书；

b. 申请人主体资格文件或者自然人身份证明；

c. 住所（主要经营场所、经营场所）相关文件；

d. 公司、非公司企业法人、农民专业合作社（联合社）章程或合伙企业合伙协议；

e. 法律、行政法规和国务院市场监督管理部门规定提交的其他材料。

法律、行政法规或者国务院决定规定设立有限责任公司必须报经批准的，还应当提交有关批准文件。

(2) 审查与受理

根据《市场主体登记管理条例实施细则》的规定，登记机关应对申请人提交的申请进行审查，对于申请材料齐全、符合法定形式的，登记机关予以确认，并当场登记，出具登记通知书，及时制发营业执照。不予当场登记的，登记机关应当向申请人出具接收申请材料凭证，并在3个工作日内对申请材料进行审查；情形复杂的，经登记机关负责人批准，可延长3个工作日，并书面告知申请人。如申请人申请材料不齐全或者不符合法定形式的，登记机关应当将申请材料退还申请人，并一次性告知申请人需要补正的材料。申请人补正后，应当重新提交申请材料。不属于市场主体登记范畴或者不属于本登记机关登记管辖范围的事项，登记机关应当告知申请人向有关行政机关申请。

(3) 登记与领取营业执照

市场监管总局办公厅发布的《关于提升信息化水平统一规范市场主体登记注册工作的通知》于2020年7月27日正式施行。该通知指出，按照"统一企业登记业务规范、数据标准和平台服务接口"的规定，依法开展市场主体登记注册工作。按照"成熟一个、上线一个"原则，推广使用全国统一的登记注册应用服务接口。该通知还指出应严格按照《市场主体准入退出数据规范》《"多证合一"改革信息化数据规范》《注销便利化工作数据规范》等数据标准，鼓励建立统一的市场主体登记注册电子档案系统，并实现登记档案无纸化，要求做到"一登记、即公示"。同时还指出统一电子营业执照应用接口，使用全国统一的电子营业执照系统和电子营业执照验签接口服务，持续推进电子营业执照跨区域、跨行业、跨层级的使用。除前述规定外，国务院办公厅《关于加快推进电子证照扩大应用领域和全国互通互认的意见》指出，在2022年底前，全国一体化政务服务平台电子证照共享服务体系应基本建立，推动营业执照等电子证照在企业登记等高频政务服务事项中的应用。由此可知，电子营业执照是未来发展趋势[①]。

二、股份有限公司的设立

(一) 股份有限公司设立的基本理论

1. 股份有限公司的基本概念

设立股份有限公司与设立有限责任公司相比具有巨大的融资优势，需要投入高额资金的大型企业往往会考虑通过设立股份有限公司的方式来谋求企业的长足发展。

---

① 《公司法》第三十三条第三款规定，公司登记机关可以发给电子营业执照。电子营业执照与纸质营业执照具有同等法律效力。这意味着纸质营业执照并未取消，而且根据目前政策趋势，电子证照的普及是未来发展方向。

股份有限公司全部注册资本由等额股份构成并通过发行股票（或者股权凭证）来筹集资本，股东以其持有的股份为限对公司承担责任，公司以全部资产为限对公司的债务承担责任。

2. 股份有限公司的特点

（1）股份有限公司设立的发起人人数应当符合法定要求

根据《公司法》第九十二条的规定，设立股份有限公司的发起人人数应当在一人以上二百人以下，其中须半数以上的发起人在中国境内有住所。

（2）股份有限公司股东以其认购的股份对公司承担有限责任

股份有限公司是由一定数量的股东通过股份认购设立的，公司享有独立的法人财产和法人人格，能够以自己的名义对外开展经营活动，享有民事权利，能够独立地承担民事责任。公司股东仅作为公司的投资者，以其认缴的股份对公司承担有限责任，在其认缴的出资额之外，对公司的负债不承担责任，股东依法享有资产收益、参与公司的重大决策、选择管理者和分配剩余资产等权利。

（3）公司具有开放性和社会性

股份有限公司的开放性和社会性体现为在公司设立过程中，能够公开募集资本，股东股份能够自由转让，公司可以上市，公司财务对外公开等。根据《公司法》的规定，以募集设立方式设立股份有限公司的，发起人有权向社会公开募集股份，但是，发起人对外募集公司股份，其自身必须首先认购不得少于公司股份总数的35%股份（法律、法规另有规定的除外）。上市公司的股票，依照有关法律、法规及证券交易所交易规则上市交易。股东的股份转让，应当在依法设立的证券交易场所进行或按照国家规定的方式进行。股份有限公司的账务、账目必须向全部股东公开，上市公司必须依照法律、法规规定，公开其财务、经营状况及公司涉及的重大诉讼，在每个会计年度内公布一次财务会计报告。

（4）股份有限公司是典型的资合公司

股份有限公司的信用基础根本在于资本，区别于有限责任公司股东信用和合伙企业的合伙人信用。公司的全部资本被分成等额股份，股东以其持有的公司股份数额享有权利和承担义务。股东所持的股份数额决定了其在股东会中表决权大小。与有限责任公司相同，股份有限公司的股东也不能以劳务出资。以发起设立方式设立公司的，发起人应当书面认足章程规定的股份数额。以非货币财产出资的，应当依法在规定期限内办理财产权利的转移手续。

3. 股份公司的设立方式

根据《公司法》的规定，股份有限公司的设立，可以采取发起设立和募集设立两种方式。如下图。

```
                    ┌ 发起设立
          设立方式 ┤                ┌ 私募发行
                    └ 募集设立 ┤
                                    └ 公募发行
```

(1) 发起设立方式

发起设立又称"共同设立"或"单纯设立",是指发起人通过认购公司应发行的全额股份而设立公司的方式。发起设立具有以下特征:

第一,认购首期发行股份的人必须是发起人,社会公众不参与股份认购,这是发起设立和募集设立的根本区别。

第二,发起人必须将首期发行的所有股份全部认购,一次性筹集完成公司股本。

第三,发起设立是在公司设立完成前进行股份认购,与公司完成设立后再增资认购不同。

发起设立具有程序简单、设立效率高、周期短、设立所需的成本较低,以及公司向心力强(由于股东人数少,最初的董事和监事只能在发起人中选择,因此具有一定的人合性)等优势。与募集设立相比,发起设立的劣势主要是发起人(股东)人数较少,导致筹集资金的能力较为有限。因此,发起设立一般适用于中小型股份有限公司。

(2) 募集设立方式

募集设立又称"渐次设立"或者"复杂设立",是指发起人仅认购部分公司首期发行股份,其余部分通过对外向社会公众募集的公司设立方式。《公司法》第九十一条第三款规定:"募集设立,是指由发起人认购设立公司时应发行股份的一部分,其余股份向特定对象募集或者向社会公开募集而设立公司。"所以,募集设立可以通过向社会公开发行股票来设立,也可以通过向特定对象发行股票来设立。由于募集设立的股份有限公司资本规模一般情况下较大,并且涉及投资者利益方面纷繁复杂,因此,各国公司法均对其设立程序有严格规制。如各国大多规定了发起人认购的股份在公司股本总数中应占的最小比例,以此来防止发起人完全凭借他人资本设立公司,损害一般投资者的利益。根据《公司法》第九十七条第二款的规定:"以募集设立方式设立股份有限公司的,发起人认购的股份不得少于公司……股份总数的百分之三十五;但是,法律、行政法规另有规定的,从其规定。"

根据资金筹集对象的不同,募集设立具体可以分为"私募发行"和"公募发行"两种方式(通常简称"私募"和"公募"),在我国的法律框架下,公募发行即特指公司上市发行股票。二者的区别见下表:

募集类型	私募发行	公募发行
概念	公司发行的股份除由发起人认购外，其余股份向特定的主体发行的股份募集方法	公司发行的股份除由发起人认购外，其余股份向社会公众公开发行的股份募集方法
优点	操作便捷，成本相对较低 更为灵活 便于保密	募集资金较多 增加知名度，有助于公司的运营 经营计划更为周延
缺点	前期调研的成本较高，风险承担较大 由于转售方面的限制，私募发行的股份变现成本较高	时间成本高 灵活性较差 审批手续较为复杂

4. 股份有限公司的设立条件

根据《公司法》的规定，股份有限公司的设立条件包括：

（1）发起人符合法定人数

发起人是指认购或募集股本并承担公司筹办事务的法人、非法人经济组织或者自然人，根据《公司法》第九十二条的规定，设立股份有限公司，应当有一人以上二百人以下为发起人，其中需要有半数以上的发起人在中国境内有住所。根据该规定，在我国无论是法人、非法人经济组织还是自然人都可以作为股份公司的发起人。但是，《公司法》对发起人主体资格放宽限制的同时，不能忽略其他的一些法律、行政法规还对发起人的主体资格作出了一些约束：即自然人发起人应当具有完全民事行为能力。除此之外，法律、法规也规定了一些不能从事营利性活动的人不得作为公司设立的发起人，包括法官、检察官、人民警察及其他国家公务人员和现役军人。

（2）全体发起人认购的股本总额或者募集的实收股本总额符合公司章程规定

发起人认购和募集的股本是公司的初始财产，是公司开始经营活动的物质基础。股份有限公司以公司财产对公司的债务承担清偿责任，股东以其出资额对公司债务承担有限责任。另外，《公司法》第九十六条规定："股份有限公司的注册资本为在公司登记机关登记的已发行股份的股本总额。在发起人认购的股份缴足前，不得向他人募集股份。法律、行政法规以及国务院决定对股份有限公司注册资本最低限额另有规定的，从其规定。"

（3）股份发行、筹办事项符合法律规定

我国《公司法》对股票发行程序和筹办事项都作了详细和严格的规定。包括制作招股说明书和认股书，找证券公司承销，由验资机构出具验资报告，召开成立大会等。因此，股份的发行和筹办事项符合法律规定是设立股份有限公司的必备条件。

（4）发起人制定公司章程，采用募集方式设立的经成立大会①通过

公司章程是指由设立公司的股东制定的自制规则，对公司、股东、公司经营管理人员具有约束力，可以调整公司内部组织关系和经营行为。依法生效的股份有限公司章程，对公司及全体股东和公司权力机构、执行机构和监督机构及公司的法定代表人、董事长、董事、监事、公司经理等高级管理人员均具有法律约束力。公司章程既是公司设立的必备条件，也是我国《公司法》规定的公司成立存续的基本要求。采用发起方式设立的股份有限公司的公司章程需由全体发起人签字、盖章生效；采用募集方式设立的股份有限公司，成立大会对公司章程作出决议，必须经出席会议的认股人所持表决权过半数通过后方可生效。成立大会的举行，应有代表表决权总数过半数的发起人、认股人出席。

（5）有公司名称，建立符合股份有限公司要求的组织机构

设立股份有限公司，必须在公司名称中标明"股份有限公司"或者"股份公司"字样，公司名称也是公司章程应当载明的事项之一，是公司设立登记的法定内容，同时也是公司开展经营活动，对外订立合同、进行民事法律行为，承担民事责任以及进行司法诉讼的必备条件。因此，设立公司应当有符合法律规定和要求的公司名称。

股份有限公司的组织机构包括权力机构、执行机构和监督机构，其中股东会是股份有限公司的权力机构②，依法行使公司的决策权。董事会是公司的执行机构，对股东大会负责并行使公司的经营执行权。监事会/监事或董事会下设的审计委员会是公司的监督机构，主要监督公司财务的合规运作和董事、高管的职务行为③。

（6）有公司住所

公司的住所是公司主要的办事机构所在地，它不仅是公司从事经营管理活动的客观基础，也经常是确定公司合同履行地，诉讼管辖地以及市场主体登记注册管辖机关的重要根据，因此设立股份有限公司必须具有公司住所。这是股份有限公司设立的必须条件和公司申请设立的必要事项。

5. 股份有限公司设立的基本流程

（1）发起设立方式的基本流程

一般情况下，由于发起设立不存在募集，因此发起设立的程序是在发起人内部

---

① 2023年修订的《公司法》取消了"创立大会"的说法，取而代之的系"成立大会"，体现了用语的严谨性。下文不再提示。

② 2023年修订的《公司法》取消了"股东大会"的说法，取而代之的系"股东会"，该等修改为后续建立与国际接轨的公司治理体系具有重要意义。

③《公司法》第一百二十一条第一款、第一百三十三条规定，规模较小或者股东人数较少的股份有限公司，可以不设监事会，设一名监事，行使本法规定的监事会的职权。此外，股份有限公司可以按照公司章程的规定在董事会中设置由董事组成的审计委员会，行使本法规定的监事会的职权，不设监事会或者监事。

完成的，这一点和有限责任公司的设立类似。采取发起方式设立股份有限公司的程序如下：

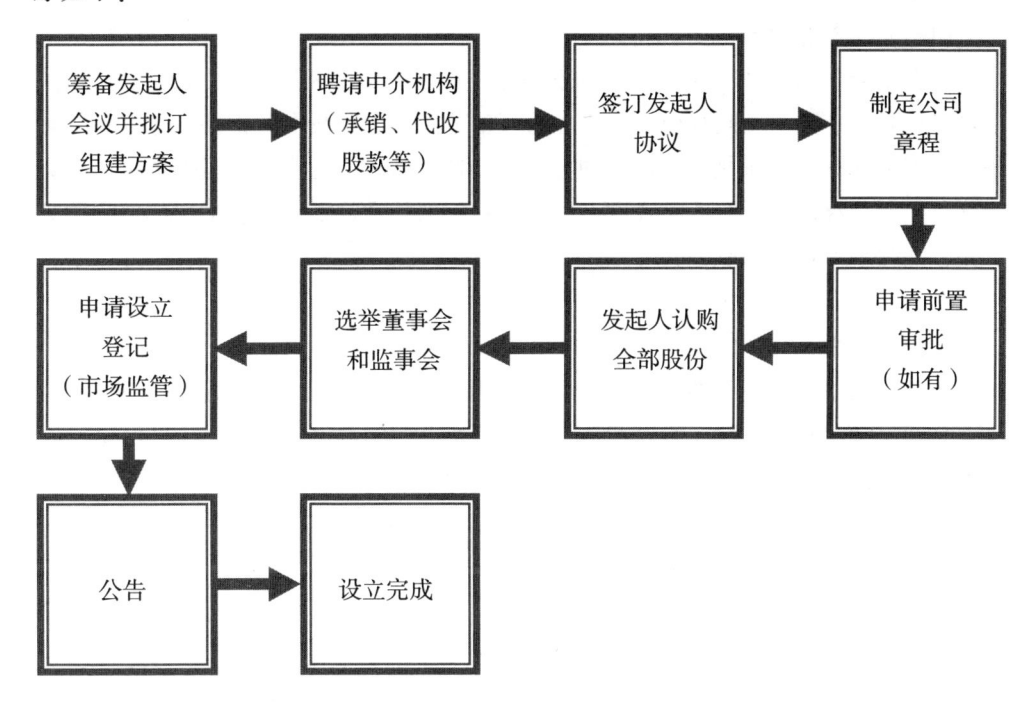

```
筹备发起人          聘请中介机构
会议并拟订   →    （承销、代收   →   签订发起人   →   制定公司
组建方案            股款等）            协议              章程
                                                          ↓
申请设立         选举董事会         发起人认购         申请前置
登记        ←   和监事会      ←   全部股份      ←   审批
（市场监管）                                          （如有）
   ↓
公告       →    设立完成
```

(2) 募集设立方式的基本流程

采取募集方式设立股份有限公司的程序有自己的特点（与发起设立相比较）：

①向发起人之外的主体募集股份

在完成发起人认购股份之后，即进入向发起人之外的其他主体募集股份的程序。对于公开募集方式，发起人需要制作《招股说明书》（一般委托中介机构制作）、与证券承销机构（通常称作"券商"）签订承销协议，并且需向证券监督管理部门申请募股，得到许可之后方可向社会公开募股。

②召开成立大会

《公司法》规定，自股款缴足之日起30日内，发起人应当组织召开全体发起人和认股人参加的成立大会，成立大会由发起人、认股人组成。且发起人应当在成立大会召开前15日内，将会议日期和议题予以通知或公告。成立大会应当有持有表决权过半数的认股人出席，方可举行①。

③申请设立登记

根据《公司法》的规定，董事会应当授权代表，于公司成立大会结束后30日

---

① 《公司法》第一百零三条规定，成立大会应当有持有表决权过半数的认股人出席，方可举行。

内向公司登记机关申请设立登记。

6. 股份有限公司设立的登记程序

（1）设立登记管辖

根据《公司法》第二十九条第一款规定，设立公司，应当依法向公司登记机关申请设立登记。关于不同登记主管机关的管辖范围问题，我国《市场主体登记管理条例》第五条作了明确规定，即，国务院市场监督管理部门主管全国市场主体登记管理工作。县级以上地方人民政府市场监督管理部门主管本辖区市场主体登记管理工作，加强统筹指导和监督管理。

（2）公司设立审批及前置项目许可

①设立审批。公司的设立审批是指公司设立登记前必须以法律、法规规定报经政府主管部门或政府授权部门审查批准的行为。《公司法》规定，法律、法规规定设立公司必须报经批准的，应在公司登记前依法办理审批手续。例如《证券法》第九条第一款、第二款规定，公开发行证券，必须符合法律、行政法规规定的条件，并依法报经国务院证券监督管理机构或者国务院授权的部门注册。未经依法注册，任何单位和个人不得公开发行证券。有下列行为之一的，为公开发行：a. 向不特定对象发行证券；b. 向特定对象发行证券累计超过200人，但依法实施员工持股计划的员工人数不计算在内；c. 法律、行政法规规定的其他发行行为。由此可见，以募集方式设立股份有限公司需要公开发行股票募集股本的，应当报经国务院证券监督管理机构或国务院授权的部门注册。

根据《市场监管总局关于调整企业登记前置审批事项目录的通知》的相关规定，我国市场监督管理部门对35项事项要求实施前置性审批，具体详见本章"第一节 企业设立实务操作"之"一、有限责任公司设立"之"（二）有限责任公司设立的流程"之"4. 前置审批程序"部分。

另外，在设立股份有限公司时，如涉及外商投资，仍需满足我国关于外商投资市场准入的制度要求，具体内容，详见本章"第一节 企业设立实务操作"之"一、有限责任公司设立"之"（二）有限责任公司设立的流程"之"4. 前置审批程序"部分。

②有关项目的批准许可。这是指公司经营范围中有必须经政府主管部门或者授权部门批准许可的项目，只有在登记前取得许可方能够登记为公司的经营范围。根据《公司法》第九条第二款的规定，公司的经营范围中属于法律、行政法规规定须报经批准的项目，应当事先取得相关部门的许可和批准，方可设立登记。

（二）股份有限公司发起人筹备会议

1. 发起人的资格

根据我国《公司法》和其他法律、法规的规定，设立股份有限公司，发起人应当在一人①以上二百人以下，其中，必须半数以上的发起人在中国境内拥有住所。对于自然人来说，中国公民需要户籍所在地或经常居住地在中国境内，外国公民则需要在中国境内有经常居住地。就法人而言，指的是主要办事机构在中国境内。

发起人的身份不得有法律、法规规定的禁止情况，主要为：发起人必须是完全民事行为能力人，且军队、武警部队、政法机关、社会团体、民办非企业不得成为发起人。根据地方有关部门的规定，企业作为发起人应当经有关行政管理部门批准的，还需一定的报批手续。

2. 发起人的权利

第一，发起人可以选择采取发起设立或募集设立的方式设立公司，如果选择募集方式，还可以进一步选择采取公开募集或非公开募集方式。第二，在出资方面，发起人可用非货币财产出资，而发起人之外的认股人则只能用货币出资。第三，发起人可以在发起人协议中明确约定，待公司成功设立后，发起人有权因其发起行为获得报酬。第四，发起人可以在公司章程中明确规定，发起人可以优先购买公司产品、优先认购新股等。第五，发起人还可将自己列为公司的董事、监事的候选人。

3. 发起人的义务

以发起方式设立股份有限公司，发起人主要的义务和有限责任公司设立时发起人的义务基本相同。对于以募集方式设立的，发起人还需制定招股说明书、确定承销机构并签订承销协议、向证监部门申请公开募股、向认股人催缴其认购的股款，除此之外发起人还应组织召开并主持成立大会。

通常，在股份有限公司设立时，由于涉及公开募股（即使是以发起方式设立的，在成立后往往也会采取发行债券或上市的方式筹集资金），发起人需要进行更深入详细的前期可行性研究，必要时需要聘请专家进行论证。

4. 发起人必须预先约定设立失败的处理办法

通常以发起设立方式设立的股份有限公司设立失败的原因和有限责任公司设立失败的情形、原因基本相同，而以募集设立方式设立的股份有限公司，最重要的在于召开成立大会并通过公司设立的决议。

股份有限公司和有限责任公司相同，在公司设立之前，发起人之间为合伙关系，当第三人向发起人主张权利时，发起人之间承担无限连带责任。因此发起人协议可参照有限责任公司的发起人协议进行约定，且必须明确约定设立失败后的责任划分。

---

① 《公司法》第九十二条规定，设立股份有限公司，应当有一人以上二百人以下为发起人。《公司法》规定一人也可以作为发起人设立股份有限公司，从形式上来看，这与有限公司保持了相互一致，目的是提高企业经济活力，也为股份公司采取"一人公司"这一制度设计，提供了空间。

（三）股份有限公司的章程

股份有限公司的章程，与有限责任公司近似，同样可分为法律、法规强制要求记载的绝对必要记载事项和任意记载事项，但是增加了若干有限责任公司不具备的内容，主要有：

1. 绝对必要记载事项

根据《公司法》第九十五条的规定，股份有限公司的章程必须载明以下事项：

（1）公司名称和住所。

（2）公司经营范围。

（3）公司设立方式。

（4）公司注册资本、已发行的股份数和设立时发行的股份数，面额股的每股金额。

（5）发行类别股的，每一类别股的股份数及其权利和义务。

该规定所涉类别股的制度设计属于创新举措，其设计初衷是满足股份公司及投资人的多元化需求，也即意味着在将来有望以法律的形式，股份有限公司的内部治理层面，确定"同股不同权"制度，这一创举无疑为股份有限公司的有效治理提供了有效方案。

（6）发起人的姓名或者名称、认购的股份数、出资方式。

（7）董事会的组成、职权和议事规则。

（8）公司法定代表人的产生、变更办法。

（9）监事会的组成、职权和议事规则。

（10）公司利润分配办法。

（11）公司的解散事由与清算办法。

（12）公司的通知和公告办法。

股份有限公司由于股东人数众多的特点，特别是其可以通过上市的方式筹集资金，因此，公司向广大股东发出的通知和公告必须采取公示的方式进行，一旦按照公示途径发出通知或公告，即视为通知和公告向股东送达完成。根据《首次公开发行股票注册管理办法》，对于上市公司，公告必须先公布在证监会官方网站和指定的全国性报纸及网站上。

（13）股东会认为需要规定的其他事项。

此外，股票作为股份有限公司的核心，与之相关的各类信息都要有详尽的记载，具体包括：股票的种类、是否记名、每股的金额、溢价出售的价格、股息分配的确定和分配原则、分配年限、董事和股东优惠待遇的规定及股票转让、增配等规定。

2. 制定章程需注意的问题

股份有限公司虽然与有限责任公司有相似性，但是，对于经营者而言，两者在制度上仍然有较大差别，与有限责任公司相比，股份有限公司不存在出资转让优先购买权制度。该特点使股份有限公司具有后者没有的开放性，但同样使股份有限公司面对竞争对手恶意收购时的防御能力降低。但是，股份有限公司也可以通过各种策略规避和防御这些问题，常见的反收购策略有以下几种[①]：

(1) 毒丸条款

"毒丸"（Poison Pill）是指目标公司通过制订特定的股份计划，赋予不同的股东以特定的优先权利，一旦收购要约发出，如果该特定的优先权利行使，就会导致公司财务结构的弱化或收购方部分利益的丧失。这样收购方即使在收购成功后，也可能像吞下毒丸一样遭受利益受损的不利后果，从而最终放弃收购。因此毒丸计划有利于对恶意收购方起到一定的威慑作用。

(2) 反收购条款

反收购条款又可称为"驱鲨剂"（Shark Repellent）或者"豪猪条款"（Porcupine Provision）。"驱鲨剂"指的是在收购要约前，修改公司设立章程或做其他防御准备，使收购要约趋于困难的条款。而"豪猪条款"则是指在公司设立章程或内部细则中设计防御条款，使那些没有经过目标公司董事会同意的收购企图不具可行性或不可能实现。

(3) 金降落伞与锡降落伞

"金降落伞"（Golden Parachute）指的是目标公司通过与其内部高级管理人员签订合同条款，具体约定目标公司有义务给予高级管理人员优厚的报酬和额外的利益，并且，若是公司的控制权发生突然变更，则给予高级管理人员以全额的补偿金。目标公司通常希望用这种方法增加收购的负担与成本，达到阻却外来收购的效果。与之相对应的还有一个"锡降落伞"，是在金降落伞以外再规定目标公司员工若在收购后第二年被解雇，可以要求一定金额的补偿性遣散费。通过上述两种"降落伞"式保护的方式，在保障有关管理人员优厚待遇的同时，也增加了公司被收购的难度。

(4) 员工持股

员工持股计划指的是鼓励公司员工购买本公司股票，并建立员工持股组织/平台的计划。公司被收购往往伴随着大量员工的解雇与失业，因而在收购开始时，员工股东对公司的认同感高于一般的股东，其所持股份更倾向于目标公司一方，这样一来目标公司就不易被收购。

(5) 提前偿债条款

提前偿债条款指的是目标公司在章程中设立该条款，在公司面临收购时，迅速偿还各种债务，包括提前偿还未到期的债务，以此容易给收购者在收购成功后造成

[①] 田敬乔：《反收购措施的合法性研究》，载《法制与社会》2009 年第 8 期。

财务危机,出现巨额财务亏空。

不难看出,以上反收购策略如果运用得当,将大大提高公司的运营质量和抗风险能力。但是,这些策略是否能够实施,很大程度上取决于最初设立公司时是否将运用这些策略的条件写入章程,如果没有写入,那么就需要召开临时股东大会修改章程以便使用这些策略,这在通常情况下很难实现。因此在制定股份有限公司的章程时,必须从公司治理情况和市场环境出发,尽可能地全面考虑各种因素,只有预先考虑到可能会出现的情况,才能够更好地运用公司章程这个有效工具。

三、合伙企业的设立

合伙企业是不同于公司的一种广泛存在的企业组织形式,但合伙企业同个人独资企业、个体工商户一样,属于非法人团体。考虑到现实中投资者对于设立合伙企业的需求,故笔者在此补充介绍设立合伙企业的相关概念及实务操作的程序规范。

(一)合伙企业的基本理论

1. 概述

合伙企业,是指在中国境内的自然人、法人和其他组织依照《合伙企业法》设立的,由两个或两个以上的合伙人订立合伙协议,为共同经营事业,共同出资、合伙经营、共享收益、共担风险的营利性组织。其中包括普通合伙企业和有限合伙企业,关于合伙企业类型、组成及责任承担详见下表。

合伙企业类型	组成	责任承担
普通合伙企业	普通合伙人	无限连带责任
有限合伙企业	普通合伙人、有限合伙人	有限合伙人以认缴的出资额为限承担有限责任;普通合伙人承担无限连带责任

2. 合伙企业的特征

(1)责任无限

合伙企业作为一个整体对债权人承担无限责任。普通合伙的合伙人均为普通合伙人,对合伙企业的债务承担无限连带责任。例如,甲、乙、丙三人成立的合伙企业破产时,当甲、乙已无个人资产抵偿合伙企业所欠债务时,即使丙已依约还清应分摊的债务,但仍有义务用其个人财产为甲、乙两人付清其应分摊的合伙债务,丙为甲、乙分摊债务后即对甲、乙享有追偿权。有限责任合伙企业由普通合伙人和有限合伙人组成,其中至少有一个普通合伙人,即合伙人中至少有一个人要对企业的经营活动负无限责任,而其他合伙人只以其出资额为限对债务承担清债责任,因而这类合伙人一般不直接参与企业经营管理活动。

(2) 共同经营

合伙企业的经营活动,由合伙人共同决定,所有合伙人均有执行和监督的权利。合伙人可以推举负责人。合伙负责人和其他人员的经营活动,由全体合伙人承担民事责任。

(3) 财产共有

合伙人投入的财产,由合伙企业统一管理和使用,不经其他合伙人同意,任何一个合伙人不得将合伙财产转为他用。

(4) 利益共享

合伙企业在生产经营活动中所取得、积累的财产,归全体合伙人共有。如果有亏损则亦由全体合伙人共同承担。损益分配的比例,应当在合伙协议中明确规定;未经规定的,可按合伙人出资比例分摊,或平均分摊。

(二) 合伙企业设立及程序

1. 合伙企业设立要件

(1) 人数为两人以上

设立合伙企业,要求人数为两人以上,法律对普通合伙企业并未作出特殊规定,但是,有限合伙企业要求合伙人为2个以上50个以下,法律另有规定的除外。

合伙人为自然人的,应当具有完全民事行为能力。考虑到合伙企业对风险承担无限责任,故国有独资公司、国有企业、上市公司以及公益性事业单位、社会团体不得成为普通合伙人,但是可以成为有限合伙人。此处公益性事业单位、社会团体的界定应为只要登记时记载为公益性的,均不可成为普通合伙人。

(2) 有书面合伙协议

合伙协议相当于公司的章程,类似于合伙企业的"内部宪法"。合伙协议经全体合伙人签名、盖章后生效。合伙人依据合伙协议享有相应的权利,履行相应的义务。

(3) 必要的出资

由于合伙企业的人格、财产并非全部独立于其投资者,不拥有法人享有责任限制的优待,故对出资数额并没有限制,全凭合伙人自行商议确定,以"有合伙人认缴或实际缴付的出资"即可。

关于出资形式,可以用货币、实物、知识产权、土地使用权或者其他财产权利出资。其中与公司出资最大的不同在于合伙企业可以用劳务出资,但是有限合伙人除外。非货币出资的财产权利需要评估作价的,既可以由全体合伙人协商确定,也可以委托法定评估机构评估,这充分体现了合伙企业的人合性。

根据我国《合伙企业法》第十七条第一款和第六十五条的规定,合伙人应该依据合伙协议约定的方式、数额和缴付期限,履行出资义务,否则应向其他已经缴纳出资的合伙人承担违约责任。

（4）有自己的名称和场所

合伙企业名称中应当标明"普通合伙""特殊普通合伙""有限合伙"的字样。①另，根据《市场主体登记管理条例》第十一条规定，市场主体只能登记一个住所或者主要经营场所。

（5）法律、行政法规规定的其他条件

对于特殊行业，法律、法规可能会设立其他的条件。例如，《律师法》第十五条规定："设立合伙律师事务所，除应当符合本法第十四条规定的条件外，还应当有三名以上合伙人，设立人应当是具有三年以上执业经历的律师。合伙律师事务所可以采用普通合伙或者特殊的普通合伙形式设立。合伙律师事务所的合伙人按照合伙形式对该律师事务所的债务依法承担责任。"可见，合伙制的律师事务所要求至少三名的合伙人，而且合伙人必须具有三年以上律师执业经历。

2. 程序要件

根据《合伙企业法》第十一条规定，合伙企业的营业执照签发日期，为合伙企业成立日期。合伙企业领取营业执照前，合伙人不得以合伙企业名义从事合伙业务。

（三）合伙协议

与有限责任公司相比，《合伙企业法》对合伙企业设立架构的约束相对宽松，故合伙协议的作用显得尤为突出，作为合伙企业投资者，尤其要关注合伙协议条款的设定。合伙协议应该包括的主要条款有：

序号	合伙协议应载明的事项
1	合伙企业的名称和主要经营场所的地点
2	合伙目的和合伙经营范围
3	合伙人的姓名或者名称、住所
4	合伙人的出资方式、数额和缴付期限
5	利润分配、亏损分担方式
6	合伙事务的执行
7	入伙与退伙
8	争议解决办法
9	合伙企业的解散与清算
10	违约责任

除以上事项外，合伙人对合伙事务另有约定的，均应当在合伙协议中予以明确，将口头约定落实到书面协议上。

---

① 《合伙企业法》第十五条、第五十六条、第六十二条。

另外，合伙企业法赋予了合伙人可以在合伙协议中作出与《合伙企业法》不同的约定，在制定合伙协议时，应当尽可能行使法律赋予的权利，以提前防范风险。其中包括：

1. 修改或补充合伙协议

《合伙企业法》第十九条第二款规定："修改或者补充合伙协议，应当经全体合伙人一致同意；但是，合伙协议另有约定的除外。"由于合伙企业不像有限责任公司通过出资额的多寡确定投票权，且通常合伙企业中存在起主导作用的合伙人，因此，为了保护合伙人的利益，可以在合伙协议中将决议方式从一致同意修改为任意方式，例如2/3人数同意通过。

2. 对合伙财产的优先购买权

《合伙企业法》第二十三条规定："合伙人向合伙人以外的人转让其在合伙企业中的财产份额的，在同等条件下，其他合伙人有优先购买权；但是，合伙协议另有约定的除外。"合伙人达成一致，即可在合伙协议中对合伙人向合伙人以外的人转让财产份额的事项进行约定，约定效力高于法定。

3. 决议方式

《合伙企业法》第三十条第一款规定："合伙人对合伙企业有关事项作出决议，按照合伙协议约定的表决办法办理。合伙协议未约定或者约定不明确的，实行合伙人一人一票并经全体合伙人过半数通过的表决办法。"因此，合伙协议可对决议方式作出任意约定。

4. 增加或减少出资的表决方式

《合伙企业法》第三十四条规定："合伙人按照合伙协议的约定或者经全体合伙人决定，可以增加或者减少对合伙企业的出资。"相比公司增资或减资必须经过公司股东会决议等程序，合伙企业可提前在合伙协议中约定。

5. 通过对合伙协议的约定，新合伙人入伙可不经过全体合伙人同意

《合伙企业法》第四十三条第一款规定："新合伙人入伙，除合伙协议另有约定外，应当经全体合伙人一致同意，并依法订立书面入伙协议。"

6. 可以通过合伙协议约定合伙人除名的情形

《合伙企业法》第四十九条第一款规定："合伙人有下列情形之一的，经其他合伙人一致同意，可以决议将其除名……（四）发生合伙协议约定的事由。"

7. 合伙人死亡或被宣告死亡，其继承人可不经其他全体合伙人同意即可取得合伙人资格

《合伙企业法》第五十条第一款规定："合伙人死亡或者被依法宣告死亡的，对该合伙人在合伙企业中的财产份额享有合法继承权的继承人，按照合伙协议的约定或者经全体合伙人一致同意，从继承开始之日起，取得该合伙企业的合伙人资格。"

8. 退伙时财产如何返还，可以通过合伙协议约定

《合伙企业法》第五十二条规定："退伙人在合伙企业中财产份额的退还办法，由合伙协议约定或者由全体合伙人决定，可以退还货币，也可以退还实物。"

9. 特殊事项的表决方法

《合伙企业法》第三十一条规定："除合伙协议另有约定外，合伙企业的下列事项应当经全体合伙人一致同意：（一）改变合伙企业的名称；（二）改变合伙企业的经营范围、主要经营场所的地点；（三）处分合伙企业的不动产；（四）转让或者处分合伙企业的知识产权和其他财产权利；（五）以合伙企业名义为他人提供担保；（六）聘任合伙人以外的人担任合伙企业的经营管理人员。"

（四）合伙企业的补充形式

普通合伙企业是合伙企业的普遍形式，但除了普通合伙企业，还存在两种特殊的合伙企业形式：特殊的普通合伙企业和有限合伙企业。

1. 特殊的普通合伙企业

特殊的普通合伙企业，指的是以专门知识和技能为客户提供有偿服务的专业服务机构，这些服务机构可以设立为特殊的普通合伙企业，如律师事务所、会计师事务所、医师事务所、设计师事务所等。特殊的普通合伙企业必须在其企业名称中标明"特殊普通合伙"字样，以区别于普通合伙企业。

在特殊的普通合伙企业的合伙人中，一个合伙人或者数个合伙人在执业活动中因故意或者重大过失造成合伙企业债务的，应当承担无限责任或者无限连带责任，其他合伙人以其在合伙企业中的财产份额为限承担责任。合伙人在执业活动中非因故意或者重大过失造成的合伙企业债务以及合伙企业的其他债务，由全体合伙人承担无限连带责任。[1]

为了保护债权人的利益，《合伙企业法》规定，特殊的普通合伙企业应当建立执业风险基金、办理职业保险。执业风险基金用于偿付合伙人执业活动造成的债务。执业风险基金应当单独立户管理，具体管理办法由国务院规定。[2]

所以，特殊的普通合伙企业与普通合伙企业的区别是：普通合伙企业中的普通合伙人对企业债务承担无限连带责任。特殊的普通合伙企业中的普通合伙人不一定承担无限连带责任，而是看此合伙人是否对债务的形成承担责任。如果此普通合伙人对债务的形成承担责任，那便需要承担无限连带责任。如果此普通合伙人对债务的形成不承担责任，那么仅以其在合伙企业中的财产份额为限承担有限责任。

2. 有限合伙企业

有限合伙企业由2个以上50个以下合伙人设立，其中至少有一个普通合伙人。

---

[1] 《合伙企业法》第五十七条。
[2] 《合伙企业法》第五十九条。

有限合伙企业的名称中应当标明"有限合伙"字样。根据我国现行《合伙企业法》的规定，有限合伙企业的合伙协议，除前文提到的十项基本事项，还应当包括：

序号	合伙协议应载明的事项
1	合伙企业的名称和主要经营场所的地点
……	……
10	违约责任
11	普通合伙人和有限合伙人的姓名或者名称、住所
12	执行事务合伙人应具备的条件和选择程序
13	执行事务合伙人权限与违约处理办法
14	执行事务合伙人的除名条件和更换程序
15	有限合伙人入伙、退伙的条件、程序以及相关责任
16	有限合伙人和普通合伙人相互转变程序

有限合伙人的出资，必须用货币、实物、知识产权、土地使用权或者其他财产权利作价出资，和有限责任公司的股东出资相同，不得以劳务出资。

不执行合伙事务的有限合伙人不得对外代表有限合伙企业。除非合伙企业另有约定：有限合伙人可以同本有限合伙企业进行交易，可以将其在有限合伙企业中的财产份额出质等。

有限合伙企业最大的特质是：有限合伙企业允许投资者以承担有限责任的方式参加合伙成为有限合伙人，这样一来其承担的责任在有限合伙人可掌控的范围内，有利于提高投资者的积极性，更多地参与投资合伙企业。同时，有限合伙企业实现了资本与智力有效结合，即拥有资金的人作为有限合伙人，拥有专业知识和技能的人作为普通合伙人，这样使资源得到了整合，对市场经济的发展能够起到积极的促进作用。

第二节 公司设立过程中的股份代持

一、隐名股东、显名股东、股份代持的定义

隐名股东，是指实际认缴有限公司出资额或认购股份公司股份、实际享有出资权益，但公司章程、市场主体登记注册（有时还有股东名册、出资证明书等）未公示其为股东，或公示的持股数额少于其实际持股数额的投资人。

显名股东，是指未实际认缴有限公司出资额或认购股份公司股份、不实际享有出资权益，但公司章程、市场主体登记注册（有时还有股东名册、出资证明书等）

公示其为股东，或公示的持股数额多于其实际持股数额的投资人。[①]

显名股东按约定持有隐名股东投资形成的股权或者股份，即股份代持（可能用"股权代持"更为准确，因为被代持的不仅包括股份公司的股份，也包括有限公司的股权，但为方便起见本节继续使用"股份代持"）。此外，本节所述股份代持，仅指隐名股东与显名股东达成合意的代持，对因登记错误导致登记股东与实际股东不一致、未经他人许可冒用他人姓名、名称登记为股东或干脆虚构身份登记为股东等行为，一般不认为属于股份代持[②]，未经许可冒用他人姓名或名称登记为股东适用《民法典》的规定处理，虚构身份登记则适用《刑法》或相关行政法律法规处理。[③]

二、选择股份代持的原因

实践中，股份代持广泛存在，投资者选择股份代持，有些是为享受税收优惠，有些是为规避关联交易，有些是为简化批准手续等，有学者将其归纳为三类原因：规避法律、私人偏好和预防风险。[④]但是，在实务中，享受税收及其他优惠也是很常见的设置股权代持的原因。

（一）规避法律

规避法律是股份代持最主要的原因。[⑤] 如为规避法律对有限公司股东人数的限制而挂名于其他股东，在王某诉北京星某公司股权确认纠纷案中，北京星某公司因改制导致实际投资人超过50人，故各投资人内部约定只有部分投资人显名登记为公司股东，其他投资人不在市场主体登记注册中显示为股东。有公职人员为规避关于禁止公职人员从事营利性经营活动而挂名于他人；有为规避持股比例限制而挂名他人；有境内自然人为规避法律对设立中外合资企业主体的限制而挂名于企业；有境外自然人为规避法律对投资主体、额度的限制而挂名于境内自然人，例如林某、王某诉胡某案[⑥]；还有投资者为规避法律对所持上市公司股权到一定比例后的强制要约收购义务而挂名于他人等。

（二）私人偏好和预防风险

有些投资者比较低调，为了保护个人财富状况，往往将投资挂名于他人名下，如

[①] 可能称为"名义股东"或者"挂名股东"更为准确，但为方便本节继续称为"显名股东"。本节中，"显名股东"不包含实际的出资与公示的出资相一致的股东。

[②] 有学者认为该些情形亦属隐名投资，登记错误及冒用他人姓名或者名称登记，属被动隐名，虚构主体登记，则属虚拟隐名，载周友苏等：《公司法理学与判例研究》，法律出版社2008年版，第72—73页。

[③] 张能宝：《实际股东与名义股东——股东地位认定及法律责任分析》，载《人民法院报》2006年11月15日。

[④] 周友苏等：《公司法理学与判例研究》，法律出版社2008年版，第71—72页。

[⑤] 周友苏等：《公司法理学与判例研究》，法律出版社2008年版，第72页。

[⑥] 《隐名投资的厦门"正名"》，载经济观察网，http：//www.eeo.com.cn/2012/1023/234977.shtml，最后访问时间：2024年7月7日。

忻某诉某商务公司股东权案中，忻某等人即将自己的投资挂名在别人名下。① 有些投资者对合作伙伴有特殊要求，比如要求合作伙伴必须是国有企业或对合作伙伴资产规模有要求，此时希望进行合作但又不符合要求的其他投资者，就会通过隐名于那些符合条件的主体而实现投资目的。亦有一些投资人因对外负有债务，为逃避执行，避免财产被查封，故意将投资挂名别人名下。

（三）享受税收及其他优惠

有些地区，针对不同投资主体适用不同税率、费率及其他差别对待，如对下岗工人、归国留学生、残疾人士、退伍军人等有税收或财政补贴优惠，这种情况下如实际投资人不符合这些条件，经常通过股权代持的方式来达到享受政策优惠的目的，如深圳远某公司等与黄某等股权确认纠纷上诉案中，国企深圳远某公司拟设立上海欣某公司，"因私营有限公司在税收方面的优惠政策因素，因此采取深圳远某公司隐名出资的方式，由自然人股东来组成上海欣某公司"。② 又如外商通过境内企业或个人设立企业，可以减少审批环节，节省时间，如杨某等诉沈某股东权纠纷案，境外人士杨某在境内投资允许外资进入的产业，但为方便起见隐名于两境内股东。③

三、股份代持适用的法律规则

股份代持是一种投资于公司的合同行为，无疑主要适用《民法典》和《公司法》。除此之外，商务、市场监管等主管机构为实施以上法律、法规制定的部门规章在实践中也非常重要。

（一）在内资公司方面

根据《公司法》第三十四条及《最高人民法院关于适用〈中华人民共和国公司法〉若干问题的规定（三）》第二十四条、第二十五条、第二十六条：（1）实际出资人未经登记或者变更登记为公司股东的，不得对抗第三人。（2）股份代持协议如不存在《民法典》规定的无效情形，则协议有效；但如未经公司其他股东半数以上同意，法院不支持实际投资人变更股东、签发出资证明书、记载于股东名册、记载于公司章程并办理公司登记机关登记的要求。（3）名义股东擅自处置名下股权而实际投资人请求认定无效的，参照《民法典》第三百一十一条关于善意取得的规定处理。

2019年11月8日，随着《全国法院民商事审判工作会议纪要》的实施，如实际出资人能够提供证据证明有限责任公司过半数的其他股东知道其实际出资的事

---

① 上海市高级人民法院（2007）沪高民四（商）终字第46号民事判决书，载审判案例数据库网站，http://www.chncase.cn/case/case/1054821，最后访问时间：2024年7月7日。
② 上海市第二中级人民法院（2007）沪二中民三（商）终字第435号民事判决书，载中国裁判文书网，最后访问时间：2024年7月7日。
③ 本案系笔者团队在工作实践中收集整理、编辑加工而成，仅供读者研究参考。

实,且对其实际行使股东权利未曾提出异议的,则人民法院应支持实际出资人提出的登记为公司股东的请求。

实践中,此前的一些案件已采用了《全国法院民商事审判工作会议纪要》所规定的裁判观点,例如,在祁某诉德某公司、南某公司股东权案中,鉴于德某公司向祁某出具出资证明、祁某又作为董事参与德某公司日常管理,且德某公司每年均向祁某分配红利等事实,法院直接支持祁某的股东确名请求并要求德某公司及时办理工商变更手续,并不要求取得德某公司其他股东半数以上同意。[1] 部分地方司法机关出台的公司纠纷审理指导意见也涉及股份代持。

(二)在外资企业方面

关于外资企业的股权代持,在我国目前的法律框架下,首先,应当适用内资公司相关规定;其次,还应当适用《最高人民法院关于审理外商投资企业纠纷案件若干问题的规定(一)》[2] 的规定:

1. 实际投资者请求确认其在外商投资企业中的股东身份或者请求变更外商投

---

[1] 北京市第二中级人民法院(2006)二中民终字第09118号民事判决书,载审判案例数据库网站,http://chncase.cn/case/case/1050862,最后访问时间:2024年7月7日。

[2] 《最高人民法院关于审理外商投资企业纠纷案件若干问题的规定(一)》第十四条规定:"当事人之间约定一方实际投资、另一方作为外商投资企业名义股东,实际投资者请求确认其在外商投资企业中的股东身份或者请求变更外商投资企业股东的,人民法院不予支持。同时具备以下条件的除外:(一)实际投资者已经实际投资;(二)名义股东以外的其他股东认可实际投资者的股东身份;(三)人民法院或当事人在诉讼期间就将实际投资者变更为股东征得了外商投资企业审批机关的同意。"第十五条规定:"合同约定一方实际投资、另一方作为外商投资企业名义股东,不具有法律、行政法规规定的无效情形的,人民法院应认定该合同有效。一方当事人仅以未经外商投资企业审批机关批准为由主张该合同无效或者未生效的,人民法院不予支持。实际投资者请求外商投资企业名义股东依据双方约定履行相应义务的,人民法院应予支持。双方未约定利益分配,实际投资者请求外商投资企业名义股东向其交付从外商投资企业获得的收益的,人民法院应当予支持。外商投资企业名义股东向实际投资者请求支付必要报酬的,人民法院应酌情予以支持。"第十六条规定:"外商投资企业名义股东不履行与实际投资者之间的合同,致使实际投资者不能实现合同目的,实际投资者请求解除合同并由外商投资企业名义股东承担违约责任的,人民法院应予支持。"第十七条规定:"实际投资者根据其与外商投资企业名义股东的约定,直接向外商投资企业请求分配利润或者行使其他股东权利的,人民法院不予支持。"第十八条规定:"实际投资者与外商投资企业名义股东之间的合同被认定无效,名义股东持有的股权价值高于实际投资额,实际投资者请求名义股东向其返还投资款并根据其实际投资情况以及名义股东参与外商投资企业经营管理的情况对股权收益在双方之间进行合理分配的,人民法院应予支持。外商投资企业名义股东明确表示放弃股权或者拒绝继续持有股权的,人民法院可以判令以拍卖、变卖名义股东持有的外商投资企业股权所得向实际投资者返还投资款,其余款项根据实际投资者的实际投资情况、名义股东参与外商投资企业经营管理的情况在双方之间进行合理分配。"第十九条规定:"实际投资者与外商投资企业名义股东之间的合同被认定无效,名义股东持有的股权价值低于实际投资额,实际投资者请求名义股东向其返还现有股权的等值价款的,人民法院应予支持;外商投资企业名义股东明确表示放弃股权或者拒绝继续持有股权的,人民法院可以判令以拍卖、变卖名义股东持有的外商投资企业股权所得向实际投资者返还投资款。实际投资者请求名义股东赔偿损失的,人民法院应当根据名义股东对合同无效是否存在过错及过错大小认定其是否承担赔偿责任及具体赔偿数额。"第二十条规定:"实际投资者与外商投资企业名义股东之间的合同因恶意串通,损害国家、集体或者第三人利益,被认定无效的,人民法院应当将因此取得的财产收归国家所有或者返还集体、第三人。"

资企业股东的，法院不支持，但同时具备以下条件的除外：实际投资者已实际投资；名义股东以外的其他股东认可实际投资者的股东身份；人民法院或当事人在诉讼期间就将实际投资者变更为股东征得了外商投资企业审批机关的同意。

2. 除非具有法律、行政法规规定的无效情形，涉及外商投资的股份代持合同有效，名义投资者有违约情形的应承担违约责任。

3. 隐名股东不得直接要求所投资企业直接向其分配利润。

4. 股份代持合同被认定无效时，应根据各方实际投入、管理、过错，收回投资、分配剩余资产及承担损失。

四、股份代持对当事人双方的风险

在股份代持中，隐名股东实际投资但对该笔投资不显名，而显名股东对该笔投资显名为股东但未实际投资，该种"名不副实"，给隐名股东、显名股东都可能带来法律风险：

（一）对隐名股东风险

股份代持中发生的主要法律风险由其承担，比如在所投资公司中不具有"法律上股东"身份，如想显名为股东需要其他股东过半数同意等不确定因素等，这些风险主要包括：

1. 股份代持协议效力不被确认。既然是协议，其是否有效应根据我国《民法典》判断，具体需考虑各方权利能力、行为能力是否适格，尤其需考虑是否存在该法规定的无效情形。在实践中，法院判例一般支持股份代持的合法性，根据现行的《公司法》及其司法解释的相关规定，国家法律并不禁止隐名股东的存在，但一旦该协议被认定违反了法律、行政法规的效力性强制性规定，就可能会被判定无效。股份代持协议如被认定无效，会产生一系列代持协议签署时意想不到的后果，包括民事后果和行政后果等。

2. 隐名股东与显名股东之间发生纠纷。因涉及利益关系，隐名股东与显名股东间极易发生纠纷。纠纷发生后，无论股份代持协议被认定为有效还是无效，均会带来不确定的法律后果。

3. 隐名股东与公司其他股东的纠纷。即使股份代持协议未被司法机关确认无效，隐名股东也并非总可以要求将自己的投资显名。

4. 涉及第三人时的法律风险。隐名股东不得以登记不实对抗善意第三人，所以即使股份代持协议未被确认无效，其对善意第三人也不具有约束力。如显名股东做出转让、质押公司股权等行为，或因显名股东自身原因导致其挂名财产被冻结或追偿，隐名股东不得以自己为实际投资人的身份阻却这些行为，只能根据代持协议对显名股东进行追偿。例如，某证券公司诉某担保公司股权确认纠纷案中，中某基金公司设立时，某证券公司拟实际出资5200万元，占该公司总出资比例的52%，超出中国证监会关于内资基金管理公司主要股东出资的最高限制比例，为规避该规定，某证券公司与某担保公司签署《代持股协议》，商定某证券公司显名出资2800万元，剩下2400万元通过某担保公司隐名出资，并约定某担保公司显名持有的中某基金公司股权全部权利归某证券公司。此后某担保公司因自身债务导致该部分代持股权被查封，故某证券公司诉求解除该部分股权之查封并将股权过户至某证券公司名下，法院支持了某证券公司的请求，同时指出："某担保公司在中某基金公司所持的24%股权归某证券公司享有，但该权利在取得相关登记机关核准并办理变更登记前不发生对抗第三人的效力。"①又如，王某、金某与吴某、沈某股东资格确认案中，显名股东将所代持股权出售，第三人"善意取得涉案股权"，隐名股东主张转让无效的请求被法院驳回。②

（二）对显名股东风险

其虽未实际投资，但也并非不承担任何风险，这些风险包括：

1. 可能承担投资不利的后果并因此承担债务。如当投资性质未被代持协议详细列明时，可能导致显名股东成为所投资企业的实际投资人，承担企业亏损导致的不利后果，同时尚需对隐名股东实际投资承担债务。

2. 违约或代持协议无效时，需对隐名股东承担违约、赔偿责任。在代持协议有效时，如显名股东违反代持协议，需承担违约责任③；在代持协议无效时，需根据过错承担赔偿责任。④

3. 需对所投资公司或第三人承担责任。如显名股东所挂名公司出资不到位而公司资产不足以清偿该公司债务等情况下，显名股东需向公司或第三人承担责任，但其事后可以向隐名股东追偿。

五、股权代持的适用建议

股份代持是一把"双刃剑"，使用得当，可以获得意想不到的效果；但使用不当，也会带来意外的纠纷，从实际投资人的角度出发，笔者建议：（1）如实际投资

---

① 本案系笔者团队在工作实践中收集整理、编辑加工而成，仅供读者研究参考。

② 浙江省绍兴市中级人民法院（2014）浙绍商终字第831号民事判决书，载中国裁判文书网，最后访问时间：2024年7月7日。

③ 《最高人民法院关于审理外商投资企业纠纷案件若干问题的规定（一）》第十六条规定："外商投资企业名义股东不履行与实际投资者之间的合同，致使实际投资者不能实现合同目的，实际投资者请求解除合同并由外商投资企业名义股东承担违约责任的，人民法院应予支持。"

④ 《最高人民法院关于审理外商投资企业纠纷案件若干问题的规定（一）》第十九条第二款规定："实际投资者请求名义股东赔偿损失的，人民法院应当根据名义股东对合同无效是否存在过错及过错大小认定其是否承担赔偿责任及具体赔偿数额。"

人不能够、不方便、不愿意显名投资或隐名投资能带来更多优惠，可考虑通过股份代持方式进行；（2）避免为规避法律、法规的强制性规定尤其是效力性强制性规定而进行股份代持；（3）在股份代持中，隐名股东为实际投资人时，应对显名股东的财产及信用等状况有充分了解；（4）应详尽考虑股份代持协议条款后再签署；（5）应尽可能参与所投资公司的日常经营管理；（6）在公司股东名册中显名，并让公司其他股东（如有）留下明知股份代持存在的证据。

第三节 企业设立过程中的主要法律风险

一、有限公司设立过程中的常见风险及防范

由于一般情况下有限公司的股东相互比较了解，大家对设立过程中可能产生的风险往往不太重视，导致公司成立后或不能成立时产生大量的矛盾和纠纷，如果不重视这些矛盾和纠纷，很有可能给投资者带来巨大经济损失。

（一）非货币财产出资的法律风险

如前所述，根据《公司法》的相关规定，股东既可用货币出资，也可以用实物、知识产权、土地使用权、股权、债权等其他非货币财产出资[①]。但是值得注意的是并非所有非货币财产均可出资，而需要排除以下财产：劳务、信用、自然人姓名、商誉、特许经营权或者设定担保的财产等。

在以非货币资产出资的情况下，非货币资产的客观实际价值往往容易产生风险，发生争议。例如，在个别发起人股东以专利出资的情况下，专利的市场价值如何确定非常复杂，这关系到专利的实际使用价值、市场前景、替代技术、对外许可情况等诸多因素，其他以货币出资的股东，在公司经营遇到困难的时候，很有可能指责以专利出资的股东在出资过程中恶意高估其用以出资的专利价值，进而要求其承担出资不实的违约责任。

因此，在以非货币财产出资的情况下，需要全体发起人订立更为完善的公司设立协议或者出资协议，详细约定用以出资的非货币财产的性质、范围、评估机构、评估方式、过户转移、违约责任等。或者借助律师事务所、会计师事务所等专业机构，对用以出资的非货币财产进行严格的审核。

---

① 《公司法》第四十八条第一款规定，股东可以用货币出资，也可以用实物、知识产权、土地使用权、股权、债权等可以用货币估价并可以依法转让的非货币财产作价出资；但是，法律、行政法规规定不得作为出资的财产除外。相较于原《公司法》，2023 年修订的《公司法》将债权作价出资合法化是一大创新亮点，这无疑拓宽了股东出资的法定方式，对于公司的设立、发展与经营，大有裨益。

(二) 虚假出资和抽逃出资的法律风险

我国《公司法》于2013年修正后，取消了对注册资本的限制以及对首次出资比例的限制，很多人误以为虚假出资和抽逃出资的法律风险就不存在了，这其实是对法律变化的错误解读。

1. 虚假出资

虚假出资是指公司发起人、股东违反公司章程的规定，未实际交付货币、实物或者未转移财产权，或者通过虚假手段取得验资机构验资证明，骗取公司登记的行为。

在实践中，虚假出资主要表现为：(1) 用虚假银行进账单、对账单骗取验资报告；(2) 用假的非货币财产投资手续骗取验资报告；(3) 以实物、知识产权、非专利技术、土地使用权出资，但实际上并未办理相关财产权转移手续，或其实际价值显著低于公司章程所定出资额；(4) 将资金转入公司账户后又立即转出，公司实际上未将该款项用于任何经营。

公司发起人、股东虚假出资的，其他按照发起人协议/出资协议和公司章程出资的股东可以要求虚假出资股东承担民事上的违约责任。已经设立的公司可以依据公司章程的规定要求虚假出资的股东重新补足出资额。另外，《公司法》第五十条规定："有限责任公司设立时，股东未按照公司章程规定实际缴纳出资，或者实际出资的非货币财产的实际价额显著低于所认缴的出资额的，设立时的其他股东与该股东在出资不足的范围内承担连带责任。"《最高人民法院关于适用〈中华人民共和国公司法〉若干问题的规定（三）》第十三条第一款至第三款规定："股东未履行或者未全面履行出资义务，公司或者其他股东请求其向公司依法全面履行出资义务的，人民法院应予支持。公司债权人请求未履行或者未全面履行出资义务的股东在未出资本息范围内对公司债务不能清偿的部分承担补充赔偿责任的，人民法院应予支持；未履行或者未全面履行出资义务的股东已经承担上述责任，其他债权人提出相同请求的，人民法院不予支持。股东在公司设立时未履行或者未全面履行出资义务，依照本条第一款或者第二款提起诉讼的原告，请求公司的发起人与被告股东承担连带责任的，人民法院应予支持；公司的发起人承担责任后，可以向被告股东追偿。"

除民事责任外，根据《公司法》的规定，虚假出资的公司以及公司的发起人、股东可能还会面临市场监督管理部门作出的行政处罚。《公司法》第二百五十条规定："违反本法规定，虚报注册资本、提交虚假材料或者采取其他欺诈手段隐瞒重要事实取得公司登记的，由公司登记机关责令改正，对虚报注册资本的公司，处以虚报注册资本金额百分之五以上百分之十五以下的罚款；对提交虚假材料或者采取其他欺诈手段隐瞒重要事实的公司，处以五万元以上二百万元以下的罚款；情节严重的，吊销营业执照；对直接负责的主管人员和其他直接责任人员处以三万元以上三十万元以下的罚款。"第二百五十二条规定："公司的发起人、股东虚假出资，未交付或者未按期交付作为出资的货币或者非货币财产的，由公司登记机关责令改正，可以处以五万元以上二十万元以下的罚款；情节严重的，处以虚假出资或者未出资金额百分之五以上百分之十五以下的罚款；对直接负责的主管人员和其他直接责任人员处以一万元以上十万元以下的罚款。"

对于公司发起人、股东虚假出资数额巨大、后果严重或者具有其他严重情节的，公司发起人、股东还可能面临承担刑事责任，《刑法》第一百五十九条规定："公司发起人、股东违反公司法的规定未交付货币、实物或者未转移财产权，虚假出资，或者在公司成立后又抽逃其出资，数额巨大、后果严重或者有其他严重情节的，处五年以下有期徒刑或者拘役，并处或者单处虚假出资金额或者抽逃出资金额百分之二以上百分之十以下罚金。单位犯前款罪的，对单位判处罚金，并对其直接负责的主管人员和其他直接责任人员，处五年以下有期徒刑或者拘役。"

《公司法》于2013年修正后，全国人民代表大会常务委员会于2014年4月24日针对我国《刑法》第一百五十八条、第一百五十九条出台了《全国人民代表大会常务委员会关于〈中华人民共和国刑法〉第一百五十八条、第一百五十九条的解释》，根据该解释的规定：《刑法》第一百五十八条、第一百五十九条的规定，只适用于依法实行注册资本实缴登记制的公司。可见《公司法》修订后，虚假出资罪依然存在，只不过范围变窄了而已。①

根据《最高人民检察院、公安部关于公安机关管辖的刑事案件立案追诉标准的规定（二）》第四条的相关规定，公司发起人、股东违反公司法的规定未交付货币、实物或者未转移财产权，虚假出资，或者在公司成立后又抽逃其出资，涉嫌下列情形之一的，应予立案追诉：（1）法定注册资本最低限额在六百万元以下，虚假出资、抽逃出资数额占其应缴出资数额百分之六十以上的；（2）法定注册资本最低限额超过六百万元，虚假出资、抽逃出资数额占其应缴出资数额百分之三十以上的；（3）造成公司、股东、债权人的直接经济损失累计数额在五十万元以上的；（4）虽未达到上述数额标准，但具有下列情形之一的：①致使公司资不抵债或者无法正常经营的；②公司发起人、股东合谋虚假出资、抽逃出资的；③二年内因虚假出资、抽逃出资受过二次以上行政处罚，又虚假出资、抽逃出资的；④利用虚假出资、抽逃出资所得资金进行违法活动的；（5）其他后果严重或者有其他严重情节的情形。本条只适用于依法实行注册资本实缴登记制的公司。

2. 抽逃出资

抽逃出资是指公司发起人、股东在公司成立之后，将其所缴纳的出资暗中撤

---

① 梁强、李福来：《新公司法背景下抽逃出资及其法律责任》，载《中国律师》2015年第2期。

回，但其仍保留股东身份和原有的出资份额的行为。

实践中，抽逃出资常见的表现形式主要有：（1）公司资本验资后强行将注册资金的货币一部分或全部抽走；（2）伪造虚假的基础交易关系，将股东注册资金的一部分划入股东个人所有；（3）注册资金的非货币部分，如建筑物、厂房、机器设备、工业产权、专有技术、场地使用权等在验资完毕之后，将其一部分或全部抽走；（4）违反《公司法》规定，未提取法定公积金和法定公益金或者制作虚假财务会计报表虚增利润，在短期之内以分配利润名义抽走出资；（5）为抽走货币出资，用其他未经审计评估且实际价值明显低于其申报价值的非货币财产补账；（6）通过对股东提供抵押担保而变相抽回出资。①

抽逃出资的民事责任和虚假出资的民事责任比较相近，对于已经依照公司章程正常出资的股东可以基于出资协议或发起人协议要求抽逃出资的股东承担违约责任；公司作为一个独立民事主体，也有权要求抽逃出资的股东返还其抽逃的出资，债权人可以要求抽逃出资的股东在抽逃出资范围内对公司的债务承担连带责任。

另，根据《最高人民法院关于适用〈中华人民共和国公司法〉若干问题的规定（三）》第十四条规定："股东抽逃出资，公司或者其他股东请求其向公司返还出资本息、协助抽逃出资的其他股东、董事、高级管理人员或者实际控制人对此承担连带责任的，人民法院应予支持。公司债权人请求抽逃出资的股东在抽逃出资本息范围内对公司债务不能清偿的部分承担补充赔偿责任、协助抽逃出资的其他股东、董事、高级管理人员或者实际控制人对此承担连带责任的，人民法院应予支持；抽逃出资的股东已经承担上述责任，其他债权人提出相同请求的，人民法院不予支持。"

除民事责任外，抽逃出资的发起人、股东还可能承担行政责任，《公司法》第二百五十三条规定："公司的发起人、股东在公司成立后，抽逃其出资的，由公司登记机关责令改正，处以所抽逃出资金额百分之五以上百分之十五以下的罚款；对直接负责的主管人员和其他直接责任人员处以三万元以上三十万元以下的罚款。"

对于抽逃出资的行为，严重情况下，抽逃出资的发起人、股东还可能面临牢狱之灾，承担刑事责任。《刑法》第一百五十九条规定："公司发起人、股东违反公司法的规定未交付货币、实物或者未转移财产权，虚假出资，或者在公司成立后又抽逃其出资，数额巨大、后果严重或者有其他严重情节的，处五年以下有期徒刑或者拘役，并处或者单处虚假出资金额或者抽逃出资金额百分之二以上百分之十以下罚金。单位犯前款罪的，对单位判处罚金，并对其直接负责的主管人员和其他直接责任人员，处五年以下有期徒刑或者拘役。"

---

① 陈连峰、姚剑：《对股东抽逃出资执行工作的探讨》，载江苏法院网，http：//www.jsfy.gov.cn/article/38386.html，最后访问时间：2024年7月7日。

和虚假出资一样，我国实行注册资金认缴制以后，全国人民代表大会常务委员会于 2014 年 4 月 24 日针对我国《刑法》第一百五十八条、第一百五十九条出台了《全国人民代表大会常务委员会关于〈中华人民共和国刑法〉第一百五十八条、第一百五十九条的解释》，根据该解释的规定，《刑法》第一百五十八条、第一百五十九条的规定，只适用于依法实行注册资本实缴登记制的公司。由于包括募集设立的股份公司，银行、信托、融资租赁等大量公司仍然采用实缴登记制，所以，不能简单认为在我国注册资金实行认缴制以后，抽逃出资罪名已经不存在，虽然范围变窄，但仍然需要警惕！

（三）不适当履行出资的法律风险

不适当履行，是指发起人、股东在履行出资义务过程中，出资的时间、形式或程序不符合设立协议/出资协议的约定或者法律的规定，但不存在虚假出资或抽逃出资的行为。

1. 不按期出资或办理非货币财产的转移手续引发的法律风险

公司发起人、股东履行出资义务，应当依据设立协议的约定或者我国法律的规定，及时交付货币或者办理非货币财产的转移手续。发起人、股东迟延履行义务或以其他方式不适当履行义务，一方面可能会延误公司的设立，导致公司错失商业机会；另一方面也可能会间接对其他守约发起人、股东造成损失，所以不适当履行出资义务的发起人、股东可能会承担一系列的违约责任、出资填补责任和连带赔偿责任。

在 2023 年修订的《公司法》中，对股东逾期出资的责任进行了补充，其第五十二条规定确立了"股东失权制度"，具体为：有限责任公司成立后，董事会应当对股东的出资情况进行核查，发现股东未按期足额缴纳出资的，应向该股东发出书面催缴书，催缴出资。公司依前款规定催缴出资，可以载明缴纳出资的宽限期；宽限期自公司发出出资催缴书之日起，不得少于六十日。宽限期届满，股东仍未履行出资义务的，公司可以向该股东以书面形式发出失权通知，自通知发出之日起，该股东丧失其未缴纳出资的股权。这一规定体现出股东恰当出资的重要性，同时，也指出了董事会的义务包括对未出资到位股东进行催缴，体现出董事会对公司负有忠实勤勉的信义义务。

2. 在非货币出资财产存在权利瑕疵时可能引发的法律风险

非货币财产权利瑕疵，主要是指发起人、股东以实物、知识产权、土地使用权等非货币财产出资，但是，对这些非货币财产并不具有合法的处分权利。发起人、股东交付的非货币财产存在权利瑕疵，很可能会导致公司设立后被第三人起诉，情况严重时可能会造成公司破产的后果，所以，在发起人协议或股东出资协议中一定要约定非货币财产的条件，尽可能控制非货币财产出资的比例，在必要的情况下要求独立第三方就非货币财产出资进行尽职调查。

（四）公司股权结构设置的法律风险

股权结构设置对于一个公司的长远发展具有非常重要的意义，很多公司经营过程中遇到的重大问题，包括公司僵局、损害小股东利益等，究其根源，都和公司的股权结构设置有关。

1. 过于集中的股权结构可能引发的法律风险

由于受中国传统文化中"买卖好做，伙计难搭"的影响，很多人在设立公司时不愿意引入其他股东，为了规避我国法律对于一人公司的限制，通常会找几个小股东来充数。形成公司一股独大的情形，董事会、监事会和股东会基本上形同虚设，家长式管理模式盛行。这种管理模式，在公司的创业初期，可能会提高决策效率，快速适应多变的市场，进而获得成功；但是，当公司发展到一定规模之后，由于缺乏必要的制衡机制，这种管理模式发生重大失误或偏差的可能性就会增加。另外，在一股独大而且控股股东也是法人单位的情况下，股东和公司极易出现人员混同、财务混同、管理混同的情形，极容易被第三人以"公司人格否定"或"揭开公司面纱"理论要求股东承担连带责任，《公司法》第二十三条规定："公司股东滥用公司法人独立地位和股东有限责任，逃避债务，严重损害公司债权人利益的，应当对公司债务承担连带责任。股东利用其控制的两个以上公司实施前款规定行为的，各公司应当对任一公司的债务承担连带责任。只有一个股东的公司，股东不能证明公司财产独立于股东自己的财产的，应当对公司债务承担连带责任。"

2. 平衡股权结构可能引发的法律风险

所谓平衡股权结构，是指公司的股权在各个股东之间基本上平均分配，大家的股权比例比较接近，没有绝对的控股股东。在股东人数超过两人的情况下，这种结构没有多大问题，

但如果公司只有两个股东，这种结构的弊端则尽显无遗，只要两个股东之间就任何问题发生争执，很快就有可能陷入僵局，公司没有办法召开股东会、董事会，即使召开也无法形成有效决议。现实中发生的武力抢夺公章、强行占领办公室、单方强行表决、用不正当方式抢夺客户等现象，很多和公司的平衡股权结构有关。更为严重的是，当公司陷入僵局的时候，由于司法救济的滞后性，事实上很难通过诉讼解决问题。

3. 股权过于分散的法律风险

股权分散为现代公司的常见状态，这种结构可以避免一股独大的情况下大股东任意侵犯小股东利益的情况频繁发生，但这种股权结构也有自身不可避免的缺点。在股权较为分散的情况下，股权人人有份，但都不多，每个人在公司的利益份额不是很大，没有太大的热情把精力和时间投入公司经营管理中去，公司的实际经营管理往往通过职业经理人或持股较低的管理层完成。公司管理环节缺乏股东的有效监

督，管理层出现道德危机的问题较为严重。

另外，在这种股权结构下，由于没有绝对的核心，力量分散，数量较多的小股东在股东会中相互制约，相互争吵，公司大量的精力和能量消耗在股东之间的博弈活动中，效率低下，难以跟上市场的节奏。

（五）隐名出资引起的法律风险

隐名出资是指一方（隐名投资人）实际认购出资，但公司的章程、股东名册或其他市场主体登记注册材料记载的出资人为他人（显名投资人）的情形。

由于我国现行法律对出资主体存在一定的限制，现实中隐名出资的情况比较普遍，由于隐名出资涉及的法律关系比较复杂，往往给公司带来非常大的法律风险，本章第二节对此会展开介绍，在此不再赘述。

二、股份有限公司设立过程中的法律风险及防范

股份有限公司设立过程中可能遇到的风险和有限责任公司没有太大的不同之处，也会面临虚假出资、抽逃出资、股权结构等风险。除此之外，由于股份有限公司注册资金较高，程序复杂，成本较高，在设立失败时往往会给设立人带来较大的风险，下面主要介绍股份有限公司设立不能的法律风险。

（一）股份有限公司设立不能的原因

股份有限公司设立不能是指，股份有限公司可能因为某些实体或程序的原因而导致设立无法成功，其主要表现为：

1. 资金未能按期募足

资金未能按期募足有以下情况：其一，采取发起方式设立的情况下，发起人没能认足公司应发行的股份并按期缴纳股款。其二，在采取募集方式设立的情况下，公司发行的股份未能按期认足，或者股份虽已按期认足，但未能按期缴足股款。因此，当资金未能按期募足，公司设立缺少法定必备的要件，就会出现设立不能的情况。

2. 国家主管机关未批准

在公司设立采取许可原则的国家，公司设立必经的法定程序之一是国家主管机关的批准。如果国家主管机关未批准该公司设立，那么就会出现设立不能的情况。

3. 发起人未按期召开成立大会

成立大会通常是股份有限公司募集设立过程中的决议机构。召开成立大会是采取募集设立方式设立公司必经的法定程序。发起人应在法定期限内负责召集和主持成立大会。如果发起人没有在法律规定的期限内召开成立大会，不仅违反了法定程序，而且致使公司的董事和监事不能正常产生，公司机关无法组织，公司本身就会出现设立不能的情况。

4. 成立大会作出不设立公司的决议

各国公司法都有相关规定，成立大会由发起人和认股人组成，有权作出不设立公司的决议。不设立公司的决议一经作出，公司便设立不能。通常不设立公司的决议是在发生不可抗力或者经营条件、经营环境发生重大变化，直接影响到公司设立时才作出的。

5. 未经设立登记

设立登记是股份有限公司设立的最后一道程序。如果公司没有到法定登记机关进行设立登记或法定登记机关不予登记，公司则不能成立。

（二）股份公司设立不能时法律责任的承担

由于以上各种原因导致公司设立不能，其法律后果主要是处理公司设立期间所产生的各种债务。公司设立不能，对债权人承担责任的问题，主要应由发起人来承担。发起人是设立股份公司过程中最重要的当事人，在公司设立过程中，发起人所处的地位应当从以下两个方面来确定：（1）先从发起人作为个人来说，其法律地位表现在发起人之间的关系中。数个发起人以设立公司为目的结合在一起，他们之间为设立公司往往要签订设立公司协议。各发起人基于设立公司协议，制定公司章程，履行协议义务。发起人签订的设立公司的协议，从性质上讲属于民法上的合伙合同，所以，发起人之间的关系是合伙关系。（2）从发起人作为一个整体来说，其法律地位表现在发起人与设立中公司的关系上。每个发起人，都是设立中公司原始组成人员，设立中公司是无权利能力社团，发起人作为整体是设立中公司的执行机关，对外代表设立中公司，对内履行设立义务。当公司设立不能时，设立中公司消失，对设立公司行为所造成的后果，当然要由全体发起人按照合伙合同中的约定承担连带责任。

在公司设立过程中，发起人的行为往往直接关系到债权人、认股人以及即将成立公司的利益，关系到交易的安全和社会经济秩序的稳定，因此，我国《公司法》对发起人规定了严格的法律责任。当股份有限公司设立不能时，发起人应承担以下责任：

第一，股份有限公司设立不能时，发起人对设立行为所产生的债务和费用负连带责任，这是我国《公司法》规定的一种特有的责任。这里所说的"特有"主要表现在：（1）发起人所承担的是无过错责任，即只要公司设立不能，无论发起人有无过错，都要承担责任。（2）发起人所承担的是连带责任。为保护第三方的利益，法律特别规定加重发起人的责任，其责任的承担是由所有发起人负连带责任，不以有具体行为的发起人为限。

第二，当股份有限公司设立不能时，发起人对认股人已缴纳的股款，负返还股款并加算银行同期存款利息的连带责任。认股人因认购公司股份与发起人之间形成了股份认购合同关系。当公司设立不能时，股份认购合同随之被解除，发起人与认股人双方均应当恢复到认购股份前的状态。公司法从保护弱者的立场出发，为保护认股人的利益，当公司设立不能时，把认股人作为特殊的债权人加以保护，即当公司设立不能时，认股人有权要求发起人不仅返还所缴纳的股款并且加算银行同期存款利息。

(三) 股份有限公司设立不能的法律风险防范

1. 股份有限公司的设立不同于有限责任公司的设立，设立期间所涉及的法律问题很多，包括设立协议、公司章程等专业性非常强的法律文件和法律问题，如果设立人从一开始就聘请一家高水平的律师事务所和其他一些相关专业机构提供高水准的专业服务，对于降低公司设立不能的风险将具有非常重要的意义。

2. 精心组织、合理规划在很多领域是提高成功率的有效方法，设立股份有限公司也不例外，股份有限公司涉及的步骤较多且程序复杂，事前咨询相关行政主管部门，精心组织设立流程，合理规划相关安排，是提高效率、少走弯路、防范股份有限公司设立不能的有效手段和方法。

3. 无论如何谨慎，可能都无法完全避免股份有限公司设立不能的风险，设立人之间最好还是订立一个内容完备、权利义务平衡、可操作性较强的《股份有限公司设立协议》，把股份有限公司设立不能的法律后果及责任承担清楚地事先约定好，避免因为权利义务不清陷入无休止的冲突和争议中，从而产生新的、本不该发生的费用和损失。

三、合伙企业设立过程中的常见风险

(一) 新入伙合伙人对入伙前的债务承担

《合伙企业法》第四十四条第二款规定，新合伙人对入伙前合伙企业的债务承担无限连带责任。虽然《合伙企业法》第四十三条第二款规定"订立入伙协议时，原合伙人应当向新合伙人如实告知原合伙企业的经营状况和财务状况"，但该规定无法对抗善意的第三方债权人主张权利。因此，新入伙的合伙人在入伙时，要尽量提前调查清楚合伙企业的情况，最好要求原合伙人作出书面保证，必要时还需要其提供货币或实物担保。

(二) 合伙人为限制或无民事行为能力人、死亡或被宣告死亡而造成合伙人缺位

合伙企业人合性强，因此一旦合伙人缺位，合伙企业就可能无法运作。根据《合伙企业法》第四十八条第二款规定："合伙人被依法认定为无民事行为能力人或者限制民事行为能力人的，经其他合伙人一致同意，可以依法转为有限合伙人，

普通合伙企业依法转为有限合伙企业。其他合伙人未能一致同意的，该无民事行为能力或者限制民事行为能力的合伙人退伙。"

合伙人死亡或被依法宣告死亡的，根据《合伙企业法》第五十条第一款规定："合伙人死亡或者被依法宣告死亡的，对该合伙人在合伙企业中的财产份额享有合法继承权的继承人，按照合伙协议的约定或者经全体合伙人一致同意，从继承开始之日起，取得该合伙企业的合伙人资格。"对于继承人不愿意成为合伙人的、继承人不具有法律或合伙协议约定的合伙人资格的以及合伙协议约定其他不能成为合伙人情形的，合伙企业应当向合伙人的继承人退还被继承合伙人的财产份额。

对具体事项在合伙协议中提前设计有助于在出现上述情况时规避风险：（1）在合伙协议中对某一合伙人提前设定继承其合伙人资格的候选人，且该候选人只能是一名（否则会出现投票权增加的情形）的情形下，该候选人应当是完全民事行为能力人。（2）对合伙人暂时失去民事行为能力或失去合伙执行能力（如生病住院、接受手术）的情形，合伙人应提前书面委托代其处理事务的代理人，并写入合伙协议。

四、企业设立过程中的出资风险防范

我国 2013 年修正的《公司法》大大放宽了出资形式，规定只要可以用货币估价并可以依法转让的非货币财产都可以用以出资，对于哪些不能用以出资没有明确规定，只是规定"法律、行政法规规定不得作为出资的财产除外"。根据《市场主体登记管理条例》第十三条第二款的相关规定，公司股东、非公司企业法人出资人、农民专业合作社（联合社）成员不得以劳务、信用、自然人姓名、商誉、特许经营权或者设定担保的财产等作价出资。

结合我国现行法律、法规和部门规章的规定，按照不同的出资方式，企业设立过程中的出资风险主要如下：

（一）货币出资

1. 审查出资货币的合法性

《最高人民法院关于适用〈中华人民共和国公司法〉若干问题的规定（三）》第七条第二款规定，若出资货币涉及刑事犯罪，例如以贪污、受贿、侵占、挪用等违法犯罪所得的货币进行出资，该股东获得的股权，在对犯罪行为予以追究、处罚之时，应当通过拍卖或变卖的方式进行处置。

《最高人民法院关于适用〈中华人民共和国公司法〉若干问题的规定（三）》第七条第一款规定，对出资人无权处分的财产进行出资的，出资人之间对于出资行为效力产生争议的，人民法院进行判定时，可参照《民法典》第三百一十一条规定的善意取得制度处理。而对于货币出资而言，在货币作为不记名有价证券使用时，

持有人占有即可获得所有权，并不适用善意取得制度，因此，第一款的规定并不能适用于货币出资的情形。即货币出资如不涉及刑事犯罪的情形，其出资效力即使被质疑，司法实践中，人民法院也不能参考善意取得制度进行处理。

鉴于货币出资存在上述潜在风险，出资人在签订投资协议时，可以要求各出资人承诺出资合法性，并约定违反该条约定给公司造成损失的责任承担方式，以增强出资人对货币出资的守约意识。

2. 核实货币出资缴纳情况

货币出资通过合法性审查后，出资人需核实货币出资是否已经实际缴纳。《公司法》第四十九条规定，股东应当按期足额缴纳公司章程规定的各自所认缴的出资额。股东以货币出资的，应当将货币出资足额存入有限责任公司在银行开设的账户。当核实货币出资缴纳情况之时，验证出资人银行所出具的向公司账户汇款的凭证最为有效，当然，从出资人的角度出发，为了证明已履行出资义务，保存银行汇款凭证原件亦为必要。

（二）房产与土地使用权出资

1. 土地使用权出资需满足的条件

根据《土地管理法》的规定，土地使用权包括国有土地使用权与集体土地使用权两种，而国有土地使用权因取得方式的不同，又分为有偿取得和行政划拨两种，结合我国法律规定和实践操作，以出让方式取得的国有土地使用权可以作为出资；而集体土地使用权必须通过国家征用变为国有土地之后出让，受让方才能取得使用权；对于以划拨方式取得的国有土地，补交土地使用权出让金或者以转让、出租、抵押所获收益抵交土地使用权出让金，以变更性质为出让方式取得国有土地后，方能用以出资。

根据《最高人民法院关于适用〈中华人民共和国公司法〉若干问题的规定（三）》第八条的规定，出资人以划拨土地使用权出资，或者以设定权利负担的土地使用权出资，公司、其他股东或者公司债权人主张认定出资人未履行出资义务的，人民法院应当责令当事人在指定的合理期间内办理土地变更手续或者解除权利负担；逾期未办理或者未解除的，人民法院应当认定出资人未依法全面履行出资义务。因此，法院认可出资人在法院给予划拨土地变更性质的合理期限内办理完毕变更手续的为已履行出资义务。

2. 房产出资需满足的条件

在我国目前的法律框架下，实行"房地一体"原则，即当转让、抵押房屋等建筑物的所有权时，其占用范围内的土地使用权也应当一并转让、抵押；当转让、抵押土地使用权时，其地上的房屋等建筑物所有权也要一并转让、抵押，生活中俗称"房随地走、地随房走"。因此，房产出资需一并考虑房产所附着的土地使用权出资事宜，如土地使用权属于划拨方式取得或为集体土地使用权，则其上房屋出资时，还需一并适用上述"土地使用权出资需满足条件"的内容。

3. 权属变更登记的风险控制

《最高人民法院关于适用〈中华人民共和国公司法〉若干问题的规定（三）》第十条规定："出资人以房屋、土地使用权或者需要办理权属登记的知识产权等财产出资，已经交付公司使用但未办理权属变更手续，公司、其他股东或者公司债权人主张认定出资人未履行出资义务的，人民法院应当责令当事人在指定的合理期间内办理权属变更手续；在前述期间内办理了权属变更手续的，人民法院应当认定其已经履行了出资义务；出资人主张自其实际交付财产给公司使用时享有相应股东权利的，人民法院应予支持。出资人以前款规定的财产出资，已经办理权属变更手续但未交付给公司使用，公司或者其他股东主张其向公司交付、并在实际交付之前不享有相应股东权利的，人民法院应予支持。"

综上所述，出资人履行出资义务的必要条件之一是土地使用权转移登记，出资人如未能在合理期间内办理权属变更手续，无论是否已实际交付使用，仍认定为未履行出资义务，如出资人在合理期间办理了权属变更手续，实际交付在权属变更之日前的，则可以认定为交付日已履行出资义务；如实际交付在权属变更之日后，因出资义务未实际使公司占有并使用相关用于出资的资产，因此该股东也不享有股东权利，股东权利自实际交付之日起算。

（三）知识产权出资

1. 专利权或著作权出资

（1）出资人是个人时需要注意的问题

如果以专利权进行出资，应当考察其专利属于职务发明创造还是非职务发明创造。依照《专利法》的规定，执行本单位的任务或者主要是利用本单位的物质技术条件所完成的发明创造为职务发明创造。职务发明创造专利申请被批准后，该单位为专利权人。所以，单位为专利权人的，发明人或设计人不能以个人名义用职务发明创造出资，发明人或设计人对此另有约定的除外。非职务发明创造，除当事人另有约定，专利申请被批准后，该发明人或设计人为专利权人，发明人或设计人可以以个人名义用其出资。

《著作权法》第十八条第一款规定，公民为完成法人或者其他组织工作任务所创作的作品是职务作品，除本条第二款的规定外，著作权由作者享有。但同时规定，法人或者其他组织有权在其业务范围内优先使用。作品完成两年内，未经单位同意，作者不得许可第三人以与单位使用的相同方式使用该作品。这表明一般情况下，作者可以职务作品的著作权向公司出资，但会受到上述限制，在两年内需要经单位同意。

此外，《著作权法》第十八条第二款规定，对于主要是利用法人或者其他组织的物质技术条件创作，并由法人或者其他组织承担责任的工程设计图、产品设计图、地图、计算机软件等职务作品，以及法律、行政法规规定或者合同约定著作权由法人或者其他组织享有的职务作品，作者仅享有署名权，著作权的其他权利由法人或者其他组织享有，这类职务作品，作者不能用来出资。

综上所述，当公民以个人名义用职务作品出资，就有可能被其所在单位提出异议或者权利要求，给接受该著作权投资的公司带来诸多麻烦。据此，公民个人以专利权或著作权出资时，其他出资人或公司应该予以高度注意。

（2）用多个主体共同享有权益的知识产权出资

对于用多个主体共同享有权益的知识产权出资，应当注意考察该多个主体之间的法律关系。以专利法上"共同发明创造"为例，一种情形是委托开发的技术成果，对委托关系下产生的发明创造，委托双方可在委托合同中约定相应权利的归属，约定不明或未作约定的，所开发出的发明创造的专利权归受托方享有。另一种情形是合作开发的技术成果，该成果的专利权归合作开发各方共有，一方对该成果的处分，须经过其他各方同意，并且所得收益共享。

鉴于此，对用多个主体共同享有权益的知识产权出资，首先，要确认出资人是否具有该知识产权的处分权；其次，要对出资后共同权利人的权利义务作出约定，尤其是他们对企业的收益分配、亏损分担比例、参与公司事务执行的权利与方式等。

以专利权为例，当数个专利权人约定该专利不可转让，则在此情况下其中一个专利权人以该专利权中自己的份额出资的行为将引起纠纷，这是实践中常见的问题。

2. 商标权出资

以商标权出资需要注意的是：

（1）必须经过评估作价；

（2）需要确认该商标是否可能出现权属纠纷；

（3）需评估该商标日后被依法提出异议或依法撤销的可能性；

（4）区别以商标的部分使用权出资和以商标的全部使用权出资的概念，避免发生纠纷。

以商标的部分使用权出资，如某商标注册若干个类别的产品和服务，但出资人只以该商标在某一个类别的使用权出资，则该商标在其他类别的使用权仍属于出资人所有。在此情况下，出资人个人使用商标的行为有可能损害公司所持有的商标使用权。例如，一些食品生产企业发生丑闻事件之后，拥有其商标其他类别使用权的企业如果继续使用该商标，则生产经营势必遭受损失和影响。此外，如果日后出资人将自己持有部分的商标使用权转让给第三方，也有可能出现第三方使用商标而造成公司持有的商标受到损害的现象。

因此，在以商标的部分使用权出资的情况下，应当要求出资人保证不得从事任何有损公司持有的商标形象的行为，否则应承担相应的责任。为防止出资人将自己持有部分的商标使用权转让给第三方，最好要求出资人出具书面承诺，承诺对第三人的行为后果承担连带责任。

（四）股权出资

1. 股权出资需满足的条件

根据《公司法》第四十八条及《市场主体登记管理条例实施细则》第十三条的规定，股东或者发起人可以以其持有的公司股权出资。以股权出资的，该股权应当权属清楚、权能完整且依法可以转让。

相对于已经失效的《股权出资登记管理办法》，上述规定删除了股权所在公司的注册资本尚未缴足、已被依法冻结两种不能作为出资的股权情况。可以理解为《公司法》已规定认缴资本制度，股权公司注册资本无须一次性全部实际缴纳，如果要求注册资本尚未缴足即不能股权出资，则实际缩小了股权出资的主体范围，不利于市场发展，而已被冻结的情况属于法律规定不得转让的情形，股权出资只是资产形式的转换，并不会导致财产的转移或者灭失，因此也无须单独列出。

2. 价值确定的风险控制

有关出资比例、评估、验资方面，笔者建议聘请专业机构对出资股权进行评估并出具验资报告，以对股权出资的商业风险与利益有充分的衡量。此外，为减少股权价值的浮动变化风险，可约定距评估节点较短期间内转移登记。

（五）债权出资

债权出资，在我国最早表现为在四大国有资产管理公司设立时采用的"债转股"方式。实务中，在普通公司设立的过程中，用债权出资是比较少见的情况。目前，根据《市场主体登记管理条例实施细则》第十三条的相关规定，债权出资这一形式已被我国监管机构所认可。

1. 债权出资需满足的条件

根据《公司法》第四十八条及《市场主体登记管理条例实施细则》第十三条规定，股东或者发起人可以其持有的债权出资。以债权出资的，债权应当权属清楚、权能完整、依法可以评估与转让。

随着《公司注册资本登记管理规定》的废止，目前，我国对于债转股过程中债权应当具备的标准已无明确规定。但是，已废止的《公司注册资本登记管理规定》关于可用于转股的债权标准，对实践仍具有指导意义，相关标准具体如下文所示：

（1）债权人已经履行债权所对应的合同义务，且不违反法律、行政法规、国务院决定或者公司章程的禁止性规定；

（2）经人民法院生效裁判或者仲裁机构裁决确认；

（3）公司破产重整或者和解期间，列入经人民法院批准的重整计划或者裁定认可的和解协议。

同时，用以转为公司股权的债权有两个以上债权人的，债权人对债权应当已经作出分割。债权转为公司股权的，公司应当增加注册资本。

2. 债权出资的要点

债权出资的要点如下：

（1）用以出资的债权必须是到期债权，而且债权转让行为必须通知债务人；

（2）该债权必须未超过诉讼时效，债务人尚未丧失民事行为能力，并应当对债务人的偿还能力作调查和评估；

（3）为了避免在债务到期后不能有效受偿，应当要求该股东（原债权人）提供相应的担保，在这种情况下，要通过其他方式补足出资或者以提供的担保物抵充出资；

（4）债权出资的债，应只指合同之债，且应当为交付金钱之债，以劳务或实物作为义务之债、侵权之债、无因管理之债、不当得利之债等一般情况下不宜用于出资；

（5）建议出资人聘请律师对此债权出资行为出具法律意见书。

（六）特殊权利出资

1. 海域使用权出资

海域使用权也可以作为非货币财产出资。在我国某些沿海地区和城市，有用海域使用权出资的情况。例如，2013年，威海市人民政府颁布《威海市海域使用权转让出租管理办法的通知》①，规定海域使用权人可以以作价出资或者入股的方式转让海域使用权。

海域使用权的出资方法和土地使用权类似，在实践中还有以下特点：

（1）出资所用的海域使用权必须是以合法方式取得的，在我国一般是出让。

（2）公益、国防性质的海域使用权不得用于出资。

（3）出资所用的海域使用权必须经过评估作价。

（4）出资所用的海域使用权的使用期限应当在有效期内，且海域使用权的性质应当符合出资协议，《海域使用管理法》第二十五条对海域使用权的年限规定为：养殖用海15年；拆船用海20年；旅游、娱乐用海25年；盐业、矿业用海30年；

---

① 该文件已失效，仅为说明具体问题，供读者研究和参考。

公益事业用海 40 年；港口、修造船厂等建设工程用海 50 年。

（5）海域使用权用于出资，目前还没有全国性统一规定，因此需要查询公司设立地的市场监管部门是否接受海域使用权出资。

2. 探矿权、采矿权出资

探矿权、采矿权同样可以用于出资，需要注意以下要点：

（1）拟设立的公司应当符合《矿产资源勘查区块登记管理办法》或者《矿产资源开采登记管理办法》规定的有关探矿权申请人或采矿权申请人的条件，且公司拟经营的矿种应与出资所用的探矿权或采矿权的矿种一致，否则不得接受探矿权或采矿权作为出资。

（2）应由具备评估资格的资产评估机构对出资的探矿权、采矿权进行评估作价后，由验资机构进行验资。

（3）权利无瑕疵，不得设定担保，并已缴足应当缴纳的相关税费。

五、企业设立过程中的常见争议与启示

为了便于读者更好地了解企业在设立过程中的纠纷、司法裁判思路以及应对建议，笔者基于不同的企业类型，整理了企业在设立过程中常见的争议案件，供各位读者参考。

（一）公司设立过程中的常见争议与启示

1. 发起人责任纠纷

案例聚焦：有关公司设立费用或者损失分担引发的发起人责任纠纷的，应对发起人主张的为设立公司导致的损失进行逐笔分析与判断，以确定损失事实是否发生，如该损失并未实际发生，即便作为诉讼请求主张，亦不能获得法院支持。

典型案例：洪某公司与美某公司发起人责任纠纷案[①]

2003 年 3 月 10 日，五某公司（现更名为洪某公司）与美某公司签订《合资合同书》，由于洪某公司在约定期限内融资未到位，合资合同终止。洪某公司向一审法院起诉，请求美某公司履行出资义务，并赔偿其各类损失 10282.05 万元。美某公司认为其未成为洪某公司股东，无需履行出资义务。

法院认为，就发起人为组建公司费用或损失承担责任而言，结合本案，首先应予判断的是损失是否实际发生……除 9 万元外，洪某公司主张的其余费用均未实际支付，因此所谓实际损失也就无从发生。洪某公司将其尚未支付的对外债务作为实际损失请求美某公司向其赔偿，不仅缺乏事实基础，也缺乏法律依据。原审将洪某公司尚未支付的对外欠款认定为实际发生的损失，显然不当。原审在未查明 426.03

[①] 本案系笔者团队在工作实践中收集整理、编辑加工而成，仅供读者研究参考。

万元及其利息是否实际发生、是否实际支付情形下，在未查明洪某公司主张的426.03万元每笔费用具体发生的事实情形下，即将此简单认定为洪某公司为组建公司所发生的损失，判令美某公司赔偿给付，属认定事实错误，应予撤销。

发起人责任纠纷当中，原告如主张应由被告承担公司设立费用或者损失，仍然需要遵循民事诉讼法有关举证责任的基本规定，即"谁主张，谁举证"。原告需要举证证明损失存在且实际发生，否则无法获得法院支持，当然亦无法达到诉讼之目的。

2. 股东出资纠纷

案例聚焦：其他股东出资到位与否以及公司经营状况不影响未出资股东履行出资义务。但如果股东之间签订协议约定变更未出资到位的股东持有的股权份额，则公司不得再要求未出资到位的股东继续履行出资义务。

典型案例：爱某国际公司、福某公司股东出资纠纷案①

2010年10月22日，福某公司（中方）与爱某国际公司（外方）签署爱某烟台公司章程，约定设立爱某烟台公司，公司的组织形式为有限责任公司，投资总额为人民币66000万元。福某公司认缴出资人民币19800万元，占注册资本的30%；爱某国际公司出资折值人民币46200万元，占注册资本的70%。2011年11月18日，福某公司与爱某国际公司签订《协议书》并约定：（1）中方出资分为两期，一期出资人民币4000万元，在本协议签署后一周内出资到位；二期余款15800万元，中方在一期出资后20个月内出资完毕；如中方无法按合同履行二期出资义务，且无法找到第三方投资者代替中方投资，中方在爱某烟台公司的股份相应变更。爱某烟台公司投产盈利后，外方可逐步回收中方的股份。（2）中方一期资金到位后，外方向爱某烟台公司提交出资设备的清单。双方根据合同的规定向海关办理免税手续，并在海关公示后30日内完成外方出资设备的通关手续。外方根据合同的规定向爱某烟台公司移交出资设备，办理验资手续。（3）中方一期的出资资金到位后暂时不予动用，在外方完成出资设备的移交后，双方同意根据爱某烟台公司董事会决议合理使用该资金。（4）中方一期出资的用途双方同意由爱某烟台公司董事会讨论决定，后续出资的解决办法由中外双方另行商定。

法院认为，福某公司应否向爱某烟台公司承担缴付其认缴的1.58亿元人民币出资款的责任。按期足额缴纳认缴的出资是股东对公司所负有的法定义务，这是公司资本维持原则的基本要求，也是对其他足额出资股东和公司债权人合法权益保护的需要。公司股东不能以其他方股东出资不足为由而免除其对公司的足额出资义务。本案中，2011年11月18日的《协议书》是福某公司与爱某国际公司的真实意

---

① 参见最高人民法院（2018）最高法民终209号民事判决书，载中国裁判文书网，最后访问时间：2024年4月12日。

思表示，不存在违反法律、行政法规效力性强制性规定的情形，应认定其合法有效并生效。本案是公司诉求股东承担缴足出资责任的出资纠纷，属于公司与其股东之间的内部纠纷，故应以当事人之间基于真实意思表示订立的《协议书》作为判断案件事实和当事人权利义务的主要依据，并据此修改公司章程。公司章程尚未修改并不足以否定上述《协议书》的合法性和上述《协议书》对爱某烟台公司的约束力。爱某烟台公司关于福某公司应承担缴纳15800万元出资责任的上诉理由不能成立，不予支持。

在本案中，爱某烟台公司股东为两方，即福某公司与爱某国际公司。在不存在第三方股东的情况下，2011年11月18日争议双方所签订的《协议书》，本质上是所有股东参加所形成的一种意思表示，换言之，所有股东就同一议题达成了一致意见，即各方均认可如果中方无法按照合同履行二期出资义务，且无法找到第三方投资者代替中方投资，中方在爱某烟台公司的股份要作相应变更。这意味着《协议书》本质上形成了一项所有股东都参加的"股东会"决议，因此公司应当执行《协议书》，而不得主张福某公司继续缴纳出资。建议类似情形下，如全体股东就某事项达成合意，可以通过股东会形式形成决议，如此公司执行决议便顺理成章，避免后续公司与股东之间产生纠纷。

3. 追收未缴出资纠纷

案例聚焦：股东出资期限因公司进入破产程序而提前届满，应履行出资义务；对于未出资股东、董事、高级管理人员应当尽到出资催收义务，否则将承担补充责任。

典型案例：熊某等与宝某公司追收未缴出资纠纷案[①]

2010年5月19日，薛某、司某与高某发起设立宝某公司，法定代表人为薛某，注册资本100万元，高某、薛某与司某分别认缴出资20万元、60万元、20万元，均为货币出资，高某已实缴此次出资。2012年3月27日，薛某、司某分别将股权转让给高某、陈某甲。2016年2月1日，宝某公司召开股东会决议，同意注册资本增加至1310万元，该公司章程修正案明确，股东高某出资888万元，其中328万元知识产权出资，560万元货币出资中有480万元出资的认缴期限为2030年5月10日。股东陈某甲出资222万元，其中82万元知识产权出资，140万元货币出资中有120万元出资的认缴期限为2030年5月10日。黎某认缴出资100万元，陈某乙认缴出资100万元，两位股东的出资期限为2016年2月1日。截至一审判决作出时，股东高某仍有480万元未实缴，股东陈某甲仍有120万元未实缴，股东黎某、股东

[①] 参见北京市高级人民法院（2022）京民终562号民事判决书，载中国裁判文书网，最后访问时间：2024年4月12日。

陈某乙各有100万元未实缴。

法院认为，陈某甲的出资期限因宝某公司进入破产程序而提前届满，陈某甲应当在一审法院受理宝某公司破产清算之后及时足额履行出资义务。根据宝某公司的工商登记信息及《验资账户专用回单》，陈某甲尚未履行的货币出资义务金额为120万元。关于黎某的出资义务。根据宝某公司的工商登记信息、2016年2月1日股东会决议及《验资账户专用回单》，黎某的出资期限为2016年2月1日。因黎某同样无法提供验资证明等能够证明其已实缴出资完毕的材料，即便宝某公司的财务账册或银行账户流水明细能够显示其与该公司存在资金往来，亦无法证明该资金往来的资金系黎某的案涉出资款。根据一审法院查明的事实，熊某自2011年6月15日起担任宝某公司法定代表人、经理、执行董事，应当按照公司章程约定对黎某已届期限的出资进行催收。虽然熊某主张陈某甲为宝某公司的实际控制人，但这不能免除熊某作为公司的经理、执行董事对黎某的出资催收义务。熊某称其对宝某公司的股东增加、增资情况完全不知悉，恰恰说明其未尽到相应的勤勉义务。故宝某公司要求熊某对黎某100万元的出资本息承担补充责任，理由充分，予以支持。

《最高人民法院关于适用〈中华人民共和国公司法〉若干问题的规定（三）》第十三条第四款规定，股东在公司增资时未履行或者未全面履行出资义务，依照本条第一款或者第二款提起诉讼的原告，请求未尽公司法第一百四十七条第一款规定的义务而使出资未缴足的董事、高级管理人员承担相应责任的，人民法院应予支持；董事、高级管理人员承担责任后，可以向被告股东追偿。前述条款体现出董事、高级管理人员负有向未全面履行出资义务的股东履行催缴出资的义务，该项义务系董事、高级管理人员对公司所负忠实勤勉义务中的一部分。实务中，建议董事、高级管理人员应意识到催缴股东出资义务的重要性，避免因履职不当，导致后续承担相应法律责任。

4. 追收抽逃出资纠纷

案例聚焦：股东出资后将出资款转出的，公司作为出资抽逃的原告方，对其主张依法负有举证责任，法院应对公司的成立及运作模式、公司名下的资产充实、股东对出资模式的知情情况、股权价值等方面综合考量是否构成抽逃出资。

典型案例：赵某、卫某股东出资纠纷案[①]

2015年11月12日，长某公司通过股东会决议，将所持明某公司100%股权向赵某、卫某、崔某、康某等9人转让；公司章程规定长某公司未出资部分由受让股

[①] 参见最高人民法院（2018）最高法民终374号民事判决书，载中国裁判文书网，最后访问时间：2024年4月12日。

东按持股比例于 2015 年末向明某公司补足，其中赵某需补足 1551.1 万元、卫某需补足 443.2 万元、崔某需补足 576.1 万元。从明某公司章程规定及长某公司向案涉股东转让股权的约定来看，明某公司注册资本 2 亿元，股东的出资由实物出资和现金出资组成，其中实物出资（价值 11136.6 万元）已出资到位的事实，案涉当事人均无异议。所争议的明某公司剩余注册资金 8863.4 万元，按照公司章程应当由受让股东于 2015 年末按照持股比例补足。赵某等将从东某公司所借款项转入明某公司账户验资后，未经明某公司同意，经长某公司账户返还给东某公司。2016 年 1 月 15 日，时任明某公司总经理的赵某向公司财务部门出具《情况说明》，证明"以上捌仟万元款项来源，以董事长赵总个人名义从东某公司借款，用于股东增资及担保公司注册，后因担保公司注册未成，故转入长某公司给东某公司予以还款"，赵某、康某在该《情况说明》上签字。

  法院认为，明某公司作为出资抽逃的原告方，对其主张依法负有举证责任，否则其主张不应得到支持。根据一、二审查明的事实，明某公司有关赵某等抽逃出资的证据不足。主要理由如下：第一，从明某公司的成立及运作模式看，明某公司由长某公司原合伙人成立，作为项目运作的平台，其出资和资产采取的是由长某公司移转的方式，各股东获得的股权也由长某公司出让，而给付的对价实际上即长某公司原有资产。作为本案争议的 8000 万元，明某公司完成验资后，该笔款项虽打入长某公司，但其名义是购买长某公司房产。该出资模式符合各股东将长某公司名下资产移转至明某公司作为出资的模式（见 2015 年 6 月 14 日长某公司股东会），应认为属各股东的真实意思表示，并不违反有关法律法规的禁止性规定。第二，从明某公司名下的资产充实看，明某公司虽认为长某公司有关资产并未实际移转到该公司名下，但这属资产登记问题，并不影响本案上述资产移转模式和股东出资方式的成立。第三，从明某公司各股东对本案 8000 万元的出资模式均无异议看，明某公司各股东对本案 8000 万元的出资及资产移转模式，由赵某、康某对东某公司出具借据，分别打给明某公司各股东，验资完成后明某公司转出时由赵某、康某签字，由公司财务以购房款形式转入长某公司，最终由长某公司实际代各股东归还东某公司。对上述过程和出资模式，各股东均无异议。第四，从赵某等人的股权价值看，在明某公司已将长某公司原共有资产作为自己的资产及原资产共有人登记为其股东后，实际上已基本完成出资，而出资以借款验资加以完备仅具有形式的意义。同时，还需注意的是，与明某公司成立前的股权估值相比，赵某等人在股权转让时其转让价格均低于之前的估值，赵某转让价格 1750 万元，卫某为 500 万元。据此，赵某等转让虽与明某公司无关，但与受让其股份的各股东比较，其再行补缴出资实际将造成明显不公。综上，明某公司认为赵某等抽逃出资的证据不足，原审认定事实错误，应予纠正。

抽逃出资是指股东在公司成立后,非经法定程序无偿或未支付公平合理对价抽回部分或全部已缴纳出资,导致公司资本减少的行为。司法实践中,一般会从以下几个方面考量是否构成抽逃出资:一是股东系实施该行为的主体。二是时间上来看,系公司成立后股东实施该抽回行为。三是有无偿的或者未支付合理对价的抽回出资行为。四是未经过法定程序,存在抽回出资行为。五是抽回出资后,股东依然按照原出资数额继续持有股权或股份。六是公司权益因该抽回出资行为遭到了损害。若同时符合前述要素,则有可能被认定为抽逃出资。故建议实务中股东对此应引起足够重视,摒弃验完资便可以将出资随意转出的错误观念,防止后续因抽逃出资承担法律责任。

5. 公司设立标准纠纷

案例聚焦:公司是否设立应从"形式""实质"两个方面考虑,仅以网上登记信息与当事人约定不符,认定公司非当事人约定设立的公司,进而认定案涉公司未成立,依据不足。应当查明在合作期间内,公司所经营从事的内容是否系案涉项目相关工作,公司在实质上是否依照合同约定进行民事活动,工作内容、目的和成果是否为了案涉项目的利益,如果公司在实质上仍是出资人约定成立的公司,则无论其公司名称还是市场主体登记注册信息如何,均不影响公司成立的事实。

典型案例:石某公司、地某公司公司设立纠纷案[①]

2001年9月26日,地某公司、石某公司及华某公司作为发起人在西安签订了《扩建协议书》,决定设立第二发电公司。同日,三方当事人签订了《第二发电公司章程》确定了三方在协议中约定的注册资本及股权比例。2001年9月28日,三方当事人召开了第二发电公司第一次股东会。2002年1月21日,府某公司共计向第二发电公司转款1200万元。2004年1月7日,第二发电公司召开股东会,并形成决议:由于政策限制,华某公司等不能再继续投入资金启动二期项目,按《公司法》有关规定重新找股东,继续与石某公司合作;二期启动的有关事宜由找到的新股东和石某公司协商确定。但石某公司在收取地某公司及华某公司的投资后,并未返还地某公司及华某公司相应的投资款。2001年10月8日,第二发电公司取得营业执照、税务登记证,但工商登记信息显示公司名称为"某省某县第二发电公司",出资人信息为孙某,均与《扩建协议书》约定的公司情况不符。后该公司于2018年8月8日向县工商局提出申请,申请就网上企业信用信息公示系统中公司名称、股东等信息与注册、颁发营业执照信息不符的情况予以更正,县工商局于当日召开会议认定该公司登记信息存在失实问题并决定更正。

[①] 参见最高人民法院(2019)最高法民再186号民事裁定书,载中国裁判文书网,最后访问时间:2024年4月12日。

再审法院认为，关于原审认定三方约定的第二发电公司未成立是否正确的问题。对于该问题，应从形式和实质两个方面予以分析认定：工商登记制度旨在通过公示赋予登记事项公信力来保护与公司发生交易的善意第三人，其记载的事项系被法律推定为真实而非客观真实。本案系公司内部股东之间的纠纷，不涉及善意第三人，当工商登记信息与营业执照或工商档案内容不一致，并且有证据证明该登记信息可能存在错误时，应当进一步审查工商档案材料、相关证照等证据，综合认定公司成立情况。原审仅以网上登记信息与当事人约定不符，就认定该公司非当事人约定设立的公司，进而认定案涉公司未成立，依据不足。应当查明在两年多的合作期间内，第二发电公司所经营从事的内容是否系案涉项目相关工作，地某公司、石某公司及华某公司参与或知晓相关事务，即该公司在实质上是否依照三方《扩建协议书》的约定进行民事活动，工作内容、目的和成果是否为了案涉项目的利益，如果该公司在实质上仍是三方约定成立的公司，则无论其公司名称还是工商登记信息如何，均不影响公司成立的事实。综上，本案应从形式和实质两个方面进一步查明事实方能认定三方约定的公司是否成立，再审法院倾向于认为三方约定的公司在形式上已经成立。原一、二审认定公司未成立依据不足，属于认定基本事实不清，因此撤销一、二审判决，发回重审。

判断公司设立成功与否，不仅要从形式上进行判断，即不仅要考察是否成功办理工商信息登记，是否成功注册公司名称，还要从实质要件上进行判断，即考察公司是否围绕当初发起人所设立的共同目标而开展经营活动，从而综合判断公司是否成功设立。

6. 股权转让纠纷

案例聚焦：同一股权转让行为中存在多个股权转让法律关系的，最初股权转让人在合同真实有效，且完成股权转让义务后，可以向中间人、最终受让人主张未支付的股权转让价款，与最终受让人合同中约定的股权转让价款虚低的，应当按照在先与中间人约定的真实转让价格支付对价。

典型案例：郑某、健某公司等股权转让纠纷案[1]

2010年5月1日，郑某与曾某签订《股权转让协议》，约定曾某收购郑某拥有的绿某公司50%股权及其他相关权益。2010年11月2日双方签订了《股权转让补充协议》，对《股权转让协议》进行了补充和变更。上述协议及补充协议对股权转让价格、股权转让款的支付安排及各方的权利义务、股权过户前债权债务的处理、违约责任、法律适用及争议解决等内容均作了约定。2010年11月2日，曾某向郑某出具《承诺书》称，为感谢郑某在股权转让协议中做出的让步，曾某承诺在股权

---

[1] 本案系笔者团队在工作实践中收集整理、编辑加工而成，仅供读者研究参考。

变更登记后的30天、60天、90天后,在股权转让款之外另行分三期支付郑某300万元。同日,曾某致函郑某、潘某,将拟收购的60%股权指定转给健某公司。2010年11月2日,郑某与健某公司签订了《股权转让合同》,合同约定健某公司以8000万元的价格购买郑某持有的绿某公司50%股权共500万元出资额,双方同意自合同订立之日起一年内以转账方式支付价款。2010年11月9日,曾某、健某公司出具《承诺书》给郑某、潘某称:经双方的共同努力,于2010年11月5日由工商部门批准办理了贵方股权变更登记至我方名下。为确保股权转让协议顺利履行,我方承诺:(1)股权转让款未全额付清之前不将全部股权转让、抵押或为其他个人或单位提供担保。(2)本次股权转让协议的权利义务以双方所签股权转让协议为准。工商备案与双方协议不一致的,以双方于2010年5月1日签订的协议及2010年11月2日签署的补充协议为准。(3)同意并保证,如违反上述承诺将承担双方于2010年5月1日签订的股权转让协议中约定的违约责任。曾某、健某公司在该承诺书尾部签字、盖章。2011年2月18日,郑某向曾某发出催告函并抄送健某公司,称按照补充协议第二条第三款约定,曾某应当在2011年2月6日前支付股权转让款2600万元,经多次沟通,曾某迟迟不履行,已经违反了双方约定,应承担支付违约金的责任。

法院认为,虽然《承诺书》中健某公司没有向郑某支付股权转让款的意思表示,郑某与曾某,曾某与健某公司之间不是同一股权转让关系或者是不同的两个转让合同分属的两个不同法律关系,但是,《股权转让合同》中约定郑某将其股权转让给健某公司的意思表示是真实的,并在该约定合法有效的前提下,登记机关才依法为健某公司将相应的股权变更登记在其名下。此时健某公司实际从郑某获得出让的股权,《股权转让合同》中有关股权转让的约定履行完毕,健某公司因此与郑某之间形成了因转让股权支付对价的债权债务关系,虽在该合同中约定的股权转让价款虚低,但应当按照在先与曾某约定的真实转让价格支付对价。法院认为,在健某公司尚欠股权转让款未付的情形下,郑某要求健某公司承担曾某欠付的剩余股权转让款的给付责任,符合案件事实情况,存在事实和法律依据,予以支持。

本案表明,股权转让合同在履行过程中,出让方与受让方之间要就股权转让对价达成合意,在对价明显不合理情形下,法院将根据情况酌情予以调整。

7. 股东资格确认纠纷(股权代持、隐名股东)

案例聚焦:股权的市场主体登记注册系一种公示行为,为证权效力,股权是否转让应当以当事人真实意思和事实为基础。实务中要注意区分以股权让与担保所作的市场主体登记变更与股权转让之间的差别。

典型案例：熊某、佐某公司股东资格确认纠纷案①

光某公司由佐某公司和熊某共同出资设立，2014年12月2日，熊某与余某签订了一份《股权转让协议》，协议约定：熊某将其持有的光某公司49%的股权转让给余某，转让价为490万元。同日，佐某公司与徐某签订了一份《股权转让协议》，协议约定：佐某公司将其持有的光某公司51%的股权转让给徐某，转让价为510万元。2011年11月3日至2015年8月14日，李某甲、徐某、余某、冯某、李某乙、闵某、张某等向农贸批发市场、刘某、尧某、光某公司、房屋建筑公司等汇款，金额合计7329.4万元。熊某、佐某公司提供了一组借条复印件，主张以上款项均系熊某向李某甲的借款，由李某甲安排徐某、余某及案外人李某乙等人向其履行汇款义务，以上款项7329.4万元全部用于光某公司某房地产项目的开发建设，熊某、佐某公司将股权转让给徐某、余某，系对该借款的担保，并非股权转让，徐某、余某应当将股权归还原告，熊某、佐某公司据此起诉请求：（1）确认熊某对光某公司享有49%的股权，判令余某向熊某返还光某公司49%的股权并办理相关工商变更登记；（2）请求确认佐某公司对光某公司享有51%的股权，判令徐某向佐某公司返还光某公司51%股权并办理相关工商变更登记。徐某、余某、李某甲提出双方从未有过借款担保的约定，熊某、佐某公司将股权转让给徐某、余某，徐某、余某按照合同约定支付了对价，双方也已经办理了股权转让登记，股权转让合同履行完毕，以上款项共计7329.4万元，其中1000万元是徐某、余某支付的股权转让款，另有2287.2万元是对原告前期投资款的补偿，160万元是返聘熊某的报酬，其余款项是李某甲、徐某、余某支付某房地产工程项目的投资款，熊某提供的借条复印件系预支工程款行为，支付工程款双方平账后，就把借条还给了熊某，双方并不存在借款关系，熊某主张双方存在借款系虚构事实，而且熊某提供的借条复印件中均无利息约定和还款期限，不符合常规。

法院认为，从形式上说，股权让与担保和股权转让都具有股权变更的外观，具有一定的相似性。但股权让与担保目的是为债务提供担保，并非转让股权，让与担保权人受让的股权并不是完整的权利，实际权利内容不得超出担保之目的，其只是名义上的股东。虽然本案徐某、余某受让股份并办理了工商变更登记，具有享有股权的外观，但结合当事人之间的债权债务关系和真实意思表示，案涉《股权转让协议》在性质上应认定为股权让与担保，理由如下：第一，股权转让各方存在债权债务关系。第二，股权转让各方具有担保的意思表示，而没有真实转让股权的意思表示。综上，可以认定，案涉《股权转让协议》各方具有担保的真实意思，并没有转

---

① 江西省高级人民法院（2020）赣民终294号民事判决书，载中国裁判文书网，最后访问时间：2024年4月12日。

让股权的真实意思。关于熊某、佐某公司确认其股权的问题。首先，真实权利人应当得到保护。据上文分析，熊某、佐某公司签订《股权转让协议》，并将股权登记至徐某、余某名下，真实意思是股权让与担保，而非股权真正转让。虽然工商部门登记的股东为徐某、余某，但工商登记是一种公示行为，为证权效力，股权是否转让应当以当事人真实意思和事实为基础。因此，徐某、余某仅系名义股东，而非实际股东，其享有的权利不应超过以股权设定担保这一目的。熊某、佐某公司的股东权利并未丧失，对其真实享有的权利应予确认。其次，确认熊某、佐某公司为真实股东不损害被上诉人享有的担保权利。从当事人沟通情况看，双方已约定将案涉债务清偿完毕，才能将股权登记变更回上诉人名下。而上诉人并未清偿完毕案涉债务，将股权变更回上诉人名下的条件尚未成就。如此时将股权变更回上诉人名下，则会导致被上诉人的债权失去基于股权让与担保而受到的保障。因此，对上诉人办理工商变更登记的请求不予支持。

《民法典》第一百四十三条规定，民事法律行为有效需要具备三个基本条件：一是行为人具有相应的民事行为能力；二是意思表示真实；三是不违反法律、行政法规的强制性规定，不违背公序良俗。由此可知，意思表示是否真实系考察一项民事法律行为是否成立，是否有效的一个关键因素，股权转让行为亦不例外。尽管双方在市场主体登记注册部门办理了股权变更登记，但真实原因是基于股权让与担保，即双方并不存在股权转让的真实意思表示，在此基础上进行分析判断，方能还原事实全貌。

8. 公司合并纠纷

案例聚焦：解除公司合并协议，需要综合考虑维持双方之间的兼并关系是否会对企业发展造成不利后果，维持此种状况是否有违兼并双方当事人的意愿，同时，也应考虑是否与司法审判所应追求的法律效果与社会效果相悖。

典型案例：远某集团公司与轻某公司等合并纠纷案[①]

1997年3月5日，远某集团公司与远某A公司签订《兼并协议》，规定协议由远某A公司向其主管部门上报审批，协调各单位落实地方优惠政策并批复后生效。同年4月28日，主管部门同意远某集团公司以接收A材料公司资产、债权、债务及全部职工为有偿条件，从下文之日起，对远某A公司实施兼并，并办理有关银行贷款停免息政策事宜。1997年6月9日，远某集团公司与轻某公司签订《移交协议书》。上述协议签订后，远某集团公司对远某A公司实施了兼并，远某A公司于同年7月，在市工商局办理了企业法人变更登记。中国银行某分行（以下简称中行某分行）、中国工商银行某支行（以下简称工行某支行）作为A材料公司的债权人，

---

① 本案系笔者团队在工作实践中收集整理、编辑加工而成，仅供读者研究参考。

在某市人民政府有关部门的协调下，为落实《兼并协议》中的优惠政策，与远某A公司重新签订了《借款合同》。1997年11月6日，远某集团公司向工行某支行出具《最高额保证合同》，承诺对远某A公司的借款承担连带保证责任。同年11月7日，远某集团公司向中行某分行出具《不可撤销还款担保函》，承诺对远某A公司的借款承担连带保证责任。1998年3月10日，工行某支行与工行甲支行签订《债权债务关系转移协议书》，将工行某支行对远某A公司的债权转让给工行甲支行。2000年5月31日，中行某分行与甲公司天津办事处签订《债权转让协议》，将中行某分行对远某A公司的债权转让给甲公司天津办事处。2003年12月12日，远某集团公司向北京市高级人民法院提起诉讼，请求：（1）依法确认远某集团公司与远某A公司签订的《兼并协议》未生效，并判令解除该协议；（2）判令解除远某集团公司与轻某公司签订的《移交协议书》；（3）判令远某A公司返还远某集团公司拨款人民币1000万元；（4）判令轻某公司对前款请求承担连带返还责任；（5）判令解除远某集团公司因《兼并协议》而对第三人承担的人民币10089万元、249.6996万美元（折合人民币2072.5066万元）的保证担保责任。

法院认为，在某市调整工业办公室作出同意远某集团公司兼并远某A公司的批复后，远某集团公司与轻某公司签订了《移交协议书》，双方在协议中明确，根据某市调整工业办公室的批复、轻某公司的通知以及《兼并协议》，订立该协议书。在此后进行企业法人申请变更登记时，注明的审批机关为某市调整工业办公室。上述事实表明，远某集团公司对某市调整工业办公室履行其自身的行政职能是明知并认可的，其并未就作出批复的主体问题提出过任何异议。如上分析，远某集团公司与远某A公司签订的《兼并协议》已经生效，该协议是双方当事人真实意思表示，内容不违反法律禁止性规定，原审判决认定协议有效并无不当。但如果继续维持双方之间的兼并关系，必将使企业陷入运行上的僵局，特别是远某A公司不能正常经营，企业将丧失所应享受的地方政策，职工的生活没有保障，维持此种状况既有违兼并双方当事人的意愿，亦与司法审判所应追求的法律效果与社会效果相悖。故应尊重远某集团公司与远某A公司双方意愿，解除其兼并关系。

公司合并类纠纷从形式上看不仅是两个或者多个公司融合成一个主体，更重要的是还涉及公司员工的安置问题，因此，需综合判断合并后公司是否顺利发展，如果无法达到预期目的，则需考量维持现状是否有违双方当事人的意愿。案件处理时，也要考虑法律效果和社会效果的统一。

9. 股东名册记载纠纷

案例聚焦：股权转让合同解除后，基于该解除不具有溯及既往的效力，原股东并不能自然恢复股东资格，而需要通过重新办理股权变更程序才能再次成为股东。

典型案例：达某公司与某银行股份公司股东名册记载纠纷案①

2010年10月13日，达某公司参与某银行股份公司改制，以发起人身份分四笔出资15000万元购买某银行股份公司股份。某银行股份公司于2011年8月1日向达某公司颁发了载明该公司持有15000万股股份的《股权证》。至此，达某公司占某银行股份公司总股份204550万股的7.332%，成为该银行的合法股东。2011年12月17日该银行2011年第二次股东大会上，达某公司副总裁侯某甲代表达某公司提交《关于达某公司股权转让的议案》，被该次股东大会审议表决通过，侯某甲在该决议案上签字，表明达某公司已经决定要对外转让所持有的该银行股权。2012年1月15日、2012年5月10日，达某公司先后召开两次股东会，分别形成同意向金某公司转让8000万股股权、向万某公司转让7000万股股权的股东会决议，向万某公司转让股权的股东会决议案还明确了转让价格为每股1.5元。两份股东会决议均有持有达某公司100%股权的叶某甲、赵某甲两位股东签字。2012年2月9日，达某公司向该银行出具《关于提供连带责任保证及股权质押的担保函》，载明：经我公司股东会决定，同意为本公司7个关联公司在该银行的所有融资业务提供连带责任保证，同意发生承担担保责任时，授权该银行对本公司在该银行的所有股权进行转让、变更、变卖等处置，本担保函不可撤销。2012年6月8日，中国银行业监督管理委员会某省监管局作出批复，同意金某公司受让达某公司持有的该银行8000万股股权。2012年6月29日，中国银行业监督管理委员会某省监管局作出批复，同意万某公司受让达某公司持有的该银行7000万股股权。但是，案涉15000万股该银行股权，因一直被人民法院执行查封，未能在当地工商行政管理局办理过户，仍然登记在达某公司名下。后，另案中，法院判决解除金某公司、万某公司与达某公司签订的《股权转让协议书》有效。

法院认为，关于达某公司主张为该银行股东并要求办理股东名册、章程等变更登记应否支持的问题。达某公司为该银行发起人股东，持股占比逾7%，该银行向其颁发的《股权证》上记载"股权变更和股份转让时必须到本公司办理过户"等字样。(2018)辽民终648号、(2017)辽01民初1173号生效民事判决分别认定达某公司与万某公司、金某公司签订的《股权转让协议书》有效，达某公司同意股权转让并收到全部股权转让款。此后经某省银保监局批复同意变更万某公司、金某公司为该银行股东并记载于该行股东名册及章程。据此，万某公司、金某公司经履行股权转让协议并经行政机关审批作为股东记载于该银行股东名册之时，即成为该银行股东，达某公司同时丧失该银行股东身份。该银行是否在工商行政部门办理变更

---

① 参见最高人民法院（2020）最高法民终642号民事判决书，载中国裁判文书网，最后访问时间：2024年4月12日。

登记，不影响案涉股权转让的效力。案涉《股权转让协议书》解除前，万某公司、金某公司的股东身份及基于股东对公司投资而获得的分红收益仍然有效。股权转让合同解除后，基于该解除不具有溯及既往的效力，达某公司并不能自然恢复股东资格，而需要通过重新办理股权变更程序才能再次成为该银行的股东。达某公司现已进入破产清算程序，显然不符合前述规定要求的成为商业银行股东的条件。故达某公司主张其为某银行股份公司股东并要求变更登记的请求，缺乏事实基础和法律依据，不予支持。案涉股权转让协议解除后，达某公司因不符合商业银行股东条件而不能重新取得该银行股东身份，但其在该股权中的财产性权益应依法予以保护，达某公司可通过申请拍卖案涉股份而以其价款折价补偿。

《股权转让协议》解除后，意味着又要进行一次股东的变更或者股权比例的变化。特别是大股东的股权转让，股权比例超过50%的股东转让其股权意味着不仅是单纯的股权转让，该股权中还包含控制权的附加价值。因此，股权转让合同的履行不仅会对公司本身带来重大影响，还会改变公司的股东、股权比例分配甚至实际控制人。而股权转让合同解除后恢复原状不仅会影响到其他股东的利益，还将对其他股东产生重大影响。据此提示，选择股权转让交易伙伴前，尽量做好尽调工作，避免后续解除股权转让协议，从而陷入被动局面。

（二）公司设立过程中的常见争议与启示

1. 入伙纠纷

案例聚焦：新合伙人入伙，除合伙协议另有约定外，应当经全体合伙人一致同意，并依法订立书面入伙协议，否则不构成入伙。

典型案例：乔某中心（有限合伙）、骆某与彭某入伙纠纷案[①]

乔某中心于2016年7月19日设立，企业类型为有限合伙企业，设立时登记的普通合伙人为吴某，有限合伙人为包括骆某在内的27人，不包含彭某，全体合伙人认缴出资额为242.1414万元。乔某中心设立时，上述27名有限合伙人及普通合伙人吴某签订有《合伙协议》及《认缴出资确认书》。《合伙协议》载明，设立合伙企业乔某中心，合伙人28人，后陆续增加至38人。除该协议另有约定外，合伙人入伙、退伙，须由普通合伙人同意。新合伙人入伙，经普通合伙人同意，依法订立书面入伙协议。2016年12月26日，彭某出具认购单，载明：合伙人彭某以货币出资2.15万元，总认缴1万股。2017年1月7日，彭某向乔某中心转账2.15万元。

法院认为，新合伙人入伙，除合伙协议另有约定外，应当经全体合伙人一致同

---

① 参见北京市第一中级人民法院（2020）京01民终1823号民事判决书，载中国裁判文书网，最后访问时间：2024年4月12日。

意，并依法订立书面入伙协议。同时，根据乔某中心设立时备案的《合伙协议》，合伙人的入伙需经普通合伙人同意。现乔某中心、骆某所称的 38 人合伙协议缺少吴某签字，故该协议未成立。在 2018 年 1 月 2 日的《合伙协议》中，亦未记载彭某为合伙人，无彭某签字。故彭某自始至终未能成为乔某中心的合伙人。

新合伙人入伙，按照《合伙企业法》第四十三条第一款之规定，有约定的从约定，没有约定的，按照法律规定需经全体合伙人一致同意，并依法订立书面入伙协议。否则因不具备法定要件，入伙无法成立。

2. 合伙企业财产份额转让纠纷

案例聚焦：合伙财产份额转让特约的效力认定，需要结合合伙经营方式或合伙组织体的性质及立法精神加以判断。就合伙人之间的财产份额转让而言，如果合伙协议有特别约定，在该约定不违反法律、行政法规的强制性规定，也不违背公序良俗的情况下，则应认定其合法有效，合伙人应严格遵守。

典型案例：鼎某公司、邢某合伙协议纠纷及合伙企业财产份额转让纠纷案[①]

2012 年 11 月 27 日，新能源基金注册成立。2014 年，合伙人英某创业公司、城某公司、邢某、甲基金公司、宏某公司、鼎某公司签订《合伙协议》，协议第 27.6 条约定："除另有约定外，以下事项应须经全体合伙人一致同意……（4）有限合伙人转让或出质财产份额……"2012 年 11 月 28 日，邢某将 5000 万元出资转入新能源基金账户。2018 年 1 月，邢某（甲方）与鼎某公司（乙方）签订《转让协议书》。至 2018 年 12 月 31 日前，未有合适第三方受让邢某在新能源基金中的财产份额，鼎某公司亦未自行或指定第三方直接受让该财产份额。2019 年 1 月 4 日，邢某委托某律师事务所向鼎某公司发出《律师函》，催告鼎某公司履行《转让协议书》约定，自行或指定第三方受让邢某在新能源基金中的财产份额。2019 年 1 月 11 日，鼎某公司向邢某发出回函载明："作为基金管理公司，按照相关法律法规规定以及基金合伙协议的约定，我司并无义务收购有限合伙人持有的基金份额……按照转让协议约定，在 2018 年 12 月 31 日前，未有合适第三方受让您的财产份额，我司承诺自行或指定第三方直接受让该份额，我司在 2018 年 12 月 31 日前已经和您进行过沟通……我司仍然愿意按照转让协议约定履行此项义务……"后，邢某向法院起诉请求判令鼎某公司向邢某支付转让款，并按照协议约定 8% 的年利率计算至全部转让款付清之日；丁某、鼎某公司、吉某公司、佳某公司各自在未出资本息范围内对鼎某公司在第一项中不能清偿的部分承担补充赔偿责任。

法院认为，合伙是两个以上合伙人为了共同的事业目的，以订立共享利益、共

[①] 参见最高人民法院（2020）最高法民终 904 号民事判决书，载中国裁判文书网，最后访问时间：2024 年 4 月 20 日。

担风险协议为基础而设立的经营方式或组织体。合伙人之间的合作建立在对彼此人身高度信赖的基础之上，故合伙事业具有高度的人合性。比如，合伙人的债权人不得代位行使合伙人的权利；合伙人死亡、丧失民事行为能力或者终止的，合伙合同终止，而非合伙人的资格或财产份额可以继承。由于合伙事业高度强调人合性，故应尊重合伙人之间的意思自治。因此，就合伙人之间的财产份额转让而言，如果合伙协议有特别约定，在该约定不违反法律、行政法规的强制性规定，也不违背公序良俗的情况下，则应认定其合法有效，合伙人应严格遵守。在《合伙协议》系订约各合伙人真实意思表示的情况下，该协议中关于合伙人之间转让合伙财产份额的特约，并不违反法律、行政法规的强制性规定，也不违背公序良俗，合法有效。邢某关于《合伙协议》中对合伙人之间转让财产份额需要"经全体合伙人一致同意"的约定与《合伙企业法》的规定相悖，该约定客观上限制了《合伙企业法》赋予合伙人依法转让财产份额的法定权利，故对各方不具有约束力的抗辩主张，于法无据；该理由恰恰与合伙经营方式或组织体之人合性所强调的合伙人高度自治之精神相悖，故不予采纳。在案涉《合伙协议》已经明确约定合伙人之间转让合伙财产份额需经全体合伙人一致同意的情况下，该《转让协议书》欲生效，尚需要满足全体合伙人一致同意的条件。而在其他合伙人未对该合伙财产份额转让明确同意之前，案涉《转让协议书》属于合同成立未生效的状态。在本案审理过程中，新能源基金有限合伙人城某公司和宏某公司均向法院提交书面《情况说明》，均明确不同意邢某向鼎某公司转让合伙财产份额。此事实说明，案涉《转让协议书》关于合伙财产份额转让事宜，已经确定不能取得全体合伙人同意，故该《转让协议书》确定不生效，不能在当事人之间产生履行力。在本案中，邢某诉请履行《转让协议书》，系以《转让协议书》合法有效及具有履行力为前提。在案涉《转让协议书》已经确定不生效的情况下，邢某诉请履行该《转让协议书》，缺乏事实基础和法律依据，应予驳回，据此驳回了邢某的诉讼请求。

合伙人之间转让合伙财产份额，有约定的从约定。本案中既然约定合伙人之间转让合伙财产份额需经全体合伙人一致同意，后续执行过程中，便应该按照该约定处理，否则有无视合伙人之间的意思自治之嫌，即便提起诉讼，亦无法得到支持。

第三章

公司融资法律实务

第一节　公司融资法律实务概述

一、公司融资的本质是什么

公司融资，是公司信用的社会贴现，是法人拟制人格发展成熟的重要表现，是公司发展的"成年礼"。公司融资的核心目的即获取公司进一步发展所必需的资金，因为公司发展的一切运作都离不开资金的支持。而伴随着公司发展阶段不同，公司信用积累的程度不同，信用贴现的方式也会有所不同。信用贴现方式变化对应的公司融资方式的变化，既有线性的变化，也有非线性的变化。但不论公司融资方式如何变化，公司融资的本质还是公司信用的社会贴现。

二、公司融资为什么需要法律服务

（一）公司融资是企业法律顾问实质性需求的最小单元

当公司进入融资阶段以后，公司是在运用杠杆做一些与以往一般生产经营完全不同的事情。公司创始人可能是生产经营的行家，对于公司的使命有自己深刻的理解，但是当公司在做外部融资的时候仅仅靠对业务的理解，乃至对财务的理解可能是不够的，这也是公司法务和公司律师能够发挥价值的所在。公司融资的法律服务需要具有迁移性的工作方法——无论是服务资金融出方还是融入方，都需要在商业目的与风险防范之间做出恰当的平衡，这就要求在公司融资过程中，好律师和好法务既需要是好"翻译"，又需要是好"医生"。

（二）公司法务律师如何既做好"翻译"又做好"医生"

在涉及公司融资的交易中，一个好的律师或者好的法务既需要成为好的"翻译"，同时也要是好的"医生"，比如在大多数的场景下，创始股东或者公司的原股东对于公司融资的需求是完全基于业务的考虑，他的目标和能够放到被金融机构千锤百炼的交易结构当中的商业目的有很大差距。因此，律师就需要做好"翻译"工作——把客户的商业目的和金融机构的风险偏好以及硬性要求匹配起来，同时也要做好"医生"工作，为交易结构的各个环节把好脉。律师可能要考虑的问题包括以下方面：

1. 交易结构能否实现交易目的

例如，公司或者公司股东可能想实现公司增资扩股，但是对于增资扩股以后，公司控制权是否会发生实质性影响可能并无准确感知。本来可能是基于简单的融资目的，但有可能面临丧失控制权的风险，与融资的初衷完全背离。

2. 交易结构本身有无缺陷

有缺陷的交易结构在公司融资中比较常见。有缺陷的交易结构不仅可能导致后续发生争议，也有可能使得融资人在争议当中处于不利地位。从金融机构的角度，通常是从资金退出的时点去倒推整个交易。公司也可以运用同样的方法进行。当金融机构要退出时，公司发生了流动性风险，即便仅仅是流动性风险，在不能保障金融机构按时退出时，其将要采取的救济手段会对公司造成哪些影响，以上过程中都需要律师观察和判断交易结构有无缺陷。

3. 交易结构的合规性

融资业务中交易结构的合规问题直接关系到融资交易的安全，在金融监管部门与国有资产监督管理部门对融资交易监管趋严的背景下，金融机构与国有企业参与融资时交易结构的合法合规性将面临更为严格的审查与挑战。如果交易结构中涉及国有资产转让等受到严格监管的特殊因素，存在不合规问题可能直接导致交易被限制乃至整个交易被叫停。安排复杂的交易结构是为了降低交易风险，但过于复杂的交易结构本身可能带来新的合规风险并提高交易成本，因而需要公司法务律师在完成交易结构的搭建时首先进行合规性论证，在结构的复杂程度、合规风险与交易成本之间取得最佳平衡。

4. 法律审查的范围是否有遗漏

假设公司前期的融资步骤已经完成，到了签署协议的阶段，公司的律师或者法务进行法律审查，如何判断律师法律审查的范围是否有遗漏？律师是否只审查了公司作为一方签署的文件，还是审查了公司为本次融资交易所出具的所有文件，包括各类审批的文件、内部决议的文件以及填写的金融机构，即便是各类的制式文本、格式文本，律师审查的范围绝不仅仅限于客户所签署的协议本身。

5. 法律文本之间有无矛盾、勾稽关系是否闭环

在审查法律文本时，法律文本之间有无矛盾、勾稽关系是否闭环是律师要审查的基本内容之一。比如一项复杂的并购贷款或者项目贷款中，由于涉及提款条件、放款条件、后置放款条件等一些非常复杂的交易条件，其中有可能涉及担保事项的落实、相关决议的出具、担保措施的办理等问题，很有可能在不同的文件中会出现冲突的情形。律师在审查文本时应当避免类似问题的发生。

6. 交易结构中有无可能发生重大操作风险的薄弱环节

例如，从公司融资的角度时常有需要资金方介入公司治理的情形，可能会设置资金方的一票否决权制度，但是如果项目真的被一票否决之后或者说在当下的决议机构无法形成有效决议的前提下（决议僵局），对于僵局以后的问题解决，公司往往缺乏认知或者安排，而上述问题才是在后续协议执行过程当中、融资过程当中发生争议的焦点。

三、公司融资的分类

（一）融资方式的分类

从公司获取的资金来源上分类，可以分为内部融资和外部融资。内部融资，是指公司的自有资金和在生产经营过程中的资金积累部分，即内部转增资本的方式。外部融资，是指公司从公司股东以外的渠道获得的资金投入，包括债权融资、混合融资、资产融资、股权融资（股权融资又包含债转股、股权转让、转增资本）。

而在以上融资方式中，公司上市和公司发债又与其他方式显著不同，可以说是股权融资和债权融资的终极样态，其特殊之处在于实现了公司融资的"平台化"的本质转变，进入了全新的游戏规则与领域，甚至可以理解为公司被赋予了一种新的主体资格。因此，公司上市融资以及发行债券融资，与一般意义上所讲的公司融资有较大差异。在更多场景下讨论的是，公司从诞生到发展到终极样态的中间过程中，如何获得发展资源的问题。

（二）融资是否等同于负债：如何通过融资改善负债结构

融资在法律关系和会计处理上的差异可以概括为：负债 vs 计入负债。有些融资从法律关系上看是对公司的一种债权债务关系，但是从财务的角度，可能不计入公司的负债，例如对于公司发行的永续债，是计入负债还是计入权益，主要取决于发行方是否承担交付现金或其他金融资产的合同义务，永续债到期日、清偿顺序和利率调升条款是否保证永续债做到真正"永续"。

四、公司融资主要方式概要

公司融资的主要方式从大类上可分为偏向股权的融资与偏向债权的融资，以下分别从两大类方式出发概述其主要内容。

（一）偏向股权的融资

股权融资是创始人让渡公司的部分"监护权"，来交换公司阶段性的发展资源。实践中，股权融资的具体类型有天使投资、风险投资、战略投资、财务投资等。股权融资的具体方式包括股权转让、增资扩股等。

（二）偏向债权的融资

债权融资是公司法人"人格健全"的重要体现——主动负债，表明公司已经进入了杠杆经营、风险经营的阶段。从公司能获取资金的来源上看，包括金融机构、"影子"金融机构、民间借贷等多种渠道。债权融资的方式主要包括贷款及其变形（收益权融资）、对外发债等。实践中出现的融资难问题和资产荒问题的核心在于，好企业如何找到好资金，好资金如何找到好企业。

(三) 围绕资产的融资

常见类型包括融资租赁、保理（其他具有担保功能的合同）以及资产证券化（ABS、CMBS、REITs）形式的融资，都是围绕公司拥有的特定资产开展的融资，基础资产的质量一定程度上也影响着融资形式与结构的搭建，还有实际融资的效果。

(四) 混合型融资

混合型融资，顾名思义其包含偏股权与偏债权的融资方式，具体方式包括实践中常见的"股加债""投贷联动"等表现形式。

五、公司融资争议

公司融资纠纷，从来不止于融资纠纷。公司融资通常能够给公司发展带来重要助力，但因公司融资发生的争议，也可能使公司和创始股东进入"末路"，引发各种纠纷。《民事案件案由规定》第四部分合同纠纷、第二十一项与公司有关的纠纷的诸多案由，包括融资有关的各种合同纠纷，以及公司有关的各种纠纷，在公司融资业务争议中都有可能会涉及。

综上，公司融资讨论的事项更多是公司从诞生到发展到终极样态的中间过程中，如何获得发展资源的问题。公司融资是公司经营的重要事项，对公司发展具有重要的现实意义。实践中公司融资的途径基本已经类型化，其中股权融资和债权融资是最主要的两类方式。公司融资过程中不仅资金方需要法律服务，融资方的法律服务同样具有重要作用。

第二节 公司股权融资实务

股权是一种财产权利，代表着对公司的所有权，因此可以作为公司股东获取资金的筹码。本书所指的股权融资是指公司通过增资或引入新的投资者从而获得新的资金的行为，特别地，在公司起步之时，初创者面临公司运作资金需求与举债成本过高的困境，往往选择让渡公司部分股权，引进新的投资者以获取经营资金。股权融资是公司股东与投资者可以达成共赢目的的一种融资方式。对于公司来说，股权融资除了可以快速获得资金，还可以得到成熟投资者提供的专业化经营管理支持。对于投资者来说，因投资收益与被投公司的市值直接挂钩，所以扶持公司发展也意味着更高的投资回报。伴随着公司的发展，股权融资经历天使（风险）投资、战略投资到公开发行股票（上市）。上市融资是一种平台化、规范化的成熟股权融资方式，是公司股权融资发展的最终阶段，所以对于绝大部分公司来说，上市显得十分遥远，但融资却是当务之急，因此，本节主要讨论公司从诞生发展到上市的中间过程中，如何通过股权融资获得发展资源的问题。

一、股权融资的主要方式及其要点

按照资金来源划分，股权融资可以区分为外部股权融资与内部股权融资。外部融资是指从公司既有股东之外引进新的投资者，从外部引入资金增加公司资本。内部融资主要指通过原股东追加投资，使得股东的股权比例保持不变或者发生一定改变的情况下，增加公司资本。股权融资方式主要包括增资扩股、债权转股权。

（一）增资扩股的主要方式及操作要点

1. 主要方式

增资扩股是指公司引入新股东投资或原股东增加投资扩大股权，从而增加公司资本的行为。常见的增资扩股方式包括"送、转股，原股东追加出资与外部投资人增资"三种方式。

（1）送、转股：送股，是指公司将盈余公积和未分配利润转化为股份之后按照股东持股比例向股东进行派发的方式。根据当前法律规定，公司税后利润首先必须用于弥补亏损和提取法定公积金，其后才用于分配给股东。送股本质是公司对未分配利润的一种处理方式，其主要特点是在原股东的权益与股权架构不发生变化的前提下增加公司注册资本。转股，则是将资本公积转化为实收资本，属于所有者权益表内部科目的调整，其主要特点是在既不改变所有者权益的总额，也不改变各股东持股比例的前提下，提高了股东自有资金中对外承担责任的比例。

（2）原股东追加出资：根据法律规定，公司股东可以将货币或者其他非货币财产作价投入公司，直接增加公司的注册资本。在该种增资方式下，增资部分由老股东认缴，股东出资比例发生变化，是公司内部调整股权结构常见的手段。

（3）外部投资人增资：公司增资扩股时，外部投资人可通过向公司注入资金，入股成为公司的新股东。该种增资方式能够有效解决原股东缺乏资金的问题，避免公司后续发展资金"断代"，攫取外部资源支持公司发展。当前法律规定，有限责任公司的股东在公司增资扩股时，有权优先按照实缴的出资比例认缴出资，另有约定的除外，因此，若引入外部投资人入股，公司原股东应当声明放弃全部或部分优先认缴出资权。

2. 股权价值确定的关键时点——增资计价基准日

对于增资方而言，目标公司净资产的公允价值与未来目标公司收益是影响增资回报的核心因素。公司价值通常是以某一日公司所有者权益（净资产）的公允价值为基准，双方协商确定，而增资计价基准日就是前述增资方与目标公司的原股东之间对目标公司价值确定的唯一静态日期。股权融资实践中，增资计价基准日是区分增资方与原股东利益和责任的重要时点，原则上基准日之前的权利义务归属于增资前的股东，基准日之后的权利义务归属于增资后的股东。

股权融资实践中，双方签署增资协议之后，并不是即时就可以完成增资款与目标股权的转让交付，因此，一般在增资协议中，除固定增资计价基准日之外，会约定具体交割日。增资计价基准日与具体交割日之间便称作过渡期。过渡期内，由于目标公司仍在原股东的掌控之中，增资方无法直接参与经营管理，所以为了防止股东权益遭受损失，增资交易双方通常在增资协议中，约定过渡期内对目标公司进行约束的内容，主要包括维持目标公司原状（注册资本、规章制度、业务资质、资产完整、不分配利润、分红等）、按照正常及可持续的方式经营等。

3. 公司估值

公司估值是对公司持续经营价值进行判断、评估的过程，也是对公司未来效益水平的科学量化。投前估值和投后估值是企业价值变动的具体表现，两者差值即是增资额，其内在逻辑是企业增发股份数与每股价格在企业融资过程中变化。任何股权融资项目，公司估值都要考虑多个因素，包括行业趋势、同业竞争情况、公司发展战略、核心竞争力、财务情况、持续经营能力等，常见的估值方法主要有以下三种：

（1）成本法（资产基础法）：公司股权价值＝资产评估价值×溢价倍数；资产评估价值＝资产的重置成本－各种价值损耗。资产基础法以目标公司真实资产数据为基础进行估值，是一种比较保守的融资估值办法，所以往往压降了目标公司的未来效益，估值较低。

（2）市场法（相对价值法）：选择可比企业和确定可比指标（有活跃的股权交易市场，市场上有可比的同类公司）。市盈率法（P/E）：目标公司每股价值＝可比公司平均市盈率×目标公司的每股净利润；市净率法（P/B）：目标公司每股价值＝可比公司平均市净率×目标公司的每股净资产。

（3）收益法（收益现值法）：投资方购买目标资产支付的代价不会高于该项资产的预期收益。目标公司股权＝该股权资产预期收益现值总额。

估值高的目标公司意味着能够以少量股权换取大量资金，所以公司股东在融资时，往往希望能够获得更高的估值，以便在出让最少股份的情况下获得更多的资金。但是从"长线"来看，估值过高往往会降低后续投资者进入的意愿，迫使公司股东不得已"降价融资"，但是在"反稀释条款"约束下，公司就必须对前期投资者的投资价格进行调整，势必导致前期投资者股份比例增加，最终导致公司原股东股权被稀释，因此，从长远来看，公司估值与真实价值应当相匹配。

4. 程序性要求

公司增资扩股的一般流程为：制订增资扩股方案、决议通过增资扩股方案、签署增资协议等法律文书、履行缴纳出资、验资等增资义务、办理市场主体变更登记。

（1）董事会制订增资扩股方案。根据《公司法》第六十七条及第一百二十条之规定，无论是有限责任公司还是股份有限公司，制订公司增加注册资本方案的权限为董事会。一般而言，增资扩股方案内容包括增资方式、增资数额、权利义务条款、程序、负责人等作说明，并经董事会表决通过后提交股东会审议。

（2）股东会审议增资扩股方案并进行决议。根据《公司法》第五十九条及第一百一十三条之规定，增加注册资本属于公司特别决议事项，需经代表三分之二以上表决权的股东通过，如果公司章程规定了更高的比例要求，则应当遵循公司章程的规定。此外，根据《企业国有资产交易监督管理办法》，国有企业增资扩股应当根据企业的性质，报国有资产监督管理机构或国家出资企业审核批准。原则上，国有企业增资扩股应当通过产权交易所公开进行，但《企业国有资产交易监督管理办法》第四十五条、第四十六条规定了国有企业增资进场交易的豁免情形。

（3）签署增资协议等法律文件。履行完前述内部决策程序之后，增资交易双方即可签署增资协议等法律文件，协议应当明确新增注册资本的认缴人、认缴金额、认缴期限以及各方的权利义务等。

（4）履行缴纳出资义务。根据当前法律规定，股东以货币出资的，应当将货币出资足额存入有限责任公司在银行开设的账户；以非货币财产出资的，应当依法办理其财产权的转移手续。根据《公司法》第四十七条新增之规定，全体股东认缴的出资额由股东按照公司章程的规定自公司成立之日起5年内缴足。

（5）市场主体变更登记。根据《公司法》第三十四条第一款之规定，公司登记事项发生变更的，应当依法办理变更登记。实务中，公司向公司登记机关申请办理注册资本变更登记时，一般需要提交如下文件资料：关于增资的股东会/股东大会决议、新股东的身份证明资料、修改后的公司章程或章程修正案、经办人的身份证明资料等。

（二）债权转股权的主要方式及操作要点

《公司债权转股权登记管理办法》[①] 第二条规定，债转股的含义："债权人以其依法享有的对在中国境内设立的有限责任公司或者股份有限公司（以下统称公司）的债权，转为公司股权，增加公司注册资本的行为。"参照前述规定，债转股是指将债权人对目标公司的债权按其价值折合、转化为目标公司对应数量股权，从而使公司债务归于消灭的一种偿债方式。

1. 债权转股权的操作流程

《市场主体登记管理条例实施细则》第十三条第三款规定，"依法以境内公司

---

① 该文件已失效，仅为说明具体问题，供读者研究和参考。

股权或者债权出资的,应当权属清楚、权能完整,依法可以评估、转让,符合公司章程规定",拟转股的债权应当符合相关法律法规的条件。

(1)债权评估。根据《公司法》第四十八条第二款之规定,对作为出资的非货币财产应当评估作价,核实财产,不得高估或者低估作价。法律、行政法规对评估作价有规定的,从其规定。债权是非货币财产,以债权出资的,应履行评估程序。

(2)公司决议。根据《公司法》规定,公司注册资本变动需经股东会决议,股东会决议应当对转股债权评估价格进行确认,确认债权作价出资金额。国有企业实施债转股时需履行国资监管程序的,应当将债转股事项报相应国家出资企业审批。

(3)签署协议。债权人应当与公司签订《债权转股权协议》,对双方权责利作出翔实安排。

(4)验资程序(非强制)。根据《公司债权转股权登记管理办法》第八条第一款的规定:"债权转股权应当经依法设立的验资机构验资并出具验资证明。"由于《公司债权转股权登记管理办法》已于2014年被废止,自此,债转股中的法定验资程序被取消。实务中,验资报告不再作为企业办理债转股市场主体变更登记的必备文件之一。但是,鉴于验资是股东证明其已履行出资义务和避免额外承担股东责任的较好选择,因此,为避免出资瑕疵的法律风险,目标公司仍可委托中介机构进行验资。

(5)债转股的市场主体登记变更程序及手续。债权转为股权的,公司应当依法向公司登记机关申请办理注册资本和实收资本变更登记,公司应准备以下申请资料:①债转股合同;②股东会审议债转股决议;③股东会确认债权作价出资金额决议;④验资报告;⑤修改后的《公司章程》或章程修正案;⑥股东的主体资格证明;⑦债权转股权承诺书/裁判文书/和解文书等。

2. 债转股的实务操作要点

(1)应当明确可以转为股权的债权类型

现行法律法规对于可转股债权类型无特殊规定。《公司注册资本登记管理规定》[①] 第七条第二款规定:"转为公司股权的债权应当符合下列情形之一:(一)债权人已经履行债权所对应的合同义务,且不违反法律、行政法规、国务院决定或者公司章程的禁止性规定;(二)经人民法院生效裁判或者仲裁机构裁决确认;(三)公司破产重整或者和解期间,列入经人民法院批准的重整计划或者裁定认可的和解协议。"延续前述法规的思路,可以转股的债权类型包括:合同之债、经人民法院生

[①] 该文件已失效,仅为说明具体问题,供读者研究和参考。

效裁判确认的债权、破产之债。此外,应当注意,企业税款之债、员工工资之债因其特殊性,一般不宜作为转股债权;根据《金融资产投资公司管理办法(试行)》有关规定,银行债权不直接作为转股债权,通过向金融资产投资公司转让债权,由金融资产投资公司将债权转为对象企业股权的方式实现。

(2) 对债权及债权人的基本要求

关于债权的基本要求:除满足前述必须是能够转股的债权类型之外,转股债权应当符合《公司法》和相关法律法规中对债权可以作价出资的规定。此外,同一债权如果涉及多个债权人,则在转股之前,各债权人应当对债权已经作出分割,避免引起不必要的纠纷。《企业国有资产交易监督管理办法》第四十六条规定,国有企业债权转为股权的,经国家出资企业审议决策,可以采取非公开协议方式进行增资。

(3) 债转股的涉税处理

所得税:《关于企业取得财产转让等所得企业所得税处理问题的公告》第一条规定:"企业取得财产(包括各类资产、股权、债权等)转让收入、债务重组收入、接受捐赠收入、无法偿付的应付款收入等,不论是以货币形式、还是非货币形式体现,除另有规定[1]外,均应一次性计入确认收入的年度计算缴纳企业所得税。"

根据《关于企业重组业务企业所得税处理若干问题的通知》第四条第二款第二项规定:"发生债权转股权的,应当分解为债务清偿和股权投资两项业务,确认有关债务清偿所得或损失。"第六条第一款规定:"企业发生债权转股权业务,对债务清偿和股权投资两项业务暂不确认有关债务清偿所得或损失,股权投资的计税基础以原债权的计税基础确定。企业的其他相关所得税事项保持不变。"

印花税:根据《印花税法》所附印花税税目税率可知,由于债转股合同或协议不在印花税缴纳列举范围之内,因此无论债权人和债务人目标公司是否就债转股业务签订了合同或协议,均不需要缴纳印花税;但根据第五条规定,对于实收资本需要缴纳印花税,应按照实收资本和资本公积两项的合计金额作为计税依据缴纳印花税。

二、资金方在股权融资项下的尽调

资金方在对企业进行股权投资时往往需要尽职调查,并根据尽职调查的结果决定是否进行股权投资以及股权投资的条件,对于尽职调查的目的、程序和范围,分述如下:

---

[1] 指财政部、国家税务总局发布的《关于企业重组业务企业所得税处理若干问题的通知》。

(一) 尽职调查的目的

1. 解决信息不对称。企业的价值通常决定于盈利能力、债权债务关系、人力资源、核心技术、重大资产权属情况以及诉讼或仲裁事项等要素,然而对于资金方而言,除依赖被投企业的陈述以及有限的公开信息以外,很难对决定被投企业价值的各类要素做全方位的了解并评估企业的价值,而尽职调查恰恰是尽可能减少资金方与被投企业的信息不对称,使得资金方对于被投企业的价值与风险有相对全面的认知。

2. 评估投资风险。尽职调查的目的之一在于揭示投资风险并供资金方了解和决策,实际上不存在没有风险的投资,问题的关键在于此种风险是否可控或者超出资金方的承受能力,因此对于尽职调查当中发现的风险,应根据其对于资金方权益影响程度进行有目的的划分,重点在于重大法律风险的提示与对应防范措施。

3. 促进交易合规。对处于强监管领域的投资,尽职调查的目的不仅在于帮助资金方解决信息不对称问题和评估风险,也是识别资金方和被投企业整个投资流程是否符合外部监管的规定,促进交易合规。例如,收购私募基金管理人可能触发私募基金管理人的重大变更事项,需要评估收购方是否符合中国证券投资基金业协会关于私募基金管理人股东和实际控制人的资质要求并由律师出具专项法律意见书。再如,在目前加强反垄断执法的监管背景之下,需要判断一项投资收购是否可能触发经营者进行集中申报的情形,对此亦需要予以关注。

4. 辅助交易谈判。一次有效率的谈判应秉持求大同存小异的原则进行,而尽职调查当中发现的重大风险往往帮助资金方与被投企业圈定下一步谈判的重点,避免双方在某些细枝末节的问题上浪费过多的时间,并且律师在尽职调查后也可以有针对性地提出参考建议,帮助资金方与被投企业进行谈判。

(二) 尽职调查的程序

1. 签署保密协议。尽职调查需要被投企业提供大量材料,其中不乏关键的商业机密,因此在正式开展尽职调查之前往往需要和被投企业签署保密协议。保密协议可能是由被投企业提供,虽然保密协议往往是制式模板,仍然需要律师关注其中的保密义务,例如保密期限,保密人员的范围以及违反保密义务的责任等。

2. 收集尽调资料。律师通过尽职调查清单向被投企业发送需要其提供准备的资料,对于尽调清单的拟定同样需要结合委托人的关注重点、被投企业的特点进行有针对性的设计,避免简单套用模板。实务当中应注意兼顾重点与全面要求,避免冗长的尽调清单导致尽调重点无法突出。此外还有部分资料需要通过公开渠道检索、函证、政府机构调取、现场访谈等方式获取,需要律师"多跑、多听、多看、多问"。律师需要保存好尽调资料,对于被投企业提供的复印件,需要核对其原件,尽调结束以后需要在其提供的全套资料上加盖公司印章并要求被投企业出具单独的承诺函，承诺其提供的资料全面完整和真实。

3. 分析研判材料。律师对于获取的尽调资料，需要进行研判分析并做好记录，对于其中不了解不清楚的要及时与被投企业进行沟通，要求其解释说明，必要时要求其出具特别的声明，同时也要注意和委托人以及其他中介机构保持沟通，对于目前尽调当中发现的问题做到心中有数。

4. 出具最终报告。尽职调查报告的撰写可能在正式开始前便已经开始，其间随着尽职调查程序的推进不断补充、调整和完善，对于尽职调查周期较长的，还需要注意及时更新尽调信息，避免使用过时的数据。形成尽职调查报告初稿后需要提交委托人审阅，根据委托人提出的问题或者建议再次调整尽职调查报告，在一份尽职调查报告定稿前，往往需要经历多个版本的打磨。

（三）尽职调查的范围

一项重大的股权融资往往涉及多种尽调，包括法律尽调、财务尽调和商务尽调等，有时还会结合投资的目的进行专项尽调，例如人力资源尽调、知识产权尽调等。不同的类型的尽调决定了其范围，对于法律尽调，常见的尽调范围包括基本情况、公司资质、重大资产、重大合同、财务状况、关联交易、人力情况以及涉诉情况等，分述如下：

1. 基本情况。主要通过调取企业市场主体登记档案和查询国家企业信用信息公示系统的方式了解公司名称、经营范围、股权架构、董监高和历史沿革等，需要查验的文件包括企业的营业执照正副本、公司章程、股东协议、内部决议文件、银行开户许可证、征信报告、验资报告、以非货币资产出资的评估报告等，该项调查主要是帮助资金方对被投企业的基本情况进行了解，以判断公司是否属于正常存续、独立经营的主体，自公司设立之初到尽职调查截止之日，是否存在可能影响本次融资事项的重大风险，例如股权架构不清晰、存在股权权属纠纷等。

2. 公司资质。获得资质是公司开展经营的前提条件，特别是对处于特许经营行业或者开展某种业务需要政府部门审批的公司而言，是否具有合法有效的资质直接决定了公司能否正常展业，因此公司资质往往是尽职调查的重点。对于被投企业应当具备何种资质，应当结合其所处的行业做具体判断，例如对于某公司制的民营医院增资入股的，应当确认该医院已经获得医疗机构执业许可证以及其他开展业务所需证书，例如污水排入排水管网许可证、大型医用设备配置许可证、放射诊疗许可证、辐射安全许可证等。

3. 重大资产。对于生产型企业，公司的资产主要集中于厂房、生产线等有形资产，对此需要确认被投企业本身取得对于该等资产的所有权或者使用权，以及该等资产之上是否存在权属负担，例如设定担保，而对于高新技术企业，其资产主要集中于专利等无形资产，此时需要重点核查专利权是否仍处于有效期内，是否存在授权他人使用的情形，是否有正在进行或者潜在的专利纠纷或者可能影响该专利有效性的行政程序。

4. 重大合同。公司经营过程中会签订众多合同，尽调过程中往往无法穷尽，对此需要结合公司的主营业务和合同金额确定重大合同的范围。例如对于从事私募基金管理业务的管理人而言，私募基金合同、托管合同以及其他与私募基金业务密切相关的合同（例如聘请投资顾问的合同）一般认为是重大合同，此外对于金额较大的建设施工合同、设备采购合同以及房屋租赁合同一般认为是重大合同，对于被投企业存在多次融资的，前期的融资文本同样构成重大合同，需核查重大合同的签署是否履行了必要的内部程序、是否正常履约、是否对于本次融资可能产生不利影响（例如前期融资合同对被投企业再融资施加限制性条件的，或者赋予前轮投资者特别权利的）。

5. 财务状况。被投企业的财务状况一般会由专门的财务尽调负责完成，但是对于法律尽调而言，同样需要了解被投企业的财务状况，例如被投企业的重大债权债务关系，对此需要核查被投企业的征信报告、财务报表和融资协议及其附属担保协议，并且被投企业的财务状况核查往往能够帮助律师对被投企业其他法律风险进行交叉印证，典型如被投企业是否与实控人及其关联方存在大额资金往来，是判断企业经营独立性与关联交易风险的重要依据。

6. 关联交易。关联交易属于公司治理的重要事项，在民营企业当中此问题会更为突出，需要核查被投企业与关联方是否存在关联交易，该等关联交易是否履行了内部决议程序，是否存在利用关联交易不当损害公司或者其他股东利益的情形。

7. 人力情况。对于人力情况的核查重点包括是否已和员工签订书面劳动合同、是否存在以劳务合同替代劳动合同的情形，是否按时为员工缴纳社会保险和住房公积金，是否存在拖欠员工薪资的情形，是否有正在进行的或者潜在的劳动纠纷，在劳动合规方面，民营企业的问题可能会相较于国企更为突出，如果是实施并购类的股权交易，更需要关注员工安置问题。

8. 涉诉情况。对于被投企业涉诉情况的调查，一方面，需要通过中国裁判文书网等公开渠道检索相关裁判文书；另一方面，因为部分裁判文书不公开以及仲裁程序的保密性，也需要通过访谈、面谈的方式了解企业涉诉的真实情况，此外既往的审计报告等亦有可能揭示被投企业的涉诉情况。企业涉诉需要结合案件的性质与金额具体判断对于被投企业的影响，如是实控人涉诉涉刑，意味着公司的经营具有极大的不确定性，如涉诉金额巨大且对于公司经营可能产生实质影响的，同样需要予以如实披露。

三、起底股权融资协议

股权融资涉及财务、法律与公司治理等多个领域，过程复杂且专业性较强。股权融资协议作为整个股权融资项目的核心文件，最终载明各方的权利义务，成为各方权责划分的依据。处于相对弱势地位的融资方，如何结合公司融资的实际情况与诉求平衡增资过程中各方的权利义务，更加需要公司原股东保持冷静与谨慎，充分认识股权融资协议背后的实际风险，做好充分的权衡与取舍。

（一）股权融资协议的构架和主要内容

1. 股权融资协议中的"专用条款"

（1）增资金额、股权比例。采用增资方式进行融资的，增资款可能会部分计入资本公积而非实收资本，因此需要根据公司估值和目前实收资本数值计算资金方所能获得的股权比例。

（2）先决条件、交割后义务。在签署融资协议时，目标公司及原股东可能还存在未落实的事项，或者可能发生变化的因素。为保护投资人利益，一般会在投资协议中约定相关方落实相关事项或对可变因素进行一定的控制，以上构成实施投资的先决条件。先决条件条款主要包括增资交易完成前目标公司需要在交易前采取的行动，包括"作为"和"不作为"，具体包括完成内部外部各项决策审批、尽职调查、无重大不利变化（实际控制人服务期、核心技术人员协议签署等）、未出现违反陈述与保证情形等。交割后义务主要包括增资完成交割之后，目标公司应当根据协议履行的目标公司管理权的交割、公司章程修订与市场主体变更登记等事项。

（3）业绩承诺和估值调整。估值调整条款又称为"对赌条款"（Valuation Adjustment Mechanism），即目标公司股东或目标公司向投资人承诺，未实现约定的业绩/经营指标，或不能实现被并购、挂牌或上市目标，或出现其他影响估值的情形（如丧失业务资质、重大违约等）时，对约定的投资价格进行调整或者投资人提前退出。估值调整条款包括：①现金补偿或股权补偿。若目标公司的实际业绩/经营指标低于承诺的业绩/经营指标，则补偿方应当向投资方进行现金或股权补偿，应当注意，股权补偿可能导致目标公司的股权发生变化，影响股权的稳定性。②回购请求权。如果在约定的期限内，目标公司达不到约定被并购、挂牌或上市等目标，投资方有权要求回购义务人购买其持有的目标公司股权，以实现退出。

2. 股权融资协议中的"通用条款"

（1）过渡期条款。如前所述，本条款需要详细约定目标公司原股东的过渡期义务，实务中通常包括：维持公司现状，妥善经营业务，导致重大不利变化的禁止行为（如处置资产/核心团队员工离职/对外担保）以及相应的违约责任。

（2）协议各方的陈述、声明与保证、保密、信息披露、违约责任、不可抗力、争议的解决、法律适用、通知、合同生效与履行等其他通用条款部分。

3. 相关附件

与增资有关的内部决议文件、公司章程、披露函、目标公司核心业务资质与核心员工清单等往往作为增资协议的一部分，并对其真实性、稳定性等作出要求。

(二) 股权融资协议核心条款解读

1. "增资计价基准日"条款

股权融资协议中，"增资计价基准日"条款通常采用两种方式：（1）在"术语"或"定义"部分单独定义"增资计价基准日"；（2）约定在增资协议的"增资"条款内或单列"增资计价基准日"条款。

条款示例

指本协议项下计算增资方所依据的目标公司财务报表的编制日由目标公司披露给增资方的基准日，目标公司的财务报表中所列的各项数据是双方评估作价并据以作为议定增资金额的依据。本协议项下的增资计价基准日为【　】年【　】月【　】日。

2. 增资条款

增资条款是股权融资协议的核心条款，一般包括出资额、出资方式、出资期限；增资前后股东持股比例；目标公司原股东放弃优先购买权条款等。

条款示例

(1) 增资价格：各方同意，投资方按照本协议的约定以【　】万元（增资款）认购目标公司【　】万元的新增注册资本，对应于本次投资后目标公司【　】%的股份（本次投资）。本次增资款中【　】万元作为目标公司新增注册资本，【　】万元作为溢价进入目标公司的资本公积金。投资方中各主体在本次投资各自应向公司支付的投资款金额如下……

(2) 现有股东放弃行权：现有股东放弃其根据适用的中国法律、公司章程、任何之前签署的现有股东之间的协议或任何其他事由就本协议所述本次投资可享有的优先认购权、优先购买权。

(3) 用途限制：除交易文件另有规定或各方另有约定外，目标公司应将从本次投资中获得的增资款全部用于经营和发展公司的主营业务，未经投资方事先书面许可，目标公司不得将增资款用于主营业务经营外的任何其他用途，包括但不限于偿还目标公司的债务（包括偿还股东借款）、分红或回购目标公司的股权、借贷给其他方使用、投资或持有股票等金融性资产等。

(4) 付款时限：投资方应在本协议第五条所述的本次投资的先决条件全部得到满足或被投资方豁免之日后的十（10）个工作日内，将其应支付的增资款一次性支付至如下开立在目标公司名下指定银行账户（公司账户）。

（5）逾期除权：如投资方未在上述约定的期限内履行付款义务的，除非投资方获得公司同意延长增资款支付期限的函件，否则未履行付款义务的投资方与其他各方关于本次增资扩股的约定于增资款支付期限届满之日起终止。前述终止不影响本协议整体的有效性，亦不影响其他各方关于本次增资扩股的约定。

3. "新投资者的准入限制"条款

实务中，公司如果拟开展多轮次融资计划，后进入的投资人可能会稀释在先进入的投资人股权或可能导致其丧失对公司的控制或影响。为避免自身权益损失，投资人一般会在协议中约定，目标公司或目标公司的原股东对此作出补偿，包括投资差价返还和原股东无偿转让部分股权，从而保证增资人和新投资人的投资价格的一致，并保障股权比例不被稀释。

在拟定"新投资者的准入限制"条款时，一般需要关注如下要点：（1）保证后进入的投资人投资价格不低于在先进入的投资人的投资价格；（2）投资人对后续轮次增资享有优先认购权；（3）当后进入的投资人的投资价格低于增资人的投资价格时，应当采取何种措施进行救济；（4）投资人享有权利的一致性。

条款示例

（1）各方同意，本协议签署后，目标公司以任何方式引进新投资者的，应确保新投资者的投资价格不得低于本协议投资方的投资价格。

（2）本协议拟议的投资完成后，目标公司以任何形式进行新的股权融资，增资方有权按所持股权比例享有优先认购权。

（3）如新投资者根据某种协议或者安排导致其最终投资价格或者成本低于本协议增资方的投资价格或者成本，则目标公司应将其间的差价返还增资方，或由现有股东无偿转让所持目标公司的部分股权给增资方，直至本协议增资方的投资价格与新投资者投资的价格相同。增资方有权以书面通知的形式要求目标公司或者现有股东履行上述义务。

（4）各方同意，投资完成后，如目标公司给予任一股东（包括引进的新投资者）的权利优于本协议增资方享有的权利的，则本协议增资方将自动享有该等权利。

4. 融资后的治理结构

公司增资之后，尤其是谋求经营管理权的外部投资人进入之后，势必会对公司决策机构的席位以及人员构成造成影响，因此，股权融资协议中，各方往往需就公司决策机构职权、审议事项、推荐席位和有效表决比例事项等事先达成一致，从而保障公司正常运营。

条款示例

股东大会职权、审议事项和有效表决比例：除公司法规定的三分之二及以上决议的事项外，其他主要的事项通常包括：

(1) 决定公司增加注册资本,包括但不限于公司的股份融资计划,以及任何其他形式的权益证券的发行。

(2) 业务范围/业务活动改变为从事非【　　】类业务。

(3) 决定与公司境内、境外上市相关的事项,包括与此相关的上市交易所、上市地、中介机构、发行价格等。

(4) 控股股东或实际控制人质押其所持公司股份或设置任何其他第三方权益。

此外,还需要明确董事会产生机制和董事会职权、审议事项和有效表决比例。董事会产生机制具体包括组成人数、提名机制,转让股份、解任和辞任后的提名机制等。关于董事会职权、审议事项常见的重要事项包括:

条款示例

(1) 决定公司未来的股份激励计划。

(2) 决定公司品牌、商标、专利、著作权等无形资产的处置。决定公司的下属机构歇业或进行任何收购、重组或清算。

(3) 决定公司为公司及其子公司以外的任何第三方人士提供保证、抵押、质押担保,以及其他可能产生金额超过【　　】万元人民币的或有负债的行为……

5. 竞业禁止条款

竞业禁止是指特定人员在特定期限内对特定企业承担的不竞争义务,对特定人员科以不竞争义务能够维护企业的竞争优势从而保护企业和股东的利益,尤其对处于信息劣势、缺乏参与企业管理能力的新进股东具有十分重要的意义。

条款示例

实际控制人竞业禁止:实际控制人共同并连带地向投资方承诺,其将为公司全职服务直至公司实现上市满【　　】年,且自本协议签署之日起至以下两者较晚时点止:(1) 其不再直接或间接持有公司股份之后两年期间届满之日,或者 (2) 其从公司或子公司离职之后两年期间届满之日,实际控制人应将公司作为主营业务的唯一平台,未经投资方事先书面同意,实际控制人不得,且应促使其关联方不得:①直接或间接地在任何地方从事任何与主营业务、公司相竞争的业务;②直接或间接地作为高级管理人员、员工、董事、合伙人、股东,或以其他方式持有任何与主营业务、公司有竞争的实体的权益,管理、经营、加入或控制任何与主营业务、公司有竞争的实体、向其提供借款、财务或其他帮助、参与到其中或与之有关联,或促使、招揽公司及其子公司的高级管理人员和核心员工从事上述事项;③劝诱公司员工、顾问、客户背弃公司,但是,持有在任何证券交易所上市的、享有不超过发行在外的投票权1%的任何竞争者的证券不应被视为对前述条款的违反,前提是持有该等证券的主体与该等竞争者没有其他联系或关系。

高级管理人员竞业禁止:实际控制人应促使高级管理人员签署相关竞业禁止承

诺书，承诺：（1）任职期间及离开公司后的 2 年之内不参与任何竞争性业务，且不通过其关联方参与任何竞争性业务；（2）离职后不得将公司及其子公司客户带给新的雇主；（3）不得劝诱公司及其子公司的员工和客户背弃公司及其子公司。

（三）资金方的各类特殊权利

1. 优先认购权及优先清算权

优先认购权是指当公司增资扩股或股东转股时（向员工发行的期权和股份除外），投资人有按其持股比例优先购买股份的权利。

优先清算权条款是优先权股份享有的一项重要而常见的优先权条款，是指在触发清算条款的情况下，投资人有优先清算的权利，从而保障投资人能够在公司债权人之后优先于其他普通股股东在公司的剩余财产中尽可能收回全部或部分投资成本，减少损失。触发清算条款的情况是清算事件，清算事件一般包括：（1）公司的破产、强制解散、自愿解散、终止、清算、被吊销营业执照、经营期限到期不再延长；（2）发生任何公司出售情形。在具体操作时，根据投资者获得清算优先额倍数不同，可以将优先清算权分为三类：一类是参与型优先清算权，二类是非参与型优先清算权，三类是折中的方案，即附上限参与型。优先额倍数直接影响后续普通股股东可分配资产数量，是增资交易双方博弈的核心要点。

条款示例

（1）参与型优先清算权的通用表述为："优先股股东首先获得优先清算回报，剩余资产由普通股股东与优先股股东按相当于转换后股份比例进行分配。"

（2）非参与型优先清算权的通用表述为："在公司清算或结束业务时，优先股股东有权优先于普通股股东获得每股×倍于原始购买价格的回报以及宣布但尚未发放的股利。"

（3）附上限参与型优先清算权的通用表述为："A 系列优先股股东首先获得优先清算权回报，剩余资产由普通股股东与 A 系列优先股股东按相当于转换后股份比例进行分配；但 A 系列优先股股东一旦获得的回报达到×倍于原始购买价格以及宣布但尚未发放的股利，将停止参与分配。之后，剩余的资产将由普通股股东按比例分配。"

2. 限制控股股东及实际控制人转让

限制控股股东及实际控制人转让股权的核心目的是保障目标公司的经营稳定，尤其在科技型创业公司中，控股股东及实际控制人往往是公司核心技术团队成员，与目标公司之间存在"人身绑定"关系。故股权融资协议中一般约定"本协议签署之日起至上市完成之前，未经本轮投资方的事先书面同意，控股股东及实际控制人不得直接或间接转让公司的任何股份（控股股东或实际控制人为实施员工股权激励直接或间接向员工转让公司股份的除外）"。

除限制转让以外，可能还会限制转让价格，如：

条款示例

经本轮投资方事先书面同意后，控股股东及实际控制人转让其所持公司股份的每股价格应不低于本次增资扩股的每股发行价格（控股股东或实际控制人为实施员工股权激励直接或间接向员工转让公司股份的除外）；如在本次增资扩股后，有注册资本转增、送红股、本协议估值调整等导致公司股本变化，则上述单价应相应调整。

3. 一票否决权

一票否决权是指投资人要求在公司股东会或董事会对特定决议事项享有一票否决权，从而保障自身权益不受损害，保证资金的合理使用以及企业的规范经营，又称重大事项否决权。从目前实务中的约定情况来看，一票否决权主要围绕有关公司章程变更、控制权变更、合并、分立、解散、业务经营中的重大合同签订、重大资产处置、对外借款担保等重大事项进行约定。一票否决权的约定方式，既有直接约定"决议需征得某股东或董事同意"的，也有间接通过提高某些决议事项的表决比例进而实质上获得一票否决权的，以上两种都是一票否决权的常见表述。

应当注意，根据《公司法》等相关法律规定，一票否决权只在有限责任公司范围内适用，就股份有限公司而言，股东就股东大会会议进行表决时要求同股同权，董事会决议的表决，实行一人一票，不存在除外条款。

4. 反稀释保护

反稀释权指公司后续轮次的融资估值低于前序轮次，前序轮次的高估值投资人有权要求公司平价增资或公司原股东零成本转股，确保投资人的股权数量或股权比例不会因新股发行或新的投资人加入而减少，从而保证前序轮次的投资人对于被投资企业的控制力不被稀释；与之相对应的，公司原股东的份额会缩小。反稀释保护应当就触发条件、保护/补偿方式以及相应的税务事项作出明确约定。

5. "对赌"条款与回购权

投资人对于目标企业的估值主要依据公司现时的经营业绩以及对未来经营业绩的预测，因此该种估值存在一定的风险。为保证其投资获得稳定回报，投资人通常在股权融资协议中约定估值调整条款，即如果公司实际经营业绩低于预测的经营业绩，投资人会要求公司给予现金或股权补偿，以补偿投资人由于企业的实际价值降低所受的损失。

实务中，常见"对赌"目标有二：一是财务指标，通常为企业在未来某一年度的营业收入或净利润达到约定数值；二是要求目标公司在约定期限内完成被并购、挂牌或上市目标。当"对赌"指标未达成时，即触发估值调整或股权回购。此外，应当关注"对赌"条款本身的效力问题，司法裁判中，不同的回购义务人可能对估值调整条款的效力产生不同影响，投资人与标的公司股东签署的"对赌"条款是当事人处分其各自财产的行为，应当认定为有效；投资人与标的公司签署的"对赌"

条款效力经历了相对复杂的变化,从早先司法裁判确认无效,到 2019 年《全国法院民商事审判工作会议纪要》规定,投资方与目标公司订立的"对赌协议"在不存在法定无效事由的情况下,目标公司仅以存在股权回购或者金钱补偿约定为由,主张"对赌协议"无效的,人民法院不予支持,但投资方主张实际履行的,人民法院应当审查是否符合公司法关于"股东不得抽逃出资"及股份回购的强制性规定,判决是否支持其诉讼请求。

6. 领售/强制拖售权条款

投资人为达到投资回报最大化目标,保障顺利退出,会在股权融资协议中约定领售权,也叫强制出售权、拖售权等,一般是指约定情形下,投资人有权要求主动退出,并强制性要求公司原股东与自己一起向第三方转让股份的权利。股权融资协议中,围绕领售权会详细约定权利触发条件、行权主体(领售权主体、随售义务人、第三人受让方等)、行权后果以及其他股东的配合义务,是投资人享有的"霸道"条款,实际上单方面赋予了投资人决定整体出售目标公司的权利。

第三节 公司债权融资实务

债权融资是指融资人通过举债的方式进行融资,债权融资所获得的资金,融资人需要支付利息,并在借款到期后向债权人偿还本金。较股权融资而言,债权融资具有一定优势,除在某些特定的情况下可能带来债权人对企业的控制和干预问题,并不影响融资人的实际控制权,同时债务合同明确约定了偿付条款、利息等,对于融资人而言预期亦较为明确。

一、债权融资的若干基本问题

债权融资是公司融资最常见的方式之一,是公司法人"人格健全"的重要体现,标志着公司开始主动负债,进入了杠杆经营、风险经营的阶段。

(一)常见债权融资方式概览

以资金来源进行分类,较为常见的债权融资方式包括但不限于:银行贷款、公司债券、信托贷款、民间借贷、商业保理、内部筹资等。

1. 银行贷款:企业可以通过向银行贷款获得所需资金,并由企业按约定的利率在约定的期限内偿还本金和利息,银行在放贷时通常会要求企业提供质押物或担保;

2. 公司债券:企业通过发行债券募集资金,向债券持有人承诺在未来的某个时间内支付利息并归还本金;

3. 信托贷款:根据《信托法》《信托公司管理办法》的规定,信托机构向投资者募集资金设立信托计划,并以募集的信托资金向企业提供信托贷款;

4. 民间借贷：指自然人、法人和非法人组织之间进行资金融通，非金融机构的企业之间可成为民间借贷的主体；

5. 商业保理：企业作为卖方将其与买方订立的销售合同所产生的应收账款转让给保理公司，保理公司为企业提供贸易融资；

6. 内部筹资：内部筹资是企业首选的融资方式，即企业的自有资金和在生产经营过程中的资金积累部分，包括股东的投入或者借款。

（二）债权融资的优缺点

1. 优点

（1）资金筹集周期短：相对于股权融资，债权融资的筹资周期较短，可通过银行贷款、信托贷款等方式，直接获得资金；

（2）不会影响原股东的控制权：债权融资本质是企业取得资金的暂时使用权，不会涉及稀释股权的问题，不会导致企业控制权结构的改变；

（3）可享受税收方面优惠：债务利息支出列入企业成本的，可以减轻企业的税负。

2. 缺点

（1）融资成本高：债券或贷款的利息支出可能会对企业的利润产生很大影响，同时需要支付一定的手续费和中介费，相较于股权融资来说，融资成本更高；

（2）用途受到限制：债权融资中，资金方通常会对资金的用途进行限制，融资人仅能将资金用于约定用途；

（3）还款风险高：债权融资通常有固定的还款期限，若到期因经营、资金等问题不能按时还回本金，企业还将面对高额的罚金，甚至面临破产的风险；

（4）需要提供担保：债权融资通常需要提供抵押品、担保等信用条件才能获得融资。

（三）影响债权融资的主要因素

1. 企业偿债能力

关于影响债权融资的主要因素，可简单概括为"好家底""还得起""向后看"，即企业的偿债能力。资金方通过对企业的偿债能力的考察，以合理确定债权融资的额度、期限、还款方式等，只有具有良好偿债能力的企业，才能得到资金方的支持。

（1）"好家底"，即企业真实资产状况良好，包括但不限于存货、固定资产、对外投资、长期投资、应收账款、长短期负债、应付账款、所有者权益、营业收入等；

（2）"还得起"，即企业还款来源情况稳定，包括生产经营产生的现金流、综合收益及其他合法收入等，能够支持企业按计划归还融资款；

(3)"向后看",即企业贷款期内经营规划和重大投资计划等稳健,经营前景良好,贷款期限内不存在可能严重影响其经营的因素。

2. 融资担保措施

除企业自身偿债能力外,担保结构的设置、担保措施的确定,亦是影响债权融资的主要因素,担保措施作为分散风险的重要手段在债权融资实操中被广泛采用。

我国法律明文规定的担保措施类型主要包括保证、定金、抵押、质押、留置五类,但是随着近年来业务模式的不断创新,实操中经常会根据业务的具体情况,创设各种非法定类型的非典型担保交易模式,常见的包括让与担保、所有权保留及差额补足等。

(1)保证:为保障债权的实现,保证人和债权人约定,当债务人不履行到期债务或者发生当事人约定的情形时,保证人履行债务或者承担责任。

(2)定金:当事人可以约定一方向对方给付定金作为债权的担保;给付定金的一方不履行债务或者履行债务不符合约定,致使不能实现合同目的的,无权请求返还定金;收受定金的一方不履行债务或者履行债务不符合约定,致使不能实现合同目的的,应当双倍返还定金。

(3)抵押:为担保债务的履行,债务人或者第三人不转移财产的占有,将该财产抵押给债权人的,债务人不履行到期债务或者发生当事人约定的实现抵押权的情形,债权人有权就该财产优先受偿。

(4)质押:为担保债务的履行,债务人或者第三人将其动产出质给债权人占有的,债务人不履行到期债务或者发生当事人约定的实现质权的情形,债权人有权就该动产优先受偿。

(5)留置:债务人不履行到期债务,债权人可以留置已经合法占有的债务人的动产,并有权就该动产优先受偿。

(6)让与担保:债务人或者第三人为担保债务人的债务,将担保物的所有权等权利转移给债权人(担保权人),而使债权人(担保权人)在不超过担保之目的范围内,在债务不履行时,债权人(担保权人)可就该标的物以拍卖、变卖、折价的方式优先受偿。

(7)所有权保留:所有权保留是指在转移财产所有权的合同中,根据法律规定或当事人约定,一方当事人将标的物转移给对方当事人占有、使用、收益,但是标的物的所有权并不因交付而转移,只有在对方当事人付清全部价款或者完成特定的条件时,所有权才发生转移的制度。出卖人可以与买受人协商取回标的物;协商不成的,可以参照适用担保物权的实现程序。

(8)差额补足:关于差额补足,我国法律上对此并未有明文规定。但该类合同作为一类增信措施,在投融资业务中极为常见,投资者与被投资者为保证该投资交易的顺利进行，针对某一预期投资目标应在期限内达成的收益进行了书面的约定，由被投资者或第三方对在预期目标与实际获得投资回报之间的差额部分，承担补足义务。

一般而言，担保措施可覆盖的优先受偿范围越大，企业可通过债权融资取得的资金越多。但担保措施亦会对担保人或担保财产产生限制，因此对于融资人而言，应通过合理设置担保结构，综合利用多种担保措施，在满足资金方担保要求的同时，尽可能避免过多的担保财产受限。

二、起底债权融资协议——以贷款合同为例

目前，企业融资方式仍以债权融资为主，最常见的方式是申请银行贷款；此外，向信托公司以及其他资管产品融资也是比较常见的债权融资类型。在办理债权融资时，企业应选择合适的贷款机构、关注利率问题，重点关注贷款合同的签署，争取更多的有利条件，避免增加企业融资成本。

（一）合同构架

一般而言，资金方在贷款合同中需与融资人明确约定贷款的金额、期限、利率、用途、支付、还款方式等条款。贷款合同的构架如下：

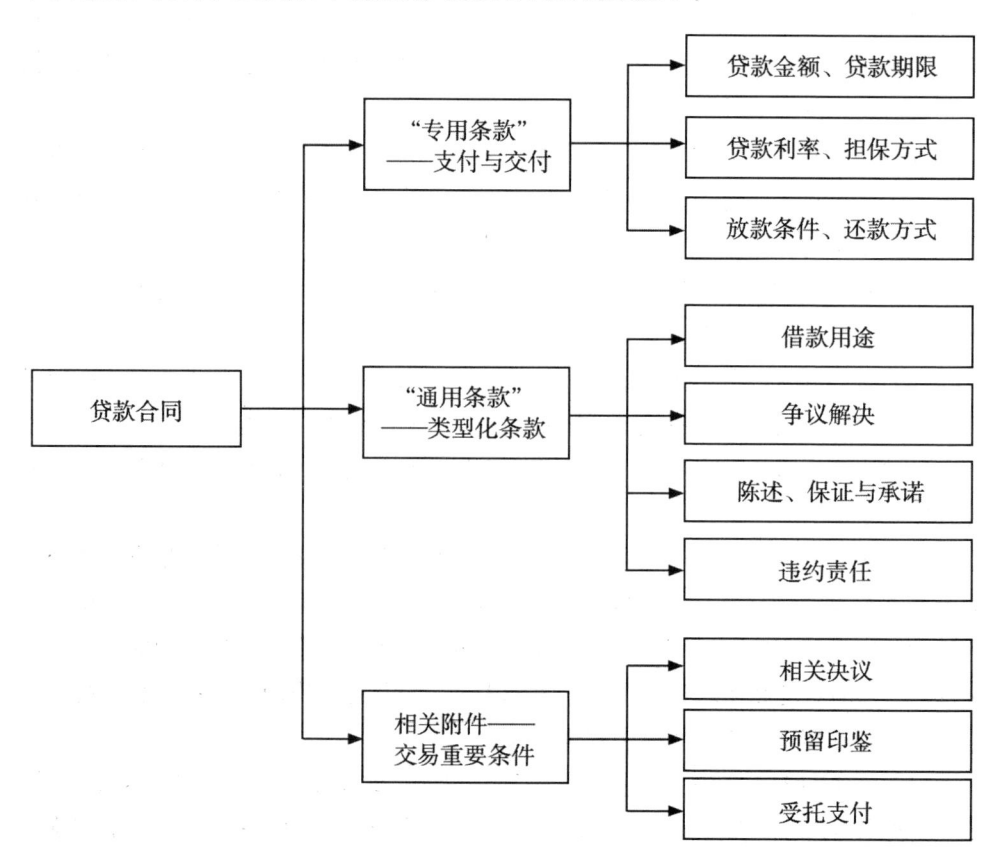

```
                    ┌─ 贷款金额、贷款期限
         "专用条款" ─┼─ 贷款利率、担保方式
         ——支付与交付 └─ 放款条件、还款方式

                    ┌─ 借款用途
贷款合同 ─ "通用条款" ─┼─ 争议解决
         ——类型化条款 ├─ 陈述、保证与承诺
                    └─ 违约责任

                    ┌─ 相关决议
         相关附件—— ─┼─ 预留印鉴
         交易重要条件 └─ 受托支付
```

（二）如何识别隐藏的"危险条款"与"过失违约"

债权融资中，如资金方为银行、信托公司等持牌金融机构，其提供债权融资通常要求融资人签署其提供的制式合同模板。此类制式合同模板必然以资金方利益为先，可能存在对融资人不利或存在风险的"危险条款"。因此，融资人在签署贷款合同时，如何识别隐藏的"危险条款"对于债权融资安全至关重要，融资人应避免在未理解资金方专用条款的情形下无条件接受，避免因未能有效识别"危险条款"而发生"过失违约"情形。

1. 贷款合同的审查要点

（1）交易要素：包括主体、借款种类、金额、用途、数额、期限等，应完整、准确、前后一致；

（2）担保措施：对于担保合同签署、权证取得及顺位安排，与主合同约定相一致；

（3）提款条件：是否设置特殊前提条件/后置条件/后续提款条件，是否履行不存在障碍；

（4）相关约束：是否设置财务约束条款、非财务约束条款，相关约束条款是否可能对公司正常生产经营造成不利影响；

（5）承诺保证：是否在同一文件中落实；

（6）救济方式：关注强制提前还款的触发条件，有无资金归集要求，以及是否存在不合理违约责任。

2. 典型的隐藏"危险条款"

（1）提款后置条件

A. 条款示例

甲方首次提款的后置条件：

①首次提款后2个工作日内结清××银行提供的并购贷款。

②首次提款后15个工作日内，借款人持有的标的物也应第一顺位抵押给乙方并办理完毕抵押登记手续，房屋所有权证（不动产登记证）原件已提交乙方收押保管。

③首次提款后5个工作日内，借款人应在贷款人处开立唯一的租金收入归集账户并质押给贷款人，本合同项下贷款期限内标的物出租经营取得的全部收入（包括但不限于经营、租金、广告费、停车费、物业管理费等）均须归集至该账户由贷款人进行监管。

B. 隐藏危险

融资人应当关注，放款并不是债权融资的完成，提款的后置条件亦是债权融资中融资人的重要义务；如未能完成提款的后置条件，必然触发贷款合同违约条款。

(2) 强制提前还款

A. 条款示例

①除相关法律限制或其他例外情况，当发生控制权变更时，乙方有权要求甲方提前偿还本合同项下的全部贷款本息。

②除相关法律限制或其他例外情况，以及本合同定义部分约定的不适用"控制权变更"和"发生控制权变更的情形"外，当发生下列情形时，乙方有权要求甲方立即将下列款项划付至专用账户，甲方在此授权乙方从该专用账户中自动划收以提前偿还相应的贷款本息。

③甲方/并购方或其重大子公司发生任何交易转让、出售或以其他方式处置资产或处置其持有的目标企业的全部或部分股权所获得的资金。

④目标企业或其重大子公司发生任何交易转让、出售或以其他方式处置资产或处置其持有的子公司的全部或部分股权所获得的资金，若目标企业或其重大子公司所获得的资金无法通过分红或其他方式分配到甲方，则乙方有权要求甲方应另行筹措等值资金用于还款。

⑤担保人通过一次或多次交易转让、出售或以其他方式处置超过其最近一个会计年度经审计的净资产10%的资产，或处置其持有的子公司的全部或部分股权，可能影响担保人担保能力承诺事宜履约能力的，乙方有权要求甲方应另行筹措等值资金用于还款。

⑥甲方因首次公开发行股份或增发股份或相关事宜而获得的任何款项，且该等款项根据相关发行文件应专项用于清偿债务的。

B. 隐藏危险

融资人应当关注，并非违反还本付息的主合同义务后方可触发强制提前还款条款，挪用贷款、向贷款人隐瞒真实情况等亦为法定触发情形。实践中，对于提前还款的约定更为丰富，比如融资人发生控制权变更、担保方主体评级下调等，融资人应当在贷款合同签署时清楚并理解所有可能触发强制提前还款条款的情形，并在贷款合同履行期间内避免触发情形的发生。

(3) 贷后管理

A. 条款示例

放款后，乙方有权通过现场与非现场方式，随时对本合同项下每笔贷款使用情况进行监督、检查，乙方进行监督、检查的方式包括但不限于：

①要求甲方提供其使用贷款资金的有效证明资料；

②对贷款资金使用情况进行账户分析、凭证检验或现场调查；

③法律法规允许的其他方式。

甲方或并购后企业应按乙方要求提交贷款资金使用情况报告、相应的资金使用凭证及乙方需要的其他相关资料，并积极配合乙方的检查。乙方检查的内容包括但不限于：

①自筹资金来源是否合法合规，是否按约定到位；

②贷款用途是否改变，贷款是否流入有价证券交易、期货交易、风险投资等国家明令禁止或与本合同约定不符的领域；

③并购交易进度与交易累计财务支出是否相当，费用开支是否符合约定和相关规定；

④乙方认为需要检查的其他情况。

B．隐藏危险

贷后管理是从贷款发放或者其他信贷业务发生后直到本息收回或者信用结束的全过程的信贷管理，是银行等金融机构必须履行的义务之一。同时，贷后管理也是融资人极易发生违约的阶段，融资人应清楚并理解贷款合同中的贷后管理要求，避免因"不知"而"过失违约"。

（三）与资金监管有关的若干问题

资金监管系资金方重点关心的问题，如将资金监管的目的简单概括，即"干什么用"、"怎么用"以及"怎么还"的问题。

1．"干什么用"，即资金用途监管

以银行经营贷为例，为了避免经营贷资金流入房地产等非经营领域，近年来银行掀起了一轮对经营贷资金的整治风暴，并与监管联手开始对经营贷资金进行彻查，不断加大对贷款资金用途监管，违规使用者将被收回贷款、冻结授信额度。

银行经营贷的资金用途限制包括但不限于：

（1）不得违规流入房地产（包括购买住房、商铺及车位）；

（2）不得违规用于支付购房首付款或偿还首付款借款或偿还住房按揭贷款；

（3）不得违规用于房地产开发；

（4）不得违规用于土地储备；

（5）不得进入证券市场（包括股票市场、权证及基金买卖等）；

（6）不得用于期货交易、外汇买卖和理财等国家相关法律、法规、规章、金融信贷政策禁止信贷资金进入的领域；

（7）不得用于股本权益性投资及企业注册资金；

（8）不得用于民间借贷、网络借贷以及其他禁止性领域；

（9）不得用于消费支出；

（10）不得用于各种法律法规、监管规定、国家政策禁止银行贷款投入的项目、用途。

不同资金来源，资金用途限制亦有所不同。以资金用途为置换金融机构借款的信托贷款为例，贷款用途限制包括但不限于：

（1）不得直接或间接用于股票、期货、金融衍生品；

（2）不得用于房地产开发、土地一级开发、缴纳土地出让金、债务人关联房地产开发企业（如有）的流动资金；

（3）不得用于股权投资、固定资产投资；

（4）不得用于直接/间接增加政府债务；

（5）不得用于高污染、高能耗行业及产能过剩行业等领域；

（6）不得通过直接或间接的方式用于任何法律、法规、国家政策或信托资金监管规定禁止生产、经营的领域和用途。

2. "怎么用"，即使用过程监管

为实现资金方对于资金用途及使用过程的监管，资金方可能采取的监管手段包括但不限于共管账户、使用计划、受托支付等。

（1）共管账户：必须有资金方及融资人的共同意思表示，才能支付其中款项的银行账户；一般通过在银行开设账户时预留双方（或多方）印鉴实现，必须由双方或多方共同签章的文件才能支出开发款项。融资人应当重点关注资金转移支付条件、共管账户取消条件、账户中余款处置、各管理主体间违约责任等条款。

（2）使用计划：资金方与融资人在贷款合同中对于贷款的用途、使用时间进行详细约定，融资人仅能严格按照使用计划使用贷款资金。对于融资人而言，将丧失对贷款的自由支配，违反使用计划需承担违约责任。

（3）受托支付：资金方将贷款资金直接支付或通过融资人账户支付给符合合同约定用途的融资人交易对象的贷款发放流程，系资金方实现贷款实贷实付管理的重要手段。对于融资人而言，受托支付方式下借款人不能自由支配，更不能提款，在一定程度上会影响融资人融资的便利性和时效性。

3. "怎么还"，即还款来源监管

资金归集系资金方常用的还款来源监管手段之一。部分资金方会在贷款合同中要求融资人，将作为还款来源的资金通过直接或间接的方式归集于指定账户，并就该指定账户签署资金监管协议，一般要求按照指定的周期、金额，定期将约定资金转让至资金方账户。对于融资人而言，资金归集可能对其资金的流动性造成不良影响，同时应当关注因该部分资金受到限制，是否可能导致融资人其他合同项下的违约。

综上所述，尽管债权融资模式下构建的法律关系比较简单甚至单一，但债权融资协议中的要求，在特定的情形下，也会对公司的经营甚至走向产生重要影响，需要全面理解，慎重应对。

三、债权融资的特殊形式——明股实债

在"股权融资"与"债权融资"的分类方式下，存在一种不同于纯粹股权投资或债权投资的特殊融资方式，即明股实债。明股实债，一般指投资人（资金方）形式上以股权投资的名义，以增资或股权转让等方式取得目标公司股权，并通过设定回购条款或其他刚性退出条款，实现保本保收益限时退出的一种交易方式。从定义分析，明股实债最大的特点是披着股权投资的外衣，追求债权投资的保本收益，投资方不承担基于股东身份的投资风险，实质上应属于债权融资的特殊形式。

（一）为什么要单独讨论明股实债

1. 明股实债的起源

2010年，银监会发布的《关于信托公司房地产信托业务风险提示的通知》严格限制信托公司发放贷款的房地产开发项目必须满足"四证"齐全、开发商或其控股股东具备二级资质、项目资本金比例达到国家最低要求等条件；为了规避监管，向不具备条件的房地产企业放款，"明股实债"由此诞生，即名义上为股权投资，规避信托公司向房地产项目发放信托贷款必须满足的监管条件。

2. 明股实债的目的

在活跃的资本市场上，趋利避害的市场主体为了融通资金以及规避监管，时常打破股与债的界限，设计出复杂新颖的交易模式，明股实债就是其中之一[1]。明股实债因其"名为股权投资、实为借贷债权"的特征，较传统债权融资方式而言，具有以下特殊优势：

（1）避免占用授信额度：因明股实债名义上为股权投资，因此并不占用融资主体授信额度；且因新股东的加入或增资，亦可提高融资人的信用级别，有效提升其信用效力。

（2）绕开放贷资质限制：《贷款通则》限制只有具有经营贷款业务的金融机构才能发放贷款，通过明股实债，资金方可规避自身不具备放贷资质的限制，在较低风险下获得相应收益。

（3）降低资产负债率：从财务报表角度而言，股权融资被列入权益类科目，债权融资被列入负债类科目。而明股实债，形式上作为股权融资，将被列入权益类科目，可优化融资人资产负债率，对评级等有很好的帮助作用。

3. 明股实债的争议场景

目前我国的法律法规对于明股实债没有明确的规定，导致在司法实践中出现了

---

[1] 陈明：《股权融资抑或名股实债：公司融资合同的性质认定——以农发公司诉通联公司股权转让纠纷案为例》，载《法律适用》2020年第16期。

许多问题,如股权投资与债权投资的界定问题,如投资方的股东资格确认问题等,具体可能出现争议的场景包括但不限于:

(1) 企业与资金方发生争议:资金方通过股权转让或增资获得企业股权,在进行市场主体登记变更后,对外宣告其成为公司股东,但鉴于其并不以获得股权为真实意思,而仅是为提供债权融资,此时就产生了资金方是否实际取得公司股权、能否行使股东权利的争议。

(2) 原股东与资金方发生争议:如资金方通过股权转让获得公司股权,如其他股东的优先购买权未得到行使,此时可能产生股东与公司、股东与资金方的争议;如资金方通过增资获得公司股权,需考虑该增资是否取得有效股东会决议问题,如增资未经股东会决议,则股东亦可能对增资提出异议;如资金方将股权转让给第三人,对于该股权转让行为的效力,亦可能存在争议,原股东可能主张资金方作为名义股东对于该股权系无权处分。

(3) 资金方之间发生争议:当存在其他资金方(债权人)的情形下,明股实债资金方能否主张其仅为公司的名义股东,实质上是公司的债权人,以对抗其他债权人要求其承担股东义务的主张,即"明股实债"资金方是否需对股东出资承担连带责任问题。

(4) 公司破产时的清偿顺位发生争议:如融资人进入破产清算程序,资金方是公司的股东,还是公司的债权人存在争议;以股东身份或是以债权人身份参加,将产生截然不同的清偿顺位。

(二) 明股实债认定的司法变动趋势

目前我国法律、法规、部门规章中并没有对"明股实债"的明确定义,其定义更多散见于中国证券投资基金业协会、财政部、原银监会等监管部门的相关文件中。实践中,对于"明股实债"的认定,法院一直持审慎态度,审判口径经历了"从严"到从"严"的趋势。

1. 2018 年前,"明股实债"认定——"从严"

(1) 主要监管规定

2018 年以前,"明股实债"于市场实践中的应用并不广泛,仅特定领域存在"明股实债"这一特殊融资形式,相关规定无论是对于"明股实债"的定义,还是对于"明股实债"的性质和效力认定都不明确,涉及"明股实债"的主要规定如下:

序号	文件名称	相关规定	日期
1	《关于审理联营合同纠纷案件若干问题的解答》①	企业法人、事业法人作为联营一方向联营体投资，但不参加共同经营，也不承担联营的风险责任，不论盈亏均按期收回本息，或者按期收取固定利润的，是明为联营，实为借贷，违反了有关金融法规，应当确认合同无效。	1990年11月12日
2	《关于加强信托公司房地产、证券业务监管有关问题的通知》	严禁以投资附加回购承诺、商品房预算团购等方式间接发放房地产贷款。严禁以购买房地产开发企业资产附回购承诺等方式变相发放流动资金贷款。严禁土地价款信托融资。	2008年10月28日
3	《关于支持信托公司创新发展有关问题的通知》②	信托公司对房地产开发项目发放贷款，应遵守以下规定……信托公司以投资附加回购承诺方式对房地产开发项目的间接融资适用前款规定……	2009年3月25日
4	《关于信托公司开展项目融资业务涉及项目资本金有关问题的通知》	信托公司不得将债务性集合信托计划资金用于补充项目资本金，以达到国家规定的最低项目资本金要求。前述债务性集合信托计划资金包括以股权投资附加回购承诺（含投资附加关联方受让或投资附加其他第三方受让的情形）等方式运用的信托资金。	2009年9月3日
5	《中国银监会关于规范银信理财合作业务有关事项的通知》	融资类银信理财合作业务包括但不限于信托贷款、受让信贷或票据资产、附加回购或回购选择权的投资、股票质押融资等类资产证券化业务。	2010年8月5日
6	《关于企业混合性投资业务企业所得税处理问题的公告》	企业混合性投资业务，是指兼具权益和债权双重特性的投资业务。（1）被投资企业接受投资后，需要按投资合同或协议约定的利率定期支付利息（或定期支付保底利息、固定利润、固定股息，下同）；（2）有明确的投资期限或特定的投资条件，并在投资期满或者满足特定投资条件后，被投资企业需要赎回投资或偿还本金；（3）投资企业对被投资企业净资产不拥有所有权；（4）投资企业不具有选举权和被选举权；（5）投资企业不参与被投资企业日常生产经营活动。	2013年7月15日

---

① 该文件已失效，仅为说明具体问题，供读者研究和参考。
② 该规定第十条中对监管评级2C级（含）以上、经营稳健、风险管理水平良好的信托公司发放房地产开发项目贷款的例外规定，信托公司发放贷款的房地产开发项目必须满足"四证"齐全、开发商或其控股股东具备二级资质、项目资本金比例达到国家最低要求等条件已被停止执行。

续表

序号	文件名称	相关规定	日期
7	《互联网金融风险专项整治工作实施方案》	股权众筹平台不得发布虚假标的，不得自筹，不得"明股实债"或变相乱集资，应强化对融资者、股权众筹平台的信息披露义务和股东权益保护要求，不得进行虚假陈述和误导性宣传。	2016年4月12日
8	《政府和社会资本合作项目财政管理暂行办法》①	政府与社会资本合资设立项目公司的，应按照《公司法》等法律规定以及PPP项目合同约定规范运作，不得在股东协议中约定由政府股东或政府指定的其他机构对社会资本方股东的股权进行回购安排。	2016年9月24日
9	《政府出资产业投资基金管理暂行办法》	政府出资产业投资基金对单个企业的投资额不得超过基金资产总值的20%，且不得从事下列业务：（1）名股实债等变相增加政府债务的行为……	2016年12月30日
10	《证券期货经营机构私募资产管理计划备案管理规范第4号——私募资产管理计划投资房地产开发企业、项目》	证券期货经营机构设立私募资产管理计划，投资于房地产价格上涨过快热点城市普通住宅地产项目的，暂不予备案，包括但不限于以下方式……（四）以名股实债的方式受让房地产开发企业股权……名股实债，是指投资回报不与被投资企业的经营业绩挂钩，不是根据企业的投资收益或亏损进行分配，而是向投资者提供保本保收益承诺，根据约定定期向投资者支付固定收益，并在满足特定条件后由被投资企业赎回股权或者偿还本息的投资方式，常见形式包括回购、第三方收购、对赌、定期分红等。	2017年2月13日
11	《关于进一步规范地方政府举债融资行为的通知》	地方政府不得以借贷资金出资设立各类投资基金，严禁地方政府利用PPP、政府出资的各类投资基金等方式违法违规变相举债，除国务院另有规定外，地方政府及其所属部门参与PPP项目、设立政府出资的各类投资基金时，不得以任何方式承诺回购社会资本方的投资本金，不得以任何方式承担社会资本方的投资本金损失，不得以任何方式向社会资本方承诺最低收益，不得对有限合伙制基金等任何股权投资方式额外附加条款变相举债。	2017年4月26日
12	《关于加强中央企业PPP业务风险管控的通知》	中央企业在PPP项目中要"落实股权投资资金来源"，"不得通过引入'明股实债'类股权资金或购买劣后级份额等方式承担本应由其他方承担的风险。"	2017年11月17日

① 该文件已失效，仅为说明具体问题，供读者研究和参考。

（2）司法认定考量要素

司法认定中，通常以"从严"方式，从《公司法》及公司治理的角度分析"明股实债"的性质和效力，主要考量的因素包括但不限于：

①明显违反"风险共享、利益共担"原则的情形；

②投资人是否实际参与目标公司经营管理，是否承担经营风险；

③投资人获得收益是否与目标公司经营业绩挂钩，还是一直收取固定收益；

④投资人的退出是附期限退出还是附条件退出；

⑤投资对价与标的股权的市场价值是否匹配；

⑥股权变动是否办理了市场主体变更登记，是否在公司章程、股东名册中有体现；

⑦是否与公司和其他股东签署过类似"债权债务确认协议"等性质的文件。

2. 2018年后，"明股实债"认定尺度变动——从"严"

（1）主要监管规定

2018年后政策与法律大环境出现了重大转变，各方面的政策调整对"明股实债"产生了深刻的影响，"明股实债"认定尺度进一步从"严"，部分规定直接明确禁止相关主体以明股实债方式投资或融资，主要规定如下：

序号	文件名称	相关规定	日期
1	《打赢保险业防范化解重大风险攻坚战的总体方案》	严禁违法违规向地方政府提供融资，坚决制止明股实债等变相增加实体经济成本的违规行为，依法从重处罚相关机构和责任人。	2018年1月12日
2	《关于规范金融机构资产管理业务的指导意见》	金融机构不得为资产管理产品投资的非标准化债权类资产或者股权类资产提供任何直接或间接、显性或隐性的担保、回购等代为承担风险的承诺。	2018年4月27日
3	《关于推进政府和社会资本合作规范发展的实施意见》①	各级财政部门要规范运作，不得出现以下行为：存在政府方或政府方出资代表承诺固定回报或保障最低收益；政府实际兜底项目投资建设运营风险。	2019年3月7日
4	《全国法院民商事审判工作会议纪要》	未明确规定明股实债合同的效力，但第89条规定参照让与担保合同效力予以认定：当事人在相关合同中同时约定采用信托公司受让目标公司股权、向目标公司增资方式并以相应股权担保债权实现的，应当认定在当事人之间成立让与担保法律关系。当事人之间的具体权利义务，根据本纪要第71条的规定加以确定。	2019年11月8日

---

① 该文件已失效，仅为说明具体问题，供读者研究和参考。

续表

序号	文件名称	相关规定	日期
5	《私募投资基金备案须知》①	私募投资基金不应是借（存）贷活动。下列不符合"基金"本质的募集、投资活动不属于私募投资基金备案范围……3. 私募投资基金通过设置无条件刚性回购安排变相从事借（存）贷活动，基金收益不与投资标的的经营业绩或收益挂钩……	2019年12月23日
6	《关于加强私募投资基金监管的若干规定》	私募基金管理人不得直接或者间接将私募基金财产用于"明股实债"等非私募基金投资活动。存在此类情形的，已经登记的私募基金管理人不得新增此类投资，不得新增募集规模，不得新增投资者，不得展期，合同到期后予以清算。	2020年12月30日
7	《最高人民法院关于适用〈中华人民共和国民法典〉有关担保制度的解释》	明股实债可以参照让与担保的有关法律关系处理：债务人与债权人约定将财产转移至债权人名下，在一定期间后再由债务人或者其指定的第三人以交易本金加上溢价款回购，债务人到期不履行回购义务，财产归债权人所有的。	2020年12月31日
8	《关于加强地方国有企业债务风险管控工作的指导意见》	地方国资委加强对地方国企隐性债务的管控，严控资产出表、表外融资等行为，将"负债结构"作为地方国有企业债务风险量化评估机制的内容之一。	2021年2月28日

（2）司法认定考量要素

2018年后，在穿透式审判思维的指导下，法院在"明股实债"纠纷的审判实务中不以交易所冠的名称对交易进行认定，而是从协议签订背景、目的、条款内容及交易模式、实际的权利义务关系和履行情况等进行综合判断，查明当事人的真实意思，探求真实法律关系，主要考量因素包括但不限于：

①是否从原股东或者目标公司处获得固定收益，股权投资的投资人是为了获得目标公司股权，而债权性质投资人主要目的是获得固定收益；是否与公司股东共担风险、共享收益，是"股权投资"与"债权投资"最核心的判断标准。

②受让方或者出资方是否实际行使股东权利，股权投资中投资人一般会参与目标公司的经营管理，债权投资则会将目标公司经营管理权限完全让渡，并且约定其不承担目标公司任何的经营风险和投资亏损。

③是否在一定期限后需对股权进行回购，回购义务是否附实质条件；股权投资中，业绩目标与目标公司经营状况直接挂钩，是否实现具有不确定性；债权投资可能

---

① 该文件已失效，仅为说明具体问题，供读者研究和参考。

表现为不设定具体业绩目标，但约定固定投资期限，消除了所附条件的"不确定性"。

(三) 公司融资视角下的明股实债

1. 明股实债常见的交易模式

实践中，明股实债主要交易模式包括但不限于：

(1) "股权/股权收益权回购"模式：资金方向标的公司增资或自原股东受让标的公司股权，成为标的公司股东，通过标的公司/标的公司大股东承诺远期收购股权/股权收益权、差额补足、业绩补偿等"增信"措施，保证该部分投资获得固定的回报；

(2) "股+债"模式：资金方除了以股权方式投资标的公司外，同时以股东名义向公司发放股东借款，股权通常以远低于市场标准的对价进行名义交割。

此外另需区分的是，资金方以股权方式投资于融资企业，约定以不确定的条件作为股权回购的条件，实则为"对赌"，与明股实债"不与业绩挂钩""保本保收益退出"的特点不相符，融资企业因为触发"对赌"条件而引发的向资金方支付所谓固定收益的，不属于"明股实债"。

2. 明股实债的风险要点

(1) 合同性质的认定

明股实债交易中，争议焦点往往集中于交易应被认定为"股"还是"债"。《最高人民法院民事审判第二庭法官会议纪要》[①] 亦表明："一旦确定投资人的真实意思是取得固定收益而非成为真正股东，则往往存在名为股权转让（或增资扩股）实为借贷的问题，构成虚伪意思表示中的隐藏行为。即此时存在两个行为，名义上的股权转让（或增资扩股）属于虚伪意思表示，根据《民法总则》第一百四十六条[②]第一款有关'行为人与相对人以虚假的意思表示实施的民事法律行为无效'的规定，该行为无效。至于隐藏的行为，该条第二款规定：'以虚假的意思表示隐藏的民事法律行为的效力，依照有关法律规定处理。'据此，应当依照民事法律行为的一般有效要件来认定其效力。"

而对于"真实意思"的认定问题，如上所述，法院通常会通过受让方是否承担公司经营风险，是否约定投资到期退出、股权转让价格，是否办理了股权变更登记，是否存在其他担保等因素，综合判断交易双方的"真实意思"。

(2) 合同效力的认定

明股实债交易模式多适用于房地产项目融资、政府平台融资、PPP 项目融资

[①] 贺小荣主编：《最高人民法院民事审判第二庭法官会议纪要》，人民法院出版社 2018 年版，第 68—69 页。

[②] 对应《民法典》第一百四十六条。

等，存在诸多监管政策限制债权投资、回购安排或固定收益承诺等。

司法实践中，判断金融监管政策是否会对合同效力产生影响的路径有二：其一，违反金融监管政策的行为是否构成违背公序良俗；其二，违反金融监管政策的行为是否构成违反法律、行政法规的效力性强制性规定。《关于金融民商事审判工作中的理念、机制和法律适用问题》[①] 一文中，明确指出金融规章可以作为判断是否违背公序良俗的重要依据或裁判理由。

因此，如交易主体为了规避监管政策而采用明股实债的融资形式，发生争议不排除被法院认定为"违反法律、行政法规的效力性强制性规定"或"违背公序良俗"，进而认定合同无效的可能性。

（3）不同主体视角下明股实债的风险

以上对于合同性质、合同效力的认定，均为从明股实债相关合同出发对于法律风险的认定，此外在考虑采用明股实债作为融资形式时，应同时考虑对于各主体的经营风险，各主体风险可简要概括如下：

性质/阶段 主体		公司	(转让方)股东	其他股东	债权人
股权投资	正常	资金方承担经营风险，不取得固定收益	除非另有约定，原则上资金方与公司原有股东处于相同权利顺位		通常在清偿债务后才能获得收益分配
股权投资	破产	与其他股东清算分配顺位相同			劣后与普通债权获得分配
债权融资	正常	不承担经营风险，固定取得收益（利息）	优先于公司所有股东获得固定收益分配（利息）		与普通债权同顺位甚至优先顺位
债权融资	破产	优先于所有股东获得清算分配			与普通债权同顺位

目前，明股实债在 PPP、保险、私募基金、证券发行、非金融企业投资金融机构等多个领域均受到监管机构更为严格的限制，在未来直接以股权作为融资工具的交易或将逐渐减少。司法实践和金融监管对于明股实债的认定态度，正在经历"从严"到从"严"的转变，之后明股实债的结构发生争议时会面临更多不确定性的挑战。因此，在设计融资文本体系时，不仅需要体现各方的真意，还要体现各方的本意，增加增信措施，做好合规管理，有效化解交易风险。

---

① 刘贵祥：《关于金融民商事审判工作中的理念、机制和法律适用问题》，载《法律适用》2023年第1期。

第四章

公司并购法律实务

第一节 并购概述

任何一宗并购，目的均是希望能够发挥不同企业的协同效应，不同企业对各自之间不同资源进行整合和取长补短，或者是强者恒强，或者是弱者化强。

虽然并购并不一定都是成功的，但不可否认的是，综观全球，任何一家在世界范围内具有影响力的企业的发展壮大，并购都是其必由之路，任何一家企业的发展扩张，也都离不开并购。

在经济扩张期，并购往往特别活跃且高歌猛进，但如果是盲目并购，则在经济衰退期其后遗症将逐步显现，甚至会出现因并购而导致两败俱伤的局面；聪明的并购者往往会选择经济衰退期去"掘金"，这个时候很多企业因面临困境而急于抛售且估值偏低，具有实力或手握现金的投资者此时若并购其他企业，成本最低，也是逆周期投资实现弯道超车或换赛道超车的绝佳机会，经济一旦进入扩张期，并购溢价会成倍增加。

另外，并购之后的控制权问题、业务整合问题、人员整合问题、文化整合问题等，甚至比并购本身更具有挑战性，也是决定并购成败的重要因素。

一、并购与重组

（一）并购的定义

1. 并购的含义

并购（Mergers and Acquisitions，M&A）中的"并"，可以理解为兼并、合并；"购"，可以理解为收购。并购可以理解为不同的主体之间（公司或者经营实体，下同）的所有权或资产的合并，属于公司之间的交易行为。

2. 兼并和收购在内涵方面的区别

兼并（Mergers）一般而言是指两个或两个以上的公司的所有权或者资产在合并后成为一个公司的交易行为，交易完成后，被合并的公司不再存续。

收购（Acquisitions）是指一个公司购买、取得其他公司的所有权或者企业经营性资产或者股权的交易行为，收购后收购方、被收购方均存续。

3. 兼并（Mergers）与合并（Consolidation）的区别

合并是指两家以上的公司组合成一个全新的公司的交易行为，原来的各个公司不再存续，而兼并是指一个公司并入另一个公司。很多时候兼并与合并会交替使用。

尽管兼并、合并、收购在内涵上存在种种差异，但就像并购领域内的很多术语一样，兼并、合并、收购或者并购经常被交替使用。

（二）重组的定义与形式

1. 重组的定义

重组（Restructuring）是指公司为了加强管理、获取更高的利润、强化控制权或者为实现其他目标而对所有权、组织结构或者经营等方面进行重新组织或者改变的行为。

从狭义角度而言，重组是一个公司自身的某些方面发生了变化，不会涉及第三方。但从广义角度而言，一个公司的自身重组包括了与第三方之间发生的交易行为，甚至包括并购。

我国法律及实务中的重组更多的是指广义的重组，《上市公司重大资产重组管理办法》也把上市公司购买、出售资产等并购行为纳入资产重组的范畴。

2. 广义重组的形式

（1）扩张。主要形式包括并购、要约收购及与第三方建立联营公司等。

（2）收缩。主要形式包括出售资产、公司分立等。

（3）公司股权结构的变化。主要形式包括增资、股权转让、上市公司私有化等。

（4）公司控制权的变化。主要形式包括增持股票、回购股票、反收购条款的增加或者修订、投票权的征集及代理、债务转移等。

3. 并购与重组之间的关系

如前所述，广义的重组包括并购，狭义的重组仅仅指公司自身的某些方面发生了变化，不会涉及第三方。

企业实施并购行为前，往往会对自身的业务、组织结构以及与之相关的人力资源进行重组，剥离与自身战略定位不符的业务或者资产，以便购买或者出售。

并购行为发生后，企业往往也要对自身的某些业务、组织结构以及与之相关的人力资源进行重组以满足并购后整合的需要。

并购与重组的关系如此密切，以至投资银行或者法律实务中常将二者统称为"并购重组"。

二、并购的分类

(一) 并购分类图例

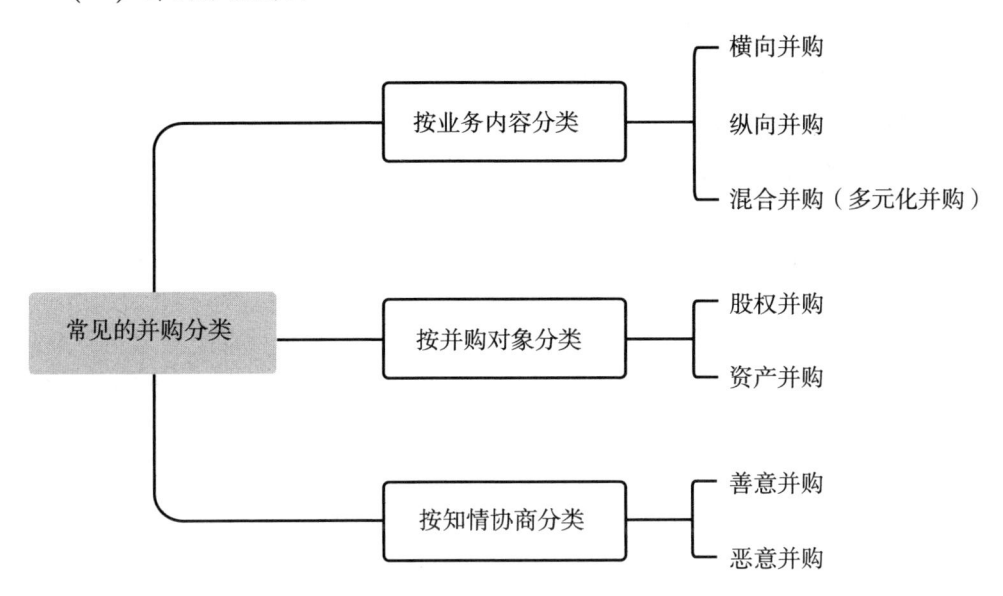

```
                           ┌── 横向并购
              ┌─ 按业务内容分类 ─┼── 纵向并购
              │                └── 混合并购（多元化并购）
              │
              │                 ┌── 股权并购
常见的并购分类 ─┼─ 按并购对象分类 ─┤
              │                 └── 资产并购
              │
              │                 ┌── 善意并购
              └─ 按知情协商分类 ─┤
                                └── 恶意并购
```

(二) 横向并购、纵向并购与混合并购

根据并购的业务内容，并购可以分为横向并购、纵向并购和混合并购。

横向并购是指业务领域相同或者生产相同产品的互为竞争者的企业，为获取规模效益或者提高市场占有率等目的而进行的并购。

纵向并购是指处于同一业务领域或者生产同一产品但处于不同业务环节或者不同生产阶段的企业之间的并购。纵向并购的目的是打造企业完整的产业链，实现整合效益。

混合并购则是指业务领域、生产产品不同且没有纵向关系的企业之间的并购，其目的是实现企业业务领域的多元化。上述二者的结合，目的是降低企业运作成本，实现财务上的协同效应。

(三) 股权并购与资产并购

股权并购，是指投资公司作为并购方通过与目标公司股东进行有关目标公司权益的交易，使投资公司成为目标公司的控股股东的投资行为。股权并购交易的标的和内涵是股东对目标公司的权益，不仅股权受让如此，增资并购和合并并购亦然，这是股权并购的本质特征，也是股权并购区别于资产并购的核心所在。[①]

---

① 窦醒亚、张花蕾：《公司并购实务操作指引》，法律出版社2014年版，第6页。

资产并购指投资公司通过受让目标公司资产的方式取得目标公司的业务取代目标公司的市场地位,从而实现并购目标公司的一种投资模式。资产并购交易的标的和内涵是目标公司的资产,交易对方是目标公司。[①]

(四)善意并购和恶意并购

根据并购双方是否在并购之前就并购事宜达成一致,并购又可以分为善意并购和恶意并购。善意并购是指在并购开始之前,购买公司将并购意图、并购安排提前与目标公司的管理层进行沟通协商,取得目标公司的配合,属于双方的共同行为。

恶意并购是指购买公司与目标公司尚未就并购事宜达成一致,甚至在目标公司尚不知晓的情况下,单方实施并购行为。恶意并购通常发生在公开交易市场中,其并购目标是股票在证券市场正常交易的上市公司,持股状况也较为分散。

在得知恶意并购发生后,如果目标公司认为并购有益于自身的发展和股东利益,会与购买公司就收购事宜进行谈判,以获取更好的交易条件。此种情况下,恶意并购就转变成了善意并购。

除上述分类外,还可以根据不同的标准对并购进行更多的分类。

了解并购交易的划分标准,熟悉并购交易的各种形态,对于把控交易风险、制定交易策略、设计交易结构、起草交易文件非常重要。

三、国内的并购重组现状

(一)概述

中国企业并购,经历了一个从无到有、从政府主导到市场化运作、从一般企业到上市公司、从试水到成为企业扩张的重要途径、从境内并购到境外并购的历程,目前已经成为全球并购重组的重要力量。

改革开放后,随着经济体制改革的不断深入,经济体制由计划经济逐渐调整为有计划的商品经济、社会主义市场经济,企业自主权不断扩大,充分发挥市场在资源配置中的决定性作用,企业之间的并购重组才真正成为可能。同时,20世纪90年代初资本市场出现后,以上市公司为主题的并购重组也纷纷出现并逐渐成为扩大规模、做大市值的有效途径。随着中国逐渐成为世界工厂及企业实力的不断增强,加上国家鼓励企业走出国门,中国企业在全球范围内收购资源性企业、具有核心技术的企业也不断成为趋势,特别是在国家提出"一带一路"(指"丝绸之路经济带"和"21世纪海上丝绸之路")倡议后,境外并购重组具有更大的发展空间。

[①] 窦醒亚、张花蕾:《公司并购实务操作指引》,法律出版社2014年版,第7页。

(二) 中国改革开放后企业并购部分典型案例

1. 资本市场上市公司并购第一例：宝安收购延中实业。①

"1992年的延中实业是当时少见'三无'股——无国家股、无法人股、无外资股（B股）。作为一家股份全流通的上市公司，延中的全部股本只有3000万股，其中91%是分散的个人股，无优势大股东，没有后台，这是宝安选择延中作为收购标的的主因。"秦某说。

资料显示，1993年7月26日，延中实业报收8.33元/股；至9月13日涨到8.98元，期间上升趋势明显，但涨幅却不到10%。这正是收购风波的寂静前奏。

从9月14日起，宝安下属三家公司开始大笔买入。延中实业的股价虽每日走高，但都维持在3%不到的涨幅。9月29日，宝安上海公司已持有延中实业4.56%的股份，宝安华阳保健用品公司和深圳龙岗宝灵电子灯饰公司分别持有延中实业达4.52%和1.657%，合计10.6%。

收购的高潮发生在9月30日上午9点30分，延中实业以12.11元开盘，而宝安旗下的三个法人账户则在上午9点25分集合竞价时已布好了买单。截至当日上午11时15分，宝安上海公司共计吃进延中实业342万股，累计持有延中实业479万股，合计拥有延中实业15.98%，其中包括关联企业宝安华阳保健用品公司和深圳龙岗宝灵电子灯饰公司通过上交所卖给宝安上海公司的114.7万股。

当天中午，延中实业被临时停牌，宝安上海公司对外公告称，该公司于本日已拥有延中实业普通股5%以上，根据《股票发行与交易管理暂行条例》相关规定，特此通告。

"对于延中的管理层和职工而言，宝安的行动非常突然，他们缺乏任何思想准备。"秦某回忆。而时任宝安集团上海分公司总经理的何某在接受采访时，直言想参与延中的经营管理。在随后的争执中，延中管理层认为宝安上海公司的收购行为存在严重违规，并诉诸法律程序来维护公司利益。双方争执不下，最终引起了证监会的干预。

经过调查，证监会认定，在买卖延中股票过程中，宝安集团及其关联企业，在信息披露等方面存在违规行为，比如：当宝安第一次发布公告的时候，它和关联企业实际持有的延中股份已达到了10.65%，远超5%的警戒线。同时，在发布公告的当天下午宝安公司又继续大量买进，将持股量增至17.07%。对此，证监会也认定宝安违规，但也确认宝安所购买的延中股权有效。最终，宝安和延中实现了和解。

---

① 郭成林：《延中实业：中国资本市场收购第一股》，载中国证券网，https://news.cnstock.com/news,zxk-201407-3085726.htm，最后访问时间：2024年9月20日。作者有所整理。

2. 外资收购国营企业并境外上市案：某投资咨询公司系列并购①

黄某1991年在香港收购了处于亏损状态的日资上市公司，并于当年12月12日将其更名为某投资咨询公司。

1992年4月，黄某应领导邀请参观某橡胶厂，某投资咨询公司用现金、橡胶厂以净资产一起组合成立新公司，某投资咨询公司在新公司持有51%控股，一个月之内合作操作成功。资金到位后，新公司定机器、上项目、改机制，很快脱胎换骨。

之后，黄某又在杭州收购了4家企业，收购了泉州市全部41家企业，在大连一次性收购该市101家轻工行业国营企业。某投资咨询公司仅用一年多的时间就在大陆设立了200多家合资企业，总投资额超过百亿元人民币，业务领域包括轮胎制造、啤酒、造纸、医药、机械、电子、食品、通信、基础建设、化工和一般消费品，事业版图扩展到广东、福建、浙江、江苏、山东、山西、四川、宁夏、辽宁和北京等地。其涉足行业之多，跨越地区之广，以及收购过程中的几十家甚至上百家的一次性大手笔。

一家家被纳入旗下的国有企业，整顿改革后扭亏为盈，部分企业重组后在海外上市。1993年7月1日，某投资咨询公司将在国内收购的橡胶和轮胎企业，在百慕大注册为某轮胎公司并成功在美国纽约上市，募集资金1亿多美元。之后，某投资咨询公司用募资所得的1亿多美元先后收购了重庆、大连、烟台、银川等地的4家轮胎橡胶厂。在啤酒行业中，某投资咨询公司则收购了北京、杭州以及烟台等地多家啤酒厂，组建了在百慕大注册的某啤酒控股公司，并在加拿大多伦多招股上市成功。

3. 甲科技集团通过出让部分股份作为对价收购某电子产品公司全球PC业务②

2004年12月8日，甲科技集团召开新闻发布会，宣布收购某电子产品公司全球PC业务，实际交易价格为17.5亿美元，其中含6.5亿美元现金、6亿美元甲科技集团股票（以每股2.675港元，向某电子产品公司发行8.21亿股新股、9.216亿股无投票权的股份，某电子产品公司持有甲科技集团18.9%的股份）以及5亿美元的债务。

甲科技集团以某银行控股公司提供的过桥贷款5亿美元及自有资金支付交易价格中的现金部分，之后多家银行提供了6亿美元5年期的银行贷款。甲科技集团又与全球三大私人股权投资公司达成投资协议，三家公司将向甲科技集团提供3.5亿美元的战略投资，获得甲科技集团12.4%的非上市股份。

---

① 相关资料系笔者团队在工作实践中收集整理、编辑加工而成，仅供读者研究参考。
② 相关资料系笔者团队在工作实践中收集整理、编辑加工而成，仅供读者研究参考。

本次收购完成后，某电子产品公司全球 PC 业务成为甲科技集团的全资子公司，甲科技集团成为全球第三大 PC 厂商，年收入规模约 120 亿美元，进入世界 500 强。

4. 持续发酵的股权之争①

"甲集团"：自 2015 年 7 月 10 日至 2017 年 12 月 31 日，甲公司及其一致行动人乙公司先后增持某集团 A 股，最终持股 25.4%，成为某集团第一大股东。2016 年 6 月 24 日，甲集团向某集团提议召开临时股东大会，提议罢免某集团现任全体董事、监事，意在争夺某集团控制权。

"乙集团"：2015 年 12 月 17 日，乙集团增持某集团 A 股 1.05 亿股，每股增持均价为 21.81 元。2015 年 12 月 18 日，乙集团增持某集团 A 股 2287 万股，每股均价为 23.55 元。截至 2016 年 8 月 4 日，乙集团持有某集团 A 股股份升至 7.01%，共耗资 108 亿元至 128 亿元，成为甲集团、丙集团外的 A 股第三大股东。

"丁集团"：2016 年 8 月 5 日至 11 月 30 日，丁集团持续举牌某集团，通过其附属公司在市场上收购共 1553210974 股某集团 A 股，占某集团已发行股本总额约 14.07%，收购总代价约为人民币 145.7 亿元。

某集团管理层：某集团管理层通过盈某合伙人、德某、金某计划合计持股约 7.12%。

"戊集团"：综观某集团股权之争，戊集团可谓是某集团的"白衣骑士"。2015 年 12 月 18 日，某集团临时停牌，称将进行发行股份用于重大资产重组及收购资产。2016 年 3 月 14 日，某集团公告称将向戊集团收购部分优质地铁上盖物业项目的资产，初步预计交易对价介于人民币 400 亿元至 600 亿元之间。2016 年 12 月 19 日，某集团公告称由于部分主要股东（意指甲集团及丙集团股份）不同意本次发行股份购买资产，公司决定终止本次发行股份购买资产。

2017 年 1 月 12 日，丙集团及其下属公司将所持有的某集团 A 股股份 1689599817 股，占某集团股份总股本的 15.31%，以每股 22 元的价格协议转让给戊集团。至此，戊集团以另一种形式入驻某集团。

2017 年 3 月 17 日，丁集团将持有的 14.07%某集团股份全部股东权利委托给戊集团行使，期限一年。至此，戊集团拥有某集团表决权比例为 29.38%，为持有表决权比例最高的股东。

2017 年 3 月 26 日晚，某集团发布 2016 年度报告，会上，某集团现任 11 名董事审议通过了 2016 年度报告及摘要、2016 年度利润分配预案等 11 项决议。对于外界关注的董事会换届议案，并没有随业绩公告披露。在审议某集团 2016 年年报的董事会会议中，并未审议某集团董事会换届改选议案，这意味着某集团这一届董事

---

① 相关资料系笔者团队在工作实践中收集整理、编辑加工而成，仅供读者研究参考。

会将超期"服役"（2017年3月28日届满）。后续某集团预计将再次召开董事会会议审议相关议案，然后提交股东大会表决。

2017年6月9日晚，某集团发布公告，丁集团下属企业将所持有的约15.5亿股某集团A股股份以协议转让方式全部转让给戊集团，约占公司总股本的14.07%，转让价格为人民币18.80元/股。6月11日，某集团披露的详细权益变动报告书中，戊集团表示，此次受让丁集团所持某集团股权总金额约292亿元。至此，戊集团持有约32.4亿股股份，占公司总股本的29.38%，成为某集团的第一大股东。

2017年6月21日，某集团公告新一届董事会候选名单，王某宣布将接力棒交给郁某。某集团公告称，公司于6月19日收到戊集团关于某集团2016年度股东大会增加临时提案的函，提议增加董事会换届临时提案，拟提名郁某、林某德、肖某、陈某军、孙某典、王某金、张某为第十八届董事会非独立董事候选人，提名康某、刘某威、吴某宁、李某为第十八届董事会独立董事候选人，提名解某、郑某为某集团第九届监事会非职工代表监事候选人。经某集团董事会6月20日审议，同意该临时提案提交2016年度股东大会决议。2017年7月1日，某集团发布2016年度股东大会决议公告，通过了董事会换届的相关提案。历时近两年的某集团股权之争在新一届董事会上任之后，暂时告一段落。

四、并购中的风险

（一）决策风险

目标企业的选择和对自身能力的评估是一个科学、理智、严密、谨慎的分析过程，是企业实施并购决策的首要问题。如果对并购的目标企业选择和自身能力评估不当或失误，就会给企业发展带来不可估量的负面影响。在我国企业并购实践中，经常会出现一些企业忽略这一环节的隐性的风险而给自身的正常发展带来麻烦和困境的情况。

（二）操作风险

并购交易内部决策、外部尽调、交易评估、交易结构设计、交易文件准备、交易资金安排、交易达成、企业融合整合，每个环节都存在不可忽视的操作风险，必须谨慎对待，轻忽不得。以资金安排为例，大量并购交易背后都有巨量的资金支持，并购方有时很难完全利用自有资金来完成并购交易。并购交易达成后能否及时形成足够的现金流入以偿还融资以及满足并购后公司进行一系列的融合整合工作对资金的需求是至关重要的。

（三）融合整合风险

企业实施并购的主要目标之一是融合整合，产生"1+1>2"的交易效果，包括：业务、管理、经营、人员和财务等方面的融合整合。然而从实际情况来看，融合整合的过程可能非常曲折。因为并购方与目标企业存在不同的业务形态、上下游链条、经营惯性、企业文化、存续变革、人员构成，想让双方如臂使指形成一体可能道阻且长。

（四）舆情风险

舆情是"舆论情况"的简称，是指在一定的社会空间内，围绕中介性社会事件的发生、发展和变化，作为主体的民众对作为客体的社会管理者、企业、个人及其他各类组织及其政治、社会、道德等方面的取向产生和持有的社会态度。它是较多群众关于社会中各种现象、问题所表达的信念、态度、意见和情绪等的总和。[1]

互联网媒介环境下信息传导具备快速性、无边界性、易失真性等特点，企业经营过程中常有管理者感叹"网暴太可怕""造谣成本太低"，信息从 A 点传达到 B 点可能是普通的信息传递，从 B 点传达到 F 点可能已经形成舆情风险。在并购交易过程中，如果管理措施不到位或操作处置不当，很容易形成舆情风险，进而影响并购交易，甚至使并购交易以失败告终。

（五）国家安全风险

跨国并购重组是增强企业竞争力的手段之一。它可以使企业的经济实力增强，从而获得更多的资源和市场，更好地在社会中生存下去，但跨国并购中的国家安全风险在项目操作中不可忽视。

法律层面的国家安全，最直接的规定见于《国家安全法》第二条，国家安全是指国家政权、主权、统一和领土完整、人民福祉、经济社会可持续发展和国家其他重大利益相对处于没有危险和不受内外威胁的状态，以及保障持续安全状态的能力。

翻开党的二十大报告，"推进国家安全体系和能力现代化，坚决维护国家安全和社会稳定"的要求格外醒目，这是党的全国代表大会报告首次对国家安全进行专章部署。"必须坚定不移贯彻总体国家安全观，把维护国家安全贯穿党和国家工作各方面全过程，确保国家安全和社会稳定。"[2]

随着《网络安全法》《个人信息保护法》《数据安全法》等法律的相继出台，数据安全被提升到了新的高度，在上述法律中即规定了数据出境的合规要求，这在跨国并购交易中可能是很常见的融合整合内容，法律顾问在面临跨国并购时须审

---

[1] "舆情"词条，载百度百科，https：//baike.baidu.com/item/%E8%88%86%E6%83%85/684767?fr=aladdin，最后访问时间：2024 年 5 月 11 日。

[2] 《为强国建设民族复兴提供国家安全坚强保障——写在总体国家安全观提出十周年之际》，载中国政府网，https：//www.gov.cn/yaowen/liebiao/202404/content_6945217.htm，最后访问时间：2024 年 10 月 14 日。

慎、全面、深刻、准确地识别并购交易中可能涉及国家安全风险的问题，进而给出符合国内、国外法律要求的合规解决方案。

五、法律顾问在并购中的作用

法律顾问在并购业务中发挥着重要的作用。作为项目团队的主要成员，法律顾问应当与其他顾问成员一起，相互沟通、共同努力，采取创新的交易结构和灵活的交易流程，帮助客户在充满挑战和快速发展的交易监管环境中更好地完成交易。

（一）图例认识

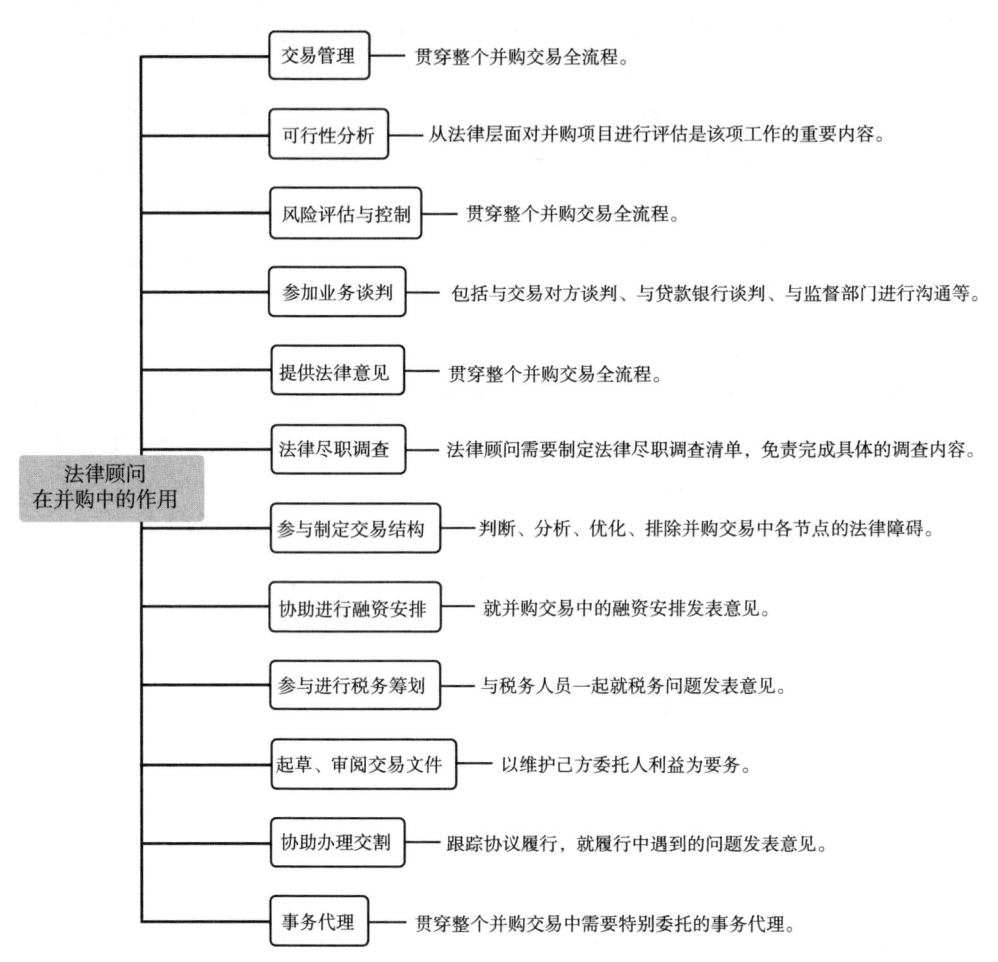

法律顾问在并购中的作用：

- 交易管理——贯穿整个并购交易全流程。
- 可行性分析——从法律层面对并购项目进行评估是该项工作的重要内容。
- 风险评估与控制——贯穿整个并购交易全流程。
- 参加业务谈判——包括与交易对方谈判、与贷款银行谈判、与监督部门进行沟通等。
- 提供法律意见——贯穿整个并购交易全流程。
- 法律尽职调查——法律顾问需要制定法律尽职调查清单，免责完成具体的调查内容。
- 参与制定交易结构——判断、分析、优化、排除并购交易中各节点的法律障碍。
- 协助进行融资安排——就并购交易中的融资安排发表意见。
- 参与进行税务筹划——与税务人员一起就税务问题发表意见。
- 起草、审阅交易文件——以维护己方委托人利益为要务。
- 协助办理交割——跟踪协议履行，就履行中遇到的问题发表意见。
- 事务代理——贯穿整个并购交易中需要特别委托的事务代理。

（二）交易管理

法律顾问应该为客户提供更多的价值，不仅是参与交易谈判、提供法律意见、起草交易文件这样的常规程序工作，更应该深度参与整个交易过程，利用自己的专业技能和项目管理经验，发挥交易管理作用，实现对整个交易流程的管理。同时，还应协助客户进行好交易的进程管理和过程控制，在项目团队中建立顺畅、高效的磋商机制、沟通机制并及时跟踪，做好协议的谈判安排，对尽职调查、审查审批和交割过程中出现的问题给予恰当的关注和反馈。

（三）可行性分析

在并购项目实施之前，企业要进行交易可行性分析，编制可行性研究报告。从法律层面对并购项目进行评估是该项工作的重要内容。法律顾问可以协助委托人就收购可能涉及的具体行政程序进行调查，如收购行为是否违背我国收购政策和法律，可能产生怎样的法律后果，收购行为是否需要经当地政府批准或进行事先报告，地方政府政策对同类收购有无倾向性态度等。

（四）风险评估与控制

对交易可能面临的法律风险进行评估、有针对性地加以防范和控制是交易获得成功的基础。除法律风险外，并购交易还涉及其他多种风险。法律顾问需要与财务顾问、税务顾问、企业财务人员等一起，对交易中涉及的各种风险问题进行评估，帮助交易双方共同廓清、防范交易风险。

（五）参加业务谈判

法律顾问需要全程参加交易项目的谈判，包括与交易对方谈判、与贷款银行谈判、与监管部门进行沟通等。通过参加谈判，一方面，对谈判人员在谈判过程中提出的法律问题及时给出专业的解答，推进谈判的进程；另一方面，发现和把握交易中容易出现的风险和问题，在起草交易文件时作为参考。

（六）提供法律意见

提供法律意见是法律顾问服务并购交易的重要内容，有些情况下还是监管部门的一项强制性要求。比如，在国有产权转让时，法律意见书是决定或者批准企业国有产权转让行为应当审查的书面文件之一。在上市公司重大资产重组中，法律意见书是上市公司需要公告披露的内容。申请要约收购豁免时，也需要聘请律师事务所出具专业意见。

对于重大的项目，法律意见是并购方作出并购决议、启动并购项目的参考依据。法律顾问可以在早期参与项目的可行性分析，提出并购项目可能出现的问题、是否在法律方面存在实施上的障碍，帮助交易双方廓清并购项目的法律风险，从而有助于整个项目风险的防范和控制。

（七）法律尽职调查

法律尽职调查是整个调查工作的一部分，法律顾问需要制定法律尽职调查清单，负责完成具体的调查内容。目的就是借助律师的专业技能，通过审慎的调查工作，找出可能阻碍交易实施的因素、发现交易项目潜在的法律问题、提示交易风险，然后再利用专业技巧去防范、控制法律风险。要做好法律尽职调查，法律顾问需要具备高度的专业素养，要求法律顾问对法律问题在商业方面的价值以及商业问题可能产生的法律后果具有敏锐的判断力。

（八）参与制定交易结构

交易结构包含各种复杂的要素，需要项目团队共同制定，法律顾问在其中起着关键作用。再完美的交易方案，如果存在法律方面的障碍，一切都是枉然。确定交易主体、交易结构、税务安排、人员安排都离不开法律顾问创造性的工作。

（九）协助进行融资安排

并购融资之复杂，有些情况下会甚于并购交易本身，法律顾问的参与至关重要。融资安排通常会在并购交易确定之后，法律顾问此时对整个交易的结构和融资需求都比较了解，能够更好地协助委托人完成交易融资。此外，在上市公司收购中，法律顾问通常也需要就融资安排和收购资金来源等问题发表意见。

（十）参与进行税务筹划

许多交易可以在结构上设计为免税或者延税，这有赖于对相关税收法规的熟悉和理解。由于有关的税务规定非常复杂，需要法律顾问、税务顾问和团队成员一起研究，作出最适合交易项目的税务安排。

（十一）起草、审阅交易文件

交易协议通常由交易买方的法律顾问来起草，定稿后再交由交易卖方的法律顾问审核。法律顾问既要维护各自委托人的利益，更需要把事关双方利益的问题在协议里明确地加以界定。

除协议文本外，其他如产权转让方案、公司章程、公司发起协议、收购报告书、政府报批材料等交易文件也应该由法律顾问起草，或者经过法律顾问的审核。

（十二）协助办理交割

签完协议并不等于万事大吉，让签署的协议顺利执行完毕才是交易双方的最终目标。法律顾问要跟踪协议的执行，确保交割所需的先决条件都已满足，确保交割内容和手续符合要求，按照交割安排履行义务。对于交割中出现的问题，法律顾问要及时给出意见，协调双方加以解决。

（十三）事务代理

企业合并符合经营者集中申报标准时，法律顾问可以代理申报义务人进行经营者集中申报，协助反垄断执法机构进行反垄断审查。在并购交易中，代理外国投资者履行审批手续。如果并购交易中出现了争议，法律顾问也可以代理委托人解决。

并购交易的周期往往比较长，涉及方方面面的法律问题。在不同的交易阶段，法律顾问都有相应的工作重点。法律顾问介入得越早，在项目中发挥的作用就会越大。

项目启动之前，法律顾问可以帮助客户完成前期准备工作，协助进行项目团队的组建，确保客户选择的顾问机构具备相关的资质、符合监管方面的要求。法律顾问还需要从法律角度进行可行性分析，对拟实施的交易项目进行风险评估，发现其中容易出现的重大风险、需要经过的审批程序以及可能存在的实施障碍，供决策人员和项目团队参考。对于自身没有法律团队的客户，法律顾问还可以在介入后帮助客户起草、准备需要与其他顾问人员签署的协议，如委托书、保密协议等。

并购项目启动之后，法律顾问要全程参加双方的磋商。在信息收集和调查的基础上，向委托人提示收购的法律风险并提出风险防范措施，必要时出具法律意见书，起草、准备意向书、保密协议等法律文件。此外，律师应向委托人提示意向书与正式收购合同的区别和联系，根据委托人的实际需要提示意向书应具备何种程度的法律效力。鉴于收购活动中收购方投入的人力、物力、财力相对较多，承担的风险也较大，作为收购方的律师，为使收购方获得具有法律约束力的保障，应提请委托人注意在意向书中设置必要的保障条款，以预防和最大限度地降低收购的法律风险。

法律顾问要与其他团队成员组成尽职调查小组，共同完成对交易双方、目标企业或者目标资产的尽职调查。拟定调查清单时，法律顾问要与整个并购团队进行沟通，以保证拟定的清单能够反映各个业务层面的需要。尽职调查完成后，法律顾问要对法律尽职调查的结果进行分析，编制法律尽职调查分析报告，就尽职调查中发现的问题给出法律意见。法律顾问还要把法律尽职调查的结果与并购团队成员进行沟通，提示其注意其中的法律风险。

尽职调查完成后，法律顾问的工作重点是根据尽职调查和交易双方谈判的结果，起草并购交易协议等法律文件。

在安排交易结构时，法律顾问需要与其他顾问人员保持充分的沟通，就有关问题提供法律意见。比如，与财务顾问沟通，确定实施方案是否存在法律方面的问题；与税务人员沟通，确保相应的税务安排符合监管要求，不存在法律风险。

交易协议签订后，法律顾问要根据协议设定的生效条件，提醒委托人及时履行内部审批手续。协助委托人准备报批文件，完成交易所需的政府审批。需要其他股东、合资方、债权人或者其他第三方同意的，协助委托人及时完成。

在交割阶段，法律顾问需要协助办理资产的移交、相关的变更登记、确保人员安置到位、安排付款、缴纳与交易有关的各项税费、相关文档和证照的交接。

当交易出现问题时，法律顾问还需要协助委托方妥善解决。出现争议时，法律顾问基于对交易过程的了解，更适合协助委托方解决系争问题。

在任何市场环境下，并购行为都属于相对重大的交易项目。既要解决复杂、棘手的大问题，还须留意烦琐的细节，其过程和结果都充满不确定性。法律顾问的职责是在既定的制度框架下，帮助客户通过梳理业务条线、厘清操作的流程脉络，在风险和利益的平衡中，创造性地进行交易设计并推进实施，其实质就是服务客户。

第二节 并购交易实施程序

并购的一般程序经过多年的发展，实施程序已经有了相对成熟的模式。即便如此，由于交易主体、交易规模、交易方式、标的资产、监管环境的差异，相同类型的并购交易在具体操作环节和先后顺序上依然体现出很多不同之处。

一、一般流程

并购交易通常经历以下几个阶段：

（一）前期准备

目标企业确定后，通常要着手组建项目团队，聘请财务顾问、法律顾问、资产评估等中介机构对目标企业和交易风险等问题进行初步评估。在某些交易中，监管部门对中介机构从事证券服务备案或选聘有强制性要求。比如，资产评估机构从事证券业务，应当报证监会和国务院有关主管部门备案。国有出资企业进行合并、分立、产权转让、资产转让时，转让方须聘请具备资质的资产评估事务所进行资产评估，作为确定企业国有产权（资产）转让价格的参考依据。外国投资者以股权并购境内公司，境内公司或其股东应当聘请在中国注册登记的中介机构担任顾问。在上市公司收购中，收购方应当聘请在中国注册的、在证监会和国务院有关主管部门备案的专业机构担任财务顾问，否则收购方不得进行上市公司收购。

（二）磋商

交易双方进行接触，相互了解情况。如果双方就磋商内容达成初步意向，则签署备忘录或者意向书。虽然备忘录或者意向书通常都不具备法律上的约束力，却是非常重要的交易文件。其确定了整个交易框架和交易原则，对交易的时间也作了明确安排，体现了交易双方的商业诚信，对交易双方具有道义上的约束。从这个阶段起，交易双方及其项目成员都要承担法律上的保密义务。

（三）尽职调查

组建包括财务人员、会计人员、法律人员、业务专家在内的尽职调查团队，对目标企业和交易标的进行尽职调查。调查可以由购买企业针对目标企业进行，也可以由交易双方相互进行。根据尽职调查结果，设计并购方案，确定交易结构，安排与之有关的融资事宜。

（四）确定并购交易方案并签署交易协议

双方就并购交易进行谈判并确定并购交易的方案细节；根据谈判内容和方案细节准备并购交易法律文件，交易各方签署正式的交易协议（有些交易方需要在取得其内部或外部审批同意后方可签署交易协议）。

（五）同意和批准

交易双方根据公司章程和有关法律法规的要求，各自履行内部所需的批准手续。例如，合资企业转让股份的，需要得到合资方的同意；有限责任公司的股东向股东以外的人转让股权的，应当经其他股东过半数同意，经股东同意转让的股权，在同等条件下，其他股东有优先购买权；需要得到监管机构批准的，准备申请材料，提请有权机构审批。

（六）交割

交割是并购交易完成的最后环节。并购协议约定的生效条件达成后，交易双方根据并购协议的要求，支付对价和办理交割。履行资产转移、经营管理权转移手续，涉及债权收购的，依法履行对债务人的通知义务，并依法办理包括股东变更登记在内的市场主体、税务变更登记手续。

一般而言，一项并购交易大致会历经上述几个阶段，但并不绝对。例如，有些小规模的交易，可能不需要签订意向书，也不涉及债权人同意或者监管机构批准。

二、国有资产交易的特别程序

并购如涉及国有资产交易行为，根据《企业国有资产交易监督管理办法》第三条的规定，国有资产交易行为包括产权转让、增资和资产转让。其中，主要包括产权转让和资产转让，而国有资产交易方式主要包括交易场所场内交易、直接协议转让以及无偿划转，其中，交易场所场内交易是主要方式。本部分仅就非金融国有资产交易行为中的产权转让和资产转让所涉交易场所场内交易程序进行介绍。

（一）内部决策

转让方按照企业章程和企业内部管理制度进行决策，形成书面决议。具体而言，国家出资企业的产权（资产）转让事项由国资监管机构负责审核，国家出资企业子企业的产权（资产）转让事项由国家出资企业制定管理制度，确定审批管理权限。

涉及国有资产交易的"三重一大"事项决策程序要特别关注。2010年，中共中央办公厅、国务院办公厅颁布《关于进一步推进国有企业贯彻落实"三重一大"决策制度的意见》，该意见指出："三重一大"事项坚持集体决策原则。国有企业应当健全议事规则，明确"三重一大"事项的决策规则和程序，完善群众参与、专家咨询和集体决策相结合的决策机制。国有企业党委（党组）、董事会、未设董事会的经理班子等决策机构要依据各自的职责、权限和议事规则，集体讨论决定"三重一大"事项，防止个人或少数人专断。要坚持务实高效，保证决策的科学性；充分发扬民主，广泛听取意见，保证决策的民主性；遵守国家法律法规、党内法规和有关政策，保证决策合法合规。该意见第三部分对"三重一大"事项决策的基本程序进行详细规定，限于篇幅本书不再列示，广大读者朋友从事法律顾问工作过程中涉及国有资产交易"三重一大"事项时，务必参照履职。

（二）可行性研究和方案论证

转让方应当按照企业发展战略做好产权（资产）转让的可行性研究和方案论证。产权（资产）转让涉及职工安置事项的，安置方案应当经职工代表大会或职工大会审议通过；涉及债权债务处置事项的，应当符合国家相关法律法规的规定。

（三）审计

产权（资产）转让事项经批准后，由转让方委托会计师事务所对转让标的企业进行审计。涉及参股权转让不宜单独进行专项审计的，转让方应当取得转让标的企业最近一期年度审计报告。

（四）资产评估

转让方应当委托具有相应资质的评估机构对转让标的进行资产评估，产权（资产）转让价格应以经核准或备案的评估结果为基础确定。

（五）公开征集受让方

转让方可以根据企业实际情况和工作进度安排，采取信息预披露和正式披露相结合的方式，通过产权交易机构网站分阶段对外披露产权转让信息，公开征集受让方。其中正式披露信息时间不得少于 20 个工作日。因产权转让导致转让标的企业的实际控制权发生转移的，转让方应当在转让行为获批后 10 个工作日内，通过产权交易机构进行信息预披露，时间不得少于 20 个工作日。

自首次正式披露信息之日起超过 12 个月未征集到合格受让方的，应当重新履行审计、资产评估以及信息披露等产权（资产）转让工作程序。

（六）确定受让方

产权（资产）转让信息披露期满、产生符合条件的意向受让方后，按照披露的竞价方式组织竞价来确定受让方。竞价可以采取拍卖、招投标、网络竞价以及其他竞价方式，但不得违反国家法律法规的规定。

（七）交割

受让方确定后，转让方与受让方应当签订产权（资产）交易合同，交易双方不得以交易期间企业经营性损益等理由对已达成的交易条件和交易价格进行调整。

交易价款应当以人民币计价，通过产权交易机构以货币进行结算。因特殊情况不能通过产权交易机构结算的，转让方应当向产权交易机构提供转让行为批准单位的书面意见以及受让方付款凭证。

交易价款原则上应当自合同生效之日起 5 个工作日内一次付清。金额较大、一次付清确有困难的，可以采取分期付款方式。采用分期付款方式的，首期付款不得低于总价款的 30%，并在合同生效之日起 5 个工作日内支付；其余款项应当提供转让方认可的合法有效担保，并按同期银行贷款利率支付延期付款期间的利息，付款期限不得超过一年。

产权（资产）转让完成后，转让方和受让方应当凭产权交易机构出具的交易凭证，办理相关国有产权登记手续。

三、上市公司并购交易特别程序

（一）上市公司股份收购程序

上市公司股份收购可以通过证券交易系统进行，也可以采取要约或者协议的方式进行。投资者通过证券交易系统收购上市公司股份达到该公司已发行股份的 30% 时，若要继续增持该公司股份，则应采取要约方式进行。

1. 要约收购

要约收购是指收购人通过向被收购公司所有股东发出要约，在要约期内按要约条件购买其持有的股份，从而实现对上市公司的收购。依据现有的制度安排，投资者选择以要约方式收购上市公司股份的，可以结合具体情形发出全面要约或者部分要约。

（1）要约收购的程序

要约收购程序如下所示：

序号	摘要	责任方	备注
1	编制要约收购报告书，聘请财务顾问，通知被收购公司	收购人	要约收购报告书应当根据《上市公司收购管理办法》第二十九条之规定载明十四项内容
2	对要约收购报告书摘要作出提示性公告	收购人	要约收购报告书摘要应特别提示收购依法应当取得的相关部门批准
3	取得相关部门批准	收购人	未取得批准的，应当在收到通知之日起 2 个工作日内，公告取消收购计划，并通知被收购公司
4	公告要约收购报告书等文件	收购人	从这一步开始，要约收购进入实质程序
5	被收购公司董事会调查、建议，并聘请独立财务顾问提出专业意见	被收购公司董事会	对收购人的主体资格、资信情况及收购意图进行调查，对要约条件进行分析，对股东是否接受要约提出建议

续表

序号	摘要	责任方	备注
6	公告被收购公司董事会报告书与独立财务顾问的专业意见	被收购公司董事会	专业意见应在收购人公告要约收购报告书后20日内公告 若收购人对收购要约条件做出重大变更，则被收购公司董事会应当在3个工作日内公告相关补充意见
7	预受股东应当委托证券公司办理预受要约的相关手续	被收购公司股东	在要约收购期限届满前3个交易日内，预受股东不得撤回其对要约的接受
8	收购期限届满，收购人按照收购要约约定的条件购买被收购公司股东预受股份，交割过户	收购人、被收购公司股东	预受要约股份的数量超过预定收购数量时，收购人应当按照同等比例收购预受要约的股份
9	收购公告	收购人	收购期限届满后15日内，收购人应当向证券交易所提交关于收购情况的书面报告，并予以公告

（2）要约收购中的注意事项

①要约比例

收购人持有一个上市公司的股份未达到该公司已发行股份的30%时，自愿选择要约收购，达到30%以上时则应当要约收购；以要约方式收购一个上市公司股份的，其预定收购的股份比例均不得低于该上市公司已发行股份的5%。

②要约期限

一般而言，收购要约约定的收购期限不得少于30日，并不得超过60日。

出现竞争要约时，发出初始要约的收购人变更收购要约距初始要约收购期限届满不足15日的，应当延长收购期限，延长后的要约期限应当不少于15日，不得超过最后一个竞争要约的期满日，并应按规定追加履约保证。

③支付手段

收购人可采用现金、证券、现金与证券相结合等方式支付收购上市公司的价款。但需注意的是，如果收购人为终止上市公司的上市地位而发出全面要约的，或者向中国证监会提出申请但未取得豁免而发出全面要约的，应当以现金支付收购价款；以依法可以转让的证券支付收购价款的，应当同时提供现金方式供被收购公司股东选择。

④要约的效力及变更

在收购要约约定的承诺期限内，收购人不得撤销其收购要约。收购要约期限届满前15日内，收购人不得变更收购要约，但出现竞争要约的除外。

2. 协议收购

协议收购是指收购人以协议受让方式购买上市公司一定比例表决权股份的行

为。收购人通过协议方式拥有上市公司股份达到或者超过该公司已发行股份的5%，但未超过30%的，需要履行相应的权益披露义务。超过30%的部分，在获得要约豁免后方可直接履行收购协议。协议收购程序如下所示：

30%以下履行权益披露义务		
5%—20%	非第一大股东或实际控制人	简式权益变动报告书
	第一大股东或实际控制人	详式权益变动报告书
20%—30%	非第一大股东或实际控制人	详式权益变动报告书
	第一大股东或实际控制人	详式+财务顾问核查意见

摘要	责任方	备注
1. 达成收购协议	收购人、被收购公司股东	被收购公司控股股东协议转让股份的，应对收购人主体资格、诚信情况及收购意图进行调查，并在其权益变动报告书中披露调查结果。同时，双方应就拟转让股份办理临时保管手续
2. 编制上市公司收购报告书并公告上市公司收购报告书摘要，提交豁免申请及书面报告	收购人	在与被收购公司股东达成收购协议之日起3日内完成
3. 公告收购报告书、财务顾问专业意见和律师出具的法律意见书	收购人	自取得中国证监会的豁免之日起3日内公告。未取得豁免的，应当在收到中国证监会通知之日起30日内将其或者其控制的股东所持有的被收购公司股份减持到30%或者30%以下或者发出全面要约
4. 确认股份转让，申请解除临时保管，办理过户登记手续	收购人、被收购公司股东	收购人在收购报告书公告后30日内仍未完成相关股份过户手续的，应当立即作出公告，说明理由；在未完成相关股份过户期间，应当每隔30日公告相关股份过户办理进展情况

（二）上市公司重大资产重组程序

上市公司重大资产重组也需要遵循严格的信息披露要求，按照监管部门确定的流程进行。

1. 签订附条件生效的资产交易合同

上市公司首次召开董事会审议重大资产重组事项的，应当在召开董事会的当日或者前一日与相应的交易对方签订附条件生效的交易合同。交易合同应当载明本次重大资产重组事项一经上市公司董事会、股东大会批准并经证监会核准，交易合同即生效。

2. 召开董事会并公告

上市公司就重组事项召开董事会，在董事会作出决议后次一工作日公告董事会决议、独立董事意见和重组预案。董事会决议公告前，相关信息已在媒体上传播或者公司股票交易出现异常波动的，上市公司应当立即将有关计划、方案或者相关事项的现状以及相关进展情况和风险因素等予以公告，并按照有关信息披露规则办理其他相关事宜。

3. 召开股东大会并公告

股东大会就重大资产重组事项作出决议，必须经出席会议的股东所持表决权的 2/3 以上通过。与本公司股东或者其关联人存在关联关系的，股东大会就重大资产重组事项进行表决时，关联股东应当回避表决。交易对方已经与上市公司控股股东就受让上市公司股权或者向上市公司推荐董事达成协议或者默契，可能导致上市公司的实际控制权发生变化的，上市公司控股股东及其关联人应当回避表决。在股东大会作出重大资产重组决议后的次一工作日公告该决议以及律师事务所对本次会议的召集程序、召集人和出席人员的资格、表决程序以及表决结果等事项出具的法律意见书。

4. 实施重组方案（交割）

重大资产重组申请通过的，上市公司实施重组方案。重大资产重组完成相关核准程序后，应当及时实施重组方案并于实施完毕之日起 3 个工作日内编制实施情况报告书，向证券交易所提交书面报告并予以公告。上市公司聘请的独立财务顾问和律师事务所应当对重大资产重组的实施过程、资产过户事宜和相关后续事项的合规性及风险进行核查，发表明确的结论性意见。独立财务顾问和律师事务所出具的意见应当与实施情况报告书同时报告、公告。

重组方案在证监会核准之日起 60 日内未实施完毕的，上市公司应当于期满后次一工作日报告实施进展情况并予以公告；此后每 30 日应当公告一次，直至实施完毕。

（三）外国投资者对上市公司战略投资程序

外国投资者对上市公司进行战略投资包括定向发行和协议转让两种方式：

1. 定向发行程序

（1）上市公司董事会通过向投资者定向发行新股及章程修改草案的决议；

（2）上市公司股东大会通过向投资者定向发行新股及修改章程的决议；

（3）上市公司与投资者签订定向发行的合同；

（4）上市公司向商务部报送相关申请文件；

（5）在取得商务部就投资者对上市公司进行战略投资的原则批复函后，上市公司向中国证监会报送定向发行申请文件；

（6）定向发行完成后，上市公司到商务部领取外商投资企业批准证书，并凭该批准证书到市场监管部门办理变更登记。

2. 协议转让程序

（1）上市公司董事会通过投资者以协议转让方式进行战略投资的决议；

（2）上市公司股东大会通过投资者以协议转让方式进行战略投资的决议；

（3）转让方与投资者签订股份转让协议；

（4）投资者向商务部报送申请文件；

（5）投资者参股上市公司的，获得前述批准后向证券交易所办理股份转让确认手续、向证券登记结算机构申请办理登记过户手续，并报中国证监会备案；

（6）协议转让完成后，上市公司到商务部领取外商投资企业批准证书，并凭该批准证书到市场监管部门办理变更登记。

投资者拟通过协议转让方式构成对上市公司的实际控制，按照前述程序获得批准后，向中国证监会报送上市公司收购报告书及相关文件，经中国证监会审核无异议后到证券交易所办理股份转让确认手续、向证券登记结算机构申请办理登记过户手续；上述手续完成后，上市公司到商务部领取外商投资企业批准证书，并凭该批准证书到市场监管部门办理变更登记。

外国投资者对上市公司进行战略投资，应按照《证券法》和中国证监会的相关规定履行报告、公告及其他法定义务。

第三节　并购的实施

交易结构是买卖双方通过协议条款确定的、协调与实现交易双方利益关系的一系列安排。交易结构因交易项目不同而差异巨大，其具体安排取决于交易双方的谈判结果。

恰当的交易结构可以让买卖双方获益。对买方而言，可以更好地实现交易目的，控制交易风险，管理现金流，合理安排融资，减轻税负。对卖方而言，可以获取更好的交易价格，降低交易成本，递延或者减轻税负。

通常来说，一项有利于卖方的交易安排常常会把买方置于不利地位，反之亦然。因此，安排交易结构时必须考虑交易发生地的法律和税收环境，兼顾买卖双方的需求，平衡交易各方的风险和收益关系，最终将交易双方达成一致的商业共识转化为合同条款。

一、交易主体和法律模式

（一）交易主体

一项并购交易往往会涉及不同的法律主体，如交易买方、交易卖方、目标企业、合并企业、分立企业等。交易开始之前，要确定实施并购交易的行为主体。其可以是交易买方自身，也可以是买方已有的运营企业，还可以根据交易的需要专门设立目的公司（需要考虑双重征税、持续经营等因素）。可以选择离岸公司，也可以完全在境内交易。具有完全民事行为能力的自然人也可以成为资产受让的主体，包括成为国有资产的受让方。此外，买方也可能不以自己的名义直接参与并购，而是通过与信托投资公司签订信托合同，委托信托投资公司出面进行，从而实现更灵活的融资安排（如信托投资公司可以自有资金提供过桥贷款或者发行信托产品募集资金）或者减少立法限制和监管约束方面的障碍（如突破《公司法》关于股东数量、对外投资比例等方面的限制）。

参与交易的主体可能不止一个。出于管理便利和并购后业务整合的需要，交易买方通常安排不同的主体受让不同的资产，如通过投资公司受让股权，由专门的子公司继受商标、专利等无形资产。如果并购涉及上市公司，还要考虑避免构成同业竞争的问题。构成关联交易的，还要履行信息披露义务。作为交易卖方，也需要在并购之前确定参与交易和资产交割的主体，如将需要保留的业务或者资产加以剥离、对待售资产的债务进行重组。

（二）法律模式

除确定交易主体外，交易双方还需要协商确定并购的法律模式。如果交易双方选择合并，则要确定合并的方式。如果双方设立合资企业，则要确定新设企业的类型，如独资企业、合资公司、合伙企业、信托安排等。此外，还需要明确注册地点、股权结构、管理架构、业务切换、人员安排等事项。

交易双方在安排上述事宜时，需要考虑监管方面的限制。如外国投资者并购境内企业时，并购当事人应对并购各方是否存在关联关系进行说明，如果有两方属于同一个实际控制人，则当事人应向审批机关披露其实际控制人，并就并购目的和评估结果是否符合市场公允价值进行解释。当事人不得以信托、代持或其他方式规避前述要求。如并购方属于同一实际控制人，则须披露该实际控制人，包括境外股权或交易结构，还需要就并购目的和评估结果是否符合市场公允价值加以说明。

二、交易方式

交易方式包括资产收购和股权收购。

在资产收购中，只有双方在资产买卖协议中约定的资产和责任才可以转让给购买企业。购买企业可以创立一个新的法律实体加以继受，也可以由买方既存的法律实体直接予以取得。在股权收购中，除非双方在股权转让协议中明确加以排除，否则股权从被收购方转让给购买企业后，与之有关的资产、责任或有义务以及业务的运营也将一并转让。

一般来说，被收购企业往往倾向于出让股权。原因在于股权的转让较容易实现，通常还可以使其以较低的资本利得税率支付税收。购买企业则更愿意采用资产收购的方式，以便获取特定的资产并且只承担明确具体的责任。采用资产买卖不但可以防止被收购企业把或有义务转让给购买企业，也可以通过提高资产的计价基础获取税收上的利益。具体而言，资产收购和股权收购的区别如下所示：

事项	资产收购	股权收购
交易主体	购买企业是交易买方，出售资产的目标企业是交易卖方	购买企业是交易买方，目标企业股东是交易卖方
交易标的	目标企业的特定资产，包括有形资产和无形资产。资产收购会导致交易双方运营资产发生变动，可能影响企业运营的持续性，但不会对被收购企业的股权结构产生直接影响，企业的股东构成和法律性质不会因此而改变	目标企业已发行的股份或者股权。股权收购通常会引起企业股东构成和股权结构的变动，不会对被收购企业的运营资产带来直接影响，从而保持目标企业业务运营的连续性
实施方式	需要对交易涉及的资产逐项进行调查、办理交割手续，花费时间较多，程序相对复杂	只需办理有关股份或者股权的交割手续，实施程序相对简单，节省时间和费用
尽职调查	调查重点围绕交易资产的个体状况进行，调查范围相对集中，调查的难度和成本较低	需要对目标企业主体资格、存续状况、业务运营、人力资源、税务、资质等方面进行调查，调查范围广，调查的难度和成本较高
监管程序	需要履行审批手续。特定行业发生的交易还需要该行业主管部门的审批	需要接受监管审批，但也可以突破某些监管限制（如通过信托收购规避信息披露义务）、绕过行业准入障碍（如取得采矿权、土地使用权）
税项	税项较为复杂。根据所购买资产的不同，需要缴纳税种也有所不同，通常包括营业税、所得税、契税、印花税、土地增值税、城乡维护建设税和教育费附加等 交易资产属于海关监管的，还需要得到主管海关的批准以及补缴税款；纳税人在资产重组过程中，通过合并、分立、出售、置换等方式，将全部或者部分实物资产以及与其相关联的债权、负债和劳动力一并转让给其他单位和个人，不属于增值税的征税范围，其中涉及的货物转让，不征收增值税	税项较为简单，主要涉及所得税和印花税 国有资产产权转让净收益，凡按国家有关规定全额上交财政的，不计入应纳税所得额 国有资产产权转让净收益，凡按国家有关规定差额上交财政的企业，必须出具财政部门的有关证明，经当地税务机关确认后，方可不计入应纳税所得额

续表

事项	资产收购	股权收购
交易风险	风险较低，容易廓清。仅仅与特定资产有关，除双方明确约定外，通常不包括隐性负债	风险高，不容易甄别。如果被收购企业的股份被收购，则与之有关的资产、负债和义务也同时被"收购"
第三方同意	资产转让必须得到抵押权人、商标权人、专利权人等相关权利人的同意或者履行对相关权利人的义务；如债权人认为转让价格低于公允价格，可行使撤销权，主张转让行为无效	一般而言，有限公司股东向股东以外的人转让股权，应当经其他股东过半数同意，其他股东享有优先购买权 合资经营企业的合营方向第三者转让其股权的，须经合营他方同意，并报审批机构批准，合营他方有优先购买权 公司合并的，应当通知债权人，并在报纸上公告
人员安置	通常会产生人员的安置问题。不能直接转让雇员，需要获得所涉人员的同意。国有资产转让，需要履行职工代表大会程序	通常不发生人员安置的问题，买方间接获得被收购企业的雇员

两者的区分只具有相对意义，并不能说明孰优孰劣。一方面，企业在进行并购交易时，采用资产并购还是股份并购并不相互排斥。实际上，很多并购交易在购买资产的同时，也往往涉及股权的转让。另一方面，不要让自己的蜜糖变成他人的毒药，在决定交易方式时应该尽量平衡双方的利益，争取做到共赢。

三、支付安排

支付安排包括交易对价的支付手段、支付方式、支付时间等方面。

（一）支付手段

支付手段有多种，如货币（包括其等价物）、股票、可转换债券、认股权证等。每种支付手段都有其优劣之处，如支付货币在跨境交易中存在汇兑风险、增发新股会稀释原有股东的股东权益。

（二）支付方式

支付方式包括股权支付和非股权支付。股权支付，是指购买企业支付的对价中，以本企业或其控股企业的股权、股份作为支付的形式。非股权支付，是指购买企业以现金、银行存款、应收款项、本企业或其控股企业股权和股份以外的有价证券、存货、固定资产、其他资产以及承担债务等作为支付的形式。

实践中，购买企业通常采用多种方式支付对价。此外，双方还可以根据被收购企业的未来业务表现，在协议中约定额外对价支付或者设定估值调整机制（即所谓"对赌"安排）。

（三）支付时间

与买卖合同对价支付不同，并购交易对价支付并不完全遵循当事人意思自治原则，交易双方在确定支付安排时，需要考虑监管机构的强制要求。如在支付时间上，外国投资者并购境内企业设立外商投资企业，外国投资者应自外商投资企业营业执照颁发之日起三个月内向转让股权的股东，或出售资产的境内企业支付全部对价。对特殊情况需要延长者，经审批机关批准后，应自外商投资企业营业执照颁发之日起六个月内支付全部对价的60%以上，一年内付清全部对价。企业国有产权转让价款，原则上应当自合同生效之日起5个工作日内一次付清。如金额较大、一次付清确有困难的，可以采取分期付款的方式。采取分期付款方式的，首期付款不得低于总价款的30%，并在合同生效之日起5个工作日内支付；其余款项应当提供转让方认可的合法有效担保，并按同期银行贷款利率支付延期付款期间利息，付款期限不得超过一年。

四、融资安排

并购交易通常涉及大额的交易资金，除使用自有资金支付交易对价外，为避免对自身的现金流产生影响，交易买方通常会进行外部融资，以满足资金需求。

外部融资包括商业银行贷款，如境内购买企业或者其专门设立的无其他业务经营活动的全资或控股子公司通过受让现有股权、认购新增股权、收购资产、承接债务等方式实施并购交易时，可以向符合条件的商业银行申请贷款支持，用以支付并购交易价款和费用。此外，购买企业还可以通过发行债券或者股份筹集资金。商业银行贷款和发行债券属于债务融资，融资成本低但需要支付利息，财务风险比较高，还可能会限制企业后续的再融资能力。发行股份筹集资金属于股权融资，包括增发新股作为支付对价或者引进战略投资者。股权融资能够避免债务融资的缺点，但发行成本比较高。因此，在进行融资安排时，企业往往会采取多渠道的融资方式，既要控制财务风险又要降低融资成本。

融资安排可以在协议签订前进行，也可以在协议签订后交割前进行。如果安排在协议签订后交割前进行，双方通常会把买方获得融资作为协议生效的条件。

五、人员安排

企业并购不仅涉及企业主体的变化、组织结构的调整、资产的转让、税务的处理，而且涉及目标企业的人员安排问题。在国有资产转让、外国投资者并购境内企时，人员安排方案属于监管部门的审批内容。有地方甚至出台规定，明确要求企业并购方案应提交职代会审议，职工安置方案未经审议通过的，并购方案不得实施。

根据《劳动合同法》第三十四条的规定，企业发生合并或者分立，其与员工签订的劳动合同继续有效，劳动合同由承继其权利和义务的用人单位继续履行。在股权收购中，目标企业的法律主体没有发生变化，故不存在人员安排的问题。在资产收购中，如果相关人员随标的资产一并转让，则交易方需要：

1. 书面通知资产转让所涉及的人员；
2. 以不低于目前的雇佣条件重新签订劳动合同；
3. 员工拒绝重新签订劳动合同的，则需要给予员工补偿。

除人员安排外，国家出资企业在产权转让、合并、分立过程中，必须解决转让标的企业拖欠职工的工资、欠缴的各项社会保险费以及其他有关费用的问题，并做好企业职工各项社会保险关系的接续工作。按照国家有关规定支付解除、终止劳动合同的职工的经济补偿，以及为移交社会保障机构管理的职工一次性缴付社会保险费，在资产评估之前不得从拟转让的净资产中扣除，也不得从转让价款中直接抵扣，应当从产权转让收入中优先支付。涉及离退休人员和内退人员的有关费用，应按照"人随资产、业务走"的原则，由承继相关资产及业务的企业承担。转让方、转让标的企业未按规定妥善安置职工、接续社会保险关系、处理拖欠职工各项债务以及未补缴欠缴的各项社会保险费，侵害职工合法权益的，国资管理机构或者企业国有产权转让相关批准机构应当要求转让方终止产权转让活动，必要时应当依法向人民法院提起诉讼，确认转让行为无效。

六、风险分摊与控制

并购交易面临诸多不确定因素，风险控制是交易双方共同关心的问题。没有风险控制，看起来很美的交易也可能带来不堪的后果。例如，交易成本大幅增加，收购资产无法交割，或有债务或者法律诉讼，未遵守监管制度招致处罚，交易被迫推迟，交易失败等。风险控制的前提是揭示风险、评估风险，这正是尽职调查的目的之一。

（一）尽职调查

并购意向达成后，并购方要委托律师对目标公司进行尽职调查，以核实目标公司的重要信息、确认交易的基础条件、确定影响交易达成的风险和障碍。尽职调查对并购双方最终能否达成交易非常关键。对于规模较大的并购交易而言，不进行尽职调查，整个项目就无法推进。尽职调查分析还是安排交易结构的依据，故对于重大交易，或者交易双方在准备建立合资企业时，交易双方会相互进行尽职调查。

尽职调查涵盖交易双方或者目标企业的设立和存续情况、业务运营情况、财务状况、税务缴纳情况、劳动用工情况、诉讼仲裁情况等众多方面。交易不同，尽职调查的内容和侧重点也有区别。一般而言，法律尽职调查的内容主要包括：

1. 交易主体的设立和存续状况、合规情况、运营资质；
2. 重大合同的签订和履约情况；
3. 重大研发项目进展情况和风险；
4. 重大在建项目的进展情况和完工风险；
5. 重大借款、担保状况，违约和执行风险；
6. 禁止或限制出售资产或转让股权的合同、承诺或安排；
7. 可能会限制业务的协议或安排；
8. 投资状况；
9. 重大责任问题；
10. 重大赔偿协议；
11. 人员状况；
12. 知识产权拥有数量和授权状况、已知或者疑似的侵权行为；
13. 诉讼、仲裁、调查与争议情况，包括法律顾问的意见及预计的法律费用；
14. 环保事宜；
15. 员工、代理或者供应商所受的处罚。

在交易方属于外国上市公司、证券发行人或者其子公司、合资企业、关联企业时，还要把调查范围扩大到上述企业的合资企业和供应商、代理商、承包商、咨询公司、业务中介等商业合作伙伴。对它们之间的合作关系进行调查，了解它们是否存在违反该国反海外腐败法或其他方面的违法记录。

尽职调查工作烦琐而且昂贵，对目标公司而言通常又比较敏感。因此，尽职调查之前，要恰当地制定调查流程、界定调查工作的范围、明确调查重点。要与目标公司沟通，就需要调查的范围和事项达成共识。调查中要注意把握调查目的、调查成本和被调查企业之间的平衡。既要全面，以符合勤勉尽责的要求，又要有针对性，以减少费用支出。

尽职调查应该尽可能地发掘深度，关注细节。审阅目标公司提供的文件，与有关部门核实，进行现场核查，与有关人员会谈。调查结束后，要及时编制调查分析报告，对调查中发现的问题加以说明并且给出结论性的意见。如果调查范围涉及位于不同国家或地区的资产，还需要按国别编制调查报告。

尽职调查通常不会一蹴而就，而是结合具体需要持续进行，甚至可能会贯穿整个交易过程。有些复杂的交易可能需要进行多轮调查，如在交易买方报价前进行初步的调查，以便发现可能影响交易实施的障碍和提出初步报价；在签署最终协议之前再次进行调查，以确定交易结构和进行价格谈判；在交易完成之前还可能进行补充调查，以发现、了解交易过程中出现的有关问题和重大变化。

囿于调查成本、调查时间、目标企业的配合等因素，尽职调查很难穷尽所有的风险，因此有必要在交易文件里就或有风险问题作出明确。对于调查中发现的风险因素，也需要交易双方在协议条款里作出分摊安排。

（二）交易法律文件

交易法律文件包括保密协议（也可以体现为意向书的保密条款）、意向书、主协议和附属协议。交易法律文件是体现交易双方商业共识的合同条款，载明了交易的条件和风险分摊安排，以便交易方实现风险控制，成功地完成交易。在风险不可控的时候，交易方还可以据此终止交易，妥善退出。

1. 保密协议

保密协议应该是交易方最先签订的一个法律文件，其作用在于：

（1）限制买方未经许可接触目标公司的人员、客户以及供应商；

（2）防止将信息用于与交易评估以外的任何目的；

（3）限制传播、披露与目标公司当前财务经营状况有关的任何信息。

保密之重要，足以影响交易的成败。交易宣布之前出现泄密可能会增加买方的购买成本，也可能会导致目标公司骨干人员离职、生产力下降、客户流失，从而直接影响到目标公司的价值。如果交易方为上市公司，还可能因此违反监管规定，导致监管部门拒绝批准交易。

保密协议可以是单独的协议，也可以体现为意向书的保密条款。无论以何种形式出现，都需要强调其约束力以及效力的独立性。除法律强制要求外，无论谈判是否达成、交易是否继续，保密义务都需要恪守。

2. 意向书（备忘录）

意向书是交易双方在达成正式协议之前签署的一种过渡性书面文件。签署意向书是并购交易中的惯常做法，其作用主要体现在以下八个方面：

（1）设定保密义务；

（2）设定排他义务；

（3）确定谈判的框架；

（4）开展尽职调查的依据；

（5）定价和支付方式；

（6）明确费用的分担；

（7）确定交易的时间安排；

（8）交易终止和违约金。

意向书可以是有约束力的，也可以是没有约束力的。即便是没有约束力的意向书，双方也可以明确其中具备约束力的条款。此外，国家不同、地区不同，其法律对意向书约束力的解释也可能不同。因此，双方应该在意向书中明确约定其是否具有约束力、哪些条款具有约束力。

3. 主协议

主协议又称框架协议，包含并购实施所需的条件、交易条款、法律条款以及附件，是交易结构的最终体现。主协议通常包括如下内容：协议名称可以称为资产购买协议或者股份购买协议。如果是合并交易，还可以称为合并协议。签约信息包括协议的签订主体、签订时间、签订地点、说明条款，说明交易的背景、原因以及未来计划和安排，定义条款交易中涉及的特定术语与解释先决条件，说明协议生效所需附加的条件和需要获得的监管许可。陈述与保证，交易双方根据各自的需要作出，其内容包括：主体资格和经营资质；交易权限和授权；财务说明；未披露的责任；保持经营现状和企业资产完整；账簿与记录；税项；员工安排和权益保障；诉讼；或有风险；特定偿付承诺；持续保证；合规声明；资产的权利和担保设立情况；关联交易；保险；重大合同签订和履行情况；存货、应收款项、呆坏账；知识产权；不动产和物业；环境问题；事故；产品责任；产品返修和售后服务；投资情况；重要的客户和供应商等。

交割条款，标的资产；交易价格；支付与汇兑安排；抵销权；托管；双方各自需要履行的义务。合议条款，交易双方就某些事项达成的一致，包括企业名称；业务切换和经营行为；信息共享；税项；不竞争承诺；商誉保护；人员招聘；过渡期安排；交易公告等。赔偿条款，违约的情形；损害赔偿的评估；补救措施；违约金的计算和支付。终止条款，终止协议的情形和条件；协议终止的效力。杂项主要是有关协议履行的技术性条款，包括协议的完整性；费用；通知；弃权；修订；反腐声明；协议的转让和更新；无效条款的处理；不可抗力；适用法律；争议解决方法附件，与交易有关的附件，必要时包括法律顾问出具的法律意见。

在某些并购交易中，监管部门还会就协议内容作出要求。比如，上市公司发行股份购买资产的，交易合同应当载明特定对象拟认购股份的数量或者数量区间、认购价格或者定价原则、限售期，以及目标资产的基本情况、交易价格或者定价原则、资产过户或交付的时间安排和违约责任等条款。外国投资者进行上市公司收购应当适用中国法律，服从中国的司法、仲裁管辖。在国有产权转让、外国投资者并购境内企业以及金融企业上市公司股份直接协议转让中，也存在类似的监管要求。

4. 附属协议

并购交易涉及很多复杂的问题，很难完全包含在主协议里，还需要针对特定事项另行签署协议，如托管协议、商标使用许可协议、技术许可协议等。签订附属协议要以主协议确定的交易结构和交易条件为基础，通过处理专项事务实现并购交易的整体目标。

附属协议与附件不同。二者都以所附协议的生效为前提，与所附协议一起构成并购交易的法律文件。附件是单独协议（包括附属协议）的组成部分，除非双方特别指明，其不具有独立的法律效力。否则，附属协议仍然具有独立的法律效力，甚至有高于主协议的优先效力。在与主协议的约定发生冲突时，通常会以附属协议的约定内容为准。对于附属协议没有明确的事项，往往要参照主协议的约定。起草附属协议时要注意其条款内容与主协议的衔接，避免二者在同一问题上产生冲突。

5. 局部协议

有些复杂的交易，交易双方还需要就某些事项作出单独的安排，这种情况下通常会签订局部协议。如交易买方为实现融资安排而签订的借款协议，交易卖方在交易之前与合资对方或者合作伙伴签订的股权转让协议、债务重组协议、资产剥离协议等。严格来讲，局部协议不是交易文件的组成部分，其是交易双方针对交易结构而作的单边安排，对交易对方不产生拘束力。但局部协议同样很重要，如果特定事项处理不当，会影响交易的整体进度、增加交易成本、构成己方的违约事项，从而产生主协议方面的违约责任，严重者会使交易失败。

第四节　法律尽职调查

并购交易中涉及的尽职调查并不止于法律尽职调查，还会涉及财务尽职调查、税务尽职调查、劳资合规审查等，在尽职调查工作过程中，法律、财务、税务人员大多是协同工作的，甚至在尽职调查报告中一方需要依赖他方的结论作出判断、评价。

本节介绍的大多是法律尽职调查相关内容（信息采集方面因协同工作有财务、税务方面的内容），考虑到本书的目标受众多为法律人士，为表述便利，在本节中除非特别注明，"尽职调查"仅指法律尽职调查，特此说明，以下不赘。

一、尽职调查的目的和范围

（一）尽职调查的目的

简单说，尽职调查的目的就是缩小并购方和目标企业的信息不对称性，尽量还原目标企业本来样貌，为并购方决策提供参考。操作上，通过目标企业主动提供的材料及使用外部合法手段获取目标企业资料，查清一些与并购交易相关的事实，判断目标企业可能存在的经营风险、股权风险、债权债务风险等各类法律风险，并评估这些法律风险对并购交易可能存在的影响。

(二) 尽职调查的范围

根据调查方对于法律尽职调查的目的的不同,尽职调查的范围通常也不尽相同;并且,尽职调查的范围会因被调查方的公司类型的不同而不同,也会因商业计划或交易的类型不同而有差异。但是,一般而言,尽职调查可包含以下范围:(1) 主体;(2) 历史沿革;(3) 各项审批;(4) 财务;(5) 税务;(6) 重大合同;(7) 隐性担保权利负担;(8) 劳动;(9) 环保;(10) 合规;(11) 土地使用权与房屋;(12) 知识产权;(13) 其他无形资产;(14) 诉讼与仲裁。

二、尽职调查的程序

1. 制作尽职调查清单(以公司为例,仅供参考)

尽职调查清单往往是开启实质尽职调查工作的第一步,也是法律顾问与目标企业建立互动、互信的开始。形成尽职调查工作清单后,把清单提供给目标企业,并要求目标企业按照清单反馈材料,不能反馈的要注明原因,法律顾问可以记录在"备注"中。本书作为实务类用书,谨以公司股权并购尽职调查工作为例,列示以下内容供朋友们参考:

序号	需公司提供的文件	公司接口人	接收接口人	是否已提供	备注
一、公司的相关文件					
1.1	公司的章程、细则、内部管理条例,包括目前有效的和任何对该等文件进行修改的文件。				
1.2	公司的营业执照,发起人协议、股东协议、批准证书以及与成立、组建及改组有关的任何其他政府批文,包括任何对该等文件进行修改的文件。				
1.3	公司的验资报告、出资证明和资产评估证明及/或产权登记证。				
1.4	公司历次股权变更的证明文件及相关的决议和协议,公司现有的注册资本及其历次变更的证明文件和市场主体变更登记文件。				
1.5	公司的组织结构图,该图应显示公司及其下属企业(如有)的投资方及其各自持股或拥有权益的比例。				
1.6	公司历史沿革的重要材料,包括其前身的组建过程以及公司成立之后进行的改组、兼并、合并、分立、资产交换或收购、出售等重大活动相关材料。				

续表

序号	需公司提供的文件	公司接口人	接收接口人	是否已提供	备注
1.7	公司银行开户并维持该等银行账户的证明，含外汇账户（如有）。				
1.8	公司进行经营活动所需的其他批准或许可文件（包括但不限于组织机构代码证、贷款卡、统计证、社会保险登记证、行政许可证等）。				
1.9	公司自设立以来的公司文件记录，包括： （1）董事会会议记录、股东会会议记录及监事会会议记录，以及未在会议记录予以记载的董事、董事会及担保权人的书面同意书及任何提交给董事会成员的报告（如有）； （2）向公司主管部门或机构提交的报告、公司编制的或由其管理层委托编制的报告或分析、对员工所做的管理报告。				
1.10	公司权力机关根据登记备案的公司章程及公司制度签署的关于同意股权转让的文件。				
1.11	公司的任何附属公司、母公司或前身实体的清单及组织章程，注明公司名称、业务名称、公司成立形式、统一社会信用代码、与目标公司的关系、目标公司负责人及其拥有的有投票权股份的比例。				
1.12	限制或禁止公司股东出售或转让其在公司持有股权的任何协议、安排或者授予任何第三方优先购买权或购买选择权的任何协议或安排。				
二、财务文件（因法律、财务、税务尽职调查工作往往协同开展，故材料清单一并要求，以下不赘）					
2.1	公司最近3年或成立来（二者中较短者）财务报表，包括资产负债表、损益表、现金流量表。				
2.2	公司投资企业的验资报告、出资证明、资产评估报告及审计报告。				
三、全部已签署且未履行完毕的合同					
3.1	任何以公司和/或下属企业为当事方签署的未履行完毕的业务合同，包括但不限于融资担保合同、代理合同、销售合同及购买/采购合同、建设工程合同等。				

续表

序号	需公司提供的文件	公司接口人	接收接口人	是否已提供	备注
3.2	任何以公司和/或下属企业为当事方的合资、合营、合作及合伙协议或意向书。				
3.3	任何限制公司和/或下属企业转让其股份的股东协议或合营、合作协议。				
3.4	任何以公司和/或下属企业作为当事方签订的与股份有关的合同或协议（包括股权认购计划、职工入股计划，以及购买股份和私募配售股份的协议）。				
3.5	列表说明公司和/或下属企业所有重要的保险合同或保险单（包括就财产、职工工伤事故、第三方责任、盗窃、环保等的保险），并写明保险公司的名字、保险的范围及保险额。				
3.6	提供已有的及可能有的就以上3.5项保险提出的重要索赔。				
3.7	所有公司和/或下属企业为当事方的重要许可协议、特许及附有条件的买卖合同。				
3.8	为公司和/或下属企业的股东、董事、监事或高级管理人员就其以股东、董事、监事或高级管理人员的身份而引起的责任提供保险或补偿的合同或安排的文件。				
3.9	任何以公司和/或下属企业为当事方所签订的关于限制竞争的协议。				
3.10	不在公司和/或下属企业正常业务范围内的协议、合同及承诺。				
3.11	公司和/或下属企业在其正常业务范围以外，放弃价值重大的索赔或权利的任何协议，以及在正常业务范围以外，对应收款账目作出重大的降低账面值，或注销账面值的任何文件。				
3.12	所有公司和/或下属企业为当事方的其他的重要协议或有约束力的文件，包括重要的政府合同和保密协议。				
3.13	任何界定或限制公司和/或下属企业股东权利（包括对投票权或宣布或支付股息的任何限制）的协议或文件，包括以受托人身份持有股份的信托协议、表决委托或依然有效的委任代表书。				

续表

序号	需公司提供的文件	公司接口人	接收接口人	是否已提供	备注
3.14	公用设施服务协议（水、电、气、热）。				
3.15	所有要求公司和/或下属企业在本次收购前需要取得合同对方同意的书面材料或因本次收购而需要修改的协议，如融资、贷款、担保合同等。				
3.16	所有未包括于前述的其他任何重大协议/合同。				
四、公司融资文件					
4.1	公司和/或下属企业的人民币或外汇贷款协议、债券和其他债务契据和借款安排。				
4.2	其他融资文件，包括分期付款、销售后立即返租及融资租赁文件。				
4.3	所有在国家和地方外汇管理局进行的外债登记。				
4.4	列表说明在公司和/或下属企业的动产或不动产上设定的担保物权或其他债权，并提供所有重要的抵押、质押或授予其他担保物权或其他债权的文件及影响公司和/或下属企业资产或财产的所有担保和抵押协议。				
4.5	第三者为公司和/或下属企业的债务提供的担保和保证协议或履约保证。				
4.6	公司和/或下属企业自设立以来与贷款人和担保人的函件。由独立会计师向债权人提供的关于借贷协议执行情况的报告。				
4.7	与未列入资产负债表的任何项目（即担保书、对冲或掉期交易、收付合同等）有关的文件。				
4.8	在正常业务范围以外所产生的债务及其他义务的文件，包括公司和/或下属企业为第三者的债务所提供的担保和保证协议。				
4.9	政府机构及非政府机构对其提供的融资及该融资条款的文件，包括依据法律、法规、政策或融资惯例所施加的限制。				
4.10	任何债转股协议或意向书。				
五、公司重大债权债务					
5.1	公司所有尚未清偿完毕的、银行贷款协议和与该等贷款有关的担保协议（包括但不限于其贷款卡中所记载的贷款和担保）。				

续表

序号	需公司提供的文件	公司接口人	接收接口人	是否已提供	备注
5.2	公司提供的所有其他担保（包括但不限于与购房人按揭银行合作协议中的阶段性担保条款约定、为其自己的债务和为其他第三方的债务所提供的担保）的尚未履行完毕的担保协议。				
5.3	对公司和/或关联企业物业使用权所设的限制和其他债权。				
5.4	对公司现有的股东借款或其他借款的明细表以及相应的担保情况提供所有相关文件。				
5.5	公司所有尚未履行完毕的借款合同资料及相关文件原件或原件复印件。				
5.6	公司作为当事方的合资、合营、合作及合伙协议或意向书。				
5.7	公司如就上述各项资产设置任何形式的担保或他项权利（如抵押、质押、留置），请提供担保合同及其担保的主债权文件，以及设立担保所取得的政府批准文件（如有）及登记备案文件。				
六、公司知识产权					
6.1	列表说明公司和/或下属企业拥有的（在国内及国外注册的）重要专利、专利申请、商标、服务商标、商号、品牌及版权（包括但不限于公司和/或下属企业拥有的软件著作权），并提供有关注册证书原件或者复印件。				
6.2	公司和/或下属企业拥有的技术秘密。				
6.3	公司和/或下属企业为当事方的知识产权转让或许可协议。				
6.4	公司作为一方的技术转让协议、技术交换协议、专利权费协议和与专利、商标、著作权、技术支持、技术秘密、发明、商业秘密有关的其他协议。				
6.5	公司作为一方的所有研发协议和咨询协议。				
七、公司雇员及员工					
7.1	员工名册（含姓名、性别、出生日期、劳动合同期限、工资标准、劳动合同签订次数等）及公司用工登记备案说明。				

续表

序号	需公司提供的文件	公司接口人	接收接口人	是否已提供	备注
7.2	公司的管理架构图。				
7.3	公司或下属企业的历任法定代表人、董事会成员及高级管理人员的姓名、委任/聘用文件、简历、任职期限及相关证明文件。				
7.4	公司高级管理人员在公司以外的其他企业的任职情况。				
7.5	公司高级管理人员自设立以来的变化情况。				
7.6	如公司和/或下属企业的主要管理或技术人员曾受雇于其他单位，或曾作为当事方与以前的工作单位签订过保密或不竞争协议，请提供有关资料。				
7.7	任何公司和/或下属企业与其董事、监事和高级管理人员之间订立的服务合约、就职务津贴或其他安排作出的协议、合同或贷款，以及与高级管理人员、顾问或与其他有关机构之间的任何安排。				
7.8	重要的雇佣或代理协议及员工与管理人员的标准雇佣合同。				
7.9	职员聘用的政策性文件。公司和/或下属企业对职工制定的奖励政策、制度等相关文件。				
7.10	劳务派遣情况，包括派遣合同、用工统计表等。				
7.11	对因工伤而造成职工残废以及因事故造成职工伤亡时，公司和/或下属企业应对职工及其家属的赔偿、赡养费及其他安置计划，并请提供公司和/或下属企业本身的惯常做法以及依据的有关法律、法规或政策。				
7.12	公司和/或下属企业对工作人员的培训计划。				
7.13	描述公司和/或下属企业向职工提供的医疗保健、住房津贴、分房政策以及其他福利及服务设施，包括食堂、幼儿园、学校、鼓励性的补恤金、养老或其他类似计划，并提供所依据的有关法律、法规、规章及办法。				
7.14	公司为员工缴纳社保和公积金情况介绍以及相关缴费凭证，提供盖有政府公章的近三年的职工保险和住房公积金缴纳表。目标公司是否存在拖欠工资、欠缴社保等情况说明。				

续表

序号	需公司提供的文件	公司接口人	接收接口人	是否已提供	备注
7.15	公司和/或下属企业的职工购股计划（如有）及有关的文件。				
八、公司的重大诉讼					
8.1	列表说明所有对公司和/或下属企业造成影响的（已结案但尚未执行的或开始起诉的或将来可能有的）重要诉讼、仲裁、索赔、行政诉讼或政府机构的调查或质询，以及所有与上述事宜有关的文件、函件，包括答辩状及法律意见书。				
8.2	公司股东作为当事人正在进行的可能对公司和/或下属企业有影响的诉讼、仲裁和其他法律程序，或其所了解的任何有可能在未来引起此类重大诉讼或仲裁的事实或潜在的争议。				
8.3	自公司成立以来，涉及公司和/或下属企业的董事、监事、高级管理人员之破产、犯罪、欺诈、不当发行证券或不当商业行为的诉讼。				
8.4	公司和/或下属企业的董事长、总经理作为当事人的、正在进行的诉讼、仲裁和其他法律程序，或其所了解的任何有可能在未来引起重大诉讼或仲裁的事实或潜在的争议。				
8.5	由代表公司和/或下属企业的律师发给公司和/或下属企业的独立会计师，关于公司和/或下属企业被牵连在内的诉讼或仲裁的所有函件。				
8.6	与专利、商标或版权等侵权行为有关的函件。				
8.7	所有公司和/或下属企业为当事方的（或对其具有约束力的）裁决、判决、命令、和解协议及其他协议。该类裁决、判决、命令或协议将要求公司和/或下属企业从事或停止从事某些活动。				
8.8	公司和/或下属企业违反或被指控违反环保、卫生、防火、建筑、规划、安全等方面的法律、法规、通知、诉讼或行政处罚。				
8.9	公司是否被执行及其法定代表人、主要负责人、影响债务履行的直接责任人员、实际控制人等是否存在被执行、被法院限制高消费的文件。				

续表

序号	需公司提供的文件	公司接口人	接收接口人	是否已提供	备注
8.10	公司的所有资产是否被法院查封或采取其他措施导致不能正常流转。				
九、公司税务及财政补贴					
9.1	公司和/或下属企业现行有效的国、地税的《税务登记证》。				
9.2	自设立以来公司和/或下属企业（或其前身）与政府税务部门之间的所有报告、备案材料、报税表及其他函件。				
9.3	与公司和/或下属企业应缴税项有关的所有会计师函件和分析，以及所有其他有关的分析。				
9.4	政府向公司和/或下属企业作出任何税务会计审查的报告。				
9.5	公司和/或下属企业为当事方的所有税项分担或税项分配协议。				
9.6	公司和/或下属企业自设立以来的重大税务问题（包括但不限于税务机关或海关要求补税或罚款或正在调查）有关的文件和情况说明。				
9.7	有关欠缴税款的文件通知及公司和/或下属企业采取的解决方法。				
9.8	公司享受的财政补助/补贴的任何政府批文，包括但不限于享受减免税资格的批复和批准证书，任何政府部门同意对公司给予财政补助/补贴等待遇的批准文件。				
十、公司和下属企业的土地、房产和其他资产					
（一）已取得权属的土地、房产相关文件					
10.1	各项目土地使用权和房产产权（包括拥有的、占有的房产和土地）的清单（请注明地址、面积、用途和使用年限）。				
10.2	划拨土地的划拨文件和国有土地使用证（如有）。				
10.3	土地出让合同和土地出让金交纳凭证、国有土地使用证。				
10.4	转让土地的用地批准文件、土地转让合同和相关的国有土地使用证。				

续表

序号	需公司提供的文件	公司接口人	接收接口人	是否已提供	备注
10.5	公司所有房地产权证。				
10.6	有关土地、房产的抵押合同及登记注册（如有）。				
10.7	对于未取得权属证明的土地及/或房产，请说明具体情况（包括但不限于地址、面积、用途及未能取得权属证明的原因）。				
（二）在建工程的相关材料					
10.8	投资建设房地产项目清单（包括项目名称、具体位置、建设规模、项目用途、开竣工日期、工程进度等）。				
10.9	请提供与各项目有关的申报文件、批复文件及已取得的证书。 (1) 可行性研究报告及批复； (2) 申报选址定点文件（包括计划部门批准立项的文件、申请用地的函件、工程情况的简要说明和选址要求、拟建方案、意向位置的地形图等）； (3) 建设用地规划许可证； (4) 建设工程规划许可证； (5) 与项目有关的交通、绿化等其他申报文件、批复文件及已取得的证书； (6) 建设工程开工许可证； (7) 规划、环境、消防、电梯主管部门验收合格审批或备案文件； (8) 各项目各单体工程的验收备案证明材料、各项目的整体竣工报告（如有）、竣工结算书。				
10.10	上述土地的抵押情况或其他性质的他项权益及查封情况的相关文件及证明。				
10.11	请提供各项目开发建设过程中有关合同清单和合同台账，包括付款情况，应该与账面记录能够核对一致，并说明合同签署各方主体名称、合同基本内容、履行情况（附付款收据或发票）、是否存在违约情况、若已结算完毕的请提供相应的结算证明和放弃优先受偿权证明材料（如有）等。				

续表

序号	需公司提供的文件	公司接口人	接收接口人	是否已提供	备注
十一、公司的关联交易					
11.1	请说明公司的关联人士（包括但不限于公司自然人股东，公司的法定代表人、关键管理人员，以及与上述人员关系密切且在公司或关联企业中担任重要职务或对其经营决策有重要影响的家庭成员）的基本情况（包括但不限于关联人士的姓名、性别、出生日期、关联关系等及是否在目标公司任职、所担任的职务、身份证号码等）。				
11.2	请说明公司关联企业（包括但不限于发起人、持股比例最大的股东直接或间接控制的其他企业，公司的附属企业、控股子公司，前项所述之关联人士直接控制的其他企业）的基本情况，并提供关联企业的营业执照、章程和验资报告。尤其是各项目的物业管理服务公司涉及的前期物业服务合同的收费标准、开发商与物业移交交接清单、各项目的临时物业管理规约等。				
11.3	公司与本文件清单本条前两项所述的关联人士和关联企业之间进行的关联交易的清单。				
十二、公司及各项目的有关环境保护文件					
12.1	公司所获得的关于环保事宜的证书、许可及批准文件以及目标公司为获得前述文件向有关政府部门提交的申请资料。				
12.2	公司作出的任何有关环境的报告书或其他文件。				
12.3	描述任何未遵守环境法律法规的情形，并提交就此问题目标公司与环境主管机关达成的书面文件。				
12.4	任何第三方作出的书面环境检测报告的相关文件。				
12.5	政府环境管理机构发出的关于公司环保事宜的全部通知、决定及评估报告。				
12.6	环保诉讼/纠纷、处罚等情况说明及证明文件。				
十三、公司保险的相关文件					
13.1	公司有关财产保险的汇总表（包括但不限于一般责任保险、建筑工程一切险等）。				

续表

序号	需公司提供的文件	公司接口人	接收接口人	是否已提供	备注
13.2	公司固定资产保险凭证（包括但不限于保单、保费支付证明）。				
13.3	公司其他重要资产保险凭证。				
13.4	公司员工工伤、死亡保险凭证。				
13.5	公司其他保险凭证。				

2. 人员面访

对目标公司尽职调查时涉及的相关人员做好面访清单，在约定时间、约定地点和相关人员进行当面访谈，就各访谈对象涉及的企业信息访谈内容形成访谈记录，这些访谈记录亦是尽职调查底稿的一部分。

（1）面访清单（仅供参考）

序号	访谈对象	访谈人	访谈内容	访谈时间	备注
1	公司法定代表人		公司基本信息、公司沿革信息、公司股权信息、公司主营业务等。		
2	公司股东		股权取得情况、占股比例、分红情况等。		
3	公司董事		公司任职、董事会召集表决情况等。		
4	公司监事		公司监事工作范围、对公司董事高管的监督情况。		
5	公司财务负责人		公司财务信息化、公司财务管理、财务人员分工、财务制度等情况。		
6	公司合规负责人		公司合规基本情况、业务合同、营销合规、人力合规、财务合规情况。		
7	公司信息安全负责人		公司信息安全建设、公司信息安全事故、数据安全、个人信息保护实施等情况。		

（2）访谈记录（仅供参考）

访谈对象		访谈时间	
访谈地点		访谈人	

续表

访谈记录： 1. ×××。 2. ×××。 3. ×××。 4. ×××。 ……		
保密承诺	访谈各方承诺，本项目推进期间及项目终止后三年内，访谈各方不对第三人透露本次访谈内容，如有违反……	
签字说明	请签字者仔细阅读本访谈记录，确认无误后亲笔签字，代签需有亲笔授权书，并注明"（代）"字样。	
访谈对象签字		访谈人签字

3. 查询与函证

法律顾问可以就相关事项发函查证。发函中需明确函证事项以及要求对方回函内容，并经律师签署后加盖律师事务所公章。函证对方未签署回执、未予签收或者在函证规定的最后期限届满时未回复的，由经办人对相关情况作出书面说明。

4. 现场调查

在书面资料、人员访谈、函证无法直观反映调查对象相关事实状况，或者需要印证调查对象提供相关信息的真实性时，需要采取实地调查方式。例如律师可以通过实地调查核实目标公司的生产经营场所、生产线、业务开展等情况，如项目涉及证券法律业务，律师除采用实地调查方式进行查验，还应当将调查情况制作成笔录，由调查律师、被调查事项相关的自然人或者单位负责人签名。该自然人或者单位负责人拒绝签名的，应当在笔录中注明。

5. 形成尽职调查报告

尽职调查报告是法律顾问根据尽职调查清单底稿形成的报告材料，报告材料根据委托人指示、监管机关要求，对并购相关事项作出结论性表述。尽职调查报告内容通常包括：

（1）引言。简要介绍调查的目的、调查对象和调查背景。

（2）调查方法和过程。表述调查的方法、过程和时间安排，包括调查的范围、调查对象、调查方式、调查人员等。

（3）调查事项和分析。包括提交给调查对象的尽职调查清单中载明的事项。

（4）风险评估和建议。根据调查结果，对调查对象的风险进行评估，并提出相应的建议和措施。

(5) 结论和建议。根据调查结果和风险评估,给出有针对性的结论和建议。

(6) 附录。包括调查过程中使用的文件、资料、数据等,以及调查人员的简历和联系方式等。

三、尽职调查工作底稿

（一）尽职调查工作底稿的意义

对于并购交易而言,尽职调查底稿是目标企业对各个尽职调查目标信息的部分"自认",亦是目标企业在并购交易中诚实信用的具体体现。某种程度上,尽职调查底稿是目标企业对并购方第一次"敞开心扉"的记录。

对于法律顾问而言,尽职调查工作底稿更为重要,主要体现在以下几点:

1. 体现法律顾问工作专业性

尽职调查工作的终点是尽职调查报告,尽职调查报告能否经得起委托人、行政机关甚至监管机关的检验,尽职调查工作底稿反映法律顾问在尽职调查工作中使用的调查方法、调查深度、调查范围是否适当,对目标企业涉及的大量复杂法律关系中的法律问题分析、解读、预判是否准确。

2. 形成尽职调查报告的基础材料

这点是毫无疑问的,尽职调查报告是整个尽职调查工作的工作成果,这个工作成果依赖的正是尽职调查的工作底稿材料。

3. 法律顾问的免责证明

"保护别人的前提是保护好自己",法律顾问工作也要规避职业风险,尽职调查工作底稿是法律顾问的履职证明,可以证明法律顾问在受托范围内,是否按法律规定调查触达某个事实及触达的深度、范围,以及调查方法、报告结论是否符合法律规定。

（二）尽职调查工作底稿的内容

尽职调查工作底稿的内容根据调查的项目、交易类型不同而存在差别,通常来讲,尽职调查工作底稿会包括以下内容:

序号	文件名称	文件说明
1	尽职调查清单	法律顾问（律所）发给目标公司的盖章版尽职调查清单。
2	目标公司反馈材料	目标公司反馈提供的盖章材料。
3	面访清单	法律顾问（律所）发给目标公司的盖章版面访清单。
4	访谈笔录	法律顾问对目标公司人员访谈形成的、双方签字的访谈笔录。
5	访谈录音	访谈过程中形成的录音、录像文件。

续表

序号	文件名称	文件说明
6	外调材料	法律顾问在司法机关、行政机关、其他公开渠道调取的盖章版材料。盖章版函证回函等。通过网络渠道（应通过 gov.cn 后缀的网站查询）查证的资料，注明网址、查询日期。
7	现场材料	法律顾问在目标公司作业现场或与尽职调查项目相关的现场拍摄取得的照片、视频等材料，或有关人员签字的材料。
8	电子档材料	以上所有材料的电子版文件，按分类进行归档。

四、法律尽职调查工具

"工欲善其事，必先利其器"，良好有效的工具会让尽职调查工作事半功倍，本书推荐部分网络尽职调查工具网站，供朋友们参考。

（一）查询主体信息

1. 国家企业信用信息公示系统

网址：https://www.gsxt.gov.cn/index.html

简介：国家企业信用信息公示系统于 2014 年 2 月上线运行。公示的主要内容包括：市场主体的注册登记、许可审批、年度报告、行政处罚、抽查结果、经营异常状态等信息（不含港澳台地区企业信息）。

2. 全国个体私营经济发展服务网（小微企业名录）

网址：https://xwqy.gsxt.gov.cn/

简介：为社会公众提供小微企业库信息查询及小微企业名录库说明，社会公众可通过查询模块了解小微企业基本登记信息、享受扶持政策信息、经营异常信息、严重违法失信信息、企业黑名单信息，并可跳转至企业信用信息公示系统，查询更多该企业登记信息。

3. 名称：全国组织机构统一社会信用代码查询平台

网址：https://www.cods.org.cn/gscx/

简介：全国组织机构统一社会信用代码数据服务中心职能为：会同国家标准化管理部门、登记管理部门制定统一代码国家标准，负责管理统一代码资源，建设和运行维护统一代码数据库，为各部门提供信息服务，加强统一代码赋码后的校核，定期通报赋码和信息回传情况。

4. 高新技术企业认定管理工作网

网址：http://www.innocom.gov.cn/

简介：高新技术企业认定管理工作网是高新技术企业认定管理工作的信息化平台，由高新技术企业认定管理工作门户网站和高新技术企业认定管理系统构成。

5. 中国证券业协会

网址：https：//www.sac.net.cn/

简介：中国证券业协会成立于 1991 年 8 月 28 日，是依据《证券法》和《社会团体登记管理条例》的有关规定设立的证券业自律性组织，属于非营利性社会团体法人，接受中国证监会和民政部的业务指导和监督管理。

6. 中国期货业协会

网址：http：//www.cfachina.org/

简介：中国期货业协会成立于 2000 年 12 月 29 日，协会的注册地和常设机构设在北京。协会最早筹建于 1995 年，是根据《社会团体登记管理条例》设立的全国期货行业自律性组织，为非营利性的社会团体法人。协会接受中国证监会和国家社会团体登记管理机关的业务指导和管理。

7. 中国证券投资基金业协会

网址：https：//gs.amac.org.cn/

简介：中国证券投资基金业协会成立于 2012 年 6 月 6 日，是基金行业相关机构自愿结成的全国性、行业性、非营利性社会组织。

8. 企查查

网址：https：//www.qcc.com/

简介：企查查提供全国企业信息查询服务，包括企业市场主体登记信息查询，信用信息查询，经营状况查询等。

9. 天眼查

网址：https：//www.tianyancha.com/

简介：天眼查专注服务于个人与企业信息查询，提供公司查询，市场主体登记信息查询，企业查询，企业信用信息查询等相关信息查询服务。

10. 查询民办非企业单位

可以致电各地民政机关或省级民政机关官方网站查询。

（二）查询企业涉诉信息

中国裁判文书网

网址：https：//wenshu.court.gov.cn/

简介：2016 年 10 月 1 日，《最高人民法院关于人民法院在互联网公布裁判文书的规定》正式实施。该司法解释明确，最高人民法院在互联网设立中国裁判文书网，统一公布各级人民法院的生效裁判文书。

(三) 查询企业行政处罚信息

1. 中国市场监管行政处罚文书网

网址：https://cfws.samr.gov.cn/

简介：为进一步加快推进市场监管体系和治理能力现代化，市场监管总局积极探索"互联网+政务服务""互联网+市场监管"，开发建设了文书网。

2. 法信网

网址：http://www.faxin.cn/index.aspx

简介："法信"平台是由最高人民法院立项、人民法院出版集团建设运营的法律知识服务和案例大数据融合平台。

(四) 查询保全与执行信息

1. 中国执行信息公开网

网址：http://zxgk.court.gov.cn/

简介：中国执行信息公开网面向社会公开 2018 年 6 月 1 日后全国法院新收首次执行案件、执行恢复案件、执行异议案件、执行复议案件、执行监督案件的相关信息。

2. 人民法院网上保全系统

网址：https://baoquan.court.gov.cn/#/home/index

简介：为方便人民群众更加高效地办理诉讼保全事务，最高人民法院建设了人民法院网上保全系统，依托信息化系统实现保全事务集约办理，助力推进人民法院一站式多元解纷、诉讼服务体系建设，最大限度方便当事人的诉讼，平等保护当事人的合法权益。

(五) 查询诉讼资产

1. 人民法院诉讼资产网

网址：https://www.rmfysszc.gov.cn/

简介：2012 年 2 月 8 日，在全国法院深化司法拍卖改革工作会上，人民法院诉讼资产网正式上线运行。人民法院诉讼资产网是由最高人民法院主办，面向全国各级法院、社会辅助机构和广大竞买人的诉讼资产综合信息发布和司法拍卖平台。

2. 京东资产交易平台（司法拍卖）

网址：https://auction.jd.com/sifa.html

简介：京东集团建设运营的司法拍卖平台，面向全国各级法院、社会辅助机构和广大竞买人的诉讼资产综合信息发布和司法拍卖平台。

3. 阿里司法拍卖

网址：https://sf.taobao.com/

简介：阿里集团建设运营的司法拍卖平台，面向全国各级法院、社会辅助机构和广大竞买人的诉讼资产综合信息发布和司法拍卖平台。

（六）查询商标信息

1. 中国商标网

网址：https：//sbj.cnipa.gov.cn/sbj/index.html

简介：中国商标网是国家知识产权局商标局官方网站，能够为社会公众提供商标网上申请、商标网上查询、政策文件查询、商标数据查询以及常见问题解答等商标申请查询服务。

2. 欧盟商标查询系统

网址：https：//eutms.gippc.com.cn/

简介：欧盟商标查询系统（EUTMS）面向全国社会公众免费开放，提供快速、便捷、全面的欧盟商标信息查询服务。

3. 商标分类表

网址：http：//www.sbfl.cn/

简介：类似商品和服务区分表（基于尼斯分类第十一版）。

（七）查询专利信息

1. 国家知识产权局

网址：https：//www.cnipa.gov.cn/

简介：国家知识产权局是国务院部委管理的国家局，由国家市场监督管理总局管理。负责知识产权保护工作，推动知识产权保护体系建设，负责商标、专利、原产地地理标志的注册登记和行政裁决，指导商标、专利执法工作等。

2. 专利检索及分析

网址：https：//pss-system.cponline.cnipa.gov.cn

简介：为了便于您进行检索操作，在常规检索中提供了基础的、智能的检索入口，主要包括自动识别、检索要素、申请号、公开（公告）号、申请（专利权）人、发明人以及发明名称。

3. 全国专利代理信息公示平台

网址：http：//dlgl.cnipa.gov.cn/txnqueryAgencyOrg.do

简介：国家知识产权局主办，可以按省份、按名称检索专利代理机构。

（八）查询版权（著作权）信息

1. 中国版权保护中心

网址：http：//www.ccopyright.com.cn/

简介：作为国家级版权保护和服务机构，坚持以学术引领、技术支撑和服务赋能为己任，积极服务国家经济、科技和文化繁荣发展大局，承担各类作品和计算机软件版权登记职责，是我国唯一的计算机软件版权登记、版权质权登记机构。

2. 全国作品登记信息数据库管理平台

网址：http：//qgzpdj.ccopyright.com.cn/

简介：由中国版权保护中心所有的全国作品登记信息公示查询平台。

3. 全国网络视听平台信息管理系统

网址：http：//115.182.216.157/user/start.html

简介：网络秀场直播或电商直播的平台登记备案平台。

(九) 查询域名等互联网信息

1. ICP/IP 地址/域名信息备案管理系统

网址：https：//beian.miit.gov.cn/

简介：ICP/IP 地址/域名信息备案管理系统是工业和信息化部推出的备案管理系统。

2. 中国互联网络信息中心（WHOIS 查询）

网址：https：//www.cnnic.cn/

简介：中国互联网络信息中心（China Internet Network Information Center，简称 CNNIC）是经国家主管部门批准，于1997年6月3日组建的管理和服务机构，行使国家互联网络信息中心的职责。

(十) 查询担保信息

1. 中国人民银行征信中心（动产融资统一登记公示系统）

网址：https：//www.zhongdengwang.org.cn

简介：人民银行征信中心2007年建立了动产融资统一登记公示系统，主要提供应收账款质押、应收账款转让、融资租赁等动产担保的登记和查询服务。

2. 全国不动产登记网上"一窗办事"平台

网址：https：//bdcyc.mnr.gov.cn/

简介：自然资源部主办，可以分流到各省相关网站，查询不动产抵押、预告登记信息。

(十一) 查询征信信息

1. 信用中国

网址：https：//www.creditchina.gov.cn/

简介：信用中国网站是政府褒扬诚信、惩戒失信的窗口，主要承担信用宣传、信息发布等工作，使用社会信用体系建设部际联席会议成员单位提供的对社会公开的信用信息。

2. 中国人民银行征信中心

网址：http://www.pbccrc.org.cn/

简介：中国人民银行征信中心是中国人民银行直属的事业法人单位，主要任务是依据国家的法律法规和人民银行的规章，统一负责企业和个人征信系统（又称企业和个人信用信息基础数据库）的建设、运行和管理。

（十二）查询企业税务信息

1. 国家税务总局 12366 纳税服务平台（纳税人信息查询）

网址：https://12366.chinatax.gov.cn/sscx/taxpayer/main

2. 纳税信用 A 级纳税人名单查询

网址：http://app.gjzwfw.gov.cn/jmopen/webapp/html5/credit/index.html

3. 重大税收违法失信案件信息公布栏

网址：http://www.chinatax.gov.cn/chinatax/c101249/n2020011502/index.html

4. 国家税务总局全国增值税发票查验平台

网址：https://inv-veri.chinatax.gov.cn/

（十三）查询上市公司信息

1. 中国证券监督管理委员会

网址：http://www.csrc.gov.cn/

简介：中国证券监督管理委员会是国务院直属机构，依照法律、法规和国务院授权，统一监督管理全国证券期货市场，维护证券期货市场秩序，保障其合法运行。

2. 巨潮资讯网

网址：http://www.cninfo.com.cn/new/index

简介：巨潮资讯网是深圳证券交易所法定信息披露平台，由深交所全资子公司深圳证券信息有限公司运营，平台始终致力于保护投资者的知情权和参与权，为投资者提供一站式的证券市场信息服务。

3. 深圳证券交易所

网址：http://www.szse.cn/

简介：深圳证券交易所于 1990 年 12 月 1 日开始营业，是经国务院批准设立的全国性证券交易场所，受中国证监会监督管理。

4. 上海证券交易所

网址：http://www.sse.com.cn/

简介：上海证券交易所成立于 1990 年 11 月 26 日，同年 12 月 19 日开业，受中国证监会监督和管理，是为证券集中交易提供场所和设施、组织和监督证券交易、实行自律管理的会员制法人。

(十四) 查询并购重组信息

1. 【行政许可事项】上市公司并购重组行政许可审核情况公示

网址：http://www.csrc.gov.cn/csrc/c105935/c1004167/content.shtml

2. 【行政许可事项】2023年创业板并购重组申请注册企业基本情况公示

网址：http://www.csrc.gov.cn/csrc/c106194/c1569370/content.shtml

3. 【行政许可事项】2023年科创板并购重组申请注册企业基本情况公示

网址：http://www.csrc.gov.cn/csrc/c106191/c1569367/content.shtml

第五节 并购业务案例

一、甲科技集团收购某电子产品公司全球PC业务[①]

如本章第一节所述，2004年12月8日，甲科技集团和某电子产品公司签订资产购买协议，甲科技集团从某电子产品公司收购与个人电脑业务相关的若干资产和承担与该业务相关的债务。

(一) 交易概述

本次交易的交易价格为17.5亿美元，包括6.5亿美元现金、6亿美元甲科技集团股票以及承担与收购资产相关的5亿美元的债务。甲科技集团将通过公司现金和向银行贷款筹集现金，以及以每股2.675港元的发行价向某电子产品公司发行最多8.21亿股新股及9.216亿股无投票权的股份。在发行上述新股份和无投票权股份后，某电子产品公司在首次交割后即持有甲科技集团经扩大后已发行股本总数约18.9%，从而被香港联交所根据上市规则视为关联人士，但甲科技集团的控制权并未因此出现变化。

(二) 交易结构的法律分析

1. 交易主体

本次交易的主体甲科技集团是一家注册地位于香港且在联交所上市的内资背景企业，某电子产品公司则是一家在纽交所上市的美国企业。甲科技集团首次交割前后的股权结构如下：

---

① 相关资料系笔者团队在工作实践中收集整理、编辑加工而成，仅供读者研究参考。

首次交割前：

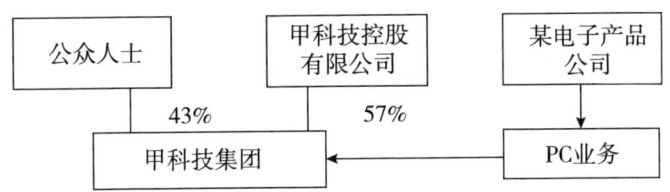

```
公众人士          甲科技控股         某电子产品
                 有限公司            公司
       43%          57%               ↓
         → 甲科技集团 ←              PC业务
```

首次交割后：

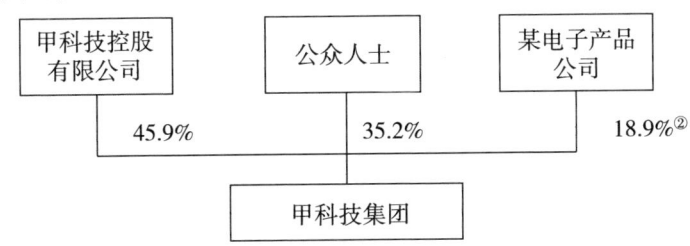

```
甲科技控股        公众人士         某电子产品
有限公司                            公司
   45.9%          35.2%            18.9%②
              → 甲科技集团 ←
```

2. 交易方式

本次交易属于资产收购，收购对象是某电子产品公司位于全球的个人电脑资产，以及与之有关的研发、生产、采购、销售、人员等。位于中国的收购资产中，包括某电子产品公司与合资伙伴设立的一家合资企业。

3. 支付方式

现金加股权以及包含债务承担的混合支付方式。根据交易条款，甲科技集团支付给某电子产品公司的交易代价为12.5亿美元，其中包括约6.5亿美元现金和价值6亿美元的甲科技集团股份。交易完成后，某电子产品公司拥有甲科技集团18.9%的股权。此外，甲科技集团将承担与并购资产有关的约5亿美元的负债。

4. 融资安排

收购资金来源于以下四个方面：

①银行贷款：6亿美元的五年期银团贷款。贷款由工银亚洲、法国巴黎银行、荷兰银行及渣打银行安排，其他参与银行包括中国内地、中国香港、欧洲、亚洲及美国的16家银行。

②发行普通股和无投票权股份：甲科技集团向某电子产品公司发行价值6亿美元821234569股的普通股和921636459股无投票权股份。

③过桥贷款：收购资金由内部资金和第三方借贷提供。其中高盛承诺提供5亿美元额度的过渡融资。甲科技集团最终没有提取使用该过桥资金。

---

① 在18.9%中，8.9%是有投票权股份，10.0%是无投票权股份。

④发行可转换优先股和认股权证：引入三大私募投资公司提供 3.5 亿美元的战略投资。根据协议，甲科技集团向这三家私募投资公司共发行价值 3.5 亿美元的可换股优先股，以及可用作认购甲科技集团股份的非上市认股权证。

5. 交易文件

资产购买协议是本次收购交易的主协议，根据资产购买协议，双方又签署了过渡服务协议、策略性融资和资产处置服务协议、IGS 服务协议、市场支持协议、内部使用购买协议、总分销协议、知识产权转让与许可协议以及雇员事项协议等多项附属协议。

6. 交割条件

满足下列先决条件后，双方的交割责任方可落实：

①独立股东在股东特别大会上批准资产收购和附属协议；

②联交所上市委员会批准将于首次交割时发行给某电子产品公司的股份上市和买卖；

③资产购买协议所拟进行的交易，已获美国外国投资委员会批准，美国《HSR 法案》和日本《反垄断法》规定的等候期已届满或终止，以及已取得所有重大的相关政府部门的同意书和批文；

④没有任何关于禁止在首次交割国家完成业务转让或者业务转让为不合法行为的法律、规则、规定、法令、颁令或禁止令正在生效中，也没有任何政府部门提出及待决诉讼，不存在按合理预期极可能禁止首次交割完成或使之成为违法行为的情况。

二、甲信息通信产业集团有限公司重大资产重组四川乙水利电力股份有限公司项目[①]

本项目重组方为国资主体，兰台律所在项目履职过程中除了承担一般法律顾问工作中负担的尽职调查、法律文件拟定等工作，还需要对国有资产流动方面的合规工作进行大量的资料查阅、合规可行性论证、主管机关函证等工作。

（一）交易概述

本次交易方案包括：（1）重大资产置换；（2）发行股份并支付现金购买资产；（3）募集配套资金。其中，重大资产置换和发行股份并支付现金购买资产互为前提、共同实施，任何一项因未获得所需的批准（包括但不限于相关交易方内部有权审批机构及相关监管机构批准）而无法付诸实施，则另一项交易不予实施。募集配套资金在重大资产置换和发行股份并支付现金购买资产的基础上实施，但募集配套

---

① 本项目为兰台律所接受委托独立完成的并购重组项目。

资金实施与否或配套资金是否足额募集，均不影响重大资产置换和发行股份并支付现金购买资产的实施。

（二）交易内容及法律顾问履职

1. 交易主体

甲信息通信股份有限公司前身为四川乙水利电力股份有限公司。1993年12月经四川省体改委批准，以定向募集方式设立四川乙水利电力股份有限公司（以下简称乙水电）。1998年3月11日，经中国证券监督管理委员会批准，乙水电向社会公众发行普通股票3500万股，并于1998年4月2日在上海证券交易所挂牌交易。

2019年1月25日，乙水电与甲信息通信产业集团有限公司（以下简称甲集团）签订框架协议，正式启动重大资产重组工作，于2019年12月16日正式取得中国证监会核准批复。2020年2月21日，公司取得市场监督管理局核发的营业执照，公司名称正式变更为"甲信息通信股份有限公司"。

2. 重大资产置换

乙水电拟将除保留资产外的全部资产、负债及业务作为置出资产，与甲集团持有的A公司67.31%股权、B公司100%股权、C公司100%股权、D公司75%股权的等值部分进行置换。

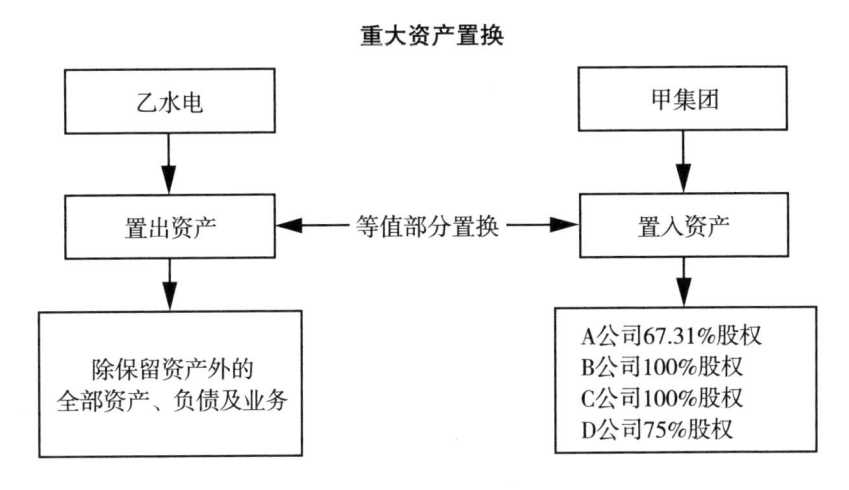

重大资产置换

```
     乙水电                            甲集团
       │                                │
       ▼                                ▼
    置出资产   ◄──── 等值部分置换 ────►  置入资产
       │                                │
       ▼                                ▼
  除保留资产外的                    A公司67.31%股权
  全部资产、负债及业务              B公司100%股权
                                    C公司100%股权
                                    D公司75%股权
```

3. 发行股份并支付现金购买资产

乙水电以发行股份的方式向交易对方甲集团、丙集团和丁集团购买资产，具体包括：（1）向甲集团购买上述重大资产置换的差额部分；（2）向丙集团和丁集团购买其分别持有的A公司5%股份和27.69%股份。

乙水电以支付现金的方式向E公司购买其持有的D公司25%股权。

发行股份购买资产

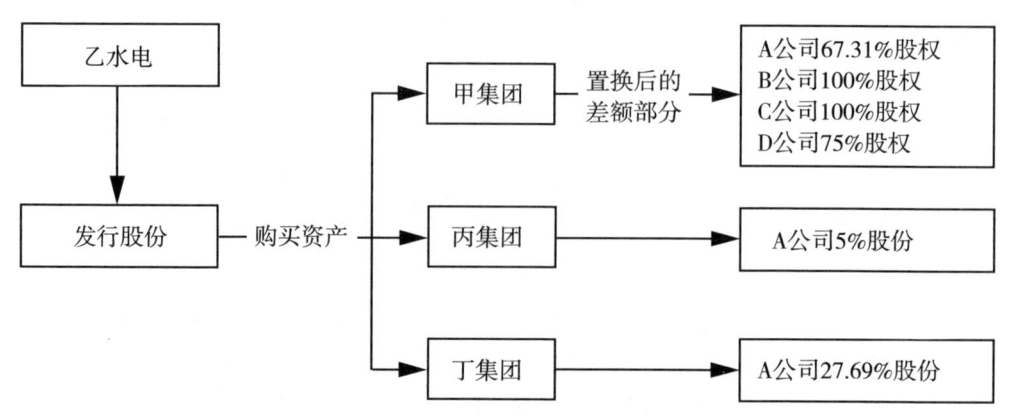

```
乙水电 ──发行股份──购买资产── 甲集团 ──置换后的差额部分── A公司67.31%股权
                                                    B公司100%股权
                                                    C公司100%股权
                                                    D公司75%股权
                          丙集团 ────────── A公司5%股份
                          丁集团 ────────── A公司27.69%股份
```

4. 募集配套资金

乙水电拟向不超过 10 名投资者非公开发行股票募集配套资金，募集配套资金总额不超过 148097.23 万元，不超过本次交易中以发行股份方式购买资产的交易价格的 100%，且发行股份数量不超过发行前上市公司总股本的 20%，即 100825031 股。本次募集配套资金将用于投资标的公司"云网基础平台光纤骨干网建设项目""云网基础平台软硬件系统建设项目""互联网+电力营销平台建设项目"、支付本次交易的现金对价、支付本次交易相关税费及中介机构费用、补充流动资金。

5. 尽职调查

兰台律所作为法律顾问，除对委托方甲集团进行了充分尽职调查并出具相关法律意见书外，还协助乙水电对拟转入的四家公司资产进行了充分的尽职调查。

兰台律所最终形成尽职调查工作底稿 2000 多页；尽职调查报告（或法律意见书）10 余份。投入尽职调查工作人员 8 人；累计尽职调查工作工时 120 多小时。

6. 起草、修改项目法律文件

项目涉及的法律文件起草、修改可谓是法律顾问的"看家本领"了，本项目中委托人内部重组、重大资产置换、员工安置、知识产权权属设计等工作中都涉及大量的法律文件。起草、修改项目法律文件过程中需要与当事各方核定事实、确定交付时间、确定交割方式、进行保密约定等，对项目组律师提出了较高的沟通协调能力要求，顺利完成工作的同时亦让兰台人收获良多。

（三）法律顾问工作总结

本项目中，兰台律所作为收购方甲集团的法律顾问，项目组完成了如下主要工作：（1）为整合置入资产，项目组协助甲集团完成了内部企业的重组，起草了无偿划转协议，并根据业务开展需求进行了员工的划转安置。（2）协助甲集团完成了乙水电对四家置入乙水电资产的尽职调查。（3）协助甲集团完成了对于共有知识产权的梳理及共有知识产权协议的签署。(4) 对甲集团进行了充分的尽职调查,出具了《收购报告书的法律意见书》、《免于要约收购的法律意见书》及相关专业核查意见。(5) 起草、修改了与本项目有关的一系列协议。

在本项目中,兰台律所充分发挥了一体化的优势,组织了包括资本、能源、知识产权、劳动、诉讼仲裁等专业方向的律师,兰台律所在本项目中的敬业精神和专业度得到了客户和其他中介机构的高度认可。

三、高速公路集团收购某化工项目①

因转让方及目标公司均为 A 股上市公司,且涉及经营者集中申报等事项,本项目在交易合规方面具有一定的特殊性和复杂性。本次交易的顺利推进,有利于推动目标公司的良性发展、提高经营效率,有利于优化省国有资本布局和结构调整,提高国有资本运营效率,实现国有资产的保值增值。

(一) 交易概述

2022 年,某高速公路集团有限公司(以下简称高速公路集团)基于对河北某化工股份有限公司(以下简称某化工)价值认可和未来发展的信心,综合考虑省委省政府战略部署、集团"十四五"规划重点任务、发展战略,积极推动构建资本运作平台工作。基于上述背景和目的,高速公路集团决定协议收购某化工。本次收购完成后,高速公路集团将适时推动现有优质资产注入某化工,或通过上市公司开展优质业务,丰富上市公司业务,推动上市公司的良性发展,提升上市公司盈利能力,提高上市公司股东回报。

(二) 交易内容及法律顾问履职

1. 交易主体

高速公路集团有限公司注册成立于 2019 年 9 月 30 日,注册资本 521.48041 亿元。高速公路集团前身为某省高速公路管理局,2019 年 6 月,经省委省政府批准,改制为国有独资公司、省属重点骨干企业。高速公路集团所属二级分公司 17 家、子公司 8 家,员工 2 万多人,总资产达 2854 亿元;管辖运营高速公路里程 3831 公里,占全省高速公路总里程的 48%。综合实力稳列全省交通类企业"第一方阵"。

河北某化工股份有限公司原名某化学工业股份有限公司,成立于 1994 年 3 月,1996 年 6 月向社会公开发行股票并于当年 6 月 26 日在上海证券交易所挂牌上市。该公司拥有四家子公司。

---

① 本项目为兰台律所接受委托独立完成的并购重组项目。

2. 尽职调查

兰台项目组对某化工进行了全面的尽职调查，调查内容方面，对公司基本情况、历史沿革、股权结构、重大合同履行情况、债权债务情况、劳资人员情况、公司资产情况、公司知识产权情况等进行了全面的调查；调查方法方面，采取目标公司主动提供材料、现场走访、函证等多种方式落实调查工作。

3. 经营者集中申报

兰台项目组根据《反垄断法》、《国务院关于经营者集中申报标准的规定》（2018 修订）、《关于经营者集中申报的指导意见》（2018 修订）、《关于经营者集中申报文件资料的指导意见》（2018 修订）等法律法规、部门规章、行业协会自律文件的规定帮助高速公路集团完成了向国家市场监督管理总局及北京市市场监督管理局进行经营者集中申报工作。

4. 起草、修改项目法律文件

本项目中涉及的法律文件并不局限于交易协议、法律意见书，除了常规的项目法律文件，还包括经营者集中申报文件等相关文件。

5. 上市公司信息披露辅导

兰台项目组根据《证券法》（2019 修订）、《公司法》（2018 修正）、《国务院关于进一步提高上市公司质量的意见》、《国务院关于进一步促进资本市场健康发展的若干意见》、《国务院关于进一步优化企业兼并重组市场环境的意见》、《上市公司信息披露管理办法》等法律法规、部门规章的规定对上市公司进行了信息披露辅导等工作。

6. 完成收购

2023 年 2 月 14 日，某化工发布公告，高速公路集团收购某化工控制权涉及的股份已全部完成过户登记，公司控股股东由某能源股份有限公司变更为高速公路集团，实际控制人仍为某省国资委不变。

（三）法律顾问工作总结

本项目交易安排时间紧、任务重，兰台作为高速公路集团法律顾问，在本项目中提供了全程法律服务，包括对目标公司尽职调查、参加谈判并起草股份转让协议、向国家市场监督管理总局及北京市市场监督管理局进行经营者集中申报、对收购报告书出具法律意见书，就本次收购事宜向河北省国资委出具法律意见书，就免于要约收购事宜出具法律意见书、在过渡期内对上市公司信息披露等事宜进行辅导等工作。

仍然受益于兰台的一体化机制，能够使兰台各个办公室的律师在项目组协调下充分发挥集群作战优势，以目标为导向、不再完全拘泥于时空约束，体现出 1+1>2 的工作优势，在工作效率、工作责任心、工作完成满意度上受到委托方及其他中介机构的高度认可。

第五章

企业上市法律实务

第一节 企业上市概述

一、基本概念

通常意义上的上市仅指企业首次公开发行股票并上市（以下简称 IPO），即企业通过证券交易所第一次将其股份公开向社会公众投资者发售并将所募集的资金用于企业发展的行为。根据《证券法》《首次公开发行股票注册管理办法》等相关法律法规的规定，首次公开发行股票并上市是发行人满足必须具备的发行条件、上市条件以及相关信息披露要求后，依法经交易所发行上市审核，并报中国证监会注册的过程。

对企业而言，除高效募集资金用于企业发展外，IPO 对企业的价值还包括：扩大了企业的规模及市场影响力，拓宽了更多元的企业融资渠道，改善了资本结构，增强了对市场人才的吸引力并调动现有员工的积极性，提升了企业的管理水平和效率，实现了股东的创业价值与社会价值等。为企业带来价值的同时，IPO 也为企业增加了更多责任，包括：确保法人治理和内部控制体系的规范运行，确保充分的信息披露并接受监管部门、社会公众的监督，控股股东、实际控制人、董事、监事、高级管理人员的行为需受到更多的约束等。因此，对企业而言，IPO 既是机遇也是挑战，企业需全面、充分判断利弊，审时度势，避免一叶障目影响企业持续发展。

二、境内资本市场上市情况

（一）境内资本市场体系

1990 年 11 月 26 日，上海证券交易所（以下简称上交所）正式成立；同年 12 月 1 日，深圳证券交易所（以下简称深交所）正式成立，标志着我国资本市场的开启。

2003 年 10 月，党的十六届三中全会召开，确定了"建立多层次资本市场体系"的理念。[1]

2004 年 1 月 31 日，国务院发布《关于推进资本市场改革开放和稳定发展的若干意见》[2]，提出九条有关改革开放和稳定发展资本市场的原则性意见，首次提出"逐步建立满足不同类型企业融资需求的多层次资本市场体系"，从战略高度确立

---

[1] 参见《中共中央关于完善社会主义市场经济体制若干问题的决定》，载中国政府网，https://www.gov.cn/gongbao/content/2003/content_ 62494.htm，最后访问时间：2024 年 7 月 10 日。

[2] 该文件已失效，仅为说明具体问题，供读者研究和参考。

了发展我国多层次资本市场的正确方向。同年 5 月 17 日，中国证监会批准深交所在主板市场内开设中小企业板（以下简称中小板），为主业突出、具有成长性的中小企业提供了融资渠道和发展平台。

2009 年 10 月 30 日，深交所正式推出创业板，为创新型、创业型高科技中小企业提供了融资渠道和发展平台。①

2012 年 8 月 23 日，中国证监会发布《关于规范证券公司参与区域性股权交易市场的指导意见（试行）》②，允许各地重新设立区域性股权交易市场（以下简称四板），推动在上交所、深交所之外进行场外资本市场交易，促进中小微企业股权交易和融资。同年，国务院批准设立全国中小企业股份转让系统（以下简称新三板或全国股转系统），并扩大非上市股份公司股份转让试点。

2013 年 12 月 13 日，国务院发布《关于全国中小企业股份转让系统有关问题的决定》，新三板正式向全国推广，主要为创新型、创业型、成长型中小微企业发展提供了融资渠道。

2019 年 7 月 22 日，科创板正式开市并试点注册制③，为符合国家战略、突破关键核心技术、市场认可度高的科技创新企业提供了融资渠道，标志着我国资本市场体系进一步完善，是我国资本市场全面深化改革新征程的重要里程碑。

2020 年 6 月 12 日，中国证监会发布《创业板首次公开发行股票注册管理办法（试行）》④ 等配套制度，宣告创业板改革和注册制试点开始。

2021 年 4 月 6 日，历经十六年的发展，中小板在市值规模、业绩表现、交易特征等方面已与主板趋同，经中国证监会批准，深交所主板和中小板合并。⑤ 同年 9 月 3 日，北京证券交易所（以下简称北交所）成立，平移新三板精选层各项基础制度，坚持北交所上市公司由新三板创新层公司产生，维持新三板基础层、创新层与北交所"层层递进"的市场结构，并同步试点注册制。⑥

2023 年 2 月 17 日，中国证监会、证券交易所、全国股转公司、中国结算等发

---

① 参见《创业板首批上市公司股票顺利开盘》，载中国政府网，https：//www.gov.cn/jrzg/2009 - 10/30/content_ 1452595. htm，最后访问时间：2024 年 2 月 6 日。
② 该文件已失效，仅为说明具体问题，供读者研究和参考。
③ 参见《科创板开市 大改革启幕》，载中国政府网，https：//www.gov.cn/xinwen/2019 - 07/23/content_ 5413118. htm，最后访问时间：2024 年 2 月 6 日。
④ 该文件已失效，仅为说明具体问题，供读者研究和参考。
⑤ 参见《证监会批准深圳证券交易所主板与中小板合并》，载中国证券监督管理委员会网站，http：//www.csrc.gov.cn/csrc/c100028/c082f4dbf0a3541c0900bfae5a3b4666c/content.shtml，最后访问时间：2024 年 2 月 6 日。
⑥ 参见《坚持错位发展、突出特色建设北京证券交易所 更好服务创新型中小企业高质量发展》，载北京证券交易所网站，https：//www.bse.cn/important_ news/200010669.html，最后访问时间：2024 年 2 月 6 日。

布全面实行股票发行注册制制度规则，标志着全面注册制基本定型。[1]

经过三十余年的发展，目前，我国境内已经形成包括主板、科创板、创业板、新三板、四板在内的多层次资本市场体系，各市场板块定位明确、错位发展，覆盖不同行业、不同类型、不同成长阶段的企业，各类高质量企业均可获得有针对性的融资渠道。

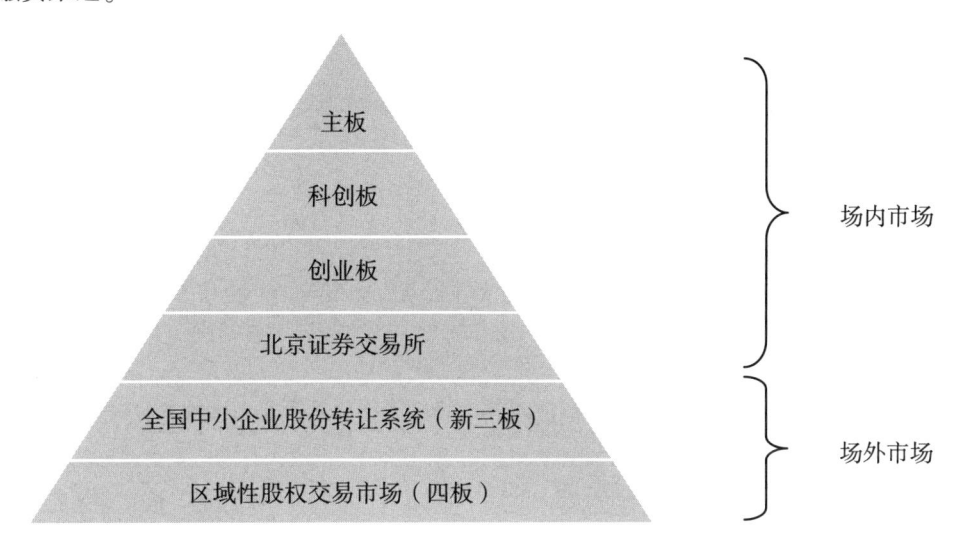

```
            主板
          科创板
          创业板             } 场内市场
        北京证券交易所
   全国中小企业股份转让系统（新三板）
       区域性股权交易市场（四板）    } 场外市场
```

全面注册制改革后，全市场均采取"交易所审核、证监会注册"的统一架构，虽然本质上把选择权交给了市场，但在"强披露""监管重心后移"前提之下，企业及其股东及相关方在上市过程中及上市后的责任均将进一步被压实。

（二）不同板块的定位

板块	定位
主板	突出"大盘蓝筹"特色，重点支持业务模式成熟、经营业绩稳定、规模较大、具有行业代表性的优质企业。
科创板	面向世界科技前沿、面向经济主战场、面向国家重大需求。优先支持符合国家战略，拥有关键核心技术，科技创新能力突出，主要依靠核心技术开展生产经营，具有稳定的商业模式，市场认可度高，社会形象良好，具有较强成长性的企业。
创业板	深入贯彻创新驱动发展战略，适应发展更多依靠创新、创造、创意的大趋势，主要服务成长型创新创业企业，支持传统产业与新技术、新产业、新业态、新模式深度融合。

---

[1] 参见《全面实行股票发行注册制制度规则发布实施》，载中国政府网，https：//www.gov.cn/xin-wen/2023-02/17/content_ 5741947. htm？share_ token＝ec453e06－286c－46e9－ab9b－467bcb8a2290，最后访问时间：2024年2月6日。

续表

板块	定位
北交所	充分发挥对全国股转系统的示范引领作用，深入贯彻创新驱动发展战略，聚焦实体经济，主要服务创新型中小企业，重点支持先进制造业和现代服务业等领域的企业，推动传统产业转型升级，培育经济发展新动能，促进经济高质量发展。
新三板	深入贯彻创新驱动发展战略，聚焦服务实体经济，主要服务创新型、创业型、成长型中小企业，支持中小企业高质量发展。
四板	主要服务于所在省级行政区域内中小微企业的私募股权市场。

（三）不同板块企业上市数据分析

1. IPO情况

根据上交所、深交所、北交所官方数据，截至2024年2月5日，不同板块（场内市场）企业上市情况如下：[①]

板块		上市/挂牌公司数(家)	总市值（亿元）	流通市值（亿元）	平均市盈率（倍）	主要行业
主板	沪主板A	1696	374392.99	355215.17	10.27	制造业、信息技术行业、批发零售、房地产、水电煤气
	沪主板B	44	844.91	628.07	4.73	
	深主板	1512	159490.34	142630.53	14.83	
科创板		567	43638.25	28523.02	25.26	计算机、通信和其他电子设备制造业；专用设备制造业；软件和信息技术服务业；医药制造业；电气机械和器材制造业
创业板		1336	82701.12	60536.32	24.30	计算机、通信和其他电子设备制造业；专用设备制造业；化学原料和化学制品制造业；软件和信息技术服务业；电气机械和器材制造业；通用设备制造业

---

① 参见深圳证券交易所公开数据，载深圳证券交易所网站，https://www.szse.cn/market/stock/indicator/index.html，最后访问时间：2024年2月6日；参见上海证券交易所公开数据，载上海证券交易所网站，http://www.sse.com.cn/market/stockdata/overview/day/，最后访问时间：2024年2月6日；参见北京证券交易所公开数据，载北京证券交易所网站，https://www.bse.cn/static/statisticdata.html，最后访问时间：2024年2月6日。

续表

板块	上市/挂牌公司数(家)	总市值（亿元）	流通市值（亿元）	平均市盈率（倍）	主要行业
北交所	244	3209.70	1606.27	—	机械设备、基础化工、电力设备、汽车、医药生物
合计	5399	664277.31	589139.38	—	—

近五年上市公司数量与总市值情况如下：

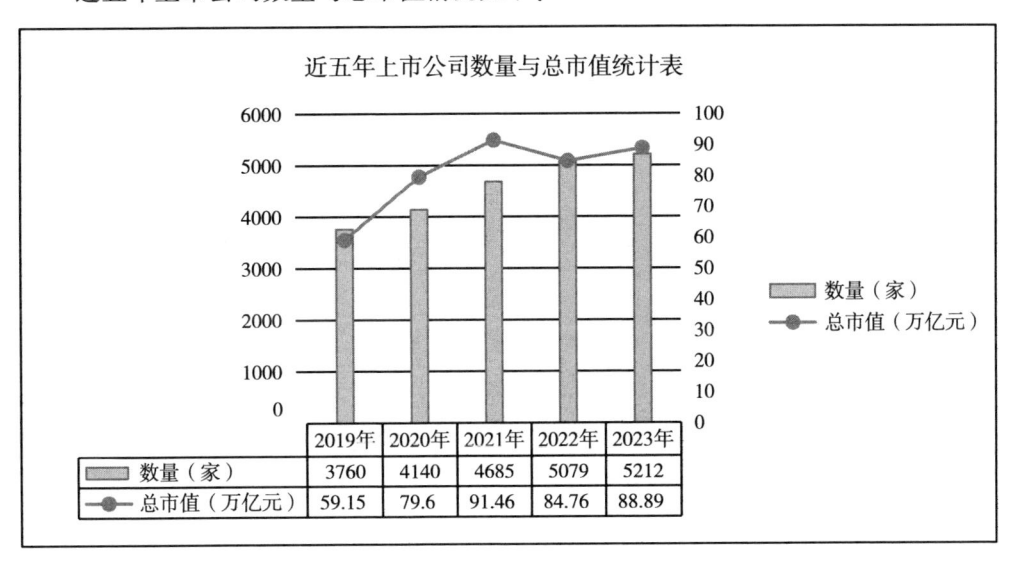

近五年上市公司数量与总市值统计表

	2019年	2020年	2021年	2022年	2023年
数量（家）	3760	4140	4685	5079	5212
总市值（万亿元）	59.15	79.6	91.46	84.76	88.89

2. 在审情况

根据上交所、深交所、北交所、新三板官方数据，截至2024年2月5日，不同板块发行上市的在审情况如下：①

进度	主板		科创板	创业板	北交所	合计
	沪主板	深主板				
已受理	6	6	0	0	0	12
已问询	97	66	80	97	77	417
上市委会议	11	10	7	108	4	140

---

① 参见深圳证券交易所公开数据，载深圳证券交易所网站，https://listing.szse.cn/projectdynamic/ipo/index.html，最后访问时间：2024年2月6日；参见上海证券交易所公开数据，载上海证券交易所网站，http://listing.sse.com.cn/renewal/，最后访问时间：2024年2月6日；参见北京证券交易所公开数据，载北京证券交易所网站，https://www.bse.cn/audit/project_news.html，最后访问时间：2024年2月6日。

续表

进度	主板 沪主板	主板 深主板	科创板	创业板	北交所	合计
中止及财报更新	2	2	2	5	32	43
终止	45	38	242	390	154	869
提交注册	10	6	8	21	12	57
注册生效	33	19	577	533	249	1411
不予注册	0	0	1	1	0	2
终止注册	0	0	25	18	154	197
合计	204	147	942	1173	682	3148

三、改制上市程序

（一）股改

企业股份制改造（以下简称股改）共有三种模式，即整体变更模式、母子公司模式以及分立模式。整体变更模式的流程最简单，因对企业影响最小、可持续计算经营期限而被多数企业采纳，但易保留不良资产，继而可能影响企业估值；母子公司模式和分立模式都可将不良资产剥离出拟上市主体，但是母子公司模式下存在无法彻底消除关联交易事项的问题，分立模式存在承接非上市公司资产的公司如何持续经营的问题。目前，我国法律法规未对股改的流程作出明确规定，一般而言，股改至少包含以下几大步骤：

序号	步骤	注意事项
1	召开有限责任公司第一次股东会	决议通过股改相关决议并设立股改筹备小组，股改筹备小组通常由董事长或董事会秘书牵头，会集公司生产、技术、财务等方面的负责人组成，负责整个股改过程中的统筹工作，负责协调公司内部各部门以及对接外部中介机构。
2	聘请中介机构	拟上市企业应根据《公司法》及公司章程的规定，就聘请审计机构、评估机构、律师事务所等证券服务机构履行内部决策程序。证券服务机构为拟上市企业提供股改及IPO服务应办理证券服务机构备案。

续表

序号	步骤	注意事项
3	股改前的尽职调查	股改前的尽职调查主要为查明影响股改乃至上市的相关问题及障碍，并在股改基准日前完成整改。通常重点关注的法律事项包括但不限于： （1）拟上市企业是否需要进行业务重组，剥离非主营业务、非经营性资产； （2）拟上市企业的股东在股改基准日前是否已足额缴纳出资，历史出资是否存在瑕疵，是否需要出资置换； （3）拟上市企业历史沿革中历次股权变动是否合法、有效，包括但不限于股权转让交割及价款支付是否完成，所涉审批、备案手续是否完备等； （4）董事、监事、高级管理人员是否具备任职资格； （5）是否存在股东特殊权利约定或相关安排； （6）拟上市企业资产是否完整，是否涉及资产权属确权程序； （7）公司治理体系是否完善和健全，内控制度是否有效运行； （8）梳理企业对外投资情况，认定关联方、关联关系，分析是否存在同业竞争，了解其形成的原因和存在的必要性、对企业持续经营能力的影响； （9）企业经营是否符合相关法律法规的要求； （10）报告期内相关主体是否存在重大违法违规行为。
4	确立股改基准日	通常选择12个自然月中的任意一个月最后一日作为股改基准日。为了避免与IPO申报财务数据存在差异，拟上市企业往往会选择季度末、半年度末或年度末之外的时间节点作为股改基准日，并避免与IPO报告期内各期期末重合。
5	出具审计评估报告及法律意见书	有限责任公司以经评估的净资产折股设立股份有限公司的，将被视为新设股份有限公司，IPO财务指标不可连续计算。为了实现财务指标连续计算，拟上市企业需以经审计净资产进行折股。如果企业为国有控股或参股企业，企业本身或其国有股东需就企业股改资产评估结果办理国有资产评估核准/备案手续。
6	通知合同相对方或取得合同相对方同意	企业与金融机构之间的融资合同中可能涉及企业需就股改事项事先通知对方或取得对方同意的限制性条款。股改前应全面梳理正在履行的合同，及时履行通知义务或取得对方同意，以免因此承担违约责任。
7	召开有限责任公司第二次股东会	召开第二次股东会审议通过股改方案、相关《审计报告》《评估报告》、终止有限责任公司章程、签署发起人协议等。

续表

序号	步骤	注意事项
8	召开股份有限公司创立大会，股份有限公司董事会、监事会	（1）创立大会主要审议：①发起人关于公司筹办情况、设立费用的报告；②股份有限公司章程；③选举董事会、监事会成员；④公司相关内部治理制度文件，包括但不限于股东大会、董事会、监事会的议事规则以及对外投资、关联交易、对外担保管理制度等。 （2）董事会主要审议：①选举董事长，聘任总经理、财务负责人、董秘等其他高级管理人员；②设立董事会专门委员会；③其他由董事会审议批准的公司内部治理制度。 （3）监事会主要审议：选举监事会主席。
9	验资并办理市场主体注册登记手续	设立验资账户，各发起人按发起人协议规定的出资方式、出资比例出资，以实物资产出资的应办理完毕有关产权转移手续。资金到位后，由办理了证券服务机构备案的验资机构进行验资并出具改制的《验资报告》。 办理股份有限公司市场主体注册登记手续，变更相关证照、账户名称，办理相关资料和资质过户手续。 及时通知客户、供应商、债权人、债务人等利益相关人公司改制事宜。

（二）上市辅导

关于上市辅导的规定主要见于《首次公开发行股票并上市辅导监管规定》，根据该规定，上市辅导主要目的为促进辅导对象具备成为上市公司应有的公司治理结构、会计基础工作、内部控制制度，充分了解多层次资本市场各板块的特点和属性，树立进入证券市场的诚信意识、自律意识和法治意识。概括而言，上市辅导程序包括：

1. 拟上市公司与保荐机构签署书面辅导协议，明确双方权利义务。

2. 签订辅导协议后5个工作日内，由辅导机构向验收机构进行辅导备案，及时披露辅导机构、辅导对象、辅导备案时间、辅导状态。辅导期自完成辅导备案之日起算，至辅导机构向验收机构提交齐备的辅导验收材料之日截止。辅导期原则上不少于3个月。

3. 保荐机构和其他中介对公司进行尽职调查、问题诊断、专业培训和业务指导，完善组织机构和内部管理，规范企业行为，明确业务发展目标和募集资金投向，对照发行上市条件对存在的问题进行整改，准备首次公开发行申请文件。

4. 辅导机构完成辅导工作，并通过首次公开发行股票并上市的内核程序，向验收机构提交辅导验收材料。

5. 验收机构通过审阅验收材料、现场走访、约谈、检查或抽查底稿、组织证券市场知识测试等方式进行验收，验收范围包括：（1）辅导机构辅导计划和实施方案的执行情况；（2）辅导机构督促辅导对象规范公司治理结构、会计基础工作、内部控制制度情况，指导辅导对象对存在问题进行规范的情况；（3）辅导机构督促辅导对象及其相关人员掌握发行上市、规范运作等方面的法律法规和规则、知悉信息披露和履行承诺等方面的责任、义务以及法律后果情况；（4）辅导机构引导辅导对象及其相关人员充分了解多层次资本市场各板块的特点和属性，掌握拟上市板块的定位和相关监管要求情况。验收机构自收到齐备的辅导验收材料之日起20个工作日内（补充、修改材料及进行规范工作时间不计算在内）出具验收工作完成函。辅导验收仅对辅导机构辅导工作的开展情况及成效作出评价，不对辅导对象是否符合发行上市条件作实质性判断。

（三）申报、审核与注册

根据《首次公开发行股票注册管理办法》的规定，拟上市公司需按照中国证监会有关规定制作注册申请文件，由保荐人保荐并向交易所申报。交易所收到注册申请文件，将在5个工作日内作出是否受理的决定。需特别注意的是，在全面注册制改革后，自注册申请文件申报之日起，公司及其控股股东、实际控制人、董事、监事、高级管理人员，以及与本次股票公开发行并上市相关的保荐人、证券服务机构及相关责任人员，即承担相应法律责任。

注册申请文件受理后，未经中国证监会或者交易所同意，不得改动。发生重大事项的，公司、保荐人、证券服务机构应当及时向交易所报告，并按要求更新注册申请文件和信息披露资料。

交易所主要通过向公司提出审核问询、公司回答问题、现场检查、要求保荐人、证券服务机构专项核查等方式开展审核工作，判断公司是否符合发行条件、上市条件和信息披露要求，督促公司完善信息披露内容。交易所按照规定的条件和程序，形成公司是否符合发行条件和信息披露要求的审核意见，对符合发行条件和信息披露要求的，将审核意见、注册申请文件及相关审核资料报中国证监会注册；对不符合发行条件和信息披露要求的，作出终止发行上市审核决定。

中国证监会收到资料后，在交易所审核意见基础上，在20个工作日内作出予以注册或者不予注册的决定。其间，如中国证监会发现存在影响发行条件的新增事项的，可以要求交易所进一步问询并就新增事项形成审核意见，该时间不计算在20个工作日内。中国证监会作出予以注册的决定自作出之日起1年内有效，公司需在有效期限内发行股票，具体发行时点可由公司自行选择，但在此期间内，公司应确保持续符合发行条件，否则可能被中国证监会要求暂缓发行、上市或撤销注册。

第二节 主板上市

一、规则体系

2023年2月17日，中国证监会发布并施行了《首次公开发行股票注册管理办法》等一系列股票注册制发行制度规则，上交所、深交所等机构也于同日同步发布并施行相应配套制度规则。以上规则的发布实施意味着我国全面注册制时代的来临，沪深交易所发行规则也由主板核准制变更为主板注册制。主板上市规则的变化是全面注册制改革中尤其亮眼的部分，也是对试点注册制成功经验的总结，总体而言主板上市规则沿袭了试点注册制以信息披露为核心、增加制度包容性、明确并压实市场主体责任的制度安排，并进一步精简了上市条件。以下为上交所、深交所主要上市规则体系：

序号	文件名称	文号	日期
（一）法律				
1	中华人民共和国公司法	主席令第15号	2023年12月29日
2	中华人民共和国证券法	主席令第37号	2019年12月28日
（二）证监会部门规章及规范性文件				
3	首次公开发行股票注册管理办法	中国证监会令第205号	2023年2月17日
4	证券发行上市保荐业务管理办法	中国证监会令第207号	2023年2月17日
5	公开发行证券的公司信息披露内容与格式准则第57号——招股说明书	中国证监会公告〔2023〕4号	2023年2月17日
6	公开发行证券的公司信息披露内容与格式准则第58号——首次公开发行股票并上市申请文件	中国证监会公告〔2023〕5号	2023年2月17日
（三）上交所业务规则				
7	上海证券交易所股票上市规则（2024年4月修订）	上证发〔2024〕51号	2024年4月30日
8	上海证券交易所股票发行上市审核规则（2024年4月修订）	上证发〔2024〕49号	2024年4月30日
9	上海证券交易所首次公开发行证券发行与承销业务实施细则	上证发〔2023〕33号	2023年2月17日
10	上海证券交易所证券发行上市业务指引（2018年修订）	上证发〔2018〕42号	2018年6月15日

续表

序号	文件名称	文号	日期
11	上海证券交易所发行上市审核规则适用指引第1号——申请文件受理（2024年修订）	上证发〔2024〕55号	2024年4月30日
12	上海证券交易所发行上市审核规则适用指引第2号——上市保荐书内容与格式	上证发〔2023〕45号	2023年2月17日
13	上海证券交易所发行上市审核规则适用指引第3号——现场督导（2024年修订）	上证发〔2024〕56号	2024年4月30日
14	上海证券交易所发行上市审核规则适用指引第4号——创新试点红筹企业财务报告信息披露	上证发〔2023〕47号	2023年2月17日
15	上海证券交易所发行上市审核业务指南第1号——审核系统业务办理	上证函〔2023〕375号	2023年2月17日
16	上海证券交易所发行上市审核业务指南第2号——发行上市申请文件	上证函〔2023〕376号	2023年2月17日
17	上海证券交易所发行上市审核业务指南第3号——业务咨询沟通	上证函〔2024〕2471号	2024年9月13日
18	上海证券交易所发行上市审核业务指南第4号——常见问题的信息披露和核查要求自查表	上证函〔2023〕657号	2023年3月17日
（四）深交所业务规则			
19	深圳证券交易所股票上市规则（2024年修订）	深证上〔2024〕339号	2024年4月30日
20	深圳证券交易所股票发行上市审核规则（2024年修订）	深证上〔2024〕341号	2024年4月30日
21	深圳证券交易所股票发行上市审核业务指引第1号——申请文件受理（2024年修订）	深证上〔2024〕345号	2024年4月30日
22	深圳证券交易所首次公开发行证券发行与承销业务实施细则	深证上〔2023〕100号	2023年2月17日
23	深圳证券交易所股票发行上市审核业务指引第2号——上市保荐书内容与格式	深证上〔2023〕107号	2023年2月17日
24	深圳证券交易所股票发行上市审核业务指引第3号——创新试点红筹企业财务报告信息披露	深证上〔2023〕108号	2023年2月17日

续表

序号	文件名称	文号	日期
25	深圳证券交易所股票发行上市审核业务指引第4号——现场督导（2024年修订）	深证上〔2024〕346号	2024年4月30日
26	深圳证券交易所股票发行上市审核业务指南第1号——业务咨询沟通	深证上〔2023〕117号	2023年2月17日
27	深圳证券交易所股票发行上市审核业务指南第2号——发行上市申请文件受理关注要点	深证上〔2023〕118号	2023年2月17日
28	深圳证券交易所股票发行上市审核业务指南第3号——首次公开发行审核关注要点（2023年修订）	深证上〔2023〕778号	2023年8月21日

二、禁止或限制上市的范围

全面注册制下，中国证监会相关制度重在强调主板的"大盘蓝筹"特色，重点支持业务模式成熟、经营业绩稳定、规模较大、具有行业代表性的优质企业，未明确设置"限制类"或"禁止类"的行业要求。但根据中共中央办公厅、国务院办公厅《关于进一步减轻义务教育阶段学生作业负担和校外培训负担的意见》规定，"学科类培训机构一律不得上市融资，严禁资本化运作"；根据《中共中央 国务院关于学前教育深化改革规范发展的若干意见》规定，"民办园一律不准单独或作为一部分资产打包上市。上市公司不得通过股票市场融资投资营利性幼儿园，不得通过发行股份或支付现金等方式购买营利性幼儿园资产"。根据《国务院关于建立完善守信联合激励和失信联合惩戒制度加快推进社会诚信建设的指导意见》的规定，对严重失信主体①限制股票发行上市融资。

因此，"学科类培训机构""民办园、营利性幼儿园""严重失信主体"属于明令禁止上市的主体。

---

① 重点包括：一是严重危害人民群众身体健康和生命安全的行为，包括食品药品、生态环境、工程质量、安全生产、消防安全、强制性产品认证等领域的严重失信行为。二是严重破坏市场公平竞争秩序和社会正常秩序的行为，包括贿赂、逃税骗税、恶意逃废债务、恶意拖欠货款或服务费、恶意欠薪、非法集资、合同欺诈、传销、无证照经营、制售假冒伪劣产品和故意侵犯知识产权、出借和借用资质投标、围标串标、虚假广告、侵害消费者或证券期货投资者合法权益、严重破坏网络空间传播秩序、聚众扰乱社会秩序等严重失信行为。三是拒不履行法定义务，严重影响司法机关、行政机关公信力的行为，包括当事人在司法机关、行政机关作出判决或决定后，有履行能力但拒不履行、逃避执行等严重失信行为。四是拒不履行国防义务，拒绝、逃避兵役，拒绝、拖延民用资源征用或阻碍对被征用的民用资源进行改造，危害国防利益，破坏国防设施等行为。

三、上市条件

根据《首次公开发行股票注册管理办法》第二章、《上海证券交易所股票上市规则（2024 年 4 月修订）》第三章第一节、《深圳证券交易所股票上市规则（2024 年修订）》第三章第一节等规定，公司拟在沪深交易所的主板上市，需符合以下条件：

序号	标准	上市条件
1	持续经营满 3 年	（1）依法设立且持续经营 3 年以上的股份有限公司，具备健全且运行良好的组织机构，相关机构和人员能够依法履行职责。 （2）有限责任公司按原账面净资产值折股整体变更为股份有限公司的，持续经营时间可以从有限责任公司成立之日起计算。
2	会计基础规范，内控制度健全	会计基础工作规范，财务报表的编制和披露符合企业会计准则和相关信息披露规则的规定，在所有重大方面公允地反映了公司的财务状况、经营成果和现金流量，最近 3 年财务会计报告由注册会计师出具无保留意见的审计报告。 内部控制制度健全且被有效执行，能够合理保证公司运行效率、合法合规和财务报告的可靠性，并由注册会计师出具无保留结论的内部控制鉴证报告。
3	业务完整，具有直接面向市场独立持续经营的能力	（1）资产完整，业务及人员、财务、机构独立，与控股股东、实际控制人及其控制的其他企业间不存在对公司构成重大不利影响的同业①竞争，不存在严重影响独立性或者显失公平的关联交易； （2）主营业务、控制权和管理团队稳定，最近 3 年内主营业务和董事、高级管理人员均没有发生重大不利变化； （3）股份权属清晰，不存在导致控制权可能变更的重大权属纠纷，最近 3 年实际控制人没有发生变更； （4）公司不存在涉及主要资产、核心技术、商标等的重大权属纠纷，重大偿债风险，重大担保、诉讼、仲裁等或有事项，经营环境已经或者将要发生重大变化等对持续经营有重大不利影响的事项。

---

① 是指竞争方从事与发行人主营业务相同或者相似的业务。

续表

序号	标准	上市条件
4	经营合法合规	公司生产经营符合法律、行政法规的规定，符合国家产业政策。最近3年内，公司及其控股股东、实际控制人不存在贪污、贿赂、侵占财产、挪用财产或者破坏社会主义市场经济秩序的刑事犯罪，不存在欺诈发行、重大信息披露违法或者其他涉及国家安全、公共安全、生态安全、生产安全、公众健康安全等领域的重大违法行为①。 董事、监事和高级管理人员不存在最近3年内受到中国证监会行政处罚，或者因涉嫌犯罪正在被司法机关立案侦查或者涉嫌违法违规正在被中国证监会立案调查且尚未有明确结论意见等情形。
5	发行后股本总额	发行后的股本总额≥5000万元。
6	公众股东持股比例	公众股东持股比例≥公司股本总额的25%（如股本总额超过4亿元，公众股东持股比例≥公司股本总额的10%）。
7	市值及财务指标（择一满足）	净利润+经营现金流/营业收入：最近3年净利润②均为正，且最近3年净利润累计≥2亿元，最近1年净利润≥1亿元，最近3年经营活动产生的现金流量净额累计≥2亿元或营业收入累计≥15亿元。
		预计市值+净利润+营业收入+经营现金流：预计市值③≥50亿元，且最近1年净利润为正，最近1年营业收入≥6亿元，最近3年经营活动产生的现金流量净额累计≥2.5亿元。
		预计市值+净利润+营业收入：预计市值≥100亿元，且最近1年净利润为正，最近1年营业收入≥10亿元。
8	符合板块定位	符合"大盘蓝筹"企业特点，重点支持业务模式成熟、经营业绩稳定、规模较大、具有行业代表性的优质企业。

---

① 有以下情形之一且中介机构出具明确核查结论的，可以不认定为重大违法行为：（1）违法行为轻微、罚款数额较小；（2）相关处罚依据未认定该行为属于情节严重的情形；（3）有权机关证明该行为不属于重大违法。违法行为导致严重环境污染、重大人员伤亡或者社会影响恶劣等并被处罚的，不适用上述规定。发行人合并报表范围内的各级子公司，如对发行人主营业务收入或者净利润不具有重要影响（占比不超过百分之五），其违法行为可不视为发行人本身存在重大违法行为，但相关违法行为导致严重环境污染、重大人员伤亡或者社会影响恶劣的除外。如被处罚主体为发行人收购而来，且相关处罚于发行人收购完成之前已执行完毕，原则上不视为发行人存在重大违法行为。但发行人主营业务收入和净利润主要来源于被处罚主体或者相关违法行为导致严重环境污染、重大人员伤亡或者社会影响恶劣的除外。

② 净利润以扣除非经常性损益前后的孰低者为准，净利润、营业收入、经营活动产生的现金流量净额均指经审计的数值。

③ 预计市值，是指股票公开发行后按照总股本乘以发行价格计算出来的发行人股票名义总价值。

四、特别条件

（一）设置表决权差异安排

根据《上海证券交易所股票上市规则（2024年4月修订）》第3.1.6条、《深圳证券交易所股票上市规则（2024年修订）》第3.1.6条的规定，公司具有表决权差异安排的（即设置了特别表决权），除符合上述一般公司上市条件外，市值及财务指标应当至少符合下列标准中的一项：

	标准一	标准二
预计市值	预计市值≥200亿元	预计市值≥100亿元
营业收入	—	最近一年营业收入≥10亿元
净利润	最近一年净利润为正	最近一年净利润为正

此外，根据《首次公开发行股票注册管理办法》第四十三条、《公开发行证券的公司信息披露内容与格式准则第57号——招股说明书》第三十三条及第八十一条、《上海证券交易所股票上市规则（2024年4月修订）》第四章第六节、《深圳证券交易所股票上市规则（2024年修订）》第四章第六节等规定，公司特别表决权股份的持有人资格、公司章程关于表决权差异安排的具体规定等应当符合以下条件：

1. 上市前未设置表决权差异安排的，不得在上市后以任何方式设置。上市后，除同比例配股、转增股本、分配股票股利情形外，不得在境内外发行特别表决权股份，不得提高特别表决权比例[①]。因股份回购等原因，可能导致特别表决权比例提高的，应当同时采取将相应数量特别表决权股份转换为普通股份等措施，保证特别表决权比例不高于原有水平。特别表决权股份不得在二级市场进行交易，但可以按照上交所有关规定进行转让。

2. 表决权差异安排应当经出席股东大会的股东所持2/3以上的表决权通过。

3. 持有特别表决权股份的股东应当为对公司发展或者业务增长等作出重大贡献，并且在公司上市前及上市后持续担任公司董事的人员或者该等人员实际控制的持股主体。

4. 持有特别表决权股份的股东在公司中拥有权益的股份合计应当达到公司全部已发行有表决权股份10%以上。普通表决权比例[②]应不低于10%。

5. 公司章程应当规定每份特别表决权股份的表决权数量，每份特别表决权股

[①] 特别表决权比例是指全部特别表决权股份的表决权数量占上市公司全部已发行股份表决权数量的比例。

[②] 普通表决权比例是指全部普通股份的表决权数量占上市公司全部已发行股份表决权数量的比例。

份的表决权数量应当相同，且不得超过每份普通股份的表决权数量的 10 倍。除公司章程规定的表决权差异外，普通股份与特别表决权股份具有的其他股东权利应当完全相同，尤其是对以下事项行使表决权时：

（1）修改公司章程①；

（2）改变特别表决权股份享有的表决权数量②；

（3）聘请或者解聘独立董事；

（4）聘请或者解聘监事；

（5）聘请或者解聘为上市公司定期报告出具审计意见的会计师事务所；

（6）公司合并、分立、解散或者变更公司形式③。

6. 公司应当充分、详细披露相关情况特别是风险、公司治理等信息，以及依法落实保护投资者合法权益规定的各项措施。

7. 其他《上海证券交易所股票上市规则（2024 年 4 月修订）》第四章第六节或《深圳证券交易所股票上市规则（2024 年修订）》第四章第六节"表决权差异安排"中规定的内容。

（二）红筹企业

根据《国务院办公厅转发证监会关于开展创新企业境内发行股票或存托凭证试点若干意见的通知》（以下简称《若干意见》）的规定，红筹企业是指注册地在境外、主要经营活动在境内的企业，红筹企业可通过发行股票或发行存托凭证④两种方式在境内上市。

根据《上海证券交易所股票上市规则（2024 年 4 月修订）》第 3.1.3 条、《深圳证券交易所股票上市规则（2024 年修订）》第 3.1.3 条的相关规定，除符合上述一般公司上市条件外，红筹企业通过发行股票或发行存托凭证的方式在境内上市应符合以下条件：

发行股票	发行后股份总数	发行后的股份总数≥5000 万股。
	公开发行的股份比例	公开发行（含已公开发行）的股份达到公司股份总数的 25% 以上；公司股份总数超过 4 亿股的，公开发行（含已公开发行）股份的比例为 10% 以上。

---

① 该事项应经过不低于出席会议的股东所持表决权的 2/3 以上通过，但因发生法定转换、同比例配股、转增股本、股份回购等情形导致的改变除外。

② 该事项应经过不低于出席会议的股东所持表决权的 2/3 以上通过，但因发生法定转换、同比例配股、转增股本、股份回购等情形导致的改变除外。

③ 该事项应经过不低于出席会议的股东所持表决权的 2/3 以上通过，但因发生法定转换、同比例配股、转增股本、股份回购等情形导致的改变除外。

④ 存托凭证，是指由存托人签发、以境外证券为基础在中国境内发行、代表境外基础证券权益的证券。

续表

发行存托凭证	发行后的存托凭证总份数	发行后的存托凭证总份数≥5000万份。
	公开发行存托凭证比例	公开发行（含已公开发行）的存托凭证对应基础股份达到公司股份总数的25%以上；发行后存托凭证总份数超过4亿份的，公开发行（含已公开发行）的存托凭证对应基础股份达到公司股份总数的10%以上。

根据《上海证券交易所股票上市规则（2024年4月修订）》第3.1.4条、第3.1.5条及《深圳证券交易所股票上市规则（2024年修订）》第3.1.4条、第3.1.5条，红筹企业在沪深交易所的主板上市，市值及财务指标应符合下列标准：

1. 已在境外上市的红筹企业，申请发行股票或者存托凭证并在本所上市的，应当至少符合下列标准中的一项：

（1）市值不低于2000亿元；

（2）市值200亿元以上，且拥有自主研发、国际领先技术，科技创新能力较强，在同行业竞争中处于相对优势地位。

2. 未在境外上市的红筹企业，申请发行股票或者存托凭证并在本所上市的，应当至少符合下列标准中的一项：

（1）预计市值不低于200亿元，且最近一年营业收入不低于30亿元；

（2）营业收入快速增长，拥有自主研发、国际领先技术，在同行业竞争中处于相对优势地位，且预计市值不低于100亿元；

（3）营业收入快速增长，拥有自主研发、国际领先技术，在同行业竞争中处于相对优势地位，且预计市值不低于50亿元，最近一年营业收入不低于5亿元。

前款规定的营业收入快速增长，应当符合下列标准之一：

（1）最近一年营业收入不低于5亿元的，最近三年营业收入复合增长率10%以上；

（2）最近一年营业收入低于5亿元的，最近三年营业收入复合增长率20%以上；

（3）受行业周期性波动等因素影响，行业整体处于下行周期的，发行人最近三年营业收入复合增长率高于同行业可比公司同期平均增长水平。

第三节　创业板上市

一、规则体系

2009年3月31日，中国证监会正式发布《首次公开发行股票并在创业板上市管理暂行办法》[①]。2009年10月30日，创业板首批28家公司上市。[②] 此时的创业板上市还处于核准制阶段。

2020年4月27日，中央全面深化改革委员会第十三次会议审议通过了《创业板改革并试点注册制总体实施方案》，创业板注册制改革正式启动，拉开了"存量+增量"市场注册制改革的序幕。2020年6月12日，中国证监会及深交所发布了创业板改革并试点注册制相关业务规则及配套安排。[③]

2023年2月17日，在全面注册制背景下，按上位法和全面注册制改革要求，证监会、深交所对相关制度与规则进行了适应性优化与衔接。[④] 以下为创业板主要上市规则体系：

序号	文件名称	文号	日期
（一）法律			
1	中华人民共和国公司法	主席令第15号	2023年12月29日
2	中华人民共和国证券法	主席令第37号	2019年12月28日
（二）证监会部门规章及规范性文件			
3	首次公开发行股票注册管理办法	中国证监会令第205号	2023年2月17日
4	试点创新企业境内发行股票或存托凭证并上市监管工作实施办法	中国证监会公告〔2023〕12号	2023年2月17日
5	公开发行证券的公司信息披露内容与格式准则第57号——招股说明书	中国证监会公告〔2023〕4号	2023年2月17日
6	公开发行证券的公司信息披露内容与格式准则第58号——首次公开发行股票并上市申请文件	中国证监会公告〔2023〕5号	2023年2月17日

---

① 该文件已失效，仅为说明具体问题，供读者研究和参考。
② 参见《创业板首批上市公司股票顺利开盘》，载中国政府网，https://www.gov.cn/jrzg/2009-10/30/content_1452595.htm，最后访问时间：2024年2月6日。
③ 参见《证监会发布创业板改革并试点注册制相关制度规则》，载中国证券监督管理委员会网站，http://www.csrc.gov.cn/csrc/c100028/c1000760/content.shtml，最后访问时间：2024年2月6日。
④ 参见《全面实行股票发行注册制制度规则发布实施》，载中国证券监督管理委员会网站，http://www.csrc.gov.cn/csrc/c100028/c7123213/content.shtml，最后访问时间：2024年2月6日。

续表

序号	文件名称	文号	日期
(三) 深交所业务规则			
7	深圳证券交易所创业板股票上市规则（2024年修订）	深证上〔2024〕340号	2024年4月30日
8	深圳证券交易所股票发行上市审核规则（2024年修订）	深证上〔2024〕341号	2024年4月30日
9	关于未盈利企业在创业板上市相关事宜的通知	深证上〔2023〕105号	2023年2月17日
10	深圳证券交易所股票发行上市审核业务指引第1号——申请文件受理（2024年修订）	深证上〔2024〕345号	2024年4月30日
11	深圳证券交易所股票发行上市审核业务指引第2号——上市保荐书内容与格式	深证上〔2023〕107号	2023年2月17日
12	深圳证券交易所股票发行上市审核业务指引第3号——创新试点红筹企业财务报告信息披露	深证上〔2023〕108号	2023年2月17日
13	深圳证券交易所股票发行上市审核业务指引第4号——现场督导（2024年修订）	深证上〔2024〕346号	2024年4月30日
14	深圳证券交易所关于全面实行股票发行注册制相关审核工作衔接安排的通知	深证上〔2023〕52号	2023年2月1日
15	深圳证券交易所创业板企业发行上市申报及推荐暂行规定（2024年修订）	深证上〔2024〕344号	2024年4月30日
16	深圳证券交易所股票发行上市审核业务指南第1号——业务咨询沟通	深证上〔2023〕117号	2023年2月17日
17	深圳证券交易所股票发行上市审核业务指南第2号——发行上市申请文件受理关注要点	深证上〔2023〕118号	2023年2月17日
18	深圳证券交易所股票发行上市审核业务指南第3号——首次公开发行审核关注要点（2023年修订）	深证上〔2023〕778号	2023年8月21日

二、禁止或限制上市的范围

根据《深圳证券交易所创业板企业发行上市申报及推荐暂行规定（2024年修订）》第五条的规定，原则上不支持下列行业企业申报在创业板发行上市，但与互联网、大数据、云计算、自动化、人工智能、新能源等新技术、新产业、新业态、新模式深度融合的创新创业企业除外：（1）农林牧渔业；（2）采矿业；（3）酒、饮料和精制茶制造业；（4）纺织业；（5）黑色金属冶炼和压延加工业；（6）电力、热力、燃气及水生产和供应业；（7）建筑业；（8）交通运输、仓储和邮政业；（9）住宿和餐饮业；（10）金融业；（11）房地产业；（12）居民服务、修理和其他服务业。禁止产能过剩行业、《产业结构调整指导目录》中的淘汰类行业，以及从事学前教育、学科类培训、类金融业务的企业在创业板发行上市。

三、上市条件

根据《首次公开发行股票注册管理办法》《深圳证券交易所创业板企业发行上市申报及推荐暂行规定（2024年修订）》《深圳证券交易所股票发行上市审核规则（2024年修订）》《深圳证券交易所创业板股票上市规则（2024年修订）》（以下简称《创业板上市规则》）等关于创业板上市条件的规定，公司拟在创业板上市，需符合以下条件：

序号	标准	上市条件	
1	符合创业板定位	常规指标（择一符合）	（1）最近3年研发投入复合增长率不低于15%，最近1年研发投入金额不低于1000万元，且最近3年营业收入复合增长率不低于25%。 （2）最近3年累计研发投入金额不低于5000万元，且最近3年营业收入复合增长率不低于25%。 （3）属于制造业优化升级、现代服务业或者数字经济等现代产业体系领域，且最近3年营业收入复合增长率不低于30%。
2	市值及财务指标（择一满足）	净利润	最近2年净利润均为正，累计净利润不低于1亿元，且最近一年净利润不低于6000万元。
		预计市值+净利润+营业收入	预计市值不低于15亿元，最近1年净利润为正且营业收入不低于4亿元。
		预计市值+营业收入	预计市值不低于50亿元，且最近1年营业收入不低于3亿元。
3	发行后股本总额	≥3000万元。	
4	公开发行的股份比例	公开发行的股份达到公司股份总数的25%以上；公司股本总额超过人民币4亿元的，公开发行股份的比例为10%以上。	
5	持续经营满3年	依法设立且持续经营3年以上的股份有限公司，具备健全且运行良好的组织机构，相关机构和人员能够依法履行职责。 有限责任公司按原账面净资产值折股整体变更为股份有限公司的，持续经营时间可以从有限责任公司成立之日起计算。	

续表

序号	标准	上市条件
6	会计基础规范，内控制度健全	（1）会计基础工作规范，财务报表的编制和披露符合企业会计准则和相关信息披露规则的规定，在所有重大方面公允地反映了公司的财务状况、经营成果和现金流量，最近3年财务会计报告由注册会计师出具无保留意见的审计报告。 （2）内部控制制度健全且被有效执行，能够合理保证公司运行效率、合法合规和财务报告的可靠性，并由注册会计师出具无保留结论的内部控制鉴证报告。
7	业务完整，具有直接面向市场独立持续经营的能力	（1）资产完整，业务及人员、财务、机构独立，与控股股东、实际控制人及其控制的其他企业间不存在对公司构成重大不利影响的同业竞争，不存在严重影响独立性或者显失公平的关联交易。 （2）主营业务、控制权和管理团队稳定，最近2年内主营业务和董事、高级管理人员均没有发生重大不利变化。 （3）公司的股份权属清晰，不存在导致控制权可能变更的重大权属纠纷，最近2年实际控制人没有发生变更。 （4）不存在涉及主要资产、核心技术、商标等的重大权属纠纷，重大偿债风险，重大担保、诉讼、仲裁等或有事项，经营环境已经或者将要发生重大变化等对持续经营有重大不利影响的事项。
8	经营合法合规	（1）公司生产经营符合法律、行政法规的规定，符合国家产业政策。 （2）最近3年内，公司及其控股股东、实际控制人不存在贪污、贿赂、侵占财产、挪用财产或者破坏社会主义市场经济秩序的刑事犯罪，不存在欺诈发行、重大信息披露违法或者其他涉及国家安全、公共安全、生态安全、生产安全、公众健康安全等领域的重大违法行为。 （3）董事、监事和高级管理人员不存在最近3年内受到中国证监会行政处罚，或者因涉嫌犯罪正在被司法机关立案侦查或者涉嫌违法违规正在被中国证监会立案调查且尚未有明确结论意见等情形。

四、特别条件

（一）设置表决权差异安排

根据《创业板上市规则》第2.1.4条的规定，公司具有表决权差异安排的，除满足上述一般公司上市条件外，市值及财务指标应当至少符合下列标准中的一项：

	标准一	标准二
预计市值	预计市值≥100亿元	预计市值≥50亿元
营业收入	—	最近一年营业收入≥5亿元

此外，公司特别表决权股份的持有人资格、公司章程关于表决权差异安排的具体规定等应当符合以下条件：

1. 上市前未设置表决权差异安排的，不得在上市后以任何方式设置。上市后，除同比例配股、转增股本、分配股票股利情形外，不得在境内外发行特别表决权股份，不得提高特别表决权比例。因股份回购等原因，可能导致特别表决权比例提高的，应当同时采取将相应数量特别表决权股份转换为普通股份等措施，保证特别表决权比例不高于原有水平。特别表决权股份不得在二级市场进行交易，但可以按照深交所有关规定进行转让。

2. 公司首次公开发行上市前设置表决权差异安排的，应当经出席股东大会的股东所持 2/3 以上的表决权通过。

3. 持有特别表决权股份的股东应当为对公司发展作出重大贡献，并且在公司上市前及上市后持续担任公司董事的人员或者该等人员实际控制的持股主体。

4. 持有特别表决权股份的股东在公司中拥有权益的股份合计应当达到公司全部已发行有表决权股份 10% 以上。公司应当保证普通表决权比例不低于 10%。

5. 公司章程应当规定每份特别表决权股份的表决权数量，每份特别表决权股份的表决权数量应当相同，且不得超过每份普通股份的表决权数量的 10 倍。除公司章程规定的表决权差异外，普通股份与特别表决权股份具有的其他股东权利应当完全相同，尤其是对以下事项行使表决权时：

（1）对公司章程作出修改；

（2）改变特别表决权股份享有的表决权数量；

（3）聘请或者解聘独立董事；

（4）聘请或者解聘监事；

（5）聘请或者解聘为上市公司定期报告出具审计意见的会计师事务所；

（6）公司合并、分立、解散或者变更公司形式。

6. 公司应当充分、详细披露相关情况特别是风险、公司治理等信息，以及依法落实保护投资者合法权益规定的各项措施。

7. 其他《创业板上市规则》第四章第四节"表决权差异安排"中规定的内容。

（二）红筹企业

根据《若干意见》的规定，红筹企业是指注册地在境外、主要经营活动在境内的企业，红筹企业可通过发行股票或发行存托凭证[①]两种方式在境内上市。

[①] 存托凭证，是指由存托人签发、以境外证券为基础在中国境内发行、代表境外基础证券权益的证券。

根据《创业板上市规则》第2.1.1条的规定，除符合上述一般公司上市条件外，红筹企业通过发行股票或发行存托凭证的方式在境内上市应符合以下条件：

发行股票	发行后股份总数	发行后的股份总数≥3000万股。
	公开发行的股份比例	公开发行的股份达到公司股份总数的25%以上；公司股份总数超过4亿股的，公开发行股份的比例为10%以上。
发行存托凭证	发行后的存托凭证总份数	发行后的存托凭证总份数≥3000万份。
	公开发行存托凭证比例	公开发行的存托凭证对应基础股份达到公司股份总数的25%以上；发行后的存托凭证总份数超过4亿份的，公开发行存托凭证对应基础股份达到公司股份总数的10%以上。

根据《若干意见》第三条、《关于创新试点红筹企业在境内上市相关安排的公告》、《创业板上市规则》第2.1.3条等相关规定，红筹企业在创业板上市，市值及财务指标应符合下列标准：

1. 已境外上市试点红筹企业发行股票或存托凭证并在境内上市的，应当符合下列标准之一：

（1）市值不低于2000亿元人民币；

（2）市值200亿元人民币以上，且拥有自主研发、国际领先技术，科技创新能力较强，同行业竞争中处于相对优势地位。

2. 尚未境外上市试点企业发行股票或存托凭证并在境内上市的，应当符合下列标准之一：

（1）最近1年经审计的主营业务收入不低于30亿元人民币，且企业估值不低于200亿元人民币；

（2）拥有自主研发、国际领先、能够引领国内重要领域发展的知识产权或专有技术，具备明显的技术优势的高新技术企业，研发人员占比超过30%，已取得与主营业务相关的发明专利一百项以上，或者取得至少一项与主营业务相关的一类新药药品批件，或者拥有经有权主管部门认定具有国际领先和引领作用的核心技术；依靠科技创新与知识产权参与市场竞争，具有相对优势的竞争地位，主要产品市场占有率排名前三，最近3年营业收入复合增长率30%以上，最近1年经审计的主营业务收入不低于10亿元人民币，且最近3年研发投入合计占主营业务收入合计的比例10%以上。对国家创新驱动发展战略有重要意义，且拥有较强发展潜力和市场前景的企业除外；

（3）尚未境外上市红筹企业营业收入快速增长①，拥有自主研发、国际领先技术、同行业竞争中处于相对优势地位；且预期市值不低于人民币 100 亿元，或预计市值不低于人民币 50 亿元、最近一年营业收入不低于人民币 5 亿元。

第四节　科创板上市

一、规则体系

2018 年 11 月 5 日，习近平主席在首届中国国际进口博览会开幕式上宣布独立于现有主板市场新设科创板，并在该板块内进行注册制试点。② 2019 年 1 月 28 日，经党中央、国务院同意，《关于在上海证券交易所设立科创板并试点注册制的实施意见》发布并实施。2019 年 3 月 1 日，《科创板首次公开发行股票注册管理办法（试行）》③ 正式施行。次日，上交所发布了包括《上海证券交易所科创板股票上市规则》在内的多项配套规则。2023 年 2 月 17 日，在全面注册制背景下，按上位法和全面注册制改革要求，证监会、上交所对相关制度与规则进行了适应性优化与衔接。④ 以下为科创板主要上市规则体系：

序号	文件名称	文号	日期
（一）	法律		
1	中华人民共和国公司法	主席令第 15 号	2023 年 12 月 29 日
2	中华人民共和国证券法	主席令第 37 号	2019 年 12 月 28 日
（二）	证监会部门规章及规范性文件		
3	首次公开发行股票注册管理办法	中国证监会令第 205 号	2023 年 2 月 17 日
4	关于在上海证券交易所设立科创板并试点注册制的实施意见	中国证监会公告〔2019〕2 号	2019 年 1 月 28 日

---

① 营业收入快速增长，指符合下列标准之一：（1）最近一年营业收入不低于 5 亿元的，最近三年营业收入复合增长率 10%以上；（2）最近一年营业收入低于 5 亿元的，最近三年营业收入复合增长率 20%以上；（3）受行业周期性波动等因素影响，行业整体处于下行周期的，发行人最近三年营业收入复合增长率高于同行业可比公司同期平均增长水平。处于研发阶段的红筹企业和对国家创新驱动发展战略有重要意义的红筹企业，不适用"营业收入快速增长"的上述要求。

② 参见《习近平在首届中国国际进口博览会开幕式上的主旨演讲（全文）》，载中国政府网，https://www.gov.cn/xinwen/2018-11/05/content_5337572.htm，最后访问时间：2024 年 2 月 6 日。

③ 该文件已失效，仅为说明具体问题，供读者研究和参考。

④ 参见《全面实行股票发行注册制制度规则发布实施》，载中国证券监督管理委员会网站，http://www.csrc.gov.cn/csrc/c100028/c7123213/content.shtml，最后访问时间：2024 年 2 月 6 日。

续表

序号	文件名称	文号	日期
5	公开发行证券的公司信息披露编报规则第24号——注册制下创新试点红筹企业财务报告信息特别规定	中国证监会公告〔2020〕25号	2020年4月28日
6	科创属性评价指引（试行）	中国证监会公告〔2024〕6号	2024年4月30日
7	公开发行证券的公司信息披露内容与格式准则第57号——招股说明书	中国证监会公告〔2023〕4号	2023年2月17日
8	公开发行证券的公司信息披露内容与格式准则第58号——首次公开发行股票并上市申请文件	中国证监会公告〔2023〕5号	2023年2月17日
（三）上交所业务规则			
9	上海证券交易所科创板股票上市规则（2024年4月修订）	上证发〔2024〕52号	2024年4月30日
10	上海证券交易所关于红筹企业申报科创板发行上市有关事项的通知	上证发〔2020〕44号	2020年6月5日
11	上海证券交易所发行上市审核规则适用指引第5号——医疗器械企业适用第五套上市标准	上证发〔2023〕138号	2023年8月25日
12	上海证券交易所科创板企业发行上市申报及推荐暂行规定（2024年4月修订）	上证发〔2024〕54号	2024年4月30日
13	上海证券交易所股票发行上市审核规则（2024年4月修订）	上证发〔2024〕49号	2024年4月30日
14	上海证券交易所首次公开发行证券发行与承销业务实施细则	上证发〔2023〕33号	2023年2月17日
15	上海证券交易所发行上市审核规则适用指引第1号——申请文件受理（2024年修订）	上证发〔2024〕55号	2024年4月30日
16	上海证券交易所发行上市审核规则适用指引第2号——上市保荐书内容与格式	上证发〔2023〕45号	2023年2月17日
17	上海证券交易所发行上市审核规则适用指引第3号——现场督导（2024年修订）	上证发〔2024〕56号	2024年4月30日
18	上海证券交易所发行上市审核规则适用指引第4号——创新试点红筹企业财务报告信息披露	上证发〔2023〕47号	2023年2月17日

二、禁止或限制上市的范围

根据《科创属性评价指引（试行）》、《上海证券交易所科创板企业发行上市申报及推荐暂行规定》（以下简称《科创板上市申报及推荐规定》）第五条的规定，限制金融科技、模式创新企业在科创板发行上市；禁止房地产和主要从事金融、投资类业务的企业在科创板发行上市。

三、上市条件

根据《首次公开发行股票注册管理办法》第十条至第十三条关于发行条件的规定、《科创属性评价指引（试行）》、《上海证券交易所科创板股票上市规则（2024年4月修订）》（以下简称《科创板上市规则》）第2.1.1条和2.1.2条、《科创板上市申报及推荐规定》等关于科创板上市条件的规定，公司拟在科创板上市，需符合以下条件：

序号	标准	上市条件	
1	属于特定行业领域的高新技术产业和战略性新兴产业	新一代信息技术领域	主要包括半导体和集成电路、电子信息、下一代信息网络、人工智能、大数据、云计算、软件、互联网、物联网和智能硬件等。
		高端装备领域	主要包括智能制造、航空航天、先进轨道交通、海洋工程装备及相关服务等。
		新材料领域	主要包括先进钢铁材料、先进有色金属材料、先进石化化工新材料、先进无机非金属材料、高性能复合材料、前沿新材料及相关服务等。
		新能源领域	主要包括先进核电、大型风电、高效光电光热、高效储能及相关服务等。
		节能环保领域	主要包括高效节能产品及设备、先进环保技术装备、先进环保产品、资源循环利用、新能源汽车整车、新能源汽车关键零部件、动力电池及相关服务等。
		生物医药领域	主要包括生物制品、高端化学药、高端医疗设备与器械及相关服务等。
		符合科创板定位的其他领域。	

续表

序号	标准	上市条件	
2	具备科创属性（符合常规指标或特殊指标）	常规指标（需同时符合）	(1) 最近3年研发投入占营业收入比例5%以上，或者最近3年研发投入金额累计在8000万元以上； (2) 研发人员占当年员工总数的比例不低于10%； (3) 应用于公司主营业务并能够产业化的发明专利7项以上； (4) 最近3年营业收入复合增长率达到25%，或者最近1年营业收入金额达到3亿元。 采用《科创板上市规则》第2.1.2条第一款第（五）项规定的上市标准申报科创板的企业，或按照《关于开展创新企业境内发行股票或存托凭证试点的若干意见》等相关规则申报科创板的已境外上市红筹企业，可不适用上述第（4）项指标的规定；软件行业不适用上述第（3）项指标的要求，但研发投入占比应在10%以上。
3	具备科创属性（符合常规指标或特殊指标）	未达到常规指标时可采用的特殊指标（择一符合）	(1) 公司拥有的核心技术经国家主管部门认定具有国际领先、引领作用或者对于国家战略具有重大意义； (2) 公司作为主要参与单位或者公司的核心技术人员作为主要参与人员，获得国家科技进步奖、国家自然科学奖、国家技术发明奖，并将相关技术运用于公司主营业务； (3) 公司独立或者牵头承担与主营业务和核心技术相关的国家重大科技专项项目； (4) 公司依靠核心技术形成的主要产品（服务），属于国家鼓励、支持和推动的关键设备、关键产品、关键零部件、关键材料等，并实现了进口替代； (5) 形成核心技术和应用于主营业务，并能够产业化的发明专利（含国防专利）合计50项以上。

续表

序号	标准	上市条件	
4	市值及财务指标（择一满足）	预计市值+净利润/营业收入	预计市值≥10亿元，最近2年净利润[1]均为正且累计净利润≥5000万元，或者预计市值≥10亿元，最近一年净利润为正且营业收入≥1亿元。
		预计市值+营业收入+研发投入	预计市值≥15亿元，最近1年营业收入≥2亿元，且最近3年累计研发投入占最近三年累计营业收入的比例≥15%。
		预计市值+营业收入+经营现金流	预计市值≥20亿元，最近1年营业收入≥3亿元，且最近3年经营活动产生的现金流量净额累计≥1亿元。
		预计市值+营业收入	预计市值≥30亿元，且最近1年营业收入≥3亿元。
		预计市值+研发成果	预计市值≥40亿元，主要业务或产品需经国家有关部门批准，市场空间大，目前已取得阶段性成果。医药行业企业需至少有一项核心产品获准开展二期临床试验，其他符合科创板定位的企业需具备明显的技术优势并满足相应条件。
5	发行后股本总额	≥3000万元。	
6	公开发行的股份比例	公开发行的股份达到公司股份总数的25%以上；公司股本总额超过人民币4亿元的，公开发行股份的比例为10%以上。	
7	持续经营满3年	依法设立且持续经营3年以上的股份有限公司，具备健全且运行良好的组织机构，相关机构和人员能够依法履行职责。 有限责任公司按原账面净资产值折股整体变更为股份有限公司的，持续经营时间可以从有限责任公司成立之日起计算。	
8	会计基础规范，内控制度健全	（1）会计基础工作规范，财务报表的编制和披露符合企业会计准则和相关信息披露规则的规定，在所有重大方面公允地反映了公司的财务状况、经营成果和现金流量，最近3年财务会计报告由注册会计师出具无保留意见的审计报告； （2）内部控制制度健全且被有效执行，能够合理保证公司运行效率、合法合规和财务报告的可靠性，并由注册会计师出具无保留结论的内部控制鉴证报告。	

---

[1] 本条所称净利润以扣除非经常性损益前后的孰低者为准，所称净利润、营业收入、经营活动产生的现金流量净额均指经审计的数值。

续表

序号	标准	上市条件
9	业务完整，具有直接面向市场独立持续经营的能力	（1）资产完整，业务及人员、财务、机构独立，与控股股东、实际控制人及其控制的其他企业间不存在对公司构成重大不利影响的同业竞争，不存在严重影响独立性或者显失公平的关联交易； （2）主营业务、控制权和管理团队稳定，最近 2 年内主营业务和董事、高级管理人员均没有发生重大不利变化，核心技术人员应当稳定且最近 2 年内没有发生重大不利变化； （3）公司的股份权属清晰，不存在导致控制权可能变更的重大权属纠纷，最近 2 年实际控制人没有发生变更； （4）不存在涉及主要资产、核心技术、商标等的重大权属纠纷，重大偿债风险，重大担保、诉讼、仲裁等或有事项，经营环境已经或者将要发生重大变化等对持续经营有重大不利影响的事项。
10	经营合法合规	（1）公司生产经营符合法律、行政法规的规定，符合国家产业政策； （2）最近 3 年内，公司及其控股股东、实际控制人不存在贪污、贿赂、侵占财产、挪用财产或者破坏社会主义市场经济秩序的刑事犯罪，不存在欺诈发行、重大信息披露违法或者其他涉及国家安全、公共安全、生态安全、生产安全、公众健康安全等领域的重大违法行为； （3）董事、监事和高级管理人员不存在最近 3 年内受到中国证监会行政处罚，或者因涉嫌犯罪正在被司法机关立案侦查或者涉嫌违法违规正在被中国证监会立案调查且尚未有明确结论意见等情形。

四、特别条件

（一）设置表决权差异安排

根据《科创板上市规则》第 2.1.4 条的规定，公司具有表决权差异安排的，除满足上述一般公司上市条件外，市值及财务指标应当至少符合下列标准中的一项：

	标准一	标准二
预计市值	预计市值≥100 亿元	预计市值≥50 亿元
营业收入	—	最近一年营业收入≥5 亿元

公司特别表决权股份的持有人资格、公司章程关于表决权差异安排的具体规定等应当符合以下条件：

1. 上市前未设置表决权差异安排的，不得在上市后以任何方式设置。上市后，除同比例配股、转增股本情形外，不得在境内外发行特别表决权股份，不得提高特别表决权比例①。因股份回购等原因，可能导致特别表决权比例提高的，应当同时采取将相应数量特别表决权股份转换为普通股份等措施，保证特别表决权比例不高于原有水平。特别表决权股份不得在二级市场进行交易，但可以按照上交所有关规定进行转让。

2. 表决权差异安排应当经出席股东大会的股东所持2/3以上的表决权通过。

3. 持有特别表决权股份的股东应当为对公司发展或者业务增长等作出重大贡献，并且在公司上市前及上市后持续担任公司董事的人员或者该等人员实际控制的持股主体。

4. 持有特别表决权股份的股东在公司中拥有权益的股份合计应当达到公司全部已发行有表决权股份10%以上。普通表决权比例②应不低于10%。

5. 公司章程应当规定每份特别表决权股份的表决权数量，每份特别表决权股份的表决权数量应当相同，且不得超过每份普通股份的表决权数量的10倍。除公司章程规定的表决权差异外，普通股份与特别表决权股份具有的其他股东权利应当完全相同，尤其是对以下事项行使表决权时：

（1）对公司章程作出修改；
（2）改变特别表决权股份享有的表决权数量③；
（3）聘请或者解聘独立董事；
（4）聘请或者解聘为上市公司定期报告出具审计意见的会计师事务所；
（5）公司合并、分立、解散或者变更公司形式。

6. 公司应当充分、详细披露相关情况特别是风险、公司治理等信息，以及依法落实保护投资者合法权益规定的各项措施。

7. 其他《科创板上市规则》第四章第五节"表决权差异安排"中规定的内容。

（二）红筹企业

根据《若干意见》的规定，红筹企业是指注册地在境外、主要经营活动在境内的企业，红筹企业可通过发行股票或发行存托凭证④两种方式在境内上市。根据《科创板上市规则》第2.1.1条的规定，除符合上述一般公司上市条件外，红筹企业通过发行股票或发行存托凭证的方式在境内上市应符合以下条件：

---

① 特别表决权比例是指全部特别表决权股份的表决权数量占上市公司全部已发行股份表决权数量的比例。

② 普通表决权比例是指全部普通股份的表决权数量占上市公司全部已发行股份表决权数量的比例。

③ 该事项应经过不低于出席会议的股东所持表决权的2/3以上通过，但因发生法定转换、同比例配股、转增股本、股份回购等情形导致的改变除外。

④ 存托凭证，是指由存托人签发、以境外证券为基础在中国境内发行、代表境外基础证券权益的证券。

发行股票	发行后股份总数	发行后的股份总数≥3000万股。
	公开发行的股份比例	公开发行的股份达到公司股份总数的25%以上；公司股份总数超过4亿股的，公开发行股份的比例为10%以上。
发行存托凭证	发行后的存托凭证总份数	发行后的存托凭证总份数≥3000万份。
	公开发行存托凭证比例	公开发行的存托凭证对应基础股份达到公司股份总数的25%以上；发行后的存托凭证总份数超过4亿份的，公开发行存托凭证对应基础股份达到公司股份总数的10%以上。

根据《若干意见》第三条、《关于创新试点红筹企业在境内上市相关安排的公告》、《科创板上市规则》第 2.1.3 条相关规定，红筹企业在科创板上市，市值及财务指标应符合下列标准：

1. 已境外上市试点红筹企业发行股票或存托凭证并在境内上市的，应当符合下列标准之一：

（1）市值不低于 2000 亿元人民币；

（2）市值 200 亿元人民币以上，且拥有自主研发、国际领先技术，科技创新能力较强，同行业竞争中处于相对优势地位。

2. 尚未境外上市试点企业发行股票或存托凭证并在境内上市的，应当符合下列标准之一：

（1）最近一年经审计的主营业务收入不低于 30 亿元人民币，且企业估值不低于 200 亿元人民币；

（2）拥有自主研发、国际领先、能够引领国内重要领域发展的知识产权或专有技术，具备明显的技术优势的高新技术企业，研发人员占比超过 30%，已取得与主营业务相关的发明专利一百项以上，或者取得至少一项与主营业务相关的一类新药药品批件，或者拥有经有权主管部门认定具有国际领先和引领作用的核心技术；依靠科技创新与知识产权参与市场竞争，具有相对优势的竞争地位，主要产品市场占有率排名前三，最近三年营业收入复合增长率 30% 以上，最近一年经审计的主营业务收入不低于 10 亿元人民币，且最近三年研发投入合计占主营业务收入合计的比例 10% 以上。对国家创新驱动发展战略有重要意义，且拥有较强发展潜力和市场前景的企业除外；

(3) 尚未境外上市红筹企业营业收入快速增长[1]，拥有自主研发、国际领先技术、在同行业竞争中处于相对优势地位；且预期市值不低于人民币 100 亿元，或预计市值不低于人民币 50 亿元、最近一年营业收入不低于人民币 5 亿元。

此外，根据《关于红筹企业申报科创板发行上市有关事项的通知》的规定，红筹企业向 PE、VC 等投资人发行带有约定赎回权等优先权利的股份或可转换债券（以下统称为优先股），红筹企业和投资人应当约定并承诺在申报和发行过程中不行使优先权利，并于上市前终止优先权利、转换为普通股。投资人按照其取得优先股的时点适用相应的锁定期要求。红筹企业应当在招股说明书中披露优先股的入股和权利约定情况、转股安排及股东权利变化情况，转股对红筹企业股本结构、公司治理及财务报表等的影响，股份锁定安排和承诺等，并进行充分风险提示。在此环节中，律师主要需对优先股投资人入股的背景及相关权利约定进行核查，并就转股安排和转股前后股东权利的变化，转股对公司的具体影响，相关承诺及股份锁定期是否符合要求等发表专项核查意见。

第五节　北交所上市

一、上市规则体系

2021 年 10 月 30 日，中国证监会正式发布北交所的主要制度与规则，包括发行上市、持续监管、再融资及重大资产重组以及相关的配套文件；[2] 同日，北交所正式发布证券发行上市审核规则、股票上市规则、证券发行承销管理细则等具体业务实施细则，均自 2021 年 11 月 15 日起施行。[3] 2023 年 2 月 17 日，在全面注册制背景下，按上位法和全面注册制改革要求，证监会、北交所对相关制度与规则进行了适应性优化与衔接。[4] 2023 年 9 月 1 日，中国证监会发布《关于高质量建设北京证券交易所的意见》，有助于北交所进一步提升市场活跃度、强化市场功能、改善投

---

[1] 营业收入快速增长，指符合下列标准之一：(1) 最近一年营业收入不低于 5 亿元的，最近三年营业收入复合增长率 10% 以上；(2) 最近一年营业收入低于 5 亿元的，最近三年营业收入复合增长率 20% 以上；(3) 受行业周期性波动等因素影响，行业整体处于下行周期的，发行人最近三年营业收入复合增长率高于同行业可比公司同期平均增长水平。处于研发阶段的红筹企业和对国家创新驱动发展战略有重要意义的红筹企业，不适用"营业收入快速增长"的上述要求。

[2] 参见《深化新三板改革 设立北京证券交易所主要制度规则正式发布》，载中国证券监督管理委员会网站，http：//www.csrc.gov.cn/csrc/c100028/c1492436/content.shtml，最后访问时间：2024 年 2 月 6 日。

[3] 参见北京证券交易所公开数据，载北京证券交易所网站，https：//www.bse.cn/business/overview.html，最后访问时间：2024 年 2 月 6 日。

[4] 参见《全面实行股票发行注册制制度规则发布实施》，载中国证券监督管理委员会网站，http：//www.csrc.gov.cn/csrc/c100028/c7123213/content.shtml，最后访问时间：2024 年 2 月 6 日。

资预期、营造良性生态，加快形成以高质量发展为核心的市场品牌、比较优势和特色优势，夯实打造服务创新型中小企业主阵地基础[①]。整体而言，北交所的相关制度与规则，从企业上市规则、监管规则、转板制度等都基本延续了新三板精选层的相关业务规则，但同时又有一定程度的优化与升级。以下为北交所主要上市规则体系：

序号	文件名称	文号	日期
（一）法律			
1	中华人民共和国公司法	主席令第15号	2023年12月29日
2	中华人民共和国证券法	主席令第37号	2019年12月28日
（二）证监会部门规章及规范性文件			
3	首次公开发行股票注册管理办法	中国证监会令第205号	2023年2月17日
4	北京证券交易所向不特定合格投资者公开发行股票注册管理办法	中国证监会令第210号	2023年2月17日
5	证券发行上市保荐业务管理办法	中国证监会令第207号	2023年2月17日
6	公开发行证券的公司信息披露内容与格式准则第46号——北京证券交易所公司招股说明书（2023年修改）	中国证监会公告〔2023〕16号	2023年2月17日
7	公开发行证券的公司信息披露内容与格式准则第47号——向不特定合格投资者公开发行股票并在北京证券交易所上市申请文件（2023年修改）	中国证监会公告〔2023〕17号	2023年2月17日
8	中国证监会关于高质量建设北京证券交易所的意见	/	2023年8月31日
（三）北交所业务规则			
9	北京证券交易所股票上市规则（试行）	北证公告〔2024〕22号	2024年4月30日
10	北京证券交易所向不特定合格投资者公开发行股票并上市审核规则	北证公告〔2024〕26号	2024年4月30日
11	北京证券交易所证券发行上市保荐业务管理细则	北证公告〔2023〕14号	2023年2月17日
12	北京证券交易所证券发行与承销管理细则	北证公告〔2023〕15号	2023年2月17日

---

① 参见《北交所坚决贯彻落实中国证监会部署 全力推进市场高质量发展》，载北京证券交易所网站，https：//www.bse.cn/party_build_dynamics/200018508.html，最后访问时间：2024年2月6日。

续表

序号	文件名称	文号	日期
13	北京证券交易所股票向不特定合格投资者公开发行与承销业务实施细则	北证公告〔2023〕55号	2023年8月21日
14	北京证券交易所向不特定合格投资者公开发行股票并上市业务规则适用指引第1号	北证公告〔2024〕44号	2024年8月30日
15	北京证券交易所向不特定合格投资者公开发行股票并上市业务办理指南第1号——申报与审核	北证公告〔2023〕22号	2023年2月17日
16	北京证券交易所向不特定合格投资者公开发行股票并上市业务办理指南第2号——发行与上市	北证公告〔2024〕16号	2024年4月19日
17	北京证券交易所上市公司持续监管指引第7号——转板	北证公告〔2023〕72号	2023年10月8日

二、与新三板的关系

北交所的设立，是持续深化新三板改革的积极探索。

2019年10月25日，在证监会例行新闻发布会上，证监会新闻发言人宣布：证监会将启动全面深化新三板改革。[①] 改革的内容主要包括完善市场分层，设立精选层，建立挂牌公司的转板上市机制等五方面。2020年7月27日，新三板精选层正式设立并开市交易[②]，新三板自此形成"基础层—创新层—精选层"三层递进的结构，符合不同条件的挂牌公司可分别纳入不同市场层级交易和管理，在精选层连续挂牌一年以上且符合转入板块的上市条件的，可以申请转板至科创板或创业板上市。

2021年9月2日，习近平主席在2021年中国国际服务贸易交易会全球服务贸易峰会致辞中宣布深化新三板改革[③]，在现有的新三板精选层基础上组建北交所，并同步试点证券发行注册制，建设一个为创新型中小企业量身打造的交易所。

---

① 参见《2019年10月25日新闻发布会》，载中国证券监督管理委员会网站，http：//www.csrc.gov.cn/csrc/c100029/c1000036/content.shtml，最后访问时间：2024年2月6日。

② 参见全国中小企业股份转让系统公开信息，载全国中小企业股份转让系统网站，https：//www.neeq.com.cn/company/introduce.html，最后访问时间：2024年2月6日。

③ 参见《习近平在2021年中国国际服务贸易交易会全球服务贸易峰会上的致辞（全文）》，载中国政府网，https：//www.gov.cn/xinwen/2021-09/02/content_5635041.htm，最后访问时间：2024年2月6日。

2021年9月3日，北京证券交易所有限责任公司注册成立①，系我国境内首个公司制证券交易所，全国中小企业股份转让系统有限责任公司（以下简称全国股转公司，系新三板运营机构）为北交所的唯一股东。将新三板精选层整体平移至北交所后，北交所上市公司由新三板创新层公司中产生，重点支持先进制造业和现代服务业等领域的企业，包括以制造业为主的专精特新中小企业，也包括战略性新兴产业中创新能力突出的中小企业、向专业化和价值链高端延伸的生产性服务业企业、向高品质和多样化升级的生活性服务业企业，整体呈现北交所与新三板基础层、创新层"层层递进"的市场结构，有利于发挥北交所对新三板创新层、基础层的示范引领和"反哺"作用，并提升新三板对初创期中小企业的吸引力。同时，北交所上市公司延续新三板精选层的转板机制，符合相应条件的北交所上市公司可以申请转板至科创板或创业板上市。对于暂未达到科创板、创业板上市条件的中小企业，提供了新三板挂牌—北交所上市—转板的发展路径。

三、禁止或限制上市的范围

（一）禁止特定行业或从事特定业务的公司上市

如上所述，在北交所上市的公司需在新三板的创新层连续挂牌满12个月，因此，新三板禁止或限制挂牌的范围也适用于北交所。综合《北京证券交易所向不特定合格投资者公开发行股票并上市业务规则适用指引第1号》（以下简称《北交所1号指引》）第一条至第九条、《全国中小企业股份转让系统股票挂牌规则》第二十二条及其配套的《全国中小企业股份转让系统股票挂牌审核业务规则适用指引第1号》第一条至第三条所细化的规定，公司所属行业或所从事业务存在以下情形之一的，不得在北交所发行上市：

1. 从事学前教育、学科类培训等业务，或属于国务院主管部门认定的产能过剩行业、《产业结构调整指导目录（2024年本）》中规定的淘汰类行业。

2. 除中国人民银行、国家金融监督管理总局、中国证监会批准设立并监管的金融机构外，主要从事其他金融或投资业务，或持有主要从事上述业务企业的股权比例20%以上（含20%）或为其第一大股东等法规政策明确禁止进入资本市场融资的行业、业务的。

3. 房地产企业。

4. 不符合新三板市场定位及中国证监会、全国股转公司规定的其他情形。

---

① 参见北京证券交易所公开信息，载北京证券交易所网站，https://www.bse.cn/company/introduce.html，最后访问时间：2024年2月6日。

（二）公司及其控股股东、实际控制人、董事、监事、高级管理人员存在特定情形的，禁止上市

根据《北京证券交易所向不特定合格投资者公开发行股票注册管理办法》（以下简称《北交所公开发行管理办法》）第十一条、《北京证券交易所股票上市规则（试行）》（以下简称《北交所上市规则》）第 2.1.4 条及《北交所 1 号指引》第一条至第七条的规定，存在下列情形之一的，不得公开发行股票：

1. 公司及其控股股东、实际控制人最近 3 年内存在贪污、贿赂、侵占财产、挪用财产或者破坏社会主义市场经济秩序的刑事犯罪。

2. 公司及其控股股东、实际控制人最近 3 年内存在欺诈发行、重大信息披露违法或者其他涉及国家安全、公共安全、生态安全、生产安全、公众健康安全等领域的重大违法行为。存在以下违法行为之一的，原则上视为重大违法行为：被处以罚款等处罚且情节严重；导致严重环境污染、重大人员伤亡、社会影响恶劣等。有以下情形之一且保荐机构及发行人律师出具明确核查结论的，可以不认定为重大违法：违法行为显著轻微、罚款数额较小；相关规定或处罚决定未认定该行为属于情节严重；有权机关证明该行为不属于重大违法。但违法行为导致严重环境污染、重大人员伤亡、社会影响恶劣等并被处以罚款等处罚的，不适用上述情形。

3. 公司及其控股股东、实际控制人、董事、监事、高级管理人员最近 1 年内受到中国证监会及其派出机构行政处罚，或因证券市场违法违规行为受到全国股转公司、证券交易所等自律监管机构公开谴责。

4. 公司及其控股股东、实际控制人、董事、监事、高级管理人员因涉嫌犯罪正被司法机关立案侦查或涉嫌违法违规正被中国证监会及其派出机构立案调查，尚未有明确结论意见。

5. 公司及其控股股东、实际控制人被列入失信被执行人名单且情形尚未消除。

6. 最近 3 年内，未按照《证券法》和中国证监会的相关规定在每个会计年度结束之日起 4 个月内编制并披露年度报告，或者未在每个会计年度的上半年结束之日起 2 个月内编制并披露中期报告。

7. 中国证监会和北交所规定的，对公司经营稳定性、直接面向市场独立持续经营的能力具有重大不利影响，或者存在公司利益受到损害等其他情形。

四、上市条件

根据《北交所公开发行管理办法》第二章关于发行条件的规定，《北交所上市规则》第 2.1.2 条、第 2.1.3 条、第 2.1.4 条申请公开发行并上市条件的规定及《北交所 1 号指引》的规定，公司拟在北交所上市，需符合以下条件：

序号	标准	上市条件
1	主体资格	在新三板创新层连续挂牌满 12 个月①。
2	每股净资产	最近 1 年期末净资产≥5000 万元。
3	公开发行的股份数量	公开发行的股份≥100 万股。
4	发行对象数量	发行对象≥100 人。
5	股本总额	公开发行后的股本总额≥3000 万元。
6	公开发行后股东数量	公开发行后股东人数≥200 人。
7	公众股东持股比例	公众股东持股比例≥公司股本总额的 25%（如股本总额超过 4 亿元，公众股东持股比例≥公司股本总额的 10%）。
8	市值及财务指标（择一满足） 预计市值+净利润+ROE	预计市值②≥2 亿元，最近 2 年净利润均≥1500 万元且加权平均净资产收益率③平均≥8%，或者最近 1 年净利润≥2500 万元且加权平均净资产收益率≥8%。
	预计市值+营业收入+经营现金流	预计市值≥4 亿元，最近 2 年营业收入平均≥1 亿元，且最近 1 年营业收入增长率≥30%，最近 1 年经营活动产生的现金流量净额为正。
	预计市值+营业收入+研发投入④	预计市值≥8 亿元，最近 1 年营业收入≥2 亿元且应主要源于前期研发成果产业化，最近 2 年研发投入合计占最近 2 年营业收入合计比例≥8%。
	预计市值+研发投入	预计市值≥15 亿元，最近 2 年研发投入合计≥5000 万元。选择此套标准的，主营业务应属于新一代信息技术、高端装备、生物医药等国家重点鼓励发展的战略性新兴产业。

① 计算口径为"交易所上市委审议时已挂牌满 12 个月"，允许挂牌满 12 个月的摘牌公司二次挂牌后直接申报北交所上市。

② 预计市值是指以发行人公开发行价格计算的股票市值。

③ 加权平均净资产收益率 $ROE = P/(E0 + NP \div 2 + Ei \times Mi \div M0 - Ej \times Mj \div M0)$。其中：P 为报告期归属于公司普通股股东的利润、扣除非经常性损益后归属于公司普通股股东的净利润；NP 为报告期归属于公司普通股股东的净利润；E0 为期初净资产；Ei 为报告期发行新股或债转股等新增净资产；Ej 为报告期回购或现金分红等减少净资产；M0 为报告期月份数；Mi 为新增净资产下一月份起至报告期期末的月份数；Mj 为减少净资产下一月份起至报告期期末的月份数。

④ 研发投入为企业研究开发活动形成的总支出。研发投入通常包括研发人员工资费用、直接投入费用、折旧费用与长期待摊费用、设计费用、装备调试费、无形资产摊销费用、委托外部研究开发费用、其他费用等。

续表

序号	标准	上市条件
9	经营稳定性，及直接面向市场独立持续经营的能力	（1）保持主营业务、控制权、管理团队的稳定，最近24个月内主营业务未发生重大变化； （2）最近12个月内曾实施重大资产重组的，在重组实施前公司应当符合四套财务指标标准之一（市值除外）； （3）最近24个月内实际控制人未发生变更； （4）最近24个月内董事、高级管理人员未发生重大不利变化； （5）公司或其控股股东、实际控制人，对公司主营业务收入或净利润占比超过10%的重要子公司在申报受理后至上市前不存在被列入失信被执行人名单且尚未消除的情形； （6）不存在其他对经营稳定性具有重大不利影响的情形，或对直接面向市场独立持续经营的能力有重大不利影响的情形。
10	业务、资产明确	（1）能够具体明确地阐述其经营的业务、产品或服务、用途及其商业模式等； （2）可同时经营一种或多种业务，每种业务应具有相应的关键资源要素，该要素组成应具有投入、处理和产出能力，能够与商业合同、收入或成本费用等相匹配； （3）对公司主要业务有重大影响的土地使用权、房屋所有权、生产设备、专利、商标和著作权等不存在对公司持续经营能力构成重大不利影响的权属纠纷。
11	财务状况良好	最近三年财务会计报告无虚假记载，被出具无保留意见审计报告。
12	研发相关内控	公司应制定并严格执行研发相关内控制度，明确研发支出的开支范围、标准、审批程序以及研发支出资本化的起始时点、依据、内部控制流程。同时，应按照研发项目设立台账归集核算研发支出。公司应审慎制定研发支出资本化的标准，并在报告期内保持一致。
13	依法规范经营	（1）生产经营符合法律、行政法规的规定，符合国家产业政策； （2）最近三年内，公司及其控股股东、实际控制人不存在贪污、贿赂、侵占财产、挪用财产或者破坏社会主义市场经济秩序的刑事犯罪，不存在欺诈发行、重大信息披露违法或者其他涉及国家安全、公共安全、生态安全、生产安全、公众健康安全等领域的重大违法行为； （3）最近一年内，公司及其控股股东、实际控制人未受到中国证监会行政处罚； （4）公司及其控股股东、实际控制人、下属子公司须依法开展经营活动，经营行为合法、合规，不存在重大违法违规行为。

续表

序号	标准	上市条件
14	具备健全且运行良好的组织机构	公司按规定建立股东大会、董事会、监事会和高级管理层，制定相应的公司治理制度，并能证明有效运行，保护股东权益。公司应当设立独立董事，独立董事的人数应当符合中国证监会相关规定；申报时的董事（独立董事除外）、监事、高级管理人员（包括董事会秘书和财务负责人）应当符合《北交所上市规则》等规则规定的任职要求，并符合北交所上市公司董事兼任高级管理人员的人数比例、董事或高级管理人员的亲属不得担任监事的相关要求；申报时提交的公司章程（草案）内容应当符合《北交所上市规则》等相关规定，对利润分配、投资者关系管理、独立董事、累积投票等内容在公司章程（草案）中予以明确或者单独制定规则。
15	独立性	（1）公司业务、资产、人员、财务、机构独立，与控股股东、实际控制人及其控制的其他企业间不存在对公司构成重大不利影响的同业竞争，不存在严重影响公司独立性或者显失公平的关联交易； （2）公司与控股股东、实际控制人及其控制的其他企业不得在公司上市后新增影响公司独立持续经营的同业竞争。
16	股权结构和权属	公司控股股东和受控股股东、实际控制人支配的股东所持有的公司股份不存在重大权属纠纷。
17	股票发行和转让	公司依法履行内部审议程序、按照证监会规定制作注册申请文件并依法由保荐人保荐并向北交所申报。

需注意的是，在 2023 年 9 月 1 日发布的《中国证监会关于高质量建设北京证券交易所的意见》出台前，申请北交所上市的企业均需为全国股转系统创新层挂牌公司，即"先挂牌再上市"。《中国证监会关于高质量建设北京证券交易所的意见》明确提出，"在坚守北交所市场定位前提下，允许符合条件的优质中小企业首次公开发行并在北交所上市"。截至目前，虽然具体业务规则尚未出台，但因减少不必要的程序性要求，降低中小企业融资成本与难度，"北交所直接上市"这一方式将使得北交所对中小企业的吸引力大幅增强。

五、特别条件

（一）设置表决权差异安排

根据《北交所上市规则》第 2.1.5 条及第四节"表决权差异安排"的规定、《公开发行证券的公司信息披露内容与格式准则第 46 号——北京证券交易所公司招股说明书》第五十四条等规定，在北交所上市前，如果公司设置了表决权差异安排（即设置了特别表决权），除满足上述一般公司上市条件外，则还应满足以下条件：公司具有表决权差异安排的，该安排应当平稳运行至少一个完整会计年度，且相关信息披露和公司治理应当符合中国证监会及新三板相关规定。

在信息披露方面，公司存在特别表决权股份或类似安排的，应当披露相关安排的基本情况，包括：设置特别表决权安排的股东大会决议、特别表决权安排运行期限、持有人资格、特别表决权股份拥有的表决权数量与普通股份拥有表决权数量的比例安排、持有人所持特别表决权股份能够参与表决的股东大会事项范围、特别表决权股份锁定安排及转让限制等，还应当披露特别表决权安排可能导致的相关风险、对公司治理的影响、相关投资者保护措施，以及保荐人和公司律师针对上述事项是否合法合规发表的专业意见。

在公司治理方面，包括但不限于：特别表决权股东不得滥用其享有的特别表决权损害上市公司或者其他股东的利益，特别表决权仅适用于公司章程约定的股东大会特定决议事项。除约定事项外，特别表决权股东与持有普通股份的股东享有的权利完全相同。

（二）红筹企业

北交所暂未为红筹企业上市设置特别条件。

六、转板机制

（一）转板范围

根据《中国证监会关于北京证券交易所上市公司转板的指导意见》及《北京证券交易所上市公司持续监管指引第7号——转板》，在转入板块范围方面，北交所上市公司转板范围与新三板精选层公司转板范围保持一致，即以试点先行为原则，试点期间，符合条件的北交所上市公司可以申请转板至上交所科创板或深交所创业板。在试点基础上，未来可能逐步打通北交所向全板块转板的通道。

（二）转板条件

北交所上市公司申请转板，应当已在北交所连续上市满一年，且符合转入板块的上市条件。如前所述，北交所系由新三板精选层整体平移而来，因此，公司在北交所上市前，曾在新三板精选层挂牌的，精选层挂牌时间与北交所上市时间可合并计算。转板条件与首次公开发行并在上交所、深交所上市的条件基本一致，但上交所、深交所可以根据监管需要、市场情况提出差异化要求。根据《北京证券交易所上市公司持续监管指引第7号——转板》、《北京证券交易所上市公司向上海证券交易所科创板转板办法（试行）》及《深圳证券交易所关于北京证券交易所上市公司向创业板转板办法（试行）》的规定，转板科创板或创业板应符合以下条件：

序号	科创板	创业板
1	符合《首次公开发行股票注册管理办法》规定的发行条件。	
2	公司及其控股股东、实际控制人不存在最近三年受到中国证监会行政处罚,因涉嫌违法违规被中国证监会立案调查且尚未有明确结论意见,或者最近十二个月受到全国股转公司、北交所公开谴责等情形。	
3	股本总额不低于3000万元。	
4	股东人数不少于1000人。	
5	社会公众持有的公司股份达到公司股份总数的25%以上;公司股本总额超过4亿元的,社会公众持股的比例达到10%以上。	
6	董事会审议通过转板相关事宜决议公告日前60个交易日(不包括股票停牌日)通过竞价交易方式实现的股票累计成交量不低于1000万股。	
7	市值及财务指标①符合科创板上市标准,具有表决权差异安排的转板公司申请转板,表决权差异安排应当符合科创板的规定,详见前述第四节"科创板上市"内容。	市值及财务指标②符合创业板上市标准,具有表决权差异安排的转板公司申请转板,表决权差异安排应当符合创业板的规定,详见前述第三节"创业板上市"内容。
8	应当符合《首次公开发行股票注册管理办法》规定的科创板定位(详见前述第一节中"不同板块的定位"内容)及《科创属性评价指引(试行)》等规定的科创属性。	应当符合《首次公开发行股票注册管理办法》规定的创业板定位(详见前述第一节中"不同板块的定位"内容)。
9	交易所规定的其他上市条件。	

(三)转板程序

公司申请转板,董事会应当依法就转板事宜作出决议,并提请股东大会批准。股东大会决议至少包括下列事项:

1. 转入的交易所及板块;
2. 转板的证券种类和数量;
3. 以取得交易所同意上市决定为生效条件的股票在北交所终止上市事项;
4. 决议的有效期;
5. 对董事会办理本次转板具体事宜的授权;

---

① 相关市值指标中的预计市值,按照转板公司向本所提交转板申请日前20个交易日、60个交易日、120个交易日(不包括股票停牌日)收盘市值算术平均值的孰低值为准。

② 转板公司所选的上市标准涉及市值指标的,以向深交所提交转板申请日前20个交易日、60个交易日、120个交易日(不包括股票停牌日)收盘市值算术平均值的孰低值为准。

6. 其他必须明确的事项。

公司申请转板，应当聘请同时具有保荐业务资格和交易所会员资格的证券公司作为上市保荐人，并与保荐人签订保荐协议，明确双方权利和义务。由保荐人根据要求向交易所提交转板申请文件。

北交所转板深沪交易所属于股票上市地的变更，不涉及股票公开发行，依法无须经中国证监会注册，由上交所、深交所依据上市规则进行审核并自受理申请文件之日起2个月内（不包括问询答复时间，问询答复时间总计不超过3个月）作出是否同意上市的决定。交易所对申请文件进行审核，将通过书面审核、提问问题、回答问题、现场检查等方式进行。

（四）成功案例

2022年3月31日，观典防务（证券代码：832317）成为"北交所转板第一股"[1]，成功转板上交所科创板。观典防务是国家级专精特新"小巨人"、高新技术企业，是国内最早从事无人机禁毒产品研发与服务产业化的企业，主营业务为无人机飞行服务与数据处理和无人机系统及智能防务装备的研发、生产与销售。从观典防务的转板历程来看，上交所始终聚焦观典防务的科创属性，并在问询函、二轮问询函、现场问询中全方位审核观典防务的科创属性是否符合科创板定位的披露和核查要求。

第六节　企业上市主要法律问题

一、股东相关问题

（一）主要规则

企业上市的基本要求是股权清晰，而股权清晰的基础条件是股东适格，不适格股东持有公司股权存在拟上市公司股权不稳定的潜在风险。虽然自然人、法人及非法人企业一般均可能成为公司股东，但一些特殊身份的自然人和特殊性质的企业不具备股东资格，不能担任拟上市公司的股东。

就自然人而言，根据《公务员法》《中共中央、国务院关于进一步制止党政机关和党政干部经商、办企业的规定》《中共中央办公厅、国务院办公厅关于县以上党和国家机关退（离）休干部经商办企业问题的若干规定》《国有企业领导人员廉洁从业若干规定》《关于规范国有企业职工持股、投资的意见》《中国人民解放军

---

[1] 参见《转板上市第一股出炉 观典防务获准登陆科创板》，载中国证券报·中证网，https：//www.cs.com.cn/xwzx/hg/202204/t20220401_6256310.html，最后访问时间：2024年2月6日。

内务条令（试行）》《中国人民解放军纪律条令（试行）》等法律法规，公务员、各级党政机关（含隶属党政机关编制序列事业单位）干部（含退休）和职工、现役军人禁止作为公司股东。根据《领导干部配偶、子女及其配偶经商办企业管理规定》，领导干部配偶、子女及其配偶经商办企业管理的适用对象，主要是党政机关、群团组织、企事业单位厅局级及相当职务层次以上领导干部；经商办企业情形，主要是投资开办企业、担任私营企业或外资企业等高级职务、私募股权基金投资及从业、从事有偿社会中介和法律服务等行为。该规定对不同层级、不同类别领导干部配偶、子女及其配偶经商办企业分别提出了禁业要求，领导干部职务层次越高要求越严，综合部门严于其他部门。根据《关于规范公务员辞去公职后从业行为的意见》，各级机关中原系领导班子成员的公务员以及其他担任县处级以上职务的公务员，辞去公职后3年内，不得接受原任职务管辖地区和业务范围内的企业、中介机构或其他营利性组织的聘任，个人不得从事与原任职务管辖业务直接相关的营利性活动；其他公务员辞去公职后2年内，不得接受与原工作业务直接相关的企业、中介机构或其他营利性组织的聘任，个人不得从事与原工作业务直接相关的营利性活动。

在自然人股东中，对于证监会系统离职人员（以下简称离职人员）有特殊要求。根据《监管规则适用指引——发行类第2号》，发行人申报时相关股东为离开证监会系统未满十年的工作人员，具体包括从证监会机关、派出机构、沪深证券交易所、全国股转公司离职的工作人员，从证监会系统其他会管单位离职的会管干部，在发行部或公众公司部借调累计满12个月并在借调结束后3年内离职的证监会系统其他会管单位的非会管干部，从中国证监会及其派出机构、沪深证券交易所、全国股转公司调动到中国证监会系统其他会管单位并在调动后3年内离职的非会管干部，在入股禁止期——副处级（中层）及以上离职人员离职后3年内、其他离职人员离职后2年内不得作为发行人股东。但是，离职人员入股属于发行人在全国股转系统挂牌期间通过集合竞价、连续竞价、做市交易等公开交易方式、参与向不特定合格投资者公开发行股票配售增加的股东，以及因继承、执行法院判决或仲裁裁决取得发行人股份的股东，不受该规定的约束。

就法人和非法人组织而言，根据相关规定，党政机关、军队、武警部队和政法机关禁止担任公司股东的法人，事业单位原则上限制对外投资。高校除对高校资产公司进行投资外，不得再以事业单位法人的身份对外进行投资。商业银行在国内一般不得向非银行金融机构和企业投资，但国家另有规定的除外。另外，职工持股会和工会作为因其性质特殊，不得作为拟上市公司的直接股东（控股股东或实际控制人），间接持有拟上市公司股份的，在不涉及发行人实际控制人和控股股东时，应进行充分披露。

另外，关于"三类股东"——契约型私募基金、资产管理计划或信托计划，因为三类股东的管理人、产品、投资人相分离，且投资人可以自由依法转让及变动，难以通过公开渠道获得最终投资人及其实际权益情况，难以论证拟上市公司股权是否清晰、稳定，是否存在重大权属纠纷。在2018年之前，"三类股东"企业普遍被认为不符合IPO上市审核的股权清晰稳定的要求，一般均采取清理"三类股东"再上会的做法来通过上市审核要求。2018年1月12日中国证监会召开新闻发布会明确，一是基于《证券法》、《公司法》和IPO办法的基本要求，公司的稳定性与控股股东与实际控制人的明确性是基本条件，为保证拟上市公司的稳定性、确保控股股东履行诚信义务，要求公司控股股东、实际控制人、第一大股东不得为"三类股东"；二是鉴于管理部门对资管业务正在规范过程中，为确保"三类股东"依法设立并规范运作，要求其已经纳入金融监管部门有效监管；三是为从源头上防范利益输送行为，防控潜在风险，从严监管高杠杆结构化产品和层层嵌套的投资主体，要求存在上述情形的发行人提出符合监管要求的整改计划，并对"三类股东"做穿透式披露，同时要求中介机构对发行人及其利益相关人是否直接或间接在"三类股东"中持有权益进行核查；四是为确保能够符合现行锁定期和减持规则，要求"三类股东"对其存续期作出合理安排。从此，"三类股东"作为拟上市公司不再对公司IPO构成实质障碍。[①]

（二）审核要点

一是股东是否属于法律禁止或限制担任股东的类型，即是否适格；

二是股东是否属于证监会系统离职人员担任股东、突击入股的股东、入股价格异常的股东、股份代持的股东、多层嵌套机构的股东；

三是是否存在"三类股东"、隐名股东等特殊类型的股东；

四是控股股东是否涉嫌贪污、贿赂、侵占财产、挪用财产或者破坏社会主义市场经济秩序的犯罪，或者涉嫌欺诈发行、重大信息披露违法或其他涉及国家安全、公共安全、生态安全、生产安全、公众健康安全等领域的重大违法行为，被立案调查或者被司法机关立案侦查，尚未结案。

（三）案例实践

实践中，仅因为公司历史股东问题导致公司IPO搁浅的案例较少。公司历史股东存在问题的，一般均会被问询到。公司申报IPO阶段的股东问题一般是因突发事件而影响IPO进程。

---

① 《2018年1月12日新闻发布会》，载中国证券监督管理委员会网站，http：//www.csrc.gov.cn/csrc/c100029/c1000116/content.shtml，最后访问时间：2024年6月27日。

案例一：江瀚新材案①

现对中信证券股份有限公司推荐的湖北江瀚新材料股份有限公司（以下简称"公司"或"发行人"）首次公开发行股票申请文件提出反馈意见，请你们在30日内对下列问题逐项落实并提供书面回复和电子文档……关于公务员持股。请发行人列示历史上自然人股东中（包括隐名股东）存在公务员或事业编身份的情况、是否在公司任职，并说明其解决措施，说明上述情况及解决措施是否符合《中共中央办公厅、国务院办公厅关于党政机关在职干部不要与群众合办企业的通知》《中共中央、国务院关于严禁党政机关和党政干部经商、办企业的决定》《中共中央、国务院关于进一步制止党政机关和党政干部经商、办企业的规定》《中共中央办公厅、国务院办公厅关于贯彻执行〈中共中央、国务院关于进一步制止党政机关和党政干部经商、办企业的规定〉几个问题的说明》《中共中央办公厅、国务院办公厅关于县以上党和国家机关退（离）休干部经商办企业问题的若干规定》《中共中央办公厅、国务院办公厅关于清理党和国家机关干部在公司（企业）兼职有关问题的通知》《中国共产党纪律处分条例（2018修订）》等相关政纪党纪法规制度，具有公务员或事业编身份的股东及其子女股东适格性是否存在瑕疵，说明已取得的主管机构针对其持股情况、代持情况以及转让给直系亲属事项合规性的专项证明效力是否足够，上述事项是否构成本次发行上市障碍。请保荐机构和发行人律师核查并发表意见。

中国证券监督管理委员会第十八届发行审核委员会2022年第102次发审委会议于2022年9月8日召开，审核结果为湖北江瀚新材料股份有限公司（首发）获通过。发审委会议对其提出询问的主要问题之一：甘某等多名股东曾为公务员或事业编制身份。请发行人代表说明：（1）上述人员入股价格是否公允，是否经单位同意或批准，是否存在利用职务影响力违规入股、为发行人谋取不当利益、股份代持等情形；（2）上述人员入股行为是否违反相关规定，是否存在被追究责任的风险，相关整改是否彻底；（3）发行人及相关人员是否存在因行贿等原因被立案调查的情况，相关内控机制是否健全有效。请保荐代表人说明核查依据、过程，并发表明确核查意见。②

---

① 参见《湖北江瀚新材料股份有限公司首次公开发行股票申请文件反馈意见》，载中国证券监督管理委员会网站，http://www.csrc.gov.cn/csrc/c105891/c1767632/content.shtml，最后访问时间：2024年2月6日。

② 《第十八届发审委2022年第102次会议审核结果公告》，载中国证券监督管理委员会网站，http://www.csrc.gov.cn/csrc/c105899/c5636684/content.shtml，最后访问时间：2024年9月20日。

案例二：锦龙股份案①

广东锦龙发展股份有限公司（下称"本公司"）今日接到参股公司东莞证券股份有限公司（下称"东莞证券"）通知，鉴于本公司涉嫌单位行贿一案对东莞证券首次公开发行股票并上市可能产生的影响，东莞证券于近日向中国证券监督管理委员会（下称"中国证监会"）报送了《关于中止审查首次公开发行股票并上市申请文件的申请》，并于 2017 年 5 月 2 日收到中国证监会出具的《中国证监会行政许可申请中止审查通知书》（151665 号），中国证监会同意东莞证券中止审查的申请。

（四）应对建议

对于未来有上市计划的公司而言，一是尽可能规避公司历史上出现法律法规禁止或限制的不适格股东和股权代持。二是尽早对现有公司股东和股权代持进行梳理排查，清理不适格股东，解除不必要的股权代持。三是公司股权架构设计非特定需要宜简不宜繁，杜绝交叉持股和循环持股。四是股东与股权架构方便未来中介机构穿透核查。

二、出资相关问题

（一）主要规则

《公司法》第三条第一款、第四条第一款规定，公司是企业法人，有独立的法人财产，享有法人财产权。公司以其全部财产对公司的债务承担责任。有限责任公司的股东以其认缴的出资额为限对公司承担责任；股份有限公司的股东以其认购的股份为限对公司承担责任。从公司法对公司财产的要求来看，独立的财产是公司存续和运营的基础，是其股东承担有限责任的前提。

另外，根据《公司法》第四十八条、《市场主体登记管理条例》相关要求，除法律、行政法规规定不得作为出资的财产外，股东可以用货币出资，也可以用实物、知识产权、土地使用权、债权、股权等可以用货币估价并可以依法转让的非货币财产作价出资。对作为出资的非货币财产应当评估作价，核实财产，不得高估或者低估作价。

《监管规则适用指引——发行类第 4 号》明确要求，发行人的注册资本应依法足额缴纳。发起人或者股东用作出资的资产的财产权转移手续已办理完毕。保荐机构和发行人律师应关注发行人是否存在股东未全面履行出资义务、抽逃出资、出资

---

① 参见《锦龙股份：关于参股公司首次公开发行股票中止审查的公告》，载深圳证券交易所网站，https://www.szse.cn/disclosure/listed/bulletinDetail/index.html?9ed9b55a-d5be-4737-84f7-a2298063e69f，最后访问时间：2024 年 9 月 20 日。

方式等存在瑕疵，或者发行人历史上涉及国有企业、集体企业改制存在瑕疵的情形。

1. 历史上存在出资瑕疵的，应当在申报前依法采取补救措施。保荐机构和发行人律师应当对出资瑕疵事项的影响及发行人或相关股东是否因出资瑕疵受到过行政处罚、是否构成重大违法行为及本次发行的法律障碍，是否存在纠纷或潜在纠纷进行核查并发表明确意见。发行人应当充分披露存在的出资瑕疵事项、采取的补救措施，以及中介机构的核查意见。

2. 对于发行人是国有或集体企业改制而来，或发行人主要资产来自于国有或集体企业，或历史上存在挂靠集体组织经营的企业，若改制或取得资产过程中法律依据不明确、相关程序存在瑕疵或与有关法律法规存在明显冲突，原则上发行人应在招股说明书中披露有权部门关于改制或取得资产程序的合法性、是否造成国有或集体资产流失的意见。国有企业、集体企业改制过程不存在上述情况的，保荐机构、发行人律师应结合当时有效的法律法规等，分析说明有关改制行为是否经有权机关批准、法律依据是否充分、履行的程序是否合法以及对发行人的影响等。发行人应在招股说明书中披露相关中介机构的核查意见。

由此可见，对于拟上市公司来说，公司历史上的股东出资是其独立资产的初始来源，在公司财务管理规范的情况下，股东依法缴纳出资可以保证公司开展生产经营并能够以其资产为限对外承担独立责任。从实践来看，受制于公司成立与发展过程中股东对公司出资的认识、股东资金实力、资产条件等各种因素的影响，不少公司设立及后续增资中存在各种各样的问题，形成出资瑕疵，并最终可能影响公司上市进程。

（二）审核要点

一是出资是否足额缴纳，有无虚假、抽逃出资；

二是出资资产来源是否合法，是否存在职务发明；

三是出资程序是否合规，增资价值是否公允，有无利益输送或造成国有资产、集体资产流失；

四是非货币资产出资是否规范，经有效评估，且评估价值公允，并办理转移手续；

五是非货币资产价值是否实现，即出资对于公司来说是否真的有价值；

六是公司存在减资行为的，减资是否履行了法定程序并进行了规范处理。

（三）案例实践

实践中，因为公司股东出资导致公司 IPO 搁浅的案例较少。公司历史出资存在问题的，一般均会被问询到。

案例一：爱科赛博案①

招股书披露，发行人设立时注册资本50万元，其中近45万元为未经评估的非货币资产。2022年6月，白某以现金置换前述出资。律师工作报告中未说明非货币资产出资的具体情况。

请发行人说明：（1）非货币出资的具体内容，资产所有权转移及使用情况；现金置换后相关非货币资产的处置；（2）前次IPO申报时未解决出资瑕疵，直至2022年6月解决的原因及合理性。

案例二：盟科药业案②

根据保荐工作报告，发行人历史上曾存在无形资产增资而后经调整冲销的情况，其中2012年盟科香港、盟科医药以专有技术评估作价出资，作价分别为10540.00万元、1640.00万元；2020年盟科开曼以其持有的18项专利技术转让予盟科香港，盟科香港再将上述专利增资至盟科有限，作价41607.92万元。综合考虑上述无形资产形成过程、境外架构解除的会计处理及各主体业务实质等，公司对上述无形资产冲销至零。

请发行人说明：（1）盟科香港、盟科医药在2012年出资盟科有限时和盟科开曼、盟科香港在2020年出资盟科有限时的股东结构，公司认为满足同一控制下企业的事实依据及与准则规定比较情况；（2）相关无形资产出资时评估具体情况，按无形资产作价金额计算的持股数量和比例是否构成股份支付或利益输送；（3）发行人前身有限公司设立及2020年盟科香港对发行人增资时的专利技术和当前18项专利技术的对应关系，是否存在出资不实、抽逃出资等情形。

（四）应对建议

对于未来有上市计划的公司，公司股东自初始出资起即关注出资的合法有效性，坚持出资来源合法，不虚假、抽逃出资，出资程序合法，增资价值公允。非货币资产出资是否规范，经有效评估，且评估价值公允，并办理转移手续。

三、股权代持

（一）主要规则

实践中，存在因各种原因形成的股权代持现象，这对各方来说都存在一定的风

---

① 参见《北京大成律师事务所关于西安爱科赛博电气股份有限公司首次公开发行股票并在科创板上市的补充法律意见书（一）》，载上海证券交易所网站，https://static.sse.com.cn/stock/information/c/202304/43aa3468392947319430d0da2bd9a5a3.pdf，最后访问时间：2024年2月6日。

② 参见《关于上海盟科药业股份有限公司首次公开发行股票并在科创板上市申请文件的首轮审核问询函的回复》，载上海证券交易所网站，https://static.sse.com.cn/stock/disclosure/announcement/c/202201/001045_20220118_3Y3J.pdf，最后访问时间：2024年2月6日。

险。股权代持对于实际出资人而言，存在无法享有股东权益、投资收益、资产被侵吞或转移的各种潜在风险；对于代持人而言，在实际出资人不履行或者不完全履行出资义务时，代持人需自行承担出资义务；对于公司而言，股权的不稳定、不清晰以及可能存在的股东因代持股权发生的诉讼纠纷都可能成为公司上市的障碍。尽管我国法律允许股权代持的存在，但对于拟上市公司而言，必须股权清晰。

《首次公开发行股票注册管理办法》第十二条要求，发行人的股份权属清晰，不存在导致控制权可能变更的重大权属纠纷，首次公开发行股票并在主板上市的，最近三年实际控制人没有发生变更；首次公开发行股票并在科创板、创业板上市的，最近二年实际控制人没有发生变更。

（二）审核要点

一是是否存在股权代持；

二是股东代持形成的原因、背景、必要性与合理性；

三是股权代持是否存在规避或违反法律法规的情形，是否存在利益输送或潜在利益安排；

四是股权代持是否已解除，如何解除的；

五是是否存在潜在诉讼、纠纷。

（三）案例实践

案例一：康希通信案[①]

根据申报材料：（1）发行人存在多名自然人股东，且部分系最近一年入股；（2）发行人历史上直间接层面存在曹某、彭某先后代盛某直接持股，伍某代吴某直接持股，宁波臻胜代苏州华田宇直接持股，赵某代厦门华天宇在发行人员工持股平台间接持股发行人等股份代持关系。其中，吴某、苏州华田宇在股份还原后不久即将发行人股份对外转让；盛某所持部分股份历史上系由公司创始人无偿为其提供出资款；（3）发行人子公司上海康希的历史沿革中存在多次外部股东将出资无偿赠与创始人的情形，后续上海康希的股权平移至发行人；（4）发行人及实际控制人存在与部分外部股东签署"对赌协议"的情形，2021年8月前述主体对以发行人为回购主体的条款进行了终止，2022年6月前述主体约定以实际控制人为回购主体的条款附条件恢复，2022年12月新入股主体对"对赌"义务的承继约定并不清晰，招股说明书未对"对赌协议"的相关情况进行披露；（5）股东信息披露专项核查报

[①] 参见《上海东方华银律师事务所关于格兰康希通信科技（上海）股份有限公司首次公开发行股票并在上海证券交易所科创板上市之补充法律意见书（一）》，载上海证券交易所网站，https://static.sse.com.cn/stock/information/c/202304/21a1f06169c842afbf8595d2b2d6859a.pdf，最后访问时间：2024年2月6日。

告存在部分未穿透核查的主体，如境外企业、集团公司等，未按照相关要求说明未穿透原因及核查程序，部分结论存在限定性表述。经公开资料检索：上述股份代持的相关主体间亦存在密切联系，如宁波臻胜穿透后的出资人为曹某、盛某，苏州华田宇和厦门华天宇的执行事务合伙人均为北京天宇英华股权投资合伙企业（有限合伙）。

请发行人说明：（1）未在发行人处任职的自然人股东履历情况、入股原因、入股价格的公允性及资金来源，与发行人及其股东、客户、供应商之间是否存在未披露的关联关系或利益安排；（2）股份代持形成及解除的认定依据，代持方、被代持方、最后退出的受让主体间的关系及直间接出资人的股东适格性，前述主体入股、代持还原、对外转让发行人股份的定价依据及公允性，资金来源及实际上海东方华银律师事务所补充法律意见书（一）8-3-39 支付情况，并结合吴某曾经为公务员身份，说明其入股过程的合法合规性；吴某、苏州华田宇、厦门华天宇在发行人计划上市之际还原股份后退出发行人的合理性，代持关系是否真实解除，是否存在相关法律风险或其他利益安排；（3）发行人创始人无偿为盛某提供出资款、上海康希部分出资人向创始人无偿赠与出资的原因，发行人是否存在其他未披露的股份代持关系；（4）发行人及实际控制人与外部投资者关于"对赌协议"签署、履行、承继及解除的具体情况，相关协议主要内容，目前的清理及披露情况是否符合《科创板股票发行上市审核问答（二）》问题 10 的要求。

案例二：思哲睿案[①]

根据申报材料：（1）发行人无控股股东，实际控制人为杜某，杜某直接持有 14.84%股份，并通过睿思弘盛及一致行动人合计控制发行人 33.41%的表决权，第二大股东博实股份持有公司 13.46%股份；（2）2015 年季某出资 1000 万元，其中仅 137.5 万元用于本人在思哲睿有限的增资，其他 862.5 万元赠与创始团队用于补缴及增资，同年博实股份约定以 2000 万元认购思哲睿有限新增 275 万元注册资本，二者入股价格差异大；（3）2017 年 11 月杜某出于家庭资产管理方面考虑将 3%股权转让给其配偶陈某；（4）杜某及其一致行动人、孙甲、孙乙 8 人曾分别与开封久有、博实股份、深创投、季某等 14 名股东 5 次约定对赌条款，目前均已终止自始无效且不可恢复；（5）思哲睿有限和苏州康多设立及后续股权调整中均存在代持，2015 年 7 月思哲睿有限收购江苏康多 100%股权，2017 年 11 月思哲睿有限进行代持还原。

请发行人说明：（1）博实股份入股发行人的原因和主要考虑，在公司治理经营

[①] 参见《北京市中伦律师事务所关于哈尔滨思哲睿智能医疗设备股份有限公司首次公开发行股票并在科创板上市的补充法律意见书（一）》，载上海证券交易所网站，https://static.sse.com.cn/stock/disclosure/announcement/c/202305/001344_20230525_MZJE.pdf，最后访问时间：2024 年 2 月 6 日。

中的角色和参与情况，与创始团队成员间存在的其他的任职、合作、投资等方面的关系；（2）季某增资的定价依据及合理性、资金来源，向创始团队无偿赠与资金的具体原因和主要考虑，是否有代持、借款或其他形式的利益交换及补偿，赠与资金在创始团队成员间划分的依据，是否有潜在纠纷；（3）陈某后续持股变动及在发行人或其子公司任职情况，如有，其所持股份的锁定期安排和减持承诺，并完善信息披露；（4）上述对赌条款的解除是否存在潜在纠纷，是否影响发行人控制权结构稳定性；（5）代持关系产生的原因，还原是否存在纠纷或潜在纠纷，被代持方是否存在不得持股的情形，是否存在利益输送或其他安排，目前股权结构中相关方是否仍存在代持、任职回避、利益输送等安排，是否存在应披露未披露事项。

（四）应对建议

对于未来有上市计划的公司，首先是尽可能不设定股权代持，在必须设置的情况下，充分考虑代持的原因、背景、必要性与合理性，避免规避或违反法律法规情形的出现，不做利益输送或利益安排。其次是解除代持手续和方式齐备，注意留痕，避免潜在纠纷和诉讼的发生。

四、股权转让

（一）主要规则

《公司法》第八十四条、第一百五十七条规定，有限责任公司的股东之间可以相互转让其全部或者部分股权，股份有限公司股东持有的股份可以依法转让。从国家法律规定来看，法律对于股权转让的规定相对自由。

但是，基于发行人的股份权属清晰，不存在导致控制权可能变更的重大权属纠纷是企业申报上市的基本要求，公司历史上的股权转让的原因和背景、真实性、合法合规性、价格的公允性、合理性就显得尤为重要。

（二）审核要点

一是股权转让的原因和背景；

二是股权转让的真实性，即股权是否真正进行转让而不是代持；

三是股权转让是否履行了必要的程序；

四是股权转让的价格是否公允，是否存在利益输送或潜在利益安排；

五是股权转让受让方是否具备股东资格，即非法律法规禁止或不符合限制条件的股东；

六是股权转让是否存在纠纷或潜在纠纷。

(三) 案例实践

案例一：硅动力案①

根据申报材料：(1) 2019年8月，丁某因创业需求，以49.46万元向发行人员工持股平台源远管理转让50.93万股份，转让价格参考发行人2018年末每股净资产7折协商确定；(2) 2006年11月，丁某代贺某持有源生投资20.625万元出资额，2017年11月，丁某将源生投资30.30万元的出资额转让给贺某，其中20.625万元的出资额系代持还原、9.675万元的出资额系贺某新增受让；2014年至2020年，贺某、励某、陈某通过源远管理替部分被激励人员代持股份，尚有两名离职员工未进行核查；2020年7月至2022年3月，贺某在源远管理层面代前任独立董事何某持有硅动力1.06万股股份；(3) 2020年12月，发行人及关联方与当时新增股东惠友创嘉、创维海河、创智战新、马某、润科投资等签署有"对赌协议"，约定了优先认购权、优先购买权等特殊权益；上述主体在部分补充协议中存在中止及自动恢复条款；2021年，创维海河、创智战新、马某认缴发行人部分新增注册资本；(4) 公司机构股东之间、机构股东与自然人股东之间以及自然人股东之间存在关联关系。

请发行人说明：(1) 丁某在发行人任职经历、在经营管理中发挥的作用；丁某低价转让发行人股份的原因，并结合丁某转让时点前后的发行人其他股权转让/增资价格，说明丁某低价转让的合理性和公允性，是否存在代持或8-1-226其他利益安排；(2) 贺某同时作为被代持方及代持方的原因和合理性，并结合相关股东是否实际出资、资金来源、代持协议有关约定、解除过程等，说明历史代持情形是否真实、清理是否彻底；(3)"对赌协议"的执行情况（如存在）及清理是否符合监管要求。

案例二：华昊中天案②

根据招股说明书和保荐工作报告：(1) 发行人前身华昊中天有限成立于2002年。华昊中天成立至今，其控股股东、股权结构发生过较大变动；(2) 历次股权变动中，存在美国北进缘、北京北进缘同时转让和受让股权的情形，以及退回部分激励股权的情形；(3) 发行人部分股东的上一级股东或合伙人存在接受国有资本委托投资或代持的情形；(4) 本次申报前，发行人有多名董事、高管离职，包括副总经

---

① 参见《关于无锡硅动力微电子股份有限公司首次公开发行股票并在科创板上市申请文件的审核问询函回复》，载上海证券交易所网站，https://static.sse.com.cn/stock/disclosure/announcement/c/202212/001314_20221225_7P3N.pdf，最后访问时间：2024年2月6日。

② 参见《北京德恒律师事务所关于北京华昊中天生物医药股份有限公司首次公开发行A股股票并在科创板上市的补充法律意见书（一）》，载上海证券交易所网站，http://listing.sse.com.cn/renewal/xmxq/index.shtml?auditId=1306&anchor_type=0，https://static.sse.com.cn/stock/disclosure/announcement/c/202301/001306_20230113_G3B2.pdf，最后访问时间：2024年2月6日。

理、财务总监。同时公开信息显示,因优替德隆注射液未如期上市等因素,发行人前销售负责人于 2020 年 6 月离职,且曾与发行人存在纠纷;(5)公司数名董事、高管及核心技术人员为发行人最近两年内引进。

请发行人说明:(1)历史上公司控股股东变动较为频繁的背景,控股股东入股、退出公司的原因,上述期间公司的实际控制人情况、主营业务和主要产品研发情况,历次股权变更是否存在争议或潜在纠纷;(2)美国北进缘、北京北进缘同时转让和受让公司股权,以及退回外部投资者股权激励的背景和原因,是否存在争议或潜在纠纷;(3)相关股东接受国有资本委托投资或代持的原因、履行的程序,是否符合相关法律法规规定;(4)实际控制人及目前的董事、高管和核心技术人员在公司产品研发、生产销售等方面的分工情况和作用。报告期内离职的董事、高管或其他主要人员在离职前的主要工作,在公司经营中发挥的作用,其离职对公司经营的影响。最近两年内公司董事、高管和核心技术人员是否发生重大不利变化;(5)上述人员离职的原因,是否存在纠纷及解决情况;(6)历史上及现有自然人股东的背景情况,公司引入上述自然人股东的原因,上述自然人股东在公司经营中发挥的作用,是否存在其他利益安排。

(四)应对建议

对于未来有上市计划的公司,股权转让变动充分考虑合理原因和事由,依法履行相关股权转让程序,价格公允或有合理解释,注意审查和关注股东资格,对转让双方股权转让合同、支付凭证、纳税证明等相关过程证明性资料注意留存,既可以减少股权转让纠纷,也便于未来公司上市核查,为未来公司上市创造条件。

第六章

公司治理法律实务

第一节 公司治理的一般概念

所谓"公司治理",是指通过一套包括正式或非正式的、内部或外部的制度或机制,来协调公司与所有利益相关者之间的利益关系,以保证公司决策的科学化,从而最终维护公司各方面利益的一种制度安排①。

公司治理发展到目前这个阶段,就其概念(内涵和外延)的理论讨论已经此起彼伏,而公司治理对于公司这一法律拟制的主体而言,到底有什么意义和作用,关注、理解和研究公司治理到底有什么角度和重点,还是有待进一步的明确和分析。古人说:"学而优则仕,仕而优则学,"讲的其实就是"理论与实践"的结合,本节尝试跳脱出传统公司治理在法学原理、管理学原理项下的一般概念介绍,从理论与实践相结合的角度,从"四个方面""四项权力"出发,对公司治理的概念进行一定程度的抽象和梳理,对公司治理进行再分析、再解析、再剖析,以期对大家有所参考和帮助。

一、契约法项下的公司治理

所谓"契约法项下的公司治理",也可以称为"合同法项下的公司治理",是指公司的设立、治理、运营都需要公司的出资人(股东)形成相对一致的意见,而这个意见往往需要书面文件也即公司章程(实践中还包括出资协议、股东协议等)的确认和固定,从这个层面看,公司章程本质上也是合同,公司的实质也是合同,是股东、董事、监事、高级管理层等一系列主体同意受到合同约束的总和,应当受到契约法项下相关规定的约束和规制,这也是实践中在公司争议类案件中产生所谓"股东违约责任"的理论基础之一。

同时,到底应该如何理解"公司治理"中的"公司",则是另一个问题。从直接定义的角度来看,按照《公司法》第二条规定,本法所称公司,是指依照本法在中华人民共和国境内设立的有限责任公司和股份有限公司。

从更大的种属的角度来看,按照《民法典》第一编总则的规定,民事主体的划分目前系采"三分法",也即从大类上可以分为:

(1) 自然人(《民法典》第十三条规定,自然人从出生时起到死亡时止,具有民事权利能力,依法享有民事权利,承担民事义务);

(2) 法人(《民法典》第五十七条规定,法人是具有民事权利能力和民事行为

---

① 赵晶:《公司治理:原理与案例》,中国人民大学出版社2021年版,第8页。

能力，依法独立享有民事权利和承担民事义务的组织）；

（3）非法人组织（《民法典》第一百零二条规定，非法人组织是不具有法人资格，但是能够依法以自己的名义从事民事活动的组织。非法人组织包括个人独资企业、合伙企业、不具有法人资格的专业服务机构等）。

进而谈及法人的分类，按照《民法典》第一编总则第三章法人的规定，法人可以分为：

（1）营利法人（《民法典》第七十六条规定，以取得利润并分配给股东等出资人为目的成立的法人，为营利法人。营利法人包括有限责任公司、股份有限公司和其他企业法人等）；

（2）非营利法人（《民法典》第八十七条规定，为公益目的或者其他非营利目的成立，不向出资人、设立人或者会员分配所取得利润的法人，为非营利法人。非营利法人包括事业单位、社会团体、基金会、社会服务机构等）；

（3）特别法人（《民法典》第九十六条规定，本节规定的机关法人、农村集体经济组织法人、城镇农村的合作经济组织法人、基层群众性自治组织法人，为特别法人）。

公司治理的概念应当聚焦于"法人""营利法人"的框架之下，进而也引出了"契约法下的公司治理"的另一视角——"表达权"问题。

"表达权"问题可以不恰当地概括为一句话，"公司既无意识，又有意志"。所谓"无意识"，是指公司作为法人，其与自然人存在显著的区别。饿了吃饭，渴了喝水，困了睡觉是人的自然属性，人可以自由、充分地表达，人的意识还体现在一系列的创造性活动中，古人说："吾日三省吾身：为人谋而不忠乎？与朋友交而不信乎？传不习乎？"也是一个体现。而公司则并不具有前述能动性、创造性，乃至反思性的能力，仅就公司这个法人形态而言，它可以思考吗？它可以反思吗？它可以创造吗？想来是不能的，从这个角度来看，公司是没有意识的。

所谓"有意志"，是指公司作为法人，可以签订、履行合同，可以行使、放弃权利，还可以提请诉讼、仲裁，其意志也需要表达，需要酝酿外在表达的内在机理，并通过内在机理形成公司的意志，并使得公司可以向任意相对人呈现为不为、为什么、如何为等清晰的意思表示。

例如，《公司法》第十五条规定，公司向其他企业投资或者为他人提供担保，依照公司章程的规定，由董事会或者股东会决议；公司章程对投资或者担保的总额及单项投资或者担保的数额有限额规定的，不得超过规定的限额。公司为公司股东或者实际控制人提供担保的，应当经股东会决议。前款规定的股东或者受前款规定的实际控制人支配的股东，不得参加前款规定事项的表决。该项表决由出席会议的其他股东所持表决权的过半数通过。

又如,《公司法》第二百零二条规定,股份有限公司经股东会决议,或者经公司章程、股东会授权由董事会决议,可以发行可转换为股票的公司债券,并规定具体的转换办法。上市公司发行可转换为股票的公司债券,应当经国务院证券监督管理机构注册。

发行可转换为股票的公司债券,应当在债券上标明可转换公司债券字样,并在公司债券持有人名册上载明可转换公司债券的数额。

再如,《最高人民法院关于适用〈中华人民共和国民法典〉有关担保制度的解释》第七条规定,公司的法定代表人违反公司法关于公司对外担保决议程序的规定,超越权限代表公司与相对人订立担保合同,人民法院应当依照民法典第六十一条和第五百零四条等规定处理:

(1) 相对人善意的,担保合同对公司发生效力;相对人请求公司承担担保责任的,人民法院应予支持。

(2) 相对人非善意的,担保合同对公司不发生效力;相对人请求公司承担赔偿责任的,参照适用本解释第十七条的有关规定。

法定代表人超越权限提供担保造成公司损失,公司请求法定代表人承担赔偿责任的,人民法院应予支持。

第一款所称善意,是指相对人在订立担保合同时不知道且不应当知道法定代表人超越权限。相对人有证据证明已对公司决议进行了合理审查,人民法院应当认定其构成善意,但是公司有证据证明相对人知道或者应当知道决议系伪造、变造的除外。

通过内在机理形成公司的意志,是公司治理在"表达权"层面的集中体现,这个内在机理,一般表现为公司章程中约定的股东会职权、董事会职权、高级管理层(总经理)职权等,也即通过定机构、分职权、明程序等内部规范,确保公司的意志通过正当的机构,以合规的方式,按照恰当的流程表达出来,促使公司的"表达权"合法、合规、妥当行事,避免"词不达意""名不正言不顺",乃至"因言获罪"等不当表达或不利后果。

二、组织法项下的公司治理

所谓"组织法项下的公司治理",其实涉及了《公司法》性质的论证,前文所述之"契约法项下的公司治理",体现了"公司合同说"一般原理,而与之相对的,其实是"公司组织说",也即"组织法项下的公司治理"。

"公司合同说"从合同视角看待公司的本质,但实际上合同只是法律行为的一种,公司本质论不应忽视单方法律行为、决议甚至行为群落等对合同的替代作用。在科斯所说的替换机制中,替换者与被替换者均可能包括单方法律行为、合同、决议以及上述法律行为组成的行为群落。如此，从法律行为上看，公司的本质就是经过组织的法律行为或行为群落（组织说），公司法就是组织法，这一品性使之不同于合同法①。

故此，公司治理的概念问题，还应当聚焦于《公司法》是组织法这一框架之下，进而也引出了"组织法项下的公司治理"的视角——"组织权"问题。

"组织权"问题可以不恰当地概括为一句话，"公司既是人（个体性），又是组织（团体性）"。所谓"公司是人"更多地体现了公司的独立性，公司可以依其独立的意志，基于其独立的财产，承担独立的责任，这是公司的"个体性"的体现，也即公司的法人独立人格，并通过法律的明确规定予以确认，《公司法》第三条第一款规定，公司是企业法人，有独立的法人财产，享有法人财产权。公司以其全部财产对公司的债务承担责任。所谓"公司是组织"，则更多体现在公司治理的要求上，体现在公司治理、公司的意志是一个由众多决议、单方法律行为与合同组成的行为群落，它既包括董事长、经理等单方独断的行为即单方法律行为，也包括由董事会提案由股东会决定的决议行为，以及由经理提案由董事会决议的行为，如此，就将三个机构的行为镶嵌于一个结构之中，形成了分权制约的结构，也形成了环节分明、秩序井然的程序②。

例如，《公司法》第六十六条规定，股东会的议事方式和表决程序，除本法有规定的外，由公司章程规定。

股东会作出决议，应当经代表过半数表决权的股东通过。

股东会作出修改公司章程、增加或者减少注册资本的决议，以及公司合并、分立、解散或者变更公司形式的决议，应当经代表三分之二以上表决权的股东通过。

又如，《公司法》第七十二条规定，董事会会议由董事长召集和主持；董事长不能履行职务或者不履行职务的，由副董事长召集和主持；副董事长不能履行职务或者不履行职务的，由过半数的董事共同推举一名董事召集和主持。

再如，《公司法》第一百八十九条规定，董事、高级管理人员有前条规定的情形的，有限责任公司的股东、股份有限公司连续一百八十日以上单独或者合计持有公司百分之一以上股份的股东，可以书面请求监事会向人民法院提起诉讼；监事有前条规定的情形的，前述股东可以书面请求董事会向人民法院提起诉讼。

监事会或者董事会收到前款规定的股东书面请求后拒绝提起诉讼，或者自收到请求之日起三十日内未提起诉讼，或者情况紧急、不立即提起诉讼将会使公司利益受到难以弥补的损害的，前款规定的股东有权为公司利益以自己的名义直接向人民

---

① 陈醇：《从公司合同说到组织说——法律行为视角下的公司与公司法》，载《财经法学》2020年第6期。

② 陈醇：《从公司合同说到组织说——法律行为视角下的公司与公司法》，载《财经法学》2020年第6期。

法院提起诉讼。

他人侵犯公司合法权益,给公司造成损失的,本条第一款规定的股东可以依照前两款的规定向人民法院提起诉讼。

公司全资子公司的董事、监事、高级管理人员有前条规定情形,或者他人侵犯公司全资子公司合法权益造成损失的,有限责任公司的股东、股份有限公司连续一百八十日以上单独或者合计持有公司百分之一以上股份的股东,可以依照前三款规定书面请求全资子公司的监事会、董事会向人民法院提起诉讼或者以自己的名义直接向人民法院提起诉讼。

明确了"组织法项下的公司治理"的视角,能够更清晰地认识"合同法(行为法)"与"组织法"的区别,更清楚地理解:为什么公司增资完成后解除增资协议,并不是合同解除这么简单;为什么与公司进行股权回购"对赌",并不是按约定履行股权回购义务这么轻易;为什么公司章程特约了股东股权转让限制条款,并不是径直作出合同法上的有效、无效判断这么单纯。

三、信托法项下的公司治理

所谓"信托法项下的公司治理",其实来源于一个老生常谈的问题,公司的"所有权"和"管理权"的分离和分立,亦可称为"公司所有者(股东)"与"公司管理者(经理人)"之间的信息不对称问题,不论是"所有权"还是"管理权",在实践中均可以概括为公司治理中的"控制权"问题。

目前较多的学者认为,基于前述的权力分离理论,股东与经理人(本节中,经理人与经理层表示同一的意思)之间形成了"委托代理关系",其中,股东是委托人,经理人作为受托人,代理其开展管理、经营公司的一系列活动。现实生活中,为了减少经理人和股东之间的代理问题对股东利益造成的损害,存在许多的公司治理机制安排,其中包括内部公司治理机制和外部公司治理机制。内部公司治理机制包括董事会、经理人薪酬制度、公司的资本结构等;而外部公司治理机制则包括经理人道德风险的法律法规、公司并购和接管市场安排以及公司产品市场竞争程度等[1]。与传统"委托代理关系说"不同,本节拟引入"信托法项下的公司治理"这一视角,来进一步阐明公司治理的特点,也即对于股东与经理人之间的关系,并不局限于"委托代理关系",更呈现出"信托关系"的典型特征。

在公司治理的语境下,仅就"委托代理关系"性质和要求而言,可从下述法律法规予以提取和理解,《民法典》第一百六十三条规定,代理包括委托代理和法定代理。委托代理人按照被代理人的委托行使代理权。法定代理人依照法律的规定行

---

[1] 赵晶:《公司治理:原理与案例》,中国人民大学出版社2021年版,第13页。

使代理权。同时,《民法典》第一百六十五条规定,委托代理授权采用书面形式的,授权委托书应当载明代理人的姓名或者名称、代理事项、权限和期限,并由被代理人签名或者盖章。此外,《民法典》第一百六十八条第一款规定,代理人不得以被代理人的名义与自己实施民事法律行为,但是被代理人同意或者追认的除外。

进而探究"信托关系"在公司治理语境下的性质和要求《信托法》第二条将信托定义为"委托人基于对受托人的信任,将其财产权委托给受托人,由受托人按委托人的意愿以自己的名义,为受益人的利益或者特定目的,进行管理或者处分的行为"。一般认为,信托为一种与财产有关的信义义务(Fiduciary Relationship),产生于设立信托的意思表示,由受托人持有财产并负有为了受益人或特定目的而处分财产之义务[①]。本节以"信托关系"替换"委托代理关系"有如下理由:按照一般理解"委托代理关系"中,受托人的自主意愿和能动性均受到委托人的一定限制,原则上应当在委托人委托的范围内行事,超越委托范围的,可能构成越权代理;而"信托关系"项下,受托人往往具有更强的自主性和能动性,可以在遵守信托义务和经营判断规则(Business Judgment Rule)的前提下,基于自己的经验和能力,充分发挥主观能动性,作出商业判断和决策。同时,"委托代理关系"的内涵和外延,并不能充分地覆盖《公司法》项下董事、监事、高级管理层需要承担的忠实义务和勤勉义务,存在一定的理论缺陷;而"信托关系"项下,由于"信托关系"中的"信托义务"本身与忠实勤勉义务具有亲缘性,其范围和含义更具有延展性和包容性,实践中将下列义务解释为信义义务:《公司法》所规定的董事和高级管理人员义务、《证券法》所规定的上市公司控股股东对公司所负义务、《信托法》所规定的受托人义务、委托合同中受托人的义务、合伙协议中执行事务合伙人所负义务。甚至有判决应用英美法系材料对信义义务作出解释[②]。

例如,《公司法》第一百七十九条规定,董事、监事、高级管理人员应当遵守法律、行政法规和公司章程,对公司负有忠实义务和勤勉义务。董事、监事、高级管理人员不得利用职权收受贿赂或者其他非法收入,不得侵占公司的财产。

《公司法》第一百八十条规定,董事、监事、高级管理人员对公司负有忠实义务,应当采取措施避免自身利益与公司利益冲突,不得利用职权牟取不正当利益。董事、监事、高级管理人员对公司负有勤勉义务,执行职务应当为公司的最大利益尽到管理者通常应有的合理注意。公司的控股股东、实际控制人不担任公司董事但实际执行公司事务的,适用前两款规定。

又如,《银行保险机构公司治理准则》第七十五条规定,银行保险机构高级管

---

① 李宇:《商业信托法》,法律出版社2021年版,第1页。
② 李宇:《商业信托法》,法律出版社2021年版,第857页。

理人员应当遵守法律法规、监管规定和公司章程，具备良好的职业操守，遵守高标准的职业道德准则，对公司负有忠实、勤勉义务，善意、尽职、审慎履行职责，并保证有足够的时间和精力履职，不得怠于履行职责或越权履职。

再如，《上市公司治理准则》第四条规定，上市公司股东、实际控制人、董事、监事、高级管理人员，应当依照法律、行政法规、部门规章、规范性文件（以下统称法律法规）和自律规则行使权利、履行义务，维护上市公司利益。董事、监事、高级管理人员应当持续学习，不断提高履职能力，忠实、勤勉、谨慎履职。

四、社会责任项下的公司治理

公司社会责任这一法律用语看似简单，实则代表着一种观念在公司法律制度上的诞生。强调公司对劳动者、消费者、环境利益、社会公共利益等的社会责任，也已经成为另一种趋势，不论是国有企业、上市公司、金融机构、民营企业，均越发重视社会责任问题。

例如，《公司法》第十九条规定，公司从事经营活动，应当遵守法律法规，遵守社会公德、商业道德，诚实守信，接受政府和社会公众的监督。

又如，《银行保险机构公司治理准则》第七十八条规定，银行保险机构应当尊重金融消费者、员工、供应商、债权人、社区等利益相关者的合法权益，与利益相关者建立沟通交流机制，保障利益相关者能够定期、及时、充分地获得与其权益相关的可靠信息。

银行保险机构应当为维护利益相关者合法权益提供必要的条件，当权益受到损害时，利益相关者有机会和途径依法获得救济。

再如，《上市公司治理准则》第八十七条第一款规定，上市公司在保持公司持续发展、提升经营业绩、保障股东利益的同时，应当在社区福利、救灾助困、公益事业等方面，积极履行社会责任。

由社会责任视角，引起公司治理项下对"社会权"问题的思考，而"社会权"问题可以不恰当地概括为一句话，"公司既有内部关系，又有外部关系"。公司治理的内部关系，在前文已经有了相对充分的介绍和分析，而公司治理的外部关系，实践中还包括如下理论：

首先，利益相关者理论。20世纪90年代，利益相关者理论逐渐以体系化的特点走进人们的视野，并占据了这个阶段企业社会责任思潮的主流地位。据此，"其他利害关系人条款"应运而生，即赋予公司董事一种新权利——在作出决策时可以考虑股东之外的其他利害关系人的利益。此即利益相关者理论的本质内涵，其与股东利益最大化主义背道而驰，认为企业发展除了考虑维护投资者的利益以外，还应考虑与企业相关的其他主体的利益。相较于传统商法理论，利益相关者理论对企业本质有着较为清晰的认识，并正确界定了企业与社会责任之间的关联，对推动企业社会责任的发展功不可没，因而为绝大多数肯定企业社会责任者秉持①。

其次，还包括社会利益理论。该理论源自社会学法学派的观点，以耶林为代表。耶林认为社会利益与个人利益相互独立，个人利益与社会利益的平衡是社会学法学派毕生的法律追求，其观点与企业社会责任内含的政策主张相吻合。社会利益理论积极响应社会学法学派的号召，立足于社会本位，鼓励发动社会合作的力量，又不至于走向社会本位的极端化，探寻个人利益与社会利益的平衡支点。应当说，相较于利益相关者理论，社会利益理论更强调社会本位，这与企业社会责任的出发点是相契合的②。

最后，实践中还涉及关系契约理论、企业利益最优化理论等，即便有多种理论的讨论和争鸣，但是究其本质而言，"社会责任项下的公司治理"的核心要义在于明确公司治理的内外部关系，做好做优公司治理，不仅需要向内看，也需要向外看，公司的利益不仅仅包括股东的利益、股东会与董事会、监事会、高级管理层的关系问题，还包括公司外部的员工、债权人、客户、合作方以及社会公共利益等，公司在追求自身利益最大化的同时，还应当关注社会责任，实现两者之间的衡平，这样的公司才能做到基业长青、永续发展。

五、公司治理概念的总结

公司治理的概念看似简单，其实存在较为丰富的内涵和外延，从不同的角度理解公司治理，可能产生迥异的行为模式，只有全面、深刻地理解公司治理，才能更好在公司经营实践中找到方法和路径，综合前文四个方面、四类权力来看，可以形成如下的梳理关系：

序号	角度	要素	提示
1	契约法项下的公司治理	表达权	公司的意志具有抽象性，公司形成意志需要一定的方法和机制，在探究公司的真正意志时，要结合法律法规、公司章程及相关协议的规定和约定，妥当行事，这个原理既适用于作为公司股东、董事、高级管理层的内部人，也适用于公司的债权人、交易对手等外部人。

---

① 汤金芸：《企业社会责任视角下的公司治理探析》，载《民商法争鸣》2020年第1辑。
② 汤金芸：《企业社会责任视角下的公司治理探析》，载《民商法争鸣》2020年第1辑。

续表

序号	角度	要素	提示
2	组织法项下的公司治理	组织权	《公司法》本身不仅仅是行为法,更是组织法,在《公司法》影响下的公司治理也不例外,带有鲜明的组织法特征,在面对公司治理事项时,要具备组织法意识,处理具体公司治理、公司交易行为时,要关注组织法项下的具体要求,履行必要的程序。
3	信托法项下的公司治理	控制权	为应对所有权与管理权的分离,以及委托代理关系的不足,引入"信托义务"(忠实勤勉义务)作为两者之间的调和者、融合剂具有重要意义,在处理公司治理事务时,既不能过分突出所有权,强调股东利益问题、股东干预问题;又不能过分夸大董事、高级管理层的经理人专业能力,导致产生经理人掏空公司、利益输送问题。
4	社会责任项下的公司治理	社会权	公司治理既是内部关系,又是外部关系,即便公司在不同的发展阶段,可能有不同的侧重,但是从长期主义的观点来看,只有坚持内外结合,关注社会责任,才能真正确保公司走在正确的道路上,才能避免公司因经营行为的导向、方向、方法不当,而导致的遭受行政处罚,吊销营业执照,乃至刑事责任问题。

第二节 公司治理的主要构成

一、股东会

(一) 股东会的概述

什么是股东会?《公司法》第五十八条规定,有限责任公司股东会由全体股东组成。股东会是公司的权力机构,依照本法行使职权。《公司法》第一百一十一条规定,股份有限公司股东会由全体股东组成。股东会是公司的权力机构,依照本法行使职权。《公司法》及相关法律法规并没有进行明确的规定或定义,按照公司法原理的一般理解,公司的股东会由公司股东组成,是公司的最高权力机构。公司股东通过股东会行使权利,参与和管理公司事务,以形成股东会决议或股东决定的方式,形成公司的意志。

《公司法》是公司、公司治理领域的基本法律、一般法律，其仅对股东会、公司治理的一般事项进行了规范，由于实践中还存在"特殊类型"公司，在探究股东会相关问题时，还需要结合《证券法》《信托法》《商业银行法》《银行保险机构公司治理准则》《上市公司治理准则》等一系列的法律法规和监管规范，这个原理，其实也适用于公司的董事会、监事会、高级管理层，后文不再赘述。

什么是一般类型公司？什么是特殊类型公司？兰台律所主要服务于各类商事主体、平台类机构，在服务过程中形成了与目前行业内不同的区分商事主体类型的标准，即所有商事主体可一分为二：一般类型公司和特殊类型公司。所谓一般类型公司，即该等商事主体的设立、治理、运营、解散、清算等，主要依据是《公司法》《合伙企业法》等一般性法律法规。所谓特殊类型公司，即该等商事主体的设立、治理、运营、解散、清算等除了依据《公司法》《合伙企业法》等一般性法律法规之外，还要接受"特殊法"的规制。比如说，商业银行、保险公司、信托公司、基金公司等，都要相应接受《商业银行法》《保险法》《信托法》《证券法》等的规制。当然，"特殊法"还包括人民银行、银保监会、证监会、地方金融监督管理部门发布的一系列规范性文件和监管准则。就国有企业而言，其是否属于"特殊类型公司"的范畴，也需要讨论，据笔者理解，国资委、财政部一系列的国资监管规范，使得国有企业越发向"特殊类型公司"靠近，国有企业也应当是其中的重要组成部分。

什么是股东？《公司法》角度亦没有进行明确的定义，从《公司法》中和股东相关的条款来看，《公司法》第四条第二款规定，公司股东对公司依法享有资产收益、参与重大决策和选择管理者等权利。也即成为公司股东，有赖于股东的出资行为，股东在完成出资行为或者履行出资义务（含认缴和实缴）之后，一般即取得股东权利或股东资格，可以享有公司股权（股份）。

诚然，股东身份是股东享有权利，承担义务的基础，但是实践中，股东身份问题其实更为复杂，一方面表现为资格认定或者资格取得问题，比如对于金融机构、上市公司的股东而言，还需要符合一定的资质要求；另一方面表现为股东失权和受限问题，也即股东的身份、股东的权利可能会因为股东的不当行为被限制或者剥夺，例如《公司法》第五十一条规定，有限责任公司成立后，董事会应当对股东的出资情况进行核查，发现股东未按期足额缴纳公司章程规定的出资的，应当由公司向该股东发出书面催缴书，催缴出资。未及时履行前款规定的义务，给公司造成损失的，负有责任的董事应当承担赔偿责任。《公司法》第五十二条规定，股东未按照公司章程规定的出资日期缴纳出资，公司依照前条第一款规定发出书面催缴书催缴出资的，可以载明缴纳出资的宽限期；宽限期自公司发出催缴书之日起，不得少于六十日。宽限期届满，股东仍未履行出资义务的，公司经董事会决议可以向该股东发出失权通知，通知应当以书面形式发出。自通知发出之日起，该股东丧失其未缴纳出资的股权。依照前款规定丧失的股权应当依法转让，或者相应减少注册资本并注销该股权；六个月内未转让或者注销的，由公司其他股东按照其出资比例足额缴纳相应出资。股东对失权有异议的，应当自接到失权通知之日起三十日内，向人民法院提起诉讼。

又如，《银行保险机构公司治理准则》第六条第四款规定，商业银行应当在公司章程中规定股东在本行授信逾期时的权利限制。主要股东在本行授信逾期的，应当限制其在股东大会的表决权，并限制其提名或派出的董事在董事会的表决权。其他股东在本行授信逾期的，商业银行应当结合本行实际情况，对其相关权利予以限制。

此外，通过公司有效的公司章程约定，亦可以对股东的权利进行一定程度的限制，实践中常见的限制性约定表现为：（1）约定全体股东在一定期限内（如在公司成立三年内或者在公司合格上市之前等）均不得对外转让股权；（2）约定特定的主体（如公司的实际控制人、创始人等），在一定条件下不得对外转让股权；（3）约定在一定期限内或一定条件下，公司不进行股东分红等。

（二）股东会的职权

从股东会职权的规范来看，除了《公司法》之外，《银行保险机构公司治理准则》《上市公司章程指引》《上海证券交易所股票上市规则（2024年4月修订）》《深圳证券交易所股票上市规则（2024年修订）》等均对股东会应当具备哪些职权进行了规定，对前述规范进行梳理和总结，可以为公司在设定股东会职权时提供一定的借鉴，整理来看主要包括如下：

《公司法》项下股东会职权	《银行保险机构公司治理准则》项下股东会职权	《上市公司章程指引》项下股东会职权	国有企业章程指引项下股东会职权
股东会行使下列职权： （1）选举和更换董事、监事，决定有关董事、监事的报酬事项； （2）审议批准董事会的报告； （3）审议批准监事会的报告； （4）审议批准公司的利润分配方案和弥补亏损	银行保险机构股东大会应当在法律法规和公司章程规定的范围内行使职权。除公司法规定的职权外，银行保险机构股东大会职权至少应当包括： （1）对公司上市作出决议； （2）审议批准股东大会、董事会和监事会议事规则；	股东大会是公司的权力机构，依法行使下列职权： （1）决定公司的经营方针和投资计划； （2）选举和更换非由职工代表担任的董事、监事，决定有关董事、监事的报酬事项； （3）审议批准董事会的报告； （4）审议批准监事会报告； （5）审议批准公司的年度财务预算方案、决算方案；	公司设股东会，股东会由全体股东组成，行使以下职权： （1）决定公司的战略和发展规划； （2）决定公司的经营方针和投资计划； （3）选举和更换非由职工代表担任的董事、监事，对其进行评价，决定其报酬； （4）审议批准董事会的报告；

续表

《公司法》项下股东会职权	《银行保险机构公司治理准则》项下股东会职权	《上市公司章程指引》项下股东会职权	国有企业章程指引项下股东会职权
案； （5）对公司增加或者减少注册资本作出决议； （6）对发行公司债券作出决议； （7）对公司合并、分立、解散、清算或者变更公司形式作出决议； （8）修改公司章程； （9）公司章程规定的其他职权。	（3）审议批准股权激励计划方案； （4）依照法律规定对收购本公司股份作出决议； （5）对聘用或解聘为公司财务报告进行定期法定审计的会计师事务所作出决议； （6）审议批准法律法规、监管规定或者公司章程规定的应当由股东大会决定的其他事项。 公司法及本条规定的股东大会职权不得授予董事会、其他机构或者个人行使。	（6）审议批准公司的利润分配方案和弥补亏损方案； （7）对公司增加或者减少注册资本作出决议； （8）对发行公司债券作出决议； （9）对公司合并、分立、解散、清算或者变更公司形式作出决议； （10）修改本章程； （11）对公司聘用、解聘会计师事务所作出决议； （12）审议批准第四十二条规定的担保事项； （13）审议公司在一年内购买、出售重大资产超过公司最近一期经审计总资产百分之三十的事项； （14）审议批准变更募集资金用途事项； （15）审议股权激励计划和员工持股计划； （16）审议法律、行政法规、部门规章或本章程规定应当由股东大会决定的其他事项。	（5）审议批准监事会的报告； （6）审议批准公司的年度预算方案、决算方案； （7）审议批准公司的利润分配方案和弥补亏损方案； （8）决定公司增加或者减少注册资本的方案； （9）决定公司对外担保； （10）决定公司发行公司债券的方案； （11）决定公司合并、分立、解散、清算、申请破产或者变更公司形式的方案； （12）制定或者修改公司章程； （13）决定股东出资缴纳期限； （14）决定股东对外质押股权； （15）法律法规或者本章程规定的其他职权。

对于公司而言，应当结合自身的不同属性，以及股东之间的约定，来合理、科学地设定股东会的职权，一方面应当避免直接照搬《公司法》的规定，导致股东会职权没有针对性，或者过于原则化，在公司实际运营过程中难以真正发挥作用；另一方面也应当避免股东会职权约定得过于细致或者标准过于具体（比如任何金额超过10万元的资金支出），由于公司在初创期、发展期、成熟期、转型期的情况并不一致，而修订公司章程需要符合特定的股权比例和审议程序要求，如果约定得过于细致，可能需要频繁地修改公司章程，对公司来说也是一个负担。

(三) 股东会的程序

1. 股东会的提议与召集

《公司法》第六十二条规定，股东会会议分为定期会议和临时会议。定期会议应当按照公司章程的规定按时召开。代表十分之一以上表决权的股东、三分之一以上的董事或者监事会提议召开临时会议的，应当召开临时会议。结合《公司法》《上市公司章程指引》《银行保险机构公司治理准则》的相关规定，综合来看，有权向董事会提议召集股东会的主体包括：1/3以上的董事，监事会或者不设监事会的公司的监事，独立董事，单独或合计持有公司10%以上股份的股东。

就有限责任公司而言，《公司法》第六十三条规定，股东会会议由董事会召集，董事长主持；董事长不能履行职务或者不履行职务的，由副董事长主持；副董事长不能履行职务或者不履行职务的，由过半数的董事共同推举一名董事主持。董事会不能履行或者不履行召集股东会会议职责的，由监事会召集和主持；监事会不召集和主持的，代表十分之一以上表决权的股东可以自行召集和主持。

就股份有限公司而言，《公司法》第一百一十四条规定，股东会会议由董事会召集，董事长主持；董事长不能履行职务或者不履行职务的，由副董事长主持；副董事长不能履行职务或者不履行职务的，由过半数的董事共同推举一名董事主持。董事会不能履行或者不履行召集股东会会议职责的，监事会应当及时召集和主持；监事会不召集和主持的，连续九十日以上单独或者合计持有公司百分之十以上股份的股东可以自行召集和主持。单独或者合计持有公司百分之十以上股份的股东请求召开临时股东会会议的，董事会、监事会应当在收到请求之日起十日内作出是否召开临时股东会会议的决定，并书面答复股东。

结合《公司法》《上市公司章程指引》《银行保险机构公司治理准则》的相关规定，综合来看，有权召集股东会的主体包括：董事会、监事会或者不设监事会的公司的监事、代表十分之一以上表决权的股东（有限责任公司）、连续九十日以上单独或者合计持有公司百分之十以上股份的股东（股份有限公司）。即便召集的主体看似存在多种选择，但股东大会一般由董事会召集，实践中，绝大多数的股东会也是由董事会召集的。

提议主体和召集主体明确之后，值得关注的是召集期限问题，就股东会而言，一般分为定期会议（年度会议）和临时会议，年度会议应当于上一会计年度结束后6个月内举行，定期会议一般按照公司章程的规定举行，临时会议不定期召开，但出现法律法规、监管准则、公司章程规定的情形时，应当在一定期限内召开临时会议。《上市公司章程指引》第四十四条规定，有下列情形之一的，公司在事实发生之日起两个月以内召开临时股东大会：

（1）董事人数不足《公司法》规定人数或者本章程所定人数的三分之二时；

（2）公司未弥补的亏损达实收股本总额三分之一时；

（3）单独或者合计持有公司百分之十以上股份的股东请求时；

（4）董事会认为必要时；

（5）监事会提议召开时；

（6）法律、行政法规、部门规章或本章程规定的其他情形。

2. 股东会的通知

就有限责任公司而言，《公司法》第六十四条第一款规定，召开股东会会议，应当于会议召开十五日前通知全体股东；但是，公司章程另有规定或者全体股东另有约定的除外。

就股份有限公司而言，《公司法》第一百一十五条第一款规定，召开股东会会议，应当将会议召开的时间、地点和审议的事项于会议召开二十日前通知各股东；临时股东会会议应当于会议召开十五日前通知各股东。

仅就通知期限而言，上述规定的时限要求相对清晰，实践中常常存在争议的点在于如何计算具体的通知期间，按照《民法典》第二百零一条规定，按照年、月、日计算期间的，开始的当日不计入，自下一日开始计算。按照小时计算期间的，自法律规定或者当事人约定的时间开始计算。

从通知的内容要求看，对有限责任公司而言，《公司法》并没有进行明确的规定，即便对股份有限公司而言，《公司法》第一百一十五条也仅是较为简单的规定为应当将会议召开的时间、地点和审议事项通知股东。

根据《上市公司章程指引》第五十六条规定，股东大会的通知包括以下内容：

（1）会议的时间、地点和会议期限；

（2）提交会议审议的事项和提案；

（3）以明显的文字说明：全体普通股股东（含表决权恢复的优先股股东）均有权出席股东大会，并可以书面委托代理人出席会议和参加表决，该股东代理人不必是公司的股东；

（4）有权出席股东大会股东的股权登记日；

（5）会务常设联系人姓名，电话号码；

（6）网络或其他方式的表决时间及表决程序。

3. 股东会的临时提案

从临时提案权来看，对有限责任公司而言，《公司法》并没有进行明确的规定，对股份有限公司而言，《公司法》第一百一十五条第二款规定，单独或者合计持有公司百分之一以上股份的股东，可以在股东会会议召开十日前提出临时提案并书面提交董事会。临时提案应当有明确议题和具体决议事项。董事会应当在收到提案后二日内通知其他股东，并将该临时提案提交股东会审议；但临时提案违反法律、行政法规或者公司章程的规定,或者不属于股东会职权范围的除外。公司不得提高提出临时提案股东的持股比例。

《上市公司章程指引》第五十四条第一款规定,公司召开股东大会,董事会、监事会以及单独或者合并持有公司百分之三以上股份的股东,有权向公司提出提案。

故此,提案权作为股东的一项基本权利,原则上只要提案的内容符合基本的规范(如在股东会的职权范围之内、议题明确清晰具体、符合法律法规和公司章程等),召集人就应当及时将相关提案纳入股东会的审议范围之内,召集人对提案并不享有实质上的审查权。

4. 股东会的变更

股东会正式召开之前,难免有这样那样的情况出现,这些突发情况的出现,可能会导致股东会的被动调整或变更,如何妥善处理、应对相关变更事项,是实践中的一个难题,当然,实践中也不乏少数股东,利用股东会变更上的相关规范空白,对公司的正常决策造成不利影响的情况。

股东会主要涉及的变更事项包括:(1)时间的变更;(2)地点的变更;(3)议题的变更(也即取消或变更部分议题);(4)会议的变更(也即直接取消本次股东会)。

因篇幅有限,仅就股东会相关变更事项的一般处理和应对原则进行提示,不过多进行展开,具体而言包括:一是不得随意变更原则,变更一般需要充分的理由和依据;二是变更程序正当原则,在变更时,应当履行公司章程或者股东会议事规则所规定的程序;三是不损害股东实质权利原则,变更时应当充分考虑变更对股东权利的影响,避免产生股东突袭现象。

5. 股东会的召开

《公司法》第六十三条、第一百一十四条对股东会的主持人进行了规定,一般而言,股东会会议由董事会召集,董事长主持;董事长不能履行职务或者不履行职务的,由副董事长主持;副董事长不能履行职务或者不履行职务的,由过半数的董事共同推举一名董事主持。

实践中,对于需要以推举方式产生会议主持人的,既存在通过推举函的方式,在会议召开之前明确主持人的;也存在会议现场以举手表决方式形成会议主持人的情况,但是公司应当留存好相应的证明和存档材料。

在股东会具体召开时,一般涉及如下环节:接待和签到、主持人发言并介绍会议情况和内容、股东审议(讨论)具体议案、股东表决、统计表决结果、形成会议记录。

6. 股东会的全流程

基于前述的梳理和分析，就股东会会议的一般程序而言，主要涉及召集、通知、召开、决议等，本节以有限责任公司的股东会会议全流程情况为例，进行简要图示如下：

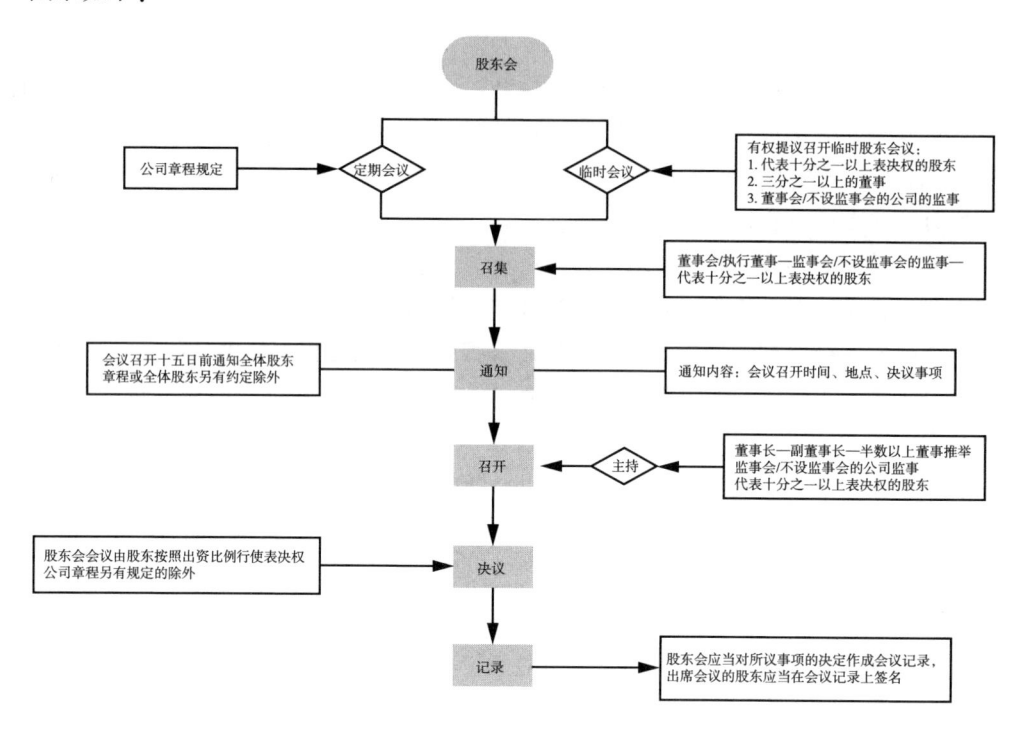

```
                              股东会
                    ┌───────────┴───────────┐
  公司章程规定 ──→ 定期会议              临时会议 ←── 有权提议召开临时股东会议：
                                                      1. 代表十分之一以上表决权的股东
                                                      2. 三分之一以上的董事
                                                      3. 董事会/不设监事会的公司的监事
                              │
                              ↓
                             召集 ←── 董事会/执行董事—监事会/不设监事会的公司监事—
                              │            代表十分之一以上表决权的股东
                              ↓
  会议召开十五日前通知全体股东 ──→ 通知 ←── 通知内容：会议召开时间、地点、决议事项
  章程或全体股东另有约定除外
                              │
                              ↓
                             召开 ←── 主持 ←── 董事长—副董事长—半数以上董事推举
                              │                监事会/不设监事会的公司监事
                              ↓                代表十分之一以上表决权的股东
  股东会会议由股东按照出资比例行使表决权 ──→ 决议
  公司章程另有规定的除外
                              │
                              ↓
                             记录 ←── 股东会应当对所议事项的决定作成会议记录，
                                        出席会议的股东应当在会议记录上签名
```

（四）股东会的决议

股东会通过作出决议的方式履行其职权，对公司造成深刻的影响，以表决通过的股权比或者特定标准来对股东会决议进行分类，可以包括：(1) 普通决议，也称一般多数决；(2) 特别决议，也称绝对多数决；(3) 法定多数决；(4) 一致决议；(5) 特约决议（一般需要由股东特别约定明确），展开来看可以梳理为如下内容：

序号	决议类别	主要内容	表决比例	注意事项
1	普通决议	公司针对一般事项进行表决所作出的决议，一般事项是指法定、意定所列明的需要1/2以上表决权方可通过的事项。	50%	一般而言，股东会决议以1/2以上表决通过是股东会决议的最低比例，体现了公司（特别是有限责任公司）人合兼资合的属性，当作为公司的控股股东时，可以围绕普通决议设定具体事项需要通过的表决比例。

续表

序号	决议类别	主要内容	表决比例	注意事项
2	特别决议	公司针对特别事项进行表决所作出的决议，特别事项是法定、意定所列明的需要2/3以上表决权方可通过的事项。	66.7%	一般而言，股东会决议以2/3以上表决通过是股东会职权中较为重要且对公司影响较大的事项，当作为公司的持股比例超过34%的股东时，可以围绕特别决议设定具体事项需要通过的表决比例，使得自己享有消极的控制权。
3	法定多数决	根据法律规定或者监管准则规定，必须经2/3以上表决权方可通过的事项，以《公司法》为例，包括修改公司章程、增加或者减少注册资本的决议，以及公司合并、分立、解散或者变更公司形式。	66.7%	法定多数决，具有一定的强制性，违反法定多数决而作出的股东会决议，相关决议可能存在瑕疵，需要予以关注。以银行保险机构为例，《银行保险机构公司治理准则》中对法定的多数决事项，增加了如下事项：发行公司债券或者公司上市；罢免独立董事；审议批准股权激励计划方案。
4	一致决议	需要全体股东一致表决同意，方可通过的事项。	100%	约定某些事项需要全体股东一致同意，是一柄"双刃剑"，从有利的一方面来看，对于少数股东而言，具有了对抗大股东的武器，可以起到一定的制衡的作用；而从有弊的一方面来看，对于公司而言，不同的股东极有可能有不同立场和诉求，当某一事项需要全体股东一致同意，且该等事项对公司较为重要时，极有可能产生僵局，对于一致同意决议，应当予以慎用。
5	特约决议	根据公司章程或者出资协议、股东协议等文本约定，对特定事项的表决标准进行专门的约定，只有符合特定标准的情况下，相关事项方可通过。	以特别约定为准	在股权投融资场景下，常见的特约决议表现为，就公司某一需决议事项，约定特别的表决权比例（如80%、90%等），或者无论表决权比例要求的高低，均需要有某一特定股东（如战略投资人股东）的同意票，方可通过。

此外，对于有限责任公司而言，还需要特别关注前述表决比例的计算方式，《公司法》第六十五条规定，股东会会议由股东按照出资比例行使表决权；但是，公司章程另有规定的除外。也即在计算前述"50%""66.7%"或其他比例时，应当区分认缴、实缴的不同约定，妥善确定股东享有的公司表决权的比例。

二、董事会

（一）董事会的概述

董事会是由公司各个类别的董事组成，对内负责管理公司事务，对外可以代表公司经营决策的机构，从公司治理的角度而言，董事会起到承上启下的作用，对上向股东会负责，由股东会选举产生；对下可以管控公司日常经营和重大事项，聘任和解聘公司的高级管理人员。

1. 关于董事的定义问题

《牛津法律大词典》对董事的定义是："由公司的股东选举产生以负责公司决策并监督公司业务管理的人。董事可以有执行或管理职能，也可以没有该职能。董事系公司的代理人，在其职权范围内做出所有行为对公司均有约束力。在严格的意义上，董事并非公司财产或资产的受托人，因为是公司拥有其资产，而股东共同持有公司，在诚实地行事、为公司和全体股东的利益而行动上，其承担与受托人相似的责任……"[1] 我国《公司法》亦未对董事进行明确的定义。一般来讲，董事是指由公司股东会议选举产生的具有实际权力的管理公司事务的人员，是公司内部治理的主要力量[2]。

2. 关于董事的资格问题

《公司法》对公司董事的任职资格采取的是排除法（也可称消极的任职资格），《公司法》第一百七十八条第一款、第二款规定，有下列情形之一的，不得担任公司的董事、监事、高级管理人员：

（1）无民事行为能力或者限制民事行为能力；

（2）因贪污、贿赂、侵占财产、挪用财产或者破坏社会主义市场经济秩序，被判处刑罚，或者因犯罪被剥夺政治权利，执行期满未逾五年，被宣告缓刑的，自缓刑考验期满之日起未逾二年；

（3）担任破产清算的公司、企业的董事或者厂长、经理，对该公司、企业的破产负有个人责任的，自该公司、企业破产清算完结之日起未逾三年；

（4）担任因违法被吊销营业执照、责令关闭的公司、企业的法定代表人，并负有个人责任的，自该公司、企业被吊销营业执照、责令关闭之日起未逾三年；

---

[1] ［英］沃克：《牛津法律大词典》，李双元等译，法律出版社2003年版，第327页。
[2] 雷霆：《公司法实务应用全书：律师公司业务基本技能与执业方法》，法律出版社2018年版，第269页。

（5）个人因所负数额较大债务到期未清偿被人民法院列为失信被执行人。

违反前款规定选举、委派董事、监事或者聘任高级管理人员的，该选举、委派或者聘任无效。

《银行业金融机构董事（理事）和高级管理人员任职资格管理办法》第八条则从正面对金融机构拟任、现任董事（理事）和高级管理人员任职资格作出以下规定（也可称为积极的任职资格）：

（1）具有完全民事行为能力；

（2）具有良好的守法合规记录；

（3）具有良好的品行、声誉；

（4）具有担任金融机构董事（理事）和高级管理人员职务所需的相关知识、经验及能力；

（5）具有良好的经济、金融从业记录；

（6）个人及家庭财务稳健；

（7）具有担任金融机构董事（理事）和高级管理人员职务所需的独立性；

（8）履行对金融机构的忠实与勤勉义务。

故此，公司在选举确定董事、监事、高级管理人员时，既要关注《公司法》的禁止性规定，又可以参考《银行业金融机构董事（理事）和高级管理人员任职资格管理办法》的规定，审慎选定具体人选。

3. 关于董事类别问题

《公司法》角度亦没有进行明确的定义，上市公司、金融机构、国资监管的角度来看，实践中存在如下分类，简要梳理如下：

以是否由股东会选举产生，可以将董事分为非职工董事和职工董事；以是否在公司担任其他职务，可以将董事分为执行董事和非执行董事；以委派或者提名的主体来看，可以将董事分为股权董事、部委董事以及其他董事；以董事是否具有独立性来看，可以将董事分为独立董事和非独立董事。

（二）董事会的职权

从董事会职权的规范来看，除了《公司法》之外，《银行保险机构公司治理准则》《上市公司章程指引》《上海证券交易所股票上市规则（2024年4月修订）》《深圳证券交易所股票上市规则（2024年修订）》等均对董事会应当具备哪些职权进行了规定，对前述规范进行梳理和总结，可以为公司在设定董事会职权时提供一定的借鉴，整理来看主要包括如下：

《公司法》项下董事会职权	《银行保险机构公司治理准则》项下董事会职权	《上市公司章程指引》项下董事会职权	国有企业章程指引项下董事会职权
董事会行使下列职权： （1）召集股东会会议，并向股东会报告工作； （2）执行股东会的决议； （3）决定公司的经营计划和投资方案； （4）制订公司的利润分配方案和弥补亏损方案； （5）制订公司增加或者减少注册资本以及发行公司债券的方案； （6）制订公司合并、分立、解散或者变更公司形式的方案； （7）决定公司内部管理机构的设置； （8）决定聘任或者解聘公司经理及其报酬事项，并根据经理的提名决定聘任或者解聘公司副经理、财务负责人及其报酬事项； （9）制定公司的基本管理制度； （10）公司章程规定或者股东会授予的其他职权。	董事会对股东大会负责，董事会职权由公司章程根据法律法规、监管规定和公司情况明确规定。 除公司法规定的职权外，银行保险机构董事会职权至少应当包括： （1）制订公司增加或者减少注册资本、发行债券或者其他证券及上市的方案； （2）制订公司重大收购、收购本公司股份或者合并、分立、解散及变更公司形式的方案； （3）按照监管规定，聘任或者解聘高级管理人员，并决定其报酬、奖惩事项，监督高级管理层履行职责； （4）依照法律法规、监管规定及公司章程，审议批准公司对外投资、资产购置、资产处置与核销、资产抵押、关联交易、数据治理等事项； （5）制定公司发展战略并监督战略实施； （6）制定公司资本规划，承担资本或偿付能力管理最终责任； （7）制定公司风险容忍度、风险管理和内部控制政策，承担全面风险管理的最终责任； （8）负责公司信息披露，并对会计和财务报告的真实性、准确性、完整性及时性承担最终责任； （9）定期评估并完善银行	董事会行使下列职权： （1）召集股东大会，并向股东大会报告工作； （2）执行股东大会的决议； （3）决定公司的经营计划和投资方案； （4）制订公司的年度财务预算方案、决算方案； （5）制订公司的利润分配方案和弥补亏损方案； （6）制订公司增加或者减少注册资本、发行债券或其他证券及上市方案； （7）拟订公司重大收购、收购本公司股票或者合并、分立、解散及变更公司形式的方案； （8）在股东大会授权范围内，决定公司对外投资、收购出售资产、资产抵押、对外担保事项、委托理财、关联交易、对外捐赠等事项； （9）决定公司内部管理机构的设置； （10）决定聘任或者解聘公司经理、董事会秘书及其他高级管理人员，并	董事会是公司的决策机构，发挥定战略、作决策、防风险的功能作用，对股东会负责，行使下列职权： （1）召集股东会会议，执行股东会决定，向股东会报告工作； （2）决定公司的经营计划和投资方案； （3）制订公司的年度财务预算方案、决算方案； （4）制订公司的利润分配方案和弥补亏损方案； （5）制订公司增加或者减少注册资本的方案； （6）制订公司发行公司债券的方案； （7）制订公司对外担保方案； （8）制订公司合并、分立、解散、清算、申请破产或者变更公司形式的方案； （9）制订公司章程的修改方案； （10）制定公司的基本管理制度； （11）决定公司内部管理机构设置方案； （12）聘任或者解聘公司总经理，根据总经理的提名聘任或者解聘公司副总经理、总会计师等高级管理人员； （13）听取总经理工作报告，检查总经理和其他高级管理人员对董事

续表

《公司法》项下董事会职权	《银行保险机构公司治理准则》项下董事会职权	《上市公司章程指引》项下董事会职权	国有企业章程指引项下董事会职权
	保险机构公司治理； （10）制订章程修改方案，制订股东大会议事规则、董事会议事规则，审议批准董事会专门委员会工作规则； （11）提请股东大会聘用或者解聘为公司财务报告进行定期法定审计的会计师事务所； （12）维护金融消费者和其他利益相关者合法权益； （13）建立银行保险机构与股东特别是主要股东之间利益冲突的识别、审查和管理机制； （14）承担股东事务的管理责任； （15）公司章程规定的其他职权。 董事会职权由董事会集体行使。公司法规定的董事会职权原则上不得授予董事长、董事、其他机构或个人行使。某些具体决策事项确有必要授权的，应当通过董事会决议的方式依法进行。授权应当一事一授，不得将董事会职权笼统或永久授予其他机构或个人行使。	决定其报酬事项和奖惩事项；根据经理的提名，决定聘任或者解聘公司副经理、财务负责人等高级管理人员，并决定其报酬事项和奖惩事项； （11）制订公司的基本管理制度； （12）制订本章程的修改方案； （13）管理公司信息披露事项； （14）向股东大会提请聘请或更换为公司审计的会计师事务所； （15）听取公司经理的工作汇报并检查经理的工作； （16）法律、行政法规、部门规章或本章程授予的其他职权。	会决议的执行情况； （14）决定聘用或者解聘负责公司财务会计报告审计业务的会计师事务所及其报酬； （15）制订董事会的工作报告； （16）法律法规、本章程规定和股东会授权行使的其他职权。

与股东会的职权设置的提示类似，董事会的具体职权如何合理、科学、有效地设计，使得董事会真正发挥其在公司治理中应当具有作用和效果，可能还是需要具体问题具体分析，在个案中找到符合公司需求的董事会职权设置。

(三) 董事会的程序

1. 董事会的提议与召集

虽然《公司法》没有进行明确规定，参照股东会会议的划分，董事会会议也可以分为定期会议和临时会议。《公司法》第一百二十三条第一款、第二款规定，董事会每年度至少召开两次会议，每次会议应当于会议召开十日前通知全体董事和监事。代表十分之一以上表决权的股东、三分之一以上董事或者监事会，可以提议召开临时董事会会议。董事长应当自接到提议后十日内，召集和主持董事会会议。

《上市公司章程指引》第一百一十四条规定，董事会每年至少召开两次会议，由董事长召集，于会议召开十日以前书面通知全体董事和监事。

结合《公司法》《上市公司章程指引》《银行保险机构公司治理准则》的相关规定，综合来看，一般而言代表百分之十以上表决权的股东、三分之一以上董事或监事会，可以提议召开董事会。董事长应当自接到提议后十日内，召集和主持董事会会议。

就有限责任公司而言，《公司法》第七十二条规定，董事会会议由董事长召集和主持；董事长不能履行职务或者不履行职务的，由副董事长召集和主持；副董事长不能履行职务或者不履行职务的，由过半数的董事共同推举一名董事召集和主持。

就股份有限公司而言，《公司法》第一百二十二条规定，董事会设董事长一人，可以设副董事长。董事长和副董事长由董事会以全体董事的过半数选举产生。董事长召集和主持董事会会议，检查董事会决议的实施情况。副董事长协助董事长工作，董事长不能履行职务或者不履行职务的，由副董事长履行职务；副董事长不能履行职务或者不履行职务的，由过半数的董事共同推举一名董事履行职务。结合《公司法》《上市公司章程指引》《银行保险机构公司治理准则》的相关规定，综合来看，有权召集董事会的主体包括董事长、特定情形下的副董事长以及特定情形下的特定董事。

2. 董事会的通知

《公司法》对于董事会的通知要求并没有进行明确的规定，实践中往往通过公司章程或者《董事会议事规则》等予以规定，对董事会的通知事项进行规定，其主要目的在于保证参会董事或授权代表有合理必要的时间，对议题内容、议案材料进行了解和审阅，并妥善安排时间参与会议。

3. 董事会的全流程

基于前述的梳理和分析，就股东会会议的一般程序而言，主要涉及召集、通知、召开、决议等，本节以股份有限公司的董事会会议全流程情况，进行简要图示如下：

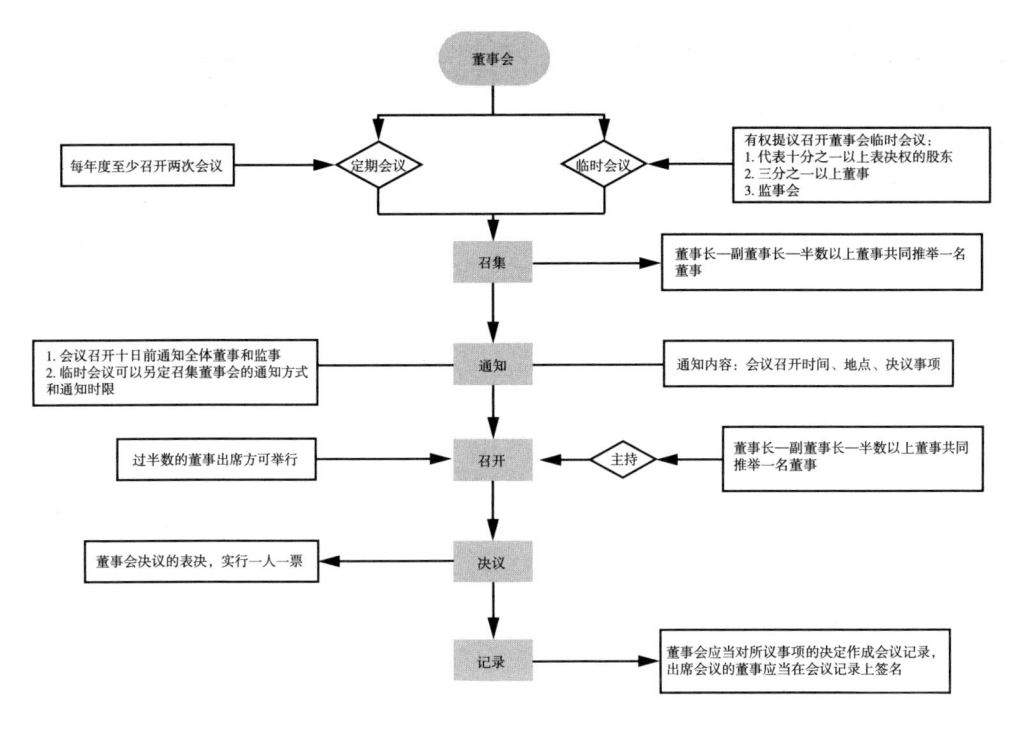

股份有限公司一般流程

（四）董事会的决议

《公司法》第七十三条规定，董事会的议事方式和表决程序，除本法有规定的外，由公司章程规定。董事会会议应当有过半数的董事出席方可举行。董事会作出决议，应当经全体董事的过半数通过。董事会决议的表决，应当一人一票。董事会应当对所议事项的决定作成会议记录，出席会议的董事应当在会议记录上签名。

《公司法》第一百二十四条规定，董事会会议应当有过半数的董事出席方可举行。董事会作出决议，应当经全体董事的过半数通过。董事会决议的表决，应当一人一票。董事会应当对所议事项的决定作成会议记录，出席会议的董事应当在会议记录上签名。

与股东会层面按照持股比例或者表决权比例行使表决权不同，董事会层面按照董事会的董事人数来进行投票，按照一人一票来进行表决，在具体表决时可以包括：（1）普通决议，也称"一般多数决"；（2）特别决议，也称"绝对多数决"；（3）法定多数决；（4）一致决议；（5）特约决议，展开来看可以梳理为如下内容：

序号	决议类别	主要内容	表决比例	注意事项
1	普通决议	公司针对一般事项进行表决所作出的决议，一般事项是指法定、意定所列明的需要全体董事的过半数同意方可通过的事项。	全体董事的过半数	一般而言，董事会决议以全体董事的过半数是董事会决议的最低比例，当作特定股东可以控制董事会过半数席位时，可以围绕普通决议设定具体事项需要的董事票数。
2	特别决议	公司针对特别事项进行表决所作出的决议，特别事项是法定、意定所列明的需要全体董事2/3以上同意方可通过的事项。	全体董事的2/3以上	一般而言，董事会决议以全体董事的2/3以上表决通过是董事会职权中较为重要且对公司影响较大的事项，在处理公司治理事务时，应当予以关注。
3	法定多数决	根据法律规定或者监管准则规定，必须全体董事2/3以上同意方可通过的事项。	全体董事2/3以上	法定多数决，具有一定的强制性，违反法定多数决而作出的董事会决议，相关决议可能存在瑕疵，需要予以关注。 以银行保险机构为例，《银行保险机构公司治理准则》规定，利润分配方案、薪酬方案、重大投资、重大资产处置方案、聘任或解聘高级管理人员、资本补充方案等重大事项不得采取书面传签方式表决，并且应当由2/3以上董事表决通过。
4	一致决议	需要全体董事一致表决同意，方可通过的事项。	全体董事	可参考股东会一致决议的提示部分。
5	特约决议	根据公司章程或者出资协议、股东协议等文本约定，对特定事项的表决标准进行专门的约定，只有符合特定标准的情况下，相关事项方可通过。	以特别约定为准	在股权投融资场景下，常见的特约决议表现为，就公司某一需决议事项，或者无论通过的董事人数的高低，均需要有某一特定股东所委派或代表特定股东的董事所投出的同意票，方可通过。

三、监事会

（一）监事会的职权

监事由股东会选举或公司职工大会（职工代表大会）选举的监事组成，作为公司内部的监督机构，对公司的经营活动、董事和高级管理人员的行为进行必要的监督和检查。

从监事会职权的规范来看，除了《公司法》之外，《银行保险机构公司治理准则》《上市公司章程指引》《上海证券交易所股票上市规则（2024年4月修订）》《深圳证券交易所股票上市规则（2024年修订）》等均对监事会应当具备哪些职权进行了规定，对前述规范进行梳理和总结，整理来看主要包括如下：

《公司法》项下监事会职权	《银行保险机构公司治理准则》项下监事会职权	《上市公司章程指引》项下监事会职权	国有企业章程指引项下监事会职权
监事会、不设监事会的公司的监事行使下列职权： （1）检查公司财务； （2）对董事、高级管理人员执行职务的行为进行监督，对违反法律、行政法规、公司章程或者股东会决议的董事、高级管理人员提出解任的建议； （3）当董事、高级管理人员的行为损害公司的利益时，要求董事、高级管理人员予以纠正； （4）提议召开临时股东会会议，在董事会不履行本法规定的召集和主持股东会会议职责时召集和主持股东会会议； （5）向股东会会议提出提案； （6）依照本法第一百八十九条的规定，对董事、高级管理人员提起诉讼； （7）公司章程规定的其他职权。	监事会对股东大会负责，监事会职权由公司章程根据法律法规、监管规定和公司情况明确规定。监事会除依据公司法等法律法规和公司章程履行职责外，还应当重点关注以下事项： （1）监督董事会确立稳健的经营理念、价值准则和制定符合公司情况的发展战略； （2）对公司发展战略的科学性、合理性和稳健性进行评估，形成评估报告； （3）对公司经营决策、风险管理和内部控制等进行监督检查并督促整改； （4）对董事的选聘程序进行监督； （5）对公司薪酬管理制度实施情况及高级管理人员薪酬方案的科学性、合理性进行监督； （6）法律法规、监管规定和公司章程规定的其他事项。	监事会行使下列职权： （1）应当对董事会编制的公司定期报告进行审核并提出书面审核意见； （2）检查公司财务； （3）对董事、高级管理人员执行公司职务的行为进行监督，对违反法律、行政法规、本章程或者股东大会决议的董事、高级管理人员提出罢免的建议； （4）当董事、高级管理人员的行为损害公司的利益时，要求董事、高级管理人员予以纠正； （5）提议召开临时股东大会，在董事会不履行《公司法》规定的召集和主持股东大会职责时召集和主持股东大会； （6）向股东大会提出提案； （7）依照《公司法》第一百五十一条的规定，对董事、高级管理人员提起诉讼； （8）发现公司经营情况异常，可以进行调查；必要时，可以聘请会计师事务所、律师事务所等专业机构协助其工作，费用由公司承担。	监事会行使下列职权： （1）检查公司财务； （2）对董事、高级管理人员执行公司职务的行为进行监督，对违反法律、行政法规、公司章程或者股东会决议的董事、高级管理人员提出罢免的建议； （3）当董事、高级管理人员的行为损害公司的利益时，要求董事、高级管理人员予以纠正； （4）提议召开临时股东会会议，在董事会不履行召集和主持股东会会议职责时召集和主持股东会会议； （5）向股东会会议提出议案； （6）依据《公司法》有关规定，对董事、高级管理人员提起诉讼； （7）公司章程规定的其他职权。

（二）监事会制度的发展

监事会制度在我国公司治理的理论和实践中均存在广泛的争议，在不断的争议中，监事会的发展与变化，以时间为脉络进行梳理，可以总结为如下表格：

序号	文件名称	主要内容	日期
1	《公司法》（1993年）	将监事会确定为公司治理的重要一环，明确了监事会的构成、产生和职权，使得我国公司治理结构以"三会一层"之间的协调和互动为基本框架。	1993年
2	《国有企业监事会暂行条例》① 《国有重点金融机构监事会暂行条例》	国有企业、国有金融机构的监事会制度进行了改革，以"派出管理"制度，替代之前《公司法》中的"股东选举"制度，体现了强化了监事会对国有企业、国有金融机构的监督职能。	2000年
3	《最高人民法院关于适用〈中华人民共和国公司法〉若干问题的规定（四）》	明确规定监事会或者不设监事会的有限责任公司的监事依据《公司法》第一百五十一条第一款规定对董事、高级管理人员提起诉讼的，应当列公司为原告，依法由监事会主席或者不设监事会的有限责任公司的监事代表公司进行诉讼。对监事会的监督职能进行了进一步的强化，监事会与监事享有了代表公司提请诉讼的权利。	2017年
4	《国务院机构改革方案》	明确将国家发展和改革委员会的重大项目稽察、财政部的中央预算执行情况和其他财政收支情况的监督检查、国务院国有资产监督管理委员会的国有企业领导干部经济责任审计和国有重点大型企业监事会的职责划入审计署，构建统一高效审计监督体系。不再设立国有重点大型企业监事会，取消监事会后，相关职责由审计署来行使。	2018年
5	《关于调整国务院国有资产监督管理委员会职责机构编制的通知》	将国务院国有资产监督管理委员会国有企业领导干部经济责任审计职责和国有重点大型企业监事会职责划入审计署，不再保留监督一局（国有企业监事会工作办公室），不再设立国有重点大型企业监事会和国有重点大型企业监事会主席。	
6	《公司法》	在有限责任公司、股份有限公司以及国有独资公司层面，对监事会进行了具体的规定。	2023年

---

① 该文件已失效，仅为说明具体问题，供读者研究和参考。

(三) 监事会制度的替代

《公司法》第六十九条规定，有限责任公司可以按照公司章程的规定在董事会中设置由董事组成的审计委员会，行使本法规定的监事会的职权，不设监事会或者监事。公司董事会成员中的职工代表可以成为审计委员会成员。第一百二十一条规定，股份有限公司可以按照公司章程的规定在董事会中设置由董事组成的审计委员会，行使本法规定的监事会的职权，不设监事会或者监事。审计委员会成员为三名以上，过半数成员不得在公司担任除董事以外的其他职务，且不得与公司存在任何可能影响其独立客观判断的关系。公司董事会成员中的职工代表可以成为审计委员会成员。审计委员会作出决议，应当经审计委员会成员的过半数通过。审计委员会决议的表决，应当一人一票。审计委员会的议事方式和表决程序，除本法有规定的外，由公司章程规定。公司可以按照公司章程的规定在董事会中设置其他委员会。第一百七十六条规定，国有独资公司在董事会中设置由董事组成的审计委员会行使本法规定的监事会职权的，不设监事会或者监事。

就目前的法律法规的规定以及《公司法》相关规范的趋势来看，在有限责任公司、股份有限公司层面"可以不设"监事会；而在国有独资公司相关法条直接表述为"不设监事会或者监事"，而非"可以不设"，故此，在国有独资公司层面会进一步顺应国资监管的要求，将相关职能归拢于审计署。此外，需要关注的是，对于上市公司、金融机构等对公司治理有特殊监管要求的公司，到底如何处理监事会的设置问题，也是后续需要进一步明确的问题。

四、高级管理层

（一）高级管理层的概述

高级管理层一般是指经理和经理领导下的相关高级管理人员组成的公司执行机构，对公司董事会负责，在董事会授权范围内从事具体的业务执行和经营管理。

至于高级管理人员的范畴，按照《公司法》的规定，是指公司的经理、副经理、财务负责人，上市公司董事会秘书和公司章程规定的其他人员。实践中，对于总法律顾问、首席合规官、首席风险官等职位，也认定为公司的高级管理人员。

（二）总经理（经理）的职权

从经理职权的规范来看，除了《公司法》之外，《上市公司章程指引》《上海证券交易所股票上市规则（2024年4月修订）》《深圳证券交易所股票上市规则（2024年修订）》等均对经理应当具备哪些职权进行了规定，对前述规范进行梳理和总结，可以为公司在设定经理职权时提供一定的借鉴，整理来看主要包括如下：

《公司法》项下经理职权	《上市公司章程指引》项下经理职权	国有企业章程指引项下经理职权
经理行使以下职权： （1）股份有限公司设经理，由董事会决定聘任或者解聘； （2）经理对董事会负责，根据公司章程的规定或者董事会的授权行使职权。 经理列席董事会会议。	经理对董事会负责，行使下列职权： （1）主持公司的生产经营管理工作，组织实施董事会决议，并向董事会报告工作； （2）组织实施公司年度经营计划和投资方案； （3）拟订公司内部管理机构设置方案； （4）拟订公司的基本管理制度； （5）制定公司的具体规章； （6）提请董事会聘任或者解聘公司副经理、财务负责人； （7）决定聘任或者解聘应由董事会决定聘任或者解聘以外的负责管理人员； （8）本章程或董事会授予的其他职权。 经理列席董事会会议。	总经理行使下列职权： （1）主持公司的生产经营管理工作，组织实施董事会决议； （2）组织实施公司年度经营计划和投资方案； （3）拟订公司的年度财务预算方案、决算方案； （4）拟订公司的利润分配方案和弥补亏损方案； （5）拟订公司增加或者减少注册资本的方案； （6）拟订公司发行公司债券的方案； （7）拟订公司内部管理机构设置方案； （8）拟订公司的基本管理制度，制定公司的具体规章； （9）按照有关规定，提请董事会聘任或者解聘公司其他高级管理人员； （10）按照有关规定，聘任或者解聘除应当由董事会决定聘任或者解聘以外的负责管理人员； （11）建立总经理办公会制度，召集和主持公司总经理办公会议； （12）协调、检查和督促各部门、各子分公司的生产经营和改革、管理工作； （13）法律法规、本章程规定和董事会授权行使的其他职权。

（三）经理的议事规则

《公司法》并没有像规范股东会、董事会、监事会一样，对经理行使职权的议事规则进行要求，实践中，总经理往往通过经理办公会行使职权，并制定相应的《总经理办公会议事规则》（《总经理工作规则》）。

《总经理办公会议事规则》与股东会、董事会、监事会的议事规则可能存在一定的差异，实践中，不同公司对《总经理办公会议事规则》的规范内容可能存在较大的不同（比如决议事项的范围、参会人员的范围、事项表决的机制等），以某公司《总经理办公会议事规则》为例，简要列示相关内容如下：

第×条 公司总经理办公会议由总经理主持。总经理因故不能主持时，可委托其他领导班子成员主持。领导班子成员出席会议，综合部负责人列席会议。会议主持人可根据工作需要确定有关人员列席会议。

第×条 公司总经理办公会议议题由总经理确定，或由其他领导班子成员、各部门建议提出，报请总经理同意后确定。

第×条 重要事项提交总经理办公会议议事前，应当认真调查研究，充分酝酿，开展风险评估，充分吸收各方面意见。涉及法律问题的重要决策，应事先进行法律论证。对涉及多个部门的议题，议题提交部门应事先征求相关部门和公司其他分管领导的意见。

第×条 公司总经理办公会议召开时间和议题确定后，应提前通知领导班子成员。会议材料原则上应提前送达，领导班子成员要认真阅读，准备意见。

第×条 对突发事件和紧急情况，不能及时召开总经理办公会议，又必须尽快作出决定的，由总经理临机处置，事后向总经理办公会议通报。

第×条 领导班子成员因故不能参加会议，应于会前向总经理请假，可以书面形式表达意见。如有不同意见，可以在下次总经理办公会议上提出。

第×条 领导班子成员在集体讨论决定事项时，要充分发表意见，对分管的工作要敢于负责，切实履行职责；同时要关心公司全局工作，积极参与集体领导。总经理应在其他领导班子成员充分发表意见之后，进行归纳总结，最后发表结论性意见。会议决定多个事项时，应逐项研究。

第×条 领导班子成员及与会人员必须严格遵守会议纪律，对应该保密的会议内容和讨论情况，以及未经会议批准传达和公布的决议，不得以任何形式向外泄露。

第×条 公司总经理办公会议的组织和服务工作由综合部负责。综合部负责会议记录和纪要整理工作。总经理办公会议纪要经综合部负责人审核后，由总经理签发。

第×条 公司总经理办公会议材料、记录、纪要均为公司内部资料，要按照有关保密规定妥善保管，于下一年度三月底前归档并永久保存。

第三节 公司治理的典型问题

一、关于公司规章制度管理

《公司法》第六十七条规定，董事会职权中包括制定公司的基本管理制度，规章制度也是公司治理的一个方面，实践中大量公司对于到底什么是基本管理制度，哪些制度应当提交董事会审议，均存在一定的疑问，就公司治理而言，其工具可抓手不仅仅需要依靠公司章程，还需要依据公司的基本管理制度、股东会对董事会授权方案、董事会对高级管理层授权方案、授权管理办法等一系列制度，方能实现公司治理的稳健发展。

(一) 公司规章制度层级

《公司法》及相关法律法规并未对公司的规章制度的层级划分与界定作出明确要求，亦未明确规定"公司基本管理制度"的定义，考虑到行业的动态发展和监管的不断变化，基本制度可能更多是作为一个制度层级的概念，覆盖公司经营中涉及"重要性""基础性""全面性"的管理制度，以达到对制度体系层次化管理的目的。

举例而言，根据《某股份有限公司 2021 年年度报告》，该公司的制度体系分为三层，第一层次是以《公司章程》为纲，以合规风险管理政策、内部控制管理制度为核心的基本制度，对全公司合规治理架构、职责划分、工具应用，以及风险监控识别、评估、报告、处置及监督检查等进行规范；第二层次由内部控制手册、法律合规风险预警及报告管理办法以及合规经营管理、规章制度管理、境外机构合规管理、法律合规管理等制度构成，确立内控合规监测预警、监督检查、制度管理、考核评级等一系列具体体制机制；第三层次包括各条线和职能部门的业务管理制度汇编，形成"一项业务一个制度、一个条线一本手册"规章制度体系。

尽管我国相关法律法规和监管规范没有强制性规定，要求公司必须制定诸如《×××规章制度管理办法》之类的规章制度，但是出于内部管理的需要，以及理顺内部规章制度层级、体系的客观要求，实际上大部分公司都制定了有关规章制度，以明确公司制度层级，进行系统化制度管理，对基本制度的描述，一般也在规章制度管理办法中进行规范。

(二) 基本管理制度的举例

规章制度管理办法中一般会对制度进行分级，并通过描述不同层级制度的特点以规范该类制度的内涵和外延，考虑到公司经营管理的复杂性，不同业务条线需要的基本制度名称或数量可能存在差异，因此并未过于细致地规定每一条线的基本制度具体有哪些，给予经营管理一定的弹性空间，实践中可以参考如下规范：

1. 某股份制银行规章制度管理规范规定，"规章制度分为基本管理制度和具体规章两个层级。基本管理制度是指对全行业务管理具有基本的原则性规范作用的制度。具体规章是指对某一业务管理具有具体的可操作性规范作用的制度"。

2. 某央企子公司规章制度管理办法规定，"'制度'，主要适用于公司行政管理、人力管理、财务管理、风险管理、合规管理、质量管理、信息管理以及各项业务管理的基础规章制度。'办法'，主要适用于对公司内部管理和业务开展的有关工作、事项，制订具体办理、实施的措施和步骤，办法重在可操作性。'规则'，主要适用于在一定的范围内，为完成公司某项特定的工作而制订的一种工作标准，对完成该项工作进行行为约束"。

3. 某地方国企子公司规章制度管理办法规定,"公司制度分为以下三个层级:

(1) 基本制度:是指涉及公司'三重一大'决策事项的规章制度,包括涉及员工切身利益的管理制度,企业战略决策、组织结构、职能管理等方面的管理制度;

(2) 专业制度:是指生产、销售、研发等专业管理领域的管理制度;

(3) 可操作性制度:是指依照法律法规、上级制度和公司重大制度制定的实施性、可操作性、辅助性的管理制度"。

(三) 基本管理制度的判断

规章管理制度中一般会规定制度的审议层级,但正如上文所分析的,规章管理制度主要还是对制度的层级和起草审批流程做原则性的划分,不会具体到规定某一特定业务或管理条线的哪些制度属于基本制度。同时,制度的名称确定、层级划分,一般也仅是从规章制度管理角度出发的划分方法,具体哪些制度需要提交董事会审议,往往需要通过实质重于形式的原则予以判断,结合相关制度的具体内容进行考虑。

对于相关规章制度的监管要求、制定依据(含外规及内规)、上下位制度关系、内容的重要性、规范的严谨性往往是起草(业务)部门更为熟悉,对于相关制度是否需要提交董事会,以及提交或不提交的原因理由可能更为了解,更能有效地根据制度是否具有统领性、重要性、基础性等原则进行判断。同时,通过制定规章制度管理办法也可以进一步理顺相关规章制度的审议流程,通过规章制度管理办法进行相对清晰的规定,可以尽可能地降低(而非绝对避免)规章制度审议流程的不确定性,避免针对每一具体制度都需要"一事一议"地进行沟通、会商、会签等机制,规范规章制度制定、审议的流程,提高内部管理和治理的效率。

二、关于公司对外担保管理

(一) 对外担保的外部法规规范

《全国法院民商事审判工作会议纪要》与《最高人民法院关于适用〈中华人民共和国民法典〉有关担保制度的解释》分别颁布于《民法典》颁布前后,后者首先要遵循《民法典》的规定,同时也担负了承袭与发展前者的任务,以及在形式上将司法政策文件提升为正式司法解释文本的任务。具体而言,《最高人民法院关于适用〈中华人民共和国民法典〉有关担保制度的解释》对《全国法院民商事审判工作会议纪要》的内容发展可以总结为如下:(1) 越权担保的效力与责任的明确;(2) 无需决议的例外情形之修正;(3) 上市公司担保信息披露义务的强化;(4) 其他类型公司对外担保的补白[①]。

---

① 李建伟:《公司诉讼类型化专题24讲(二)——公司大数据实证分析与裁判规则评述》,法律出版社2022年版,第301页。

就《最高人民法院关于适用〈中华人民共和国民法典〉有关担保制度的解释》的相关规定来看，围绕公司对外担保的条款主要集中在如下几个方面：

具体条款	主要内容	规范情形
《最高人民法院关于适用〈中华人民共和国民法典〉有关担保制度的解释》第七条	公司的法定代表人违反公司法关于公司对外担保决议程序的规定，超越权限代表公司与相对人订立担保合同，人民法院应当依照民法典第六十一条和第五百零四条等规定处理： （1）相对人善意的，担保合同对公司发生效力；相对人请求公司承担担保责任的，人民法院应予支持。 （2）相对人非善意的，担保合同对公司不发生效力；相对人请求公司承担赔偿责任的，参照适用本解释第十七条的有关规定。 法定代表人超越权限提供担保造成公司损失，公司请求法定代表人承担赔偿责任的，人民法院应予支持。 第一款所称善意，是指相对人在订立担保合同时不知道且不应当知道法定代表人超越权限。相对人有证据证明已对公司决议进行了合理审查，人民法院应当认定其构成善意，但是公司有证据证明相对人知道或者应当知道决议系伪造、变造的除外。	公司对外提供担保的一般规范
《最高人民法院关于适用〈中华人民共和国民法典〉有关担保制度的解释》第八条	有下列情形之一，公司以其未依照公司法关于公司对外担保的规定作出决议为由主张不承担担保责任的，人民法院不予支持： （1）金融机构开立保函或者担保公司提供担保； （2）公司为其全资子公司开展经营活动提供担保； （3）担保合同系由单独或者共同持有公司三分之二以上对担保事项有表决权的股东签字同意。 上市公司对外提供担保，不适用前款第二项、第三项的规定。	对外提供担保的例外规范
《最高人民法院关于适用〈中华人民共和国民法典〉有关担保制度的解释》第九条	相对人根据上市公司公开披露的关于担保事项已经董事会或者股东大会决议通过的信息，与上市公司订立担保合同，相对人主张担保合同对上市公司发生效力，并由上市公司承担担保责任的，人民法院应予支持。 相对人未根据上市公司公开披露的关于担保事项已经董事会或者股东大会决议通过的信息，与上市公司订立担保合同，上市公司主张担保合同对其不发生效力，且不承担担保责任或者赔偿责任的，人民法院应予支持。 相对人与上市公司已公开披露的控股子公司订立的担保合同，或者相对人与股票在国务院批准的其他全国性证券交易场所交易的公司订立的担保合同，适用前两款规定。	

续表

具体条款	主要内容	规范情形
《最高人民法院关于适用〈中华人民共和国民法典〉有关担保制度的解释》第十条	一人有限责任公司为其股东提供担保，公司以违反公司法关于公司对外担保决议程序的规定为由主张不承担担保责任的，人民法院不予支持。公司因承担担保责任导致无法清偿其他债务，提供担保时的股东不能证明公司财产独立于自己的财产，其他债权人请求该股东承担连带责任的，人民法院应予支持。	一人公司提供担保
《最高人民法院关于适用〈中华人民共和国民法典〉有关担保制度的解释》第十一条	公司的分支机构未经公司股东（大）会或者董事会决议以自己的名义对外提供担保，相对人请求公司或者其分支机构承担担保责任的，人民法院不予支持，但是相对人不知道且不应当知道分支机构对外提供担保未经公司决议程序的除外。 金融机构的分支机构在其营业执照记载的经营范围内开立保函，或者经有权从事担保业务的上级机构授权开立保函，金融机构或者其分支机构以违反公司法关于公司对外担保决议程序的规定为由主张不承担担保责任的，人民法院不予支持。金融机构的分支机构未经金融机构授权提供保函之外的担保，金融机构或者其分支机构主张不承担担保责任的，人民法院应予支持，但是相对人不知道且不应当知道分支机构对外提供担保未经金融机构授权的除外。 担保公司的分支机构未经担保公司授权对外提供担保，担保公司或者其分支机构主张不承担担保责任的，人民法院应予支持，但是相对人不知道且不应当知道分支机构对外提供担保未经担保公司授权的除外。 公司的分支机构对外提供担保，相对人非善意，请求公司承担赔偿责任的，参照本解释第十七条的有关规定处理。	分支机构提供担保

（二）公司对外提供担保的内部管理

熟悉外部法规规范要求，对于公司不论是作为提供担保的一方（担保人），还是接受担保的一方（债权人）均具有重要的意义和作用，但是，从公司治理的角度而言，与公司治理密切相关的还是公司对外提供担保的内部管理。本部分以《关于加强中央企业融资担保管理工作的通知》的相关规定为指引，对公司特别是集团公司、规模化公司的担保管理提出意见、建议。

1. 完善融资担保管理制度

关于担保的定义，从《民法典》《最高人民法院关于适用〈中华人民共和国民法典〉有关担保制度的解释》的相关规定来看，大的类别上可以分为典型担保和非典型担保，而《关于加强中央企业融资担保管理工作的通知》对担保的含义进行了一定的扩张，将其认定为"中央企业为纳入合并范围内的子企业和未纳入合并范围的参股企业借款和发行债券、基金产品、信托产品、资产管理计划等融资行为提供的各种形式担保，如一般保证、连带责任保证、抵押、质押等，也包括出具有担保效力的共同借款合同、差额补足承诺、安慰承诺等支持性函件的隐性担保"。

其中，需要特别关注的是前述规定的后半句，也就是隐性担保部分，实践中对于"具有担保效力的共同借款合同"如何认定，其实存在一定的争议，所谓"具有担保效力的共同借款合同"一般是指借款人 A 向金融机构申请授信，但是仅就借款人 A 的信用评级而言，无法支撑如此金额的授信且借款人 A 不能提供其他的增信措施，在此种情况下，一般的操作为由借款人 A 的股东或所属集团的集团公司 B 提供连带责任保证，但是由于集团公司 B 内部规定或者外部监管要求的限制，其提供担保也具有一定困难，此时，作为替代融资方案一般将借款人 A 和集团公司 B 作为共同借款人，以解决信用评级和增信措施问题，在共同借款融资方案项下，集团公司 B 既不用款，也不提款，仅在借款人 A 不能还款时承担还款责任。

由于担保事项、担保责任的承担可能对公司造成较大的影响，对于公司而言，应当制定和完善集团统一的融资担保管理制度，制定担保管理制度时，要重点明确公司及各级子公司融资担保权限和限额，并建立规范的内部审批程序，细化审核流程，同时形成担保情况担保信息的统计报送机制，有效控制整体的担保规模。

2. 加强融资担保预算管理

融资担保，特别是担保责任的承担，对于公司的偿债能力、资金储备、资金运作都会产生深刻的影响，公司将年度融资担保计划纳入预算管理体系，具有一定的必要性，在编制年度融资担保计划时，应当梳理明确担保人、担保金额、被担保人及其经营状况、担保方式、担保费率、违规担保清理计划等关键要素，并履行相应的预算审批程序。

3. 加强对担保对象、担保规模管理

担保对象是否具有偿债能力，是公司对外提供担保时需要考虑的重要因素，要考察担保对象的持续经营能力和偿债能力，对于将要进入重组或破产清算程序、资不抵债、连续三年及以上亏损且经营净现金流为负等不具备持续经营能力的企业应当拒绝提供担保，确需要提供担保的，应当做好反担保措施的论证和落实。

同时，公司应当根据自身财务承受能力合理确定融资担保规模，将担保规模控制在一定范围之内，同时加强对公司下属子公司的担保规模管控，将穿透性和审慎性落实在担保管理的管理制度和管理节点中。

第七章

企业合同管理实务

第一节　合同的全流程管理制度

一、合同全流程管理的意义

签订合同，是企业日常经营中必不可少的一个业务环节。合同对于任何企业、企业主、企业内工作人员都不陌生。从企业建立起始股东之间的合意，到公司与交易对象开展的各类经营活动，企业的方方面面基本通过合同形式实现，可以说，企业的一切经营活动都建立在合同的基础上。基于合同的重要性，合同管理就成为企业在经营中需重点关注的工作。如果思想上不重视合同管理工作，实践中又重谈判而轻履行，重合同文本而轻履行管理，重合同正文而轻附件。那么合同管理的不规范必然会导致事前风险防范不足、事中缺乏证据意识、事后被动救济有效等风险事件，更会损害公司利益，甚至影响公司正常运营。

合同运行是一个动态化的过程，包括合同项目调研、磋商、合同起草、审查、签订、履行、争议处理、归档、考核等各个环节。合同全流程管理，即要求对合同流程的各个环节、整个生命周期进行全面系统管理。合同的全流程管理是一项综合性管理工作，它不是仅关注某一个方面，而是通过全方位、全链条的流程管理，来建立合同风险防范体系，提升合同履行的各项效能。

实现合同全流程管理，对于企业发展有哪些重要意义呢？

1. 有利于防范企业经营风险

合同是企业日常经营行为的载体，经营风险可能产生于合同从签订到履行的各个环节。从磋商环节中未审核供应商的财务状况导致合同履行阶段对方履约不能违约，到合同履行环节发现供应商交付的货物型号与采购需求不符未及时要求对方承担退换货风险引起的违约风险等。只有建立合同全流程规范管理，才能真正从源头上规制合同行为，控制、规避各类经营风险。

2. 有利于企业持续健康发展

做好全流程统筹管理，前期采购调研科学合理，合同订立、履行过程规范合规，可以最大程度上确保企业通过合同实现预设的经济目标和效益。同时，通过科学的信息统筹与管理，对阶段性、类型化的合同及合同信息进行系统分析比对，根据分析成果及时调整、完善合同管理流程，规避同类违约风险等，真正形成良性发展机制，为企业的长远发展保驾护航。

3. 有利于提升全员依法治企理念

实践中，公司在人员招聘时多侧重岗位需求，这就导致非法律岗位很难具有较高的法律素养。加强合同全流程管理,将合同规范签订和履行形成系统的制度要求纳入员工的日常工作要求和考核范畴,促使合同涉及的相关岗位员工尤其是非法律部门员工系统学习企业合规知识,提高法律素养,有利于促进全员依法治企理念的提升。

二、合同的全流程概述

合同流程包括事前、事中、事后三个阶段,具体来说,包括合同项目调研、前期磋商、合同起草、合同审查、合同签订、合同履行、争议处理、合同归档、合同考核等各个环节。合同全流程管理要求对合同流程的各个环节进行全面系统管理。

合同全流程管理应注意两项原则:一是系统性管理。即合同相关部门应明确职责划分,合同流程各个环节中应综合各部门的意见。二是动态性管理。合同流程中各个环节相互关联影响,合同管理过程中应全面系统把握。如在合同起草时应考虑到履行阶段可能出现无法遇见的情形,可在合同中约定,发生合同未约定的情形的可通过双方签订补充协议的形式解决。

(一)项目前期准备

第一,外部调查论证。主要审核合同当事人主体资格和资信情况。比如:(1)审核企业营业执照是否经过年检,经营范围是否与实际相符,是否包括合同项目业务。如涉及专营许可的,审核该企业是否具备相应的许可、等级、资质证书等。(2)审核该主体是否具备履约能力,具体来说,可要求其出具资产负债表、资金证明、注册会计师签署的验资报告等相关文件。(3)审核该主体是否具备履约信用,如要求企业出具一定年限内未涉及重大经济纠纷或重大经济犯罪案件、未受到行政处罚的证明材料。合同当事人履约能力或资信状况有瑕疵的,应将该主体从磋商名单中排除;特殊情形下必须与该主体缔约的,应要求其提供合法、真实、有效的担保,同时按照前述标准审核对担保人的资信情况。此外,涉及重大项目的投资,还需要对相关行业、上下游、地域、政策等因素进行充分论证分析。

第二,内部流程管理。合同承办部门结合前期对合同当事人主体资格、资信情况等的调研情况,从合同项目的必要性、可行性、合法性等进行多方面论证,对合同可能引发的法律、经济、技术、社会影响等风险进行分析评估,形成调研报告,按程序报经批准后,启动采购程序。

(二)采购流程

为了体现公平、公正、公开原则,抑制企业腐败,目前大型的工程、中型的项目采购等,往往采取招标方式进行,企业也需通过投标来完成相应的采购。鉴于此企业必须关注和完善招标、投标管理,成立相应的领导小组,制定相关管理制度,对代理机构的选择、招标文件及标书的制作、标底的保密、评标、开标、答辩、中标等管理纳入合同管理中。

此外，对于选择竞争性缔约方式的项目采购，亦需要通过成立相关项目小组，遵照相关管理制度，确保采购过程及结果符合企业利益。

（三）合同谈判

合同谈判是合同当事人对合同相关内容的不断细化和落地的过程。合同谈判管理主要从三方面着手：

一是谈判前期准备。谈判前期须在项目前期准备基础上，对项目的合作模式、履行要点进行整体全面梳理，为未来双方顺利履行打下基础。此外，还应当综合考量双方资质、地位、履约能力及相关人员等主要利弊因素，确定主要的谈判方案及策略。同时，明确谈判的标底。在谈判中哪些事项为必备要求，哪些可以根据谈判情况给予让步调整。

二是谈判团队组建。一般来说，业务部门具体负责该项合同事务的工作人员是参与谈判的主体，同时为把控谈判中可能涉及的各类财务、审计、法律风险，增加法律部门、审计部门、财务部门的相关人员参与谈判。

三是谈判博弈过程。谈判不是零和游戏，合同当事人的谈判过程是互相表明心意，不断明晰各方真实诉求，不断融合各方观点，不断凝聚成最终合作模式的一个过程。因此，谈判过程需要不断对各方的意见梳理、汇总，形成有效反馈意见，从而不断调整谈判的方案和策略，最终实现项目谈判的目标。

（四）合同签订

合同草案须经评审，企业应成立合同评审委员会，由经办、财务、法律、审计等部门专业人员组成，就合同草案的商务药监、技术药监、法律条文、文字表述等进行合法性、真实性、可操作性、严密性进行评判审查，进行堵盖，将文本评审置于签约之前。

第一，合同文本的设定。合同文本的设定，是合同当事人对合同履行内容及各方权益的书面约定。因此，合同文本的内容需要契合自身需求及合同履行各节点要素的要求，确保通过合同文本的约定来固化合同当事人在合同中的权利、义务、责任。此外，对于常规化、标准化的合同类型，可以合同范本，提高合同文本起草、审核的效率，防范类型化问题的出现。同时，注意根据立法或业务实际情况不断修改完善。

第二，审批流程的管理。首先，明确合同审批的权限。企业可以根据合同金额、合同内容及类型，设定不同的合同审批层级及程序，确保不同级别项目能够得到相应管理层的关注与指导。其次，注意合同文本的版本管理，企业须采取相应措施确保合同文本是最终确定版本，确保文本不被篡改，造成企业损失或不良影响。

最后,强化合同印章管理。一方面是对自身合同印章有明确的管理权限、管理流程及相关制度,确保印章专人保管,使用有度。另一方面是对合同相对方的用章用印及授权材料进行充分审核,确保合同效力。

(五) 合同履行

合同履行是合同全流程中最重要的环节。此一环节中合同约定的权利义务的执行情况,直接决定合同预期的效益能否实现及可能出现的经营风险。

第一,部门职责划分。合同履行阶段一般由合同承办部门总体统筹,各个职能部门按职责参与。承办部门负责对接、跟踪、监督整个合同履行过程,与对方沟通协调,及时处理履行中出现的问题,如出现客观情况需变更部分权利义务条款的,与对方沟通协商签订补充协议。同时,涉及其他部门工作的,承办部门及时协调相关部门对接,如涉及支付结算的相关问题协调财务部门,对履约过程中可能或已经出现的违约情况,及时协调法律部门跟进等。

第二,履约证据管理。合同履行是一个动态且长期的过程,自双方签约开始,各个条款开始在合同双方之间真正实施落地。如果未能按照前期合同文本中约定的条款执行和贯彻,那么很可能会给公司造成实质性损失,尤其是涉及重要节点的追踪和把控,是事先风险预防的主要手段。因此,企业要将合同文本事先拆解为实际履行过程中的具体重要节点、规定动作,并在履行过程中注意履约情况并对前述内容保存相关证据资料,充分提前做好风险防范措施。必要时充分与财务部门、法务部门进行充分沟通,同步相关履行情况。尤其是在涉及合同变更、转让或中止的情况下,及时办理相关程序,对合同履行情况进行证据固化,妥善处理相关流程,避免不必要纠纷。

(六) 合同归档

合同归档,是指合同履行完成后,由相关责任人将包括合同正文及附件、合同项目前期调研、磋商记录、合同履行过程中验收证明、相关票据等合同全流程中形成的全部文件资料移交档案部门统一管理的制度。合同档案是合同履行的基本凭据,加强合同归档管理,一方面可以保证确保合同全流程的可追溯性,另一方面也为业务复盘提供了资料基础。企业应专门制定合同归档制度,规定不同类型合同归档的时限、责任人、归档资料范围、归档程序要求及考核标准。

尤其在企业多数已实现数字化办公的当下,应将合同档案纳入信息化管理。通过标准化、规范化的合同管理,构建合同管理的利益相关方及其诉求评估,提升对共性业务的管理效率和审核扣紧,完善对新兴业务的风险把控与成本管理,充分挖掘合同作为数据资产的价值,实现合同管理系统与企业交易、资产等核心生产要素的联动,有效保障企业战略的落地与执行。

（七）合同考核

合同的考核是合同各项管理制度能够有效贯彻落实的保障。一般情况下，合同的考核工作由合同的归口管理部门或审计部门负责，由其制定具体考核制度。考核范围整个合同流程的各个环节纳入，不仅限于合同履行情况的评估。可设立具体分值，违反合同管理制度要求的扣分。如磋商阶段设立采购需求时某一技术指标设置错误的扣分，履行阶段对方违约的未及时追究违约责任的扣分。

从合同项目前期准备，到合同的起草、签订、履行、归档、考核，贯穿了企业经营的各个环节，牵涉企业的业务、法律、财务、综合等各个部门。因此，应加强对合同的全流程管理，才能真正实现对企业对外经营的全链条管理。

三、合同全流程管理的主要框架

合同全流程管理要落地和实践，离不开一整套完备的合同管理制度和管理体系。在此，简要梳理合同管理制度的框架结构，供企业参考借鉴。

（一）明确合同管理的对象

合同管理制度，首先需要明确的是合同管理的对象。由于劳动人事相关合同适用特定的法律规范，一般由人事管理部门进行独立管理。因此，合同管理制度规制的合同（对象）一般限于商事合同。相关条款可以采用类似表述。例如："本制度所称合同是指企业各级单位与其他平等主体（自然人、法人、其他组织）之间设立、变更、终止民事权利义务关系的协议（包括但不限于约定书、备忘录、意向书等具有合同性质的其他文件）。劳动合同不适用本制度。"

企业在运行过程中涉及的合同类型多样。不同职能部门因职责区别，涉及的合同类型各有侧重。以企业常见的几类职能部门研发部门、采购部门、生产部门、销售部门、财务部门为例。研发部门多涉及技术开发合同，采购部门多涉及各类货物买卖合同、技术服务合同，生产部门多涉及承揽合同，销售部门多涉及买卖合同、技术转让合同，财务部门多涉及技术咨询合同等。

（二）确立归口管理的部门

与合同归口管理部门不同，本处是指合同全流程管理的归口部门，即由某一部门作为归口部门，在合同流程中承担整体统筹、跟进、监督等职能。实践中，企业多以法律部门作为合同归口管理部门，也有部分企业将综合部门列为归口管理部门。

一般来说，合同归口管理部门的职责范围包括：（1）组织制订本单位合同管理制度；（2）组织制订、发布、更新合同规范文本；（3）组织建设、管理合同电子系统；（4）按照规定参与合同的起草、谈判、签约工作；（5）按照规定审核合同；

（6）负责本单位合同专用章及用印管理；（7）参与协调、处理合同纠纷；（8）指导、监督合同归档；（9）负责合同管理的检查、考核、评价；（10）合同相关数据的统计、分析、上报；（11）负责合同管理培训；（12）开展合同管理研究；（13）履行其他合同管理职责。

（三）厘清相关职责分工

合同流程一般分前期的项目评估、磋商，中期的合同审核、签订、履行，后期的合同归档、监督三个阶段。具体合同管理中，合同前期准备阶段的项目评估、磋商多由合同承办部门负责，也有部分企业设置了物资部门专门负责采购磋商；合同中期的审核、签订及履行，一般涉及合同承办部门、法律部门、财务部门、综合部门；合同后期的归档和监督工作，一般涉及综合部门和监督部门。同时，由于现代企业多聘请律师担任企业常年法律顾问，外部律师较多参与合同磋商、审核、履行中纠纷的处理等环节。强化合同全流程管理，须在管理规范中厘清各部门对应的合同管理职责。

1. 合同承办部门

合同承办部门一般为提出合同需求和执行合同的业务部门，特殊情况下单位会指定提出需求部门以外的其他部门作为合同承办部门。由于合同订立本质上是为承办部门的需求服务，因此合同承办部门在合同管理中一般作为主责部门，负责合同项目前期调研、组织磋商、草拟合同文本、报送其他部门审核、组织合同履行及负责履行中纠纷和问题的处理等。

合同承办部门在合同管理中应从两个方面避免交易风险。第一，在合同前期立项采购、合同谈判、合同审核等环节，加强与财务部门、法律部门的事前沟通，从交易结构设计上将税费、结算等财务问题以及项目合法合规性的问题纳入考量范畴，尽可能从源头避免此类交易风险。第二，合同承办部门直接负责合同的履行工作，直接掌握供应商履行实际情况及存在的问题，其作为合同全流程的统筹主体，应动态跟踪合同履行并形成反馈处理机制，发现履行中存在的问题后及时反馈相关部门，作出针对处理，调整交易中的风险薄弱环节。

2. 法律部门

随着企业法治意识和合规机制的不断发展，企业法律部门在具体合同管理发挥的作用已不再局限传统的合同审核环节，更须全面介入合同管理全过程，如前期协助承办部门参与磋商谈判、中期负责合同审核、履行监管、纠纷处理，后期制定考核制度，统筹复盘分析等，为企业整体的合法合规保驾护航。不少央企将其定位为"中台"，提供综合性的服务，提高法律工作站位，将法律专业服务赋能到企业市场、生产及管理业务中，利用法务数据促进业务创新发展和管理效能的提升。

因此，法律部门在合同管理中可能需要关注三个方面长效机制：其一，以法律审核为主线，不断梳理和完善合同标准文本，提升效率与规范；其二，以立法动态与行业动态为基础，提前对交易模式、供应商管理做预判；其三，以合同履行中的高频问题、重大问题为切口，梳理业务线条中的法律风险，通过培训的方式，提升经办部门的法律意识和证据意识，对相关风险进行源头治理。

3. 财务部门

财务部门在合同管理中承担财务审核的职责。如前所述，在企业合规管理不断发展的当下，财务审核不仅限于审核环节，财务部门在合同前期磋商、履行中结算、纠纷处理、后期考核审计中全面参与合同管理，从全流程把控财务风险。财务审核的内容具体包括：（1）审核合同资金是否列入预算、财务收支是否符合国家及本单位关于财务会计相关规定。财务审核事项一般集中在合同金额、结算条款及涉税条款中，如审核合同金额是否控制在预算额度内，合同条款中设置的结算条件及结算凭证是否与其他条款匹配、是否便于执行，税率、发票类型等涉税事项是否明确约定。（2）按规定办理合同款项收支、票据开具及税费缴纳等财务事项。（3）对合同履行中的财务收支的执行情况等实施监督。（4）配合承办部门处理合同纠纷。（5）其他财务相关职责。

4. 综合部门

根据企业部门设置情况，一般由综合部门负责合同的用章用印、授权和归档管理。一般合同均以签订主体加盖公章并法定代表人或授权委托人签字作为生效要件。因此，用章用印及授权委托关系到合同对外产生法律效力，应由负责部门制定专项管理制度进行规制。此外，对合同档案的归档管理，作为合同管理的最后一环节，决定了合同全流程管理的高度和深度。档案的电子化、数据化、智能化将极大地提升合同管理的全面化和精细化。

5. 监管部门

监管部门负责对合同事项的监管，对合同流程各环节中发生的违规违纪行为进行调查处理。监管部门包括审计部门、纪检部门。合同审计由审计部门依照立法规定对合同的起草、签订、履行等全流程中涉及的合法性、合理性、规范性、效益性进行审查评价。合同审计根据需求可在签订前、签约中、签约后、合同终止后任一环节进行。纪检部门监管合同订立、履行中违反党纪国法的行为，依照企业相关规定视情节轻重给予党纪政纪处分；涉嫌犯罪的，依法移交有关机关处理。

6. 外部律师

企业通常会外聘常年法律顾问，参与企业经营管理，尤其是合同审核环节，将律师审查作为合同审批中的重要环节，借由外部律师专业力量，来实现合同管理。涉及合同相关纠纷的处理，一般也少不了外部律师的介入，以便企业能够有效固定相关证据，提前做好诉讼方案的准备及应对。对于一些重大的资产投资、并购、处置等项目，企业通常还会聘请律师开展专项法律服务，包括但不限于尽职调查、商业模式的论证、商业谈判等环节。

外部律师可以凭借相关行业的丰富法律服务经验，从第三方视角去审视和识别企业在合同文本、合同履行乃至整个合同管理过程中可能存在的风险，提供专业的法律意见和建议，最大程度上保障企业的权益。

（四）细化主要链条管理要求

1. 预算管理制度

合同预算管理是企业开展经济活动的前提，是合同签订的经济基础，也是控制经营成本的基本内容。因此，企业的正常运行必须配套相应的预算管理制度，通过预算、控制、协调、考核，管理企业生产经营全过程，最终实现企业战略目标。其中，应明确预算的组织机构、管理体系以及预算的编制、执行、调整、控制与分析、评价、考核和奖惩等。通过预算管理制度来提升公司管理水平，强化内部控制，防范经营风险。

2. 授权管理制度

不论是合同的谈判还是合同的签署，均需要确定公司代表的身份。除了依法代表法人行使职权的法定代表人、负责人等法定主体，还需要授权管理制度来予以明晰具体人员的代表意志。因此，授权管理制度，需要对授权委托的范围、职权、时效等均进行流程化、规范化、格式化的监督与管理，并配套相应的奖惩机制，以此来避免被授权人离职或解除委托后，仍以企业名义对外开展活动，造成表见代理的假象，给公司造成损失。

3. 合同审批制度

企业的合同审批制度对应了合同立项、合同签订、合同履行、合同归档等不同环节，所需的合同审批的权限、合同审批的流程。通过制度化、流程化的管理和监督，将合同的谈判成果固化为合同文本，并由合同各方依约去履行。确保合同相关的经办部门、法律部门、财务部门等相关意见都能够及时、有效地在合同审批过程中予以反馈和留痕。

4. 用印用章制度

企业印章主要分为五类：公章、财务章、合同章、发票章、法定代表人名章。公章是所有印章中效力最高的，对企业内外均具有法律效力，是法人权利的标志，凡是以企业名义发出的信函、公文、合同、介绍信、证明或其他企业材料均可使用公章；财务章一般是用于财务往来结算及与银行的各种凭据、汇款单、支票等；合同章是对外签订合同时使用；发票章主要用于购买发票和开具发票印章；法定代表人名章主要用于企业有关决议，以及与银行业务相关的时候用，法定代表人名章均产生法定代表人签字的效力。

企业各种印章的权限及作用不同，所有加盖印章的行为都必须做到严格把控。因此企业印章的保管工作必须有据可循，应实行印章专人保管、各类印章分管的制度，并严格执行保管人交接制度，建立企业印章保管及使用规范。

企业的公章一般由法定代表人掌控，同时法定代表人若具有股东身份，则更加稳妥，虽然法定代表人兼具股东身份亦不同于企业，但是从风险防控角度考虑企业利益与股东利益根本上的一致性，具有股东身份的法定代表人加盖印章时会比较慎重。建议专管公章的人员仅限于行政职能部门或者行政人员，没有权限对外进行业务谈判；具有对外负责销售或者采购的人员没有接触公章的权限，两类人员权限分离，可以较为有效地监控用章的正当性或合理性；财务章由财务部门负责人管理。

四、合同流程管理的提升措施

（一）完善合同管理制度体系

企业应制定以合同管理基本制度为基础，以各个部门各个环节合同管理具体制度为主体的一整套合同全流程管理制度体系，包括采购管理办法、法律审核办法、财务审核办法、合同用章用印制度、合同授权委托管理制度、业务管理办法、合同归档管理办法等，并将前述制度的履行情况纳入考核体系的合同考核制度。通过完备体系的制度机制，保障合同全流程管理有效贯彻执行。

（二）智能优化合同管理系统

在数字化办公时代，当前多数企业已经能够实现通过线上合同管理系统推进合同流程。要保证合同管理各项制度在线上管理系统中落实，应由合同归口管理部门组织各部门定期或在合同审核中反馈意见等形式，不断优化线上合同管理系统，确保全流程各部门及时共享合同进度、提升审核效率。并对合同中的信息要素进行分解与统计，提炼出合同中的重要数据和画像，为企业生产经营提供决策依据。

（三）强化合同监督考核机制

企业合同管理中常见的问题为，合同管理制度规定清楚，但执行部门未按照规定实施。如合同管理制度中明确规定禁止倒签合同，但签订合同时依然出现了日期倒签，又如合同承办部门在最终审批完成后又对定稿合同文本实质性条款约定内容进行了修改。出现此类现象的原因在于，合同管理制度中缺少合同监督考核制度。应建立完善合同检查及监督考核制度，由监督部门或合同归口管理部门对企业各部门在合同流程各个环节依照企业合同管理制度规定履行职责的情况，进行定期检查或不定期抽查，可将检查结果与绩效情况关联，或规定其他惩戒措施。通过强制性规范，倒逼合同管理制度的有效实施。

（四）加强合同相关人员培训

企业各部门工作人员的专业水平和法律素养，直接决定了合同管理制度的执行水准。为保证合同管理各项制度有效执行，企业应对定期组织开展法律法规及合同管理的宣传教育，培育及强化参与合同流程的全部人员法治意识。

相关培训须有针对性和专业性，根据合同管理职责分别对管理层、业务部门、法务部门、财务部门、审监部门、新入职员工等进行合同风险防范的培训和管理，提升公司管理的科学化水平。此外，还可以将相关培训及考试作为合同管理的资质及管理要求，确保合同管理制度的贯彻执行。

第二节　合同订立前的招采程序

各类交易的风险主要来自相对方的选择。因此，如何审慎选择交易对象，是合同管理中的重中之重。除了基本的合法存续、经营合法合规、具备民事责任能力，还应当具备充分的履约能力。如何从中选择出最适合自己的交易对象，是合同订立前的首要任务。

一般实践中可能采取两种方式：一种是尽职调查，另一种是采用竞争性缔约方式。二者并不互相排除。但是，采用竞争性缔约方式越来越成为各类企业合规的主要选择方式，即通过"程序正义"来避免企业自身的内部风险。

采用尽职调查，是指在选择缔约对象的过程中，根据自身的采购需求，对市场上初步符合自身采购需求的潜在供应商进行调查，对潜在供应商的财务状况、履约能力和自身采购需求的匹配度等方面进行比较，从而选择出最适合自身的供应商作为合作合伙。

采用竞争性缔约方式，指在尽职调查的基础上，通过招标或者非招标的竞争性方式选择缔约对象的合同缔结方式。与单纯的尽职调查相比，竞争性缔约更能保证供应商之间竞争的充分性和公平、公正，也更有利于企业筛选出更为适合的交易对象，实现物有所值的采购目标。因此，竞争性缔约已经越来越成为企业选择交易对象的首选方式，而企业本身也会作为投标人或者供应商参加其他单位的竞争性缔约活动。本节拟主要就竞争性缔约方式，即企业的招标、采购以及企业参与招标、投标、采购程序的主要问题及风险防范进行重点介绍。

一、企业招采管理的概述

企业采购管理，包含了企业主导与企业参与两个方面：（1）作为采购人，主要涉及下达采购计划、需求生成、采购流程管理、供应商入库、采购合同签订、采购结算、履约监督等采购活动的全过程管理，是对采购过程中供应链的各个环节状态进行跟踪、监督，具体包括招标及非招标方式；（2）作为供应商，主要涉及企业作为投标人或者供应商参加其他主体的招标投标活动以及政府采购活动等。

（一）招标采购程序中的主要概念

1. 招投标中的常用概念

（1）招标：招标人通过发布招标公告或投标邀请书，邀请特定的或不特定的自然人、法人或其他组织投标，按照公开规定的程序和条件确定中标人的过程，包括公开招标和邀请招标。

（2）投标：投标人获得招标文件并提交投标文件参加投标竞争的过程。

（3）招标人：依照本法规定提出招标项目、进行招标的法人或者其他组织。

（4）投标人：获得招标文件并提交投标文件参加投标竞争的法人或其他组织。依法招标的科研项目允许个人参加投标的，参加投标的个人系投标人。

（5）潜在投标人：在招标公告或投标邀请书发出后，所有有意参加该项目投标的法人或其他组织。依法招标的科研项目允许个人参加投标的，有意参加投标的个人系潜在投标人。

（6）公开招标：招标人以招标公告的方式邀请不特定的法人或其他组织投标。

（7）邀请招标：招标人以投标邀请书的方式邀请特定的法人或其他组织投标。

（8）开标：投标人提交投标文件后，招标人依据招标文件规定的时间和地点，开启投标人提交的投标文件，公开宣布投标人的名称、投标价格及其他主要内容的过程。

（9）评标：评标委员会依据招标文件载明的评标办法对投标文件进行评审和比较、确定投标人的排名顺序、推荐中标候选人的过程。

（10）定标：根据评标结果确定中标人的过程。

2. 政府采购中的常用概念

（1）政府采购：是指各级国家机关、事业单位和团体组织，使用财政性资金采购依法制定的集中采购目录以内的或者采购限额标准以上的货物、工程和服务的行为。

（2）采购人（采购单位）：按照采购管理权限划分和管理分工，与供应商订立采购合同，按合同约定向供应商采购物资、工程和服务，并与供应商办理结算支付的单位。包括各级国家机关、事业单位和团体组织。

（3）供应商：为采购人（采购单位）提供工程、货物和服务的承包商、供货商和服务商。

（4）采购标的：是采购的对象，包括货物、工程和服务三类。

（5）非招标采购：除招标采购以外的采购方式，包括竞争性谈判、竞争性磋商、询价采购和直接采购（单一来源采购）、框架协议采购等方式。

（6）集中采购：纳入集中采购计划和目录内的物资、工程和服务，由集中采购代理机构统一组织采购。

（7）采购预算：是指采购人在一定计划期间（年度、季度或月度）编制的采购用款计划。

（8）采购计划：是指采购人在了解市场供求情况，认识企业生产经营活动过程中和掌握物料消耗规律的基础上对计划期内物料采购管理活动所做的预见性的安排和部署。就采购需求而言，采购需求是指采购人为实现项目目标，拟采购的标的及其需要满足的技术、商务要求。

3. 二者的主要联系与区别

根据《政府采购法》第四条及《政府采购法实施条例》的规定，政府（使用财政性资金的各级国家机关、事业单位和团体组织，下同）以招标方式采购工程以及与工程有关建设有关的货物及服务，适用《招标投标法》及其配套法规。此外，政府以非招标方式采购工程或者采购货物和服务，适用《政府采购法》及其配套法规。

实践中，多数大型国有企业会参照《政府采购法》及其配套法规对企业内部采购管理进行规制与细化。

从企业参加招标投标及政府采购的角度来看，二者的区别主要体现在包括以下几个方面。

一是规范主体不同：《政府采购法》规范的对象是使用财政性资金的各级国家机关、事业单位和团体组织。《招标投标法》规范的采购主体无限制，涵盖了在我国境内进行招投标活动的任何主体，包括进行招标的法人或者其他组织。

二是采购方式不同：《招标投标法》及其配套法规只规定了招标方式采购，包括公开招标和邀请招标；《政府采购法》及其实施条例则规定了招标采购方式和非招标采购方式，除了公开招标、邀请招标以外还包括竞争性谈判、竞争性磋商、询价、单一来源、框架协议。

三是具体流程不同：如发布采购文件的期限、评审委员会的产生方式、随机抽取评标专家来源、评委会组成结构、评委会成员数量、评审方法等存在不同。

四是主管部门不同：根据《招标投标法实施条例》第四条第一款、第三款的规定，国务院发展改革部门指导和协调全国招标投标工作，对国家重大建设项目的工程招标投标活动实施监督检查。国务院工业和信息化、住房城乡建设、交通运输、铁道、水利、商务等部门，按照规定的职责分工对有关招标投标活动实施监督。财政部门依法对实行招标投标的政府采购工程建设项目的政府采购政策执行情况实施监督。而《政府采购法》第十三条第一款规定，各级人民政府财政部门是负责政府采购监督管理的部门，依法履行对政府采购活动的监督管理职责。

五是救济途径不同：就招标投标活动而言，投标人或者其他利害关系人认为招标投标活动不符合法律、行政法规规定的，可以自知道或者应当知道之日起十日内向有关行政监督部门投诉；其中，就《招标投标法实施条例》第二十二条、第四十四条、第五十四条规定事项投诉的，应当先向招标人提出异议。就政府采购活动而言，供应商认为采购文件、采购过程和中标、成交结果使自己的权益受到损害的，可以在知道或者应知其权益受到损害之日起七个工作日内，以书面形式向采购人提出质疑，质疑供应商对采购人、采购代理机构的答复不满意或者采购人、采购代理机构未在规定的时间内作出答复的，可以在答复期满后十五个工作日内向同级财政部门投诉。

(二) 招标投标与政府采购的主要法律法规列表

招标投标	政府采购
《招标投标法》	《政府采购法》
《招标投标法实施条例》	《政府采购法实施条例》
《工程建设项目货物招标投标办法》	《政府采购货物和服务招标投标管理办法》
《必须招标的工程项目规定》	《政府采购非招标采购方式管理办法》
《工程建设项目施工招标投标办法》	《政府采购框架协议采购方式管理暂行办法》
《工程建设项目勘察设计招标投标办法》	《政府采购竞争性磋商采购方式管理暂行办法》
《电子招标投标办法》	《政府采购促进中小企业发展管理办法》
《招标公告和公示信息发布管理办法》	《政府采购信息发布管理办法》
《工程建设项目招标投标活动投诉处理办法》	《政府采购质疑和投诉办法》
《评标委员会和评标方法暂行规定》	《政府采购评审专家管理办法》

(三) 招标采购程序的主要流程

1. 招标程序

所谓招标程序，是指通过发布招标公告或投标邀请书，邀请特定的或不特定的自然人、法人或其他组织投标，按照公开规定的程序和条件确定中标人的过程，包括公开招标和邀请招标。招标程序具体包括招标前的准备阶段、招标文件编制、招标、投标、评标、中标及签订合同及履行等阶段，其具体流程详见下图：

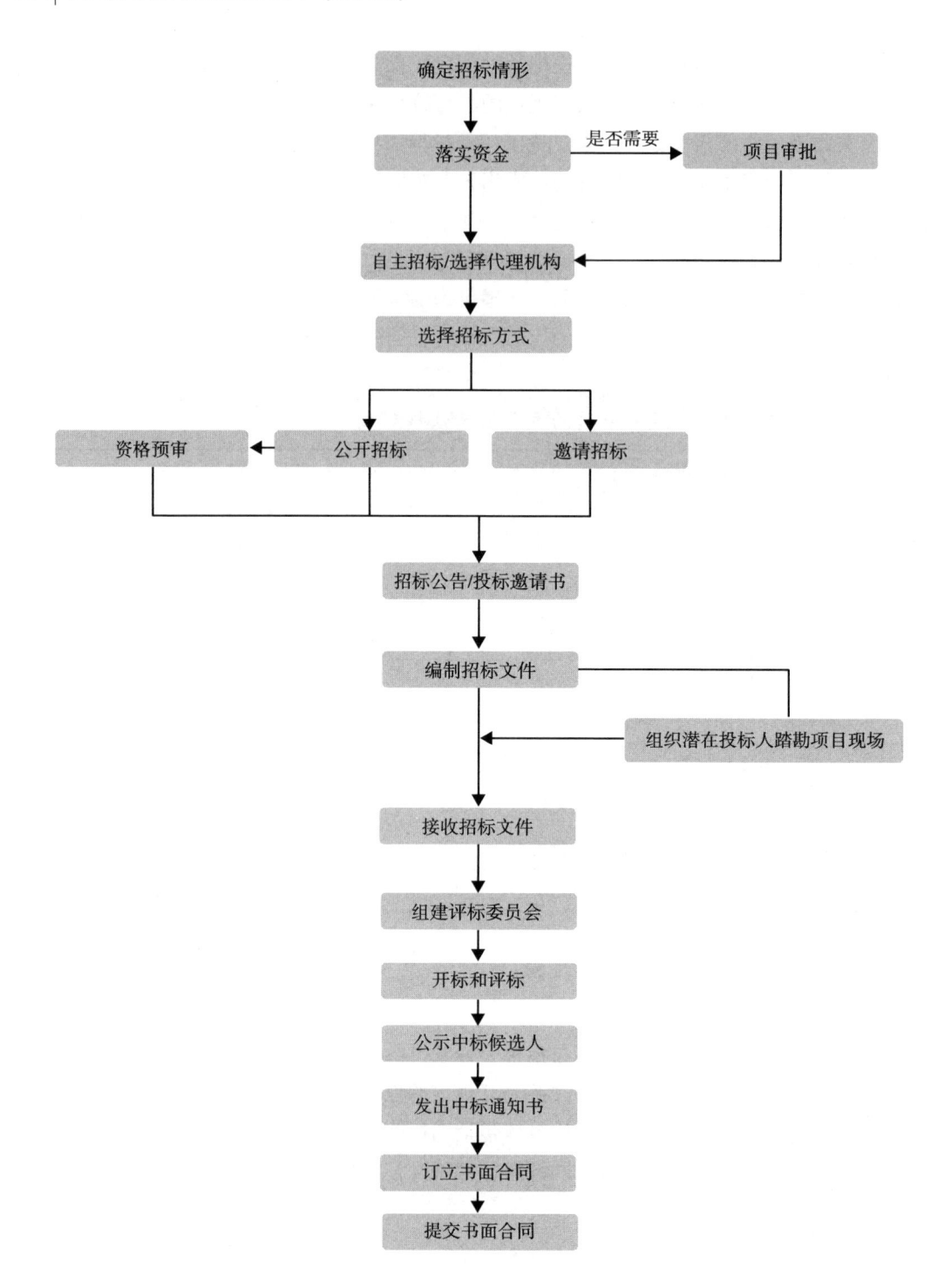

```
                    ┌──────────────┐
                    │ 确定招标情形 │
                    └──────┬───────┘
                           ↓
                    ┌──────────────┐   是否需要    ┌──────────────┐
                    │  落实资金    │──────────────→│  项目审批    │
                    └──────┬───────┘               └──────┬───────┘
                           ↓                              │
                    ┌──────────────────────┐              │
                    │ 自主招标/选择代理机构 │←─────────────┘
                    └──────┬───────────────┘
                           ↓
                    ┌──────────────┐
                    │ 选择招标方式 │
                    └──────┬───────┘
              ┌────────────┼────────────┐
              ↓            ↓            ↓
        ┌──────────┐ ┌──────────┐ ┌──────────┐
        │ 资格预审 │←│ 公开招标 │ │ 邀请招标 │
        └────┬─────┘ └────┬─────┘ └────┬─────┘
             └────────────┼────────────┘
                          ↓
                  ┌────────────────────┐
                  │ 招标公告/投标邀请书 │
                  └──────────┬─────────┘
                             ↓
                  ┌──────────────┐       ┌────────────────────────┐
                  │ 编制招标文件 │──────→│ 组织潜在投标人踏勘项目现场 │
                  └──────┬───────┘       └────────────────────────┘
                         ↓
                  ┌──────────────┐
                  │ 接收招标文件 │
                  └──────┬───────┘
                         ↓
                  ┌──────────────┐
                  │ 组建评标委员会 │
                  └──────┬───────┘
                         ↓
                  ┌──────────────┐
                  │  开标和评标  │
                  └──────┬───────┘
                         ↓
                  ┌──────────────────┐
                  │  公示中标候选人  │
                  └────────┬─────────┘
                           ↓
                  ┌──────────────────┐
                  │  发出中标通知书  │
                  └────────┬─────────┘
                           ↓
                  ┌──────────────┐
                  │ 订立书面合同 │
                  └──────┬───────┘
                         ↓
                  ┌──────────────┐
                  │ 提交书面合同 │
                  └──────────────┘
```

2. 投标程序

所谓投标程序，是指企业作为投标人参加其他主体的招标项目，即企业作为投标人参与其他主体招标项目的竞争性缔约程序以望能够获取交易机会，企业参与投标主要涉及资格条件的判断、投标文件的编制和递交、缴纳投标保证金、签约、缴纳履约保证金等程序，其具体流程详见下图：

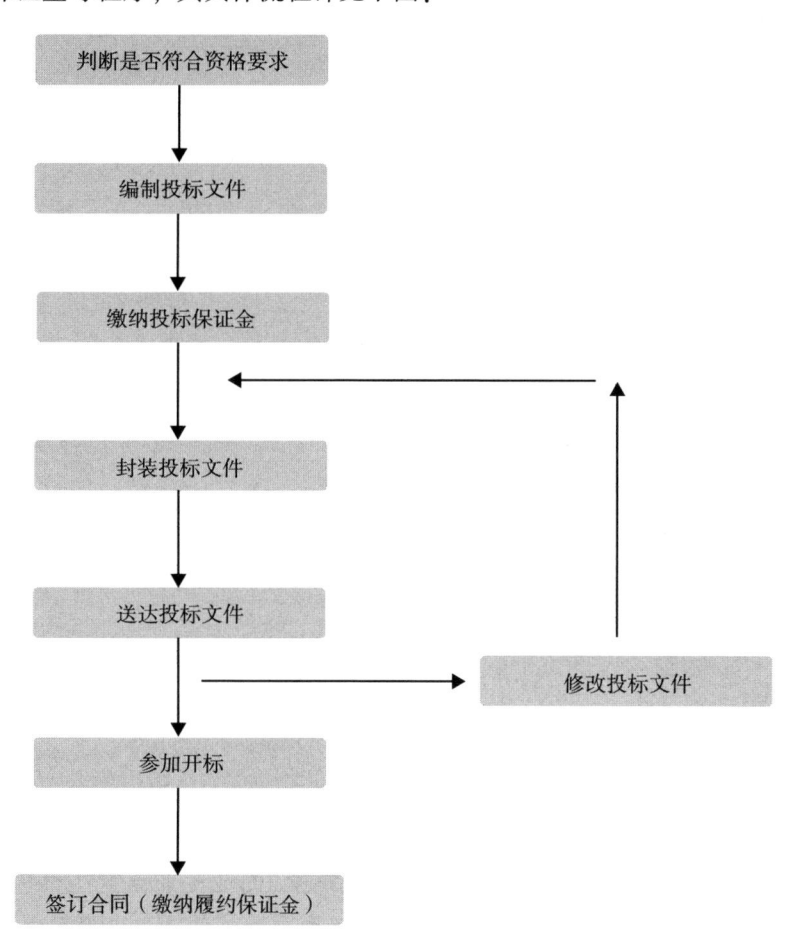

```
判断是否符合资格要求
        ↓
   编制投标文件
        ↓
   缴纳投标保证金
        ↓
   封装投标文件
        ↓
   送达投标文件 ————→ 修改投标文件
        ↓
     参加开标
        ↓
签订合同（缴纳履约保证金）
```

3. 参与政府采购程序

《政府采购法》及其实施条例则规定了公开招标、邀请招标、竞争性谈判、竞争性磋商、询价、单一来源、框架协议等政府采购方式。企业作为供应商，会参加政府采购程序，以望能够获取签订政府采购合同的交易机会。企业参加政府采购程序主要包括资格条件的判断、投标/响应文件的编制和递交、缴纳投标/磋商保证金、签约、缴纳履约保证金等程序，其具体流程详见下图：

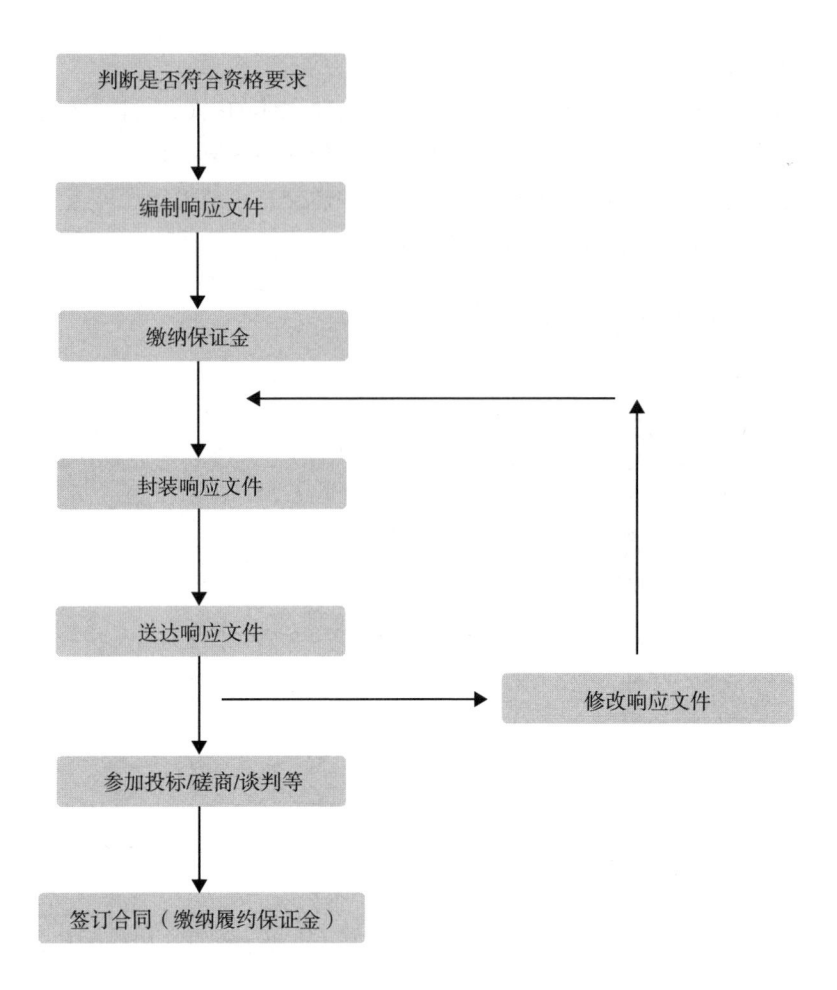

```
判断是否符合资格要求
        ↓
    编制响应文件
        ↓
    缴纳保证金
        ↓
    封装响应文件
        ↓
    送达响应文件 ← 修改响应文件
        ↓
参加投标/磋商/谈判等
        ↓
签订合同（缴纳履约保证金）
```

二、招标采购程序中的主要风险与防范

招标采购方式作为实践中最常用的一种竞争性缔约方式，以其竞争性最为充分、透明性最高等优势，获得了大多数企业的青睐，成为企业竞争性缔约的首选方式。同时，因涉及金额较大等原因，投标人在利益的驱使下，也容易引发串通投标、弄虚作假等不正当竞争行为，严重的还会引发廉洁风险。根据招标采购的流程分阶段介绍企业招标方式采购合规管理过程中需要注意的相关风险。

（一）招标阶段

1. 未依法选择招标方式的风险防范

对于需要以招标方式选取合作供应商的项目，要严格按照法律规定选择合适的招标方式。一是对于依法必须进行招标的项目，必须以招标方式进行，避免出现"应招未招"或者"化整为零"等规避招标的违法违规行为，否则，会面临行政处罚、合同无效等相应的法律风险。如在西安某科技有限公司与陕西某旅游开发有限公司合同纠纷案[1]中，法院认为，案涉工程属于使用部分国有资金投资以及关系公众安全的项目，应进行招投标，双方在2019年7月、8月补办了招投标手续，明显属于先施工后履行招投标程序的情形，违反了招标投标法相关强制性规定，属于无效合同，故本案双方的合同关系虽系真实意思表示，但因违反法律的效力性规定而无效。二是针对公开招标和邀请招标两种招标方式，要依法依规选择合适的招标方式，避免出现应当公开招标而采用邀请招标的情形。

2. 未依法编制资格预审文件及招标文件风险防范

招标人编制资格预审文件、招标文件时应当合法合规，可以参考使用标准文本；同时文件内容应当合理可行，符合招标项目的特点和需求，涵盖招标人的所有实质性要求和条件。此外，编制相关文件要避免以不合理的条件限制、排斥潜在投标人或投标人，避免对潜在投标人实行歧视待遇，否则可能会因文件内容不合规导致招标无效或存在合同漏洞，引发法律风险。

《招标投标法实施条例》第三十二条第二款规定，招标人有下列行为之一的，属于以不合理条件限制、排斥潜在投标人或者投标人：（1）就同一招标项目向潜在投标人或者投标人提供有差别的项目信息；（2）设定的资格、技术、商务条件与招标项目的具体特点和实际需要不相适应或者与合同履行无关；（3）依法必须进行招标的项目以特定行政区域或者特定行业的业绩、奖项作为加分条件或者中标条件；（4）对潜在投标人或者投标人采取不同的资格审查或者评标标准；（5）限定或者指定特定的专利、商标、品牌、原产地或者供应商；（6）依法必须进行招标的项目非法限定潜在投标人或者投标人的所有制形式或者组织形式；（7）以其他不合理条件限制、排斥潜在投标人或者投标人。

3. 各类时限风险防范

招标人应注意招标文件、资格预审文件的发售、澄清、修改的时限，及提交资格预审申请文件、投标文件的时限，需要符合法律规定。资格预审文件或者招标文件的发售期不得少于五日。招标人对已发出的招标文件进行必要的澄清或者修改的，应当在招标文件要求提交投标文件截止时间至少十五日前，以书面形式通知所有招标文件收受人。依法必须进行招标的项目，提交资格预审申请文件的时间，自资格预审文件停止发售之日起不得少于五日；提交招标文件的时间，自招标文件开始发出之日起至投标人提交投标文件截止之日止，最短不得少于二十日。

如在张家界甲出租车有限公司、张家界乙出租汽车有限公司与市道路运输管理

---

[1] 参见陕西省渭南市中级人民法院（2021）陕05民初61号民事判决书，载中国裁判文书网，最后访问时间：2024年4月12日。

局出租汽车经营权出让招标纠纷案①中，法院认为，《招标投标法实施条例》第十六条第一款规定，招标人应当按照资格预审公告、招标公告或者投标邀请书规定的时间、地点发售资格预审文件或者招标文件。资格预审文件或者招标文件的发售期不得少于5日。本案中被告招标公告仅规定四天发售期（2012年11月13日至2012年11月16日），明显低于法律规定的最低期限。应当认定被告《招标公告》程序违法。

4. 投标保证金超额风险防范

招标人应依法收取投标保证金，首先，招标人收取投标保证金不能超过法律法规规定的最高比例，即不得超过招标项目估算价的2%，否则，应当依法予以退还。

5. 招标项目信息泄露风险防范

为保证招投标过程的公平性，实现投标人之间的公平竞争，招标人必须保证招标项目信息的秘密性。招标人不得向他人透露已获取招标文件的潜在投标人的名称、数量以及可能影响公平竞争的有关招标投标的其他情况。招标人设有标底的，标底必须保密。否则，招标人将面临警告、罚款等行政责任，严重的还可能承担相应的刑事责任。

6. 现场踏勘及投标预备会相关风险防范

为了帮助潜在投标人进一步了解招标项目，部分招标人会选择组织现场踏勘；同时，为了回答潜在投标人针对招标文件或现场踏勘提出的疑问或者澄清要求，部分招标人会选择召开投标预备会。对于此，招标人要注意以下两点：一是依法组织现场踏勘及投标预备会，对于现场踏勘，必须是所有潜在投标人参加，不得组织单个或者部分潜在投标人参加；对于投标预备会，解答内容需要以书面形式通知所有购买招标文件的潜在投标人，且该解答的内容为招标文件的组成部分。二是在组织现场踏勘及投标预备会时，要注意避免与潜在投标人就投标价格、投标方案等实质性内容进行谈判，注意防范被认定为串通投标的法律风险。

（二）投标阶段

1. 接受未通过资格预审的单位或个人参加投标的风险防范

为保证招投标活动的效率性，部分招标项目会进行资格预审，通过资格预审的单位或个人才有资格参加投标。在投标阶段，招标人要注意避免让未通过资格预审的单位或个人参加投标，否则招标人面临着被有关行政监督管理部门责令整改、罚款的法律风险，单位直接负责的主管人员和其他直接责任人员也面临着被依法给予处分的风险。此外，通过资格预审的投标人低于3人的，应当重新招标。

---

① 参见湖南省张家界市中级人民法院（2014）张中行初字第27号行政判决书，载中国裁判文书网，最后访问时间：2024年4月12日。

2. 未拒绝应当拒收的投标文件的风险防范

在投标阶段，对于法律法规明确应当拒收的投标文件，招标人应当拒收，防止不符合要求的投标文件进入到开标、评标阶段。一是在招标文件要求提交投标文件的截止时间后送达的投标文件，招标人应当拒收。二是与招标人存在利害关系可能影响招标公正性的法人、其他组织或者个人，不得参加投标。单位负责人为同一人或者存在控股、管理关系的不同单位，不得参加同一标段投标或者未划分标段的同一招标项目投标。否则，相关投标均属无效。三是未通过资格预审的申请人提交的投标文件，以及逾期送达或者不按照招标文件要求密封的投标文件，招标人应当拒收。四是资格预审后联合体增减、更换成员的，其投标无效。联合体各方在同一招标项目中以自己名义单独投标或者参加其他联合体投标的，相关投标均无效。五是投标人不再具备资格预审文件、招标文件规定的资格条件或者其投标影响招标公正性的，其投标无效。六是投标人未按规定加密的投标文件，电子招标投标交易平台应当拒收并提示；投标截止时间后送达的投标文件，电子招标投标交易平台应当拒收。否则，招标人面临着被有关行政监督管理部门责令整改、罚款的法律风险，单位直接负责的主管人员和其他直接责任人员也面临着被依法给予处分的风险。

3. 未及时退还投标保证金的风险防范

招标人应当及时退还投标保证金。投标人撤回已提交的投标文件，应当在投标截止时间前书面通知招标人。招标人已收取投标保证金的，应当自收到投标人书面撤回通知之日起五日内退还。投标截止后投标人撤销投标文件的，招标人可以不退还投标保证金。招标人不按照规定退还投标保证金及银行同期存款利息的，面临着被有关行政监督部门责令改正及罚款的法律风险，同时可能会承担相应的损害赔偿责任。

（三）开标阶段

1. 未依法进行开标的风险防范

招标人应当依法组织并进行开标活动。一是开标时，招标人或招标代理机构要注意进行投标文件的密封性检查。二是投标人少于3个的，不得开标，招标人应当重新招标。三是采取电子招标投标的，电子开标应当按照招标文件确定的时间，在电子招标投标交易平台上公开进行，所有投标人均应当准时在线参加开标。开标时，电子招标投标交易平台自动提取所有投标文件，提示招标人和投标人按招标文件规定方式按时在线解密。解密全部完成后，应当向所有投标人公布投标人名称、投标价格和招标文件规定的其他内容。

2. 未依法否决投标的风险防范

开标阶段，发现投标文件签字盖章不符合要求、投标文件存在缺失、超过最高投标限价等情形，招标人或招标代理机构无权作出投标无效决定，依法可以做好记录，交由评标委员会进行评审和处理。在开标阶段，招标人或者招标代理机构要避免由开标工作人员包括监督人员在开标现场对投标文件作出否决投标的判断处理。

3. 未依法处理投标人提出的开标异议的风险防范

开标阶段，投标人对开标有异议的，应当在开标现场提出，招标人应当当场作出答复，并制作记录。招标人不按照规定对异议作出答复，继续进行招标投标活动的，面临着被有关行政监督部门责令改正的法律风险；若拒不改正或者不能改正并影响中标结果的，招标、投标、中标无效，应当依法重新招标或者评标。

（四）评标阶段

1. 未依法设置评标委员会的风险防范

评标由招标人依法组建的评标委员会负责，依法必须进行招标的项目，其评标委员会由招标人的代表和有关技术、经济等方面的专家组成，成员人数为五人以上单数，其中技术、经济等方面的专家不得少于成员总数的 2/3。评标委员会成员与投标人有利害关系的，应当主动回避。若招标人未按照要求设置评标委员会，将面临承担行政责任的风险。此外，违法确定或者更换的评标委员会成员作出的评审结论无效，依法应当重新进行评审。

2. 未按规定进行评标的风险防范

评标委员会应当按照招标文件确定的评标标准和方法，对投标文件进行评审和比较；设有标底的，应当参考标底。招标文件没有规定的评标标准和方法不得作为评标的依据。评标委员会成员不得私下接触投标人，不得收受投标人给予的财物或者其他好处，避免廉洁风险，不得向招标人征询确定中标人的意向，不得接受任何单位或者个人明示或者暗示提出的倾向或者排斥特定投标人的要求，不得有其他不客观、不公正履行职务的行为。否则，评标委员会可能面临没收财物、罚款、取消资格等处罚；构成犯罪的，会被依法追究刑事责任。

（五）定标阶段

1. 定标前谈判的风险防范

在确定中标人前，招标人不应与投标人就投标价格、投标方案等实质性内容进行谈判。实践中，客观存在招标人以发出中标通知书或签订合同为条件向中标人施加压力，就投标价格、投标方案等进行谈判。因此，招标投标法明确了上述规则。

2. 未在有效期内定标的风险防范

定标有时间要求，招标人应当在投标有效期内定标。首先，《评标委员会和评标方法暂行规定》规定，不能在投标有效期结束日三十个工作日前完成评标和定标的，招标人应当通知所有投标人延长投标有效期。其次，投标有效期届满法律效果属于承诺期限届满，要约失效，招标人再定标是新的要约，投标人有权选择是否接受。例如，投标人拒绝延长投标有效期的，有权收回投标保证金；同意延长投标有效期的投标人应当相应延长其投标担保的有效期。最后，投标人同意延长有效期的，需注意其不得修改投标文件的实质性内容。

3. 未依法定标的法律风险防范

招标人定标应遵守法律规定，避免违规定标。首先，定标人有定标自主权，一般情况下，在满足招标投标法规定的投标条件前提下，招标人可以在评标委员会确定的中标候选人名单中自主确定中标人，并未强制要求必须是排名第一的中标候选人中标，但不得在评标委员会依法推荐的中标候选人以外确定中标人。其次，国有资金占控股或者主导地位的依法必须进行招标的项目，招标人的定标权受到法律强制性规定的约束。招标人应当确定排名第一的中标候选人为中标人。排名第一的中标候选人放弃中标、因不可抗力不能履行合同、不按照招标文件要求提交履约保证金，或者被查实存在影响中标结果的违法行为等情形，不符合中标条件的，招标人可以按照评标委员会提出的中标候选人名单排序依次确定其他中标候选人为中标人，也可以重新招标。最后，对于国有企业而言，非依法必须进行招标项目可以在中标候选人中确定中标人。

4. 未依法依规公示中标候选人和中标结果的风险防范

依法必须进行招标的项目，招标人应当按照法定期限、法定内容、法定形式等公示中标候选人。首先，公示中标候选人公示期不得少于三日，招标人应当自收到评标报告之日起三日内公示中标候选人。其次，招标人应当按照法定内容、法定形式等公示中标候选人。最后，采用电子招标的依法必须进行招标的项目，中标候选人和中标结果应当在电子招标投标交易平台进行公示和公布。

5. 未依法处理评标结果异议的风险防范

投标人或者其他利害关系人对依法必须进行招标的项目的评标结果有异议的，应当在中标候选人公示期间提出。招标人应当自收到异议之日起三日内作出答复；作出答复前，应当暂停招标投标活动。

（六）合同签订及履行阶段

1. 合同签订阶段

（1）未在法定期限内与中标人订立书面合同的风险防范

采用招标方式采购的，应当注意签订合同的时间需在法定期限内。根据《招标投标法》第四十六条第一款的规定，招标人和中标人应当自中标通知书发出之日起三十日内，按照招标文件和中标人的投标文件订立书面合同。如在法定期限内未及时订立书面合同，则有被有关机关认定为"无正当理由不与中标人订立合同"的风险。

而且，根据《最高人民法院关于适用〈中华人民共和国民法典〉合同编通则若干问题的解释》第四条第一款规定,"采取招标方式订立合同,当事人请求确认合同自中标通知书到达中标人时成立的,人民法院应予支持。合同成立后,当事人拒绝签订书面合同的,人民法院应当依据招标文件、投标文件和中标通知书等确定合同内容"。因此,即便未在法定期限内订立书面合同,合同自中标通知书到达中标人时即成立。即便拒绝签订书面合同,根据招标文件、投标文件和中标通知书等可以确定合同内容,并根据合同约定的违约责任承担相应责任。

(2) 订立合同时向中标人提出附加条件的风险防范

招标人与中标人应当按照采购文件中确定的事项签订合同,不得在订立合同时向中标人提出附加条件,否则会承担相应的法律责任。

(3) 未按照采购文件确定的事项签订合同的风险防范

招标人与中标人签订合同时,双方应当确保签订合同的标的、价款、质量、履行期限等主要条款应当与招标文件和中标人的投标文件的内容相一致,且双方不得再行订立背离合同实质性内容的其他协议。所谓"合同实质性内容",结合《民法典》第四百八十八条的规定,除"标的、价款、质量、履行期限"外,还应包括"数量、履行地点和方式、违约责任和解决争议方法"等。

需注意的是,合同"实质性内容"不等同于合同的全部内容,只有合同中影响中标结果实质性内容、导致合同双方当事人就实质性内容享有的权利义务发生较大变化的条款,才应被认定为合同的实质性内容。而对于除此之外的其他条款的变更一般情况下都属于当事人行使正当的合同变更权利,但招标文件另有约定的除外。

2. 合同履行阶段

(1) 变更合同实质性内容的风险防范

合同履行过程中,双方当事人缺乏合理理由地变更合同实质性内容,如"阴阳合同""低中高结"等情形,均属于以架空中标合同、规避中标行为和行政部门监管的违法行为。

当然,合同并非一律禁止变更。第一,可以变更合同非实质性条款。合同实质性条款的范围不宜作扩大解释,应限于条款变更将对当事人间享有的权利义务导致重大变化。第二,变更合同应具备合理的变更目的。当事人双方因合同履约背景变更、保障各方合法权利而根据实际情况协商一致而进行的合同变更应当允许。

(2) 未依法履行采购合同的风险防范

招标人与中标人均应按照诚实守信原则履行采购合同确定的事项,如招标人不履行与中标人订立的合同的,应当返还中标人的履约保证金,并承担相应的赔偿责任;没有提交履约保证金的,应当对中标人的损失承担赔偿责任。除此之外,如双方有不履行、不完全履行采购合同行为的,还应按照合同约定和《民法典》的规定承担违约责任。

三、投标程序中的主要风险与防范

对于企业而言，除要重视作为招标人的采购合规管理以外，企业亦会作为投标人参加其他主体的招标活动。《招标投标法》及其配套法规对投标人的资格条件、投标文件的编制及送达、投标人违法行为和法律责任、投标人的救济制度等分别作出了规定。

(一) 投标人资格条件

1. 基本条件

投标人是响应招标、参加投标竞争的法人或者其他组织。投标人应当具备承担招标项目的能力；国家有关规定对投标人资格条件或者招标文件对投标人资格条件有规定的，投标人应当具备规定的资格条件。

2. 联合体投标

联合体投标是指两个以上法人或者其他组织可以组成一个联合体，以一个投标人的身份共同投标。实践中，联合体投标常见于大型、复杂类项目，此类项目往往对于技术、资金等具有较高要求，单个投标人仅凭自己的实力可能完成起来相对困难，因此通过联合一个或多个法人或非法人组织组成一个联合体，以联合体的身份参与投标。

作为联合体的各方均应当具备完成共同投标协议中需要承担的工作内容的能力，而非单独完成整个招标项目的能力；国家有关规定或者招标文件对投标人资格条件有规定的，联合体各方均应当具备规定的相应资格条件，由同一专业的单位组成的联合体，按照资质等级较低的单位确定资质等级。

以联合体方式参与投标并中标的，联合体各方应当共同与招标人签订合同，就中标项目向招标人承担连带责任。此处的"连带责任"是指若联合体违约时，联合体成员不得以其在联合体协议中约定的权责来对抗招标人要求其承担责任的要求，即招标人可以要求联合体的任一成员或多个成员承担履行全部合同义务的责任。

对联合体成员而言，联合体成员方应当签订共同投标协议，明确约定各方拟承担的工作和责任。联合体成员间通过签订联合体协议来确定其在本次投标项目中所应承担的权利和义务，联合体成员之间应当严格按照联合体协议承担各自相应的责任，如联合体协议中约定某成员承担的责任超出了该协议约定的比例或范围，有权向其他成员进行追偿，但此约定应为联合体内部约定，不得对抗招标人。

(二) 投标文件的编制及送达

1. 投标文件的编制及送达中的风险防范

投标人应当按照招标文件的要求编制投标文件。投标文件应当对招标文件提出的实质性要求和条件作出响应。投标人应当在招标文件要求提交投标文件的截止时间前，将投标文件送达投标地点。

2. 投标文件的撤回中的风险防范

投标文件的撤回发生在投标文件提交之后，投标截止时间之前。《招标投标法实施条例》区分了投标文件的撤回与撤销，投标截止时间之后撤回投标文件的，属于投标文件的撤销。

（1）投标文件撤回的时点。如前所述，投标人拟撤回投标文件的，必须在投标截止时间前提出。在投标截止时间后提出的撤回，将不能发生投标文件撤回的法律后果。

（2）投标文件撤回的方式。从合同订立角度来看，招标公告属于要约邀请，投标属于要约，投标人撤回投标文件，系撤回要约的行为，应当适用《民法典》关于撤回意思表示的规定。《民法典》第一百四十一条规定，行为人可以撤回意思表示。撤回意思表示的通知应当在意思表示到达相对人前或者与意思表示同时到达相对人。相应地，投标人撤回已提交的投标文件，原则上应当在投标截止时间前书面通知招标人。招标文件对于撤回通知的形式、内容、签章等有特别要求的，投标人应当按照招标文件要求制作书面撤回通知，并在投标截止时间前将通知送达招标方。口头方式等未按招标文件要求发出的撤回通知无效，不能发生撤回的法律效力。在电子招标投标情形下，投标截止时间前未完成投标文件传输的，视为撤回投标文件。

（3）投标文件撤回的法律后果。投标人撤回投标文件，系投标人单方收回参加投标的意思表示，即投标人向招标方表明放弃参加项目投标。若招标方已收取投标保证金的，根据《招标投标法实施条例》第三十五条规定，招标方应当在收到投标人书面撤回通知之日起五日内退还投标保证金。但是，投标截止后投标人撤销投标文件的，招标人可以不退还投标保证金。

（三）投标人违法行为及法律责任

1. 投标人相互串通投标或者与招标人串通投标

投标人相互串通投标或者与招标人串通投标，中标结果无效，处中标项目金额5‰以上10‰以下的罚款，对单位直接负责的主管人员和其他直接责任人员处单位罚款数额5%以上10%以下的罚款；有违法所得的，并处没收违法所得；情节严重的，取消其一年至二年内参加依法必须进行招标的项目的投标资格并予以公告，直至由市场监管部门吊销营业执照；构成犯罪的，依法追究刑事责任。给他人造成损失的，依法承担赔偿责任。

如在某工程公司与市交通运输局其他行政管理案[①]中，法院认为，涉案工程项目的投标文件由黄某办理制作，黄某同时为某工程公司和周口市某建筑工程有限公

---

① 参见广东省中山市第一人民法院（2021）粤2071行初144号行政判决书，载中国裁判文书网，最后访问时间：2024年4月12日。

司制作涉案工程项目的投标文件和投标报价，属于串通投标行为。市交通运输局认定某工程公司串通投标，符合相关法律规定。某工程公司串通投标行为违反《招标投标法》第三十二条第一款的规定，市交通运输局根据《招标投标法》第五十三条的规定，对某工程公司作出涉案《行政处罚决定书》，决定给予某工程公司罚款人民币108148.25元，责令立即改正的行政处罚，事实清楚，证据充分，适用法律、法规正确。

2. 投标人向招标人或者评标委员会成员行贿

投标人以向招标人或者评标委员会成员行贿的手段谋取中标的，中标无效，处中标项目金额5‰以上10‰以下的罚款，对单位直接负责的主管人员和其他直接责任人员处单位罚款数额5%以上10%以下的罚款；有违法所得的，并处没收违法所得；情节严重的，取消其一年至二年内参加依法必须进行招标的项目的投标资格并予以公告，直至由市场监管部门吊销营业执照；构成犯罪的，依法追究刑事责任。给他人造成损失的，依法承担赔偿责任。

3. 投标人弄虚作假，骗取中标

投标人以他人名义投标或者以其他方式弄虚作假，骗取中标的，中标无效，给招标人造成损失的，依法承担赔偿责任；构成犯罪的，依法追究刑事责任。如在浙江某建设有限公司与某市人民政府等城市规划管理（规划）案[1]中，法院认为，原告在投标活动中存在拟派项目负责人有在建工程的行为，且原告出具的《诚信投标承诺书》《投标函》明确承诺拟派项目负责人无其他在建工程，市规资局将原告的行为认定为以其他方式弄虚作假，事实清楚。案涉项目投资达3900余万元，属于依法必须招标项目，市规资局根据《招标投标法》第五十四条第二款的规定，并适用《浙江省人民政府关于进一步严格规范工程建设项目招标投标活动的意见》[2]而未适用《会议纪要》，作出对原告罚款22.7018万元的案涉行政处罚决定，适用依据正确。

4. 将中标项目转让给他人

中标人将中标项目转让给他人的，将中标项目肢解后分别转让给他人的，将中标项目的部分主体、关键性工作分包给他人的，或者分包人再次分包的，转让、分包无效，处转让、分包项目金额5‰以上10‰以下的罚款；有违法所得的，并处没收违法所得；可以责令停业整顿；情节严重的，由市场监管部门吊销营业执照。

如在某建设工程有限责任公司、中某公司等建设工程施工合同纠纷案[3]中，法

---

[1] 参见浙江省桐庐县人民法院（2020）浙0122行初17号行政判决书，载中国裁判文书网，最后访问时间：2024年4月12日。
[2] 该文件已失效，仅以说明具体问题，供读者研究和参考。
[3] 参见新疆维吾尔自治区霍城县人民法院（2021）新4023民初2302号民事判决书，载中国裁判文书网，最后访问时间：2024年4月12日。

院认为，原告某建设工程有限责任公司将通过招投标承包的工程中的部分工程分包给被告中某公司，被告中某公司又将该分包工程的劳务分包给了无资质的徐某，违反了《招标投标法》第四十八条的规定。依照《招标投标法》第五十八条的规定，原告与被告中某公司签订的工程分包合同为无效合同，被告中某公司与被告徐某之间的劳务分包合同亦为无效合同。合同无效，因该合同取得的财产，应当予以返还。

5. 订立背离合同实质性内容的协议无效

招标人、中标人另行订立的背离合同实质性内容的协议应属无效协议。如在某建设管理和交通局、某地理信息科技有限公司建设工程监理合同纠纷案[1]中，法院认为，根据《招标投标法》第四十六条第一款的规定，招标人和中标人应当自中标通知书发出之日起三十日内，按照招标文件和中标人的投标文件订立书面合同。招标人和中标人不得再行订立背离合同实质性内容的其他协议。该条法律规定属于效力性强制性规定而非管理性强制规定。某建设管理和交通局与某地理信息科技有限公司于2016年4月29日签订的监理合同与投标文件中的实质性内容相背离，故该监理合同应属无效。

6. 中标人不履行与招标人订立的合同

中标人不履行与招标人订立的合同的，履约保证金不予退还，给招标人造成的损失超过履约保证金数额的，还应当对超过部分予以赔偿；没有提交履约保证金的，应当对招标人的损失承担赔偿责任。中标人不按照与招标人订立的合同履行义务，情节严重的，取消其二年至五年内参加依法必须进行招标的项目的投标资格并予以公告，直至由市场监管部门吊销营业执照。

（四）投标人的救济制度

1. 潜在投标人或者其他利害关系人对资格预审文件有异议的，应当在提交资格预审申请文件截止时间二日前提出；对招标文件有异议的，应当在投标截止时间十日前提出。招标人应当自收到异议之日起三日内作出答复；作出答复前，应当暂停招标投标活动。

2. 投标人对开标有异议的，可以在开标现场提出，招标人应当当场作出答复，并制作记录。

3. 投标人或者其他利害关系人对依法必须进行招标的项目的评标结果有异议的，应当在中标候选人公示期间提出。招标人应当自收到异议之日起三日内作出答复；作出答复前，应当暂停招标投标活动。

---

[1] 参见湖北省武汉市中级人民法院（2022）鄂01民终13189号民事判决书，载中国裁判文书网，最后访问时间：2024年4月12日。

4. 投标人或者其他利害关系人认为招标投标活动不符合法律、行政法规规定的，可以自知道或者应当知道之日起十日内向有关行政监督部门投诉。投诉应当有明确的请求和必要的证明材料。但应当先向招标人提出异议，异议答复期间不计算在前款规定的期限内。

四、参与政府采购程序中的主要风险与防范

除作为投标人参加招标投标活动外，企业也会作为供应商参加政府采购活动。《政府采购法》及其配套法规对供应商的资格条件、响应文件的编制和送达、供应商的违法行为及法律责任、供应商的救济制度等方面分别作出了规定，企业在参加政府采购活动时应注意学习相关制度要求，防范合规风险。

根据实践经验，笔者列举了一些高频风险及问题，供参考适用。

（一）供应商资格条件

1. 存在直接控股、管理关系的不同供应商是否可以参加同一合同项下的政府采购活动

《政府采购法实施条例》第十八条第一款规定，单位负责人为同一人或者存在直接控股、管理关系的不同供应商，不得参加同一合同项下的政府采购活动。其中单位负责人是指单位法定代表人或者法律、行政法规规定代表单位行使职权的主要负责人。控股关系是指单位或个人股东的控股关系，是指其出资额占有限责任公司资本总额50%以上或者其持有的股份占有股份有限公司股本总额50%以上的股东；出资额或者持有股份比例虽然不足50%，但依其出资额或者持有的股份所享有的表决权已足以对股东会、股东大会的决议产生重大影响的股东。管理关系是指不具有出资持股关系的其他单位之间存在的管理与被管理关系，如一些上下级关系的事业单位和团体组织。

此外，《政府采购法实施条例》第十八条第二款还规定，除单一来源采购项目外，为采购项目提供整体设计、规范编制或者项目管理、监理、检测等服务的供应商，不得再参加该采购项目的其他采购活动。

2. 外商投资企业能否作为供应商参加政府采购活动

《外商投资法》第二条第三款及其实施条例规定，外商投资企业，是指全部或者部分由外国投资者投资，依照中国法律在中国境内经登记注册设立的企业。除非法律、行政法规或者国务院另有规定的，香港特别行政区、澳门特别行政区投资者在内地投资，参照外商投资法和本条例执行。

《财政部关于在政府采购活动中落实平等对待内外资企业有关政策的通知》要求保障内外资企业平等参与政府采购、在政府采购活动中落实平等对待内外资企业的要求、平等维护内外资企业的合法权益。具体包括：（1）在政府采购活动中，除

涉及国家安全和国家秘密的采购项目外，不得区别对待内外资企业在中国境内生产的产品。在中国境内生产的产品，不论其供应商是内资还是外资企业，均应依法保障其平等参与政府采购活动的权利。(2) 各级预算单位在政府采购活动中，不得在政府采购信息发布、供应商资格条件确定和资格审查、评审标准等方面，对内资企业或外商投资企业实行差别待遇或者歧视待遇，不得以所有制形式、组织形式、股权结构、投资者国别、产品品牌以及其他不合理的条件对供应商予以限定，切实保障内外资企业公平竞争。(3) 内外资企业在政府采购活动中，凡认为采购文件、采购过程、中标或者成交结果使自身权益受到损害的，均可依照相关规定提起质疑和投诉。各级财政部门应当严格落实《政府采购质疑和投诉办法》相关规定，畅通投诉渠道，依法受理并公平处理供应商的投诉，不得在投诉处理中对内外资企业实施差别待遇或者歧视待遇，维护政府采购供应商的合法权益。

3. 子公司可以能否作为供应商参加政府采购

子公司是相对于母公司而言的概念，是指一定比例以上的股份被另一公司持有或通过协议方式受到另一公司（即母公司）实际控制的公司。虽然子公司受母公司的控制，但在法律上，子公司仍具有独立的法人地位，它有自己的名称和章程，并以自己的名义进行业务活动，其财产与母公司的财产彼此独立，对各自的债务各自负责，互不连带。可以作为供应商参加政府采购。

但是，《政府采购法实施条例》第十八条第一款规定，单位负责人为同一人或者存在直接控股、管理关系的不同供应商，不得参加同一合同项下的政府采购活动。鉴于母公司和子公司由于存在控股、管理关系，所以，不能参加同一合同项下的政府采购活动，但他们可以分别参加不同合同项下的政府采购活动。

4. 分公司能否作为供应商参加政府采购活动

《民法典》第七十四条第二款规定：分支机构以自己的名义从事民事活动，产生的民事责任由法人承担；也可以先以该分支机构管理的财产承担，不足以承担的，由法人承担。《政府采购法》第二十二条规定，供应商参与政府采购活动应该能够独立承担民事责任，而分公司不能独立承担民事责任，因此分支机构（分公司）不能独立参与政府采购活动。但是，如果分支机构有总公司授权的，可以总公司的名义参加。[①]

此外，根据《〈中华人民共和国政府采购法条例〉释义》[②] 的解释，银行、保险、石油石化、电力、电信等有行业特殊情况的，采购人、采购代理机构可按照其

[①] 《政策问答｜关于总公司与分公司参加政府采购，这些问题请注意》，载青岛市行政审判服务局微信公众号，2023年11月29日发布，最后访问时间：2024年10月12日。

[②] 财政部国库司等编著：《〈中华人民共和国政府采购法条例〉释义》，中国财政经济出版社2015年版，第68页。

特点在采购文件中作出专门规定。

(二) 响应文件的编制及送达

1. 响应文件的编制及送达中的风险防范

供应商应当按照谈判文件、询价通知书的要求编制响应文件，并对其提交的响应文件的真实性、合法性承担法律责任。

供应商应当在谈判文件、询价通知书要求的截止时间前，将响应文件密封送达指定地点。在截止时间后送达的响应文件为无效文件，采购人、采购代理机构或者谈判小组、询价小组应当拒收。

2. 响应文件的撤回和撤销中的风险防范

供应商在提交响应文件截止时间前，可以对所提交的响应文件进行补充、修改或者撤回，并书面通知采购人、采购代理机构。补充、修改的内容作为响应文件的组成部分。补充、修改的内容与响应文件不一致的，以补充、修改的内容为准。

采购文件规定的截止时间之后撤回投标文件的，属于响应文件的撤销。供应商撤回投标文件，系供应商单方收回参加响应的意思表示，即供应商向采购人表明放弃参加本项目响应。若采购人已收取保证金的，根据《政府采购非招标采购方式管理办法》第二十条的规定，保证金不予退还。

(三) 供应商违法行为及法律责任

企业作为供应商参加政府采购活动，尤其要注意依法依规参加，杜绝恶意串通、提供虚假材料等不正当竞争手段，防止因违法违规行为被财政部门处罚，给自己带来严重的法律后果，尤其要注意避免自己因违法违规行为被禁止参加政府采购活动。否则，企业将会丧失大量缔结政府合同的业务机会。《政府采购法》及其配套法规对供应商的违法行为及法律责任的规制包括以下几个方面：

一是采购过程中，供应商有提供虚假材料谋取中标、成交；采取不正当手段诋毁、排挤其他供应商；与采购人、其他供应商或者采购代理机构恶意串通；向采购人、采购代理机构行贿或者提供其他不正当利益；在招标采购过程中与采购人进行协商谈判；拒绝有关部门监督检查或者提供虚假情况的违法违规行为的，面临罚款，列入不良行为记录名单，在一年至三年内禁止参加政府采购活动，有违法所得的，并处没收违法所得，情节严重的，由市场监管部门吊销营业执照；构成犯罪的，应承担刑事责任。评审阶段资格发生变化，供应商未依法通知采购人和采购代理机构的，处以罚款，列入不良行为记录名单，中标、成交无效。

二是合同签订中，若成交供应商存在未按照采购文件确定的事项签订政府采购合同，或者与采购人另行订立背离合同实质性内容的协议；成交后无正当理由不与采购人签订合同；拒绝履行合同义务的违法违规行为，依据《政府采购非招标采购方式管理办法》第五十四条规定责令限期改正，情节严重的，列入不良行为记录名单，在 1 至 3 年内禁止参加政府采购活动，并予以通报。

三是合同履行中，将政府采购合同转包；提供假冒伪劣产品；擅自变更、中止或者终止政府采购合同的违法违规行为的，依照《政府采购法》第七十七条第一款的规定追究法律责任，中标、成交无效。

四是不得滥用权利。根据《政府采购法实施条例》《政府采购质疑和投诉办法》的规定，供应商捏造事实、提供虚假材料或者以非法手段取得证明材料进行虚假、恶意投诉的，由财政部门列入不良行为记录名单，禁止其一年至三年内参加政府采购活动。

（四）供应商的质疑与投诉（救济制度）

1. 供应商的质疑

结合《政府采购法》、《政府采购法实施条例》以及《政府采购质疑和投诉办法》的规定，提出质疑的条件和方式主要涉及以下几方面内容。

第一，主体要件：应当是参与所质疑项目采购活动的供应商，潜在供应商已依法获取其可质疑的采购文件的，可以对该文件提出质疑。

第二，期限要件：供应商应在知道或者应知其权益受到损害之日起七个工作日内提出，关于"应在知道或者应知其权益受到损害之日"的界定，需区分质疑的对象分别确定：（1）针对采购文件的，为收到采购文件之日或者采购文件公告期限届满之日；（2）针对采购过程的，为各采购程序环节结束之日；（3）针对中标或者成交结果的，为中标或者成交结果公告期限届满之日。此外，《政府采购质疑和投诉办法》第十条第二款规定，采购文件可以要求供应商在法定质疑期内一次性提出针对同一采购程序环节的质疑。若采购文件作出上述规定，则针对同一采购程序，供应商只能一次性提出质疑。

第三，形式要件：提交质疑函和必要的证明材料，其中质疑函应包括以下内容：（1）供应商的姓名或者名称、地址、邮编、联系人及联系电话；（2）质疑项目的名称、编号；（3）具体、明确的质疑事项和与质疑事项相关的请求；（4）事实依据；（5）必要的法律依据；（6）提出质疑的日期。供应商为自然人的，应当由本人签字；供应商为法人或者其他组织的，应当由法定代表人、主要负责人，或者其授权代表签字或者盖章，并加盖公章。

第四，申请对象：向采购人或采购代理机构提出，其中向采购代理机构提出的，应属于其授权范围内的事项。

《政府采购法》第五十五条以及《政府采购质疑和投诉办法》第十七条规定，质疑供应商对采购人、采购代理机构的答复不满意，或者采购人、采购代理机构未在规定时间内作出答复的，可以在答复期满后十五个工作日内向财政部门提起投诉。

2. 供应商的投诉

虽然供应商能够在一定程度上通过政府采购质疑程序保障合法权益，但仍需救济程序来进一步保障。因此，为了防止和纠正政府采购活动中的违法违规行为，保护参加政府采购活动供应商的合法权益，我国依法建立了政府采购投诉处理机制。根据《政府采购法》第五十五条以及《政府采购质疑和投诉办法》第十七条的规定，供应商对于向采购人提交的质疑不满，或者采购人（采购代理机构）未在规定时间内作出答复的，可以在法定期限内向财政部门提起投诉。

根据《政府采购法》以及《政府采购质疑和投诉办法》的规定，提出投诉的条件和方式主要涉及以下几方面内容。

第一，提起投诉前已依法进行质疑：提出政府采购质疑是政府采购投诉的前置程序，提出投诉的供应商必须为质疑供应商；

第二，投诉书内容符合《政府采购质疑和投诉办法》第二十一条中的规定：如投诉书内容不符合要求的，财政部门在收到投诉书五个工作日内进行审查，投诉人应当在收到投诉书五个工作日内一次性书面通知投诉人补正；

第三，在投诉有效期限内提起投诉：质疑供应商可以在质疑答复期满后十五个工作日内提起投诉；

第四，同一投诉事项未经财政部门投诉处理；

第五，财政部规定的其他条件。

《政府采购法》第五十八条规定，投诉人对政府采购监督管理部门的投诉处理决定不服或者政府采购监督管理部门逾期未作处理的，可以依法申请行政复议或者向人民法院提起行政诉讼。

（五）企业如何善用政府采购扶持政策

不同于一般的市场交易行为，政府采购体现了政府的政策和经济引导方向，《政府采购法》以法律的形式确立了政府采购的职能，主要表现为绿色采购、扶持中小企业、扶持残疾人企业和监狱企业、扶持不发达地区和少数民族地区等，并明确规定采购人在政府采购活动中应当维护国家利益和社会公共利益，公正廉洁，诚实守信，执行政府采购政策，建立政府采购内部管理制度，厉行节约，科学合理确定采购需求。企业在参加政府采购活动的过程中，除了要注意相关的合规风险以外，还要学习研究政府采购相关的职能，并结合企业自身特点，充分利用相关政策，增强自身参加政府采购活动的竞争力，以获取更多的业务机会。

1. 关于扶持中小企业政策

中小企业是建设现代化经济体系、实现经济高质量发展的重要基础，《政府采购促进中小企业发展管理办法》第二条规定，其所称中小企业，是指在中华人民共和国境内依法设立，依据国务院批准的中小企业划分标准确定的中型企业、小型企业和微型企业，但与大企业的负责人为同一人，或者与大企业存在直接控股、管理关系的除外。符合中小企业划分标准的个体工商户，在政府采购活动中视同中小企业。

《关于进一步加大政府采购支持中小企业力度的通知》进一步细化了预留份额和评审规则，对货物服务采购项目给予小微企业的价格扣除优惠，由《政府采购促进中小企业发展管理办法》规定的6%—10%提高至10%—20%；大中型企业与小微企业组成联合体或者大中型企业向小微企业分包的，评审优惠幅度由2%—3%提高至4%—6%。同时，《关于进一步加大政府采购支持中小企业力度的通知》规定，政府采购工程的价格评审优惠按照《政府采购促进中小企业发展管理办法》的规定执行。400万元以下的工程采购项目适宜由中小企业提供的，采购人应当专门面向中小企业采购。

对于中小企业参加政府采购活动，供应商应当出具也只需出具《中小企业声明函》，任何单位和个人不得要求供应商提供《中小企业声明函》之外的中小企业身份证明文件。《中小企业声明函》无需自拟，《政府采购促进中小企业发展管理办法》附件提供了《中小企业声明函》范本。

2. 关于扶持残疾人企业政策

财政部、民政部、中国残疾人联合会于2017年发布的《关于促进残疾人就业政府采购政策的通知》对享受政府采购支持政策的残疾人福利性单位应当满足的条件作出了规定，并要求在政府采购活动中，残疾人福利性单位视同小型、微型企业，享受预留份额、评审中价格扣除等促进中小企业发展的政府采购政策。

第三节　合同签订时的文本设置

合同签订是实现企业交易目的的手段和途径。企业通过对外签订合同与交易对象发生各类法律关系，并通过合同具体条款的设置来明确各方的权利义务和责任，规范各方的交易行为、奠定了合同履行的基础。同时，一旦发生纠纷，合同文本也会成为纠纷解决的有力凭证，是风险防范的重要关口。因此，重视合同签订阶段的文本管理工作，是合同全过程管理中非常重要的工作。它不仅关系到合同内容的履行是否能够满足企业的实际需求，更能够发挥保障交易安全和稳定的作用，避免合同履行中发生纠纷后的被动局面。

当然合同文本的管理，不仅包括了单个的合同文本设置，而且还包括了类型化合同文本的模板设置，以及合同文本、合同模板的实时更新。鉴于这些内容与单个合同文本设置的主要思路及方法基本相同，且在其他章节中亦有论述。因此，本节仅就单个合同文本设置进行解析。

一、合同文本设置的前提

(一) 明确合同目的

合同目的,是当事人通过订立合同行为时所想要得到的结果,所欲追求的法律效果。合同目的如果不能实现,合同签订意义就不存在了。通常以合同中的明确约定及当事人磋商过程中表示出的内容作为合同目的的认定范围。与"合同动机"不同,合同目的应当是可以外化的具备法律效果的存在。以《房屋租赁合同》为例,合同中明确约定的租赁目的,将会成为这类纠纷中合同目的的确定方式。

(二) 了解交易背景

合同是达成交易目的的依据,而交易目的往往决定了合同的形式和内容。在合同文本的起草和审核过程中要重视对交易背景的了解,分析研究交易背景材料,及时与业务承办部门、相关工作人员沟通,收集整理必要的背景资料,尽可能详细、全面地了解交易背景。尤其是涉及业务领域专业性较强的交易,还需要了解和掌握业务背景与知识,才能有针对性地发现相关交易类型的特有风险。

(三) 确定交易模式

不同类型的合同有其不同的交易模式,以《民法典》合同编中典型合同来看,包括买卖合同、赠与合同、借款合同、保证合同、租赁合同、融资租赁合同、保理合同、承揽合同、建设工程合同等十九种有名合同,涉及不同的交易模式。实践中亦不乏复合类型的合同。因此须明确采取什么形式的交易方式,如何进行交易安排,以便更加不同的交易模式将决定了如何设定合同文本的法律性质、业务流程、整体框架、主要条款内容及双方权利义务等。

(四) 把握商业条款

合同中聚合了商业条款、法律条款、财务条款,且各条款属性本身不具有排他性,有些条款可能具有多重属性。因此,在相关条款的设置中需要从整体角度去剖析具体条款,并根据供应商的不同情况而形成不同的交易安排。如在双方地位平等的情况下,可对应性地设置相关权利义务及责任条款;如在己方地位相对较高时,如何合法且合理地设置己方权利及他方义务责任,争取利益最大化;如何在己方地位相对较低时,守住己方底线,避免不必要的纠纷或违约责任,争取便利空间。

二、合同文本设置的原则

对于交易的任何一方来说,合同都是"双刃剑",既通过权利条款的设置起到保证交易各方合同利益实现的作用,同时通过违约责任、解除条款等的设置起到约束交易各方按照约定履行合同义务、否则承担不利后果的威慑作用,从而保障交易安全、稳定交易秩序。

起草合同时,在文本设置方面首先应遵循《民法典》中的平等原则、自愿原则、公平原则、诚实信用原则、公序良俗原则、绿色原则等民法基本原则,此外,还应注意合同的有效性、适用性。

(一)有效性原则

1. 合同的生效条件

《民法典》第一百四十三条规定:"具备下列条件的民事法律行为有效:(一)行为人具有相应的民事行为能力;(二)意思表示真实;(三)不违反法律、行政法规的强制性规定,不违背公序良俗。"根据该条款,在设置合同文本时,需注意保证合同的有效性,通常情况下,合同的生效要件为签订合同的各方当事人均具有相应的民事行为能力,及各方当事人的意思表示真实,且合同相关条款不违反法律、行政法规的强制性规定,不违背公序良俗。

2. 主体、标的的合法性

就合同主体的合法性而言,通常需要关注合同涉及的领域是否要求交易主体具有相应的资质,在设置合同文本时,注意将资质要求作为交易的必备条件。如从事药品生产活动,应当经所在地省、自治区、直辖市人民政府药品监督管理部门批准,取得药品生产许可证;从事药品批发活动,应当经所在地省、自治区、直辖市人民政府药品监督管理部门批准,取得药品经营许可证。又如,依据《建筑法》第十三条的规定,从事建筑活动的建筑施工企业、勘察单位、设计单位和工程监理单位,按照其拥有的注册资本、专业技术人员、技术装备和已完成的建筑工程业绩等资质条件,划分为不同的资质等级,经资质审查合格,取得相应等级的资质证书后,方可在其资质等级许可的范围内从事建筑活动。

除合同主体合法外,还需注意合同标的的合法性,首先,合同标的不能是法律法规禁止流通物;其次,合同标的物本身需拥有合法性的权属证明,如二手房屋买卖合同中,作为出售方,其需要持有房屋所有权证等合法性权属证明,以确认其作为房屋所有权人有权出售房屋,以保证相关房屋买卖合同,不因产权不明或无权处分被法院确认无效;最后,还需注意相关质量标准的合法性等。

3. 违反强制性规定的情形及后果

针对违反法律、行政法规的强制性规定的民事法律行为如何判断的问题。从司法实践来看,虽然违反法律、行政法规的强制性规定可能面临行政乃至刑事方面的责任承担,但是当前述行政责任或者刑事责任不能实现强制性规定的立法目的时,则该民事行为将面临无效。尤其是涉及影响政治安全、经济安全、军事安全等国家安全的;影响社会稳定、公平竞争秩序或者损害社会公共利益等违背社会公共秩序的;背离社会公德、家庭伦理或有损人格尊严等违背善良风俗等情形下,会导致民事行为无效。

以建设工程施工领域为例,《最高人民法院关于审理建设工程施工合同纠纷案件适用法律问题的解释(一)》第一条详细列举了因违反强制性规定而被认定为无效的情形,主要包括承包人未取得建筑业企业资质或者超越资质等级的、没有资质的实际施工人借用有资质的建筑施工企业名义的、建设工程必须进行招标而未招标或者中标无效的、承包人因转包、违法分包建设工程与他人签订的建设工程施工合同等情形。

具体到合同文本设置时,应特别关注交易涉及领域的强制性规定。违反强制性规定导致合同无效后,当事人之间再无合同责任,合同约定的违约金条款就不得直接适用,索赔的举证责任将大大加重,并且将极大地依赖法官的自由裁量而缺乏可预测性。因此,建议将这类情形设定对应的违约责任及合同解除条件,以保障守约方的合法利益。

4. 附生效条件的合同

《民法典》第一百五十八条规定:"民事法律行为可以附条件,但是根据其性质不得附条件的除外。附生效条件的民事法律行为,自条件成就时生效。附解除条件的民事法律行为,自条件成就时失效。"根据上述法律规定,一般而言,相关合同"生效条件"应符合如下要求:(1)条件需是未来发生的并且明确的事实;(2)条件应由各方当事人自行约定,而非法定;(3)条件应当合法;(4)条件不能与合同主要内容矛盾。

此外,在合同文本设置时,需注意有些合同内容根据其性质不得附条件,如《票据法》第四十三条规定,汇票的承兑行为不得附条件;另外,为保护相对人,对于形成权的行使,如抵销权、解除权等的行使原则上亦不可附条件;同时,合同主要义务的履行不能成为合同生效之条件。

设置附生效条件时,还应重点关注影响合同正常履行的前置审批手续。《民法典》第五百零二条规定:"依法成立的合同,自成立时生效,但是法律另有规定或者当事人另有约定的除外。依照法律、行政法规的规定,合同应当办理批准等手续的,依照其规定。未办理批准等手续影响合同生效的,不影响合同中履行报批等义务条款以及相关条款的效力……"常见的须经行政审批的合同主要涉及土地、能源、交通、金融等领域,如关于探矿权、采矿权转让合同,国务院《探矿权采矿权转让管理办法》第十条规定:"申请转让探矿权、采矿权的,审批管理机关应当自收到转让申请之日起40日内,作出准予转让或者不准转让的决定,并通知转让人和受让人……批准转让的,转让合同自批准之日起生效……"《最高人民法院关于审理矿业权纠纷案件适用法律若干问题的解释》第六条第一款规定:"矿业权转让合同自依法成立之日起具有法律约束力。矿业权转让申请未经自然资源主管部门批准，受让人请求转让人办理矿业权变更登记手续的，人民法院不予支持。"又如，关于商业银行、证券公司、保险公司等金融机构的股权转让合同，《商业银行法》第二十八条规定："任何单位和个人购买商业银行股份总额百分之五以上的，应当事先经国务院银行业监督管理机构批准。"《保险法》第八十四条规定："保险公司有下列情形之一的，应当经保险监督管理机构批准……（七）变更出资额占有限责任公司资本总额百分之五以上的股东，或者变更持有股份有限公司股份百分之五以上的股东……"《证券法》第一百二十二条规定："证券公司变更证券业务范围，变更主要股东或者公司的实际控制人，合并、分立、停业、解散、破产，应当经国务院证券监督管理机构核准。"

（二）适用性原则

1. 文本类型的适用

（1）合同类型的选择

合同条款设置时，应考虑合同类型的选择，即要明确合同所涉交易属于哪类合同。关于合同类型，《民法典》合同编规定了十九种类型的有名合同，即买卖合同、供用电、水、气、热力合同、赠与合同、借款合同、保证合同、租赁合同、融资租赁合同、保理合同、承揽合同、建设工程合同、运输合同、技术合同、保管合同、仓储合同、委托合同、物业服务合同、行纪合同、中介合同、合伙合同。在明确相关交易所涉合同属于何种类型后，才能确定在该合同类型条款设置时会受到哪些法律法规的约束，并在合同条款设置时予以注意，如该合同类型经分析确定系租赁合同，则合同条款设置时必然受到《民法典》第七百零五条的约束，即租赁期限不得超过二十年的法律规定，否则租赁期限超过二十年的部分无效。

除了上述有名合同外，在实务中，还存在大量的无名合同，该类无名合同亦受相应法律法规的约束，即《民法典》合同编第四百六十七条第一款规定，本法或者其他法律没有明文规定的合同，适用本编通则的规定，并可以参照适用本编或者其他法律最相类似合同的规定。

（2）复合型合同

在合同条款设置时，亦应注意相关合同是否属于复合型合同。复合型合同，是指交易内容同时包含两个或两个以上相关联的合同特征。如《艺人经纪合同》即属于一种具有鲜明行业特征的商事合同，其兼具居间、委托、代理、行纪、服务的综合属性，亦具有一定的人身属性，是兼具多重性质的一种复合型合同。对于复合型合同，可综合参考前述有名合同进行合同条款的设置及完善。

（3）格式条款的设置

所谓格式条款，是指合同条款已由一方事先拟订，另一方只能表示接受或者不接受而不能进行修改的条款。对于格式条款，我国《民法典》第四百九十六条至第四百九十八条作了专门的规定。

对于格式条款提供方，在条款设计上应对关键词语明确解释，避免适用对于格式条款提供方不利的解释；在合同中应对免除或者限制己方责任的条款予以明确告知或者说明，并且不能排除格式条款提供方的主要义务或对方当事人的主要权利，否则，可能面临条款无效的情形。如在高某诉美国某网络电子商务公司信息网络买卖合同案①中，原告高某在美国某网络电子商务公司中国网站上购买进口商品，收货时发现该商品并非网站方预先承诺的境外发货。高某认为网站方存在欺诈行为，遂将其诉至法院。被告以"美国某网络电子商务公司海外购使用条件"中约定由卢森堡市区法院管辖为由提出管辖权异议。法院裁定认为，涉案管辖协议属于格式条款，该条款剥夺了中国消费者在中国选择本地争端解决途径的权利，加重了消费者的维权成本，不合理地限制了消费者寻求救济的权利，违反公平原则，故涉案管辖条款应属无效。

对于格式条款接受方，可尽量争取对己方不利的格式条款进行补充约定，可以补充条款的形式，也可以补充协议的方式进行约定；还要求格式条款提供方对免除或者限制提供方责任的条款予以说明。实践中，因为格式条款提供方通常属于交易强势主体，接受方很难进行补充约定，因此，一旦发生争议，可根据《民法典》对于格式条款的规定进行解释，以争取自身权益。

2. 商务条款的适用（标的的明确，验收标准、步骤、控制的手段和途径等）

商务条款主要指对双方当事人之间相关合同交易的具体商务安排作出约定的条款，合同中的标的、价格、质量标准、数量、履行期限等约定总体上属于商务条款。对于商务条款的适用性，离不开与业务部门的沟通与确认。在相关合同条款设置时，应充分与业务部门进行沟通，明确合同履行的全部流程及细节，以便设置相应的合同条款，便于合同的顺利履行及相关风险的预先防范，尤其是各类商务条款中影响民事责任后果的约定，如价格所包括的对价内容，与交易目的相关的质量标准或特别要求、验收规范，以及己方应当注意的不利因素等。

3. 财务条款的适用（与财务部门沟通，支付的周期、频率、结算的标准依据，避开账期等）

财务条款主要包括收付款条款、税金条款、折扣条款、结算条款、发票开具条款等。该部分条款的适用，须在起草和审核时充分与财务部门进行沟通确认，以便明确上述情况，尤其是涉及企业内部资金使用、账期、封账等特定情况，须提前在合同条款中预留空间。在设置时除了需要关注每笔资金的支付与履行对应合同义务

---

① 参见北京互联网法院（2020）京0491民初10912号民事裁定书，载北京互联网法院，https://sspt.bjinternetcourt.gov.cn/ecourt/home/wsgk/details/ebe14656c9b041e28f4f681bf7f320de，最后访问时间：2024年7月10日。

关联之外，还应注意支付金额和方式是否符合企业内部审批权限、支付的周期和频率是否影响当期收入，支付方式的选择是否影响企业现金流，折扣条款是否符合企业财务制度，发票类型和税率约定是否影响税金等。

三、合同文本设置的框架

（一）合同必备条款

我国《民法典》规定合同一般应包括的条款为合同必备条款。这些条款是一个完整合同最基本的条款，系合同中必不可少的条款，构成了合同的基本框架和主要内容。

《民法典》第四百七十条规定：合同的内容由当事人约定，一般包括下列条款：（1）当事人的姓名或者名称和住所；（2）标的；（3）数量；（4）质量；（5）价款或者报酬；（6）履行期限、地点和方式；（7）违约责任；（8）解决争议的方法。当事人可以参照各类合同的示范文本订立合同。具体如下：

1. 合同主体信息

合同双方的主体信息应真实详细。合同主体信息具体包括：名称或者姓名，证件名称及号码，住所，联系电话，传真号码，电子邮件地址等。

如何确定合同主体？最简便有效的方式就是查看合同上的签字或印章。还有些特殊合同，如某用户想要在网络上注册成为某网站的会员，那么其需先同意该网站的在线协议，如不同意则无法注册成功会员，一旦注册成功且在合同履行过程中发生争议需提起诉讼，如何确定合同主体，虽然用户没有合同可以查询，但是网站经营者应是合同主体，如果网站并未明确体现网站经营者，那么用户可以通过网站上的红盾标志查看，或者登录市场监管局、通信管理局等相关行政部门网站查询确定合同主体。

为了保证信息的真实，可以在合同中约定双方对各自提供信息的真实性负责。例如，合同中经常会出现这样的条款"若一方提供的信息不实，另一方有权单方解除合同；一方应保证提供的联络方式可以联系到对方，邮寄或者发送至上述地址的材料自寄到之日即视为已送达对方"等类似内容，这就为后续履行合同或者解除合同提供了详细的依据。

此外，还需强调一点，住所是表明合同双方主体身份的重要标志，其必须在合同中明确，以便于后续通过确定住所来决定合同债务履行地，诉讼管辖地及法律文书送达的地点等。

2. 标的

合同标的系合同中权利义务指向的对象。关于合同标的，在合同中应有合法具体、明确的描述。

例如，产品销售合同中，合同标的为产品，产品本身的交易是合法的，且应对产品名称、产品性能、产品操作等进行详细描述，一般情况下，产品质量、规格等不符合合同约定的，守约方有权解除合同或者采取其他补救措施，因此对于产品的各项指标、规格等进行详细约定能够保障守约方的合法权益，如果内容过多，则可以图表等附件的形式单独制作一份产品介绍附在合同后面。

需要注意的是，产品名称有专业名称和通用名称之分，合同双方需在合同中写明与获得相应资格证书的名称相一致的专业名称，否则，将导致卖方对销售产品的所有权存在权利瑕疵，一旦发生纠纷，双方将在这类问题上大费周章。

3. 数量

合同产品或者服务的数量属于合同履行的具体内容，系确定合同标的的基本条件，要求在合同中必须明确约定。对于产品而言，是约定数量，对于服务而言，是约定次数。实践中产品的数量通常约定得较为清楚，但是，服务的次数却很容易被忽略。

例如，服务提供方将向服务接收方提供关于产品使用的培训服务，服务内容为产品操作内容，但是，双方未将培训的次数、每次的时长培训地点、规模等信息详细约定清楚，次数和时长的不同，将直接导致服务提供方工作量和工作成本的不同，也直接影响服务接收方学习的效果。因为双方对具体内容的认知存在差异，所以，一旦约定不明，在操作时就很容易出现互相推诿的现象，小则不欢而散，大则对簿公堂。

4. 质量

合同产品或者服务的质量关系到合同能否实现交易目的，所以，合同应对质量问题作出明确约定，具体包括：质量标准、评判质量的方式、合适评判质量、不符合质量标准的处理方案等。实践中，质量判断问题还经常与付款条件挂钩，买方通过付款条件来制约卖方质量达标。

根据《民法典》第五百一十一条第一项规定，质量标准可以根据双方意思进行约定，约定不明确的，按照强制性国家标准履行；没有强制性国家标准的，按照推荐性国家标准履行；没有推荐性国家标准的，按照行业标准履行；没有国家标准、行业标准的，按照通常标准或者符合合同目的的特定标准履行。虽然《民法典》对质量约定不明进行了规定，但是双方还是以对质量标准作出约定为宜，双方关于质量标准的约定一方面体现了双方的合意，另一方面也避免双方对质量标准认识不统一而适用《民法典》第五百一十一条的麻烦。《民法典》第五百一十一条并非一定能够确定质量标准，如果没有国家标准、行业标准，双方对通常标准或者符合合同目的的特定标准又理解不一时，极易发生争议。

5. 价款或者报酬

合同价款或者报酬是合同的核心条款之一，对于价款或者报酬的约定应明确，金额应确定。更为重要的是，付款条件应确定，合同应约定分几次付款，每笔付款应该有明确的时间节点，节点可以是交货、验收、质保期满等，具体的付款时间最好约定为节点后的一个合理时间段，以便付款方有时间准备款项。

付款方式即付款采用现金、支票或者转账等方式，常见的问题是未约定具体的付款方式，虽然付款的时间已经到达，但是双方因为如何付款仍达不成一致。在约定支票或者转账的方式付款时，收款人信息是必备信息，在合同中写明收款人信息，作为买方可以在合同中约定：由于收款人提供信息的错误导致付款不成功的，付款人不承担责任。

还有一个常见问题就是发票，由于发票涉及税收以及财务的账务处理问题，所以财务非常看重发票的开具，但是洽谈合同的人员可能由于财务知识的欠缺而忽略发票问题，导致合同履行过程中对于先付款还是先开发票达不成一致，影响合同履行。其实，只要在合同中明确约定先付款还是先开发票即可解决上述问题。如果合同中未约定发票事宜，应当按照法律规定处理，法律对于增值税专用发票和普通发票的规定是不同的，根据《最高人民法院关于审理买卖合同纠纷案件适用法律问题的解释》第五条规定，"出卖人仅以增值税专用发票及税款抵扣资料证明其已履行交付标的物义务，买受人不认可的，出卖人应当提供其他证据证明交付标的物的事实。合同约定或者当事人之间习惯以普通发票作为付款凭证，买受人以普通发票证明已经履行付款义务的，人民法院应予支持，但有相反证据足以推翻的除外"。可见，对于增值税发票证明交货的问题，出卖人的举证责任较大，对于普通发票证明付款的问题，买受人的举证责任较大。

6. 履行期限、地点和方式

合同履行期限应确定起始和截止的时间点，或者合同履行的具体时间段，因为期限利益对于合同双方至关重要，无期限就无利益，尤其是时间性较强的交易。例如，月饼销售合同，交货一方一定要在中秋节前的一段时间内完成交货。

合同履行地点应具体且真实存在。有些合同的履行地点仅写明像北京、上海这样的地名，而没有细化到具体地点，有的合同甚至连约定的地点都不存在，只是臆想存在的地点，这都会导致履行地点不明确，造成合同履行困难。

合同履行方式也应在合同中约定。履行方式的不同关系着合同能否顺利履行。例如，货运合同中，关于货运的方式是铁路、公路运输，还是水运、航空运输，货物包装要求是普通包装还是防潮包装，以及是卖方办理托运还是代办托运，卖方是否应投保运输保险等。

此外，《民法典》第五百一十一条第三项至第五项对合同履行期限、地点和方式约定不明确的处理进行了规定，"履行地点不明确，给付货币的，在接受货币一方所在地履行；交付不动产的，在不动产所在地履行；其他标的，在履行义务一方所在地履行。履行期限不明确的，债务人可以随时履行，债权人也可以随时请求履行，但是应当给对方必要的准备时间。履行方式不明确的，按照有利于实现合同目的的方式履行"。虽然《民法典》对合同期限、地点和方式约定不明确进行了规定，但合同是双方履行义务的依据，对于合同的履行，合同约定得越清楚越好，尤其对合同履行期限、地点和方式等容易被合同双方忽略的细节，在订立合同时更应引起重视。

7. 违约责任

违约责任是合同一方不履行合同义务或者履行义务不符合约定时应承担的损害赔偿、支付违约金等责任。违约责任的约定是对权利义务条款的保证，如果没有关于违反权利义务的违约责任的约定，那么违约方违反权利义务，守约方将得不到有效救济。

《民法典》第五百八十四条规定，"当事人一方不履行合同义务或者履行合同义务不符合约定，造成对方损失的，损失赔偿额应当相当于因违约所造成的损失，包括合同履行后可以获得的利益；但是，不得超过违约一方订立合同时预见到或者应当预见到的因违约可能造成的损失"。这说明，即使合同中没有约定具体的违约责任，也可以按照《民法典》要求对方承担违约责任，但是实际损失的证明和认可是一件非常困难的事情，而且具体的违约情形和违约责任没有明确约定，也会导致违约情形的认定和违约责任的承担出现问题，所以，在合同中根据权利义务约定明确且具有可操作性的违约责任至关重要，而且最好以违约金的形式约定，以便在违约赔偿时计算。

违约责任条款可以约定违约金的计算方法、不支付违约金的法律后果。将违约责任与双方最关心的事项联系，如逾期交货、逾期付款应承担一定的违约责任，可以约定按日计算违约金，违约达到一定程度时赋予守约方单方解除合同的权利。合同还可以约定免责事由，作为违约事由的例外规定。

8. 解决争议的方法

解决争议的方法是合同必备条款，系指合同纠纷发生，双方拟通过何种方式解决纠纷，但是这一条款经常被忽视。因为订约双方在订约时容易忽视日后纠纷的处理问题，也都很避讳在订约时就约定纠纷的处理及管辖问题。

对于合同，法律赋予了约定管辖的权利，根据《民事诉讼法》第三十五条规定，"合同或者其他财产权益纠纷的当事人可以书面协议选择被告住所地、合同履行地、合同签订地、原告住所地、标的物所在地等与争议有实际联系的地点的人民法院管辖，但不得违反本法对级别管辖和专属管辖的规定"。合同双方可以约定选择管辖法院或者协议选择仲裁机构仲裁解决，将解决争议的方法赋予合同双方，这符合合同意思自治的原则，方便纠纷的处理。

在《最高人民法院关于适用〈中华人民共和国民事诉讼法〉的解释》出台前，根据《最高人民法院关于适用〈中华人民共和国民事诉讼法〉若干问题的意见》第二十四条的规定，如果合同双方约定的管辖法院不明确或者选择了两个以上的管辖法院，则约定管辖无效，适用法律对于合同管辖的规定，即双方约定的管辖法院应当是明确的、唯一的。2015年2月4日，《最高人民法院关于适用〈中华人民共和国民事诉讼法〉的解释》开始施行，《最高人民法院关于适用〈中华人民共和国民事诉讼法〉若干问题的意见》废止，关于约定管辖，《最高人民法院关于适用〈中华人民共和国民事诉讼法〉的解释》第三十条改变了《最高人民法院关于适用〈中华人民共和国民事诉讼法〉若干问题的意见》的内容，合同双方可以约定两个以上管辖法院，发生争议时，原告可以选择一个法院起诉。

但是，约定管辖的地点应当与争议有实际联系，否则，约定管辖将会无效，双方发生争议时仍需按照法律规定的被告住所地法院管辖。例如，甲公司与乙公司签署了一份技术服务合同，在争议解决条款中约定由北京市西城区人民法院管辖，后双方发生争议，乙公司欲起诉，但是问题出现了，甲公司住所地为天津市、乙公司住所地为山东省东营市、合同履行地及签订地都在陕西省西安市，双方在合同中约定的管辖地点北京市西城区与案件没有实际联系，所以，这一约定无效，最终，乙公司到甲公司住所地天津市提起了诉讼，案件由天津市人民法院受理。

（二）合同其他条款

1. 定义条款

合同第一条的"定义和用语"或称"用语和含义"。实务中常见问题：（1）泛指和特指；（2）定义过于复杂；（3）定义的前后矛盾；（4）定义之间的互相嵌套。

合同的用语应该书面化，内涵单一明确化。合同中的很多词语含义不明确，在出现纠纷时，解释词语花费大量精力也无法达成一致，这就要求在合同订立时，对于合同中的关键词语应当明确含义。我们通常会见到比较严谨的合同会有专门的一条是关于词语的定义，也就是这个原因。尤其是英美法系的合同，关于词语的定义会花费大量篇幅，很值得我们借鉴。

词语定义通常位于合同第一条，也可以位于合同最后一条。在定义时，常对词语作限制解释，根据合同的实际情况明确词语含义。例如，某软件许可使用协议，对软件这一词语就应作限制解释，限制为交付的软件产品本身，而不包括目标程序、源代码等内容；而某软件技术转让协议，对软件这一词语的解释就会包括软件的目标程序、源代码等内容，所以，不能认为同一词语含义就相同，不同的合同都应该对词语进行一定的解释。

在确定词语含义时，如果合同未对词语进行明确解释，那么只能通过合同的目的条款、合同法原则或者交易习惯来确定词语含义。

2. 鉴于条款

通常表述为"鉴于……",鉴于条款又称"叙述性条款"。在国际许可证协议中,由双方当事人就双方订约的目的、希望和意图所作的陈述性说明。如供方就供方的职业背景、转让技术的合法性和实际经验等作的说明;接受方对其接受标的的要求和目标所作的说明等。一旦发生争论,鉴于条款对于双方订约的目的与意图以及解释某些具体条款会起一定的作用,因此应当慎重对待鉴于条款,努力使鉴于条款的原则与具体条款的内容相一致。但在国际贸易实践中,如果鉴于条款与具体条款有抵触时,根据国际一般做法,应以具体条款的内容为准。在一些金额不大或较简单的国际许可证协议中,也可从简或不列"鉴于条款"。

合同目的是指合同双方通过合同的订立和履行最终所期望得到的利益或者达到的状态。我国《民法典》的一些条文提到了合同目的,如合同内容约定不明的处理、解除合同的情形,合同目的对于合同的履行至关重要。

合同目的可以在合同中以条款的形式明示,如体现在文首的"鉴于条款"之中,或者在合同正文中单独以条文写明;也可以从合同的字里行间体现出来。但是,为便于明确合同目的,也为日后诉讼提供有力依据,笔者建议以明示方式写入合同为宜。但是合同目的条款常被忽视,很多合同目的条款都变成了合同正文前部的套话,失去了合同目的的存在的意义,当发生《民法典》规定的适用合同目的的情形,需要依据合同目的来确定合同内容或者确定能否解除合同时,却找不到真正的合同目的,使《民法典》的上述规定得不到有效利用。

合同目的条款在表述上要忠于双方订约的原意,具有抽象性的同时也要有确定性,即可以在合同目的条款明确看出双方订约的目的。

3. 所有权保留条款

所有权保留条款是指买卖合同中双方约定的货物虽已交付买受人,但须支付所有欠款后标的物所有权方发生转移的条款。凡属这类买卖,买受人在已接受货物的给付,但未取得所有权期间,可将货物运用于生产过程,甚至可以将货物转卖,但此时买受人不是作为所有人,而是作为出卖人的受托人对货物进行处分。

在此期间,如买受人破产或发生其他变化,出卖人可优先于买受人的债权人,以所有人的身份将货物或货物的价值收回。所有权保留条款的作用是利用物权优先于债权的法律原理,使出卖人的利益处于更可靠的地位,从而使交易过程中的风险降低到最低限度。

所有权保留条款,分为简单保留条款和扩张保留条款两种。前者表现为,在买受人完全偿付价金之前,所有权不发生转移;后者表现为,如果买受人在完全偿付价金前已将货物在生产过程中消费掉,或已将其转卖,则出卖人就其货物制造的最终产品或转卖货物的收益享有所有权,买受人只是作为出卖人的受托人对最终产品或转卖收益进行占有。所有权保留条款实质上是一种担保方式，但与其他担保方式不同，它不凭借任何外来的人或物对交易的安全进行保证，而将交易的安全建立在标的物的所有权的效力上，因而比其他担保方式少受限制，从而使它在国际贸易中更有意义。

4. 陈述与保证条款

（1）陈述与保证条款是指合同各方当事人的一种声明。这是关于与合同有关的各种事实与问题的情况声明。

如在设备购买合同中，卖方对设备的品质与性能进行一般的、非技术性的保证，在供货后如发现非如其所述，则可以获得救济或赔偿，如退货并取回货款等。

（2）目的及意义。陈述与保证条款的意义在于，将对协议的订立、履行具有重要意义或影响的事实明确列出，使当事人能够更加迅速和充分了解对方的相关情况并作出决定，从而提高效率，减少签约成本。同时，一旦发现交易对方存在不实陈述，依据明确约定的协议条款主张违约也比援引《民法典》的一般原则来得更为明晰和直接。

5. 可分割性条款（效力分割条款）

示例一：本合同各条款之间的效力独立，不因本合同部分条款无效而导致其他条款无效。甲乙双方对合同部分条款的争议不影响对合同其他没有争议条款的继续履行。

示例二：本协议的任何条款被法院判定为非法、无效或不具有强制执行效力的，不影响和妨碍本协议其他条款的合法性、有效性和强制性执行效力。

示例三：本协议条款具有可分割性，任何条款的全部或部分在任何管辖权法院被认定为无效或不可执行的，该项认定只针对该条款的全部或部分在该法院管辖区域有效，并不影响该条款在其他管辖权法院的效力，也不影响本协议的其他条款在任何管辖权法院的效力。在法律允许的范围内，应采用能反映协议双方本意的条款来取代被判定为无效或不可执行的条款。

《民法典》第五百零七条规定，合同不生效、无效、被撤销或者终止的，不影响合同中有关解决争议方法的条款的效力。第五百六十七条规定，合同的权利义务关系终止，不影响合同中结算和清理条款的效力。

（三）特别注意事项

合同中还有一些事项需格外注意，这些事项常见但是容易遗漏，属于被忽视的内容。下面是关于特别注意事项的提示：

1. 合同名称

合同名称应与内容保持一致，《民法典》规定了一些合同名称，这部分合同被称为有名合同，具有典型的交易特征，如买卖合同、租赁合同、承揽合同、运输合同、保理合同、物业服务合同、中介合同、合伙合同等。但是随着经济的发展，交易方式的多样化，现有的有名合同已经不能满足交易的需求，越来越多的新型合同应运而生。这些新合同由于不能系统地归入某项有名合同，所以在确定合同名称时应慎重。

那么，如何确定合同名称呢？可以按下面的原则确定合同名称：合同主要内容符合某一有名合同特征的，应以该有名合同作为合同名称，以次要内容作为合同中的特别约定；合同主要内容是无名合同的，要尽可能避免以有名合同命名，特别是避开有名合同中的不利规定，力争使合同仅适用《民法典》的总则及合同编的通则部分。[①]

合同名称仅仅是个名称而已，不能决定合同类型，合同到底属于有名合同还是无名合同，属于哪一类有名合同，都要以合同的具体内容来确定，所以，决定合同类型的应当是合同的内容，在起草合同时注意不要画蛇添足，为合同生硬地起一个不合适的名称。

2. 合同附件

合同附件是合同中经常被忽略的一部分内容。合同正文应写明合同附件是合同不可分割的一部分，与正文具有同等法律效力。

有些合同比较简单，只需要将合同双方的主体资格证明作为附件，如营业执照副本复印件、身份证复印件等。但对于稍微复杂一点的合同，合同正文不能就所有问题约定得那么详细，附件就显得非常重要。附件主要是对正文关键内容的解释或者说明，有技术类附件，也有资质类附件。

技术类附件是对合同正文涉及技术条款的阐明和细化，规定了技术的核心组成、技术标准、所需搭建的技术环境、技术人员配备等内容，当正文内容需要解释时，附件就是解释的依据。

资质类附件是对合同各方主体资格的证明，保证合同各方主体能够履行合同约定。合同正文可以写明各方保证提供资质真实合法有效，以保证合同具有可实现性。

还有一些合同是框架式合同，合同中约定了合作期限、合作方式、沟通机制、违约责任等，在合同以外，每次业务都以订单形式发送，这些订单明确了产品单价、数量、要求、付款时间、交货时间等详细内容。表面看来，每个订单都是一个合同，但实际上，订单约定的内容并不完备，订单只是在合同框架内的一笔具体业务，毫无疑问，每个订单都是合同的附件。

四、常用合同文本简析

(一) 房屋买卖、租赁合同

经营地是企业开展生产经营活动之日常所在，房屋买卖合同与房屋租赁合同的

[①] 吴江水：《完美的合同——合同的基本原理及审查与修改》，中国民主法制出版社2005年版，第69—70页。

签订、履行对企业而言更是生存和发展的基础。就具体合同的设计和履行，还需企业根据经营需求和资金体量，与卖方/出租方进行博弈。如何实现企业利益的最大化、防范履约风险，尚需根据不同需求进行具体法律分析。

1. 商用房屋买卖合同的审核要点

（1）核实拟购买房屋的土地规划条件与具体用途

根据《城镇国有土地使用权出让和转让暂行条例》第十二条[1]的规定，商业用地的土地使用权年限为四十年。土地使用权的年限自土地交付给土地竞拍中标人之日起开始计算，那么在扣除开发商办理各项审批手续及施工建设等时间后，拟购买房屋实际交付产权人的使用期限已不足四十年。因此，企业在买卖合同订立前，首先，应注意核实拟购买房屋所涉土地用途及土地使用权的实际剩余年限，再对是否交易、交易价格等进行判断。其次，基于建设用地规划条件的不同，房屋有不同的规划用途，如零售商业用地、餐饮用地、旅馆用地等，在签订合同时企业需要审查拟租赁房屋是否符合用地规划条件。在实践中，我们遇到过不少因房屋实际用途不符合用地规划条件，无法正常经营，从而引发纠纷的案例。因此，在企业有具体需求的情况下，建议查清拟购房屋所涉消防、环评、交通、园林等的具体审批情况。如有必要，建议聘请专业团队就拟交易标的房屋的政府审批、批复、权属登记等情况加以深入的尽职调查，以充分了解房屋状况。

（2）核实拟购买房屋的基本情况

就拟购买房屋进行考察的过程中，建议核实该房屋的基本情况。如拟购房屋为期房（在建、未完成建设、不能交付使用的房屋），需查看开发商是否有预售许可证，并要确认企业拟购之房是否在预售范围内。如开发商尚未取得房地产权证的大证，企业在短时间内恐无法将房屋变更登记至公司名下，建议在购房合同中明确开发商办理预告登记[2]的义务，以保护自己的合法权益，并起到有力的排他效果。如拟购房屋为现房，则要留意开发商是否具有该房屋的大产权证和交付使用许可证，建议企业在购房合同中约定提存房产证，或要求出售方将房产证提存在第三人或者居间方处，办理过户时，由第三人或者居间方直接向相关部门交付房产证原件。

此外，应注意核实开发商的资质及经营状况，以避免开发商因经营状况不佳而

---

[1] 《城镇国有土地使用权出让和转让暂行条例》第十二条规定，土地使用权出让最高年限按下列用途确定：（1）居住用地七十年；（2）工业用地五十年；（3）教育、科技、文化、卫生、体育用地五十年；（4）商业、旅游、娱乐用地四十年；（5）综合或者其他用地五十年。

[2] 《民法典》第二百二十一条规定："当事人签订买卖房屋的协议或者签订其他不动产物权的协议，为保障将来实现物权，按照约定可以向登记机构申请预告登记。预告登记后，未经预告登记的权利人同意，处分该不动产的，不发生物权效力。预告登记后，债权消灭或者自能够进行不动产登记之日起九十日内未申请登记的，预告登记失效。"

出现的项目开发风险。

（3）核实拟购买房屋的权属情况

开发商房地产项目开发过程中，为实现融资目的，或将土地使用权抵押给银行贷款，进而将所建楼盘抵押。如开发商面临破产，楼盘将面临查封拍卖的风险，依据执行的相关规定[①]，只有同时满足在法院查封前签订有效书面买卖合同、买受人名下无其他住房、已支付超过合同约定的房屋总价款50%三者的前提下才能排除执行，在此严苛的规定下企业恐难实现对房屋的所有权。

故建议企业在购房前要：①在土地管理部门、房管部门查清该楼盘有无抵押记录；②要求开发商将合同在房管局备案；③要求开发商提供其他担保物或保证人；④增加补充条款：出卖人保证不存在一房两卖，不存在司法查封和不存在限制转让三种情形。如出卖人违反前述承诺，导致买受人合同无法备案或无法办证的，可以约定及时主张退房并承担较高的违约责任等。除抵押外，限制房屋权属的情况还可能会查封，也需要在购房前予以核查。

（4）注意房屋装修期相关问题

如企业所购买的商用房屋不是开发商已精装修完成的，为经营之需，通常还需要根据自身经营理念、企业文化、风格定位对房屋进行装修。就装修期的问题，企业亦应就相关条款予以充分考虑：装修入场时间、装修免租期、装修期所需水电服务的保障和费用结算等问题。

实践中比较常见的是，因水电等问题导致装修期延长且约定不明引发纠纷的情况，以及就因交易失败对装修物处理（恢复原状、保留、补偿等）没有约定而引发的相关纠纷。建议企业根据所购房屋和自身需求的实际情况，落实相关合同条款，以避免可能产生的争议和损失。

（5）在合同中注明公用分摊面积

公摊建筑面积，是指由整栋楼的产权人共同所有的整栋楼公用部分的建筑面积。常见的公摊建筑面积包括：电梯井、管道井、楼梯间、垃圾道、变电室、设备间、公共门厅、过道、地下室、值班警卫室等，以及为整栋楼服务公共用房和管理用房的建筑面积。房屋购买合同中关于产权面积、套内实际使用面积、公摊面积应有明确的数字体现，但通常开发商提供购房合同中只有对建筑面积出现变化的处理，而未明确实际使用面积变化的情况。而面积的变化，一方面，影响了以建筑面积单价

---

① 《最高人民法院关于人民法院办理执行异议和复议案件若干问题的规定》第二十九条规定，金钱债权执行中，买受人对登记在被执行的房地产开发企业名下的商品房提出异议，符合下列情形且其权利能够排除执行的，人民法院应予支持：（1）在人民法院查封之前已签订合法有效的书面买卖合同；（2）所购商品房系用于居住且买受人名下无其他用于居住的房屋；（3）已支付的价款超过合同约定总价款的百分之五十。

为依据的房屋总价的计算；另一方面，也影响了企业最终实际使用面积的比例。

因此，建议企业在房屋购买合同中明确房屋的套内面积，以及以套内单价作为计算依据。根据实际情况，可考虑增加关于公摊面积发生变化的条款，明确公摊面积与实测面积不符的价款计算和结算方式。如果购买的是整栋楼，则须明确楼内附属设施是否已计入公摊面积，否则难以实现整栋楼权属的交割。

另外，就公摊建筑面积的具体位置要进行明确。实践中，也常见一些公摊建筑面积的具体位置和客户预期不同，造成各种不必要损失的情形。

（6）控制时间节点，分阶段支付购房款

为保证顺利实现房屋物权，防范支付购房款而无法实现房屋所有权的风险，购房合同的付款时间可约定为分阶段支付，即按照一定时间和节点来支付，以控制履约风险。首先，约定签订购房合同后支付首付款，比例可参照开发商/楼盘现状及自有资金进行综合判断；其次，在达到明确的收房/验房标准后，再支付一定比例购房款；最后，待开发商办理完毕房屋交付手续、房屋交接清楚（注意明确交接内容和双方确认形式）后，再支付尾款。

此外，在款项的支付方式上，双方亦可约定通过银行办理交易资金托管业务进行款项支付。这样做的好处是开发商不用担心业主资金短缺，不能按规定的时间支付款项的问题，业主也可以用此种方式规制开发商，避免出现人财两空的局面。如此，企业便于将购房款作为有力的抓手，以实现与开发商的有利博弈，敦促开发商按照合同约定节点履行验房、交房、办证的义务。

（7）明确协助办证义务与办证时限

从现行法律法规的内容来看，一手房的所有权转移登记所涉及的主体包括开发商与购房人，二者需共同完成办证，只是在此过程中的义务分工或主次不同。实践中，基于开发商提供的合同范本，约定办证方式多为"买受人同意委托出卖人或出卖人指定的代办机构向权属登记机关申请办理房屋权属转移登记"。该等情况下，企业应尤其注意积极跟进项目建设进度及办证进度，及时向出卖人或出卖人指定的代办机构提交房屋权属转移登记所需材料，以避免耽误办证进度。

另外，可通过协议明确约定如因开发商原因导致迟延办证的违约责任承担方式及标准（违约金），为避免开发商迟延办证，买受人未及时行使权利而导致的诉讼时效已过的情况发生，在合同中约定以每日或每月为单位累计计算违约金数额。

（8）明确交房时间及交房标准

所谓交房，除了房屋所有权转移登记（即产权过户），还包括交付房屋使用权（即实物交付）。房屋的交付使用，是与卖方进行房屋权益交割最重要也是最后的部分，实践中会将交易尾款作为交房的有力控制手段。因此交房标准的明确约定，可以避免双方因交割不清而产生纠纷，最终影响交易。

一般交房的标准包括：相关费用与票据的交付、标的房屋验房（实践中，企业在验收环节会聘请专业的工程人员，就房屋本身进行审核验收）、产权过户登记等。企业应注意在购房合同中明确实物交付的标准及产权过户登记的条件、方式和时间，并明确开发商未按照约定履行合同义务的违约责任。另外，如合同签订之时，开发商承诺赠送车库或者储藏室、阁楼，该等承诺一定要写入合同中。另外在交房的标准上，双方亦可作出约定，在达到交房标准后再进行收房，以免出现房屋不符合购房人的标准，但不收房又会造成违约的情形，合同中可约定在房屋交付时应当确认开发商已具备如下文件：规划核验验收合格文件和建设工程竣工验收合格证明文件；有资质的房产测绘机构出具的《房屋面积测算技术报告书（实测绘）》；消防、人民防空、环境卫生设施、防雷装置等验收合格证明文件；房屋所在楼栋的不动产权证书。

住建部与原工商行政总局联合制定的《商品房买卖合同（预售）示范文本》在商品房的交付条件与交付手续一章中对商品房的交付条件有两点明确限制：①商品房已取得建设工程竣工验收备案证明文件；②商品房已取得房屋测绘报告。除此两点强制性约定之外还有可供买卖双方自行补充条款。

实践中，因协议会对交房的时间进行限定，开发商为避免不能如期交付房屋而产生违约金的风险，通常会与购房者签订补充协议，对竣工验收进行补充，约定商品房的交付条件是通过建设单位组织的，由勘察单位、设计单位、施工单位、监理单位参加的建设工程竣工验收。而这个阶段的验收是没有通过规划、消防、环保等专项验收的。依据《房屋建筑和市政基础设施工程竣工验收备案管理办法》第五条①规定，获得备案证明是完成了前期所需要具备的所有检测工作，所以在取得工程竣工验收备案证明的前提下进行交付，可更有效地保障购房者的实际权益。

（9）合同的终止和解除

在住建部与原工商行政总局联合制定的《商品房买卖合同（预售）示范文本》中并未对合同的终止与解除作出明确的制式约定，但在实践中合同解除的情况并不罕见，买卖双方自行约定的情形外，法定合同解除的情形主要有：《民法典》第五

---

① 《房屋建筑和市政基础设施工程竣工验收备案管理办法》第五条第一款规定，建设单位办理工程竣工验收备案应当提交下列文件：（1）工程竣工验收备案表；（2）工程竣工验收报告。竣工验收报告应当包括工程报建日期，施工许可证号，施工图设计文件审查意见，勘察、设计、施工、工程监理等单位分别签署的质量合格文件及验收人员签署的竣工验收原始文件，市政基础设施的有关质量检测和功能性试验资料以及备案机关认为需要提供的有关资料；（3）法律、行政法规规定应当由规划、环保等部门出具的认可文件或者准许使用文件；（4）法律规定应当由公安消防部门出具的对大型的人员密集场所和其他特殊建设工程验收合格的证明文件；（5）施工单位签署的工程质量保修书；（6）法规、规章规定必须提供的其他文件。

百六十三条①的合同解除权。《最高人民法院关于审理商品房买卖合同纠纷案件适用法律若干问题的解释》第九条②、第十条③、第十五条④、第十九条⑤的规定。

2. 商用房屋租赁合同的审核要点

租赁合同作为《民法典》中规定的有名合同，其权利义务关系具有一定的共性，概括而言，主要包括租赁物的名称、数量、用途、租赁期限、租金及其支付期限和方式、租赁物维修等条款。就企业签订商业用房租赁合同需要特别考虑的问题，具体总结如下：

（1）核实拟租赁房屋是否符合商业用途

企业在租赁房屋前，应核实拟租赁房屋的类型和所在土地的性质，确保房屋的类型为商业用房、土地用途为非住宅性质。对于企业特殊商业用途，需要提前做好消防、环评、交通等审批/备案或满足审批/备案标准等。否则，企业可能面临无法办理营业执照，或者无法按照预期使用房屋的风险。

（2）查明拟租赁房屋是否存在妨碍市场主体登记注册的情况

企业如需以拟租赁商用房屋办理市场主体登记注册的，应先查明拟租赁商用房屋是否存在妨碍市场主体登记注册的情况，如未完成消防/安检验收、存在司法限制等。企业可以在租赁合同中约定出租方有协助办理市场主体登记注册手续的义务。就风险规避而言，企业可从如下两个方面进行考虑：一是到市场监管部门询问租赁物是否存在行政管理限制，能否办理营业执照，如涉及特许经营行业还要向其

---

① 《民法典》第五百六十三条规定，有下列情形之一的，当事人可以解除合同：（1）因不可抗力致使不能实现合同目的；（2）在履行期限届满前，当事人一方明确表示或者以自己的行为表明不履行主要债务；（3）当事人一方迟延履行主要债务，经催告后在合理期限内仍未履行；（4）当事人一方迟延履行债务或者有其他违约行为致使不能实现合同目的；（5）法律规定的其他情形。以持续履行的债务为内容的不定期合同，当事人可以随时解除合同，但是应当在合理期限之前通知对方。

② 《最高人民法院关于审理商品房买卖合同纠纷案件适用法律若干问题的解释》第九条规定，因房屋主体结构质量不合格不能交付使用，或者房屋交付使用后，房屋主体结构质量经核验确属不合格，买受人请求解除合同和赔偿损失的，应予支持。

③ 《最高人民法院关于审理商品房买卖合同纠纷案件适用法律若干问题的解释》第十条规定，因房屋质量问题严重影响正常居住使用，买受人请求解除合同和赔偿损失的，应予支持。交付使用的房屋存在质量问题，在保修期内，出卖人应当承担修复责任；出卖人拒绝修复或者在合理期限内拖延修复的，买受人可以自行或者委托他人修复。修复费用及修复期间造成的其他损失由出卖人承担。

④ 《最高人民法院关于审理商品房买卖合同纠纷案件适用法律若干问题的解释》第十五条规定，商品房买卖合同约定或者《城市房地产开发经营管理条例》第三十二条规定的办理不动产登记的期限届满后超过一年，由于出卖人的原因，导致买受人无法办理不动产登记，买受人请求解除合同和赔偿损失的，应予支持。

⑤ 《最高人民法院关于审理商品房买卖合同纠纷案件适用法律若干问题的解释》第十九条规定，商品房买卖合同约定，买受人以担保贷款方式付款，因当事人一方原因未能订立商品房担保贷款合同并导致商品房买卖合同不能继续履行的，对方当事人可以请求解除合同和赔偿损失。因不可归责于当事人双方的事由未能订立商品房担保贷款合同并导致商品房买卖合同不能继续履行的，当事人可以请求解除合同，出卖人应当将收受的购房款本金及其利息或者定金返还买受人。

他有关部门询问，并将所需相关条件及文件明确于合同条款中；二是在合同中约定出租人协助办理营业执照的义务及履行期限，并约定对应的违约责任，督促出租人尽快办理。

（3）明晰装饰装修条款，避免因装饰装修发生争议

通常，企业需要对租赁房屋进行一定装饰装修，以便符合自身的经营风格、经营惯例等。这些装饰装修或多或少，有在原承租人的装饰装修基础上微调，也有全部拆除旧装饰装修，甚至修改租赁房屋内部结构、门窗朝向等。为规避因装饰装修引发的纠纷，造成不必要的损失，建议企业在租赁合同签订前，结合自身实际需要，与出租方就装饰装修免租期、原装饰装修的标准和拆除费用负担、合同终止后装饰装修的归属及如何折价等问题进行协商，随后将协商结果逐条落实在合同中。

此外，房屋租赁合同无效或非因承租人单方违约（如拆迁等）导致合同解除，承租人可就装饰装修的现值或残值损失要求赔偿，承租人应注意保留装修费用相关凭证。实践中，笔者倾向于建议在租赁合同中明确承租人装修方案的备案条款。这种备案条款对于出租人来说，便于了解承租人的装修方案及对自己的影响，因此，容易获得出租人的同意。对承租人来说，不失为一种间接固定自己装修内容和装修费用的证据。

（4）明晰押金、租金和其他费用的约定

租赁合同中可能涉及的费用，主要包括押金、租金和其他费用（物业管理、停车、通信、空调、网络和水电煤气等费用）。这些费用都需要双方在合同中予以明确，包括计算标准、计算方式（起始时间）、支付时限（是否有宽限期）、支付方式、发票、收据的开具等。

就押金来说，合同中应明确押金退回的具体条件和具体方式。就租金来说，企业应注意在拟签订租赁合同中明晰租金的计算方式，是按照建筑面积、使用面积，还是按照套内面积等进行计算；合同面积与实测面积存在差额如何处理，租方是否能解除合同，以及如何要求出租方承担违约赔偿等。

（5）核实转租事项，依法依约履行转租程序

《民法典》第七百一十六条[①]明确规定，承租人经出租人同意，可以将租赁物转租给第三人……承租人未经出租人同意转租的，出租人可以解除合同。另外，承租人向次承租人转租的期限不能超出租赁合同剩余期限，否则超出部分无效。

因此，企业拟租赁房屋如是承租人转租而来，应注意核实承租人是否享有处分权，并审查原租赁合同是否有限制转租的约定、原租赁合同约定的租赁期限，并核

[①] 《民法典》第七百一十六条规定，承租人经出租人同意，可以将租赁物转租给第三人。承租人转租的，承租人与出租人之间的租赁合同继续有效；第三人造成租赁物损失的，承租人应当赔偿损失。承租人未经出租人同意转租的，出租人可以解除合同。

实出租人是否同意转租。如企业有承租房屋后转租房屋的需求，也应就此与出租方进行协商并具体落实在租赁合同中，以便于后期操作；原租赁合同中未就转租进行约定，而在履行过程中需要转租的，建议及时与出租方进行协商并签订补充合同。

（6）租赁合同的续租、终止和解除

在合同中有明确的租赁期的前提下，租赁期届满后的相关权益需要在租赁合同签订时就予以明确，以防后续发生不必要的纠纷。提前一定期限的续租申请及出租人限期回复的约定，能够很好地确保企业经营存续。租赁合同期满终止后撤场的时限也应当予以明确，这样涉及相应的费用承担也就随之可以明确。因此，建议企业在租赁合同中明确约定可解除租赁合同情形和具体程序，并明确租赁期限届满或租赁合同解除时，承租方的房屋腾退期限。

（二）设备采购合同

设备采购合同首先是个合同，起草设备采购合同遵循起草合同的一般性原则。同时，作为有名合同——买卖合同的子集，起草设备采购合同也需要对买卖合同特别适用的法律法规予以注意。而又由于该类合同的标的为"设备"，其自身又具有一定的特殊性。

1. 合同相对方

在订立合同前，买卖双方应当审查合同相对方的民事权利能力和民事行为能力，即订立合同的资格。同时，当事人订立设备采购合同的资格不仅仅限于此，还包括从事相关经营的资格、资质、特许经营许可，甚至履约能力和征信。

在一般的商业实践中，在进行合同磋商阶段的双方，不一定就是签订合同的双方。其中一方可能委托该方的子公司或分公司进行合同的签订，因此也应当对子（分）公司的资格进行确认。

对于采购涉及专利及实用新型的设备时，买方应调查确定卖方是否独立拥有设备所涉及的知识产权。

2. 合同内容

根据《民法典》第四百七十条第一款的规定，合同一般包括以下条款：当事人的姓名或者名称和住所；标的；数量；质量；价款或者报酬；履行期限、地点和方式；违约责任；解决争议的方法。设备采购合同即合同，也是买卖合同，包含前述内容，也遵循《民法典》有名合同部分对买卖合同的规定。此外，设备采购合同一般还包括包装方式、检验标准和方法、结算方法等条款。

（1）标的及数量

设备采购合同涉及的标的可能比较复杂，很难一言以蔽之，买卖双方应当在合同中尽可能明确设备的规格、型号以及设备的功能模块，可通过表格及附件的形式予以呈现，如有可能，应当在合同后附上《技术协议》，以对设备的详细参数予以呈现。

对设备的随机备件进行明确的约定是对买方的一种保护。仅使用"卖方提供随机备件一套（含易损件、关键件及说明书）"的措施给予了卖方调整备件及说明书的余地，一方面，买方无法确定备件的数量和种类，存在相关部件损害后无法找到合适的部件而需要再向卖方购买的情况；另一方面，卖方也有可能通过对备件的控制来实现成本的控制。

（2）预付金与定金

合同订立双方可以约定预付金及定金条款，但是切忌将两者混淆。

定金是为保证合同履行，在标的价款的数额内约定的买方提前支付给卖方的一定数额的款项。

《民法典》第五百八十六条规定："当事人可以约定一方向对方给付定金作为债权的担保。定金合同自实际交付定金时成立。定金的数额由当事人约定；但是，不得超过主合同标的额的百分之二十，超过部分不产生定金的效力。实际交付的定金数额多于或者少于约定数额的，视为变更约定的定金数额。"

根据《民法典》第五百八十七条的规定："债务人履行债务的，定金应当抵作价款或者收回。给付定金的一方不履行债务或者履行债务不符合约定，致使不能实现合同目的的，无权请求返还定金；收受定金的一方不履行债务或者履行债务不符合约定，致使不能实现合同目的的，应当双倍返还定金。"

预付款，为货款的一部分，《民法典》第五百六十六条第一款规定，"合同解除后，尚未履行的，终止履行；已经履行的，根据履行情况和合同性质，当事人可以请求恢复原状或者采取其他补救措施，并有权请求赔偿损失"，因此卖方违约，买方有权要求返还预付款。

还需注意的是，只有在合同中以"定金"字样出现才会被认定为定金，否则将被认定为"预付款"，无法适用定金罚则。

（3）对知识产权的担保

根据《民法典》第六百一十二条、第六百一十三条的规定，出卖人就交付的标的物，负有保证第三人对该标的物不享有任何权利的义务，但是法律另有规定的除外。买受人订立合同时知道或者应当知道第三人对买卖的标的物享有权利的，出卖人不承担前条规定的义务。即卖方有义务保证任何第三人不得主张卖方卖出的设备侵犯第三人的知识产权，但倘若买方事先知道或者应当知道卖方卖出的设备侵犯第三人的知识产权，卖方将得到豁免，不再承担权利担保义务。

因此，买方在签订涉及专利或实用新型等知识产权的设备采购协议中，应当在合同中设定担保条款，以及约定当发生第三方主张权利之情形、造成买方损失时卖方的违约责任。

同时，卖方可以设定"提请注意"条款，声明买卖设备不会造成设备上知识产权权属的转移。

(4) 设备的质量

设备能否满足买方的需求至关重要，因此质量条款是设备采购合同的核心条款之一。设备采购合同中的质量条款主要分为两种：一种为上文提及的设备的规格型号以及合同后附的技术协议；另一种为质量保证条款。为避免合同签订后，双方因设备质量存在瑕疵（质量不符合约定或法定标准）而产生纠纷，双方应当在合同中尽量明确产品的技术规格与指标，即明确"是什么"与"怎么样"，并尽量明确、细化验收的标准，避免使用"质量符合相关标准""验收按相关标准执行"等概览性的约定；对于大型、贵重、精密设备，甚至可以单独制定《质量保证协议》。

①质保期

双方可以协商确定质保期长短，一般来说设备的质保期为一年。在质保期条款中，质保期的起始时间也很重要。买方可能要求在设备安装调试合格后的次日开始计算质保期，而卖方往往倾向于约定自交付设备后开始计算质保期。在质保期内，买卖双方也会对权利与义务进行约定。一般来说，买方强调卖方在质保期必须保证设备质量，并且在质保期内向买方提供免费的设备维护、修理及配件。同时卖方也可以要求，由于买方原因造成的需要对设备进行维修的情形，买方需支付相应修理费并购买替换的备件，买方可以在磋商过程中确定维修费用的标准，以防在急需维修的情况下受到卖方掣肘。双方可一并约定质保期结束后的维修标准与费用。另外，买方可以要求卖方对设备使用和维护提供培训，降低买方的维修成本，减少卖方维修的频次。

②质保金

买方可在设备采购合同中约定质保金，一般为合同标的额的10%，待设备的质保期到期后归还于卖方。卖方则对"符合质量标准"的制定审慎，方能对抗买方设定的这一条款。倘若在合同中约定质保金条款，双方应同时明确质保金归还的方式、对象甚至归还的账户，以防止买方向卖方归还了相应的质保金，但卖方未合理收讫而出现法律纠纷。

③验收

验收完成往往意味着卖方履行了合同项下的交付义务，是合同履行中的重要部分。双方应在合同中明确验收的具体时间和标准。买方不仅要对产品及配件数量进行验收，而且应着重对货物的质量进行验收，如产品名称、品种、规格等技术规格，包装是否有破损等。验收期限、验收地点对于卖方更加重要。

在验收过程中，买方应当着重防范隐蔽性缺陷的风险。卖方往往倾向要求买方在收到设备后的固定时间内（如10天）对设备质量提出异议，否则视为质量验收合格，而买方应对该等条款进行严格审查。因为根据此约定货物验收完成后，所有的风险将转移到买方，倘若买方在使用过程中才发现设备存在缺陷，很难再以违约提起诉讼，要求卖方承担赔偿责任。

④交货时间与方式

根据《民法典》第五百一十一条第四项的规定："履行期限不明确的，债务人可以随时履行，债权人也可以随时请求履行，但是应当给对方必要的准备时间。"《民法典》并没有进一步明晰何谓"必要的"准备时间。双方预先约定交货时间能更好避免纠纷。

根据《民法典》第六百零四条的规定："标的物毁损、灭失的风险，在标的物交付之前由出卖人承担，交付之后由买受人承担，但是法律另有规定或者当事人另有约定的除外。"因此，买卖双方可就标的物毁损、灭失的风险进行约定，倘无约定，则风险随着设备的交付而转移。

运费由谁承担往往也是磋商的要点，如买方负责运输设备，并承担相应的运费，则当卖方将设备交付承运人（运输商）时即视为交付已完成，买方将承担运输期间的货物的毁损风险及相应的运输成本。因此买卖双方在约定交付条款时，应明晰双方权责，谁承担运费及装卸费，谁承担风险，是否在调试安装设备后方为交付。

（三）服务采购合同——以法律服务合同为例

服务业务作为一类产业，具有广泛性。而在服务前都需要当事人对服务的相关内容进行协商，进而形成服务合同。因此，服务合同的范围也非常广泛，从策划、咨询服务，到专业人士提供的财务、法律、技术服务，可以说，企业在经济活动中离不开服务合同的约束。

服务营销理论之父克里斯琴·格罗路斯曾对"服务"下过如此定义："服务是以无形的方式，在顾客与服务职员、有形资源等产品或服务系统之间发生的，可以解决顾客问题的一种或一系列行为。"对此定义有三个方面的理解：首先，服务是无形的，很难像商品或者货物一样可以确定规格、尺寸、参数、数量等，也不像建筑施工、技术开发一样可以交付明确的、可验收的成果，因此服务合同中如何具象化和量化服务是文本设置的重点和难点之一。其次，服务具有互动性，服务是由人提供的一系列行动构成，服务的质量往往取决于提供服务的人及提供服务的方式。因此，在服务合同中，对"怎么做"的约定要尤为注意。例如，很多服务类合同中约定了提供策划服务，却未约定对提供服务人员的要求、策划流程的要求，不利于对服务方服务质量的监督与约束。最后，当服务方完成服务工作后，如何支付报酬，以及当服务方未完成服务工作，如何弥补损失，也是服务合同中要重点关注的问题。

综上所述，服务合同起草与审核的重点，在于如何将无形的"服务"通过合同条款界定服务的内容、成果的交付、人员的选择等内容，以提高合同的可执行性。

在此书中，作者抛砖引玉，仅以法律专项服务合同作为范例，提示一些服务合同中常见的内容。

1. 服务内容的明确

对于服务内容，建议明确在不同阶段、不同时间节点服务提供方应当提供的服务以及各个阶段的成果及期限，以便更好地跟踪服务提供方的服务进度。

范例：第N条　主要服务内容如下：

N.1 第一阶段：材料审查。本协议签署后【　】日内，乙方应设计整体工作安排计划表并提交给乙方，具体包括：

N.1.1 乙方应提供详细、明确、完整的书面材料清单；

N.1.2 乙方应及时向甲方索要工作所需的资料及数据，审查、分析甲方应要求提供的全部书面资料及其他资料；

N.1.3 乙方应根据其从业经验，协助甲方梳理、完善甲方相关制度、合同模板；

N.1.4 乙方应及时向甲方披露在检查过程中发现的问题并提供专业法律意见。

N.2 第二阶段：现场检查。乙方确定进场时间并指导甲方进行梳理、自查与评估，具体包括：

N.2.1 乙方应根据从业经验及进场企业具体情况制作并提交《问题清单》；

N.2.2 乙方应派驻不少于【　】名律师进场指导甲方工作；

N.2.3 乙方应通过听取工作汇报、随机抽选人员访谈、书面资料原件查阅、电子数据检查等形式开展现场检查工作。

N.3 第三阶段：总结与反馈。乙方应在现场核查后【　】日内根据检查情况，形成书面的《合规评估法律工作报告》。

2. 服务成果的要求

设计类、咨询类以及法律、财务等专业服务，大多会形成报告、书面方案等成果，因此建议列明成果的名称及包括的内容、格式、数量等要求。

范例：第N条　工作成果

乙方应及时向甲方披露在尽调过程中发现的问题并提供专业法律意见，在此基础上向甲方出具书面的《合规评估法律工作报告》（初稿）。初稿应报告【　】领域的合规检查情况及建议。

甲方收到《合规评估法律工作报告》（初稿），且按照相关意见进行整改后，经甲乙双方确认，可以出具正式版本的《合规评估法律工作报告》（正式稿），正式稿一式【　】份。

3. 服务人员的确定

对服务人员的要求，应至少明确服务人员的人数、资质，对人员更换的要求及限制。对于服务项目的负责人，应最好明确具体人员。

范例：第 N 条　服务人员

N.1 乙方应指派不少于【　】人为甲方提供服务，其中至少【　】人拥有三年以上相关工作经验，并指定【　】为本项目的总负责人及联系人。

N.2 本合同生效后【　】日内，乙方应向甲方提供项目拟投入人员名单，名单中至少应包括姓名、身份证号、工作经历和联系方式。

N.3 乙方应保证其实际从事本项目工作的人员具有相应的资质及能力，经甲方确认的参与人员，非经甲方事先书面同意，乙方不得私自更换。如甲方认为乙方某参加人员的专业技术水平或工作能力不符合甲方需求，甲方有权随时要求乙方予以更换，乙方应无条件进行更换。

4. 服务费用及支付方式

费用的支付要求应至少包括总额、包含的内容、支付的方式及时间，对于服务合同，我们建议要按阶段支付费用，并将服务内容及成果的交付关联在一起。

范例：第 N 条　法律顾问服务费

N.1 支付金额

经双方协商一致，法律顾问服务费为人民币【　】万元（大写：人民币【　】圆整）；且上述金额为固定总价，不因任何情况而增加任何费用，包括但不限于律师费、委托费、咨询费、顾问费、差旅费、税费等与本合同有关的所有费用。

N.2 支付时间

支付批次	支付比例	支付金额	支付条件
第一批		小写： 大写：	本合同签订后【　】个工作日内支付
第二批		小写： 大写：	乙方完成书面报告初稿后【　】个工作日内支付
第三批		小写： 大写：	根据甲方的反馈意见，乙方修改书面报告并经甲方确认后【　】个工作日内支付

N.3 支付方式

甲方须将本合同项下应付费用，支付至乙方指定账号，即：

名称：

开户行：

账号：

N.4 发票

每一笔付款前【　】日内，乙方应向甲方出具合法、有效、等额的增值税发票，甲方审核无误后【　】日内向乙方付款。如乙方逾期提供或提供之发票不符合甲方要求的，则甲方有权顺延付款时间，且该等顺延不视为甲方违约，乙方不得以此为由拒绝或怠于履行本合同项下之服务，否则，将视为乙方违约。

5. 合同的解除及违约条款

对于合同的解除及违约条款，需明确解除合同的条件、违约事件的定义以及违约责任的承担。但是，很多服务类合同，尤其是创意、设计方案、分析报告等，难以明确客观的验收标准，致使难以认定约定违约情形。因此，在实际合同的设计和审核中，除明确约定可以确定的合同解除情形及违约情形，也可以结合甲乙双方的合同地位，约定随时解除协议或对成果不满意解除协议的条款。

范例：第 N 条　合同的解除

N.1 双方经协商同意，可以变更或者解除本合同。

N.2 如乙方存在下述任一情况，甲方有权解除本合同，并要求乙方返还甲方已支付的全部合同价款，赔偿甲方所有损失：

N.2.1 乙方未能在本合同的期限内完成合同约定的义务。

N.2.2 事实表明，由于乙方的过错给甲方或第三方造成了较大的损失或给甲方的声誉带来了较大的负面影响。

N.2.3 因乙方人员变动等原因，无法按照甲方的要求及标准为甲方提供服务。

N.2.4 因乙方违反国家法律、法规的有关规定，被依法取消相关资质或资格。

N.2.5 如乙方在本合同的竞标或执行过程中有腐败或欺诈行为。为本合同之目的，腐败和欺诈行为定义如下：

（1）"腐败行为"指为取得本合同之目的或有利的合同执行条件之目的，乙方在合同竞标过程或合同执行过程中向甲方人员提供、给予、接受或索取任何有价值物品的行为；

（2）"欺诈行为"指乙方为了影响招标采购过程或合同执行过程而谎报事实，损害甲方利益的行为。

N.2.6 乙方存在严重违反本合同义务的其他情形，或本合同另有约定解除条件的情形。

N.3 乙方解除合同。

甲方有下列情形之一的，乙方有权解除合同：

甲方向乙方提供的资料或信息，存有虚假、误导、隐瞒、重大遗漏及其他违规行为，致使乙方律师不能提供有效法律服务的。

第 M 条　违约责任

M.1 经甲乙双方确认，如乙方未能在【　】年【　】月【　】日之前完成书面报告的，将视为乙方严重违约，甲方则有权单方终止本协议，并有权拒绝向乙方支付顾问费用，同时，乙方应将甲方已支付的费用全额退还甲方，并按照本合同总金额30%之标准向甲方支付违约金，并赔偿因乙方未能出具报告而给甲方造成的一切经济损失。

M.2 甲方无正当理由不支付法律顾问费或工作费用，或无故终止本合同，乙方有权要求甲方支付未付的法律顾问费、工作费用以及延期支付的利息。

（四）意向书与备忘录

英美法系中协议与合同是不同的概念，但在我国，合同可以冠以很多名称，像合同、协议、约定等，它们都是合同，一份文件是否属于合同主要不在于名称，而在于内容。根据《民法典》第四百六十四条第一款的规定，"合同是民事主体之间设立、变更、终止民事法律关系的协议"。合同一定是主体之间意思表示一致的结果，这一结果还应引起民事权利义务的变化。实践中经常用到的文书中有几种类似合同的文书，由于不是合同，所以也不适用合同的相关规定。主要有以下两种：

①意向书

意向书是商务活动中对于合作意向的书面表达，表达的仅仅是个意向，至于最后意向是否变成现实，这要在后续谈判中实现，合同主体之间的权利义务不会因为合作意向发生具有约束力的变化，所以，意向书不是合同。但是，如果名为意向书，实则是对双方合作细节和权利义务明确约定，具备了合同的实质要件，那么就应是合同。

②备忘录

备忘录是双方记录合作内容防止遗忘的记录，类似于会议记录，不是合同，对双方不具有法律约束力。与意向书类似，如果名为备忘录，实则是对双方合作细节和权利义务的明确约定，具备了合同的实质要件，那么其就应当是合同。

所以，文件到底是不是合同，与文件的名称无关，仅与文件约定的实质内容有关。

第四节　合同履行中的风险防范

一、合同履行的基本原则

合同履行指合同生效后，债务人按照法律规定和合同约定履行义务，以实现合同债权债务，满足合同订立期望达到的目的。在合同履行过程中，任何一方只接受对方履行而自己不履行，实现自己合同利益时损害对方的合同利益，合同期待的利益状态发生失衡，不符合合同设立的初衷，因此，合同履行一定要遵守基本原则。

《民法典》第五百零九条规定了三条合同履行的基本原则，当事人应当按照约定全面履行自己的义务。当事人应当遵循诚信原则，根据合同的性质、目的和交易习惯履行通知、协助、保密等义务。当事人在履行合同过程中，应当避免浪费资源、污染环境和破坏生态。

（一）全面履行原则

合同的全面履行是说债务人应当全面地、适当地完成其合同义务，从而使债权人的合同债权得到完全实现。具体来说，包含以下几方面内容：

1. 全面履行依约定。即当事人按合同约定的标的及其质量、数量、合同约定的履行期限、履行地点、履行方式等适当、全面地完成合同义务的履行原则。双方的履行过程一切都要服从于约定，信守约定，约定的内容是什么就履行什么，一切违反约定的履行行为都属于对该原则的违背。

2. 履行义务应依法。包括当事人应履行除合同约定外的，法律规定的强制性义务，以及如果合同约定不明确或没有约定的情况下，双方可以通过《民法典》的相关规定，通过任意性规则填补合同履行漏洞，具体为《民法典》第五百一十一条。

3. 履行义务须全面。全面履行包含了既要履行合同的主给付义务，还包括从给付义务和附随义务。

4. 部分履行有前提。全面履行包含一般合同债务不得部分履行，但部分履行不损害债权人利益的除外。《民法典》第五百三十一条第一款规定了债权人可以拒绝债务人部分履行债务，但是部分履行不损害债权人利益的除外。

（二）诚实信用原则

合同履行过程中，合同当事人应当根据合同的性质、目的和交易习惯履行通知、协助、保密义务等，要求合同的当事人在市场活动中讲究信用，恪守诺言，诚实不欺，在不损害他人利益和社会利益的前提下追求自己的利益。具体包括：（1）协作履行原则，要求当事人要基于诚实信用原则的要求，对对方当事人的履行债务行为给予协助，一是及时通知，二是相互协助，三是予以保密。（2）经济合理原则，要求当事人在履行合同时应当讲求经济效益，付出最小的成本，取得最佳的合同利益[①]。

（三）绿色原则

《民法典》引入了生态保护的原则，致力于将民法典的规定绿色化和生态化，

[①] 杨立新主编：《中华人民共和国民法典释义与案例评注》，中国法制出版社2020年版，第154—155页。

鼓励和推进资源节约和环境保护，以指导和规范经济和社会生活向着有利于生态文明的方向发展。在传统民法中，"契约自由"是基本原则。在这个原则下，签订什么样的合同、如何履行合同，都是当事人之间的自由，他人不得干涉。但是从生态文明的要求看，这种过度的自由有可能会带来环境污染和生态破坏的不良后果。该原则要求合同当事人在履行合同过程中，把避免浪费资源、污染环境和破坏生态作为合同履行中除了约定义务以外需承担的基本义务，抓住合同订立和履行这个交易活动关键环节，要求所有合同订立和履行都必须承担生态保护原则，不仅体现了对经济交易活动的环境保护导向，也在一定程度上提出了强制性要求。

（四）证据原则

合同纠纷的裁判离不开双方证据的交锋，且诉讼过程中一般是"谁主张，谁举证"；而企业的合规管理亦离不开合同履行的证据，否则可能面临审计风险和管理风险。合同履行中的证据包括合同订立和成立，合同的有效与生效，合同的履行过程，合同的变更、解除、终止与撤销的事实依据。稍有不慎，一旦面临纠纷，可能追悔莫及。因此，在合同履行中应当秉持证据原则，及时、有效、客观地收集合同履行中的全部证据。

实践中，应当特别注意的有以下几个方面：

1. 保留原始凭证，否则至少注明出处确保与原始凭证一致。根据证据规则，原件、原物的证明效力要大于复印件、复制品。因此，在合同履行过程中，应当养成保留原始凭证的习惯。如果确因客观原因，无法保留原始凭证，至少要通过出具方的确认等方式，以便增强该证据的证明效力。

2. 保留通知证据。如今人们经常使用电话、微信等方式直接进行沟通，往往忽略合同中通知条款。导致在未来诉讼过程中难以说明通知送达的有效性，因此，涉及通知方面的证据需要对照合同相关约定予以固定，避免未来举证困难。

3. 充分发挥多媒体证据

如今使用手机拍照、录音、录像十分方便，因此在合同履行中可以充分发挥这个便利，固定书面、录音、录像证据，以便更加直观地呈现合同履行中的相关过程或结果。需要注意的是，相关证据的采集时需要固定相关事件的必要要素，以免降低证据的效力。比如，在录音中表明双方身份、在录像中具体场所的标志性展示等。

4. 善用公证证据

《民事诉讼法》第七十二条规定，经过法定程序公证证明的法律事实和文书，人民法院应当作为认定事实的根据，但有相反证据足以推翻公证证明的除外。一般情况下公证证据的证明效力要强于普通证据，尤其是涉及网络证据、电子证据以及过程性证据的固定。因此，在必要情况下，可以优先考虑公证证据，通过专业第三方的视角去固化相关证据，提升证据效力。

二、合同履行中的常见问题

(一) 合同没有约定或约定不明

按照《民法典》第四百七十条第一款的规定，合同的内容由当事人约定，一般包括下列条款：(1) 当事人的姓名或者名称和住所；(2) 标的；(3) 数量；(4) 质量；(5) 价款或者报酬；(6) 履行期限、地点和方式；(7) 违约责任；(8) 解决争议的方法。一般来说，这些都是合同必备条款，构成了合同的基本框架和主要内容。但是实践中，合同出现漏洞的情况也时有发生，包括合同没有约定该条款，例如合同缺乏对质量条款的约定；以及合同约定不明确或前后矛盾的情况，例如在电梯采购合同中，对电梯应当符合相应的安全规范标准约定前后不一致。《民法典》第五百一十条、第五百一十一条规定了合同漏洞填补的规则，具体如下：

一是当事人达成补充协议。《民法典》第五百一十条规定，合同生效后，当事人就质量、价款或者报酬、履行地点等内容没有约定或者约定不明确的，可以协议补充；不能达成补充协议的，按照合同相关条款或者交易习惯确定。按照合同自由原则，对于合同内容没有约定或约定不明的，优先考虑的是意思自治，如果在履行合同的过程中，企业发现一些必备的条款约定不明或未作约定，可以采取补充协议的方式进行约定。

二是按照交易习惯确定。如果出现当事人双方因发生争议而无法协商的情况，那么就要根据交易习惯确定。交易习惯是指在当时、当地或者某一行业、某一类交易关系中，为人们所普遍采纳的且不违背公序良俗的习惯做法。

三是按照合同解释规则。根据《民法典》第五百一十一条的规定作出解释。实务中对于交易习惯往往存在不同的理解，所以最后会采取合同解释的规则对约定不明的事项进行解释。《民法典》第五百一十一条规定，当事人就有关合同内容约定不明确，依据前条规定仍不能确定的，适用下列规定：(1) 质量要求不明确的，按照强制性国家标准履行；没有强制性国家标准的，按照推荐性国家标准履行；没有推荐性国家标准的，按照行业标准履行；没有国家标准、行业标准的，按照通常标准或者符合合同目的的特定标准履行。(2) 价款或者报酬不明确的，按照订立合同时履行地的市场价格履行；依法应当执行政府定价或者政府指导价的，依照规定履行。(3) 履行地点不明确，给付货币的，在接受货币一方所在地履行；交付不动产的，在不动产所在地履行；其他标的，在履行义务一方所在地履行。(4) 履行期限不明确的，债务人可以随时履行，债权人也可以随时请求履行，但是应当给对方必要的准备时间。(5) 履行方式不明确的，按照有利于实现合同目的的方式履行。(6) 履行费用的负担不明确的，由履行义务一方负担；因债权人原因增加的履行费用，由债权人负担。

(二) 履行期限问题

1. 延迟履行

一般而言，双方会对债务人履行债务的期限作出明确约定，或法律会作出明确规定。履行期限体现了债务人的利益，延迟履行是指债务人能够履行，但在履行期限届满时却未履行债务的现象。合同是双方真实意思的表达，具有一定的时效性，当时间要素对当事人的权利义务至关重要时，一方在合同约定的期限内没有按时履行合同，常常给合同的履行带来很多的不确定性，甚至直接影响合同目的的实现，极其容易引起合同纠纷，存在较大的法律风险。如果延迟履行合同导致目的不能实现或者延迟债务的一方经过催告仍不履行的，《民法典》第五百六十三条第一款赋予了债权人可以直接解除合同的权利，但是主张对方延迟履行的一方需要提供催告的证据以及对方延期的证据。比如采购类合同，约定了明确的到货时间，而供应方迟迟无法到货，直接影响到采购方生产经营，采购方可以按照《民法典》第五百六十三条即可要求解除合同，并要求供货方赔偿损失。

2. 提前履行

合同的履行之所以通常需要约定履行期限，在履行期限届满前，债务人享有期限利益，债权人不得请求债务人提前清偿债务；同时，在没有特别约定情况下，债务人可以通过提前履行处分自己的期限利益。如果这种履行对债权人有利，在不损害债权人利益的情况下，债务人可以提前履行。《民法典》第五百三十条规定："债权人可以拒绝债务人提前履行债务，但是提前履行不损害债权人利益的除外。债务人提前履行债务给债权人增加的费用，由债务人负担。"此外，提前履行也有可能给债权人带来不合理的损害。比如企业采购生鲜，而储存生鲜的仓库还没有修建完成，而相对方提前履行，企业为防止生鲜坏掉只能另找储存的地方，因此额外的支出就属于给企业造成了损害，也是一种违约的表现。如果债务人提前履行损害债权人利益，债权人享有拒绝受领权。

(三) 履行标的问题

1. 部分履行

《民法典》第五百三十条第一款规定："债权人可以拒绝债务人提前履行债务，但是提前履行不损害债权人利益的除外。"该规定表明，债务人履行部分债务，属于违反合同约定的行为，原则上属于违约行为，债权人可以拒绝并请求债务人承担违约责任。债权人也可以接受债务人的部分履行，并保留要求债务人承担违约责任的权利。在部分履行不损害债权人的利益的情形下，债权人受领债务人部分履行，不影响部分履行的违约性质。债权人只有在部分履行会损害其利益的情形下，才可以拒绝债务人的部分履行。

合同纠纷实务中，针对债权人是否有权拒绝债务的部分履行债务，诉、辩双方当事人的争议焦点主要集中在部分履行会不会损害债权人的利益。

2. 瑕疵履行

瑕疵履行，是指债务人履行的标的物、履行行为不符合当事人约定或者法律的规定，以致不能实现合同全面履行或者合同目的行为。瑕疵履行的范围包括时间、数量、标的物、方法、地点、附随义务与当事人约定、法律规定或与实现合同目的不相符合的情形。

《民法典》第五百八十二条规定："履行不符合约定的，应当按照当事人的约定承担违约责任。对违约责任没有约定或者约定不明确，依据本法第五百一十条的规定仍不能确定的，受损害方根据标的的性质以及损失的大小，可以合理选择请求对方承担修理、重作、更换、退货、减少价款或者报酬等违约责任。"《民法典》第五百八十二条以概括列举的立法方式，赋予了补救的措施，当事人可以根据标的的性质以及损失的大小，可以合理选择请求对方承担修理、重作、更换、退货、减少价款或者报酬等救济方式。

3. 加害履行

加害履行是指在履行合同的过程中，合同关系中的债务人所作出的履行行为不符合合同的规定，并且这种不适当履行行为造成了对债权人的履行利益以外的损害，这一损害包括人身损害或给付标的以外的其他财产损害。例如企业购置某电子产品，由于产品质量缺陷，使用过程中自爆烧毁，造成其他财物的毁损和人身伤害。

加害给付有以下特点：（1）当事人之间签订的合同是合法有效的。（2）债务人履行债务的行为不适当。（3）债务人不适当的履行行为造成了债权人履行利益以外的人身或财产损害。《民法典》第九百九十六条规定："因当事人一方的违约行为，损害对方人格权并造成严重精神损害，受损害方选择请求其承担违约责任的，不影响受损害方请求精神损害赔偿。"关于加害给付损害人格权并造成严重精神损害情况下责任承担的新规则，赋予受损害方在违约之诉中主张精神损害赔偿的权利。

（四）履行主体问题

1. 第三人履行

（1）第三人直接履行。《民法典》第五百二十三条规定："当事人约定由第三人向债权人履行债务，第三人不履行债务或者履行债务不符合约定的，债务人应当向债权人承担违约责任。"如原厂维保合同，合同的当事人是代理商，而实际履行义务的是原厂，如果原厂不履行合同义务或履行不符合约定，那么原厂的违约责任由签订合同的代理商承担。

(2) 第三人代为履行。《民法典》第五百二十四条第一款规定："债务人不履行债务，第三人对履行该债务具有合法利益的，第三人有权向债权人代为履行；但是，根据债务性质、按照当事人约定或者依照法律规定只能由债务人履行的除外。"因此，第三人代为履行，不以当事人约定为前提，且除非当事人有约定，不需要债权人或债务人的同意。

(3) 第三人替代履行。《民法典》第五百八十一条规定："当事人一方不履行债务或者履行债务不符合约定，根据债务的性质不得强制履行的，对方可以请求其负担由第三人替代履行的费用。"

(4) 第三人债务加入。《民法典》第五百五十二条规定："第三人与债务人约定加入债务并通知债权人，或者第三人向债权人表示愿意加入债务，债权人未在合理期限内明确拒绝的，债权人可以请求第三人在其愿意承担的债务范围内和债务人承担连带债务。"第三人的债务加入类似于连带责任保证担保，但责任强度要强于保证，法律没有规定债务加入人在清偿债务后可对债务人享有追偿权，或者可以受让相应债权，债务加入人也不能对债权人适用保证期间的抗辩权利。

需要特别注意的是，法定代表人加入公司债务。鉴于"法定代表人以法人名义从事的民事活动，其法律后果由法人承受"[①]，法定代表人加入公司债务，须严格区分其是职务行为还是个人行为，这关系到加入公司债务的主体是个人还是其代表的公司。

2. 合同转让

合同在履行过程中，可能发生合同主体的变更和合同的权利义务全部或部分转让给第三方，也就是合同转让。《民法典》第五百四十五条规定："债权人可以将债权的全部或者部分转让给第三人，但是有下列情形之一的除外：（一）根据债权性质不得转让；（二）按照当事人约定不得转让；（三）依照法律规定不得转让。当事人约定非金钱债权不得转让的，不得对抗善意第三人。当事人约定金钱债权不得转让的，不得对抗第三人。"由此可见，合同权利的转让分为两种：不可转让的以及可以转让的。

不可转让的合同大致分为以下几种：（1）根据合同性质不得转让的，多见于涉及人身关系，如抚养请求权、赡养请求权、雇主对于雇员、委托人对于代理人的债权，又例如以某个特定的演员的演出活动为基础订立的演出合同；（2）按照当事人约定不得转让，多见于工程承包合同；（3）依据法律规定不得转让，如国防、军工等涉及国家安全和敏感信息的债权。

---

① 《民法典》第六十一条规定，依照法律或者法人章程的规定，代表法人从事民事活动的负责人，为法人的法定代表人。法定代表人以法人名义从事的民事活动，其法律后果由法人承受。法人章程或者法人权力机构对法定代表人代表权的限制，不得对抗善意相对人。

如果是不得转让的合同，企业擅自转让，那势必会承担法律风险。比如，承包建设工程的企业又擅自违法分包，合同无效，并且违法分包的企业可能面临分包项目金额5‰以上10‰以下的罚款，而且在合同无效的情况下，还是需要承担分包企业的劳动者受工伤之后的工伤待遇赔偿。

《民法典》第五百四十六条之规定，债权人转让债权，未通知债务人的，该转让对债务人不发生效力。债权转让的通知不得撤销，但是经受让人同意的除外。《民法典》第五百五十一条之规定，债务人将债务的全部或者部分转移给第三人的，应当经债权人同意。债务人或者第三人可以催告债权人在合理期限内予以同意，债权人未作表示的，视为不同意。

合同权利的转让和义务的转让从《民法典》的规定中便可以看出区别：权利转让采用通知主义，不以义务人同意为生效要件；而义务的转让必须经过权利人的同意，未经权利人同意，义务转移不生效，权利人仍可以向原先的义务人追偿。

企业在履行合同中，如果需要转让合同中约定的某项权利给第三人，那么，必须尽到通知的义务；企业如果需要转让合同中的某项义务，那么必须经过权利人的同意，实践中，我们建议通知和征得同意的信息原则上都采取书面形式。并且，一定要牢记，义务的转让不存在权利人默示的效果。如果企业发出的征得权利人同意的债务转移，经过一定的期限，权利人没有回复，不意味着权利人同意了债务转让；或者是企业要求权利人采取书面同意的，但是权利人口头上回复了同意，那事后取证是非常有难度的，很有可能后续如果发生争议，权利人不承认自己表示了同意，那么，企业就需要承担转移义务失败的风险。

实践中也有不少企业是将其在合同中的权利义务一并概括转让，那么关于合同权利的转让以及合同义务的转让，仍然需要遵守各自的程序要求。参考某健康产业协会与某物业公司、某胶业公司确认合同无效纠纷案[①]，法院认为，某健康产业协会与某胶业公司订立的合建协议包括两类合同关系，即合作建设北京市某区某某路6号项目的合作合同关系与项目完工后某健康产业协会与某胶业公司的委托经营合同关系。关于某物业公司收购某胶业公司在合建协议中涉及收益权利的内容，属债权转让行为，无须经某健康产业协会同意且不违反法律规定，合法有效。针对该协议第2条、第3条、第8条有关合作经营北京市某区某某路6号项目的内容，属某胶业公司转移义务范围，依法该义务转移应经某健康产业协会同意，同时某健康产业协会与某胶业公司订立的补充协议第2条约定："房产使用期限与合作期限相同，合作期间某胶业公司经某健康产业协会同意后有权引进合作伙伴"，故上述内容既不符合债务转移的法定条件，亦违背合建协议中的有关约定，损害了某健康产业协

---

① 本案系笔者团队在工作实践中收集整理、编辑加工而成，仅供读者研究参考。

会的合法权益，此部分合同条款无效。某物业公司未能举证证明某健康产业协会对经营管理权的转让已经表示同意，应承担举证不能的法律后果。因未取得某健康产业协会的同意，收购协议中关于经营管理权转让的条款不具备生效要件，处于未生效状态。

（五）不可抗力与情势变更

合同履行过程中，有时候不可避免会发生一些"意外"，而这些"意外"会导致合同履行达到一个根本不可能履行的程度或者履行合同的成本巨大的情况，比如地震、海啸、战争、疫情等严重转变合同履行背景的事由，这个时候就可以适用不可抗力规则或者情势变更规则及时解除合同或者变更合同。在发生这些事由的时候，企业应当及时根据自己的情况采取措施控制损失扩大，和相对方沟通解除或者变更合同，此时，没有及时履行合同不会导致企业承担违约赔偿责任，但如果企业明知发生能使合同陷入履行不能的情况，还一意孤行不采取任何措施，这个时候企业需要承担自己继续履行合同的风险和损失。

1. 不可抗力

不可抗力，是指不能预见、不能避免并且不能克服的客观情况。《民法典》第一百八十条规定："因不可抗力不能履行民事义务的，不承担民事责任。法律另有规定的，依照其规定。不可抗力是不能预见、不能避免且不能克服的客观情况。"其中不可抗力的构成要件包括：一是"不能预见"，即根据现有的技术水平，对某事件发生没有预知能力；二是"不能避免且不能克服"，即当事人已尽到最大努力和采取一切可以采取的措施，仍不能避免某种事件的发生并不能克服事件所造成的后果；三是"客观情况"，即独立于人的行为之外的事件，既非当事人的行为所派生，也不受当事人意志左右。

实践中，为了避免不可抗力的笼统规定，合同当事人往往会选择在合同中细化不可抗力条款，甚至可能超出前述不可抗力的范围，将一些免责事由也列入不可抗力范围。比如在网络服务类的合同中通常会将计算机系统故障、网络故障通信故障、电力故障、计算机病毒攻击等情况列入不可抗力事件。事实上是将法定的不可抗力和约定的免责事由放在了一起，以此达到免除赔偿责任的效果。当然，这种免责，是有条件限制的，如果是造成对方人身损害的，因故意或重大过失造成对方财产损失的（《民法典》第五百零六条）以及格式条款的提供者不合理地免除或减轻其责任、加重对方责任、限制对方主要权利，排除对方主要权利的，这些免责条款即便披上"不可抗力"的外衣，也是无效的。

2. 情势变更

《民法典》第五百三十三条第一款规定："合同成立后，合同的基础条件发生了当事人在订立合同时无法预见的、不属于商业风险的重大变化，继续履行合同对于当事人一方明显不公平的，受不利影响的当事人可以与对方重新协商；在合理期限内协商不成的，当事人可以请求人民法院或者仲裁机构变更或者解除合同。"适用情势变更需要从以下几个要件把握：一是情势变更发生在合同履行的阶段；二是订立合同的基础条件发生了在订立合同时无法预见的重大变化；三是该重大变化不属于商业风险；四是继续履行合同对一方明显不公平。即，若合同的背景条件发生于当事人双方在合同签订时且不属于商业风险的无法预见的重大变化，合同继续执行会严重影响一方的权益时，受到影响的一方具有重新协商与变更合同内容条款的权利，合同不会当然解除；若存在在合理期限内协商不一致的情况，可以向法院或仲裁机构请求变更或解除合同。

关于后果是变更还是解除合同，司法实践中是尽量遵循当事人的意思表示。《民法典》要求应当结合案件的实际情况，根据公平原则变更或者解除合同。公平原则要求综合考虑客观情况的变化对当事人权利义务产生的影响，并考虑当事人是否违反继续谈判义务等多种因素，综合予以判断。

此外，根据《最高人民法院关于适用〈中华人民共和国民法典〉合同编通则若干问题的解释》第三十二条第四款规定，当事人事先约定排除适用情势变更的约定是无效的。

3. 二者的关系

不可抗力与情势变更两项制度具有相似性，规范的均为当事人没有承受的、支配领域外的风险因素[1]，具有客观性、偶然性，为当事人订约时不可预见且当事人无过错[2]。因此，二者在界定中，存在一定的重叠性。不可抗力也是成为导致情势变更的事由。

从疫情对合同履行的影响来看，如果疫情致使合同目的无法实现的，当事人可以根据《民法典》第五百六十三条第一款第一项的规定主张解除合同；疫情致使合同不能履行的，当事人可以根据《民法典》第五百九十条第一款的规定主张免责或者部分免责；如果合同虽然仍有可履行性，但是因疫情使得合同的基础条件发生了当事人在订立合同时无法预见的、不属于商业风险的重大变化，继续履行合同对一方明显不公平的，则可能构成情势变更。受到不利影响的当事人可以根据《民法典》第五百三十三条第一款的规定与对方重新协商；在合理期限内协商不成的，当事人可以请求人民法院变更或者解除合同。

（六）合同变更

一般来说，企业双方在对业务进行谈判达成一致之后就可以签订合同，在履

---

[1] 参见韩世远：《情事变更若干问题研究》，载《中外法学》2014 年第 3 期。
[2] 参见王利明：《情事变更制度若干问题探讨——兼评〈民法典合同编（草案）〉（二审稿）第 323 条》，载《法商研究》2019 年第 3 期。

行合同期间，可能会出现上文提及的履行过程中的各种问题，此时，企业双方就可以通过补充或者修改合同的方式进行合同的变更。关于合同变更的要点，主要包括：

1. 以协商一致为前提

《民法典》第五百四十三条规定："当事人协商一致，可以变更合同。"合同在有效成立后，未经对方同意不得擅自变更或解除合同。如果一方主体擅自变更未有效地通知到对方，或者不确认自己的变更是否到达了对方，默认变更了合同，这种方式将会导致企业遭受经济损失并且损失企业商誉。简单理解为，协商一致变更合同，也是需要发出要约，相对方作出承诺的过程，并且发出要约和作出承诺的都应当是能够代表公司作出决定的人，如果非企业有效授权的人，是不可以随意变更合同。

如在南通某风电工程技术有限公司、山东某海洋工程有限公司船舶租用合同纠纷案①中，法院裁判的观点是南通某风电工程技术有限公司与山东某海洋工程有限公司职员的聊天记录，表明双方确实在沟通履行合同有关事宜，但并非有权代表南通某风电工程技术有限公司作出承诺的主体，不能证明同意顺延交船以及有变更交船时间的意思表示。综上，山东某海洋工程有限公司提交的证据不能证明双方对需要变更的交船时间内容达成了统一意见。

2. 变更内容须明确

《民法典》第五百四十四条之规定："当事人对合同变更的内容约定不明确的，推定为未变更。"由这个规定可知，变更合同禁止推定，当事人变更合同的意思表示须以明示方式为之，在当事人未以明示方式约定合同变更的，禁止适用推定规则推定当事人有变更合同的意愿。如果企业想要变更合同，需要以明确的形式表现，因为合同的变更将改变原合同的内容，甚至改变原合同的性质，如果在企业没有明示的意思表示的情况下，就推定合同变更，将会对另一方产生严重的不利影响，损害其权益。

如在张某与某实业有限公司土地租赁合同纠纷案②中，法院认为沉默只有在有法律规定、当事人约定或者符合当事人之间的交易习惯时，才可以视为意思表示。本案，某实业有限公司与张某之间没有约定也没有形成双方之间的交易习惯，双方《租赁合同》中明确约定月租金为145000元，合同履行期间以及期满后，双方未就变更租金标准进行协商，张某单方按月50000元标准支付租金的违约行为，不能视

---

① 参见山东省高级人民法院（2022）鲁民终692号民事判决书，载中国裁判文书网，最后访问时间：2024年4月12日。
② 参见广东省深圳市中级人民法院（2018）粤03民终21010号民事判决书，载中国裁判文书网，最后访问时间：2024年4月12日。

为某实业有限公司已经同意变更租金。因此，变更合同没有单方面默认的说法。

3. 注意中标合同的实质性内容变更

《招标投标法实施条例》第五十七条第一款规定，招标人和中标人应当依照招标投标法和本条例的规定签订书面合同，合同的标的、价款、质量、履行期限等主要条款应当与招标文件和中标人的投标文件的内容一致。招标人和中标人不得再行订立背离合同实质性内容的其他协议。

关于所谓"实质性内容变更"，除了前述"合同的标的、价款、质量、履行期限等"，还可以根据《民法典》第四百八十八条"有关合同标的、数量、质量、价款或者报酬、履行期限、履行地点和方式、违约责任和解决争议方法等的变更，是对要约内容的实质性变更"予以确定。

当然，并非所有涉及前述内容的变更均会被认定为"背离合同实质性内容"。从司法实践来看，在合同实质性内容的变更已经违背了招投标活动的公开、公正，涉及虚假招投标行为，侵犯了市场活动秩序的公平或第三人合法权益的情况下，应当认定为"背离合同实质性内容"。

关于背离合同实质性内容的法律后果，除了面临行政处罚[①]外，还涉及民事责任，可能面临合同无效的后果。如《最高人民法院关于审理建设工程施工合同纠纷案件适用法律问题的解释（一）》第二条第二款即明确"招标人和中标人在中标合同之外就明显高于市场价格购买承建房产、无偿建设住房配套设施、让利、向建设单位捐赠财物等另行签订合同，变相降低工程价款，一方当事人以该合同背离中标合同实质性内容为由请求确认无效的，人民法院应予支持"。

三、合同履行中的救济路径

在履行合同过程中，如果自己或者相对方出现了不履行或者不能完全履行合同的情况，企业应当及时采取救济措施，维护自己的权利。

（一）对方违约情况下的救济途径

抗辩权是指妨碍他人行使其权利的对抗权，至于他人所行使的权利是否为请求权在所不问。而狭义的抗辩权则是指专门对抗请求权的权利，亦即权利人行使其请求权时，义务人享有的拒绝其请求的权利。

1. 先履行抗辩权

先履行抗辩权出现在双务合同中，合同双方互负义务，并且合同有约定履行的顺序，如果先履行的一方没有履行义务或者不完全履行，那么后履行的一方也可以

[①] 《招标投标法》第五十九条规定，招标人、中标人订立背离合同实质性内容的协议的，责令改正；可以处中标项目金额千分之五以上千分之十以下的罚款。

拒绝履行义务，要求先履行一方履行相应责任，并且还不承担违约责任。

需要注意的是，这里的义务一般是指主要债务。如果是非主要债务，除非导致合同不能实现或当事人之间另有约定，否则，可能无法获得法院的支持。

先履行抗辩权属于延期履行的抗辩，不具备消灭对方请求权的效力。因此，要特别关注合同的履行顺序，如果对方没有履行先行义务，履行顺序在后的企业是可以拒绝履行的。

如在南通某公司与某房产公司建设工程纠纷案中[1]，法院依据《民法典》第五百二十六条"当事人互负债务，有先后履行顺序，应当先履行债务一方未履行的，后履行一方有权拒绝其履行请求。先履行一方履行债务不符合约定的，后履行一方有权拒绝其相应的履行请求"之规定认为在双方的主要合同义务关系上，发包方按时足额支付工程进度款是施工方按约开展施工活动的重要保证。如果发包方未能按时足额根据双方约定支付工程进度款，难以要求施工方及时开展相关施工活动，从而支持了南通某公司的请求。

2. 同时履行抗辩权

同时履行抗辩权适用于双务合同，合同双方互负履行义务，但义务的履行是需要同时进行的，其中一方当事人有证据证明另一方当事人在同时履行的时间不能履行或者不能适当履行，到履行期时该当事人享有不履行或者拒绝部分履行的权利。同时履行抗辩权是属于延期履行的抗辩，不具备消灭对方请求权的效力。

3. 不安抗辩权[2]

不安抗辩权的行使与后履行抗辩权恰恰相反，同样是双务合同中约定了先后履行义务，在合同义务已届履行期时，需要先履行的当事人应按合同约定履行义务。但是，先履行的一方有确切的证据证明对方在履行期限到来后，将不能或不会履行债务，则在对方没有履行或提供担保以前，有权暂时中止债务的履行。

根据《民法典》第五百二十七条第一款之规定，一般是发现后履行人有以下情况，先履行的企业可以中止履行，主要包括：（1）经营状况严重恶化；（2）转移财产、抽逃资金，以逃避债务；（3）丧失商业信誉；（4）有丧失或者可能丧失履行债务能力的其他情形。但是，行使不安抗辩权一定要充分掌握对方可能无法履行的证据，当企业发现合同另一方出现经营情况恶劣的，一定要保留证据，并且行使不安抗辩权中止合同的，一定要通知对方。如果对方构成了预期违约，享有不安抗辩权的一方可以请求对方解除合同和承担违约责任，这在《民法典》第五百六十三

---

[1] 最高人民法院（2022）最高法民申144号民事裁定书，载中国裁判文书网，最后访问时间：2024年4月12日。

[2] 参见《〈民法典〉合同履行抗辩权规则的26个适用要点》，载海阳市人民法院，http://ytzy.sdcourt.gov.cn/ythyfy/388611/388617/10262022/index.html，最后访问时间：2024年7月10日。

条第一款第二项以及第五百七十八条中有规定。合同一方以自己的行为表明不履行主要债务，对方有权解除合同，可以在履行期到来之前请求其承担违约责任，包括违约金、损害赔偿等责任。

4. 代位权与撤销权

债权人代位权，是指如果债务人对债权人的权利已负延迟责任又怠于行使其对第三债务人的权利时，债权人为保全其到期债权可以以自己的名义，行使债务人权利的权利。[①] 代位权作为一种保全措施，它是可以突破债的相对性，企业为实现自己的到期债权，就可以向法院请求代替其相对人向第三方债务人要求履行债务。《民法典》第五百三十五条第一款规定："因债务人怠于行使其债权或者与该债权有关的从权利，影响债权人的到期债权实现的，债权人可以向人民法院请求以自己的名义代位行使债务人对相对人的权利，但是该权利专属于债务人自身的除外。"债权人代位权行使的主体是债权人本人，并且由债权人以自己的名义代债务人之位行使。

需要注意的是，关于"怠于行使"，一般是指债务人不履行其对债权人的到期债务，又不以诉讼或者仲裁方式向相对人主张其享有的债权或者与该债权有关的从权利。

《民法典》第五百三十八条和第五百三十九条规定了两种可撤销的情形。第一种是"债务人无偿行为"。具体来讲，就是债务人以放弃其债权、放弃债权担保、无偿转让财产等方式无偿处分财产权益，或者恶意延长其到期债权的履行期限，影响债权人的债权实现的。第二种是"撤销债务人不合理有偿行为"。具体来讲，债务人以明显不合理的低价转让财产、以明显不合理的高价受让他人财产或者为他人的债务提供担保，影响债权人的债权实现，债务人的相对人知道或者应当知道该情形的。

这里我们必须特别注意的三个问题，一是上面所讲的两种情形，都必须存在"影响债权人的债权实现"的情况，才具有可撤销性；二是第二种情形中，要求债务人的相对人，是明知或者应当知道该情形的存在的；三是撤销权的行使，应当通过法律程序，向人民法院或仲裁机构提出。《民法典》第五百三十八条及第五百三十九条规定，如果债务人发生主动放弃债权、债权担保，无偿处分财产权益或故意延长到期债权履行期限等情况，导致债权人的合法权益受到侵害，债权人可诉讼请求人民法院撤销债务人的此类行为或中止合同继续履行。若债务人恶意低价进行财产转让、高价进行财产受让或为其他债务人的债务提供担保的，影响债权人的债权实现，债务人的相对人应及时向债权人进行信息反馈，由债权人向人民法院提出撤

[①] 李鸣鸿、廖江艳、吴维维：《合同管理及审查全流程手册》，中国法制出版社2023年版，第252—253页。

销债务人此等行为的申请，保障债权人的合法权益[1]。所以，在合同履行过程中要定期对合同相对方进行尽职调查，及时发现债务人风险，适时应对，防止给债权实现带来被动与无法挽回的损失。

5. 财产保全措施

根据《民事诉讼法》第一百零三条、第一百零四条第一款的规定，人民法院对于可能因当事人一方的行为或者其他原因，使判决难以执行或者造成当事人其他损害的案件依当事人申请或依职权对本案有关财物采取强制措施的一种临时保护措施；因情况紧急，不立即申请保全将会使其合法权益受到难以弥补的损害的，可以在提起诉讼或者申请仲裁前向被保全财产所在地、被申请人住所地或者对案件有管辖权的人民法院申请采取保全措施。

财产保全采取查封、扣押、冻结或者法律规定的其他方法。财产保全不等于强制执行，不能采取扣划、评估拍卖、拘留等强制措施。如果能够有效辨别相对方的核心财产并优先采取财产保全措施，一方面，可以为将来判决执行打下良好的物质基础，避免未来胜诉判决只是"一纸空谈"在被保全的财产上；另一方面，也能成为当事人之间谈判、对抗、调解中的有力筹码。根据《最高人民法院关于首先查封法院与优先债权执行法院处分查封财产有关问题的批复》的规定，"执行过程中，应当由首先查封、扣押、冻结（以下简称查封）法院负责处分查封财产"，即便该财产上已有优先债权，优先债权执行法院亦须商请首先查封法院，首先查封亦会占得先机。

（二）己方违约情况下的救济路径

1. 争取协商空间

如果企业自身出现了违约情况，那么也要及时做出应对措施，防止对方第一时间占住先机。首先，我们需要与业务部门沟通，了解具体违约情况；其次，我们应当和企业法务部门沟通，了解合同文本下约定的违约责任，我方目前的情况对应的违约责任是什么，在该合同约定下，我方违约承担的最大风险是什么，企业需要评估自身能接受的损失程度；最后，企业应当积极采取防止对方损失扩大的措施并保存证据，企业需要在法务部门的帮助下，商议解决方案从而和对方协商，寻找一些合理的理由，说明按照原合同履行的困难，以期望与相对方在友好的基础上协商，最终达成给企业留一定宽限期的目的。同时，法务部门要分析实际履行的情况，能否找出对方履行过程中存在的瑕疵，从而找到我方可以履行抗辩权的事由。

2. 注意书面文件

查看双方往来的书面文件，也是对我方合同履行或不履行一个状态的知晓程

---

[1] 张利伟：《合同订立、履行中的法律风险及其防范措施》，载《现代经济信息》2019年第5期。

度。若企业采用书面形式沟通自己违约的情况，则对方将利用函件作为证明企业违约的证据，如果企业自身已经违约了，应尽量避免给对方保留书面证据材料的机会。这种行为直接造成企业的法律风险。而且即使企业事后期望继续履行合同，对方仍然可能根据企业提供的书面证据拒绝履行合同材料，认定企业已经构成根本违约，对方可根据法定要求解除合同，同时追究企业的违约责任。

3. 是否有附条件的民事法律行为

附条件民事法律行为是对民事法律行为的生效或失效作出的约定，对合同成立后的合同全部或部分条款的效力问题提前附上条件，如果合同中有对于条款的生效或者失效附上约定，那么企业一定要注意条件是否已经达成，比如企业投资培训机构的合同，以相对方承租合适的培训场地为合同的付款条件，如果相对方没有租下场地，视为合同付款条款还未生效。如果条件已经达成，则企业要关注条件达成的过程中，相对方是否促进条件的程序、手段是否合法有效，比如相对方不正当地促成条件成就的，视为条件不成就。法律行为的附款（附条件）本应自然成就，而不能人为阻挠其成就或人为促成其成就。如一方当事人为自己利益考虑，明知条件必将成就而阻挠其成就，或者明知条件不必然成就而人为促成其成就的，既有违民法上的诚实信用原则，也势必损害相对人利益。

四、合同履行中的主要管理措施

（一）企业利用信息化手段防范合同履行中的风险

1. 按照合同类别建立履行反馈机制

由于不同类型的合同在履行过程中风险也不一致，企业也很难实现针对所有合同履行进行统一的管理或监控。目前很多企业在合同管理的过程中，法律部门无法监管合同的执行过程，只有当合同发生纠纷后，法律部门才知晓情况，这对企业的风险防控是非常不利的。但是如果希望将合同的履行过程全部监管起来，一方面，是从管理上比较难进行统一要求；另一方面，业务部门的人一般也都是一人多岗的情况，日常事务太多，也无法及时反馈所有合同的执行信息，使得管理要求或制度成为一纸空谈。因此，企业需要对合同进行区分，识别哪些类型的合同履行风险较高，哪些类型的合同履行风险较低。对于风险较高的合同类型可以加强法律部门对合同履行过程的监控，对于风险较低的合同类型可以放权业务部门自己管理，并建立定期报告的机制。这两种履行方式，系统可通过合同类别自动判断，无须人工选择，以减少失误，同时也能防止管理过程容易出现的漏洞。

2. 建立关键节点的提醒和超期的警示机制来防控风险

对于风险较高的合同，可以通过设置关键节点的方式，系统在关键节点发消息提醒，以邮件或短信的形式提醒相关人员及时跟进履行进度，规避履行风险。对于履约超期的合同，系统可以建立警示机制，并可通过警示逐渐升级的方式，使相关人员、领导重视合同的执行情况，防范合同履约风险的发生。

3. 通过与资金支付系统的集成来控制合同履约的风险

合同系统如果仅作为单独系统，不与资金支付系统集成则很难完整监控合同执行的过程。只有和资金支付系统做有效对接，真正地实现每笔付款金额的控制，才能有效防范风险。通过信息系统对合同付款金额的严格控制，可以预防合同金额早付或多付的风险。合同付款完成后，将实际的付款数据传到合同系统，这样无论从资金支付系统还是合同系统都可以很完整地监控合同的收付款过程，使合同的履行过程更加透明，监管也更加容易。

（二）全面提高监管能力

1. 建立专门的监管部门，健全监管制度

企业在监管合同履行过程中，如果不设置一个专门的监管部门，很容易造成部门之间职责相互推诿，事后追责难的情况。我们建议，企业可以设置专门的履行监管部门，利用上文提及的信息化手段等监管合同履行过程中的风险。并且，在合同履行过程中，要进行分工和明确各部门的职责，以便健全监管制度。

（1）合同履行部门是合同履行过程中的主体责任部门，承担合同履行中的主要责任，负责履行合同约定的义务，并精准了解合同履行的具体进度，与合同相对方保持联络，积极督促对方履行合同义务。

（2）合同监督部门是监督责任的主体，承担合同履行监督的直接责任，负责对相应的履行环节监控，准确了解合同履行的实际情况。如果发现合同履行不及时或者合同履行与约定不符等情况，应当及时告知合同履行部门，并积极研究对策对已经造成的损失予以弥补；如果发现合同相对方无正当理由拒不履行合同、延迟履行合同、履行与约定不符的情况，应当及时与企业的法务部门联系，书面催促合同相对方履行合同义务；如果发现合同相对方经营情况恶劣、虚假履行合同或者恶意转移资产等情况，应当及时与企业的法务部门联系，沟通及时解除合同止损，追究违约责任；如果发现市场因政策出台、极端天气、疾病疫情等非企业主观原因导致出现重大波动，继续按约定履行合同对双方明显不公等情况，也应当及时通知法务部采取变更合同或者解除合同的措施，同时通知合同履行部门采取一定手段减轻企业损失。

（3）法律事务部门是合同履行的检查部门。企业的法务部门为合同履行的流程应当构建全面的、合理的、可操纵性强的监督制度，为企业各部门运行提供法律保障。企业的法务部门是第一时间可以识别风险的专业部门。企业法务部门为各部门在履行合同中流程制定标准，比如书面通知制度，任何合同的变更都需要采取书面形式，并确保要通知到合同相对方；证据留存制度，任何书面的材料都要留存，可以合法进行录音录像的材料也要留存；还比如合同权利救济制度，如果在发生争议之后，如何行使抗辩权以及在诉讼环节中，如果发现存在影响己方的因素时，应当如何及时补救并获得法律保护，降低败诉的可能。企业法务部门需要定期对企业的合同履行情况检查，准确了解合同履行监督机制运行的实际情况；适时发布各类合同的履行监控指标；对合同履行监督部门反馈的情况，及时予以风险评估，对于出现的风险问题，及时给出法律意见和弥补措施。

（4）财务部门。合同结算也是合同履行的主要环节和内容，合同履行监管部门同财务部门要密切配合，在每一次结算前认真核实合同履行的进度，周期漫长的合同尽量采取分阶段付款的方式，每次付款前确认交易账号，每次付款后保留好支付的凭证，并在和其他相关部门确认的情况下填写合同履行进展情况表。每次结算需要经过相关领导签字，确保符合付款条件后再给予付款。严格把控付款结算的环节在企业整个合同管理防控法律风险过程中至关重要。

现代企业管理的优化离不开制度的完善。在合同履行的风险防范过程中，是需要企业的法务部门牵头，带领企业各部门执行合同履行的管理制度①。只有建立起一套相对比较完善的合同履行风险管理制度，着重围绕履行中的风险，按照时间的先后顺序，从合同签订完成之后，履行中前期的准备到履行过程中的实时监管，再到后续合同的结算、合同争议解决、诉讼阶段的维权等各个环节。完善一套可操作性的监管制度，让各个部门的工作人员有一定的行为指引，这样从自身角度出发的风险会大为降低。与此同时，合同履行的监管制度不仅围绕着操作层面，也可以增加相关奖惩措施以及员工实操过程中的意见反馈环节，实时完善制度，并通过奖惩制度激发员工在合同履行中的注意义务，调动员工主观积极，最大限度发挥制度的科学约束作用。

2. 加强书面资料监管手段

合同签订完成后，需要有专门的合同执行负责人监督合同双方的履行情况，及时收集、记录与反馈合同的履约信息情况。建议推行合同文本建档制度。合同文本建档是合同文本管理的第一步，建档即对合同文本进行统一归类，由专人管理。日常的合同借用和查阅，也应当由专人记录，进行规范化管理。合同借用应制作合同借用审批表格，通常情况下，借用人只能借用本人经办的合同，借用应经主管领导批准，借用人应写明借用用途及归还时间，确因业务需要借用其他人员经办的合同时，应履行特定的审批手续。合同查阅应制作合同查阅审批表格，查阅人只能查阅与本人业务有关的合同，查阅人应写明查阅用途。

同时，在合同执行过程中，必须加强对合同签订与履行相关的货物凭证、财产

---

① 席颖：《企业合同管理法律风险识别与防范措施》，载《法制博览》2023年第7期。

交易凭证、验收记录以及信件、传真、电子数据交换、电子邮件等资料的妥善保管，以此避免因证据保管不当或丢失等情况引发的合同纠纷举证不充分等事件的发生。因为合同的履行是个过程，每一步都有标志性的节点，所以准确把握合同的履行情况，有利于顺利履行合同和减少违约行为。如果在履行过程中对方的业务运行状况偏离预期且发生资金链断裂等情况，若有确切证据能够充分证明对方确实存在转移财产、抽逃资金、预期违约、丧失商业信誉与履约能力等，可以行使不安抗辩权中止合同并通知对方，要求对方为自身的权益提供有效担保。企业建立专业的合同相关材料管理制度，并在日后逐渐完善，合同管理部门便能及时了解、跟进合同的履行情况，甚至出现了违约情形，也可以第一时间应对。

（三）任何变更均需采用书面形式

上文也特别提示到了合同变更和合同转让期间的风险，我们再次强调在合同履行过程中发生的任何变更，包括但不限于：主体、标的、规格、数量、质量、价款和酬金、履行期限、履行地点和方式等，任何已签署的合同条款发生变化时，双方均应采用书面形式签订补充协议，任何重要通知最好留纸质证明，并采取能到达合同相对方的形式通知到对方。

采取书面形式不仅利用合同履行过程中，应对未尽事宜可以实现有效的变更，从而更快实现合同目的，还可以在发生争议的时候，便于收集证据有效地维权。企业日常履行合同过程中，针对会影响企业合同履行的重大事件予以书面记录，并把会影响合同履行的情况采取可以利于固定证据的形式告知合同相对方；在合同履行的关键时间节点，比如结算和验收，采取书面形式记录每个阶段交易和验收成果；在合同履行出现问题的时候，按照法律规定和企业制度采取书面形式留存证明自己尽到的义务和采取的弥补手段，以及相对方如果存在违约行为的证据予以固定；在合同变更的时候，避免口头变更形式，尽量采取书面形式通知等。这些书面材料都可以在风险问题发生之后，能够及时有效地把握相关法律时效限制，更充分地准备证据收集，在时效期限内维护自己的合法权益。

（四）企业素质培养

1. 增强法律意识

合同履行中的风险防范是全面的综合性的工作，因此，企业各部门人员素质的提高就显得尤为重要。企业如果只关注业务技能的精进，企业管理制度的完备，那还是不够的，毕竟落实制度的实行还是依靠每一个具备良好素质的工作人员身上，建议企业还是要定期开展法律知识的培训，培养企业各部门员工的法律思维。

培养员工的法律意识是很有必要的，一方面，合同履行不是一个动作，往往都是漫长的合同周期，在这漫长的合同履行期间，如何行使自己的权利履行自己的义务，是需要企业工作人员具体操作的。如果企业对自己的员工注意培养法律意识，便能够更准确地理解合同条款，对重要条款的履行有一定的方向，对漏洞条款也能更好地识别，企业履行合同就可以减少不必要的法律错误。企业法务部可以定期开展法律宣传和案例分析，培养员工从专业的角度看待合同，识别风险并及时采取应对措施。另一方面，在一定程度上，员工的法律思维提升了，合同履行就能更加合法有序，对于企业在日常的经营管理中也可以更加井然有序，企业的运行便可以蒸蒸日上。企业运行状态稳定良好，那么市场也会平稳良好，社会也会平稳良好。企业的日常履行合同中的风险降低，便可以减少企业危机、员工失业问题，这对于促进社会主义经济是有一定帮助的。

基于此，企业需要注重培养各部门员工的法律意识、合同风险防范意识，对不同岗位人员采取差异性的培养方式。例如，针对企业经营者与高级管理人员，重点加强其企业风险管理意识，构建领导干部带头学法的优秀示范机制；针对企业员工，将合同签订、履行、解除等各阶段的常见风险隐患、注意事项作为主要培训内容。

2. 树立诚信意识

合同各方应按照合同约定严格履行权利义务，树立诚信意识。经签署后生效的合同如果不存在违反法律法规的强制性规定，也无损害社会公共利益等情形，即为合法有效的合同，双方有义务严格遵守并全面履行。无正当理由合同各方均不能拒绝履行，也不得单方面擅自变更合同内容或解除合同。

第五节　合同拟终止的处理思路

一、合同终止的基本概述

合同终止指依法生效的合同，因法定或当事人约定的事由出现，使债权债务终止。在民事法律中，合同关系是根据当事人合意产生的债权债务关系，合同债权人享有债权，债务人负有相应债务，与物权相比，债权属于有期限权利，当出现债权消灭的法律事实时，发生债权消灭的法律后果。《民法典》主要规定于第三编合同第一分编通则的第七章"合同的权利义务终止"。

1. 合同权利义务终止的前提是有效合同的存在

只有有效合同才能产生对当事人的法律约束力，才能产生当事人之间的权利义务，故合同权利义务终止的前提是合同有效存在。无效合同、被撤销的合同不会产生当事人之间的合同权利义务，亦不存在合同权利义务的终止问题。

2. 须出现特定法律事实才能导致合同权利义务的终止

在民事法律中，法律事实是引起法律关系发生、变更、消灭的事件或行为，合同权利义务终止须特定法律事实的出现。《民法典》第五百五十七条第一款规定了合同权利义务终止的六种情形：债务已经履行；债务相互抵销；债务人依法将标的物提存；债权人免除债务；债权债务同归于一人；法律规定或者当事人约定终止的其他情形。

3. 合同权利义务终止的后果是消灭当事人之间的合同权利义务，但当事人依然存在后合同义务

目前，关于合同义务体系确定为先合同义务、合同义务和后合同义务。当事人在合同订立阶段应当履行的告知、照顾、协助、保密等义务属于先合同义务，在合同订立生效后根据有效合同应当履行的是合同义务，在合同权利义务终止后当事人遵循诚实信用原则，按照交易习惯履行的通知、协助、保密等义务属于后合同义务。

后合同义务是指合同权利义务终止后，当事人依照法律的规定，根据诚实信用原则和交易习惯应当履行的以维护给付效果及协助相对人处理善后事务为目的的义务。后合同义务是《合同法》诚实信用原则在合同义务中的扩张，它要求交易当事人在合同履行的准备阶段、执行阶段、善后阶段等全过程中的每个环节都应当诚实守信、以善意的态度对待对方当事人，不得有损人利己的行为。后合同义务是法定义务，是合同法律直接规定的合同关系消灭后的义务，不受合同中是否约定而影响。后合同义务的内容是当事人应当按照交易习惯履行通知、协助、照顾、保密等义务，在不同的合同中侧重点有所不同。违反后合同义务产生的责任称为后合同责任，该责任在民事责任体系中应当属于侵权责任，适用侵权责任的法律规则认定和处理。

4. 合同权利义务终止后不影响合同中结算和清理条款的效力

通常情况下，合同权利义务终止，合同条款也相应失去效力。但是如果该合同尚未结算清理完毕，合同中约定的结算清理条款仍然有效，《民法典》第五百六十七条规定了合同结算和清理条款的独立性效力。结算是经济活动中的货币给付行为，结算的方式主要有银行汇票结算、商业汇票结算、银行本票结算、支票结算、汇兑、委托收款等。清理指对债权债务进行清点、估价和处理。合同权利义务虽然终止，但尚未清理结算完毕的，当事人依然应当根据清理结算条款进行债权债务清理和资金结算。

《民法典》第五百五十七条明确规定："有下列情形之一的，债权债务终止：（一）债务已经履行；（二）债务相互抵销；（三）债务人依法将标的物提存；（四）债权人免除债务；（五）债权债务同归于一人；（六）法律规定或者当事人约定终止的其他情形。合同解除的，该合同的权利义务关系终止。"

因此，合同终止的常见情形，包括了债务清偿、债务抵销、债务提存、免除债

务、债权混同以及其他终止情形。关于合同解除，从体系角度解释，我国立法是将合同解除纳入合同终止制度中，将"合同解除"作为合同终止的众多情形之一。因此，笔者就六种情形的合同终止进行逐一分析，以便我们在适用合同终止不同情形下，辨别具体的适用条件和处理方式。

二、合同解除

（一）合同解除的概述

合同解除，是指合同有效成立后，当出现法律规定的合同解除的条件时，因当事人一方或双方的意思表示而使合同关系归于消灭的行为。合同解除后，尚未履行的，终止履行；已经履行的，根据履行情况和合同性质，当事人可以要求恢复原状，采取其他补救措施，并有权要求赔偿损失。

关于合同解除的效力，《民法典》第五百五十七条第二款明确："合同解除的，该合同的权利义务关系终止。"

（二）合同解除的类型

1. 单方解除与协议解除

单方解除，是具备解除权的一方无需相对人同意，即可行使解除权将合同解除的行为。当解除权人的解除合同意思表示到达对方，即产生合同解除的法律效果。

协议解除，是双方的法律行为，应当遵循合同订立的程序，即双方当事人应当对解除合同意思表示一致，协议未达成之前，原合同仍然有效。如果协议解除违反了法律规定的合同有效成立的条件，如损害了国家利益和社会公共利益，解除合同的协议不能发生法律效力，原有的合同仍要履行。一般情况下，双方协商一致之时就是合同的解除时间。如合同解除需要办理批准、登记手续的，合同解除时间则以批准、登记之日为准。

2. 法定解除与约定解除

法定解除，是合同生效后，未履行或未履行完毕之前，发生法律规定的解除事由时，合同一方当事人行使解除权而使合同消灭的行为。

《民法典》规定的一般合同解除情形包括：（1）因不可抗力致使不能实现合同目的；（2）在履行期限届满之前，当事人一方明确表示或者以自己的行为表明不履行主要债务；（3）当事人一方迟延履行主要债务，经催告后在合理期限内仍未履行；（4）当事人一方迟延履行债务或者有其他违约行为致使不能实现合同目的；（5）以持续履行的债务为内容的不定期合同，当事人可以随时解除合同，但是应当在合理期限之前通知对方；（6）法律规定的其他情形。

此外，法定解除的常见情形还包括：（1）情势变更情形下的解除，《民法典》第五百三十三条第一款明确规定："合同成立后，合同的基础条件发生了当事人在订立合同时无法预见的、不属于商业风险的重大变化，继续履行合同对于当事人一方明显不公平的，受不利影响的当事人可以与对方重新协商；在合理期限内协商不成的，当事人可以请求人民法院或者仲裁机构变更或者解除合同。"（2）合同僵局下的解除，《民法典》第五百八十条规定，当事人一方不履行非金钱债务或者履行非金钱债务不符合约定的，有下列情形之一，致使不能实现合同目的的，人民法院或者仲裁机构可以根据当事人的请求终止合同权利义务关系，但是不影响违约责任的承担：①法律上或者事实上不能履行；②债务的标的不适于强制履行或者履行费用过高；③债权人在合理期限内未请求履行。

约定解除，是当事人以合同形式约定，为一方或双方设定解除权的解除方式。具体设定的时间可以在订立合同时，也可以在订立合同后通过补充协议形式完成。

3. 任意解除与非任意解除

多数情况下，当事人若想解除合同，就必须具备法定的或者约定解除条件，否则可能会影响交易的稳定性。但是，特殊合同类型下，也会赋予特定当事人任意解除权。

比如《民法典》中承揽合同的定作人（第七百八十七条）、货运合同的托运人（第八百二十九条）、保管合同的寄存人（第八百九十九条）、物业服务合同的业主（第九百四十六条）。

此外，在一些特别立法中亦有相关规定，比如《保险法》第十五条规定，"除本法另有规定或者保险合同另有约定外，保险合同成立后，投保人可以解除……合同"。

（三）合同解除的常见问题

1. 关于合同解除的溯及力

溯及力，主要解决的是合同解除后，权利义务是否追溯至合同起始，自始不存在，还是仅仅面向将来关系的归于消灭，解除之前的合同关系依然有效。

一般来说，合同解除是具有溯及力的，因为合同解除适用于非继续性合同。实践中，如何判断合同解除是否产生溯及力？在协议解除、约定解除的情况下，原则上，取决于当事人是否有约定，有约定从约定；没有约定，则根据实际情况来确定。

2. 关于恢复原状

恢复原状是合同有溯及力的解除所具有的直接效力。

在合同尚未履行时，合同解除当然具有溯及力，合同所发生的债权债务关系全部溯及地消灭，当事人之间当然恢复原状，不存在产生恢复原状义务的余地。恢复原状义务只发生于合同部分或全部履行的情况。由于合同自始失去效力，当事人受领的给付失去了法律依据，应该返还给付人。

恢复原状在效力及范围上有自己的特性。在效力方面，因为中国法律未承认物权行为。

3. 关于不当得利的返还

合同解除无溯及力时，解除前的合同关系仍然有效，因此解除前进行的给付还有法律根据，只是自合同解除之时起尚未履行的债务被免除。这样，就发生了如下问题：当事人一方已经部分或全部履行了债务，对方却未履行对待给付，或者虽然也履行了债务，但双方各自的履行在数量上不对等。对这一问题采取所有物返还显然不妥，因为给付人在合同解除后仍未得给付物的所有权。唯一的办法是运用不当得利制度，受领人将其多得的利益按不当得利规则加以返还。

4. 关于合同解除后的损失赔偿

（1）损失赔偿方式的取舍

根据《民法典》的相关规定，合同解除后的损失赔偿主张方式，大致有三种：主张定金、主张违约金、主张法定赔偿损失。

定金方式，即当事人可以约定乙方向对方给付定金作为债权的担保。如给付定金的一方不履行债务或者履行债务不符合约定，致使不能实现合同目的的，无权请求返还定金；收受定金的一方不履行债务或者履行债务不符合约定，致使不能实现合同目的的，应当双倍返还定金。需要注意的有三点：其一，必须在合同中明确"定金"的性质；其二，定金的数额由当事人约定，但是不得超过主合同标的额的20%，超过部分不产生定金的效力；其三，实际交付的定金数额多于或者少于约定数额的，视为变更约定的定金数额。

违约金，即当事人可以约定一方违约时应当根据违约情况向对方支付固定的违约金或固定计算方式的违约金。需要注意的是，违约金的数额也是由当事人约定，但是，不得过分高于或者低于造成的损失，一般以不超过造成损失的30%为限。当然恶意违约的，除外。因此，在设定违约金时应当充分考量合同履行背景及可能造成损失情况。

法定赔偿损失，当事人一方不履行合同义务或者履行合同义务不符合约定，造成对方损失的，损失赔偿额应当相当于因违约所造成的损失，包括合同履行后可以获得的利益；但是，不得超过违约一方订立合同时预见到或者应当预见到的因违约可能造成的损失。

如何选择合适的主张方式？

虽然法定的损失赔偿可能最全面，但是因为可能会涉及双方举证的问题，因此，定金与违约金一般来说数额相对确定，减轻了举证的难度。如果定金或者违约金不足以弥补违约造成的损失的，还可以请求赔偿超过定金数额的损失。

（2）赔偿的范围

《民法典》第五百八十四条规定，当事人一方不履行合同义务或者履行合同义务不符合约定，造成对方损失的，损失赔偿额应当相当于因违约所造成的损失，包括合同履行后可以获得的利益；但是，不得超过违约一方订立合同时预见到或者应当预见到的因违约可能造成的损失。

因此，赔偿损失的范围包括实际损失和可得利益损失，实际损失是指守约方因违约行为主动支出的财产损失，是当前利益的减少；可得利益损失是守约方因违约行为不能获得的预期财产利益，是未来利益的减少。

实际损失一般比较容易确定，包括：(1) 直接损失，因违约方交付商品、服务等不符合约定，导致守约方遭受的损失。(2) 间接损失，守约方为了履行合同义务而预先支付的费用，丧失其他交易机会的损失，以及因对方违约而导致自己对第三人违约赔偿的损失等。

可得利益是合同履行后债权人扣除合理成本后所能获得的纯利润。根据交易性质、合同目的等因素，可得利益损失主要分为生产利润损失、经营利润损失和转售利润损失等类型。如果有替代交易，可以按照替代交易价格与合同价格的差额来计算可得利益；如果没有替代交易，可以按照市场价格与合同价格的差额来计算可能利益。

5. 任意解除权是否可以约定放弃

从前面我们可以看到任意解除权在法律中有明确约定。那么双方是否可以在合同中预先放弃任意解除权呢？从司法实践来看，答案是肯定的。

在广西融某业有限公司、广西某营销顾问有限公司商品房委托代理销售合同纠纷[①]，法院明确"在法律没有对当事人放弃任意解除权作出限制或禁止性规定的情况下，当事人的意思自治应当得到尊重，该约定内容应有效，对本案双方均有约束力"，所以放弃任意解除权的约定是对双方产生约束力的。

(四) 合同解除的适用条件

1. 约定解除

享有解除权是行使解除权的前提，因此约定解除的适用前提是双方之间对解除权的设定应当首先有书面的约定。

鉴于解除权是一种形成权，其行使不需要相对人同意，只需要解除权人单方意思表示即可。当然，这种行使，并不是不受约束的，为了国家利益、社会公共利益或相对人、第三人合法权益需要合同存续的，解除权不得行使。比如《律师法》第三十二条第二款就限制律师的解除权。但是，需要注意的是，解除权的行使有除斥期间。《民法典》第五百六十四条第二款规定，法律没有规定或者当事人没有约定

---

① 参见最高人民法院（2017）最高法民再 50 号民事判决书，载中国裁判文书网，最后访问时间：2024 年 4 月 12 日。

解除权行使期限，自解除权人知道或者应当知道解除事由之日起一年内不行使，或者经对方催告后在合理期限内不行使的，该权利消灭。因此，应当注意在设定解除权时注意约定解除权的行使期间。

2. 协议解除

协议解除的前提是双方当事人对于协议解除达成意思表示一致，并采取一定的外在形式予以固定的合同解除方式。这种解除需要注意的是协议解除的具体日期，除双方另有约定外，一般自双方协商一致之时就是合同解除生效之时。因此，如果合同双方在合同解除前仍有相关义务仍需履行，则可以附生效条件，以便双方能够妥善解决合同中的所有问题，达到合同权利义务消灭的状态。

3. 法定解除

（1）因不可抗力致使不能实现合同目的

关于不可抗力，详见上一节，这里不再赘述。

而合同目的，是当事人通过订立合同行为所想要得到的结果，所欲追求的法律效果。通常以合同中的明确约定及当事人磋商过程中表示出的内容作为合同目的认定范围。与"合同动机"不同，合同目的是相对客观外化的，通过理性第三人的标准可以弥合当事人对合同目的的认识差异；而"合同动机"是促使当事人订立合同的经济上或精神上的念头，其经常隐藏在当事人内心，不易被感知。准确认定合同目的是判断合同当事人是否享有法定解除权的关键，对于保护当事人利益，维护稳定的交易秩序，起着至关重要的作用。

因此，不可抗力并非一定解除合同，只有在不可抗力导致合同全部不能履行，其合同目的已经无法实现的情况下，才能依法解除合同。

（2）预期违约

在履行期限届满之前，当事人一方明确表示或者以自己的行为表明不履行主要债务；条款也称"预期违约"条款，其包含了明示预期违约以及默示预期违约。

其中，明示预期违约，即当事人明确表示不履行主要债务，具体表现方式为当事人通过书面或口头方式提出，意思表示明确为毁弃合同，且没有正当理由。默示预期违约，即当事人以自己的行为表明不履行主要债务，具体表现方式有积极作为，如有通过实际行动表明转移财产、减损财产等逃避债务的事实，也有消极作为，如存在被吊销营业执照、被注销、被有关部门撤销、处于歇业状态、涉诉被执行、经营异常，甚至破产清算的情形。

当然，默示预期违约的相关证据采集存在一定难度，因此，实践中会选择通知对方要求其在一个合理的期限内提供将来能够履行合同的担保，在必要、合理的情况下可以中止履行合同，而不是立即解除合同。

预期违约的具体行使条件，包括：其一，当事人拒绝履行的是主要给付义务

(区别于附随义务）；其二，当事人通过言语表示或行为表示来表明自己的态度；其三，这种表示，需要发生在合同成立后，履行期限届满前。

（3）当事人一方迟延履行主要债务，经催告后在合理期限内仍未履行

解除合同须满足以下条件：①迟延履行主要债务，一般来说，影响合同目的实现的债务为主要债务，如买卖合同的出卖人在履行期限内交付的货物只占合同约定的很少一部分，不能满足买受人的要求，又如购买机器，出卖人交付了所有机器，但迟迟未交付合同约定的机器安装使用的说明书，使买受人不能使用机器。②当事人一方迟延履行主要债务，经催告后在合理期限内仍未履行，该合理期间根据债务履行的难易程度和所需要时间的长短确定，需要注意，此种情形下，催告是必经程序。

（4）当事人一方迟延履行债务或者有其他违约行为致使不能实现合同目的

当事人一方迟延履行债务或有其他违约行为，而迟延的时间或其他应为之行为对于债权的实现至关重要，超过了合同约定的期限或其他约定，合同目的就将落空。因此，对于违约包括以下情况：①当事人在合同中明确约定如超过期限履行合同，债权人不予接受，而债务人迟延履行；②履行期限作为合同的必要因素，超过期限履行将严重影响订立合同预期利益，如季节性、时效性较强的标的物，像端午粽子，过了端午节交付，就没有了销路；③继续履行无法得到合同利益。

（5）法律规定的其他情形

关于法定合同解除事由，除了情形外，还有法律规定的其他情形。比如《城市房地产管理法》第十六条规定，土地使用者未在签订土地使用权出让合同六十日内支付全部土地出让金。

此外，以持续履行的债务为内容的不定期合同，当事人可以随时解除合同，但是应当在合理期限之前通知对方。

（6）情势变更情形下的解除

《民法典》第五百三十三条第一款规定："合同成立后，合同的基础条件发生了当事人在订立合同时无法预见的、不属于商业风险的重大变化，继续履行合同对于当事人一方明显不公平的，受不利影响的当事人可以与对方重新协商；在合理期限内协商不成的，当事人可以请求人民法院或者仲裁机构变更或者解除合同。"

（7）合同僵局下的解除

根据《民法典》第五百八十条的规定，合同僵局情形首先仅限于非金钱债务，因为金钱债务，其债务类型是种类物，可以被强制执行，不存在不能履行的情况，可以要求继续履行。此外还应当符合三个情形之一：①法律上或者事实上不能履行，如法律上禁止流通的货物或一房多卖等；②债务的标的不适于强制履行或者履行费用过高，如演出合同、出版合同等具备人身依附性的债务等；③债权人在合理

期限内未请求履行，并致合同目的落空的结果。

4. 任意解除

解约方行使任意解除权，无需理由。但是，这种无需理由也需要考量成本，也需要有相应的对价，即赔偿由解约给对方带来的损失，是必然的结果。而且，对于有偿委托合同的双方当事人而言，不仅要赔偿对方的直接损失，还需要赔偿对方的可得利益（合同履行后可以获得的利益）损失。

5. 不定期的继续性合同

所谓不定期的继续性合同，包含两层含义：一是继续性合同，是指一方或者双方的义务履行在一定期限内处于持续性状态，比如房屋租赁合同，出租人需要提供房屋一直供承租人占有、使用与收益。二是不定期，是指双方没有约定该合同的履行期限为多长时间。此类合同，表明双方当事人对于该合同都没有期待利益。

《民法典》第五百六十三条第二款规定，以持续履行的债务为内容的不定期合同，当事人可以随时解除合同，但是应当在合理期限之前通知对方。因此，当事人任何一方都享有随时解约权。但是，需在合理期限之前通知对方，合同即告解除。对于这种解除，解约方并不需要承担赔偿责任，因为并未损害对方的实际利益、信赖利益、期待利益。

（五）合同解除的处理要点

1. 回顾合同履行的全过程

合同履行的全过程不仅指实际发生的履行情况，更重要的是对照合同约定的内容逐条确认合同双方之间的权利义务及进度安排在客观材料方面反映的情况。以此才能判断合同履行情况是否有相关证据证明其符合合同的相关约定。

如果不能对合同履行全过程进行客观梳理，则可能会影响合同解除的方式选择，最终为未来合同终止埋下隐患。因此，在合同解除前，需要对照合同文本，与经办部门沟通、梳理、确认具体的合同履行过程性文件，为合同解除打下坚实的基础。

2. 明确合同解除的具体方式

关于合同解除的类型，已经进行了详细的介绍，不同类型的合同解除，其行权的方式、处理的要点、产生的效果均有所差别。在这种情况下，需要对合同解除的具体方式进行甄别，根据合同履行全过程，选择有利于己方的合同解除方式。

3. 固化合同双方的相关权利义务

合同的解除，并非仅有解除合同，终止权利义务本身，还包含了对合同履行过程中的相关违约情况的解决，以及合同解除后的后合同义务的解决，以便合同能够圆满完成使命，各方均不留遗憾。因此，一般我们会建议将合同的履行情况，后续执行等情况均予以确认，避免双方在之后产生分歧而导致纠纷。

三、债务清偿

（一）债务清偿的概述

债务清偿，是指债务人根据法律的规定或合同约定履行自己的债务，以终止债权债务关系的行为。

关于债务清偿的效力，随着债务清偿，债权债务关系消灭，包括其附随的担保或其他从属权利也同时消灭。

（二）债务清偿的类型

1. 根据清偿主体的不同，可以分为债务人自行清偿以及第三人清偿

第三人清偿的情况比较特殊。第三人清偿后，原债权消灭，而第三人在清偿后获得了求偿权，成为新的债权人。具体还可以细分为：(1)《民法典》第五百二十三条规定了直接设立第三人清偿义务的情形，即"当事人约定由第三人向债权人履行债务，第三人不履行债务或者履行债务不符合约定的，债务人应当向债权人承担违约责任"。(2)《民法典》第五百二十四条第一款规定了第三人代为清偿的情形，"债务人不履行债务，第三人对履行该债务具有合法权益的，第三人有权向债权人代为履行；但是，根据债务性质、按照当事人约定或者依照法律规定只能由债务人履行的除外"。(3)《民法典》第五百八十一条规定了第三人替代履行的情形，"当事人一方不履行债务或者履行债务不符合约定，根据债务的性质不得强制履行的，对方可以请求其负担由第三人替代履行的费用"。(4)《民法典》第五百五十二条规定了第三人的债务加入，"第三人与债务人约定加入债务并通知债权人，或者第三人向债权人表示愿意加入债务，债权人未在合理期限内明确拒绝的，债权人可以请求第三人在其愿意承担的债务范围内和债务人承担连带债务"。

2. 根据清偿的客体不同，可以分为部分清偿、全部清偿以及代物清偿

关于部分清偿，是指债务人的给付不足以清偿对同一债权所负的全部债务，而优先冲抵已到期的债务。一般来说，只要部分履行不损害债权人利益，债权人是不可以拒绝债务人部分履行债务。具体债务冲抵的顺序则首先应遵守双方之间的约定。

关于全部清偿，主要是清偿的客体是债务的全部，除了主债务之外，还应当包括应当支付的利息和清偿债务所必需的费用。

关于代物清偿，是指债权人受领与合同中的约定不一致的给付物，以代替原先合同中约定的给付物，使债权债务法律关系消灭的情形。因此，从本质上来说，代物清偿是一个新的合同，通过现实给付完成新合同义务，以消灭旧债为目的。

3. 根据清偿的期限不同，可以分为提前清偿、到期清偿以及滞后清偿

清偿的期限即为债务履行期或给付期。一般来说，清偿的期限有约定应当从约

定；没有约定，则可以补充协商；无法达成一致，则应当按合同条款或交易习惯来予以确定；如果还是无法达成一致，那么债务人可随时清偿，债权人也可以随时要求清偿。当然，如果这种随时清偿需要对方的协助，则需要给予对方必要的准备时间。

对于提前清偿，原则上债权人是不能拒绝，除非债务人能证明此种提前清偿会损害其利益。而滞后清偿，则因为违反了合同约定，可能给债权人造成损失，而可能面临违约责任承担或损害赔偿责任的承担。

（三）债务清偿的适用条件

债务清偿的类型不同，对债务是否清偿、清偿是否完全都有具体的影响。因此，对于债务清偿需要关注债务履行的期限、履行的地点、履行的对象、履行的客体等符合合同的约定，符合合同目的，能够达到债权债务消灭的结果。

（四）债务清偿的处理要点

债务清偿需要注意留存对于债务清偿的结果性文件，如债权人的认可文件或原始债务的相关凭证取回，否则，就需要对债务清偿的全过程予以证明，以便达到全面客观履行清偿的证明效果。

四、债务抵销

（一）债务抵销的概述

抵销，是指双方互负相同种类债务，各以债权冲抵债务的法律制度。可以节约交易成本，预防风险或避免损失，确保债权效力。按抵销产生的依据的不同，抵销可分为法定抵销与约定抵销。

（二）债务抵销的类型

1. 法定抵销

法定抵销，是指在符合法律规定的条件下，一方当事人作出抵销的意思表示即发生抵销的效力。《民法典》第五百六十九条规定，当事人互负债务，标的物种类、品质不相同的，经协商一致，也可以抵销。

2. 约定抵销

当事人互负债务，标的物种类、品质不相同的，经双方协商一致，也可以抵销。约定抵销主要存在两种情形：一是双方在合同中约定行使抵销权的条件，待条件成就时，一方即有权行使抵销权；二是合同双方当事人直接通过协议的方式将双方的债权债务进行抵销[①]。

[①] 王利明：《合同法总论（第二卷）》，中国人民大学出版社2015年版，第30页。

（三）债务抵销的适用条件

债务抵销的适用，主要注意的是哪些属于不得抵销的债务：

1. 依照法律规定不得抵销的情形

例如，根据我国《民事诉讼法》第二百五十四条第一款、第二百五十五条第一款之规定，被执行人未按执行通知履行法律文书确定的义务，人民法院有权扣留、提取被执行人应当履行义务部分的收入。但应当保留被执行人及其所扶养家属的生活必需费用。人民法院有权查封、扣押、冻结、拍卖、变卖被执行人应当履行义务部分的财产。但应当保留被执行人及其所扶养家属的生活必需品。在前述情形下，法律虽未明确规定不得抵销，但应属不得抵销的债务范围。如违反此类规定时，抵销无效。

2. 依照合同的性质不得抵销的情形

依照合同的性质不得抵销的情形主要有：必须履行的债务不得抵销，如应当支付给工人的生活保障金，不得用以抵销工人所欠企业债务；具有特定人身性质或依赖特定技能完成的债务不得抵销。

3. 特别约定禁止抵销的情形

根据《民法典》第五百六十八条的规定，当事人约定不得抵销的，可以排除抵销的适用。此外，《最高人民法院关于适用〈中华人民共和国民法典〉合同编通则若干问题的解释》第五十七条规定，因侵害自然人人身权益，或者故意、重大过失侵害他人财产权益产生的损害赔偿债务，侵权人主张抵销的，人民法院不予支持。因此，故意侵权之债不得抵销，否则容易诱发道德风险。

（四）债务抵销的效力

在法定抵销下，一旦法定抵销权被行使，双方当事人的债务就在相等数额内消灭；如双方当事人债务数额不等时，数额较大的债务仅保存其余额。在约定抵销的情形下，当事人的意思达成一致时，即发生约定范围内债务的抵销，如当事人之间无特殊约定，则一般不具有溯及力。

（五）债务抵销的处理要点

债务抵销的意思表示是不得附条件或者附期限（《民法典》第五百六十八条第二款）。但是对于债务抵销的异议，双方约定有期限的，应遵守约定。

法定抵销权虽然是形成权，但是，我国法律并未对法定抵销权的行使设置除斥期间，超过诉讼时效的债权亦存在行使法定抵消权的可能，[①] 前提是对方并未对诉讼时效提出抗辩。

[①] 参见厦门某房地产开发有限公司与海南某集团有限公司委托合同纠纷案，最高人民法院（2018）最高法民再51号民事判决书，载中国裁判文书网，最后访问时间：2024年4月12日。

五、债务提存

（一）债务提存的概述

债务提存，是指由于债权人的原因，无法向债权人清偿其到期债务，债务人将合同的标的物交给提存机关而消灭债务的制度。依据原《最高人民法院关于适用〈中华人民共和国合同法〉若干问题的解释（二）》第二十五条第一款之规定，债务人将合同标的物或者标的物拍卖、变卖所得价款交付提存部门时，人民法院应当认定提存成立。

《民法典》第五百七十条第一款规定了难以履行债务时，债务人可以将标的物提存的情形："……（一）债权人无正当理由拒绝受领；（二）债权人下落不明；（三）债权人死亡未确定继承人、遗产管理人，或者丧失民事行为能力未确定监护人；（四）法律规定的其他情形。"

（二）债务提存的适用条件

依据我国《民法典》与《提存公证规则》相关规定，清偿人将标的物提存的，必须具有以下几个要件：

1. 具有法定的提存的原因

《提存公证规则》第五条规定，债务清偿期限届至，债务人无法按时给付，公证处可以根据债务人申请依法办理提存的情形："……（一）债权人无正当理由拒绝或延迟受领债之标的的；（二）债权人不在债务履行地又不能到履行地受领的；（三）债权人不清、地址不详，或失踪、死亡（消灭）其继承人不清，或无行为能力其法定代理人不清的。"即提存的原因大致分为四种，分别为：债权人拒绝受领、债权人不能受领、债权人不确知以及法律规定的其他情形。

（1）债权人拒绝受领

债权人无正当理由拒绝受领，主要是指债权人应当且能够受领的，却无正当理由不予受领。而拒绝受领的正当理由，一般包括债务人履行债务的标的、地点、时间、方式等不符合合同的约定，从而构成债务人履行不适当。在债务人履行不适当的情况下，债权人可以行使抗辩权拒绝受领。另外，由于不可抗力致使债权人无法接受债务人的标的物的，债务人不得提存。

债务清偿期届满后的拒绝受领，债务履行期限截止前，原则上不得提存。即使债权人在债务期限届满前拒绝受领，债务人也必须待履行期限届满后才能够提存。

（2）债权人不能受领

债权人不能受领，首先，包括债权人事实上的不能受领，如作为自然人的债权人失踪、下落不明；作为企业的债权人因合并、分立或变更住所未通知债务人，导致债务人履行债务发生困难等情况。《民法典》第五百二十九条规定："债权人分立、合并或者变更住所没有通知债务人，致使履行债务发生困难的，债务人可以中止履行或者将标的物提存。"其次，包括债权人法律上的不能受领，如债权人丧失民事行为能力且未确定监护人的情况。

（3）债权人不确知

债权人不确知，是指清偿人在无过错的情形下，无法确定其清偿债务的对象。例如，《民法典》规定的"债权人死亡未确定继承人、遗产管理人"或者《提存公证规则》规定的"债权人不清"的。

（4）法律规定的其他情形

除上述情形外，还有法律规定的其他情形的，债务人也可将标的物提存以达到清偿债务的目的。如《民法典》第四百零六条规定，抵押期间，抵押人可以转让抵押财产。当事人另有约定的，按照其约定。抵押财产转让的，抵押权不受影响。抵押人转让抵押财产的，应当及时通知抵押权人。抵押权人能够证明抵押财产转让可能损害抵押权的，可以请求抵押人将转让所得的价款向抵押权人提前清偿债务或者提存。转让的价款超过债权数额的部分归抵押人所有，不足部分由债务人清偿。

2. 标的物适合提存

我国《民法典》并未明确规定适用于提存的标的物，《提存公证规则》第七条规定了下列标的物可以提存："……（一）货币；（二）有价证券、票据、提单、权利证书；（三）贵重物品；（四）担保物（金）或其替代物；（五）其他适宜提存的标的物。"标的物不适于提存或者提存费用过高的，债务人经提存机关的许可，依法可以拍卖或者变卖标的物，提存所得价款。

3. 提存人、提存机关与提存标的物

（1）提存人

提存人主要是债务人，债务人在提存时应当具有民事行为能力，无民事行为能力人和限制民事行为能力人提存时应当取得法定代理人的同意。[①] 提存的主体原则上不得为第三人，即使第三人自愿承担债务，但由于第三人并未与债权人之间形成债权债务关系，因此第三人不得提存。如第三人提存的，债务人有权对其提存行为提出异议，债权人有权拒绝受领提存物。

（2）提存机关

提存部门是国家设立的接收并保管提存物，并应债务人的请求而将提存物发还债权人的机构。依据我国《提存公证规则》第四条第一款的规定，提存公证由债务履行地的公证处管辖。由此可见，在我国提存被视为一类公证业务而由债务履行地

---

① 汪良平：《论提存的构成要件与效力》，载《河北法学》2001年第3期。

的公证处管辖。

(3) 提存标的物

依据我国《提存公证规则》第十三条第二款的规定，提存标的与债的标的不符或在提存时难以判明两者是否相符的，公证处应告知提存人如提存受领人因此原因拒绝受领提存物则不能产生提存的效力。即提存的标的为债务人依约定应当支付的标的物。提存应依债务的本旨进行，否则就是违约，而非提存，不发生合同权利义务终止的效力。[①]

关于提存标的的具体类型，《提存公证规则》第七条中规定了下列标的物可以提存：①货币；②有价证券、票据、提单、权利证书；③贵重物品；④担保物（金）或其替代物；⑤其他适宜提存的标的物。

但是，根据《民法典》第五百七十条第二款的规定，标的物不适于提存或者提存费用过高的，债务人依法可以拍卖或者变卖标的物，提存所得的价款。而所谓的标的物不适用于提存的主要包括以下几种：其一是易燃易爆物品、木材或者建筑材料之类，因其物的性质或者形状等不适于提存的情形；其二是清偿的标的物易于毁损、灭失的情形，如果品、鲜鱼、药品等易于腐败变质的标的物。所谓提存费用过高，如牛马等牲口，与标的物的价值相比，其保存费用属于过高的情形。[②]

(三) 债务提存的效力

对债务人的效力	对债权人的效力	对提存机关的效力
债务得以免除	标的物所有权转移至债权人	负有保管义务
标的物的风险负担由债务人转至债权人	提存物领取请求权（自提存之日起五年）	负有交付提存物的义务
支付利息以及收取孳息权利的免除	支付提存费用	有权向债权人收取合理费用
债务人应履行通知义务	—	—

(四) 债务提存的处理要点

债务提存中除了提存的标的物以外，对于相关的合同、担保书、赠与书、司法文书、行政决定等履行义务的依据，及其他证明材料亦需要予以提交提存机关或自己保存。并对提存标的物的种类、质量、数量、价值等进行细化明确，避免后续如

---

① 崔建远：《合同法》，法律出版社2010年版，第68页。
② 韩世远：《合同法总论（第三卷）》，法律出版社2015年版，第565页。

产生纠纷，造成己方被动局面。

标的物提存后，债务人应当及时通知债权人或者债权人的继承人、遗产管理人、监护人、财产代管人（《民法典》第五百七十二条）。债权人领取提存物的权利，自提存之日起五年内不行使而消灭，提存物扣除提存费用后归国家所有。但是，债权人未履行对债务人的到期债务，或者债权人向提存部门书面表示放弃领取提存物权利的，债务人负担提存费用后有权取回提存物。

六、债务免除

（一）债务免除的概述

《民法典》规定，债权人免除债务人部分或者全部债务的，合同的权利义务部分或者全部终止。免除，是债权人基于其单方行为，免除债务人的全部或部分债务，从而导致合同权利义务关系全部或部分消灭。

法律性质	具体内容
单方行为	一旦债权人向债务人作出免除债务的意思表示，即可以发生免除的效力，债权人不得再撤销该意思表示。
无因行为	不论债权人是基于何种原因免除债务，都不影响免除的效力。
无偿行为	债务人不必为免除付出相应对价。
非要式行为	免除不必有特定形式，书面、口头、明示、默示或其他形式均可。

（二）债务免除的适用条件

债务免除作为一种单方法律行为，应当符合以下几个要件：

1. 债权人应享有合法的债权，对债权享有处分权

债权人对于其免除的债务，需享有合法的债权或处分权；债权人仅有权处分的是自己的债权。

2. 债权人应具有行为能力

无行为能力人或限制行为能力人未征得其法定代理人同意的，不得免除债务。

3. 免除的对象为债务人的债务

一方面，在负有担保的债权中，如果债权人放弃担保并不代表债权人也免除了债务人的债务。另一方面，在按份之债中，债权人如免除某债务人的债务，不代表也免除了其他按份之债的债务人的债务。

4. 免除的意思表示应向债务人或其代理人作出

免除的意思表示必须直接向债务人或其代理人作出，向任何第三方作出的免除的意思表示均不得发生债务免除的效力。

5. 免除不得损害第三人的利益

债权人免除债务人的债务,不得损害第三人的利益。例如,在债权人的债权上已经设定了质权,如果债权人免除债务人的债务,将损害质权人的利益。此时,债权人就不得免除债务人的债务。

(三)债务免除的效力

债权人免除债务人的债务将直接导致债务的消灭。债权人免除部分债务的,债务部分消灭,免除的部分不必再履行,但尚未免除的部分仍要履行;债务人免除全部债务的,债务全部消灭,全部债务不必再履行,合同权利义务终止。债权消灭,附属于主债权的保证债权、利息债权等从权利也发生消灭。[①] 另外,在连带债务中,如债权人免除连带债务人中一人的债务的,其他债务人在相应的被免除的债务范围内也将不承担债务。

(四)债务免除的处理要点

债权人一旦向债务人或其代理人作出免除的意思表示,就不得撤回。免除的意思表示生效后,债权债务关系归于消灭,相应的从权利也一并消灭。

七、债务混同

(一)债务混同的概述

《民法典》第五百七十六条中规定,债权和债务同归于一人的,合同的权利义务终止,但涉及第三人利益的除外。首先,混同仅限于债权与债务的混同,其前提是必须有债权人与债务人的存在。其次,混同是一种法律事实,不以债权人与债务人的意思表示为前提。

(二)债务混同的类型

1. 概括承受下的债务混同

概括承受,是发生混同的主要原因,是指合同关系一方当事人既承受他人的权利,又承受他人的义务。例如,作为债权人的企业 A 与作为债务人的企业 B 合并,成立一个新的企业 C,那么企业 C 就会将原属于企业 A 的债权与企业 B 的债务全部承接过来,此时债权债务人均为企业 C,则原债权债务关系消灭。

2. 特定承受下的债务混同

特定承受,是指因债权让与和债务承担而承受权利义务。如债权人将债权转让给债务人,或债务人将债务转让给债权人的混同。

[①] 王利明:《合同法研究(第二卷)》,中国人民大学出版社 2015 年版,第 356 页。

(三) 债务混同的效力

1. 原则

依据《民法典》第五百五十七条的规定,债权债务混同后便归于消灭。主债权消灭,附属于主债权的从债权,如利息、担保债权、违约金债权等将均归于消灭。

2. 例外

在债权涉及第三人利益的情况下,即使债权债务发生混同,合同关系也不得消灭。例如,甲与乙签订了房屋预售合同,甲缴纳了一定比例的预付款后,取得了对预售的房屋的权利。随后甲将取得的预售房屋抵押给了丙。半年后,甲、乙二公司合并,如果此时合同终止,甲取得对于预售房屋的所有权,就会损害抵押权人丙的利益,此种情况,甲、乙二人的合同不能终止。另外,在连带债务关系中,如果债权人与连带债务中的某个债务人发生混同,也不得导致整个债权的消灭。

(四) 债务混同的处理要点

需要注意的是,票据转让过程中,因对受让人无限制,有可能票据再转让到以前的票据债务人(回头背书),如出票人、承兑人或其他票据债务人。因此,票据上的权利义务关系并不因债务混同而消灭。无记名债券、公司债等证券化债权,由于可以作为独立的有价物交易,自然不会因混同而消灭。

八、合同终止的其他情形

《民法典》第五百六十三条第一款第五项规定了合同解除的条件还包括"法律规定的其他情形"。

如在租赁合同中,《民法典》第七百一十一条规定了"承租人未按照约定的方法或者未根据租赁物的性质使用租赁物,致使租赁物受到损失的,出租人可以解除合同并请求赔偿损失"。第七百一十六条第二款规定了"承租人未经出租人同意转租的,出租人可以解除合同"。如承揽合同中,定作人的随时解除合同的权利;委托合同中,委托人和受托人随时解除合同的权利等。

除《民法典》以外,其他法律规定中亦有关于合同解除的条件的特别规定。比如《保险法》中对保险人解除合同的限制[①],以及保险人有权解除合同的条件[②]。

[①] 《保险法》第十五条规定,除本法另有规定或者保险合同另有约定外,保险合同成立后,投保人可以解除合同,保险人不得解除合同。

[②] 《保险法》第十六条第二款规定,投保人故意或者因重大过失未履行前款规定的如实告知义务,足以影响保险人决定是否同意承保或者提高保险费率的,保险人有权解除合同。

第六节　合同档案管理

《法治中国建设规划（2020—2025年）》明确提出，要加强法治的科技和信息化保障，充分运用现代科技手段，全面建设"智慧法治"，推进法治中国建设的数据化、网络化、智能化。因此，本部分合同档案的管理包括了传统的合同归档管理及与时俱进后的合同档案的数字化管理两个部分。

一、传统的合同归档管理

（一）合同归档的重要性

作为合同履行的最后一个环节，合同归档工作的重要性往往被忽略。从字面意思上来看，合同归档意为合同的收集归纳，大部分企业能够意识到对外经济合同签订后需要收到档案室里封存保管，再形成一份合同台账进行辅助管理。其实，归档工作注意要点远远不止如此。企业在对外开展业务活动中，不可避免地需要签订大量的经济合同，企业内部合同管理工作量大负担重，如果合同归档管理混乱，很可能造成履约纠纷、泄露商业秘密、篡改、伪造合同条款等商业风险的产生。

一方面，合同归档管理是有效履行合同的充分前提。一份经济合同的顺利履行需要时常比照合同中相关条款执行。如果在合同履行过程中当事人双方产生纠纷，双方应当依据合同条款约定来界定违约方，违约方应当依据合同承担违约责任，如果因合同纠纷导致诉讼仲裁，合同原件本身也能直接作为证据使用。

另一方面，合同归档管理是企业管理的必然要求。企业对外签订的经济合同往往能够反映出一个企业的经营状况，对于合同信息的统计整理有利于全面统筹掌握企业的经营信息数据，指导未来一定阶段的业务重点走向。随着时间的沉淀，一份合同也能反映出企业在特定时期的特定历史，因此具有了历史价值。

（二）合同归档的范围

1. 归档范围的法定要求

合同档案的归档管理是企业管理的重要环节，归档管理必须遵循国家相关法律法规的要求和企业内部对于档案管理的规章制度。

对于国有企业事业单位来说，《档案法》第十三条第一款第二项、第三款规定，直接形成的对国家和社会具有保存价值的下列材料，应当纳入归档范围：反映国有企业事业单位主要研发、建设、生产、经营和服务活动，以及维护国有企业事业单位权益和职工权益的；非国有企业、社会服务机构等单位依照前款第二项所列范围保存本单位相关材料。此外，《企业文件材料归档范围和档案保管期限规定》第四条亦明确了企业文件材料归档范围是：（1）反映本企业在研发、生产、服务、经营、管理等各项活动和基本历史面貌的，对本企业各项活动、国家建设、社会发展和历史研究具有利用价值的文件材料；（2）本企业在各项活动中形成的对维护国家、企业和职工权益具有凭证价值的文件材料；（3）本企业需要贯彻执行的有关机关和上级单位的文件材料，非隶属关系单位发来的需要执行或查考的文件材料；社会中介机构出具的与本企业有关的文件材料；所属和控股企业报送的重要文件材料；（4）有关法律法规规定应归档保存的文件材料和其他对本企业各项活动具有查考价值的文件材料。

因此，根据前述规定，企业与其他组织和个人形成的重要合同、协议及补充协议等文件材料，作为反映企业主要研发、建设、生产、经营和服务活动的文件材料，属于企业档案归档范围中的一种，应当由企业及时归档、妥善保存。企业内部在符合现行法律的前提下应当制定符合自身发展规划要求的企业归档管理制度。

2. 归档范围的实际操作

根据完整性、实用性、效率性的归档原则，合同文本进行归档时，应当将与合同相关的一系列文件一同收集、归档，做到归档文件完整、清晰。

除企业对外签署的经济合同原件及其附件外，还应当同时保存下列能够反映合同签订、履行过程中的文件材料，如：（1）能够反映交易标的采购信息的招投标文件、采购文件、响应文件、评标文件、中标（成交）通知书、会议纪要等文件；（2）能够证明符合签约合同主体要求的资质证明、审计报告、诚信报告、资格证书、授权委托书等材料；（3）合同履行过程中产生的变更、解除材料如补充协议、业务变更单、往来信件、电报、电传、传真、电子数据交换、电子邮件、验收单、发票、财务单据等单据。

（三）合同归档的流程

1. 编订合同编号

为了实现归档后轻松调阅具体合同及管理统计合同签订信息等要求，应为每一份合同制定合同编号。合同编号的组成可以包含签订年时间、签订业务部门、业务合同类型、合同流水等信息，各类信息可采用数字或字母简写，形成一条数字字母连串，通过连串能够迅速读取该合同的基本信息。对于为同一合同所签署的补充协议、变更协议、解除协议等协议编号，应当在原合同编号基础上增加代表变动的数字或字母，使之清晰显示与原合同的关联关系。

2. 保存正本原件

原件不仅是对双方缔约真实意思表示的记录载体，同时也是直接来源于合同签订及履行过程中的真实可靠材料，在诉讼证据分类中属于直接证据，其证明力优于复制件，其重要性不言而喻。

3. 保留过程稿

如在合同签订及履行过程中，企业内部曾就部分问题存在讨论和争议，应同时保存能够体现修订痕迹及讨论记录的修订版本和细节讨论材料，以确保体现合同条款的历史版本及变动原因，杜绝合同会审流程中可能出现的因经办人变动、经办人疏忽而导致的修订版合同与正式版合同内容不一致。同时，完整保存项目合同材料的修订过程，也能够明晰定位造成业务损失责任的承担主体，有利于挽回企业损失、加强企业合同规范管理。

4. 整理排序

合同材料的形成有时间顺序的，可以按照时间顺序排列，以便后续查阅，参照从采购需求确认、采购过程、缔约过程、履约过程等进展的时间顺序作为排序依据。此外，可以参考《归档文件整理规则》（DA/T22—2015）的相关规定。

5. 确定保管期限

归档文件的保管期限一般分为永久保存、定期保存。企业应当根据各项目的具体情况划分具体合同文件的保管期限，划分时应当注意考虑合同文件之间的逻辑联系，从文件内容对企业的实际影响出发划分保管期限，防止孤立地刻板地划分保管期限。

具体保管期限可以参考《企业文件材料归档范围和档案保管期限规定》的相关规定，这里不再赘述。

6. 分类管理

企业可以根据自身情况将合同文件按照一定规律进行分门别类，分类规律应当具有稳定性，具体分类时，可以综合几类方式进行体系分类。主要分类的方式有三种：（1）按形成时间分类，以便清晰显示各时间节点的工作，有利于统计年度合同签订数据信息。（2）按承办机构分类，以便清晰显示各机构的职权划分，有利于机构进行业务数据的统计。（3）按保存期限分类，以便及时清理销毁保存期限届满的合同文件。

7. 编目、装订、装盒

归档文件应依据档号顺序编制归档文件目录。归档文件应逐件编目。归档文件目录设置序号、档号、文号、责任者、题名、日期、密级、页数、备注等项目。

装订应符合利于保存、工作简便、装订牢固的装订原则，在尽量不损坏归档文件文本及不影响文档阅读的前提下，根据保管期限对于材料使用的要求选择不同的装订方式。

归档文件整理完成后，将归档文件按顺序装入档案盒，并填写档案盒盒脊及备考表项目。

相关具体内容，可参考《归档文件整理规则》（DA/T22—2015）、《文书档案案卷格式》（GB/T 9705—2008）、《会计档案案卷格式》（DA/T 39—2008）、《照片档案管理规范》（GB/T 11821—2002），这里不再赘述。

8. 合同档案的鉴定与销毁

企业应当定期对已达到保管期限的合同档案进行鉴定处置，主要从合同档案的内容、作者、题名、可靠程度等方面全面考察分析其价值，经鉴定仍需继续保存的档案，应当重新划定保管期限并做出标注；对确无保存价值的档案，应当在指定场所予以销毁。

合同档案销毁时，由档案管理部门编制档案销毁清册，记录相关内容，报请有关主管机关审查、批准档案销毁。档案销毁后，应当在档案销毁清册上签名或盖章。销毁清册应当永久保存。电子合同需要销毁的，除在指定场所销毁离线存储介质外，还应当确保电子合同从系统中彻底删除。

（四）传统合同归档的管理要点

1. 合同档案的集中管理

企业在进行归档管理时，应当确定归档部门及归档专人集中管理，确定管理责任制，一般由合同归口管理部门负责合同的归档管理，切忌个人或各部门进行单独保存。归档工作应当由合同承办部门发起，由档案管理部门进行接收归档。档案管理部门在接收档案前，首先进行档案整理质量的检查，如发现归档不合规范，则应拒绝归档并予以退还。

进行合同档案管理的专门部门，根据《企业档案管理规定》第五条的规定，主要包括以下几种职责：一是贯彻执行《档案法》等有关法律、法规和方针政策，制定本企业文件材料归档和档案保管、利用、鉴定、销毁、移交等有关规章制度；二是统筹规划并负责本企业档案的收集、整理、保管、鉴定、统计和提供利用工作；三是指导本企业各部门文件材料的形成、积累、整理和归档工作；四是监督、指导本企业所属机构（含境外机构）的档案工作。

2. 涉及国家秘密及商业秘密的合同档案管理

对于涉及国家秘密的合同，其制作、收发、传递、使用、复制、保存、维修和销毁等一系列行为均应当严格按照《保守国家秘密法》实行国家保密制度，对于有关部门审核认定为涉及国家秘密的，其归档工作应当由涉密岗位工作的人员进行专门管理。结合第二十五条、第二十六条中对机关、单位、个人提出的保密管理要求，对于包含国家秘密信息的合同，禁止非法复制、记录、存储；禁止非法获取、持有；禁止买卖、转送或者私自销毁；禁止在互联网及其他公共信息网络或者未采取保密措施的有线和无线通信中进行传递；禁止在私人交往和通信中涉及国家秘密。

根据《民法典》第五百零一条的规定，当事人在订立合同过程中知悉的商业秘密或者其他应当保密的信息，无论合同是否成立，不得泄露或者不正当地使用；泄露、不正当地使用该商业秘密或者信息，造成对方损失的，应当承担赔偿责任。因此，对于包含商业秘密的合同及相关文件资料，应当实行保护制度，进行单独归档，设定档案使用权限，将无关人员排除在外。

3. 建立档案安全管理制度

企业应将安全与保密管理要求纳入本企业管理工作，建立安全管理制度。从安全保管及安全使用两方面加强合同归档文件安全管理。第一，企业应当加强各类纸质档案的安全保管工作，注意防火、防水、防潮、防尘、防鼠、防光、防毒、防高温、防污染等方面的要求。第二，企业应当加强档案安全使用工作，通过企业合同管理制度约束，为不同工作岗位员工设定不同的合同归档文件利用权限，限定其对合同归档文件的检索、浏览、复制、下载仅限在权限范围内。禁止将合同归档文件私自外带，优化档案调阅制度及流程，确保合同归档文件调阅全程留痕。定期对合同归档情况进行汇总、整理，如合同归档文件有遗失、篡改、损毁、伪造、擅自销毁档案的情况，根据《档案法》的相关规定追究相关责任人员的法律责任。

二、合同档案的数字化管理

（一）合同档案的电子化管理

根据企业需要，对合同文本及相关资料进行数字化扫描，留存合同及相关资料的电子版，进行数字化存储，建立电子文件管理系统。其中，纸质合同（含照片）数字化技术要求可以参照《纸质档案数字化规范》（DA/T 31—2017）进行，录音、录像等多媒体档案数字化参照《录音录像档案数字化规范》（DA/T 62—2017）进行，照片、图像数字化可以参照《数码照片归档与管理规范》（DA/T50—2014）、《照片类电子档案元数据方案》（DA/T54—2014）。电子文件管理系统建设可以参照《电子文件管理系统通用功能要求》（GB/T29194）、《档案信息系统运行维护规范》（DA/T56—2014）进行。

企业在进行文本文件的电子化归档时应注意的是：第一，应确保纸质版合同文件及电子版合同内容建立正确无误的对应关系，二者内容能够相互呼应。第二，注意同时留存元数据，也即描述电子文件的内容、背景、结构及其管理过程的数据，如文档题名、文件编号、责任者、日期、保管期限、密级、格式信息等文件实体内容元数据或记录有关电子文件拟制、办理活动的业务行为、行为时间和机构人员名称等元数据。第三，为确保电子档案的真实、完整、可用和安全，应当进行合同电子档案的备份管理，实施电子档案及其元数据、电子档案管理系统及其配置数据、日志数据等备份工作。

（二）合同档案的数据化管理

目前，大部分企业的合同数据统计工作局限于对合同数量、合同金额等表面数据的统计，且统计方式多为手动录入台账，这种统计模式得出的数据多具有局限性、滞后性的缺点。事实上，合同档案中积淀了庞大的历史数据，是企业最真实最准确的商务、管理数据，构成了企业经营性底层数据库。合同档案的数据化，在于利用信息化的技术手段为企业经营数据的收集和利用提供新的途径。对于合同档案数据中的关键信息进行及时的收集、解构、共享和分析，能够充分发挥合同数据化的指引作用，反映企业发展现状的统计数据，以科学的统计数据规律指导企业的管理和未来发展，实现工作效率的提高，企业长期效益的增加。

因此，数据化管理的过程，一方面，需关注数据收集，可以从采购过程时间、签约时间、合同履行期、合同履行重要条款、供应商满意度等多个维度去进行。数据分析可以从年度、金额、数量、重大纠纷争议等多方面去进行。另一方面，需要依托有关部门对于合同关键信息的及时采集、实时共享和科学分析。

实践中，通常会由档案管理部门及时清晰记录合同签订、履行、付款、变更、解除等关键信息，并根据年份、业务类型、经办部门等分类标准进行登记整理，及时将相关数据上传至合同管理系统，在保证信息安全的情况下允许相关人员登录查看。业务部门则结合合同相关数据，对合同数据进行全方位的对比分析，如分析履约时间的风险。在履行过程中，不能按照合同约定的时间节点，完成合同约定的合同义务，从而导致的进度无法按照约定要求完成。如果该类合同风险在统计总数中占比较高，应当相应分析对于履约时间的约定是否过于仓促。分析质量风险。供应商提供的合同标的的货物或服务不能达到合同约定的质量标准。如果该类合同风险集中于某供应商，应当分析该供应商的选择是否恰当。分析付款风险。如果由于付款方付款迟延或拒绝付款等原因发生潜在风险，应当就付款方式条款进行明晰。

（三）合同档案的信息化管理

合同是一切交易的基础，它承载着企业在交易、财税、人事、合规、风控等方面的众多实际情况，合同管理水平的高低直接影响企业运营的合规、风险及效率。如何充分发挥合同档案的作用，充分挖掘合同作为数据资产的价值，将有效保障企业战略的落地与执行。

因此，合同档案的信息化管理，即是在合同档案的数据化管理基础上，通过信息共享、协同联动的方式，解决数据孤岛问题，让合同档案为企业决策、业务运营及风险防控提供依据。

1. 合同文本的管理与更新

一方面，企业内部应当对于部分日常事务性合同中重复率较高、权利义务关系明确、风险较低的合同提前拟定合同示范文本，以指导后续重复使用，示范文本能够简化企业内部审批流程，提高合同签订效率，有其应用的空间和合理性。

另一方面，合同示范文本并非一成不变，需要适用主体定期根据已完成合同的反馈情况进行动态调整，使其始终保持实操性和敏锐度。尤其是在社会环境、行业发展、立法动态发生重大变化下，需要对示范文本的更新，势必需要参照以往履行完毕的合同，同时也是对于合同档案管理提出的一次利用要求。

为实现示范文本的更新，离不开对于合同档案的全程信息化管理：第一，档案管理部门应当在合同档案建档时即明确记录合同履行的关键条款。第二，对于适用示范文本的合同进行复盘，结合实际履约情况，综合考虑各条款是否能够满足多情境下的灵活适用，修改与实际情况脱节的条款，调整易引发歧义的表述。第三，对于未适用示范文本的合同同样需要进行考察，对于多次重复出现的纠纷及风险考虑将其规范在合同示范本文之中，增补未预料风险的预防措施，明确双方权利义务。第四，根据社会环境、行业发展、立法动态、供应商的重大变动，及时调整更新相关业务模式及相关条款约定。

2. 业务条线的管理与重塑

企业的业务并非天然依法合规，也需要在实践中不断进行打磨完善。尤其是当今社会经济环境变化较快，新兴企业发展迅猛、业务模式更新换代迅速，更需要将合同信息结构化解析，从合同文本中分离出业务信息、财务信息，将这些数据进行多维度的联合解析。

一方面，根据合同档案中的相关数据，可以定期总结合同履行情况及履行中发现的重难点问题，防范较为普遍的风险或较为严重的风险，及时进行业务模式上的查漏补缺。如在招标采购、合同签订、财务付款等关键问题上，例如，未选取合适的采购方式、合同签订的授权代表未出具授权委托书、财务付款时未核对合同原件等细节问题，均容易由于企业的疏于规范管理而招致巨大的合规风险。

另一方面，对合同档案中的数据变化，应综合对社会环境、行业发展、立法动态、供应商的重大变动等方面，进行定期的解析与研判，及时进行业务模式的重大调整或重新梳理。一些合同相对方资金链方存在缺口或直接断链。如企业仍固守先交货后付费的模式，容易面临大量迟延履行违约或履行不能的被动局面，"赔了夫人又折兵"。因此，不少企业逐渐将业务模式改为了预付费模式，避免了前述风险。

3. 供应商的管理与合作

企业合作的对象很大程度决定了合作双方的业务模式和业务方向，因此，对供应商的管理已经成为企业合规管理的重要模块之一。合同档案中相关数据，可以为企业提供相对明晰的供应商画像，为企业进一步交易、合作及决策提供基础数据依据。

供应商的管理，一般来说可以通过两个方面来进行：第一，在充分利用合同档案的基础上，建立供应商数据库，对各类供应商根据资信情况、履约情况、合作满意度等标准进行分级分类管理。第二，通过有效的评价和激励机制监督、控制合格供应商。在合同履行的各个关键节点，实时客观评价供应商响应时间、供货质量、售后服务等履约因素。激励方式包括正面激励及负面激励，正面激励如许诺在合法合规前提下的优先续约，负面激励如对供应商不良行为情形和处理措施。

因此，对供应商管理的重点，需要注意以下三个方面：

第一，信用风险。供应商的信用风险是指由于供应商的信用情况所引发的履约风险。为防止供应商的信用风险对合同履行造成影响，可以在项目采购时提前对供应商的信用状况进行审核；在合同履行，随时关注供应商的信用状况变化；在合同履行完毕后，及时对供应商的履约情况进行评价。信用情况的审核标准，主要围绕以下几个方面：是否具有独立承担民事责任的能力；是否具有良好的商业信誉和健全的财务会计制度；是否具有履行合同所必需的设备和专业技术能力；是否有依法缴纳税金和社会保障资金的良好记录；是否在本项目开展前的一定期限内，在经营活动中没有重大违法记录；是否属于失信被执行人；等等。

第二，反腐败与商业贿赂风险。这里的腐败是指，供应商单位及相关工作人员为了获取不正当的竞争优势可能会发生向招标人行贿的行为。商业贿赂，是指经营者为销售或者购买商品而采用财物或者其他手段贿赂对方单位或者个人的行为。根据《招标投标法》，以行贿谋取中标的，中标无效，情节严重的，可能构成《刑法》中的非国家工作人员受贿罪、单位受贿罪。另外，应当注意区分贿赂与折扣的区别。根据《反不正当竞争法》第七条第二款，经营者向交易相对方支付折扣、向中间人支付佣金的，应当如实入账。接受折扣、佣金的经营者也应当如实入账。

第三，履约风险。履约风险是指供应商无法按照合同约定履行合同约定义务导致相对方当事人遭受损失的风险，包括有迟延、履行不完全或完全不履行等情况。供应商的履约风险，可能源自供应商自身状况也可能源自不可抗力、现实情况变化等各种主客观因素，需要结合具体项目进行具体分析，以便为合同是否继续履行、是否续约、如何继续合作等决策问题做判断依据。

第八章
企业劳动人事法律风险防范与合规管理体系构建

第一节 概 述

人力资源和社会保障部于 2016 年 7 月 25 日和 9 月 1 日分别发布了《企业劳动保障守法诚信等级评价办法》和《重大劳动保障违法行为社会公布办法》，两个办法自 2017 年 1 月 1 日正式实施。《企业劳动保障守法诚信等级评价办法》以及《重大劳动保障违法行为社会公布办法》的出台使得企业劳动人事法律风险的预防不再限于内部管理，而是与企业的诚信建设等结合在一起。

《中央企业合规管理指引（试行）》要求央企全面加强合规管理，其中将劳动用工作为重点合规管理领域予以明确，包括健全完善劳动合同管理制度、规范劳动合同签订、履行、变更和解除等。2022 年 10 月 1 日起实施的《中央企业合规管理办法》第十八条规定，仍将劳动合规作为重点领域进行要求。不仅如此，劳动用工合规与企业社会责任也有紧密关系。

有一个问题时刻萦绕在我的脑海，即"如何让企业劳动人事的法律风险控制和合规化建设为企业创造价值"。律师能不能不只告诉企业那些"冷冰冰"的法条对它们的约束，告诉企业必须支付的用工成本，一旦企业出现纠纷后再通过仲裁或者诉讼的方式解决？带着这样的思考，笔者将自己这些年执业点滴心得分享给大家。

一、企业用工合规化建设过程中，对人的关怀贯穿管理始终

适当的合规政策应当具有人文关怀，关注个人合法权益。企业合规政策会对员工就业，使用企业产品或服务的个人以及公私财产产生直接或间接影响。合理利用合规政策会减少由于刑事诉讼给企业带来的减产停产甚至裁员等问题，保证企业平稳运行在法治轨道上。对于防止员工失业，降低地区失业率，保障地区生产生活秩序有重要意义，符合保障和改善民生的司法目标。

二、企业用工合规化建设是企业经营的一部分，并不是企业经营的对立面

企业作为以营利为目的的商业主体，经营是企业最本质的特征，不少人会认为用工的合规建设是对企业经营的限制。笔者认为，这样的观念要不得。事实上，企业的用工合规管理与企业的经营密切相关。以企业反商业行贿受贿的合规建设为例，很多世界 500 强企业将商业贿赂作为合规建设中的红线，而该合规建设本身就与用工管理的合规密切相关，只不过不少企业由于部门职责的天然屏障，将合规建设与用工合规建设隔离开了，显然，这样的隔离对于企业的合规建设并不是

件好事。

企业合规建设必须转化为对员工行为的规范，首先，规范应从原则层面确定商业贿赂合规红线行为的判断准则，即我们永远无法穷尽具体行为，但原则的设定在判定没有具体行为时可以归类到已经列举的行为；其次，从行为方面尽可能列举常见的禁止行为，比如请客、送礼等；最后，应当说明违反这些规则的后果，包括职位、奖金等的取消，甚至劳动合同的解除等。

三、企业合规管理需要规则的执行，没有执行，合规如同虚设

我们工作中遇到的最棘手的问题往往是规则束之高阁，不少企业只有在不得不处分一个员工时才会想起规章制度。如此，合规建设就失去了意义。没有规则的执行，员工会失去对规则的敬畏之心，而规则一旦执行时，会被员工理解为是企业对自己的"报复"，而不是自己违反规则应承担的后果。以最常见的旷工为例，不少企业只有在忍无可忍时才会处理，有很多原因导致这样的现象发生，比如实际了解考勤的员工与规则执行的人分属不同的部门，信息并不是同步的；还有可能是直接管理该员工的管理者秉着"水至清则无鱼"的想法在模糊管理等。不论何种原因导致该结果，我们经常在处理类似违纪案件中，面临的首要问题就是企业是否涉嫌"倒后账"，甚至有些情况下，考勤显示旷工，工资却如数发放。类似由于规则执行过程中导致纠纷处理难度增加的情况不在少数。

一旦出现类似规则不被执行时，我们需要考虑为什么规则没有被执行？是管理本身的问题，还是规则设定的问题。我们需要不断地在这种管理反思中考量自己规则的设定与执行。

四、接受用工的合规管理无法解决用工管理中的全部问题，客观认识风险控制的局限

管理学上有"灰度管理"的提法，我们必须接受用工合规管理没有办法解决企业日常经营过程中的全部问题，甚至可以说用工的合规管理只是管理的必备要件，却不是充分要件。

规则设定的滞后性与经营的瞬息万变、规则设定的同一性与日常管理的千姿百态、规则设定的刚性与日常管理中的柔性处理等矛盾决定了用工合规管理的局限性。所以，合规管理更多的是底线管理，这点我们必须充分认知和接受。

尤其是现在这个互联网时代，市场和规则的变化加快，传统的用工模式接受着新的经济形态的考验，员工对于工作时间、工作环境、工作待遇等的期望值与此前有着巨大的差异。在这个变化的年代，按照惯例形成的规则局限性可能将更加突出，这个变化的时代要求我们必须重新审视规则本身，甚至包括基础的劳动关系的

理解，都需要注入新的内涵。

与其抱怨劳动合同法本身的问题，我们可能更需要接受规则、法律局限性本身，才有可能更好地设定规则。

五、企业用工的合规化建设必须考虑企业的历史、文化以及未来发展的战略

企业用工合规化建设不是静态的，更不是孤立的，我们需要充分考虑企业的历史、文化以及未来的发展。比如一个曾经"人情"管理的企业要向规模化企业发展的过程中，其合规管理必然会面临员工，甚至管理者本身接受规则式理性管理的过程，如果不考虑企业曾经发展的脉络而设立的规则，这样的规则肯定不会走得很远。用工的合规建设"恰当"和"适合"永远比所谓的"先进"重要。

企业作为一个组织能否发挥效用，组织本身能否带动所有的员工形成一致行动至关重要。如此，我们对于企业现状的理解就是企业用工合规建设的基础，我们需要充分认知每个员工的个体目标，充分了解企业的发展目标；我们需要将这些目标与现状通过一系列的规则统一在一起。当然，这样一件事情用工合规建设只能参与其中，却无法主导该行动。

我们遇到了这个变化的时代，"互联网"这个曾经离我们生活有些遥远的"概念"现在却每天都在影响着我们，我们就是要在这样一个变化的时代去探讨用工的合规化建设，变化体现在产业结构的变化、就业形态的多样、就业者诉求的差异等。

第二节　企业用工合规化管理的路径

员工是企业生存和发展的原动力，科学有效的人力资源管理可以激发员工为企业创造价值的积极性与创造力。如何在法律允许的范围内有效激发员工的自主性是任何企业都要面对的问题。笔者理解，企业文化建设、绩效建设等当然对于激发员工积极性有着相当重要的作用，但企业用工合规性建设也是企业人力资源管理的重要内容，是企业防范用工法律风险的屏障。

企业用工管理并不完全是企业自主经营的问题，而且，随着劳动力市场用工方和劳动者供需关系的变化，随着我国劳动法律制度的完善和员工法律意识的提高，伴随着互联网经济带来的时代变迁，企业用工的合规性建设在企业发展过程中起到越来越重要的作用，原来用"人情"，靠"惯例"构建的管理体系将失灵。因此，任何企业都应对用工合规性建设给予高度重视，并应将其上升至企业管理与发展的战略高度。

通过对《劳动法》《就业促进法》《劳动合同法》《社会保险法》《职业病防治

法》《劳动保障监察条例》等法律法规的梳理，笔者发现，企业从员工招聘、录用、合同履行、解除以及终止，到工作时间的规定、工作环境的提供、安全设施的保障、工资以及福利待遇的发放，再到公司规章制度的制定等，上述法律法规已经从民事责任、行政责任以及刑事责任三个层面为企业合法用工搭建了全方位的规范体系。

在这样的法律背景下，企业合法用工的需求与必要性不再取决于企业的大小、规模以及性质等因素，而成为每个企业在经营和发展过程中必须重点考虑的因素。对于所有企业而言，其用工所适用的法律是一样的，具体到不同企业个体而言，企业用工合规的建立必须与企业发展所处的阶段、企业的性质、企业的文化、企业的规模、企业的业务形态、企业的员工特征等要素相适应。

在此，限于篇幅所限，本书的内容只涉及企业用工合规建立的通用路径。

一、企业应建立有效的用工法律风险识别机制

用工法律风险识别是企业用工合规建设的基础，用工法律风险识别过程中，首先应当确定法律风险的级别。每个企业对于法律风险的接受程度不同，但有一些刚性的法律风险对于任何企业都适用，笔者在此梳理的即企业用工风险中的刚性法律风险，所谓刚性法律风险是指从法律、行政法规等层面规定的，企业一旦违反会承担法律责任的风险。

识别企业用工法律风险，确定风险识别的法律依据是前提，并且，法律风险识别的依据不能仅停留在纸面上与劳动相关的法律、法规以及规范性文件层面，而应当至少包括以下层面：用工法律风险识别不能局限在与劳动相关的民事法律和民事责任层面，还应将与用工相关的行政、刑法等规定予以梳理，并且，将防范员工以及管理层、治理层的反腐败作为用工风险防范的重要环节。

（一）企业用工主要刑事责任

基于对劳动者安全、人身自由以及最基本获得劳动报酬权利的保护，《刑法》规定了劳动领域的相关罪名，以及用人单位、单位直接负责主管人员和其他直接责任人可能承担的刑事责任。主要包括：重大责任事故罪[①]，强令、组织他人违章冒险作业罪[②]，

[①] 《刑法》第一百三十四条第一款规定："在生产、作业中违反有关安全管理的规定，因而发生重大伤亡事故或者造成其他严重后果的，处三年以下有期徒刑或者拘役；情节特别恶劣的，处三年以上七年以下有期徒刑。"

[②] 《刑法》第一百三十四条第二款规定："强令他人违章冒险作业……因而发生重大伤亡事故或者造成其他严重后果的，处五年以下有期徒刑或者拘役；情节特别恶劣的，处五年以上有期徒刑。"

重大劳动安全事故罪①、强迫劳动罪②、雇用童工从事危重劳动罪③、拒不支付劳动报酬罪④、以暴力、威胁等手段阻挠员工合法参加工会⑤等⑥。《刑法》作为维护社会秩序的最后一道和最严厉的法律屏障，其规定的内容往往具有"保障性"的特点，因此，用人单位用工过程中安全用工、尊重劳动者自由、保护特殊劳动者以及确保劳动者合法待遇的用工，是企业合规用工的底线。

除此之外，用人单位不得有阻挠行政执法⑦、骗取社会保险⑧、伪造、涂改、冒用、转让、买卖就业证和许可证书⑨等行为，否则，也将承担相应的刑事责任。

---

① 《刑法》第一百三十五条规定："安全生产设施或者安全生产条件不符合国家规定，因而发生重大伤亡事故或者造成其他严重后果的，对直接负责的主管人员和其他直接责任人员，处三年以下有期徒刑或者拘役；情节特别恶劣的，处三年以上七年以下有期徒刑。"第一百三十五条之一规定："举办大型群众性活动违反安全管理规定，因而发生重大伤亡事故或者造成其他严重后果的，对直接负责的主管人员和其他直接责任人员，处三年以下有期徒刑或者拘役；情节特别恶劣的，处三年以上七年以下有期徒刑。"

② 《刑法》第二百四十四条第一款："以暴力、威胁或者限制人身自由的方法强迫他人劳动的，处三年以下有期徒刑或者拘役，并处罚金；情节严重的，处三年以上十年以下有期徒刑，并处罚金。"《劳动法》第九十六条规定："用人单位有下列行为之一，由公安机关对责任人员处以十五日以下拘留、罚款或者警告；构成犯罪的，对责任人员依法追究刑事责任：（一）以暴力、威胁或者非法限制人身自由的手段强迫劳动的；（二）侮辱、体罚、殴打、非法搜查和拘禁劳动者的。"

③ 《刑法》第二百四十四条之一规定："违反劳动管理法规，雇用未满十六周岁的未成年人从事超强度体力劳动的，或者从事高空、井下作业的，或者在爆炸性、易燃性、放射性、毒害性等危险环境下从事劳动，情节严重的，对直接责任人员，处三年以下有期徒刑或者拘役，并处罚金；情节特别严重的，处三年以上七年以下有期徒刑，并处罚金。有前款行为，造成事故，又构成其他犯罪的，依照数罪并罚的规定处罚。"

④ 《刑法》第二百七十六条之一规定："以转移财产、逃匿等方法逃避支付劳动者的劳动报酬或者有能力支付而不支付劳动者的劳动报酬，数额较大，经政府有关部门责令支付仍不支付的，处三年以下有期徒刑或者拘役，并处或者单处罚金；造成严重后果的，处三年以上七年以下有期徒刑，并处罚金。单位犯前款罪的，对单位判处罚金，并对其直接负责的主管人员和其他直接责任人员，依照前款的规定处罚。有前两款行为，尚未造成严重后果，在提起公诉前支付劳动者的劳动报酬，并依法承担相应赔偿责任的，可以减轻或者免除处罚。"

⑤ 《工会法》第五十一条规定："违反本法第三条、第十二条规定，阻挠职工依法参加和组织工会或者阻挠上级工会帮助、指导职工筹建工会的，由劳动行政部门责令其改正；拒不改正的，由劳动行政部门提请县级以上人民政府处理；以暴力、威胁等手段阻挠造成严重后果，构成犯罪的，依法追究刑事责任。"

⑥ 《女职工劳动保护特别规定》第十五条规定："用人单位违反本规定，侵害女职工合法权益，造成女职工损害的，依法给予赔偿；用人单位及其直接负责的主管人员和其他直接责任人员构成犯罪的，依法追究刑事责任。"

⑦ 《劳动法》第一百零一条规定："用人单位无理阻挠劳动行政部门、有关部门及其工作人员行使监督检查权，打击报复举报人员的，由劳动行政部门或者有关部门处以罚款；构成犯罪的，对责任人员依法追究刑事责任。"

⑧ 《劳动保障监察条例》第二十七条第二款规定："骗取社会保险待遇或者骗取社会保险基金支出的，由劳动保障行政部门责令退还，并处骗取金额1倍以上3倍以下的罚款；构成犯罪的，依法追究刑事责任。"

⑨ 《外国人在中国就业管理规定》第二十九条规定："对伪造、涂改、冒用、转让、买卖就业证和许可证书的外国人和用人单位，由劳动行政部门收缴就业证和许可证书，没收其非法所得，并处1万元以上10万元以下的罚款；情节严重构成犯罪的，移送司法机关依法追究刑事责任。"

另外，用工领域常见的刑事风险还包括：非国家工作人员受贿罪、对非国家工作人员行贿罪、受贿罪、单位受贿罪、行贿罪、对单位行贿罪、介绍贿赂罪、单位行贿罪等。而对于国有企业，在对薪酬等分配时，如果违规还有可能涉嫌私分国有资产罪等罪名。

（二）企业用工主要行政责任

企业用工的自主权受到法律的规制，政府部门对于企业制定规章制度、用工的监察与制约主要集中在如下方面：

序号	监管内容	处罚类型
1	（1）企业制定的规章制度； （2）标准：不得违反法律、行政法规。	警告、责令改正。
2	企业必须确保员工的工作时间符合法律规定，不得违法延长员工的工作时间。	警告、责令改正，并处罚款。
3	（1）工资、工资标准不低于最低工资； （2）加班费、解除劳动合同经济补偿金、社会保险依法按时支付和缴纳。	责令支付，并可责令支付赔偿金。
4	（1）劳动合同缺乏必备条款或者拒绝向劳动者提供劳动合同； （2）扣押劳动者身份证等证件； （3）违法约定试用期； （4）不出具解除、终止书面证明。①	责令改正。
5	用人单位安全设施、卫生条件、劳动防护、劳动保护设施等合法。	责令改正；可处罚款；情节严重可责令停产整顿。

---

① 《劳动合同法》第八十一条规定："用人单位提供的劳动合同文本未载明本法规定的劳动合同必备条款或者用人单位未将劳动合同文本交付劳动者的，由劳动行政部门责令改正；给劳动者造成损害的，应当承担赔偿责任。"第八十三条规定："用人单位违反本法规定与劳动者约定试用期的，由劳动行政部门责令改正；违法约定的试用期已经履行的，由用人单位以劳动者试用期满月工资为标准，按已经履行的超过法定试用期的期间向劳动者支付赔偿金。"第八十四条规定："用人单位违反本法规定，扣押劳动者居民身份证等证件的，由劳动行政部门责令限期退还劳动者本人，并依照有关法律规定给予处罚。用人单位违反本法规定，以担保或者其他名义向劳动者收取财物的，由劳动行政部门责令限期退还劳动者本人，并以每人五百元以上二千元以下的标准处以罚款；给劳动者造成损害的，应当承担赔偿责任。劳动者依法解除或者终止劳动合同，用人单位扣押劳动者档案或者其他物品的，依照前款规定处罚。"第八十九条规定："用人单位违反本法规定未向劳动者出具解除或者终止劳动合同的书面证明，由劳动行政部门责令改正；给劳动者造成损害的，应当承担赔偿责任。"

续表

序号	监管内容	处罚类型
6	（1）非法招用未满16周岁的未成年人； （2）违反法律对女职工和未成年人的保护规定①	责令改正，处以罚款；情节严重的，吊销执照。
7	（1）以暴力、威胁或者非法限制人身自由的方式强迫劳动； （2）侮辱、体罚、殴打、非法搜查和拘禁劳动者； （3）劳动条件恶劣、环境污染严重，给劳动者身心造成严重损失；违章指挥或者强令冒险作业。②	罚款或警告。

---

① 《劳动法》第九十四条规定："用人单位非法招用未满十六周岁的未成年人的，由劳动行政部门责令改正，处以罚款；情节严重的，由市场监督管理部门吊销营业执照。"第九十五条规定："用人单位违反本法对女职工和未成年工的保护规定，侵害其合法权益的，由劳动行政部门责令改正，处以罚款；对女职工或者未成年工造成损害的，应当承担赔偿责任。"《劳动保障监察条例》第二十三条规定："用人单位有下列行为之一的，由劳动保障行政部门责令改正，按照受侵害的劳动者每人1000元以上5000元以下的标准计算，处以罚款：（一）安排女职工从事矿山井下劳动、国家规定的第四级体力劳动强度的劳动或者其他禁忌从事的劳动的；（二）安排女职工在经期从事高处、低温、冷水作业或者国家规定的第三级体力劳动强度的劳动的；（三）安排女职工在怀孕期间从事国家规定的第三级体力劳动强度的劳动或者孕期禁忌从事的劳动的；（四）安排怀孕7个月以上的女职工夜班劳动或者延长其工作时间的；（五）女职工生育享受产假少于90天的；（六）安排女职工在哺乳未满1周岁的婴儿期间从事国家规定的第三级体力劳动强度的劳动或者哺乳期禁忌从事的其他劳动的，以及延长其工作时间或者安排其夜班劳动的；（七）安排未成年工从事矿山井下、有毒有害、国家规定的第四级体力劳动强度的劳动或者其他禁忌从事的劳动的；（八）未对未成年工定期进行健康检查的。"《女职工劳动保护特别规定》第十三条规定："用人单位违反本规定第六条第二款、第七条、第九条第一款规定的，由县级以上人民政府人力资源社会保障行政部门责令限期改正，按照受侵害女职工每人1000元以上5000元以下的标准计算，处以罚款。用人单位违反本规定附录第一条、第二条规定的，由县级以上人民政府安全生产监督管理部门责令限期改正，按照受侵害女职工每人1000元以上5000元以下的标准计算，处以罚款。用人单位违反本规定附录第三条、第四条规定的，由县级以上人民政府安全生产监督管理部门责令限期治理，处5万元以上30万元以下的罚款；情节严重的，责令停止有关作业，或者提请有关人民政府按照国务院规定的权限责令关闭。"第十四条规定："用人单位违反本规定，侵害女职工合法权益的，女职工可以依法投诉、举报、申诉，依法向劳动人事争议调解仲裁机构申请调解仲裁，对仲裁裁决不服的，依法向人民法院提起诉讼。"第十五条规定："用人单位违反本规定，侵害女职工合法权益，造成女职工损害的，依法给予赔偿；用人单位及其直接负责的主管人员和其他直接责任人员构成犯罪的，依法追究刑事责任。"

② 《劳动法》第九十条规定："用人单位违反本法规定，延长劳动者工作时间的，由劳动行政部门给予警告，责令改正，并可以处以罚款。"《劳动合同法》第八十八条规定："用人单位有下列情形之一的，依法给予行政处罚；构成犯罪的，依法追究刑事责任；给劳动者造成损害的，应当承担赔偿责任：（一）以暴力、威胁或者非法限制人身自由的手段强迫劳动的；（二）违章指挥或者强令冒险作业危及劳动者人身安全的；（三）侮辱、体罚、殴打、非法搜查或者拘禁劳动者的；（四）劳动条件恶劣、环境污染严重，给劳动者身心健康造成严重损害的。"

续表

序号	监管内容	处罚类型
8	保障员工合法参加工会的权利，如违法阻挠职工参加工会或者获得工会帮助的等。①	责令改正；拒不改正的，提请县级以上人民政府处理。
9	按照国家规定提取职工教育经费，或者挪用职工教育经费的。②	责令改正并予以处罚。
10	依法办理外国人就业登记证，不得有伪造、涂改、冒用、转让、买卖等行为。③	收缴就业证和许可证、没收非法所得、罚款。

---

① 《工会法》第五十一条规定："违反本法第三条、第十二条规定，阻挠职工依法参加和组织工会或者阻挠上级工会帮助、指导职工筹建工会的，由劳动行政部门责令其改正；拒不改正的，由劳动行政部门提请县级以上人民政府处理；以暴力、威胁等手段阻挠造成严重后果，构成犯罪的，依法追究刑事责任。"第五十二条规定："违反本法规定，对依法履行职责的工会工作人员无正当理由调动工作岗位，进行打击报复的，由劳动行政部门责令改正、恢复原工作；造成损失的，给予赔偿。对依法履行职责的工会工作人员进行侮辱、诽谤或者进行人身伤害，构成犯罪的，依法追究刑事责任；尚未构成犯罪的，由公安机关依照治安管理处罚法的规定处罚。"第五十三条规定："违反本法规定，有下列情形之一的，由劳动行政部门责令恢复其工作，并补发被解除劳动合同期间应得的报酬，或者责令给予本人年收入二倍的赔偿：（一）职工因参加工会活动而被解除劳动合同的；（二）工会工作人员因履行本法规定的职责而被解除劳动合同的。"《劳动保障监察条例》第二十九条规定："用人单位违反《中华人民共和国工会法》，有下列行为之一的，由劳动保障行政部门责令改正：（一）阻挠劳动者依法参加和组织工会，或者阻挠上级工会帮助、指导劳动者筹建工会的；（二）无正当理由调动依法履行职责的工会工作人员的工作岗位，进行打击报复的；（三）劳动者因参加工会活动而被解除劳动合同的；（四）工会工作人员因依法履行职责被解除劳动合同的。"

② 《就业促进法》第六十七条规定："违反本法规定，企业未按照国家规定提取职工教育经费，或者挪用职工教育经费的，由劳动行政部门责令改正，并依法给予处罚。"

③ 《外国人在中国就业管理规定》第二十七条规定："对违反本规定未申领就业证擅自就业的外国人和未办理许可证书擅自聘用外国人的用人单位，由公安机关按《中华人民共和国外国人入境出境管理法实施细则》第四十四条处理。"第二十八条规定："对拒绝劳动行政部门检查就业证、擅自变更用人单位、擅自更换职业、擅自延长就业期限的外国人，由劳动行政部门收回其就业证，并提请公安机关取消其居留资格。对需该机关遣送出境的，遣送费用由聘用单位或该外国人承担。"第二十九条规定："对伪造、涂改、冒用、转让、买卖就业证和许可证书的外国人和用人单位，由劳动行政部门收缴就业证和许可证书，没收其非法所得，并处以1万元以上10万元以下的罚款；情节严重构成犯罪的，移送司法机关依法追究刑事责任。"《出境入境管理法》第七十二条规定："协助他人非法出境入境的，处二千元以上一万元以下罚款；情节严重的，处十日以上十五日以下拘留，并处五千元以上二万元以下罚款，有违法所得的，没收违法所得。单位有前款行为的，处一万元以上五万元以下罚款，有违法所得的，没收违法所得，并对其直接负责的主管人员和其他直接责任人员依照前款规定予以处罚。"第七十三条规定："弄虚作假骗取签证、停留居留证件等出境入境证件的，处二千元以上五千元以下罚款；情节严重的，处十日以上十五日以下拘留，并处五千元以上二万元以下罚款。单位有前款行为的，处一万元以上五万元以下罚款，并对其直接负责的主管人员和其他直接责任人员依照前款规定予以处罚。"第七十四条规定："违反本法规定，为外国人出具邀请函件或者其他申请材料的，处五千元以上一万元以下罚款，有违法所得的，没收违法所得，并责令其承担所邀请外国人的出境费用。单位有前款行为的，处一万元以上五万元以下罚款，有违法所得的，没收违法所得，并责令其承担所邀请外国人的出境费用，对其直接负责的主管人员和其他直接责任人员依照前款规定予以处罚。"第七十五条规定："中国公民出境后非法前往其他国家或者地区被（转下页注）

续表

序号	监管内容	处罚类型
11	劳务派遣用工违法，包括派遣单位擅自经营劳务派遣等。①	责令停止违法行为，没收违法所得、责令改正、处以罚款。
12	未建立职工名册。	责令改正；逾期不改正的，由劳动行政部门处以罚款。
13	收取劳动者押金。	责令限期返还并处以罚款。

（接上页注③）

遣返的，出入境边防检查机关应当收缴其出入境入境证件，出境入境证件签发机关自其被遣返之日起六个月至三年以内不予签发出境入境证件。"第七十六条规定："有下列情形之一的，给予警告，可以并处二千元以下罚款：（一）外国人拒不接受公安机关查验其出境入境证件的；（二）外国人拒不交验居留证件的；（三）未按照规定办理外国人出生登记、死亡申报的；（四）外国人居留证件登记事项发生变更，未按照规定办理变更的；（五）在中国境内的外国人冒用他人出入境证件的；（六）未按照本法第三十九条第二款规定办理登记的。旅馆未按照规定办理外国人住宿登记的，依照《中华人民共和国治安管理处罚法》的有关规定予以处罚；未按照规定向公安机关报送外国人住宿登记信息的，给予警告；情节严重的，处一千元以上五千元以下罚款。"第七十七条规定："外国人未经批准，擅自进入限制外国人进入的区域，责令立即离开；情节严重的，处五日以上十日以下拘留。对外国人非法获取的文字记录、音像资料、电子数据和其他物品，予以收缴或者销毁，所用工具予以收缴。外国人、外国机构违反本法规定，拒不执行公安机关、国家安全机关限期迁离决定的，给予警告并强制迁离；情节严重的，对有关责任人员处五日以上十五日以下拘留。"第七十八条规定："外国人非法居留的，给予警告；情节严重的，处每非法居留一日五百元，总额不超过一万元的罚款或者五日以上十五日以下拘留。因监护人或者其他负有监护责任的人未尽到监护义务，致使未满十六周岁的外国人非法居留的，对监护人或者其他负有监护责任的人给予警告，可以并处一千元以下罚款。"第七十九条规定："容留、藏匿非法入境、非法居留的外国人，协助非法入境、非法居留的外国人逃避检查，或者为非法居留的外国人违法提供出境入境证件的，处二千元以上一万元以下罚款；情节严重的，处五日以上十五日以下拘留，并处五千元以上二万元以下罚款，有违法所得的，没收违法所得。单位有前款行为的，处一万元以上五万元以下罚款，有违法所得的，没收违法所得，并对其直接负责的主管人员和其他直接责任人员依照前款规定予以处罚。"第八十条规定："外国人非法就业的，处五千元以上二万元以下罚款；情节严重的，处五日以上十五日以下拘留，并处五千元以上二万元以下罚款。介绍外国人非法就业的，对个人处每非法介绍一人五千元，总额不超过五万元的罚款；对单位处每非法介绍一人五千元，总额不超过十万元的罚款；有违法所得的，没收违法所得。非法聘用外国人的，处每非法聘用一人一万元，总额不超过十万元的罚款；有违法所得的，没收违法所得。"

① 《劳动合同法》第九十二条规定："违反本法规定，未经许可，擅自经营劳务派遣业务的，由劳动行政部门责令停止违法行为，没收违法所得，并处违法所得一倍以上五倍以下的罚款；没有违法所得的，可以处五万元以下的罚款。劳务派遣单位、用工单位违反本法有关劳务派遣规定的，由劳动行政部门责令限期改正；逾期不改正的，以每人五千元以上一万元以下的标准处以罚款，对劳务派遣单位，吊销其劳务派遣业务经营许可证。用工单位给被派遣劳动者造成损害的，劳务派遣单位与用工单位承担连带赔偿责任。"《劳动合同法实施条例》第三十五条规定："用工单位违反劳动合同法和本条例有关劳务派遣规定的，由劳动行政部门和其他有关主管部门责令改正；情节严重的，以每位被派遣劳动者1000元以上5000元以下的标准处以罚款；给被派遣劳动者造成损害的，劳务派遣单位和用工单位承担连带赔偿责任。"

以上笔者梳理的用人单位用工的行政责任，提示企业应当对用工管理自主权的界限有明确而清晰的认识，这是企业识别用工法律风险的重要内容。

另外，随着《重大劳动保障违法行为社会公布办法》及《企业劳动保障守法诚信等级评价办法》的实施，企业用工合规的行政法律责任还包括对企业违规信息的公布，以及对企业失信的惩戒。

以上梳理限于法律级别的梳理，未包括行政法规以及地方性法规的相关规定，具体到企业个体时，行政法规以及地方性法规相关的规定也必须予以重视。如北京市在2021年出台了《北京市人力资源社会保障行政处罚裁量基准》。同时，不同行业也要注意不同行业的监管政策，如根据中国证券投资基金业协会发布的《私募基金登记备案相关问题解答（十二）》[1]，私募基金管理人高管人员不得在非关联的私募机构兼职，该规范就涉及企业用工规范的合规管理。

（三）企业用工主要民事责任

企业用工的民事责任主要取决于双方劳动合同的约定，但基于企业作为用人单位的强势地位，法律规定了企业与员工订立劳动合同时应当遵守的强制性要求。

1. 劳动合同订立前以及订立时的特殊要求

合同通过要约、承诺的方式订立，企业虽然有招工自主权，但不得设置任何如性别、民族、宗教等与工作内容无关的歧视性招聘条件，且招聘员工前必须如实告诉其工作内容、工作地点、职业危害、安全生产状况、劳动报酬，以及员工要求了解的其他情况。另外，企业招用员工不得采取担保或其他收取财物的方式进行，更不得扣押身份证及其他证件。

企业与员工订立劳动合同应当是书面方式，非全日制用工除外。

2. 企业与员工劳动合同签订的形式、劳动合同的内容及变更

企业必须自用工之日起30日内与劳动者订立书面的劳动合同，法律以劳动合同必备条款的形式对企业与员工订立劳动合同的内容进行了规制[2]，企业对于劳动报酬、工作时间和休息休假、社会保险、劳动保护、劳动条件和职业病防护方面均有强制性的要求。

另外，劳动合同除非出现法律规定用人单位可以单方变更的情形，企业不得在

---

[1] 该文件已失效，仅为说明具体问题，供读者研究和参考。

[2] 《劳动合同法》第十七条规定："劳动合同应当具备以下条款：（一）用人单位的名称、住所和法定代表人或者主要负责人；（二）劳动者的姓名、住址和居民身份证或者其他有效身份证件号码；（三）劳动合同期限；（四）工作内容和工作地点；（五）工作时间和休息休假；（六）劳动报酬；（七）社会保险；（八）劳动保护、劳动条件和职业危害防护；（九）法律、法规规定应当纳入劳动合同的其他事项。劳动合同除前款规定的必备条款外，用人单位与劳动者可以约定试用期、培训、保守秘密、补充保险和福利待遇等其他事项。"

劳动合同中约定用人单位享有单方变更权，即劳动合同的变更必须双方协商一致。①

3. 企业与员工解除、终止劳动合同受到限制

在劳动法领域，员工解除劳动合同的权利不受限制，但企业作为用人单位，在劳动合同的解除理由、解除方式等方面均受到法律的限制②。不仅如此，企业与员工劳动合同解除、终止的法律后果，法律亦通过一定条件下用人单位支付经济补偿

---

① 《劳动合同法》第三十五条规定："用人单位与劳动者协商一致，可以变更劳动合同约定的内容。变更劳动合同，应当采用书面形式。变更后的劳动合同文本由用人单位和劳动者各执一份。"

② 《劳动合同法》第三十六条规定："用人单位与劳动者协商一致，可以解除劳动合同。"第三十七条规定："劳动者提前三十日以书面形式通知用人单位，可以解除劳动合同。劳动者在试用期内提前三日通知用人单位，可以解除劳动合同。"第三十八条规定："用人单位有下列情形之一的，劳动者可以解除劳动合同：（一）未按照劳动合同约定提供劳动保护或者劳动条件的；（二）未及时足额支付劳动报酬的；（三）未依法为劳动者缴纳社会保险费的；（四）用人单位的规章制度违反法律、法规的规定，损害劳动者权益的；（五）因本法第二十六条第一款规定的情形致使劳动合同无效的；（六）法律、行政法规规定劳动者可以解除劳动合同的其他情形。用人单位以暴力、威胁或者非法限制人身自由的手段强迫劳动者劳动的，或者用人单位违章指挥、强令冒险作业危及劳动者人身安全的，劳动者可以立即解除劳动合同，不需事先告知用人单位。"第三十九条规定："劳动者有下列情形之一的，用人单位可以解除劳动合同：（一）在试用期间被证明不符合录用条件的；（二）严重违反用人单位的规章制度的；（三）严重失职，营私舞弊，给用人单位造成重大损害的；（四）劳动者同时与其他用人单位建立劳动关系，对完成本单位的工作任务造成严重影响，或者经用人单位提出，拒不改正的；（五）因本法第二十六条第一款第一项规定的情形致使劳动合同无效的；（六）被依法追究刑事责任的。"第四十条规定："有下列情形之一的，用人单位提前三十日以书面形式通知劳动者本人或者额外支付劳动者一个月工资后，可以解除劳动合同：（一）劳动者患病或者非因工负伤，在规定的医疗期满后不能从事原工作，也不能从事由用人单位另行安排的工作的；（二）劳动者不能胜任工作，经过培训或者调整工作岗位，仍不能胜任工作的；（三）劳动合同订立时所依据的客观情况发生重大变化，致使劳动合同无法履行，经用人单位与劳动者协商，未能就变更劳动合同内容达成协议的。"第四十一条规定："有下列情形之一，需要裁减人员二十人以上或者裁减不足二十人但占企业职工总数百分之十以上的，用人单位提前三十日向工会或者全体职工说明情况，听取工会或者职工的意见后，裁减人员方案经向劳动行政部门报告，可以裁减人员：（一）依照企业破产法规定进行重整的；（二）生产经营发生严重困难的；（三）企业转产、重大技术革新或者经营方式调整，经变更劳动合同后，仍需裁减人员的；（四）其他因劳动合同订立时所依据的客观经济情况发生重大变化，致使劳动合同无法履行的。裁减人员时，应当优先留用下列人员：（一）与本单位订立较长期限的固定期限劳动合同的；（二）与本单位订立无固定期限劳动合同的；（三）家庭无其他就业人员，有需要扶养的老人或者未成年人的。用人单位依照本条第一款规定裁减人员，在六个月内重新招用人员的，应当通知被裁减的人员，并在同等条件下优先招用被裁减的人员。"第四十二条规定："劳动者有下列情形之一的，用人单位不得依照本法第四十条、第四十一条的规定解除劳动合同：（一）从事接触职业病危害作业的劳动者未进行离岗前职业健康检查，或者疑似职业病病人在诊断或者医学观察期间的；（二）在本单位患职业病或者因工负伤并被确认丧失或者部分丧失劳动能力的；（三）患病或者非因工负伤，在规定的医疗期内的；（四）女职工在孕期、产期、哺乳期的；（五）在本单位连续工作满十五年，且距法定退休年龄不足五年的；（六）法律、行政法规规定的其他情形。"第四十三条规定："用人单位单方解除劳动合同，应当事先将理由通知工会。用人单位违反法律、行政法规规定或者劳动合同约定的，工会有权要求用人单位纠正。用人单位应当研究工会的意见，并将处理结果书面通知工会。"第四十四条规定："有下列情形之一的，劳动合同终止：（一）劳动合同期满的；（二）劳动者开始依法享受基本养老保险待遇的；（三）劳动者死亡，或者被人民法院宣告死亡或者宣告失踪的；（四）用人单位被依法宣告破产的；（五）用人单位被吊销营业执照、责令关闭、撤销或者用人单位决定提前解散的；（六）法律、行政法规规定的其他情形。"

金、开具离职证明、保留档案等方式予以明确。①

企业用工民事责任部分将在本章第二节、第三节部分详细论述。

法律的规范是动态的，我们需要随时关注最新法规对于企业用工合规管理的影响，比如，2021年出台的《个人信息保护法》，2023年1月1日起实施的《妇女权益保障法》，这些法律都给企业用工合规提出了全新的要求。当这些新的法律法规，即外部规范出台时，企业应当更新目前的外部合规要求，并且，及时将外规要求转换为内部制度。

以《妇女权益保障法》为例。《妇女权益保障法》于2023年1月1日起实施，对照《妇女权益保障法》的要求，企业应审视在性骚扰、就业歧视、合同文本必备条款、女性五期保护等方面是否存在问题，以全面落实保护女职工权益。而单位一旦违反有关就业歧视等规定，将面临政府监察、公益诉讼等合规风险。

---

① 《劳动合同法》第四十五条规定："劳动合同期满，有本法第四十二条规定情形之一的，劳动合同应当续延至相应的情形消失时终止。但是，本法第四十二条第二项规定丧失或者部分丧失劳动能力劳动者的劳动合同的终止，按照国家有关工伤保险的规定执行。"第四十六条规定："有下列情形之一的，用人单位应当向劳动者支付经济补偿：（一）劳动者依照本法第三十八条规定解除劳动合同的；（二）用人单位依照本法第三十六条规定向劳动者提出解除劳动合同并与劳动者协商一致解除劳动合同的；（三）用人单位依照本法第四十条规定解除劳动合同的；（四）用人单位依照本法第四十一条第一款规定解除劳动合同的；（五）除用人单位维持或者提高劳动合同约定条件续订劳动合同，劳动者不同意续订的情形外，依照本法第四十四条第一项规定终止固定期限劳动合同的；（六）依照本法第四十四条第四项、第五项规定终止劳动合同的；（七）法律、行政法规规定的其他情形。"第四十七条规定："经济补偿按劳动者在本单位工作的年限，每满一年支付一个月工资的标准向劳动者支付。六个月以上不满一年的，按一年计算；不满六个月的，向劳动者支付半个月工资的经济补偿。劳动者月工资高于用人单位所在直辖市、设区的市级人民政府公布的本地区上年度职工月平均工资三倍的，向其支付经济补偿的标准按职工月平均工资三倍的数额支付，向其支付经济补偿的年限最高不超过十二年。本条所称月工资是指劳动者在劳动合同解除或者终止前十二个月的平均工资。"第四十八条规定："用人单位违反本法规定解除或者终止劳动合同，劳动者要求继续履行劳动合同的，用人单位应当继续履行；劳动者不要求继续履行劳动合同或者劳动合同已经不能继续履行的，用人单位应当依照本法第八十七条规定支付赔偿金。"第四十九条规定："国家采取措施，建立健全劳动者社会保险关系跨地区转移接续制度。"第五十条规定："用人单位应当在解除或者终止劳动合同时出具解除或者终止劳动合同的证明，并在十五日内为劳动者办理档案和社会保险关系转移手续。劳动者应当按照双方约定，办理工作交接。用人单位依照本法有关规定应当向劳动者支付经济补偿的，在办结工作交接时支付。用人单位对已经解除或者终止的劳动合同的文本，至少保存二年备查。"

（1）与性骚扰相关

《妇女权益保障法》的要求	自查要素
第二十三条第一款　禁止违背妇女意愿，以言语、文字、图像、肢体行为等方式对其实施性骚扰。	①与性骚扰相关的组织与职责建设情况、制度制定情况、培训落实情况、处理机制建设、必要维权支持、心理疏导等是否建立；
第二十五条　用人单位应当采取下列措施预防和制止对妇女的性骚扰：①制定禁止性骚扰的规章制度；②明确负责机构或者人员；③开展预防和制止性骚扰的教育培训活动；④采取必要的安全保卫措施；⑤设置投诉电话、信箱等，畅通投诉渠道；⑥建立和完善调查处置程序，及时处置纠纷并保护当事人隐私和个人信息；⑦支持、协助受害妇女依法维权，必要时为受害妇女提供心理疏导；⑧其他合理的预防和制止性骚扰措施。	②通过访谈、问卷等方式了解上述组织、职责、制度等是否有效运行；③审查是否有必要的安全保障机制以及安全机制运行情况；④投诉电话、信箱等设置情况以及是否有效运行；⑤其他与预防性骚扰相关的措施和制度。

（2）与平等就业相关

《妇女权益保障法》	自查要素
第四十三条　用人单位在招录（聘）过程中，除国家另有规定外，不得实施下列行为：①限定为男性或者规定男性优先；②除个人基本信息外，进一步询问或者调查女性求职者的婚育情况；③将妊娠测试作为入职体检项目；④将限制结婚、生育或者婚姻、生育状况作为录（聘）用条件；⑤其他以性别为由拒绝录（聘）用妇女或者差别化地提高对妇女录（聘）用标准的行为。	①对外发布的招聘广告、简章、面试问题等信息；②审查用人单位规定的体检项目中是否包含法律禁止项目；③通过问卷、访谈等方式向参与面试的人了解招聘中的禁止性规定；④审查录用条件中是否包括性别歧视条件或行为等。
第四十五条　实行男女同工同酬。妇女在享受福利待遇方面享有与男子平等的权利。	审查同一岗位男女的工资情况及福利待遇，是否存在同工不同酬情形。

续表

《妇女权益保障法》	自查要素
第四十六条　在晋职、晋级、评聘专业技术职称和职务、培训等方面，应当坚持男女平等的原则，不得歧视妇女。	①审查规章制度中关于晋职、晋级、评聘标准是否区别对待； ②自查是否存在因女职工结婚、生育降低薪资福利、限制晋升或解除劳动合同情况； ③审查女职工在怀孕以及依法享受产假期间，是否存在违法解除劳动合同的情况； ④审查在执行国家退休制度时，是否做到了男女平等。
第四十八条　用人单位不得因结婚、怀孕、产假、哺乳等情形，降低女职工的工资和福利待遇，限制女职工晋职、晋级、评聘专业技术职称和职务，辞退女职工，单方解除劳动（聘用）合同或者服务协议。 女职工在怀孕以及依法享受产假期间，劳动（聘用）合同或者服务协议期满的，劳动（聘用）合同或者服务协议期限自动延续至产假结束。但是，用人单位依法解除、终止劳动（聘用）合同、服务协议，或者女职工依法要求解除、终止劳动（聘用）合同、服务协议的除外。 用人单位在执行国家退休制度时，不得以性别为由歧视妇女。	

（3）与女职工特殊保护相关

《妇女权益保障法》	自查要素
第四十四条　用人单位在录（聘）用女职工时，应当依法与其签订劳动（聘用）合同或者服务协议，劳动（聘用）合同或者服务协议中应当具备女职工特殊保护条款，并不得规定限制女职工结婚、生育等内容。 职工一方与用人单位订立的集体合同中应当包含男女平等和女职工权益保护相关内容，也可以就相关内容制定专章、附件或者单独订立女职工权益保护专项集体合同。	①审查法律文本，包括但不限于劳动合同中是否具备女职工特殊保护条款，以及是否含有歧视性条款，尤其限制婚育情况； ②了解是否签订了相关集体合同，集体合同工是否有相关男女平等和女职工权益保护等相关内容。
第三十一条第三款　用人单位应当定期为女职工安排妇科疾病、乳腺疾病检查以及妇女特殊需要的其他健康检查。	①审查是否为女职工安排定期体检； ②审查三期女性员工权益保障情况，包括休息休假权、劳动保障权等。
第四十七条　用人单位应当根据妇女的特点，依法保护妇女在工作和劳动时的安全、健康以及休息的权利。 妇女在经期、孕期、产期、哺乳期受特殊保护。	

(4) 与个人权益保护相关

《妇女权益保障法》	自查要素
第二十八条　妇女的姓名权、肖像权、名誉权、荣誉权、隐私权和个人信息等人格权益受法律保护。 媒体报道涉及妇女事件应当客观、适度，不得通过夸大事实、过度渲染等方式侵害妇女的人格权益。 禁止通过大众传播媒介或者其他方式贬低损害妇女人格。未经本人同意，不得通过广告、商标、展览橱窗、报纸、期刊、图书、音像制品、电子出版物、网络等形式使用妇女肖像，但法律另有规定的除外。	①审查有关个人信息保护的制度、文件； ②使用妇女肖像权等授权，比如公司宣传片拍摄等。

1. 企业用工风险的地域性较为明显，法律在司法实践中的裁判尺度应当作为法律风险识别的依据

(1) 企业用工地域性对于企业用工合规性的影响

实践中，造成企业用工合规具有地域性特征的原因有很多，从立法角度讲，法律赋予地方在某些方面的立法权是产生地域性特征最重要的原因之一。《立法法》①规定，地方人大及其常委会有权根据行政区域的具体情况和实际需要，在不同宪

---

① 《立法法》第八十条规定，省、自治区、直辖市的人民代表大会及其常务委员会根据本行政区域的具体情况和实际需要，在不同宪法、法律、行政法规相抵触的前提下，可以制定地方性法规。第八十一条规定，设区的市的人民代表大会及其常务委员会根据本市的具体情况和实际需要，在不同宪法、法律、行政法规和本省、自治区的地方性法规相抵触的前提下，可以对城乡建设与管理、生态文明建设、历史文化保护、基层治理等方面的事项制定地方性法规，法律对设区的市制定地方性法规的事项另有规定的，从其规定。设区的市的地方性法规须报省、自治区的人民代表大会常务委员会批准后施行。省、自治区的人民代表大会常务委员会对报请批准的地方性法规，应当对其合法性进行审查，认为同宪法、法律、行政法规和本省、自治区的地方性法规不抵触的，应当在四个月内予以批准。省、自治区的人民代表大会常务委员会在对报请批准的设区的市的地方性法规进行审查时，发现其同本省、自治区的人民政府的规章相抵触的，应当作出处理决定。除省、自治区的人民政府所在地的市，经济特区所在地的市和国务院已经批准的较大的市以外，其他设区的市开始制定地方性法规的具体步骤和时间，由省、自治区的人民代表大会常务委员会综合考虑本省、自治区所辖的设区的市的人口数量、地域面积、经济社会发展情况以及立法需求、立法能力等因素确定，并报全国人民代表大会常务委员会和国务院备案。自治州的人民代表大会及其常务委员会可以依照本条第一款规定行使设区的市制定地方性法规的职权。自治州开始制定地方性法规的具体步骤和时间，依照前款规定确定。省、自治区的人民政府所在地的市，经济特区所在地的市和国务院已经批准的较大的市已经制定的地方性法规，涉及本条第一款规定事项范围以外的，继续有效。第八十二条规定，地方性法规可以就下列事项作出规定：（一）为执行法律、行政法规的规定，需要根据本行政区域的实际情况作具体规定的事项；（二）属于地方性事务需要制定地方性法规的事项。除本法第十一条规定的事项外，其他事项国家尚未制定法律或者行政法规的，省、自治区、直辖市和设区的市、自治州根据本地方的具体情况和实际需要，可以先制定地方性法规。在国家制定的法律或者行政法规生效后，地方性法规同法律或者行政法规相抵触的规定无效，制定机关应当及时予以修改或者废止。设区的市、自治州根据本条第一款、第二款制定地方性法规，限于本法第八十一条第一款规定的事项。制定地方性法规，对上位法已经明确规定的内容，一般不作重复性规定。

法、法律、行政法规相抵触的前提下，制定地方性法规。具体包括，为执行法律、行政法规的规定，需要根据本行政区域的实际情况作具体规定的事项；属于地方性事务需要制定地方性法规的事项。就劳动而言，地方立法主要包括如下几种类型：

①《劳动法》等法律明确规定由地方立法解决的相关事项

a. 有关最低工资

《劳动法》第四十八条第一款规定："……最低工资的具体标准由省、自治区、直辖市人民政府规定，报国务院备案。"

b. 有关职业培训

《劳动法》第六十七条规定："各级人民政府应当把发展职业培训纳入社会经济发展的规划，鼓励和支持有条件的企业、事业组织、社会团体和个人进行各种形式的职业培训。"

c. 有关计划生育、婚假等各类假期

《人口与计划生育法》第三十四条规定，本章规定的奖励和社会保障措施，省、自治区、直辖市和设区的市、自治州的人民代表大会及其常务委员会或者人民政府可以依据本法和有关法律、行政法规的规定，结合当地实际情况，制定具体实施办法。

所以，各地对于晚婚假、晚育假、陪产假等具有不同的规定。以上几点只是列举，并未穷尽地方立法对劳动相关事项的全部规定。

②地方政府为了执行法律、行政法规制定的地方性法规、条例和规范性文件

以劳务派遣为例，《劳动合同法》从第五十七条到第六十七条，用11条规定了劳务派遣公司的条件、劳务派遣适用的条件以及各方权利义务。《劳务派遣暂行规定》具体细化了可以适用劳务派遣的岗位、劳务派遣用工数量的比例等。在劳动合同、各类工时的申请等方面，各地都有相应的具体细化规定。

（2）企业用工不同地域的司法裁量对于企业用工合规性的影响

国家通过包括司法解释、指导案例等在内的多种形式推进司法统一，但毕竟各地的实际情况不同，尤其劳动领域的问题又相对琐碎，所以，各地对于一些具体问题的处理方式不尽相同。

2. 企业所处行业或安全卫生等主管部门的监管政策应当作为用工法律风险识别的依据

《劳动法》专门在第六章规定了劳动安全卫生，包括用人单位必须建立、健全

安全卫生制度①;劳动安全卫生设施必须与主体工程同时设计、同时施工、同时投入生产和使用②;对从事有职业危害作业的劳动者应当定期进行健康检查;③ 用人单位应当依法对劳动者在劳动过程中发生的伤亡事故和劳动者的职业病状况,进行统计、报告和处理。④

安全卫生相关的制度有些是对所有企业通用的,但也有一些是行业性的规定。以建筑行业为例,在法律层面有《安全生产法》《建筑法》等予以规范,如果使用特殊设备,还要受到《特种设备安全法》的规范;从行政法规以及规章的层面来讲,包括《建设工程安全生产管理条例》《生产安全事故报告和调查处理条例》《关于特大安全事故行政责任追究的规定》等。所以,对于建筑类行业而言,安全合规至少包括:(1)建立、健全企业安全生产责任制,包括具体负责部门、各个岗位的安全责任;(2)制定企业安全生产规章制度和操作规程,包括各个特殊岗位的资质、培训、安全教育等;(3)根据法律规定,确保安全生产投入的有效实施;(4)制定并执行督促、检查企业的安全生产工作,及时消除生产安全事故隐患;(5)组织制定并实施企业的生产安全事故应急救援预案;(6)及时、如实报告生产安全事故。

2021年9月1日正式实施的修正后的《安全生产法》对于建立安全责任体系等提出了新要求,包括将劳务派遣、实习生等纳入安全生产培训和教育,生产经营单位应当关注从业人员的身体、心理状况和行为习惯,加强对从业人员的心理疏导、精神慰藉,严格落实岗位安全生产责任,防范从业人员行为异常导致的事故发生等,这些均是对用工安全新的要求。

(四)企业用工法律风险识别的方式

企业用工法律风险识别的方式主要有两种:一种为主动识别;另一种为被动识别。主动识别类似于"体检",即企业采取定期或者不定期的方式,对企业与人力资源相关的制度、操作流程、具体经办人对制度的执行等情况进行核查,进而发现并解决问题;被动识别类似于"生病后的看病",即企业发生劳资纠纷,或者受到政府部门查处,抑或出现有些问题无法解决时,企业不仅需要解决表面

---

① 《劳动法》第五十二条规定:"用人单位必须建立、健全劳动安全卫生制度,严格执行国家劳动安全卫生规程和标准,对劳动者进行劳动安全卫生教育,防止劳动过程中的事故,减少职业危害。"

② 《劳动法》第五十三条规定:"劳动安全卫生设施必须符合国家规定的标准。新建、改建、扩建工程的劳动安全卫生设施必须与主体工程同时设计、同时施工、同时投入生产和使用。"

③ 《劳动法》第五十四条规定:"用人单位必须为劳动者提供符合国家规定的劳动安全卫生条件和必要的劳动防护用品,对从事有职业危害作业的劳动者应当定期进行健康检查。"

④ 《劳动法》第五十七条规定:"国家建立伤亡事故和职业病统计报告和处理制度。县级以上各级人民政府劳动行政部门、有关部门和用人单位应当依法对劳动者在劳动过程中发生的伤亡事故和劳动者的职业病状况,进行统计、报告和处理。"

存在的问题，还需要就此追溯这些问题发生的原因，进而改进工作流程或者制度。

1. 企业用工法律风险主动识别的具体方式

企业用工法律风险的主动识别根据企业规模以及企业所处发展阶段有所不同，企业用工法律风险从表面看可能在于将相关制度进行合规性审核，包括劳动合同、保密合同、竞业禁止合同等与人相关的合同进行审核，但这些工作的完成无法深度完成企业用工法律风险的识别。

企业用工法律风险识别与企业的管理模式相关，比如同样是加班费制度法律风险识别，我们审核的不仅仅是加班如何认定、加班基数如何确定、加班费如何支付（如何倒休），更要关注企业经营过程中，因经营需要加班的是哪些情况、采取的工时制度是什么、加班的审批流程是否适合、加班费的成本支出是否能支撑公司运营成本等。

所以，企业用工法律风险的主动识别有两个层面，一个是基于制度以及合同层面的合规审查；另一个是基于企业实际管理状况，依据法律规定而进行重新构建的企业合规建设。

2. 企业用工法律风险被动识别的具体方式

企业用工法律风险的被动识别主要是指企业个案处理后的"复盘"，从个案挖掘背后深层次的原因，进而改进自身管理。本部分详见本节"企业用工法律风险的管理"部分。

（五）企业用工法律风险识别过程中应当注意的问题

1. 用工法律风险类别以及层次的设置应当合理

用工法律风险的类别从法律责任的角度来看，分为民事法律风险、行政法律风险和刑事法律风险。根据不同类别的风险，法律风险区分为法律法规指引企业做的行为、法律行政法规规定企业应当做的行为、法律行政法规规定企业不得做的行为、行政机关有权监管的行为以及可依法追究刑事责任的行为。

根据上述法律风险层次（下图），企业应将不同的法律风险点在下图的表格中予以注明，这样，就可以看出该法律风险点所涉法律责任以及法律风险层次。以用人单位扣押劳动者身份证为例，该行为的责任类型属于行政责任，属于法律禁止性的行为。如此，就可将该法律风险点通过下图的坐标确定具体风险后果。

用工法律风险分类						
责任类别 \ 责任层次		指引性行为	应为性行为	禁止性行为	行政处罚行为	刑事责任行为
民事责任						
行政责任						
刑事责任						

2. 用工法律风险识别不能停留在法律层面，应当考虑并高度重视执行层面可能存在的问题

企业用工法律风险识别属于静态识别，实践中，企业应当了解法律风险的动态识别以及制度的具体执行。因为在具体案件处理过程中，我们发现，企业法律风险的发生有时是因为企业不了解风险所在，但更多的时候是由于执行过程中出现的问题。

笔者在此以订立书面劳动合同为例，不签订书面劳动合同属于企业用工法律风险，属于需要承担民事责任的应为性行为。所以，将该法律风险识别出来并不能当然地避免该法律风险的发生。工作过程中，必须考虑到签订书面劳动合同的具体职责由哪个部门承担，具体负责人以及签订劳动合同的时间，包括是否有必要设置劳动合同是否签订的复核和检查机制等。

3. 用工法律风险识别过程中应当注意管理成本、效率

企业属于经营性组织，所以，企业在用工风险控制过程中必须考虑管理的成本以及管理效率的问题。

笔者在此以企业录用尚未解除劳动关系的劳动者为例，从法律风险角度讲，该行为属于用人单位承担民事责任的禁止性行为，如果用人单位招用尚未解除劳动合同的劳动者，对原用人单位造成经济损失的，该用人单位应当依法承担连带责任。假如企业因生产经营需要必须招聘一个正在办理劳动合同解除，但尚未办理完毕的员工时，企业用工风险合规并不能简单地回复不可以。而是应当对该法律风险后果进行评估，包括该员工具体未办理完离职的原因，是否涉及纠纷，是否承担保密或者竞业禁止等，综合各类要素判断后，与管理成本以及效率进行衡量，进而做出判断。

除此以外，企业法律风险识别中还应当考虑政策因素，尤其是国有企业，监管政策对于企业用工的合规管理也有很大的影响，比如，国有企业的高级管理人员在关联企业能否兼职取薪的问题，如果从法律层面，该问题可能不是问题，但我们必须考虑到国有企业的监管政策，如《董事会试点中央企业高级管理人员薪酬管理指

导意见》① 规定，高级管理人员原则上不应在公司所出资企业兼职取酬。总经理不得兼职取酬；其他高级管理人员因特殊情况经董事会批准兼职取酬的，年度薪酬不应超过本公司总经理的年度薪酬水平。

国资党委委员、副主任翁杰明在 2022 年 2 月 28 日的中央企业强化合规管理专题推进会上强调，坚持依法合规经营是中央企业应当履行的政治责任、经济责任和社会责任，必须以习近平新时代中国特色社会主义思想为指导，统筹推进合规管理各项工作，认真抓好"五个一"。② 其中之一，即要抓紧制定一组合规管理清单，"一组清单"包括风险识别清单（法律法规识别清单）、岗位职责清单、流程管控清单。法律法规识别清单主要是梳理国家政策和党规党纪、法律法规、部门规章、行业准则、公司内部规章制度、其他，比如业务活动中需要直接遵循的国际公约等。这就是典型的用工风险识别，而且是个性化的识别，具体根据企业内部管理的情况，以及针对风险的防控措施是否有效，综合确定用工的合规风险级别。

二、企业用工法律风险的管理

法律风险识别的最终目的，是对其进行有效的管理和控制，因此，在有效识别法律风险的基础上，将法律风险点根据不同的情况纳入不同的管理模式项下才是法律识别的落脚点所在。

法律风险的管理一定是"留痕"式管理，通过"留痕"降低风险的发生。各项管理一定要有相应文件的支撑，通过文件"留痕"避免风险的发生，因为对与人相关的文件进行"留痕"处理，该过程必然涉及不同部门、不同人员对同一件事情发表意见，这样"兼听则明"的机制将有效降低风险，且风险一旦发生，相应的"留痕"证据是确保企业利益的最大化的重要保障。

基于企业用工具有日常性③、集体性④以及特殊性⑤的考虑，法律风险识别完成后，应根据不同的风险类别采取不同的管理方式。

（一）企业用工法律风险的管理应以防范风险为目标，且应与企业经营、管理协调

企业用工的法律风险从某种程度上讲仍然属于经营风险，所以，企业用工法律

---

① 该文件已失效，仅为说明具体问题，供读者研究和参考。
② 《翁杰明出席中央企业强化合规管理专题推进会》，国有资产监督管理委员会网站，http://www.sasac.gov.cn/n2588025/n2643314/c23467737/content.html，最后访问时间：2024 年 5 月 27 日。
③ 日常性，是指企业工作日必须面临和解决的问题，包括但不限于从入职到离职各个流程。
④ 集体性，是指基于员工众多，而企业管理具有一致性的特点，企业多项管理并不是对单一员工的管理，而是对众多员工的同时管理。
⑤ 特殊性，是指除日常工作外，对于发生工伤、职业病、"三期"妇女、外国人这类非日常必然发生的事项。

风险管理不能脱离企业的发展战略、管理方式以及经营状况等因素。实践中，我们不难看到，战略方向不明导致的经营业绩下滑、管理方式的不当选择导致公司内部分工以及合作产生的问题等才是真正导致企业用工法律风险凸显的根本原因。

目前，各个企业的人力资源管理部门都在转型，人力资源管理者也在寻求人力资源与企业发展阶段、产业特性等相适应，所以，企业用工法律风险管理作为人力资源以及风险控制的一部分，当然应当适应企业经营和管理的需求。

如何制定适合的用工法律风险管理需要考虑企业自身的情况，主要包括：

1. 公司管理层以及执行层对于企业用工法律风险的认识以及风险偏好

法律风险管理本来应该是企业风险控制的一部分，亦是员工关系管理的重要环节，如果被管理层和执行层视为成本或者 HR 的任务，将很难长期、有效地执行下去。

2. 企业用工法律风险不仅要有定性的分析，还要有定量分析和管理

企业用工法律风险被忽略的原因之一在于法律风险管理往往只有定性分析，而缺乏定量分析。定量分析包括企业合法用工的实际支出成本以及潜在成本（包括劳动合同到期终止经济补偿金等）；企业处理员工关系支出的人力、经济成本（包括处理潜在劳资纠纷，以及实际劳动纠纷等）；员工加班等各项费用支出以及改进空间等。

3. 企业用工法律风险要注重沟通体系的建立，以预防风险的发生为主要目标

用工法律风险的爆发诱因之一在于缺乏及时、有效的沟通，所以，企业用工法律风险管理必须将沟通前置，且应将有效沟通贯穿于企业用工法律风险管理的始终。

（二）企业用工不同的法律风险控制应采取不同的管理方式

国资委要求的岗位合规职责清单，以及流程管控清单，一定程度上就是风险管理的措施。

1. 日常性的法律风险控制应当融入企业管理的每个环节

日常性的用工法律风险控制一定与公司日常管理是融合的，主要包括：

不同用工模式下人员的招聘、录用、合同的订立、履行、变更、解除以及终止。

从企业选择具体的用工方式，到招聘员工，再到员工来到以及离开企业，该过程中涉及的招聘条件、招聘流程、录用条件确定、录用通知、劳动合同订立、劳动合同履行以及变更、劳动合同终止，劳动合同履行过程中有关工资待遇、社会保险福利、各类假期管理等因素均应纳入常规化管理。

该类用工风险点具体融入日常管理的方式为：（1）招聘广告、录用通知、录用

条件、劳动合同①以及相对应的保密、培训、竞业禁止等法律文本的合法合规性审核以及管理制度；(2) 员工工资结构合法合理设置，以及各类待遇享有条件、程序等制度的合法制度；(3) 员工工时制度②的恰当选择，考勤制度以及休假制度；(4) 员工入职登记、岗位薪资调整、离职等流程性表格和文件的合法合规性审核以及管理制度；(5) 基于企业用工自主权对员工行为的管理、惩处制度等。

2. 与多数人利益相关的法律风险在常规管理的同时纳入企业的应急管理体系

与多数人利益相关的事项主要包括：(1) 工作地点的变更；(2) 薪资结构的大幅度调整、工作时间的调整，尤其是降低工资福利待遇；(3) 企业投资人等变更导致管理等变更；(4) 公司因破产、经营发生困难、转产、重大技术革新或者经营方式调整、订立合同时客观经济情况发生重大变化而导致的规模性裁员；(5) 其他与多数人相关的问题，比如供暖补贴的取消等。

该类事项在日常管理中应当予以重视，但不能以日常管理方式来对待。这类问题的解决和管理也不能仅仅依照法律规定，企业在处理这类法律风险时，应当以尊重员工为基础，并通过协商等的方式妥善解决。

3. 企业应当将非常规问题在常态化管理的基础上，通过项目管理的方式加强管理

企业用工过程中，会遇到一些特殊问题，比如发生工伤、医疗期内的员工、"三期"女员工、疑似职业病员工以及签订"竞业禁止"的技术人员和管理人员等特殊人员，另外还包括关联公司用工等，对于这类事项及法律风险的管理，应当通过项目管理的方式进行。

笔者在此以工伤员工为例进行说明，企业遇到工伤发生时，应分为工伤发生时的应急处理、工伤认定、劳动能力鉴定、工伤后续事宜的处理四个阶段。

第一阶段：工伤发生时，企业应当做的工作

(1) 员工因工作发生伤害时，企业应根据情况及时送员工就医，并及时与家属取得联系，第一时间给予员工人文关怀。

(2) 员工所在业务部门应同步通知企业人事部门，由人事部门对以下几点进行梳理：

a. 该员工劳动关系的签订、履行情况；

b. 该员工是否有工伤保险，工伤保险是否连续缴纳，在发生事故伤害的时间点上是否缴纳了工伤保险；

c. 该员工是否有与事故伤害相关的旧病史（该事项有可能需要稍后了解）；

---

① 包括劳动合同，劳动合同变更、协商一致解除合同、合同续签或终止合同等。
② 全日制用工的工时包括标准工时、综合工时和不定时工时三种。

d. 该职工是否为故意造成自身伤害；是否属于故意犯罪；是否属于醉酒或者吸毒。

第二阶段：工伤认定

（1）如果企业初步确定员工属于工伤，则应当依法给予员工停工留薪期，停工留薪期内，原工资福利待遇不变，由企业负责。停工留薪期一般不超过十二个月。如遇停工留薪期满仍需治疗，且未做劳动能力鉴定前，工伤职工可以继续享受工伤医疗待遇，企业无需支付原待遇但应当支付不低于病假工资的生活津贴。

（2）在法定期限内申请工伤认定

企业应当自职工伤害发生或者被诊断为职业病之日起三十日内向统筹地区（一般指注册地）的劳动部门申请工伤认定。如果未按时限提交工伤认定申请，在此期间发生符合《工伤保险条例》规定的工伤待遇等有关费用由企业负担。企业申请工伤认定需要准备的材料如下

a. 工伤认定申请表；

b. 职工与公司签订的劳动合同或者双方存在事实劳动关系的证明材料；

c. 抢救医院或者定点医疗机构出具的初次诊断证明；

d. 遭受伤害职工的身份证、企业证明；

e. 交通事故伤害或者遭受暴力伤害的，需要提交公安部门出具的相应处理证明材料；

f. 复员军人工伤复发的，需要提交本人的《革命伤残军人证》；

g. 劳动部门要求提交的其他材料。

申请人提交的工伤认定材料不完整的，劳动行政部门会一次性告知需要补正的材料。

劳动行政部门自工伤受理之日起六十日内作出工伤认定决定，对权利义务明确的工伤认定申请，应当在十五日内作出工伤认定的决定。决定形式包括认定为工伤、视同工伤，或者不认定为工伤、不视同工伤。

企业或者职工不服工伤认定决定的，可提起行政复议。

第三阶段：劳动能力鉴定

劳动能力鉴定并非员工发生工伤后的必经阶段，一般来说，必须鉴定的情况是，职工发生工伤，经治疗伤情相对稳定后存在残疾、影响劳动能力的情形。但基于劳动能力鉴定关涉着工伤待遇，以及解除劳动合同的情况，企业如无特殊情况，如遇工伤，可以要求员工配合做工伤劳动能力鉴定。为避免职工不配合，企业可以根据情况提前发函告知劳动能力鉴定需要准备的材料，以及拒绝鉴定的法律后果。

（1）申请劳动能力鉴定需要提交的材料

a. 劳动能力鉴定、确认申请表；

b. 提交工伤认定结论、《工伤证》；

c. 工伤医疗机构出具的诊断证明及病历及检查报告（如 X 光片）等资料。

如提供资料不完整的，劳动行政部门会一次性告知申请人补正资料。以北京为例，申请人应在接到告知三十日内补正全部资料，否则视为未提出申请。

（2）劳动能力鉴定的流程

提交的劳动能力鉴定材料齐全后，劳动行政部门会书面通知企业与职工现场鉴定的时间、地点。医疗专家组进行现场鉴定，向病伤职工询问有关的病情，并做必要的临床检查，形成鉴定意见。医疗专家组认为需要做进一步医学检查的，劳动行政部门会书面告知企业或职工。企业或职工需要在规定时间内将检查结果报到劳动行政部门，否则视为未提出申请。

以北京为例，劳动行政部门会自收到鉴定申请之日起六十日内，根据医疗专家组的鉴定意见作出劳动能力鉴定结论，鉴定涉及医疗卫生专业较多、情况复杂的，鉴定期限可以延长三十日。任何一方对作出的鉴定结论不服的，可以在收到该鉴定结论之日起十五日内向北京市劳动能力鉴定委员会提出再次鉴定申请。北京市劳动能力鉴定委员会作出的劳动能力鉴定结论为最终结论。

第四阶段：工伤后续事宜的处理

企业在职工工伤认定和劳动能力鉴定及工伤等级评定后，可以到社保中心做工伤登记和工伤待遇核准事宜。

（1）工伤职工登记需准备如下材料

a. 工伤证（原件）；

b.《工伤认定申请表》；

c.《工伤认定结论表》；

d.《劳动能力鉴定结论》；

e. 职工本人受伤或死亡前十二个月平均月缴费工资证明（目的是为核准待遇），加盖养老保险处章；

f. 参统人员花名册（跨年度须带齐两年的）；

g.《工伤职工登记表》。

（2）工伤待遇核准，需准备、填写如下材料

《一至十级工伤职工待遇核准表》（伤残定级的填报）或者《因工死亡职工工伤待遇核准表》（因工死亡的填报）。

《工伤保险基金支付月报表》《工伤保险基金支付月报汇总表》（一次性的当月填报一次；如有按月支付的则每月均需填报）。

（3）工伤报销

在工伤认定发放工伤证后，且经过工伤职工登记的，可以报销与工伤有关的药费，报销时须准备如下材料：《工伤职工医疗费用报销审批表》；收据、处方、检查

治疗费用明细（须加盖医院收费专用章）。

当然，各地区根据当地社保部门的要求，文件和程序可能稍有差异。

（4）劳动合同继续履行或合法解除

工伤认定以及劳动能力鉴定完成后，劳动合同继续履行还是合法解除将是企业无法回避的问题。

对于因工伤导致不同伤残等级的劳动者，企业与其是否可以解除劳动关系作出了区分规定，一般来说，一级至六级的工伤员工需保留劳动关系。可以解除劳动关系的情形包括：七级至十级伤残的员工劳动合同期满终止，或者员工提出解除劳动合同。当然，如果解除劳动合同的，工伤保险基金支付一次性工伤医疗补助金，用人单位支付一次性伤残就业补助金。①

如果工伤职工存在法定的企业可以单方解除劳动合同的过错行为时，则企业解除劳动合同不受工伤以及工伤级别的限制。这些法定过错行为包括：在试用期间被证明不符合录用条件的；严重违反劳动纪律或用人单位规章制度的；严重失职，营私舞弊，对用人单位利益造成重大损害的；被依法追究刑事责任的。②

（三）与企业用工法律风险管理相配套的其他制度

1. 与企业用工法律风险管理相关的民主制度

《劳动法》规定，劳动者有权参加和组织工会，工会的作用在于其代表和维护劳动者的合法权益。另外，劳动者可以通过职工大会、职工代表大会或者其他形式，参与民主管理或就保护劳动者合法权益与企业平等协商。《劳动合同法》进一步规定，用人单位在制定、修改或者决定有关劳动报酬、工作时间、休息休假、劳动安全卫生、保险福利、职业培训、劳动纪律以及劳动定额管理等直接涉及劳动者切身利益的规章制度或者重大事项时，应当经职工代表大会或者全体职工讨论，提出方案和意见，与工会或者职工代表平等协商解决。

（1）工会在企业用工管理中的作用

《工会法》规定，工会通过平等协商和集体合同制度，协调劳动关系，维护企业职工劳动权益。工会依照法律规定通过职工代表大会或者其他形式，组织职工参

---

① 《工伤保险条例》第三十七条规定："职工因工致残被鉴定为七级至十级伤残的，享受以下待遇：（一）从工伤保险基金按伤残等级支付一次性伤残补助金，标准为：七级伤残为13个月的本人工资，八级伤残为11个月的本人工资，九级伤残为9个月的本人工资，十级伤残为7个月的本人工资；（二）劳动、聘用合同期满终止，或者职工本人提出解除劳动、聘用合同的，由工伤保险基金支付一次性工伤医疗补助金，由用人单位支付一次性伤残就业补助金。一次性工伤医疗补助金和一次性伤残就业补助金的具体标准由省、自治区、直辖市人民政府规定。"

② 《关于贯彻执行〈中华人民共和国劳动法〉若干问题的意见》第三十条规定："劳动法第二十五条为用人单位可以解除劳动合同的条款，即使存在第二十九条规定的情况，只要劳动者同时存在第二十五条规定的四种情形之一，用人单位也可以根据第二十五条的规定解除劳动合同。"

与本单位的民主决策、民主管理和民主监督。具体而言，工会的职能主要包括：

a. 工会有权参与公司相关规章制度的制定、修改和完善，当企业或事业单位违反职工代表大会制度和其他民主管理制度时，工会有权纠正。

b. 工会可以帮助和指导企业与劳动者订立劳动合同，代表员工与企业签订集体合同，如企业侵犯员工利益时，工会有权代为诉讼。

c. 企业采取非过失性或者经济性裁员时，必须征求工会意见，工会如果认为不适当，可以向企业提出意见。

d. 工会认为企业存在侵犯劳动者利益的情形，包括但不限于克扣工资、劳动安全卫生不合格、劳动时间过长、女职工及未成年特殊权益得不到保护等，工会有权代表员工进行交涉，并提出改正要求，拒不改正的，工会可以要求政府处理。

e. 企业与员工发生纠纷时，工会可以介入调解。

上述列举并未穷尽工会的职责范围，但如果公司设立了工会，首先，工会应当确保合法合规运行；其次，企业应当了解工会在职工管理中的作用，利用并切实保障工会的正常工作。

当然，并非所有的企业都必须设立工会，但如果企业员工组织设立工会，企业不得阻挠员工设立工会，且应当依法为员工设立工会提供帮助。

（2）职工代表大会

职工代表大会在代表职工制定规章制度，集体合同等方面发挥着重要作用，国家层面对于职工代表大会的相关规定有《全民所有制工业企业职工代表大会条例》以及中华全国总工会办公厅《关于规范召开企业职工代表大会的意见》，各地有关于职工代表大会的相关规定，比如《山东省企业职工代表大会条例》《上海市职工代表大会条例》《辽宁省职工代表大会规定》《湖南省职工代表大会条例》等。

所以，企业如何建立职工代表大会可能要根据各地情况予以确定，但通用性的方面包括：职工代表的选择、职工代表的组织形式、职工代表的职权等。

2. 与劳动纠纷相关的争议解决机制

《劳动争议调解仲裁法》规定，发生劳动争议，劳动者可以与用人单位协商，也可请工会或者第三方共同与用人单位协商，达成和解协议。《劳动合同法》也规定，县级以上人民政府劳动行政部门会同工会和企业代表，建立健全协调劳动关系的三方机制，共同研究解决有关劳动关系的重大问题。

基于劳动纠纷发生无法避免的现实状况，企业在用工法律风险管理中，应当将法律纠纷解决机制进行规定，并且应通过内部协商、调解的方式解决。

任何管理的背后都是成本的支出和职责的落实，所以，企业在人力资源合规管理过程中必须考虑到企业的实际需求以及相对应的管理投入。

三、企业用工法律风险的处置

企业用工法律风险无法避免，一般来说，法律风险外化方式包括但不限于仲裁、诉讼、劳动监察等，所以，法律风险的处置机制、工作流程应当是企业用工合规建设的重要组成部分。

（一）企业应当建立企业用工法律风险报告制度

由于管理存在纵深，法律风险建设中应当将法律风险外化前以及外化后的报告制度予以明确，该报告制度需要与企业现行的管理体制相适应。

（二）企业应当建立法律风险处理的工作机制

由于人员的管理至少涉及具体用人部门、人力资源管理部门、财务部门、工会以及法律部门等，所以，法律风险外化后的处置机制必然需要相关部门的协作以及牵头部门的确立。

不论是仲裁诉讼或者劳动监察等，法律风险的外化类型是相对固定的，为此，法律风险建设应当将法律风险的工作流程予以明晰，便于工作的及时、顺利推进。

法律风险发生后，需要判断法律风险处置是否需要外部支持，外部支持包括但不限于相关监管部门、专业机构等。同时，亦需要确定获取相关外部支持的路径，而这些需要与企业现行的其他制度匹配。

（三）企业应当建立法律风险处置后的流程优化制度

风险建设应该是一个动态的、循环的和持续的过程，法律风险处置后应当评估风险发生的原因等，以便优化风险建设。

四、企业用工合规建设的误区

1. 企业用工合规并不是目的，构建和谐劳动关系，进而助推企业持续发展才是企业用工合规建设的终极意义

任何企业，如果为了合规而合规，则失去了合规管理的真正意义，合规建设的目的必须是对企业经营和管理负责，因此，任何时候都应当秉承"用工合规的目的在于构建符合企业发展的企业与员工的关系"这一理念开展企业合规性建设。在建构企业用工合规的过程中，企业得以发展，员工得以提升，各得其所。

2. 企业用工合规不是一个项目，合规用工是企业健康的运行模式，应当融入企业日常管理的每一个环节

如果企业用工合规不能融入企业日常管理的每一个环节，企业用工合规管理的效果将大打折扣。企业合规用工的过程中，企业会让员工明确地知道自己享有的权利和应当承担的义务，如此，企业劳资关系变得清晰、明确，用工关系的稳定性将

得到进一步增强。

3. 企业用工合规与员工关系建立并不矛盾，合规建设并不影响企业通过文化等方式管理员工关系，亦不会使员工关系停留在冷冰冰的法律层面

企业对员工的管理策略和方式具有多样性，人情管理、企业文化渗透等企业员工管理技巧在企业日常运行中发挥着重要的作用。合规性建设的基础是法律的相关规定，法律规定的刚性特点给合规性管理带来明确、清晰等优势之外，也使得人们对其产生了"冰冷"的印象。但从本质上讲，合规性建设并不影响企业用更人性化的方式对员工进行管理，而明确提出合规建设，反而更有利于让企业的人情管理走得更久远。因为规则不因管理层的变更而变化，这种稳定性对于员工而言意义更大。

4. 企业用工合规并不必然导致企业用工成本的增加，建立适合公司发展的企业合规制度将能为企业创造价值

适合的制度能创造价值，应该任何人都不会反对。用工合规并不仅仅是要求企业在薪资待遇、社保福利等方面合规，更重要的是让企业用制度化的方式构建员工关系。因此，企业用工合规建设本质上来讲是制度建设的一种，对优化企业治理模式、推动"依法治企"具有重要的推动作用，也正是在这个层面，企业用工的合规性建设是为企业创造价值的活动。

第三节　规章制度制定、公示与适用

企业从筹建到经营，再到注销的整个生命周期中，与劳动者的关系始终是无法回避的问题之一。企业对员工的招聘、录用、管理是否合法亦关系到企业能否发展、壮大。某些情况下，与劳动关系是否妥善处理，关系着企业的生死存亡。

企业不分大小、无论性质都需要与劳动者构建一个共赢的劳动关系。那企业如何才能与员工构建共赢的关系，企业在员工日常管理方面如何做能尽可能减少劳资纠纷？本节将从规章制度的制定、公示与适用进行分析。

《劳动合同法》第四条第一款规定，用人单位应当依法建立和完善劳动规章制度，保障劳动者享有劳动权利、履行劳动义务。因此，建立完善的劳动规章制度是每个公司应尽的责任。并且，完善的规章制度不仅能够保障公司合法有序地运行，降低公司的运营成本，而且能够有效防范公司劳动用工法律风险，减少劳动纠纷，从而为公司的持续性发展和公司文化的沉淀奠定了基础。反之，不合法、欠缺严密性的规章制度将成为公司发展的障碍。

在处理公司与劳动者纠纷过程中，我们深切地体会到，不少公司对规章制度的重视程度不足：将聘请专业公司所制定的健全的规章制度束之高阁；没有规章制度

或制定程序不合法；即使有规章制度，其规章制度内容与实际的不符合亦导致规章制度无法适用等。当然，笔者见到的更多的问题是公司无意之间为自己适用规章制度增加难度而浑然不知，导致违法解除劳动合同等情况的发生。比如，笔者遇到过某大型物流集团，其规章制度有上千页，其中就员工行为一章中规定："员工应当服从单位对其工作的安排，员工无故不服从工作安排超过3次，且给用人单位造成严重损失的，视同违反公司重大规章制度。"这样的规定乍看没有问题，然而，实际使用时，公司至少面临两个问题：第一，如何理解"无故"；第二，如何衡量"造成严重损失"。比如公司的某员工，其职务为长途司机，但其离异后，由于无人看管小孩，他无法出车跑长途，在此情况下，该员工拒绝公司工作安排是否为无故？现实中，公司就以此为由单方解除了与劳动者的劳动关系。而劳动者申请仲裁，要求确认用人单位解除劳动关系违法，应当支付相应的经济赔偿金。劳动仲裁以用人单位明知劳动者实际情况，劳动者拒绝工作安排并非故意，且未给公司造成重大损失为由裁定用人单位解除劳动关系违法。

根据《最高人民法院关于审理劳动争议案件适用法律问题的解释（一）》第五十条第一款的规定，用人单位根据劳动合同法第四条规定，通过民主程序制定的规章制度，不违反国家法律、行政法规及政策规定，并已向劳动者公示的，可以作为确定双方权利义务的依据。公司规章制度就是公司内部的"法律"。但是，公司规章制度应当有合理的边界，而不能任意规定，例如公司规章制度不得规定员工"不允许乘坐'黑车'，违者以开除论处"[1]。

既然规章制度是公司内部的"法律"，那规章制度必须解决以下三个层面的问题：第一，规章制度内容的合法性和合理性；第二，规章制度制定程序的合法性；第三，规章制度内容的适用性以及规章制度的执行。

一、规章制度内容的合法性和合理性

规章制度内容涉及公司管理各个方面，包括财务制度、合同管理制度、休假管理制度、薪酬和福利制度、奖惩制度、绩效考核制度、培训制度、报销制度、商业秘密保护制度、车辆使用管理制度等，但限于篇幅所限，本章不能全面介绍各个制度如何起草。基于公司防范劳动用工风险的现实必要，本章主要探讨用人单位规章制度的内容的合法性和合理性。

---

[1] 参见《江苏法院2011年度劳动争议十大典型案例》之案例七：用人单位依据不合理的规章制度解除劳动合同的后果。张某乘坐"黑车"的行为发生在张某休息日，公司不能以生产经营期间的规章制度来约束劳动者休息期间的行为。因此电子公司以张某乘坐非法营运车辆为由作出解除与张某劳动关系是违法解除，应当支付张某经济赔偿金。载江苏法院网，http：//www.jsfy.gov.cn/article/91535.html，最后访问时间：2024年6月27日。

(一) 规章制度的合法性

1. 规章制度的制定主体

制定主体的合法性是指在公司实际经营过程中，除以公司名义制定的规章制度外，各个部门亦有不同形式的制度，如果不妥善处理公司制度和部门制度的关系，就会出现制度主体不适格的问题。按笔者理解，执行某一职能的公司部门如生产部、销售部、财务部等，虽然可以参与公司规章制度的制定活动，但是该规章制度在发布时应以公司的名义发布。如果以某一部门的名义公布，往往会面临制定主体不适格的法律风险，在出现涉及规章制度的劳动纠纷时，会遭受该规章制度仅对该部门员工有效、对其他部门员工没有约束力的抗辩而导致败诉。

为此，我们理解公司规章制度应当是由对公司事务及其所有员工实施统一管理的机构制定，并以公司名义颁布实施的某一规范性文件。实践中，公司在制定规章制度时一般授权人力资源部门或者行政部门制订，最终以公司名义发布。

不仅如此，集团公司还要注意另外一个问题，就是集团公司的规章制度不能直接当然适用于子公司。由于公司具有独立性，所以，集团公司的有关制度要想在子公司适用，子公司应当通过合法的方式将相关制度内化为自己的制度。企业在管理中必须了解管理上的"一家"与法律主体是两个概念。

2. 规章制度制定内容的合法性

公司制定规章制度既是法律规定的义务，也是法律赋予的权利。基于劳动关系主要体现在用人单位对劳动者的管理，而规章制度是用人单位管理劳动者的重要工具。实践中，法律允许公司根据自身的实际情况，将法律法规条款具体化，并根据公司自身的管理理念、业务特点等制定相应的操作规范。

虽然公司有制定规章制度的权限，但并非不受任何限制。根据《最高人民法院关于审理劳动争议案件适用法律问题的解释（一）》第五十条第一款的规定，用人单位根据劳动合同法第四条规定，通过民主程序制定的规章制度，不违反国家法律、行政法规及政策规定，并已向劳动者公示的，可以作为确定双方权利义务的依据。公司的规章制度必须在现行法律框架内进行制定。这里的"合法"应作广义的理解，指符合所有的法律、法规和规章的规定，具体包括：宪法、法律、行政法规、地方性法规、民族自治地方还要依据该地方的自治条例和单行条例，以及关于劳动方面的行政法规。

除此之外，规章制度通常亦不应违反国家的政策规定，否则，公司的规章制度也不能作为裁判依据。按笔者理解，政策内容相对法律、行政法规比较广泛，涉及经济政策、社会保险等方方面面。

3. 规章制度制定程序的合法性

(1) 规章制度制定的民主程序

《劳动合同法》第四条第二款规定："用人单位在制定、修改或者决定有关劳动报酬、工作时间、休息休假、劳动安全卫生、保险福利、职工培训、劳动纪律以及劳动定额管理等直接涉及劳动者切身利益的规章制度或者重大事项时，应当经职工代表大会或者全体职工讨论，提出方案和意见，与工会或者职工代表平等协商确定。"这就表明公司规章制度的制定是一个民主表决和集体协商的行为，而不再是职能部门制定、高层管理表决的过程。

具体来看，该法条对规章制度的民主程序提出了三个步骤：第一，公司起草的规章制度草案应当提交职工代表大会或者全体职工讨论，即有职工代表大会制度的，应当将规章制度草案交由职工代表大会讨论，没有职工代表大会制度的，应当交由全体职工讨论；第二，由职工代表大会代表或全体职工在阅览后提出方案和意见，并反馈给公司主管部门或起草部门；第三，公司主管部门或草案起草部门与工会或者职工代表平等协商确定规章制度的最终内容。

由于规章制度的制定必须经过民主程序，为了避免今后发生纠纷时难以举证，公司应当注意保留职工代表大会或者全体职工讨论及与工会或者职工代表协商的书面证据，如与会人员签名的历次讨论会议记录、参与人员签名的规章制度协商确定过程中的历次书面材料等。

另外，需要注意的是，以上所称的规章制度是指诸如劳动报酬、工作时间、休息休假等直接涉及劳动者切身利益的制度，并非公司所有的制度，像财务制度、合同管理制度等就不属于以上所指的规章制度范畴。换句话来说，只有直接涉及劳动者切身利益的规章制度的制定，公司才需要也必须经过以上民主程序。

用人单位未经民主协商制定程序制定的规章制度并不当然无效，实践中，如果用人单位在2008年《劳动合同法》实施之前制定并实施的规章制度，因当时法律并未要求必须经过民主程序，为此，若用人单位规章制度是向劳动者公示的，则可以作为用人单位的管理依据。对于2008年《劳动合同法》实施之后，规章制度未经民主程序制定，实践中有不同的理解。大部分地区，仍然严格适用《劳动合同法》对规章制度民主程序的要求，即不经民主程序制定、修改的规章制度不能作为用人单位用工管理的依据，亦不能作为裁判依据。

（2）规章制度的公示

《劳动合同法》第四条第四款规定："用人单位应当将直接涉及劳动者切身利益的规章制度和重大事项决定公示，或者告知劳动者。"由此可知，规章制度制定出来以后并不当然地对员工产生约束力，必须要经过公示程序，确保员工知晓规章制度的内容。换句话说，规章制度是否已向劳动者公示直接决定用人单位在劳动纠纷案件中的成败。司法实践中，劳动者往往以规章制度未公示为由拒绝在劳动争议案件中适用规章制度，而用人单位往往也无法提供已经公示的证据，致使用人单位在本应胜诉的案件中败诉。根据实践经验，从便于用人单位举证角度出发，对于规章制度的公示，建议选择以下方法：

a. 劳动合同约定法。将规章制度以附件的形式作为劳动合同的组成部分，劳动者签署劳动合同将视为对规章制度的知晓与认可。但这个方法的问题在于如果规章制度变更，劳动合同亦应签订变更协议。

b. 员工手册发放法。将规章制度编制成册，向每位员工予以发放，并由员工在签收表上签名确认。

c. 会议宣传法。用人单位通过召开会议向员工介绍规章制度，注意做好会议纪要，详细记录会议召开的时间、地点、与会人员、会议内容，并将会议纪要与与会人员签到表留存备查。

d. 传阅法。将规章制度交由每位员工阅读，并制作声明书，内容为对规章制度"已阅读"并且承诺"遵守"，由员工在声明书上签名确认。

e. 规章制度考试法。公司以规章制度内容作为考试大纲，挑选重要条款设计试题，组织员工进行开卷或闭卷考试，并将试卷作为员工的档案资料保存。

实践中，一旦发生争议，用人单位能否举证向劳动者公示规章制度至关重要。一般来说，对于新入职的劳动者采取员工手册发放、劳动合同约定等方式简单、具有可操作性；但对于劳动者入职后制定或修改的制度，用人单位采取规章制度考试法等则更有效。

（二）规章制度内容的合理性

法律将规章制度的制定权利授予公司后，除了合法性之外，还产生"规章制度合理性"的问题。由于现实社会的复杂性和多变性，法律不可能对所有问题面面俱到，作出详尽的规定，而大多需要公司在规章制度中予以明确。例如，《劳动合同法》第三十九条规定："劳动者有下列情形之一的，用人单位可以解除劳动合同：……（二）严重违反用人单位的规章制度的；（三）严重失职，营私舞弊，给用人单位造成重大损害的……"但是，何谓"严重违反""重大损害"，法律并没有作出进一步规定，公司应当根据其所处的行业、员工从事的岗位、担任的职务等具体情况，在规章制度中合理确定员工违章和损失的"度"。如果公司在规章制度中不予界定或者界定得不合理，界定权就交给了仲裁机构或者法院，导致公司失去了主动权，败诉的概率也就相应增加了。因此，公司不仅要在规章制度中对法律未加以明确的内容予以规定，而且还要在合理范围内，使该规定具有合理性。至于如何把握合理和不合理的"度"是一个难点。一般情况下，如果该规章制度能够得到公司大多数员工的认同，那就是合理的，相反则可以认为该规定存在问题，不会得到法院的支持。例如，在加油站工作的员工抽烟属于严重违纪，予以解除劳动合同，这是合理的，而在写字楼里工作的员工因为抽烟违纪而被开除就显得不合理了。

综上所述，公司在制定规章制度时，为了使其真正成为公司的管理准则，并在发生劳动纠纷时可以作为法院审理案件的依据，掌握主动性，降低劳动用工风险，就要保障各项规章制度符合法律规定，同时还应具有合理性。

合理性的判断实际上主要体现在奖惩上，尤其是惩罚上，用人单位对于惩罚的目的、惩罚的方式以及惩罚的梯度、惩罚的程序等均应有相关的合理规定。在合理性的掌握上，举一个例子，就是关于旷工的问题。实践中，任何企业对于旷工都有相关的规定，包括未按照规定请假的视为旷工等基本上在每个企业的规章制度中都有规定，那类似这样的规定能否视为严重违反公司规章制度，进而成为公司解除劳动合同的理由呢？

原《企业职工奖惩条例》第十八条规定，职工无正当理由经常旷工，经批评教育无效，连续旷工时间超过十五天，或者一年以内累计旷工时间超过三十天的，企业有权予以除名。虽然该规定已经失效，但规定体现出来的处罚机制值得每个用人单位学习。具体而言：第一，就旷工行为，处罚措施包括批评教育、解除劳动合同两种，并且，两种处罚措施之间存在梯次；第二，旷工的时间，不是一天或两天，当然，是否一定要十五天，或者到底规定几天合理，可能需要根据公司实际情况确认。

用人单位规章制度的制定，尤其是解除劳动合同部分，一定要充分考虑到合理性的问题。

二、规章制度的适用

实践中，法院在处理劳动争议案件时常常会遇到这样的情形，既有内部规章制度又有签订的劳动合同，而规章制度、劳动合同都是法院处理劳动争议的重要依据，那么案件裁决究竟是依据内部规章还是劳动合同呢？从本质上来讲，规章制度与劳动合同并无不同，都是企业管理的工具；从内容上来看，规章制度与劳动合同相辅相成，规章制度大多是对劳动合同条款的细化或增补，使其更具有现实可操作性。但是，在实践中，就同一事项，规章制度与劳动合同存在分歧，甚至是存在冲突与矛盾的情况也时有发生，一旦产生涉及该事项的劳动纠纷时，法院将要面临选择，是适用规章制度还是劳动合同，而以何者作为依据将直接导致裁判结果的差别，对当事人的权利义务也会产生重大影响。

《最高人民法院关于审理劳动争议案件适用法律问题的解释（一）》第五十条第二款规定："用人单位制定的内部规章制度与集体合同或者劳动合同约定的内容不一致，劳动者请求优先适用合同约定的，人民法院应予支持。"因此，在司法实践中，法院是以劳动者的请求来决定适用规章制度或劳动合同，无论劳动者要求优先适用规章制度还是劳动合同，都应当予以支持。这样一来，劳动纠纷案件的审理中，劳动者就掌握了主动权，可以请求法院适用对自己最有利的规定，而用人单位则处于被动地位，败诉概率也就相应增加了。为了避免规章制度与劳动合同约定不一致而产生的以上法律风险，用人单位应当在制定内部规章制度和劳动合同时注意保持二者内容的一致性，统一由公司法务部门或聘请的专业律师对内部规章制度和劳动合同进行前期审核，必要时也可以在劳动合同中设定规章制度优先条款，即劳动合同与规章制度的规定不一致时，以规章制度为准。

第四节　企业用工流程管理

企业用工的流程如下图所示，本部分笔者主要介绍企业用工各流程中应当注意的问题。

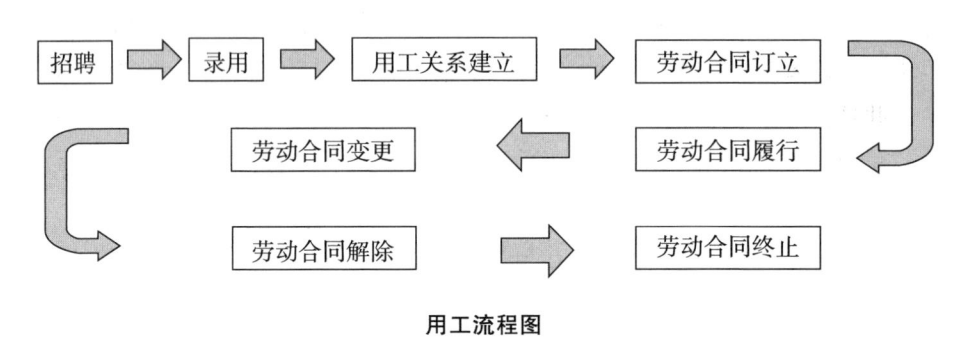

招聘 → 录用 → 用工关系建立 → 劳动合同订立 → 劳动合同履行 → 劳动合同变更 → 劳动合同解除 → 劳动合同终止

用工流程图

一、入职管理

我们在处理用人单位与劳动者纠纷过程中发现，不少纠纷产生的根源之一在于入职管理不到位，比如未要求劳动者提供离职证明，导致用人单位承担连带责任；未及时办理社保登记转移，导致社保出现空档，一旦发生工伤，用人单位承担全部责任等。为此，劳动者的入职管理对于任何一家公司都至关重要。并且，对于劳动者的入职管理并非始于劳动合同签订，而是始于招聘启事的公布。

（一）录用条件的设定

用人单位在录用条件设置时，不得设置歧视性录用条件。用人单位的招聘条件一旦构成歧视，劳动者可以要求用人单位撤销歧视性条件，平等竞争，平等录用，并可以请求损害赔偿。

（二）入职审查

《劳动合同法》第八条规定："……用人单位有权了解劳动者与劳动合同直接相关的基本情况，劳动者应当如实说明。"这里所指的基本情况一般包括年龄、学历、工作经验、工作技能、身体状况以及是否与原单位已解除劳动关系等。所以，用人单位对员工进行入职审查具有法律依据，用人单位不对劳动者进行严格的入职审查，将会为其带来极大的风险与隐患：一是劳动者无法胜任工作，不仅浪费公司的福利待遇，而且可能会影响公司的正常运作；二是劳动者以欺诈手段入职，可导致劳动合同无效，企业不仅要面临招聘成本重置，还可能会陷入劳动争议之中；三是企业若招用了与其他用人单位尚未解除或者终止劳动合同的劳动者，给其他单位造成损失的，还要承担连带赔偿责任。

因此，用人单位应当重视对新员工的入职审查，以减少各种可能的法律风险，保护自己的合法权益。

1. 原劳动关系情况

首先，用人单位需要对劳动者与原工作单位是否仍然存在劳动关系进行审查。《劳动合同法》第九十一条规定："用人单位招用与其他用人单位尚未解除或者终止劳动合同的劳动者，给其他用人单位造成损失的，应当承担连带赔偿责任。"

为了避免陷入不必要的诉讼、承担不必要的赔偿责任，在录用员工时，用人单位应当注意询问员工与原工作单位的劳动关系是否已经终止。依据该员工的叙述，已经解除了劳动关系的，则要求其提供解除或终止劳动合同的凭证，并保留原件，若提供证明确有困难的，可以考虑由员工签署相应的承诺书；如该员工尚未解除与原单位的劳动合同，或尚未办理完离职手续，则要求其提供原单位出具的同意该员工入职的书面证明。

其次，用人单位需要对劳动者是否存在诸如保密、竞业限制等后合同义务进行审查。在一些情况下，劳动者与原用人单位之间的劳动合同虽然已经履行完毕或解除，但仍然要对原公司承担如保密、竞业限制等义务。如果新单位忽略对新员工，特别是高级管理人员及关键技术人员等需要承担这些义务的员工的入职审查，原单位可能以该员工泄露了其商业秘密并且给其造成损失为由，将该员工与新单位一起告上法庭，新单位将因此而受到牵连，陷入不必要的法律纠纷。因此，用人单位在聘用新员工时，应主动询问其对原单位是否存在保密义务或竞业限制义务，并及时采取相应的措施来防范由此可能带来的法律风险。具体风险防范措施如下：询问劳动者与原用人单位是否有竞业限制的约定，对于表示未承担任何竞业限制义务的劳动者，要求其签署书面承诺，对于在竞业限制期内的劳动者，要求其出具与原工作单位不存在竞争关系的证明。此外，用人单位还可以在规章制度中将故意隐瞒与原单位的竞业限制义务规定为欺诈行为，主张劳动合同无效以解除劳动合同，并且不支付经济补偿金。询问劳动者是否与原用人单位订有保密协议，对于表示未承担保密义务的劳动者，要求其在合同或员工登记表中作出声明或保证，对于承担保密义务的劳动者，则要求其作出不利用原单位的保密信息为本单位服务的书面保证。

2. 个人基本信息

（1）身份信息

用人单位应当审查员工身份，尤其要核实员工年龄。对员工身份疏于审查可能导致以下法律风险：一是员工身份虚假。员工身份造假会增加用人单位的用工风险，如用人单位对造成单位损失后擅自离职的员工追究责任十分困难，最终有可能导致单位损失无法弥补；如一旦发生工伤，社保可能拒绝偿付，导致用人单位可能因承担医疗费用而产生损失。二是员工年龄不满16周岁。用人单位与不满16周岁的劳动者签订合同，此合同不仅会因为违反法律的强制性规定而无效，从而增加用人单位的时间成本和金钱成本，而且用人单位有可能会面临行政处罚。

为了最大限度地避免录用到身份造假的劳动者、避免录用到未满16周岁的劳动者，用人单位应当要求入职员工出示身份证，留存身份证复印件，并要求员工对身份证件的真实性作出书面承诺。必要时，可登录身份证件查录网站对劳动者身份进行核实。

（2）教育背景、工作经历信息

用人单位在招聘时往往将应聘者的教育背景以及工作经历作为是否录用该劳动者的决定性因素。因此，如果劳动者向用人单位提供虚假的学历或工作经历信息达到欺诈的程度，致使用人单位当初招录该劳动者的动因消失，可能会导致劳动合同无效。此外，教育背景及工作经历的虚假可能意味着劳动者工作能力的不足，使用工效果大打折扣，延迟用人单位招用某种资质员工所要实现的目标，严重的会影响用人单位的正常运作。

为了避免以上风险给用人单位带来麻烦，对于劳动者教育背景的核实，用人单位应当要求劳动者出示毕业证书以及学历学位证书，留存复印件，并通过教育部学历查询机构查询其学历；对于劳动者工作经历的审查，用人单位应当要求劳动者在员工登记表中填写详细的工作经历，包括起止时间、工作单位、职务以及证明人相关信息，并通过拨打工作经历证明人的电话向其进行核实，如果企业没有员工登记表，则要求员工在个人简历上签字确认信息真实无误或者对简历内容的真实性作出书面承诺。此外，对关键岗位的员工，必要时可以委托专业调查机构对其进行必要的背景调查。

（3）健康状况信息

用人单位在雇用新员工时，应当在不违反法律的前提下注重对新员工的身体健康状况，尤其是对是否患有职业病进行审查。

实践中，对于新员工的健康状况审查，用人单位应当注意避免两种倾向：一是疏于审查；二是过于审查。一些企业为了节约成本，省略入职体检环节，从而使录用到患有疾病，甚至是职业病的劳动者的风险大大提高。从企业运作上来看，如果入职员工患有一般疾病或职业病，不仅会影响其本职工作，浪费企业的人力资源，而且若是具有传染性还会对其他员工造成伤害，更加影响企业正常的生产经营活动。从法律后果上来看，如招用了患有一般疾病的劳动者，根据《劳动合同法》第四十条、第四十二条的规定，劳动者患病或者非因工负伤，在规定的医疗期内的（通常为三个月），用人单位不得解除劳动合同，在规定的医疗期满后不能从事原工作，也不能从事由用人单位另行安排的工作的，用人单位可以解除劳动合同，但需要履行相应的程序，并支付相应的经济补偿金和医疗补助费；如招用了患有职业病的员工，用人单位付出的代价会更大，按照《职业病防治法》规定，员工在工作中被发现患有职业病，除非用人单位有证据证明员工的职业病是由先前用人单位的职业危害造成的，否则就要承担相应责任。由此看来，用人单位注重眼前小利，对入职员工的身体健康状况疏于审查，可能造成将来一系列的烦琐程序以及更多不必要的费用支出，弊大于利。还有一些企业对于入职员工的身体健康状况过于关注，对新入职员工进行超常规范围检查，除非是特殊行业有特殊规定，否则该行为侵犯了他人隐私，涉嫌就业歧视。

综上所述，用人单位应当对劳动者的原劳动关系情况、个人基本信息以及健康状况信息进行入职审查，并通过采取以上方式防范可能发生的风险。除此之外，为了使用人单位用工风险防范措施更加完备，可以在劳动合同或员工登记表中加入声明条款，即"本人保证提供的学历证明、资格证明、工作经历等资料真实，作出的书面承诺与事实相符，如有虚假，公司可以立即解除劳动合同，并不予经济补偿"。

（三）入职告知

《劳动合同法》第八条规定："用人单位招用劳动者时，应当如实告知劳动者工作内容、工作条件、工作地点、职业危害、安全生产状况、劳动报酬，以及劳动者要求了解的其他情况……"第二十六条规定："下列劳动合同无效或者部分无效：（一）以欺诈、胁迫的手段或者乘人之危，使对方在违背真实意思的情况下订立或者变更劳动合同的；（二）用人单位免除自己的法定责任、排除劳动者权利的；（三）违反法律、行政法规强制性规定的。对劳动合同的无效或者部分无效有争议的，由劳动争议仲裁机构或者人民法院确认。"因此，如实告知劳动者工作内容、工作条件、工作地点、职业危害、安全生产状况、劳动报酬以及劳动者要求了解的其他情况是用人单位的法定义务，应当自觉履行，否则用人单位可能会遭受劳动合同被认定为无效合同的法律风险，从而向劳动者支付经济补偿金和赔偿损失，甚至需要承担更加严重的法律责任。例如，未对劳动者如实告知职业危害的，依据《职业病防治法》的规定要对用人单位处以 2 万元至 5 万元的罚款。

实务操作中，从举证角度考虑，用人单位应当以书面告知形式向劳动者履行告知义务，并保留相关证据。具体说来，用人单位可以采取以下三种告知方式：

第一，在员工入职登记表中声明。在员工入职登记表中设计相关声明："单位已经告知本人工作内容、工作条件、工作地点、职业危害、安全生产状况、劳动报酬以及本人要求了解的其他情况，本人在此签名，视为已接受单位告知的上述情况。"由员工在此声明处签名确认。

第二，在劳动合同中详细列明告知事项及内容。将劳动者的工作内容、工作条件、工作地点、职业危害、安全生产状况、劳动报酬以及其他情况写入劳动合同或列入劳动合同附件，并由劳动者在劳动合同上签名确认，由此证明用人单位履行了告知义务。

第三，单独制作告知书。将已经口头告知劳动者的工作内容、工作条件、工作地点、职业危害、安全生产状况、劳动报酬以及劳动者要求了解的其他情况制作成书面形式的告知书，请劳动者签字认可，并留存，作为用人单位履行了告知义务的证据。

（四）禁止要求担保、禁止收取"风险抵押金"

实践中，用人单位为了保护自身的利益，在招聘员工时，尤其是招聘掌握用人单位财产的劳动者时，往往要求其提供担保或者"风险抵押金"。然而，《劳动合同法》第九条规定："用人单位招用劳动者……不得要求劳动者提供担保或者以其他名义向劳动者收取财物。"第八十四条第二款规定："用人单位违反本法规定，以担保或者其他名义向劳动者收取财物的，由劳动行政部门责令限期退还劳动者本人，并以每人五百元以上二千元以下的标准处以罚款；给劳动者造成损害的，应当承担赔偿责任。"因此，用人单位不得要求劳动者提供担保或者以其他名义向员工收取财物，否则用人单位不仅要将收取的财物返还劳动者，而且还将面临行政处罚、赔偿员工损失等法律风险。

因此，用人单位只能通过内部监控等其他途径来保障自身的利益，不得要求劳动者提供担保或者以其他名义向劳动者收取财物。注意"其他名义"的范围极广，例如培训费、服装费、违约金等。法院在鉴定是否为法律所禁止的"以其他名义收取的财物"时，不注重名称，只是关注实质。用人单位应确保其"以其他名义向劳动者收取的财物"不构成法律上所禁止的风险抵押金。

（五）用人单位应及时办理社会保险登记，依法为劳动者缴纳社会保险费

依照《社会保险法》等相关法律规定，用人单位应当自用工之日起三十日内为其职工向社会保险经办机构申请办理社会保险登记。用人单位在三十日内未为新录用员工办理社保登记，将承担相应的法律责任。第一，用人单位未依法办理社会保险登记、拖欠社会保险费的，将受到罚款等行政追责。第二，用人单位不办理社会保险登记，导致劳动者无法享受社会保险待遇的，一旦因此给劳动者造成损失的，用人单位应负赔偿责任。第三，如果用人单位不办理社会保险登记，一旦发生工伤，用人单位只能自行承担《工伤保险条例》规定的所有支付项目。

二、劳动合同的签订

（一）劳动合同订立时间与形式

《劳动合同法》第八十二条规定："用人单位自用工之日起超过一个月不满一年未与劳动者订立书面劳动合同的，应当向劳动者每月支付二倍的工资。"《劳动合同法》第十四条第三款规定："用人单位自用工之日起满一年不与劳动者订立书面劳动合同的，视为用人单位与劳动者已订立无固定期限劳动合同。"由此可以看出，用人单位忽视劳动合同签订的时间或者未以书面形式订立劳动合同，将增加用工成本。

（二）劳动合同条款

1. 劳动合同欠缺法律规定的必备条款

《劳动合同法》第八十一条规定："用人单位提供的劳动合同文本未载明本法规定的劳动合同必备条款……由劳动行政部门责令改正；给劳动者造成损害的，应当承担赔偿责任。"《劳动合同法》第十七条第一款规定："劳动合同应当具备以下条款：（一）用人单位的名称、住所和法定代表人或者主要负责人；（二）劳动者的姓名、住址和居民身份证或者其他有效身份证件号码；（三）劳动合同期限；（四）工作内容和工作地点；（五）工作时间和休息休假；（六）劳动报酬；（七）社会保险；（八）劳动保护、劳动条件和职业危害防护；（九）法律、法规规定应当纳入劳动合同的其他事项。"因此，用人单位应当将以上必备条款纳入劳动合同中，否则将面临向劳动者承担赔偿责任的风险。

2. 劳动合同条款约定不明

劳动合同是确定企业与员工之间权利义务关系的凭证，同时也是处理劳动纠纷的重要证据。若劳动合同约定不明，一旦发生劳动纠纷，用人单位将处于被动地位。

总之，为了避免因欠缺必备条款或条款约定不明带来的上述法律风险，建议用人单位在起草劳动合同时采用律师起草的合同文本，或者在劳动合同文本起草后由律师进行审订。

（三）试用期

用人单位在录用劳动者时与劳动者约定试用期是实践中的普遍做法，但是约定的试用期条款若违反法律规定，将会给企业带来风险，造成损失[1]。为了防范法律风险，用人单位应当注意以下事项：

---

[1] 《劳动合同法》第八十三条规定："用人单位违反本法规定与劳动者约定试用期的，由劳动行政部门责令改正；违法约定的试用期已经履行的，由用人单位以劳动者试用期满月工资为标准，按已经履行的超过法定试用期的期间向劳动者支付赔偿金。"

第一，用人单位在约定试用期时应当注意不要超过法律规定的最长期限。《劳动合同法》第十九条第一款规定："劳动合同期限三个月以上不满一年的，试用期不得超过一个月；劳动合同期限一年以上不满三年的，试用期不得超过二个月；三年以上固定期限和无固定期限的劳动合同，试用期不得超过六个月。"

第二，用人单位应当注意禁止约定试用期的两种情形。以完成一定工作任务为期限的劳动合同或者劳动合同期限不满三个月的，以及非全日制用工的，不得约定试用期。

第三，用人单位应当遵守法律关于试用期内最低工资的规定。《劳动合同法》第二十条规定："劳动者在试用期的工资不得低于本单位相同岗位最低档工资或者劳动合同约定工资的百分之八十，并不得低于用人单位所在地的最低工资标准。"

三、劳动合同的履行和变更

用人单位与劳动者在双方劳动关系确定后，劳动合同的依约履行是双方最希望看到的，然而，合同履行过程中工作岗位、工作地点、薪资等问题的变更不可避免，本部分主要讲述劳动合同的履行与变更。

（一）劳动合同履行

劳动合同的履行，是指用人单位与劳动者按照劳动合同、国家规定，全面、合法履行各自的义务，享有各自的权利。《劳动合同法》规定了劳动合同履行的一般原则，即全面原则、合法原则。所谓全面原则，是指用人单位与劳动者在任何时候，均应当履行劳动合同约定的全部义务。《劳动合同法》第二十九条规定："用人单位与劳动者应当按照劳动合同的约定，全面履行各自的义务。"所谓合法原则，是指履行劳动合同，必须遵守法律法规，不得有违法行为，《劳动合同法》第三十条、第三十一条、第三十二条着重强调合法的三个方面：第一，用人单位应当按照劳动合同约定和国家规定，向劳动者及时足额支付劳动报酬。用人单位拖欠或者未足额支付劳动报酬的，劳动者可以依法向当地人民法院申请支付令，人民法院应当依法发出支付令。第二，用人单位应当严格执行劳动定额标准，不得强迫或者变相强迫劳动者加班。用人单位安排加班的，应当按照国家有关规定向劳动者支付加班费。第三，劳动者对用人单位管理人员违章指挥、强令冒险作业有权拒绝，不视为违反劳动合同；对危害生命安全和身体健康的劳动条件，有权对用人单位提出批评、检举和控告。

笔者将劳动合同履行过程中的常见问题梳理如下：

1. 加班争议

休息权是《宪法》规定的劳动者的基本权利。休息是劳动者身心健康和自由发展的保障，也是用人单位提高工作效率和工作质量的保障，更关乎社会的进步和创新。因此《劳动法》及其配套规定，对工时制度、休假制度进行了详尽的规定，《劳动合同法》进一步规定用人单位应当严格执行劳动定额标准，不得强迫或者变相强迫劳动者加班。用人单位安排加班的，应当按照国家有关规定向劳动者支付加班费。

在处理有关加班的争议时，必须明确以下几点：第一，什么是加班；第二，加班如何认定；第三，加班费如何支付。为方便读者的理解，笔者先以标准工时制度下的加班，予以陈述。

（1）什么是加班

加班，是指劳动者在正常工作时间以外，继续从事自己的本职工作。加班至少包含两个要素：一是时间的要求，即工作时间以外；二是工作内容的要求，即从事自己的本职工作。

标准工时制度下，劳动者的工作时间是每日工作八小时、每周工作四十小时①。其中从事自己本职工作，是指劳动者在工作时间以外的工作内容与工作时间内的工作内容具有同质性。正常工作时间以外与从事自己的本职工作是加班不可或缺的两个因素。同时，《劳动合同法》规定用人单位安排加班的，应当按照国家规定向劳动者支付加班费。我们可以看出，用人单位支付加班费的加班必须满足三个条件：正常工作时间以外+从事自己的本职工作+用人单位安排。这三个条件缺一不可。

（2）加班如何认定

这首先是一个举证责任如何分配的问题。《劳动争议调解仲裁法》第六条规定："发生劳动争议，当事人对自己提出的主张，有责任提供证据。与争议事项有关的证据属于用人单位掌握管理的，用人单位应当提供；用人单位不提供的，应当承担不利后果。"第三十九条第二款规定："劳动者无法提供由用人单位掌握管理的与仲裁请求有关的证据，仲裁庭可以要求用人单位在指定期限内提供。用人单位在指定期限内不提供的，应当承担不利后果。"《最高人民法院关于审理劳动争议案件适用法律若干问题的解释（三）》②第九条规定："劳动者主张加班费的，应当就加班事实的存在承担举证责任。但劳动者有证据证明用人单位掌握加班事实存在的证据，用人单位不提供的，由用人单位承担不利后果。"

可以看出，劳动者就加班事实的存在承担举证责任，劳动者举证不能的，应该承担败诉的风险，此举证责任的分配符合基本的法理。同时，因为用人单位与劳动者之间是管理与被管理的隶属关系，用人单位处于管理者的地位，比处于被管理者角度的劳动者，掌握更多的材料，特殊要求用人单位提供其掌握管理的材料，也具

---

① 《劳动法》第三十六条规定国家实行劳动者每日工作时间不超过八小时、平均每周工作时间不超过四十四小时的工时制度；第三十八条规定用人单位应当保证劳动者每周至少休息一日。《国务院关于职工工作时间的规定》第三条规定职工每日工作8小时、每周工作40小时。

② 该文件已失效，仅为说明具体问题，供读者研究和参考。

有合理性。不过，需要明确的是，有关规定通常从管理的角度，赋予用人单位一些职责，例如，《北京市工资支付规定》第十三条规定："用人单位应当按照工资支付周期编制工资支付记录表，并至少保存二年备查。工资支付记录表应当主要包括用人单位名称、劳动者姓名、支付时间以及支付项目和金额、加班工资金额、应发金额、扣除项目和金额、实发金额等事项。劳动者有权查询本人的工资支付记录。"用人单位应该按照规定规范自己的管理行为，但是如果用人单位没有按照规定编制工资支付记录表，或者编制的工资支付记录表不符合规定，在劳动者提出加班费要求时，不能提供符合要求的工资支付记录表，并不能当然推定加班事实的存在，仍要对劳动者提供的证据进行审查，以最终认定是否存在加班事实。

加班如何认定，其次是哪些证据可以证明加班的问题。哪些证据可以证明加班？因为绝大多数的企业实行考勤制度，如上下班进行电子打卡，因此考勤记录是很多劳动者在提起仲裁时，能够提供的材料，甚至是唯一能够提供的材料。但是，如前所述，用人单位支付加班费的加班，必须满足三个条件：正常工作时间以外+从事自己的本职工作+用人单位安排。

（3）加班费如何支付

用人单位安排劳动者加班的，应当按照国家有关规定向劳动者支付加班费。根据《劳动法》第四十四条，加班费的计算标准是：安排劳动者延长工作时间①的，支付不低于工资的百分之一百五十的工资报酬；休息日安排劳动者工作又不能安排补休的，支付不低于工资的百分之二百的工资报酬；法定休假日安排劳动者工作的，支付不低于工资的百分之三百的工资报酬。此条不但规定了加班费的计算标准，而且明确规定了加班与补休的关系，用人单位均应予以注意。

a. 关于加班费的计算基数

根据《国家统计局关于工资总额组成的规定》第四条，工资总额由计时工资、计件工资、奖金、津贴和补贴、加班加点工资、特殊情况下支付的工资六部分组成。加班费的计算，以"工资"为计算基数，其中的工资包括工资总额中的哪些部分呢？

《工资支付暂行规定》对加班工资的计算进行了明确，其第十三条第一款规定："用人单位在劳动者完成劳动定额或规定的工作任务后，根据实际需要安排劳动者在法定标准工作时间以外工作的，应按以下标准支付工资：（一）用人单位依法安排劳动者在日法定标准工作时间以外延长工作时间的，按照不低于劳动合同规定的劳动者本人小时工资标准的150%支付劳动者工资；（二）用人单位依法安排劳动者在休息日工作，而又不能安排补休的，按照不低于劳动合同规定的劳动者本人日或小

---

① 笔者注：工作日加班。

时工资标准的200%支付劳动者工资；（三）用人单位依法安排劳动者在法定休假节日工作的，按照不低于劳动合同规定的劳动者本人日或小时工资标准的300%支付劳动者工资。"即加班费的计算基数是劳动合同规定的本人日工资或小时工资标准。

劳动报酬是劳动合同必备条款，但是实践中存在未签订劳动合同或者签订的劳动合同不符合法律规定，缺少劳动报酬这一必备条款的情况，有的地方性法规对加班工资的日或小时工资基数进行了进一步的明确，如《北京市工资支付规定》第四十四条规定："根据本规定第十四条计算加班工资的日或者小时工资基数、根据第十九条支付劳动者休假期间工资，以及根据第二十三条第一款支付劳动者产假、计划生育手术假期间工资，应当按照下列原则确定：（一）按照劳动合同约定的劳动者本人工资标准确定；（二）劳动合同没有约定的，按照集体合同约定的加班工资基数以及休假期间工资标准确定；（三）劳动合同、集体合同均未约定的，按照劳动者本人正常劳动应得的工资确定。依照前款确定的加班工资基数以及各种假期工资不得低于本市规定的最低工资标准。"

实践中存在用人单位与劳动者在劳动合同中约定工资标准的同时约定按最低工资标准或低于劳动合同约定的工资标准作为加班工资基数的情况，如用人单位在劳动合同里与劳动者约定劳动者月薪1500元，加班一小时，用人单位支付10元加班费，发生争议时，劳动者要求以1500元为基数，按法定标准计算加班费。

b. 加班与补休

《劳动法》对安排劳动者延长工作时间、休息日安排劳动者工作、法定节假日安排劳动者工作是支付加班工资报酬还是安排补休，有明确的规定，只有休息日安排劳动者工作才可以补休，平日安排劳动者延长工作时间或法定节假日安排劳动者工作只能支付加班报酬。

（4）值班问题

法律明确规定了加班，并规定了加班的工资报酬支付标准，但是实践中还存在一些情形，如春节放假期间，用人单位安排住家比较近的员工轮流到单位值班等。这种情形，劳动者人在单位，但没有像平常一样工作，为用人单位提供劳动。让用人单位按加班费标准给付工资报酬，有些失之公允，但是劳动者又确实付出了时间和精力，不支付一定的待遇同样失之公允，就此问题实践中主要考量规章制度对此是否有规定等因素。

虽然法律仅明确规定了加班，但是，不是一切用人单位安排的劳动者在正常工作时间以外的行为都是加班。加班是要具备正常工作时间以外+从事自己的本职工作+用人单位安排这三项缺一不可的条件的，这一点可以再次明确。

那么，值班如何给付工资待遇？就这一问题，有两种情形：一是用人单位因安全、消防、假日等需要，临时安排或根据制度安排与劳动者本职无关联的工作；二是用人单位安排劳动者从事与其本职工作有关的值班任务，但值班期间可以休息的，不按加班处理。

2. 加班争议应对之策

要回答好这两个问题，既依赖于庞杂的法律法规的学习，又依赖于丰富实践经验的积累，而且根据不同的企业，答案是不同的，没有任何答案具有普适性。在此，根据前述的案例和读者一起探索两点应对之策。

（1）选择适当的工时制度

《劳动法》第三十六条、第三十八条规定了标准工时制度，《劳动法》第三十九条规定："企业因生产特点不能实行本法第三十六条、第三十八条规定的，经劳动行政部门批准，可以实行其他工作和休息办法。"《国务院关于职工工作时间的规定》第五条规定："因工作性质或者生产特点的限制，不能实行每日工作8小时、每周工作40小时标准工时制度的，按照国家有关规定，可以实行其他工作和休息办法。"即除标准工时制度外，经行政审批，企业可以采用其他工时制度。

根据《北京市企业实行综合计算工时工作制和不定时工作制办法》第四条的规定，"企业确因生产经营特点和工作的特殊性不能实行每日工作8小时，每周工作40小时的，经申报、批准可以实行综合计算工时工作制或者不定时工作制"，即除标准工时制度外，还有综合计算工时工作制和不定时工作制。

其中，综合计算工时工作制是指采用以周、月、季、年等为周期综合计算工作时间的工时制度，适用于从事下列工种或者岗位的人员：①因工作性质需连续作业的；②生产经营受季节及自然条件限制的；③受外界因素影响，生产任务不均衡的；④因职工家庭距工作地点较远，采用集中工作、集中休息的；⑤实行轮班作业的；⑥可以定期集中安排休息、休假的。不定时工作制是指因企业生产特点、工作特殊需要或职责范围的关系，无法按标准工作时间安排工作或因工作时间不固定，需要机动作业的职工所采用的弹性工时制度，适用于从事下列工种或者岗位的人员：①高级管理人员；②外勤、推销人员；③长途运输人员；④常驻外埠的人员；⑤非生产性值班人员；⑥可以自主决定工作、休息时间的特殊工作岗位的其他人员。

综合计算工时工作制、不定时工作制加班费的计算：

实行综合计算工时工作制的企业，在综合计算周期内，某一具体日（或周）的实际工作时间可以超过八小时（或四十小时），综合计算周期内的总实际工作时间超过总法定标准工作时间时，超过部分视为延长工作时间，支付不低于工资的150%的劳动报酬，其中法定休假日安排劳动者工作的，支付不低于工资的300%的工资报酬。同时根据《关于贯彻执行〈中华人民共和国劳动法〉若干问题的意见》第六十二条，实行综合计算工时工作制的企业职工，工作日正好是周休息日的，属于正常工作；工作日正好是法定节假日的，要依照劳动法第四十四条第（三）项[①]的规定支付职工的工资报酬。

实行不定时工作制的劳动者，企业应当根据标准工时制度合理确定职工的劳动定额或其他考核标准，保障职工休息权利，但对于在法定节假日工作或存在加班的情况下，加班费如何支付，全国适用的法律没有规定，《工资支付暂行规定》第十三条第四款仅规定，实行不定时制度的劳动者，不执行标准工时制度下劳动者在法定标准工作时间以外工作支付工资的规定，各地具体规定有所不同。[②] 分析标准工时制度、综合计算工时制度、不定时工作制度，综合计算工时制度、不定时工作制度比较灵活，如果符合申请综合计算工时制度、不定时工作制度的条件，可以省去部分加班费的支付。

（2）完善劳动合同、规章制度并严格按照劳动合同、规章制度执行

用人单位完善规章制度，加强加班的流程管理的重要性，因为法律规定用人单位在制定、修改或者决定有关劳动报酬、工作时间、休息休假、劳动安全卫生、保险福利、职工培训、劳动纪律以及劳动定额管理等直接涉及劳动者切身利益的规章制度或者重大事项时，应当经职工代表大会或者全体职工讨论，提出方案和意见，与工会或者职工代表平等协商确定，需要一定的程序，因此对于加班的审批程序等，最好能规定到劳动合同中。

同时，特别需要说明的是，劳动合同、规章制度完善后，要严格按照劳动合同、规章制度的规定执行，实践中有的单位劳动合同、规章制度中都明确规定了加班的审批流程，但是实际操作中从没有执行过，这种情况，并没有实际的效用，不能避免不适当的加班费。

另外，通过合理设计薪酬制度等，都可以减少企业的用工成本，但具体的用人单位适用怎样的应对策略，还需要在充分了解企业情况的基础上，结合企业的具体情况，量身定做。

（二）劳动合同变更

劳动合同变更是指劳动合同依法订立后，在合同尚未履行或者尚未履行完毕之前，经用人单位和劳动者双方当事人协商同意，对劳动合同内容进行修改、补充或者删减的法律行为。《劳动合同法》第三十五条规定"用人单位与劳动者协商一致，可

---

① 法定休假日安排劳动者工作的，支付不低于工资的300%的工资报酬。
② 地方法规规章中，有的没有规定，如《北京市工资支付规定》第十七条仅规定用人单位经批准实行不定时工作制度的，不适用标准工时制度下用人单位依法安排劳动者在标准工作时间以外工作支付加班工资的规定；有的地方作了明确，如《上海市企业工资支付办法》第十三条第四款规定，经人力资源社会保障行政部门批准实行不定时工时制的劳动者，在法定休假节日安排劳动者工作的，按照不低于劳动者本人日或小时工资的300%支付工资。

以变更劳动合同约定的内容",可见,协商一致原则是劳动合同变更的一般原则。同时,《劳动合同法》第三十五条规定:"变更劳动合同,应当采用书面形式。变更后的劳动合同文本由用人单位和劳动者各执一份。"即劳动合同变更的形式必须是书面形式。实践中,因用人单位调整工作岗位、工作地点,引发的争议并不鲜见。

变更劳动合同,应当采用书面形式。但是,实践中存在大量没有采用书面形式而口头变更的劳动合同,且有些口头变更的劳动合同已经履行了很长时间。《最高人民法院关于审理劳动争议案件适用法律若干问题的解释(四)》[①]第十一条规定:"变更劳动合同未采用书面形式,但已经实际履行了口头变更的劳动合同超过一个月,且变更后的劳动合同内容不违反法律、行政法规、国家政策以及公序良俗,当事人以未采用书面形式为由主张劳动合同变更无效的,人民法院不予支持。"

1. 变更争议

不管是增设分支机构还是扩大业务区域,因企业发展带来的工作地点、工作岗位的调动越来越多,这些都涉及劳动合同的变更。用人单位妥善处理这些变更带来的问题,非常重要。

《劳动合同法》第三条第二款规定,依法订立的劳动合同具有约束力,用人单位与劳动者应当履行劳动合同约定的义务。劳动合同订立后,自应成为用人单位与劳动者之间神圣的契约,双方都应该尊重劳动合同的约定,不应该随意变更。因此,如果用人单位单方变更劳动合同的内容,劳动者又不同意的情况下,用人单位就面临承担严重责任(如违法解除的责任)的风险。

2. 劳动合同协商一致变更的例外

法律之所以规定特定情况下,用人单位单方变更合同的权利,主要有:劳动者患病或者非因工负伤,在规定的医疗期满后不能从事原工作的;劳动者不能胜任工作的;患职业病或者因工负伤并被确认部分丧失劳动能力,达到伤残等级五级至六级的;女职工在孕期、哺乳期的,不能胜任工作的。

3. 变更争议应对之策

(1) 化变更为约定

用人单位在签订劳动合同时应该根据实际情况,如经营场所不在一地,对员工的工作地点、工作岗位变动可能有一定的预见。这样,用人单位可以根据预见的变动与劳动者协商,在劳动合同中约定合理的变更条件,如该条件成就了,用人单位可以根据约定进行变更。如明确约定用人单位可以在几个地点之间调动劳动者的工作地点或者约定如果劳动者达不到一定的经营业绩,用人单位可以在几个岗位之间调动其职位等。

[①] 该文件已失效,仅为说明具体问题,供读者研究和参考。

需要提醒的是，劳动合同作为合同必须满足"内容具体明确"的要求，对变更进行约定，也必须具备具体明确的要求。实践中有的用人单位考虑到可能的变更，在劳动合同中约定："单位可以根据工作需要随时调整员工的工作岗位，员工必须服从"，但是，劳动者不可能就随时调整作出预见，因此这种不够具体明确的约定，难以得到法律的支持。

（2）履行合适的程序

劳动合同的变更需要用人单位与劳动者协商一致，作为用人单位来说，因为主客观的原因需要与劳动者协商变更劳动合同时，需要掌握一定的技巧，如最好先做一些调查，侧面了解一下，如果变更劳动合同的内容，劳动者会有什么样的态度，然后以口头形式向劳动者提出，并留给劳动者一定的考虑期。

另，书面通知的使用，一定要谨慎，除法律有明确要求，如"劳动合同期限届满前，用人单位应当提前 30 日将终止或者续订劳动合同意向以书面形式通知劳动者"，或者需要以书面的形式固定下来，尽量不要一开始就以书面形式向劳动者发出通知。

四、劳动合同的解除与终止

劳动合同解除与终止都是劳动合同终结的方式，基于劳动合同的终结对于劳动者影响重大，我国现行的《劳动法》以及《劳动合同法》对于用人单位解除劳动合同的条件和程序，以及劳动合同终止的条件都进行了强制性的规定。就劳动合同终止，《劳动法》与《劳动合同法》的规定有所不同，《劳动法》第二十三条规定："劳动合同期满或者当事人约定的劳动合同终止条件出现，劳动合同即行终止。"《劳动合同法》第四十四条规定的劳动合同终止情形包括：劳动合同期满；劳动者开始依法享受基本养老保险待遇；劳动者死亡，或者被人民法院宣告死亡或者宣告失踪；用人单位被依法宣告破产；用人单位被吊销营业执照、责令关闭、撤销或者用人单位决定提前解散；法律、行政法规规定的其他情形。

劳动合同解除以具体由劳动者还是用人单位发起分为如下几种方式（如图），不同的劳动合同解除方式在解除程序以及解除的法律后果上均存在差异。

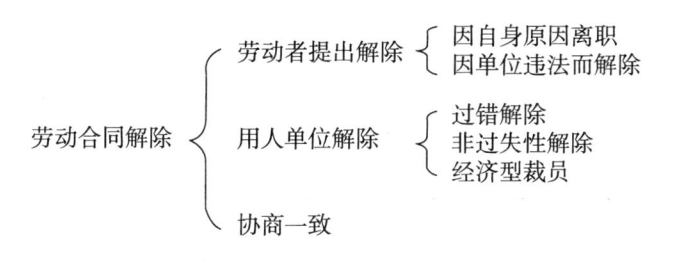

```
                          ┌ 劳动者提出解除 ┬ 因自身原因离职
                          │                └ 因单位违法而解除
        劳动合同解除 ─────┤                ┌ 过错解除
                          │ 用人单位解除   ┼ 非过失性解除
                          │                └ 经济型裁员
                          └ 协商一致
```

(一) 用人单位可以单方解除劳动合同的情形

序号	方式	《劳动合同法》的规定	特殊人群的限制
1	用人单位单方解除——过失性辞退	第三十九条 劳动者有下列情形之一的，用人单位可以解除劳动合同： (一) 在试用期间被证明不符合录用条件的； (二) 严重违反用人单位的规章制度的； (三) 严重失职，营私舞弊，给用人单位造成重大损害的； (四) 劳动者同时与其他用人单位建立劳动关系，对完成本单位的工作任务造成严重影响，或者经用人单位提出，拒不改正的； (五) 因本法第二十六条第一款第一项[①]规定的情形致使劳动合同无效的； (六) 被依法追究刑事责任的。	不受任何限制
2	提前通知解除——无过失性辞退	第四十条 有下列情形之一的，用人单位提前三十日以书面形式通知劳动者本人或者额外支付劳动者一个月工资后，可以解除劳动合同： (一) 劳动者患病或者非因工负伤，在规定的医疗期满后不能从事原工作，也不能从事由用人单位另行安排的工作的； (二) 劳动者不能胜任工作，经过培训或者调整工作岗位，仍不能胜任工作的； (三) 劳动合同订立时所依据的客观情况发生重大变化，致使劳动合同无法履行，经用人单位与劳动者协商，未能就变更劳动合同内容达成协议的。	《劳动法》第二十九条规定："……(一) 患职业病或者因工负伤并被确认丧失或者部分丧失劳动能力的；(二) 患病或者负伤，在规定的医疗期内的；(三) 女职工在孕期、产期、哺乳期内的；(四) 法律、行政法规规定的其他情形。" 《劳动合同法》第四十二条规定："……(一) 从事接触职业病危害作业的劳动者未进行离岗前职业健康检查，或者疑似职业病病人在诊断或者医学观察期间的；(二) 在本单位患职业病或者因工负伤并被确认丧失或者部分丧失劳动能力的；(三) 患病或者非
3	经济性裁员	第四十一条 有下列情形之一，需要裁减人员二十人以上或者裁减不足二十人但占企业职工总数百分之十以上的，用人单位提前三十日向工会或者全体职工说明情况，听取工会或者职工的意见后，裁减人员方案经向劳动行政部门报告，可以裁减人员： (一) 依照企业破产法规定进行重整的； (二) 生产经营发生严重困难的； (三) 企业转产、重大技术革新或者经营方式调整，经变更劳动合同后，仍需裁减人员的； (四) 其他因劳动合同订立时所依据的客观经济	

[①] 《劳动合同法》第二十六条第一款第一项规定，"下列劳动合同无效或者部分无效：(一) 以欺诈、胁迫的手段或者乘人之危，使对方在违背真实意思的情况下订立或者变更劳动合同的"。

续表

序号	方式	《劳动合同法》的规定	特殊人群的限制
3	经济性裁员	情况发生重大变化,致使劳动合同无法履行的。 裁减人员时,应当优先留用下列人员: (一)与本单位订立较长期限的固定期限劳动合同的; (二)与本单位订立无固定期限劳动合同的; (三)家庭无其他就业人员,有需要扶养的老人或者未成年人的。 用人单位依照本条第一款规定裁减人员,在六个月内重新招用人员的,应当通知被裁减的人员,并在同等条件下优先招用被裁减的人员。	因工负伤,在规定的医疗期内的;(四)女职工在孕期、产期、哺乳期的;(五)在本单位连续工作满十五年,且距法定退休年龄不足五年的;(六)法律、行政法规规定的其他情形。"

(二)用人单位单方解除劳动合同的操作流程

用人单位不能任意单方启动劳动合同的解除程序,为确保劳动合同的合法解除,用人单位应当遵循一定的程序。

1. 确定解除劳动合同的理由

不同的解除理由意味着不同的举证责任,以及是否需要支付经济补偿金,包括是否存在特殊人群的限制,所以,确定劳动合同解除理由,是启动劳动合同解除的第一步。

2. 评估解除理由的证据是否能确保劳动合同解除的合法,如果用人单位有工会,应当征得工会同意

劳动合同解除违法时,劳动者有权选择继续履行劳动合同,或者要求用人单位支付经济赔偿金,所以,评估解除理由所依据证据是否足以支撑解除的合法至关重要。

从程序上讲,如果用人单位存在工会,应当及时征求工会的同意。

3. 制作书面解除劳动合同通知书,并且有效送达给劳动者

解除劳动合同通知书应当载明用人单位解除劳动合同的事实、理由及依据。

确定劳动者有效邮寄地址至关重要,就此,首先需要看双方合同对此有无明确约定,如果未明确约定,再看入职登记表中是否有相关信息,如果均无相关信息,则需要根据身份证地址等确定。最后,根据情况确定是否需要通过报纸等公开媒体公告送达。

4. 在解除或者终止劳动合同时出具解除或者终止劳动合同的证明,并在十五日内为劳动者办理档案和社会保险关系转移手续。

除此之外,用人单位是否启动竞业禁止等,应根据双方协议约定等做出安排。如果需要支付经济补偿金的,用人单位依照协定,在劳动者办理工作交接时支付。

用人单位对已经解除或者终止的劳动合同的文本,至少保存2年备查。

5. 督促劳动者办理工作交接,以及做好劳动者不予配合交接时的应对工作,以确保用人单位运转的正常

(三) 劳动合同解除以及终止误区

1. 误区一:试用期内用人单位可随时解除劳动合同

许多用人单位认为,既然是试用期,单位可随时让劳动者走人。其实,试用期中用人单位单方解除劳动合同也必须符合法定的解除条件及程序。《劳动合同法》第二十一条规定,在试用期中,除劳动者有本法第三十九条和第四十条第一项、第二项规定的情形外,用人单位不得解除劳动合同。用人单位在试用期解除劳动合同的,应当向劳动者说明理由。

因此,试用期中解除劳动合同的法定解除条件是劳动者有《劳动合同法》第三十九条,第四十条第一项、第二项规定的情形,法定的程序是向劳动者说明理由。

2. 误区二:用人单位调整劳动者工作岗位后,即可与劳动者解除劳动合同

《劳动合同法》第四十条第二项规定:劳动者不能胜任工作,经过培训或者调整工作岗位,仍不能胜任工作的,用人单位提前三十日以书面形式通知劳动者本人或者额外支付劳动者一个月工资后,可以解除劳动合同。司法实践中,很多用人单位为解除劳动合同,先给劳动者调整岗位,甚至是多次调整岗位之后,再与劳动者解除劳动合同。

其实,劳动者不能胜任工作,经过培训或者调整工作岗位,仍不能胜任工作的情形,用人单位提出解除,不仅要调整工作岗位,最重要的是证明劳动者"不能胜任工作",且调整工作岗位后"仍不能胜任工作",否则,调整岗位只能视为劳动合同的变更,而劳动合同的变更如前所述,用人单位不能随意进行,必须与劳动者协商一致。劳动者不能胜任工作的,用人单位有权根据自身需要单方面对劳动者的岗位进行必要的、合理的调整,这是用人单位行使用工自主权的一种方式。但是,并不能随意对劳动者的工作岗位进行调整,达到合法解除劳动合同的目的。

3. 误区三:女职工在孕期、产期、哺乳期的,用人单位不能解除劳动合同

《劳动合同法》第四十二条规定:劳动者有下列情形之一的,用人单位不得依照本法第四十条、第四十一条的规定解除劳动合同:(1) 从事接触职业病危害作业的劳动者未进行离岗前职业健康检查,或者疑似职业病病人在诊断或者医学观察期间的;(2) 在本单位患职业病或者因工负伤并被确认丧失或者部分丧失劳动能力的;(3) 患病或者非因工负伤,在规定的医疗期内的;(4) 女职工在孕期、产期、哺乳期的;(5) 在本单位连续工作满十五年,且距法定退休年龄不足五年的;(6) 法律、行政法规规定的其他情形。

《劳动合同法》第四十二条规定了用人单位不得解除劳动合同的情形,其中包

括女职工在孕期、产期、哺乳期的情形,许多劳动者和用人单位,误认为只要女职工在孕期、产期、哺乳期,用人单位即不能解除劳动合同。其实,《劳动合同法》第四十二条规定的是用人单位不得依照《劳动合同法》第四十条、第四十一条的规定解除劳动合同。也就是说,用人单位与劳动者解除劳动合同,可以依据第三十六条与劳动者协商一致解除或者依据第三十九条与劳动者解除合同。《劳动合同法》对处于孕期的女职工有特殊的保护,但任何保护都有一定的限度,在女职工有严重过失的情况时,用人单位一样可以解除劳动合同。《劳动合同法》第四十二条规定的其他情形,与女职工在孕期、产期、哺乳期的情形一样,用人单位也可以依据第三十六条与劳动者协商一致解除或者依据第三十九条与劳动者解除合同。

4. 误区四：无固定期限的劳动合同不能解除

无固定期限劳动合同,是指用人单位与劳动者约定无确定终止时间的劳动合同。《劳动合同法》第十四条第二款规定："用人单位与劳动者协商一致,可以订立无固定期限劳动合同。有下列情形之一,劳动者提出或者同意续订、订立劳动合同的,除劳动者提出订立固定期限劳动合同外,应当订立无固定期限劳动合同：（一）劳动者在该用人单位连续工作满十年的；（二）用人单位初次实行劳动合同制度或者国有企业改制重新订立劳动合同时,劳动者在该用人单位连续工作满十年且距法定退休年龄不足十年的；（三）连续订立二次固定期限劳动合同,且劳动者没有本法第三十九条和第四十条第一项、第二项规定的情形,续订劳动合同的。"第三款规定："用人单位自用工之日起满一年不与劳动者订立书面劳动合同的,视为用人单位与劳动者已订立无固定期限劳动合同。"

实践中存在无固定期限的劳动合同不能解除的误解,其实用人单位与劳动者订立无固定期限的劳动合同后,同样可以根据《劳动合同法》规定,与劳动者协商一致解除或在具备法定的解除条件时,与劳动者解除。

法律规定出现一定情形,用人单位应当与劳动者签订无固定期限的劳动合同后,很多用人单位采取措施避免签订无固定期限的劳动合同,认为一旦签订无固定期限的劳动合同,就不能再与劳动者解除合同,影响劳动者的工作积极性,甚至担心要为劳动者终身买单。其实如前所述,无固定期限的劳动合同并不可怕,同样可以解除。

5. 误区五：固定期限劳动合同一定可以到期终止

用人单位和劳动者第一次签订的固定期限的劳动合同在劳动合同期限届满后,如果用人单位决定不续签的,提前三十天通知劳动者后,劳动合同到期终止。但有一个例外,即劳动合同到期时,如果劳动者属于在医疗期、"三期"等特殊情况时,劳动合同顺延至相应期限届满。

用人单位与劳动者第二次订立固定期限劳动合同期限届满时,用人单位是否可以在到期前再享有单方终止权,目前各地操作不一。

为此，用人单位需要了解：

（1）即使第一次签订固定期限的劳动合同，也并非劳动合同到期当然终止，需要用人单位提前三十天通知劳动者不再续签。

（2）对于在劳动合同到期时因医疗期等特殊原因合同顺延的，一定在顺延期限届满前根据情况确定是否续签，并及时发出相应的通知。

（3）在第二份劳动合同到期前，需了解劳动者是否存在《劳动合同法》第三十九条和第四十条的情况，并向劳动者发出续签的通知。

第五节　劳动争议的解决路径

劳动人事关系是一种基础社会关系，劳动人事关系的稳定性事关民生，而每一个劳动人事争议背后都有至少一个家庭会受到影响。正因如此，劳动人事争议案件很容易在社会中引起热议。劳动人事争议是在动态发展，争议之初如果处理不妥，很容易将矛盾激化，甚至演化为其他争议。正是基于劳动人事关系的上述特点，劳动人事争议处理中会涉及较多价值观的选择，该问题在最高人民法院《关于深入推进社会主义核心价值观融入裁判文书释法说理的指导意见》中有着相应规定。另外，劳动争议案件的地域性也是案件代理中不得不考虑的问题，比如，劳动合同第二次到期，用人单位能否单方终止、加班费基数能否约定、最低工资中是否包含社保和住房公积金等，再比如对于客观情况发生重大变化的司法认定标准等，均有很强的地域特点。

从法律关系角度看似单一的劳动人事关系并不简单，劳动人事争议处理远比想象中复杂。劳动人事争议相比其他民商事争议在程序、处理理念与原则等方面有着显著特点，如果将劳动人事争议等同于合同争议，很容易在处理中"犯错"。

一、处理程序——仲裁前置，一裁两审为原则（一裁终局为例外）

（一）劳动人事争议仲裁案件应先向劳动人事争议仲裁委员会提起仲裁申请，除法律特殊规定外，当事人对劳动仲裁裁决不服的，可以向法院提起诉讼

劳动人事争议应当先向劳动人事争议仲裁委员会申请仲裁，《劳动争议调解仲裁法》第二条具体规定了劳动仲裁案件的受案范围。[①] 根据该法第五十条规定，当

[①] 《劳动争议调解仲裁法》第二条规定，中华人民共和国境内的用人单位与劳动者发生的下列劳动争议，适用本法：（1）因确认劳动关系发生的争议；（2）因订立、履行、变更、解除和终止劳动合同发生的争议；（3）因除名、辞退和辞职、离职发生的争议；（4）因工作时间、休息休假、社会保险、福利、培训以及劳动保护发生的争议；（5）因劳动报酬、工伤医疗费、经济补偿或者赔偿金等发生的争议；（6）法律、法规规定的其他劳动争议。

事人对本法第四十七条规定以外的其他劳动争议案件的仲裁裁决不服的，可以自收到仲裁裁决书之日起十五日内向人民法院提起诉讼；期满不起诉的，裁决书发生法律效力。

用人单位和劳动者不能通过约定的方式规避劳动人事争议仲裁前置程序，未经劳动仲裁前置的，法院不受理。① 但对于仲裁受理后超期裁决的，如果符合法律规定情形的，法院将会受理。②

（二）一裁终局的案件范围及救济路径

《劳动争议调解仲裁法》第四十七条规定，追索劳动报酬、工伤医疗费、经济补偿或者赔偿金，不超过当地月最低工资标准十二个月金额的争议；因执行国家的劳动标准在工作时间、休息休假、社会保险等方面发生的争议。除本法另有规定的外，仲裁裁决为终局裁决，裁决书自作出之日起发生法律效力。

根据《劳动争议调解仲裁法》第四十八条规定，劳动者对本法第四十七条规定的仲裁裁决不服的，可以自收到仲裁裁决书之日起十五日内向人民法院提起诉讼。即劳动者对一裁终局案件可直接向法院提起诉讼，一裁终局主要是针对用人单位。

对用人单位来说，如果属于一裁终局的案件，需自收到仲裁裁决书之日起三十日内向劳动争议仲裁委员会所在地的中级人民法院申请撤销裁决。同时，单位还需要提供相关证据，证明仲裁裁决有下列情形之一方可以撤销仲裁裁决：适用法律、法规确有错误的；劳动争议仲裁委员会无管辖权的；违反法定程序的；裁决所根据的证据是伪造的；对方当事人隐瞒了足以影响公正裁决的证据的；仲裁员在仲裁该案时有索贿受贿、徇私舞弊、枉法裁决行为。

如果仲裁裁决被法院裁定撤销的，单位可以自收到裁定书之日起十五日内就该劳动争议事项向人民法院提起诉讼。

（三）劳动仲裁与法院裁审不一致与裁审衔接

劳动人事争议仲裁委员会与法院在劳动人事争议受理范围、法律适用标准、程序衔接等方面均存在一定差异。因为上述差异，导致部分单位或个人认为劳动仲裁

---

① 《劳动法》第七十九条规定，劳动争议发生后，当事人可以向本单位劳动争议调解委员会申请调解；调解不成，当事人一方要求仲裁的，可以向劳动争议仲裁委员会申请仲裁。当事人一方也可以直接向劳动争议仲裁委员会申请仲裁。对仲裁裁决不服的，可以向人民法院提起诉讼。

② 《最高人民法院关于审理劳动争议案件适用法律问题的解释（一）》第十二条规定，劳动争议仲裁机构逾期未作出受理决定或仲裁裁决，当事人直接提起诉讼的，人民法院应予受理，但申请仲裁的案件存在下列事由的除外：（1）移送管辖的；（2）正在送达或者送达延误的；（3）等待另案诉讼结果、评残结论的；（4）正在等待劳动争议仲裁机构开庭的；（5）启动鉴定程序或者委托其他部门调查取证的；（6）其他正当事由。当事人以劳动争议仲裁机构逾期未作出仲裁裁决为由提起诉讼的，应当提交该仲裁机构出具的受理通知书或者其他已接受仲裁申请的凭证、证明。

阶段不重要，直接影响了劳动争议处理质量，也降低了仲裁和司法的公信力。

就裁审不一致的问题，2017年前，各地对该类问题通过内部会议纪要性质统一裁审口径。2017年11月，《人力资源和社会保障部、最高人民法院关于加强劳动人事争议仲裁与诉讼衔接机制建设的意见》体系化建立了裁审衔接的解决机制，通过加强组织领导，建立联席会议制度、信息共享制度、疑难复杂案件办案指导制度、联合培训制度等逐步统一裁审受理范围；逐步统一裁审法律适用标准等。

2022年2月，为落实人《人力资源和社会保障部、最高人民法院关于加强劳动人事争议仲裁与诉讼衔接机制建设的意见》，《人力资源社会保障部、最高人民法院关于劳动人事争议仲裁与诉讼衔接有关问题的意见（一）》发布，该意见是有关裁审衔接的重要法律规范，对于劳动人事争议领域在案件受理等方面进行了统一，在常见的部分实体问题上也进一步明晰了裁判口径。

从国家制度层面已经就裁审衔接有了宏观制度架构，落地过程中，由于各地实际情况不同，裁审衔接不一致仍是影响劳动人事争议处理的因素之一。了解该问题从个案处理来说，有利于根据具体情况制定相应的诉讼策略；从整体人力资源合规管理角度来说，有利于从用人单位内部制度建设时预见到未来可能的变化趋势。

二、处理理念与原则——协商与调解在劳动人事争议解决中将发挥更大作用

《劳动争议调解仲裁法》第三条规定，解决劳动争议，应当根据事实，遵循合法、公正、及时、着重调解的原则，依法保护当事人的合法权益。

（一）重视调解的原则

《关于进一步加强劳动人事争议协商调解工作的意见》中指出，通过协商调解等方式柔性化解劳动人事争议，对于防范化解劳动关系风险、维护劳动者合法权益、构建和谐劳动关系、社会稳定具有重要意义。

2022年10月，《关于进一步加强劳动人事争议协商调解工作的意见》发布，该意见明确指出强化协商，比如，培育用人单位和劳动者的劳动人事争议协商意识，推动用人单位以设立负责人接待日、召开劳资恳谈会、开通热线电话或者电子邮箱、设立意见箱、组建网络通讯群组等方式，建立健全沟通对话机制，畅通劳动者诉求表达渠道。指导用人单位完善内部申诉、协商回应制度，优化劳动人事争议协商流程，认真研究制定解决方案，及时回应劳动者协商诉求。

调解方式解决劳动人事争议的好处显而易见，劳动争议案件处理过程中，各方应对调解有更准确和全面的认识。

（二）劳动基准保护、倾斜保护及有利原则

劳动人事争议案件的处理，要依法保护劳动者的合法权益，但也要维护用人单

位的生存与发展，两者利益的有效协调才能构建发展与和谐的劳动关系。《最高人民法院关于为稳定就业提供司法服务和保障的意见》中指出，妥善处理劳动争议案件，依法保护双方权益。具体个案处理时，对两者利益的不同考量，会影响案件处理的效果。

1. 劳动基准保护不能打折

我国目前尚未制定有关劳动基准保护方面的统一法律规范，但有关劳动基准保护体系已经形成，比如，最低工资制度、工作时间、休息休假等，在与该类问题相关的争议中，基准保护不涉及利益考量，只有对于劳动者基准保护一个选项。对于用人单位免除自己法定责任，如工资低于最低工资标准、试用期内不得怀孕、工作时间超长等约定，应当依法认定无效。

2. 倾斜保护不是"袒护"，而是通过举证责任等规则让劳动者不处于仲裁与诉讼中的弱势地位

针对实践中劳动者与用人单位力量悬殊的情况，以法律规定为基础，向劳动者倾斜，以保护劳动者合法权益。倾斜保护劳动者，很好地阐释了"法条是法与情的统一"，进而成为构建劳动法的重要基础和不可或缺的元素，对生产关系甚至国家经济的发展具有很大的影响。① 司法实践中，对于劳动者的倾斜保护在某些方面体现得尤为明显，比如，无固定期限劳动合同的订立②、劳动者的辞职权限制较少③等。

以劳动合同解除为例，通过比对劳动者的辞职权与用人单位的单方解除权，可以比较明显看出来"倾斜保护"。首先，劳动者可以提前通知后解除劳动合同，特定情况还可以即时单方解除劳动合同，而用人单位单方解除劳动合同的情形有限。其次，如果用人单位单方解除劳动合同，就劳动合同解除的合法性承担相应举证责任④。

---

① 参见曹宝丽、陈丰硕、李昕言：《论倾斜保护劳动者的原则的合理性》，载《法治与社会》2019年第5期。

② 《劳动合同法》第十四条第二款、第三款规定，用人单位与劳动者协商一致，可以订立无固定期限劳动合同。有下列情形之一，劳动者提出或者同意续订、订立劳动合同的，除劳动者提出订立固定期限劳动合同外，应当订立无固定期限劳动合同：（1）劳动者在该用人单位连续工作满十年的；（2）用人单位初次实行劳动合同制度或者国有企业改制重新订立劳动合同时，劳动者在该用人单位连续工作满十年且距法定退休年龄不足十年的；（3）连续订立二次固定期限劳动合同，且劳动者没有本法第三十九条和第四十条第一项、第二项规定的情形，续订劳动合同的。用人单位自用工之日起满一年不与劳动者订立书面劳动合同的，视为用人单位与劳动者已订立无固定期限劳动合同。

③ 《劳动合同法》第三十七条规定，劳动者提前三十日以书面形式通知用人单位，可以解除劳动合同。劳动者在试用期内提前三日通知用人单位，可以解除劳动合同。

④ 《最高人民法院关于审理劳动争议案件适用法律问题的解释（一）》第四十四条规定，因用人单位作出的开除、除名、辞退、解除劳动合同、减少劳动报酬、计算劳动者工作年限等决定而发生的劳动争议，用人单位负举证责任。

最后，用人单位单方解除还应当满足征求工会意见等程序性条件[1]。这些制度设计的初衷即与对劳动者合法利益保护相关，而在具体案件处理时，用人单位应当从实体和程序方面均满足法律规定，其行为合法性才会获得认可。

3. 有利原则是对劳动合同约定不明或不一致时的有效补充

有利原则实质上是倾斜保护劳动者的延伸，劳动者是有利原则的受益者。当劳动者与用人单位之间签订的合同，与用人单位内部的规章制度冲突时、与相关劳动法规规定的内容不一致时，应当作出有利于劳动者的解释，保护劳动者的合法权益。比如，劳动合同中的某些条款与法律内容规定不一致甚至有冲突时，应按照有利于劳动者的原则作出解释和确定。例如，在信息技术公司与高某劳动争议案[2]中，关于高某病假天数超过《员工手册》规定天数后，病假期间工资计算标准问题，高某与信息技术公司作出不同的解释。法院认为，根据有利原则应作出对劳动者高某有利的解释。有利原则，即劳动关系双方当事人的约定、用人单位内部劳动规则的规定、用人单位的单方承诺与劳动基准或者法律规定不一致的，应当适用对于劳动者有利的约定或者规定；若这些约定或者规定的含义不明确的，应当作出对劳动者有利的解释。

（三）程序正当原则

程序正当原则不仅体现在《劳动法》《劳动合同法》等规定在用人单位单方解除等方面规定了程序性规则，比如，用人单位单方解除劳动合同应当征求工会意见，应当将通知送达劳动者。还体现在一些虽然法律规定并不明晰，但从管理角度也应当充分确保劳动者权利。比如，用人单位绩效考核是否应当设置申诉环节等。

例如，在某公司与米某劳动争议案[3]中，对于案件中所涉及的用人单位对劳动者的年终绩效考核问题。法院认为，绩效考核问题属于用人单位对员工全年工作业绩的一种单方判断权，系用人单位行使的自主管理权之一。用人单位行使此种单方判断权，应当通过预设的考核程序进行，上述考核程序还应当给予员工必要的参与权及申辩权。用人单位不得随意滥用单方判断权而损害员工的考核相关利益，而是要让员工在考核过程中感受到公平公正，这就是用人单位在劳动管理中要履行的"程序正当原则"。上述劳动管理中的"程序正当原则"对于激发员工的工作积极

---

[1]《最高人民法院关于审理劳动争议案件适用法律问题的解释（一）》第四十七条规定，建立了工会组织的用人单位解除劳动合同符合劳动合同法第三十九条、第四十条规定，但未按照劳动合同法第四十三条规定事先通知工会，劳动者以用人单位违法解除劳动合同为由请求用人单位支付赔偿金的，人民法院应予支持，但起诉前用人单位已经补正有关程序的除外。

[2] 参见北京市第二中级人民法院（2019）京02民终11084号民事判决书，载中国裁判文书网，最后访问时间：2024年5月27日。

[3] 参见北京市第二中级人民法院（2020）京02民终2948号民事判决书，载中国裁判文书网，最后访问时间：2024年5月27日。

性，优化用人单位的人文环境，进而提升用人单位的人才竞争力都具有重要意义。就本案而言，公司在年终考核实施之前预设的考核程序较为严谨，其中由企业员工与部门负责人签订《个人考核计划表》等考核程序赋予了员工参与考核程序的权利，而员工可以对绩效考核结果进行申诉的考核程序规定则是劳动者申辩权利的重要体现，因此公司预设的考核程序体现了现代化企业的劳动管理模式，值得肯定。然而，公司未能按照自己预设的考核程序行使单方判断权，未在绩效考核实施过程中体现劳动管理中的"程序正当原则"，对米某绩效考核结果为不合格的理由亦不能作出合理说明，从而让米某未能感受到考核过程中的公平公正对待，并最终引发本次劳动争议诉讼，应当引以为戒并予以改进。法院提示用人单位应当强化程序观念，在劳动管理中体现"程序正当原则"，对于员工提出的质疑应当给予合理解释和说明，在公平公正的程序基础上与员工构建和谐劳动关系。

三、实体规则——社会法属性对于双方意思自治的限制以及诚信原则在劳动人事争议解决中的作用

意思自治的限制是指在劳动关系中，用人单位与劳动者之间可以基于自己的真实意思去订立、变更劳动合同，但对于劳动合同中的内容，必须符合劳动基准法的规定，如最低工资标准、违约金、竞业限制和服务期等劳动合同内容，不得与现行的法律规定相抵触。即，双方当事人的意思自治要受到一定的限制，而不是无限制地进行适用。

诚信原则是指在劳动关系中，双方当事人应当秉持真诚的态度去从事每一行为，并应当对自己行为所产生的后果进行负责；同时，诚信原则也意味着倾斜保护劳动关系中的弱者，切实维护好劳动者的合法权益。

（一）社会法属性对于双方意思自治限制以及诚信原则在劳动人事争议的具体内涵

意思自治原则在劳动人事争议中的广泛应用并不意味着对其可以不加限制。由于劳动人事争议具有社会性、人身性等特征，如果意思自治原则的适用不加限制，则会对国家和社会产生诸多风险。因此，在劳动人事争议中，意思自治原则应当受到以下限制。首先，违反《劳动法》《劳动合同法》等劳动基准法的意思自治行为无效。其次，违反行政管理规定的意思自治行为原则上是无效的。最后，违背公序良俗的意思自治行为无效。

诚信原则的基本含义主要包括三个方面：善意、信用、利益平衡。[1] 对于诚信原则在劳动人事争议中的具体内涵，需要结合诚信原则的本身内涵和劳动合同法的

---

[1] 参见赵小芹：《行政法诚实信用原则研究》，吉林大学 2008 年博士学位论文。

特征进行具体界定。首先,从系统思维的角度看,诚信原则主要是为了平衡两种利益关系,一是当事人之间的利益关系,二是当事人与社会之间的利益关系。但是,与民法领域不同,在劳动合同法领域诚信原则的具体内容应当更加侧重和强调诚信原则对社会公共利益的维护。由此,在劳动合同法领域诚实信用的具体内容也从主要只需遵守当事人之间的约定,发展为不仅需要遵守当事人之间的约定,还需要遵守法律规定,且以遵守当事人之间的约定为主。其次,在劳动合同法领域诚信原则的具体内容还应当更加侧重和强调诚信原则对弱势群体利益的保护。倾斜保护一直是劳动合同法的主要价值取向,作为劳动合同法基本原则的倾斜保护原则与诚信原则相比,更加重视、强调对弱势群体利益的保护。因此,在考虑劳动者弱势地位的前提下,综合作为弱势一方的劳动者和强势一方的用人单位的各个方面的具体利益状况作出尽量公正的处理。综上,诚信原则在劳动人事争议中的内涵应当在一定程度上融入《劳动合同法》显著的社会化特征,更加侧重和强调诚信原则维护社会公共利益和保护弱势群体利益的功能。

(二)上述原则在法律规定层面的具体体现

根据《劳动合同法》第三条第一款的规定,订立劳动合同,应当遵循合法、公平、平等自愿、协商一致、诚实信用的原则。

根据《劳动合同法》第二十三条第二款规定,对负有保密义务的劳动者,用人单位可以在劳动合同或者保密协议中与劳动者约定竞业限制条款,并约定在解除或者终止劳动合同后,在竞业限制期限内按月给予劳动者经济补偿。劳动者违反竞业限制约定的,应当按照约定向用人单位支付违约金。用人单位除为员工提供专项培训费用及约定竞业限制的情形外不得与员工约定由劳动者承担违约金。该类规定实质是对"合同"属性下意思自治的限制,为此,劳动关系项下不能只考虑双方意思自治,还应当考虑法律是如何规定的。

(三)上述原则在具体个案中的适用

以违约金约定为例,劳动关系项下还会涉及部分特殊利益,如户口,从现行有效规定看,用人单位与劳动者之间不得就户口约定违约金,但具体个案处理时,还会以诚信原则进行价值判断。

上述对于劳动人事争议案件的特点分析是重点问题的介绍,人事争议案件的政策性,人身关系情绪因素介入对于争议案件处理的影响、地域和文化差异对于彼此对纠纷处理结果的期待等,均会影响劳动人事争议案件的处理。

劳动争议案件代理中,该案件是个案还是集体案件的思考,不只因为人数多涉及集体诉讼的问题,更是劳动争议案件效仿性、社会稳定性影响等方面的考量;明确仲裁与诉讼之目标,一定不是简单的仲裁或诉讼请求,基于劳动关系的身份属性，动态发展等原因，要与劳动者与用人单位探寻仲裁或诉讼的目标到底是什么？仲裁/诉讼过程中需要有清晰问题，以及全面筹划问题解决之路径，是以裁决方式，或是调解、协商方式，还是借助劳动监察及其他。只是在设定目标和选择路径时，需要考量手里的证据、仲裁或法院对同类案件的观点等。

经过提前充分的准备，过程中与当事人配合、与仲裁员或法官充分沟通，案件代理工作才能取得相对好的结果。

首先，劳动人事争议除一裁终局的案件外，可能会经历劳动仲裁、一审、二审、再审、审判监督及执行。其次，在不同程序下，通常会经历发起、开庭、裁判等阶段，当然，再审以及审判监督阶段有可能是书面审理。最后，流程一旦启动，即使是仲裁申请的发起方也不能完全掌握主动权，毕竟裁决作出后，双方均有启动下一个程序的权利。流程的梳理不仅让双方清楚程序，更重要的是了解不同程序的特点，以及程序可能带来的成本等。

四、劳动人事争议处理过程中的高频问题

（一）劳动争议案件中的管辖权异议

劳动争议案件在仲裁阶段的管辖权异议与普通民商事争议案件的管辖权异议不同，即劳动争议阶段管辖权异议不当然能"阻止"开庭，也并不能通过向上一级提请管辖权异议上诉而进行再次确认。

管辖——管辖法定、裁审分离

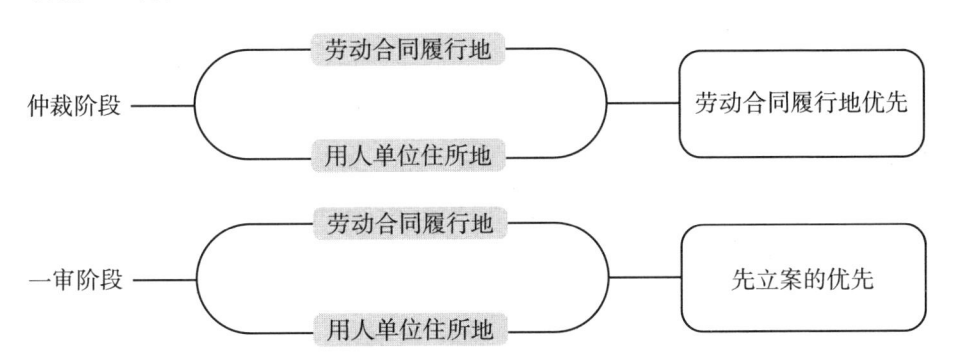

仲裁阶段 —— 劳动合同履行地 / 用人单位住所地 —— 劳动合同履行地优先

一审阶段 —— 劳动合同履行地 / 用人单位住所地 —— 先立案的优先

1. 仲裁阶段提出管辖权异议

提出的时间	法律后果	
答辩期内	异议成立	案件移送至有管辖权的仲裁委员会
	异议不成立的	书面裁定驳回
答辩期后		书面裁定驳回或当庭驳回

注：《劳动人事争议仲裁办案规则》第十条。

2. 一审阶段的管辖权

在劳动争议中仲裁前置，双方因对仲裁裁决不服都可以起诉（终局裁决除外），双方当事人在管辖法院的"抢夺"更为突出。如果用人单位所在地和劳动合同履行地不一致时，任何一方在仲裁裁决书确定的起诉期间内，均可以向用人单位所在地或劳动合同履行地的基层法院提起诉讼，一般先受理的法院优先受理。如果需要争夺对己方有利的管辖法院，需要迅速启动一审立案，并在立案时请求法院出具受理案件的证明，若法院不能当时出具的，应当确认受理证明出具时间，拿到受理证明。

不同于起诉时抢先选择管辖法院，一审阶段同仲裁阶段一样，作为被告方在答辩期内认为受理法院不具有管辖权的，仍可提起管辖权异议。同时，仲裁阶段没有提出管辖权异议或者管辖权异议被驳回的，并不影响一审阶段提起管辖权异议。

根据《民事诉讼法》的规定，除了当事人自行提出管辖权异议外，法院发现不具有管辖权的，应当移送至有管辖权的法院，变更管辖法院。

（二）劳动争议案件中的举证责任与证据

《劳动争议调解仲裁法》第六条规定，发生劳动争议，当事人对自己提出的主张，有责任提供证据。第三十九条规定，当事人提供的证据经查证属实的，仲裁庭应当将其作为认定事实的根据。劳动者无法提供由用人单位掌握管理的与仲裁请求有关的证据，仲裁庭可以要求用人单位在指定期限内提供。用人单位在指定期内不提供的，应当承担不利后果。原则上，劳动争议案件的举证责任仍然是"谁主张，谁举证"。

1. 除了该总括性规定外，其他与劳动争议举证相关的特殊规定

（1）因用人单位做出的开除、除名、辞退、解除劳动合同、减少劳动报酬、计算劳动者工作年限等决定而发生的劳动争议，用人单位负举证责任。

（2）劳动者主张加班费的，应当就加班事实的存在承担举证责任。但劳动者有证据证明用人单位掌握加班事实存在的证据，用人单位不提供，由用人单位承担不利后果。

（3）用人单位未与劳动者签订劳动合同，认定双方存在劳动关系时工资支付凭证或记录（职工工资发放花名册）、缴纳各项社会保险费的记录；劳动者填写的用人单位招工招聘"登记表""报名表"等招用记录以及考勤记录的有关凭证由用人单位负举证责任。

（4）用人单位必须书面记录支付劳动者工资的数额、时间、领取者的姓名以及签字，并保存两年以上备查。用人单位在支付工资时应向劳动者提供一份其个人的工资清单。

（5）用人单位与劳动者（或者劳动者直系亲属）对于是否构成工伤发生争议

的，由用人单位承担举证责任。

在法律没有规定时，仲裁或者法院会根据公平原则和诚实信用等原则，综合劳动者和用人单位的举证能力等因素确定举证责任。

根据上述规定，原则上，劳动争议案件的举证责任仍然是"谁主张，谁举证"，特殊地方在于基于用人单位的强势地位，对于与争议事实有关的证据属于用人单位掌握管理的，用人单位应当承担相应的举证责任。

2. 劳动争议案件中的举证期限

承担举证责任的当事人应当在仲裁委员会指定的期限内提供有关证据。当事人在该期限内提供证据确有困难的，可以向仲裁委员会申请延长期限，仲裁委员会根据当事人的申请适当延长。当事人逾期提供证据的，仲裁委员会应当责令其说明理由；拒不说明理由或者理由不成立的，仲裁委员会可以根据不同情形不予采纳该证据，或者采纳该证据但予以训诫。(《劳动人事争议仲裁办案规则》第十五条)

在法院阶段，举证期限与其他民商事案件相同。另外，在实践中，不少劳动人事争议仲裁委员会也会在开庭时确定举证期限，甚至单独确定举证期间，应当尤其关注。

如果需要延长举证期限的，应当提出，且应当说明理由，在获得仲裁或法院同意后方能延长举证期限。当然，申请延长举证期限并非唯一方式，可以通过管辖权异议、追加第三人等方式事实上延长举证期限；另外举证期限届满并不一定导致证据关门，对对方提供的证据有反驳证据的，应通知仲裁或法院，仲裁或法院将组织再次证据交换。当然，如果通过一些程序性方式延长举证时，也可以结合具体情况与仲裁或法院联系，避免被认定为恶意利用程序。

3. 劳动争议案件中的证据

劳动争议纠纷在证据上有其典型的特点，常见证据类型包括书证、视听资料、电子数据、证人证言以及当事人陈述。其中，书证是最常见的证据形式，包括劳动合同、解除通知书、规章制度等。另外，随着微信、邮件等证据形式在日常用工管理过程中的使用，微信、钉钉、邮件、OA等电子数据在劳动争议案件中的使用也非常普遍。本书简单总结常见的证据种类，也是用人单位日常用工管理中应当关注的留痕管理。

（1）劳动合同以及劳动合同变更协议

证明双方劳动关系存续情况、工作岗位、工作职责、工资待遇、权利义务等。如果涉及劳动合同变更的，则应当提供劳动合同变更书。没有书面变更协议的，应当就双方已经实际履行提供证据，如岗位履责情况等。

在审核劳动合同或者劳动合同变更协议时，应当关注签字、印章；对于劳动者，签名应当由劳动者本人亲笔书写，不能由他人代签，建议劳动合同的每一页均需劳动者亲笔签名并写明时间；对于用人单位，除尾页加盖公章外，还应当关注骑缝章等。

(2) 规章制度

对于因严重违反规章制度解除、年终奖发放等引发的案件，均需要提供相关规章制度，以证明符合规章制度的相关要求。涉及员工切身利益的规章制度合法有效的前提是经过民主和公示程序，所以，应当提交规章制度经过民主和公示程序的相关文件。

民主程序的证据包括：①签到表：以召开会议的方式讨论规章制度的，应制作签到表，由出席人员亲笔签到；②会议纪要：书面的会议纪要，内容上要体现出会议的主持人员、出席人员、会议时间以及会议主要内容、通过情况；③书面意见征求表：征求意见的制度全部内容，意见人的意见，以及意见人的签名和日期。

如果公司有职代会的，则提供有关职代会审议的会议纪要和文件。

公示程序的证据可以是通过培训的方式进行公示，形成培训签到表，该表要体现培训的主要内容和培训时间，参加培训的员工要亲笔签名，不能由他人代签。也可以是 OA 等系统呈现，或是员工手册等。

(3) 入职登记表

如果对于入职信息、员工陈述的履历等情况有争议的，可以提供入职登记表。入职登记表信息应当全面、详细，如户籍地址、经常居住地地址、常用电子邮箱、联系电话、教育情况、家庭情况、工作履历、微信账号等，并且应当由员工本人亲笔填写，不能由他人代写。

(4) 考勤记录

考勤的方式多种多样，如打卡、指纹、人工签到、眼纹扫描、面部扫描等，但不论哪种考勤方式，均需要证明该考勤是原始、真实的。因此，建议不论采取哪种考勤方式，用人单位均需要按月导出纸质版，并由员工本人签字确认。考勤记录往往在工资纠纷、迟到、旷工导致的解除、加班费等争议中有很重要的作用。

(5) 工资支付记录

工资表：各支付事项需要明确，如基本工资、绩效工资、加班费、社会保险及住房公积金费用、应发金额、实发金额等，可根据实际情况进行设定，实发金额要与实际支付一一对应。该类证据在工资基数确认、加班费、奖金类等争议中很重要。当然，还包括支付凭证等。

(6) 请休假申请以及出勤记录

证明年休假、请假手续是否符合公司制度，应当提供请休假申请表，与出勤记录对应。基于请休假记录的重要性，建议日常操作注意如下事项：员工亲笔填写；确定的休假起止时间等。

(7) 加班申请以及审批

加班类纠纷首先要注意员工采用的工时制度，同时要与考勤记录对应，并确定是否有加班申请。一般来讲，加班应当由加班员工填写加班申请表；应当由员工亲笔填写，并签名和注明申请时间；要有确定的加班起止时间；要与考勤时间相符。另外，加班申请往往与工资条、考勤等证据结合起来一并考虑。

除上述常见的证据外，还会结合个案差异有不同的文件，比如解除通知，员工违规行为等，对于这些证据个案差异会很大，但该类证据抽象后包括：公司调查时员工的自认，如书面的材料、录音等；通过第三方调取的证据，如学历造假等。劳动争议案件中证据准备时，一定要考虑不同证据的衔接。

4. 劳动争议案件中取证时需注意的问题

劳动类争议案件除涉及上面具体证据外，由于日常管理的电子化、往来过程中经常通过邮件、微信等电子交互方式完成，涉案争议如果涉及类似证据时，必要时需要通过公证函或到公证处公证等方式进行。

对于部分需要调查取证的证据，还需要提前做好准备，但劳动争议案件仲裁阶段，调查取证的难度较大。对于内部需要调查取证的案件，要结合具体案件需要由相关部门配合。但如果采取录音等方式取证的，要避免在隐私等场合录音，以确保证据的合法性。

(三) 劳动争议案件各阶段的基本工作

基于仲裁与法院程序工作中的相似性，本部分主要以仲裁阶段工作为主。

1. 根据仲裁请求核实基本事实

核实基本事实，如劳动合同签订情况、工资待遇、岗位等，同时结合申请人的仲裁请求核实相应的事实，比如主张加班费的，核实是否有加班以及加班制度等。

2. 确认举证期限、开庭时间

对于明确指定举证期限的案件，应在举证期限届满前提交证据，否则将承担不利后果。如需要针对对方提出的证据提供补充证据，或有少数证据必须在正式开庭前才能取得的，可向劳动争议仲裁委员会或人民法院申请延期提供证据。

3. 参与庭审

参加出庭的委托人工作人员应携带与委托人签订的劳动合同、身份证明原件准时出庭。

正式开庭进行质证时应当携带并出示原件，不能出示原件的，应说明理由。如劳动争议仲裁委员会需要暂时收取并保存证据原件时，律师可要求劳动争议仲裁委员会出具收据。

发表代理意见、质证意见、辩论意见和最后陈述。全面、认真做好庭审的记录，庭审结束后要认真阅读庭审笔录，如发现己方陈述的记录有遗漏或差错的，应当场向劳动争议仲裁委员会申请补正。

如果对方当事人在开庭后提出新的仲裁请求，或请求超出其在本案中的原请求范围时的应对：

（1）应将情况及时告知委托人，并要求给予新的答辩期；

（2）根据对方新的请求补充提出自己的仲裁反请求；

（3）向劳动争议仲裁委员会提出异议，要求驳回其请求。

4. 结案

《劳动争议调解仲裁法》第四十三条第一款规定，仲裁庭裁决劳动争议案件，应当自劳动争议仲裁委员会受理仲裁申请之日起四十五日内结束。案情复杂需要延期的，经劳动争议仲裁委员会主任批准，可以延期并书面通知当事人，但是延长期限不得超过十五日。仲裁庭经调解达成协议的，制作仲裁调解书，仲裁调解书具有法律效力，自送达之日起对当事人具有法律约束力。仲裁庭当庭裁决的，应当在七日内发送裁决书。定期另庭裁决的，当庭发给裁决书。

5. 仲裁裁决

除一裁终局的仲裁裁决以外的其他劳动争议案件的仲裁裁决，当事人不服的，可以自收到仲裁裁决书之日起十五日内向人民法院提起诉讼。期满不起诉的，裁决书发生法律效力。

6. 上诉、再审、执行等程序

对于一审判决不服的，用人单位仍可以在收到判决后十五日内起诉至二审法院。其中，上诉需要向一审法院递交如下材料：（1）民事上诉状，加盖公章、人名章，按照被上诉人人数+1 的标准提交法院；（2）如有新证据，按照上诉状份数准备；如无新证据则可不必提交；（3）一套上诉人主体资料及授权。

二审结案方式包括：（1）裁判：发回重审，原审法院适用一审程序审理，判决为一审判决，当事人可以再上诉；原审法院对发回重审案件作出判决后，当事人上诉的，二审法院不得再次发回重审。（2）调解和解：二审达成调解或和解应当制作调解书，调解书送达后，原判决视为撤销。（3）撤回起诉：经其他当事人同意，且不损害国家、社会公共利益的，法院可准许，准许撤诉的，应当一并裁定撤销一审裁判；原审原告在第二审程序中撤回起诉后重复起诉的，人民法院不予受理。（4）撤回上诉：是否准许由二审法院裁定，自二审法院作出准许撤回上诉裁定起，一审判决生效。（5）维持一审判决或者直接改判，判决送达后生效。

在判决、裁定发生法律效力后六个月内提出，有新证据足以推翻原审判决、裁定的，原审判决、裁定认定事实的主要证据是伪造的，据以作出原判决、裁定的法律文书被撤销或者变更的或者审判人员贪污受贿、徇私舞弊、枉法裁判的应当在知道或应当知道起六个月内提出。

当事人对已经发生法律效力的判决、裁定，认为有错误的，可以向上一级人民法院申请再审；当事人一方人数众多或者当事人双方为公民的案件，也可以向原审人民法院申请再审。当事人申请再审的，不停止判决、裁定的执行。

申请再审对原判决执行的影响：（1）当事人申请再审的，不停止判决、裁定的执行；（2）按照审判监督程序决定再审的案件，裁定中止原判决、裁定、调解书的执行，但追索赡养费、抚养费、抚育费、抚恤金、医疗费用、劳动报酬等案件，可以不中止执行。

如果存在以下情形：（1）已经发生法律效力的民事判决、裁定、调解书符合《民事诉讼法》第二百零九条第一款规定的；（2）认为民事审判程序中审判人员存在违法行为的；（3）认为民事执行活动存在违法情形的，当事人可以申请监督。

裁判文书生效后，申请执行裁判书或调解书的，应按照法律规定向有管辖权法院申请执行，申请执行的期间为二年。

出现下列情形之一的，执行结案：（1）生效仲裁或调解文书确定的内容全部履行完毕；（2）人民法院裁定执行终结；（3）人民法院裁定不予执行；（4）当事人之间达成和解或调解协议并已履行完毕。

第九章
企业知识产权法律实务

第一节　知识产权概要

公司所赖有的物质生产资料在公司总资产中的比例和重要性逐渐减退，无形资产，具体来讲是知识产权正变得越来越重要，日益成为企业的核心竞争力和立身之本。

知识产权是基于人类在社会实践中的创造成果和工商业标记而依法产生的专有权利。按照《TRIPS[①]协议》的概括，知识产权包括著作权及其相关权利、商标、地理标记、工业品外观设计、专利、集成电路布图设计、对未公开信息的保护和对许可合同中限制竞争行为的控制。

本章节将从专利、商标、著作权、商业秘密的保护等各方面对知识产权相关问题进行剖析，在开启具体章节之前，笔者想从知识产权整体保护的角度给读者一些具体建议，以期读者能站在一个较高的视点来审视知识产权。

一、中国知识产权强保护的序幕

20世纪80年代，在改革开放和与世界接轨的大背景下，中国的知识产权保护制度重启征程，通过40多年的耕耘，努力学习和借鉴通过几百年时间积累的知识产权制度，逐步建立起自身的知识产权保护体系。到如今，法律法规日臻完善，行政、司法保护的二元体系日渐成熟，知识产权概念深入人心，权益人的维权意识、经营者的防范侵权意识越来越强，理论界和一线实践者的研究和反馈紧密结合、交相辉映，尤其是处于行业领头的企业，其知识产权体系的构建和在世界知识产权的布局及其运用上已经与世界同行业巨头不相伯仲。中国的知识产权保护越来越为世人所称道，应当说其速度之快、成就之高令人欣慰和鼓舞。

作为知识产权界的从业人员，欣逢国内知产行业蓬勃发展的浪潮，自然值得庆幸，但欣喜之余，也觉察到行业中的一些不足，譬如专利申请的质量不高，某些申请的目的不纯，并非出于保护技术方案，而是获得资助或者资质评定；商标申请不以使用为目标而是抢注资源，待价而沽；维权取证困难，判赔金额偏低，导致维权意愿低迷；诉讼周期漫长，诉讼成本偏高；知识产权服务行业恶性竞价比拼，导致服务质量降低等，上述问题仍然影响和制约着我国知识产权现阶段的顺利发展。

[①] 《TRIPS协议》，是《与贸易有关的知识产权协议》（AGREEMENT ON TRADE-RELATED ASPECTS OF INTELLECTUAL PROPERTY RIGHTS）的简称。

二、企业知识产权保护的问题及建议

知识产权对于企业的影响日益扩大，了解知识产权的基本制度和总结以往知识产权保护的经验教训，对于企业来讲非常重要，作为企业法律顾问的参考书籍，这里从整体上来给企业提供一些具体的知识产权保护建议。

（一）选择合适的知识产权保护方式

在知识产权领域，无论是一篇作品还是一项发明或设计，或者脑海中闪现的一个创意，如果我们认为它值得保护，就应该选择合适的保护方式，但知识产权的类型多样，有商标、专利、商业秘密、版权，甚至上升到标准、地理标志等，如何选择合适的保护方式确实不是一件简单的事情，如果选择不合适，则会导致权利得不到有效保护。

1. 选准主要保护方式，兼顾其他保护形式

不同类型的知识产权通常适用不同性质的保护方式，譬如，科技发明通常适合用发明专利或实用新型专利保护；企业品牌适合用商标保护；一般意义上的文学艺术作品适合用版权法保护。但是事物总有其多面性，有时候某一客体可能有多种保护方式可以选择，在这种情况下，笔者建议，应当在选择最恰当的保护方式的基础上，适当兼顾其他方式。详细来讲，有以下几个方面：

一是软件作品，通常可用版权保护，最好申请版权登记，但版权只保护作品形式，对于思想和算法上有创意的版权作品，模仿者依照该创意用不同的计算机编程语言或者表达同样能够实现相同的功能，因此就有必要借助专利保护其创意部分，因为专利可以保护到"思想"层面。

二是设计作品，可以用外观设计专利和版权，甚至是商标来保护。对于外观专利而言，其保护期只有 15 年，并且只限于在相同产品类别范围内保护；对版权而言，其保护年限更长（至少 50 年），且无类别限制，但却对独创性有一定要求；对于显著性较强的产品设计（如可口可乐的瓶形设计）也可同时采用商标保护，其保护期限理论上没有限制。在选择上，对于独创性较强的作品，可采用版权保护，而不必采用外观设计专利保护，国内有判例认为一旦选取外观设计保护则视为放弃版权保护；对于显著性较强（既便于识别，但又不过分复杂）的作品，如果该产品市场销量可观，可以将产品设计同时申请商标；对于独创性不是很强的产品设计建议可以采用外观设计专利保护。

三是竞技类体育节目电视转播、娱乐节目整体创意设计、疾病治疗方法、商业方法、老字号、大数据文件等，目前处于一个尴尬的地位，即没有完全对应的知识产权权利来进行恰当的保护。这种情况下要尽量改变形式，在现有的体系内寻求保护，如体育节目的电视转播尽量往版权上靠拢，实在不行还可以用反不正当竞争方

式保护；老字号尽量依靠商标保护；商业方法可抽象出其技术部分往专利保护方向靠拢；疾病治疗方法尽量转变为医药和医疗器械专利保护；娱乐节目的整体创意可分解成曲乐作品、场景设计版权等来打包保护，大数据文件一般倾向于反不正当竞争方式。

四是部分商标，其标识本身也构成版权保护客体的，也可同时采用版权保护。因为版权相较于商标，其最大优点就是不受类别限制，任何产品或服务上的使用行为均可能构成侵权。

2. 保护方式的升级

当然，除了上述基本的保护方式之外，我们还可选择更为高级的保护模式，譬如某项产品集中了众多的专利，可以构建一个"专利池"。一是便于许可，二是使权利更为稳固，他人难以轻易无效掉所有专利；如果产品技术更为成熟、稳定，在行业中已经达到一致认可的程度，可以将专利技术纳入行业标准，使专利发挥更大价值。

对于商标而言，随着其知名度的攀升，要在其他类别上申请商标，也要在近似类别上申请与其主打商标相近的商标，这叫防御商标保护申请；也可就类似商标在同一类别上申请，以免他人抢注造成混淆，这叫联合商标保护申请。

(二) 知识产权获取需要具备的重要意识

知识产权保护的前提是拥有知识产权权利，大部分的知识产权权利是要基于申请人的主动申请才能获得的，因此，下文将重点介绍知识产权申请过程中的常见误区及其防范建议。

1. 在先意识

知识产权的一个重要特性就是权利创立的时间至关重要，无论是商标还是专利，均以最初申请的时间为依据，确定权利的归属；版权也是一个道理，以最先创作的时间决定权利的归属，因此，具备在先申请意识非常重要。笔者的从业经历中，见证过众多国内外客户因为没有注意这个问题从而导致丧失本应归属于自己的权利，甚至沦为侵权被告的尴尬境地。

在商标领域，这种情况尤为普遍，通常是客户只注意产品市场开拓，但忽略商标的申请，等其意识到要申请时，发现他人已经在先申请，此时企业处于两难境况，放弃以前的商标不用，等于过往的苦心经营和商誉积累将付诸东流；继续使用又有侵权之虞，即便可用在先使用权抗辩，但毕竟规模受限制，到头来还真有可能为他人作嫁衣；如果主动去购买他人商标，则陷入漫天要价、任人宰割的痛苦抉择当中。这样的故事，在一遍又一遍重演，当事人陷入此种境地也有原因，一方面，毕竟事业开创之际，若非知识产权从业者，很难做到严密防范、面面俱到；另一方面，不良申请人恶意抢注已经是无孔不入，但凡风吹草动，任何新事物的出现都会在商标抢注这个领域得以体现，商标抢注已经成为一个隐性行业，时刻等待着经营者们那双不小心的脚。

专利领域也是如此，作为技术开发者，如何明智地选择保护方式并尽早申请专利，是所有与技术、设计相关的企业不得不正视的一个问题。企业在明确是采用技术秘密还是专利方式保护某项技术发明后，当务之急是尽早申请专利。

尽管版权并不以登记或申请为权利获取的必要条件，但证明作品的创作日期无疑变得十分困难，版权登记为此提供了一个很便捷可靠的途径来证明创作的时间和权利的归属，因此作品要想得到版权保护，及时进行版权登记也是十分必要的。

总之，知识产权的创立和保护，注重在先意识是十分重要且必要的。

2. 全面意识

所谓全面意识是指，知识产权保护要求保护范围涵盖全面，切勿留下漏洞。具体来讲，在商标领域，一是申请人往往只顾及在其主要产品或服务类别上申请商标，却忽视在相关领域，如主要产品的上下游产品、产品的服务领域（或与服务相关的产品领域）申请商标，一旦该商标具备一定知名度后，这些空白领域就很容易为他人所利用，造成消费者混淆；二是不具备长远眼光，没有在将来可能要发展的产品领域申请商标，再申请时又被他人抢注，导致企业品牌战略不统一，不能形成品牌相互促进的效应。

在专利领域，尽量挖掘可申请专利的技术点和外观设计点，否则相关技术随产品公开即进入公有领域，丧失其新颖性，无法再获得保护。同样，商业秘密也需要全面采取保密措施，任何未采取保密措施的商业秘密均不能称其为受法律保护的客体。

3. 国际保护意识

与信息、经济全球化的时代不同，世界各国对于知识产权仍固守地域性保护的理念，即专利商标想要获得保护，必须得向该国提交申请并获得授权方可。这种状况使得知识产权有效、全面保护面临着严峻的挑战。所谓国际保护意识，即申请人要根据自身经营规划和产品及服务的市场区域，选择在不同国家和地区进行知识产权的申请和保护。

当今时代，人口流通、信息互达使得地球成为名副其实的地球村，一国的品牌在其他国家没有被注册商标很可能被他人立即抢注，一国的专利没有在其他国家申请和通过，就无法在这些国家获得保护，这种在经济领域看来不合理、不可思议的事情，在知识产权领域却如铁一样的事实让人无奈，因此有效地利用现有制度，如PCT（《专利合作条约》）、《巴黎公约》等，在规则允许的时间段内，尽量全面地进行全球的知识产权申请布局，对于产品和服务走出国门的企业而言至为关键。

(三) 知识产权保护和运用

权利的价值在于运用，但权利的运用又要服从于企业的商业目标，归根结底，对于知识产权而言属于民法领域，是调整商事活动的工具，为此，笔者结合多年的从业经验，给出一些建议：

1. 知识产权是商业活动的守护神和竞争利器

知识产权尤其是专利权已经成为企业软实力的代表，世界专利500强同时也是资产500强绝非出自偶然，有的企业拥有有效专利的数量达10万余件，企业拥有如此庞大的专利群，其维护成本可想而知，但企业之所以还维持这个数量，自然有其道理。专利诉讼在大企业之间已经成为一种商业制衡办法，在专利领域，可以不受任何前期行为的限制，直接提起诉讼，要求停止生产、赔偿损失，达到一招制敌的目的，但与此同时，被诉企业也可能同时掌握相当数量的专利，可以反制原告，这样一来，双方势必陷入纠缠不清的持久战，最好的解决办法就是和解。所以作为企业，如果不拥有决定数量的核心专利，总是没有安全感，只有掌握了利器，才有反制和进攻的资本，才能保证企业的安稳运营。

反观当今企业之间的专利之战，其目的并不只是数额巨大的赔偿，而是通过专利之战迫使竞争对手停止生产，使自己享有更大份额的市场，专利已经成为商业活动的武器，打与不打并不完全取决于侵权与否的法律事实，而是要服从于整个商业活动的战略需求。

2. 灵活运用行政和诉讼手段相结合的维权模式

与世界其他国家不同，中国知识产权的维权不仅有诉讼一种选择，通过行政手段维权有时候更为便捷。中国有强大的政府组织，尤其在商标维权方面，市场监管举报的方式省时、省钱也省力，唯一的缺陷是不能解决赔偿的问题；专利局近年来也大力加强行政手段解决专利侵权案件，并取得了一定效果，但还远远不及商标这么方便和有效；版权领域则相反，鼓励民事纠纷通过诉讼途径来解决，并不主张版权主管部门介入私权利领域。因此，在中国要区别不同性质的侵权，选择合理方式，如果仅仅出于打击侵权需要，行政途径无疑是可选择的方式之一。

3. 许可是知识产权运用的重要方式

知识产权的无形性决定了其可以同时为多人使用，因此除了权利人自己专有使用外，通过合作、诉讼、律师函等不同方式促成许可使用或交叉许可，是知识产权运营的重要方式。知识产权的维权本质上是一种商事活动，很多情形下并非包赚独揽和你死我活，如何实现双赢和利益的最大化才是真正的维权和有效的运营目的，相信在不久的将来，许可的方式将变得越来越普遍。

特别是专利领域，正在推行的专利公开许可制度，让专利技术的推广应用多了一种选择方式，对于专利权人可以选择这种方式获得收益，对于技术需求者可以通过低成本的方式获得相应技术。

4. 注意防范知识产权的流失

一方面主动进行维权，实现知产资产的利益最大化；另一方面在合作过程中注意自身知识产权的保护，防止知识产权的流失。这方面的案例不胜枚举，大体有这么几种类型，可供读者在今后工作中防范：一是商标注册，通常企业在成立和核准名称后，办理市场主体登记手续，然后再申请商标，但是现在抢注者可以最快的速度从市场监管部门获得信息，尤其对于注册资本较大的企业，提前将他们的字号抢注为商标。二是在招投标过程中，迫于招标方的强势地位，不得以接受其不平等条款，如放弃投标方案的著作权等，或者其投标方案经简单修改后被招标方或其他投标人直接采用。三是在技术合作中，自身作为商业秘密保护的技术方案为对方知悉并被申请专利。四是员工离职，带着技术到竞争对手企业服务，造成技术秘密流失，甚至相关技术被申请专利，但又无法获得确凿证据。这些方式大部分是可以防范的，需要根据企业和知识产权的特性进行提前设计。

三、企业知识产权法律顾问服务要点

鉴于知识产权业务的特殊性，一般的律师对知产领域不太熟悉，一是由于知产需要技术背景，二是由于知产法律因其无形性、时限性、地域性等有其特殊的理论和规定，一般法律从业人员对知识产权规则并不熟悉，有以下方面值得我们重视和改进：

（一）制定知识产权规划

据笔者了解，多数企业没有知产规划，非但初创企业没有规划，即便规模较大的成熟型企业也没有知产规划，这些企业之所以重视知产，几乎都是被诉或被律师函催告等才意识到当初没有重视知产规划。

知产规划是指企业根据自身的经营特点和商业战略，对其相应的知产事务进行提前布局和策划。鉴于知产的属性，在先申请、提前预防是非常重要的举措，一旦错过，往往无法弥补，或者要付出成百上千倍的代价。譬如商标申请不过1000多元成本，笔者代理的案件中有因没有注重提前申请商标，后被诉赔偿过亿元，教训不可谓不深刻；再如专利案件中，因没有规划，在申请专利之前申请人自己公开技术方案而导致专利丧失新颖性的也屡见不鲜；还有的企业在意识到需要专利、商标、著作权时，才匆匆忙忙，东拼西凑，整出一堆垃圾专利和没有保护价值的著作权登记证书。知识产权是智慧的结晶和商誉的辛勤积累，非一朝一夕可以成就，无论何种企业，都要结合自身特点，有清晰的知识产权规划，才能抓住主动，立于不败之地。

(二) 对知识产权的认识和尊重

知识产权作为现代社会的活动规则之一,唯有熟悉、尊重和运用,顺势而为,才是长久之计。其实无论是有形财产还是无形财产,都是人类劳动和智慧的产物,都值得被尊重和严肃对待。

为此,笔者认为,尊重知识产权首先要尊重他人的权利,避免侵权,因此在推出新产品前要做 FTO(自由操作)分析,看是否侵犯他人的专利权;在使用商标前要做商标检索,看是否可能申请下来该商标和确认没有侵犯他人的商标权;在使用他人有著作权的文章、在网上抓取图片、使用他人音乐作品等时,要留意是否侵害了他人的著作权。

其次要注意发展和培养自主知识产权。现实中,企业创立之初借助他人商标起家,等到商标有一定知名度,才发现商标权人要收回商标使用权了;生产型企业依靠代加工、劳动密集型赚取利润链的低端,发现如果不掌握技术和知识产权永远摆脱不了打工的命运;同样品质的商品贴上不同的标签,其销量和价格天壤之别。由此可见,企业的长远发展离不开自主知识产权的支撑,企业发展越到高级阶段知识产权的竞争越激烈。

(三) 知识产权法律顾问的选择

国内的知产服务一半是代理所,一半是律师所;但代理所通常缺乏法律尤其是诉讼方面的经验,而律师所又通常提供不了代理服务。企业的需求是综合的,因此具备代理资质的律所或者具备诉讼经验的代理所是企业知识产权顾问的合适选择,自然同时具备代理经验和诉讼经验,并且具备外语优势的律师应当是不二人选。

当前知产法律顾问服务的一个重要问题就是,企业不提出要求,顾问不主动提供服务,而等到企业提出要求时,通常问题都比较棘手。其原因是律师不懂知产,企业法务也未必了解知产,所以双方都不作为,只有等到出现问题了,临时抱佛脚。所以笔者建议,如果企业的法律顾问不具备知产背景的话,可以单独聘请知产法律顾问,并且要求介入之际,进行实地调研,为企业出具发展规划,并与顾问保持商业和科研信息互通更新,化被动服务为主动服务。

四、防止知识产权滥用

任何事物都有两面性,权利的合理运用会保护权利人利益,也会对社会、经济、文化起到促进作用,但如果滥用权利,违背权利设立的本意,则会给社会带来负面影响。

有所谓的"专利蟑螂",即其购买和申请专利的目的并不是保护其技术,而是专门依此告发他人侵权谋取利益;有的专利申请人和商标申请人,申请专利和商标的目的是售卖，这样对于专利而言，为技术的传播和运用制造障碍；对于商标而言，占用了有限的商标资源，为真正想使用商标的人制造障碍。在版权领域，也有专门上传照片至网络，但又不声明版权所有和联系方式，而是以此为诱饵专门打击侵权人谋求利益，违背了促进文化传播、鼓励创作的立法目的。

第二节　企业专利的保护

一、专利概述

专利是由政府机关或者代表若干国家的区域性组织根据申请而颁布的一种文件，这种文件记载了发明创造的内容，并且在一定的时间、期间内产生这样一种法律状况，即获得专利的发明在一般情况下只有经专利权人许可才能予以实施。更直白地可以把专利理解为社会公众与专利权人之间的一种协议，即专利权人公开其专利技术方案，社会公众同意在一定时间内赋予专利权人独占使用该专利技术的权利。

1624 年英国颁布的《专利法》被认为是具备现代意义的专利法，标志着专利制度的真正形成。截至目前，全球近 200 个国家或地区建立了专利制度，1883 年《巴黎公约》的签订、1970 年《专利合作条约》的签订，尤其是 1994 年《TRIPS 协议》的签订更是专利全球一体化新的里程碑。

我国于 1984 年颁布了现行的《专利法》，此后分别于 1992 年、2000 年、2008 年、2020 年进行了较大程度的修改。1985 年 3 月 19 日，中国正式加入《巴黎公约》，中国从 2001 年入世之日起便全面实施世界贸易组织的《TRIPS 协议》。这些都标志着我国专利制度在不断进步和向国际社会不断靠拢。

专利制度是一种既可以综合运用法律和经济，又可以起到促进经济发展和科技进步的管理制度。基于建立专利制度的此种目的，使得专利制度具有以下基本原则。

1. 创新原则，专利制度设置的主要目的之一便是鼓励创新，通过制度保障给予专利权人在某段时间、特定地域内合法的垄断权，从而激励发明人的能动性，开启国民智慧，推动科技和社会进步。

2. 公开原则，专利就意味着公开，公开发明创造的内容是换取合法垄断权的代价之一，公开后可以避免他人重复研究，避免社会资源的浪费。

3. 申请原则，我国自专利制度建立至今一直采用先申请原则。采用先发明原则当然更加公平，但举证困难，也不利于鼓励及时申请；先申请原则最大的好处是鼓励发明人尽快申请，这样符合专利设置的本意，可以最大限度地保护公共利益，手续上也简便，节约了社会资源。

二、专利的特征和类型

专利权具有时效性、专有性、地域性和无形性。

时效性是指专利权作为一种专有权只在某一特定的时间内有效，期限届满后，自动进入公有领域，法律不再保护专利权人所独有的权利，任何人都可以使用和利用该项发明创造。

专有性，专利权属于财产权的一种，也是一种专有权，具有对世性，在专利有效期限内，任何人未经专利权人的许可不得使用该专利方法、制造、销售、许诺销售和进口该专利产品。

地域性，是指专利权的效力范围只限于批准该专利权的国家的领土之内。本国申请专利获得授权，并不自然在他国获得权利。申请人若想使某项发明创造在某个或某些国家获得专利保护，需要依照该国的专利制度向其提出专利申请，以期获得授权。

无形性，是指专利权的客体——发明创造或外观设计的非物质性。所有权利都是一个抽象的概念，都是无形的，专利信息必须通过物化载体有形展现，才能为人们所认知。

依照我国的专利法规定，专利分为发明、实用新型和外观设计三种类型。

发明专利是指对产品、方法或者其改进所提出的新的技术方案。发明专利的最长保护期限为自申请日起二十年。发明专利是指一项技术方案，技术方案是指利用自然规律来解决技术问题的技术手段的集合。发明专利可以是产品专利也可以是方法专利，这里的产品应该是由人类能够制造出来的产品，而非自然界本来就存在的产品，如雨花石；最后也不能是光、电、能量、磁场、气味等既非产品也非方法的存在物。

实用新型是指对产品的形状、构造或者其结合所提出的适于实用的技术方案，实用新型的最长保护期限为自申请日起十年。实用新型强调实用性，即适合于工业领域的应用；实用新型仅限于保护有一定形状和构造的新产品，且必须是一项有形产品，不能保护方法。无固定形状的气体、液体、粉末状的产品不能用实用新型保护。

外观设计是指对产品的形状、图案或者其结合以及色彩与形状、图案的结合所作出的富有美感并适于工业应用的新设计。外观设计的最长保护期限为自申请日起十五年，外观设计本质为一种工业美术设计，但必须与产品结合在一起才能申请外观专利，这种美术设计不能是单纯的色彩，可以是单纯的形状、图案，也可以是形状与色彩的结合、形状与图案的结合、色彩与图案的结合，也可以是色彩与形状和图案三者的结合。外观设计必须富有美感，且必须是一项在工业上能够应用的新的设计。

三、企业如何获得专利

专利权是一项需要通过申请、经政府审查而获准的权利,企业或者个人如果需要通过专利权获得保护,那么了解专利申请的相关知识是十分有必要的:

(一)企业申请专利的益处

企业申请专利究竟有什么好处呢?归纳起来一般有如下几种目的:

1. 实现对于某种技术的垄断,从而保障企业的竞争优势,实现利益的最大化,这是专利本身最为重要的价值所在,也是申请专利的基本目的。

2. 专利获得授权后,可以许可他人使用相应的技术,从而获得商业上的利益。如果某一产品由多个部件组成,他人就其中的某个部件或者某一部分拥有专利,而我方拥有其他部件的专利,那么拥有专利的各方在生产该产品时都会被他方的专利所限。在此前提下,拥有该产品所必需的专利是实现各方交叉许可的基础。同时,针对他人专利进行改进,申请优选专利,也可以实现交叉许可,达到获得他人专利许可的目的。

3. 获得专利授权本身就是企业研发、创新力量的体现,是对企业技术力量的软宣传。

4. 防止自身的发展因与他人已经布置好的专利权相冲突而受到限制。由此可见,专利申请不仅仅是一种进攻性的策略,同时也是必要的防范措施。

5. 申请高新技术企业的一项重要指标就是企业所持有的专利数量,一些招标项目对投标公司的专利持有情况也会有要求。

6. 企业申请专利,还可以成为一种有效的鼓励内部创新的机制。

(二)企业专利的申请权和专利权的归属

发明创造申请专利时,其申请人和发明人有时候是不同的,企业中职务发明创造占据重大比例,对于企业而言有必要了解和掌握法律关于职务发明创造的规定。

1. 职务发明创造

《专利法》第六条第三款规定,利用本单位的物质技术条件所完成的发明创造,单位与发明人或者设计人订有合同,对申请专利的权利和专利权的归属作出约定的,从其约定。

2. 非职务发明创造

申请专利的权利属于发明人或设计人;申请被批准后,该发明人或设计人为专利权人。

3. 企业发明创造的权利归属

企业技术人员完成的发明创造在申请专利权时确定申请人需要考虑以下情况:

（1）技术人员是执行本单位的工作任务完成的发明创造

具体而言，包括以下情形：①在本职工作中作出的发明创造；②履行本单位交付的本职工作之外的任务所作出的发明创造；③退休、调离原单位后或者劳动人事关系终止一年内作出的，与其在原单位承担的本职工作或者原单位分配的任务有关的发明创造。如果申请专利的发明创造属于上述三种情况之一的，该申请人就是发明人或设计人所在的单位（包括临时工作单位）。

（2）利用本单位的物质技术条件完成的发明创造

技术人员利用本单位的资金、设备、零部件、原材料或者不对外公开的技术资料等完成的发明创造，在申请专利时如何确定权利的归属，首先要看职工与单位之间是否有协议约定了专利申请权的归属，有约定的依其约定，如果没有约定，则专利申请权归属单位。需要注意的是，此处资金、设备、零部件、原材料或者不对外公开的技术资料等应当是在完成发明创造的过程中起到主要的作用。

（三）企业如何申请专利

专利权是一种依申请而产生的权利，须由国家专利主管部门审核批准后才能被授予在一定时间内的专有权。因此，若要获得专利保护，首先是要提出相应的申请，具体而言申请专利需要遵循以下步骤：

1. 具备可申请专利的技术或设计

首先企业要具备可申请专利的技术或设计，并且技术人员需要将这些技术和设计通过文字或者制图的方式进行表达和固定，从而形成技术交底材料，以便于专利代理人理解技术或设计的内容，在此基础上形成专利申请文件。

2. 委托代理机构或者直接向专利局申报专利

企业在准备好技术交底材料后，可选择专利代理机构代为撰写专利申请文件，也可以直接向专利局申请专利（国内没有经常居所或营业所的国外企业或个人必须委托代理机构）。专利程序烦琐，专利申请文件的撰写也是专业性很强的工作，稍有失误就可能导致获得授权的时间被延后，甚至导致被专利局视为撤回或者因专利文件撰写存在瑕疵而使得本应获得授权的技术或设计不能被授予专利权。因此，有必要委托专业的专利代理机构。

3. 准备专利申请文件

专利文件包括专利申请书、权利要求书、说明书摘要、说明书，必要时需要提交说明书附图和摘要附图。

4. 专利局进行审查

专利局在接到专利申请后会对专利进行审查，看是否符合专利授权的条件，不同类型的专利审查程序也有一定差异，如发明专利实行的是前期公开实质审查制，实用新型和外观设计实行的是初步审查制度。理论上实用新型不需要经过实质审查,然而实践中,专利局会对部分实用新型专利进行抽审。

5. 办理授权登记手续,续缴年费

在专利局审查通过后,专利局会下达办理专利授权通知书和办理专利登记通知书,并通知缴纳一定的费用。在专利授权后,需要在每年的申请日前缴纳专利年费以维持专利的有效性,如果在每年申请日后六个月的滞纳期内还未缴足专利年费或滞纳金,审查员随后会发出专利权终止通知书,专利权自应当缴纳年费期满之日起终止。

(四)专利权人的权利和义务

企业在获得专利权后,就可以行使专利权的内容,同时,为了获得和维系专利权还应当承担一定的义务,具体包括如下内容:

1. 专有权

专利是一项专有权,在专利的有效期间内,只有专利权人对专利具有使用权,他人未经许可不得实施其专利,即不得为生产经营目的制造、使用、许诺销售、销售、进口其专利产品,或者使用其他方法以及使用、许诺销售、销售、进口依照该专利方法直接获得的产品。具体而言包括:(1)禁止他人制造专利产品的权利;(2)禁止他人使用专利产品的权利;(3)禁止他人许诺销售专利产品的权利;(4)禁止他人销售专利产品的权利;(5)禁止他人进口专利产品的权利;(6)禁止他人使用专利方法;(7)禁止他人使用、许诺销售、销售、进口依专利方法直接获得产品的权利;(8)禁止他人制造、销售、许诺销售或者为了制造、销售的用途而进口该外观设计专利产品的权利。[1]

2. 许可权

专利权人在专利权有效期限内,也可将专利权许可给他人使用,收取一定的专利许可费。专利许可的方式有以下几种:(1)独占许可,即只有被许可人可以使用该专利发明创造,许可人和其他第三人都无权使用该专利。(2)排他许可,即专利权人只允许被许可人使用该专利发明创造,除专利权人和被许可人之外,任何第三人都不能使用该专利发明创造。(3)普通许可,即专利权人许可被许可人使用专利发明创造,同时专利权人还可继续许可给其他人使用该项发明创造。(4)分许可,即专利权人将专利发明创造许可给被许可人使用后,同时允许该被许可人将专利发明创造许可给其他人使用。(5)交叉实施许可(cross-license),也称"相互许可",是专利实施许可的一种,即许可方和被许可方互相许可对方实施自己所拥有的专利技术而形成的实施许可。交叉许可(cross-licensing)是指交易各方将各自拥有的专利、专有技术的使用权相互许可使用,互为技术供方和受方。在合同期限

---

[1] 尹新天:《中国专利法详解》,知识产权出版社2011年版,第129页。

和地域内,合同双方对对方的许可权利享有使用权、产品生产和销售权。各方的许可权利可以是独占的,也可以是非独占的。双方权利对等,一般不需支付使用费。在国际技术贸易中,采用交叉许可方式转让技术的合同,通常称为交叉许可合同或交叉许可协议。①

3. 处分权

在专利有效期内,专利权人可以对专利权进行处分的主要方式为:

专利权人有权决定是继续缴费维持专利权的有效性还是主动放弃专利权;主动放弃可有两种方式:一种是主动向专利局提出放弃专利权请求,另一种是不再续缴年费,被专利局视为放弃专利权。同时专利权也可作为一项财产权通过评估后,作为财产投资成为公司的入资款;也可经评估后通过质押获得贷款。专利权人也可将专利权作价转让或者无偿赠与他人。

4. 其他权利

除上述权利外,专利权人还有其他权利:(1)标记权,专利权人或专利被许可人还有权在其专利产品或者该产品的包装上标明专利标记和专利号。(2)署名权,当专利权人与发明人或者设计人不相同时,作为发明人或者设计人有权要求在专利文件上注明自己身份的权利。②

5. 维持专利权有效的义务

权利行使的前提之一就是要维持权利的有效性,首先,专利权的有效是要靠专利年费来维持的,所以专利权人有按时缴纳专利年费的义务。其次,专利有可能被其他人提出无效申请,专利权人有义务去反驳对方观点以维持专利有效。

6. 充分公开发明创造的义务

在申请专利时,专利权人一方面不愿意完全公开自己的发明创造内容,另一方面又担心因专利技术公开不充分得不到有效保护,甚至被认定无专利性而被驳回或者因公开不充分而被裁定专利无效。这是一对矛盾体,也是专利制度所倡导的鼓励尽早全面公开发明创造以推进社会进步和申请人不愿意将自己的技术方案完全公之于众维护私利之间的矛盾,但为了获得专利权的保护就一定要明确保护的内容和范围,并且充分公开技术方案,达到本领域的技术人员依照专利技术方案就可以实现该专利的技术效果,否则就无法明确权利边界,其他人依照专利文件去实施专利技术如果不能获得有效的技术效果,专利制度设置的目的和意义也将不复存在。

---

① "交叉许可"词条,载东方财富网(百科),https://baike.eastmoney.com/item/%E4%BA%A4%E5%8F%89%E8%AE%B8%E5%8F%AF,最后访问时间:2024年5月16日。

② 参见《专利法》第十六条。

四、专利侵权概述

《专利法》明确了专利侵权以及为专利法所禁止的若干行为,并设定了侵权及违反法律禁令的后果,企业成为专利权人后需要对此进行研究和了解,做到不侵犯他人权利也能依法保护自己的权利。

(一) 专利侵权行为的判定原则

专利权被授予后,任何单位或者个人未经专利权人许可,都不得实施其专利,既不得为生产经营目的制造、使用或者销售其专利产品,或者使用其专利方法;也不得为生产经营目的制造或者销售其外观设计专利产品。凡是违反了上述规定均有可能侵犯专利权人的专利权(参见《专利法》第十一条)。

1. 专利侵权的对比方法以及对权利要求保护范围的正确理解

发明和实用新型专利的侵权判断需要将专利所保护的范围与可疑侵权对象比对,以专利权利要求中记载的技术方案的全部必要技术特征与被控侵权物(产品或方法)的全部技术特征逐一进行比较。[1]

发明或者实用新型专利权的保护范围以其权利要求的内容为准,说明书及附图可以用于解释权利要求。对权利要求的保护范围进行解释既要避免认为权利要求的保护范围与其文字记载的范围完全一致,又要避免保护范围可以扩展到说明书与附图后所涵盖的范围。"折中解释"原则处于上述两种极端解释的中间,要求对专利权人的合理正当的保护与对公众的稳定预期及合理利益进行综合的考量。

2. 发明、实用新型专利侵权的判断原则

(1) 全面覆盖原则

如果被控侵权物(产品或方法)的技术特征包含了专利权要求中记载的全部必要技术特征,则被控侵权物落入了权利要求的保护范围。

(2) 等同原则

是指被控侵权物(产品或方法)中有一个或者一个以上技术特征经与专利权利要求保护的技术特征相比,从字面上看不相同,但经过分析可以认定两者是相等同的技术特征。这种情况下,应当认定被控侵权物(产品或方法)落入了专利权的保护范围。[2] 在字面不侵权的情形下,需要考虑是否构成等同侵权。如果针对某个区别的技术特征,本领域技术人员不通过创造性的劳动就能想到并进行相应的替换,并且其技术手段、功能和效果也相同或者实质性相同的话,这种替换构成等同替换。

---

[1] 尹新天:《中国专利法详解》,知识产权出版社2012年版,第555页。
[2] 尹新天:《中国专利法详解》,知识产权出版社2011年版,第597页。

（3）禁止反悔原则

专利申请人、专利权人在专利授权或者无效宣告程序中，通过对权利要求、说明书的修改或者意见陈述而放弃的技术方案，权利人在侵犯专利权纠纷案件中又将其纳入专利权保护范围的，人民法院不予支持。[①]

3. 外观设计专利侵权的判定

外观设计侵权判定中，首先，外观设计的产品与进行对比的产品属于同类或类似产品，具体的分类标准应当以外观设计分类表为准；其次，普通消费者的观察和感受是判定是否构成相同或近似的评判标准；最后，用于对比的元素应当是图案、形状和色彩而不应考虑产品的大小、材质、内部构造及性能，在外观设计侵权判定中还应当剔除现有设计的元素，只对比独创设计部分，综合判断是否构成相同或者近似。

（二）企业如何维权和避免侵权

1. 企业专利维权

企业在获得专利权后，更为重要的是实现专利的价值，要依法维护自己所拥有的专利权不受侵害。通过进行专利维权可以达到制止侵权行为、获得竞争优势、获得赔偿、收取许可费用等目的。

（1）熟悉了解市场产品、市场竞争对手、掌握市场动态

专利的价值最终还是要体现在市场，所以市场上的相同产品、竞争对手的动向，作为企业经营者应当适时收集，密切关注，一旦发现涉嫌侵权产品，就可以考虑是否需要利用专利武器维权。

（2）注意收集证据在先，采取法律措施在后

在与侵权方直接接触之前，为避免"打草惊蛇"使对方消除证据，为今后侵权制造障碍，一般需要先掌握足够的证据后，才进行正面接触。

（3）选择适当的维权方式

通常而言，维权有以下三种方式，可根据不同情况选择适用：

①调解

适用情形：在侵权行为轻微，不值得运用行政或诉讼手段维权时；在证据难以收集依靠行政程序或诉讼不可能获胜的情形下适用；在对方请求或行政主管部门、法院主持下，对方停止侵权并达到预期维权目的的情形下适用；在与对方达成许可使用或交叉许可使用的情形下适用。

②行政手段

行政手段具有高效、快速的特点，对于及时制止侵权、惩罚侵权责任人具有诉

[①] 参见《最高人民法院关于审理侵犯专利权纠纷案件应用法律若干问题的解释》第六条。

讼所不可比拟的优势；同时，启动行政程序还可以达到通过行政调查取证获取在通常情况下无法获得的证据的目的。但行政程序也有其缺点，对于侵权赔偿，行政机关只能调解，不能下裁决，当事人若达不成调解，最终还得诉至法院。

③诉讼

诉讼是解决纠纷的最终手段，其专业性和权威性显然最值得信赖，并且有强制执行力作为保障，往往成为维权方式的首选。特别是利用法院的既判力，在取得最初的胜诉案例后，为今后大范围维权提供了有力的法律支持。

2. 企业如何避免侵权

知识产权制度作为一项法律制度具有强制性，企业的行为如果触及其他人的知识产权，有可能面临停止侵权和承担赔偿责任的风险，就专利而言，如何避免侵犯他人的专利权呢？

（1）积极主动掌握自有专利权

掌握自主知识产权是避免陷入大规模的侵权诉讼，进而陷入被动的最佳、最彻底的方式。因此，企业一方面要注重利用专利制度来保护自身创新成果，另一方面如果自身掌握了某领域较多的或者关键的专利技术，也可以作为与其他企业进行技术谈判实现交叉许可的筹码，可以达到合法获得他人优质技术的目的。

（2）提前进行专利侵权分析

企业在指定产品规划，包括研发、生产、销售和广告宣传的全套方案之前，就应当对产品是否可能侵害他人的专利权进行分析，避免因被诉侵权而造成严重的损失。这种分析一般被称为"自由使用权"分析（FTO）。在国内知识产权保护日益完善和加强的大环境中，侵权的成本不断增加，事前的分析预防变得十分必要。

（3）发掘专利空白

企业在制定产品规划前，需要根据专利分析的情况进行判断，如果涉嫌侵害他人的专利权，并且无法获得专利权人的许可或者许可费用过高，在这种情况下，企业可以考虑涉足其他蓝海，寻找专利申请相对较少的技术领域，在这些领域进行研发、生产，进行专利布局。

（4）绕开障碍专利

如果某个产品或产品的制造方法、外观设计已经被申请专利并且获得授权，该专利即构成障碍专利。在此情况下，首先要通过检索和分析判断障碍专利被无效的可行性。如果障碍专利被无效的可能性较低，则需要详细分析该专利的权利要求，看是否存在漏洞。对于任何一个专利而言，从法律上讲都并非无懈可击。如果障碍专利的权利要求存在表述不严谨或权利范围要求过小的情况，企业可以考虑通过如更改、删减其中的某个或某些技术特征等方式，从而避免落入障碍专利权利要求的保护范围。此种情况通常需要经专利律师分析，并确认不构成等同侵权，才可以成为有效的规避方法。

(5) 获得专利许可

实施某项技术如果能得到专利权人的许可，那么其实施行为就是合法的。但是，出于保护企业核心技术的目的，很多关键或者最优的技术方案并不会完全地体现在专利文件当中。企业的重要技术，往往还是要通过专利与技术秘密的结合来获得最优的保护效果。因此，通过与权利人的谈判，获得专利许可及具体实施的技术是获得相关技术最为重要的方式之一。

五、拟上市企业应当注意的专利问题

根据上市企业知识产权相关法规、办法的要求，结合以往的案例和实务中的经验，笔者梳理了与企业上市相关，应该予以关注的九个知识产权方面的问题，并提出相应的解决办法供拟上市企业参考：

(一) 企业知识产权的有效性维护和管理

作为企业的知识产权管理者，最为重要和基本的职责之一就是维护好知识产权的有效性。因为无论是专利、商标、著作权都有一定的有效期限，并且需要缴纳年费或者申请续展来维持其法律有效性。商业秘密也有防止技术信息和经营信息泄露的义务，否则一旦错过期限或者导致泄露，将会导致权利的丧失。

实践中，不乏企业因管理疏忽导致其权利丧失而不自知的情形，譬如2010年1月，创业板发审委审核某科技股份公司IPO通过，随后有媒体发表质疑文章，声称招股说明书中提及的1件实用新型专利和4件外观设计专利，因为没有缴纳年费导致专利权终止。媒体曝光后引起证监会重视，2010年6月13日，证监会作出《关于撤销某科技股份公司首次公开发行股票行政许可的决定》[1]，某科技股份公司随后公告归还募集资金本息。

在此，笔者梳理了知识产权项目中应当予以充分关注的维持其法律效力的项目和注意事项，以供参考：

类型	保护项目	保护期限
专利	专利年费	每年一缴，也可提前缴纳
	专利最长保护期限	发明20年、新型10年、外观15年
商标	商标续展	公告授权日期起10年一续展
	商标使用和证据留存	三年连续不使用，有可能被申请撤销

---

[1] 《关于撤销某科技股份公司首次公开发行股票行政许可的决定》，载中国证券监督管理委员会网站，最后访问时间：2024年5月22日。

续表

类型	保护项目	保护期限
著作权	最长保护期限	发布之日起50年
商业秘密	防止泄露	长期

（二）技术人员的稳定维持

核心技术人员是公司，尤其是科技型公司的核心力量，也是专利、技术秘密等权利的产生来源。在科创板的上市企业的科创属性评价中也专门列明："研发人员占当年员工总数的比例不低于10%。"对于技术人员的维持，从知识产权的角度，笔者认为有以下方面值得注意：

首先，对于专利申请时，所有对发明技术作出实质性贡献的人，均要列入发明人。这既是对发明人的肯定，也是发明人申报职称、奖项的依据；从另一方面来讲也是发明人曾经从事何等技术研发的证据，对于跳槽带走原单位技术，在其他单位不正当使用甚至申请新的专利的行为也有规制作用。更为重要的是对于定义核心技术人员范围具有重要的参考作用，适当扩大核心技术人员的群体，有利于企业在应对技术人员离职时，对外披露时可以进行合理解释，以免产生市场恐慌。

其次，企业在上市准备过程中，对于技术人员要有股权激励措施，这样才能让技术人员有所期待，共享公司发展成果，更加激励他们勇于创新，在上市后为维持和提升股价作出贡献。对于科技人员所持股份减持的时限，在法律允许的范围之内可考虑适当延长。一般的原始股锁定期是1—3年，科创板的是3年。如果需要延长，则需要企业与科技人员双方签署特定的文件予以明确。

最后，对于新入职的技术人员要签订保密协议和竞业禁止协议。这既是保护技术秘密需要采取的形式要件，更是防止恶意跳槽，被竞争对手"挖墙脚"的法律措施。同样重要的竞业禁止协议也是有必要的，通过支付一定的补偿费用，换取技术人员在离职后不得与原企业有业务竞争，包括离职人员自行创办的与原单位业务相同的单位任职，这些措施都有利于企业技术队伍的稳定。

（三）确保知识产权权属清晰

因知识产权的权属问题导致上市遇阻的情形并不罕见，如尚未变更注册商标所有权，使其公司商标所有权难以确认，导致上会被否。2007年9月，某中药股份公司上市被暂缓IPO审核，11月27日上市被否[1]，其原因为报告期内主要收入增长

---

[1] 《IPO路上的IP事，哪些险因IP葬送上市梦的企业（下）》，载界面新闻网，https://www.jiemian.com/article/1454501.html，最后访问时间：2024年5月23日。

的来源是该产品所使用的"某某"商标，该商标所有权属于公司股东某某集团间接控股的某某医药销售公司所有，公司的主要产品商标的使用权与股东存在关联关系和依赖关系。

其他在专利领域比较典型的事例是离职员工与原单位之间的专利权属纠纷，如某新能源科技股份有限公司的核心技术人员田某在 2018 年 1 月之前为某大学教师，在离开原单位未满一年的 2018 年 12 月作为发明人为公司申请了专利，根据我国法律关于职务发明的规定，该专利可能要归属其原单位，由此引发权属纠纷，导致上市暂缓。2019 年 11 月，甲公司对拟上市企业某微电子股份有限公司提起的 5 件专利权权属纠纷中，其中涉及某微电子股份有限公司的副总经理梅某（核心技术人员）及其他从甲公司跳槽的员工作为发明人的专利，影响其上市进程。①

为此，笔者梳理了在知识产权权属领域经常发生权属纠纷的情形，并给出相应建议：

1. 职务发明情形下导致的权属纠纷

职务发明分为两种情况，一种是执行本单位任务所完成的发明创造，具体包含 3 种情况：（1）发明人在本职工作中完成的发明创造；（2）履行本单位交付的与本职工作有关的任务时所完成的发明创造；（3）退职、退休或者调动工作后 1 年内做出的、与其在原单位承担的本职工作或者单位分配的任务有关的发明创造。实践中出现问题较多的，集中在调动工作后 1 年后又在其他单位申请相关发明创造专利，作为拟上市企业，要防止在雇用技术人员后，以企业名义申请与该技术人员在原单位相关的发明创造专利；也应防止技术人员将在本单位研制出来的技术，离职后到同行业其他单位再申请专利。

另一种是主要利用本单位的物质条件（包括资金、设备、零部件、原材料或者不向外公开的技术资料等）完成的发明创造；如果双方对知识产权的归属有约定则从其约定，没有约定的，知识产权归属提供物质条件的单位。拟上市企业与高校或者研究机构，尤其是与高校教师合作的时候，如果担心将来成果的归属，特别要注意与这些机构签署协议，就知识产权成果作出书面约定，以免后续产生纠纷。

2. 职务作品情形下的权属不清

职务作品主要是指公民为完成法人或者其他组织工作任务所创作的作品，职务作品分为两类，一类是普通的职务作品，著作权归属个人，单位在其业务范围内有免费使用的权利，作品完成两年内，未经单位同意，作者不得许可第三人以与单位使用的相同方式使用该作品。

---

① 《媒体报道：科创板之路梦断"专利"？某微电子股份有限公司陷专利诉讼之争，直言"传统竞争对手扼杀竞争"》，载江苏知识产权局网站，https：//jsip.jiangsu.gov.cn/art/2020/3/26/art_82366_9835220.html，最后访问时间：2024 年 5 月 23 日。

另一类是特殊的职务作品，包括主要利用法人或其他组织的物质技术条件创作，并由法人或其他组织承担责任的工程设计、产品设计图纸及其说明、计算机软件、地图等职务作品；这类作品的著作权归属单位所有。

拟上市企业需要了解作品的权利归属，以免上市过程中遭遇投诉。

3. 委托开发、委托设计、合作开发的情形下权利的归属

根据《著作权法》第十九条规定，受委托创作的作品，著作权的归属由委托人和受托人通过合同约定。合同未作明确约定或者没有订立合同的，著作权属于受托人。再根据《专利法》第八条规定，两个以上单位或者个人合作完成的发明创造、一个单位或者个人接受其他单位或者个人委托所完成的发明创造，除另有协议的以外，申请专利的权利属于完成或者共同完成的单位或者个人。

所以无论是技术领域的委托开发还是著作权领域的委托设计，如果双方对知识产权的归属没有约定，发明创造或者设计作品的知识产权均归属于受托人。所以拟上市企业委托其他主体进行技术研发或者产品设计时，如果想获得委托成果的所有权，需要在合同中明确约定成果的知识产权归属委托方所有。

对于合作开发的成果，双方可以约定，约定不明或者没有约定的情况下，合作开发的成果归属于共同完成开发的单位或个人。

4. 对于商标、专利和著作权的权属转移

如果知识产权属于从他人名下受让所得，则一定注意履行相应的转让手续。对于商标和专利而言，其权利转移除了签订书面合同外，还需要办理相应的手续。专利需要到知识产权局办理著录事项变更，并收到《手续合格通知书》才视为转让成功；商标需要向知识产权局提出转让申请，并且收到《核准转让注册商标证明》后才视为转让成功。其转让生效日期，专利是登记之日，商标为公告之日。

5. 知识产权许可条件下应当注意的问题

拟上市企业如果是通过他人许可获得知识产权的使用权的，除了签署相关的许可合同外，还应当注意许可事项下是否潜在有对将来持续盈利不利的因素，并尽量在上市之前予以解决，如果不能解决，则需要有合理的解释或保证。在许可条件下通常产生的对企业持续盈利的影响因素有：

（1）许可的类型，许可分为普通许可、排他许可和独占许可，对被许可人而言独占许可是最为稳定和有利的，只有被许可人可以使用相关权利，在排他许可下权利人自己也使用，普通许可下存在相关权利被再许可给其他主体使用，后两种情况会导致市场同质竞争的潜在不利因素，因此需要予以披露和采取防范措施，譬如变更许可类型。

（2）许可的期限和实施范围，这也是许可合同中的不确定因素，一旦时限届满不再许可或者地域受限，则必然会对企业经营发展产生不利影响，也需要提前采取

措施，譬如延长许可期限，或者变许可为转让等。

（3）就相关知识产权的有效期限，对于著作权和专利而言都有最长的保护期限，许可的期限不能超出上述权利的最长保护期，对于商标而言理论上通过续展可以无限延长，只是需要权利人保证按时续展。

（4）关联方的许可，在存在关联方许可的情形下，有可能产生关联交易会对经营有不利影响，这种情形，能够将许可转为转让最好，或者通过更为细致明确的约定，譬如许可费、许可期限等，消除关联关系可能导致的不确定因素。

（四）知识产权要对主营业务形成支持

上市考察知识产权主要还是关注知识产权是否对企业的持续盈利能力形成支持。因此知识产权与企业的主营业务的关系就十分重要。与主营业务不相关的知识产权自然不能在上市过程中获得认可。

为此，笔者认为，企业上市前需对公司专利、商标、著作权（包含软件著作权）等权利的保护内容进行核查甄别，确保专利的保护客体与主营业务一致，专利权利要求的保护范围和对象要与拟上市企业主营业务的产品或者服务相对应并形成有效保护。注册商标的名称、类别、注册的商品项目与主营产品上使用的商标性质相符，对其形成保护。著作权的保护对象也与主营业务相关。如果确实存在不相关的情形，最好在上市前进行补充申请，或者通过购买、并购等方式完善企业的知识产权保护体系。

（五）防范上市前知识产权被无效、撤销

对于专利和商标而言，即便获得授权之后，也有可能被提出无效或者撤销，典型的譬如：因缺乏新创性他人对专利提出无效申请；商标因三年不使用，被他人提出撤销申请；商标因侵犯他人在先权利被提出无效申请；商标沦为通用名称被申请撤销等。往往这些情形会在上市申请过程中被竞争对手提起，试图干扰或阻止上市进程。

实践中，此类事件也层出不穷，譬如，2020 年，甲科技科创板 IPO 申请被上交所正式受理，其间，乙科技针对甲科技全部 16 件发明专利提出无效请求。一旦甲科技的 16 件专利中有 11 件以上被宣告无效，则其专利数量将低于 5 件，不满足科创板上市要求。后来，乙科技发布公告称公司已与甲科技签订《专利许可协议》和《战略合作协议》，乙科技公司同意授权甲科技在协议存续期间实施指定专利，甲科技分 5 年每年向公司支付专利许可使用费，合计人民币 2500 万元。[①]

提起撤销或者无效的申请人，一种是纯粹出于恶意，并没有充足的理由和依据，

---

① 《甲科技公司上市，发明专利曾被宣告无效》，载东方财富网，https://caifuhao.eastmoney.com/news/20210304205315746712690，最后访问时间：2024 年 5 月 23 日。

只是从程序上发起此类申请，目的仅在于干扰上市进程；另一种是具备真实依据，尽管也不排除恶意存在，但真有可能导致知识产权权利被无效或撤销。不管他人出于恶意还是正常情形下对专利或者商标有效性提起无效或撤销，本质上是人家的权利，作为权利人无法阻止。所以我们需要做的就是事前做好预防，事中积极应对：

1. 事前的有效预防

（1）专利中要有一定比例的发明专利，发明专利因为经过实质性审查，稳定性比实用新型、外观设计要好得多，不容易被无效。

（2）要储备一定数量的专利，不要仅仅满足上市条件专利数量的瓶颈需求，很容易因为无效导致数量不足。

（3）专利撰写文件，对于权利要求的主权项和从属权项布局多层次化，在撰写方式上尽量将具有创新性技术特征点纳入从属权利要求，避免在无效过程中不能将说明书中的技术点纳入进行权利要求的修改导致专利无效。

2. 事中的积极应对

（1）采用权利要求合并等方式，缩小保护范围，尽量维持专利有效或部分有效；相比于因侵权引发的无效而言，如果专利数量有限，上市过程中主要目标在于保持专利不被全部无效，保护范围相对其次。

（2）通过诉讼程序等尽量拖长无效过程，避免影响上市审批流程，然后在这个过程中通过重新申请、购买等方式补充专利资源。上市审批的期限相对于无效请求从行政到诉讼的整个期限而言，毕竟相对短暂，因此如果专利在行政阶段被无效了，可以通过提起诉讼延长决定生效，并通过重新申请、购买等方式补充新的专利，尽量避免因专利数量的不足影响上市进程。

（3）在结果未出之前，通过中介机构出具的分析报告向发审委证实专利稳定性；对于专利无效理由明显不成立，甚至是恶意提起无效的情形，可以考虑由第三方具备专业分析能力的律师事务所出具分析报告，通过合理分析，得出专利不可能无效的专业判断，用于说服发审委不用担心专利权利丧失导致的不利后果。

（4）必要时对无效申请人的专利也提起无效，相互制衡，以求达成和解。这种情况下，提起无效的申请人往往是同行业的竞争对手，对方恶意地破坏上市进程，也可通过无效对方专利甚至专利侵权诉讼反制对手，以期达成和解，缓解危机。

（六）应对无效过程中的知识产权诉讼

对于无效过程中的知识产权诉讼，比较常见的有专利侵权诉讼和商标侵权诉讼。这些诉讼往往切中企业的主营产品，案件结果与企业的未来可持续盈利能力直接关联，如果败诉会给拟上市企业以致命打击，所以诉讼的不利结果或其结果的不确定性往往成为企业上市的拦路虎。

此类诉讼有三种类型，一是正常的维权诉讼；二是竞争对手以影响上市为目的进行的诉讼；三是趁企业上市之际，以获取赔偿为目的之恶意诉讼。

对于前面两种情况，则需要谨慎对待，认真分析侵权的可能性，专利的稳定性等进行个案分析，谨慎对待。对第一种情况，如果分析构成侵权，可以通过赔偿、和谈达成许可等方式，以经济补偿为代价解决问题。对第二种情况，往往很难有和解机会，需要深入案情，采用综合手段解决。对第三种情况，根据此前的案例和实践，尤其是对方如果是以此为业的，可以尝试从恶意诉讼进行反诉或者以构成敲诈勒索罪通过刑事报案手段解决问题。

既然诉权是他人享有的正当权益，并不因为处于上市期就能对其有所限制，所以有效应对还是关注事前预防和事中应对：

1. 主营产品的 FTO 排查

这是个预防措施，在主营产品上市之前，需要进行是否可能侵犯他人专利权的排查，如果发现可能侵权，要么进行规避设计，绕过侵权；要么获得许可，避免侵权；要么分析被侵权专利的稳定性，收集对比文件，掌握该专利无效的证据。总之，需要尊重他人权利，尽量避免，无可避免的情况下，提前做好应对准备。

2. 建立专利监测机制

所谓专利监测机制，就是对同行业的专利进行动态跟踪，掌握行业的技术发展动态；对于他人产品是否侵犯我方专利，以及我方产品是否侵犯他人专利做到心中有数；行业中与我方产品或者将来要生产产品相关的重要专利的保护期限、稳定性也要进行监控、分析。这样的好处是可以预先知晓他人是否有权利主张我方产品侵权，并为之提前做好预案；对于他方可能侵犯我方专利的行为，实时掌握，需要时予以维权，尤其是遭到对方攻击时，可以作为反制他人的武器。

3. 积极应诉、反制、达成和解

专利诉讼往往周期漫长、不确定因素多，侵权诉讼主线之外还会伴随着专利无效的行政和诉讼程序。所以原告要打赢一场专利侵权诉讼也非易事，所以在无法和解的情况下，也不要慌张，聘请专门律师进行细致分析，往往也能找到突破口，尤其是对于那些以非正常目的维权的原告而言，其权利基础并非十分稳定，侵权也往往不一定成立，进行抗辩的成功概率还是挺大的。如果我方手中还有反制的武器，无论是无效对方的专利还是控告对方侵权，都会给对方施加较大压力，有利于促成和解。

4. 大股东或者实际控制人担保

为了保证顺利上市，对于诉讼结果未定，但败诉结果预判在可控范围之内的诉讼；或者对于原告理由不充分，不会承担败诉结果的诉讼；也可由大股东或者实际控制人担保，确保不因诉讼结果影响其财务指标、持续盈利能力，从而为发审委通过其上市提供坚实支持，忽略诉讼的不利影响。

（七）注重知识产权的海外布局

当今企业的业务已经不仅仅局限于国境之内了，试想如果一个企业的主要收入来源于国外市场，或者募投的项目的主要市场也在国外。因为知识产权权利的地域性，各国获得授权的商标、专利只能在授权国范围内有效，这时候上市考察的知识产权范围就不能仅仅局限于国内。上市重点考察知识产权的取得和使用不能存在重大的不利风险，那如果在国外市场没有相应的知识产权保护，也可能遭受重大的不利影响。所以拟上市企业对于国外知识产权的布局，也要有足够的准备，如果能提供在产品所及国家或地区完整的知识产权保护方案和权利依据，必将有利于上市委员会的审核通过。

（八）避免专利悬崖和专利突击

所谓专利悬崖，就是核心专利快要临近保护期了，一旦专利期满，产品就不受专利保护，则竞争者可以自由生产同类产品，与专利权人展开市场竞争，这也是上市过程中要考察的因素之一。所谓专利突击，就是有的企业为了满足上市的要求，临时购买或者申请专利，没有展示出一个良好的技术研发过程，也会让上市委员会怀疑其真实的研发能力。避免这种情况，其实要注意的问题就是：

1. 平时注重知识产权的保护和申请

良性的知识产权形成路径一定是靠时间积累，逐渐研发而得，不可能一蹴而就。所以只有平时注意挖掘技术要点和及时申请专利，才能形成合理的知识产权权利基础。

2. 注重持续研发，不断创新

知识产权保护，尤其是技术类的保护都是有期限的，因此不存在绝对的市场垄断，只有持续的研发投入和创新才是立于不败之地的不二法门，在这个基础上再及时申请相关知识产权的保护，才能维持市场地位。最后形成主营产品上可以同时有多个专利保护，且申请时间上有先有后，形成交接保护格局。

（九）关于知识产权出资

1. 什么类型的知识产权可以用于出资

《公司法》第四十八条第一款规定，股东可以用货币出资，也可以用实物、知识产权、土地使用权、股权、债权等可以用货币估价并可以依法转让的非货币财产作价出资；但是，法律、行政法规规定不得作为出资的财产除外。这就意味着，目前所有法定的知识产权类型都可以作为资产出资，根据《民法典》第一百二十三条，作品，发明、实用新型、外观设计，商标，地理标志，商业秘密，集成电路布图设计，植物新品种这7种知识产权均是可以作为出资。

2. 知识产权的许可权是否可以作为出资

根据《公司法》的规定，只要是可以用货币估价并可依法转让的知识产权均可出资，所以上述知识产权的所有权作为出资没有问题。但是许可权呢？目前法律规定中没有明确，但现实做法中对于知识产权的独占许可权一般都认为可以作为资产出资。也为司法实践中的诉讼案例所支持，一些地方性的规定，如上海市工商局《关于积极支持企业创新驱动、转型发展的若干意见》，湖南省科学技术厅、湖南省工商行政管理局、湖南省知识产权局联合出台的《关于支持以专利使用权出资登记注册公司的若干规定（试行）》等也都有支持许可权出资的规定。其中前一个文件明确提出，要扩大知识产权出资范围，开展专利使用权等新类型知识产权出资试点工作。而湖南省则明确限定出资的使用权类型为专利权人的独占许可使用权。

从许可的类型来看，《公司法》规定中强调了可"转让"的资产可以用于出资，所谓"转让"一般意义上理解，就是转让人一旦完成转让行为其本身不具备处分权和许可权，从这个意义上来说，独占许可似乎可以满足这个条件，因为许可人自己也不能实施相关专利，另外一个独占许可的专利在许可期限内也没有任何转让的价值可言。但是对于普通许可和排他性许可来说，专利权人或者其他人实际上还能够进行使用。如果被许可人数增加，势必导致单一许可的价值降低，有违资本维持原则；对于排他性许可而言，如果专利权人自己使用，也存在这个问题。

3. 出资比例

公司类型	无形资产出资比例
非上市公司	没有任何限制
主板、中小板公司	不超过20%
科创板、创业板公司	没有明确限制

4. 是否需要评估

关于知识产权的出资价值，通常的做法有：

一是不通过评估，股东之间商议定价，因为现在实行的是认缴出资额，从公司能否设立的角度来讲没有问题。这种风险在于如果作为设立公司的非货币财产的实际价额显著低于公司章程所定价额的，应当由交付该出资的股东补足其差额，公司设立时的其他股东承担连带责任。企业万一出现资不抵债，债权人可能追究股东当初的出资不到位，从而延伸到要求股东补足资产偿还债务。

二是进行评估，并办理财产转移手续。一般没有特别约定的情况下，如果股东进行出资的无形资产符合法定条件的，因市场变化或者其他客观因素导致财产贬值的，对于无形资产贬值该股东无需承担补足出资责任。

总之，从上市的角度看知识产权问题，主要是希望知识产权能够为拟上市企业保驾护航，为企业的持续盈利提供支持；不因知识产权的问题影响企业运营和发展壮大。为此，拟上市企业在满足上市财务指标等基本条件后，应该在上市前就知识产权问题进行全面体检，发现和解决存在的问题，为可能的知识产权风险做出预案，以免在上市启动后面临进退两难的尴尬局面。

第三节 企业商标权的保护

日本著名销售专家加米光先生曾经说过："当经营者的眼睛盯着商标的时候，才有希望使企业兴旺起来。"[①] 但是，经营者如何看待商标问题，如何运用商标资产，却是一门整合性的学问。为提升我国知识产权创造、运用、保护和管理能力，建设创新型国家，实现全面建设小康社会目标，2008年6月5日，国务院发布《国家知识产权战略纲要》，将知识产权提升到国家战略的高度，纲要指出："支持企业实施商标战略，在经济活动中使用自主商标。引导企业丰富商标内涵，增加商标附加值，提高商标知名度，形成驰名商标。"对企业而言，商标战略是一项集经济、法律、科技、企业文化、公关等众多学科内涵的综合性系统工程。[②] 一个正确、合理的商标战略绝不是建立在人们的主观想象之上，而是从企业的内外条件出发，综合考虑企业发展战略的市场目标、市场环境等诸多因素，来确定商标的开发设计、使用、形象推广和争取购买者的目的。

商标是企业形象无声的推销员，是开拓市场的绝佳利器，更是对商誉的最佳表彰形式；如果能够妥善加以管理与运用，并将其提升到公司战略高度，无疑将为企业带来无穷的利益。

一、商标权概述

商标是用以区别商品和服务不同来源的商业性标志，由文字、图形、字母、数字、三维标志、颜色组合和声音等，以及上述要素的组合构成。

而所谓商标权，是商标所有人依法对其注册商标享有的与专有使用相关的一系列权利和利益的集合：包括商标注册人对其注册商标的排他使用权、收益权、处分权、续展权和禁止他人侵害等权利。

商标权的获得通常有：原始取得，通常为直接申请商标而获得商标权；继受取得，又称传来取得，指基于他人既存的商标权的一系列商标权取得方式，其权利的范围、内容等都以原有的权利为依据。一般包括：

1. 商标转让取得。转让注册商标的，转让人和受让人应当签订转让协议或由原权利人出具转让声明，并共同向商标局提出申请。商标权转让的主要方式有：

[①] 厉春雷：《商标：企业品牌的法律形态》，载《现代营销（学苑版）》2011年第2期。
[②] 戴华祥：《谈我国企业商标战略的实施》，载《企业研究》2004年第3期。

(1) 协议转让；(2) 企业破产、终止时，通过拍卖的方式获得该企业的商标权；(3) 以债权人身份获得债务人享有的商标权，以抵偿债务人所欠债务。

2. 通过继承或赠与等方式取得商标权。商标所有人因死亡或其他原因，将商标权移转给其合法的继承人或受遗赠人。

3. 因企业合并取得商标权。企业合并是将不同企业的资产加以整合，重新组成一个新的企业，原企业的规模得到扩大。新的企业或变更后的企业将承受被合并企业的有形资产、无形资产及各项债权债务，其中包括商标权。

4. 其他方式。商标权作为一种财产权，还可以通过投资入股、因合伙而共有商标权、司法执行等其他方式取得。

商标权具有如下特征：

1. 专有性：商标权的专有性又称为独占性或垄断性，是指商标所有人对其商标享有专有使用权，其他任何单位非经商标所有人的许可，不得使用该商标。

2. 时间性：商标权的时间性也称法定时间性，是指商标权为一种有期限的权利，在有效期限内受法律保护，超过有效期限，商标权即终止，不再受法律保护。但是世界各国商标权均可以通过续展来延续其保护期限，因此，从理论上而言，注册商标可以无限续展，未注册商标也可以因为其使用行为而长期延续。

3. 地域性：商标权具有严格的地域性，这是由商标权的国内法性质所决定的，是一国司法主权的体现。商标权保护地域性原则是指在某个国家或地区取得的商标权利只能在该国领域内受法律保护，其他国家并不当然承认其权利。①

二、商标权人的权利和义务

(一) 商标权人的权利

1. 独占使用权。商标一经国家知识产权局核准注册，在一定时间内他人未经商标权人许可，在中国地域范围内，不得在同一种商品或者类似商品上使用该注册商标或者与该注册商标相近似的商标。

2. 许可使用权。商标权人可以将其注册商标通过独占、排他、普通等方式许可他人使用。在商标许可使用条件下，仅仅是商标的使用权发生转移，所有权并没有发生变化。

3. 商标转让权。转让注册商标，是商标权人根据商标法规定的程序将商标所有权转让给他人的法律行为。商标权转让后，注册商标本身未发生任何变化，只是所有者的变更，原商标所有人对注册商标不再享有任何权利。

4. 商标续展权。商标续展权是指注册商标所有权人向商标局申请延长注册商

---

① 吴盛富、郭权仪：《人造板行业的知识产权》，载《中国人造板》2011 年第 3 期。

标保护期限的权利。根据《商标法》规定，注册商标权的有效期是十年。如果商标权人希望继续使用注册商标，可以在商标权有效期届满前一年内申请续展。从理论上说，商标权的保护期限可以通过行使续展权而无限延续，远远超过专利权和著作权的保护期限。其关键是注册商标所有权人要增强商标权保护意识和管理质量，珍惜得来不易的商标专用权，充分利用商标法赋予其的权利，使商标这一无形资产发挥作用。

（二）商标权人的义务

1. 注册商标必须使用的义务。商标的使用，包括将商标直接使用于商品、商品包装或者容器，以及有关的商品交易文书上，或者将商标使用在广告宣传、展览以及其他业务活动中。

商标的生命在于使用，只有通过使用，才能实现商标区分商品和服务来源的根本功能，商标的使用是商标法保护权利人的真正动力，若商标仅仅注册、被闲置或囤积，连续三年停止使用的，按照《商标法》规定，任何人可以申请撤销。

2. 不得自行改变注册商标的文字、图形或其组合。商标权人必须在核准注册的范围内使用商标，不得擅自改变核准的商标。

3. 不得擅自改变注册商标的注册人名义、地址或其他注册事项。商标注册人的名义、地址是商标注册的重要事项。如果商标注册人的名义、地址发生变更而不及时到商标主管机关办理变更手续，就可能造成商标局与商标注册人的联系中断，有关文件无法及时送达。如果商标注册人发现侵犯商标权行为，以变更后的名义主张权利，则可能因不具有权利主体资格而不能得到保护。因此，商标注册人的名义、地址发生变更的，必须及时到商标局办理变更手续。

三、商标的申请

（一）国内商标的注册审查

我国的商标注册流程采用审查制，要通过形式审查和实质审查两个阶段才能完成注册商标申请的流程。

1. 形式审查

形式审查是指商标局在商标注册申请正式受理之前，对商标注册申请的形式要件的合法性进行审查的行为，包括对申请书的填写是否属实、准确、清晰和有关手续文件是否齐备。

2. 实质审查

实质审查是对申请注册商标在相同或类似商品和服务项目上对商标标识的文字的音、形、义，图形的构图、整体外观及视觉效果进行审查。申请注册的商标能否初步审定并予以公告取决于是否通过了实质审查。实质审查包括以下几个方面：

(1) 商标是否具备法定的构成要素，是否具有显著特征；(2) 是否违反《商标法》禁止性条款规定；(3) 是否与他人在相同商品或近似商品上已注册的商标相同或者近似等。

（二）涉外商标注册

涉外商标是指我国商标权人在他国进行商标注册。商标保护实行属地原则，在中国取得注册的商标，仅在中国的范围内受法律保护，在其他国家没有商标专用权，不能受到外国法律的保护。以前，我国的一些企业由于缺乏到外国进行商标注册的知识和法律意识，只注意到外国销售和宣传商品，不积极到外国进行商标注册，以致许多在销售国建立信誉的商标被他人抢先注册，使我国的对外贸易受到严重损失。随着我国对外贸易的迅速扩大，外贸出口对我国经济发展的影响越来越大，因此，提高对在国外申请商标注册意义的认识，积极做好到外国申请商标注册的工作，对我国市场经济的顺利发展具有十分重要的意义。以下主要讲述我国商标在国外注册应当注意的问题：

1. 单国注册：单个国家注册是商标权人根据自己的需求，分别在各个国家进行注册。一般来讲，我国企业可以到《巴黎公约》成员国或与我国签订有商标注册互惠协议的国家逐一注册。

2. 欧盟注册：欧盟商标是指根据 CTMR（欧共体商标条例）规定的条件获得 OHIM（欧共体内部市场协调局）注册的，在欧盟范围内有效的，用来识别和区分商品或服务的标记。

3. 马德里注册：即我们通过所说的国际商标注册，它根据《商标国际注册马德里协定》或《商标国际注册马德里协定有关议定书》的规定，在马德里联盟成员国间所进行的商标注册。目前马德里协定的成员国已经超过 100 个，涵盖全球大部分经济体。

4. 非洲知识产权组织注册：非洲知识产权组织（OAPI，以下简称非知组织），目前由非洲 16 个国家组成的一个商标注册联盟组织。与欧盟注册不同，非知组织成员国在国内没有独立的商标制度，所以无法对单个成员国进行商标注册，只能通过非知组织注册。

四、企业商标注册的法律风险防范

在商标领域，企业规划商标时，应避免违反商标注册的禁用条款。主要分为两种：一种是绝对障碍，一般主要指商标本身的；另一种是相对障碍，一般主要指商标本身的显著特征。[1]

---

[1] 孔祥俊：《我国现行商标法律制度若干问题的探讨》，载《知识产权》2010 年第 1 期。

（一）避免商标注册的绝对障碍

我国《商标法》规定的是商标注册的绝对禁用条款，其将不得作为商标使用的情形进行了列举，分析如下：

1. 同中华人民共和国的国家名称、国旗、国徽、国歌、军旗、军徽、军歌、勋章等相同或者近似的，以及同中央国家机关的名称、标志、所在地特定地点的名称或者标志性建筑物的名称、图形相同的，禁用为商标。例如，"中国龙"、"CHI-NO"（无含义）、"中国之花"、"中华雪"不得进行注册。

但如果商标由我国国名和某一行业的通用名称共同构成，该商标注册申请人是我国有影响力的企事业单位，该商标文字与其名称相一致，并且在我国具有唯一性，该商标可以注册。

例如，"中国邮政""中国铝业""中国石油""中国银行""CHINAPOST"可以作为商标注册。

或者商标描述的是客观存在的事物，不被公众误认的。例如，"中华鲟""中华龙鸟"可以作为商标注册。

2. 同外国的国家名称、国旗、国徽、相同或者近似的，禁用为商标（但经该国政府同意的除外）。例如，"英国""France""韩国"不得进行注册。

3. 同政府间国际组织的名称、旗帜、徽记等相同或者近似的，禁用为商标（但经该组织同意或者不易误导公众的除外）。

例如，"![UN]"（"UN"为联合国的英文缩写）、"世![WTO]佳"（"WTO"为世界贸易组织的英文缩写）不得进行注册。

4. 与表明实施控制、予以保证的官方标志、检验印记相同或者近似的，禁用为商标（但经授权的除外）。

例如，"![CCC]"（中国强制性产品认证标志）、"![免检]"（免检产品标志）不得进行注册。

5. 同"红十字""红新月"的名称、标志相同或者近似的，禁用为商标。

例如，"Red Cross"（译为"红十字"）不得进行注册。

6. 带有民族歧视性的标志，禁止注册为商标。

本条中的"民族歧视性"，是指商标的文字、图形或者其他构成要素带有对特定民族丑化、贬低或者其他不平等看待该民族的内容。民族的判定应综合考虑商标的构成及其指定使用商品、服务。

7. 带有欺骗性，容易使公众对商品的质量等特点或者产地产生误认的，禁止注册为商标。

本条中的"带有欺骗性"，是指商标对其指定使用商品或者服务的质量等特点作了超过固有程度的表示，容易使公众对商品或者服务的质量等特点产生错误的认识。

例如，将"国酒"商标指定使用在"白酒"商品上，带有欺骗性，容易使公众对商品的质量等特点或者产地产生误认的。

8. 有害于社会主义道德风尚或者有其他不良影响的标志，禁止注册为商标。

该条款属于兜底性规定，以弥补上述列举不全问题。

9. 县级以上行政区划的地名或者公众知晓的外国地名，不得作为商标。但是，地名具有其他为集体商标、证明商标组成部分的除外；已经注册的使用地名的商标继续有效。

例如，"宝兴高尔夫""西安"不得进行注册。

（二）避免商标注册的相对障碍

我国《商标法》第十一条规定的是商标注册的相对禁用条款，规定的这类不得作为商标注册的标志有以下几种类型：

1. 仅有本商品的通用名称、图形、型号的

通用名称、图形、型号是指国家标准、行业标准规定的或者约定俗成的名称、图形、型号，其中名称包括全称、简称、缩写、俗称。将通用名称、图形作为商标使用可能损害同行业其他从业者的利益，有悖于公平竞争原则。

例如，"大汉堡包"便不能指定使用在"糕点"上。

但是对商标的显著性判断，不能是孤立的，要与该商标指定保护的产品相联系进行判断。当然，有一些标志经过使用是可以取得显著特征，并获得注册的，但必须指出，这类商标即使获得注册，商标权人也无权禁止他人在同类商品上使用该名称，因为它本来就是"公共财产"。

2. 仅直接表示商品的质量、主要原料、功能、用途、重量、数量及其他特点的，一般禁用为商标

例如，指定使用在"铅笔"等商品项目上"30根"商标；指定使用在"面粉、米、玉米"等商品项目上"50公斤"。

法律用词采用的是"仅直接"三个字，对于间接的、暗示性的词汇则可以作为商标注册，因为以间接表示或暗示商品某些特征的标志往往可能是具有显著特征的商标。

3. 直接表示本商品或服务质量的

例如，指定使用在"车辆紧固用螺丝、金属垫圈、螺栓、螺丝母、金属螺丝、金属螺母、金属塞"等商品项目上"特级"商标。

4. 直接表示本商品主要原材料的

例如，指定使用在"浴液、化妆用雪花膏、香精油"等商品项目上"华佗万

金油"商标;指定使用在"木地板、非金属窗、非金属建筑材料、非金属楼梯"等商品项目上"岳桦"商标。

5. 直接表示本商品的服务功能、用途的

例如,指定使用在项目"杀虫剂、灭微生物剂、驱昆虫剂、杀寄生虫剂、除草剂、除虫菊粉、蚊香"等商品上"苗后一绝"商标;指定使用在"中药成药、人用药、止痛药、贴剂、针剂、片剂、胶丸、生化药品"等商品项目上"痛贴灵"商标。

6. 直接表示本商品的生产贮存时间及品质特点的

例如,指定使用在"果酒(含酒精)、蒸馏饮料、葡萄酒、酒精饮料原汁、酒精饮料(啤酒除外)、汽酒、黄酒、白兰地、威士忌、酒精饮料浓缩汁"等商品项目上"600年佳酿"商标。

7. 直接表示指定使用商品的有效期限、保质期或者服务时间的

例如,指定使用"银行"等服务项目上"24小时"商标;指定使用在"无线电广播、有线电视"等服务项目上"全天"商标。

8. 直接表示商品或者服务的风味及特色的

例如,指定使用"餐馆"等服务项目上"湘菜"商标;指定使用"调味品"等商品项目上"酸辣鲜"商标。

(三) 其他缺乏显著特征的标志,一般禁用为商标

1. 非独创性的广告用语。普通广告用语,缺乏商标应有的显著性,不具备商标识别作用,不能作为商标注册。

例如,指定使用在"谷类制品、面粉制品、糕点、冰激凌、咖啡饮料、豆粉"等商品项目上"爱就在你身边"商标。

2. 民族名称。用民族名称作为商标,易使消费者误认为该商品或者服务来自某民族,或者具有某一民族的特色,故缺乏显著性,不易识别,不能作为商标注册。

例如,指定使用在"特许经营的商业管理、饭店商业管理、广告、替他人推销、人事管理咨询"等商品项目上"土家族"商标。

3. 民间约定俗成地标示吉祥的标志,且指定使用于日常生活用品或者日常服务项目上,不宜作为商标注册。

例如,指定使用在"备办宴席、咖啡馆、餐厅、饭店、餐馆"等服务项目上"福禄寿喜"商标。

4. 商标应具有显著性特征本是申请注册商标的积极条件,缺乏显著性特征的标志,不具有识别性,所以不能获得注册,但是经过使用,在商标与商品之间建立起联系,取得显著性特征,便于识别的,则可以获得注册。

例如,指定使用在第30类麦片等商品上的"正味ZHENG WEI"商标系在实际

使用并取得显著性的基础上的申请注册，"正味"一词作为该商标的组成部分，其区分商品来源的功能已强于其作为普通商贸用语所具有的直接叙述商品质量、口味等特点的功能，则可以获得注册。

（四）选择具有显著性的商标

商标显著性指商标具有的足以使相关公众区分商品来源的特征。商标显著性是商标保护的"灵魂"和商标法正常运行的"枢纽"。商标显著性的判断应当综合考量构成商标的标志本身、商标指定使用的商品、商标指定使用商品的相关公众的认知习惯、商标指定使用商品所属行业的实际使用情况等因素。根据商标显著性的强弱，可以把商标标识分成以下几种。

1. 暗示性商标

暗示性商标是指该词虽然与商品、商品成分或其功能没有明显的联系，但是隐喻、暗示的手法提示商品的属性或某一特点与无含义商标相比，暗示性商标对消费者来说更具有吸引力，同时也便于记忆。因此，暗示性商标往往受到企业经营者和销售人员的偏爱。在商标审查实践中，常见的暗示性标志大致有三种类型：

（1）"隐喻型"，即采用比喻的方法来暗示商品或服务的特点，如使用在杀虫剂商品上的"枪手"、使用在饮料商品上的"健力宝"、使用在自行车商品上的"野马"、使用在捕虫器商品上的"Roach Hotel"、用于饭店服务的"香格里拉"商标等；

（2）"拼接型"，即把一些带有叙述性的文字，组合为非常用的搭配形式，在整体上没有明确的含义，如使用在牛奶商品上的"凝白"、使用在洗发水商品上的"飘柔"等；

（3）"谐音型"，即把一些直接表示商品功能、用途等特点的文字加以改头换面，用读音相同的其他文字申请注册商标，这种情况在第 5 类药品商标的审查中最为突出，如"朴雪"（补血）、"护彤"（护童）等。

采用暗示性标志作为商标有利有弊。首先，带有叙述性的词语在注册商标的时候会面临法律风险，有可能遭到驳回；其次，暗示性标志的内涵相对具体，很难赋予其新的市场含义；最后，暗示性商标往往与特定的商品或服务联系密切，其所标示的商品或服务相对单一，不利于品牌延伸与商誉积累。因此正确地选择商标，科学地制定商标策略，至少可以帮助我们的企业规避风险。

2. 叙述性商标

所谓叙述性商标，就是用直接叙述商品或服务特点、质量、数量等的词汇作为商标，是显著性最弱的商标。

大多数企业经营者或者销售人员喜欢使用叙述性商标，因为这种商标大大接近于他们宣传与推销该产品的目标。叙述性商标由于缺乏任何想象，人们通常不会将其视为商标。例如，用于纺织品的"丝绵"、用于药品的"康复"等叙述性商标。

在我国，叙述性的商标不能注册，不能受到法律的保护。当然，如果一个叙述性不是很强的商标经过广泛的宣传使用具有了"第二含义"，也是可以被接受注册的。但要做到这一点，通常需要经过一个比较艰难而又费时的过程，而且具有一定的风险，所以，最好不要选择有叙述性的商标。

3. 任意性商标

任意性商标是指所用商标虽然不是独创，但是用在与它没有任何关系的商品或服务上，用于区分来源的商标。

任意性商标的标识一般是现存的文字或图形，往往具有自己的原初含义，这些标识尽管与指定使用的商品或者服务没有什么关系，但如果是容易让人产生误解的，则也会产生注册的障碍。但这种商标的显著性不如臆造性商标强。

4. 臆造性商标

臆造性商标指本身不存在的，凭空杜撰的词汇组成的商标，不会与任何商品或服务发生联系，因此，其在所有商品和服务上都具有显著性。

例如，"柯达KODAK"胶卷"海尔haier"电器，即由臆造词构成的商标。

臆造性商标在产品进入市场之初通常会遇到很大的困难，但一旦被消费者所认知和接受，则可以获得最大的识别效果和最强的保护力度。采用臆造性标志作为商标有利有弊，主要体现在以下几个方面。

（1）优点：首先，由于臆造性商标所用词汇多为自造，一般不易与他人相同或近似，注册容易通过；其次，由于商标的无含义，因而不会由于含义不雅，引起消费者的忌讳；最后，由于商标无含义一般不会冒犯宗教、民族禁忌，也不会违反《商标法》的禁止条款。

（2）缺点：首先，如由于商标词汇无含义，消费者听到或看到后常常莫名其妙，无法根据目标消费者的普遍心理进行定位，用商标的词意或联想引起消费者的心理共鸣；其次，商标本身无法显现个性与气质，无法表现产品特质与特性，商标的个性气质形象必须通过广告，或其他公益公关等手段塑造表现出来；最后，认知、记忆、传播的难度较大。

综上，商标对指定使用商品或服务的特征的叙述性越小，就越能受到注册保护，因此，企业在选择或设计商标时，尤其是自己的主商标时，应当尽量淡化叙述性。首先考虑使用臆造性商标和任意性商标，其次为暗示性商标，避免使用叙述性商标。

五、企业商标注册规划

商标作为企业重要的无形资产，具有极高的社会价值和经济价值。商标的知名度和影响力某种意义上成为企业竞争力的重要保证和体现，其蕴含的商业价值日渐为人们所重视，往往一个知名的商标旗下可以延续到多个领域，产生许多极具商业价值的衍生品。然而国内多家知名企业的核心品牌都因在海外被抢注而损失惨重。商标战略实施的重要性和紧迫性不言而喻。

（一）企业依自身经营范围和产品（服务）特点构建商标基本框架

企业商标战略，是指企业利用商标相关工作，占领市场、扩大市场份额、提升市场竞争力。是企业经营战略的组成部分，并随企业经营战略的调整而调整。

由于每个企业所处的行业、发展阶段等情况各不相同，因此每个企业必须结合自身特点采取不同的商标策略。具体归纳内容如下：

1. 选择合适的商标 logo，使该商标能够巧妙地体现产品（服务）特点、富有自身特色，做到简单明了、易读易记、构思精巧、容易传播。

2. 企业设计与选择商标应当具备显著特征，具有独特的构思、创意，要避免与他人在先合法民事权利发生冲突。

3. 企业设计与选择商标应当具备显著特征，使用的商标与其所指定商品或者服务项目不存在直接的关联性。

4. 企业设计与选择商标应当具备显著特征，使用的商标与其所指定商品或者服务上的标志相区别。

5. 企业设计与选择商标应当具备显著特征，使用的商标与他人及行业通用、公用的标志相区别。

6. 代表企业形象的标识统一，具体而言就是做到商标、商号、域名的三位一体，这样有利于打造企业在消费者和社会公众心中统一、良好的企业形象，为企业的宣传和发展打下良好的基础。

7. 根据企业的经营类型和产品（服务）种类可以建立单一商标策略、多商标策略、主副商标策略三种重要形式。

①单一商标策略。指企业不同种类的产品上都使用同一个商标。优点是可以降低商标注册、宣传和管理的成本，节省新产品的推广费用，在特定消费者人群中形成较为固定的企业形象和产品形象，但同时也存在企业形象内涵单一、产品领域难以扩大的缺点。对于大型公司而言，还存在由于个别产品的质量问题而波及整个产品的风险，而中小型企业又面临如果该单一商标权属不稳定，一旦出现权利变更或者权利灭失的情况，就极易出现倾覆性的风险。

②多商标策略。相对于单一商标策略而言，指企业不同种类的产品使用不同的商标，且商标之间互相独立，而存在一定联系。优点是有利于细分市场，便于有不同需求的消费者区分具有差异化的产品，也可以降低个别产品在质量或营销上的风险，但是同时也存在推广和管理成本高的问题。

③主副商标策略。指企业同一产品上使用多个商标,包括体现企业形象的主商标和使用在特定产品上的副商标。主副商标策略既可以利用主商标的影响力来提升新产品的知名度,保障新产品的品质信誉,从而降低新产品的宣传推广费用,又可以利用副商标向消费者提示具体产品的个性化,并且可以避免新产品营销失败带来的"一损俱损"的风险,但这种策略比较适宜于具有多门类、多品种产品的大型企业,目前在家电制造业、汽车制造业采用得较多。

(二) 商标注册标记使用注意事项

企业向商标局提交商标注册申请后,应该具备商标注册标记使用常识,具体如下:

1. 不能将已进行商标申报但未获准授权的商标加注注册标记;
2. 不能将《商标受理通知书》误以为商标授权证书而加注注册标记;
3. 不能将获得注册的组合商标分拆后加注注册标记;
4. 不能将原注册商标字体变形后使用而加注注册标记;
5. 不能将原注册商标核定商品之外的商品项目加注注册标记。

(三) 商标注册后企业需注意事项

当一个企业将其主要商标注册成功后并非相安无事,还应当高度重视注册商标的维护,其中主要涵盖以下内容:

1. 保证商标注册证上的登记名称、地址与实际相符。由于企业在发展过程中经常出现改制、重组等主体动态规模变化,市场主体登记地址也经常出现一些变化,企业应及时向商标局提交企业名称、地址变更申请,否则,看似细小的程序性瑕疵,往往会因没有收到相关法律文件而导致实体权利的灭失。

2. 增强品牌商标保护的意识,进行防御性注册。企业在注册商标的同时,预示企业将要涉足的领域,所以要及时进行防御性注册,避免被他人抢注之忧患。某知名食品饮料集团除在自己经营的主要产品类别上注册"某知名食品饮料"商标外,还将"某知名食品饮料"商标在其他多个类别上注册。同时,还将易与"某知名食品饮料公司"混淆的商标分别进行了注册。

此外,由于注册联合商标和防御性商标可能会涉及企业暂时未涉足的行业领域,因此很有可能会处于闲置状态。而我国商标法律为防止商标资源的浪费,规定了商标连续三年不使用的撤销制度,因此企业还要整合客户商标资源,通过许可使用等多种方式使商标又能处于有效的商标使用之中,就成功地规避了商标被撤销的后果。

3. 企业正确宣传使用商标,为实现品牌战略奠定基础,进而凝聚品牌声誉,提高市场份额和市场竞争力。企业应当密切关注自身商标权状态,及时答复商标局下达的文件,并及时将接近十年期限的商标进行续展或宽展。

4. 加强对海内外市场的监测。企业应密切关注商标局颁布的《商标公告》，如发现相同或近似商标，及时向商标局提出异议，也可委托专业商标代理机构对海内外市场进行追踪监控，及时收集侵权信息，以便及时制定应对措施。

六、商标使用许可

商标使用许可是指商标注册人按照法律规定允许他人使用其注册商标的行为。

（一）种类

企业许可他人使用注册商标，通常以订立使用许可合同的方式。其中，商标权人或授权使用商标的人一方为许可人，另一方为被许可人。

1. 普通许可

也可称为"一般实施许可"或"非独占性许可"，是指商标权人或授权人许可被许可人在一定范围内使用商标，同时保留自己在该范围内使用该商标以及许可其他第三人使用该商标的许可方式。

这种许可方式适用于被许可人生产能力有限或者产品市场需求量较大的条件下。对被许可人而言其获得商标使用权是非排他性，若商标被第三人擅自使用而侵权，被许可人无权以自己的名义对侵权者提起诉讼，应该将侵权事项告知许可人，由许可人起诉。

2. 独占许可

即在一定范围内，被许可人对授权使用的注册商标享有独占性，许可人不得再次将同一商标许可他人使用，许可人自己也无权在该范围使用该商标。

此种被许可人的法律地位较高，当授权使用的商标被侵权时，被许可人可以以"利害关系人"身份直接起诉。

3. 排他许可

在规定的范围内，除了许可人本人以外，只有被许可人可以使用许可人的商标。其许可程度比普通许可高，比独占许可低。当被许可商标被他人擅自侵权时，被许可人得到许可人同意独立起诉或者与许可人一起起诉。

（二）商标许可使用规范

商标的许可使用是提升商标价值、维系商标权利人权益的重要途径之一。在签订授权许可协议时，主要需明确以下几方面内容：

第一，商标被许可使用的性质和分许可权利。商标许可分为普通许可、排他许可和独占许可，每种许可对许可人和被许可人的权利范围限制不同。同时，应明确被许可人许可他人使用授权商标的分许可权利，根据实际需要，对分许可权利进行必要的限制。

第二，商标被许可使用的产品/服务范围。需要明确被许可人使用授权商标的产品/服务的范围，超出协议约定的产品/服务范围使用将构成侵权。

第三，商标被许可使用的地域范围。要明确被许可人使用授权商标的地域范围，如固定在某个省份，以免造成不必要的权利冲突。

第四，商标被许可使用的期限。商标的许可使用期限需小于或等于商标的有效保护期限。为保护许可人的利益，许可期限可以一年一签，以方便许可人根据后续被许可人的经营状况、结构管理变化等情况，及时调整被许可商标的许可使用费用或及时收回商标。

第五，许可使用费用。是否收取许可使用费用、收取多少及支付方式，由许可人与被许可人协商解决。收取许可使用费有利于体现商标的经济价值，也方便在后续的侵权赔偿额确定中成为法院酌定的一个考量因素。

七、企业商标典型案例启示

诉讼是纠纷解决的终极手段，作为企业的知识产权顾问，需要养成从日常管理出发预防诉讼风险的思维，也要善于从诉讼的角度反思知识产权日常管理存在的问题，以下结合案例（部分是笔者所自己代理）谈谈我们对于商标管理的一些建议。

（一）国外品牌进入中国的商标管理

典型案例："奔某"商标无效案[①]

"奔某"（Pen×××）葡萄酒始于1844年，由富某葡萄酒集团的子公司南某公司行使相关知识产权。2012年，东某公司提交"奔某酒园"商标申请，于2015年获得核准，核定使用在葡萄酒、白兰地等第33类商品上。2016年，南某公司对该商标提起无效申请，商评委裁定认定东某公司明显具有傍名牌、进行不正当竞争或牟取非法利益的意图，构成"以其他不正当手段取得注册"所指情形，裁定对"奔某酒园"商标予以无效宣告。

最高人民法院再审认为，自1995年始南某公司就已经使用"奔某"标志，在东某公司申请注册诉争商标"奔某酒园"时，对相关公众而言，在葡萄酒等商品上，汉字"奔某"标志指向"Pen×××"的现象在较长时间持续存在。此前，东某公司及其关联公司在经营"奔某酒园"葡萄酒过程中，存在大量使用业内媒体介绍"Pen×××"葡萄酒等虚假宣传的不正当竞争行为，以及侵犯"Pen×××"等注册商标专用权的行为。判决认定东某公司注册诉争商标"奔某酒园"具有攀附"Pen×××"葡萄酒生产者商誉的故意，并以此谋取不正当利益，商标应予无效。

[①] 最高人民法院（2018）最高法行再80号行政判决书，载中国裁判文书网，最后访问时间：2024年5月23日。

典型案例:"卡某"商标侵权案①

原告李某,系"卡某"商标核定使用于第 33 类的葡萄酒等商品的所有权人。该商标于 1998 年 9 月 7 日申请,2002 年 4 月 25 日,经核准转让给李某。

被告卡某兄弟公司,是于 1949 年依照法国法律成立的一家生产葡萄酒的公司。最早于 1999 年开始涉猎中国市场,2001 年其先后与烟台某葡萄酒有限公司共同设立了廊坊卡某公司、烟台卡某公司。

原告李某以被告卡某兄弟公司侵害了其商标权为由,诉至温州中院,请求判令停止侵权行为并赔偿经济损失人民币 1.2 亿余元,该案历经一审、二审均认定构成侵权并赔偿 1.2 亿余元损失。

最高人民法院再审认定:被告六个品种的外包装或者中文标签以较大字体突出标注了"法国卡某""卡某·金伯爵"字样,在报关、报检材料上使用包含"卡某"字样的被控标识亦因此构成商标法意义上的使用。由于卡某系李某的注册商标,在双方当事人未就商标转让或者转让磋商期间使用事宜达成协议的情形下,法国卡某兄弟公司未尽到合理避让他人注册商标的义务,该种使用行为仍然侵犯了李某对"卡某"商标的专用权。

但是关于赔偿数额法院认为,本案不是一般意义上的侵犯注册商标专有权纠纷,被诉侵权人的使用方式等是否具有恶意、所获得的利益与侵权行为之间的因果关系是应该着重考虑的因素。难以证明原告李某在被诉侵权行为发生之前,对"卡某"商标进行了大规模的使用及宣传行为,具有较高的知名度。相反法国公司生产的葡萄酒在被诉期间具有较高的知名度。因此被告使用行为并不具有恶意。酌情确定本案赔偿数额为 50 万元。

案件启示

这两个案件都是涉及葡萄酒的案件,都是涉及国外品牌进入中国未能及时注册中文商标导致的市场混淆的问题,具有一定的相似性,仅仅因为当时进入中国商标策略的疏忽,而导致了后续漫长的纠纷,我们可以从商标管理的角度,做出如下反思:

1. 国外品牌在进入中国(包括其他不同语种国家)的时候,需要确定好目标国的商标名称,并考察是否能注册商标

国外品牌进入中国的时候,面对的是中国的消费者,中国有自己的语言和文化习惯,因此,需要为国外产品和品牌选定一个中国名字。而在产品刚刚进入中国的时候,由于对中国文化的不了解,往往忽视了中文名称的问题,这是其一。其二,即便选定了中文名称,并不从商标的角度去进行检索分析,不去了解在相关的产品

---

① 本案系笔者团队承办并经改编,仅供读者研究参考。

以及相关类别上是否能注册下来商标,是否此前已经存在他人注册在先的问题。有时候为了获得注册类别较为全面的商标权,宁可放弃一些很贴切、对应性很强、很上口的商标标识。

很显然,卡某公司进入中国时可能考虑了商品名称,但是没有从商标的角度去做检索和注册。"奔某"案也是存在同样问题,确定名称的时候,没有考察商标,以至于后来通过撤销、无效等方式极为艰难的途径去取回商标。

2. 在商标申请日之前,确定好的中文名称要严格进行保密,防止抢注

企业可能想到技术信息、经营信息要进行保密,但从来不曾想到要对自己刚刚确定好的商标名称进行保密,甚至这一点意义更为重大。很多品牌进入中国之初,在还没有确定名称、申请商标之前,媒体已经就开始了大肆宣传造势。要知道中国是存在很多商标抢注专业户的,并且由于商标审查公告的周期较长,他人的申请短时间内还无法查询。这一点也是外资品牌进入中国要特别注意的。

3. 规范统一媒体报道使用名称与自身确认的名称,有不同时,需要及时纠正

媒体在报道某一品牌进入中国的时候,出于称呼上的方便,有时候会根据原文发音或意思译成中文,而这可能并不是品牌方自己选定的名称,但是一旦在公众之中形成某种对应关系后,是很难进行纠正的。当媒体的称呼并不是理想的商标名称,一方面可能导致他人抢注;另一方面让企业骑虎难下,不好轻易更改商标。

4. 要设计好商标使用的方式,并保存使用证据

作为商标管理最重要的一项工作就是设计好、保存好商标的使用证据,在将来无论是商标所有权的争议还是商标侵权诉讼中(无论被诉还是主动向他人提出侵权之诉)、防止商标因三年不使用被撤销都具有重大意义。

我所作为本案的代理人,当时想找到更早的使用证据,但是因为年代久远,无法找到,我们后来专门去廊坊图书馆,花费几天时间,把所有当地的报纸一一翻阅,才找到最早的一则招聘信息。

5. 如果存在商标侵权的风险,要知错就改,及时止损

案例二中一个重要的事实就是,被告当时知道原告的商标存在,并与之进行商标购买谈判,价格也从 100 万元上升到 1000 万元,但是一直协商不成,原告也知道被告一直使用其商标,但却不进行制止,直到一天诉求天价赔偿,所以当时作为被告的法国卡某兄弟公司没有这方面的警惕意识,越陷越深。如果当时其发现危险存在,及时改变商标,或许其能够谈成,或许其及时更正,也免了长达 7 年的诉讼之累。一个企业一旦遇上这样的诉讼纠纷,对其经营发展是非常致命的,我与当事人长期应对类似纠纷,知道这种煎熬和不确定性导致的企业战略混乱所造成的负面影响是多么深远。后来卡某兄弟公司在诉讼中,及时停止侵权商标的使用,并更改企业名称,也证实其并非恶意侵权,为其后续减少赔偿数额提供支持。

(二) 商标注册类别的全面性问题

典型案例:"无某"商标异议确权案[①]

被异议商标"无某"文字商标,于2000年4月6日在第24类商品上提出注册申请,2001年经商标局初步审定并公告,核定使用商品为"棉织品、毛巾、毛巾被、浴巾"等商品,商标权人为某纺织品公司。

日本某杂货公司于1999年开始,向商标局申请注册"无某"商标,指定使用在第16、20、21、35、41类商品或服务上。截至被异议商标申请注册日2000年4月6日前,日本某杂货公司并未向商标局申请在第24类商品上注册"无某"商标。2001年,日本某杂货公司向商标局提出异议申请,商标局裁定被异议商标予以核准注册。日本某杂货公司提出复审申请,复审予以维持。案件进入诉讼,一审、二审亦均维持复审决定。

案件争议焦点为:现有证据能否证明"无某"商标在被异议商标申请注册前已经在中国大陆地区使用并具有一定影响。

再审法院认为:日本某杂货公司提供的证据只能证明2000年4月6日之前日本某杂货公司的"無某"商标在日本、中国香港地区等地宣传使用的情况以及在这些地区的知名度情况,并不能证明"無某"商标在中国内地实际使用在第24类毛巾等商品上并具有一定影响的事实。故日本某杂货公司主张被异议商标属于《商标法》第三十一条规定的情形的再审理由缺乏事实和法律依据,法院不予支持。

典型案例:"阿某"商标权权属争议案[②]

阿某世界工业中国有限公司是美国的一家著名建筑企业,其名下申请有558237号"阿某"商标,注册类别19类,注册产品为非金属地板和天花板;同时有Ar××英文商标,注册类别为17类,注册的项目为"建筑用绝缘;绝热产品"。

被争议商标8002238号"阿某"商标。此商标由自然人王某于2010年申请并获得注册,在国际分类第17类"合成橡胶;树胶;非金属管套;塑料管;排水软管;矿渣棉(绝缘物);矿棉板(绝缘物);绝缘材料;封拉线(卷烟)等"商品上。

对该商标提出争议的原因是当时制作天花板,尤其是企业办公场所用的天花板,基本上是矿棉材料制作的,市场上同时出现"阿某"品牌的矿棉天花板,其质量和价格悬殊,消费者往往将它们混淆。阿某世界工业中国有限公司维权过程中,遭遇对方以使用自己拥有的注册商标为由进行抗辩。所以对该商标提出了无效

---

① 本案系笔者团队在工作实践中收集整理、编辑加工而成,仅供读者研究参考。
② 北京市高级人民法院(2014)高行(知)终字第2882号行政判决书,载中国裁判文书网,最后访问时间:2024年5月23日。

申请。

这个案子，从商标无效争议到后来的一审、二审，商评委和法院均支持了阿某世界工业中国有限公司的请求，主要观点是：对比引证商标和争议商标，其中汉字部分完全相同，英文部分有对应关系，且商标的独创性较高。引证商标所注册的"非金属地板和天花板"、"建筑用绝缘；绝热产品"与"合成橡胶；树胶；非金属管套"等在功能用途、制作原料、制作工艺、销售渠道、消费群体等方面存在重合性，容易引起消费者的混淆，故认定为争议商标与引证商标已构成指定使用在相同或类似商品上的近似商标，应当予以撤销。

案件启示

反思上述两个案子及其引发的后续一系列诉讼，"无某"案件诉讼前后延续了将近12年，对双方的经营都造成了重大影响；关于"阿某"案件，作者团队当年去市场取证的时候，几乎每家销售天花板的店面都有两个或三个不同厂家生产的"阿某"矿棉天花板，质量、价格悬殊，市场混淆程度可见一斑。究其根源，是企业商标申请的规划管理出现了问题，为此提出如下建议：

1. 商标注册类别应当结合企业的商业规划

知产部门要与企业的生产、规划等部门紧密结合，相互联系，申请商标既要考虑当前的商业使用需要，也要为将来的商业规划做好商标储备。株式会社良品计划在进入中国市场之初，忽略了24类上"无某"商标的申请；阿某工业公司也没有顾及在产品的原材料上注册商标，所以导致市场混淆。

2. 商标注册采取宁滥毋缺的原则

尽管当前商标管理的政策不鼓励囤积商标，但只要可能，对于主打商标，其实最为妥当的办法是进行全类注册，即便不能全类注册，也要积极采取防御商标和联合商标的方式来保护，所谓防御商标是指在不同类别上注册同一商标；联合商标是指在同一类别群组的商品项目上注册相类似的不同商标，譬如贵阳南明老干妈风味食品有限公司，在29类食品上注册了老干妈、干妈老、妈干老。

对于防御商标，即便不进行全类注册，以下因素涉及的类别还是要考虑注册，这在确定商标名称的时候就要考虑到：

（1）产品的上下游，原材料、制成品，譬如上述案例涉及的情形、第23类纺织用纱和线与第24类的纺织品；

（2）相类似的商品，譬如33类白酒和32类的啤酒；

（3）类似消费群体，譬如第24类纺织品与第25类服装；

（4）产品与服务，譬如第9类软件与第42类计算机服务；

（5）类似销售渠道、类似功能用途，譬如第3类牙膏与第21类的挤牙膏器、牙刷。

3. 采用重复注册手段维持商标效力，防止撤三

为了防止他人以三年不使用为由提出撤销，每隔不到三年的时候，就未曾使用的防御商标重复提交申请，我们国家毕竟没有像日本等国家的防御商标制度，允许知名商标保护范围扩大到不同类别的商标，所以必须通过这种方式来维持商标的有效性，也是无奈下的权宜之计。当然，正在进行的商标法修改准备通过立法来禁止这种方式的注册，但目前尚未生效。

（三）使用他人商标的警示案例

典型案例："红某"商标使用许可案①

红某系列商标所有权人为泰国某公司；红某维他命饮料公司系其在中国注册的合资公司；早在1996年泰国某公司就授权红某维他命饮料公司使用红某系列商标。经过多年的使用，红某饮料已在中国市场声名鹊起、家喻户晓，红某维他命公司已经不满足于核心商标所有权受制于人的不利局面，向法院起诉要求获得商标所有权，并要求泰国某公司支付广告宣传费用37.53亿元。

最高人民法院二审认为，原始取得与继受取得是获得注册商标专用权的两种方式。判断是否构成继受取得，应当审查当事人之间是否就权属变更、使用期限、使用性质等作出了明确约定，并根据当事人的真实意思表示及实际履行情况综合判断。在许可使用关系中，被许可人使用并宣传商标，或维护被许可使用商标声誉的行为，均不能当然地成为获得商标权的事实基础。

典型案例："骆某"休闲鞋商标许可纠纷案②

甲先生拥有"骆某"商标在鞋类商品上的商标权，并许可石狮某鞋业公司使用其商标，其时，商标权人甲先生并不从事鞋业生产销售。石狮某鞋业公司是商标的被许可人，该鞋业公司"骆某"牌休闲鞋在市场很受欢迎，历经快十年的积累后准备在香港上市。这个时候当时签订的商标许可协议快要到期，甲先生提出会终止许可商标，从而引发后续的一系列纠纷。

案件启示

1. 问题产生的原因

（1）目前的商标许可制度没有就商誉的贡献者和商誉的享有者之间做出合理安排

商标作为指示商品和服务来源的标识，如果由商标所有权人自己使用，自然不会发生指示来源误解的问题，但如果许可他人使用就会切断指示来源的路径，所以一度有的国家并不允许商标许可使用。直到近年来随着市场经济的发展和人们对商

---

① 本案系笔者团队在工作实践中收集整理、编辑加工而成，仅供读者研究参考。
② 本案系笔者团队在工作实践中收集整理、编辑加工而成，仅供读者研究参考。

标认识的深入，才逐渐被普遍接受。所以《商标法》第四十三条第一款规定："商标注册人可以通过签订商标使用许可合同，许可他人使用其注册商标。许可人应当监督被许可人使用其注册商标的商品质量……"

但是许可制度一个重要的缺陷在于割裂了商誉的创造者与商誉的享有者之间联系，商誉由使用者创造并凝聚在商标之上，但作为被许可人的使用者，在通常的许可合同中，只有支付许可费和保障品质的义务，却不能对其创造的商誉享有支配权，一旦商誉的积累达到了知名的程度，不公平性就会产生。

（2）在许可制度没有就商誉贡献做出合理安排的前提下，被许可人也往往忽略商誉积累的过程和其权益的归属

上述案例基本基于这样一种背景：合作之初，一方拥有具备一定知名度的商标，或者该商标标识本身，如名称、logo 对开拓市场有利，因此成立合资公司使用该商标去开拓市场，彼时各方关注的是市场，对于商标的归属并不在意；随着经营中不懈地努力和投入，在产品和商业成功的同时，商标的知名度也越来越高。此时双方都意识到，谁拥有品牌谁就能在市场上呼风唤雨。作为许可方想终止许可，独占市场；作为被许可方总是不安，命运不由自主，越陷越深，一旦许可不再，产业说没就没。

显然，就商标知名度增加或商誉积累而言，是个渐进的、隐蔽的过程。经营者起初不会关注商标的声誉增加了多少，谁为商誉作了多少贡献，这些贡献所凝聚的商誉都归入了谁的名下，一心只放在经营上，毕竟没有市场的成功，什么都谈不上。直到有一天发现事情已经不可逆转，才意识到当初没有好好规划商标，但已没有选择和退路。这种隐蔽、渐进的过程以及矛盾只有在商标知名度提高后才会凸显，且一旦矛盾产生往往难有退路的特性，也是众多品牌创造者陷入困境的原因。

（3）商誉与商标难以分离，经营者无法脱离商标独自拿走商誉

商标的知名度其实不是商标本身，而是附在商标之上的商誉，商标只是商誉的载体而已。商标和商誉有个特性就是二者难以分离。消费者正是通过商标来感知商誉，没有商标再好的商誉无法有效传达给消费者，消费者很难通过别的途径去了解好的产品或服务。这也是为什么被许可方一旦不能自主使用商标，即将面临不被市场所认知，商业陷入困顿的原因。所以在商誉的创造者和商标所有权人分离的情况下，商誉只能随着商标走，创造商誉的人往往无计可施。

（4）商标权的取得与物权不同，具有其特殊规定

商标权的受让也有原始取得和继受取得两种模式，继受取得如通过合同或者继承、遗赠等方式可以获得商标权，与物权并无二致。但商标原始取得的方式只有通过自己使用非注册商标并具备一定影响力和注册两种方式获得，所以商标所有权并不会自动因为被许可人的使用和对商誉作出何等贡献而发生任何改变。这一点与物

权的添附原则有所不同，对于物权而言，民事主体把不同所有人的财产或劳动成果合并在一起，在恢复原状于事实上不可能或者于经济上不合理的情况下，形成另一种新形态的财产，但商标不会，就目前的法律规制而言，商誉的增加能够增加商标的价值，但不能改变商标所有权的归属。

2. 对于商标被许可人的一些建议

（1）事先约定商标权转让或者共有的条件

如果有可能，特别是商标起初的知名度并不高，尤其是在独占许可的条件下，如果因为被许可人的努力，经过被许可人持续地经营和不断地提高商标的商誉，经过某特定时间段后，譬如三年、五年或十年不等，约定由被许可人支付一笔费用，或者不支付费用直接拥有该商标所有权。因为这种情况下，商标原所有权人损失的只不过是一个商标标识，而商标的整体价值几乎全部是被许可人所贡献，在适当补偿，譬如支付一笔补助费用后，或者持续支付许可使用费达到一定数额后，商标权应当转让给被许可人或者双方按照一定比例共有。

当然，在目前的商业环境下，一般人对商标的理解还不够深入，对于原商标权人在许可之初似乎很难接受这样的条款，商标知名度提高更是难以接受这样的安排。

（2）宣传费用合理承担

如果一方不能接受商标转移的条件，也可在合同中设定，如果因为被许可人的持续经营和广告投入，使得商标的知名度和价值得以增长，作为商标权所有人不能既得利益，商标所有者应当按照一定比例承担被许可人投入的广告宣传费用，以补偿被许可人为商标所作出的贡献。

（3）自有品牌知名度带动

被许可人可以要求在许可合同签订之初约定，在后续商标的使用过程中，应当允许被许可人自己注册的商标与该被许可商标一同使用，这样即便今后被许可人不再拥有商标使用权，还可以将其创造的商誉部分转移到其新的品牌之中，使其经营不致中断，当然要保证这两个商标有一定的区分度，不能相同或近似，为将来消费者识别留有余地。

当然，从法律上讲，在双方没有约定的情况下，被许可人附带使用自有商标属于其自主权利，许可人也不应干预，所以一旦被许可人意识到这个问题就要着手于这样的安排。

（4）通过广为宣传和曝光，实现事后的商标与商誉的剥离

如果上述条件商标所有权人都不能接受，这实际上也是目前有的涉案主体正在做的事，即将商誉与商标逐渐剥离。前面有提及，商誉和商标是无法剥离的，至少是很难剥离的，因为商誉和商标结合的事实是印记在消费者的心中，让消费者留下

深刻印象是一件非常难的事情，无异于建立一个新的品牌，这也是我们屡屡看到，一些品牌之争的案件总是爆出天价的赔偿额，其实被许可人自己也知道官司是打不赢的，但是为了让社会关注这个问题，为了让消费者知道事情的真相，故意制造一个天文数字的赔偿请求额，让媒体持续跟踪报道，让相关消费者明白即便被许可人今后不能使用某品牌，他还能持续提供高质量的产品和服务，只不过是使用不同的商标标识罢了。当然除了诉讼，还有其他宣传方式，甚至通过对比广告的方式也能解决这类问题，所谓对比广告就是告诉消费者，其提供的产品质量、配方、效果与其他品牌并无差异，只是品牌不同而已。但对比广告的操作要慎之又慎，以免卷入新的纠纷。

（四）选择商标标识的原则——是尽量远离知名商标还是向知名商标靠拢

典型案例："淮某"润滑油商标案[①]

原告淮某控股集团，1976年开始使用"淮某"系列商标，"淮某"品牌在全球小型车辆及相关领域具有较高知名度，在第12类三轮车、摩托车等商品上拥有一系列"淮某""淮某H×××"等注册商标，其中在第12类"三轮车"项目上的商标，自1994年起数次获江苏省著名商标；2011年被认定为驰名商标。

被告海甲、海乙二公司系母子公司，主营润滑油产品的生产、销售。其最早（2005年6月6日）指定使用在第4类"发动机油；润滑油"等商品上的第4699087号"淮某"商标于2008年11月14日获准注册，2013年11月13日淮某控股集团提出无效宣告申请，经过7年多的商标争议程序，最终该商标被最高人民法院作出的行政判决宣告无效。被宣告无效后并没有停止使用商标。

原告诉请主张以在案证据显示的海甲公司侵权行为及获利开始至本案起诉前的持续侵权期间即2006—2021年共计15年为赔偿计算期间，主张3000万元赔偿。案件一审判定停止侵权、赔偿损失3000万元。

案件启示

1. 选择商标要尽量远离同行业或类似行业的知名商标

根据笔者的从业经验，客户在选择标识的时候，有意无意地会参考同行业的其他知名商标，甚至希望注册类似的商标，希望品牌本身给消费者带来一定关注。其实一个成功的商标，标识本身所起的作用微乎其微，更多的是后续品质的保证、商誉的积累造就的。并且这样的行为其实是很危险的。如前面案例所示，即使使用的是一个已经授权的商标，也不能保证不会被无效，并在被无效后追究侵权的责任。甚至可能被跨类别追究侵权责任。在申请商标的时候，审查员往往不会注意到跨类别构成近似的情况（如"淮某"案），同时审查员审查的仅仅是商标标识的近似

[①] 本案系笔者团队在工作实践中收集整理、编辑加工而成，仅供读者研究参考。

度，不会考虑知名度等因素，也会造成对构成侵权的商标授权的情况。但是，商标局并不会为这种情况承担任何责任，法律上也不支持所谓的"信赖利益保护"。

鉴于此，笔者建议，选定标识的时候，不是要靠近而是要远离。普通的商标注册公司，一般不会替代客户去选择标识，而客户却没有这方面的风险意识，这也是造成侵权的原因之一。

2. 什么样的商标是好商标

客户选择标识的时候，往往选择与行业属性近似的元素内容，这加大了注册的难度。即便注册下来，这样的商标非常容易被淡化，成为行业的通用名称，可能被撤销掉。要选择显著性强的商标，所谓显著性强，通俗来说像在中国，"长城"就是一个非常常见的词汇，这样的词汇显著性一般不强；但是像"鸿蒙"，此前几乎未曾用过，显著性就较强；至于外来无确定性意思词汇，显著性就更强了。也可参考前面介绍的显著性部分。

（五）看商标日常事务管理的合规性

典型案例："某知名食品饮料品牌"商标所有权之争案[①]

1996年，某知名食品饮料集团和达某公司、香港百某公司合资成立公司，当时某知名食品饮料集团掌握49%的股权，处于控股地位。后来香港百某公司破产，其所持股份转让给达某公司，达某公司成为第一大股东，处于绝对控股地位。

合资公司成立后，双方签订《商标转让合同》，"某知名食品饮料"系列商标作价5000万元由某知名食品饮料集团转让给合资公司。但依据当时的规章《企业商标管理若干规定》[②]，转让商标需要报商标局核准，对可能产生误认、混淆或者其他不良影响的转让申请，商标局不予核准，予以驳回。商标局一直没给予回应，导致商标转让行为无法继续进行，没有正式公告生效。随后某知名食品饮料集团与合资公司签订《商标许可协议》。直到2007年，也就是双方发生争议的时候，才回应说当时并没有核准，但没有核准的理由不详。最后，达某公司一方败诉，合资公司未能获得商标所有权。

案件启示

商标事务也是严肃的法律事务，其合规性审查也非常重要，不同的法律门类具有不同的制度规定，某知名食品饮料公司案中涉及的商标转让生效必须以商标局的公告公示为要件，而非简单的双方合同签署即可。

[①] 本案系笔者团队在工作实践中收集整理、编辑加工而成，仅供读者研究参考。

[②] 该文件已失效。

第四节　企业的著作权保护

一、作品著作权归属管理

(一) 职务作品与法人作品的著作权保护

在职务作品与法人作品著作权权属争议方面，企业应关注以下几个方面的问题：(1) 与员工在合同中明确约定作品的著作权归属及优先使用权的范围；(2) 作品为完成工作任务而创作的证明，明确著作权归属于单位的内部管理规定，激励员工创作的相应奖励等，都是认定著作权归属于单位的重要因素；(3) 充分考虑未能依约取得著作权的风险；(4) 区分法人作品、一般职务作品和特殊职务作品，避免不必要的权属纠纷；(5) 在侵权诉讼中，注意可以主张的抗辩理由。

1. 在合同中明确约定著作权的归属及优先使用权的范围

在实践中，诸多案件说明，单位与员工之间就作品著作权归属发生争议均因为双方事先没有明确约定产生。

因此，笔者建议企业为了避免该类权属争议纠纷，在指派员工为工作任务而创作之前，和员工明确约定作品著作权的归属。在约定权利归属时，采用列举加概括的方式（即包括发表权、修改权等其他依法享有的权利）。如果企业无法做到针对所有的作品都单独与员工签订协议，至少在劳动合同或其他概括性的合同中约定：职务作品著作权一律归属于单位。

若企业未与员工签订相关协议约定权属时，依据《著作权法》规定，著作权归作者所有，企业有权在其业务范围内优先使用。但是，该优先使用权的范围和界限的规定并不明确。在未约定著作权归属时，企业应明确规定企业优先使用权的期限范围、内容范围（是否包括精神权利）和性质范围（是否为专有使用、是否无偿使用和是否有权许可第三人使用）。否则，纠纷难免发生。根据法律规定及实践操作，一般认为，企业对作品的使用权不包括精神权利，在业务范围内具有专有使用权，且无权许可第三人使用。

2. 区分法人作品与职务作品，避免权属纠纷

《著作权法》将与完成工作任务相关的作品划分成三类：法人作品（第十一条第三款）、一般职务作品（第十八条第一款）与特殊职务作品（第十八条第二款）。该分类存在许多批评意见，分类标准不清晰导致实践中的认定混乱，造成著作权权属方面的很多纠纷。鉴于此，笔者建议如下：

(1) 对于一般的作品，企业仍以职务作品对待，通过合同约定取得作品著作权，但保留作者的署名权。这样一方面是对员工工作的肯定，激发其工作积极性；另一方

面也避免错误地将职务作品视为法人作品而侵犯作者署名权。只有对少数非常重要、必须体现企业意志的作品（如一些重要的文稿和计算机软件）才以企业名义署名。

（2）不应过多依赖特殊职务作品的规定，除工程设计图、产品设计图、地图、计算机软件以外的职务作品都要通过合同约定著作权归属。进一步说，为了避免争议，最适当的方式是对所有作品都在合同中明确约定著作权归属。

3. 保留影响著作权权属的重要证据

在并未约定著作权归属的前提下，根据司法实践，企业应着重考虑以下因素，保留相关证据，有利于争取作品的著作权。

（1）保留证明工作指示的证据

根据《著作权法》，认定作品为职务作品的首要条件是该作品是为完成工作任务而创作的。无论是法人作品还是职务作品，对"工作任务"的认定可以视为企业享有著作权的基础。《著作权法实施条例》将"工作任务"解释为"是指公民在该法人或者该组织中应当履行的职责"，但此标准依然不清晰。

笔者建议企业在安排职工完成工作任务时，相关的工作指示应以文本的形式保留下来并作系统的归档，在诉讼中可以作为证明单位工作指示，进而证明作品为职务作品或法人作品的重要证据。

（2）通过企业内部管理规定著作权归属

在徐某与杂志社著作权纠纷案[①]中，双方当事人并未约定摄影作品的著作权归属，仅单位一方（炼油厂）提供的炼油厂声像档案管理规定明确该类作品的著作权归属于单位。最高人民法院认定，该规定应视为当事人间对职务作品著作权归属的约定，即单位工作人员基于工作职责和参加活动所摄制的图片的著作权由单位享有，摄制者使用需经单位同意的约定。因此，笔者建议企业应完善内部对著作权的管理规定，在管理规定中明确为完成工作任务而创作的作品的著作权归属单位，员工享有作品的署名权。

（3）给予创作作品的员工相应奖励与酬金

在陈某与某出版社著作权纠纷案[②]中，双方当事人并未约定汇编作品的著作权归属，但单位一方（某出版社）在《关于对编辑实行量化考核的暂行规定》《关于在编辑人员中实行激励机制的暂行办法》等文件中约定了计算工作量并发放相应的工作量酬金、奖励的模式，员工接受了该规定计算所得的酬金和奖励，在工作期间也未提出异议。最高人民法院认定，上述规定意味着出版社不需要向编写此类书稿的编辑支付稿酬，也意味着出版社与编辑之间以特定的方式约定了此类书稿著作权

---

① 本案系笔者团队在工作实践中收集整理、编辑加工而成，仅供读者研究参考。
② 本案系笔者团队在工作实践中收集整理、编辑加工而成，仅供读者研究参考。

的归属，即编辑对这种书稿不得主张除署名权以外的著作权。

因此，笔者建议企业应完善对创作作品的员工奖励制度。如果企业未对员工创作的作品给予奖励，法院出于公平考虑可能不支持企业对著作权权属的请求。

4. 未能依约取得著作权的风险防范

上文提到多种有利于企业取得著作权的措施，但并不意味着企业在实施上述措施后必然取得作品著作权，因为上述措施仅考虑了企业与员工之间的关系，并未考虑第三方的介入。在企业与员工签订合法有效的协议后，企业仍然不能取得著作权的情况主要有以下三种：

（1）既是职务作品又是委托作品

主要包括两种类型：一是受托人是单位，如甲委托乙公司创作，然后乙公司安排其员工丙进行创作。二是受托人是员工，如甲委托乙创作，乙的创作属于其工作单位丙公司的业务范围。可能产生冲突的情况如下表：

委托作品	职务作品	作品著作权的归属
没有约定	没有约定	无冲突，依职务作品的法定情况处理
有约定	没有约定	冲突
没有约定	有约定	无冲突，依约定处理
有约定	有约定	冲突

从表中可以看出，产生冲突的情形是依据委托作品的认定，著作权归属于委托人，但是依据职务作品的认定，受托人又未能取得著作权。对此，笔者建议企业在与员工的职务创作合同中明确约定违约方（员工）的违约责任（违约金的计算），在公司内部规定中明确员工违规接受其他单位创作委托的惩罚措施，以及考虑若未能依约取得著作权时所应采取的后续措施。

（2）职务作品与职务作品的冲突

当一个职工同时为两个单位的雇员时（如劳务派遣），其工作任务既可认定为劳务派出方的工作任务，也可认定为劳务接受方的工作任务，此时职务作品的归属可能产生争议。司法实践中，劳务接受单位因与工作任务有更密切的联系，因而在与劳务派出单位产生冲突时更有可能被认定为享有职务作品的著作权。

因此，笔者建议企业若接受其他单位的劳务派遣，应考虑在该劳动关系下员工的职务作品有可能产生著作权归属争议问题，事先与劳务派出单位就相关权属问题作出明确约定以避免争议。

（3）转让作品著作权权属声明

因为合同具有相对性，因此在涉及第三方的时候，权属争议的问题十分复杂。

著作权权属转让则是典型的情况。司法实践中一般认为著作权转让合同生效后著作权即转移给受让方，其后作者所签订的著作权转让合同属于无权处分的合同，因而签订合同在后的"受让人"无法取得著作权。但是合同具有相对性，相对方无法得知作者是否已经将著作权转让给他人。同时，司法实践中也并不认可在该问题上适用善意取得制度。

鉴于此，笔者建议作为受让方的企业可以事先让出让方出具并未转让著作权的声明，在合同中明确规定出让方的违约责任（违约金的计算方式），以及考虑若未能依约取得著作权时所应采取的后续措施。

（二）委托作品的著作权保护

根据《著作权法》第十九条"受委托创作的作品，著作权的归属由委托人和受托人通过合同约定。合同未作明确约定或者没有订立合同的，著作权属于受托人"及《最高人民法院关于审理著作权民事纠纷案件适用法律若干问题的解释》第十二条"按照著作权法第十七条规定委托作品著作权属于受托人的情形，委托人在约定的使用范围内享有使用作品的权利；双方没有约定使用作品范围的，委托人可以在委托创作的特定目的范围内免费使用该作品"这一补充规定，可知：

我国《著作权法》采用"合同约定权利归属优先；无合同约定归属于受托人，委托人享有使用权"的模式。故若企业在合同中未约定作品权属，将导致企业对该作品仅有使用权。

1. 企业在签订委托创作合同时应约定作品权利归属，从合同的主体要件、形式要件、时间要件和权利范围等方面进行权属风险把控

（1）主体要件

企业可与自然人、法人或者其他组织签订委托创作合同。当受托人为单位时，可能产生委托作品与职务作品的双重法律适用问题，如甲单位委托乙单位创作一幅广告宣传画并约定著作权归甲单位所有，乙单位的工作人员丙最终创作完成了这一作品，根据《著作权法》第十六条应由丙享有该作品著作权，由此产生委托合同约定的著作权与职务作品的著作权相冲突。为降低权属冲突风险，企业需做到如下两点：

①谨慎审查受托单位职务作品的情况，要求受托单位先明确约定其与雇员之间的作品权属问题。同时，在委托创作合同中约定：若因受托单位未做好与雇员的作品权属约定工作而给委托企业带来风险，将由受托单位向委托企业承担违约责任。

②在受托单位完成委托创作行为后，企业应尽快完成版权登记手续，以期在"一权多卖"时该手续能产生登记对抗效力。

（2）形式要件

企业应以书面形式签订委托创作合同，以期减少不必要的纠纷和降低风险。若

没有以书面形式订立委托作品合同，企业可以寻找相关证据（如稿酬支付证明、图书出版证明等）以成立事实上的委托创作合同关系。

（3）时间要件

企业应在委托创作作品完成之前就对该作品的权利归属达成书面的订约合意。确因特殊情况无法订立书面的订约合意，且有证据证明先前约定的，可以达成口头合意。

（4）权利范围

根据法条的理解，作品著作权的原始取得人永远都是实际创作作品的自然人，委托企业根据委托合同约定继受取得该作品著作权，应受《著作权法》关于著作权转让条款的约束。根据《著作权法》第十条第三款规定，"著作权人可以全部或者部分转让本条第一款第五项至第十七项规定的权利"可得：著作权法认可委托作品的财产性权利转让，但对作品作者的人身性权利转让未作规定。

根据实践做法，有认可委托创作合同可以约定作品的人身权利转让的案件，也有否认委托创作合同可以进行作品的人身权利转让约定的案件。① 由于法律并未明文禁止转让作品的人身性权利，故实际企业可以通过协议约定继受取得作品作者的人身性权利，但企业应权衡取得委托创作作品人身性权利的可能性和未取得该权利所付出的对价。

2. 针对未约定权属的委托作品，企业对该作品享有的使用权限

根据《著作权法》第十七条及《最高人民法院关于审理著作权民事纠纷案件适用法律若干问题的解释》第十二条"按照著作权法第十七条规定委托作品著作权属于受托人的情形，委托人在约定的使用范围内享有使用作品的权利；双方没有约定使用作品范围的，委托人可以在委托创作的特定目的范围内免费使用该作品"的规定可知：对于未约定权属的委托作品，委托企业在委托协议约定的使用范围内享有使用作品的权利；但若企业未约定作品的使用范围，则其仅能享有协议特定目的范围内的使用权。据此，对于无法约定使用作品范围的，企业应根据委托合同订立的目的，判断企业的使用行为是否符合委托创作的特定目的，并据以确定委托企业免费使用作品的权利范围，权利范围并不一概包含《著作权法》第十条所言的全部十七项权利。如万某诉汤某、某公司等著作权纠纷案②，被告汤某委托原告万某为某歌曲的歌词作曲和编曲。其后原告发现汤某的个人专辑中有某歌曲，歌的词曲作者均为汤某的艺名汤A。万某认为汤某未经其同意对作品进行改编并授权出版，侵犯其著作权。法院判决认为：一般来说，歌手委托他人为其创作乐曲的首要目的

---

① 潘霞：《委托作品著作权归属及其完善》，载《出版发行研究》2014年第7期。
② 本案系笔者团队在工作实践中收集整理、编辑加工而成，仅供读者研究参考。

是将该作品用于表演,但该作品能否被他人录音、录像并复制、发行相关录音、录像制品,应由表演者与著作权人另作明确约定。最终法院从合同订立的目的出发,认为该委托合同中,委托人汤某免费使用委托作品的权利范围仅限于表演权,而不涉及录音、录像、复制、发行等其他权利。

3. 企业对作品的使用权不包含再许可第三人使用的权利

在委托合同无法约定或没有明确约定作品使用范围时,企业在符合委托创作的特定目的范围内享有免费使用作品的权利,但该使用权不包括再许可第三人使用的权利。根据《著作权法实施条例》第二十四条"著作权法第二十四条规定的专有使用权的内容由合同约定,合同没有约定或者约定不明的,视为被许可人有权排除包括著作权人在内的任何人以同样的方式使用作品;除合同另有约定外,被许可人许可第三人行使同一权利,必须取得著作权人的许可"的规定可得:许可第三人的权利,要求委托人与受托人之间有特别约定才可以,委托人即使享有作品的专有使用权,该专有使用权也并不包含分许可的权利。

4. 企业可考虑转换作品性质以更好地维护自身利益

若企业在签订委托创作合同后,欲进一步加强对作品的控制,委托企业应区分委托创作关系与雇佣创作关系、合作创作关系,并考虑利用该区别以实现关系转换。

具体而言,企业可以综合考虑下述多个因素来区分委托创作关系与雇佣创作关系,收集企业委托创作过程的证据,以便在法庭上更好地维护自身权益:(1)雇主有权利控制作品被完成的方式和手段;(2)技能要求;(3)手段和工具的来源;(4)作品的地点;(5)雇主与雇员关系持续的时间;(6)雇主是否有权利安排额外的工作给受雇人;(7)雇员可以选择决定其何时工作和时间长短的范围;(8)支付的手段;(9)被雇用人在雇用和付酬给助手方面是否有自由裁量权;(10)作品是否是属于雇佣主体正常模式的部分;(11)雇主是否具有商业性;(12)雇员利益规定;(13)被雇用人的税务处理。没有哪一个因素是决定性的。若企业欲将作品转换为合作作品,企业应具有合作创作意图和合作创作行为。

为实现上述作品性质转换,笔者建议企业应做到如下两点:(1)企业在诉讼前需注意收集证据使得争议作品符合雇佣创作作品或者合作作品的特征;(2)在诉讼中企业应谨慎"自认"情形发生,即避免自己一方面主张争议作品是合作作品或雇佣创作作品,另一方面却无意识地认可了"自己委托他人创作"。

二、企业的著作权许可使用和转让

(一) 签订许可使用和转让协议前应当注意的事项

1. 在签订著作权许可使用协议前,应先明确合同所涉的作品类别。

2. 签订著作权许可使用协议前，应查阅字体作品的著作权登记，核查、确认合同相对人是否为著作权人或相关权利人。

3. 双方应在著作权许可使用协议中明确约定授权范围，企业作为终端用户应对于转许可第三人使用权和以商业目的使用作品权作为主要权利条款予以明示。

(二) 针对作品的类别所致的法律风险防范

区分作品的类别，其为职务作品还是为委托作品。区分标准为判断其产生是基于劳动雇佣关系还是委托创作关系。区分类别后依照各自权属判断规则分别判断权属。

1. 针对职务作品

当企业与作品的作者签订著作权许可使用协议时，应先判断该作品是否属于一般职务作品，判断方法为审查作者同其单位的劳动合同或其他合同中是否有关于作品归属单位的特别约定，也可以直接联系作者所属单位进行确认。另外，若作品处于完成创作之日的两年内，则作者还应出具单位同意其许可第三人使用的书面声明。

当企业与单位签订著作权许可使用协议时，应先判断该作品是否属于特殊职务作品。如果不是特殊职务作品，可判断作者同其单位的劳动合同或其他合同中是否有关于作品归属于单位的特别约定。如果没有特别约定，则单位必须取得作品作者将作品著作权的财产权能转让给单位的书面声明。

2. 针对委托作品

(1) 当企业直接与作品委托创作人签订著作权许可使用协议时，应先审查委托人与受托人之间是否以书面合同的形式约定委托作品的著作权归属委托人。如果没有此类特别约定，则委托人必须取得受托人的书面转让声明，声明将著作权的财产权能部分或全部转让给委托创作人。

(2) 当企业与作品受托创作人签订著作权许可或转让合同时，应先审查书面委托创作合同中不存在对委托作品著作权归属的特别约定，且应确认合同的授权范围不包括委托人的专有使用权。为避免纠纷的发生，建议企业取得委托人关于委托作品使用期限及使用范围的书面声明。

(三) 针对本企业委托作品所致的法律风险防范

我国《著作权法》采用"合同约定权利归属优先；无合同约定归属于受托人，委托人享有使用权"的模式。故若企业在合同中未约定作品权属，将导致企业对该作品仅有使用权。企业对作品的使用权不包含再许可第三人使用的权利

在委托合同无法约定或没有明确约定作品使用范围时，企业在符合委托创作的特定目的范围内享有免费使用作品的权利，但该使用权不包括再许可第三人使用的权利。根据《著作权法实施条例》第二十四条"著作权法第二十四条规定的专有

使用权的内容由合同约定，合同没有约定或者约定不明的，视为被许可人有权排除包括著作权人在内的任何人以同样的方式使用作品；除合同另有约定外，被许可人许可第三人行使同一权利，必须取得著作权人的许可"的规定可得：许可第三人的权利，要求委托人与受托人之间有特别约定才可以，委托人即使享有作品的专有使用权，该专有使用权也并不包含分许可的权利。

（四）针对作品的演绎作品所致的法律风险防范

1. 企业在签订著作权许可使用协议时应先审查作品是否构成演绎作品。审查方式为查阅、询问作品的创作情况，核实其是作者原创还是在他人作品的基础上进行了改编、加工、整理；以及查阅版权登记记录，查看作品登记的类别及著作权人。

2. 如果作品构成演绎作品，企业应确认该作品不涉及侵犯原著作权人的著作权，即原著作权人同意演绎作品的作者进行改编、加工、整理等演绎行为。对此企业可以采取联系原著作权人并取得其同意演绎的书面声明等方式进行。

3. 在使用演绎作品时，企业不仅要取得演绎作品的著作权人的许可，还应取得原作品著作权人的同意并应尊重原著作权人的署名权。

（五）授权范围约定不明的法律风险防范

1. 若企业以接受字库软件中的格式条款的方式订立字体著作权许可使用协议的，应注意许可协议中列举的权利种类。若格式许可协议中仅指明"可用于计算机屏幕显示和打印机打印输出"，笔者建议企业与作品著作权人取得联系要求取得其他权能的许可。

2. 若企业以协商订立非格式条款的方式签署书面作品著作权许可使用协议的，则应在协议的授权范围中明示转许可权及商业使用权，并基于后续商业使用目的排除一切不合理的限制条款。

3. 在涉诉之后，若企业侵犯了许可合同中未明确授予的权利，则可以默示许可作为主要的抗辩事由。

三、企业著作权侵权风险防范

在当今知识经济的时代，知识财产已远远超过物质财产而成为社会最重要的财产形态。企业的注意力已由简单的有形财产，转向复杂的无形财产，其核心竞争力已日益体现为对智力资源与智力成果的培育、配置、调控的能力。对企业来说，著作权的创造、管理、运用和保护，既是一个老问题，也凸显了新变化。在信息高速传播的今天，网络和科技进步给企业的著作权保护带来新挑战，企业应如何及时地对著作权权属和侵权风险进行把控显得尤为重要。企业的著作权保护策略主要涉及著作权的内部风险把控和外部风险把控两大方面。

从著作权的内部风险把控来说，主要涉及：

1. 企业内部员工从事创造性智力工作的著作权保护问题；

2. 企业委托其他法人或组织机构从事创造性智力工作的著作权保护问题。

从著作权的外部风险把控来说，主要涉及对使用他人享有著作权作品的侵权防范。根据当前企业使用频率较高、侵权发生概率较高的相关著作权领域进行侵权防范分析，具体领域如下：

1. 在传统著作权侵权领域，当前纠纷最多的是企业使用他人的字体、图片造成的侵权；

2. 网络著作权纠纷随着网络时代的发展大量出现，企业会不可避免地涉及网络服务提供商的著作权保护。

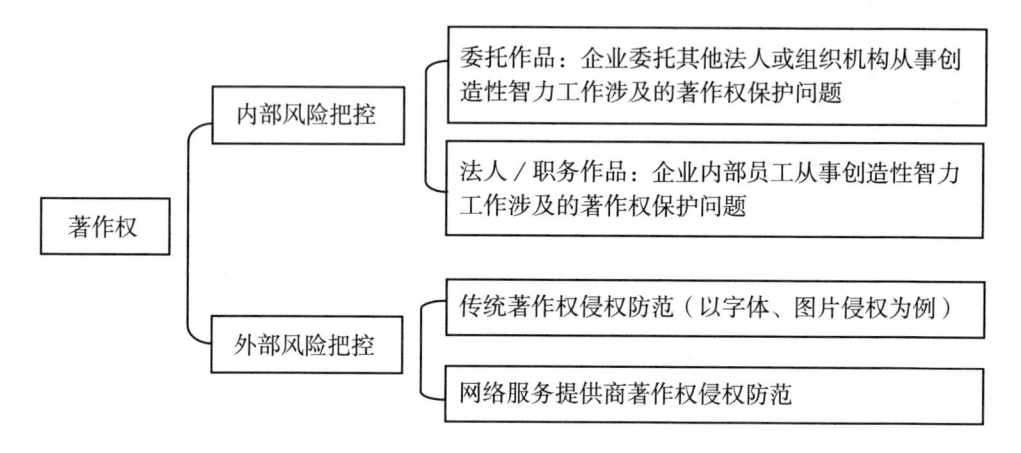

```
                    ┌─ 委托作品：企业委托其他法人或组织机构从事创
         ┌─ 内部风险把控 ─┤   造性智力工作涉及的著作权保护问题
         │          │
         │          └─ 法人/职务作品：企业内部员工从事创造性智力
著作权 ──┤              工作涉及的著作权保护问题
         │          
         │          ┌─ 传统著作权侵权防范（以字体、图片侵权为例）
         └─ 外部风险把控 ─┤
                    └─ 网络服务提供商著作权侵权防范
```

现将上述问题逐一进行法律分析并提出相应的法律风险防范措施。

（一）字体、图片著作权侵权风险防范

作品侵权路径：

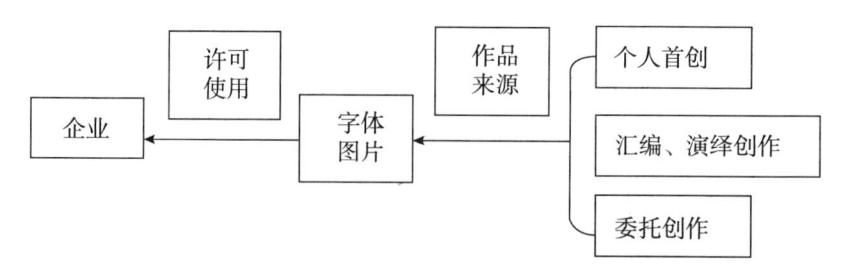

```
                                          ┌─ 个人首创
          ┌─ 许可 ─┐       ┌─ 作品 ─┐    │
企业 ◄────┤  使用  ├──── 字体 ◄────┤  来源 ├────┼─ 汇编、演绎创作
          └───────┘       图片    └──────┘    │
                                              └─ 委托创作
```

1. 字体侵权风险防范

（1）针对使用他人享有著作权的字库或单字所致的法律风险防范

①在签订字体著作权许可使用协议前，应先明确合同所涉的字体作品类别。针

对字库作品及非字库单字作品，应与著作权人订立字体著作权许可使用协议并支付报酬。字库单字通常不是著作权保护客体，但为将法律风险最小化，可设计权利延展条款，如"企业作为字库的使用权人有权将对字库享有的相关著作权利延及字库中的每个单字上"。

②签订字体著作权许可使用协议前，应查阅字体作品的著作权登记，核查、确认合同相对人是否为著作权人或相关权利人。

③双方应在字体著作权许可使用协议中明确约定授权范围，企业作为终端用户应对于转许可第三人使用权和以商业目的使用作品权作为主要权利条款予以明示。

(2) 字体职务作品或委托作品的侵权法律风险防范

①区分字体作品的类别，其为职务作品还是委托作品。区分标准为判断其产生是基于劳动雇佣关系还是委托创作关系。区分类别后依照各自权属判断规则分别判断权属。

②针对职务作品：当企业与字体的作者签订字体著作权许可使用协议时，应先判断该字体作品是否属于一般职务作品，判断方法为审查作者同其单位的劳动合同或其他合同中是否有关于作品归属单位的特别约定，也可以直接联系作者所属单位进行确认。另外，若作品处于完成创作之日的两年内，则作者还应出具单位同意其许可第三人使用的书面声明。

③当企业与单位签订字体著作权许可使用协议时，应先判断该作品是否属于特殊职务作品。如果不是特殊职务作品，可判断作者同其单位的劳动合同或其他合同中是否有关于作品归属于单位的特别约定。如果没有特别约定，则单位必须取得字体作者将字体著作权的财产权能转让给单位的书面声明。

④针对委托作品：首先，当企业直接与字体作品委托创作人签订字体著作权许可使用协议时，应先审查委托人与受托人之间是否以书面合同的形式约定委托作品的著作权归属委托人。如果没有此类特别约定，则委托人必须取得受托人的书面转让声明，声明将著作权的财产权能部分或全部转让给委托创作人。其次，当企业与字体作品受托创作人签订著作权许可或转让合同时，应先审查书面委托创作合同中不存在对委托作品著作权归属的特别约定，且应确认合同的授权范围不包括委托人的专有使用权。为避免纠纷的发生，建议企业取得委托人关于委托作品使用期限及使用范围的书面声明。

(3) 针对字体演绎作品所致的法律风险防范

①企业在签订字体著作权许可使用协议时应先审查字体作品是否构成演绎作品。审查方式为查阅、询问作品的创作情况，核实其是作者原创还是在他人作品的基础上进行了改编、加工、整理；以及查阅版权登记记录，查看作品登记的类别及

著作权人。

②如果字体作品构成演绎作品，企业应确认该作品不涉及侵犯原著作权人的著作权，即原著作权人同意演绎作品的作者进行改编、加工、整理等演绎行为。对此企业可以采取联系原著作权人并取得其同意演绎的书面声明等方式进行。

③在使用演绎作品时，企业不仅要取得演绎作品的著作权人的许可，还应取得原作品著作权人的同意并应尊重原著作权人的署名权。

（4）授权范围约定不明的法律风险防范

①若企业以接受字库软件中的格式条款的方式订立字体著作权许可使用协议的，应注意许可协议中列举的权利种类。若格式许可协议中仅指明"可用于计算机屏幕显示和打印机打印输出"，笔者建议企业与字库著作权人取得联系要求取得其他权能的许可。

②若企业以协商订立非格式条款的方式签署书面字体著作权许可使用协议的，则应在协议的授权范围中明示转许可权及商业使用权，并基于后续商业使用目的排除一切不合理的限制条款。

③在涉诉之后，若企业侵犯了许可合同中未明确授予的权利，则可以默示许可作为主要的抗辩事由。

2. 图片侵权风险防范

（1）避免擅自下载、使用网络图片的措施

①避免使用免费网站上来源不明的网络图片，在使用前应查明网络图片权利状态及归属，订立著作权许可使用协议并向权利主体付费。

②查明权属主体应注意网络图片上的水印签名及网络权利声明主体，如无相反证据，可推定其为图片作品的著作权主体；初步确认著作权主体后应同图片发布网站取得联系，确认其是否委托代理商及被授权的范围；签订许可协议前，应查验版权登记。没有版权登记的，应查验版权的底稿、原件、合法出版物、认证机构出具的证明、取得权利的合同等相关证据。

③在与网络运营商签订的著作权许可合同中设计责任转嫁条款，约定"因网络发布者的权利瑕疵所致该作品的一切侵权责任由网络发布者单独承担"。

④结合宣传营销目的，对图片作品中的部分元素进行实质性修改形成新的作品。

（2）避免企业对委托作品侵权的措施

企业对于委托作品应当尽合理且严谨的审查义务，可以参照出版商对出版物的审查义务来确定企业对委托作品审查义务的最高标准。具体而言包括：

①应当要求设计公司对其委托作品中使用他人图片作品的情况及是否取得权利人授权许可进行说明。必要时，应要求设计公司提出许可协议、授权声明或付费证

明予以证实。

②对于委托作品中的图片来源进行查验，确认其是否来源于经著作权人许可授权的正规网络图片提供商。

③在使用委托作品的过程中，应当尊重作者的署名权及其他人身权利。

④综合考量公司的存续期间、承责能力及信誉方面等因素，选聘规模较大、管理较规范的设计公司，最好采取招投标的方式进行委托设计。

⑤在委托创作的合同中设置侵犯第三人权利时的纠纷解决条款转嫁风险，明确约定"对于因受托人侵权行为所发生的一切侵权纠纷，由受托人无条件地承担全部侵权责任"。

(3) 减免侵权责任的抗辩事由

笔者建议企业应重点从诉讼主体不适格、涉案作品非著作权保护客体、委托人主观无过错及赔偿金额过高四个方面进行抗辩：

①辩称诉讼主体不适格，论证图片水印不能视为作者签名，原告对委托作品及职务作品的权属负有举证责任，原告对委托作品及职务作品享有著作权的起始时间负有举证责任及诉权不能继受取得。

②辩称在国外完成创作的图片作品要求具有双重可保护性，即该作品在起源国与中国均未过著作权保护期间；辩称原告难以举证证明涉案图片的创作完成日或首次发表日，故无法证明作品未进入公有领域而仍为著作权保护之客体。

③辩称企业作为委托人已经对委托作品尽到了合理且严谨的审查义务，其主观上不存在过错，不应承担侵权责任。

④辩称原告难以证明因图片侵权所致的实际损害与被告因图片侵权所致的实际获利，故应主张客观推定原则，依照权利价值、作品类型、合理许可费用、侵权情节、侵权损害后果、侵权人的过错程度、侵权持续时间及当地市场消费水平等因素推定侵权所致的实际损害金额小于原告主张的金额。

(二) 网络服务提供商的著作权侵权防范

一般交易模式图：

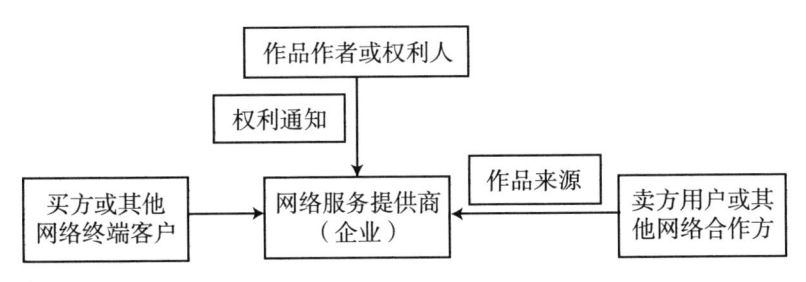

截至 2023 年 12 月，我国网民规模达 10.92 亿人，较 2022 年 12 月新增网民 2480 万人，互联网普及率达 77.5%。[①] 2023 年，我国网上零售额 15.42 万亿元，增长 11%，连续 11 年成为全球第一大网络零售市场。[②] 在产业发展欣欣向荣的背后，"版权问题"逐渐成为网络服务提供商一个难以回避的问题。

1. 企业作为网络服务提供商的法律适用

我国规制网络服务提供商的法规及司法解释主要是《信息网络传播权保护条例》和《最高人民法院关于审理侵害信息网络传播权民事纠纷案件适用法律若干问题的规定》。规避侵权风险的主要法律条款是《信息网络传播权保护条例》第二十二条的"避风港条款"及相应的《最高人民法院关于审理侵害信息网络传播权民事纠纷案件适用法律若干问题的规定》。

《信息网络传播权保护条例》第二十二条为信息存储空间服务提供商提供了五个免责条件（避风港条款），分别是：（1）明确标示该信息存储空间是为服务对象所提供，并公开网络服务提供者的名称、联系人、网络地址；（2）未改变服务对象所提供的作品、表演、录音录像制品；（3）不知道也没有合理的理由应当知道服务对象提供的作品、表演、录音录像制品侵权；（4）未从服务对象提供作品、表演、录音录像制品中直接获得经济利益；（5）在接到权利人的通知书后，根据本条例规定删除权利人认为侵权的作品、表演、录音录像制品。企业作为网络服务提供商承担直接侵权或间接侵权责任。所谓的间接侵权责任是指企业为直接侵权人提供了帮助、便利，属于共同侵权人。

2. 主观过错要件分析及企业应采取的维权措施

我国传统侵权法采用"合理的管理人标准"作为判断侵权人主观过错的一般标准，即要求服务提供者以理性的、谨慎的管理者身份来对待用户所做出的各种行为及发布的各种信息。

笔者认为，企业作为网络服务提供商，在防止被诉侵权时，应了解以下标准并采取以下做法：

（1）企业应正确理解"明知与应知"的内涵以避免主观过错的推定

《最高人民法院关于审理侵害信息网络传播权民事纠纷案件适用法律若干问题的规定》中对网络服务提供商的主观过错的表述为"明知或应知"。所谓"明知"，是指企业对于侵权行为存在明确的、实际的认知状态；所谓"应知"，是指企业通过相关的事实与标准应当认识到用户的侵权行为。企业作为一个合理管理者，对于

[①] 《我国网民规模达 10.92 亿人》，载中国政府网，https://www.gov.cn/yaowen/liebiao/202403/content_ 6940952.htm，最后访问时间：2024 年 5 月 23 日。

[②] 《2023 年我国网上零售额超 15 万亿元》，载中国政府网，https://www.gov.cn/yaowen/shipin/202401/content_ 6927216.htm，最后访问时间：2024 年 5 月 23 日。

显而易见的侵权行为应具备直接的"明知"状态。对"应知"的判断因素,《最高人民法院关于审理侵害信息网络传播权民事纠纷案件适用法律若干问题的规定》第九条及第十条进行了相应规制。根据《最高人民法院关于审理侵害信息网络传播权民事纠纷案件适用法律若干问题的规定》的规定,企业应采取以下措施避免"明知"或"应知"的事实推定:

第一,当版权人向企业发出符合法律要求的权利通知时,可以判定企业对于侵权行为处于"明知"的状态。对此,企业应设置便捷程序接收侵权通知并及时对侵权通知作出合理反应,删除、屏蔽或断开链接相应侵权作品。

第二,企业不要主动对作品、表演、录音录像制品进行编辑、修改、推荐,编辑、修改、推荐的行为本身也容易造成侵权,也容易被推断为企业对侵权事实处于"应知"状态。

第三,企业应采取合理措施预防侵权并保存好相应的证据材料。在采取了措施仍无法避免侵权事实的发生时,不应推定为企业存在主观过错。

第四,对于同一网络用户的重复侵权行为应及时发现并采取相应措施。若对同一网络用户的重复侵权行为未采取相应措施,则对此用户的侵权行为会被推定为"应知"。

(2) 企业应采取主动措施消除在网络平台上出现的"显而易见"的侵权行为或侵权信息,主动审核措施可能不能完全防止侵权现象的出现,但可以约束用户或合作方的行为,证明企业防止侵权行为发生的善意意图而免予承担责任。[1]

①应在正常的商业模式下从事相关平台服务。例如,按照网络平台交易服务的流程,在网络空间发布信息的用户均需先注册网站会员,用户通过新会员注册获得一个经网站核准的会员名和登录密码。会员需要通过网络交易平台进行交易,还必须经过网络服务提供商的身份认证。注册会员制、身份认证是保障交易不易产生侵权行为的基本前提,也是网络服务提供者必须遵循的正常商业模式。

②对显而易见的侵权行为必须进行相应监控措施。现行的法律并没有强制赋予网络服务提供商主动监控的义务,但对于"显而易见"的侵权行为或侵权信息,一定属于"明知"的主观过错范畴。对此,网络服务提供商必须尽到传统侵权法中规定的"合理的管理人义务"。

③应定期采取过滤机制或其他措施来减少侵权风险,并保存好相应过滤结果。主动审核措施可能不能完全防止侵权现象的出现,但可以约束用户或合作方的行为,证明企业防止侵权行为发生的善意意图而免予承担责任。

通过主动审核措施,也许服务提供商不可能完全阻止侵权,但一定程度约束了

---

[1] 陈明涛、汪涌:《论网络交易平台服务提供商的版权责任》,载《知识产权》2010 年第 4 期。

用户或合作方的行为，也展现了防止侵权行为的善良意图。①

（3）与网络用户签订《用户协议》，与合作方签订《合作协议》及《知识产权权利人认证方案》等文件来约束合作方或用户，指明权利人的维权渠道，尽到合理注意义务，在甲公司诉乙公司、丙公司侵犯计算机软件著作权纠纷案②中，法院根据《用户协议》确定了被告乙公司作为网络服务提供商的法律地位，认为乙公司并未参与交易，也未对交易实施帮助侵权行为，只是提供了交易平台，对于在平台上提供的大量的物品和所有交易是否侵权无法进行判断。此外，法院根据《知识产权权利人认证方案》，认为乙公司在事前已采取一定措施，利用合同来约束卖家用户。在原告起诉后，两被告也及时删除了被控侵权产品的相关网页，并向法院及两原告提供了卖家的个人信息资料。由此，两被告已尽到了合理的注意义务。综上，判定两被告不承担责任，驳回了原告的诉讼请求。

此案件对企业的启示在于：

第一，企业应与卖方用户签订《用户协议》，明确自身的法律定位只是为买卖双方提供交易服务的平台运营者，而不是网络交易的主体，不参与网上物品的交易。

第二，企业应制订并与卖方用户签订《知识产权权利人认证方案》，通过合同的方式来约束卖方行为。该方案需提醒卖家对自己的网上物品合法性负责，一旦发现侵权产品将先行移除在线交易物品。对于权利人而言，如果发现自己合法权利受到侵犯，可通过根据该方案的规则向企业进行举报。企业在审核相关权利证明文件后将及时移除系争侵权内容，并向权利人提供侵权人的个人信息。

3. 权利通知分析及企业应采取的维权措施

（1）应谨慎审查权利人发出的权利通知

一份来自权利人的权利通知应当有明确的权利人的合法版权、涉嫌侵权的作品和用户。如果权利通知不符合上述要求，企业对权利人的权利基础无法信任，对侵权行为和信息无从在平台中找寻，仅凭这样的权利通知是无法判定企业的侵权过错的。企业可以要求权利人进一步发出正确的权利通知后，再采取相关的维权措施。

（2）在权利通知符合要求时，应采取措施查找并删除侵权产品、作品。《第三方电子商务交易平台服务规范》第 6.8 条规定：“平台经营者应当建立适当的工作机制，依法保护知识产权。对于权利人附有证据并通知具体地址的侵权页面、文件或链接，平台经营者应通知被投诉人，同时采取必要措施保护权利人合法权益。法

---

① 陈明涛、汪涌：《论网络交易平台服务提供商的版权责任》，载《知识产权》2010 年第 4 期。
② 本案系笔者团队在工作实践中收集整理、编辑加工而成，仅供读者研究参考。

律法规另有规定的除外。"《网络交易服务规范》网络交易信息监管一章中规定"如有第三方主诉网络交易平台中的信息或公开论坛、用户反馈等栏目中的信息侵犯其合法权益,在该诉求方提供其身份证明、事实证明和具体网络链接地址的情况下,网络交易平台提供商应当予以及时删除"。《网络交易管理办法》① 第二十七条规定:"第三方交易平台经营者应当采取必要手段保护注册商标专用权、企业名称权等权利,对权利人有证据证明平台内的经营者实施侵犯其注册商标专用权、企业名称权等权利的行为或者实施损害其合法权益的其他不正当竞争行为的,应当依照《侵权责任法》采取必要措施。"在这里,规范将权利通知视为承担责任的必备要件。

如果服务提供商故意忽视权利通知或者通知后拒不采取删除行为,即意味着服务提供商存在"应知"的主观过错。

4. 引诱侵权及企业应采取的维权措施

如果服务提供商采用积极引诱的言语和行为促进技术的侵权用途,也可以构成主观过错。以促进版权侵权使用为目的而提供设备,并且已经清楚(语言)地表明或者另外采取了确实的步骤促进侵权,应当就第三人导致的侵权行为承担责任,而不用考虑产品的合法用途。针对网络服务提供商,如果采用明显的言行促进其服务的侵权目的,亦可构成主观过错要件之判定,从而承担第三方责任。

《最高人民法院关于审理侵害信息网络传播权民事纠纷案件适用法律若干问题的规定》第七条对引诱侵权使用的是教唆侵权及帮助侵权概念。根据此条规定,企业不应采取以下不当言行促进侵权目的的实现:

(1) 企业不应以言语、推介技术支持、奖励积分等方式诱导、鼓励网络用户实施侵害信息网络传播权行为,否则会被认定构成教唆侵权。

(2) 企业在明知或应知网络用户利用网络服务侵害信息网络传播权时,应采取删除、屏蔽、断开链接等必要措施,若未采取相关措施,则构成帮助侵权。

综上所述,企业著作权保护的内部风险把控在于,在委托外部人员或指派内部员工完成创造性智力成果时,对于所取得智力成果的权利归属及后期使用过程中的权利界限问题,应做好相关版权保护措施,以防止己方的合法利益受到损害。

企业著作权保护的外部风险把控在于:

①在从事各项经营服务及对外宣传时,避免使用侵犯他人著作权的作品。文字作品和图片作品作为传统的信息载体,一直是企业进行业务宣传的主要手段。如何确认此类文字作品和图片作品的真正权利人,并对其支付相应报酬来避免侵权风险是企业应特别注意的问题。

---

① 该文件已失效,仅为说明具体问题,供读者研究和参考。

②信息网络技术作为新兴的科技手段与绝大多数网络科技企业的经营服务息息相关。随着新网络商城的创设，企业作为网络服务提供商为网络用户提供服务面临的侵权风险比传统侵权更大。企业应采取有效措施在法律允许的范围内合理规避。

第五节　新技术环境下的著作权保护

一、网络环境下的著作权保护

（一）互联网环境给著作权带来的机遇

互联网对著作权法的影响是深远的，它在很大程度上改变了作品的创作、分发和使用方式，对著作权法的理念、原则和制度带来了挑战，也为著作权的保护和利用提供了新的机会。

1. 互联网极大地增加了作品的可获得性。通过互联网，人们可以在任何时间、任何地点获取到各种类型的作品。这无疑大大提高了作品的使用价值，也给作者提供了更大的市场。同时，互联网也使得作品的创作变得更加便捷，人们可以通过网络协作创作，可以利用各种数字工具进行创作，可以通过社交媒体等平台分享自己的作品，这无疑激发了大众的创新活力。

2. 互联网也为著作权的保护和利用提供了新的工具和机会。例如，数字版权管理（DRM）技术可以在一定程度上防止作品的非法复制和分发。互联网也使得作品的授权和转让变得更加灵活，例如，通过点击许可协议、许可证池等方式，可以实现作品的快速授权和大规模转让。此外，大数据和人工智能等新技术也为著作权的保护和利用开辟了新的途径，例如，通过大数据分析可以了解用户的需求和行为，通过人工智能可以自动监测和打击著作权侵权行为。

（二）互联网环境给著作权带来的挑战

由于互联网的匿名性和全球性，著作权侵权行为变得更加难以追查和制止。此外，数字化技术使得作品可以在瞬间被无限次复制和分发，这尤其使得著作权的传统"复制权"受到了挑战。互联网的用户生成内容（UGC）和社交媒体等新现象也对著作权法提出了新的问题，例如，如何保护UGC的著作权，如何处理用户在分享内容时可能涉及的著作权问题等。

互联网的全球性也对著作权法的地域性原则提出了挑战。著作权法通常是按国家或地区制定和执行的，每个国家或地区的著作权法都有其特定的规则和例外。然而，在互联网上，作品可以在全球范围内被访问和使用，这使得著作权的保护和执行变得更加复杂。对于跨境的著作权问题，例如，一个国家的用户使用了另一个国家的作品，应当适用哪个国家的法律，如何进行执法等，都没有明确的答案。

在互联网时代，《著作权法》和著作权律师都需要不断适应新的技术和环境的变化，寻求保护作者权利和促进公众利益之间的平衡。

1. 互联网环境下复制权给著作权带来的挑战及应对

（1）互联网环境下复制权给著作权带来的挑战

互联网以及相关的数字技术为传统的著作权权利带来了深远的挑战，这是由于在互联网环境下，作者的创作过程和作品的传播过程都发生了非常大的变化。其中尤以"复制权"为典型，在传统的纸质媒介环境中，作品的复制通常需要消耗物理资源，如纸张、墨水等，并且需要投入时间和劳动力。这使得复制权能够在一定程度上得到实施和保护。

①互联网的便捷性和快速性使得复制权的保护更加困难

在互联网环境中，作品的复制几乎不需要任何成本，只需要一次点击，作品就可以在瞬间被无限次复制和分发。这使得传统的复制权在实践中变得几乎无法保护。

互联网的复制便捷性使得侵权者可以轻易地复制和分发他人的作品，从而获取不正当的利益。这不仅剥夺了作者从其作品中获取收益的机会，也对作者的创新和创作造成了打击。而且，由于互联网的匿名性和全球性，侵权行为往往难以追查和制止，这使得复制权的保护更加困难。

②互联网也使得作品的使用方式变得更加复杂

在互联网上，作品不仅可以被复制，还可以被修改、混合和再创作等。例如，用户可能会在不知情的情况下修改了作品，或者将不同的作品混合在一起创作了新的作品，这使得复制权的界定变得更加困难。因此，如何定义和保护复制权，如何处理复制和改编、混合、再创作等行为之间的关系，都是互联网环境下需要解决的问题。

③互联网的即时性也使得复制权的保护更加困难

在互联网上，一旦作品被非法复制和分发，这种侵权行为就可能在瞬间扩散到全球，使得侵权的损害无法挽回。而且，由于互联网的全球性，跨境的著作权问题也使得复制权的保护变得更加复杂。

（2）互联网环境下复制权给著作权带来挑战的应对

面对互联网对复制权的挑战，我们需要采取一系列措施。

首先，我们可以利用新的技术，如数字版权管理（DRM）技术，来防止作品的非法复制和分发。

其次，我们也需要更新和创新著作权法，以适应互联网的环境。例如，我们可以设立特别的规则来处理网络传播的复制权问题，也可以通过立法或者司法解释，明确对互联网上的复制行为的定义和限制。

2. 互联网环境下二次创作给著作权带来的挑战与应对

（1）属于二次创作的情形

这种互联网对于传统著作权的挑战中最有代表性的就是互联网环境下特有的二次创作类作品。根据2024年3月22日中国互联网络信息中心（CNNIC）发布的第53次《中国互联网络发展状况统计报告》，截至2023年12月，我国网民规模达10.92亿人。这其中，我国网络视频用户规模达10.67亿人，占网民整体的97.7%。新入网的2480万网民中，37.8%的人第一次上网时使用的是网络视频应用。[①] 其中占绝大多数的短视频创作是利用已有作品的视频素材进行创作的。这种视频就是二次创作作品，简称二创短视频。主要包含以下六类：

①预告片类：即影视的预告片、片花、花絮等官方发布的宣传物料。

②影评类：对影视综等作品相关人物、剧情等进行分析和评论，分析和评价影视中的审美价值、社会意义等，达到解读、分析影片的目的。

③盘点类：视频内容通常由两个以上影视片段组成，包括影视作品单人、场景、榜单等盘点类的短视频，通常有文案、配音，围绕特定的主题。

④片段类：直接将影视综等作品进行剪辑切断，并配上标题进行传播，通常为高光镜头或片段。

⑤解说类：包括对影视综等作品某个片段或整片的解说（含速看，常见为×分钟说电影），针对影视类作品故事背景、剧情等进行解读、叙述和评论。引用作品的多个镜头或片段，进行剪辑、解说、字幕、特效、配乐等二次创作。

⑥混剪类：由单部或多部影视综作品画面素材剪辑、拼接而成，有一定的主题和思想，常见为特定人物及场景的镜头混剪等。

（2）属于合理使用的情形

正如前文所述，互联网上作品的复制、修改、混合、再创作等行为都是非常方便且常见的，并且这样的行为本身也是互联网文化的一部分。那么，对于这种二次创作的合理使用的判断标准就至关重要。《著作权法》第二十四条规定了13种合理使用的类型：

在下列情况下使用作品，可以不经著作权人许可，不向其支付报酬，但应当指明作者姓名或者名称、作品名称，并且不得影响该作品的正常使用，也不得不合理地损害著作权人的合法权益：

①为个人学习、研究或者欣赏，使用他人已经发表的作品；

②为介绍、评论某一作品或者说明某一问题，在作品中适当引用他人已经发表

[①] 《第53次〈中国互联网络发展状况统计报告〉发布 互联网激发经济社会向"新"力（大数据观察）》，载中央网络安全和信息化委员会办公室、国家互联网信息办公室网站，https://www.cac.gov.cn/2024-03/25/c_1713038218396702.htm，最后访问时间：2024年5月23日。

的作品；

③为报道新闻，在报纸、期刊、广播电台、电视台等媒体中不可避免地再现或者引用已经发表的作品；

④报纸、期刊、广播电台、电视台等媒体刊登或者播放其他报纸、期刊、广播电台、电视台等媒体已经发表的关于政治、经济、宗教问题的时事性文章，但著作权人声明不许刊登、播放的除外；

⑤报纸、期刊、广播电台、电视台等媒体刊登或者播放在公众集会上发表的讲话，但作者声明不许刊登、播放的除外；

⑥为学校课堂教学或者科学研究，翻译、改编、汇编、播放或者少量复制已经发表的作品，供教学或者科研人员使用，但不得出版发行；

⑦国家机关为执行公务在合理范围内使用已经发表的作品；

⑧图书馆、档案馆、纪念馆、博物馆、美术馆、文化馆等为陈列或者保存版本的需要，复制本馆收藏的作品；

⑨免费表演已经发表的作品，该表演未向公众收取费用，也未向表演者支付报酬，且不以营利为目的；

⑩对设置或者陈列在公共场所的艺术作品进行临摹、绘画、摄影、录像；

⑪将中国公民、法人或者非法人组织已经发表的以国家通用语言文字创作的作品翻译成少数民族语言文字作品在国内出版发行；

⑫以阅读障碍者能够感知的无障碍方式向其提供已经发表的作品；

⑬法律、行政法规规定的其他情形。

（3）二次创作是否属于合理使用的判断

二次创作是否构成合理使用需要个案判断，但是应该主要考虑"为个人学习、研究或者欣赏，使用他人已经发表的作品"（个人使用类合理使用）和"为介绍、评论某一作品或者说明某一问题，在作品中适当引用他人已经发表的作品"（适当引用类合理使用）两种情形。至于具体的法律适用，我们可以参考近几年的一些司法裁判案例。

①目的限于为介绍、评论某一作品或者说明某一问题

②应当考虑市场替代因素

典型案例：甲技术公司与乙技术公司侵害作品信息网络传播权纠纷案[①]

涉案作品是乙技术公司（被上诉人、一审原告）通过授权许可，获得包括独家信息网络传播权、维权权利及转授权权利的电视剧。甲技术公司（上诉人、一审被

[①] 北京知识产权法院（2021）京73民终4062号民事判决书，载中国裁判文书网，最后访问时间：2024年4月12日。

告）未经许可，在其经营的"××视频"所涉五个端口（安卓手机端、安卓平板端、iPhone端、iPad端以及电脑端）对涉案作品截取众多片段，以短视频方式密集上传提供给公众。

乙技术公司提起著作权侵权诉讼，请求法院判令甲技术公司赔偿乙技术公司经济损失及合理开支共计230000元。

一审法院认为：涉案短视频均系对乙技术公司原始作品内容的选取剪切生成，且多为涉案作品的内容浓缩和核心看点，连续点击观看即可基本获得涉案作品的大致内容，与涉案作品具有高度相似性，甚至可高度替代涉案作品，甲技术公司的使用行为不构成合理使用。一审法院判定被告侵权，并赔偿12000元。甲技术公司不服，提出上诉。

二审法院认为：2010年《著作权法》第二十二条第一款第二项规定，为介绍、评论某一作品或者说明某一问题，在作品中适当引用他人已经发表的作品，可以不经著作权人许可，不向其支付报酬，但应当指明作者姓名、作品名称，并且不得侵犯著作权人依照本法享有的其他权利。本案中，被诉侵权短视频均系对涉案作品的选取剪切生成，且多为涉案作品的内容浓缩和核心看点，连续点击观看即可基本获得涉案作品的大致内容，与涉案作品具有较高相似性，甚至可以替代涉案作品，被诉侵权短视频从使用方式上并非为了说明、介绍、评论作品或问题，而是为呈现涉案作品受著作权保护的表达，从使用程度上也明显超出合理的范围。甲技术公司主张构成合理使用并无依据，相关上诉理由法院不予支持。二审法院驳回上诉，维持原判。

③应当考虑转换性使用因素

典型案例：某科技公司与某管理咨询公司侵害作品信息网络传播权纠纷案[①]

原告某科技公司享有《×× Welcome to English E-BOOKS 电子书2B》的信息网络传播权，被告某管理咨询公司未经许可将其复制加工并分类编辑后，拆分成31个文件，上传至被告所属运营的APP上，其用户可以使用该些内容进行配音并制作短视频，由被告审核后上传到涉案APP上供不特定用户观看，视频内容包括用户朗读涉案电子书内容的语音及涉案电子书中的图文。

原告某科技公司提起著作权侵权诉讼，请求法院判令被告某管理咨询公司立即停止侵权并赔偿经济损失5万元、合理支出1万元。

一审法院认为：涉案视频并未改变权利图书表达的信息和内容，亦未对权利图书作为教材的教育功能进行实质性的转换和改变，且使用数量较大，缺乏必要性和

[①] 北京知识产权法院（2019）京73民终2549号民事判决书，载中国裁判文书网，最后访问时间：2024年5月23日。

适当性,同时使用过程中也没有指出作者名称,故不构成合理使用。一审法院判令被告停止侵权行为并赔偿原告经济损失1万元及合理支出1万元。某管理咨询公司不服,提出上诉。

二审法院认为:涉案图书包含功能很多,但最关键的功能还是向用户展示由英文、图片等要素构成的学习内容,传递英语教学内容和学习方法。涉案短视频虽然单个时长较短,但涉案短视频汇集于专辑"某某英语1A"中,整体使用内容已占到涉案图书较高比例,并非少量的片段使用。某科技公司通过涉案APP提供可供其用户浏览、获得、使用的内容已经高度覆盖涉案图书载有的较多内容。由于涉案短视频并未改变涉案图书表达的信息和内容,亦未对其教育功能进行实质性的转换和改变,且使用数量较大,缺乏必要性和适当性,使用过程中也没有指出著作权人,故不构成合理使用。综上,某科技公司的主张不能成立,其通过涉案APP向用户提供了涉案图书的主要内容,侵害了某管理咨询公司享有信息网络传播权。二审法院驳回上诉,维持原判。

④转换性使用但引用比例过高

典型案例:甲技术公司等与乙技术公司等著作权侵权及不正当竞争纠纷案[①]

原告甲技术公司是国内著名MOBA类游戏(多人在线战术竞技游戏)的运营商。被告乙技术公司在其运营的某视频APP游戏专栏下设该游戏专区,在显著位置推荐该游戏短视频,并与游戏玩家签订收益共享协议,吸引玩家上传经录制、剪辑、配乐和解说的该游戏画面短视频。

原告甲技术公司提起著作权侵权诉讼,请求法院判令被告乙技术公司立即停止侵权并赔偿经济损失450万元及合理支出50万元。

一审法院认为:本案中,涉案被控侵权视频中仅有涉案游戏连续运行画面的或以涉案游戏连续运行画面为主的视频,超出了适当引用的合理限度,整体上不合理地损害了甲技术公司作为著作权人的利益,不属于著作权法规定的合理使用的情形。一审法院判令被告停止侵权行为并赔偿原告经济损失450万元及合理支出20万元。

原被告均不服一审判决,提出上诉。

二审法院认为:游戏玩家制作案涉视频,确实存在一定程度上对游戏连续动态画面的剪辑、拼接或者添加配音、对话等内容,这既传播了游戏画面,也展示了主播个性,确实具有一定的转换性。但是,乙技术公司所称的"转换性使用"并非我国法律对著作权利限制的情形,不宜直接适用所谓的"转换性使用"的单一标准来判断是否构成合理使用。构成合理使用的"转换性使用",应当达到使受众关注点

---

① 本案系笔者团队在工作实践中收集整理、编辑加工而成,仅供读者研究参考。

由作品本身的文学、艺术价值，转移到对作品转换性使用所产生的新的价值和功能的程度。这种转换性使用行为增进社会知识财富的贡献应超过对著作权人利益的损害。转换性程度越高，距离著作权的原有独创性表达越远，对著作权人利益损害越小，则认定构成合理使用的可能性越大。此外，符合"转换性使用"是合理使用的构成要件之一，即使对作品的使用具备一定的"转换性使用"，也并不一定属于合理使用，例如对文字作品进行翻译、改编、摄制为电视剧等演绎行为，均有一定的转换性，但并非属于合理使用。就本案而言，该游戏连续运行动态画面的艺术价值功能在游戏玩家制作的游戏视频中并未发生质的转变。游戏直播的价值和功能在相当程度上仍来源于游戏著作权人的创造性劳动。总之，判断游戏玩家制作的案涉游戏视频是否构成对该游戏连续动态画面的合理使用，需要严格按照法律规定的要件进行判断，不能仅凭符合某一要件或非法律规定的要件进行判断。二审法院驳回上诉，维持原判。

以上案例中，法官都从引用目的、引用比例和引用结果三方面综合考量了合理使用的认定。从引用目的而言，需要构成转换性使用，即改变原作品表达的信息和内容，对原作品的功能进行实质性的转换和改变，转换性程度越高，距离著作权的原有独创性表达越远，越可能构成合理使用；从引用比例而言，引用原作品比例占总视频比例越低，自己独创性内容比例占总视频比例越高，越能构成合理使用；从引用结果而言，不能对原作品产生市场替代作用，从而使观众失去购买或观看原作品的欲望。同时，三个因素缺一不可，任何一个因素不满足，都无法构成合理使用。

从上面这个较为具体的著作权问题中我们可以发现，互联网环境对于著作权的影响主要在于对于创作方式和传播方式两个方面的改变。下面将分为两点具体阐述这两方面的影响以及后互联网时代更新颖的技术进步。

二、元宇宙环境下的著作权保护

（一）元宇宙环境下著作权保护面临的问题

1. 原创性的界定是一个重要的问题

首先是互联网环境下对于传播方式的改变，互联网传播方式的最大区别在于交互式传播，即任何终端都是创作端同时也是消费端。基于交互式的强度，可以将互联网划分为1.0、2.0和3.0，其中3.0互联网（web3.0）也就是元宇宙，或称为Metaverse。元宇宙是一个由无数互联的虚拟世界组成的数字空间，每一个用户或者说终端都被认为是紧密融合、时刻交互的。

但是，原创性的界定在元宇宙环境下变得复杂。在元宇宙中，用户可以创建自己的虚拟物品，建筑或者角色等。这些创作可能是对现实世界物品的模拟，也可能是全新的创意，这就带来了一个问题：这些虚拟创作是否足够原创以获得著作权保护？这需要我们对原创性的要求进行重新思考和定义。

2. 著作权的归属和使用也是一个重要问题

由于所有用户在元宇宙中都是融合交互的，并且元宇宙势必要存在于某一个互联网公司的服务器中，那么著作权的归属就不那么一目了然。例如，如果一个用户在元宇宙中建造了一个虚拟建筑，那么这个建筑的著作权归属于谁？是归属于创建它的用户，还是归属于运营元宇宙的公司？此外，如果其他用户想要使用这个建筑，比如在里面进行活动，是否需要得到著作权者的许可？这就需要我们明确著作权的归属和使用规则。

（二）元宇宙环境下著作权面临问题的解决方案

对于这些问题，应对元宇宙环境下新的传播方式，用户和平台开始引入区块链技术进行追踪和管理，这使得我们可以更准确地确定著作权的归属，并防止非法复制和分发。这种区块链技术被称为 NFT 技术。

NFT，即非同质化代币，是一种基于区块链技术的数字资产，它的每一个代币都是独一无二的，可以用来证明某个数字作品的所有权。由于 NFT 的独特性，它为著作权的保护和利用提供了新的机会。通过将作品与 NFT 绑定，作者可以实现作品的版权登记和管理，也可以通过出售或转让 NFT 来获得收益。

此外，由于区块链的透明性和不可篡改性，NFT 也有助于防止作品的非法复制和分发。这种特性使 NFT 成为一种保护著作权的新方式，具体而言有以下几种方式：

1. 验证所有权：NFT 可以被用来创建一个不可更改的数字证书，证明某个人拥有某项数字艺术品或其他类型的创作的所有权。这可以帮助作者防止他人非法复制和分发他们的作品。

2. 跟踪与管理：NFT 可以跟踪一个作品的所有权历史，每次该作品被买卖，都会在区块链上留下记录。这使得作者可以更好地管理他们的作品，同时也可以帮助解决著作权纠纷。

3. 创作收益：通过将作品变成 NFT，作者可以直接从买家那里获得收入，而不需要通过中间商。此外，一些 NFT 平台允许作者在每次作品被转售时获得一部分收益，这就为作者提供了一种新的收入来源。

三、AIGC 技术背景下的著作权保护

（一）PGC 技术背景下的著作权保护

关于互联网环境下对于创作方式的改变。我们当然可以指出互联网环境下的创作方式与传统方式相比有诸多不同，例如互联网提供了各种新的创作工具和平台，如博客、视频网站、社交媒体等，这使得创作更为便捷。或者人们可以在家中或任何地方通过电脑、手机等设备进行创作，不再受制于地点和时间。但是最重要的还是来自中心化的创作向去中心化的创作的改变。因为早期的互联网（尤其是 PC 时代）虽然将多个分散的终端共同连接起来了，但是对于内容的生产，特别是严肃内容的生产还是中心化的。感觉就像把报社或者电视台放在了电脑里一样。这种内容的生产方式被称为 PGC。这是"Professional Generated Content"的缩写，中文译作"专业生成内容"，具体来说是指内容由专业的内容创作者，如记者、作家、艺术家、电影制片人、摄影师等，或专业的机构，如新闻机构、电视台、电影公司、出版社等，制作并发布。

这种方式生产的内容通常具有更高的质量和专业性，因为它们是由在各自领域有专业技能和经验的人员创建的。例如，电影、新闻报道、学术研究、专业博客文章等，都可以被认为是 PGC。

在这个阶段，只要在《著作权法》中引入"信息网络传播权"这一概念便可以让互联网的著作权保护与传统著作权保护相接轨。因为 PGC 的创作者和传统环境的创作者并没有太大不同，无非是作品的物质载体从纸张变成了数字存储。

（二）UGC 技术背景下的著作权保护

但是随着技术的进步，尤其是移动互联网技术的进步。PC 时代逐渐变为了智能手机时代。绝大多数的互联网浏览都不再局限于台式机或者笔记本电脑。大家都开始更方便地对于专业内容给出自己的评论或者反馈，这些评论和反馈也慢慢包含越来越多的内容，从文字到图片到视频。这就是一种新的内容生产方式，被称为 UGC。这是"User Generated Content"的缩写，中文可以译为"用户生成内容"，这指的是由普通的互联网用户，而非专业的内容创作者，创作和分享的各种形式的内容。

用户生成的内容可以包括文本（如博客帖子、产品评论、社交媒体状态更新等）、图片、音频、视频等多种形式。这些内容通常是在社交媒体平台（如微信、微博和小红书）、内容共享平台（如哔哩哔哩和抖音）或者各种线上社区（如豆瓣、知乎等）上发布和分享的。

UGC 的出现让互联网成了一个双向的、交互的平台，用户不仅是内容的消费者，也成了内容的生产者。这一现象极大地丰富了网上的内容，并且在许多情况下，用户生成的内容在购物决策、社区建设、品牌形象塑造等方面发挥了重要作用。然而，由于 UGC 的开放性和自由性，也带来了一些挑战，例如信息的真实性、版权问题、网络安全问题等。

所以在 UGC 时代，或者说移动互联网时代，著作权法面临的主要挑战则在于作品的创作者的极大分散与实时更新。在传统环境下，作品要么是由一群专业人士创作的，比如电视剧或者电影，要么是稀有的几个天才独立创作的比如小说和绘画。这是由于虽然原则上著作权的取得非常容易，只需要创作出来就好。但是实际上创作的过程是有高昂的成本的，无论是物质成本还是时间成本。所以著作权的取得虽然没有登记制度，但是仍然会面临筛选。但是互联网和其他数字技术的诞生极大地降低了创作的物质成本和时间成本，无非是敲一敲键盘和鼠标。那么对于著作权审查，尤其是著作权侵权的审查就无论如何也无法做到尽善尽美了。所以在这一时期，著作权法出现了面向 UGC 平台的避风港原则和红旗原则这两大原则。

（三）AIGC 技术背景下著作权的保护

就当人们沉浸在元宇宙与 UGC 所共同构建的高交互、高融合的互联网当中时，AIGC 横空出世。2023 年 3 月 15 日，OpenAI 发布了多模态预训练大模型 GPT-4。[①] AIGC，顾名思义与 PGC、UGC 的构词法相同，是"AI Generated Content"的缩写，中文可以译作"人工智能生成内容"。也就是利用生成式 AI 来进行内容创作的方式。对于这种创作方式，首当其冲的就是两个核心问题：

1. 使用 AI 创作作品的用户为结果的生成作出多少贡献才能认定该作品是该用户享有著作权保护的著作权法意义上的作品？

2. 其次，与训练 AI 的原作品的相似度达到多少才能认定为 AI 生成的作品存在著作权侵权行为？

3. 另外一个潜在的隐含问题在于，使用受著作权保护的作品训练 AI 模型是否构成著作权侵权。

对于以上几个问题，在案件量较少的今天，仍然可以使用著作权的"复制权"、"信息网络传播权"乃至"表演者权"的框架先行分析。但是在这个技术进步日新月异的时代，尽快推出符合 AIGC 技术逻辑的著作权法保护思路才是当务之急。

第六节　知识产权中的反不正当竞争保护

一、竞争法的概念与调整对象

竞争法是指为确立公平竞争的市场秩序，而对市场主体的竞争行为进行规制的法律规范总称。[②] 广义的竞争法包括不正当竞争法和反垄断法，而狭义的竞争法单指反垄断法。不正当竞争法与反垄断法关系密切，垄断一旦形成，它就会妨碍竞争

---

① 《2023 年世界十大科技进步新闻 OpenAI 正式发布 GPT-4》，载科学新闻网，https://www.sciencenet.cn/skhtmlnews/2024/3/4837.html，最后访问时间：2024 年 10 月 12 日。

② 金晓：《论竞争法与知识产权法的关系》，载《文艺生活·文艺理论》2012 年第 4 期。

的发展，从而加剧不正当竞争行为，因此有的国家将垄断统一纳入不正当竞争行为法律之中。

竞争法的调整对象主要是竞争规制关系，即国家在规制市场竞争过程中所产生的经济关系。规制在最狭义上，可以理解为是由于对一定的行为规定一定的秩序而起到限制的作用。广义的规制一般涉及消极的权利限制和积极的促进保护两个方面。竞争关系作为平等主体之间的市场关系，只是产生竞争法调整的竞争规制关系的基础关系。①

二、竞争法上的知识产权问题

知识产权法有多种分类方法，其中依照立法技术的不同可将知识产权法分为传统知识产权法（如专利法、著作权法、商标法等）和反不正当竞争法两种。前者主要为权利赋予型，即借用物权构成的思考方式，赋予保护对象以支配性的权利；后者则为行为规制型，即直接采用禁止特定行为来构成。当然也不排除二者有交叉的情况，即传统知识产权法也有禁止性规定，反不正当竞争法保护的智力成果，日益成为一种支配性的权利。但总体而言，在法律形式上，传统知识产权法主要是通过赋予权利，反不正当竞争法是通过禁止性的规定来保护非物质信息。传统知识产权法构成了知识产权保护体系最主要的内容，各种具有创造性的智力成果和与经营者密切相关的信息，如商业标记等非物质性的信息都可以依据传统知识产权法的具体规定得到保护，发挥知识产权制度鼓励创新、维护公平竞争和促进整个社会文明进步的功能。②

三、反不正当竞争法在知识产权保护中的作用

（一）反不正当竞争法与知识产权法有着相似的功能

1. 二者的作用都在于维护公平的竞争秩序，促进市场经济的健康良性发展。伴随着商品经济的发展，市场竞争呈现愈演愈烈之态势，甚至出现大量不正当竞争的现象，为了维护公平有序的竞争，保证交易活动的有效性，亟须引入司法和行政控制，反不正当竞争法便应运而生。同样地，知识产权法的发展也离不开竞争，它的作用在于用法律的手段保护专利、商标、版权等智力成果。尤其是在当今知识经济时代，知识产权成果成为企业的核心竞争力，决定着企业发展的前途与命运，所以通过知识产权法规制市场中的不正当竞争行为显得越来越重要。

2. 二者都是为了实现个人利益与社会公益的平衡。知识产权人的权益需要保

---

① 王显勇：《论竞争法的调整对象》，载《河北法学》2004 年第 9 期。
② 杨晓玲：《反不正当竞争法在知识产权保护中的作用》，西南政法大学 2005 年硕士学位论文。

护，社会公共利益亦需要重视，知识产权人对权利的享有不应影响社会公众的合理使用，是市场经济高速发展的当今社会的共识。反不正当竞争法的目的在于保护市场参与者的合法权益与社会公益，知识产权法则是注重协调知识产权人的合法权益与社会公益之间的平衡。所以知识产权法与反不正当竞争法的最终目标都在于追求权利人的合法权益与社会公益之间的平衡。

（二）反不正当竞争法能够对知识产权予以附加保护

当行为人违反诚实信用原则，采取不正当的竞争行为扰乱市场秩序，侵害相关知识产权人的合法权益时，法院可以适用反不正当竞争法对知识产权予以附加保护。

按照我国法律规定，特别法优于一般法适用，知识产权专门法作为知识产权保护的特别法，在发生知识产权纠纷时，应优先于作为一般法的反不正当竞争法予以适用。只有当知识产权专门法不足以调整相关知识产权法律关系时，作为一般法的反不正当竞争法才能得以适用。除此之外，由于反不正当竞争法的规定过于笼统抽象，而知识产权专门法的规定则相对具体明确，因而在发生知识产权纠纷时，优先适用较为明确的知识产权专门法的规定，有助于更好地解决矛盾纠纷。

在具体知识产权规定不足时，如在具体知识产权规则需要解释、具体的知识产权规则有漏洞、不同规则相互冲突时或者在具体知识产权覆盖不到的领域，可以通过适用反不正当竞争法来补充具体知识产权规则的不足。三部知识产权法作为知识产权保护的专门法，已经起到很好的权利救济作用，但是我们也应看到知识产权自身所涉及的社会关系的复杂性用一部法律调整也是不现实的，即使有朝一日知识产权制定法典也不能解决一切问题。这是法律规范性、确定性所不可避免带来的弊端，知识产权专门法虽然具体，但是远远无法覆盖生活中出现的各类案件。这就需要其他法律制度的补充，特别是在三部法律都存在规定不完善的情况下更是需要反不正当竞争法等法律发挥保护权利人的作用。

《最高人民法院关于适用〈中华人民共和国反不正当竞争法〉若干问题的解释》第一条规定："经营者扰乱市场竞争秩序，损害其他经营者或者消费者合法权益，且属于违反反不正当竞争法第二章及专利法、商标法、著作权法等规定之外情形的，人民法院可以适用反不正当竞争法第二条予以认定。"该条虽然是对反不正当竞争法第二条适用条件的规定，但从该规定中也可以看出，对于《专利法》《商标法》《著作权法》等知识产权专门法有规定的，优先适用相关专门法的规定。根据最高人民法院民三庭负责人就该解释有关问题回答记者的提问，如此规定"既厘清了一般条款与具体行为条款、知识产权专门法规定之间的适用关系，也明确了一般条款对反不正当竞争法及商标法等其他知识产权专门法的兜底适用地位"[①]。

反不正当竞争法保护的客体主要包含四类：一是不具备一国知识产权法的要件，不受知识产权法保护的客体，可受到反不正当竞争法的保护。如与我国不存在条约及互惠关系的外国知识产权，国人皆可以使用，但如果此种使用构成不正当竞争行为，则可以适用反不正当竞争法予以调整。二是权利期限已经届满的客体，如某些作品的著作权期限已经届满，但该作品已经在市场上形成了著名形象，则可以适用反不正当竞争法进行保护。三是立法时未预见而未被纳入知识产权法保护的客体，随着科技的飞速发展，很多新型智力劳动成果或者工商业成就不断涌现，而相关的知识产权立法并未及时跟进，因此反不正当竞争法对此可以提供过渡性的保护。四是受到间接保护的客体。在很多不正当竞争行为中都涉及对知识产权的侵犯，如商业诽谤、虚假宣传等行为，而这些行为一旦构成侵权，都可以适用反不正当竞争法进行保护。

（三）反不正当竞争法可以促进知识产权法不断完善

随着科学技术的飞速发展，新的事物不断涌现，这种情况在知识产权领域尤为显著，法律具有一定滞后性的特点，难以及时地将需要保护的客体纳入知识产权法的保护范围之中，法律的滞后性与社会变动性之间的矛盾也就凸显出来。

鉴于反不正当竞争法具有诸多原则性的规定，而法律原则又是解决法律滞后性与社会变动性的重要手段，因而反不正当竞争法基于其特性能够及时适应经济社会的快速发展，当知识产权法无法将不断出现的新型知识产权纳入保护范围时，反不正当竞争法则能够对其提供适时的法律保护。

在很多情况下，当新的知识产权客体出现后，由于人们的保护意识尚未完全树立，相关知识产权立法也并未及时跟进，因而往往先会通过反不正当竞争法加以保护，再逐步对相关知识产权法律规则予以完善。例如，在19世纪后期，留声机与电影放映机发明后，对表演者权利的保护也受到重视，但在当时并未有相关的知识产权法律规定，只能通过反不正当竞争法予以保护。此后，该项权利通过各国的知识产权立法才逐渐成为一项特别的权利，即著作权法中的邻接权。正是由于反不正当竞争法的存在，不断出现的新型知识产权客体才得以受到保护，而这些新出现的知识产权客体又推动了新的法律规则不断产生与完善，进而逐渐形成全面而系统的知识产权法律保护体系。

[①] 《最高人民法院发布反不正当竞争法司法解释细化仿冒混淆、虚假宣传、网络不正当竞争等行为认定》，载最高人民法院网，https://www.court.gov.cn/zixun/xiangqing/351311.html，最后访问时间：2024年6月27日。

四、不正当竞争行为的界定

不正当竞争行为不是一个具体的行为，而是一个比较宽泛和抽象的概念，很难对之下一个放之四海而皆准的定义。《巴黎公约》第十条规定，凡在工商业活动中违反诚实经营的行为即构成不正当竞争行为。我国《反不正当竞争法》第二条第二款规定："本法所称的不正当竞争行为，是指经营者在生产经营活动中，违反本法规定，扰乱市场竞争秩序，损害其他经营者或者消费者的合法权益的行为。"实际上是采用了广义的不正当竞争行为的定义，该定义从行为主体、行为的违法属性以及危害后果的角度规定了不正当竞争行为的构成要件。不正当竞争行为的主体限于经营者，缩小了行为主体的外延；将不正当竞争局限于违反该法规定的行为，极大地缩小了不正当竞争行为的外延；其第二章关于具体行为的规定又将政府及其所属部门滥用行政权力限制竞争的行为规定进去，事实上包含原本该由反垄断法调整的内容。

笔者认为不正当竞争行为构成要件应作如下界定：

1. 行为主体是特定主体，但不应该限于经营者

对于经营者的判断，应当不只是从主体资格角度出发，还应该考虑具体的行为定性，如侵犯商业秘密的企业职工，以及商业贿赂中受贿单位的法定代表人或者具体经办人。

2. 竞争行为是不正当的

不正当竞争行为应当是"不正当"的，采取非法的或者有悖于商业道德的手段和方式都包括在"不正当"之列。实务中，界定"不正当"需要区分日常伦理道德和商业伦理之间的关系。正如学者所指出的"应该以公认的商业道德，而非日常生活道德来衡量"[1]。根据《最高人民法院关于适用〈中华人民共和国反不正当竞争法〉若干问题的解释》第三条的规定，特定商业领域普遍遵循和认可的行为规范，人民法院可以认定为反不正当竞争法第二条规定的"商业道德"。人民法院应当结合案件具体情况，综合考虑行业规则或者商业惯例、经营者的主观状态、交易相对人的选择意愿、对消费者权益、市场竞争秩序、社会公共利益的影响等因素，依法判断经营者是否违反商业道德。人民法院认定经营者是否违反商业道德时，可以参考行业主管部门、行业协会或者自律组织制定的从业规范、技术规范、自律公约等。

3. 行为的特征是具有竞争性

不正当竞争行为应当具有竞争性。所谓竞争，实质上是指两个或者两个以上

---

[1] 孔祥俊：《反不正当竞争法的司法创新和发展——为〈反不正当竞争法〉施行20周年而作》，载《知识产权》2013年第11期。

的经营者在市场上以比较有利的价格，获取交易机会的行为。根据《最高人民法院关于适用〈中华人民共和国反不正当竞争法〉若干问题的解释》第二条的规定，与经营者在生产经营活动中存在可能的争夺交易机会、损害竞争优势等关系的市场主体可以认定为"其他经营者"。在兰建军、杭州小拇指汽车维修科技股份有限公司诉天津市小拇指汽车维修服务有限公司等侵害商标权及不正当竞争纠纷案中[①]，法院认为，"反不正当竞争法并未限制经营者之间必须具有直接的竞争关系，也没有要求其从事相同行业。经营者之间具有间接竞争关系，行为人违背反不正当竞争法的规定，损害其他经营者合法权益的，也应当认定为不正当竞争行为"。

4. 主观必须是故意的

不正当竞争要求行为人必须有主观故意的过错，过失则不成立不正当竞争，所谓故意主要指行为人采用各种违背诚实守信和公平竞争的手段。

5. 损害结果

损害结果可以已经发生，也可以尚未发生，不正当竞争行为不以损害结果为构成要件。反不正当竞争法是行为规制的法，只要符合法律所规定的不正当竞争行为的标准，即构成不正当竞争行为，不一定要有损害结果的产生。且损害结果不仅包括既得利益受损害，也包括预期利益受损害；可以直接体现为经济损失，也可以体现为商誉受损等情形。

五、不正当竞争行为的分类

我国《反不正当竞争法》自 1993 年 12 月 1 日开始施行，其后经历 2017 年和 2019 年两次修改，现行《反不正当竞争法》第二章共列举了七种不正当竞争行为，包括仿冒混淆、商业贿赂、虚假宣传、侵犯商业秘密、不正当有奖销售、商业诋毁、网络领域不正当竞争行为。2022 年 11 月 22 日，国家市场监督管理总局发布《中华人民共和国反不正当竞争法（修订草案征求意见稿）》[②]，该征求意见稿中新增了损害公平交易和恶意交易两种不正当竞争行为。

（一）仿冒混淆行为

仿冒行为不同于假冒行为（从内到外全部假冒他人的商品或服务），仿冒者一般都有自身的企业名称、注册商标或者其他标识，但是它们不具备经营被仿冒产品或服务的资格或者能力。

[①] 最高人民法院第 30 号指导案例。

[②] 《市场监管总局关于公开征求〈中华人民共和国反不正当竞争法（修订草案征求意见稿）〉意见的公告》，载中国政府网，https://www.gov.cn/hudong/2022-11/27/content_5729081.htm，最后访问时间：2024 年 5 月 23 日。

此外仿冒行为与模仿行为是一种度的区别，如果绝对禁止模仿行为就会阻碍社会的发展，但是模仿过度就形成仿冒，对他人的权利和劳动造成侵害。根据大多数国家法律的规定，模仿必须掌握在适当的尺度之内。例如，在某电子公司诉某电器公司商标侵权案①中，法院经过审判作出判决：某电子公司诉讼请求缺乏事实和法律依据被驳回，某电器公司所使用的标识与"CHDTV"既不相同也不相似，属正常使用。判决书内同时认定，"HDTV"是本行业中技术术语"高清晰度电视"的英文缩写，已作为国家标准予以明确，故某电子公司在行使"CHDTV"注册商标专用权时无权禁止他人正常使用。某电子公司意欲凭借"CHDTV"的注册商标进行专用名垄断，遏制同行的意图只能中途流产。

《反不正当竞争法》第六条规定，经营者不得实施下列混淆行为，引人误认为是他人商品或者与他人存在特定联系：（1）擅自使用与他人有一定影响的商品名称、包装、装潢等相同或者近似的标识；（2）擅自使用他人有一定影响的企业名称（包括简称、字号等）、社会组织名称（包括简称等）、姓名（包括笔名、艺名、译名等）；（3）擅自使用他人有一定影响的域名主体部分、网站名称、网页等；（4）其他足以引人误认为是他人商品或者与他人存在特定联系的混淆行为。

《商标法》对注册商标以及未注册驰名商标的保护有明确规定，与此相关的法律问题由该法规制。对于未申请注册商标的"有一定影响的"商业标识涉及仿冒混淆的，则由《反不正当竞争法》调整。"有一定影响的"商业标识之所以受到法律保护，是因为其与注册商标一样，都能够发挥区别商品服务来源、防止公众混淆误认的功能，司法实践中二者的认定考量因素也保持了一致，《最高人民法院关于适用〈中华人民共和国反不正当竞争法〉若干问题的解释》更是用11个条文对仿冒混淆的规定进行了细化。

（二）引人误解或虚假宣传和商业诋毁行为

现代市场竞争中，以广告为主要形式的商业宣传是经营者开拓市场进而获取竞争优势的重要手段，对消费者的购买行为起一定的导向作用，但如果进行虚假宣传，不仅会破坏公平竞争、误导消费者，而且还会损害其他经营者的合法权益。所谓虚假宣传是指经营者利用广告或其他方法对其商品或服务做出与实际情况不符的虚假信息。

2014年10月16日，最高人民法院对北京奇虎科技有限公司（以下简称奇虎）诉腾讯科技（深圳）有限公司（以下简称腾讯）滥用市场支配地位案作出终审判决，驳回奇虎上诉，维持原判。该案作为最高人民法院审理的一例重要的反不正当

---

① 本案系笔者团队在工作实践中收集整理、编辑加工而成，仅供读者研究参考。

竞争案件，对于以后案件的审理具有指导作用。[①]

3Q大战其中一个重要的争议点就是奇虎推出的360隐私保护器是否对腾讯公司构成了不正当竞争。法院认为奇虎的"扣扣保镖"的不正当竞争性质明确。首先，腾讯和奇虎都具有相同的经营模式：双方都通过免费的基础网络服务锁定用户，然后通过增值及广告推介的手段获取利润。此时，虽然腾讯和奇虎主营免费网络服务市场并不一致，但网络服务范围和用户群体存在交叉甚至重合，并且在广告服务市场存在竞争。因此，腾讯和奇虎在网络服务范围、用户市场及广告市场中间存在竞争利益，双方是竞争关系。其次，奇虎并没有充分的证据证明QQ软件的确扫描了含有隐私数据的信息，因此，奇虎通过360隐私保护器对用户使用QQ软件所作的检测结果警示缺乏客观公正性，足以误导用户。所以依据《反不正当竞争法》第十一条"经营者不得编造、传播虚假信息或者误导性信息，损害竞争对手的商业信誉、商品声誉"的规定，奇虎在本案中的行为构成了对腾讯的商业诋毁，减损了腾讯的竞争优势，损害了腾讯的商业信誉和商品声誉。

（三）不正当有奖销售行为

有奖销售是指企业根据自身的现状，为提高销售需求，附带性提供奖励以诱导他人消费。它包括奖励所有购买者的附赠式有奖销售和奖励部分购买者的抽奖式有奖销售。有奖销售对市场经济的发展有着积极的作用，它是一种有效的促销手段，可以刺激消费，启动市场，扩大产品销售量，加速资金流转。但是，不当的有奖销售，往往会影响消费者正常的选购商品，导致市场不能如实反映供需情况，传递错误的市场信息，同时由于一些实力雄厚的经营者推出规模大、金额高的巨奖销售，增加了成本，提高了销售价格，从而影响了无力设巨奖的弱小经营者的正常销售活动，破坏了公平竞争的市场秩序。鉴于有奖销售有利有弊，我国《反不正当竞争法》并没有规定绝对禁止有奖销售，而是针对有奖销售活动中出现的问题作了一些限制性规定。不正当有奖销售行为包括以下情形：采用谎称有奖或者故意让内定人员中奖的欺骗方式进行有奖销售，利用有奖销售的手段推销质次价高的商品，抽奖式的有奖销售，最高奖金额超过5万元。有奖销售的一个最明显的特征就在于它是在经营者与购买者之间进行的。但是，有观点认为，某些电视台推出集娱乐、广告、抽奖于一体的栏目，虽然在表面上不属于不正当有奖销售，但其根本目的在于提高收视率，以吸引更多广告客户，进而排挤其他竞争者，这在本质上也属于不正当有奖销售。因此，在实践中不应将有奖销售限定在经营者与购买者之间，而是更应当强调有奖销售的手段。

[①] 最高人民法院第78号指导案例。

(四) 商业贿赂行为

商业贿赂行为是指经营者利用财物或其他手段进行贿赂，具体包括商业行贿与商业受贿两个方面，在实践中二者是互相依存的。商业贿赂行为的特征主要是：(1) 商业贿赂行为的主体是经营者或与经营活动密切相关的个人，因为存在国家（集体）、企业和个人间的不同的利益关系，在我国单位可以成为受贿主体是一大特色。(2) 商业贿赂行为在主观上是故意和自愿的，行贿者的目的是获得交易机会，往往为了推销自己的商品或购买到紧俏的商品等利益，使自己在竞争中取得不正当的优势。贿赂的目的可以是多重的，如调动户口、提高待遇、升官等，但过失不能构成商业贿赂行为。(3) 商业贿赂行为的客观方面表现为经营者为了销售或购买商品，采用财物或其他手段贿赂或允诺贿赂对方单位或个人的各种行为。《反不正当竞争法》第七条将商业贿赂的手段分为"财物"和"其他手段"两类。《关于禁止商业贿赂行为的暂行规定》第二条第三款规定，财物是指现金和实物，包括经营者为销售或购买商品，假借促销费、咨询费、佣金等名义给付对方单位或个人的财物；第二条第四款规定其他手段包括提供国内外各种名义的旅游、考察等给付财物以外的其他利益手段。(4) 商业贿赂行为的损害客体：商业贿赂行为是反不正当竞争法禁止的不正当竞争行为，是《刑法》贿赂罪规范的行为，这种行为不仅损害竞争对手的利益，而且还使国家财产大量流失，使公平竞争秩序受损，滋生腐败现象，阻碍市场经济体制的建立和发展。

我国对商业贿赂行为的法律规制主要规定在《反不正当竞争法》第七条和第十九条，其他的一些单行法律法规也作了相应的规定，如《药品管理法》第八十八条规定，禁止药品的生产企业、经营企业和医疗机构在药品购销中账外暗中给予、收受回扣或者其他利益。《刑法》第三百八十五条第二款规定："国家工作人员在经济往来中，违反国家规定，收受各种名义的回扣、手续费，归个人所有的，以受贿论处。"第三百八十七条规定：国家机关、国有公司、企业、事业单位、人民团体，在经济往来中，在账外暗中收受各种名义的回扣、手续费的，以受贿论处。第三百八十九条第二款规定："在经济往来中，违反国家规定……给予国家工作人员以各种名义的回扣、手续费的，以行贿论处。"

六、企业的商业秘密保护

随着经济的发展，知识产权在企业资产中所占的比重越来越高，企业对专利、商标保护逐渐重视，但仍然缺乏甚至根本没有对于商业秘密进行保护的意识。事实上，许多的商业秘密，譬如产品配方、制作工艺、客户名单、货源情报、产销策略、招投标的标底等，是企业在竞争中保持竞争力、赖以生存，并得以持续发展的真正核心动力。下文将从多方面分别介绍，让企业对商业秘密有一个完整清晰的认识，并结合企业自身的实际情况构建本企业的商业秘密保护制度。

（一）商业秘密的起源与发展

商业秘密制度最早可追溯到罗马法中的"奴隶诱惑之诉"，当然，这只是有关商业秘密保护的萌芽，在那个时代"商业秘密"的含义与现在所说的"商业秘密"所包含的内容是无法比较的。现代"商业秘密"制度主要起源于英美法系。英美法系国家多以知识产权来保护商业秘密，而德国、中国等大陆法系国家多将商业秘密纳入不正当竞争法或者合同法的保护之下。

（二）商业秘密的含义及构成要件

根据《反不正当竞争法》第九条第四款规定，"本法所称的商业秘密，是指不为公众所知悉、具有商业价值并经权利人采取相应保密措施的技术信息、经营信息等商业信息"。司法实践中容易出现纠纷的主要是技术秘密，即狭义的商业秘密，是指已运用到工业生产上，尚未得到专利保护，仅为有限的人所掌握的技术和知识[1]，包括与技术有关的结构、原料、组分、配方、材料、样品、样式、植物新品种繁殖材料、工艺、方法或其步骤、算法、数据、计算机程序及其有关文档等。经营性商业秘密，是指能够为经营者带来利益或竞争优势的用于经营活动的各类信息，包括与经营活动有关的创意、管理、销售、财务、计划、样本、招投标材料、客户信息、数据等。

一般来说，判断一个信息属于商业秘密应该满足以下条件，即商业秘密的构成要件：

1. 秘密性

秘密性是商业秘密的根本属性，它有别于商标权、专利权、著作权的公开性，是获得法律保护的前提和条件。秘密性也就是常说的"不为公众所知悉"，这里所说的公众不应理解为一般公众，而是指本专业、本行业或者相关专业与行业的一般公众。

2. 价值性

价值性要求商业秘密能够为经营者获得利益或者具有潜在的商业利益，是商业秘密获得保护的主要原因，并且这种价值会随着公开的程度贬值，一旦被竞争对手获知，其价值性即消灭。

3. 实用性

实用性是指该信息必须具有确定的可应用性和可操作性，能够应用于生产、贸易或者经营、管理并能够带来经济利益。它可以是一种方法或技巧，也可以是一种抽象的概念或原理，但一定要有具体的可转化的操作方案。

---

[1] 张今：《商业秘密的范围和构成条件及其应用》，载《法律适用》2000 年第 4 期。

4. 保密性

保密性又称为管理性或难知性，是指商业秘密的权利人根据需要，所采取的合理保护措施。作为商业秘密的权利人必须主观上具有保密的意愿，把某种信息当作秘密来对待，并采取一定措施加以管理，否则即使该信息符合理论上的商业秘密，也得不到法律的保护。法院在认定权利人是否采取了相应保密措施时，会综合考虑商业秘密及其载体的性质、商业秘密的商业价值、保密措施的可识别程度、保密措施与商业秘密的对应程度以及权利人的保密意愿等因素。根据《最高人民法院关于审理侵犯商业秘密民事案件适用法律若干问题的规定》第六条的规定，具有下列情形之一，在正常情况下足以防止商业秘密泄露的，人民法院应当认定权利人采取了相应保密措施：（1）签订保密协议或者在合同中约定保密义务的；（2）通过章程、培训、规章制度、书面告知等方式，对能够接触、获取商业秘密的员工、前员工、供应商、客户、来访者等提出保密要求的；（3）对涉密的厂房、车间等生产经营场所限制来访者或者进行区分管理的；（4）以标记、分类、隔离、加密、封存、限制能够接触或者获取的人员范围等方式，对商业秘密及其载体进行区分和管理的；（5）对能够接触、获取商业秘密的计算机设备、电子设备、网络设备、存储设备、软件等，采取禁止或者限制使用、访问、存储、复制等措施的；（6）要求离职员工登记、返还、清除、销毁其接触或者获取的商业秘密及其载体，继续承担保密义务的；（7）采取其他合理保密措施的。

5. 来源合法性

商业秘密要有合法的来源，通过合法的方式和渠道获得的才受法律的保护。合法的方式可以通过自行研制开发，也可以通过反向工程掌握，还可以通过许可、转让、购买等方式获得。

商业秘密各构成要件之间相互联系，缺一不可，同时满足以上五个方面才能被认定为商业秘密，受到法律的保护。

（三）商业秘密的法律保护

我国的商业秘密发展历程其实很短，也不成熟，作为大陆法系国家，中国沿袭了大陆法系对商业秘密保护的惯用方式，即将商业秘密列入《反不正当竞争法》的保护范围，其他法律作为一种辅助性保护措施对此加以规定。

1. 我国商业秘密的法律保护体系

我国现有的保护商业秘密的法律大概分为三部分：

（1）民事法律方面的规定

主要是《反不正当竞争法》中的规定，另外在《民法典》《劳动法》等法律中也有涉及。

《民法典》第一百二十三条以列举的形式规定商业秘密属于知识产权。第五百零一条立足于合同的角度，从合同双方当事人关于商业秘密的约定及在签订合同过程中知悉的商业秘密如何处理来加以规范和协调。《劳动法》则侧重从保护用人单位的合法权益出发，规范劳动合同关系中劳动者的保密义务及违约责任。如"劳动合同当事人可以在劳动合同中约定保守用人单位商业秘密的有关事项""招工时对未解除劳动关系的劳动者新用人单位对原用人单位承担连带赔偿责任""劳动者违反劳动合同中的保密规定造成损失的要依法承担赔偿责任"等。另外《促进科技成果转化法》第四十八条、第五十一条也有类似的规定。

《反不正当竞争法》中规定得相对比较详细，从概念和侵犯手段、处罚措施等方面进行了一些具体的规定，同时最高人民法院一些关于不正当竞争的解释也对商业秘密具体审理中的问题进行了阐述，如《最高人民法院关于审理侵犯商业秘密民事案件适用法律若干问题的规定》。就我国目前的法律法规体系来看，《反不正当竞争法》及其司法解释对商业秘密的规定相对比较全面，也是目前司法实践中法院裁判的主要依据。

（2）刑事法律方面的规定

主要是指《刑法》中的"侵犯商业秘密罪"，《刑法》第二百一十九条第一款、第二款规定："有下列侵犯商业秘密行为之一，情节严重的，处三年以下有期徒刑，并处或者单处罚金；情节特别严重的，处三年以上十年以下有期徒刑，并处罚金：（一）以盗窃、贿赂、欺诈、胁迫、电子侵入或者其他不正当手段获取权利人的商业秘密的；（二）披露、使用或者允许他人使用以前项手段获取的权利人的商业秘密的；（三）违反保密义务或者违反权利人有关保守商业秘密的要求，披露、使用或者允许他人使用其所掌握的商业秘密的。明知前款所列行为，获取、披露、使用或者允许他人使用该商业秘密的，以侵犯商业秘密论。"

无论是企业员工、与商业秘密权利人有业务关系的外在单位及其有关人员、科技成果转化人员，还是合同当事人、经营者，如果满足侵犯商业秘密罪的构成要件，均要处以刑罚，予以严厉打击。

（3）行政法律方面的规定

为了统一办理侵犯商业秘密案件，原国家工商行政管理局[①]在 1995 年发布并于 1998 年修订了《关于禁止侵犯商业秘密行为的若干规定》，此规定也是市场监管部门重要的法律依据。

为加强中央企业商业秘密保护管理，国资委出台了《中央企业商业秘密保护暂行规定》，该规定的出台为中央企业商业秘密保护提供了重要法律依据，确保中央

[①] 2018 年 3 月，根据国务院机构改革方案，将国家工商行政管理总局的职责整合，组建国家市场监督管理总局。

企业核心经营信息和技术信息安全。

2. 我国商业秘密的法律救济途径

对于侵犯商业秘密行为一般有三种法律责任承担形式：民事责任、刑事责任和行政责任，其中以民事责任和刑事责任为主。

民事责任承担的法律依据主要有两点：一是合同违约，即当事人签订保密协议，一方违反约定，泄露或者擅自使用其知悉的商业秘密，权利人可以违约为由起诉；二是基于侵权行为，他人以不正当的手段获取，披露、使用权利人的商业秘密，权利人提起侵权之诉。民事责任承担方式主要是赔偿责任、责令停止侵权行为等。刑事责任主要包括有期徒刑、拘役或管制，可并处或单处罚金。

对于行政责任，《反不正当竞争法》第二十一条规定，经营者以及其他自然人、法人和非法人组织违反本法第九条规定侵犯商业秘密的，由监督检查部门责令停止违法行为，没收违法所得，处十万元以上一百万元以下的罚款；情节严重的，处五十万元以上五百万元以下的罚款。

（四）侵犯商业秘密行为

侵犯商业秘密的行为是指以盗窃、利诱、胁迫或其他不正当手段获取权利人的商业秘密，或者非法披露、使用权利人的商业秘密的行为。根据《反不正当竞争法》和《关于禁止侵犯商业秘密行为的若干规定》相关规定，侵犯商业秘密行为有以下几种具体表现形式。[①]

1. 采取不正当手段获取商业秘密的行为

《反不正当竞争法》第九条第一款第一项，首先明确规定禁止"以盗窃、贿赂、欺诈、胁迫、电子侵入或者其他不正当手段获取权利人的商业秘密"。这项禁止他人对商业秘密的不正当获取，即获取行为本身就是违法的，是否披露、使用在所不问，也不影响违法性的认定。根据《反不正当竞争法》的规定，获取商业秘密的不正当手段主要是盗窃、贿赂、欺诈、胁迫、电子入侵或者其他不正当手段。所谓盗窃，通常是指秘密窃取权利人的商业秘密。所谓贿赂，是指以给付金钱或其他利益的方式引诱了解商业秘密的雇员、合营者、顾问及其他知情人员告知其商业秘密。所谓欺诈，是指以欺诈手段，使对方在违背真实意思的情况下泄露商业秘密。所谓胁迫，是指对商业秘密的权利人及其雇员、合作人及其他知情人本人或与知道商业秘密者有关的亲属等其他人的财产或人身造成损害为要挟，迫使商业秘密的知情人交出商业秘密。所谓电子侵入，是指通过计算机等电子手段侵入他人系统，窃取他人商业秘密的行为。所谓其他不正当手段是指除盗窃、贿赂、欺诈、胁迫、电子侵入五种手段以外，违背商业秘密权利人的意愿，获取权利人商业秘密的其他违

[①] 杜军：《侵犯商业秘密行为的法律救济》，载《现代法学》2000年第1期。

法手段。随着现代科技的高速发展，利用各种技术手段窃取他人商业秘密已经成为一种越来越普遍的现象，如计算机窃密、电磁波窃密、照相机窃密、电话窃听、高空摄影、远距离激光扫描等。不正当手段正是对纷繁复杂的非法获取商业秘密现象的高度抽象和概括。

2. 非法披露商业秘密的行为

披露是指未经权利人许可或者违反保密义务的规定或约定而向他人扩散商业秘密，包括在要求对方保密的条件下向特定人、少部分人透露商业秘密以及向社会公开商业秘密。非法披露商业秘密的侵权行为主要有两种表现形式：一是不正当获取人将非法获取的商业秘密向他人扩散。这类行为是侵犯商业秘密行为的继续。二是权利人以外的人违反约定的保密义务或权利人的保密要求，将其通过正当手段或合法途径取得或知悉的商业秘密披露给他人。在这种情况下，尽管行为人对商业秘密的获取是合法的，但行为人同时负有保密义务，行为人的披露行为就是违反这种约定或权利人要求的保密义务而具有违法性。

3. 非法使用商业秘密的行为

非法使用是指经营者未经权利人同意或违反约定，擅自将商业秘密利用到加工生产、销售服务等方面。非法使用既包括自己非法使用，也包括非法允许他人使用。

4. 第三人的侵权行为

第三人是指直接获得权利人商业秘密的行为人以外的人。在侵犯商业秘密行为中，商业秘密权利人为第一人；而直接获得权利人商业秘密的行为人为第二人，第二人包括以不正当手段获取、使用或者允许他人使用的行为人，以及虽通过合法途径获得商业秘密但违反保密约定或要求使用或允许他人使用其所掌握的商业秘密的行为人。第三人有善意第三人与恶意第三人之分。善意第三人是指不知且没有义务知晓第二人违反《反不正当竞争法》第九条第二款规定获取、使用或者披露他人的商业秘密的行为。恶意第三人主观要件为故意或重大过失，即第三人明知或应知第二人对商业秘密违法获取、使用、披露，而不予制止或向有关机关举报，反而继续实施侵权商业秘密的行为。相较而言，恶意第三人社会危害性等同于第二人行为，是对权利人商业秘密的侵犯。此外明知是一种恶意（故意）状态，应知而不知（应当知道却因重大过失而不知道）是一种重大过失的主观状态，在私法理论上，重大过失与故意产生相同的法律后果，因此《反不正当竞争法》将恶意第三人的明知行为和应知行为同等对待，均以侵犯商业秘密行为论。

（五）企业商业秘密保护体系的构建

商业秘密从古至今一直就是商家在市场竞争中保持竞争优势的重要武器。如果企业的核心商业秘密丧失，那么将会对企业造成重大损失，甚至有可能导致企业生命的终结。比如说可口可乐的配方，对于可口可乐公司而言，与其商标一样是最重要的无形资产。

1. 企业商业秘密泄露的一般方式

总体说来，企业商业秘密泄露的途径主要有以下几种，我们在陈述泄密途径的同时，也对如何预防进行简要的分析以供企业参考。

（1）企业主动公开

①因申请专利而公开。主要是针对技术秘密，企业一项技术秘密产生后是取得专利保护还是作为商业秘密保护，首先要知道专利权和商业秘密权的区别：

权利产生条件不同。商业秘密无须申请，一经产生即已获得；专利需要申请，需要满足一定的条件才能被授予专利权。

获得权利的主体范围不同。同一种商业秘密的主体可以是互相独立的多个主体，而同一专利权的主体必须是唯一的，它严格遵循申请在先原则。

法律保护方式不同。商业秘密具有秘密性、不公开性，法律一般采取的是消极的保护措施，只对非法窃取他人商业秘密的行为进行制裁，并要求权利人要对商业秘密采取法律要求的保护措施，缺之则不被保护。专利的保护则要求公开，作为公开的补偿，专利权享有一定期限内的技术垄断权，在此期间，除专利权人外的任何人不得使用此技术。

保护的范围不同。商业秘密不仅保护技术秘密，还保护经营秘密，就是说不仅包括可以申请专利的信息也包括客户名单、招投标资料等不能申请专利的信息。

对于商业秘密和专利交叉保护的信息，企业该如何选择保护措施呢？笔者认为应该结合以下四个方面具体情况具体分析：

第一，看此技术通过反向工程等合法方式被人破解的难易度。如果容易被破解，建议选择专利保护，这样还有一定期限的垄断性专用权。

第二，在实践中，具有下列情形之一的，可以认定有关信息不构成不为公众所知悉：该信息为其所属技术或者经济领域的人的一般常识或者行业惯例；该信息仅涉及产品的尺寸、结构、材料、部件的简单组合等内容，进入市场后相关公众通过观察产品即可直接获得；该信息已经在公开出版物或者其他媒体上公开披露；该信息已通过公开的报告会、展览等方式公开；该信息从其他公开渠道可以获得；该信息无须付出一定的代价而容易获得。

第三，看此技术可能使用的时间长短，也就是其科技成果价值的期限。如果此技术更新换代的速度过快，可能都不超过专利的保护年限，建议采取专利保护措施，专利保护的力度更大。但如果是长期的，且不容易被破解，能为企业源源不断带来利益的，还是建议采取商业秘密保护，因为商业秘密保护不受期限限制。

第四，能够获得专利的可能性大小。专利的获得要求比较严格，必须具有新颖性、创造性和实用性，如果贸然申请却没有被授予专利，技术又因此泄密就得不偿失了。

这里值得一提的是，商业秘密的保护力度仅限于侵权、违约、不正当竞争等不合法的方式，法律不禁止任何人以合法方式获得某些核心信息，即便是核心信息原持有人也无权干涉。所以究竟采取何种保护手段就需要企业结合自身的发展和实际情况综合分析取舍了。

②法律要求的信息披露。一般针对上市公司，法律会要求其披露一些经营信息，这些信息可能会涉及一部分的商业秘密。原则上说，公司没有披露其经营信息的义务，但对于上市公司来说，因为其生产经营涉及的不仅仅是公司特定人的利益，所以信息披露就成了商业秘密保护的例外。因为我国对于商业秘密的保护范围并不明确，所以作为企业自身来讲，一定要清楚明确信息披露和商业秘密的界限，就可以避免不必要的利益损失。

③其他需要公开的情形。例如，企业新产品上市，其他企业通过观察或反向工程得到技术秘密而公开；企业为了宣传、介绍、澄清某些技术问题，需要公开。参加一些学术技术研究或者技术鉴定而需要公开，企业为了转换生产经营职能而将部分商业秘密主动公开等。

由于法律对商业秘密采取的是消极保护措施，只对非法窃取他人商业秘密的行为进行制裁。企业主动公开商业秘密的情形均不属于商业秘密侵权的范围，并且这些情形均具有可控性、可调整性、可预防性。企业在实际的操作过程中只要稍加注意，灵活把握，就很容易避免因此带来的损害。

（2）企业被动公开

企业内部人员无意或者故意泄露商业秘密。这里所说的员工一般指企业的核心秘密接触人员，企业的高级管理人员，小到管理文件的文员，高至公司的总裁，均有可能泄密，所以切记，保护商业秘密不仅仅是领导层的事情。本条所包含的泄密情形非常多，这里也就不一一说明，大致分几个类别进行说明：

员工由于疏忽，不谨慎而泄密。例如，有关员工在参加技术交流会、学术会议、技术鉴定会等会议过程中或是发表学术文章，为了阐明某个原理而将商业秘密泄露的情况。销售人员有时为了得到客户，将部分产品或者工艺的信息提供给客户等。应对这些情况就需要企业加强商业秘密保护的知识讲座，对员工强调保密意识，并将涉密范围明确界定，制定合理的惩罚机制进行约束。

内部员工偷窃企业的商业秘密转卖给他人。现实中这种情况大量存在却难以预防，除雇员的人品外，还和本企业的整体管理和制度有密切的关系。这不仅仅需要企业在录用人员的时候格外注意，而且需要企业具有完备的商业秘密管理体制以及健全合理的薪酬待遇体制，良好的企业文化氛围等。

同行业竞争者窃取商业秘密。外部人员窃密一般有三种方式：收买内部人员、派商业间谍直接刺探、假意合作或假意招聘获取信息。毫不客气地说，企业所有的泄密情形均可能成为同行业竞争者窃取商业秘密的途径。

员工离职导致商业秘密泄露。这是目前导致企业商业秘密泄露的主要原因。员工辞职后，到有竞争关系的公司中任职，将在原公司中所掌握的商业秘密泄露给现公司，从而必然导致原公司的利益受损。健康的企业同样需要良好的新陈代谢，员工的流动是难以避免的，尤其是企业的高级管理人员。

合作伙伴或交易相对人泄密。比如将生产工艺和配方泄密，合作伙伴违反保密协议而泄露。保密协议是保密义务的体现，通常合作双方为防止相关信息被泄露出去，都要求对方承担一定的保密义务。但是仅仅明确保密义务还是难以从根本上杜绝合作伙伴的泄密情况。因此，在签订保密协议时一定要明确一方违反保密义务所应当承担的责任，在合作过程中也应当尽可能地对合作伙伴所掌握的己方商业秘密进行监督和管理。

参观导致商业秘密泄露。很多商业秘密的泄露并不都是权利人自身的疏忽大意造成的。某些信息权利人虽然主观上认为属于商业秘密，但是客观上并没有采取任何保密措施，从而致使秘密泄露。

2. 合法获取他人商业秘密的方式

商业秘密能够受到法律保护的主要法律依据在于产权理论，即商业秘密可以被认定为财产，任何人未经所有人同意不得擅自使用。然而，商业秘密的无形财产属性，使得对其的保护并不完全等同于对实物财产的保护。阻止泄密和窃密的法律根据也不是建立在一物一主的原则上，而是建立在一种相对的关系上。这对商业秘密窃密后的维权带来了一定难度，但同时也对合法获取商业秘密放宽了口径。

一般来说，合法获得他人商业秘密的途径有以下几种：

（1）反向工程获得。反向工程是指对通过合法手段获得的产品进行拆卸、研究、分析、重组等，从而获得产品包含商业秘密的方式。由于这种方式是从产品到方法反向研究，所以又称为逆向工程或者还原工程。在实施反向工程时需要注意以下事项：①产品必须是通过合法方式取得的，如购买、转让、赠与等，并且需要保留相关的票据等作为合法取得的证据。②保留反向工程过程中的相关证据，如测绘数据、文字资料、化验和实验记录等。③参加反向工程的员工不能是对商业秘密权利人负有保密义务的人。在商业秘密侵权案件中，被诉侵权人以反向工程为由进行抗辩的，被诉侵权人需要对以反向工程获得商业秘密进行举证，如果证据不充分，法院很难予以认定。

（2）通过新闻发布会或技术鉴定会等。可通过参与相关的新闻发布会，对产品的技术和质量方面提问，发言人有可能在不经意间泄露相应的技术秘密，或者泄露出相应的启示。而技术鉴定会通常需要提供产品的配方及各项数据，否则难以通过鉴定。参加竞争对手的新产品鉴定会，有可能会获取相应的商业秘密。

（3）从公开资料中获取。例如，专利文献、学术文章、企业宣传等。许多企业对商业秘密的保护采取以申请专利要求更大范围而隐去关键技术的方式，企业可以查询分析专利文献、技术人员所发表的文章、企业的宣传资料等，破解其商业秘密。

（4）从没有保密义务的第三方获取。包括竞争对手的合作者及目标公司、信息咨询公司等。

以上的途径分析，仅是为企业提供参考和思路，在具体操作方式上还需要特别注意，要符合相关的法律规定。

3. 企业商业秘密保护体系的初步构建

完整的商业秘密保护要包括三个层次，即商业秘密保护体系、商业秘密管理体系及商业秘密救济体系。下面从商业秘密保护和商业秘密管理体系这两个方面逐一叙述。

（1）商业秘密保护体系

商业秘密保护体系包含两个层次：一是公司内部的商业秘密管理，二是公司商业活动中的商业秘密管理。这是商业秘密保护体系的核心部分，包含商业秘密保护体系的全部内容，其余的保护体系均是对其的保障和完善。在此，再次强调的是，此处只是告知企业一种构建思路和方法，不是一种模式。

首先，对本企业的现行情况进行综合分析。根据各部门的业务范围和特点，对本部门商业秘密的范围进行界定。再由企业整体进行筛选和界定，先大范围将对公司有利的信息全部罗列，然后筛选，最后确定本企业的商业秘密范围。将商业秘密信息进行分类，确定保密级别，将最终确定的商业秘密事项告知相关部门。

其次，针对已经确定的商业秘密范围和保密级别，分别制定保密规范。保密规范包括商业秘密载体的保密规范；保密要害部门、岗位的保密规范；涉密人员的保密规范。公司日常工作中的保密规范，公司内部文件审批规范，建立一定的商业秘密监督使用制度等。商业秘密保护制度并不是越复杂越好，一定要适合本公司的实际情况，并且要考虑效率和应用效果等一系列问题。

最后，保密规范的落实。对员工进行保密培训，增强保密意识，制作保密手册，对不规范行为进行一定的处罚等，都可以促进保密规范的切实落实。尤其要注意的是员工在对外商业活动中保密规范的落实情况。

（2）商业秘密管理体系

企业商业秘密的保护方法关键在于技术和管理。技术是手段和工具，管理是方法和途径。对于商业秘密的保护要遵循"水桶效应"，水桶的盛水量，直接取决于最短的那块木板。同样，技术与管理需要并重，只发展技术，或者只发展管理，都是畸形的发展，将会导致事倍功半。

以下针对几个普遍存在的管理制度问题进行分析。

首先，员工管理制度。需要与参与涉密工作或者能够接触涉密信息的员工签订保密协议。公司还需要对可能产生的风险损失进行详细的测算。在重要岗位人员的聘用中，一定要明示其保密义务，明确约定保密的范围、时间等，竞业限制条款一定要有企业给予员工的相应补偿，对违约的情形与责任的归属进行明确的约定；对职务成果与非职务成果进行清晰的界定等。

其次，薪酬津贴管理制度。单凭严格的制度不能使人真正地遵守，企业应做到感情留人、事业留人、待遇留人。重视人才，将企业的发展和员工的自我实现相结合，制定合理的薪酬待遇和晋升空间，让员工真正感觉到其是企业大家庭的一分子，才会从心底愿意去维护。吸纳高端人才为股东，为合适的岗位设立保密津贴等都是一种切实有效的方法。

最后，办公设备管理制度。比如，电脑的使用，电脑是最容易遭受黑客侵袭的，并且存放着公司大量内部保密资料，尤其是电子邮件，这种泄密方式很难查证，所以企业一定要控制好源头，用完备的制度来预防。又如，废弃文件的处理，许多单位响应环保政策，将已打印的纸二次利用，或者卖废纸，这种处理方式较为不妥，对于一些涉密文件一定要进行销毁。再如，涉密区域还需要安装摄像头，并且限制只有具有相关权限的人员才能够进入，查阅相关涉密材料要进行登记并做好查阅记录等。这些措施只要规定得当，既可以让管理井然有序，又能收到很好的保密效果。

综上所述，由于商业秘密与其他知识产权相比的特殊性，以及目前并不存在单独立法的司法现状，使得商业秘密的保护存在本身的困难。但商业秘密比其他知识产权对企业的影响又更为突出，使得我们不得不对其进行更为系统化的保护。这就要求企业对自身商业秘密有足够清晰的认识，在现有法律保护的体系下构建易于操作、便于自身管理的保护体系。当然，必须考虑到投入产出比的问题，企业对商业秘密的保护也有一个分层次管理的问题。重要的、能带来较大收益的商业秘密，必须付出较大的成本予以保护，次要的商业秘密则可酌情采取低成本的保护方法。国内大型企业和科研机构大部分都设有保密部门，但收效却不明显，原因就在于没有系统化的保护意识和保护体系，没能和企业管理很好地融合。总之，企业应当根据本企业的实际情况，综合考虑运用各种手段，还可委托专业第三方以顾问形式协助商业秘密管理，如此，才能有效地保护本企业的商业秘密，从而确保企业自身的竞争优势。

第七节　数据合规的重要性

一、数据合规的目的

（一）数据合规的重要性

数据合规是指在数据处理和管理过程中遵守相关法律法规、规范和标准的实践。随着信息技术的迅速发展和互联网的普及，数据合规已经成为全球范围内的热门话题。从历史发展的角度来看，数据合规的重要性日益凸显。

在过去的几十年中，信息技术的快速发展带来了大规模数据的产生和流动。然而，随之而来的是数据滥用、个人隐私泄露和信息安全等问题的增加。这促使各国纷纷出台相关法律法规，以保护个人隐私和数据安全。

随着数据合规的重要性不断凸显，相关标准和框架也应运而生。例如，欧盟的《通用数据保护条例》（GDPR）以及中国的《个人信息保护法》等法规的颁布，为数据合规提供了法律依据和指导原则[1]。同时，数据合规也推动了企业内部的组织变革，要求其建立健全的数据管理体系、加强内部控制和风险管理。

此外，随着跨境数据传输和全球数据流动的增加，数据合规的问题变得更加复杂和紧迫。国际组织和跨国公司正在积极寻求跨境数据传输的合规解决方案，以确保数据的合法、安全和有效流动。

随着信息技术的进步和全球数据流动的加速，个人隐私和数据安全等问题变得日益突出。因此，数据合规成为政府、企业和个人必须面对和解决的重要议题。

（二）中国数据合规的发展进程

中国早在2017年12月第十九届中央政治局第二次集体会议上就提出要制定资源确权、开放、流通、交易相关制度，完善数据产权保护制度。2019年10月党的十九届四中全会上首次将数据与劳动、土地、知识、技术和管理并列为重要的生产要素。2020年3月，《中共中央、国务院关于构建更加完善的要素市场化配置体制机制的意见》中提出要研究根据数据性质完善产权性质。2020年5月，《中共中央、国务院关于新时代加快完善社会主义市场经济体制的意见》里指出，要加快发展数据要素市场，建立数据资源清单管理机制，完善数据权属界定、开放共享、交易流通等标准和措施，发挥社会数据资源价值。2021年3月，《中华人民共和国国民经济和社会发展第十四个五年规划和2035年远景目标纲要》中提出要积极参与

---

[1] 曲朦、李连峰：《企业数据合规的现实困境及突破理路》载《金融科技时代》2023年第4期。

数据安全、数字货币、数字税等国际规则和数字技术标准制定。推动全球网络安全保障合作机制建设，构建保护数据要素、处置网络安全事件、打击网络犯罪的国际协调合作机制。

截至目前，《数据安全法》、《个人信息保护法》和《网络安全法》三部法律的相继出台，共同构成了数据合规领域的基本制度框架，成为拉动我国数据合规的三驾马车。

（三）数据合规问题亟须解决

2021年发生的"4.19某品牌汽车车主维权事件"[①] 引发了中国相关部门和广大网民关于数据合规问题的关切。

张女士称其父亲驾驶某品牌电动汽车在行至红绿灯路口想要减速时，刹车失灵，造成了交通事故的发生，致使其父母均在此次事故中受伤。为了调查事故发生是否真的是因为刹车失灵，张女士向某汽车销售服务有限公司索要发生交通事故前事故车辆的行车数据，但是遭到了拒绝。接到投诉后，当地市场监管局在调解的过程中告知车企方投诉人不同意第三方进行技术鉴定，要求"提供车辆发生事故前半小时完整行车数据"。该车企的某汽车销售服务有限公司因担心数据被当事人用来炒作宣传造成不良影响，拒绝提供相关数据。其间，当地市场监管局就"纯电动轿车在使用（行驶）过程中产生的行车数据是否属消费者知情权"这一问题向省局请示。后来，事件发酵，引发了有关部门和广大群众的高度关注，大家所争议的核心点就是该汽车公司在汽车行驶的过程中收集相关数据有没有经过车主同意，以及既然相关数据是由车主驾驶自己的车辆形成，那么车主对相关数据是否享有所有权和查阅权以及其他的相关权利。

该事件也反映出了两个现实问题：其一是目前数据的收集、处理等各个环节所存在的问题比较多；其二就是亟须相应的政策、法律、法规的出台来对数据进行合规约束和管理。

（四）数据合规的目的

数据合规的目的是确保数据的合法、合规和安全处理。在信息时代，数据被广泛应用于商业、科研和社会生活的方方面面，因此数据的合规性显得尤为重要。总体而言，数据合规的目的大致如下：

1. 保护个人合法权益

《个人信息保护法》第一条规定："为了保护个人信息权益，规范个人信息处理活动，促进个人信息合理利用，根据宪法，制定本法。"《汽车数据安全管理若干

[①] 《还原"××车展维权事件"全经过：始于两个月前的一场车祸》，载新京报，https：//m.bjnews.com.cn/detail/161888295015678.html，最后访问时间：2024年7月11日。

规定（试行）》第一条规定："为了规范汽车数据处理活动，保护个人、组织的合法权益，维护国家安全和社会公共利益，促进汽车数据合理开发利用，根据《中华人民共和国网络安全法》、《中华人民共和国数据安全法》等法律、行政法规，制定本规定。"通过规范数据处理和管理的行为，数据合规可以防止个人信息被滥用、泄露或非法访问。它为个人提供了法律保障，确保他们的个人信息不受侵犯，并提供了救济机制以维护其权益。

2. 保护国家秘密、保卫国家安全、维护国家主权

《数据安全法》第一条规定："为了规范数据处理活动，保障数据安全，促进数据开发利用，保护个人、组织的合法权益，维护国家主权、安全和发展利益，制定本法。"《数据出境安全评估办法》第一条规定："为了规范数据出境活动，保护个人信息权益，维护国家安全和社会公共利益，促进数据跨境安全、自由流动，根据《中华人民共和国网络安全法》、《中华人民共和国数据安全法》、《中华人民共和国个人信息保护法》等法律法规，制定本办法。"中央网信办有关负责同志就《"十四五"国家信息化规划》答记者问[1]："数字空间国际竞合进入新阶段，以信息技术生态优势、数字化转型势能、数据治理能力为核心的国家创新力和竞争力正在成为世界各国新一轮竞争焦点，数字领域规则体系及核心技术生态体系的竞争日趋激烈。"有很多数据可能涉及国家机密，对这种数据的进出境进行合规管理，能够预防、制止和打击泄露国家秘密的行为，从而维护国家安全。

3. 帮助企业建立良好的商业信誉和品牌形象

数据合规不仅仅是一项法律义务，更是企业赢得商业信誉和树立品牌形象的重要策略。合规处理数据不仅表明企业的责任感和尊重用户隐私的态度，还能在商业竞争中脱颖而出。

遵守数据保护法规和合规要求，企业展现了自身的诚信和可信度，赢得用户和客户的信任。这不仅可以保护企业的声誉，还能吸引更多用户和客户的选择。同时，数据合规还体现了企业的社会责任感，为企业树立了积极的公众形象，从而赢得消费者和投资者的青睐。良好的商业信誉和品牌形象是企业在市场竞争中获得持续发展的关键因素。数据合规作为一种信任和透明的表现，使企业能够在激烈的商业环境中脱颖而出，树立起自己与众不同的品牌形象。这不仅有助于扩大市场份额和提高销售额，还能为企业吸引优秀的人才和合作伙伴，为其持续增长和创新注入动力。因此，数据合规不仅是符合法律法规的要求，更是企业赢得商业信誉和塑造品牌形象的战略抉择。通过建立可信、安全的数据管理体系，企业将赢得用户和市

---

[1] 《中央网信办有关负责同志就〈"十四五"国家信息化规划〉答记者问》，载中国政府网，https：//www.gov.cn/zhengce/2021-12/28/content_ 5664878.htm，最后访问时间：2024年7月15日。

场的认可，成为行业的领导者，并赢得长期可持续发展的商业机会。

4. 提高生产力、维护交易公平、激发市场活力

当今，数据已经成为与劳动、土地、知识、技术和管理并列为重要的生产要素。根据《数字中国发展报告（2022 年）》中的相关统计，2022 年我国大数据产业规模达到 1.57 万亿元，同比增长 18%。① 《关于加强数字政府建设的指导意见》中提出"建立健全数据要素市场规则，完善数据要素治理体系，加快建立数据资源产权等制度，强化数据资源全生命周期安全保护，推动数据跨境安全有序流动。完善数据产权交易机制，规范培育数据交易市场主体。规范数字经济发展，健全市场准入制度、公平竞争审查制度、公平竞争监管制度，营造规范有序的政策环境。不断夯实数字政府网络安全基础，加强对关键信息基础设施、重要数据的安全保护，提升全社会网络安全水平，为数字化发展营造安全可靠环境。积极参与数字化发展国际规则制定，促进跨境信息共享和数字技术合作"。《中华人民共和国国民经济和社会发展第十四个五年规划和 2035 年远景目标纲要》中也强调要"加强数据、知识、环境等领域产权制度建设，健全自然资源资产产权制度和法律法规""健全要素市场运行机制，完善交易规则和服务体系。深化公共资源交易平台整合共享"。通过确保数据的合法、安全和合规处理，可以防止数据滥用、泄露和不当使用，从而保护企业和个人的财产利益，并为其创造有利于生产、交易和创新的环境。

综上所述，数据合规的目的在于保护个人隐私、维护公共利益和促进商业发展。通过确保数据的合法性、合规性和安全性，数据合规为个人、企业和整个社会创造了一个安全、可信赖的数据环境，激发市场活力，为数据经济的发展保驾护航。

二、数据合规的基本概念

（一）数据的基本概念

1. 数据的概念辨析

数据是指对客观事件进行记录并可以鉴别的符号，是对客观事物的性质、状态以及相互关系等进行记载的物理符号或这些物理符号的组合。它是可识别的、抽象的符号。它不仅指狭义上的数字，还可以是具有一定意义的文字、字母、数字符号的组合，图形、图像、视频、音频等，也是客观事物的属性、数量、位置及其相互关系的抽象表示。例如，"0、1、2……""阴、雨、下降、气温""学生的档案记录、货物的运输情况"等都是数据。数据经过加工后就成为信息。

在计算机科学中，数据是所有能输入计算机并被计算机程序处理的符号的介质

---

① 《国家互联网信息办公室发布〈数字中国发展报告（2022 年）〉》，载中央网络安全和信息化委员会办公室、国家互联网信息办公室网站，https：//www.cac.gov.cn/2023-05/22/c_1686402318492248.htm，最后访问时间：2024 年 5 月 23 日。

的总称，是用于输入电子计算机进行处理，具有一定意义的数字、字母、符号和模拟量等的通称。计算机存储和处理的对象十分广泛，表示这些对象的数据也随之变得越来越复杂。[①]

麦肯锡全球研究所给出大数据的定义是：一种规模大到在获取、存储、管理、分析方面大大超出了传统数据库软件工具能力范围的数据集合，具有海量的数据规模、快速的数据流转、多样的数据类型和价值密度低四大特征。[②]

2. 数据的法条定义

在我国现有的规范性法律文件中，有些条文也已经对数据从多个方面和维度作出了相关定义。如，《网络安全法》第七十六条第四项规定："本法下列用语的含义：（四）网络数据，是指通过网络收集、存储、传输、处理和产生的各种电子数据。"《数据安全法》第三条第一款规定："本法所称数据，是指任何以电子或者其他方式对信息的记录。"《汽车数据安全管理若干规定（试行）》第三条第一款规定："本规定所称汽车数据，包括汽车设计、生产、销售、使用、运维等过程中的涉及个人信息数据和重要数据。"所以，在我国法律中，数据被定义为一种承载着个人信息或者其他信息的信息载体。

（二）合规的基本概念

合规是指在法律法规、规范和标准的框架下，合乎要求、合适规定的行为或做法。从说文解字的角度来看，我们可以将合规理解为"合"和"规"两个字的结合。"合"字意味着与某种规定或标准相符合。它强调事物符合客观规律、符合要求，体现了与他人、与社会、与法律的协调和一致。在合规中，"合"字传达了对规定的尊重、遵守和契合。"规"字则代表规范、准则、法则等含义。它强调对行为进行规范和约束，以确保符合特定的标准和要求。规作为一种规范性的指引，提供了行动的界限和方向，使行为具有可预期性和可衡量性。

因此，合规可以被理解为遵守规定、符合标准的行为，不仅包括法律法规的遵守，还包括行业规范、内部制度以及道德伦理等方面的合规性。合规要求个体或组织在日常活动中遵守各项规定，以确保其行为符合法律和道德的要求，同时也为维护社会秩序和公共利益提供保障。

概念辨析上，合规与合法性密切相关，但二者略有区别。合规强调符合规范和标准，是一种广义的遵守行为；而合法性则更侧重于是否符合法律法规的规定，是一种狭义的遵守行为。合规还包括对内部制度、行业规范和道德规范等的遵守，而

[①] 王珊、萨师煊：《数据库系统概论》（第五版），高等教育出版社 2014 年版，第 4 页。

[②] 《新技术介绍之二：大数据核心技术进展》，载龙岩厦大产教融合研究院网站，https://longyan.xmu.edu.cn/info/1055/2316.htm，最后访问时间：2024 年 6 月 27 日。

合法性主要关注对法律法规的遵守。因此，合规是指在规范和标准的框架下，遵守相关规定、符合要求的行为或做法。它旨在维护社会秩序、保护公共利益，并促进个体和组织的可持续发展。

（三）数据合规的基本概念

1. 数据合规的概念辨析

数据合规是指在数据处理和管理过程中，遵守相关法律法规、规范和标准的实践①。在当今信息社会中，大量的数据产生和流动引发了对个人隐私保护、数据安全和合规性的关注。以下将对数据合规进行概念辨析。

首先，数据合规与数据保护密切相关。数据合规强调遵守隐私保护法律法规，如欧盟的《通用数据保护条例》（GDPR）、中国的《个人信息保护法》等，以保护个人隐私和数据安全。数据保护的目的是确保个人信息的安全、合法和透明处理②。

其次，数据合规涉及数据使用和共享的合法性。在大数据时代，数据使用和共享是推动创新和经济发展的关键。然而，数据合规要求确保数据的合法获取、合规使用和合法共享，避免滥用、非法访问或不当处理数据。

最后，数据合规还包括数据质量和数据治理方面的要求。合规的数据应具备准确性、完整性和可靠性，以保证数据的可信度和可用性。数据治理则强调建立健全的数据管理体系，包括数据安全、备份、访问控制等方面的规范和措施。

综上所述，数据合规是在数据处理和管理中遵守法律法规、规范和标准的实践。它涉及个人隐私保护、合法数据使用和共享，以及数据质量和数据治理等方面。同时，数据合规也是保护国家秘密、维护国家长治久安和推动经济发展、提升国家在国际上竞争力所必要的要求。

2. 数据合规的法律相关规定

目前，我国的数据产业发展迅猛，同时数据违规收集、滥用等行为也时有发生。为了能够将数据的收集、处理、交易等行为规范化从而保护公民、社会和国家利益，近年来我国正在不断出台相应的规范性法律文件，来引导和约束相关个人、企业和政府在处理数据的时候要合规。

如《数据安全法》第三条第三款规定："数据安全，是指通过采取必要措施，确保数据处于有效保护和合法利用的状态，以及具备保障持续安全状态的能力。"《个人信息保护法》第二十八条第二款规定："只有在具有特定的目的和充分的必要性，并采取严格保护措施的情形下，个人信息处理者方可处理敏感个人信息。"

---

① 胡玲、马忠法：《论我国企业数据合规体系的构建及其法律障碍》，载《科技与法律（中英文）》2023年第2期。

② 曲朦、李连峰：《企业数据合规的现实困境及突破理路》，载《金融科技时代》2023年第4期。

《互联网新闻信息服务管理规定》第十三条第一款、第二款规定："互联网新闻信息服务提供者为用户提供互联网新闻信息传播平台服务，应当按照《中华人民共和国网络安全法》的规定，要求用户提供真实身份信息。用户不提供真实身份信息的，互联网新闻信息服务提供者不得为其提供相关服务。互联网新闻信息服务提供者对用户身份信息和日志信息负有保密的义务，不得泄露、篡改、毁损，不得出售或非法向他人提供。"

三、数据合规立法体系

通过近些年的努力，数据合规方面经过了不断地探索和改进。中国已经构建出了一套雏形初具的立法体系，其以法律、行政法规为基本框架和核心，部门规章为具体，其他规范性法律文件为补充。这个法律体系下的各层级之间协调一致，相互补充，将共同搭建起我国数据合规的重要支撑系统。需要强调的是，这个立法体系不仅仅是一个形式上的各种文件的集合，更是一个有机的整体，在其中，各项规定相互联系、相互印证，确保了数据的合规性和安全性。

（一）法律

在法律立法方面，《网络安全法》、《数据安全法》和《个人信息保护法》的相继出台，构建了中国数据合规的基本法律框架，成为拉动我国数据合规发展的三驾马车。此外，根据本行业和领域的特殊性和特点，在《网络安全法》《数据安全法》《个人信息保护法》的基础上，还有《测绘法》《电子商务法》《密码法》等针对性的法律法规，以保障本行业数据合规的健康、有序发展。这些法律法规既有整体视角又有精细制定，通过全方位和多角度的立法，让数据合规立法更加完备、科学和严谨，在维护我国数据安全和保护个人信息方面具有重要的作用。

序号	名称	立法宗旨	发布机关	监管主体	日期
1	《全国人民代表大会常务委员会关于加强网络信息保护的决定》	为了保护网络信息安全，保障公民、法人和其他组织的合法权益，维护国家安全和社会公共利益。	全国人民代表大会常务委员会	有关主管部门	2012年12月28日
2	《网络安全法》	为了保障网络安全，维护网络空间主权和国家安全、社会公共利益，保护公民、法人和其他组织的合法权益，促进经济社会信息化健康发展。	全国人民代表大会常务委员会	网信部门、县级以上地方人民政府有关部门、网络相关行业组织、电信部门、公安部门、国务院标准化行政主管部门	2017年6月1日

续表

序号	名称	立法宗旨	发布机关	监管主体	日期
3	《测绘法》	为了加强测绘管理,促进测绘事业发展,保障测绘事业为经济建设、国防建设、社会发展和生态保护服务,维护国家地理信息安全。	全国人民代表大会常务委员会	各级人民政府、国务院测绘地理信息主管部门、县级以上人民政府测绘地理信息主管部门、中央军委、军队测绘部门、国务院、网信部门	2017年7月1日
4	《电子商务法》	为了保障电子商务各方主体的合法权益,规范电子商务行为,维护市场秩序,促进电子商务持续健康发展。	全国人民代表大会常务委员会	市场监督管理部门、税务部门	2019年1月1日
5	《密码法》	为了规范密码应用和管理,促进密码事业发展,保障网络与信息安全,维护国家安全和社会公共利益,保护公民、法人和其他组织的合法权益。	全国人民代表大会常务委员会	中央密码工作领导机构、国家密码管理部门、县级以上地方各级密码管理部门、国家商务主管部门	2020年1月1日
6	《民法典》	为了保护民事主体的合法权益,调整民事关系,维护社会和经济秩序,适应中国特色社会主义发展要求,弘扬社会主义核心价值观。	全国人民代表大会		2021年1月1日
7	《刑法》	为了惩罚犯罪,保护人民。	全国人民代表大会常务委员会		2024年3月1日
8	《数据安全法》	为了规范数据处理活动,保障数据安全,促进数据开发利用,保护个人、组织的合法权益,维护国家主权、安全和发展利益。	全国人民代表大会常务委员会	中央国家安全领导机构,工业、电信、交通、金融、自然资源、卫生健康、教育、科技等主管部门,公安机关,国家安全机关	2021年9月1日

续表

序号	名称	立法宗旨	发布机关	监管主体	日期
9	《个人信息保护法》	为了保护个人信息权益，规范个人信息处理活动，促进个人信息合理利用。	全国人民代表大会常务委员会	国家网信部门、县级以上地方人民政府有关部门	2021年11月1日
10	《反垄断法》	为了预防和制止垄断行为，保护市场公平竞争，鼓励创新，提高经济运行效率，维护消费者利益和社会公共利益，促进社会主义市场经济健康发展。	全国人民代表大会常务委员会	反垄断执法机构	2022年8月1日

（二）行政法规

对现有的行政法规进行梳理，我们可以看出与数据合规有所关联的行政法规的立法都比较早。除了2021年9月实施的《关键信息基础设施安全保护条例》之外，最新的也是在2013年3月实施的《征信业管理条例》，最早的则是在1996年2月实施的《计算机信息网络国际联网管理暂行规定》。在行政法规方面，有关数据合规的进展依然比法律和部门规章缓慢很多。虽然这些法规主要的立法宗旨是为了保护计算机信息系统的安全和对计算机信息网络国际联网的管理，以确保国家安全、社会秩序和稳定，但是随着企业数据规模、类型和使用方式的不断扩大和深化，以及新技术的快速发展，行政法规也要跟上时代的步伐，更加精细、完备地规范数据合规，为企业和全社会的数据安全提供更加有效的保障。

序号	名称	立法宗旨	发布机关	监管主体	日期
1	《计算机信息网络国际联网管理暂行规定》	加强对计算机信息网络国际联网的管理，保障国际计算机信息交流的健康发展。	国务院	国务院信息化工作领导小组、邮电部、电子工业部、国家教育委员会、中科院	2024年5月1日
2	《计算机信息网络国际联网安全保护管理办法》	加强对计算机信息网络国际联网的安全保护，维护公共秩序和社会稳定。	国务院	公安机关计算机管理监察机构，公安机关	2011年1月8日

续表

序号	名称	立法宗旨	发布机关	监管主体	日期
3	《计算机信息系统安全保护条例》	保护计算机信息系统的安全，促进计算机的应用和发展，保障社会主义现代化建设的顺利进行。	国务院	公安机关、海关	2011年1月8日
4	《互联网信息服务管理办法》	规范互联网信息服务活动，促进互联网信息服务健康有序发展。	国务院	国务院信息产业主管部门和省、自治区、直辖市电信管理机构，新闻、出版、教育、卫生、药品监督管理、工商行政管理和公安、国家安全等有关主管部门	2011年1月8日
5	《信息网络传播权保护条例》	保护著作权人、表演者、录音录像制作者（以下统称权利人）的信息网络传播权，鼓励有益于社会主义精神文明、物质文明建设的作品的创作和传播。	国务院	著作权行政管理机构	2013年3月1日
6	《征信业管理条例》	规范征信活动，保护当事人合法权益，引导、促进征信业健康发展，推进社会信用体系建设。	国务院	国务院征信业监督管理部门及其派出机构	2013年3月15日
7	《关键信息基础设施安全保护条例》	保障关键信息基础设施安全，维护网络安全。	国务院	国家网信部门、国务院公安部、保护工作部门	2021年9月1日

（三）部门规章

法律和行政法规的效力层级在部门规章的效力层级之上。法律和行政法规的制定是基于数据合规的整体观念和宏观角度，从而对数据合规进行了相关的规定。国务院各部委则以法律和行政法规为基础和蓝本，结合本部门所主管的行业特殊性和特点、操作流程和专业知识，针对宏观上法律规定进行具体化，制定出适用于本行业数据合规的部门规章。通过这样的严谨而科学的立法方式，我国数据合规方面的立法体系变得更加全面，更加完善。这个立法过程的可靠性得到了提高，可以说正在建立起一个健康和完备的数据保护和合规性体系。

序号	名称	立法目的	发布机关	监管主体	日期
1	《电信和互联网用户个人信息保护规定》	保护电信和互联网用户的合法权益，维护网络信息安全。	工业和信息化部	工业和信息化部，各省、自治区、直辖市通信管理局	2013年9月1日
2	《电力监控系统安全防护规定》	加强电力监控系统的信息安全管理，防范黑客及恶意代码等对电力监控系统的攻击及侵害，保障电力系统的安全稳定运行。	国家发展和改革委员会	国家能源局及其派出机构	2014年9月1日
3	《互联网信息搜索服务管理规定》	规范互联网信息搜索服务，促进互联网信息搜索行业健康有序发展，保护公民、法人和其他组织的合法权益，维护国家安全和公共利益。	国家互联网信息办公室	国家互联网信息办公室	2016年8月1日
4	《互联网直播服务管理规定》	加强对互联网直播服务的管理，保护公民、法人和其他组织的合法权益，维护国家安全和公共利益。	国家互联网信息办公室	国家和地方互联网信息办公室、国务院相关管理部门	2016年12月1日
5	《互联网新闻信息服务管理规定》	加强互联网信息内容管理，促进互联网新闻信息服务健康有序发展。	国家互联网信息办公室	国家和地方互联网信息办公室、公安、新闻出版广电部门	2017年6月1日
6	《互联网群组信息服务管理规定》	规范互联网群组信息服务，维护国家安全和公共利益，保护公民、法人和其他组织的合法权益。	国家互联网信息办公室	国家或省、自治区、直辖市互联网信息办公室	2017年10月8日
7	《公安机关互联网安全监督检查规定》	规范公安机关互联网安全监督检查工作，预防网络违法犯罪，维护网络安全，保护公民、法人和其他组织合法权益。	公安部	公安机关	2018年11月1日

续表

序号	名称	立法目的	发布机关	监管主体	日期
8	《外国的组织或者个人来华测绘管理暂行办法》	加强对外国的组织或者个人在中华人民共和国领域和管辖的其他海域从事测绘活动的管理，维护国家安全和利益，促进中外经济、科技的交流与合作。	自然资源部	自然资源主管部门、各级人民政府	2019年7月24日
9	《儿童个人信息网络保护规定》	保护儿童个人信息安全，促进儿童健康成长。	国家互联网信息办公室	网信部门	2019年10月1日
10	《网络信息内容生态治理规定》	营造良好网络生态，保障公民、法人和其他组织的合法权益，维护国家安全和公共利益。	国家互联网信息办公室	网信部门	2020年3月1日
11	《涉密信息系统集成资质管理办法》	加强涉密信息系统集成资质管理，确保国家秘密安全。	国家保密局	保密行政管理部门	2021年3月1日
12	《网络交易监督管理办法》	规范网络交易活动，维护网络交易秩序，保障网络交易各方主体合法权益，促进数字经济持续健康发展。	国家市场监督管理总局	市场监督管理部门	2021年5月1日
13	《网络安全审查办法》	确保关键信息基础设施供应链安全，保障网络安全和数据安全，维护国家安全。	国家互联网信息办公室、国家发展和改革委员会、工业和信息化部、公安部等	网络安全审查办公室	2022年2月15日
14	《互联网信息服务算法推荐管理规定》	规范互联网信息服务算法推荐活动，弘扬社会主义核心价值观，维护国家安全和社会公共利益，保护公民、法人和其他组织的合法权益，促进互联网信息服务健康有序发展。	国家互联网信息办公室、工业和信息化部、公安部、国家市场监督管理总局	网信部门	2022年3月1日

续表

序号	名称	立法目的	发布机关	监管主体	日期
15	《互联网用户账号信息管理规定》	加强对互联网用户账号信息的管理，弘扬社会主义核心价值观，维护国家安全和社会公共利益，保护公民、法人和其他组织的合法权益。	国家互联网信息办公室	网信部门	2022年8月1日
16	《移动互联网应用程序信息服务管理规定》	规范移动互联网应用程序信息服务，保护公民、法人和其他组织的合法权益，维护国家安全和公共利益。	国家互联网信息办公室	网信部门，应用程序提供者，应用程序分发平台	2022年8月1日
17	《数据出境安全评估办法》	规范数据出境活动，保护个人信息权益，维护国家安全和社会公共利益，促进数据跨境安全、自由流动。	国家互联网信息办公室	网信部门	2022年9月1日
18	《银行保险机构消费者权益保护管理办法》	维护公平公正的金融市场环境，切实保护银行业保险业消费者合法权益，促进行业高质量健康发展。	中国银行保险监督管理委员会	银保监会及其派出机构	2023年3月1日
19	《公路水路关键信息基础设施安全保护管理办法》	保障公路水路关键信息基础设施安全，维护网络安全。	交通运输部	交通运输主管部门	2023年6月1日
20	《网信部门行政执法程序规定》	规范和保障网信部门依法履行职责，保护公民、法人和其他组织的合法权益，维护国家安全和公共利益。	国家互联网信息办公室	网信部门	2023年6月1日
21	《人身保险产品信息披露管理办法》	规范人身保险产品信息披露行为，促进行业健康可持续发展，保护投保人、被保险人和受益人的合法权益。	中国银行保险监督管理委员会	银保监会及其派出机构	2023年6月30日

四、数据合规的主体

数据合规的主体是指各类单位和个人,在进行数据收集、存储、分析、交换、管理以及跨境传输等行为的过程中,应当依据相关法律法规的要求来规范和约束自身行为。这些主体包括但不限于企业机构、政府部门、社会组织、个人用户等,无论是在数据使用还是数据处理的过程中,都需要严格遵守国家有关数据合规的法律、法规和标准,确保数据的安全性、可靠性、有效性和合法性。在数据合规的实践中,数据合规主体的规范行为是保障信息安全和数据保护的必要条件,也是企业信誉、个人隐私和社会公共利益的重要保障。

(一)企业是数据合规的重要主体

伴随着新业态的迅猛发展,我们绝大多数人的日常生活的维系已经离不开网络平台。我们需要用到打车软件、外卖软件、导航软件、网购软件,以及小视频娱乐软件等各种APP。诸如此类的平台使用,都需要用户上传个人的基本信息,对应的企业在收集用户上传的基本信息的同时也在收集用户浏览时间、购买记录、搜索记录、行动轨迹等信息数据。

如前所述,根据中国互联网络信息中心(CNNIC)发布第53次《中国互联网络发展状况统计报告》,我国网民规模达10.92亿人。以此为基数的网民每天都会产生巨量的数据,随着时间的累积,很多企业正在收集、处理并管理了大量的数据。

企业收集海量数据的速度快,但相应的数据合规措施进展缓慢。缺乏安全的数据存储系统、专业的人员处理合规、规范的数据管理体系,甚至企业内部和公权力机关缺乏与之对应的监管系统,导致数据违规收集、泄露、监听,电信诈骗等现象越来越猖獗。鉴于企业数据收集能力之强、数量之巨大、管理现状之严峻,企业必须进行内部合规改革,而法律、法规也应将企业作为数据合规监管的核心之一。

(二)与企业数据合规相关的法律规定

根据我国相关法律的规定,企业是政府之外另一个数据合规所规范的重点对象。《网络安全法》第十条规定:"建设、运营网络或者通过网络提供服务,应当依照法律、行政法规的规定和国家标准的强制性要求,采取技术措施和其他必要措施,保障网络安全、稳定运行,有效应对网络安全事件,防范网络违法犯罪活动,维护网络数据的完整性、保密性和可用性。"《医疗卫生机构网络安全管理办法》第十四条规定:"各医疗卫生机构应规范和加强医疗设备数据、个人信息保护和网络安全管理,建立健全医疗设备招标采购、安装调试、运行使用、维护维修、报废处置等相关网络安全管理制度,定期检查或评估医疗设备网络安全,并采取相应的安全管控措施，确保医疗设备网络安全。"《关于促进智能网联汽车发展维护测绘地理信息安全的通知》规定："需要从事相关数据收集、存储、传输和处理的车企、服务商及智能驾驶软件提供商等，属于内资企业的，应依法取得相应测绘资质，或委托具有相应测绘资质的单位开展相应测绘活动；属于外商投资企业的，应委托具有相应测绘资质的单位开展相应测绘活动，由被委托的测绘资质单位承担收集、存储、传输和处理相关空间坐标、影像、点云及其属性信息等业务及提供地理信息服务与支持。"

此外，《移动智能终端应用软件预置和分发管理暂行规定》等其他相关法律、法规同样对企业的数据合规问题作出了相应的规定。企业作为数据的主要收集、处理和管理者，是数据合规的主要义务主体，同时也是数据合规所主要监管的对象。

五、数据合规的客体

数据合规的客体是数据行为。

（一）数据行为的概念

"数据行为"是指单位和个人在收集、存储、加工、使用、传输、提供和删除数据等与数据相关的全部行为。简言之，就是指所有与数据相关的行为。

（二）与数据行为有关的法律规定

关于数据处理的客体，即数据处理的行为。现有的法律、法规对其也作出了相关界定。《数据安全法》第三条第二款规定："数据处理，包括数据的收集、存储、使用、加工、传输、提供、公开等。"《个人信息保护法》第四条第二款规定："个人信息的处理包括个人信息的收集、存储、使用、加工、传输、提供、公开、删除等。"第十条规定："任何组织、个人不得非法收集、使用、加工、传输他人个人信息，不得非法买卖、提供或者公开他人个人信息；不得从事危害国家安全、公共利益的个人信息处理活动。"《汽车数据安全管理若干规定（试行）》第三条第二款规定："汽车数据处理，包括汽车数据的收集、存储、使用、加工、传输、提供、公开等。"结合其他相关法律、法规对数据行为的界定，数据合规的客体——数据行为大致上包括数据的收集、存储、处理、加工、使用、传输、提供、公开和删除等。

六、如何建立数据合规管理机制

（一）数据对企业发展很重要，企业必须做好数据合规

1. 企业的发展离不开数据

《中共中央、国务院关于新时代加快完善社会主义市场经济体制的意见》提出："加快培育发展数据要素市场，建立数据资源清单管理机制，完善数据权属界定、

开放共享、交易流通等标准和措施，发挥社会数据资源价值。""推进数字政府建设，加强数据有序共享，依法保护个人信息。""健全劳动、资本、土地、知识、技术、管理、数据等生产要素由市场评价贡献、按贡献决定报酬的机制。"表明现在数据已经是与土地、劳动等并列的生产要素，企业在生产经营过程中收集到的数据已经成为企业的一笔财富。近日以来，全国多地逐步建立数据交易中心，促进数据控制主体将数据作为商品进行交易。

数据是企业获得竞争优势的关键：首先，数据帮助企业做出更加科学的决策。企业通过对用户个人信息、浏览和记录以及自家商品的销量数据进行处理和分析，能够得到个体的个人喜好，地区的购买偏向，从而能够做出更加科学的决策，为不同个体或不同地区提供不同的服务方案，使得企业自身能够在同行中获得竞争优势地位。其次，数据能够提高企业的效率和效益，通过对企业运行的流程性数据进行收集、处理和分析，企业能够通过对流程的数字化统筹，能够对企业运行流程做出优化，从而提升企业的运行效率。最后，数据能够帮助企业创新，提升竞争力。

2. 数据合规是企业必须迎接的挑战

随着时代的发展，政府和企业在数据的收集、存储、处理、加工、使用、传输、提供、公开和删除等方面所发生的事故越来越多，暴露出来的问题也越来越严重，对公民权利和国家安全的侵犯不容忽视。因此，数据合规成为时代发展所必须解决的一个问题。同时，我国及全球范围内已出台有关数据合规的法律规范并逐渐完善，主管监督部门的监管分工和责任也愈加明确。而对于企业而言，数据已经变得越来越重要，必须正视数据合规这一课题，才能在未来实现健康、快速发展。因此，数据合规问题具有重要性，并需要得到高度重视和有效解决。

3. 数据合规对企业好处多多

（1）提升企业形象

随着法治中国的建设，中国人民的法律意识越来越强，越来越注重隐私的保护和自我权利的行使。所以，在数据合规方面做得好会提升企业的形象，赢得客户群体的信赖和尊重，从而提升自己的行业竞争力，这对企业的发展是十分重要的。同时，数据合规的进程也必定是同质竞争者之间的一个相互淘汰的过程，数据合规做得好的企业就会赢得受众的肯定和认可，数据合规方面"暴雷"的企业就会在公众面前形象受损，遭到媒体、客户以及合作伙伴的不信任和抛弃。

（2）优化企业管理、降低企业成本

做好数据合规能够优化企业管理，降低企业运营成本。一方面，企业想要健康、长远地发展，合规势在必行，如果数据合规做不到位，那么就会受到民事处罚、行政处罚甚至是刑事处罚，面对层层、多轮监管和审查，企业数据合规能够做得好的情况下，可以省下很多的处罚金。另一方面，在数据合规的过程，也是企业优化自我管理的一个过程。由合规人员从专业角度对合作方的规范性进行批量量化考察，使业务人员可以专注于业务资质方面，更有效降低企业管理成本和风险成本。

(3) 保障企业健康、长久发展

数据合规是企业必须面对的一项重大挑战。随着政府对企业数据合规监管力度的逐渐加强和处罚力度的逐渐加大，以及同行竞争的压力，如果企业数据合规做得不好，将很容易被淘汰。此外，在企业发展和上市程序中，也必将受到相关主管部门对企业数据合规方面的审计。如果在审查过程中因为数据合规的问题出现"暴雷"，将会影响公司的健康发展和进步。

事实上，数据合规问题已经抑制了不少公司的发展。以某科技公司[①]为例，该公司在其招股书中明确提出未来转型规划集中在结合运营积累的用户数据，逐步探索开展企业级业务，并利用气象技术和个人用户端数据为各行业企业提供基于气象情况的精准运营服务，实现向互联网综合气象服务提供商的转型。然而，该公司的首发申请在审查过程中被否决，其中数据合规性存疑成为发审委提出的四条问题之一。这一事件提醒着企业必须认真对待数据合规问题，不仅是因为政府法规的约束，更是企业健康发展的重要保证。

(4) 面临处罚的时候可以获得优待

现有的法律对企业数据合规所应当承担的义务作出规定的同时，也对违反义务所需要承担的法律责任作出了规定。《个人信息保护法》第七十一条规定："违反本法规定，构成违反治安管理行为的，依法给予治安管理处罚；构成犯罪的，依法追究刑事责任。"《数据安全法》第五十二条规定："违反本法规定，给他人造成损害的，依法承担民事责任。违反本法规定，构成违反治安管理行为的，依法给予治安管理处罚；构成犯罪的，依法追究刑事责任。"《网络安全法》第七十四条规定："违反本法规定，给他人造成损害的，依法承担民事责任。违反本法规定，构成违反治安管理行为的，依法给予治安管理处罚；构成犯罪的，依法追究刑事责任。"《刑法》第二百五十三条之一规定："违反国家有关规定，向他人出售或者提供公民个人信息，情节严重的，处三年以下有期徒刑或者拘役，并处或者单处罚金；情节特别严重的，处三年以上七年以下有期徒刑，并处罚金。违反国家有关规定，将在履行职责或者提供服务过程中获得的公民个人信息，出售或者提供给他人的，依照前款的规定从重处罚。窃取或者以其他方法非法获取公民个人信息的，依照第一款的规定处罚。单位犯前三款罪的，对单位判处罚金，并对其直接负责的主管人员和其他直接责任人员，依照各该款的规定处罚。"

---

① 《某科技公司上会被否证监会：曾收集用户数据变现被整改》，载中新经纬网，http://www.jwview.com/jingwei/html/10-11/263860.shtml，最后访问时间：2024年7月11日。

除此之外，还有其他相关的法律法规对企业违反法律规定在数据行为中违法行为所应负的民事责任和刑事责任作出了相关规定。在企业处理数据行为不合规的时候，很有可能导致不仅仅企业，而且直接负责的主管人员和其他人员也要就相关事件负民事责任甚至是刑事责任。同时，现有法律对数据违规的企业所规定的行政处罚也非常严格，如《数据安全法》第四十五条规定："开展数据处理活动的组织、个人不履行本法第二十七条、第二十九条、第三十条规定的数据安全保护义务的，由有关主管部门责令改正，给予警告，可以并处五万元以上五十万元以下罚款，对直接负责的主管人员和其他直接责任人员可以处一万元以上十万元以下罚款；拒不改正或者造成大量数据泄露等严重后果的，处五十万元以上二百万元以下罚款，并可以责令暂停相关业务、停业整顿、吊销相关业务许可证或者吊销营业执照，对直接负责的主管人员和其他直接责任人员处五万元以上二十万元以下罚款。违反国家核心数据管理制度，危害国家主权、安全和发展利益的，由有关主管部门处二百万元以上一千万元以下罚款，并根据情况责令暂停相关业务、停业整顿、吊销相关业务许可证或者吊销营业执照；构成犯罪的，依法追究刑事责任。"

在当前数据法治建设的形势下，数据合规问题已经成为企业必须面对和解决的难题。对于那些没有跟上数据合规节奏的企业，它们往往会因此付出非常沉重的代价。在对数据违规企业进行高压打击之下，许多企业因数据违规而被处以非常重的民事、行政处罚，甚至还有部分企业相关责任人因此承担刑事责任，最终被执行刑罚。这也充分说明了企业在数据合规方面必须跟上国家法规的步伐。因此，企业必须加强对数据合规建设的重视，积极配合政府的监管措施，不断提升自身的数据合规水平，从而更好地应对未来数据合规方面的挑战和机遇。

（二）企业目前面临的数据合规难题

1. 内部难题

（1）人员

在近些年国家对企业提出的新的管理要求中，数据合规已经成为企业必须面对和解决的新课题。但是，很多企业对于如何配备相关岗位人员尚未有完善的计划和系统，这也导致了许多企业在数据合规方面存在不少的盲点和困境。由于数据合规行业的新兴性，相关人才的数量和企业岗位上的大量需求之间也存在矛盾。换言之，市场上尚未形成一个完整的数据合规人才市场，这给企业的数据合规建设带来了一定的压力。

（2）管理

随着数据合规的新兴性，许多企业尚未及时回应相关政策，也未能在企业内部形成相应的管理体系。尤其是在数据合规管理方面，许多企业尚未配备相应的管理体系，导致企业在数据合规领域遇到了许多困难和挑战。即使存在数据合规管理体系，也缺乏由数据合规技术人员、数据合规管理人员、数据合规责任人员组成的完整体系，这直接影响了企业对于敏感数据的管理和保护。因此，企业需要加强对于数据合规内部管理体系的建设和配备，并通过专业培训、技术引进和管理渠道的建立，逐步实现数据合规从下至上的全员管理，形成完整的数据合规管理体系，从而更好地保护企业和个人的数据安全。

（3）设备和系统

在数据合规方面，企业需要依托计算机系统来保障数据的安全和可靠性。然而，在中国庞大的网络技术人员群体中，存在一些高端技术人才走偏门，对企业构成威胁。因此，企业需要为内部搭建一个坚固的计算机系统，以应对这些潜在的入侵和攻击。但是，相应系统的搭建和维护成本巨大，很多中小型企业难以承担这样的专项支出，从而使得数据合规建设陷入困境。

2. 外部难题

（1）相应规则变化快速

当前，国内数据合规相关法律、法规和政策仍在不断建设和完善中，尚未形成一个稳定、全面的官方管理体系。而在数据合规建设过程中，各种新的规范和监管政策不断出台，导致企业必须快速响应并做出相应调整。这对企业相关人员的素质要求、系统的不断迭代升级以及资金的投入都提出了较高的要求。

（2）多部门监管

当前，随着《数据安全法》《网络安全法》《个人信息保护法》等一系列法律的制定与颁布，《互联网信息服务管理办法》等行政法规与相关规章制度的完善，《广东省数据要素市场化配置改革行动方案》等地方性规范性法律文件的出台，中国正在逐步构建起数据合规的立法体系。然而，在监管的全面性背景下，企业需同时面对多个部门的监管。以设立在广东省的一家互联网信息服务公司为例，其需要受到国家和地方互联网信息办公室、公安、新闻出版广电、国家保密以及广东省政府数据管理等部门的监管。不同的部门在数据合规监管方面也有不同侧重点。面对不同的侧重点和不同的监管部门企业都要在数据合规上作出相应的应对，这也为企业的数据合规工作的推进带来了不小的挑战。

（3）各部门、地区规则不一

值得注意的是，由于不同地区和国家对数据合规要求的差异性，企业在跨境数据传输的过程中需要面临更加复杂多变的挑战。因此，企业需要着重了解有关地区和国家的法律法规以及监管机构的要求，并有针对性地采取相应的保护措施，以确保数据合规性。同时，企业在参与跨境数据传输时，也应该考虑到地域、文化等因素的影响，灵活调整自身的数据管理策略，积极开展合规培训和沟通，加强内部管理和协作，从而更加有效地应对跨境数据传输中的风险与挑战。对于涉及跨境传输数据业务板块的企业来说，如何应对具有差异要求的不同地区的法律规范和监管部门，也是一项比较艰巨的工作。

（三）企业应当如何应对

1. 保证数据来源合法

企业在数据合规的过程中，想要在数据处理、传输等过程中能够合规，其首要前提是要保障数据来源合规。企业的数据来源大致有三：一是直接向用户收集；二是通过交换的方式从其他主体那里取得数据，如通过数据交易；三是企业在为用户服务的过程中根据各地区对本企业商品的各类别、款式产品的购买量等信息形成的新数据。

在直接向用户收集数据的时候，企业应该根据法律的相关规定，在符合法律要求的范围内对用户进行数据收集。比如《个人信息保护法》第十条规定："任何组织、个人不得非法收集、使用、加工、传输他人个人信息，不得非法买卖、提供或者公开他人个人信息；不得从事危害国家安全、公共利益的个人信息处理活动。"第二十三条规定："个人信息处理者向其他个人信息处理者提供其处理的个人信息的，应当向个人告知接收方的名称或者姓名、联系方式、处理目的、处理方式和个人信息的种类，并取得个人的单独同意。接收方应当在上述处理目的、处理方式和个人信息的种类等范围内处理个人信息。接收方变更原先的处理目的、处理方式的，应当依照本法规定重新取得个人同意。"《汽车数据安全管理若干规定（试行）》第七条第二项规定："汽车数据处理者处理个人信息应当通过用户手册、车载显示面板、语音、汽车使用相关应用程序等显著方式，告知个人以下事项：（二）收集各类个人信息的具体情境以及停止收集的方式和途径。"根据《个人信息保护法》《汽车数据安全管理若干规定（试行）》以及其他相关法律、法规和政策的规定，企业在向用户收集个人信息的时候，应当符合正当、合法、必要原则。在收集前要明确告知被收集人本次数据收集的原因、范围、处理方式，并且还需要取得用户的同意。

如前文所述，数据作为一种生产要素正日益得到广泛应用，企业之间通过以数据易数据、以货币换数据的方式，获取数据资源已成为趋势和常态。然而，对于获取的数据是否合法合规，企业需要承担一定的调查核实义务，以确保其所获取的数据具备可靠的来源和经过规范的处理方式。企业在获取数据时不得采取非法手段或委托非法机构获取数据，否则会因数据不合规而受到严厉的监管和处罚。因此，企业在从其他数据主体方获取数据资源时，除了遵循信息获取相关的法律法规要求外，还应尽好调查核实义务，避免因此造成企业的数据不合规。只有做好数据合规管理，加强内部审核和监督，企业才能有效防范可能的风险，提高数据安全水平，切实维护企业发展与社会稳定。

2. 提升企业数据合规人员素质

企业想要做好数据合规，关键在人。计算机技术人才和精通数据合规法律和政策的法律人才是企业数据合规的核心力量。一方面，企业应该通过招聘相关的技术人才和管理人才，并定期组织培训，提升本企业内部数据合规人员的专业素养，从而能够在数据合规方面取得不错的成绩。另一方面，企业也应加强内部相关人员对数据合规方面的专业道德素养，以确保企业内部所有人员都有清晰的数据合规意识和职业操守。不仅如此，定期开展数据合规人员的专业道德教育，能够提升相关人员的责任感和道德感，对企业数据合规的建立是非常重要的。现有的案例表明，很多时候企业数据泄露、被恶意篡改并非外部原因，而是企业内部相关人员出了问题，或是为了自身利益出卖岗位职责，或是因为缺乏职业操守在数据处理过程中有着较强的任意性。只有优化企业内部人员的数据合规意识，才能有效保障企业数据安全，推动企业可持续发展。

3. 设置一套行之有效的内部合规体系

目前而言，关于数据合规，很多企业内部的合规体系的建立比较混乱，没有形成一套行之有效的内部数据合规体系。一方面，很多企业尚未建立起专职于数据合规的部门，在需要数据合规的时候由公司在各部门之间临时抽调人手搭建团队，工作人员之间分工不清，管理不明；另一方面，数据合规部门搭建起来之后，基于其工作上的特殊性，数据合规的开展也需要企业内部其他相关部门的协作与配合，但是很多企业由于内部的管理和沟通、协调机制不到位，导致了很多时候数据合规部门的工作难以得到其他部门的支持与配合，数据合规工作也因此进展艰难。

对于企业而言，建立良好的数据合规体系是确保企业数据安全的重要保障，因此，企业应当采取措施加强内部数据合规管理。首先，企业应当成立专职的数据合规部门，并明确部门的职责和工作分工，确保数据合规工作人员能够形成整齐划一、高效快速、使命必达、有权负责的数据合规团队。同时，企业还需要对数据合规部门进行正确定位，加强数据合规部门与其他相关部门之间的组织协调工作，从而为企业内部数据合规团队的工作搭建起一个畅通的平台。这样，才能够确保数据合规部门的工作得到全面支持和配合，从而有效推进企业内部数据合规工作的顺利开展。

4. 聘请专业的数据合规律师团队作为法律顾问

在现代社会，数据已经成为企业运营中至关重要的资源。对于中小企业来说，它们往往缺乏拥有高素质数据合规人才的条件以及建立行之有效的内部合规体系的能力。因此，聘请专业的数据合规律师团队成为中小企业进行数据合规的重要手段。

但是，对于大型企业而言，它们通常拥有足够的内部合规人员，并且可以建立行之有效的内部合规体系。这时，聘请外部数据合规律师团队则能够为企业提供更为全面的法律服务。虽然企业内部的数据合规人员不仅能够为企业数据合规的重大决策提供专业上的支持，还能够为企业预防法律风险，但是由于外部律师团队通常具有更强的实战经验和丰富的社会经验，他们在处理诉讼和风险防范时往往更加敏感和擅长。与内部合规人员相比，外部律师团队能够提供更为客观、全面的法律意见和方案，从而为企业的数据合规发展提供更为有效的支持和保障。因此，企业内部的数据合规人员与外部专业的数据合规律师团队的侧重点和主要发挥的功效不同，一个大型的企业想要在数据合规方面取得成绩，在拥有内部合规团队的同时，聘请外部的数据合规律师团队相结合也是十分重要的。综上所述，无论是中小企业还是大型企业，聘请专业的数据合规律师团队都是非常必要的。在中小企业中，他们能够为企业提供内部合规规定和法律意见，协助企业制定数据安全计划和完善合规管理体系；而在大型企业中，他们则能够为企业提供更为全面的法律服务和风险防范思路。聘请专业的数据合规律师团队，能够让企业在数据合规方面更加稳健、可持续地发展。

以兰台律所为例，企业外部的专业数据合规律师团队具有下列服务执行上的保障：

（1）组建专项服务团队

兰台会根据本项目的特点，为客户企业组建由团队牵头合伙人律师牵头，由多位数据合规相关专业领域，具有丰富经验的合伙人、资深顾问、主办律师组建专项服务团队。专项服务团队会根据客户企业数据合规法律事务的难易程度及其工作要求，合理安排团队律师工作任务和工作时间，并结合不同律师的所擅长业务的差异，科学分配工作内容，保证每一具体数据合规法律事项交由最专业的律师来做。同时，对于客户企业所涉及的重大数据合规法律问题都由团队共同决策，遇有重大社会影响的事件或突发事件（如有），兰台律师团队会向事务所报告，经事务所专业委员会集体讨论，形成解决方案后，再向客户企业出具专业性的意见。通过建立完善的团队一体化工作体系力争使我们所出具的每一份法律意见，所起草的每一份合同文本，所答复的每一条法律问题都能达到全面、深入与准确。

（2）细分专业工作小组

除了组建专项服务团队之外，兰台还针对每一个数据合规项目涉及的重点环节、重点事项进行了更为细致的专业工作小组，列明各小组的负责人，进一步明确职责分工，更及时、精准、高效地为客户企业提供数据合规法律服务。相关人员安排与分工是基于目前兰台了解和获知的本项目相关情况进行设置和安排的，如客户企业后续有进一步明确的要求，兰台会按照客户企业的需要，及时调整分组，并配备相应领域的专业律师承接相关工作。

(3) 设置专门的联系人

为保障兰台律师和客户企业之间的有效沟通，及时了解客户企业的要求和任务安排，兰台将与客户企业协商确定一名或两名专门联系人，由其负责和客户企业的日常联系，接受客户企业的工作安排，并根据工作内容的差异向团队律师报送客户企业工作安排。所有合同文本及工作文件初稿和定稿都抄送团队成员，便于团队成员之间及时反馈意见和建议，并全面跟进各项工作进展。

(4) 及时处理法律事务

对于客户企业所提出的相关建议或法律咨询，专门联系人律师在协助处理前，会与客户企业的相关工作人员进行充分沟通，在准确理解客户企业的服务需求后，及时处理。同时，联系人律师会跟进数据合规法律事务进展情况，关注各方的反馈意见，及时向客户企业汇报并出具对相关事务的法律意见，为客户企业提供全方位的数据合规法律服务。为给客户企业提供高效的服务，兰台律师充分地利用电话、电传、电邮、现场办公、约见等方式，保障沟通上的畅通，随时解答客户企业的法律咨询及处理客户企业各种法律咨询。

(5) 坚持工作记录制度

作为保障服务质量的内控制度，兰台自成立以来就一直推行工作日志制度，建立为客户企业服务的工作日志，兰台律师对客户企业交办的事务，要求一事一记、一事一档，所有工作日记均需录入事务所的 OA 系统，包括修订、审核的合同意见、法律咨询问题与解答等。就该项目，兰台会根据客户企业实际情况，在取得客户企业提供的文件资料后，及时完成委托事项，要求作业人员如实进行工作记录，强化律师工作效果。

(6) 坚持工作档案制度

兰台为客户企业出具的法律意见书和审核、修订的合同文本或其他文件，都会及时入档，所有经手的文件都留档备查。同时，兰台内设的档案管理人员负责客户企业工作记录、文档管理工作，具体包括工作记录的统计、汇总、总结以及对工作文档的保管，保障团队成员对一定时间内的工作有一个宏观的把握，通过对法律事务的统筹分析，便于服务团队内部合理调配人员，优化数据合规法律服务。

以上服务的优势和特点北京市兰台律师事务所作为一家较大规模的综合性律师事务所在数据合规领域具有独特的优势和特点。其数据合规律师团队能够为中小型企业提供专业的服务，帮助这些企业在资源有限的情况下顺利完成企业内部的数据合规建设。同时，在与大企业合作时，兰台律师事务所能够与这些企业所拥有的良好的数据合规法务队伍相结合，从而发挥各自的优势，为企业的数据合规保驾护航。

第十章

公司清算与破产法律实务

第一节 公司清算与破产的启动

一、公司清算与破产概述

健康的市场营商环境,应具备良性的市场主体准入及退出机制,本书第十章的内容即是围绕市场主体退出机制展开探讨。常见的市场主体退出方式包括解散清算、强制清算和破产程序,其中程序破产又可进一步分为破产清算、破产重整、破产和解三个子程序。

解散清算是企业不存在僵局、无资不抵债或未丧失清偿能力情形下的市场主体自主退出机制,其法律依据主要为《公司法》及其相关司法解释。总体而言,解散清算仍偏向企业自治范畴,有相应的上层规定,但没有统一的细节规范或制度设计,由企业股东组成的清算组负责相关清算工作。

强制清算是企业存在僵局及经营困难,但无资不抵债或未丧失清偿能力情形下的司法退出机制,其法律依据除《公司法》及其相关司法解释外,还包括最高人民法院及各省级高级人民法院出具的相关司法文件。总体而言,强制清算为类破产清算的司法程序,法院审查、受理强制清算案件后,指定清算组负责相关清算工作,并且可参照适用破产的规定处理清算中的程序或实体事宜。

破产是企业存在无法清偿到期债务且资不抵债或丧失清偿能力情形下的司法退出或拯救机制,其法律依据主要为《企业破产法》及其相关司法解释,此外最高人民法院、各省级高级人民法院及各地区法院还出台了不少司法文件。总体而言,破产为有关规定最多、制度流程相对更规范、复杂的司法程序,法院指定或遴选破产管理人负责相关工作,自 2007 年 6 月 1 日施行《企业破产法》起算,至今已有超过 16 年的司法实践经验。

无论解散清算、强制清算或破产制度,立法者的初衷是希望在市场经济领域建立有序、公平、规范的市场主体退出机制,公平清理债权债务、分配企业财产,保护债权人、债务人及利害关系人的合法权益,同时优化社会资源配置,建立完善优胜劣汰的竞争机制。

但企业清算与破产制度的实施效果也存在不少制度设计及实际操作的问题。造成现状的原因是多方面的,除法律规定、规范不健全外,企业所处行业、规模、经营情况、资产情况等不同因素,均会对市场主体退出方式的选择、过程及结果产生影响。此外,因程序中既存在法律性工作,又有不少繁杂的事务性工作,在破产重整、破产和解程序中还不乏商业安排及决策,使相关程序的综合性、复杂程度进一步上升，加之近一二十年市场经济的发展变化较快，问题产生的速度已超过制度迭代、经验积累的速度。

需要说明的是，有别于传统的民商事业务，企业清算及破产业务参与主体众多、博弈性强、综合性强、事务繁杂等特点，决定了需要有专业律师及其他服务性中介机构参与，提供专业的、具有可操作性的法律服务或其他服务。

二、程序启动实务

（一）进入程序的前提条件

1. 解散清算的前提条件

公司解散为进入解散清算程序的前提条件，根据《公司法》第二百二十九条之规定，公司因下列原因解散：

（1）公司章程规定的营业期限届满或者公司章程规定的其他解散事由出现；

（2）股东会决议解散；

（3）因公司合并或者分立需要解散；

（4）依法被吊销营业执照、责令关闭或者被撤销；

（5）人民法院在公司解散纠纷诉讼中判决公司予以解散。

上述情形中，除第三项因公司合并或者分立需要解散之外，其他情形下均需成立清算组开始清算。根据《公司法》第二百三十二条之规定，公司应当在解散事由出现之日起十五日内成立清算组，开始清算，有限责任公司的清算组由董事组成，但是公司章程另有规定或者股东会决议另选他人的除外。实务中，除上述第五项需要通过另行提起诉讼由法院裁量判决外，其他各项条件都相对明确。

2. 强制清算的前提条件

根据《公司法》第二百三十三条之规定，如公司逾期不成立清算组进行清算的（即在公司出现解散事由之日起十五日内未能成立清算组开始清算的），利害关系人可以申请人民法院指定有关人员组成清算组进行清算；作出吊销营业执照、责令关闭或者撤销决定的部门或者公司登记机关，可以申请人民法院指定有关人员组成清算组进行清算；人民法院应当受理该申请，并及时组织清算组进行清算。另根据《最高人民法院关于适用〈中华人民共和国公司法〉若干问题的规定（二）》第七条之规定，存在下列情形的，债权人、公司股东、董事或其他利害关系人可以向人民法院申请强制清算：

（1）公司解散逾期不成立清算组进行清算的；

（2）虽然成立清算组但故意拖延清算的；

（3）违法清算可能严重损害债权人或者股东利益的。

实务中，除第一项逾期不成立清算组有较为明确的标准外，另外两项情形的认定，法院通常有较大的自由裁量权。

3. 破产程序的前提条件

《企业破产法》第二条第一款规定，"企业法人不能清偿到期债务，并且资产不足以清偿全部债务或者明显缺乏清偿能力的，依照本法规定清理债务"。依据本条规定，跨入破产的门槛是债务人在不能清偿到期债务的前提下，要么资不抵债，要么缺乏偿债能力，二者符合其一即可达到法定条件。由此，问题就转化为对上述条件的具体界定：

（1）如何确定不能清偿到期债务

从语义上看，《企业破产法》第二条前半句"不能清偿到期债务"是对债务人既有客观事实的描述，对此进行举证的标准也很清晰、简单。关于不能清偿到期债务，《最高人民法院关于适用〈中华人民共和国企业破产法〉若干问题的规定（一）》第二条规定，"下列情形同时存在的，人民法院应当认定债务人不能清偿到期债务：（一）债权债务关系依法成立；（二）债务履行期限已经届满；（三）债务人未完全清偿债务"。而对于"到期债务"的界定，《北京市高级人民法院企业破产案件审理规程》（以下简称《北京高院破产审理规程》）第八条则规定，"债权符合下列情形的，债权人可以向人民法院申请债务人破产：（1）债权为具有金钱或财产给付内容的到期债权；（2）债权合法、有效，且未超过诉讼时效或者申请执行时效"。

实务中，对上述事实进行的举证主要集中于债权人与债务人之间的往来合同、履行凭证、付款凭证、对账单（或询证函）、催收证明（如律师催收函），债权人提供了上述证据材料就可以认定对此达到了证明标准。

（2）如何认定资不抵债或缺乏偿债能力

对于如何认定《企业破产法》第二条后半句所称的"资产不足以清偿全部债务"或"明显缺乏清偿能力"，自该法颁布实施以来的很长一段时期内，各地法院对此掌握的标准不一，对证明该项事实所提供的证据也要求不一。这在很大程度上减少了法院受理破产案件的数量，客观上影响了《企业破产法》在调整公司有序退出市场经营方面所应发挥的作用。

（3）司法解释对标准的细化

《最高人民法院关于适用〈中华人民共和国企业破产法〉若干问题的规定（一）》第二条、第三条、第四条分别规定了债务人不能清偿到期债务、资产不足以清偿全部债务以及明显缺乏清偿能力的认定标准。该司法解释从实务方面细化、统一了进入破产程序的门槛，明确了破产案件立案的标准，解决了破产案件立案不易把握的现状。

①关于债务人资产不足以清偿全部债务。就此，《最高人民法院关于适用〈中

华人民共和国企业破产法〉若干问题的规定（一）》第三条予以了细化，即债务人的资产负债表，或者审计报告、资产评估报告等显示其全部资产不足以偿付全部负债的，人民法院应当认定债务人资产不足以清偿全部债务，但有相反证据足以证明债务人资产能够偿付全部负债的除外。

②关于对明显缺乏清偿能力的判断。实务中，一些债务人在接到人民法院发出的要求提交其财产状况说明及有关财务会计报告后，为规避破产清算，往往会对会计账目进行一定的调整，表面看来其账面资产高于负债。对此，《最高人民法院关于适用〈中华人民共和国企业破产法〉若干问题的规定（一）》第四条确立了实质重于形式的审查标准，即对债务人是否明显缺乏清偿能力进行实质判断，一旦债务人出现下列情形将被认定为明显缺乏清偿能力：

a. 因资金严重不足或者财产不能变现等原因，无法清偿债务；
b. 法定代表人下落不明且无其他人员负责管理财产，无法清偿债务；
c. 经人民法院强制执行，无法清偿债务；
d. 长期亏损且经营扭亏困难，无法清偿债务；
e. 导致债务人丧失清偿能力的其他情形。

（二）启动程序的主体

1. 解散清算的启动主体

《公司法》第二百二十九条第一款规定的几种公司解散情形中，仅有第二项股东会决议解散情形，为公司主动启动解散清算程序，其他各项（不包括分立、合并情形）均属于被动启动解散清算程序。对于主动启动解散清算程序而言，启动主体为董事，或者公司章程或股东会决议规定的他人。根据《公司法》第六十六条、第一百一十六条之规定，有限责任公司解散的，股东会决议必须经代表2/3以上表决权的股东通过，股份有限公司解散的，股东会决议必须经出席会议的股东所持表决权的2/3以上通过。

2. 强制清算的启动主体

在《最高人民法院关于适用〈中华人民共和国公司法〉若干问题的规定（二）》修正前，有权提起强制清算的主体只包括债权人及公司股东，且股东作为申请主体的前提是债权人未申请强制清算。2020年12月29日，最高人民法院发布修正后的上述司法解释，并于2021年1月1日生效。根据新修正的司法解释第七条之规定，有权申请强制清算的主体范围拓展到债权人、公司股东、董事或其他利害关系人，且不再有顺位的区别。

3. 破产程序的启动主体

根据《企业破产法》第七条的规定，破产案件可以分别由债务人、债权人以及负有清算责任的人启动。具体而言：

（1）债务人因其自身不能偿还到期债务，并且资产不足以清偿全部债务或者明显缺乏清偿能力的，可以向人民法院提出破产清算、重整或和解申请，债务人有明显丧失清偿能力可能的，也可以向人民法院申请重整。

（2）债权人因债务人不能清偿到期债务的，可以向人民法院提出破产清算或重整申请。

（3）企业法人已解散但未清算或者未清算完毕，但资产不足以清偿债务的，依法负有清算责任的人应当向人民法院提出破产清算申请。另外，《最高人民法院关于适用〈中华人民共和国企业破产法〉若干问题的规定（一）》第五条规定，企业法人已解散但未清算或者未在合理期限内清算完毕，债权人申请债务人破产清算的，除债务人在法定异议期限内举证证明其未出现破产原因外，人民法院应当受理。

根据上述规定，债权人、债务人以及负有清算责任的人（通常为清算组）等均可成为破产程序的启动方。《企业破产法》有关破产程序启动的大多数条款也是以上述三方为中心进行的设计。

（三）强制清算、破产的申请材料及管辖法院

自行解散清算不存在申请问题，强制清算、破产作为由法院受理的特别司法程序，有必要介绍其申请材料及管辖法院。

1. 申请材料

根据现行《最高人民法院关于适用〈中华人民共和国公司法〉若干问题的规定（二）》，债权人、公司股东、董事或其他利害关系人是申请强制清算的权利人。整体而言，申请强制清算主要需提供两种类型的材料：一是证明申请人属于适格申请主体的材料，二是证明目标公司存在逾期不成立清算组、拖延清算、违法清算的有关证据。

实务中，如债权人提出申请，通常需要证明其债权的真实性及合法性，个别法院需要债权人提供判决、裁决等生效法律文书；股东、董事身份比较容易证明；至于利害关系人，原则上其内涵与《民事诉讼法》上的概念相一致，但由于没有进一步的明确规定，实践中法院对此有较大的自由裁量权。

对于第二种类型的材料，逾期不成立清算组事项较容易证明，通常只需提供公司已出现《公司法》第二百二十九条规定情形的材料，以及全国企业信用信息网显示未成立清算组的证明。至于拖延清算、违法清算的相关材料，在个案中通常差别较大，尤其是拖延清算，达到何种程度才算拖延更是没有客观标准。在此，我们只提供一个工作原则供读者参考，即以一般人的逻辑、标准作出判断，以诉讼的严谨、要求组织材料。

债权人、债务人、负有清算义务的人均是《企业破产法》规定的申请破产清算

的权利人。但因申请主体的不同,在立案时递交的材料又有较大差别。《企业破产法》第八条第一款规定,向人民法院提出破产申请,应当提交破产申请书和有关证据。对于破产申请书具体应当写明的内容,参考《北京高院破产审理规程》的相关规定,破产申请书至少应载明下列事项:(1)申请人、被申请人的基本情况,包括:名称或姓名、住所地、法定代表人姓名及职务。申请人为债务人时,只需列出申请人的基本情况。(2)申请目的,即申请重整、和解还是破产清算。(3)申请的事实和理由,主要指债务人有企业破产法第二条规定的情形。此外,对于特殊主体,例如金融机构申请破产的,申请书中还应载明主管机关的批准文件、个人债务的兑付情况、证券类资产的处置情况等法院认为有必要澄清的内容。

除破产申请书外,对于其他相关材料,参考《北京高院破产审理规程》的相关规定,区分债权人、债务人申请两种情况,可进一步予以细化。

债务人申请破产,除应当提交破产申请书以外,建议向人民法院提交下列材料:

(1)债务人主体资格证明,即市场监管部门颁发的企业法人营业执照,及债务人最近一个年度年度报告。

(2)债务人股东会或股东大会、董事会(外商投资企业)、职工股东大会或者其他依法履行出资义务的人同意申请破产的文件;债务人为国有独资企业、国有独资公司的,还应当提交对债务人履行出资人职责的机构同意申请破产的文件。

(3)债务人法定代表人或者主要负责人名单、联系方式,及债务人董事、监事、高级管理人员和其他管理部门负责人名单、联系方式。

(4)财产状况说明,包括有形资产、无形资产、对外投资情况、资金账户情况等。

(5)债务清册,列明债权人名称、住所、联系方式、债权数额、有无担保、债权形成时间和被催讨情况。

(6)债权清册,列明债务人的债务人名称、住所、联系方式、债务数额、有无担保、债务形成时间和催讨偿还情况。

(7)有关财务会计报告。

(8)债务人涉及的诉讼、仲裁、执行情况。

(9)企业职工情况和安置预案,列明债务人解除职工劳动关系后依法对职工的补偿方案;债务人为国家出资企业的,职工安置预案应列明拟安置职工基本情况、安置障碍及主要解决方案等。职工安置预案报对债务人履行出资人职责的机构备案。

(10)职工、高管人员工资的支付和社会保险费用、住房公积金的缴纳情况。

(11)债务人为国家出资企业的,应提交企业工会或职工代表大会对企业申请破产的意见。

（12）债务人申请重整的，应提交重整的必要性和可行性评估材料。

（13）债务人申请和解的，应提交和解协议草案。

除上述文件，实务中法院还一般会根据个案情况提出补充材料要求，以便尽可能准确地判断债务人是否在实质上达到破产受理条件。

债权人申请债务人破产的，除应当提交破产申请书以外，建议向人民法院提交下列材料：

（1）债权人及债务人的主体资格证明。

（2）债权发生的事实及债权性质、数额、有无担保，并附证据。

（3）债务人不能清偿到期债务的证据。

（4）申请债务人重整的，应提交重整的必要性和可行性评估报告。

类似申请强制清算的情况，实务中，债权人申请破产也需向法院证明其债权的真实性、合法性，当前大部分法院还是以生效法律文书为核心判断依据，甚至个别地方法院无生效法律文书不予受理。随着破产实践的发展，此情况在一定程度上有所改变，但整体而言，法院要求生效法律文书判断债权的真实性、合法性，确实为最稳妥也最符合当前司法发展阶段的要求。

清算责任人（通常为解散清算或强制清算的清算组）申请债务人破产清算的，除应当提交破产申请书以外，建议向人民法院提交下列材料：

（1）债务人主体资格证明。

（2）清算责任人的基本情况或者清算组成立的文件。

（3）债务人解散的证明材料。

（4）债务人未清算的，债务人资产不足以清偿全部债务的财务报告。

（5）债务人经过清算的，债务人资产不足以清偿全部债务的清算报告。

（6）债务清册，列明债权人名称、住所、联系方式、债权数额、有无担保、债权形成时间和被催讨情况。

（7）债权清册，列明债务人的债务人名称、住所、联系方式、债务数额、有无担保、债务形成时间和催讨偿还情况。

（8）债务人涉及的诉讼、仲裁、执行情况。

（9）企业职工情况和安置预案，列明债务人解除职工劳动关系后依法对职工的补偿方案；债务人为国家出资企业的，职工安置预案应列明拟安置职工基本情况、安置障碍及主要解决方案等。职工安置预案报对债务人履行出资人职责的机构备案。

（10）职工、高管人员工资的支付和社会保险费用、住房公积金的缴纳情况。

实务中，清算责任人申请债务人破产，几乎没有申请破产重整或和解的情况，此外由于清算责任人通常对公司情况比较了解，故其提交材料的要求基本与债务人自行申请破产一致。

相比而言，债权人申请破产所需提交的案件材料相对较少，债务人以及清算责任人所需提交的材料的种类、说明的事项以及达到的证明标准均远高于债权人。

在破产层面上对债务人申请破产的事由及案件材料采取了严格的审查标准，其目的在于通过从严把控，预防和减少债务人借破产程序恶意逃避债务。

2. 管辖法院

目前国内对破产及强制清算类案件主要采用三种管辖模式，即"地域+级别"管辖模式、集中管辖模式和以破产法庭为核心的管辖模式。

目前大多数地方采用"地域+级别"管辖模式，其依据是《企业破产法》第三条"破产案件由债务人住所地人民法院管辖"以及《最高人民法院关于适用〈中华人民共和国公司法〉若干问题的规定（二）》第二十四条"解散公司诉讼案件和公司清算案件由公司住所地人民法院管辖"之规定。部分地区（如山东、江苏、四川、云南等）还在本地制定的破产案件审理规范文件中对上述管辖规则予以强调。关于债务人住所地如何确定，依据《最高人民法院关于审理企业破产案件若干问题的规定》第一条的规定，一般采用的是"先办事机构后注册地"的确定方式，即，债务人有办事机构的，由办事机构所在地法院管辖；无办事机构或难以确定办事机构所在地的，由其注册地法院管辖。关于管辖法院级别，根据《最高人民法院关于审理企业破产案件若干问题的规定》第二条，县、县级市或区一级工商行政管理机关核准登记的债务人企业，其破产案件一般由基层法院管辖；由地区、地级市及以上工商行政管理机关核准登记的债务人企业的破产案件，或者纳入国家计划调整的企业破产案件，一般由中级人民法院管辖。此外，对于上市公司或金融机构等特别商事主体，因其涉及主体较多、法律关系相对复杂，其破产案件一般也由中级人民法院管辖。根据最高人民法院《关于审理公司强制清算案件工作座谈会纪要》第二条，在该管辖模式下，公司解散诉讼案件及强制清算案件同样依据上述标准确定管辖法院的地域和级别。

关于集中管辖模式，当前北京、上海、天津、深圳、广州、温州等多地的中级人民法院设立了专门的破产法庭。此种模式下，该地区内县区级及以上市场监督管理部门核准登记的企业的破产案件、强制清算案件、衍生诉讼案件及跨境破产案件等，均由破产法庭所在法院受理。

关于以破产法庭为核心的管辖模式，有些地方虽然成立了破产法庭，但并非概括性地由破产法庭审理区域内全部破产及强制清算案件，而是结合本地审判实际，将前述两种模式结合起来，由此形成了以破产法庭为核心的特别管辖模式。此种模式属于集中管辖模式的延伸。

(四) 强制清算、破产申请的受理

1. 强制清算

根据最高人民法院《关于审理公司强制清算案件工作座谈会纪要》第七条至第十六条的规定，人民法院收到强制清算申请材料后，经审查认为申请材料需要更正、补充的，应当责令申请人于七日内予以更正、补充。申请人由于客观原因无法按时更正、补充的，应当向人民法院予以书面说明并提出延期申请，由人民法院决定是否延长期限。

审查强制清算申请时，法院一般应当召开听证会，对于事实清楚、法律关系明确、证据确实充分的案件，也可不召开听证会而进行书面审查，但不召开听证会的，应当及时通知申请人和被申请人，并向被申请人送达有关申请材料，同时告知被申请人若对申请人的申请有异议，应当自收到人民法院通知之日起七日内向人民法院书面提出。

根据上述会议纪要规定，法院应当在听证会召开之日或者自异议期满之日起十日内，依法作出是否受理强制清算申请的裁定。但实务中，碍于各种各样的原因，该时间通常难以保证，如遇到情况复杂的申请，作出受理裁定的时间可能进一步延长。此外，如果法院受理强制清算申请后，经审查发现强制清算申请不符合法律规定的，可以裁定驳回强制清算申请。法院裁定不予受理或者驳回受理申请，申请人不服的，可以向上一级人民法院提起上诉。

2. 破产程序

根据《企业破产法》第十条的规定，法院收到债权人提出的破产申请的，应当自收到申请之日起五日内通知债务人，若债务人对申请有异议，应当自收到通知之日起七日内向受理法院书面提出，并附相应的证据材料。法院应当自异议期满之日起十日内裁定是否受理，如是债务人自行申请破产的，法院应当自收到破产申请之日起十五日内裁定是否受理，有特殊情况需要延长裁定受理期限的，经上一级人民法院批准，可以延长十五日。

以上法律规定的时间，目前在实务中也较难保证，加之个案情况复杂，为了防止草率受理破产给债权人、债务人造成负面影响，也为了防止别有用心之人利用破产程序逃废债务，实务中法院对于破产受理通常还是较为谨慎的。例如，如果债务人称有能力偿还债务，并且提交了相关的偿付能力证明，则经过法院审核可以裁定驳回本次破产申请，即使债务人已经进入破产清算程序，只要在破产宣告前发现债务人不符合《企业破产法》第二条规定的破产条件，法院仍然可以裁定驳回对债务人的破产申请。

法院受理破产申请的，应当自裁定作出之日起五日内送达申请人。法院裁定不受理破产申请的，应当自裁定作出之日起五日内送达申请人并说明理由，申请人对

裁定不服的，可以自裁定送达之日起十日内向上一级人民法院提起上诉。此外，对于前述已进入破产程序但在宣告破产前发现不符合破产条件法院驳回破产申请的，申请人对裁定不服的，可以自裁定送达之日起十日内向上一级人民法院提起上诉。

实务中，在申请破产或强制清算阶段，债权人或债务人的代理律师也是有很多工作可以做的。例如协助申请人梳理、准备申请材料，提前研判材料的完整性、适当性，高效专业地代理参加听证或法庭谈话，还有积极与承办法官沟通，配合法官妥善推进破产或强制清算审查工作等，以便打消法官疑虑，尽快受理破产或强制清算申请。

三、程序受理后的相关事项

（一）受理的法律后果

法院作出受理破产申请的裁定后，即对债务人、正在进行的诉讼程序等事项产生相应的法律后果，主要表现为：

1. 债务人的债务人或债务人的财产持有者须及时向管理人清偿债务或交付债务人财产；

2. 债务人对外进行的个别清偿无效；

3. 有关债务人的财产保全措施应当解除，执行程序应当中止；

4. 管理人对破产申请受理前成立而债务人和对方当事人均未履行完毕的合同有权决定解除或继续履行，并及时通知对方当事人；

5. 债务人已经开始但仍然未终结的关于债务人的民事诉讼或仲裁程序应当中止，在管理人接管债务人财产后，该诉讼或仲裁应当继续。

实务中，法院通常会要求债务人提供有关诉讼或仲裁案件、执行案件的具体受理法院、程序进展、案件联系人等基本信息，以便受理法院按法定程序或内部流程向相关法院、仲裁机构发函中止正在进行的各项程序，同时向债务人的各个债务人归集债权。

至于强制清算程序，法院作出受理强制清算申请的裁定后，原则上并不发生上述破产申请受理的法律效果。但由于强制清算属于司法程序，如客观上公司财产存在被隐匿、转移、毁损等可能影响依法清算情形的，法院也可依清算组或者申请人的申请，对公司财产采取相应的保全措施。

（二）受理后的实务工作

1. 法院收取费用

《企业破产法》第四十一条规定，破产案件的诉讼费用属于破产费用，且第四十三条规定，破产费用由债务人财产随时清偿，因此在申请破产或法院受理破产申请后，申请人无需单独向法院缴纳案件受理费用。根据强制清算的相关规定，强制清算案件的受理费用亦是如此。

但在实务中，对于申请强制清算或债权人申请破产的情形，为防止因"三无企业"或"无产可破"进而给清算组/管理人推进工作造成实质性障碍，部分地区法院可能会要求程序申请人先行垫付少许工作费用。此外，就破产案件而言，部分地区也设立了破产援助资金，一定程度上解决了案件工作费用的问题。

2. 指定管理人/清算组

根据《企业破产法》第十三条的规定，人民法院裁定受理破产申请时，应当同时指定管理人。实务中，各地操作不尽相同，有的地区在受理后1—2个月内指定管理人，有的地区在出具受理裁定之前提前安排相关事宜，通过流程安排实现破产受理裁定书与指定管理人决定书同时出具的效果。

另，根据《最高人民法院关于审理企业破产案件指定管理人的规定》的规定，高级人民法院根据辖区律师事务所、会计师事务所、破产清算事务所等社会中介机构及专职从业人员数量和企业破产案件数量，自行编制或由其所辖中级人民法院编制管理人名册。同时，该规定明确了人民法院一般应当按照管理人名册所列名单采取轮候、抽签、摇号等随机方式公开指定管理人。如某市管理人的选任一般由受理法院通过摇号方式指定。此外，对于商业银行、证券公司、保险公司等金融机构或者在全国范围有重大影响、法律关系复杂、债务人财产分散的企业破产案件，人民法院可以采取公告的方式，邀请编入各地人民法院管理人名册中的社会中介机构参与竞争，从参与竞争的社会中介机构中指定管理人。

根据《关于审理公司强制清算案件工作座谈会纪要》第二十二条的规定，法院指定管理人名册中的中介机构或者个人组成清算组，或者担任清算组成员的，应当参照适用《最高人民法院关于审理企业破产案件指定管理人的规定》。

3. 法院发布案件公告及通知

受理强制清算或破产申请后，人民法院通常会在全国企业破产重整案件信息网发布案件受理公告，通常也会同时公示指定管理人/清算组的有关情况，破产案件中还可能包括债权申报公告、第一次债权人会议安排等。

此外，对于债权人申请破产的情形，法院会向债务人发出通知，要求债务人提交财产状况说明、债务清册、债权清册、有关财务会计报告、职工安置预案以及职工工资的支付和社会保险费用的缴纳情况，并要求债务人自案件受理之日起停止清偿债务。

该通知同时载明，自人民法院受理破产申请的裁定送达债务人之日起至破产程序终结之日止，债务人的法定代表人、财务负责人及其他经营管理人承担下列义务：

（1）妥善保管其占有和管理的财产、印章和账簿、文书等资料；

（2）根据人民法院、管理人的要求进行工作，并如实回答询问；

(3）列席债权人会议并如实回答债权人的询问；

(4）未经人民法院许可，不得离开住所地；

(5）不得新任其他企业的董事、监事、高级管理人员。

结合笔者办理破产案件的经验，法院的通知一般也会明确告知债务人由管理人接管公司，且法定代表人应当向管理人办理移交手续，并答复管理人的相关询问。此外，有些法院也会在通知中载明第一次债权人会议举行的时间、地点，并特别要求债务人的法定代表人及财务负责人必须准时参加。对此，我们建议被申请人（债务人）应明晰向管理人履行的法定义务，避免因重视不足，导致因未履行法院通知中所列义务进而人民法院对债务人的直接责任人员采取罚款等强制措施的严重后果。

对于强制清算案件，需要特别提示的是，如公司或相关责任人无法配合清算组完成接管工作，进而导致无法清算或无法全面清算的情况发生，股东、董事等清算义务人可能会就公司债务承担连带责任。对此，《关于审理公司强制清算案件工作座谈会纪要》第二十九条规定："……人民法院以无法清算或者无法全面清算为由裁定终结强制清算程序的，应当在终结裁定中载明，债权人可以另行依据公司法司法解释二第十八条的规定，要求被申请人的股东、董事、实际控制人等清算义务人对其债务承担偿还责任。股东申请强制清算，人民法院以无法清算或者无法全面清算为由作出终结强制清算程序的，应当在终结裁定中载明，股东可以向控股股东等实际控制公司的主体主张有关权利。"

第二节 破产管理人制度

管理人从法院受理破产案件的裁定及指定管理人的决定作出之时即已登台，直到破产程序终结方退出舞台，是贯穿整个破产清算程序不可或缺的重要角色。对于解散清算、强制清算的清算组而言，其相关制度并无明确规定，实践中也多是参考破产管理人制度行使，因此，本节内容主要介绍破产管理人制度，其他两程序参照适用。

一、管理人印章

在经法院指定成为管理人后，管理人首先要进行的是刻制印章。进入破产程序后，债务人的公章、法定代表人人名章、合同专用章、财务专用章等各类印鉴将被管理人接收。管理人通过印章对外代表管理人的意志，行使对债务人财产、经营的管理权。

按照最高人民法院《关于审理企业破产案件指定管理人的规定》第二十九条

的规定，管理人持法院指定管理人决定书、受理破产案件的裁定书及管理人刻章函和资质证明到公安机关治安管理部门指定机构刻制"某公司（债务人公司名称）管理人"的印章，交人民法院封样备案后即可启用。

实务中，管理人向法院、债权人会议、债权人委员会以及其他的中介机构，与债务人相关的各类主体提交各类文件、说明、方案以及申请、回复时均应加盖管理人印章。管理人终止执行职务后，应当将管理人印章交公安机关销毁，并将销毁的证明送交人民法院。

二、管理人职责

结合《企业破产法》的有关规定，管理人在破产程序中的主要职责有以下几个方面。

（一）接管财产、印章和账簿、文书

此项职责是管理人进行管理的起点，接管的上述材料资产是否完备齐全，直接决定着管理人能否真正行使对债务人的管理职责。任何破产项目的管理人均毫无例外地把接管放在工作的首位。全面的接管往往意味着管理人的工作已经有了良好的开局。一个经验丰富的律师在担任清算组成员时应当参与或主导拟定、细化接管的各步骤。具体而言有如下方面：

1. 接管前，应当根据申请人提交的破产申请材料，预先了解债务人基本情况，制定接管清单，确定专人负责接管工作。如债务人涉及较多的人员安置，且债权人众多的，应当提前向受理法院报告接管工作方案，必要时申请承办法官共同参加、现场见证。

另外，应提前向债务人发送接管清单，请债务人提前准备清单所列的物品、文件，提高接管效率。必要时，我们可前往债务人住所地与其负责人、部门主管等人员当面沟通，做好破产程序的解释工作，消除不必要的误解，争取债务人相关人员的理解并配合管理人的工作。

2. 在正式进入债务人公司进行接管时，按接管财产种类分类接管。一般而言，我们将接收的类型分为如下七类，每一类包括但不限于：

（1）印章，包括公章、财务章、人名章、人事章、合同章、业务章等；

（2）权属证明，如车辆登记证、房产证、土地使用权证；

（3）证照资质，如营业执照、税务登记证、开户许可证、各类特殊资质许可证等；

（4）已签订的合同文本；

（5）重大决议，如公司股东会、董事会决议；

（6）财务账册，如债权债务清册，财务会计账目；

(7) 资产明细，如动产、不动产及其他财产权利。同时，将每一类的接管财产、物品按如下格式制作交接清单。以流动资产类为例：

流动资产交接清单

资产类别	价值	存放地点	负责人
总计			
交付方：	接管方：	年　月　日	
备注：			

在接管和交接时应填写详细的交接清单，由接管人（一般是管理人指定的负责本案的工作人员）与债务人的移交人员共同对接管移交的物品材料资料逐项核对并确认无误后，在交接清单上签字确认。

如交接中有特殊事项需要说明的，务必在双方共同见证下加以备注，明确交接时的数量、质量和现状，以防范今后引发不必要的争议。所有接管物品材料核实无误后，交接的双方应共同签字确认。笔者建议接管时每类清单应同时制作一式三份，即管理人、债务人、受理法院各执一份。同时请债务人的移交人员提供其身份证件复印件备查。

实务中，笔者建议债务人的工作人员积极、主动、高效地配合接管工作，如有必要可让财务、运营、行政、法务等部门负责人一并参与，以便就交接中所遇到的问题和相关事项当场解答、回复。

（二）调查债务人财产，制作财产状况报告

管理人接收上述材料后，即对债务人的银行账户存款、动产、不动产及财产性权利进行清产核查。作为债务人聘请的律师，此时应参与管理人清产核资工作。对于各类资产的所有权、担保权、占有使用权等权属状况进行核实。

实务中，如律师担任债务人的常年法律顾问，则更容易对其经营、财产状况有所了解。律师应充分提示债务人将其已经有的但管理人在清产核资后仍未发现或掌握的财产向管理人报告，以便管理人编列完整的财产清单。

（三）决定债务人的经营事项

根据《企业破产法》第二十五条第一款第五项的规定，管理人应在第一次债权人会议召开之前，决定继续或者停止债务人的营业。此外，在债务人进入破产清算程序后，通常存在一定数量的仍需履行的生效合同，此情形下，基于《企业破产

法》第十八条的规定，管理人对破产申请受理前成立而债务人和对方当事人均未履行完毕的合同有权决定解除或者继续履行，并通知对方当事人；管理人决定继续履行合同的，对方当事人应当履行；但是，对方当事人有权要求管理人提供担保。管理人不提供担保的，视为解除合同。如果管理人自破产申请受理之日起二个月内未通知对方当事人，或者自收到对方当事人催告之日起三十日内未答复的，视为解除合同。

实务中，绝大部分进入破产程序的公司会停止营业，如继续经营或继续履行合同对债务人财产有利，则可继续营业，此时新产生的债务通常按照共益债务处理。另外需要提示的是，解散清算、强制清算中不存在继续经营的问题，根据《公司法》第二百三十六条第三款的规定，公司清算期间不得开展与清算无关的经营活动。

（四）管理处分债务人的财产

管理人是以陌生人的角色进入债务人公司，显然对债务人的财产状况、生产经营、人事关系等重要事项一无所知，但法律又赋予了其管理职责。尤其在接管了债务人的财产后，该职责实际上是与管理人应当承担的法律责任伴生共存的。

根据《企业破产法》有关规定，管理人处分债务人的破产财产需经过债权人会议表决通过及法院批准等程序。同时，为了避免因管理和处分债务人财产不当可能导致的法律风险，在进行第一次债权人会议之前，管理人除了要求债务人的人员妥善保管财产之外，一般并不实际处分债务人的主要财产。但如果基于债务人经营开展的实际需要必须作出继续或者停止债务人的营业的决定，或者有《企业破产法》第六十九条规定（即涉及债务人不动产权益、探矿权、采矿权、知识产权等财产权转让、债权及有价证券转让、全部库存转让、设定财产担保、放弃权利或其他可能对债务人财产造成重大影响的财产处分行为）的情形，则管理人应当取得人民法院许可。

需要注意的是，《最高人民法院关于适用〈中华人民共和国企业破产法〉若干问题的规定（三）》对管理人处分债务人重大财产的程序进行了规制。该解释第十五条规定："管理人处分企业破产法第六十九条规定的债务人重大财产的，应当事先制作财产管理或者变价方案并提交债权人会议进行表决，债权人会议表决未通过的，管理人不得处分。"允许管理人处分的，"管理人实施处分前，应当根据企业破产法第六十九条的规定，提前十日书面报告债权人委员会或者人民法院"。债权人委员会如果认为管理人实施的处分行为不符合债权人会议通过的财产管理或变价方案的，"有权要求管理人纠正。管理人拒绝纠正的，债权人委员会可以请求人民法院作出决定。"同时，"人民法院认为管理人实施的处分行为不符合债权人会议通过的财产管理或变价方案的，应当责令管理人停止处分行为。管理人应当予以纠正，或者提交债权人会议重新表决通过后实施"。也就是说，管理人若想做出涉及债务人重大财产的处分行为，必须经过债权人会议表决通过。上述措施的目的，在于防止管理人对债务人财产的不当处分，保证债务人财产的完整。

（五）其他与管理相关的职责

除上述职责外，管理人的职责还有负责管理债权人债权申报、制作破产财产的变价处置方案，并经债权人会议通过后，执行该方案、提议召开债权人会议、向债权人会议报告工作、执行清偿分配、提请法院终结破产程序以及申请注销登记等重要的程序性事项。在对该等事项履行职责之时，应充分遵循《企业破产法》所规定的程序要求，合法有据地履行职责。

三、与管理人相关的其他问题

（一）管理人报酬的支付

1. 管理人能否要求申请人垫付报酬

《企业破产法》规定了以破产财产优先清偿破产费用，其中就包括应当向管理人支付的报酬。但问题是，债务人已经进入破产程序，其现金、实物、财产性权利可能都已荡然无存。管理人在开始行使职责时并不确定债务人是否存在破产财产，此种情形下，其不得不考虑其报酬如何得以实现的现实问题。

在笔者参与的案件中，管理人与我们进行沟通，希望申请人（债权人）能先垫付一定数额的费用。我们向申请人转达了此意愿，同时就管理人报酬的法律规定向申请人进行了说明，同时解释了目前管理人需要先期费用的用途。征得申请人同意后，管理人以书面函件的方式商请申请人垫付包括聘请中介费用、管理人工作费用、破产财产变现费用等在内的先期费用。随后申请人向管理人进行了支付，保证了破产清算程序的正常进行。

管理人作为专业从事破产管理事务的中介机构，其收取的管理报酬是维持其正常运行的必要保障。尽管《企业破产法》以及最高人民法院《关于审理企业破产案件确定管理人报酬的规定》均确认管理人报酬从债务人财产中优先支付。但从现实来讲，进入破产程序中的债务人的财产状况普遍堪忧。为此，《关于审理企业破产案件确定管理人报酬的规定》也同时认可了在债务人财产不足以支付管理人报酬和管理人执行职务费用时，如果债权人、债务人的出资人或者其他利害关系人愿意垫付上述报酬和费用，破产程序可以继续进行（垫付款项作为破产费用从债务人财产中向垫付人随时清偿）这种变通方式。

2. 管理人是否可以未得到报酬为由暂缓履行职责

还有一个问题需要注意，实践中包括律师事务所在内的中介机构通过摇号、抽签等方式被法院指定为破产案件的管理人，但是债务人几乎没有留存任何现金，更没有任何可以变现的财物，也没有债权人、债务人的出资人或者其他利害关系人愿意垫付。管理人可否以此为由暂缓履行职责或申请辞去职务，这也是一个值得考虑的问题。

对此问题，《企业破产法》、《关于审理企业破产案件确定管理人报酬的规定》以及《最高人民法院关于审理企业破产案件指定管理人的规定》均未作出规定。笔者认为，如果管理人确实无法解决报酬来源，可以直接依据《关于审理企业破产案件确定管理人报酬的规定》第十二条提请人民法院终结破产程序。当然在申请终结破产之前，管理人仍应当勤勉尽责地履行职责，切勿因未获得报酬而不适当履行职务或怠于履行职务，以防范可能的风险，如法院认为管理人的上述行为成立，有可能作出停止其担任管理人一年至三年，或者将其从管理人名册中除名的决定。

不过，部分地方的司法机关也注意到了这个问题，并尝试通过确立专门的援助资金制度来解决这一问题。例如，2020年4月5日生效的《北京市高级人民法院破产费用援助资金使用办法（试行）》就专门规定，"破产费用援助资金（以下简称'援助资金'）是由市财政拨付，在本市各级人民法院'法院办案业务费'中列支，用于支付财产不足以支付破产费用案件中破产费用的专项资金"。具体而言，破产案件具有下列情形之一的，管理人即可向破产案件的审理法院提出援助资金使用申请：（1）债务人无财产支付破产费用，且无利害关系人自愿承担的；（2）债务人财产不足以支付破产费用，且无利害关系人自愿承担的。援助费用具体用以支付管理人履行职务产生的破产费用，包括管理、变价、分配债务人财产的费用，刻章费、公告费、档案保管费、邮寄费、交通费等工作费用，召开债权人会议的费用、聘用其他工作人员的费用，以及管理人报酬。这一制度在实践中如能得到有效落实，或可有效解决破产费用及管理人报酬无从支付的问题。

此外，公司自行解散清算的，清算组成员通常不领取报酬，但该事项仍属于公司自治范畴，可由股东自行商议决定。对于强制清算的清算组报酬，根据《关于审理公司强制清算案件工作座谈会纪要》第二十五条的规定，亦可通过清算组与公司协商确定，协商不成的，由人民法院参照《最高人民法院关于审理企业破产案件确定管理人报酬的规定》确定。

（二）管理人的工作衔接机制

《企业破产法》第二十三条规定，"管理人依照本法规定执行职务，向人民法院报告工作，并接受债权人会议和债权人委员会的监督。管理人应当列席债权人会议，向债权人会议报告职务执行情况，并回答询问"。

从《企业破产法》的制度设计上讲，管理人是介于受理法院与债权人会议（债权人委员会）之间的处理破产专门性事务的专业机构。对法院而言，根据《企业破产法》第二十三条、第六十九条、第一百二十条的规定，管理人应当向其报告包括但不限于履行职责的报告、破产财产处置情况报告、破产财产分配情况报告；对债权人会议和债权人委员会而言，根据《企业破产法》第六十一条规定，其有权申请人民法院更换管理人，审查管理人的费用和报酬，监督管理人，管理人应向其报告职务执行情况，管理人有不当行为时，债权人会议和经授权的债权人委员会可申请法院予以更换。

（1）建立与债权人的沟通机制

鉴于上述规定，律师作为债权人或债务人的代理人参与破产案件时，有必要协调管理人与法院、管理人与债权人会议（委员会）之间建立有效的工作机制，加快推进破产程序进度。实现这一点也就维护了客户的合法权益。对债权人或债权人会议而言，破产程序中管理人应当充分做好如下工作：

①如涉及债务人名下不动产、动产以及其他财产性权益的转让，或者履行债务人和对方当事人均未履行完毕的合同等重大事项时，应当及时报告；

②对于列席债权人会议时未能当场回答的问题，事后应以书面方式及时回复；

③制订变价方案、分配方案等涉及债权人重大权益的方案时，事先务必征询持有较大债权比例的债权人的意见，必要时根据其意见进行修订；

④在工作中及时回复各个债权人的书面、电话问询。

（2）建立与法院的沟通机制

同时，管理人也应当建立与人民法院的工作协调机制。破产管理人是法院指定的，但根据债权人会议的申请及依据职责，法院也可以另行指定管理人。管理人能否与法院良好沟通，直接决定了管理人是否能顺利履职。为此，管理人应向承办法官定期报告工作，对于涉及资产处置、变价方案或分配方案制订等重大事项，应做到事先征询和尊重承办法官意见，并根据法官的意见对有关方案或安排进行修订完善。

第三节　债权申报与程序会议

解散清算、强制清算、破产程序，均存在债权申报问题，解散清算对于债权申报方面无硬性要求，强制清算的债权申报基本参考破产程序。此外，各程序中对召开会议的要求也不相同，解散清算、强制清算并无必须召开债权人会议或相关清算会议的要求，清算组可视情况而定，但对于破产程序而言，召开债权人会议、债权人依法行使相应的表决权，是保障债权人的合法权益的重要制度措施，也是《企业破产法》立法目的的重要体现。债权人只有在依法申报债权后，方有权在债权人会议中行使相关的表决权，充分、妥善行使表决权并形成决议后，债权人的债权才能通过程序正当性获得更加公允的保护，因此两项重要的制度设计亦是相辅相成的。有鉴于此，本节将以破产程序中的债权申报及会议召开为标尺，介绍并探讨相关实务问题。

一、债权申报实务

《企业破产法》第十四条规定，法院应当在案件裁定受理之日起二十五日内通知已知债权人，并予以公告。通知和公告应当载明申请人、被申请人信息，申报债权的期限、地点和注意事项，管理人的名称或者姓名及其处理事务的地址，债务人的债务人或者财产持有人应当向管理人清偿债务或者交付财产的要求，第一次债权人会议召开的时间和地点以及人民法院认为应当通知和公告的其他事项。

实务中，管理人会在法院按照上述法定要求发布公告内容的同时向已知的债权人邮寄要求其提交债权申报材料的通知。接下来，管理人进行的就是与接管债务人财产同样重要的，也同样耗费精力的对申报债权的审查、登记造册及编制债权表的工作。

《企业破产法》第四十九条规定："债权人申报债权时，应当书面说明债权的数额和有无财产担保，并提交有关证据。申报的债权是连带债权的，应当说明。"第五十七条第一款规定："管理人收到债权申报材料后，应当登记造册，对申报的债权进行审查，并编制债权表。"《最高人民法院关于适用〈中华人民共和国企业破产法〉若干问题的规定（三）》第六条对债权申报登记、审核的主要内容进行了规定："管理人应当依照企业破产法第五十七条的规定对所申报的债权进行登记造册，详尽记载申报人的姓名、单位、代理人、申报债权额、担保情况、证据、联系方式等事项，形成债权申报登记册。管理人应当依照企业破产法第五十七条的规定对债权的性质、数额、担保财产、是否超过诉讼时效期间、是否超过强制执行期间等情况进行审查，编制债权表并提交债权人会议核查。债权表、债权申报登记册及债权申报材料在破产期间由管理人保管，债权人、债务人、债务人职工及其他利害关系人有权查阅。"

二、申报债权登记

根据上述规定，为规范债权的申报，管理人应让债权人提交统一制式的债权申报表并制定内部的债权登记表。以下是我们此前参与的破产案件中所使用的债权申报表，供参考：

债权申报表

债权人名称		邮编	
地址		联系人	
开户银行		账号	
申报债权数额		债权期间	
财产担保债权数额		担保方式	
申报债权事实证据			
附证据名称及份数			
备注			

年　　月　　日

管理人同时会要求债权人在提交债权申报表及相关证明材料时，一并提交加盖公章的营业执照副本复印件、法定代表人证明文件、代理人授权委托书以及身份证或律师执业证复印件。管理人也应一并向债权人告知其办公地址、管理人联系人及电话，以便债权人提交债权申报材料。

为确保编制债权表的真实性、合法性、完整性，管理人应当根据债权申报材料的数量，预先协调一定数量的相关人员参与该项工作。必要时聘请会计师事务所的专业人员予以协助。在审核债权人提交的购销合同、货物订单等基础材料以及支付凭证时务必谨慎，原则上应当要求债权人提供原件以备核查。审核过程中，如果对某些债权存有异议，则可以书面方式通知债权人对此进行补充材料或进行专门说明。在此项工作中，务必留存相应的工作底稿，以备在债权人会议上回答相关的询问。

在汇总了各个债权人申报的债权后，管理人应当制作一张简要的总表，以便直观简要地列明债权的总体情况，可参见如下表格：

债权申报汇总表

序号	债权人	地址	联系人	债权数额	证据材料	备注
总计						

其中的备注应当对债权的种类进行说明，可参照《企业破产法》第八十二条规定的包括担保债权、职工债权、税务债权、普通债权等不同的债权类型。

三、债权人会议及相关制度

《企业破产法》同样以专章的体例对债权人会议的人员组成、职责、召集规则、议事规则、表决规则等事项进行了规定，同时，也对债权人会议下设的债权人委员会的人员选任、职责进行了规定。在很大程度上可将债权人会议类比为公司治理结构中的股东会，债权人委员会类比为公司的董事会。同样地，鉴于股东会、董事会在公司治理架构上的作用，《企业破产法》将申请更换管理人、监督管理人、通过重整计划或和解协议、通过破产财产变价或分配方案等重大事项的决定权交由债权人会议。下面将债权人会议的制度及重要职权分述如下。

(一) 债权人会议组成及职权

1. 依据《企业破产法》第五十九条的规定，债权人会议的成员由依法申报债权的债权人组成，对相关事项享有表决权。但对债务人特定财产享有担保权且未放弃优先受偿权利，债权人对通过和解协议及通过破产财产的分配方案不享有表决权。对债权尚未确定的债权人，除人民法院能够为其行使表决权而临时确定债权额的外，也不得行使表决权。

债权人会议设债权人会议主席一名，由人民法院从有表决权的债权人中指定。笔者代理的某破产案件中，部分债权人一度争当债权人会议主席，他们认为该职务可给自身带来某些权益——尽管并不清楚债权人会议主席有何职责。在得知法律规定债权人会议主席是由法院指定后，又纷纷向承办法官请求由各自担任。

按照《企业破产法》第五十九条、第六十条及第六十二条的规定，债权人会议主席仅有的"权力"是接受债权人的授权委托书、主持债权人会议及提议召开债权人会议。该职位更多的是作为债权人会议召集人，并无其他所谓"权力"可言，可以说担任与否与能否实现自身的权益并无实际联系。实务中，法院在债权人会议上征询各位债权人的意见后，一般会指定债权数额最大的、无优先受偿顺位的债权人所推荐的人担任该职务。

2. 债权人会议职权。法律赋予了债权人会议对破产程序中关键、重大事项作出决议的权利，根据《企业破产法》第六十一条的规定，债权人会议行使下列职权。

(1) 核查债权

破产案件进入司法程序后，各个债权人通过管理人的书面通知或公告向管理人申报债权，同时还应向管理人提交相应的证据材料，由管理人审查、确认后登记造册，以此形成债权人名册及债权表。但最终该等债权的核查是债权人会议的职责。实务中，在核查确认债权时，一部分债权人（主要是债权数额较少的债权人）对经管理人确认的债权数额较大的债权会提出异议，理由是管理人未能公正履行职责，蓄意增加债权数额，侵害小债权人的合法权益。导致债权人会议仅在核查债权这一项上就耗费较长的时间。

如果管理人向该部分债权人提交了确认债权的相关证据材料，仍不被认可的，如前所述，出于对该异议的救济，根据《企业破产法》第五十八条的规定，主持第一次债权人会议的承办法官会在释明后限定该债权人在一定的期限内向受理破产申请的人民法院提起诉讼。该诉讼为破产债权确认纠纷之诉。

关于债权确认纠纷之诉，《最高人民法院关于适用〈中华人民共和国企业破产法〉若干问题的规定（三）》第八条规定："债务人、债权人对债权表记载的债权有异议的，应当说明理由和法律依据。经管理人解释或调整后，异议人仍然不服的，或者管理人不予解释或调整的，异议人应当在债权人会议核查结束后十五日内向人民法院提起债权确认的诉讼。当事人之间在破产申请受理前订立有仲裁条款或仲裁协议的，应当向选定的仲裁机构申请确认债权债务关系。"

此外，《北京高院破产审理规程》第一百七十四条规定："债务人、债权人对债权表记载的债权有异议的，应当说明理由和法律依据。经管理人解释或者调整后，仍有异议的，按照以下原则处理：（1）债务人、对他人债权有异议的债权人，可以在核查债权之债权人会议结束后十五日内，向受理破产案件的人民法院提起债权确认诉讼。逾期未起诉的，该债权确定；（2）对本人债权有异议的债权人，可以向受理破产案件的人民法院提起债权确认诉讼。人民法院可以依照企业破产法第五十九条第二款之规定，为其行使表决权而临时确定债权额。破产财产分配时，该债权确认诉讼案件尚未作出生效裁判的，应当根据该债权人申报债权额和破产案件清偿率计算其分配额并提存。对于债权人会议核查的债权，如该债权有担保人的，管理人应将审查情况书面告知担保人。担保人有异议的，可以要求管理人更正。管理人不予更正的，担保人可以在收到不予更正决定之日起十五日内，向受理破产案件的人民法院提起债权确认诉讼。逾期未起诉的，该债权确定。"

笔者团队在某破产清算案件中，作为第一大债权人（申请人）委托的律师对债务人提起了破产清算申请，进入审理程序后，管理人对其债权进行了登记造册。但在召开第一次债权人会议时，其他的债权人声称申请人所主张的债权是虚构的，并不存在。此时，承办法官告知该等债权人，可在15日之内就此向法院提起破产债权确认纠纷之诉。逾期提起诉讼的，视为承认该项债权，破产程序继续进行。

该破产案件中即出现了债权人提起破产债权确认之诉"案中案"。一审法院对该确认纠纷之诉进行了四个多月的审理。在此期间，破产程序一直处于中止状态。

就此情形，笔者团队建议债权人，尤其是债权比例较高的债权人，在债权人会议召开之前自行或委托律师与管理人充分沟通，使得管理人能尽可能掌握债权申报所依据的证据材料，夯实债权数额以及债权数额形成的依据，通过该方式减少债权人之间不必要的、没有实质意义的争执，以提高第一次债权人会议的效率，同时避免发生破产债权确认之诉这样的"案中案"。

（2）通过破产财产的变价、分配方案

由于破产财产的变价方案、分配方案事关全体债权人自身的合法权益，很多时候债权人会议对管理人提交的变价、分配方案的表决很难在短期内达到《企业破产法》规定的由出席会议的有表决权的债权人过半数通过，并且其所代表的债权额占无财产担保债权总额的 1/2 以上的决议通过要求。

为提高破产案件办理效率，加快破产进程，根据《企业破产法》第六十五条的规定，如果变价方案经债权人会议表决未通过的，由人民法院裁定。如分配方案经债权人会议二次表决仍未通过的，则由人民法院裁定。这当然是出于破产案件办理效率的考虑，对此当属无异议。

（3）其他权利

进入破产程序后，管理人清查、管理、处分以及分配债务人的财产构成了管理人的工作重心。管理人当然应当审慎勤勉地忠实履行管理和处分债务人破产财产的职责。但也总是会有一些管理人未依法合规地履行职责或者存在不当履职或其他不能胜任职务的情形。为此有必要赋予债权人会议更换管理人的权利。同时，债权人会议也拥有审查管理人的费用和报酬、监督管理人以及选任和更换债权人委员会成员、决定继续或者停止债务人的营业，以及通过重整计划和通过和解协议等权利。

（二）第一次债权人会议

第一次债权人会议应当在受理法院的主持下召开。在召开之前，受理法院通常在全国企业破产重整案件信息网公告第一次债权人会议召开的时间、地点，同时要求债权人及时向管理人申报债权、债务人的债务人向管理人清偿债务或交付财产，并告知参加第一次债权人会议应当提交的证明文件及授权文件。

实务中，除管理人汇报工作进展、表决某些基础性制度文件外，第一次债权人会议的主要工作就是核查管理人登记汇总并核查确认的各笔债权，如果债权人对本户或他户债权存在异议，通常应在会后向管理人提交书面债权异议文件，个别债权人数量较少的案件，债权人有时也有机会在会议上直接提出，此时管理人通常要对此做专项解释说明，并告知债权人在会后仍需补交书面债权异议材料，以此完善相关程序。

第一次债权人会议结束后，实务中此后的债权人会议通常由管理人根据案件进展情况适时召集召开，当然根据相关规定，后续债权人会议也在法院认为必要时，或者债权人委员会、占债权总额 1/4 以上的债权人提议时召开。关于债权人会议召开地点，除第一次债权人会议要求在人民法院召开外，后续会议均无具体要求。《最高人民法院关于适用〈中华人民共和国企业破产法〉若干问题的规定（三）》第十一条第一款规定："债权人会议的决议除现场表决外，可以由管理人事先将相关决议事项告知债权人，采取通信、网络投票等非现场方式进行表决。采取非现场方式进行表决的，管理人应当在债权人会议召开后的三日内，以信函、电子邮件、公告等方式将表决结果告知参与表决的债权人。"从上述关于表决方式的规定可以看出，出于节约成本、提高效率等方面的需要，实务中债权人会议也可通过网络、邮寄材料等方式召开。

第四节 重整程序

鉴于重整程序的特殊性，在此特设一节单独予以介绍。破产中设置重整程序的出发点是对已有破产预兆或已进入破产程序的债务人提供一次可能的重生机会。但冰冻三尺非一日之寒，债务人之所以走到破产境地，与其内部治理结构、经营方式、产品服务以及外部经济环境、市场渠道有着深刻的关联。实践中，极少数债务人能通过重整起死回生。

即便跨过了重整的门槛，但浴火重生、重焕活力的过程中，需要债务人付出数倍心血来调整主营业务，确定稳定的造血输血功能，在司法的介入和保护下，才可能会让债务人暂时离开破产边缘。这一过程毫无疑问考验着各方的智慧、耐心和信任，对各方都是巨大的挑战。

《企业破产法》用20余个条文的篇幅对涉及重整的申请和重整期间、重整计划的制定和批准以及重整计划的执行等重整程序中的主要问题进行了规定。

一、重整申请主体及重整执行期间

（一）重整申请主体

《企业破产法》中规定的重整是与破产清算、和解并行的程序。从《企业破产法》第二条的规定来看，公司具有不能清偿到期债务，且资产不足以清偿全部债务或明显缺乏清偿能力的，或者有明显丧失清偿能力可能的，债务人及债权人均可以直接申请重整。同时，根据《企业破产法》第七十条的规定，债权人、债务人或者出资额占债务人注册资本1/10以上的出资人（以下简称10%的出资人）都可以向人民法院申请重整。

但务必注意的是，各个主体提起重整的时间点以及条件是不同的，具体为：

1. 对于债务人而言，其在不能清偿到期债务并且资产不足以清偿全部债务或明显缺乏清偿能力，或偶遇明显丧失清偿能力可能时，债务人可以直接向法院申请重整；同时，在债权人对债务人申请破产清算的情况下，进入破产程序后宣告破产前，债务人也可以向法院申请重整。

2. 对于债权人而言，其仅有的以此提起重整的机会是在向法院提交申请材料时，可以选择申请对债务人破产清算，或者选择申请对其重整。但如果选择了破产清算，就意味着在今后的程序中无权提出重整申请了。

3. 对 10% 的出资人，更需要注意的是，根据《企业破产法》第七十条第二款的规定，其申请重整只能在破产申请受理后、宣告债务人破产前，并且仅能在债权人提出破产申请的程序之中。也就意味着，如果是债务人申请自身破产清算，则 10% 的出资人都无权提出重整的申请。

上述关于提出重整的主体，尤其是提出的时间点和条件的限制，请务必予以充分注意，以使我们在重整的实务操作中能够做到清晰明确，避免混淆。

下图有助于更好地理解上述内容：

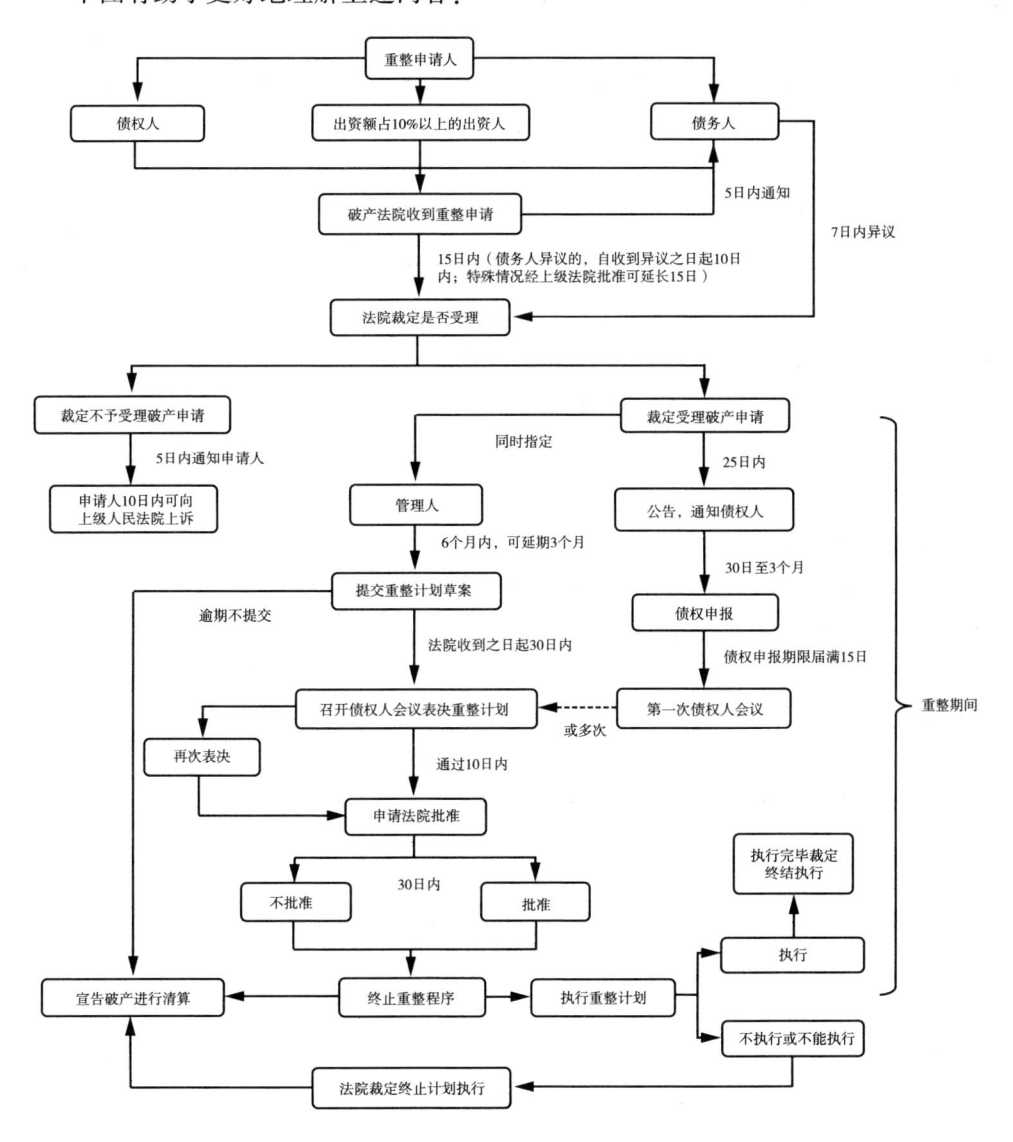

重整流程图

不过，随着司法实践的发展和营商环境的变化，出于改善营商环境的要求，部分地方制定了特殊规定，以扩大重整申请适用的主体范围。

如《北京破产法庭破产重整案件办理规范（试行）》第六条第三款规定："上市公司具备重整原因的，持有上市公司十分之一以上股份的股东可以向人民法院申请对上市公司进行重整。"第七条规定："破产清算申请受理后、破产宣告前，债权人、债务人或者出资额占债务人注册资本十分之一以上的出资人，可以向人民法院申请重整。"第八条规定："商业银行、证券公司、保险公司等金融机构具备重整原因的，该金融机构、国务院金融监督管理机构可以向人民法院提出对该金融机构进行重整的申请。"该规定不仅赋予了持有上市公司1/10以上股份的股东、金融机构以及国务院金融监管机构对特定主体直接申请重整的资格，还同等赋予了债权人、债务人、10%的出资人在破产清算受理后、宣告破产前申请重整的资格，给了更多企业一个"重获新生"的机会。

（二）重整执行期间

即便破产程序的各个参与方已就债务人的重整达成一致，并且开展了重整，但债务人能否借助重整，通过内部调整和外部契机以恢复元气、步入正轨、实现稳定的现金流等一系列的问题，各参与方都无法保证。

针对重整所面临的重大不确定性，《企业破产法》并没有明确规定重整执行的具体期限。《企业破产法》第七十二条规定了重整的起始日自人民法院裁定债务人重整之日起；另外，参考《企业破产法》第八十七条至第九十条的规定，重整计划自人民法院裁定批准重整计划草案之日起执行。对于重整执行的期限终止于何时，《企业破产法》却并无明确规定。不过，根据《企业破产法》第八十一条的规定，在重整计划草案中应当包括重整计划的执行期限。由于重整计划草案制定者是管理人或债务人，因此可以理解为《企业破产法》将何时终止重整的决定权赋予了管理人或债务人。但《企业破产法》也通过第七十八条规定了重整终止的实质情形，即：

（1）债务人的经营状况和财产状况继续恶化，缺乏挽救的可能性；
（2）债务人有欺诈、恶意减少债务人财产或者其他显著不利于债权人的行为；
（3）由于债务人的行为致使管理人无法执行职务。

出现上述三种情形之一的，经管理人或者利害关系人请求，人民法院即裁定终止重整程序，并宣告债务人破产。

二、重整计划的制定和批准

（一）重整计划草案的制定主体

根据《企业破产法》的规定，重整计划草案由债务人或管理人提出。如果在重整期间由债务人自行管理财产和营业事务，由债务人制作重整计划草案；如果由管理人负责管理财产和营业事务，则由管理人制作重整计划草案。

尽管债权人及债权人会议是破产程序中重要的参与方，但是需要注意的是，《企业破产法》却并未赋予债权人、债权人会议制定重整计划草案的权利。实务中，有的管理人会向债权人，特别是向债权比例较大的债权人征询重整计划草案的建议，或在制定草案后与债权人进行沟通，对债权人的合理建议予以吸收，通过此举措使草案能够在债权人分组表决中获得通过。

另外，也有一些债权人（尤其是享有较大数额债权的债权人）通过向管理人或债务人提交其制定的重整计划草案的方式参与或影响草案的制定。无论何种方式，笔者认为最基本的出发点还是应着眼于重整计划草案的通过以及顺利得到执行。

（二）重整计划草案的批准

1. 《企业破产法》第八十六条规定，在第八十二条规定的担保债权组、职工债权组、税款债权组、普通债权组、小额债权组以及实务中的出资人组，均通过重整计划草案后，由法院以裁定方式批准该草案，同时终止重整程序，并予以公告。

2. 如果部分表决组未通过重整计划草案，经过债务人或者管理人与未通过的表决组协商后，该组拒绝再次表决或者再次表决仍未通过重整计划草案的，如果重整计划草案符合《企业破产法》第八十七条第二款所列的全部六项条件的，则债务人或者管理人可以申请人民法院批准重整计划草案。

人民法院经审查认为重整计划草案符合该条所规定的法定条件的，应裁定批准。法院在裁定批准重整计划的同时，还应当裁定终止重整程序，并予以公告。至此，重整期间结束。接下来即拉开了重整执行的序幕。当然，如果重整计划草案未获得通过且未依照《企业破产法》第八十七条的规定获得批准，或者已通过的重整计划未获得批准的，则人民法院应当裁定终止重整程序，并宣告债务人破产。

三、重整计划的执行

（一）重整计划的执行及监督

不同于重整申请及重整计划草案的制定可以有两个或三个主体，重整计划的执行只能限于债务人。为此，在人民法院裁定批准重整计划后，如果此前已由管理人接管债务人的财产和营业事务，则应当向债务人移交财产和营业事务。但是管理人有权监督重整计划的执行。在监督期内，债务人应向管理人报告重整计划执行情况和债务人财务状况。监督期届满时，管理人应当向人民法院提交监督报告。自监督报告提交之日起，管理人的监督职责终止。经管理人申请，人民法院也可以裁定延长重整计划执行的监督期限。

（二）重整计划的终止

如债务人在重整计划执行期间不能执行或者不执行重整计划，严重背离重整计划、损害债权人及其他利害关系人的合法权益，经管理人或者利害关系人请求，法院将裁定终止重整计划的执行，同时应当宣告债务人破产。

第五节 财产与财产分配

对于可正常推进的解散清算、强制清算，由于不存在资产小于负债的情况，原则上应全额清偿全部债权人，然后将剩余财产向股东进行分配，在资源充足的情况下，较少产生分歧或矛盾。但是，债务人进入破产程序后，其可以变现的财产就成了众矢之的。参与破产程序的管理人、债权人都紧盯着那仅有的一点财产。在这种僧多粥少的状况下，如何明确债务人的财产、破产财产如何分配才能保护债权人和债务人的合法权益，都是《企业破产法》的立法者必须解决的重大课题。

《企业破产法》的很大篇幅都是围绕破产财产的确认管理、合理地确立分配顺序所进行的制度设计。例如，管理人法定职责中有多项与债务人财产有关，如接管债务人的财产、调查债务人财产状况、制作财产状况报告、决定债务人的日常开支和其他必要开支、管理和处分债务人的财产等。对债权人而言，从减少其自身权益受损的目的出发，其更加关注债务人可供清偿的财产的多少以及各自的清偿比例，如债权人会议的主要议题即为讨论并决定与债务人财产相关的问题。

一、破产人的财产

（一）破产财产的范围

1. 破产财产确定的起止期间

一旦被宣告破产，债务人将不可逆地进入破产清算阶段。《企业破产法》第一百零七条第二款规定："债务人被宣告破产后，债务人称为破产人，债务人财产称为破产财产，人民法院受理破产申请时对债务人享有的债权称为破产债权。"虽然因破产宣告这一程序而被赋予了新的称呼，但破产财产与债务人财产本质上属于同一财产。

《企业破产法》第三十条规定："破产申请受理时属于债务人的全部财产，以及破产申请受理后至破产程序终结前债务人取得的财产，为债务人财产。"该条以简洁的立法语言，明确了归属于债务人财产的时间点，即"破产申请受理时属于债务人的全部财产"以及属于债务人财产的期间，即"破产申请受理后至破产程序终结前债务人取得的财产"。

另外，《最高人民法院关于适用〈中华人民共和国企业破产法〉若干问题的规定（二）》第一条以列举的方式明确了债务人财产的范围，即债务人所有的货币、实物，债务人依法享有的可以用货币估价并可以依法转让的债权、股权、知识产权、用益物权等财产和财产权益。

2. 属于破产财产的其他情形

债务人的财产并不仅限于该条规定的范围，根据《企业破产法》第一百二十三条的规定，如果自破产程序终结之日起二年内，债权人发现有《企业破产法》第三十一条、第三十二条、第三十三条、第三十六条规定的情形，即管理人可以行使撤销权的情形、债务人处分财产无效的情形以及债务人的董事、监事和高级管理人员利用职权从企业获取非正常收入和侵占企业财产的情形。基于上述情形追回的财产，也属于债务人的破产财产。

另外，该条同时规定，自破产程序依照《企业破产法》第四十三条第四款或者第一百二十条的规定终结之日起二年内，发现破产人有应当供分配的其他财产的，债权人均有权请求人民法院按照破产财产分配方案进行追加分配。

（二）破产财产的分类

结合我们办理破产清算工作的实务，现将属于债务人财产的不同类型的财产以下图进行列明：

破产财产分类

破产案件中，作为参与方的聘请律师，我们应当通过查阅会计师事务所出具的审计报告、现场清查盘点、向政府部门查询等方式核实管理人所制作的债务人财产状况报告。如发现有漏登债务人财产或有应当对外主张的财产或债权时，应及时向管理人反馈，进行补充，以共同保障债务人财产的完整与安全。

二、财产分配

(一) 财产分配方案

依法公平地分配破产财产应是管理人、法院、债权人以及债务人共同追求的目标。根据《企业破产法》第一百零七条、第一百一十一条和第一百一十五条的规定,管理人应当及时拟订破产财产的变价和分配方案,经债权人讨论决定后予以执行。

管理人应结合对债务人财产的核查、归集的实际情况,提出财产变价方案。在方案中,管理人应对包括货币、实物资产及无形资产等在内的各类资产状况进行列明,其中:

1. 涉及货币资产的,管理人将债务人的银行账户中的存款转入管理人为本次破产案件开立的账户内,然后注销债务人各个银行账户。

2. 涉及债务人对外应收款项的,管理人依据会计师事务所出具的审计报告,结合各个债权的数额、基础性交易文件是否完备、是否存在诉讼时效障碍、交易相对方是否正常存续等现状,对每笔债权是否可以实现作出具体判断。

3. 动产、不动产、生产设备、原材料以及办公设备等实物资产的价值及其计算方式。

4. 无形资产,包括专利技术、著作权、商标权等,管理人应当对此进行评估作价。

5. 对于收回难度大的应收账款,管理人为避免债权人损失的扩大,一般会建议债权人会议将对外的应收账款合成一个不良资产包进行无底价拍卖,由债权人竞买。如果两次拍卖均未能成交的,管理人将不再对该部分的应收账款进行清收。

实务中,对于解散清算、强制清算程序,通常不会单独制作财产变价和分配方案,而是统一在清算方案中进行规定。解散清算作为公司自治的清算程序,对于财产变价方式无硬性要求,最终可清偿全部债权且股东方认可即可。强制清算作为司法清算程序,财产变价方式参考破产程序,通常是通过公开的网络拍卖程序进行。

(二) 财产分配顺序

如前所述,可正常推进的解散清算、强制清算程序,由于不存在资产小于负债的情况,原则上应全额清偿全部债权人,因此在债权清偿层面不存在顺序问题,只需把握股东剩余财产分配要后置于债权清偿、清算费用清偿即可。但对于破产程序,尤其是以注销公司为目的的破产清算程序,如何对仅剩的破产财产进行分配、分配顺位和分配方式等问题,便成了破产程序中的一项重要内容。

《企业破产法》第一百零九条规定:"对破产人的特定财产享有担保权的权利

人，对该特定财产享有优先受偿的权利。"此外，在清偿破产费用和共益债务后，其他债权的清偿顺位为：职工债权、社保及税款债权、普通债权。

实际上，《企业破产法》立法进程中，就职工债权优先受偿还是担保债权优先受偿的问题，曾引发了不同观点的碰撞。最终，有财产担保债权就担保物优先受偿的原则还是得以保留。权利人的这一权利在破产法理论上称为别除权。实践中，债权人行使别除权前应向人民法院申报债权，并同时提供证明其债权已设置财产担保的证据材料。权利人在破产案件受理后至破产宣告前请求优先受偿的，应经人民法院准许。破产宣告后行使别除权的，应向管理人申请。别除权人获得优先受偿的数额以其担保财产的价值为限。行使优先受偿权利未能完全受偿的，其未受偿的债权作为普通债权处理；放弃优先受偿权利的，其债权则作为普通债权处理。

另外，关于别除权的行使，存在一个极为特殊的例外。《北京高院破产审理规程》第二百五十三条第一款规定："破产人为建设工程发包人时，就该工程折价或者拍卖的价款，承包人的建设工程价款债权优先于抵押权受偿。"也就是说，建设工程价款债权的受偿顺序优先于一般的别除权，该原则在其他未制定相应司法文件的地区也基本被遵循，属于理论和实务界的主流观点和通行做法。但需要注意的是，建设工程承包人行使优先权的期限仅为六个月，自建设工程竣工之日或者建设工程合同约定的竣工之日起计算。

根据《企业破产法》第一百一十三条的规定，在破产财产的清偿过程中，破产人所欠职工的工资和医疗、伤残补助、抚恤费用，所欠的应当划入职工个人账户的基本养老保险、基本医疗保险费用，以及法律、行政法规规定应当支付给职工的补偿金将作为破产费用和共益债务之后的第一清偿顺位债权予以清偿，之后，破产人欠缴的除上述债权以外的社会保险费用和破产人所欠税款，以及普通破产债权，将分别作为第二、第三清偿顺位的债权，按先后顺序予以清偿。

如破产财产不足以清偿同一顺序的清偿要求的，则按照比例分配。

第六节　破产与清算的经验启示

作为专门从事破产与清算法律事务的律师，笔者在执业中也积累了一些办案的经验，总结起来有如下几点：

一、始终把沟通放在工作首位

首先，应当与客户保持良好沟通。相对于一般的民商事案件，破产或强制清算案件申请中提交的材料较多，且分布在公司的不同部门之中。无论律师或是公司内部的代理人，要以法院的裁定立案为这一阶段的最终目标，应当主动与各类人员保持良好的沟通，取得理解和认同，获得申请立案的必要材料。某些情况下，因申请材料可能涉及公司经营过程中的商业秘密、财务数据、人员数据等重要信息，为免由此导致工作受阻，建议提前启动沟通工作，必要时单独与相关方签订保密协议，最大限度地打消其顾虑。目前，实务中各地对申请破产或强制清算的要求大方向一致，但细节资料各有不同，作为推动工作一线人员，也要保持并善于与法院进行沟通，切忌提交申请材料后放任不管，如此才有可能尽快且顺利地拿到破产或强制清算案件的受理裁定。

其次，也要与管理人/清算组保持密切沟通。管理人/清算组在破产或强制清算程序中的重要地位无须多言。实务中，管理人/清算组更多的是由3—5人组成的项目组，其中也分为项目负责人、具体承办人。各程序当事人的经办人员，在参与债权申报、债权人会议或是重整、和解等各个程序时，均应当充分配合、协助管理人/清算组的工作，对管理人/清算组保持足够的尊重和理解，建立良好的沟通机制，保持经常性的沟通。如此，方能更好地争取和维护己方合法权益。

最后，与其他中介机构人员保持沟通也是必要的。破产或强制清算程序中，一些参与方会聘请律师作为代理人参与诉讼，管理人/清算组也会聘请会计师、评估师对财产、账务进行审计，或是对财产作价评估。作为程序参与方的经办人员，即使在破产或强制清算程序中与其他中介机构人员处于对立方，也建议从争取对话的目的出发，相互尊重，彼此理解。

二、保持良好的工作习惯

《企业破产法》及有关司法解释并未对破产或强制清算程序的审限作出规定，这意味着破产或强制清算案件没有审限的限制，解散清算程序更是无相关要求，当然如果出现拖延清算情形，可能转入强制清算程序。总而言之，解散清算、强制清算或破产程序，受限于各种主客观因素，均可能出现程序周期较长的情况。

在此过程中，为免因时间周期较长导致遗忘，无论是管理人/清算组或是各程序参与主体的代理人、经办人员，都应该设计相应的工作流程及推进机制，并保持互相之间的信息共享及交流通畅。此外，当遭遇客观障碍时，各方均应保持良好的工作心态，互相理解、切勿急躁。同时，管理人/清算组作为程序推进的核心机构，也要坦诚地向其他各方程序参与主体作解释及说明工作，取得各方的理解与支持。

鉴于程序中存在的繁杂程序性事项，应当养成以纸质文件、电子邮件或其他相对妥善的书面方式留痕、留档的习惯，既有利于工作备忘，又便于后续复盘。

三、保持学习不断提升能力

《企业破产法》是技术性立法的典范，是一部有着很强专业性的部门法，历经十余载的司法实践，积累了丰富的应对各种情况的实务经验，但同时也产生了诸多有争议、有博弈的新问题，其中很多问题还不仅仅涉及法律方面的问题，这就要求无论是管理人/清算组还是债权人的代理人，除熟悉《企业破产法》及其相关司法解释、司法文件的相关规定和要求外，还需在实务中不断学习、提升各方面的知识和能力，方可在工作中得心应手、游刃有余。此外，对于破产与清算业务领域的从业人员，还应当对国家在政策层面上所制定的破产或强制清算的相关制度或文件予以关注，并从宏观经济的大局去观察、理解与把握相关问题。如此才能丰富我们的执业经历，从整体上提升工作能力。

第十一章

争议解决法律实务

第一节　争议解决法律实务概述

当具体地解决某一个特定的争议时，我们往往发现决定成败的并非对该特定争议所涉的行业情况、交易结构、专门知识缺乏了解，而是对那些共性的东西缺乏深刻的理解和把握。在本书的体系下讲争议解决实务，可以从所有类型的争议解决共性出发，提炼出律师或者法务工作者从事争议解决的基本方法、步骤。

按照这样的思路，本节主要从三个方面进行讨论：一是诉讼方案设计的基本流程；二是诉讼案件的基本工作习惯；三是争议解决中应把握的几对关系。

本章主要根据民商事诉讼案件展开，处理仲裁或者其他类型案件时也可参考。本章在讨论角度上，主要以律师的身份展开，但是，企业法务人员也可以据此引导、监督律师的工作，或者处理相关争议。

一、诉讼方案设计的基本流程

处理一个争议事项时，要按照法律程序，对其进程进行分解，做到从争议启动到解决完毕，对其经历的主要阶段、进程得以推动的积极因素和面临的主要障碍有预判。这项工作叫作诉讼方案设计。

诉讼方案能够进行设计的主要理由在于：其一，当事人可以自由处分其权利。裁判机构需秉持不告不理的原则。其二，主观的认识因素，在不同案件中可能产生不同的效果。

（一）确定诉讼目的

1. 诉讼目的的分类

启动一个争议程序的诉讼目的，可以从几个方面来理解：一是直接和诉讼请求本身相关，即体现在判决主文上。比如要求二审判决维持原判。二是针对事实认定。比如要求判决确认一事实，以作为另行启动另案的证据。三是针对裁判理由，要求对某一行为或事实作出评判。比如针对原审的程序问题，虽然达不到由此发回重审的程度，但当事人认为受到不公正对待，要求对原审的问题予以指出。四是通过诉讼达到查封财产等目的。五是在于启动诉讼本身。以此表明其立场、态度。

因此在确定诉讼目的时，应统筹考虑案件所处的程序、阶段、纠纷产生的真正原因、当事人内部各种利益诉求等。

2. 诉讼目的的保障

这里主要是要考虑：第一，如何进行保全。关键是要做好以下几方面：其一，获取有价值的财产线索。其二，明确管辖法院对保全的特殊要求。法院可能通过发布规范意见或法官口头说明的方式提出特殊要求。其三，了解当前有无对保全的特殊司法政策。第二，对于具体诉讼请求，明确其可执行性。确定诉讼请求时，应考虑：其一，其如何在裁判文书主文中表述；其二，如其成为判项，在执行环节是否会产生歧义。《最高人民法院关于适用〈中华人民共和国民事诉讼法〉的解释》第四百六十一条规定："当事人申请人民法院执行的生效法律文书应当具备下列条件：（一）权利义务主体明确；（二）给付内容明确。法律文书确定继续履行合同的，应当明确继续履行的具体内容。"对此问题，可以通过查询管辖法院类似案例中判项的表述等方法来解决。

（二）选择争议解决程序

明确了目的以后，就要考虑通过何种程序来实现。主要包括：

第一，选择民事还是行政或刑事程序。选择其中一种程序时，其他程序是否并用或备用。

第二，对于对方当事人启动的程序，能否以其他程序进行对抗。对于主动发起的程序，是否需要通过其他程序提供证据支持等方面的配合。这里重点说明下仲裁和诉讼的关系。以另案诉讼判决确定的事实，去支持仲裁相对而言更容易被接受；但以仲裁裁决确认的事实能否影响诉讼，则要具体分析。《最高人民法院关于民事诉讼证据的若干规定》第十条规定："下列事实，当事人无须举证证明……（五）已为仲裁机构的生效裁决所确认的事实……前款第二项至第五项事实，当事人有相反证据足以反驳的除外；第六项、第七项事实，当事人有相反证据足以推翻的除外。"司法解释对仲裁和诉讼的关系，作了相应的修订。

第三，在确定程序后，要考虑是否具备受理的条件。如以民事诉讼程序为例，其一，依据法律和司法解释，判断是否具备基本的受理条件。其二，在有的案件里面，还需要考虑是否具备诉的利益，诉求能否合并等。在一些争议较大的案件里面，是否具备受理条件，法院主要围绕当事人之间是否"权利义务的现实争议和诉的利益两个要件"进行审查。其三，不仅在一审时要考虑起诉条件，二审、再审时也要考虑是否具备诉的利益问题。

如在一起金融借款纠纷案件[①]中，当事人向最高人民法院上诉称，质押合同未生效。最高人民法院对此项请求没有审理。当事人申请再审，最高人民法院认为，"上诉制度是为遭受一审不利益判决的当事人提供救济以确保法院裁判的公正性而设立的，上诉利益是判断当事人提起上诉合法性的条件，是法院对上诉请求进行审

---

① 参见最高人民法院（2021）最高法民申 2704 号裁定书，载中国裁判文书网，最后访问时间：2024 年 5 月 20 日。

理的前提，无上诉利益的上诉则无审理之必要"。申请人不是质权人或出质人，与案涉质权没有法律上的利害关系。案涉质押合同成立且有效，能减轻其作为保证人的保证责任，对其没有任何不利益。因此，二审对其关于案涉质押合同效力的上诉请求未予审查，并无不当。

(三) 时间、地点和对象

争议解决工作具体展开，必须事先考虑时间、地点和对象这三个问题。

1. 诉讼的时间

诉讼的时间或时机，就是决定什么时候启动程序，包括何时提出反诉。这需要考虑以下几个方面：法律对于期限的要求；证据等案件准备情况；纠纷的整体背景；司法政策、立法的动态。

这里着重强调司法政策、立法动态因素。就是要关注规则变化，可能给争议解决造成的潜在影响。原则上应当适用当时的法律，但是，不应忽视新法或者新的司法政策倾向，对于裁判者的影响。

以民间借贷为例。《最高人民法院关于审理民间借贷案件适用法律若干问题的规定》第十三条规定："具有下列情形之一的，人民法院应当认定民间借贷合同无效：(一) 套取金融机构贷款转贷的……"第三十一条第一款规定，"本规定施行后，人民法院新受理的一审民间借贷纠纷案件，适用本规定"。而修正前的《最高人民法院关于审理民间借贷案件适用法律若干问题的规定》(2015年)第十四条规定，"套取金融机构信贷资金又高利转贷给借款人，且借款人事先知道或者应当知道的"无效。

这意味着对于"套取金融机构贷款转贷的"情况，如果早起诉则可能被认定为有效，而在修订的司法解释施行后起诉的，则可能被认定为无效。这是起诉时机的典型案例。

2. 诉讼的地点

在什么地方提起程序，主要是管辖问题。在诉讼程序中，就是地域管辖问题。立案登记制后，受理案件相对方便、容易，但管辖问题往往还是一个争议程序的先决问题。

考虑诉讼地点或管辖时，主要注意几个方面：第一，主管问题。比如同一事实或纠纷，应由仲裁还是诉讼，或者属于刑事、行政纠纷范围。第二，约定管辖的效力问题。第三，特别注意最高人民法院对于金融、知识产权等类型纠纷专门的管辖规范。第四，是否存在增加被告等方式，制造管辖连接点的问题。第五，诉讼请求的基本依据。这主要考虑是否存在虚增诉讼金额规避管辖的问题。

在一起合同纠纷案①中，最高人民法院指出："人民法院在立案登记阶段，对当事人的诉讼标的额是否符合级别管辖的规定，原则上仅进行形式审查，即当事人对其诉讼请求的具体金额提出相应的事实和理由即可，至于该事实和理由能否支持其诉请金额，则属于案件的实体审理范围，立案登记阶段一般不予涉及。同时，为保障当事人规范、诚信行使诉权，合理、有效配置司法资源，对当事人诉请金额严重偏离合理范围存在畸高情形的，人民法院可以在立案阶段对当事人是否存在恶意虚增诉讼标的额行为进行审查，以确保级别管辖制度不被滥用，但如果当事人不存在滥用诉权和恶意诉讼行为，即使当事人的诉请金额存在偏高情形，人民法院仍应当尊重当事人的选择，不能以此为由将案件移送管辖。"

3. 诉讼的对象

到底以谁为对方当事人，也是个重要的问题。主要考虑几个方面：第一，依据法律规定，可否分别起诉。如可以单独起诉连带保证人。第二，当事人之间的利益关系。比如与债务人之间存在其他纠纷，或尚有合作，考虑先行单独起诉连带保证人。第三，诉讼对象的确定是否影响管辖等问题。第四，考虑诉讼请求的合并或者分别提出。

（四）诉求的基本依据和主要障碍

在诉讼方案的设计过程中，必要列明对具体诉求的主要支持理由和反对理由。下文提到的庭审提纲，可以有效解决此问题。考虑诉求的基本依据和主要障碍，实质是对结果进行预判。

诉讼的结果受多方面因素影响。包括起诉的基本证据、主要事实、法律规定。也受到社会经济大背景、国家政策、裁判者的主观认识，当事人的博弈等因素影响。

在处理这一工作时，要尽可能预估不利的因素，并做好应对方案。对于从事争议解决的法务工作者或者律师而言，并不存在确定胜诉或者败诉的案件，唯一能确定的是当事人的诉讼目的。

具体来说，要考虑几个方面：第一，确定案由，明确到底在何种法律关系下解决争议。第二，针对具体的诉求，明确其具体的法律依据、证据。第三，列明对方可能提出的主要抗辩，并考虑如何回应。

如一起票据追索权纠纷案②中，一审总结焦点为"原告主张的追索权是否能得到支持"，双方均认可。一审法官询问原告方的诉讼请求主张的是票据追索权还是

---

① 参见最高人民法院（2019）最高法民辖终 469 号裁定书，载中国裁判文书网，最后访问时间：2024 年 5 月 20 日。

② 参见最高人民法院（2022）最高法民终 53 号判决书，载中国裁判文书网，最后访问时间：2024 年 5 月 20 日。

转贴现合同，其回答是票据权利。一审原告败诉后，向最高人民法院上诉，提出"应当追加违法交易链条参与方加入诉讼以一次性解决纠纷"。最高人民法院认为，更为重要的是"二审上诉所主张的请求权基础的法律关系与一审诉讼中所主张的完全不同，所以其才主张一审仅查证了一半事实，而未查证另一半事实，要求还应审理票据清单交易法律关系"。

二、诉讼案件的基本工作习惯

争议解决实务中的工作习惯，是指在此过程中应形成的基本工作文件。以此为依据，可以对工作进展、作业质量进行很好流程控制。

从工作文件角度，诉讼案件的基本流程包括：根据当事人的基本情况介绍，做相关的检索研究，编制问题和材料清单，由当事人协助准备详细的应诉材料；制作最基本的法律文书（主要是起诉状、上诉状、答辩状等）；准备庭审提纲，出庭应诉；庭后撰写庭审报告。在此过程中，同步建档、归档，做好工作记录。

（一）问题和材料清单

多数案件需要编制问题和材料清单。少数争议类型比较单一的企业，可能会在启动诉讼程序、委托律师进行处理前，形成比较完整的材料。清单通常是需要律师向企业提供，有时候公司法务人员也会参考或直接援用律师的清单向其他部门索取材料。

1. 清单的编制方法

在形式上，清单的编制方法并无严格的格式要求。但在实务中可以考虑以下几点：第一，同一单位或团队出具的清单样式应保持大体一致。第二，可以粗略分成需要补充提供的材料、需要核实的问题，在此基础上根据具体情况再予以细分。第三，逻辑顺序上，可以参考答辩的思路或者围绕诉求展开。

2. 清单编制的注意事项

编制清单时，需要注意以下几点：第一，体现已充分研究现有材料。不再列现有材料已能解决的问题。第二，体现已对涉案交易流程比较了解。第三，体现对涉案交易常见法律争议问题比较了解。第四，对当事人、原审代理律师明显存在问题、遗漏，谨慎提出相关问题。

（二）庭审提纲

庭审提纲应是律师团队或企业控制庭审情况、保障庭审质量的重要手段。以一审原告为例，庭审提纲应包括以下主要内容：

第一，诉讼请求的依据。各项诉讼请求依据的具体的法律条款（合同条款）、事实（证据）。

此外，对于需要明确的请求项（如费用等），需要事先予以确认；对于诉求的变更、增加的情形，也需要予以考虑。

第二，举证质证。举证一般和证据目录一致。质证一般附单独的质证意见。质证意见的关键是证据的真实性确认问题，应事先通过庭审提纲取得各方面一致认识。对个别关键证据可能存在缺陷或可能当庭提出的质疑，在庭审提纲中准备回应。

第三，争议焦点。列明可能出现的争议焦点，以及对方当事人可能提出的抗辩主张、我方的主要理由。

第四，其他问题。主要是列出法庭可能询问的案件事实，并做好回复准备。

（三）庭审汇报

少数庭审，可以通过口头或微信工作群等及时通报情况。多数庭审，应通过书面方式出具庭审汇报。庭审汇报可以便于各方面及时掌握情况，对于案件走向包括下一步工作有一定把握，对于可能出现的潜在的风险问题能有所准备。主要内容包括：

第一，开庭信息。包括时间、地点、参与人员等。

第二，起诉和答辩情况。主要和起诉状、答辩状相比，有何变更或者说明。

第三，举证质证情况。主要是相较庭审提纲，有无新证据；对于证据质证意见有无新的说法；等等。

第四，法庭主要关注的问题。对法庭特别询问的事实、提及的法律问题予以准确记录。特别是要注意法官在庭前庭后非正式表达的、没有记录在笔录中的，以及虽然记入笔录，但其前后语未记录、可能存在特别含义的情形。

第五，下一步工作计划。就法庭询问的问题、交代的任务，以及下一步流程等作出安排。

（四）建档和工作记录

在争议解决过程中，应同步建档、做好工作记录。这对于其他参与案件的人非常有帮助，也对自己总结、提高非常有用。

第一，与作业同步地建档、归档。档案内容的分类可以考虑：参考的案例（包括收集的类案、规范性文件）；企业法务、业务和律师往来文件；对方当事人的文件；提交法院的文件；正式的文书文件（包括裁判文书等）；等等。有的案件历经多个审级、程序，还要相应作出区分。

第二，功能性的工作记录。目前，工作记录多数依赖程序解决。但是，仍有根据个人习惯单独做好记录的必要。主要记录重要的事件，在处理争议过程中获得的经验、心得体会。比如对于涉及法律问题，结合收集的类案，记录研究情况，可以为以后借鉴，也可以与人分享。

争议解决过程中，除了通过以上工作文件养成、体现的工作习惯外，还应当对处理类型案件、新型疑难案件经验不断总结。交流分享也是极其重要的工作方法。另外，还应养成分析研究案例的习惯等。

三、争议解决中应把握的几对关系

争议解决过程中，"以事实为依据、以法律为准绳"是基本原则。笔者认为，深刻把握几对关系，可以对法律条文的理解、具体的案件处理提供巨大帮助。这样的关系，主要包括原则和规则的关系、法律、事实和程序的关系等。

规则主要对应法律规范的分则部分，原则主要对应总则或通则、一般规则部分，理解两者关系有助于掌握法律规范本身。法律、事实和程序的关系，实际上涉及在法律规范适用于具体案件时，主要参与主体之间的协作问题，对是否取得适当的案件处理结果有重要影响。

（一）原则和规则的互相制约

规则涉及繁杂的具体条文，而诸如公平、诚信等原则则为大众熟悉。对具体规则的把握，必须依赖对原则的深刻理解；对于案件结果的预判，也离不开对原则的深刻理解。

1. 发展的视角看待规则

实务工作中，深刻理解法律规则，除了一般的法律解释方法（如目的解释、文义解释等），还需要特别注意从维护当事人利益角度，以发展变化的思维看待具体规则，考察具体规则的变化趋势。注意随着社会经济状况变化，现有规则正在发生的改变。具体表现为，法律草案、司法解释征求意见稿对现有规则进行修改，甚至新法已经予以修改，但尚未到施行日期等情形。

这个问题，和新法的溯及力问题相关。《最高人民法院关于适用〈中华人民共和国民法典〉时间效力的若干规定》第二条规定，"民法典施行前的法律事实引起的民事纠纷案件，当时的法律、司法解释有规定，适用当时的法律、司法解释的规定，但是适用民法典的规定更有利于保护民事主体合法权益，更有利于维护社会和经济秩序，更有利于弘扬社会主义核心价值观的除外"。这条司法解释，涉及了新规则的溯及力问题。但这是"应然"的角度。

实际上，新规则会对裁判者思路造成影响。在有规则变化趋势的情形下，存在适用旧法的合法性，也存在适用新法的合理性。

比如越权担保的民事责任问题。在债权人非善意的情况下，公司是否应当承担责任以及如果要承担责任应如何承担，存在较大的分歧，主要有三种观点：第一种观点认为，只要公司法定代表人或者授权代表在担保合同上签字，合同上盖有公司印章，该合同就是有效的。第二种观点认为，没法定代表人签订担保合同的效力不归于公司，公司不应承担任何责任。第三种观点认为，公司应当承担担保无效的责任。对此，最高人民法院认为，"我们认为，在纪要没有出台前，根据前述任何一种观点判决的案件都不应认定为错案，这主要还是法官个人的理解问题"。①

对此实际问题，最高人民法院也予以正面回应。2023 年 5 月 26 日发布的《最高人民法院关于法律适用问题请示答复的规定》第二条第一款第三项规定，"司法解释、规范性文件制定时所依据的客观情况发生重大变化，继续适用有关规定明显有违公平正义的"，高级人民法院可以向最高人民法院提出请示。

目前立法、司法解释制定方面比较活跃，不断有新的法律、司法解释颁行。以发展的视角看待规则，可以为维护当事人利益争取提供更多的途径。

2. 具体案件适用原则的条件

原则的具体适用，应注意以下方面：

第一，一般只有在规则缺失的情况下，才能运用原则。《关于深入推进社会主义核心价值观融入裁判文书释法说理的指导意见》第六条规定："民商事案件无规范性法律文件作为裁判直接依据的，除了可以适用习惯以外，法官还应当以社会主义核心价值观为指引，以最相类似的法律规定作为裁判依据；如无最相类似的法律规定，法官应当根据立法精神、立法目的和法律原则等作出司法裁判，并在裁判文书中充分运用社会主义核心价值观阐述裁判依据和裁判理由。"在一起服务合同纠纷案[②]中，最高人民法院认为，"原审判决不应直接适用公平原则，行使自由裁量权判令海某公司对黄某荣向伟某公司支付服务报酬义务承担连带责任。民事审判中，只有在法律没有具体规定的情况下，为了实现个案正义，法院才可以适用法律的基本原则和基本精神进行裁判。通常情况下，法院不能直接将'公平原则'这一法律基本原则作为裁判规则，否则就构成向一般条款逃逸，违背法律适用的基本规则。本案原审判决以公平原则认定非合同当事人的实际受益人海某公司对黄某荣的付款义务承担连带责任，既缺乏当事人的意思自治，又无视当事人在民商事活动中的预期，还容易开启自由裁量的滥用"。最高人民法院据此改判。

第二，法律或司法解释明确规定对特定问题应考虑原则。比如，《关于当前形势下审理民商事合同纠纷案件若干问题的指导意见》第六条规定："在当前企业经营状况普遍较为困难的情况下，对于违约金数额过分高于违约造成损失的，应当根据合同法规定的诚实信用原则、公平原则，坚持以补偿性为主、以惩罚性为辅的违

---

① 最高人民法院民事审判第二庭编著：《〈全国法院民商事审判工作会议纪要〉理解与适用》，人民法院出版社 2019 年版，第 191 页。

② 参见最高人民法院（2022）最高法民再 91 号判决书，载中国裁判文书网，最后访问时间：2024 年 5 月 20 日。

约金性质,合理调整裁量幅度,切实防止以意思自治为由而完全放任当事人约定过高的违约金。"

第三,**特殊情形下,即使存在具体规则,也可以适用原则作出裁判**。这样的情形,尤其是需要注意相应的程序问题:如何才能呈现出符合要求的特殊案情,裁判者内部需要何种程序才能作出这样的判断。

2020 年 5 月 13 日,最高人民法院举行新闻发布会,发布人民法院大力弘扬社会主义核心价值观十大典型民事案例。其中一例为:"开发商'自我举报'无证卖房毁约案。"① 基本案情是:某房地产公司与李某某签订了商品房内部认购合同书,该认购合同书约定了双方的名称、住所、房屋的基本情况、单价、总价款、付款方式、付款时间等内容。合同签订当日,李某某即向某房地产公司交纳全部购房款。其后,该房地产公司在案涉开发项目已经取得土地使用证、建设用地规划许可证、建设工程规划许可证与建筑工程施工许可证的情况下,以案涉房屋未取得商品房预售许可证为由,将李某某起诉至法院,请求确认双方签订的内部认购合同无效。

西安市中级人民法院认为,李某某在签订认购合同书当日即支付了全额购房款,某房地产公司作为销售方的合同目的已经实现,但其不积极履行己方合同义务,在房地产市场出现价格大幅上涨的情况下提起本案诉讼主张合同无效,违背诚实信用原则。某房地产公司签约时未取得商品房预售许可证,虽然违反了商品房预售许可制度,但案涉楼盘在一审诉讼前已经取得了除预售许可证之外的"四证",工程主体已经建成,在李某某上诉过程中,案涉楼盘也取得了商品房预售许可证,预售制度所欲避免的风险在本案中已经不存在。因此,该公司签约时未取得商品房预售许可证的事实,并不必然导致其签订认购合同的民事法律行为无效。该公司为获取超出合同预期的更大利益,违反合同约定,提起本案诉讼主张合同无效,显然与社会价值导向和公众认知相悖,人民法院不予支持。

最高人民法院在论及该案典型意义时称,本案不因开发商签约时未取得商品房预售许可证而机械认定房屋认购合同无效,而是结合合同目的、合同履行、商品房预售制度的立法目的等因素,认定商品房预售制度所欲避免的风险在本案中已经不存在,开发商提起本案诉讼是为获取超出合同利益的恶意违约行为,故而对开发商违背诚信的行为给予否定性评价。

《最高人民法院关于审理商品房买卖合同纠纷案件适用法律若干问题的解释》(2003 年)第二条规定:"出卖人未取得商品房预售许可证明,与买受人订立的商品房预售合同,应当认定无效,但是在起诉前取得商品房预售许可证明的,可以认

---

① 参见《人民法院大力弘扬社会主义核心价值观十大典型民事案例》,载最高人民法院网站,https://www.court.gov.cn/zixun/xiangqing/229041.html,最后访问时间:2024 年 7 月 11 日。

定有效。"该规则是很明确的，前述案例中，出卖人在诉讼前没有取得预售许可证，按照前述司法解释，合同应当无效。但通过适用民法原则，法院并未认定其无效。2020年修正时，该条解释未改动。这说明在符合规则适用条件时，仍需注意原则的适用问题。当然，如将前述案例作为类案参考，则应回归到前文讨论的基本事实等方面的相似性识别判断上来。具体来说，前述案件中，其基本案情包括一审诉讼前已经取得了除预售许可证之外的"四证"、上诉过程中案涉楼盘也取得了商品房预售许可证等。

3. 处理结果的合理性

从结果角度理解原则或规则的适用。即在经过对具体规则或原则的阐释后，其最终要实现的案件结果，应是符合大多数人（即便这些人从未研究过具体的法律条文）的日常观念、符合常理的。如果处理结果或者分析推论的结果，不为多数人理解、接受，则应该反思对规则或原则的理解是否妥当。

（二）事实、法律和程序的协调

"以事实为依据、以法律为准绳"，再通过适当的程序，案件处理结果就产生了。因此，把握好这三者的关系尤为重要。

事实和法律有时候交织在一起，难以区分。事实能通过证据直接反映，法律则通过规范性文件直接载明（也包括对条文的理解）。程序问题依据是法律，但在实践中，为当事人重视的，往往是指可由裁判者通过自由裁量权控制案件进展的部分。

在企业争议解决实务中，常常形成这样不全面的认识：裁判者掌握法律、控制程序；当事人（在企业内部则是业务经办部门）掌握事实，有时也认为了解法律问题；法务工作者或者律师，既不如当事人了解事实，也不如裁判者了解法律，还不能控制程序。导致裁判者按照固有的类案审判经验，只关注其认为应当关注的问题；当事人往往不能全面向法务或律师提供事实问题；对于程序问题错误评估。

处理好这三者关系，主要注意两点：

第一，事实、法律和程序任何一方面的处理不当，都可能导致案件结果错误。另一方面，也需要注意，即使存在基本事实、主要法律条款理解错误，基本程序错误，但结果不受影响的情形。如在一个合伙协议纠纷案[①]中，最高人民法院认为："故案涉《股权转让收购协议》与《股权转让协议》的性质并无不同，均系合伙财产份额转让合同，且并未违反法律、行政法规强制性规定，当属有效。一、二审判决认定案涉《股权转让收购协议》系采砂权转让合同、成立未生效，适用法律有误，应予纠正。""一、二审法院适用法律有误，但裁判结果正确，再审请求不予支持。"

---

① 最高人民法院（2021）最高法民再95号判决书，载中国裁判文书网，最后访问时间：2024年5月20日。

第二，把握三者关系，关键是要明确争议解决参与主体的定位。就律师而言，其为当事人利益服务，一切以当事人的利益为出发点和归宿。

第二节 国际仲裁

我国企业需要处理一起国际仲裁案件时，通常需要了解的几个问题是：如何选定仲裁机构和仲裁员；仲裁阶段和程序需要多久；国际仲裁与国内仲裁程序主要区别有哪些；中国律师和境外出庭律师之间角色及职责如何分配；等等。本章节主要针对国际仲裁领域这些相关问题进行介绍与阐述。

一、仲裁机构与仲裁员

仲裁起源于古希腊和古罗马。起初，商人们对于协商无法解决的纠纷，尊请德高望重的个人或者商人组织例如行会等作为中间人，依据商业实践、行业惯例或职业道德来解决纠纷，称为仲裁。仲裁形成的结论由于带有德高望重长者及行业协会的威严，对当事方亦存在一定的约束力。但该约束力与法院被国家赋予的公权力并不相同，如当事人不执行，并没有权力第三方强制执行。直至19世纪末20世纪初，仲裁才与法律相结合，成为法律认可的一种争议解决方式，约束力亦被赋予了强制执行力。

仲裁可以按照所涉及地域属性分为国内仲裁和国际仲裁。国内仲裁通常是指同一国家当事人之间为解决不具有涉外因素的国内民事商事争议事项，而由本国仲裁机构进行的仲裁。对裁决结果的执行有时会涉及败诉方境外的财产，鉴于该执行并不属于仲裁程序事项，虽然执行会涉及境外财产所在国法院程序，这一类的仲裁案件亦不会归属于国际仲裁程序。国际仲裁，在我国语境习惯上常被称为涉外仲裁，是指争议当事人分属于不同国家或地区或争议事项本身包含涉外因素，例如合同履行地点与当事人注册地点分属不同国家等。

联合国国际贸易法委员会（以下简称联合国贸法会，UNCITRAL[①]）于1966年12月设立。旨在促进及规范联合国各成员国之间国际贸易关系。联合国贸法会于1985年6月21日通过了《国际商事仲裁示范法》。该部法律指导示范联合国各成员国如何处理国际仲裁相关事宜，对各个国家确立本国涉外仲裁处理规范及原则具有重要参考价值。《国际商事仲裁示范法》规定[②]，仲裁如有下列情况即为国际仲裁：（A）仲裁协议的当事各方在缔结协议时，他们的营业地点位于不同的国家。

[①] 联合国国际贸易法委员会，英文名称为 United National Commission on International Trade Law，UNCITRAL。

[②] 见《国际商事仲裁示范法》第3条。

或（B）下列地点之一位于当事各方营业地点所在国以外：（a）仲裁协议中确定的或根据仲裁协议而确定的仲裁地点；（b）履行商事关系的大部分义务的任何地点或与争议标的关系最密切的地点。或（C）当事各方明确地同意，仲裁协议的标的与一个以上的国家有关。

国际商事仲裁协议是指国际商事关系的当事人在其合同中表示，愿意将已经发生的或将来有可能发生的争议提交国际仲裁解决，并且约定了仲裁机构及规则的共同意思表示，是仲裁机构和仲裁员进行仲裁的主要依据。双方当事人的完善的仲裁协议通常明确决定仲裁机构、仲裁规则及仲裁员的选定。各国仲裁规则规定的主要内容大体相似，均为规定如何提起及进行仲裁的相关程序，包括如何提出仲裁申请、如何组庭、如何进行仲裁审理、如何作出仲裁裁决以及裁决的效力等内容。各国仲裁机构的规则中关于如何组成仲裁庭及如何选定仲裁员均有明确细致的规定。

中国国际经济贸易仲裁委员会（以下简称贸仲），建立于1956年4月，为中国最早建立的涉外商事仲裁机构。《中国国际经济贸易仲裁委员会仲裁规则》（以下简称《贸仲规则》）规定案件受理范围[1]包括国际或涉外争议案件以及涉及我国香港特别行政区、澳门特别行政区及台湾地区的争议案件。除贸仲以外，中国还有越来越多的仲裁机构在国际仲裁领域迅速发展，例如北京仲裁委/北京国际仲裁中心（以下简称北仲）、深圳国际仲裁院（以下简称深国仲）等。境外仲裁机构中，中国企业在合同中经常选择的通常为历史悠久、经验丰富的全球性或欧美仲裁机构，例如1928年成立的、总部设在法国巴黎的国际商会仲裁院（以下简称ICC）、1926年设立的美国仲裁协会、1917年设立的瑞典斯德哥尔摩商会仲裁院；或者是亚洲区域地域便利、文化相同，又满足当事人中立要求的区域性仲裁中心，例如1991年成立的新加坡国际仲裁中心（以下简称SIAC）、1985年设立的香港国际仲裁中心（以下简称HKIAC）；等等。该些机构通常均具有本机构制定的仲裁规则，依其仲裁规则进行仲裁审理。

各个国家的仲裁法及相关政策法规是规范及约束该国仲裁事项的程序法律，对于仲裁事项包括该国仲裁机构的仲裁规则及当事人拟达成的仲裁协议均有约束性的要求。《仲裁法》明确要求仲裁协议必须具有三项核心内容[2]：（1）请求仲裁的意思表示；（2）仲裁事项；（3）选定的仲裁委员会。其中一项就是选定仲裁委员会（即仲裁机构）。三项核心内容均需清晰明确。兰台代理的一个关于国际货物买卖纠

---

[1] 《贸仲规则》第三条规定："受案范围（一）仲裁委员会根据当事人的约定受理契约性或非契约性的经济贸易等争议案件。（二）前款所述案件包括：1. 国际或涉外争议案件；2. 涉及香港特别行政区、澳门特别行政区及台湾地区的争议案件；3. 国内争议案件。"

[2] 见《仲裁法》第十六条。

纷的仲裁案①中，当事人双方在买卖合同争议解决条款的前面部分约定……所有与本合同或履行相关争议，均需通过友好协商进行解决；如协商不成，应提交仲裁。仲裁应由国际商会仲裁院按照仲裁规则在新加坡进行仲裁……但在同一条款后面部分又同时约定……仲裁应以英语作为仲裁语言，在瑞士的苏黎世举行。双方对于仲裁地点的约定明显出现矛盾。在这种约定矛盾的情形下，当申请人依约在任一地点提交坐落于该地点的仲裁机构，被申请人均有可能以双方约定不明为由挑战该仲裁院对仲裁案件的管辖权，影响申请人的仲裁推进计划。

各仲裁规则也会明确约定，该规则的管辖法律为该国的仲裁法律。例如，《新加坡国际仲裁中心规则》（以下简称《SIAC 仲裁规则》）规定②，凡仲裁地是新加坡的，按照本规则仲裁的法律必须是《国际仲裁法》（新加坡第 143A 号法令，2002 年版）或者其修订本或者重新制定的版本。《国际商会仲裁规则》（以下简称《ICC 仲裁规则》）规定③，由仲裁院依据仲裁规则对仲裁程序进行管理而引发或有关的任何争议，应当适用法国法并由享有专属管辖权的法国巴黎司法法庭解决。但由于国际商会在许多不同国家有仲裁秘书处，处理当事人约定在该国进行的仲裁案件，程序亦应适用该仲裁地所属国家的仲裁法。两者约定及法律适用不同时，可能会出现法律冲突，即复杂的国际私法问题。

当事人签订仲裁协议/仲裁条款选择国际仲裁机构以及仲裁地点时，要特别注意该机构所在国仲裁法允许提交仲裁事项的范围，即争议事项在仲裁地法律中可仲裁性问题。例如《仲裁法》第二条规定了可以仲裁的范围，即平等主体的公民、法人和其他组织之间发生的合同纠纷和其他财产权益纠纷。第三条及第七十七条排除了可以提交仲裁事项，即：（1）婚姻、收养、监护、扶养、继承纠纷；（2）依法应当由行政机关处理的行政争议；（3）劳动争议和农业集体经济组织内部的农业承包合同纠纷的仲裁。各个国际仲裁机构规则规定的可仲裁事项及仲裁程序均会受到其所在国仲裁法的制约，因此在确定仲裁协议选定国际仲裁机构时，应提前审核及审慎考虑合同事项是否属于该仲裁机构所在国家仲裁法律允许仲裁事项范围。如不属于，出现争议提交该国际仲裁机构时，其将无法受理。双方达成的仲裁协议/合同仲裁条款将很有可能成为无效条款。

争议的可仲裁性亦决定了仲裁裁决是否能够得到相关国家法院的承认及执行。如该裁决内容在拟提交执行法院所在国家不具有可仲裁性，则该裁决将很有可能无法获得该国法院的承认及执行，该仲裁裁决就不具有任何实际效力及意义，成为一纸空文。1958 年联合国《承认及执行外国仲裁裁决公约》（以下简称《纽约公

---

① 本案为兰台律师事务所承办，经笔者改编，仅为说明具体问题，供读者研究和参考。
② 见《SIAC 仲裁规则》第 32 条。
③ 见《ICC 仲裁规则》第 43 条。

约》）规定，缔约国可以声明"本国只对根据本国法属于商事的法律关系—不论其为契约关系与否所引起的争执适用本公约"[1]，因此，凡作出此保留声明的缔约国就不会执行其他缔约国仲裁机构所作出的非商事性质的仲裁裁决。另外，《纽约公约》又规定，如果被请求承认与执行仲裁裁决的国家相关当局认为，按照该国的法律，裁决中的争议事项不适合以仲裁方式处理，可拒绝承认和执行该项仲裁裁决[2]。因此在确定仲裁协议选定国际仲裁机构时，还应提前审慎考虑仲裁结果可能涉及的被执行主体所在国或其财产所在国家法律是否支持该国法院承认该国际仲裁机构作出的裁决，依当事人请求进行执行。

二、机构仲裁与临时仲裁

企业有时也会遇到机构仲裁与临时仲裁的选择问题。兰台代理的一个案件中，争议合同仲裁条款约定："如果有任何争议无法根据上述第31.1条在60天内通过友好协商解决，因为本合同产生的或者与之相关的任何争议，包括关于本合同成立、效力或终止的任何问题，应当在新加坡，根据当时有效的《UNCITRAL仲裁规则》，提交仲裁并最终解决。此等仲裁规则应被视为已经并入本条。双方在此确认，他们已经阅读此等仲裁规则，并且同意受其约束。仲裁庭的决定应当是终局性的并且具有约束力。"

读者可能注意到，以上当事人仲裁条款仅约定了按照《UNCITRAL仲裁规则》（即联合国《贸易法委员会仲裁规则》）在新加坡进行仲裁。该套仲裁规则中未限制由哪个仲裁机构使用该规则。体现出规则并不限制当事人必须使用仲裁机构进行机构仲裁。因此当事人也有权依据该规则使用临时仲裁方式解决争议。联合国贸法会本身并非一个仲裁机构，客户及合同相对方签订的合同中该仲裁条款仅明确约定了仲裁地点和仲裁规则，但未明确仲裁机构。因此除非双方能够后期就仲裁机构达成一致，否则只能依据合同约定在新加坡依贸法会仲裁规则进行"临时仲裁"。

机构仲裁，是指依照当事人双方的协议将争议交由一个常设仲裁机构并依该机构所制定的仲裁规则进行仲裁。我国仲裁法规定的就是机构仲裁制度。我国《仲裁法》要求当事人仲裁协议中明确指定仲裁委员会，并且明确规定，仲裁协议对仲裁事项或者仲裁委员会没有约定或者约定不明确的，当事人可以补充协议；达不成补充协议的，仲裁协议无效[3]。体现了我国不承认没有仲裁机构参与的临时仲裁。机构仲裁最大的优势为机构除了每次案件从外面聘任的仲裁员组成仲裁庭外，其具有

---

[1] 见《纽约公约》第1—3条。
[2] 见《纽约公约》第5条第2（1）项。
[3] 见《仲裁法》第十八条。

本身比较专业的管理及秘书人员，能否依该机构仲裁规则推动及管理仲裁案件的程序问题。机构仲裁也是目前中国企业在国际仲裁中经常使用的方式。

临时仲裁是指无固定仲裁机构介入，仲裁活动不由仲裁机构进行管理，而由当事人各方通过仲裁协议或合同仲裁条款中约定的仲裁规则直接组织仲裁庭，并由其进行的仲裁。临时仲裁庭处理完争议案件即自动解散。显而易见的是，临时仲裁由于缺乏仲裁机构的管理机制作为支持，能否有限进行很大程度上取决于双方当事人是否能积极合作按照规则进行仲裁事项的推进，如果任何一方不予配合，最后均可能久拖不决，无法完成仲裁程序，争议无法获得解决。

虽然我国法律目前尚未正式认可临时仲裁，但由于我国参加了《纽约公约》，该公约明确规定了缔约国或者参加国对在其他成员方境内作出的仲裁裁决有承认和执行的义务，而并未将临时仲裁作出裁决排除在外。因此，只要有关当事人约定在公约成员国境内临时仲裁且该成员国法律并不禁止，则人民法院亦应承认该临时仲裁协议有效。

三、仲裁阶段与庭审程序

国际仲裁和国内仲裁[①]涉及程序均可大体分为以下几个阶段：（1）申请与受理；（2）仲裁庭组成；（3）审理与裁决；（4）履行与执行。各阶段主要涉及程序及重点关注问题如下：

1. 申请与受理

当事人提出仲裁申请是仲裁程序开始的起始步骤。国际仲裁机构例如 ICC、HKIAC 及 SIAC[②] 通常都要求当事人先提交仲裁通知，简述提交仲裁所依据的仲裁协议以及争议及请求的性质。仲裁机构会邀请被申请人回复意见，特别是关于是否同意管辖。被申请人回复意见后，仲裁机构会审核是否符合受理条件，如一方当事人提交文件或主张不符合要求，仲裁机构通常会允许当事人在合理期限内补充提交，以尽可能符合立案受理程序。

正式受理后，申请人需提交正式的仲裁申请书。各国法律对申请书要求内容大体一致。《香港国际仲裁中心机构仲裁规则》（以下简称《HKIAC 仲裁规则》）规定[③]，仲裁申请书应包括下列各项：（1）当事各方的名称和地址；（2）对仲裁请求所依据的事实陈述；（3）争议事项；（4）寻求的救济或补救。申请人应将其所依据的文件附在仲裁申请书后。在我国，《贸仲规则》规定[④]，当事人一方申请仲裁

---

① 见《仲裁法》第四章至第六章。
② 见《SIAC 仲裁规则》第 3 条。
③ 见《HKIAC 仲裁规则》第 17 条。
④ 见《贸仲规则》第十二条。

时，应向该委员会提交仲裁申请书。申请书应写明：（1）申请人及被申请人的名称和住所，包括具体的联系细节；（2）申请人所依据的仲裁协议；（3）案情和争议焦点；（4）申请人的仲裁要求；（5）仲裁请求所依据的事实和理由。

在这一阶段中，国内仲裁与国际仲裁在起始步骤上有所区别。企业需要适当注意：

国内仲裁中，仲裁规则通知规定当事人应首先提交仲裁申请书，得到受理后，才进入组庭及开庭审理等实体审理阶段。《贸仲规则》要求[①]，当事人申请仲裁时应提交仲裁申请书。仲裁申请书应写明：（1）当事人的情况；（2）仲裁协议；（3）案情和争议要点；（4）申请人的仲裁请求；（5）依据的事实和理由。仲裁委员会收到申请人的仲裁申请书等材料后，经审查符合条件的，可以进入审理程序。

而国际仲裁机构通常会将受理前及受理后分成两个步骤。《HKIAC 仲裁规则》规定了受理前申请人提交的[②]仲裁通知应主要包括的内容为：（1）将争议提交仲裁的请求；（2）当事人各方情况；（3）援引的仲裁协议；（4）案件争议合同；（5）对仲裁请求的基本性质描述及金额；（6）寻求的救济或补救；（7）受理费用支付情况。在被申请人提交答复，案件得到正式受理以及仲裁庭组成后，申请人才需再提交正式的仲裁申请书。《HKIAC 仲裁规则》规定[③]，仲裁申请书应主要包括下列各项：（1）当事各方的名称和地址；（2）对仲裁请求所依据的事实陈述；（3）争议事项；（4）寻求的救济或补救等。申请人应将其所依据的文件附在仲裁申请书后。因此申请人在仲裁机构受理前提交的仲裁通知只是仲裁程序开始的第一步。只有在仲裁得到正式受理以及仲裁庭组成后，作为第二步，申请人才需正式提交仲裁申请书，详细描述仲裁请求、事实和理由。

笔者团队代理的一个 ICC 在新加坡的国际仲裁案件，从第一步提交仲裁通知到案件得到受理后第二步开始，即正式提交仲裁申请书，中间历时一年左右的时间。

2. 仲裁庭组成

国际仲裁与国内仲裁组庭原则相似，首先尊重当事人的仲裁协议中对于仲裁庭仲裁员人数、国籍、仲裁语言等的约定。如仲裁协议中对于仲裁庭的组成没有具体约定，则依选定仲裁机构的仲裁规则决定仲裁庭的组成方式。

国际仲裁规则中通常会设定争议标的一定金额以下的案件适用简易程序。简易程序中仲裁庭由独任仲裁员组成。《HKIAC 仲裁规则》规定[④]，除非当事人另有约定，或仲裁中心秘书处在参考所有相关情况后另有决定，所有仲裁请求和反请求

[①] 见《贸仲规则》第十二条。
[②] 见《HKIAC 仲裁规则》第 4.3 条、第 5.7 条。
[③] 见《HKIAC 仲裁规则》第 17 条。
[④] 见《HKIAC 仲裁规则》第 38 条。

（或任何抵消答辩）的总额不超过250000美元[1]的案件，应适用下列规定：（1）应按第38.2条规定的简易程序仲裁；（2）案件应提交独任仲裁员，除非仲裁协议规定了三人仲裁庭。

若当事人在仲裁协议中未约定仲裁员人数，而仲裁中心理事会决定争议应提交独任仲裁员，双方当事人应在最后一方收到仲裁中心理事会的决定之日起30日内共同指定独任仲裁员。若当事人未在适用的期限内指定独任仲裁员，则由仲裁中心理事会指定[2]。

如仲裁协议中未明确规定仲裁庭人数，除了仲裁规则中已经明确规定适用简易程序审理的情形，例如争议金额低于250000美元等，《HKIAC仲裁规则》亦允许一方当事人请求仲裁中心理事会决定案件应提交独任仲裁员还是三人仲裁庭。在作出决定时，仲裁中心理事会应考虑各项因素[3]，包括争议金额、仲裁请求的复杂程度、当事人的国籍、争议所涉行业、业务或专业的相关惯例，有多少合适的仲裁员可供选择，以及案件是否紧迫等。若仲裁庭须由三人组成，除非当事人另有约定，仲裁庭应由各方各指定一名仲裁员。若一方未能在收到另一方指定仲裁员的通知之日起30日内或当事人约定的期限内指定，则由仲裁中心理事会指定第二名仲裁员。按上述方式指定的两名仲裁员，应指定第三名仲裁员出任仲裁庭的首席仲裁员，若未能在第二名仲裁员确认后30日内或当事人约定的期限内指定，则由仲裁中心理事会指定首席仲裁员[4]。

关于第三名仲裁员的指定方式，有些国际仲裁机构没有采取由当事人双方指定的仲裁员指定第三名仲裁员的方式，而是直接由机构指定。例如，《SIAC仲裁规则》规定，指定仲裁庭三名仲裁员时，双方当事人应当分别各自提名一名仲裁员……第三名仲裁员必须由主席指定[5]，并且应当作为首席仲裁员，但当事人另有约定第三名仲裁员的指定程序的除外。

3. 审理与裁决

仲裁庭审理案件的形式可以有两种：开庭审理和不开庭审理（即依据书面文件进行审理并作出裁决）。《ICC仲裁规则》规定[6]，在任一当事人要求开庭时，或者当事人虽未要求但仲裁庭自行决定开庭审理时，案件应当进行开庭审理。案件决定开庭审理的，仲裁庭应当以适当方式通知当事人在其确定的时间和地点出席开庭……

---

[1] 适用简易程序门槛金额的设置，通常会随不同版本的仲裁规则更新时进行更新而提高。
[2] 见《HKIAC仲裁规则》第7条。
[3] 见《HKIAC仲裁规则》第6.1条。
[4] 见《HKIAC仲裁规则》第8.1条。
[5] 见《SIAC仲裁规则》第7条。
[6] 见《ICC仲裁规则》第26条第1款。

任何当事人经正式传唤无正当理由而未出庭的，仲裁庭有权继续开庭审理。开庭程序主要为当事人陈述与答辩、举证与质证、仲裁庭事实调查、当事人就争议焦点进行辩论等。

国际仲裁规则中往往要求仲裁庭制作程序时间表。《ICC 仲裁规则》规定，仲裁庭应尽快制定一份其打算遵循的旨在高效进行仲裁的程序时间表①。该程序时间表及其任何修改内容均应通知仲裁院和各方当事人。出于对程序时间表中各主要节点的清晰把控，当仲裁庭相信当事人已有合理机会充分陈述意见后，则应宣布审理终结。此后不得再提交任何意见辩论或称证据，除非仲裁庭认为有必要重新开始审理。

简易程序的裁决自然由简易仲裁庭的独任仲裁员作出。数名仲裁员组成的仲裁庭，各国际仲裁机构仲裁规则通常规定，仲裁裁决应按照多数意见作出。根据《ICC 仲裁规则》规定②，仲裁庭由数名仲裁员组成的，应根据多数意见作出裁决。如果不能形成多数意见，裁决将由首席仲裁员独自作出……裁决应说明其所依据的理由。《HKIAC 仲裁规则》规定③，若是三人仲裁庭，仲裁庭的任何裁决或其他决定，应按多数仲裁员的意见作出；若没有多数意见，按首席仲裁员一人的意见作出。

在这一阶段仲裁程序中，国内仲裁与国际仲裁主要有两点区别，值得特别注意：

（1）审理范围书（Terms of Reference）

《ICC 仲裁规则》规定④，仲裁庭应按照案卷材料拟定一份文件界定其审理范围。主要内容包括：①各方当事人名称基本情况；②当事人可量化的请求事项及救济摘要；③待决事项清单；④仲裁庭组成及每个仲裁员基本情况；⑤仲裁地；⑥可适用的程序规则的详细说明。

仲裁审理范围书的拟定方式主要有两种：一是由仲裁庭在收到秘书处转来的案卷后，根据书面材料拟定一个文件；二是由仲裁庭会同当事人共同依据当事人最近提交的意见拟定审理范围书。审理范围书应当经当事人和仲裁庭签署。若任何当事人拒绝参与拟定或签署审理范围书，该审理范围书应提交仲裁院批准，批准后仲裁继续进行。审理范围书签署或经仲裁院批准后，任何当事人均不得提出超出审理范围书的新请求，除非仲裁庭在考虑该项新请求的性质、仲裁审理阶段以及其他有关情形后准许当事人提出⑤。审理范围书确定程序督促仲裁庭及当事人尽早明确及量

---

① 见《ICC 仲裁规则》第 24 条。
② 见《ICC 仲裁规则》第 32 条。
③ 见《HKIAC 仲裁规则》第 29 条。
④ 见《ICC 仲裁规则》第 23 条。
⑤ 见《ICC 仲裁规则》第 23 条。

化仲裁请求，以确定仲裁庭审理的方向、内容及目标，也避免当事人随意更改仲裁请求的内容。

(2) 强制要求对方提交证据文件（Discovery 程序中重要环节）

《国际律师协会国际商事仲裁取证规则》（以下简称《IBA 证据规则》）在国际仲裁中被广泛适用。笔者团队代理的一个国际仲裁案件中 ICC 仲裁庭给各个当事人发出的程序令中明确告知其将参考使用该规则（但并不完全受其约束）。该规则规定，在仲裁庭规定的期限内，任何一方当事人（请求方）都可以向仲裁庭请求，由对方当事人（被请求方）提交对案件结果具有重要关联性的处于被请求方占有、保管或控制下的证据文件[1]。

被请求方可以向仲裁庭提出的抗辩理由主要有以下两种[2]：①其并不占有、保管或控制该要求出示文件；或有合理相关事实或证据体现其曾占有但该被请求文件已经丢失或被销毁。②其主张下列各项理由，拒绝提供该请求文件：(a) 文件与案件或审理范围缺乏足够关联性；(b) 依适用的法律或道德规则下不得提供；(c) 不合理的举证责任；(d) 商业或技术保密理由；(e) 特殊政治或体制敏感性的理由（包括被政府或国际公共机构列为秘密的证据）；(f) 其他仲裁庭应予考虑的对程序经济性、比例对应性、公平性或平等性的考虑。

请求方有权对被请求方的抗辩理由进行回应。仲裁庭经征求及研究各方当事人意见后，主要应审核的内容为：①请求方希望以被请求文件说明的问题与案件的关联性；②对于审理范围及争议焦点影响的程度；③被请求方抗辩的理由是否成立。如仲裁庭经过审核后认为请求方的要求合理，可以指令被请求方向仲裁庭和其他当事人出示那些归其占有、保管或控制的被请求文件[3]。

当被请求方仍拒绝提交仲裁庭要求其提交的文件，将可能造成案件裁决结果对其产生不利影响。仲裁庭可能按以下方式处罚被要求方：①由此推断该文件将不利于被请求方的利益；②被要求方在仲裁庭取证过程中未能诚信行事，则可在最后裁定仲裁费用时对被要求方多予分配。

该程序体现了仲裁规则赋予了仲裁庭进一步调查事实的证据权利，有权对申请人与被申请人之间的举证责任进行重新分配，而不必完全拘泥于"谁主张，谁举证"的一般举证原则。

4. 履行与执行

仲裁裁决书通常都会设定败诉方履行裁决的时间，而且有时会提示如不履行可

---

[1] 见《IBA 证据规则》第 3 条。
[2] 见《IBA 证据规则》第 9 条。
[3] 见《IBA 证据规则》第 6 条。

能会产生的不利后果，例如依据适用法律对延迟支付期间须加倍支付罚息①。当事人应依照其中所规定的时间自动履行。如裁决书未规定期限的，即应立即履行。

国际仲裁由于经常涉及败诉方与请求方不在一个国家，或执行标的财产不在一个国家。在败诉方不予履行裁决时，均要涉及向败诉方所在国或其财产所在国相关法院申请承认与执行外国仲裁裁决的问题。这种情形下，申请执行方仅能依据仲裁作出地所在国与拟执行地所在国之间的国际公约向该国管辖法院进行申请。我国《民事诉讼法》规定②，国外仲裁机构的裁决，需要中华人民共和国人民法院承认和执行的，应当由当事人直接向被执行人住所地或者其财产所在地的中级人民法院申请，人民法院应当依照中华人民共和国缔结或者参加的国际条约，或者按照互惠原则办理。

各国通常会涉及使用到的关于承认与执行外国仲裁裁决的国际公约主要有三个：(1) 1923 年缔结的《日内瓦仲裁条款议定书》；(2) 1927 年缔结的《关于执行外国仲裁裁决的公约》；(3) 1958 年在纽约缔结的《纽约公约》。我国于 1987 年 1 月 22 日正式批准加入了《纽约公约》。截至 2023 年 1 月东帝汶加入《纽约公约》③，缔约国已达 172 个。《纽约公约》是签订国家最多的承认与执行外国仲裁裁决的国际公约，因此《纽约公约》成为国际仲裁领域使用最广的国际公约。《纽约公约》规定④，各缔约国应承认仲裁裁决具有拘束力，并依援引裁决地之程序规则及下列各条所载条件执行之……依据该规定，仲裁裁决对于缔约国均有约束力，须根据仲裁地程序规则及《纽约公约》相关规定对裁决予以执行。

各国家亦经常通过双边司法协助条约正式承认及承诺执行《纽约公约》。我国与新加坡于 1997 年签订的《中华人民共和国和新加坡共和国关于民事和商事司法协助的条约》（以下简称《中新司法协助条约》）⑤ 规定，缔约双方应根据 1958 年 6 月 10 日在纽约签订的《纽约公约》，相互承认与执行在对方境内作出的仲裁裁决。

但《纽约公约》亦并非一定可以起到执行外国仲裁机构裁决的作用。该公约也约定了一些不能赖以执行的情形⑥，例如：被执行人系某种无行为能力人；争议合同依被执行地或准据法沉默时，依仲裁地法律属无效；被执行人未接获关于指派仲裁员或仲裁程序之适当通知，或因其他原因使其未能申辩；争议非仲裁协议约定可仲裁范围或依当地法不属于可仲裁事项；无仲裁协议或仲裁庭组成或仲裁程序与仲

---

① 《民事诉讼法》第二百六十四条规定，被执行人未按判决、裁定和其他法律文书指定的期间履行给付金钱义务的，应当加倍支付迟延履行期间的债务利息。
② 见《民事诉讼法》第二百九十条。
③ 见《快讯｜《纽约公约》缔约国达 172 个!》，载深圳国际仲裁院江门中心（江门仲裁委员会），http：//www.sciajm.org.cn/news/news/1876.html，最后访问时间：2024 年 7 月 11 日。
④ 见《纽约公约》第 3 条。
⑤ 见《中新司法协助条约》第 20 条。
⑥ 见《纽约公约》第 5 条、第 6 条。

裁协议不符或法律不符；裁决对被执行人尚无约束力，或经裁决地所在国或裁决所依据法律之国家之主管机关撤销或停止执行者；承认或执行该裁决有违该国公共政策。上述情形中，只有公共政策不完全属于程序事项，可能涉及实体原因。体现各个缔约国为了本国利益，亦常被政府称为公共利益，可以拒绝承认和执行一份外国仲裁机构作出之裁决。

除了《纽约公约》中规定的一个国家可以拒绝另一个国家内仲裁机构作出的裁决的情形和理由外，该国也可以依据本国在签署《纽约公约》时作出的保留及本国《民事诉讼法》对于执行外国仲裁机构裁决的规定确定承认及执行的具体范围。我国对《纽约公约》具有两项保留：一是仅适用二缔约国间作出的裁决，二是只适用于商事法律关系所引起的争议。

《民事诉讼法》第二百九十一条规定："对中华人民共和国涉外仲裁机构作出的裁决，被申请人提出证据证明仲裁裁决有下列情形之一的，经人民法院组成合议庭审查核实，裁定不予执行：（一）当事人在合同中没有订有仲裁条款或者事后没有达成书面仲裁协议的；（二）被申请人没有得到指定仲裁员或者进行仲裁程序的通知，或者由于其他不属于被申请人负责的原因未能陈述意见的；（三）仲裁庭的组成或者仲裁的程序与仲裁规则不符的；（四）裁决的事项不属于仲裁协议的范围或者仲裁机构无权仲裁的。人民法院认定执行该裁决违背社会公共利益的，裁定不予执行。"笔者认为，我国《民事诉讼法》对涉外仲裁机构作出的裁决可不予执行的权力既体现主权意志，也是一种司法监督。监督可提出异议的上述情形中前四点主要还是在程序方面，第五点涉及执行地国家的公共政策方面，既有程序也可以有实体考量。但监督内容基本不涉及案件对具体实体问题的重新审查。该规定体现了我国《民事诉讼法》对于《纽约公约》其他缔约国仲裁裁定司法监督的尺度。

综上，涉及一份仲裁裁决是否可以在外国司法构获得承认与执行时，要综合考虑上述各个因素，才能获得相对准确些的答案。

当然，如果败诉方认为该裁决依仲裁地法律应予撤销，其也有权向具有管辖权法院提起撤销仲裁裁决。联合国贸法会《国际商事仲裁示范法》规定了可以申请撤裁的情形[①]为，（a）当事人有某种无行为能力情形；（b）根据本国法律，争议合同是无效的；（c）申请方未接获有关委任仲裁员或仲裁程序之适当通知，或因他故致其不能陈述案件；（d）裁决所处理之争议或提出撤裁部分不属仲裁范围；（e）仲裁庭组成或仲裁程序与当事各方仲裁协议不符；（f）根据该国法律，争议不具可仲裁性；或（g）该裁决与本国的公共政策相抵触。联合国各成员国指定的国际仲裁相关法律会参考上述原则制定本国法律。

---

① 见《国际商事仲裁示范法》第34条。

该《国际商事仲裁示范法》在许多国家均会得到适度的尊重及考量。新加坡《国际仲裁法》规定①，裁决在特定条件下存在被推翻的可能［如存在《国际商事仲裁示范法》第 34（2）条规定的情况，或者裁决因欺诈或腐败受到诱导或影响，或者存在违反自然正义规则的情况］等。

我国《仲裁法》关于仲裁裁决撤销的法定情形②规定为，（1）没有仲裁协议的；（2）裁决的事项不属于仲裁协议的范围或者仲裁委员会无权仲裁的；（3）仲裁庭的组成或者仲裁的程序违反法定程序；（4）裁决所根据的证据是伪造的；（5）对方当事人隐瞒了足以影响公正裁决的证据的；（6）仲裁员在仲裁该案时有索贿受贿，徇私舞弊，枉法裁决行为的；（7）如果仲裁裁决违背社会公共利益，人民法院也应当裁定撤销该仲裁裁决。上文中提到的笔者团队代理的案件中，当事人仲裁条款中既约定了仲裁地点为新加坡，亦约定了瑞士苏黎世。在履行环节，如涉及在中国被执行，败诉方如申请撤裁，可能会依次主张仲裁条款中的冲突约定体现双方并未达成仲裁地点的合议，因此双方没有仲裁协议。可能一定程度达到阻却或延迟执行程序的目的。

虽然败诉方可以根据仲裁地所在国法律研究仲裁审理及裁决作出过程中有无符合撤裁的情形出现。但是各国的司法体系对于当事人在该国提出的撤销涉外仲裁裁决的处理态度通常也是非常谨慎的。例如，最高人民法院《关于人民法院撤销涉外仲裁裁决有关事项的通知》规定③，当事人向人民法院申请撤销我国涉外仲裁裁决，如果人民法院经审查认为涉外仲裁裁决符合可撤裁情形的，在裁定撤销裁决或通知仲裁庭重新仲裁之前，须报请本辖区所属高级人民法院进行审查。如果高级人民法院同意撤销裁决或通知仲裁庭重新仲裁，应将其审查意见报最高人民法院。待最高人民法院答复后，方可裁定撤销裁决或通知仲裁庭重新仲裁。一个国家国际仲裁机构作出的裁决不仅体现了该国程序法律及该机构仲裁规则案件审理的整体考量，亦包含了该国对于所参与的公约及协定的尊重与承诺。因此一国对于撤裁请求的审查会严格许多。

四、律师团队

国内企业在遇到国际仲裁案件时，如何组建强大的，最具有胜诉保障的律师团队是首先需要决策的重大事项。为最大限度提高胜诉概率，律师团队应具备的主要素质应该有：（1）境内律师熟悉客户企业文化、决策程序以确保对案件背景及合同履行过程的深刻理解；（2）境内律师与客户企业法务及商务人员具有项目合作经

---

① 见新加坡《国际仲裁法》第 24 条。
② 见《仲裁法》第五十八条。
③ 见《关于人民法院撤销涉外仲裁裁决有关事项的通知》第一条。

验、沟通顺畅；（3）境外仲裁地律师谙熟仲裁地法律、仲裁规则；（4）及仲裁机构实践；具有仲裁机构多年案件实操经验；（5）境内及境外律师均应精通仲裁领域法律事务，具有代理仲裁案件及作为仲裁员审理仲裁案件的多年实践；（6）境内律师和境外律师具有合作基础和成功案例，确保沟通顺畅、无缝对接。

笔者团队代理的一个新加坡国际仲裁案件中，其作为中国律师与新加坡著名大所律师合作顺畅推进案件进行。中国律师的主要职责为：

1. 负责与客户的日常交流与沟通，包括律师团队与客户项目小组不同方面负责人员（如管理层、技术、法律、财务、项目管理等）的对接。充分了解项目各个方面的案件背景。

2. 负责客户证据收集相关工作，包括收集证人证言、证据梳理、甄别有利不利证据、制作证据清单、文本翻译、与企业及境外律师共同梳理证据目的、筛选相关及有利证据、模拟准备事实证人证言等。

3. 与企业管理层研究制定仲裁阶段目标、策略及主张。

4. 与境外律师介绍客户诉求及策略，发出工作指令及研讨如何贯彻落实至我方主张及证据文件中。

5. 与境外律师共同研究及管理仲裁程序推进，及时反馈企业客户。

6. 与境外律师共同准备仲裁文件的起草，包括仲裁申请书、审理范围书、针对反请求的答辩意见、后续抗辩意见等。

境外出庭律师主要职责为：

1. 向客户及中国律师介绍境外仲裁程序法、仲裁机构仲裁规则及仲裁实践。

2. 根据中国律师收集及梳理的证据制作证据清单及证明目的文件。

3. 按照客户及中国律师讨论形成的诉讼策略与境外仲裁庭沟通。

4. 与中国律师一起向客户汇报仲裁程序推进进度及节奏。

5. 代理客户作为出庭律师出席庭审程序。

6. 与中国律师共同准备仲裁文件的起草，包括仲裁申请书、审理范围书、针对反请求的答辩意见、后续抗辩意见等。

依笔者经验，代理中国企业客户在境外的国际仲裁案件，上述模式能够充分发挥中国律师及境外律师团队各自的强项和地域的优势，取长补短，能够为案件在海外仲裁取得最佳效果。

第十二章
企业刑事法律风险防范

第一节　不可不防的企业刑事法律风险

一、企业刑事法律风险的危害

企业的刑事法律风险主要体现在三个方面：一是企业在经营管理过程中触犯刑法，构成犯罪，企业和相关责任人员被追究刑事责任；二是企业内部人员实施的贪污、职务侵占、贿赂等腐败犯罪，损害企业利益，从而被追究刑事责任；三是外部人员或者单位对企业实施的刑事侵害，侵犯了企业的合法权益。

当前，企业刑事法律风险比较突出。北京师范大学中国企业家犯罪预防研究中心在 2021 年 12 月 1 日至 2022 年 11 月 30 日中国裁判文书网上传的刑事判决案例中，共检索出企业家犯罪案例 1715 件，企业家犯罪 2038 次。其中，国有企业家犯罪数为 148 次，约占企业家犯罪总数的 7.3%；民营企业家犯罪数为 1794 次，约占企业家犯罪总数的 88%；外商及港澳台企业家犯罪数为 34 次，约占企业家犯罪总数的 1.7%。在 2022 年度 2038 次企业家犯罪中，共涉及犯罪企业家 1924 人。其中，犯罪的国有企业家人数为 130 人，约占犯罪企业家总人数的 6.8%；犯罪的民营企业家人数共 1702 人，约占犯罪企业家总人数的 88.5%；犯罪的外商及港澳台企业家人数为 32 人，约占犯罪企业家总人数的 1.7%。[①] 如果加上企业其他员工实施的犯罪、企业外部的刑事侵害等数量，企业相关的刑事案件总量会更大。

一般来讲，第三类刑事法律风险，也即来自企业外部的刑事侵害的危害往往是局部的，虽然可能会比较严重，但相对概率较小，一般不会给企业带来致命的危害。而前两类刑事法律风险常常发生在企业内部，在企业与领导、员工紧密的依附关系背景下，一旦企业内部发生刑事法律风险，可能会给企业造成不可估量的危害，应当高度重视、有效防范：

1. 如果企业作为犯罪单位被起诉或者被宣告有罪，经营资格可能被剥夺，即使未被剥夺，其社会声誉、商业信誉也将大大降低，无法在市场上继续生存。

2. 不少企业，尤其是一些民营企业，经过多年发展，企业规模已经很大，但是并未建立现代化公司治理机制。企业的生存、发展与企业的创始人、核心团队密切相关，一旦创始人或者核心团队成员触碰刑事风险被剥夺人身自由，无法继续经营，企业一般经营困难，甚至难以存活。

[①] 北京师范大学中国企业家犯罪预防研究中心：《2023 企业家刑事风险分析报告》，载《河南警察学院学报》2023 年第 4 期。

3. 涉企犯罪中，单位犯罪较多，我国《刑法》对于单位犯罪采取双罚制，即对单位判处罚金，对直接负责的主管人员和直接责任人员判处刑罚。目前判处亿元以上罚金的刑事案件并不少见，因此触犯《刑法》，不仅可能会使企业管理人员和直接责任人员失去人身自由，还可能会使企业遭受重大经济损失。

4. 企业内部的腐败案件中，行为人侵占了企业的财物，而且往往内外勾结出卖企业的重大利益，尤其是侵蚀扰乱了企业正常有效的管理运行机制和经济秩序。如 2023 年 5 月 5 日最高人民检察院公布 S 保险公司业务总监徐某乙、"保险黑产"犯罪团伙徐某甲、朱某某等 7 人职务侵占、侵犯公民个人信息案中，保险公司员工内外勾结形成黑色产业链，犯罪团伙分区域分层级作案，以"挂单"形式骗取公司大量钱款，造成 S 公司大量保单退保、投保人投诉，严重影响正常经营活动，直接涉及保单 3000 余张，保单金额达 1000 余万元。①

二、经济转型阶段企业的刑事法律风险

党的十九大报告指出，我国经济已由高速增长阶段转向高质量发展阶段，正处在转变发展方式、优化经济结构、转换增长动力的攻关期，建设现代化经济体系是跨越关口的迫切要求和我国发展的战略目标。② 而在这一过程中，由发展、创新和规范的对立统一关系所决定，企业刑事法律风险将在一定时期内持续。

1. 法律体系越来越严密，既是更好的保护，也是更严的要求。党的十八大、十九大对加强全面依法治国和加快完善社会主义市场经济秩序作出重要部署。近年来，随着《民法典》、《网络安全法》、《个人信息保护法》及刑法修正案等法律法规的发布和修正，国家关于社会主义市场经济秩序和社会公共利益、公民个人权益保护的法律体系越来越严密，这对企业经营发展既提供了有力支撑，也提出了更高要求。尤其是近年来的《刑法》的修正高度关注社会主义市场经济领域相关犯罪，多涉及企业刑事法律风险，相关罪名进一步增加。其中《刑法修正案（十一）》对安全生产犯罪、食品药品犯罪、金融犯罪、民营企业职务犯罪、侵犯知识产权犯罪等方面作了一系列修改，完善和增设了一批相关罪名。《刑法修正案（十二）》加大了惩治行贿犯罪力度，增设了民营企业内部人员实施的非法经营同类营业罪等三个企业腐败罪名。同时，我国现行《刑法》中又较多地使用原则性、兜底性规定，罪与非罪的界定往往还需要适用相应的司法解释，因此，除非企业经营者、法

---

① 张昊：《打击民营企业职务侵占犯罪 助企业净化内部环境，最高检发布依法办理民营企业职务侵占犯罪典型案例》，载《法治日报》2022 年 5 月 6 日。

② 习近平：《决胜全面建成小康社会 夺取新时代中国特色社会主义伟大胜利——在中国共产党第十九次全国代表大会上的报告》，载中国政府网，https://www.gov.cn/zhuanti/2017-10/27/content_5234876.htm，最后访问时间：2024 年 5 月 11 日。

务人员具备专业的刑事法律知识储备和实务经验，否则难以完全识别、预防刑事法律风险。

2. 互联网时代，新业态新模式层出不穷，既推动经济快速发展，又带来许多刑事法律风险。随着我国市场经济和互联网经济迅速发展，经济创新与创业大潮风起云涌。这一浪潮中，不少企业经营者利用"互联网+"创新经营模式，把自己的经营理念、思路和创新做法付诸实践，从而在市场竞争中拔得头筹，取得成功。当然，也有一些是"伪创新"，揭开其华丽炫酷的外表，实际上已经触犯了《刑法》，构成了犯罪。如一些新的互联网销售模式，实际上构成了组织领导传销活动或者非法集资犯罪。当今，大数据已经成为重要的资产，数据需要收集、存储、加工、传输等环节才能产生价值，而国家对公民个人信息的保护也日趋严密，由于缺少数据合规建设，互联网企业及其员工一不小心就会涉嫌侵犯公民个人信息犯罪等互联网犯罪。根据最高人民检察院的数据，2020年，全国检察机关起诉侵犯公民个人信息犯罪6000余人，2021年起诉人数攀升至9800余人，2022年起诉9300余人，近三成被告人被判处三年以上有期徒刑，其中行业"内鬼"为谋取非法利益，利用职务便利非法获取、出售个人信息的问题严重，涉及金融、房产、车辆管理、医疗、通信、物业等多个行业。[1]

3. 行业外部竞争激烈，内部管理百密必有一疏，导致企业违法犯罪时有发生。当前，企业外部和内部的竞争压力愈加激烈，一些企业和员工面对压力，往往会违规操作，打"擦边球"，导致违法犯罪。2020年证券市场场外配资、上市公司财务造假、欺诈发行等违法犯罪突出，公安机关、证监部门查获了多起场外配资违法典型案件[2]。目前，各中央企业、省属国有企业、大型民营企业、跨国企业纷纷建立合规体系，形成良好示范，但仍然存在因企业内部管理疏漏而引发刑事法律风险的事件。

4. 企业具体管理制度不健全，尤其是缺乏合规管理机制。一些初创企业只顾发展不顾合规，各项管理制度滞后，风险控制不到位，因此面临着巨大刑事风险。而有些企业，尤其是一些大型企业，虽然各项具体管理制度相对健全，也设立了审计、纪检、法务等部门，但是存在合规意识不强，缺乏合规管理机制，合规部门职能形式化问题严重，难以有效发挥风险识别、合规审查、风险应对、责任追究等应有作用的问题，究其原因主要有以下几点：一是合规部门层级较低，有的部门负责

---

[1] 《依法严惩侵犯公民个人信息犯罪 2022 年检察机关起诉 9300 余人》，载最高人民检察院网站，https：//www.spp.gov.cn/spp/×wfbh/wsfbh/202303/t20230302_605284.shtml，最后访问时间：2024 年 5 月 13 日。

[2] 《对场外配资"零容忍"！证监会曝光 10 起典型案件，涉案金额最高 550 亿，有多达 153 人一起落网！》，载澎湃新闻，https：//m.thepaper.cn/baijiahao_12490991，最后访问时间：2024 年 2 月 13 日。

人虽然享受企业领导待遇，但是没有相应职权，因此只能开展对一般员工的合规管理，不能对高层有效合规。二是合规制度不健全，多是事后检查、对外商务法律审核，缺少对内的事前合规评估和事中合规控制，并不是真正意义上的合规。三是相关部门人数较少，职能分散，专业性不强，合规工作不深入不专业，不能真正掌握制度执行的情况。四是缺乏合规文化建设和合规培训，比如在新员工入职教育时均没有合规的内容，企业员工合规意识不强，合规氛围不足等问题。这导致企业制定的制度未严格落实等不合规行为在一定时期内经常发生，从而导致涉企刑事案件的发生。

5. 没有真正建立现代化企业治理机制、决策机制。很多企业，尤其是民营企业，在创始人带领下迅速发展壮大，成为大型企业，但是企业的治理模式、治理结构并没有随着企业经营的发展同步升级换代，仍然在某种程度上实施"家长"式管理，有的虽然也设立有股东会、董事会和监事，但并没有真正发挥决策和监督作用，缺少防错纠错机制。因此很容易使企业的部分领导利用权力操纵企业决策来实施犯罪行为。更为严重的是，有些企业在上述情况下实施犯罪行为获得经济利益，企业的其他人员也获得相应的利益之后，他们会因为这一时的好处默认甚至支持企业的犯罪行为，进而使企业在犯罪的道路上越走越远。2021年2月，包商银行被法院裁定破产，成为继海南发展银行、河北肃宁尚村农信社之后，第三家申请破产的银行，成为金融领域的重大事件。有关部门在总结经验教训时，指出包商银行破产的重要原因是：公司治理结构全面失灵，股东大会、董事会、监事会流于形式。明天系持股比例达89.27%，董事长"一人独大"，董事会、党委、经营决策层重大问题的决策皆直接听命于他，不符合条件的贷款通过"绿色通道"和"特事特办"审批通过，其中不良贷款率高达98%，损失1560亿元。[①]

三、企业刑事法律风险的主要防范、应对措施

企业刑事法律风险将在一定时期内持续存在，而且很难完全避免，企业首先要做到预防为先，防患于未然，这是对企业最好的保护；其次对于已经发生的刑事法律风险要做到依法正确有效应对，把对企业的危害降到最低。主要是做好以下三个方面的工作。

1. 预防为主。几乎所有的企业在法律风险防范问题上投入了一定的成本，或者在企业内部设立法务部，或者聘请律师事务所做法律顾问。但由于受到传统思维的影响，企业偏重于寻求诸如"某份合同是否合乎规范"等民商事法律风险方面的意见。等到企业某具体行为已经被公安立案侦查以后，才聘请刑事律师做辩护。实

[①] 张彦婕：《中小银行合规管理研究——基于包商银行案例分析》，载《中国市场》2022年第30期。

际上，事后的辩护虽然重要，但若能提前聘请专业律师或专业律所为公司经营管理中的刑事法律风险做"体检"，确保企业的各项经营管理规范合法合规，并将类似这样的风险防范机制制度化常规化，将事前预防、事中控制和事后补救三者有机结合，及时发现、甄别、应对刑事法律风险，最大限度地预防犯罪的发生。

2. 依法正确做好刑事调查、刑事追诉的应对和辩护工作，切实维护企业和相关员工的合法权益。办案机关已经对企业或者员工进行刑事调查的，要在专业刑事律师的协助下，在企业内部调查梳理案件事实和责任人员，分析可能涉嫌的罪名及案件走向；为有关员工提供法律咨询，帮助涉案员工了解刑事诉讼程序、基本的证据规则和当事人的权利义务；加强和办案机关沟通配合，按照要求提供证据资料，尤其是要注意收集并提供无罪、罪轻的证据，提出企业无罪或者罪轻的意见；对案件发生的原因进行分析并及时整改；对可能因案件引发的社会公众事件制定应对预案；等等。[1] 在这一过程中，要遵守住法律红线，严禁采取诸如毁灭、伪造、藏匿证据等妨碍侦查的行为，避免带来新的法律风险。

3. 对侵害企业权益的犯罪、企业腐败犯罪进行有力的刑事控告。对企业外部侵害企业权益的犯罪行为，如合同诈骗、骗取贷款、背信运用受托财产、侵犯商业秘密等，以及企业内部的腐败、舞弊犯罪，如职务侵占、受贿、背信损害上市公司利益等，开展有效的调查，及时准确地提出刑事控告，利用刑事法律手段切实维护企业的合法权益。

四、如何区分单位犯罪和自然人犯罪

（一）单位犯罪的概念和法律后果

在涉企刑事案件中，很多时候要分析犯罪行为和类型是否为单位犯罪，以确定是否要追究企业的刑事责任，确定责任人员的范围，所以有必要在此专门作为一个问题予以讨论。单位犯罪，是与自然人犯罪相对的，指以单位为主体，实施犯罪，接受刑罚制裁的犯罪。《刑法》第三十条规定，公司、企业、事业单位、机关、团体实施的危害社会的行为，法律规定为单位犯罪的，应当负刑事责任。第三十一条

---

[1] 实际上，一些行业管理部门已经对这项工作制定了相关制度。如国家金融监督管理总局《金融机构涉刑案件管理办法》第二十一条规定："金融机构应当成立调查组开展涉案业务调查工作。金融机构发生重大案件或者法人总部直接管理人员涉案的，调查组组长由法人总部负责人担任；分支机构发生非重大案件的，调查组组长由其上级机构负责人或者相关部门主要负责人担任。农村合作金融机构发生重大案件的，调查组组长由省级机构负责人或者其管理行负责人担任；不属于省级机构或者管理行管理的农村合作金融机构，按照本条第一款规定执行。"第二十二条规定："涉案业务调查相关工作主要包括：（一）对涉案人员经办业务进行排查，制定处置方案；（二）查清基本案情，确定案件性质，总结案发原因，查找内控管理存在的问题；（三）最大限度挽回损失，依法维护机构和客户权益；（四）提出自查发现案件的认定意见和理由；（五）做好舆情管理和流动性风险管理，必要时争取地方政府支持，维护案发机构正常经营秩序；（六）积极配合公安、司法、监察等机关侦办案件。"

规定，单位犯罪的，对单位判处罚金，并对其直接负责的主管人员和其他直接责任人员判处刑罚。本法分则和其他法律另有规定的，依照规定。根据这一规定，对单位犯罪实行双罚制，即对单位判处罚金，对相关责任人员判处相应刑罚。

在我国，只有《刑法》分则作出规定的，才会构成单位犯罪。根据《刑法》分则规定，有的罪名只能由自然人构成，单位不会构成。比如化工厂绕开电表水表，偷水偷电的，构成盗窃罪，由于《刑法》没有规定单位可以构成盗窃罪，因此只能追究参与盗窃的自然人的刑事责任。还有很多罪名，自然人和单位均可能成为犯罪主体。这体现在《刑法》分则的规定中，首先是按照自然人犯罪对相关罪名进行规定，然后在同一条中单列一款规定"单位犯本条之罪的"，或者同一节中单设一条规定单位犯本节相关之罪的，对单位判处罚金，对直接责任人员和其他人员判处刑罚。[①] 有的罪名，则只能是单位犯罪，甚至只能由特定的单位及其工作人员构成。比如《刑法》第一百八十五条之一第一款规定的背信运用受托财产罪，只有商业银行、证券交易所、期货交易所、证券公司、期货经纪公司、保险公司或者其他金融机构及其工作人员才能构成。[②]

区分自然人犯罪和单位犯罪，对于判断单位是否构成犯罪并承担刑事责任，以及对相关自然人的刑事责任的大小，有着重要影响。一是在一些罪名中，单位犯罪和自然人犯罪的定罪量刑标准是一样的，但如果确定单位犯罪，单位要承担罚金刑，而且会对参与决策、指挥的单位领导层追究刑事责任，对单位的商业信誉甚至特定的从业资格等，也可能会产生严重不利影响。二是在一些罪名中，有观点认为，为了单位利益而实施的犯罪，社会危害性较小，则对定罪量刑的标准作了更高的规定，对相关责任人员的处罚更轻，最典型的如走私普通货物罪，自然人犯罪的追诉标准和量刑标准明显严于单位犯罪中相关责任人犯罪，对相关责任人员的处罚

[①] 前者如《刑法》第一百八十八条规定，银行或者其他金融机构的工作人员违反规定，为他人出具信用证或者其他保函、票据、存单、资信证明，情节严重的，处五年以下有期徒刑或者拘役；情节特别严重的，处五年以上有期徒刑。单位犯前款罪的，对单位判处罚金，并对其直接负责的主管人员和其他直接责任人员，依照前款的规定处罚。后者如《刑法》第三章"破坏社会主义市场经济秩序罪"的第一节"生产、销售伪劣商品罪"的第一百五十条规定，单位犯本节第一百四十条至第一百四十八条规定之罪的，对单位判处罚金，并对其直接负责的主管人员和其他直接责任人员，依照各该条的规定处罚。

[②] 《刑法》第一百八十五条之一规定，商业银行、证券交易所、期货交易所、证券公司、期货经纪公司、保险公司或者其他金融机构，违背受托义务，擅自运用客户资金或者其他委托、信托的财产，情节严重的，对单位判处罚金，并对其直接负责的主管人员和其他直接责任人员，处三年以下有期徒刑或者拘役，并处三万元以上三十万元以下罚金；情节特别严重的，处三年以上十年以下有期徒刑，并处五万元以上五十万元以下罚金。社会保障基金管理机构、住房公积金管理机构等公众资金管理机构，以及保险公司、保险资产管理公司、证券投资基金管理公司，违反国家规定运用资金的，对其直接负责的主管人员和其他直接责任人员，依照前款的规定处罚。

更轻。① 三是在少数罪名中，对单位犯罪中的责任人员的量刑有可能高于自然人犯罪，比如擅自发行股票、公司、企业债券罪，自然人犯罪法定刑最低为单处罚金，而单位犯罪的直接责任人员的法定刑最低却为拘役。②

（二）单位犯罪和自然人犯罪的区分

对于单位和自然人都可以构成犯罪的行为，在办理案件中就要进行准确认定，以准确划分责任，充分保护涉案单位和人员的合法权益。对于某一犯罪行为是否为单位犯罪，一般从三个方面进行综合判断：该行为是否体现了单位意志、是否以单位名义实施、单位是否获利等。如果一起犯罪行为体现了单位意志，并且以单位名义实施，单位因此获利，而且《刑法》规定单位可构成该罪名的，则构成单位犯罪，涉案单位应承担刑事责任。实际上，在实践中，并不需要所有的条件都具备才构成单位犯罪，其中体现单位意志是最为核心的要件，不可或缺。换言之，单位意志是单位犯罪的本质。这是因为，任何犯罪都是在主观意志支配下的行为，是主客观的统一，单位犯罪也不例外，是在单位自身意志支配下实施的严重危害社会的行为。单位犯罪和自然人犯罪都是由自然人实施的。但是，其根本区别在于：单位犯罪是在单位意志支配下实施的，自然人的行为是单位意志的体现；而自然人犯罪则完全是在其个人意志支配下实施的，体现的是个人意志。笔者认为，单位意志来源于又不等同于自然人意志的特性，决定了单位犯罪具有不同于自然人犯罪的特质。③

但单位或者法人，作为一个虚拟性人格，其意志不同于自然人的意志，它代表的是整个单位的意志和利益，是单位有表决权的人员的意志整合博弈的结果，不是各种意志的简单叠加。因此最经典单位意志的形成，是单位按照经过法律、章程规定或者约定的议事程序、权限等作出决策，比如董事会、股东会的决议等。但实践中，还要根据单位的业务范围、议事程序、文化氛围、习惯做法等特征进行

---

① 《最高人民法院、最高人民检察院关于办理走私刑事案件适用法律若干问题的解释》第十六条第一款规定，走私普通货物、物品，偷逃应缴税额在十万元以上不满五十万元的，应当认定为刑法第一百五十三条第一款规定的"偷逃应缴税额较大"；偷逃应缴税额在五十万元以上不满二百五十万元的，应当认定为"偷逃应缴税额巨大"；偷逃应缴税额在二百五十万元以上的，应当认定为"偷逃应缴税额特别巨大"。第二十四条规定，单位犯刑法第一百五十一条、第一百五十二条规定之罪，依照本解释规定的标准定罪处罚。单位犯走私普通货物、物品罪，偷逃应缴税额在二十万元以上不满一百万元的，应当依照刑法第一百五十三条第二款的规定，对单位判处罚金，并对其直接负责的主管人员和其他直接责任人员，处三年以下有期徒刑或者拘役；偷逃应缴税额在一百万元以上不满五百万元的，应当认定为"情节严重"；偷逃应缴税额在五百万元以上的，应当认定为"情节特别严重"。

② 《刑法》第一百七十九条规定，未经国家有关主管部门批准，擅自发行股票或者公司、企业债券，数额巨大、后果严重或者有其他严重情节的，处五年以下有期徒刑或者拘役，并处或者单处非法募集资金金额百分之一以上百分之五以下罚金。单位犯前款罪的，对单位判处罚金，并对其直接负责的主管人员和其他直接责任人员，处五年以下有期徒刑或者拘役。

③ 杨国章：《单位犯罪与自然人犯罪的界分》，载《北方法学》2011年第5期。

综合认定。有的公司并无现代企业管理制度，也没有规范议事程序，各事项均由最大股东、实际控制人自己决定，因此他作为决策者，其个人行为也能够代表公司意志，如果他个人做出的决策，以单位名义实施，最终单位获利的，也构成单位犯罪。

实践中，以单位名义实施犯罪，单位因此获利比较常见，也容易判断。比如有的销售人员为了拓展业务，提升业绩，向客户行贿；有的技术人员非法获取个人信息，用于本单位经营；等等。这种情况下，犯罪行为发生在单位经营管理中，符合以单位名义实施的要件，而且单位和个人都因此获利。对此，判断该行为是否体现单位意志，就成为关键。对此按照以下三个关键节点来甄别：

1. 决策环节。也即公司对营销、研发、服务、商业秘密保护等经营管理活动的决策是否合法。如果相关犯罪行为是根据单位的决策实施的，必然是体现单位意志，构成单位犯罪。

2. 执行环节。即使公司的决策都是合法的，但是在具体管理工作中把相关决策停留在桌面上，"说一套做一套"，组织相关员工和部门实施相关犯罪，也应认定为单位犯罪。

3. 监督环节。也即公司对员工工作情况是否进行有效监督。如果企业决策合法、认真落实，并对违规行为予以有效制止、惩罚甚至报案，则不能认定为单位犯罪。反之，当公司发现员工实施了相关犯罪时，不但不制止，还因为该行为符合公司利益而纵容、默许甚至支持，则该行为可能构成单位犯罪。

第二节　产品质量犯罪风险

一、产品质量犯罪相关罪名

产品质量犯罪行为不仅严重破坏市场正常竞争秩序，还可能损害消费者的生命健康和财产权益，败坏国家声誉、影响对外贸易。因此，世界各国都对此十分重视，将制售伪劣产品的行为规定为犯罪并加以严厉制裁，我国对产品质量犯罪的打击非常严厉。

《刑法》分则第三章第一节是关于生产、销售伪劣商品罪的规定。其中，第一百四十条是关于生产、销售伪劣商品罪的一般性规定，第一百四十一条至第一百四十八条则是针对食品、药品、化妆品等特殊商品的专门犯罪，适用关系是一般法和特别法的关系。一般而言，只要制售假冒伪劣商品，销售金额达到5万元以上就可以构成第一百四十条规定的生产、销售伪劣商品罪这一基础性罪名；如果该具体行为又符合第一百四十一条至第一百四十八条规定的行为特征，构成各具体罪名，则按照处罚较重的规定定罪处罚。

制假和销假行为，是刑法打击的重点。不仅生产型企业需重视产品质量犯罪风险，贸易型企业也是产品质量犯罪的高风险主体。而且，由于"销售金额"是产品质量犯罪的罪与非罪、罪轻与罪重的一个重要标准，实践中，认定销售假冒伪劣产品构成犯罪甚至比认定生产假冒伪劣产品要更加容易。除生产和销售行为外，帮助生产者、销售者运输、存储、管理、提供资金等行为也可能被认定为产品质量犯罪的共犯。因此，上述企业和个人都是产品质量犯罪的高风险主体。

2020年12月26日发布《刑法修正案（十一）》重视假冒伪劣商品针对药品类别的犯罪，对该类犯罪进行了三处修改：

第一，《药品管理法》对假劣药的范围作出调整后，《刑法修正案（十一）》为与修改后的《药品管理法》进一步衔接，将一些此前以假药论的情形（如"依照本法必须批准而未经批准生产、进口，或者依照本法必须检验而未经检验即销售的""国务院药品监督管理部门规定禁止使用的"）以及违反药品生产质量管理规范的行为等，单独规定为妨害药品管理罪，以便于行刑衔接。

第二，《刑法修正案（十一）》吸纳并完善了既有司法解释中的相关规定，在立法层面明确劣药和假药的提供行为也需要承担刑事责任，即"药品使用单位的人员明知是假药而提供给他人使用的""药品使用单位的人员明知是劣药而提供给他人使用的"，依照生产、销售假药罪或生产、销售劣药罪的规定处罚。一般来说，关于药品使用单位的人员，包括医师、药师、护士及有药品监管职责的，以及其他对药品采购、管理使用等有权限的人员。

第三，《刑法修正案（十一）》正式施行之后，为了在经济上加大对药品犯罪的打击力度，将对劣药犯罪的处罚力度提升至与假药犯罪一致——生产、销售劣药罪第一档并处的财产刑由之前的"销售金额百分之五十以上二倍以下罚金"，提升至"并处罚金"，以及生产、销售劣药罪第二档的并处的财产刑由之前的"销售金额百分之五十以上二倍以下罚金或者没收财产"，提升至"并处罚金或者没收财产"。

（一）伪劣产品犯罪

生产、销售伪劣产品罪

法律依据	《刑法》第一百四十条、第一百五十条
罪状描述	生产者、销售者在产品中掺杂、掺假，以假充真，以次充好或者以不合格产品冒充合格产品。

续表

法律依据	《刑法》第一百四十条、第一百五十条	
刑事责任	自然人	销售金额5万元以上不满20万元的，处2年以下有期徒刑或者拘役，并处或者单处销售金额50%以上2倍以下罚金。
		销售金额20万元以上不满50万元的，处2年以上7年以下有期徒刑，并处销售金额50%以上2倍以下罚金。
		销售金额50万元以上不满200万元的，处7年以上有期徒刑，并处销售金额50%以上2倍以下罚金。
		销售金额200万元以上的，处15年有期徒刑或者无期徒刑，并处销售金额50%以上2倍以下罚金或者没收财产。
	单位	对单位判处罚金，并对其直接负责的主管人员和其他直接责任人员，按自然人犯该罪的规定处罚。

（二）药品、医用器材安全犯罪

1. 生产、销售、提供假药罪

法律依据	《刑法》第一百四十一条、第一百五十条	
罪状描述	生产、销售假药的；药品使用单位的人员明知是假药而提供给他人使用的。	
刑事责任	自然人	处3年以下有期徒刑或者拘役，并处罚金。
		对人体健康造成严重危害或者有其他严重情节的，处3年以上10年以下有期徒刑，并处罚金。
		致人死亡或者有其他特别严重情节的，处10年以上有期徒刑、无期徒刑或者死刑，并处罚金或者没收财产。
	单位	对单位判处罚金，并对其直接负责的主管人员和其他直接责任人员，按自然人犯该罪的规定处罚。

2. 生产、销售、提供劣药罪

法律依据	《刑法》第一百四十二条、第一百五十条	
罪状描述	生产、销售劣药，对人体健康造成严重危害的；药品使用单位的人员明知是劣药而提供给他人使用的。	
刑事责任	自然人	对人体健康造成严重危害，处3年以上10年以下有期徒刑，并处罚金。
		后果特别严重的，处10年以上有期徒刑或者无期徒刑，并处罚金或者没收财产。
	单位	对单位判处罚金，并对其直接负责的主管人员和其他直接责任人员，按自然人犯该罪的规定处罚。

3. 生产、销售不符合标准的医用器材罪

法律依据	《刑法》第一百四十五条、第一百五十条	
罪状描述	生产不符合保障人体健康的国家标准、行业标准的医疗器械、医用卫生材料，或者销售明知是不符合保障人体健康的国家标准、行业标准的医疗器械、医用卫生材料，足以严重危害人体健康的。	
刑事责任	自然人	足以严重危害人体健康的，处 3 年以下有期徒刑或者拘役，并处销售金额 50% 以上 2 倍以下罚金；对人体健康造成严重危害的，处 3 年以上 10 年以下有期徒刑，并处销售金额 50% 以上 2 倍以下罚金。
		后果特别严重的，处 10 年以上有期徒刑或者无期徒刑，并处销售金额 50% 以上 2 倍以下罚金或者没收财产。
	单位	对单位判处罚金，并对其直接负责的主管人员和其他直接责任人员，按自然人犯该罪的规定处罚。

4. 妨害药品管理罪

法律依据	《刑法》第一百四十二条之一、第一百五十条	
罪状描述	违反药品管理法规，有下列情形之一，足以严重危害人体健康的： （1）生产、销售国务院药品监督管理部门禁止使用的药品的； （2）未取得药品相关批准证明文件生产、进口药品或者明知是上述药品而销售的； （3）药品申请注册中提供虚假的证明、数据、资料、样品或者采取其他欺骗手段的； （4）编造生产、检验记录的。 有前款行为，同时又构成本法第一百四十一条、第一百四十二条规定之罪或者其他犯罪的，依照处罚较重的规定定罪处罚。	
刑事责任	自然人	处 3 年以下有期徒刑或者拘役，并处或者单处罚金；对人体健康造成严重危害或者有其他严重情节的，处 3 年以上 7 年以下有期徒刑，并处罚金。
	单位	对单位判处罚金，并对其直接负责的主管人员和其他直接责任人员，按自然人犯该罪的规定处罚。

（三）食品安全犯罪

1. 生产、销售不符合安全标准的食品罪

法律依据	《刑法》第一百四十三条、第一百五十条
罪状描述	生产、销售不符合食品安全标准的食品，足以造成严重食物中毒事故或者其他严重食源性疾病的。

续表

法律依据		《刑法》第一百四十三条、第一百五十条
刑事责任	自然人	足以造成严重食物中毒事故或者其他严重食源性疾病的，处3年以下有期徒刑或者拘役，并处罚金。
		对人体健康造成严重危害或者有其他严重情节的，处3年以上7年以下有期徒刑，并处罚金。
		后果特别严重的，处7年以上有期徒刑或者无期徒刑，并处罚金或者没收财产。
	单位	对单位判处罚金，并对其直接负责的主管人员和其他直接责任人员，按自然人犯该罪的规定处罚。

2. 生产、销售有毒、有害食品罪

法律依据		《刑法》第一百四十四条、第一百五十条
罪状描述		在生产、销售的食品中掺入有毒、有害的非食品原料的，或者销售明知掺有有毒、有害的非食品原料的食品的。
刑事责任	自然人	处5年以下有期徒刑，并处罚金。
		对人体健康造成严重危害或者有其他严重情节的，处5年以上10年以下有期徒刑，并处罚金。
		致人死亡或者有其他特别严重情节的，依照本法第一百四十一条的规定处罚（处10年以上有期徒刑、无期徒刑或者死刑，并处罚金或者没收财产）。
	单位	对单位判处罚金，并对其直接负责的主管人员和其他直接责任人员，按自然人犯该罪的规定处罚。

（四）工业产品安全犯罪

1. 生产、销售不符合安全标准的产品罪

法律依据	《刑法》第一百四十六条、第一百五十条
罪状描述	生产不符合保障人身、财产安全的国家标准、行业标准的电器、压力容器、易燃易爆产品或者其他不符合保障人身、财产安全的国家标准、行业标准的产品，或者销售明知是以上不符合保障人身、财产安全的国家标准、行业标准的产品，造成严重后果的。

续表

法律依据		《刑法》第一百四十六条、第一百五十条
刑事责任	自然人	造成严重后果的，处5年以下有期徒刑，并处销售金额50%以上2倍以下罚金。
		后果特别严重的，处5年以上有期徒刑，并处销售金额50%以上2倍以下罚金。
	单位	对单位判处罚金，并对其直接负责的主管人员和其他直接责任人员，按自然人犯该罪的规定处罚。

2. 生产、销售不符合卫生标准的化妆品罪

法律依据		《刑法》第一百四十八条、第一百五十条
罪状描述		生产不符合卫生标准的化妆品，或者销售明知是不符合卫生标准的化妆品，造成严重后果的。
刑事责任	自然人	处3年以下有期徒刑或者拘役，并处或者单处销售金额50%以上2倍以下罚金。
	单位	对单位判处罚金，并对其直接负责的主管人员和其他直接责任人员，按自然人犯该罪的规定处罚。

（五）农药、兽药、化肥、种子犯罪

生产、销售伪劣农药、兽药、化肥、种子罪

法律依据		《刑法》第一百四十七条、第一百五十条
罪状描述		生产假农药、假兽药、假化肥，销售明知是假的或者失去使用效能的农药、兽药、化肥、种子，或者生产者、销售者以不合格的农药、兽药、化肥、种子冒充合格的农药、兽药、化肥、种子，使生产遭受较大损失的。
刑事责任	自然人	使生产遭受较大损失的，处3年以下有期徒刑或者拘役，并处或者单处销售金额50%以上2倍以下罚金。
		使生产遭受重大损失的，处3年以上7年以下有期徒刑，并处销售金额50%以上2倍以下罚金。
		使生产遭受特别重大损失的，处7年以上有期徒刑或者无期徒刑，并处销售金额50%以上2倍以下罚金或者没收财产。
	单位	对单位判处罚金，并对其直接负责的主管人员和其他直接责任人员，按自然人犯该罪的规定处罚。

由于上述十个罪名存在一定相似之处，笔者仅在下文本节第二部分选取其中具有代表性的几个罪名进行展开。

二、产品质量犯罪实务分析

（一）生产、销售伪劣产品罪

生产、销售伪劣产品罪的行为表现为生产者、销售者违反国家的产品质量管理法律、法规，生产、销售伪劣产品的行为。违反产品质量管理法律、法规，一般是指违反《产品质量法》《标准化法》等法律以及有关省、自治区、直辖市制定的关于产品质量的地方性法规、规章、有关行业标准规则等。

本罪的实行行为，包括生产伪劣产品的行为和销售伪劣产品的行为。所谓生产，可以是行为人对原料的加工、制作，也可以是对半成品的加工、组合，还可以是对成品的翻新、改装。所谓销售，可以是零售，也可以是批发，可以是面对面的销售，也可以是通过网络销售。生产行为和销售行为紧密联系，同时独立存在，具有同等的地位。根据《刑法》《最高人民法院、最高人民检察院关于办理生产、销售伪劣商品刑事案件具体应用法律若干问题的解释》的规定，本罪有如下四种生产、销售行为的具体行为方式：

1. 在产品中掺杂、掺假

掺杂、掺假，是指在所生产、销售的产品中掺入杂质或异物，致使产品质量不符合国家法律、法规或者产品明示质量标准规定的质量要求降低，失去应有使用性能的行为。准确理解这种行为，应当注意以下两点：第一，并不是所有在产品中掺杂物的行为，都构成本罪。比如在一吨食用盐中掺入一把沙子的行为，这种程度的掺杂在实际的使用中几乎不会被察觉出来，也不会造成实质性的损害，属于我国《刑法》第十三条"但书"规定的显著轻微，危害不大的情况。对这种行为不应当认定为犯罪，否则会造成打击面过大、司法效率低下的状况。第二，所谓降低、失去应有使用性能，是指掺杂、掺假明显妨害产品的使用和产品功能的实现。举例来说，市场上流通的食用盐分为几个等级，且都是符合国家质量标准的。虽然低等级的食用盐中含有少量沙子，但不影响人们食用它，只是口感相较于高等级的盐差一些，但并不是说这些盐就是伪劣产品。

2. 以假充真

以假充真，是指以不具有某些使用性能的产品冒充具有某种性能的产品的行为，比如用勾兑的酒精冒充名酒而销售的行为。

3. 以次充好

以次充好，是指以低等级、低档次产品冒充高等级、高档次产品，或者以残次、废旧零配件组合、拼装后冒充正品或者新产品的行为，如将二手汽车进行改装翻新后又作为新车销售。

4. 以不合格产品冒充合格产品

以不合格产品冒充合格产品，是指以同种但不符合特定要求和标准的产品冒充符合该特定要求和标准的产品。根据《最高人民法院、最高人民检察院关于办理生产、销售伪劣商品刑事案件具体应用法律若干问题的解释》的规定，所谓"不合格产品"，是指不符合《产品质量法》第二十六条规定的产品。① 以不符合该条要求的产品冒充符合的产品，就属于"以不合格产品冒充合格产品"的行为。

只要行为人具有上述四种行为之一，涉嫌下列情形之一的，就达到生产、销售伪劣产品罪的追诉标准：（1）伪劣产品销售金额 5 万元以上的；（2）伪劣产品尚未销售，货值金额 15 万元以上的；（3）伪劣产品销售金额不满 5 万元，但将已销售金额乘以 3 倍后，与尚未销售的伪劣产品货值金额合计 15 万元以上的。伪劣产品尚未销售，货值金额达到 5 万元 3 倍以上的，以本罪（未遂）定罪处罚。

在主观方面，本罪的主观要件为故意，既包括直接故意，也包括间接故意。本罪的故意，是指产品生产者和销售者明知生产、销售伪劣产品的行为会发生破坏市场经济秩序、侵犯消费者合法权益的危害结果，仍然生产制造、销售不符合质量标准的产品，或者在产品中掺杂、掺假，以假充真，以次充好或者以不合格产品冒充合格产品。以行为人没有主观故意作为出罪的抗辩理由，只能适用于销售者，生产者不可能不知道自己生产出的是伪劣产品。若确有证据证明销售者不知道或者不应当知道自己所售产品是次品，而当作正品出售了，应承担民事责任，不能作为犯罪处理。

（二）药品、医用器材安全犯罪

典型案例：孟某甲等人生产、销售假药案②

被告人孟某甲从 2016 年开始经营"骨筋经"中医推拿疗养项目，其妻张某帮助配制药品，其子孟某乙负责销售、培训，2018 年、2020 年唐某、卢某先后加盟该项目。孟某甲在未取得药品生产许可证、药品经营许可证的情况下，购买国药准字号药品装入私自购买的包装袋、包装瓶中，贴上含有服用方法、使用禁忌等内容的标签，制成品名为"百宝丸""妇科胶囊""前列腺内调 1 号、2 号""肾 3 号""仙丹"的药品，通过坐诊的方式对外销售。截至案发，孟某甲、张某、孟某乙销售金额达 11 万余元，唐某销售金额为 8000 余元，卢某销售金额为 3000 余元。

---

① 《产品质量法》第二十六条规定："……产品质量应当符合下列要求：（一）不存在危及人身、财产安全的不合理的危险，有保障人体健康和人身、财产安全的国家标准、行业标准的，应当符合该标准；（二）具备产品应当具备的使用性能，但是，对产品存在使用性能的瑕疵作出说明的除外；（三）符合在产品或者其包装上注明采用的产品标准，符合以产品说明、实物样品等方式表明的质量状况。"

② 最高人民检察院《检察机关依法惩治危害药品安全犯罪典型案例》，载最高人民检察院网站，https：//www.spp.gov.cn/xwfbh/dxal/202203/t20220304_546965.shtml，最后访问时间：2024 年 5 月 12 日。

经市食品药品检验检测研究院检验，市场监督管理局认定，涉案产品"百宝丸"系用藿香正气软胶囊冒充、"肾3号"系用金匮肾气丸冒充、"前列腺内调1号、2号"系六味地黄丸冒充、"妇科胶囊"系妇炎灵胶囊冒充、"仙丹"系云南白药保险子冒充，均属于假药。

2022年1月14日，法院作出一审判决，孟某甲等人在涉案产品未取得药品生产许可证、药品经营许可证的情况下，以他种药品冒充此种药品出售，判处孟某甲犯生产、销售假药罪，判处有期徒刑一年九个月，并处罚金人民币15万元；张某犯生产、销售假药罪，判处有期徒刑一年六个月，并处罚金人民币10万元；孟某乙犯生产、销售假药罪，判处有期徒刑一年，并处罚金人民币5万元；唐某犯销售假药罪，判处有期徒刑十个月，并处罚金人民币2万元；卢某犯销售假药罪，判处有期徒刑八个月，并处罚金人民币1万元。

实务分析

生产、销售假药案中，有两处出罪的关键点：第一，是判断行为人生产、销售的涉案产品性质。第二，是判断行为人对自己生产、销售假药行为的主观明知。

承前言，根据《药品管理法》针对药品的分类进行大幅度调整，不再将未取得药品相关批准证明文件生产的药品划入"按假药论处"，《刑法修正案（十一）》随之将销售未取得药品相关批准证明文件生产的药品以及违反药品生产质量管理规范的行为等单独规定为一类犯罪即妨害药品管理罪。

首先，判断孟某甲等人生产、销售假药案中的涉案产品性质。根据《药品管理法》第九十八条第一款、第二款的规定："禁止生产（包括配制，下同）、销售、使用假药、劣药。有下列情形之一的，为假药：（一）药品所含成份与国家药品标准规定的成份不符；（二）以非药品冒充药品或者以他种药品冒充此种药品；（三）变质的药品；（四）药品所标明的适应症或者功能主治超出规定范围。"

回到本案，涉案产品含有藿香正气软胶囊等药品成分，行为人宣称针对上述的特定疾病具有治疗效果，即代表将其作为"药品"投入生产、销售。同时，相关部门出具的报告证明，行为人在未获得药品生产和经营方面的许可证的基础上，以他种药品冒充此种药品，相关人员购买该药品后可能会发生因为适应症状、功能主治等禁忌而发生严重后果，根据《药品管理法》第九十八条第二款第二项，应认定涉案产品属于"以他种药品冒充此种药品"，因而属于假药的范畴。

其次，生产、销售假药罪是行为犯，即只要实施了生产、销售假药的行为，就成立本罪。此罪在我国《刑法》中的规定有个发展过程。在2011年2月25日《刑法修正案（八）》出台以前，生产、销售假药罪是危险犯，即只要生产、销售假药达到"足以严重危害人体健康"的危险，就可以认定为构成本罪。《刑法修正案（八）》的发布，使该罪从危险犯成为行为犯，即只要实施了生产、销售假药的行为，无论是否足以严重危害人体健康，都可以认定为构成本罪，由此体现国家加大了对生产、销售假药行为的惩罚力度。

最后，判断销售人员唐某、卢某对自己销售假药行为的主观明知。从司法实践来说，可以结合进货渠道、进货价格、从业经历等事实加以综合判断。第一，从经营资质来看，销售人员唐某、卢某无药品经营资质，也没有对上游孟某甲进行资格审查；第二，从产品包装来看，涉案孟某甲出售的药品装在私自购买的包装袋、包装瓶，没有正规药品的生产日期、成分信息、生产批号等，仅贴上含有服用方法、使用禁忌等内容的标签，不符合正规药品的一般认知。综合以上情况，认定唐某、卢某二人对其销售的药品系假药存在主观明知。

综上，孟某甲等人先将购买的国药准字号药品直接更换包装、变更名称再销售，该配制的药品属于假药，属于生产、销售假药，而唐某、卢某销售假药，再结合各行为人对于该假药的主观明知，可以认定孟某甲等人构成生产、销售假药罪。

（三）食品安全犯罪

典型案例：刘某、夏某等人生产、销售有毒、有害食品案①

2020年，刘某通过网络发布广告，销售国家禁止生产、销售和使用的西布曲明。刘某明知夏某等人购买西布曲明用于生产、销售减肥食品，仍向其出售并告知夏某等人添加比例及销售注意事项。2020年6月至2021年3月，刘某销售给夏某等人西布曲明共计人民币170余万元。

夏某从刘某处购进西布曲明，在食品中添加，制成减肥胶囊、减肥巧克力后对外销售。2020年7月至2021年3月，夏某利用微信等网络形式发展下线曹某等人，面向全国进行销售，销售金额48万余元。曹某通过微信对外销售，销售金额8000余元。2021年3月2日，曹某卖给李某的减肥巧克力被其女徐某误食，经抢救无效死亡。经检验鉴定，徐某符合西布曲明中毒致心力衰竭及呼吸衰竭死亡。

2022年11月23日、25日，法院作出一审判决，以生产、销售有毒、有害食品罪分别判处刘某、夏某有期徒刑十二年六个月、八年六个月，并处罚金350万元、98万元，以销售有毒、有害食品罪判处曹某等7人有期徒刑五年三个月至六个月不等，并处罚金5000元至52万元不等。

实务分析

本罪在客观上表现为行为人违反国家食品卫生管理法规，在生产、销售的食品中掺入有毒、有害的非食品原料，或者销售明知是掺有有毒、有害的非食品原料的食品行为。生产、销售食品的企业应当在具备相应资质的情况下，向食品安全监管

---

① 最高人民检察院《检察机关依法惩治制售伪劣商品犯罪典型案例》，载最高人民检察院网站，https：//www.spp.gov.cn/xwfbh/dxal/202303/t20230314_608439.shtml，最后访问时间：2024年5月12日。

部门申请生产、销售食品的许可证，并严格遵守《食品安全法》等法律法规关于食品卫生、食品安全方面的规定，严格遵循卫生标准、避免生产、销售有毒、有害的食品。本罪属行为犯，行为人只要实施了上述行为，无论销售后有无具体危害后果的发生并不影响本罪的成立，无论是否造成实际的危害后果，都构成犯罪。

本罪的客观行为具有三种表现形式：（1）生产者在生产、销售的食品中掺入有毒、有害的非食品原料的行为。（2）销售者在销售的食品中故意掺入有毒、有害的非食品原料。（3）销售者明知是掺有有毒、有害的非食品原料的食品而予以销售。所谓"有毒、有害的非食品原料"，是指无任何营养价值，根本不能食用，对人体具有生理毒性，食用后会引发不良反应，损害肌体健康的不能食用的原料。生产各种食品都离不开各种原料，包括动物性的、植物性的和化工合成的原料。这些原料应当有利于、至少无害于人体健康。但是，有些生产者为了降低生产成本，攫取更大利润，故意在产品中加入对人体有毒、有害的非食品原料。

本案刘某、夏某等人涉嫌的罪名是非法经营罪和生产、销售有毒、有害食品罪。展开来说，一方面，刘某、夏某等人生产、销售有毒、有害食品案中，夏某等人生产、销售的西布曲明属于国家禁止用于食品生产、销售的非食品原料。《最高人民检察院、公安部关于公安机关管辖的刑事案件立案追诉标准的规定（二）》第七十一条对非法经营罪的表现形式予以明确，其中第十项就规定了"以提供给他人生产、销售食品为目的，违反国家规定，生产、销售国家禁止用于食品生产、销售的非食品原料的"，作为危害食品安全行为纳入非法经营罪的范畴。该罪针对危害食品安全行为的立案标准是"非法经营数额在十万元以上，或者违法所得数额在五万元以上的"。刘某等人生产、销售国家禁止用于食品生产、销售的非食品原料的西布曲明，其行为涉嫌非法经营罪。另一方面，刘某、夏某等人生产、销售有毒、有害食品案中，刘某等人生产、销售的西布曲明不仅属于国家禁止用于食品生产、销售的非食品原料，还属于有毒、有害的非食品原料。2010年国家市场监督管理总局已要求停止西布曲明制剂和原料药在我国生产、销售和使用，已上市销售的药品由生产企业负责召回销毁，同时将其列入"有毒有害的非食品原料"。这就意味着，国家层面已明确西布曲明属于有毒、有害的非食品原料。

刘某在向夏某销售西布曲明之时，就明知夏某等人购买西布曲明是用于生产减肥食品，刘某还告知其在生产减肥食品中添加西布曲明的剂量，以及销售时的注意事项。而夏某等人在生产食品时添加有毒有害的西布曲明，并销售至全国多个省市地区，已有多名购买者出现不良反应，甚至造成一人死亡，严重危害了百姓生命健康安全。因此，刘某、夏某等人构成生产、销售有毒、有害食品罪，结合前述刘某、夏某等人同时构成非法经营罪的情况，应从一重处，依法认定构成生产、销售有毒、有害食品罪。

三、产品质量合规要点

《中央企业合规管理指引（试行）》第十四条提出了加强对重点环节的合规管理，其中第三项明确了生产运营环节也是企业合规管理的重点环节，要求"严格执行合规制度，加强对重点流程的监督检查，确保生产经营过程中照章办事、按章操作"。

而产品是企业的生命。产品质量犯罪，不仅会降低企业声誉和社会评价，使企业和企业负责人员承担严厉的刑事责任，对企业经营造成很大打击；同时也会给社会大众的人身、财产安全带来危险和危害，影响极大。企业和企业管理人员应当了解和学习有关产品质量的法律规定，树立依法经营、以产品质量作为第一竞争力的理念，从刑事法律层面严格管理企业。

（一）严控产品质量标准

产品质量类犯罪，认定产品质量的伪劣一般由国家机关委托法律、行政法规规定的产品质量检验机构进行鉴定。因此，企业从采购原料、存储货物、组织生产、出厂验收、销售等环节，以及产品标识方面，都应严格按照有关国家标准和规范管理制度的要求以及企业标准进行，严格把好质量关，从根本上防止产品质量犯罪的可能性。

（二）生产、销售行政许可手续齐备

企业从事产品生产、销售，除要依法办理营业执照外，还要依法办理相应的特殊生产、销售许可证。比如从事食品生产、销售，必须办理食品生产许可证、食品流通许可证；从事药品生产、销售，必须办理药品生产许可证、药品经营许可证；从事国家特许经营的烟草，必须办理烟草专卖许可证。办理行政许可，主动接受监管部门的监督检查，可以督促企业依法经营，有效减少发生制售伪劣商品犯罪、非法经营罪的可能性。

（三）构建企业的产品质量监督体系

生产销售企业应当建立完备的管理体制，建立产品质量责任机制和产品质量监督机制，实行现代电子信息检测和传统人工监察相结合的监督机制。此外，企业应设立专门产品质量监督管理部门，安排专人负责产品质量的管理和监督，促进生产、销售人员落实相关质量标准要求，与此同时也要加强对产品上下游企业的产品质量合规监督和制约。

（四）完善企业产品质量危机处理机制

企业应主动建立产品质量事故应急制度，同时建立健全产品售后制度，对于发现产品质量问题及时解决和处理，包括但不限于启动召回程序等其他方式，确保产品质量出现问题及时发现、及时处理，最大限度降低事件发生的影响和不利后果。

此外，在遇到产品质量类犯罪时，应严格把握产品质量类犯罪对于"明知"的要求，对于确有证据证明企业在销售中、对于伪劣产品等不存在明知的可能性和现实性的情况，应及时收集并及时递交给办案机关，以争取从宽处理。

第三节 安全生产犯罪风险

一、安全生产犯罪相关罪名

当前，我国正处在工业化、城镇化持续推进过程中，各类事故隐患和安全风险交织叠加，生产安全事故易发。如何进一步完善企业的安全生产体制，切实防范化解安全生产风险，是企业必须面临和解决的问题。同时，党和国家进一步修改完善安全生产法律体系，对安全生产的要求越来越高、越来越严。2021年3月1日实施的《刑法修正案（十一）》对有关安全生产犯罪的规定进行了重大调整，增设了组织他人违章冒险作业罪和危险作业罪，拓宽了提供虚假证明文件罪的犯罪主体，不仅拓展了有关安全生产的刑法规制范围，更是改变了刑事立法的观念，将安全生产的处罚从事后制裁前移到了事前防范阶段，以求从源头上杜绝安全隐患，更好地防止安全事故的发生。2021年9月1日，新修正《安全生产法》实施生效，新法坚持人民至上、生命至上，增加规定了重大事故隐患排查治理情况报告等新经验新制度，健全了安全责任体系，进一步压实生产经营单位主体责任，加大了对违法行为的惩戒力度。《刑法修正案（十一）》对安全生产类犯罪进行了两处修改：

其一，针对强令违章冒险作业罪，在"强令他人违章冒险作业"的行为方式之外，还新增了"或者明知存在重大事故隐患而不排除，仍冒险组织作业"，这两种情况下构成犯罪的入罪门槛是"发生重大伤亡事故或者造成其他严重后果的"。

其二，新增了危险作业罪。以往的事故类犯罪以实际造成重大事故或其他严重结果作为犯罪成立条件，而危险作业罪则关注行为是否违反了安全管理的规定，行为是否具有造成严重后果的现实危险性，并不要求是否实际发生生产、作业事故的结果。该罪名增设了重大安全事故发生之前的惩罚，即通过刑事惩罚前移的方式对事故进行积极预防，要求相关人员在作业中提高注意义务，才能更为有效地防范重特大生产安全事故发生。

安全生产中较为多发的犯罪主要包括：重大责任事故罪，强令、组织他人违章冒险作业罪，危险作业罪，重大劳动安全事故罪和不报、谎报安全事故罪。

1. 强令、组织他人违章冒险作业罪

法律依据	《刑法》第一百三十四条第二款	
罪状描述	强令他人违章冒险作业，或者明知存在重大事故隐患而不排除，仍冒险组织作业，因而发生重大伤亡事故或者造成其他严重后果的。	
刑事责任	自然人	发生重大伤亡事故或者造成其他严重后果的，处5年以下有期徒刑或者拘役。
		情节特别恶劣的，处5年以上有期徒刑。

2. 重大责任事故罪

法律依据	《刑法》第一百三十四条第一款	
罪状描述	在生产、作业中违反有关安全管理的规定，因而发生重大伤亡事故或者造成其他严重后果的。	
刑事责任	自然人	发生重大伤亡事故或者造成其他严重后果的，处3年以下有期徒刑或者拘役。
		情节特别恶劣的，处3年以上7年以下有期徒刑。

3. 危险作业罪

法律依据	《刑法》第一百三十四条之一	
罪状描述	在生产、作业中违反有关安全管理的规定，有下列情形之一，具有发生重大伤亡事故或者其他严重后果的现实危险的： （一）关闭、破坏直接关系生产安全的监控、报警、防护、救生设备、设施，或者篡改、隐瞒、销毁其相关数据、信息的；（二）因存在重大事故隐患被依法责令停产停业、停止施工、停止使用有关设备、设施、场所或者立即采取排除危险的整改措施，而拒不执行的；（三）涉及安全生产的事项未经依法批准或者许可，擅自从事矿山开采、金属冶炼、建筑施工，以及危险物品生产、经营、储存等高度危险的生产作业活动的。	
刑事责任	自然人	处1年以下有期徒刑、拘役或者管制。

4. 重大劳动安全事故罪

法律依据	《刑法》第一百三十五条
罪状描述	安全生产设施或者安全生产条件不符合国家规定，因而发生重大伤亡事故或者造成其他严重后果的。

法律依据		《刑法》第一百三十五条
刑事责任	自然人/单位	发生重大伤亡事故或者造成其他严重后果的，对直接负责的主管人员和其他直接责任人员，处3年以下有期徒刑或者拘役。
		情节特别恶劣的，处3年以上7年以下有期徒刑。

5. 不报、谎报安全事故罪

法律依据		《刑法》第一百三十九条之一
罪状描述		在安全事故发生后，负有报告职责的人员不报或者谎报事故情况，贻误事故抢救。
刑事责任	自然人	情节严重的，处3年以下有期徒刑或者拘役。
		情节特别严重的，处3年以上7年以下有期徒刑。

二、安全生产犯罪实务分析

（一）强令、组织他人违章冒险作业罪

典型案例：李某、王某、焦某等强令违章冒险作业、重大责任事故案①

李某2014年9月成立江苏无锡某运输公司从事货物运输业务，担任公司实际经营人和负责人，全面负责公司经营管理。王某2019年4月应聘成为该运输公司驾驶员，同年6月底与李某合伙购买苏BQ××91号重型半挂牵引车（牵引苏BG××6挂号重型平板半挂车），约定利润平分，王某日常驾驶该车；焦某2019年5月底应聘成为该运输公司驾驶员，驾驶苏B×8061号重型半挂牵引车（牵引苏BZ××0挂号重型平板半挂车）。李某违反法律法规关于严禁超载的规定，在招聘驾驶员时明确告知对方称公司需要招聘能够"重载"（即严重超载）的驾驶员，驾驶员表示能够驾驶超载车辆才同意入职；在公司购买不含轮胎的货车后，通过找专人安装与车辆轮胎登记信息不一致且承重力更好的钢丝胎，加装用于给刹车和轮胎降温的水箱等方式，对公司货运车辆进行非法改装以提高承载力。经营期间，该运输公司车辆曾被运管部门查出多次超载运输，并曾因超载运输被交通运输管理部门约谈警告，因超载运输导致发生交通事故被判决承担民事赔偿责任，李某仍然指挥、管理驾驶员继续严重超载，且在部分驾驶员提出少超载一些货物时作出解聘驾驶员的管理决定。2019年10月10日，王某、焦某根据公司安排到码头装载货物，焦某当日下午

---

① 最高人民法院、最高人民检察院《人民法院、检察机关依法惩治危害生产安全犯罪典型案例》，载最高人民法院网站，https://www.court.gov.cn/zixun-xiangqing-383601.html，最后访问时间：2024年7月11日。

驾驶苏 B×8061 号重型半挂牵引车牵引苏 BZ××0 挂号重型平板半挂车（核载质量 32 吨）装载 7 轧共重 157.985 吨的钢卷先离开码头，王某随后驾驶苏 BQ××91 号重型半挂牵引车牵引苏 BG××6 挂号重型平板半挂车（核载质量 29 吨）装载 6 轧共重 160.855 吨的钢卷离开码头。事故造成行驶在侧翻桥面路段上的车辆随桥面滑落，在桥面路段下方道路上行驶的车辆被碾轧，导致 3 人死亡、9 辆机动车不同程度损坏。经鉴定，被毁桥梁价值约 2422567 元，受损 9 辆车辆损失共计 229015 元。经事故调查组调查认定，事故直接原因为，两辆重型平板半挂车严重超载、间距较近（荷载分布相对集中），偏心荷载引起的失稳效应远超桥梁上部结构稳定效应，造成桥梁支座系统失效，梁体和墩柱之间产生相对滑动和转动，从而导致梁体侧向滑移倾覆触地。事故发生后，焦某向公安机关自动投案并如实供述了自己的罪行。

法院经审理认为，李某明知存在事故隐患、继续作业存在危险，仍然违反有关安全管理的规定，利用组织、指挥、管理职权强制他人违章作业，因而发生重大伤亡事故，行为已构成强令违章冒险作业罪，情节特别恶劣；王某、焦某在生产、作业中违反有关安全管理的规定，因而发生重大伤亡事故，行为均构成重大责任事故罪，情节特别恶劣。李某已经发现事故隐患，经有关部门提出后仍不采取措施，酌情从重处罚；焦某有自首情节，依法从轻处罚。据此，依照经 2006 年《刑法修正案（六）》修正的《刑法》第一百三十四条第二款的规定，以强令违章冒险作业罪判处李某有期徒刑七年；以重大责任事故罪分别判处王某、焦某有期徒刑三年六个月、有期徒刑三年三个月。对其他被告人依法判处相应刑罚。一审宣判后，李某、王某、焦某提出上诉，后李某、王某在二审期间申请撤回上诉。法院裁定准许李某、王某撤回上诉，对焦某驳回上诉、维持原判。

实务分析

对生产、作业负有组织、指挥或者管理职责的人员出于追求高额利润等目的，明知存在事故隐患，违背生产、作业人员的主观意愿，强令生产、作业人员违章冒险作业，极易导致发生重大事故，社会危害性大，应当予以从严惩处。

本罪主体为特殊主体，依据《最高人民法院、最高人民检察院关于办理危害生产安全刑事案件适用法律若干问题的解释》第二条，本罪的犯罪主体包括对生产、作业负有组织、指挥或者管理职责的负责人、管理人员、实际控制人、投资人等人员。

《最高人民法院、最高人民检察院关于办理危害生产安全刑事案件适用法律若干问题的解释（二）》第一条对强令违章冒险作业罪的行为方式作了列举式规定：(1) 以威逼、胁迫、恐吓等手段，强制他人违章作业的；(2) 利用组织、指挥、管理职权，强制他人违章作业的；(3) 其他强令他人违章冒险作业的情形。《刑法修正案（十一）》将"明知存在重大事故隐患而不排除，仍冒险组织作业"这一行为方式，也新增纳入本罪予以规制。

最高人民法院、最高人民检察院发布《人民法院、检察机关依法惩治危害生产安全犯罪典型案例》认为，实践中，对生产、作业负有组织、指挥或者管理职责的人员虽未采取威逼、胁迫、恐吓等手段，但利用自己的组织、指挥、管理职权强制他人违章作业的，也可以构成强令违章冒险作业罪（强令他人违章冒险作业罪）。对于受他人强令违章冒险作业的一线生产、作业人员，应当综合考虑其所受到强令的程度、各自行为对引发事故所起作用大小，依法确定刑事责任。①

《最高人民法院、最高人民检察院关于办理危害生产安全刑事案件适用法律若干问题的解释》第六条第一款对本章所述的所有罪名的追诉标准——"造成严重后果"或者"发生重大伤亡事故或者造成其他严重后果"，有统一解释，即具有下列情形之一的：(1) 造成死亡一人以上，或者重伤三人以上的；(2) 造成直接经济损失一百万元以上的；(3) 其他造成严重后果或者重大安全事故的情形。

回到本案，李某作为公司实际经营人和负责人，职责是全面负责公司经营管理，是对运输这一作业负有组织、指挥或者管理职责的人员。而公司车辆曾被运管部门查出多次超载运输，并曾因超载运输被交通运输管理部门约谈警告，因超载运输导致发生交通事故被判决承担民事赔偿责任的前提下，这证明李某对运输车辆严重超载会造成重大事故隐患是明知，但仍然利用组织、指挥、管理职权，强制驾驶员继续违章严重超载，最终导致了桥梁被毁、3人死亡，9辆机动车不同程度损坏的严重后果，应该以强令他人违章冒险作业罪定罪处罚。

（二）重大责任事故罪

典型案例：宋某等人重大责任事故案②

2016年5月，宋某作为A煤业公司矿长，在3号煤层配采项目建设过程中，违反《关于加强煤炭建设项目管理的通知》要求，在没有施工单位和监理单位的情况下，即开始自行组织工人进行施工，并与周某（以伪造公司印章罪另案处理）签订虚假的施工、监理合同以应付相关单位的验收。杨某作为该矿的总工程师，违反《煤矿安全规程》要求，未结合实际情况加大设计和制定安全措施，在3号煤层配采施工遇到旧巷时仍然采用常规设计，且部分设计数据与相关要求不符，导致旧巷扩建工程对顶煤支护的力度不够。2017年3月9日3时50分许，该矿施工人员赵某带领4名工人在3101综采工作面运输顺槽和联络巷交岔口处清煤时，发生顶部支护板塌落事故，导致上覆煤层坍塌，造成3名工人死亡，赵某及另一名工人受伤，直接经济损失635.9万元。

---

① 最高人民法院、最高人民检察院《人民法院、检察机关依法惩治危害生产安全犯罪典型案例》，载最高人民法院网，https://www.court.gov.cn/zixun-xiangqing-383601.html，最后访问时间：2024年7月11日。
② 参见山西省长治县人民法院（2018）晋0421刑初158号刑事判决书，载中国裁判文书网，最后访问时间：2024年4月12日。

法院作出一审判决，认为被告人宋某、杨某在生产作业中违反有关安全管理的规定，因而发生安全事故，造成特别严重后果，其行为均已构成重大责任事故罪，但考虑到二人均当庭认罪悔罪，如实供述自己的犯罪事实，具有坦白情节，且A煤业公司积极对被害方进行赔偿，分别判处二人有期徒刑三年，缓刑三年。同时，检察院认为现有证据不能证明赵某对危害结果的发生有主观认识，无法确定赵某的责任，依法对赵某作出不起诉决定。

实务分析

本罪主体为特殊主体，依据《最高人民法院、最高人民检察院关于办理危害生产安全刑事案件适用法律若干问题的解释》第一条，本罪的犯罪主体包括对生产、作业负有组织、指挥或者管理职责的负责人、管理人员、实际控制人、投资人等人员之外，另外还有直接从事生产、作业的人员。

重大责任事故罪的定罪处罚，关键有两点：一是查清事故发生的原因，这一点要结合相关部门作出的事故调查报告，与收集调取的物证、书证、视听资料、电子数据等相关证据材料综合分析，查清事故的发生原因，分清主要责任和次要责任。二是查清涉案人员的行为和责任大小，审查方式可以从案发直接原因和间接原因、主要原因和次要原因，以及涉案人员岗位职责、履职过程、违反有关规定的具体行为和事故发生后的施救经过等方面进行审查。

在本案中，宋某作为矿长，明知施工应当由有资质的施工单位进行且应在监理单位监理下施工，仍自行组织工人施工，且在工程日常施工过程中安全管理不到位，最终导致了该起事故的发生，负事故发生的主要责任，应当以重大责任事故罪追究其刑事责任。而杨某作为该矿的总工程师，负责全矿技术工作，未结合实际情况加强设计和制定安全措施，设计数据与相关要求不符，属于履行职责不到位，对事故的发生应负主要责任，应当同样按重大责任事故罪追究其刑事责任。

同时，值得注意的是，公安机关以重大责任事故罪对A煤业公司原工人赵某移送审查起诉，理由是认为赵某在发现漏煤时未组织人员撤离而是继续清煤导致了事故的发生，应当对本起事故的发生承担直接责任。但检察院经过自行侦查，发现在案证据无法印证案发地点出现过顶板漏煤的情况，更不能证明赵某对危害结果的发生有主观认识，无法确定赵某的责任，因此针对赵某个人，适用证据不足不予起诉，属于合理合法。

（三）危险作业罪

典型案例：于某等人危险作业案[①]

为加强对海洋渔业作业船只生产安全的监管，某市渔业行政主管部门在2021

[①] 参见辽宁省丹东市中级人民法院（2021）辽06刑终216号刑事判决书，载中国裁判文书网，最后访问时间：2024年4月12日。

年休渔期对辖区内中型及以上渔业生产船舶安装北斗船载终端设备（以下简称北斗），该设备具有天气预报、导航、船只落水自动报警等功能，以保障渔船生产安全和监测渔船依法依规捕捞。2021年9月开渔期间，于某等捕捞渔船船主、船长为追求高额经济利益，私自拆卸捕捞渔船上的北斗，指使渔船趁大风恶劣天气出海进行非法捕捞作业。

2022年1月4日，法院以危险作业罪判处被告人于某等14人有期徒刑十个月至拘役二个月不等的刑罚。于某不服判决，提出上诉。2022年1月4日，法院作出二审判决，认为于某等人在生产、作业中违反有关安全管理的规定，破坏直接关系生产安全的具有监控、报警、防护功能的船载北斗终端设备，具有发生重大伤亡事故或者其他严重后果的现实危险，其行为均已构成危险作业罪，且分别系共同犯罪，应予惩处；同时，于某因在二审期间认罪认罚，刑期从有期徒刑十个月改为九个月，其他被告人维持原判。

实务分析

根据《刑法》第一百三十四条之一规定，危险作业罪中入罪标准——"具有发生重大伤亡事故或者其他严重后果的现实危险"，一般是指客观存在的、紧迫的危险，这种危险未及时消除、持续存在，将可能随时导致发生重大伤亡事故或者其他严重后果。如何在实践中认定这里的"现实危险"，最高人民法院、最高人民检察院发布的《人民法院、检察机关依法惩治危害生产安全犯罪典型案例》认为：司法实践中，是否属于"具有发生重大伤亡事故或者其他严重后果的现实危险"，应当结合行业属性、行为对象、现场环境、违规行为严重程度、纠正整改措施的及时性和有效性等具体因素，进行综合判断。[1]

《刑法》第一百三十四条之一以列举的方式罗列了三种在生产、作业中违反有关安全管理的行为，包括：（1）关闭、破坏直接关系生产安全的监控、报警、防护、救生设备、设施，或者篡改、隐瞒、销毁其相关数据、信息的；（2）因存在重大事故隐患被依法责令停产停业、停止施工、停止使用有关设备、设施、场所或者立即采取排除危险的整改措施，而拒不执行的；（3）涉及安全生产的事项未经依法批准或者许可，擅自从事矿山开采、金属冶炼、建筑施工，以及危险物品生产、经营、储存等高度危险的生产作业活动的。

最高人民法院、最高人民检察院也曾多次下发典型案例，对以上三种行为方式中的具体认定，提供了案例指导。而本书因为篇幅有限，仅以于某等人危险作业案，介绍危险作业罪第一种行为方式——"关闭、破坏直接关系生产安全的监控、

---

[1] 最高人民法院、最高人民检察院《人民法院、检察机关依法惩治危害生产安全犯罪典型案例》，载最高人民法院网，https://www.court.gov.cn/zixun-xiangqing-383601.html，最后访问时间：2024年7月11日。

报警、防护、救生设备、设施，或者篡改、隐瞒、销毁其相关数据、信息的"。

本案是海上渔业生产领域危险作业案，渔业生产的生产作业具备高度危险性，需要北斗等设备予以技术支持。北斗设备具有天气预报、导航、船只落水自动报警等功能，用来保障渔船生产安全和监测渔船依法依规捕捞。本案中行为人趁大风恶劣天气出海指使渔船进行非法捕捞作业，但该非法捕捞行为明显超出了渔船自身抗风险能力，行为人又将具有上述功能的北斗私自拆卸，致使船只不能收到相关部门发送的风险提示，一旦出现风险将无法保证被及时救援而造成重大伤亡事故，该等危险符合危险作业罪要求的——"具有发生重大伤亡事故或者其他严重后果的现实危险"，相关人员的行为构成危险作业罪。

（四）重大劳动安全事故罪

典型案例：余某某等人重大劳动安全事故、重大责任事故案[①]

2015年6月，B矸石发电公司（该公司由A化工集团投资控股）热电联产项目开工建设。施工中，余某某（A化工集团原董事长、B矸石发电公司原法定代表人）、双某某（B矸石发电公司原总经理）为了加快建设进度，在采购设备时，未按某省发展和改革委员会关于该项目须公开招投标的要求，自行组织邀请招标。A化工集团物资供应公司原副经理张某某（A化工集团物资供应公司原副经理，另案处理）收受无生产资质的重庆某仪表有限公司（以下简称仪表公司）负责人李某某给予的4000元好处费及钓鱼竿等财物，向其采购了质量不合格的"一体焊接式长颈喷嘴"（以下简称喷嘴），安装在2号、3号锅炉高压主蒸汽管道上。项目建成后，余某某、双某某擅自决定试生产。

2016年8月10日凌晨，B矸石发电公司锅炉车间当班员工巡检时发现集中控制室前楼板滴水、2号锅炉高压主蒸汽管道保温层漏汽。赵某某（B矸石发电公司原常务副总经理兼总工程师，另案处理）、王某某（B矸石发电公司原锅炉车间主任，另案处理）赶到现场，未发现滴水情况和泄漏点，未进一步探查。8月11日上午11时许，锅炉运行人员发现事故喷嘴附近有泄漏声音且温度比平时高，赵某某指示当班员工继续加强监控。下午1时许，2号锅炉主蒸汽管道蒸汽泄漏更加明显且伴随高频啸叫声。赵某某、王某某未按《锅炉安全技术规程》《锅炉运行规程》等规定下达紧急停炉指令。下午1时50分至2时20分，叶某某（另案处理）先后三次接到B矸石发电公司生产科副科长和A化工集团生产调度中心调度员电话报告"2号锅炉主蒸汽管道有泄漏，请求停炉"。叶某某既未到现场处置，也未按规定下达停炉指令。下午2时30分，叶某某（A化工集团生产部原部长，另案处理）向赵某某（A化工集团原副总经理、总工程师，另案处理）报告"蒸汽管

[①] 最高人民检察院检例第94号。

道泄漏，电厂要求停炉"。赵某某未按规定下达停炉指令，亦未到现场处置。下午2时49分，2号锅炉高压主蒸汽管道上的喷嘴发生爆裂，致使大量高温蒸汽喷入事故区域，造成22人死亡、4人受伤，直接经济损失2313万元。

法院认为，B矸石发电公司在热电联产项目建设过程中，擅自更改省发改委批准的设计内容，在安全保护设计上就存在重大安全隐患；未按审批内容公开招投标而采取邀标形式采购存在严重安全隐患的劣质产品；项目建成后，未按规定委托有资质的单位开展调试工作；未经锅炉安全检测验收、按照机组考核期要求开展未完成项目的调试和消缺工作的情况下，进行连续供热供电生产，因而发生重大伤亡事故，情节特别恶劣。二被告人作为企业的主要领导，直接参与了更改省发改委批准设计内容和采购设备招标形式的决策，违反规定擅自决定企业自行调试，在锅炉未经安全检测验收的情况下决定进行生产，是直接负责的主管人员，对安全生产设施或安全生产条件不符合规定而造成重大伤亡事故负有不可推卸的责任，均已构成重大劳动安全事故罪，应予追究刑事责任。最终法院判处被告人余某某犯重大劳动安全事故罪，判处有期徒刑五年。被告人双某某犯重大劳动安全事故罪，判处有期徒刑四年。

实务分析

该事故涉及的系列案件共11件14人，除余某某、双某某在内的A化工集团和B矸石发电公司人员的7人外，还包括发展与改革局、质监局等部门的工作人员涉嫌的渎职犯罪，生产、销售质量不合格长颈喷嘴的仪表公司涉嫌的生产、销售伪劣产品犯罪等。

重大劳动安全事故罪是指安全生产设施或者安全生产条件不符合国家规定而发生重大伤亡事故或者造成其他严重后果的行为。

重大劳动安全事故罪可以由单位构成，属于单罚制，仅处罚"直接负责的主管人员和其他直接责任人员"，这里的"直接负责的主管人员和其他直接责任人员"是指对安全生产设施或者安全生产条件不符合国家规定负有直接责任的生产经营单位负责人、管理人员、实际控制人、投资人，以及其他对安全生产设施或者安全生产条件负有管理、维护职责的人员。

本案相关部门出具的技术报告认定，该事故的最主要原因是B矸石发电公司采购的长径喷嘴属质量严重不合格的劣质产品，最直接原因是主蒸汽管道蒸汽泄漏形成重大事故隐患时，相关人员未及时有效处置。

A化工集团对B矸石发电公司进行控股，也对B矸石发电公司进行实质上的管理。余某某不仅是A化工集团的董事长，还是B矸石发电公司的法定代表人，理应是公司安全生产的第一责任人。而余某某作为A化工集团负责人，双某某作为B矸石发电公司管理者，两人均为企业的主要领导，直接参与了更改省发改委批准的工程项目设计，违法决定了企业自行调试，在未经安全检测验收的情况下决定投入生产,是直接负责的主管人员。B 矸石发电公司因该企业的安全生产设施、安全生产条件不符合国家规定,进而造成 22 人死亡、4 人受伤,直接经济损失 2313 万元的安全事故。余某某、双某某作为直接负责的主管人员,应当为此事故承担刑事责任,均已构成重大劳动安全事故罪。

在此,需要比较一下重大责任事故罪和重大劳动安全事故罪。这两个罪的入罪标准都是需要"因而发生重大伤亡事故或者造成其他严重后果的",而且这两个罪的法定刑是相同的,即第一档量刑是三年以下有期徒刑或者拘役,第二档量刑是三年以上七年以下有期徒刑。那么如何区分这两个罪名的适用情况呢?

从罪状上看,重大责任事故罪的行为方式是"在生产、作业中违反有关安全管理的规定";而重大劳动安全事故罪的行为方式是"安全生产设施或者安全生产条件不符合国家规定"。

关于如何在实践中区分适用这两个罪名,根据最高人民检察院发布的第二十五批指导性案例给出指导观点:实践中,安全生产事故发生的原因如果仅为生产、作业中违反有关安全管理的规定,或者仅为提供的安全生产设施或条件不符合国家规定,罪名较易确定;如果事故发生系上述两方面混合因素所致,两罪则会出现竞合,此时,应当根据相关涉案人员的工作职责和具体行为来认定其罪名。具体而言,对企业安全生产负有责任的人员,在生产、作业过程中违反安全管理规定的,应认定为重大责任事故罪;对企业安全生产设施或者安全生产条件不符合国家规定负有责任的人员,应认定为重大劳动安全事故罪;如果行为人的行为同时包括在生产、作业中违反有关安全管理的规定和提供安全生产设施或条件不符合国家规定的情形,为全面评价其行为,应认定为重大责任事故罪。但是,当出现法律规定的"强令他人违章冒险作业"的情况时,由于法律有特别规定且法定刑较重,应以强令他人违章冒险作业罪定罪量刑。

(五)不报、谎报安全事故罪

典型案例:黄某某等人重大责任事故、谎报安全事故案①

2018 年 3 月,C 材料科技有限公司(以下简称 C 公司)与 A 公司签订货品仓储租赁合同,租用 A 公司 3005#、3006# 储罐用于存储其向福建某石油化工有限公司购买的工业用裂解碳九(以下简称碳九)。同年,B 公司与 C 公司签订船舶运输合同,委派"天桐 1"船舶到 A 公司码头装载碳九。

同年 11 月 3 日下午 4 时许,"天桐 1"船舶靠泊在 A 公司 2000 吨级码头,准备接运 A 公司 3005# 储罐内的碳九。下午 6 时 30 分许,当班的刘某某、陈小某开始碳九装船作业,因码头吊机自 2018 年以来一直处于故障状态,二人便违规操作,人

---

① 最高人民检察院检例第 96 号。

工拖曳输油软管，将岸上输送碳九的管道终端阀门和船舶货油总阀门相连接。陈小某用绳索把输油软管固定在岸上操作平台的固定支脚上，船上值班人员将船上的输油软管固定在船舶的右舷护栏上。下午 7 时许，刘某某、陈小某打开码头输油阀门开始输送碳九。其间，被告人徐某某作为值班经理，刘某某、陈小某作为现场操作班长及操作工，叶某某、林某某作为值班水手长及水手，均未按规定在各自职责范围内对装船情况进行巡查。4 日凌晨，输油软管因两端被绳索固定致下拉长度受限而破裂，约 69.1 吨碳九泄漏，造成 A 公司码头附近海域水体、空气等受到污染，周边 69 名居民身体不适接受治疗。泄漏的碳九越过围油栏扩散至附近海域网箱养殖区，部分浮体被碳九溶解，导致网箱下沉。

事故发生后，雷某某到达现场向 A 公司生产运行部副经理卢某和计量员庄某核实碳九泄漏量，在得知实际泄漏量约有 69.1 吨的情况后，要求船方隐瞒事故原因和泄漏量。黄某某、雷某某、陈某某等人经商议，决定在对外通报及向相关部门书面报告中谎报事故发生的原因是法兰垫片老化、碳九泄漏量为 6.97 吨。A 公司也未按照海上溢油事故专项应急预案等有关规定启动一级应急响应程序，导致不能及时有效地组织应急处置人员开展事故抢救工作，直接贻误事故抢救时机，进一步扩大事故危害后果，并造成不良的社会影响。经审计，事故造成直接经济损失 672.73 万元。经泉州市生态环境局委托，生态环境部华南环境科学研究所作出技术评估报告，认定该起事故泄漏的碳九是一种组分复杂的混合物，其中含量最高的双环戊二烯为低毒化学品，长期接触会刺激眼睛、皮肤、呼吸道及消化道系统，遇明火、高热或与氧化剂接触，有引起燃烧爆炸的危险。本次事故泄漏的碳九对海水水质的影响天数为 25 天，对海洋沉积物及潮间带泥滩的影响天数为 100 天，对海洋生物质量的影响天数为 51 天，对海洋生态影响的最大时间以潮间带残留污染物全部挥发计，约 100 天。

2019 年 10 月 8 日，泉港区人民法院作出一审判决，认为黄某某等人在生产、作业中违反有关安全管理的规定，构成重大责任事故罪，同时认为黄某某等人的谎报行为贻误了事故救援时机，导致直接经济损失扩大，同时造成了恶劣社会影响，依法构成谎报安全事故罪。最终，法院对被告人黄某某以重大责任事故罪、谎报安全事故罪分别判处有期徒刑三年六个月、一年六个月，数罪并罚决定执行四年六个月；对被告人雷某某以重大责任事故罪、谎报安全事故罪分别判处有期徒刑二年六个月、二年三个月，数罪并罚决定执行四年三个月；对被告人陈某某以重大责任事故罪、谎报安全事故罪分别判处有期徒刑一年六个月，数罪并罚决定执行二年六个月。对陈小某等 5 名被告人，以重大责任事故罪判处有期徒刑一年六个月至二年三个月不等。禁止黄某某、雷某某在判决规定期限内从事与安全生产相关的职业。雷某某等 6 人不服一审判决，提出上诉。2019 年 12 月 2 日，泉州市中级人民法院裁定驳回上诉，维持原判。判决已生效。

实务分析

本罪主体为特殊主体，是指对安全事故负有报告职责的人员，一般为发生安全事故的单位中负有组织、指挥或者管理职责的负责人、管理人员、实际控制人、投资人以及其他负有报告职责的人员。

本罪的认定需要有"贻误事故抢救，情节严重"这一情况，否则行为人不构成本罪。因此，认定本罪需要审查不报、谎报安全事故与贻误事故抢救之间有没有所谓的刑法上的因果关系，这种因果关系是构成本罪的关键因素。进言之，如果不报、谎报安全事故没有造成或者扩大安全事故后果的情况，而仅是在没有抢救时机或者抢救完成的情况下，就不存在贻误事故抢救的可能性。否则，即使安全事故的结果再重大，行为人确实有不报、谎报安全事故的行为，也不构成不报、谎报安全事故罪。

本案中，黄某某作为 A 公司原法定代表人，雷某某作为 A 公司原副总经理，陈某某作为 A 公司原常务副总经理兼安全生产管理委员会主任，都是本案安全事故中负有组织、指挥、管理职责的负责人，管理人员，在事故发生后，也都是负有报告职责的人员，却要求船方隐瞒事故原因和碳九泄漏量，并对外谎报事故和原因事故情况，A 公司也未按照海上溢油事故专项应急预案等有关规定启动一级应急响应程序，导致不能及时有效地组织应急处置人员开展事故抢救工作，直接贻误事故抢救时机，进一步扩大事故危害后果，并造成不良的社会影响，黄某某等三人依法构成谎报安全事故罪。

三、安全生产合规要点

企业应在了解安全生产犯罪风险的基础上，提前部署，加强安全生产管理，积极防范该类风险的发生。对企业防范安全生产犯罪风险应采取的措施，笔者有以下建议：

（一）健全企业内部安全生产管理制度

根据企业生产经营的具体特点，制定适宜的内部规章制度，包括职工管理制度和安全生产制度等。这些内部规章制度应向全体职工明示，并定期组织职工学习，特别是对安全生产规章制度的岗前培训和定期考试，要高度重视对安全生产方面的管理，提高企业全体员工的安全合规意识。同时，确立专门负责安全生产管理的相关部门（岗位），并指定高级管理人员负责安全生产管理，其中，应当严格审查职工是否符合相关任职条件，是否具有法律规定的从业资格等。

此外，在企业选择产品及服务供应商、外包合作机构时，应进行必要的尽职调查和资格审查，也要加强对第三方合作伙伴的监管。同时，审核生产、作业设施、设备的产品质量是否符合国家标准、行业标准等要求，也是建立健全安全管理制度的应有之义。

（二）以"安全第一，预防为主"为安全方针，落实生产安全管理措施

企业应当结合自身特点构建安全生产管理体系组织实施安全生产管理的组织机

构、安全职责分工，企业的安全技术人员对安全生产工作进行计划、组织、指挥、协调和控制，贯彻落实国家有关安全生产的法律法规和标准技术规范，预防和避免生产过程中发生人身、设备事故，形成良好劳动环境和工作秩序，减少企业事故发生，保证员工的健康与安全，保护企业的财产尽可能安全，增强企业安全生产内生动力。

同时，不得强令、组织不符合相应条件或不具备相应资格的职工从事特定工种、参与安全作业及生产，否则一旦发生危害结果，相关组织、指挥或者管理职责的负责人、管理人员、投资人员及直接责任人员等就可能要承担刑事责任。

（三）建立安全生产监测和预警机制

在企业内部，就安全生产要建立、完善监测和预警机制，对生产作业涉及的安全风险进行有效识别、评估、防控，加强生产、作业中所使用的安全生产设施设备以及安全生产条件的定期排查，预警设备有效运行，积极、及时配合监管部门监督检查，切实有效排查风险及隐患。此外，注意对安全生产相关的风险管控、隐患排查等活动要如实、完整、准确记录，符合相关的法律要求。

对于不符合国家规定的，应及时进行整改。对于直接生产、作业中，发现违反有关安全管理的规定的行为，应及时予以纠正，消除安全隐患，以避免重大安全事故的发生。

（四）完善安全生产事故应对机制

一旦发生安全事故，相关责任人员应及时、完整、真实上报事故情况，全面停止违反安全生产要求的生产作业活动，积极配合有关部门调查取证，以实事求是的态度，立刻开展自查和他查，配合办案机关准确判断事故原因和责任划分。

第四节 税务犯罪风险

一、税务犯罪相关罪名

税收收入是我国财政的重要来源，是国民经济发展的命脉，依法纳税是企业应当履行的义务。然而，一些企业在经济利益的驱使下，想方设法逃避纳税，以获取更多利润。逃避缴纳税款，会造成国家税款大量流失，影响国家经济建设和市场经济健康发展，情节严重的，将构成犯罪。

我国《刑法》在破坏社会主义市场经济秩序罪一章中设专节规定税务犯罪，具体罪名包括：逃税罪，抗税罪，逃避追缴欠税罪，骗取出口退税罪，虚开增值税专用发票、用于骗取出口退税、抵扣税款发票罪，虚开发票罪，伪造、出售伪造的增值税专用发票罪，非法出售增值税专用发票罪，非法购买增值税专用发票、购买伪造的增值税专用发票罪，非法制造、出售非法制造的用于骗取出口退税、抵扣税款发票罪，非法制造、出售非法制造的发票罪，非法出售用于骗取出口退税、抵扣税款发票罪，非法出售发票罪，持有伪造的发票罪。

《刑法修正案（七）》对《刑法》第二百零一条"偷税罪"作出了修改，该罪罪名变更为"逃税罪"，犯罪认定标准上也有所变化。之后，《刑法修正案（八）》进一步对 1997 年《刑法》关于税务犯罪的规定作出修改：取消了虚开增值税专用发票、用于骗取出口退税、抵扣税款发票罪和伪造、出售伪造的增值税专用发票罪的死刑，并将情节严重的虚开不具有骗取出口退税、抵扣税款功能的普通发票行为和数量较大的非法持有伪造的发票等行为纳入犯罪范畴。

2022 年 4 月 29 日，修订后的《最高人民检察院、公安部关于公安机关管辖的刑事案件立案追诉标准的规定（二）》发布，税务犯罪各个罪名的立案追诉标准规定于第五十二条至第六十五条，除了抗税罪、逃避追缴欠缴罪之外，其他罪名的立案追诉标准都作了修订。此外，修订后的《最高人民检察院、公安部关于公安机关管辖的刑事案件立案追诉标准的规定（二）》将伪造、出售伪造的增值税专用发票罪、非法出售增值税专用发票罪等罪名的立案追诉标准由原来的"发票份数"或者"票面额"，变更为"票面税额"或者"发票份数结合票面税额"，并增加了"非法获利数额"作为立案追诉标准。

单位可以作为大部分税务犯罪的主体，但是对于《刑法》第二百零二条规定的抗税罪，只能由自然人主体构成。单位构成税务犯罪的，对单位判处罚金，并对其直接负责的主管人员和其他直接责任人员，依照该条的规定处罚。但是，对第二百零五条规定的虚开增值税专用发票、用于骗取出口退税、抵扣税款发票罪和第二百零六条规定的伪造、出售伪造的增值税专用发票罪，单位犯该两罪的，对单位处以罚金，对直接负责人员判处自由刑，不再判处罚金。

有关税务的犯罪，按照犯罪行为类型不同，大体可以分为缴纳税款犯罪、虚开发票犯罪和非法制造、购买、销售、持有发票犯罪。

（一）缴纳税款犯罪

1. 逃税罪

法律依据	《刑法》第二百零一条、第二百一十一条
罪状描述	（1）纳税人采取欺骗、隐瞒手段进行虚假纳税申报或者不申报，逃避缴纳税款数额较大并且占应纳税额 10% 以上的； （2）扣缴义务人采取前款所列手段，不缴或者少缴已扣、已收税款，数额较大的； （3）纳税人缴纳税款后，采取前款规定的欺骗方法，骗取所缴纳的税款的。

续表

法律依据		《刑法》第二百零一条、第二百一十一条
刑事责任	自然人	数额较大（10万元以上）并且占应纳税额10%以上的，处3年以下有期徒刑或者拘役，并处罚金。
		数额巨大并且占应纳税额30%以上的，处3年以上7年以下有期徒刑，并处罚金。
		对多次实施前两款行为的，未经处理的，按照累计数额计算；有第一款行为，经税务机关依法下达追缴通知后，补缴应纳税款，缴纳滞纳金，已受行政处罚的，不予追究刑事责任；但是，5年内因逃避缴纳税款受过刑事处罚或者被税务机关给予二次以上行政处罚的除外。
	单位	对单位判处罚金，并对其直接负责的主管人员和其他直接责任人员，依照前款规定处罚。

2. 抗税罪

法律依据		《刑法》第二百零二条
罪状描述		以暴力、威胁方法拒不缴纳税款的。
刑事责任	自然人	处3年以下有期徒刑或者拘役，并处拒缴税款1倍以上5倍以下罚金。
		情节严重的，处3年以上7年以下有期徒刑，并处拒缴税款1倍以上5倍以下罚金。

3. 逃避追缴欠税罪

法律依据		《刑法》第二百零三条、第二百一十一条
罪状描述		纳税人欠缴应纳税款，采取转移或者隐匿财产的手段，致使税务机关无法追缴欠缴的税款。
刑事责任	自然人	数额在1万元以上不满10万元的，处3年以下有期徒刑或者拘役，并处或者单处欠缴税款1倍以上5倍以下罚金。
		数额在10万元以上的，处3年以上7年以下有期徒刑，并处欠缴税款1倍以上5倍以下罚金。
	单位	对单位判处罚金，并对其直接负责的主管人员和其他直接责任人员，依照前款规定处罚。

4. 骗取出口退税罪

法律依据	《刑法》第二百零四条、第二百一十一条
罪状描述	（1）以假报出口或者其他欺骗手段，骗取国家出口退税款，数额较大的。 （2）纳税人缴纳税款后，采取前款规定的欺骗方法，骗取所缴纳的税款的，依照本法第二百零一条（逃税罪）的规定定罪处罚。 （3）骗取税款超过所缴纳的税款部分，依照前款的规定处罚。
刑事责任	自然人：数额较大（10万元以上）的，处5年以下有期徒刑或者拘役，并处骗取税款1倍以上5倍以下罚金。 数额巨大或者有其他严重情节的，处5年以上10年以下有期徒刑，并处骗取税款1倍以上5倍以下罚金。 数额特别巨大或者有其他特别严重情节的，处10年以上有期徒刑或者无期徒刑，并处骗取税款1倍以上5倍以下罚金或者没收财产。 单位：对单位判处罚金，并对其直接负责的主管人员和其他直接责任人员，依照前款规定处罚。

（二）虚开发票犯罪

1. 虚开增值税专用发票、用于骗取出口退税、抵扣税款发票罪

法律依据	《刑法》第二百零五条
罪状描述	虚开增值税专用发票或者虚开用于骗取出口退税、抵扣税款的其他发票的。
刑事责任	自然人：处3年以下有期徒刑或者拘役，并处2万元以上20万元以下罚金。 虚开的税款数额较大或者有其他严重情节的，处3年以上10年以下有期徒刑，并处5万元以上50万元以下罚金。 虚开的税款数额巨大或者有其他特别严重情节的，处10年以上有期徒刑或者无期徒刑，并处5万元以上50万元以下罚金或者没收财产。 单位：单位犯本条规定之罪的，对单位判处罚金，并对其直接负责的主管人员和其他直接责任人员，处3年以下有期徒刑或者拘役；虚开的税款数额较大或者有其他严重情节的，处3年以上10年以下有期徒刑；虚开的税款数额巨大或者有其他特别严重情节的，处10年以上有期徒刑或者无期徒刑。

2. 虚开发票罪

法律依据	《刑法》第二百零五条之一
罪状描述	虚开本法第二百零五条规定（增值税专用发票、用于骗取出口退税、抵扣税款的发票）以外的其他发票，情节严重的。

续表

法律依据		《刑法》第二百零五条之一
刑事责任	自然人	情节严重的，处2年以下有期徒刑、拘役或者管制，并处罚金。
		情节特别严重的，处2年以上7年以下有期徒刑，并处罚金。
	单位	单位犯前款罪的，对单位判处罚金，并对其直接负责的主管人员和其他直接责任人员，依照前款的规定处罚。

（三）非法制造、购买、销售、持有发票犯罪

1. 伪造、出售伪造的增值税专用发票罪

法律依据		《刑法》第二百零六条
罪状描述		伪造或者出售伪造的增值税专用发票的。
刑事责任	自然人	处3年以下有期徒刑、拘役或者管制，并处2万元以上20万元以下罚金。
		数量较大或者有其他严重情节的，处3年以上10年以下有期徒刑，并处5万元以上50万元以下罚金。
		数量巨大或者有其他特别严重情节的，处10年以上有期徒刑或者无期徒刑，并处5万元以上50万元以下罚金或者没收财产。
	单位	单位犯本条规定之罪的，对单位判处罚金，并对其直接负责的主管人员和其他直接责任人员，处3年以下有期徒刑、拘役或者管制；数量较大或者有其他严重情节的，处3年以上10年以下有期徒刑；数量巨大或者有其他特别严重情节的，处10年以上有期徒刑或者无期徒刑。

2. 非法出售增值税专用发票罪

法律依据		《刑法》第二百零七条、第二百一十一条
罪状描述		非法出售增值税专用发票的。
刑事责任	自然人	处3年以下有期徒刑、拘役或者管制，并处2万元以上20万元以下罚金。
		数量较大的，处3年以上10年以下有期徒刑，并处5万元以上50万元以下罚金。
		数量巨大的，处10年以上有期徒刑或者无期徒刑，并处5万元以上50万元以下罚金或者没收财产。
	单位	对单位判处罚金，并对其直接负责的主管人员和其他直接责任人员，依照前款规定处罚。

3. 非法购买增值税专用发票、购买伪造的增值税专用发票罪

法律依据	《刑法》第二百零八条、第二百一十一条	
罪状描述	非法购买增值税专用发票或者购买伪造的增值税专用发票的。	
刑事责任	自然人	处5年以下有期徒刑或者拘役,并处或者单处2万元以上20万元以下罚金。
	单位	对单位判处罚金,并对其直接负责的主管人员和其他直接责任人员,依照前款规定处罚。

4. 非法制造、出售非法制造的用于骗取出口退税、抵扣税款发票罪

法律依据	《刑法》第二百零九条、第二百一十一条	
罪状描述	伪造、擅自制造或者出售伪造、擅自制造的可以用于骗取出口退税、抵扣税款的其他发票的。	
刑事责任	自然人	处3年以下有期徒刑、拘役或者管制,并处2万元以上20万元以下罚金。
		数量巨大的,处3年以上7年以下有期徒刑,并处5万元以上50万元以下罚金。
		数量特别巨大的,处7年以上有期徒刑,并处5万元以上50万元以下罚金或者没收财产。
	单位	对单位判处罚金,并对其直接负责的主管人员和其他直接责任人员,依照前款规定处罚。

5. 非法制造、出售非法制造的发票罪

法律依据	《刑法》第二百零九条第二款、第二百一十一条	
罪状描述	伪造、擅自制造或者出售伪造、擅自制造的前款规定以外的其他发票的。	
刑事责任	自然人	处2年以下有期徒刑、拘役或者管制,并处或者单处1万元以上5万元以下罚金。
		情节严重的,处2年以上7年以下有期徒刑,并处5万元以上50万元以下罚金。
	单位	对单位判处罚金,并对其直接负责的主管人员和其他直接责任人员,依照前款规定处罚。

6. 非法出售用于骗取出口退税、抵扣税款发票罪

法律依据	《刑法》第二百零九条第三款、第二百一十一条
罪状描述	非法出售可以用于骗取出口退税、抵扣税款的其他发票的。
刑事责任	自然人：处3年以下有期徒刑、拘役或者管制，并处2万元以上20万元以下罚金。 数量巨大的，处3年以上7年以下有期徒刑，并处5万元以上50万元以下罚金。 数量特别巨大的，处7年以上有期徒刑，并处5万元以上50万元以下罚金或者没收财产。 单位：对单位判处罚金，并对其直接负责的主管人员和其他直接责任人员，依照前款规定处罚。

7. 非法出售发票罪

法律依据	《刑法》第二百零九条第四款、第二百一十一条
罪状描述	非法出售第二百零九条第三款以外的其他发票的。
刑事责任	自然人：处2年以下有期徒刑、拘役或者管制，并处或者单处1万元以上5万元以下罚金。 情节严重的，处2年以上7年以下有期徒刑，并处5万元以上50万元以下罚金。 单位：对单位判处罚金，并对其直接负责的主管人员和其他直接责任人员，依照前款规定处罚。

二、税务犯罪实务分析

（一）逃税罪

典型案例：恒某房地产开发有限公司、倪某等逃税罪案[①]

2009年4月，被告人卢某、倪某以合伙建房的方式筹建某小区。2010年1月5日，卢某以其妻子全某的名义与倪某各出资500万元成立恒某房地产开发有限公司（以下简称恒某公司），经营范围是房地产开发与经营、宾馆及物业管理、土地开发、建筑材料产品销售。2010年1月5日至2016年1月10日期间，倪某担任恒某公司的法定代表人；2016年1月11日至今，全某担任恒某公司的法定代表人。恒

[①] 参见海南省东方市人民法院（2018）琼9007刑初239号刑事判决书，载中国裁判文书网，最后访问时间：2024年4月12日。

某公司成立后继续开发、销售某小区住宅。

2009年至2015年，恒某公司以1580元/平方米至3600元/平方米不等的价格出售某小区的住宅。为逃避缴税，卢某、倪某等人收到业主以现金、转账方式交来的部分购房款后未存入公司账户，并与业主签订销售价格为1300元/平方米至1400元/平方米不等的虚假合同，利用内、外两套账隐瞒收入，以少申报或者不申报缴纳税款的方式偷逃国家税款。经地方税务局检查、核定，恒某公司以虚假合同、凭证申报纳税逃避缴纳税款5948983.70元。

至此，2010年至2015年，恒某公司应纳税额总额为7368304.31元，逃税金额5948983.70元，逃避缴纳税款占应缴纳税额的80.74%。2018年2月27日，地方税务局将《税务处理决定书》和《税务行政处罚决定书》下达恒某公司，并限恒某公司在收到决定书之日起15日内到地方税务局将查补税款、滞纳金、罚款缴纳入库。截至2018年3月26日，恒某公司尚未缴纳查补税款、滞纳金及罚款。

被告单位恒某公司身为纳税人，违反国家税收管理法律、法规，采取欺骗、隐瞒手段进行虚假纳税申报，逃避缴纳税款数额巨大并且占应纳税额30%以上，经税务机关依法下达《税务处理决定书》《税务行政处罚决定书》限其将偷逃税款缴纳入库后仍未补缴，其行为已构成逃税罪；被告人倪某、卢某身为被告单位的主管人员，通过不建立账目、收入不入账、与业主签订虚假销售合同进行虚假纳税申报等方式使被告单位逃避缴纳税款，对被告单位逃避缴纳税款造成国家税款流失负有直接责任，其行为均已构成逃税罪。法院判决被告单位恒某公司犯逃税罪，判处罚金人民币1000000元。被告人倪某犯逃税罪，判处有期徒刑四年，并处罚金人民币100000元。被告人卢某犯逃税罪，判处有期徒刑四年，并处罚金人民币100000元。

实务分析

逃税罪，是指纳税人采取欺骗、隐瞒手段进行虚假纳税申报或者不申报，逃避缴纳税款数额较大并且占应纳税额10%以上，或者缴纳税款后，以假报出口或者其他欺骗手段，骗取所缴纳的税款的行为，以及扣缴义务人采取欺骗、隐瞒等手段，不缴或者少缴已扣、已收税款，数额较大的行为。

1. 立案追诉标准

原《最高人民检察院、公安部关于公安机关管辖的刑事案件立案追诉标准的规定（二）》第五十七条规定："逃避缴纳税款，涉嫌下列情形之一的，应予立案追诉：（一）纳税人采取欺骗、隐瞒手段进行虚假纳税申报或者不申报，逃避缴纳税款，数额在五万元以上并且占各税种应纳税总额百分之十以上，经税务机关依法下达追缴通知后，不补缴应纳税款、不缴纳滞纳金或者不接受行政处罚的；（二）纳税人五年内因逃避缴纳税款受过刑事处罚或者被税务机关给予二次以上行政处罚，又逃避缴纳税款，数额在五万元以上并且占各税种应纳税总额百分之十以上的；（三）扣缴义务人采取欺骗、隐瞒手段，不缴或者少缴已扣、已收税款，数额在五万元以上的。纳税人在公安机关立案后再补缴应纳税款、缴纳滞纳金或者接受行政处罚的，不影响刑事责任的追究。"

修订后《最高人民检察院、公安部关于公安机关管辖的刑事案件立案追诉标准的规定（二）》第五十二条规定："逃避缴纳税款，涉嫌下列情形之一的，应予立案追诉：（一）纳税人采取欺骗、隐瞒手段进行虚假纳税申报或者不申报，逃避缴纳税款，数额在十万元以上并且占各税种应纳税总额百分之十以上，经税务机关依法下达追缴通知后，不补缴应纳税款、不缴纳滞纳金或者不接受行政处罚的；（二）纳税人五年内因逃避缴纳税款受过刑事处罚或者被税务机关给予二次以上行政处罚，又逃避缴纳税款，数额在十万元以上并且占各税种应纳税总额百分之十以上的；（三）扣缴义务人采取欺骗、隐瞒手段，不缴或者少缴已扣、已收税款，数额在十万元以上的。纳税人在公安机关立案后再补缴应纳税款、缴纳滞纳金或者接受行政处罚的，不影响刑事责任的追究。"

逃税罪的立案追诉标准从修订前的"五万元以上"提升为修订后的"十万元以上"，提高了立案追诉的金额。本案中，恒某公司逃税行为发生在2010年至2015年，应适用修订前的《最高人民检察院、公安部关于公安机关管辖的刑事案件立案追诉标准的规定（二）》第五十七条的规定，且恒某公司逃税金额5948983.70元，逃避缴纳税款占应缴纳税额的80.74%，满足纳税人逃避缴纳税款较大并且占应纳税额10%以上，远超出本罪追诉标准，应当予以追诉。

2. 行为主体

本罪的主体是特殊主体，即纳税人和扣缴义务人，单位和个人均可构成本罪。纳税人，是指依照法律、行政法规规定，应当向国家缴纳税款的个人和单位。扣缴义务人，是指依照法律、行政法规规定，负有义务从纳税人收入中扣除应纳税款并代为缴纳的单位，以及负有义务向纳税人收取税款并代为缴纳的单位和个人。

本案中，恒某公司是依法设立登记并从事生产经营的企业，只要其有生产经营行为并获利，就应当按照国家规定缴纳税款，具有纳税人的法律地位。倪某、卢某是恒某公司的主管人员，对恒某公司逃避缴纳税款造成国家税款流失负有直接责任，因此与恒某公司一同被追究刑事责任。

3. 常见逃税行为

本罪的行为手段表现为：（1）采取欺骗、隐瞒手段进行虚假纳税申报。即指纳税人在进行纳税申报过程中，制造虚假情况，如伪造、编造、隐匿或者销毁、涂改账簿、记账凭证，或者在账簿上多列支出、不列、少列收入，或者报送虚假的纳税申报表、财务报表、代扣代缴、代收代缴税款报告表或者其他纳税申报资料。（2）不申报。(3) 缴纳税款后,以假报出口或其他欺骗手段,骗取所缴纳的税款。

本案中,恒某公司及主管人员通过不建立账目、收现金不入账、与业主签订虚假销售合同——"阴阳合同"、内外两套账的方式隐瞒收入,进行虚假纳税申报逃避缴税,数额较大。

4. 逃税罪的阻却事由

《刑法》第二百零一条第四款规定了逃税罪的阻却事由,即行为人有逃税行为的,经税务机关依法下达追缴通知后,补缴应纳税款,缴纳滞纳金,已受行政处罚的,不予追究刑事责任。税务机关先予行政处罚是刑事追诉的前置程序,通常来讲,在税务机关先行处置程序完成之前,公安机关不能立案。公安机关侦查部门在发现逃税案件线索后,也应将案件移交税务机关先行处理。纳税人实施逃税行为后,接受税务机关的行政处罚,补缴税款并缴纳罚款、滞纳金的,不应再追究其逃税罪的刑事责任。反之,只有当纳税人超过了税务机关规定的期限而不接受处理或行政处罚时,司法机关才能追究刑事责任。

本案中,恒某公司实施了收现金不入账、签"阴阳合同"逃避缴税的行为,经地方税务局下达《税务处理决定书》和《税务行政处罚决定书》后,恒某公司仍未缴纳查补税款、滞纳金及罚款,具备刑事追诉的条件。若恒某公司实施逃税行为后,接受地方税务局的行政处罚,补缴税款并缴纳罚款、滞纳金的,则不会被追究逃税罪的刑事责任。

(二) 虚开增值税专用发票罪

虚开增值税专用发票罪,是指个人或单位故意虚开增值税专用发票,用于抵扣税款的其他发票的行为。

1. 立案追诉标准

修订前《最高人民检察院、公安部关于公安机关管辖的刑事案件立案追诉标准的规定(二)》第六十一条规定,虚开增值税专用发票或者虚开用于骗取出口退税、抵扣税款的其他发票,虚开的税款数额在一万元以上或者致使国家税款被骗数额在五千元以上的,应予立案追诉。修订后《最高人民检察院、公安部关于公安机关管辖的刑事案件立案追诉标准的规定(二)》第五十六条规定,虚开增值税专用发票或者虚开用于骗取出口退税、抵扣税款的其他发票,虚开的税款数额在十万元以上或者造成国家税款损失数额在五万元以上的,应予立案追诉。

修订后的立案追诉标准将虚开行为构罪的数额标准提升至税款数额"十万元以上",或造成税款损失的数额"五万元以上",同时,明确立案标准之一为"造成国家税款损失"。

2. 虚开行为界定

本罪行为在客观上表现为"虚开",具有下列情形,属于虚开专用发票:(1) 没有货物购销或者没有提供或接受应税劳务而为他人、为自己、让他人为自己、介绍他人开具专用发票；（2）有货物购销或者提供或接受了应税劳务但为他人、为自己、让他人为自己、介绍他人开具数量或者金额不实的专用发票。①

3. 虚开增值税专用发票罪主观上是否需要具有骗取抵扣税款的目的

2020年7月，最高人民检察院发布的《关于充分发挥检察职能服务保障"六稳""六保"的意见》第六条规定："注意把握一般涉税违法行为与以骗取国家税款为目的的涉税犯罪的界限，对于有实际生产经营活动的企业为虚增业绩、融资、贷款等非骗税目的且没有造成税款损失的虚开增值税专用发票行为，不以虚开增值税专用发票罪定性处理，依法作出不起诉决定的，移送税务机关给予行政处罚。"

认定"虚开"增值税专用发票要求行为人具有骗取抵扣税款的目的，而为虚增营业额、扩大销售收入、夸大企业经济实力等通过虚开增值税专用发票，但并未利用增值税专用发票抵扣税款，没有造成税款损失的行为不应该认定为虚开增值税专用发票罪。

三、涉税合规要点

当前税务监管背景下，任何企业都应当主动自检自查，增强企业整体合规意识，避免涉税违法犯罪所产生的法律风险。防范税务犯罪风险，企业和企业管理人员应当注意以下几个方面的问题：

（一）遵照税收法律法规依法纳税

依法纳税是企业应尽的义务，企业作为纳税义务人或者扣缴义务人，应当自觉纳税，只有依法经营的企业才能在市场竞争中屹立不倒。违反国家税收管理法规，逃避纳税、欠税、虚开发票、购销或者持有非法制造的发票，达到一定违法程度时，就会构成犯罪。企业和企业管理人员应当加强学习税收法律法规，了解应纳税的种类和纳税程序，了解哪些行为属于违反税收管理法规的行为，了解当违法行为达到什么程度时，会受到刑事追诉。对于此罪企业最好的防控方式便是杜绝任何逃避缴纳税款的行为。不能为营利而抱有任何侥幸心理，作为销售方应足额向购货方开具发票，如实申报销售收入，作为购货方时应使用真实的成本票据，避免多列支出。

（二）完善企业纳税管理制度

企业应当建立一套纳税管理制度。企业纳税流程大体上可以分为向税务机关办理纳税登记、按照法律的要求设置账簿并妥善保存、在法定的期间内向税务机关提

---

① 张明楷：《刑法学》（第六版），法律出版社2021年版，第1059页。

出纳税申报以及按照税务机关核定的纳税数额缴纳税款四个步骤。企业应当安排专人负责纳税流程管理，在法定期间内履行相应义务，确保企业依法纳税。

除此之外，企业还应严格进行发票管理，设置发票登记簿，专人负责登记，加强对账簿、记账凭证的管理，核查发票来源、数额以及是否具有真实的业务往来，同时加强对合作相对方的审查，避免产生虚构交易情况。任何人不得伪造、变造、隐匿、擅自销毁相关财务凭证，不得在账簿上多列支出或者不列、少列收入。国家对发票的印制、领购、开具、取得都有相关管理规定，企业违反这些规定，虚开发票，购销伪造、非法制造的发票，或者非法持有发票，都会引发刑事法律风险。

同时加强内部培训，增强企业员工的税务合规意识及风险防控意识，从制度上杜绝隐瞒经营收入、账外运营、真假账本、阴阳票据等违法行为，设置专人或岗位对企业涉税事项及票据进行监督核查，核查企业销售、收款等业务流程，是否与财务数据相匹配，业务是否真实存在，从而将税务风险控制在萌芽状态。

（三）把握国家与地方税收政策动态

企业应主动与税务机关保持沟通，及时获知国家相关法律法规、政策的动态；同时也能向税务机关寻求咨询和支持。但需注意的是，企业在与税务机关及其工作人员沟通联系过程中，不可以向税务工作人员行贿，为企业谋求非法利益。

（四）积极化解企业刑事责任

当企业涉嫌逃税行为时，税务机关在前期税务稽查阶段，一定要高度重视，在此阶段积极配合税务机关的调查处理，积极补缴税款，缴纳罚款、滞纳金，避免被税务机关移送到公安机关；如对税务机关的处理有异议，应积极行使陈述、申辩的权利，及时通过提起行政复议或行政诉讼争取避免案件进入刑事追诉程序。

如企业的逃税行为已被公安机关立案进入刑事诉讼程序，企业仍应积极补缴税款，缴纳罚款、滞纳金，为主要负责人争取相对较轻的处罚甚至免予刑事处罚的结果。

第五节　融资犯罪风险

一、融资犯罪相关罪名

资金是企业生产经营、扩大规模的基础。企业为获取资金而进行集资的货币手段，称作融资。从融资途径来看，可将企业融资分为三种：第一种是证券融资，即融资者通过发行有价证券、投资者通过购买有价证券来实现资金的融通。有价证券是具有一定票面金额并能给投资者带来收益的债券凭证，主要包括股票和债券。企业通过证券融资需遵循严格的法律程序，履行相应的义务。第二种是贷款融资，即企业通过向特定的个人或者机构借款，约定还款日期、到期还本付息的融资手段。第三种是公募资金，即企业通过面向社会公众公开募集资金的方式筹资。公募资金必须经过有关机关的批准，并遵循严格的法律程序，履行相应的义务。

企业要想发展壮大，长期良好发展，除了自有资金外，还需要不断地对外进行融资，如果企业在融资过程不规范，就有可能引发刑事风险。融资犯罪，是指非法从事融资活动，严重妨害金融市场秩序和投资者利益，根据刑法规定应当追究刑事责任的行为。

《刑法修正案（十一）》将存托凭证纳入欺诈发行证券的范围，增加了"国务院依法认定的其他证券"，为日后可能出现的新型证券品种纳入了规制范围，扩大了刑法打击范围。此外，欺诈发行、信息披露造假等犯罪从刑期到罚金刑都有大幅提高，刑罚力度明显加大。同时《刑法修正案（十一）》增设了非法吸收公众存款罪中"数额特别巨大或者有其他特别严重情节的，处十年以上有期徒刑或者无期徒刑，并处罚金"的情形，将集资诈骗罪的起刑点从拘役提高到了三年有期徒刑，"数额巨大或者有其他严重情节的"的起刑点从五年有期徒刑提高到了七年有期徒刑，明显加大了刑事打击力度。我国《刑法》规定的相关融资犯罪，对金融市场秩序设置了高强度的保障机制，主要罪名有：

（一）证券融资犯罪

1. 欺诈发行证券罪

法律依据	《刑法》第一百六十条	
罪状描述	在招股说明书、认股书、公司、企业债券募集办法等发行文件中隐瞒重要事实或者编造重大虚假内容，发行股票或者公司、企业债券、存托凭证或者国务院依法认定的其他证券，数额巨大、后果严重或者有其他严重情节的。	
刑事责任	自然人	数额巨大、后果严重或者有其他严重情节的，处5年以下有期徒刑或者拘役，并处或者单处罚金。
		数额特别巨大、后果特别严重或者有其他特别严重情节的，处五年以上有期徒刑，并处罚金。
		控股股东、实际控制人组织、指使实施前款行为的，处5年以下有期徒刑或者拘役，并处或者单处非法募集资金金额20%以上1倍以下罚金；数额特别巨大、后果特别严重或者有其他特别严重情节的，处5年以上有期徒刑，并处非法募集资金金额20%以上1倍以下罚金。
	单位	单位犯前两款罪的，对单位判处非法募集资金金额20%以上1倍以下罚金，并对其直接负责的主管人员和其他直接责任人员，依照第一款的规定处罚。

2. 违规披露、不披露重要信息罪

法律依据	《刑法》第一百六十一条		
罪状描述	依法负有信息披露义务的公司、企业向股东和社会公众提供虚假的或者隐瞒重要事实的财务会计报告，或者对依法应当披露的其他重要信息不按照规定披露，严重损害股东或者其他人利益，或者有其他严重情节的。		
刑事责任	自然人	严重损害股东或者其他人利益，或者有其他严重情节的，对其直接负责的主管人员和其他直接责任人员，处5年以下有期徒刑或者拘役，并处或者单处罚金。	
^	^	情节特别严重的，处5年以上10年以下有期徒刑，并处罚金。	
^	^	前款规定的公司、企业的控股股东、实际控制人实施或者组织、指使实施前款行为的，或者隐瞒相关事项导致前款规定的情形发生的，依照前款的规定处罚。	
^	单位	犯前款罪的控股股东、实际控制人是单位的，对单位判处罚金，并对其直接负责的主管人员和其他直接责任人员，依照第一款的规定处罚。	

3. 擅自发行股票、公司、企业债券罪

法律依据	《刑法》第一百七十九条	
罪状描述	未经国家有关主管部门批准，擅自发行股票或者公司、企业债券，数额巨大、后果严重或者有其他严重情节的。	
刑事责任	自然人	数额巨大、后果严重或者有其他严重情节的，处5年以下有期徒刑或者拘役，并处或者单处非法募集资金金额1%以上5%以下罚金。
^	单位	单位犯前款罪的，对单位判处罚金，并对其直接负责的主管人员和其他直接责任人员，处5年以下有期徒刑或者拘役。

4. 内幕交易、泄露内幕消息罪

法律依据	《刑法》第一百八十条
罪状描述	证券、期货交易内幕信息的知情人员或者非法获取证券、期货交易内幕信息的人员，在涉及证券的发行，证券、期货交易或者其他对证券、期货交易价格有重大影响的信息尚未公开前，买入或者卖出该证券，或者从事与该内幕信息有关的期货交易，或者泄露该消息，或者明示、暗示他人从事上述交易活动，情节严重的。

续表

法律依据	《刑法》第一百八十条	
刑事责任	自然人	情节严重的，处5年以下有期徒刑或者拘役，并处或者单处非法所得1倍以上5倍以下罚金。
		情节特别严重的，处5年以上10年以下有期徒刑，并处违法所得1倍以上5倍以下罚金。
	单位	单位犯前款罪的，对单位判处罚金，并对其直接负责的主管人员和其他直接责任人员，处5年以下有期徒刑或者拘役。

5. 编造并传播证券、期货交易虚假信息罪

法律依据	《刑法》第一百八十一条	
罪状描述	编造并且传播影响证券、期货交易的虚假信息，扰乱证券、期货交易市场，造成严重后果的。	
刑事责任	自然人	造成严重后果的，处5年以下有期徒刑或者拘役，并处或者单处1万元以上10万元以下罚金。
	单位	单位犯前款罪的，对单位判处罚金，并对其直接负责的主管人员和其他直接责任人员，处5年以下有期徒刑或者拘役。

6. 操纵证券、期货市场罪

法律依据	《刑法》第一百八十二条	
罪状描述	有下列情形之一的，操纵证券、期货市场，影响证券、期货交易价格或者证券、期货交易量，情节严重的：(1) 单独或者合谋，集中资金优势、持股或者持仓优势或者利用信息优势联合或者连续买卖的；(2) 与他人串通，以事先约定的时间、价格和方式相互进行证券、期货交易的；(3) 在自己实际控制的帐户之间进行证券交易，或者以自己为交易对象，自买自卖期货合约的；(4) 不以成交为目的，频繁或者大量申报买入、卖出证券、期货合约并撤销申报的；(5) 利用虚假或者不确定的重大信息，诱导投资者进行证券、期货交易的；(6) 对证券、证券发行人、期货交易标的公开作出评价、预测或者投资建议，同时进行反向证券交易或者相关期货交易的；(7) 以其他方法操纵证券、期货市场的。	
刑事责任	自然人	情节严重的，处5年以下有期徒刑或者拘役，并处或者单处罚金。
		情节特别严重的，处5年以上10年以下有期徒刑，并处罚金。
	单位	单位犯前款罪的，对单位判处罚金，并对其直接负责的主管人员和其他直接责任人员，依照前款规定处罚。

(二) 贷款融资犯罪

1. 高利转贷罪

法律依据	《刑法》第一百七十五条	
罪状描述	以转贷牟利为目的,套取金融机构信贷资金高利转贷他人,违法所得数额较大的。	
刑事责任	自然人	违法所得数额较大的,处3年以下有期徒刑或者拘役,并处违法所得1倍以上5倍以下罚金。
		数额巨大的,处3年以上7年以下有期徒刑,并处违法所得1倍以上5倍以下罚金。
	单位	单位犯前款罪的,对单位判处罚金,并对其直接负责的主管人员和其他直接责任人员,处3年以下有期徒刑或者拘役。

2. 骗取贷款、票据承兑、金融票证罪

法律依据	《刑法》第一百七十五条之一	
罪状描述	以欺骗手段取得银行或者其他金融机构贷款、票据承兑、信用证、保函等,给银行或者其他金融机构造成重大损失或者有其他特别严重情节的。	
刑事责任	自然人	给银行或者其他金融机构造成重大损失的,处3年以下有期徒刑或者拘役,并处或者单处罚金。
		给银行或者其他金融机构造成特别重大损失或者有其他特别严重情节的,处3年以上7年以下有期徒刑,并处罚金。
	单位	单位犯前款罪的,对单位判处罚金,并对其直接负责的主管人员和其他直接责任人员,依照前款的规定处罚。

3. 贷款诈骗罪

法律依据	《刑法》第一百九十三条	
罪状描述	有下列情形之一,以非法占有为目的,诈骗银行或者其他金融机构的贷款,数额较大的:(1)编造引进资金、项目等虚假理由的;(2)使用虚假的经济合同的;(3)使用虚假的证明文件的;(4)使用虚假的产权证明作担保或者超出抵押物价值重复担保的;(5)以其他方法诈骗贷款的。	
刑事责任	自然人	数额较大的,处5年以下有期徒刑或者拘役,并处2万元以上20万元以下罚金。
		数额巨大或者有其他严重情节的,处5年以上10年以下有期徒刑,并处5万元以上50万元以下罚金。
	单位	数额特别巨大或者有其他特别严重情节的,处10年以上有期徒刑或者无期徒刑,并处5万元以上50万元以下罚金或者没收财产。

(三) 公募资金犯罪

1. 非法吸收公众存款罪

法律依据	《刑法》第一百七十六条	
罪状描述	非法吸收公众存款或者变相吸收公众存款，扰乱金融秩序的。	
刑事责任	自然人	处3年以下有期徒刑或者拘役，并处或者单处罚金。
		数额巨大或者有其他严重情节的，处3年以上10年以下有期徒刑，并处罚金。
		数额特别巨大或者有其他特别严重情节的，处10年以上有期徒刑，并处罚金。
	单位	单位犯前款罪的，对单位判处罚金，并对其直接负责的主管人员和其他直接责任人员，依照前款的规定处罚。

2. 集资诈骗罪

法律依据	《刑法》第一百九十二条	
罪状描述	以非法占有为目的，使用诈骗方法非法集资，数额较大的。	
刑事责任	自然人	数额较大的，处3年以上7年以下有期徒刑，并处罚金。
		数额巨大或者有其他严重情节的，处7年以上有期徒刑或者无期徒刑，并处罚金或者没收财产。
	单位	单位犯前款罪的，对单位判处罚金，并对其直接负责的主管人员和其他直接责任人员，依照前款的规定处罚。

二、融资犯罪实务分析

(一) 内幕交易、泄露内幕信息罪

典型案例：王某、李某内幕交易案[1]

被告人王某，系国某节能服务有限公司（以下简称国某公司）财务部主任；被告人李某，系王某前夫。2014年间，王某受国某公司总经理郭某指派，参与公司上市前期工作，并联系中某证券股份有限公司（以下简称中某证券）咨询上市方案。2015年间，经国某公司与中某证券多次研究，对涪某电力实业股份有限公司（以下简称涪某公司）等四家上市公司进行重点考察，拟通过与上市公司资产重组借壳

---

[1] 最高人民法院、最高人民检察院、公安部、中国证监会《依法从严打击证券犯罪典型案例》，载最高人民检察院网站，https://www.spp.gov.cn/spp/xwfbh/wsfbh/202209/t20220909_576995.shtml，最后访问时间：2024年5月8日。

上市。王某参加了相关会议。2015年10月26日，国某公司召开上市准备会，研究借壳涪某公司上市相关事宜。会后，郭某安排王某了解涪某公司的资产情况。2015年12月30日，经与国某公司商定，涪某公司公告停牌筹划重大事项。

2016年2月25日，涪某公司发布有关其与国某公司重大资产重组事项的《重大资产购买暨关联交易草案》，该公告所述事项系内幕信息，内幕信息敏感期为2015年10月26日至2016年2月25日，王某系内幕信息知情人。2016年3月10日，涪某公司股票复牌。

国某公司筹划上市期间，王某、李某于2015年5月13日离婚，但二人仍以夫妻名义共同生活。在内幕信息敏感期内，李某两次买入涪某公司股票，累计成交金额412万元，并分别于涪某公司股票停牌前、发布资产重组公告复牌后卖出全部股票，累计亏损9万余元。

证监局经立案调查于2017年8月24日对李某作出罚款15万元的行政处罚决定，并由中国证监会将李某涉嫌犯罪案件移送公安机关立案侦查。

公安局侦查终结后以王某涉嫌泄露内幕信息罪、李某涉嫌内幕交易罪，向检察院移送起诉。侦查及审查起诉过程中，王某、李某均不供认犯罪事实，王某辩称自己不是内幕信息知情人，李某辩称基于独立专业判断买入股票；二人还提出，因感情破裂已经离婚，双方无利益关联，否认有传递内幕信息及合谋内幕交易行为。针对上述辩解，经公安机关补充侦查和检察机关自行侦查，查明王某确系单位负责资产重组财务工作的人员，李某无其他信息来源；王某、李某虽办理了离婚手续，但仍以夫妻名义共同生活，二人的资金也呈共有关系。检察机关认为，上述证据表明，王某系内幕信息知情人，王某、李某互相配合完成内幕交易，均构成内幕交易罪。

2019年10月25日，检察机关以王某、李某构成内幕交易罪提起公诉。王某、李某在审判阶段继续否认犯罪。2019年12月23日，一审法院经审理作出判决，认定王某、李某均犯内幕交易罪，各判处有期徒刑五年，各并处罚金人民币1万元。王某、李某提出上诉，二审法院经审理于2020年10月30日作出终审裁定，驳回上诉，维持原判。

实务分析

内幕交易、泄露内幕信息罪，是指掌握证券、期货交易内幕信息的知情人，或者非法获取证券、期货交易内幕信息的其他人员，在涉及证券的发行、证券、期货交易或者其他对证券、期货交易的价格有重大影响的信息尚未公开之前，买入或者卖出该证券，或者从事与该内幕信息有关的期货交易，或者泄露该信息，或者明示、暗示他人从事相关交易活动，情节严重的行为。

1. 内幕交易、泄露内幕信息罪的主体范围

本罪的行为主体必须是证券、期货交易内幕信息的知情人员或者非法获取证

券、期货交易内幕信息的人员与单位。《最高人民法院、最高人民检察院关于办理内幕交易、泄露内幕信息刑事案件具体应用法律若干问题的解释》第一条规定，下列人员应当认定为刑法第一百八十条第一款规定的"证券、期货交易内幕信息的知情人员"：（1）《证券法》第七十四条规定的人员；（2）《期货交易管理条例》第八十五条第十二项规定的人员。

《证券法》第五十一条规定，证券交易内幕信息的知情人包括：（1）发行人及其董事、监事、高级管理人员；（2）持有公司百分之五以上股份的股东及其董事、监事、高级管理人员，公司的实际控制人及其董事、监事、高级管理人员；（3）发行人控股或者实际控制的公司及其董事、监事、高级管理人员；（4）由于所任公司职务或者因与公司业务往来可以获取公司有关内幕信息的人员；（5）上市公司收购人或者重大资产交易方及其控股股东、实际控制人、董事、监事和高级管理人员；（6）因职务、工作可以获取内幕信息的证券交易场所、证券公司、证券登记结算机构、证券服务机构的有关人员；（7）因职责、工作可以获取内幕信息的证券监督管理机构工作人员；（8）因法定职责对证券的发行、交易或者对上市公司及其收购、重大资产交易进行管理可以获取内幕信息的有关主管部门、监管机构的工作人员；（9）国务院证券监督管理机构规定的可以获取内幕信息的其他人员。

《期货交易管理条例》第八十一条第十二项规定的内幕信息的知情人员，是指由于其管理地位、监督地位或者职业地位，或者作为雇员、专业顾问履行职务，能够接触或者获得内幕信息的人员，包括：期货交易所的管理人员以及其他由于任职可获取内幕信息的从业人员，国务院期货监督管理机构和其他有关部门的工作人员以及国务院期货监督管理机构规定的其他人员。

《最高人民法院、最高人民检察院关于办理内幕交易、泄露内幕信息刑事案件具体应用法律若干问题的解释》第二条规定："具有下列行为的人员应当认定为刑法第一百八十条第一款规定的'非法获取证券、期货交易内幕信息的人员'：（一）利用窃取、骗取、套取、窃听、利诱、刺探或者私下交易等手段获取内幕信息的；（二）内幕信息知情人员的近亲属或者其他与内幕信息知情人员关系密切的人员，在内幕信息敏感期内，从事或者明示、暗示他人从事，或者泄露内幕信息导致他人从事与该内幕信息有关的证券、期货交易，相关交易行为明显异常，且无正当理由或者正当信息来源的；（三）在内幕信息敏感期内，与内幕信息知情人员联络、接触，从事或者明示、暗示他人从事，或者泄露内幕信息导致他人从事与该内幕信息有关的证券、期货交易，相关交易行为明显异常，且无正当理由或者正当信息来源的。"

上述案件中，王某，系国某公司财务部主任，属于所任公司职务或者因与公司业务往来可以获取公司有关内幕信息的人员，李某系王某前夫，属于其他与内幕信息知情人员关系密切的人员，王某与李某属于内幕信息的知情人员。

2. 行为界定

本罪的行为对象为内幕信息。根据《证券法》第五十二条之规定，所谓内幕信息，是指证券交易活动中，涉及发行人的经营、财务或者对该发行人证券的市场价格有重大影响的尚未公开的信息，包括公司的经营方针和经营范围的重大变化、公司的重大投资行为和重大的购置财产的决定、公司订立重要合同，而该合同可能对公司的资产、负债、权益和经营成果产生重要影响等的信息。

本罪的行为具有三种表现形式：其一，在涉及证券的发行、交易或者其他对证券的价格有重大影响的信息尚未公开前，买入或者卖出该证券。其二，在涉及期货交易或者其他对期货交易价格有重大影响的信息尚未公开前，从事与该内幕信息有关的期货交易。其三，在上述内幕信息尚未公开前，泄露该信息。实施三种行为之一，情节严重的，即构成本罪。

本案中，王某作为内幕信息知情人员，在涉及证券发行、交易的价格有重大影响的信息尚未公开前，泄露该消息，李某两次买入涪某公司股票，符合内幕交易行为的特征。

3. 实施内幕交易并亏损的，是否还需要承担刑事责任

修订后的《最高人民检察院、公安部关于公安机关管辖的刑事案件立案追诉标准的规定（二）》第三十条规定："证券、期货交易内幕信息的知情人员、单位或者非法获取证券、期货交易内幕信息的人员、单位，在涉及证券的发行，证券、期货交易或者其他对证券、期货交易价格有重大影响的信息尚未公开前，买入或者卖出该证券，或者从事与该内幕信息有关的期货交易，或者泄露该信息，或者明示、暗示他人从事上述交易活动，涉嫌下列情形之一的，应予立案追诉：（一）获利或者避免损失数额在五十万元以上的；（二）证券交易成交额在二百万元以上的；（三）期货交易占用保证金数额在一百万元以上的；（四）二年内三次以上实施内幕交易、泄露内幕信息行为的；（五）明示、暗示三人以上从事与内幕信息相关的证券、期货交易活动的；（六）具有其他严重情节的。内幕交易获利或者避免损失数额在二十五万元以上，或者证券交易成交额在一百万元以上，或者期货交易占用保证金数额在五十万元以上，同时涉嫌下列情形之一的，应予立案追诉：（一）证券法规定的证券交易内幕信息的知情人实施或者与他人共同实施内幕交易行为的；（二）以出售或者变相出售内幕信息等方式，明示、暗示他人从事与该内幕信息相关的交易活动的；（三）因证券、期货犯罪行为受过刑事追究的；（四）二年内因证券、期货违法行为受过行政处罚的；（五）造成其他严重后果的。"

内幕交易犯罪以牟利为意图，破坏证券市场公平交易秩序，司法解释、立案追诉标准均规定，证券交易成交额、获利或者避免损失数额等其中之一达到相关标准的，即应当认定为《刑法》第一百八十条第一款规定的"情节严重"。内幕交易成

交额达到"情节严重"标准的,严重破坏了证券市场公平交易秩序,无论获利与否均应当依法追究刑事责任,且数次交易的交易数额应当依法累计计算。

本案中,李某从王某处获悉内幕信息后两次实施内幕交易,虽然亏损9万元,但两次交易累计成交额为412万元,属于情节特别严重,应予追究刑事责任。

4. 内幕交易的共同犯罪与泄露内幕信息罪的区分

内幕消息的知情人除了构成泄露责任外,还可能涉及是否构成内幕交易共犯的问题。内幕信息知情人将内幕信息泄露给他人,并对内幕交易共担风险、共享收益的,属于内幕交易的共同犯罪。内幕信息知情人仅泄露内幕信息给他人,不承担风险、不参与分赃的,单独认定为泄露内幕信息罪。

实务中,在运用《最高人民法院、最高人民检察院关于办理内幕交易、泄露内幕信息刑事案件具体应用法律若干问题的解释》推定规则对非法获取内幕信息的人员作出认定后,内幕信息知情人是否构成内幕交易罪的共犯。需要从以下两方面进行判断:一是看双方是否存在共同利益,内幕信息知情人由于与内幕信息来源单位存在任职、业务等方面的信任关系而知悉了内幕信息,负有保密义务和杜绝交易的义务;知情人的近亲属或其他关系密切的人员在发生异常交易时基于该身份即可被认定为知悉了内幕信息,后者具有从知情人处非法获取内幕信息的高度盖然性。二是看内幕信息知情人知道或应当知道对方获知内幕信息并从事相关交易的现实危险。在内幕信息知情人知道或应当知道相关风险,而未采取任何措施加以制止和防范时,即表明其主观上具有放任的故意,另一方的异常交易行为并不违反其主观意愿,加之具有共同的经济利益,足以认定双方成立内幕交易的共同犯罪。

在王某、李某内幕交易案中,双方均不供认泄露内幕信息的行为,系典型的零口供案件,但是一审判决认为,王某知晓李某炒股并从事与资本市场相关的工作,仍向李某泄露内幕信息,能够预见其行为将导致李某内幕交易的危害后果。二人虽登记离婚,但在经济、生活上保持密切联系,不再是截然分明地泄露内幕信息、内幕交易上游犯罪和下游犯罪关系,而是形成共同利用内幕信息进行证券交易的合意,对王某也应按照内幕交易罪定罪惩处。判决认定二人构成内幕交易罪的共犯,均应对内幕交易的成交总额、占用保证金总额、获利或避免损失总额承担责任。

(二)贷款诈骗罪

典型案例:赵甲等贷款诈骗罪,合同诈骗,职务侵占、洗钱、掩饰、隐瞒犯罪所得案[1]

2014年,王某、肖某(均已判决)与赵甲等人经商议,以冒充甲银行股份有限公司(以下简称甲银行)山西分行工作人员、伪造公章以及提供虚假担保等方

---

[1] 李长坤、张亚男:《骗取银行资金及其下游犯罪的定性》,载《人民司法·案例》2020年第35期。

式,骗取乙银行股份有限公司(以下简称乙银行)北京分行资金。后乙银行北京分行通过甲国际信托有限公司(以下简称甲信托公司)与王某所在公司签订信托贷款合同,将4亿元资金通过甲信托公司转至王某公司账户。至案发,造成乙银行北京分行损失3.42亿余元。

2014年至2015年,王某因无力偿还乙银行北京分行资金,遂与丙银行股份有限公司(以下简称丙银行)蚌埠固镇支行行长常某(已判决)共谋,利用常某的身份骗取其他银行资金。2015年9月,王某、常某等人虚构丙银行有10亿元理财产品对外销售,赵甲、肖某联系丁银行股份有限公司(以下简称丁银行)购买。后王某、常某等人冒用丙银行蚌埠分行名义,通过伪造印章等方式骗取丁银行资金10亿元。至案发,造成丁银行损失4.7亿余元。

2015年初,赵甲伙同马某、邹某(均已判决)通过伪造戊银行股份有限公司(以下简称戊银行)青岛分行公章以及冒充该行员工等方式,以天津中某供应链有限公司作为融资主体,骗取庚银行股份有限公司(以下简称庚银行)上海分行发放的融资款6.8亿余元。所骗钱款被用于拆借、提供给天津中某国际储运有限公司(以下简称中某公司)使用及支付佣金等。中某公司收到相应钱款后,赵甲遂利用职务便利,虚构应支付庚银行上海分行融资费用的事实,申请融资费用2500余万元。后该部分钱款被赵甲提现。

2015年8月,赵甲、马某、邹某骗取前述钱款后,因担心无法归还致罪行暴露,遂共谋再次采用前述方式骗取辛银行股份有限公司(以下简称辛银行)宁波分行信贷资金。之后,辛银行宁波分行与兴某资产管理有限公司(以下简称兴某公司)签订资产管理合同。张甲冒充清某房地产开发有限公司(以下简称清某公司)副总经理与兴某公司及壬银行股份有限公司(以下简称壬银行)深圳分行签订对公客户委托贷款合同,约定兴某公司通过壬银行深圳分行向清某公司发放委托贷款7亿元。后辛银行宁波分行将资金转至兴某公司账户,再由壬银行深圳分行作为委托贷款向清某公司放款7亿元。至案发,造成辛银行宁波分行损失6.7亿余元。

为转移犯罪钱款,2015年5月至2016年6月,赵甲将源于合同诈骗骗取的丁银行资金以及贷款诈骗骗取的庚银行上海分行、辛银行宁波分行资金共计1.6亿余元转入周甲控制的公司账户,后被周转至指定账户和提现。所提现金中,绝大部分由赵某乙单独或伙同李某从周甲处取走。2016年7月至8月,赵某甲明知赵甲涉嫌犯罪,仍收取赵某乙、李某以现金或转账方式存入的涉案资金675万元。2016年8月,肖某准备自首并委托赵某甲退缴赃款、聘请律师等。后赵某甲与李甲、高某提取了肖某因参与诈骗丁银行资金所获取的巨额佣金1400万元,赵某甲除将830万元退至公安机关外,余款用于购买理财产品、支付律师费用等。

法院审理认为,赵甲以非法占有为目的,三次伙同他人骗取金融机构贷款,其行为构成贷款诈骗罪,且数额特别巨大;赵甲以非法占有为目的,伙同他人在签订、履行合同过程中,骗取金融机构资金,其行为构成合同诈骗罪,且数额特别巨大;赵甲利用职务便利,将本单位财物占为己有,其行为构成职务侵占罪,且数额巨大,对赵甲数罪并罚。张甲以非法占有为目的,伙同他人骗取金融机构贷款,其行为构成贷款诈骗罪,且数额特别巨大。赵某乙、周甲明知是金融诈骗犯罪所得,掩饰、隐瞒其来源和性质,均构成洗钱罪,且系情节严重;赵某乙、周甲明知是犯罪所得而予以掩饰、隐瞒,其行为均构成掩饰、隐瞒犯罪所得罪,且系情节严重;对赵某乙、周甲数罪并罚。赵某甲、李某、李甲、高某明知是犯罪所得而予以掩饰、隐瞒,其行为均构成掩饰、隐瞒犯罪所得罪,且系情节严重。结合各名被告人分别具有的从犯、自首、立功以及财产查扣、退赔等情节,以贷款诈骗罪、合同诈骗罪、职务侵占罪对赵甲决定执行有期徒刑十九年,剥夺政治权利五年,并处罚金100万元;以贷款诈骗罪对张甲判处有期徒刑五年,并处罚金5万元;以洗钱罪,掩饰、隐瞒犯罪所得罪对周甲决定执行有期徒刑四年六个月,并处罚金230万元;以洗钱罪,以掩饰、隐瞒犯罪所得罪对赵某乙决定执行有期徒刑六年,并处罚180万元;以掩饰、隐瞒犯罪所得罪对赵某甲判处有期徒刑三年,并处罚金10万元,对李某判处有期徒刑三年,缓刑四年,并处罚金3万元,对高某、李甲均判处有期徒刑三年,缓刑三年,并处罚金2万元;违法所得予以追缴,供犯罪所用的财物予以没收。

裁判要旨:行为人以非法占有为目的,通过使用虚假证明材料或提供虚假担保等方式欺骗金融机构签订虚假合同,进而骗取金融机构资金的,应当根据骗取资金的性质,区分认定为贷款诈骗罪或合同诈骗罪。骗取的资金系信贷资金的,不论发放贷款方式如何,均应以贷款诈骗罪定罪处罚;骗取的资金系金融机构因购买理财产品等支付的非信贷资金的,由于损失并非因发放信贷资金造成,故应认定为合同诈骗罪。

实务分析

贷款诈骗罪,是指以非法占有为目的,使用欺诈方法,诈骗银行或者其他金融机构的贷款,数额较大的行为。

1. 贷款诈骗罪与骗取贷款罪的区分

行为人主观上对金融机构贷款或购买理财产品资金是否具有非法占有目的,是区分贷款诈骗罪与骗取贷款罪的关键。根据《全国法院审理金融犯罪案件工作座谈会纪要》,当出现以下情形时,可以认定为具有"非法占有目的":(1)明知没有归还能力而大量骗取资金的;(2)非法获取资金后逃跑的;(3)肆意挥霍骗取资金的;(4)使用骗取的资金进行违法犯罪活动的;(5)抽逃、转移资金、隐匿财产,以逃避返还资金的;(6)隐匿、销毁账目,或者搞假破产、假倒闭,以逃避返还资金的；(7) 其他非法占有资金、拒不返还的行为。司法实践中，认定行为人是否具有非法占有目的一般坚持主客观相一致原则，根据取得资金方式、涉案资金去向、无法归还原因等综合认定行为人的主观故意。

本案中，从取得资金方式看，三次融资涉及的借款保函等资料及相关印章均系伪造，面签核保中相关银行员工均系冒充。赵甲作为长期从事融资业务的中介人员，参与了虚构事实、隐瞒真相的行为，主观上对于他人使用虚假手段骗取银行信贷资金应当明知；在骗取丁银行理财产品资金事实中，赵甲明知丙银行理财产品系虚构，王某胜等人系通过欺骗手段套取银行资金后使用，仍联系丁银行出资购买虚假理财产品。从涉案资金去向及无法归还原因看，涉案款项均被涉案人员任意使用、挥霍，导致无法归还，造成银行巨额损失。上述一系列行为足以证明赵甲等人主观上具有非法占有目的，涉嫌构成贷款诈骗罪。

2. 贷款诈骗罪与合同诈骗罪的区分

本案中，赵甲等人骗取的钱款来源于银行，且均实施了提供虚假证明材料、签订虚假合同等行为，公诉机关均指控构成合同诈骗罪。但鉴于从各银行骗取的资金性质有所不同，导致侵犯的客体也存在明显区别。

一是确定被害人。贷款诈骗罪、骗取贷款罪侵犯的客体主要是金融管理秩序；合同诈骗罪侵犯的客体主要是经济合同管理秩序。本案中，被骗资金的实际出资方均是银行。第一，从最终出资方看，赵甲等人骗取的第一笔资金系乙银行北京分行通过信托贷款方式发放的信贷资金；第二笔被骗资金则系丁银行因购买理财产品所支付的资金；第三笔被骗资金由庚银行上海分行通过发售理财产品募集；第四笔被骗资金则系辛银行宁波分行通过委托贷款方式发放的信贷资金。第二，从合同确定的收益归属情况看，相关合同明确规定涉案资金的收益归属于前述四家银行。第一笔、第四笔被骗资金中，尽管乙银行北京分行与甲信托公司、辛银行宁波分行与兴某公司签订资产管理协议，但甲信托公司、兴某公司仅为名义上的受托人，实际资产管理人仍为乙银行北京分行及辛银行宁波分行；第二笔资金中，购买理财产品后产生的收益亦归属于丁银行；第三笔资金中，2000万元手续费等收入同样归属于庚银行上海分行。故前述四家银行系被骗资金的实际出资方。

二是区分被骗资金的性质，贷款诈骗罪与合同诈骗罪的犯罪对象分别为金融机构贷款与合同相对方财物，在对骗取金融机构资金的行为进行定性时，应当查明被骗资金的性质。具体认定时，应当根据金融机构转款原因、转款方式以及造成损失的原因等进行判断。本案中，赵甲等人从乙银行北京分行、庚银行上海分行、辛银行宁波分行骗取的资金属于信贷资金。其一，从三家银行发放钱款的原因及形式看，赵甲等人骗取的乙银行北京分行、辛银行宁波分行的资金分别系两家银行通过信托贷款、委托贷款等形式发放；第三笔资金系庚银行上海分行约定借款给中某公司。其二，通道公司的存在不影响贷款性质。本案中，尽管乙银行北京分行、辛银行宁波分行分别与甲信托公司、兴某公司签订了资产管理协议，但是甲信托公司、兴某公司在发放贷款过程中仅起通道公司的作用，对所放贷款并无实际管理权限，故通道公司的存在不影响贷款性质。因此，前述三笔被骗资金本质上系三家被害银行以贷款形式发放的信贷资金。而赵甲等人从丁银行骗取的 10 亿元资金不属于信贷资金。从转款原因看，丁银行之所以向丙银行蚌埠分行转账 10 亿元，目的在于购买丙银行发售的理财产品，双方亦签订了购买理财产品协议；从造成损失的原因看，丙银行理财产品完全系虚构，丁银行的损失系因购买虚假理财产品被骗，而非发放信贷资金造成，故该笔被骗资金本质上系丁银行因购买虚假理财产品所支付的钱款。

综上，赵甲等人在骗取乙银行北京分行、庚银行上海分行、辛银行宁波分行资金过程中，尽管实施了使用虚假证明文件、提供虚假担保、签订虚假合同等行为，但目的在于非法占有前述三家银行的信贷资金，本质上侵犯的系国家对银行贷款的管理制度与银行的财产所有权，故应认定为贷款诈骗罪；而骗取丁银行资金的行为侵犯的系经济合同管理秩序及银行的财产所有权，故应以合同诈骗罪定罪处罚。

(三) 非法吸收公众存款罪

典型案例：杨卫国等人非法吸收公众存款案[①]

浙江望洲集团有限公司（以下简称望洲集团）于 2013 年 2 月 28 日成立，被告人杨卫国为法定代表人、董事长。自 2013 年 9 月起，望洲集团开始在线下进行非法吸收公众存款活动。2014 年，杨卫国利用其实际控制的公司又先后成立上海望洲财富投资管理有限公司（以下简称望洲财富）、望洲普惠投资管理有限公司（以下简称望洲普惠），通过线下和线上两个渠道开展非法吸收公众存款活动。其中，望洲普惠主要负责发展信贷客户（借款人），望洲财富负责发展不特定社会公众成为理财客户（出借人），根据理财产品的不同期限约定 7%—15% 不等的年化利率募集资金。在线下渠道，望洲集团在全国多个省、市开设门店，采用发放宣传单、举办年会、发布广告等方式进行宣传，理财客户或者通过与杨卫国签订债权转让协议，或者通过匹配望洲集团虚构的信贷客户借款需求进行投资，将投资款转账至杨卫国个人名下 42 个银行账户，被望洲集团用于还本付息、生产经营等活动。在线上渠道，望洲集团及其关联公司以网络借贷信息中介活动的名义进行宣传，理财客户根据望洲集团的要求在第三方支付平台上开设虚拟账户并绑定银行账户。理财客户选定投资项目后将投资款从银行账户转入第三方支付平台的虚拟账户进行投资活动，望洲集团、杨卫国及望洲集团实际控制的担保公司为理财客户的债权提供担

[①] 最高人民检察院检例第 64 号。

保。望洲集团对理财客户虚拟账户内的资金进行调配,划拨出借资金和还本付息资金到相应理财客户和信贷客户账户,并将剩余资金直接转至杨卫国在第三方支付平台上开设的托管账户,再转账至杨卫国开设的个人银行账户,与线下资金混同,由望洲集团支配使用。

因资金链断裂,望洲集团无法按期兑付本息。截至2016年4月20日,望洲集团通过线上、线下两个渠道非法吸收公众存款共计64亿余元,未兑付资金共计26亿余元,涉及集资参与人13400余人。其中,通过线上渠道吸收公众存款11亿余元。

法庭经审理认为,望洲集团以提供网络借贷信息中介服务为名,实际从事直接或间接归集资金甚至自融或变相自融行为,本质是吸收公众存款。判断金融业务的非法性,应当以现行刑事法律和金融管理法律规定为依据,不存在被告人开展P2P业务时没有禁止性法律规定的问题。望洲集团的行为已经扰乱金融秩序,破坏国家金融管理制度,应受刑事处罚。

2018年2月8日,杭州市江干区人民法院作出一审判决,以非法吸收公众存款罪,分别判处被告人杨卫国有期徒刑九年六个月,并处罚金人民币50万元;判处被告人刘蓓蕾有期徒刑四年六个月,并处罚金人民币10万元;判处被告人吴梦有期徒刑三年,缓刑五年,并处罚金人民币10万元;判处被告人张雯婷有期徒刑三年,缓刑五年,并处罚金人民币10万元。在案扣押冻结款项分别按损失比例发还;在案查封、扣押的房产、车辆、股权等变价后分别按损失比例发还。不足部分责令继续退赔。宣判后,被告人杨卫国提出上诉后又撤回上诉,一审判决已生效。本案追赃挽损工作仍在进行中。

裁判要旨:单位或个人假借开展网络借贷信息中介业务之名,未经依法批准,归集不特定公众的资金设立资金池,控制、支配资金池中的资金,并承诺还本付息的,构成非法吸收公众存款罪。

实务分析

非法吸收公众存款罪,是指非法吸收公众存款或者变相吸收公众存款,扰乱金融秩序的行为。

1. 非法吸收公众存款罪的主体范围

本罪的犯罪主体是一般主体,包括自然人和单位。根据《商业银行法》第十一条规定,未经国务院银行业监督管理机构批准,任何单位和个人不得从事吸收公众存款等商业银行业务,这是判断吸收公众存款行为合法与非法的基本法律依据。任何单位或个人,包括非银行金融机构,未经国务院银行业监督管理机构批准,面向社会吸收公众存款或者变相吸收公众存款均属非法。

根据我国金融法规规定,只有依法设立的金融机构才有权以储蓄等形式吸收公众存款,未经批准吸收公众存款,或者变相吸收公众存款,都是扰乱金融秩序的行为。但金融机构也能成为本罪的主体，主要包括三种情形：（1）不具有吸收存款资格的金融机构可以成为本罪的行为主体；（2）经营范围包括存贷款业务的金融机构，如果擅自以提高利率等不法方法吸收存款的，应以本罪论处；（3）经营范围包括存贷款业务的金融机构，未经批准，以存贷款名义向社会公众吸收资金，属于变相吸收公众存款，应当认定为本罪。

2. 行为界定

《最高人民法院关于审理非法集资刑事案件具体应用法律若干问题的解释》（2022修正）第一条第一款规定："违反国家金融管理法律规定，向社会公众（包括单位和个人）吸收资金的行为，同时具备下列四个条件的，除刑法另有规定的以外，应当认定为刑法第一百七十六条规定的'非法吸收公众存款或者变相吸收公众存款'：（一）未经有关部门依法许可或者借用合法经营的形式吸收资金；（二）通过网络、媒体、推介会、传单、手机信息等途径向社会公开宣传；（三）承诺在一定期限内以货币、实物、股权等方式还本付息或者给付回报；（四）向社会公众即社会不特定对象吸收资金。"

非法吸收公众存款罪的构成必须符合非法性、公开性、利诱性和社会性等四个特性。这"四性"特征共同构成了非法吸收公众存款罪的成立标准，这也是规范层面的民间融资刑事法律边界。

非法性是指"未经有关部门依法许可或者借用合法经营的形式吸收资金"。根据《最高人民法院关于审理非法集资刑事案件具体应用法律若干问题的解释》第一条第一款第一项规定，"非法性"的判断标准为未经有关部门依法许可或者借用合法经营的形式吸收资金，二者分别从形式和实质两个方面定义非法集资行为，只要符合其中一个标准，行为便具有了"非法性"。反之，如果吸收公众存款的行为是经过国务院金融管理部门许可，且符合国家金融管理规定，则不具有非法性，不构成非法吸收公众存款罪。

"公开性"特征是指"通过网络、媒体、推介会、传单、手机信息等途径向社会公开宣传"。"社会性"特征是指吸收存款的对象为"社会公众即社会不特定对象"。根据该解释第一条第二款规定，如果未向社会公开宣传，在亲友或者单位内部针对特定对象吸收资金的，不属于非法吸收或者变相吸收公众存款。一是关注其宣传的方式是否具有开放性，二是关注其宣传的内容是否具有利诱性。而"社会性"需要结合其宣传方式是否具有公开性作初步判断；考察投资人的群体特征，按照从一般到特殊的逻辑寻找是否存在可以排除的特别因素，最后予以定性。

"利诱性"特征，是指"承诺在一定期限内以货币、实物、股权等方式还本付息或者给付回报"。关于"还本付息或者给付回报"的具体方式，除货币、实物、股权外，实践中还有许多其他形式。承诺回报是指承诺"只要出资即可通过出资行为获得回报",而不是指承诺出资人在出资后通过出资人的生产、经营等行为可以获得报酬。利诱性的本质就是"保本加高收益"。所谓"保本",即100%覆盖本金的无条件兑付承诺,如行为人给予的承诺是不能覆盖本金或是附加了风险条款的,则不能视为保本承诺;此外,"高收益"也是构成利诱性必不可少的要件之一,实践中无息借款等资金互助情形,是不具有利诱性的。

本案中,望洲集团对理财客户虚拟账户内的资金进行调配,划拨出借资金和还本付息资金到相应理财客户和信贷客户账户,并将剩余资金直接转至杨卫国在第三方支付平台上开设的托管账户,再转账至杨卫国开设的个人银行账户,与线下资金混同,由望洲集团支配使用。望洲集团以提供网络借贷信息中介服务为名,实际从事直接或间接归集资金,甚至自融或变相自融行为,本质是吸收公众存款。网络借贷信息中介机构利用互联网发布信息归集资金,超出了信息中介业务范围,也触犯了刑法第一百七十六条的规定。

三、企业融资合规要点

融资类犯罪案件涉及金额大、人员广、影响恶劣,为防范企业融资过程中的刑事犯罪风险,针对不同融资途径中可能存在的问题,笔者建议企业应重点关注以下几个方面。

（一）规范证券融资行为

企业通过发行股票、债券等有价证券方式融资过程中,应当增强守法意识,严格依照法律法规的规定办事。严格进行内部控制,规范相关人员在各阶段、流程中的行为,健全和完善信息披露制度,维护投资者权益。

（二）严格依法办理贷款

企业在贷款融资过程中,应当从制度上防范风险,在企业内部建立健全融资贷款等风险评估机制,规范审批流程。严格遵守银行金融机构关于贷款资格、程序、资金用途等的规定。一是企业向银行或者其他金融机构申请贷款时,应当遵守诚信原则,按照银行或者其他金融机构的要求如实填写申请人情况和申请用途,提交证明其基本情况、申请用途、经营状况、偿还能力和贷款保证等方面的真实材料,不得采取编造事实、提交虚假材料等欺骗手段,导致银行或者其他金融机构高估其资信现状而发放贷款等。二是企业向银行或者其他金融机构提供贷款担保时,应当确保担保的真实性和有效性,保证抵押物、质物的权属和价值真实可靠,不要使用虚假的产权证明作担保,不要超出抵押物价值重复担保。三是企业应当确保贷款资金专款专用,严格按照贷款合同等文件约定的用途使用资金,不得将合法取得的贷款,用于生产经营以外的用途,不得用于高利转贷营利,更不得用于违法犯罪活动。

（三）向社会公众合法募集资金

企业向社会公众募集资金，有很高的刑事风险。社会公众相较于银行金融机构，识别风险和承担风险的能力更弱，因此法律法规对企业采用向社会公众募集资金的方式融资的活动也进行更为严格的监督管理。企业必须了解相关的法律法规，不可采取以合法形式掩盖非法集资实质等规避法律的手段进行融资。同时要多了解金融方面法律知识，提高识别防范风险能力，既要自身合法合规经营，也要对接受外部投资或者投资下游企业进行风险评估，远离非法集资、高利贷等违法金融活动。

（四）企业融资前进行必要审查

企业融资前开展有效的审查，能够避免或降低公司触犯融资类犯罪的刑事风险。一是根据企业自身经营状况、资金需求等实际情况选择合适的融资方式，制定相应的融资方案。二是提前诊断、评估融资过程中出现的刑事风险。三是规范融资过程。严控融资合同的签订、资金的监管和使用、融资债务的偿还或投资人权益的实现等具体流程，降低企业刑事风险。

第六节 不正当竞争犯罪风险

一、不正当竞争犯罪相关罪名

企业参与市场竞争，不可避免地会与其他市场主体产生千丝万缕的联系，企业与企业之间、企业与消费者之间，无论竞争或者合作，都应遵循一些基本规则，才能保证市场环境健康有序。然而，企业生产经营的逐利性，始终驱使着企业急功近利、铤而走险，从而给自身带来刑事风险。

企业违反国家对市场监督管理的法律法规，进行不正当竞争，从事非法经营或者其他服务项目，诈骗、串通、强迫交易等，扰乱市场本身的等价有偿、公平竞争、平等交易的秩序，造成严重的后果，就可能构成犯罪。我国刑法规定的不正当竞争犯罪相关罪名主要包括：

1. 非法经营罪

法律依据	《刑法》第二百二十五条、第二百三十一条
罪状描述	违反国家规定，有下列非法经营行为之一，扰乱市场秩序，情节严重的：（1）未经许可经营法律、行政法规规定的专营、专卖物品或者其他限制买卖的物品的；（2）买卖进出口许可证、进出口原产地证明以及其他法律、行政法规规定的经营许可证或者批准文件的；（3）未经国家有关主管部门批准非法经营证券、期货、保险业务的，或者非法从事资金支付结算业务的；（4）其他严重扰乱市场秩序的非法经营行为。

法律依据	《刑法》第二百二十五条、第二百三十一条	
刑事责任	自然人	情节严重的,处5年以下有期徒刑或者拘役,并处或者单处违法所得1倍以上5倍以下罚金。
		情节特别严重的,处5年以上有期徒刑,并处违法所得1倍以上5倍以下罚金或者没收财产。
	单位	单位犯前款罪的,对单位判处罚金,并对其直接负责的主管人员和其他直接责任人员,依照前款的规定处罚。

2. 合同诈骗罪

法律依据	《刑法》第二百二十四条、第二百三十一条	
罪状描述	有下列情形之一,以非法占有为目的,在签订、履行合同过程中,骗取对方当事人财物,数额较大的:(1)以虚构的单位或者冒用他人名义签订合同的;(2)以伪造、变造、作废的票据或者其他虚假的产权证明作担保的;(3)没有实际履行能力,以先履行小额合同或者部分履行合同的方法,诱骗对方当事人继续签订和履行合同的;(4)收受对方当事人给付的货物、货款、预付款或者担保财产后逃匿的;(5)以其他方法骗取对方当事人财物的。	
刑事责任	自然人	数额较大的,处3年以下有期徒刑或者拘役,并处或者单处罚金。
		数额巨大或者有其他严重情节的,处3年以上10年以下有期徒刑,并处罚金。
		数额特别巨大或者有其他特别严重情节的,处10年以上有期徒刑或者无期徒刑,并处罚金或者没收财产。
	单位	单位犯前款罪的,对单位判处罚金,并对其直接负责的主管人员和其他直接责任人员,依照前款的规定处罚。

3. 损害商业信誉、商品声誉罪

法律依据	《刑法》第二百二十一条、第二百三十一条	
罪状描述	捏造并散布虚伪事实、损害他人的商业信誉、商品声誉,给他人造成重大损失或者有其他严重情节的。	
刑事责任	自然人	给他人造成重大损失或者有其他严重情节的,处2年以下有期徒刑或者拘役,并处或者单处罚金。
	单位	单位犯前款罪的,对单位判处罚金,并对其直接负责的主管人员和其他直接责任人员,依照前款的规定处罚。

4. 侵犯商业秘密罪

法律依据	《刑法》第二百一十九条、第二百三十一条
罪状描述	有下列侵犯商业秘密行为之一，情节严重的：（1）以盗窃、贿赂、欺诈、胁迫、电子侵入或者其他不正当手段获取权利人的商业秘密的；（2）披露、使用或者允许他人使用以前项手段获取的权利人的商业秘密的；（3）违反保密义务或者违反权利人有关保守商业秘密的要求，披露、使用或者允许他人使用其所掌握的商业秘密的。明知前款所列行为，获取、披露、使用或者允许他人使用该商业秘密的，以侵犯商业秘密论。
刑事责任 自然人	情节严重的，处3年以下有期徒刑，并处或者单处罚金。
	情节特别严重的，处3年以上10年以下有期徒刑，并处罚金。
刑事责任 单位	单位犯前款罪的，对单位判处罚金，并对其直接负责的主管人员和其他直接责任人员，依照前款的规定处罚。

5. 串通投标罪

法律依据	《刑法》第二百二十三条、第二百三十一条
罪状描述	投标人相互串通投标报价，损害招标人或者其他投标人利益，情节严重的；投标人与招标人串通投标，损害国家、集体、公民的合法利益的。
刑事责任 自然人	情节严重的，处3年以下有期徒刑或者拘役，并处或者单处罚金。
刑事责任 单位	单位犯前款罪的，对单位判处罚金，并对其直接负责的主管人员和其他直接责任人员，依照前款的规定处罚。

6. 虚假广告罪

法律依据	《刑法》第二百二十二条、第二百三十一条
罪状描述	广告主、广告经营者、广告发布者违反国家规定，利用广告对商品或者服务作虚假宣传，情节严重的。
刑事责任 自然人	情节严重的，处2年以下有期徒刑或者拘役，并处或者单处罚金。
刑事责任 单位	单位犯前款罪，对单位判处罚金，并对其直接负责的主管人员和其他直接责任人员，依照前款的规定处罚。

7. 假冒注册商标罪

法律依据	《刑法》第二百一十三条、第二百二十条
罪状描述	未经注册商标所有人许可，在同一种商品、服务上使用与其注册商标相同的商标，情节严重的。

续表

法律依据		《刑法》第二百一十三条、第二百二十条
刑事责任	自然人	情节严重的，处3年以下有期徒刑，并处或者单处罚金。
		情节特别严重的，处3年以上10年以下有期徒刑，并处罚金。
	单位	单位犯前款罪的，对单位判处罚金，并对其直接负责的主管人员和其他直接责任人员，依照前款的规定处罚。

二、市场竞争犯罪实务分析

（一）合同诈骗罪

典型案例：黄某、周某、袁某合同诈骗案①

2012年11月，被告人黄某以承包方某建筑工程公司的名义与发包方某置业公司签订了关于某社区工程土建工程施工总承包合同，工程总造价约4亿元。合同签订后，被告人黄某作为实际承建人自筹资金，组织施工。2013年3月至8月，被告人黄某等人在446根桩基施工过程中虚增砼用量，其虚增的方式有两种，先采取将小票中方量由6改成9，后采取虚增小票的方式，将虚假送货单混杂在真实送货单中。某置业公司及监理公司相关签证人员均在签证单上签名认可，但有部分未经核实。2013年10月，被告人黄某向某置业公司提交了工程预算书，申请支付工程款。后某置业公司支付工程款117785504元，双方确认已完成工程量308705652元。2017年10月，某置业公司向公安机关报案，黄某等3名被告人先后被抓获归案。

九江市廉溪区人民法院经审理认为，根据现有证据及查明的事实，不能认定黄某等3名被告人具有非法占有的主观故意，虽然3名被告人在合同履行过程中具有欺骗的行为，但未超出民事欺诈的范围，被告人的主客观行为表现均不符合合同诈骗罪的构成要件。据此，法院作出判决：被告人黄某、周某、袁某无罪。

一审宣判后，公诉机关认为被告人黄某等人具有谋取不正当利益的主观目的，客观上实施了在工程量签证单上虚增数量的欺骗行为，符合合同诈骗罪中以其他方法骗取对方当事人财物的情形，事后能否通过民事救济手段挽回损失，不影响合同诈骗罪性质的认定，遂提出抗诉。九江市中级人民法院经审理，裁定驳回抗诉，维持原判。

对于建设工程这种连续履行的合同中出现的欺诈行为，应从合同履行的整体情况综合判断，对合同最终适当、全面履行不存在根本、全面影响的，应定性为民事欺诈，不应作为刑事犯罪处理。

---

① 付涵：《合同诈骗罪与民事欺诈的界分》，载《人民司法·案例》2022年第8期；江西省九江市中级人民法院（2019）赣04刑终521号刑事裁定书，载中国裁判文书网，最后访问时间：2024年4月12日。

实务分析

合同诈骗罪,是指以非法占有为目的,在签订、履行合同的过程中,使用欺诈手段,骗取对方当事人财物,数额较大的行为。

1. 行为界定

合同诈骗罪的行为,客观上表现为签订、履行合同过程中,以虚构事实或者隐瞒真相的方法,骗取对方当事人财物,数额较大的行为。根据《刑法》第二百二十四条的规定,本罪的诈骗行为表现为下列五种形式:

(1) 以虚构的单位或者冒用他人名义签订合同的。以虚构的单位签订合同,是指行为人杜撰客观上根本不存在的单位,然后以该单位的名义与他人签订合同。冒用他人的名义签订合同,是指打着客观存在的其他单位或者个人的名义,与他人签订合同。

(2) 以伪造、变造、作废的票据或者其他虚假的产权证明作担保的。这里所称的票据,主要指能作为担保凭证的金融票据,即汇票、本票和支票等。所谓其他产权证明,包括土地使用权证、房屋所有权证以及能证明动产、不动产的各种有效证明文件。

(3) 没有实际履行能力,以先履行小额合同或者部分履行合同的方法,诱骗对方当事人继续签订和履行合同的。所谓没有履行能力,是指没有履行大额合同或全部合同的能力。

(4) 收受对方当事人给付的货物、货款、预付款或者担保财产后逃匿的。

(5) 以其他方法骗取对方当事人财物的。这里所说的其他方法,是指在签订、履行经济合同过程中使用的上述四种方法以外,以经济合同为手段、以骗取合同约定的由对方当事人交付的货物、货款、预付款或者定金以及其他担保财物为目的的一切手段。

行为人只要实施上述一种诈骗行为,便可构成本罪。

2. 民事欺诈与合同诈骗罪的区分

对于建设工程合同,行为存在一些欺诈的行为,能否作为合同诈骗来定,应从合同履行的整体情况综合判断,从以下几个方面进行界分:

(1) 主观目的。民事欺诈的行为人采取欺骗方法,目的在使相对人产生错误认识,做出有利于自己的法律行为,然后通过双方履行该法律行为谋取一定非法利益,其实质是为了多赚钱,主观恶性较轻;而合同诈骗的行为人并没有承担民事义务的意思,只是想使对方履行那个根本不存在的民事法律关系的单方义务,非法占有对方的财物。

(2) 客观表现。虽然两者都采取了欺骗手段,但两者的重点不同,民事欺诈中行为人虚构的事实或者隐瞒的真相的行为,针对的是促成交易,行为人并没有希望通过不存在的事实或者隐瞒事实真相直接得到被害人的财物;而刑事诈骗的行为人虚构了足以使被害人处分财物的事实,希望能够直接取得被害人财物,所谓的交易只是非法取得被害人财产的手段。

（3）履约能力和态度。民事欺诈行为人与受欺诈人订立合同一般是能够履行合同的，且履约态度是积极的；而合同诈骗人订立合同并无履行的意愿和履行合同的能力。如果签订合同时无履约行为，但事后经过各种努力，具备了履约能力，并且有积极的履约能力，无论合同最后是否得到完全履行，也不宜认定为合同诈骗罪。

（4）标的物的处置情况。当事人对其占有的他人财物的处置情况，很大程度上反映了其当时的主观心理态度。如果行为人将取得财物全部或大部分用以挥霍，或者从事非法活动、偿还他人债务、携款逃匿等，应认为行为人有非法占有的故意，其行为构成合同诈骗罪；如果行为人将取得的财物全部或大部分用于合同的履行，即使客观上未能完全履行合同义务，一般均应认定为民事欺诈，不宜以合同诈骗论。

本案中，黄某等人作为施工方的主体资格是真实的，具有完全履约能力，案发前已经完成了3亿多元的工程量。黄某等人将虚假的送货单混杂在真实送货单中，其虚增的工程量只占整个工程的极小一部分，对合同履行的影响起不到根本性、决定性的作用。黄某等人获得工程进度款后，没有将取得财物用以挥霍，或者从事非法活动、携款逃匿等，而是继续投入工程建设之中，积极履行合同义务，因此，其行为不属于合同诈骗罪所规定的前四种情形，在行为的性质和社会危害性等方面也未达到与前四种情形相当的程度，不能认定黄某等人具有非法占有的目的，其虚增砼用量的行为不构成合同诈骗罪。欺骗行为对合同履行不具有根本影响的，不构成合同诈骗罪。

（二）串通投标罪

招投标是市场交易的一种方式，一般为大宗商品买卖或建设大型建筑工程时常常采用的一种交易方法。这是投标人根据招标人的条件提出自己要求的价格和相应条件，开列清单向招标方投函的活动。到一定时期，由事主召集所有投标人当场开标，选择其中质量最精良、价格最合算者为中标人，再由招标方与之订立合同，进行交易。招标投标既然是市场竞争手段，必然竞争激烈。这样，就出现了投标中的不正当竞争行为，我国法律明令禁止这种不正当竞争行为。《招标投标法》第三十二条第一款、第二款规定，投标人不得相互串通投标报价，不得排挤其他投标人的公平竞争，损害招标人或者其他投标人的合法权益。投标人不得与招标人串通投标，损害国家利益、社会公共利益或者他人的合法权益。

串通投标罪，是指投标人相互串通投标报价，损害招标人或者其他投标人的利益，情节严重，或者投标人与招标人串通投标，损害国家、集体、公民的合法权益的行为。

1. 串通投标罪的主体范围

串通投标罪的犯罪主体是特殊主体，即招标人和投标人，包括自然人和单位。

构成本罪至少有两个犯罪主体，或者是两个以上投标人之间串通报价，或者是投标人与招标人之间串通投标。有很多企业的业务必须通过竞标才能获得，因此，企业都有可能成为本罪的犯罪主体。

2. 行为模式

串通投标是指在招标投标过程中，违反有关程序所发生的限制竞争行为的统称，是指在招标投标的过程中，投标人之间私下串通，抬高标价或压低标价，共同损害招标人或其他投标人的利益，或者投标人与招标人之间相互勾结，损害国家、集体、公民的合法权益的行为。主要有两种表现形式：

（1）投标人相互串通投标报价：如投标人之间协商投标报价等投标文件的实质性内容；投标人之间约定中标人；投标人之间约定部分投标人放弃投标或者中标；属于同一集团、协会、商会等组织成员的投标人按照该组织要求协同投标；投标人之间为谋取中标或者排斥特定投标人而采取的其他联合行动；不同投标人的投标文件由同一单位或者个人编制；不同投标人委托同一单位或者个人办理投标事宜；不同投标人的投标文件载明的项目管理成员为同一人；不同投标人的投标文件异常一致或者投标报价呈规律性差异；不同投标人的投标文件相互混装；不同投标人的投标保证金从同一单位或者个人的账户转出。

（2）投标人与招标人相互串通：招标人在开标前开启投标文件并将有关信息泄露给其他投标人；招标人直接或者间接向投标人泄露标底、评标委员会成员等信息；招标人明示或者暗示投标人压低或者抬高投标报价；招标人授意投标人撤换、修改投标文件；招标人明示或者暗示投标人为特定投标人中标提供方便；招标人与投标人为谋求特定投标人中标而采取的其他串通行为。

3. 情节严重的认定

司法实践中，如何正确理解与把握"情节严重"的认定标准是对本罪定罪量刑的核心与关键所在。串通投标罪属情节犯，只有情节严重的串通投标报价，损害招标人或者其他投标人利益的行为才能构成本罪，情节不属严重，即使实施了串通投标，损害招标人或者其他投标人利益的行为，也不能以本罪论处。

根据《最高人民检察院、公安部关于公安机关管辖的刑事案件立案追诉标准的规定（二）》第六十八条的规定："投标人相互串通投标报价，或者投标人与招标人串通投标，涉嫌下列情形之一的，应予立案追诉：（一）损害招标人、投标人或者国家、集体、公民的合法利益，造成直接经济损失数额在五十万元以上的；（二）违法所得数额在二十万元以上的；（三）中标项目金额在四百万元以上的；（四）采取威胁、欺骗或者贿赂等非法手段的；（五）虽未达到上述数额标准，但二年内因串通投标受过二次以上行政处罚，又串通投标的；（六）其他情节严重的情形。"

对"情节严重"的认定，主要从以下几个方面进行理解与把握：一是是否存在破坏营商环境建设的实际行为以及造成的影响和后果；二是否具有采用卑劣手段多次实施串通投标的行为；三是否给招标人或者其他投标人造成严重的经济损失；四是给国家可能造成的损失情况以及中标项目金额是否较大等。

三、市场竞争合规要点

防止企业在市场竞争中的违规经营风险，应注意以下几个方面。

（一）合法经营，有序竞争

企业在生产经营中，应当自觉遵守市场规则，有序参与竞争，遵守国家法律法规关于市场经营的各种规定，特别是关于特殊行业、特殊产品的管理制度，尊重其他市场主体，避免为实现企业的利润而损害他人和社会公众的行为。

（二）协议履行，诚信竞争

合同是企业对外进行经济交往的重要手段，大多数交易的实现离不开合同，认真签订和履行合同是保障企业顺利生产经营并实现利润的基础。企业在对外签订和履行合同的过程中，既要遵循诚实信用的原则，不夸大己方能力、许下超出能力范围的承诺，又要避免采取不合法的手段迫使对方签署不公平的合同，还要注意审查合同对方的资质条件和履约能力，保护自己的利益。

（三）手段正当，公平竞争

企业应当尊重其他市场主体，包括其他企业和消费者等的合法权益。不采用贬低、诋毁他人的商业信誉、产品质量等手段排除竞争对手；不通过过分夸大，甚至虚构事实的方式宣传自己的企业；注重自主创新和开发，不侵犯他人的注册商标、专利技术等合法权益。

第七节　职务犯罪风险

一、职务犯罪相关罪名

为实现顺利生产经营、合理配置各项资源以及各部门高效合作的目标，企业需要设置一些岗位和职务，并配置具有相应技能的人员。担任职务须具备一定的资格、能力，同时履行相应的职责。一般而言，负有职务的企业工作人员应当遵循以下职务道德和原则：（1）勤勉。我国《公司法》规定了董事、监事、高级管理人员的勤勉义务，违反勤勉义务给企业和投资人造成损害的董事、监事、高级管理人员要承担相应的民事赔偿责任，甚至是刑事责任。当然，刑法中的职务犯罪并不是仅限于《公司法》规定的董事、监事、高级管理人员的犯罪行为，而是包括其他具有一定职务、履行一定职责的企业工作人员。（2）廉洁。当然，在企业中担任职务并不仅仅意味着责任义务，同时也代表着在某方面进行管理决策的权力。权力产生便利，从而易于被别有用心的人利用，作为谋取私利的工具。企业管理人员利用其职务产生的便利条件谋取私利，将侵犯企业、投资人或者其他相关人员的财产权益。

因此，不仅企业内部普遍制定了严格的监督管理制度，国家法律也对企业管理人员的职务行为予以监管，严重的予以追究刑事责任。我国《刑法》分则第三章第三节"妨害对公司、企业的管理秩序罪"、第四节"破坏金融管理秩序罪"，第五章"侵犯财产罪"以及第八章"贪污贿赂罪"都涉及企业管理人员职务犯罪行为的罪名，包括：非国家工作人员受贿罪，对非国家工作人员行贿罪，非法经营同类营业罪，为亲友非法牟利罪，签订、履行合同失职被骗罪，国有公司、企业、事业单位人员失职罪，国有公司、企业、事业单位人员滥用职权罪，徇私舞弊低价折股、出售公司、企业资产罪①，背信损害上市公司利益罪，职务侵占罪，贪污罪，挪用公款罪，受贿罪，单位受贿罪，利用影响力受贿罪，行贿罪，对单位行贿罪，介绍贿赂罪，单位行贿罪，巨额财产来源不明罪，私分国有资产罪；等等。

2023年12月29日，《刑法修正案（十二）》通过，自2024年3月1日施行。一方面，修改完善行贿犯罪的相关规定，一是对一些严重行贿情形进一步加大追责力度，二是提高单位行贿罪的刑罚，三是对其他贿赂犯罪的刑罚作出相应调整，做好衔接和平衡。另一方面，完善民营企业内部人员腐败的相关规定，将非国有公司、企业的内部人员纳入《刑法》第一百六十五条非法经营同类营业罪，第一百六十六条为亲友非法牟利罪，第一百六十九条徇私舞弊低价折股、出售公司、企业资产罪的犯罪主体范围，更加注重保护民营企业产权和企业家权益。

根据职务犯罪行为的特征来区分，上述罪名还可以分为以下几种：

（一）挪用类犯罪

1. 挪用资金罪

法律依据	《刑法》第二百七十二条
罪状描述	（1）公司、企业或者其他单位的工作人员，利用职务上的便利，挪用本单位资金归个人使用或者借贷给他人，数额较大、超过三个月未还的，或者虽未超过三个月，但数额较大、进行营利活动的，或者进行非法活动的； （2）国有公司、企业或者其他国有单位中从事公务的人员和国有公司、企业或者其他国有单位委派到非国有公司、企业以及其他单位从事公务的人员有前款行为的，依照本法第三百八十四条（挪用公款罪）的规定定罪处罚。

---

① 《最高人民法院、最高人民检察院关于执行〈中华人民共和国刑法〉确定罪名的补充规定（八）》：将《中华人民共和国刑法》第一百六十九条（《刑法修正案（十二）》第三条）的罪名由"徇私舞弊低价折股、出售国有资产罪"修改为"徇私舞弊低价折股、出售公司、企业资产罪"。

续表

法律依据	《刑法》第二百七十二条		
刑事责任	自然人	数额较大的，处3年以下有期徒刑或者拘役。	
^	^	挪用本单位资金数额巨大的，处3年以上7年以下有期徒刑。	
^	^	数额特别巨大的，处7年以上有期徒刑。	
^	单位	在提起公诉前将挪用的资金退还的，可以从轻或者减轻处罚。其中，犯罪较轻的，可以减轻或者免除处罚。	

2. 挪用公款罪

法律依据	《刑法》第三百八十四条、第二百七十二条第二款	
罪状描述	（1）国家工作人员利用职务上的便利，挪用公款归个人使用，进行非法活动的，或者挪用公款数额较大、进行营利活动的，或者挪用公款数额较大、超过三个月未还的； （2）国有公司、企业或者其他国有单位中从事公务的人员和国有公司、企业或者其他国有单位委派到非国有公司、企业以及其他单位从事公务的人员有第二百七十二条第一款行为的。	
刑事责任	自然人	数额较大的，处5年以下有期徒刑或者拘役。
^	^	情节严重的，处5年以上有期徒刑。
^	^	挪用公款数额巨大不退还的，处10年以上有期徒刑或者无期徒刑。
^	单位	挪用用于救灾、抢险、防汛、优抚、扶贫、移民、救济款物归个人使用的，从重处罚。

（二）侵占类犯罪

1. 职务侵占罪

法律依据	《刑法》第二百七十一条	
罪状描述	公司、企业或者其他单位的工作人员，利用职务上的便利，将本单位财物非法占为己有，数额较大的。	
刑事责任	自然人	数额较大的，处3年以下有期徒刑或者拘役，并处罚金。
^	^	数额巨大的，处3年以上10年以下有期徒刑，并处罚金。
^	^	数额特别巨大的，处10年以上有期徒刑或者无期徒刑，并处罚金。

2. 贪污罪

法律依据	《刑法》第三百八十二条、第三百八十三条、第一百八十三条第二款、第二百七十一条第二款		
罪状描述	（1）国家工作人员利用职务上的便利，侵吞、窃取、骗取或者以其他手段非法占有公共财物的，是贪污罪；受国家机关、国有公司、企业、事业单位、人民团体委托管理、经营国有财产的人员，利用职务上的便利，侵吞、窃取、骗取或者以其他手段非法占有国有财物的，以贪污论；与前两款所列人员勾结，伙同贪污的，以共犯论处。 （2）国有保险公司工作人员和国有保险公司委派到非国有保险公司从事公务的人员有第一百八十三条第一款行为的，依照本法第三百八十二条、第三百八十三条的规定定罪处罚。 （3）国有公司、企业或者其他国有单位中从事公务的人员和国有公司、企业或者其他国有单位委派到非国有公司、企业以及其他单位从事公务的人员第二百七十一条行为的。		
刑事责任	自然人	贪污数额较大或者有其他较重情节的，处3年以下有期徒刑或者拘役，并处罚金。	
^^	^^	贪污数额巨大或者有其他严重情节的，处3年以上10年以下有期徒刑，并处罚金或者没收财产。	
^^	^^	贪污数额特别巨大或者有其他特别严重情节的，处10年以上有期徒刑或者无期徒刑，并处罚金或者没收财产；数额特别巨大，并使国家和人民利益遭受特别重大损失的，处无期徒刑或者死刑，并处没收财产。	
^^	^^	对多次贪污未经处理的，按照累计贪污数额处罚。	
^^	^^	犯第三百八十三条第一款罪，在提起公诉前如实供述自己罪行、真诚悔罪、积极退赃，避免、减少损害结果的发生，有第一项规定情形的，可以从轻、减轻或者免除处罚；有第二项、第三项规定情形的，可以从轻处罚。	
^^	^^	犯第三百八十三条第一款罪，有第三项规定情形被判处死刑缓期执行的，人民法院根据犯罪情节等情况可以同时决定在其死刑缓期执行二年期满依法减为无期徒刑后，终身监禁，不得减刑、假释。	

（三）贿赂类犯罪

1. 非国家工作人员受贿罪

法律依据	《刑法》第一百六十三条第一款、第三款
罪状描述	（1）公司、企业或者其他单位的工作人员，利用职务上的便利，索取他人财物或者非法收受他人财物，为他人谋取利益，数额较大的； （2）公司、企业或者其他单位的工作人员在经济往来中，利用职务上的便利，违反国家规定，收受各种名义的回扣、手续费，归个人所有的，依照前款的规定处罚。

续表

法律依据		《刑法》第一百六十三条第一款、第三款
刑事责任	自然人	数额较大的,处3年以下有期徒刑或者拘役,并处罚金。
		数额巨大或者有其他严重情节的,处3年以上10年以下有期徒刑,并处罚金。
		数额特别巨大或者有其他特别严重情节的,处10年以上有期徒刑或者无期徒刑,并处罚金。

2. 对非国家工作人员行贿罪

法律依据		《刑法》第一百六十四条
罪状描述		为谋取不正当利益,给予公司、企业或者其他单位的工作人员以财物,数额较大的。
刑事责任	自然人	数额较大的,处3年以下有期徒刑或者拘役,并处罚金。
		数额巨大的,处3年以上10年以下有期徒刑,并处罚金。
		行贿人在被追诉前主动交待行贿行为的,可以减轻处罚或者免除处罚。
	单位	单位犯前款罪的,对单位判处罚金,并对其直接负责的主管人员和其他直接责任人员,依照第一款的规定处罚。

3. 受贿罪

法律依据		《刑法》第三百八十五条、第三百八十六条、第三百八十八条、第一百六十三条第三款、第一百八十四条第二款
罪状描述		(1) 国家工作人员利用职务上的便利,索取他人财物的,或者非法收受他人财物,为他人谋取利益的;国家工作人员在经济往来中,违反国家规定,收受各种名义的回扣、手续费,归个人所有的,以受贿罪论处。 (2) 国家工作人员利用本人职权或者地位形成的便利条件,通过其他国家工作人员职务上的行为,为请托人谋取不正当利益,索取请托人财物或者收受请托人财物的,以受贿罪论处。 (3) 国有公司、企业或者其他国有单位中从事公务的人员和国有公司、企业或者其他国有单位委派到非国有公司、企业以及其他单位从事公务的人员有第一百六十三条前两款行为的。 (4) 国有金融机构工作人员和国有金融机构委派到非国有金融机构从事公务的人员有第一百八十四条前款行为的。
刑事责任	自然人	对犯受贿罪的,根据受贿所得数额及情节,依照本法第三百八十三条的规定处罚。索贿的从重处罚。

4. 利用影响力受贿罪

法律依据	《刑法》第三百八十八条之一
罪状描述	(1) 国家工作人员的近亲属或者其他与该国家工作人员关系密切的人，通过该国家工作人员职务上的行为，或者利用该国家工作人员职权或者地位形成的便利条件，通过其他国家工作人员职务上的行为，为请托人谋取不正当利益，索取请托人财物或者收受请托人财物，数额较大或者有其他较重情节的； (2) 离职的国家工作人员或者其近亲属以及其他与其关系密切的人，利用该离职的国家工作人员原职权或者地位形成的便利条件实施前款行为的，依照前款的规定定罪处罚。
刑事责任	自然人	数额较大或者有其他较重情节的，处 3 年以下有期徒刑或者拘役，并处罚金。 数额巨大或者有其他严重情节的，处 3 年以上 7 年以下有期徒刑，并处罚金。 数额特别巨大或者有其他特别严重情节的，处 7 年以上有期徒刑，并处罚金或者没收财产。

5. 单位受贿罪

法律依据	《刑法》第三百八十七条
罪状描述	(1) 国家机关、国有公司、企业、事业单位、人民团体，索取、非法收受他人财物，为他人谋取利益，情节严重的； (2) 前款所列单位，在经济往来中，在帐外暗中收受各种名义的回扣、手续费的，以受贿论，依照前款的规定处罚。
刑事责任	自然人	对其直接负责的主管人员和其他直接责任人员，处 3 年以下有期徒刑或者拘役。 情节特别严重的，处 3 年以上 10 年以下有期徒刑。
	单位	对单位判处罚金，并对其直接负责的主管人员和其他直接责任人员处 3 年以下有期徒刑或者拘役；情节特别严重的，处 3 年以上 10 年以下有期徒刑。

6. 行贿罪

法律依据	《刑法》第三百八十九条、第三百九十条、第三百九十三条
罪状描述	(1) 为谋取不正当利益，给予国家工作人员以财物的，是行贿罪； (2) 在经济往来中，违反国家规定，给予国家工作人员以财物，数额较大的，或者违反国家规定，给予国家工作人员以各种名义的回扣、手续费的，以行贿论处； (3) 依据第三百九十三条的行为手段，因行贿取得的违法所得归个人所有的。

续表

法律依据		《刑法》第三百八十九条、第三百九十条、第三百九十三条
刑事责任	自然人	犯行贿罪的，处3年以下有期徒刑或者拘役，并处罚金。
		因行贿谋取不正当利益，情节严重的，或者使国家利益遭受重大损失的，处3年以上10年以下有期徒刑，并处罚金。
		情节特别严重的，或者使国家利益遭受特别重大损失的，处10年以上有期徒刑或者无期徒刑，并处罚金或者没收财产。
		有下列情形之一的，从重处罚：(1) 多次行贿或者向多人行贿的；(2) 国家工作人员行贿的；(3) 在国家重点工程、重大项目中行贿的；(4) 为谋取职务、职级晋升、调整行贿的；(5) 对监察、行政执法、司法工作人员行贿的；(6) 在生态环境、财政金融、安全生产、食品药品、防灾救灾、社会保障、教育、医疗等领域行贿，实施违法犯罪活动的；(7) 将违法所得用于行贿的。
		行贿人在被追诉前主动交待行贿行为的，可以从轻或者减轻处罚。其中，犯罪较轻的，对调查突破、侦破重大案件起关键作用的，或者有重大立功表现的，可以减轻或者免除处罚。

7. 单位行贿罪

法律依据		《刑法》第三百九十三条
罪状描述		单位为谋取不正当利益而行贿，或者违反国家规定，给予国家工作人员以回扣、手续费，情节严重的。
刑事责任	自然人	情节严重的，对其直接负责的主管人员和其他直接责任人员，处3年以下有期徒刑或者拘役，并处罚金。
		情节特别严重的，处3年以上10年以下有期徒刑，并处罚金。
	单位	单位判处罚金，并对其直接负责的主管人员和其他直接责任人员，处3年以下有期徒刑或者拘役，并处罚金；情节特别严重的，处3年以上10年以下有期徒刑，并处罚金。

8. 对单位行贿罪

法律依据	《刑法》第三百九十一条
罪状描述	为谋取不正当利益，给予国家机关、国有公司、企业、事业单位、人民团体以财物的，或者在经济往来中，违反国家规定，给予各种名义的回扣、手续费的。

续表

法律依据	《刑法》第三百九十一条	
刑事责任	自然人	处3年以下有期徒刑或者拘役，并处罚金。
^	^	情节严重的，处3年以上7年以下有期徒刑，并处罚金。
^	单位	单位犯前款罪的，对单位判处罚金，并对其直接负责的主管人员和其他直接责任人员，依照前款的规定处罚。

9. 介绍贿赂罪

法律依据	《刑法》第三百九十二条	
罪状描述	向国家工作人员介绍贿赂，情节严重的。	
刑事责任	自然人	处3年以下有期徒刑或者拘役，并处罚金。
^	^	介绍贿赂人在被追诉前主动交代介绍贿赂行为的，可以减轻处罚或者免除处罚。

（四）渎职类犯罪

1. 签订、履行合同失职被骗罪

法律依据	《刑法》第一百六十七条	
罪状描述	国有公司、企业、事业单位直接负责的主管人员，在签订、履行合同过程中，因严重不负责任被诈骗，致使国家利益遭受重大损失的。	
刑事责任	自然人	致使国家利益遭受重大损失的，处3年以下有期徒刑或者拘役。
^	^	致使国家利益遭受特别重大损失的，处3年以上7年以下有期徒刑。

2. 国有公司、企业、事业单位人员失职罪

法律依据	《刑法》第一百六十八条	
罪状描述	（1）国有公司、企业的工作人员，由于严重不负责任或者滥用职权，造成国有公司、企业破产或者严重损失，致使国家利益遭受重大损失的。（2）国有事业单位的工作人员有前款行为，致使国家利益遭受重大损失的，依照前款的规定处罚。（3）国有公司、企业、事业单位的工作人员，徇私舞弊，犯前两款罪的，依照第一款的规定从重处罚。	
刑事责任	自然人	致使国家利益遭受重大损失的，处3年以下有期徒刑或者拘役。
^	^	致使国家利益遭受特别重大损失的，处3年以上7年以下有期徒刑。

(五) 背信类犯罪

1. 非法经营同类营业罪

法律依据	《刑法》第一百六十五条	
罪状描述	(1) 国有公司、企业的董事、监事、高级管理人员,利用职务便利,自己经营或者为他人经营与其所任职公司、企业同类的营业,获取非法利益。 (2) 其他公司、企业的董事、监事、高级管理人员违反法律、行政法规规定,实施前款行为,致使公司、企业利益遭受重大损失的。	
刑事责任	自然人	数额巨大的,处3年以下有期徒刑或者拘役,并处或者单处罚金。
		数额特别巨大的,处3年以上7年以下有期徒刑,并处罚金。

2. 为亲友非法牟利罪

法律依据	《刑法》第一百六十六条	
罪状描述	国有公司、企业、事业单位的工作人员,利用职务便利,有下列情形之一,致使国家利益遭受重大损失: (1) 将本单位的盈利业务交由自己的亲友进行经营的。 (2) 以明显高于市场的价格从自己的亲友经营管理的单位采购商品、接受服务或者以明显低于市场的价格向自己的亲友经营管理的单位销售商品、提供服务的。 (3) 从自己的亲友经营管理的单位采购、接受不合格商品、服务的。 其他公司、企业的工作人员违反法律、行政法规规定,实施前款行为,致使公司、企业利益遭受重大损失的。	
刑事责任	自然人	致使国家利益遭受重大损失的,处3年以下有期徒刑或者拘役,并处或者单处罚金。
		致使国家利益遭受特别重大损失的,处3年以上7年以下有期徒刑,并处罚金。

3. 徇私舞弊低价折股、出售公司、企业资产罪

法律依据	《刑法》第一百六十九条	
罪状描述	(1) 国有公司、企业或者其上级主管部门直接负责的主管人员,徇私舞弊,将国有资产低价折股或者低价出售,致使国家利益遭受重大损失的。 (2) 其他公司、企业直接负责的主管人员,徇私舞弊,将公司、企业资产低价折股或者低价出售,致使公司、企业利益遭受重大损失的。	
刑事责任	自然人	致使国家利益遭受重大损失的,处3年以下有期徒刑或者拘役。
		致使国家利益遭受特别重大损失的,处3年以上7年以下有期徒刑。

二、职务犯罪实务分析

由于职务犯罪一节所涉及的罪名较多,且罪名罪状存在很多相似之处,区别主要是在于犯罪主体或对象的身份、性质差异。因此,笔者仅选取其中相对具有代表性的罪名进行分析。

(一)职务侵占罪

典型案例:韩某职务侵占案[①]

被告人韩某系某汽车销售公司工作人员。2016年2月26日被逮捕。检察院指控被告人韩某犯盗窃罪,向法院提起公诉。

检察院认为,被告人韩某是公司的计划员,韩某的犯罪行为并非利用职务之便而是利用工作之便;本案中存在虚构事实、隐瞒真相的情节,但韩某骗取的是车辆合格证、发票等提取车辆所需程序材料,而非涉案车辆,欺诈是盗窃的手段,其行为构成盗窃罪。

被告人韩某的辩护人提出:被告人韩某利用职务上的便利,以代交车冒充销售车辆骗取发票,利用职务便利骗取车辆出门证和车辆合格证,从库管员处骗取车钥匙和随车附件,使某汽车销售公司陷入错误认识,韩某的行为构成诈骗罪。

法院经公开审理查明:某汽车销售公司的股东均为自然人。2008年4月至2015年11月,被告人韩某在某汽车销售公司销售计划与控制岗位任职,并负责公司代交车业务。2013年至2015年,韩某采取盗窃公司作废发票,以办理代交车业务的名义骗领车辆合格证、车钥匙、随车附件、部分车辆出门证及在部分车辆出门证上伪造公司相关负责人员签名等手段,将公司17辆汽车(价值人民币408.748万元)私自销售,销售所得占为己有。公安机关于2016年1月23日在辽宁省沈阳市将韩某抓获,扣押其用赃款购买的一台轿车(价值8万元),扣押其随身携带的赃款10.35万元。韩某到案后配合公安机关缴获涉案车辆两台(价值49.16万元)、赃款10万元。公安机关已将扣押的上述钱款、车辆返还给某汽车销售公司。

法院认为,被告人韩某具有办理公司代交车业务的权限,利用管理或经手本单位财物的便利条件,将本单位财物非法占为己有,其行为已构成职务侵占罪。无论被告人采取的是侵吞、窃取手段,还是骗取等手段,均不影响其行为构成职务侵占罪。依照《刑法》第二百七十一条第一款、第六十七条第三款、第五十九条、第六十四条之规定,判决如下:

一、被告人韩某犯职务侵占罪,判处有期徒刑十二年,并处没收个人财产人民

[①] 参见最高人民法院刑事审判第一、二、三、四、五庭编:《刑事审判参考》(2021年第5辑·总第129辑),人民法院出版社2022年版,第46页。

币 50 万元。

二、被告人韩某继续退赔某汽车销售公司人民币 3312380 元。

宣判后，被告人韩某未上诉，检察机关未抗诉。判决已生效。

实务分析

职务侵占罪，是指公司、企业或者其他单位的人员，利用职务上的便利，将本单位财物非法占为己有，数额较大的行为。

1. 职务侵占罪的主体范围

职务侵占罪的犯罪主体为特殊主体，是不属于国家工作人员的公司、企业或者其他单位的人员，如果属于"国家工作人员"范畴，有本罪规定之行为的，应认定为贪污罪。本罪主体具体是指公司、企业中的工作人员，既包括董事、监事等高管人员，也包括上述人员之外的普通工作人员。本案中，韩某在某汽车销售公司销售计划与控制岗位任职，并负责公司代交车业务，是某汽车销售公司的工作人员，符合职务侵占罪的主体特征。

2. 行为界定

本罪在客观方面表现为利用职务上的便利，侵占本单位财物，数额较大的行为。具体而言是指以下特征：

（1）利用与自己职务有关的便利条件。包括：①利用自己主管、分管、经手、决定或处理以及经办一定事项等的权力，②依靠、凭借自己的权力去指挥、影响下属或利用其他人员的与职务、岗位有关的权限，③依靠、凭借权限、地位控制、左右其他人员，或者利用对己有所求人员的权限，如单位领导利用调拨、处置单位财产的权力；出纳利用经手、管理钱财的权力；一般职工利用单位暂时将财物，如房屋等交给自己使用、保管的权利；等等。至于不是利用职务上的便利，而仅是利用工作上的便利如熟悉环境、容易混入现场、易接近目标等，即使取得了财物，也不是构成本罪，构成犯罪的，应当以他罪如盗窃罪论处。

（2）有侵占的行为。本单位财物，是指单位依法占有的全部财产，包括本单位以自己名义拥有或虽不以自己名义拥有但为本单位占有的一切物权、无形财物权和债权。其具体形态可以是建筑物、设备、库存商品、现金、专利、商标等。所谓非法占为己有，是指采用侵吞、窃取、骗取等各种手段将本单位财物化为私有，既包括将合法已持有的单位财物视为己物而加以处分、使用、收藏，即变持有为所有的行为，如将自己所占有的单位房屋、设备等财产等谎称为己有，标价出售；将所住的单位房屋，过户登记为己有；或者隐匿保管之物，谎称已被盗窃、遗失、损坏等，又包括先不占有单位财物但利用职务之便而骗取、窃取、侵吞、私分从而转化为私有的行为。不论是先持有而转为己有还是先不持有而采取侵吞、窃取、骗取方法转为己有，只要本质上出于非法占有的目的，并利用职务之便作出了这种非法占有的意思表示，达到了数额较大的标准，即可构成本罪。值得注意的是，行为人对本单位财物的非法侵占一旦开始，便处于继续状态，但这只是非法所有状态结果的继续，并非本罪的侵占行为的继续。侵占行为的完成，则应视为既遂。至于未遂，则应视侵占行为是否完成而定，如果没有完成，则应以未遂论处。

（3）达到数额较大的程度。仅有非法侵占公司、企业及其他单位财物的行为，但没有达到数额较大的标准，不能构成本罪。

3. 职务侵占罪、盗窃罪、诈骗罪的区分

前罪和后两罪同属侵犯财产罪，客体都是公私财物的所有权，并以非法占有他人财物为目的。前罪和后两罪的主要区别是：第一，犯罪主体不同。前罪的主体为公司、企业或者其他单位的人员，是特殊主体；后两罪为一般主体。第二，客观方面不同。前罪的行为方式有两个特点，一是行为人利用职务上的便利；二是采取多种非法手段占有他人财物，既有盗窃、诈骗手段，也有侵占和其他手段。后两罪的行为人实施的犯罪行为和职务无关，而手段上仅限于窃取或骗取。第三，犯罪对象范围不同。前罪的犯罪对象只限于行为人公司、企业或其他单位的财产；而后两罪的犯罪对象没有任何限制。

本案中，因某汽车销售公司的股东均为自然人，关于被告人韩某的行为如何定性，涉及盗窃罪、诈骗罪与职务侵占罪的区分。第一，在主体上，韩某在某汽车销售公司销售计划与控制岗位任职，负责公司代交车业务，是某汽车销售公司的工作人员。第二，在客观上，韩某负责本单位代交车业务，具有管理、经手本单位涉案车辆的权限。根据某汽车销售公司总经理及公司员工等均证实韩某负责单位代交车业务。在办理代交车业务过程中，韩某在其职责范围内有管理、经手单位车辆的权限，利用职务便利非法占有了本单位财物。第三，私自销售17辆汽车为公司财物。因此，韩某的行为应认定为职务侵占罪。

（二）受贿罪

典型案例：李某受贿案[1]

民事法律行为，不应用刑法评价，李某的行为不构成受贿罪。

法院经审理查明：被告人李某于2007年至2015年任某县残疾人联合会（以下简称某县残联）理事长。2012年省残疾人联合会下文，各市可按要求上报符合享受省级残疾人就业保障金支持集中安置残疾人就业企业补助资金项目条件的企业，某县残联负责审核上报本县符合该项目条件的企业。2013年5月，某窗业公司法定代表人韩某某得知李某自建房屋已建设完成，便提出给李某的自建房安装窗户、幕

---

[1] 参见最高人民法院刑事审判第一、二、三、四、五庭编：《刑事审判参考》（总第122集），法律出版社2020年版，第125页。

墙，口头议定价格按成本价，经李某同意后，韩某某安排李某军全面负责该项工程并拆除了原已安装好的窗户。施工过程中，韩某某找到李某要求申报县残联残疾人企业补助项目。2013年10月该工程完工后，李某军向李某出示工程结算单，工程价款共计人民币51429.54元，但并未明确表示要求李某立即结算。2013年9月、10月，李某在明知某窗业公司不符合申报条件的情况下向其提供制造虚假申报材料的方法，并利用职权帮助某窗业公司顺利申报2013年补助项目，次年某窗业公司获得补助款30万元，2014年、2015年继续申报补助项目，三年共获取国家项目补助资金共计90万元。李某因帮助某窗业公司顺利申报补助项目一事产生私心，工程结束后一直未予结算该笔工程款，某窗业公司后也因项目申报一事受到李某的帮助未再向李某索要该工程款，且以此工程作为申报项目的好处送予李某，并于2014年底核销了该笔工程款。在残疾人企业项目申报期间，李某于2013年、2015年分三次收受韩某某礼金共计10000元。经某县价格认证中心认定，李某自建房窗户、幕墙工程价值人民币51320元。2018年4月20日，李某向某县纪律检查委员会退交赃款61000元，庭审中退交赃款320元。

法院认为，被告人李某利用职务上的便利，非法收受他人财物，为他人谋取利益，所收财物共计人民币61320元，数额较大，其行为已构成受贿罪。关于辩护人的辩护意见，法院审理认为，2013年，李某的别墅（自建房屋）装修已安装窗户，经与某窗业公司协商，双方议定重新装修，此时双方属房屋装修民事法律关系。施工时逢服务对象某窗业公司申报争取集中安置残疾人就业企业补助资金项目，为促成实施项目申报，某窗业公司及韩某某给李某送钱送物，此时被告人理应警醒，不惜对尚未使用窗户拆除而接受某窗业公司的成本价装修，已有某窗业公司使用装修利润行贿之嫌。某窗业公司示意让李某结账无果。李某为某窗业公司连续争取到两年度项目补助资金后，某窗业公司决定将装修款作为李某"关照"的酬劳并将该款予以核销从而实现了对李某的债务免除。李某因连续三年为某窗业公司争取资金而在有能力支付装修费的情况下长达四年无支付该装修款的任何意思表示，具有权钱交易的本质特征。李某审核不严，为不符合要求的某窗业公司获取不正当利益，致使公共财产遭受损失。鉴于被告人李某系初犯，能认罪、悔罪，如实供述犯罪事实，并在检察机关公诉前积极退赃，可对其从轻处罚。根据被告人犯罪的性质、情节，以及对社会的危害程度，依照《刑法》第三百八十五条第一款、第三百八十六条、第三百八十三条第一款第一项及第二款、第三款、第六十四条、第六十七条第三款；《最高人民法院、最高人民检察院关于办理依法贿赂刑事案件适用法律若干问题的解释》第一条第一款及第三款第二项、第十二条、第十三条第一款第一项及第二项、第十五条、第十八条、第十九条之规定，判决如下：

被告人李某犯受贿罪，判处有期徒刑七个月，并处罚金人民币10万元。

宣判后，被告人李某不服提出上诉称，其无明确的受贿、索贿意思，某窗业公司无具体的行贿意思表示，原审认定其收受某窗业公司 51320 元贿赂款，系其与某窗业公司正常的债权债务关系。其辩护人提出相同辩护意见。

二审法院经审理后认为，被告人李某身为国家工作人员，利用职务上的便利，非法收受他人财物，为他人谋取利益，且收受财物价值 61320 元，数额较大，其行为已构成受贿罪。原判认定的事实清楚，证据确实、充分，定罪准确，量刑适当。审判程序合法。依照《刑事诉讼法》第二百三十六条第一款第一项之规定，裁定驳回上诉，维持原判。

实务分析

受贿罪是指，是指国家工作人员，利用职务上的便利，索取他人财物的，或者非法收受他人财物为他人谋取利益的行为。

1. 犯罪主体

本罪为身份犯，行为主体是国家工作人员。其范围根据《刑法》第九十三条的规定确定。国家工作人员利用职务上的便利为请托人谋取利益，并与请托人事先约定，在其离休后或者离职后收受请托人财物，构成犯罪的，以受贿罪定罪处罚。一般公民与国家工作人员相勾结，伙同受贿的，以受贿罪的共犯论处。

2. 行为界定

关于"利用职务便利"：根据《全国法院审理经济犯罪案件工作座谈会纪要》的规定，利用职务上的便利既包括利用本人职务上主管、负责、承办某项公共事务的职权，也包括利用职务上有隶属、制约关系的其他国家工作人员的职权。担任单位领导职务的国家工作人员通过不属自己主管的下级部门的国家工作人员的职务为他人谋取利益的，应当认定为"利用职务上的便利"为他人谋取利益。

关于"为他人谋取利益"：根据《全国法院审理经济犯罪案件工作座谈会纪要》的规定，为他人谋取利益包括承诺、实施和实现三个阶段的行为。只要具有其中一个阶段的行为，如国家工作人员收受他人财物时，根据他人提出的具体请托事项，承诺为他人谋取利益的，就具备了为他人谋取利益的要件。明知他人有具体请托事项而收受其财物的，视为承诺为他人谋取利益。

本案中，被告人李某时任某县残联理事长，对于县内残疾人就业补助项目的申请具有管理审核职权，而某窗业公司是申报残疾人就业补助项目的企业，利用其职务之便，为某窗业公司违法办理残疾人补助金等，为某窗业公司谋取了非法利益，本质上属于权钱交易。

3. 常见表现形式

索贿：索贿是利用职务便利，以明示或暗示的方式主动向他人索取财物的行为。索贿无须为他人谋取利益，就可构成受贿罪。

被动型受贿：行贿人主动行贿，非法收受他人财物。该类型要求"为他人谋取利益"，这种利益可以是正当利益，也可以是不正当利益。为他人谋取利益包括承诺、实施和实现三个阶段的行为。承诺包括明示承诺和默示承诺。

斡旋受贿：依据《刑法》第三百八十八条规定，"国家工作人员利用本人职权或者地位形成的便利条件，通过其他国家工作人员职务上的行为，为请托人谋取不正当利益，索取请托人财物或者收受请托人财物的，以受贿论处"。该类型属于刑法规定的特殊受贿类型。

事后受贿：依据《最高人民法院、最高人民检察院关于办理贪污贿赂刑事案件适用法律若干问题的解释》第十三条规定："具有下列情形之一的，应当认定为'为他人谋取利益'，构成犯罪的，应当依照刑法关于受贿犯罪的规定定罪处罚……（三）履职时未被请托，但事后基于该履职事由收受他人财物的……"与《全国法院审理经济犯罪案件工作座谈会纪要》中"（四）离职国家工作人员收受财物行为的处理""参照《最高人民法院关于国家工作人员利用职务上的便利为他人谋取利益离退休后收受财物行为如何处理问题的批复》规定的精神，国家工作人员利用职务上的便利为请托人谋取利益，并与请托人事先约定，在其离职后收受请托人财物，构成犯罪的，以受贿罪定罪处罚"的规定，在职人员只要有权钱交易的事实，即便履行职务时没有收受贿赂的想法，但只要办事之后基于该履职行为收受贿赂，一律以受贿罪论处。但是，有一种例外情形，就是离退休人员在职期间为人牟利，等离退休之后才收受财物，司法解释认为必须在职期间有事后受贿的约定才能构成犯罪。

本案中，被告人李某接受某窗业公司价值51320元的房屋装修的行为属于受贿行为。李某时任某县残联理事长，对于县内残疾人就业补助项目的申请具有管理审核职权，某窗业公司是申报残疾人就业补助项目的企业，李某作为国家工作人员，在接受某窗业公司装修后，本应及时结清价款，且具有该笔费用的还款能力，但李某在长达四年多的时间内，既未结清装修价款，也没有任何还款的意思表示，在明知某窗业公司不符合条件的情况下，连续三年为某窗业公司争取残疾人就业补助资金，某窗业公司在争取到该补助资金后，将该笔账务予以核销。从李某的偿还能力、拖欠装修款的时间，某窗业公司财务上予以核销该笔装修款以及某窗业公司委托李某办理残疾人补助金，李某利用职务之便违规为某窗业公司办理残疾人补助金等事实，可以推定出某窗业公司已经将装修款作为李某为某窗业公司办理残疾人补助金项目的回报这一事实。

根据《最高人民法院、最高人民检察院关于办理贪污贿赂刑事案件适用法律若干问题的解释》第十二条之规定："贿赂犯罪中的'财物'，包括货币、物品和财产性利益。财产性利益包括可以折算为货币的物质利益如房屋装修、债务免除等，以及需要支付货币的其他利益如会员服务、旅游等。后者的犯罪数额，以实际支付或者应当支付的数额计算。"因此,被告人李某接受他人房屋装修的财产性利益,以其应当支付的数额计算其受贿金额并无不当。综上,被告人李某接受了某窗业公司的财产性利益,并利用其职务之便,为某窗业公司谋取了非法利益,即为某窗业公司违法办理残疾人补助金等,李某与某窗业公司之间实际上存在权钱交易的关系,李某的行为构成受贿罪,其辩称与某窗业公司正常的债权债务关系与事实不符。

三、预防职务犯罪合规要点

职务犯罪主要侵犯了职务的正当性、廉洁性以及国家对职务活动的管理秩序。作为一种特殊类型的犯罪,严重侵害了国家机关的管理职能,影响正常的管理秩序和工作秩序,破坏由此产生的种种社会关系,败坏政府的威信,损害公众利益,具有严重的危害性。根据本节开篇对职务犯罪类型的概括,职务犯罪大致可以分为违反勤勉义务的犯罪行为和违反廉洁义务的犯罪行为两类。针对不同类型职务犯罪发生的原因和特征,笔者建议从以下方面应对企业工作人员的职务犯罪风险。

(一)完善企业职务的监控制度

违反廉洁义务的职务犯罪是以利用职务便利为基础,违反勤勉义务的犯罪行为也是以违反职务要求为前提。可见,职务犯罪的发生与企业的内部管控制度有关。正是因为企业的内部管理制度存在漏洞,才会被有心之人利用;也正是因为企业对怠懒怠惰的行为没有有力的监督惩戒,才会酿成严重后果。因此,加强企业内部控制,健全规章制度,明确赏罚,才是企业应对职务犯罪风险的关键。强化企业内部控制制度,应当包括强化财务、资产、人事、合同等各个方面的管控制度,并及时修正和完善,查缺补漏。

(二)强化职务犯罪的风险意识

很多犯罪,特别是经济领域的犯罪行为,常常是由于行为人不了解法律的规定以及犯罪的后果而发生的。企业应强化管理人员对职务犯罪法律和其他法律知识的学习,树立法律意识,敦促管理人员严格自律,警钟长鸣。牢固树立底线思维和红线意识,让合规理念内化于心、外化于行,从思想源头上铲除滋生违法违规的土壤。

(三)树立忠实廉洁的企业文化

企业的文化环境是影响员工行为方式、提升企业对外形象、形成企业凝聚力和影响力的无形之手。在应对职务犯罪风险的问题上,企业文化也能发挥重要作用。企业应将忠实、廉洁教育融入企业文化之中,对员工特别是管理层进行常规性的教育培训,举办培训班、上法治课、召开座谈会等形式进行法治教育、法治宣传,通过以案说法、以事育人的方式去教育广大干部职工树立正确的人生观和价值观,为企业工作人员积极履行岗位职责,严格自律营造良好氛围。

第八节　网络犯罪风险

一、网络犯罪相关罪名

创新是互联网科技企业发展的永恒动力，尤其是随着我国市场经济和互联网经济迅速发展，互联网新业态新模式层出不穷，给企业发展带来巨大动力。但也有一些是"伪创新"，揭开其华丽炫酷的外表，实际上已经触犯了刑法，构成了犯罪，而经营者往往并不知道。同时，由于法律规定往往滞后于经济、社会和技术的发展，一些创新缺乏明确法律规定，游走在罪与非罪的边缘，稍有不慎就会带来牢狱之灾。

互联网发展到今天，已经到了无网不犯罪的时代，不但产生了一些新型网络犯罪，一些传统犯罪也借助"互联网+"出现了一些新情况新特点，查处难度和社会危害都进一步加大。国家为加强互联网秩序的治理，加大了互联网企业参与网络治理的社会责任，包括网络、大数据的安全责任，对客户网络行为、网络信息合法性监管审查的责任等。比如《反电信网络诈骗法》就规定，电信业务经营者、银行业金融机构、非银行支付机构、互联网服务提供者承担风险防控责任，建立反电信网络诈骗内部控制机制和安全责任制度，加强新业务涉诈风险安全评估；互联网服务提供者应当依照国家有关规定，履行合理注意义务，对利用互联网接入、信息发布、网络推广、程序和网站等制作、维护等业务，从事涉诈支持、帮助活动进行监测识别和处置。[1]《刑法》还增设拒不履行信息网络安全管理义务罪、帮助信息网络犯罪活动罪等。这些增加了互联网企业刑事法律风险。

网络犯罪是一种通俗的说法，刑法中并没有网络犯罪的规定和表述。2021年1月22日，最高人民检察院《人民检察院办理网络犯罪案件规定》将网络犯罪定义为："网络犯罪是指针对信息网络实施的犯罪，利用信息网络实施的犯罪，以及其他上下游关联犯罪。"2022年9月1日，最高人民法院、最高人民检察院和公安部《关于办理信息网络犯罪案件适用刑事诉讼程序若干问题的意见》将网络犯罪外延概括为："本意见所称信息网络犯罪案件包括：（1）危害计算机信息系统安全犯罪

---

[1]《反电信网络诈骗法》第二十五条规定："任何单位和个人不得为他人实施电信网络诈骗活动提供下列支持或者帮助：（一）出售、提供个人信息；（二）帮助他人通过虚拟货币交易等方式洗钱；（三）其他为电信网络诈骗活动提供支持或者帮助的行为。电信业务经营者、互联网服务提供者应当依照国家有关规定，履行合理注意义务，对利用下列业务从事涉诈支持、帮助活动进行监测识别和处置：（一）提供互联网接入、服务器托管、网络存储、通讯传输、线路出租、域名解析等网络资源服务；（二）提供信息发布或者搜索、广告推广、引流推广等网络推广服务；（三）提供应用程序、网站等网络技术、产品的制作、维护服务；（四）提供支付结算服务。"

案件；（2）拒不履行信息网络安全管理义务、非法利用信息网络、帮助信息网络犯罪活动的犯罪案件；（3）主要行为通过信息网络实施的诈骗、赌博、侵犯公民个人信息等其他犯罪案件。"因此网络犯罪是指与网络有关的犯罪，包括以网络为侵害对象的犯罪，以网络为工具实施的犯罪，在网络空间中发生的犯罪和网络服务商特有的犯罪。本节只介绍以网络犯罪为对象的犯罪、网络服务商特有的犯罪，以及近年来发生的网络环境下的侵犯著作权罪和帮助信息网络犯罪活动罪、侵犯公民个人信息罪。

1. 非法侵入计算机信息系统罪

法律依据	《刑法》第二百八十五条第一款		
罪状描述	违反国家规定，侵入国家事务、国防建设、尖端科学技术领域的计算机信息系统的。		
刑事责任	自然人	处3年以下有期徒刑或者拘役。	
	单位	对单位判处罚金，并对其直接负责的主管人员和其他直接责任人员，处3年以下有期徒刑或者拘役。	

2. 非法获取计算机信息系统数据、非法控制计算机信息系统罪

法律依据	《刑法》第二百八十五条第二款	
罪状描述	违反国家规定，侵入前款规定以外的计算机信息系统或者采用其他技术手段，获取该计算机信息系统中存储、处理或者传输的数据，或者对该计算机信息系统实施非法控制。	
刑事责任	自然人	情节严重的，处3年以下有期徒刑或者拘役，并处或者单处罚金。
		情节特别严重的，处3年以上7年以下有期徒刑，并处罚金。
	单位	对单位判处罚金，并对其直接负责的主管人员和其他直接责任人员，按自然人犯该罪的规定处罚。

3. 提供侵入、非法控制计算机信息系统程序、工具罪

法律依据	《刑法》第二百八十五条第三款	
罪状描述	提供专门用于侵入、非法控制计算机信息系统的程序、工具，或者明知他人实施侵入、非法控制计算机信息系统的违法犯罪行为而为其提供程序、工具。	
刑事责任	自然人	情节严重的，处3年以下有期徒刑或者拘役，并处或者单处罚金。
	单位	对单位判处罚金，并对其直接负责的主管人员和其他直接责任人员，按自然人犯该罪的规定处罚。

4. 破坏计算机信息系统罪

法律依据	《刑法》第二百八十六条
罪状描述	违反国家规定，对计算机信息系统功能进行删除、修改、增加、干扰，造成计算机信息系统不能正常运行，或者对计算机信息系统中存储、处理或者传输的数据和应用程序进行删除、修改、增加的操作，或者故意制作、传播计算机病毒等破坏性程序，影响计算机系统正常运行的。
刑事责任 自然人	后果严重的，处5年以下有期徒刑或者拘役。
	后果特别严重的，处5年以上有期徒刑。
刑事责任 单位	对单位判处罚金，并对其直接负责的主管人员和其他直接责任人员，按自然人犯该罪的规定处罚。

5. 拒不履行信息网络安全管理义务罪

法律依据	第二百八十六条之一
罪状描述	网络服务提供者不履行法律、行政法规规定的信息网络安全管理义务，经监管部门责令采取改正措施而拒不改正，有下列情形之一的： (1) 致使违法信息大量传播的； (2) 致使用户信息泄露，造成严重后果的； (3) 致使刑事案件证据灭失，情节严重的； (4) 有其他严重情节的。 有前两款行为，同时构成其他犯罪的，依照处罚较重的规定定罪处罚。
刑事责任 自然人	处3年以下有期徒刑、拘役或者管制，并处或者单处罚金。
刑事责任 单位	对单位判处罚金，并对其直接负责的主管人员和其他直接责任人员，依照自然人犯该罪的规定处罚。

6. 帮助信息网络犯罪活动罪

法律依据	第二百八十七条之二
罪状描述	明知他人利用信息网络实施犯罪，为其犯罪提供互联网接入、服务器托管、网络存储、通讯传输等技术支持，或者提供广告推广、支付结算等帮助。
刑事责任 自然人	情节严重的，处3年以下有期徒刑或者拘役，并处或者单处罚金。
刑事责任 单位	对单位判处罚金，并对其直接负责的主管人员和其他直接责任人员，按自然人犯该罪的规定处罚。

7. 侵犯公民个人信息罪

法律依据	《刑法》第二百五十三条之一		
罪状描述	违反国家有关规定，向他人出售或者提供公民个人信息，或者将在履行职责或者提供服务过程中获得的公民个人信息，出售或者提供给他人的，或者窃取或者以其他方法非法获取公民个人信息的。		
刑事责任	自然人	情节严重的，处 3 年以下有期徒刑或者拘役，并处或者单处罚金。	
^	^	情节特别严重的，处 3 年以上 7 年以下有期徒刑，并处罚金。	
^	单位	对单位判处罚金，并对其直接负责的主管人员和其他直接责任人员，按自然人犯该罪的规定处罚。	

8. 侵犯著作权罪

法律依据	《刑法》第二百一十七条	
罪状描述	以营利为目的，有下列侵犯著作权或者与著作权有关的权利的情形之一： （1）未经著作权人许可，复制发行、通过信息网络向公众传播其文字作品、音乐、美术、视听作品、计算机软件及法律、行政法规规定的其他作品的； （2）出版他人享有专有出版权的图书的； （3）未经录音录像制作者许可，复制发行、通过信息网络向公众传播其制作的录音录像的； （4）未经表演者许可，复制发行录有其表演的录音录像制品，或者通过信息网络向公众传播其表演的； （5）制作、出售假冒他人署名的美术作品的； （6）未经著作权人或者与著作权有关的权利人许可，故意避开或者破坏权利人为其作品、录音录像制品等采取的保护著作权或者与著作权有关的权利的技术措施的。	
刑事责任	自然人	违法所得数额较大或者有其他严重情节的，处 3 年以下有期徒刑，并处或者单处罚金。
^	^	违法所得数额巨大或者有其他特别严重情节的，处 3 年以上 10 年以下有期徒刑，并处罚金。
^	单位	对单位判处罚金，并对其直接负责的主管人员和其他直接责任人员，按自然人犯该罪的规定处罚。

二、常见网络犯罪实务分析

(一) 非法侵入计算机信息系统罪

典型案例：任某非法侵入计算机信息系统案①

2011年11月，何某（已判刑）成立某网络科技公司，并担任法定代表人。其间，何某从黑客手中购买大量侵入他人计算机信息系统权限w×××ll，在未得到网站权属所有人同意下，多次使用w×××ll侵入他人网站，其中包含www.zcly.gov.cn等41个政府网站。何某为谋取利益，将客户广告以超链接的形式挂靠在侵入网站上，以提高客户网页的点击率和客户网页在网络搜索引擎的排名。其间，何某聘用被告人任某及梁某、邓某（后2人均已判刑）协助侵入他人计算机信息系统工作，将超链接文件复制、粘贴后保存在侵入网站源文件里。2012年10月26日，公安机关通过技侦手段，在某网络科技公司内，将被告人任某抓获归案，并当场缴获电脑主机9台、笔记本电脑1台等作案工具。经统计，何某等人通过网络支付工具支付宝收到客户支付145660.1元利益。

法院认为，被告人任某无视国法，违反国家规定，侵入国家事务的计算机信息系统，其行为均已构成非法侵入计算机信息系统罪，依法应予惩处。公诉机关指控被告人任某犯非法侵入计算机信息系统罪，事实清楚，证据确实、充分，罪名成立，法院予以支持。

实务分析

1. 罪名概念及法律依据

非法侵入计算机信息系统罪，是指行为人违反国家规定，侵入国家事务、国防建设、尖端科学技术领域的计算机信息系统的行为。

《刑法》第二百八十五条第一款规定："违反国家规定，侵入国家事务、国防建设、尖端科学技术领域的计算机信息系统的，处三年以下有期徒刑或者拘役。"

2. 犯罪构成和案例解析

非法侵入计算机信息系统罪的客体是国家事务、国防建设、尖端科技领域计算机信息系统的安全，本罪的对象是国家事务、国防建设、尖端科技领域计算机信息系统中具备自动处理数据功能的系统。司法实践中国家事务、国防建设、尖端科技领域计算机信息系统的概念较为模糊，难以系统性地把握，虽然《最高人民法院、最高人民检察院关于办理危害计算机信息系统安全刑事案件应用法律若干问题的解释》也没有对这一术语进行定义和解释，但是第十条规定，对于是否属于国家事

---

① 参见广东省东莞市第一人民法院（2013）东一法刑初字第2023号刑事判决书，载中国裁判文书网，最后访问时间：2024年5月20日。

务、国防建设、尖端科技领域计算机信息系统难以确定的，应当委托省级以上负责计算机信息系统安全保护管理工作的部门检验。司法机关根据检验结论，并结合案件具体情况认定。

在前述案例中，法院认为地方政府网站也属于国家事务的计算机信息系统，可以作为非法侵入计算机信息系统罪的犯罪对象。结合检索到的其他案例可知，司法实践中，单纯关于"国家事务"领域的理解，绝大多数法院遵循的是学理上的"广义理解"——凡是专门为国家事务领域服务的计算机信息系统，或者国家事务、国防建设和尖端科学领域的国家单位使用的计算机系统，以及这些领域部门拥有的计算机信息系统均是"国家事务"领域的计算机信息系统（如地方政府政务官网、大学官网、交通违法罚款系统等）。

3. 追诉标准

本罪是行为犯，只要行为人违反国家规定，故意实施了侵入国家事务、国防建设、尖端科学技术领域计算机信息系统的行为，原则上就构成犯罪，应当立案追究。同时应当注意的是，结合我国刑法总则的相关规定，对于情节显著轻微危害不大的，可以不以犯罪论处。

（二）非法获取计算机信息系统数据、非法控制计算机信息系统罪

1. 罪名概念及法律依据

1997年《刑法》没有规定该罪名，2009年《刑法修正案（七）》在1997年《刑法》第二百八十五条中增设了第二款，即"违反国家规定，侵入前款规定以外的计算机信息系统或者采用其他技术手段，获取该计算机信息系统中存储、处理或者传输的数据，或者对该计算机信息系统实施非法控制，情节严重的，处三年以下有期徒刑或者拘役，并处或者单处罚金；情节特别严重的，处三年以上七年以下有期徒刑，并处罚金"。

2. 犯罪构成和案例解析

本罪的具体犯罪构成包括：第一，前提条件是违反国家规定。第二，手段行为包括侵入计算机信息系统（涉国家安全等特殊计算机信息系统除外）获取该系统存储、处理或者传输的数据，以及采用其他技术手段获取上述数据。第三，犯罪对象是计算机信息系统存储、处理或者传输的数据。其中，实践中争议最大、理论上最值得关注的是对其手段行为的定义，即对"侵入"和"其他技术手段"的理解。《最高人民法院、最高人民检察院关于办理危害计算机信息系统安全刑事案件应用法律若干问题的解释》中，虽然没有对本罪的"侵入"进行界定，但在第二条对提供侵入、非法控制计算机信息系统的程序、工具罪中的"专门用于侵入、非法控制计算机信息系统的程序、工具"作了描述，间接指出了"侵入"的含义，即"避开或者突破计算机信息系统安全保护措施，未经授权或者超越授权获取计算机信息系统数据"。

从上述司法解释的表述来看，"未经授权或者超越授权"应当是对"避开或者突破计算机信息系统安全保护措施"的进一步解释和补充说明，"未经授权或者超越授权"和"避开或者突破计算机信息系统安全保护措施"并非"或者"的关系，从逻辑上，"避开或者突破计算机信息系统安全保护措施"后一般而言即会产生"未经授权或者超越授权获取计算机信息系统数据"的结果，这样的表述更为周延，也排除了经过授权采用技术手段获取数据的行为。

需要重点关注的是："网络爬虫"技术与该罪的界限。网络爬虫的含义，按照百度维基百科的定义，又被称为网页蜘蛛、网络机器人。"网络爬虫"技术，原本是一种中立的技术，是用设计的程序，在遵守robots协议（爬虫协议）的情况下对网站、手机APP、小程序或搜索引擎等进行数据的浏览和抓取，由此获得自己所需要的相关数据的过程。数据获得者从获得数据中分析数据并推测出互联网用户的喜好，将有关信息推送给互联网用户，以提高平台的客户黏性，从而达到提升知名度或营利的目的。在数据抓取上，行业内通用的规则是robots协议，也称网络爬虫排除协议：通过爬虫技术可以访问和收集互联网站点的诸多信息，为了维护互联网秩序，尊重信息提供者的意志和隐私等，信息提供者可以在自己的站点设置robots协议，以告知爬虫控制者哪些信息是提供者不希望被爬取的。

robots协议属于行业规则，其效力并未在法律上获得确认。一般认为只要遵守robots协议，就不涉及侵权问题。但是，在可观的数据红利面前，一些互联网公司往往选择挣脱该协议束缚，强行爬取相关数据，此时就会涉嫌构成非法获取计算机信息系统数据罪。

3. 追诉标准

根据《最高人民法院、最高人民检察院关于办理危害计算机信息系统安全刑事案件应用法律若干问题的解释》第一条第一款规定，非法获取计算机信息系统数据或者非法控制计算机信息系统，具有下列情形之一的，应当认定为刑法第二百八十五条第二款规定的"情节严重"：（1）获取支付结算、证券交易、期货交易等网络金融服务的身份认证信息十组以上的；（2）获取第1项以外的身份认证信息五百组以上的；（3）非法控制计算机信息系统二十台以上的；（4）违法所得五千元以上或者造成经济损失一万元以上的；（5）其他情节严重的情形。

（三）提供侵入、非法控制计算机信息系统程序、工具罪

典型案例：叶源星、张剑秋提供侵入计算机信息系统程序、谭房妹非法获取计算机信息系统数据案[①]

2017年6月20日，杭州市余杭区人民检察院以被告人叶源星、张剑秋构成提

[①] 最高人民检察院检例第68号。

供侵入计算机信息系统程序罪，被告人谭房妹构成非法获取计算机信息系统数据罪，向杭州市余杭区人民法院提起公诉。2015年1月，被告人叶源星编写了用于批量登录某电商平台账户的"小黄伞"撞库软件（"撞库"是指黑客通过收集已泄露的用户信息，利用账户使用者相同的注册习惯，如相同的用户名和密码，尝试批量登录其他网站，从而非法获取可登录用户信息的行为）供他人免费使用。"小黄伞"撞库软件运行时，配合使用叶源星编写的打码软件（"打码"是指利用人工大量输入验证码的行为）可以完成撞库过程中对大量验证码的识别。叶源星通过网络向他人有偿提供打码软件的验证码识别服务，同时将其中的人工输入验证码任务交由被告人张剑秋完成，并向其支付费用。

2015年1月至9月，被告人谭房妹通过下载使用"小黄伞"撞库软件，向叶源星购买打码服务，获取到某电商平台用户信息2.2万余组。

被告人叶源星、张剑秋通过实施上述行为，从被告人谭房妹处获取违法所得共计人民币4万余元。谭房妹通过向他人出售电商平台用户信息，获取违法所得共计人民币25万余元。法院审理期间，叶源星、张剑秋、谭房妹退缴了全部违法所得。

浙江省杭州市余杭区人民法院采纳了检察机关的指控意见，判决认定被告人叶源星、张剑秋的行为已构成提供侵入计算机信息系统程序罪，且系共同犯罪；被告人谭房妹的行为已构成非法获取计算机信息系统数据罪。鉴于3名被告人均自愿认罪，并退出违法所得，对3名被告人判处三年有期徒刑，适用缓刑，并处罚金。

实务分析

1. 罪名概念及法律依据

1997年《刑法》没有规定该罪名，2009年《刑法修正案（七）》在1997年《刑法》第二百八十五条中增设了第三款，即《刑法》第二百八十五条第三款规定："提供专门用于侵入、非法控制计算机信息系统的程序、工具，或者明知他人实施侵入、非法控制计算机信息系统的违法犯罪行为而为其提供程序、工具，情节严重的，依照前款的规定处罚。"

2. 犯罪构成和案例解析

提供侵入、非法控制计算机信息系统程序、工具行为，本质上是为计算机犯罪提供作案工具的犯罪行为，是一种"帮助行为"。但是，考虑到实践中提供侵入、非法控制计算机信息系统程序、工具的行为在网络犯罪中所起的重要作用和对网络信息安全造成的严重危害，《刑法》第二百八十五条第三款将此种行为规定为独立的犯罪。构成要件为：（1）实施了提供专门用于侵入、非法控制计算机信息系统程序、工具行为。需要注意的是，此处的提供对象必须是"专门用于侵入、非法控制计算机信息系统的程序、工具"，但不要求行为人明知他人实施侵入、非法控制计算机信息系统的行为。(2) 明知他人实施侵入、非法控制计算机信息系统的行为而为其提供程序、工具。这里的"他人"既包括自然人，也包括单位。需要强调的是，这里不再强调程序、工具的专用性，即所提供的程序、工具可以不是专门用于侵入、非法控制计算机信息系统的程序、工具，而是在其他领域可能是具有正当的功能和用途的程序、工具。但由于明知他人的非法用途而提供帮助，因而构成犯罪。(3) 无论是提供专门用于侵入、非法控制计算机信息系统程序、工具，还是明知他人实施侵入、非法控制计算机信息系统的违法犯罪行为而为其提供程序、工具，必须达到情节严重的程度才构成犯罪。

在该指导案例中检察院认为，审查认定"专门用于侵入计算机信息系统的程序"，一般应要求公安机关提供以下证据：一是从被扣押、封存的涉案电脑、U盘等原始存储介质中收集、提取相关的电子数据。二是对涉案程序、被侵入的计算机信息系统及电子数据进行勘验、检查后制作的笔录。三是能够证实涉案程序的技术原理、制作目的、功能用途和运行效果的书证材料。四是涉案程序的制作人、提供人、使用人对该程序的技术原理、制作目的、功能用途和运行效果进行阐述的言词证据，或能够展示涉案程序功能的视听资料。五是能够证实被侵入计算机信息系统安全保护措施的技术原理、功能以及被侵入后果的专业人员的证言等证据。六是对有运行条件的，应要求公安机关进行侦查实验。对有充分证据证明涉案程序是专门设计用于侵入计算机信息系统、非法获取计算机信息系统数据的，可直接认定"专门用于侵入计算机信息系统的程序"。

司法实践中，主要从以下方面对涉案程序是否属于"专门用于侵入计算机信息系统的程序"进行判断：一是结合被侵入的计算机信息系统的安全保护措施，分析涉案程序是否具有侵入的目的，是否具有避开或者突破计算机信息系统安全保护措施的功能。二是结合计算机信息系统被侵入的具体情形，查明涉案程序是否在未经授权或超越授权的情况下，获取计算机信息系统数据。三是分析涉案程序是否属于"专门"用于侵入计算机信息系统的程序。

3. 追诉标准

根据《最高人民法院、最高人民检察院关于办理危害计算机信息系统安全刑事案件应用法律若干问题的解释》第三条第一款规定："提供侵入、非法控制计算机信息系统的程序、工具，具有下列情形之一的，应当认定为刑法第二百八十五条第三款规定的'情节严重'：（一）提供能够用于非法获取支付结算、证券交易、期货交易等网络金融服务身份认证信息的专门性程序、工具五人次以上的；（二）提供第（一）项以外的专门用于侵入、非法控制计算机信息系统的程序、工具二十人次以上的；（三）明知他人实施非法获取支付结算、证券交易、期货交易等网络金融服务身份认证信息的违法犯罪行为而为其提供程序、工具五人次以上的；（四）明知他人实施第（三）项以外的侵入、非法控制计算机信息系统的违法犯罪行为而为其提供程序、工具二十人次以上的；（五）违法所得五千元以上或者造成经济损失一万元以上的；（六）其他情节严重的情形。"

（四）破坏计算机信息系统罪

典型案例：李骏杰等破坏计算机信息系统案[①]

2011年5月至2012年12月，被告人李骏杰在工作单位及自己家中，单独或伙同他人通过聊天软件联系需要修改中差评的某购物网站卖家，并从被告人黄福权等处购买发表中差评的该购物网站买家信息300余条。李骏杰冒用买家身份，骗取客服审核通过后重置账号密码，登录该购物网站内部评价系统，删改买家的中差评347个，获利9万余元。

本案由浙江省杭州市滨江区人民检察院于2014年3月24日以被告人李骏杰犯破坏计算机信息系统罪、被告人胡榕犯出售公民个人信息罪、被告人黄福权等人犯非法获取公民个人信息罪，向浙江省杭州市滨江区人民法院提起公诉。2015年1月12日，杭州市滨江区人民法院作出判决，认定被告人李骏杰的行为构成破坏计算机信息系统罪，判处有期徒刑五年；被告人胡榕的行为构成出售公民个人信息罪，判处有期徒刑十个月，并处罚金人民币2万元；被告人黄福权、董伟、王凤昭的行为构成非法获取公民个人信息罪，分别判处有期徒刑、拘役，并处罚金。一审宣判后，被告人董伟提出上诉。杭州市中级人民法院二审裁定驳回上诉，维持原判。

实务分析

1. 罪名概念及法律依据

破坏计算机信息系统罪，是指自然人或者单位违反国家规定，对计算机信息系统功能进行删除、修改、增加、干扰，造成计算机信息系统不能正常运行，对计算机信息系统中存储、处理或者传输的数据和应用程序进行删除、修改、增加的操作或者故意制作、传播计算机病毒等破坏性程序，影响计算机系统的正常运行，后果严重的行为。

《刑法》第二百八十六条规定："违反国家规定，对计算机信息系统功能进行删除、修改、增加、干扰，造成计算机信息系统不能正常运行，后果严重的，处五年以下有期徒刑或者拘役；后果特别严重的，处五年以上有期徒刑。违反国家规定，对计算机信息系统中存储、处理或者传输的数据和应用程序进行删除、修改、增加的操作，后果严重的，依照前款的规定处罚。故意制作、传播计算机病毒等破坏性程序，影响计算机系统正常运行，后果严重的，依照第一款的规定处罚。单位

[①] 最高人民检察院检例第34号。

犯前三款罪的，对单位判处罚金，并对其直接负责的主管人员和其他直接责任人员，依照第一款的规定处罚。"

2. 犯罪构成和案例解析

本罪的构成要件包括三种类型：

第一种类型是违反国家规定，对计算机信息系统功能进行删除、修改、增加、干扰，造成计算机信息系统不能正常运行后果严重的行为。计算机信息系统功能，是指计算机系统内，按照一定的应用目标和规则，对信息进行采集、加工、存储、传输、检索等的功能。造成计算机信息系统不能正常运行，包括使计算机信息系统不能运行和不能按原来的设计要求运行。

第二种类型是违反国家规定，对计算机信息系统中存储、处理或者传输的数据和应用程序进行删除、修改、增加的操作，后果严重的行为。后果严重的认定标准与第一种类型相同。

第三种类型是制作、传播计算机病毒等破坏性程序，影响计算机系统的正常运行，后果严重的行为。破坏性程序，是指隐藏在可执行程序或数据中在计算机内部运行的一种干扰程序，其中典型的是计算机病毒。计算机病毒，是指在计算机中编制的或者在计算机程序中插入的破坏计算机功能或者毁坏数据，影响计算机使用，并能自我复制的一组计算机指令或者程序代码。它具有可传播、可激发和可潜伏性，对于各种类型的计算机和计算机网络都具有巨大的危害性和破坏性。

根据《最高人民法院、最高人民检察院关于办理危害计算机信息系统安全刑事案件应用法律若干问题的解释》第五条的规定，具有下列情形之一的程序，应当认定为"计算机病毒等破坏性程序"：（1）能够通过网络、存储介质、文件等媒介，将自身的部分、全部或者变种进行复制、传播，并破坏计算机系统功能、数据或者应用程序的；（2）能够在预先设定条件下自动触发，并破坏计算机系统功能、数据或者应用程序的；（3）其他专门设计用于破坏计算机系统功能、数据或者应用程序的程序。制作，是指故意设计、编制计算机病毒等破坏性程序；传播，是指向计算机输入破坏性程序，或者将已输入破坏性程序的软件加以派送、散发、销售。

具体到本案中，检察院和法院认为，购物网站评价系统是对店铺销量、买家评价等多方面因素进行综合计算分值的系统，其内部储存的数据直接影响到搜索流量分配、推荐排名、营销活动报名资格、同类商品在消费者购买比较时的公平性等。买家在购买商品后，根据用户体验对所购商品分别给出好评、中评、差评三种不同评价。所有的评价都是以数据形式存储于买家评价系统之中，成为整个购物网站计算机信息系统整体数据的重要组成部分。冒用购物网站买家身份进入网站内部评价系统删改购物评价，属于对计算机信息系统内存储数据进行修改操作，应当认定为破坏计算机信息系统的行为。

3. 追诉标准

根据《最高人民法院、最高人民检察院关于办理危害计算机信息系统安全刑事案件应用法律若干问题的解释》第四条第一款规定，破坏计算机信息系统功能、数据或者应用程序，具有下列情形之一的，应当认定为刑法第二百八十六条第一款和第二款规定的"后果严重"：(1) 造成十台以上计算机信息系统的主要软件或者硬件不能正常运行的；(2) 对二十台以上计算机信息系统中存储、处理或者传输的数据进行删除、修改、增加操作的；(3) 违法所得五千元以上或者造成经济损失一万元以上的；(4) 造成为一百台以上计算机信息系统提供域名解析、身份认证、计费等基础服务或者为一万以上用户提供服务的计算机信息系统不能正常运行累计一小时以上的；(5) 造成其他严重后果的。

(五) 拒不履行信息网络安全管理义务罪

典型案例：李某某拒不履行信息网络安全管理义务案[①]

李某某2014年8月在某通信技术公司（某通信技术公司是中国首批虚拟运营商之一）工作，是公司的高级运营总监，2019年3月离职。2018年9月，某信息科技公司董事长任某（另案处理）为实现盗取回收卡上绑定的用户个人微信账号，由任某向某通信技术公司董事长王某（另案处理）要求将用户停机三个月后被回收的卡进行重新制卡后发送给某信息科技公司，王某对此予以同意，并安排李某某负责与某信息科技公司对接相关的具体事项。2018年9月，李某某将三四万张行业卡交给某信息科技公司挑卡，某信息科技公司从中挑出4000张带有公民个人微信的卡号并要求某通信技术公司进行制卡。于是，李某某便根据任某挑选的回收卡安排人员进行制卡和发卡工作。某信息科技公司在拿到该批回收卡后，将该批回收卡违规实名在新能源科技公司、甲信息科技公司名下，并将回收卡卖给昆明某工作室的林某某（另案处理）用于盗取回收卡上绑定的用户微信账号，导致回收卡上绑定的微信号被大量盗取。

经查，2016年12月21日，某通信技术公司因违反《电话用户真实身份信息登记规定》第六条，被通信管理局处以3万元人民币罚款，并责令立即改正；2017年1月10日工业和信息化部网络安全管理局在《关于电话用户真实身份信息登记违规行为的通报》中，对抽查某通信技术公司部分网点违反实名制问题进行了通报，提出立即进行整改并严格落实电话用户登记工作的有关规定；2017年2月21日工业和信息化部办公厅《关于防范打击通信信息诈骗工作专项督导检查情

[①] 参见云南省昆明市盘龙区人民法院（2020）云0103刑初1206号刑事判决书，载中国裁判文书网，最后访问时间：2024年5月20日。

况的通报》中对某通信技术公司检查存在的"电话实名工作落实情况"问题进行了通报，并要求进行整改。以上相关部门的处罚及责令改正情况均与违反实名制规定有关。

法院认为，被告人李某某无视国家法律，作为网络服务提供管理者，拒不履行信息网络安全管理义务，经监管部门责令采取改正措施而拒不改正，其行为触犯了《刑法》第二百八十六条之一之规定，犯罪事实清楚，证据确实、充分，判处被告人李某某犯拒不履行信息网络安全管理义务罪，判处有期徒刑一年零三个月，并处罚金5000元。

实务分析

1. 罪名概念及法律依据

拒不履行信息网络安全管理义务罪，是指作为网络服务提供者的行为人，不履行法律、行政法规规定的信息网络安全管理义务，经监管部门责令采取改正措施而拒不改正的行为。

《刑法》第二百八十六条之一第一款规定："网络服务提供者不履行法律、行政法规规定的信息网络安全管理义务，经监管部门责令采取改正措施而拒不改正，有下列情形之一的，处三年以下有期徒刑、拘役或者管制，并处或者单处罚金……"

2. 犯罪构成和案例解析

拒不履行信息网络安全管理义务罪有两个定罪的关键：

一是"不履行法律、行政法规规定的信息网络安全管理义务"。依法履行信息网络安全管理义务的义务主体，即网络服务提供者，具体网络服务类型包括：（1）网络接入、域名注册解析等信息网络接入、计算、存储、传输服务；（2）信息发布、搜索引擎、即时通讯、网络支付、网络预约、网络购物、网络游戏、网络直播、网站建设、安全防护、广告推广、应用商店等信息网络应用服务；（3）利用信息网络提供的电子政务、通信、能源、交通、水利、金融、教育、医疗等公共服务。本罪要求上述网络服务提供者，提供网络服务时，切实履行信息网络安全管理义务，具体义务的依据是相关的法律、行政法规。

二是"经监管部门责令采取改正措施而拒不改正"。"监管部门责令采取改正措施"，是指网信、电信、公安等依照法律、行政法规的规定承担信息网络安全监管职责的部门，以责令整改通知书或者其他文书形式，责令网络服务提供者采取改正措施。而认定"经监管部门责令采取改正措施而拒不改正"，应当综合考虑监管部门责令改正是否具有法律、行政法规依据，改正措施及期限要求是否明确、合理，网络服务提供者是否具有按照要求采取改正措施的能力等因素进行判断。

(六) 帮助信息网络犯罪活动罪

1. 罪名概念及法律依据

帮助信息网络犯罪活动罪是《刑法修正案（九）》增加的罪名，是指行为人明知他人利用信息网络实施犯罪，为其犯罪提供互联网接入、服务器托管、网络存储、通讯传输等技术支持，或者提供广告推广、支付结算等帮助，情节严重的行为。

《刑法》第二百八十七条之二规定："明知他人利用信息网络实施犯罪，为其犯罪提供互联网接入、服务器托管、网络存储、通讯传输等技术支持，或者提供广告推广、支付结算等帮助，情节严重的，处三年以下有期徒刑或者拘役，并处或者单处罚金。单位犯前款罪的，对单位判处罚金，并对其直接负责的主管人员和其他直接责任人员，依照第一款的规定处罚。有前两款行为，同时构成其他犯罪的，依照处罚较重的规定定罪处罚。"

2. 犯罪构成和案例解析

本罪中的帮助行为主要体现在以下方面：

（1）为他人实施网络犯罪提供互联网接入、服务器托管、网络存储、通讯传输等技术支持。"互联网接入"，是指为他人提供访问互联网或者在互联网发布信息的通路。目前常见的互联网接入服务有电话线拨号接入、ADSL 接入、光纤宽带接入、无线网络等方式。用户只有通过这些特定的通信线路连接使用互联网或者建立服务器发布信息。"服务器托管"，是指将服务器及相关设备托管到具有专门数据中心的机房。托管的服务器一般由客户通过远程方式自行维护，由机房负责提供稳定的电源、宽带、温湿度等物理环境。"网络存储"，通常是指通过网络存储、管理数据的载体空间，如常用的网盘、云盘等。"通讯传输"，是指用户之间传输信息的通路。比如电信诈骗犯罪中犯罪分子常用的通讯传输通道是 VPN（虚拟专用网络），该技术能在公用网络上建立专用网络，进行加密通讯。目前很多网络犯罪嫌疑人使用 VPN 技术隐藏其真实位置。除此之外，常见的还有为他人实施网络犯罪提供技术支持的行为方式有销售赌博网站代码，为病毒、木马程序提供免杀服务，为网络盗窃、QQ 视频诈骗制作专用木马程序，为设立钓鱼网站等提供技术支持等行为。

（2）为他人利用信息网络实施犯罪提供广告推广。一种情况是为利用网络实施犯罪的人做广告，拉客户；另一种情况是为他人设立的犯罪网络拉广告客户，帮助该犯罪网站获得广告收入，以支持犯罪网络的运营。

（3）为他人利用信息网络实施犯罪提供支付结算帮助。网络犯罪大多直接或间接获取经济利益，由于网络自身的特点，网络犯罪行为人要最终获得犯罪收益，往往需要借助第三方支付等各种网络支付结算服务提供者，以完成收款、转账、取现等活动。甚至有一些人员，专门为网络诈骗集团提供收付款、转账、结算、现金提取等帮助。

3. 追诉标准

根据《最高人民法院、最高人民检察院关于办理非法利用信息网络、帮助信息网络犯罪活动等刑事案件适用法律若干问题的解释》第十二条第一款的规定，明知他人利用信息网络实施犯罪，为其犯罪提供帮助，具有下列情形之一的，应当认定为刑法第二百八十七条之二第一款规定的"情节严重"：（1）为三个以上对象提供帮助的；（2）支付结算金额二十万元以上的；（3）以投放广告等方式提供资金五万元以上的；（4）违法所得一万元以上的；（5）二年内曾因非法利用信息网络、帮助信息网络犯罪活动、危害计算机信息系统安全受过行政处罚，又帮助信息网络犯罪活动的；（6）被帮助对象实施的犯罪造成严重后果的；（7）其他情节严重的情形。

此外，如确因客观条件限制无法查证被帮助对象是否达到犯罪的程度，但相关数额总计达到前款第二项至第四项规定标准五倍以上，或者造成特别严重后果的，应当以帮助信息网络犯罪活动罪追究行为人的刑事责任。

（七）侵犯公民个人信息罪

典型案例：柯某侵犯公民个人信息案[①]

被告人柯某，男，1980年出生，系安徽某信息技术有限公司经营者，开发了某网站。2016年1月起，柯某开始运营某网站并开发同名手机APP，以对外售卖二手房租售房源信息为主营业务。运营期间，柯某对网站会员上传真实业主房源信息进行现金激励，吸引掌握该类信息的房产中介人员（另案处理）注册会员并向网站提供信息，有偿获取了大量包含房屋门牌号码及业主姓名、电话等非公开内容的业主房源信息。柯某在获取上述业主房源信息后，安排员工冒充房产中介人员逐一电话联系业主进行核实，将有效的信息以会员套餐形式提供给网站会员付费查询使用。上述员工在联系核实信息过程中亦未如实告知业主获取、使用业主房源信息的情况。

自2016年1月至案发，柯某通过运营某网站共非法获取业主房源信息30余万条，以会员套餐方式出售获利达人民币150余万元。公安局在侦办一起侵犯公民个人信息案时，发现该案犯罪嫌疑人非法出售的部分信息购自"房利帮"网站，遂对柯某立案侦查。

2018年1月19日，公安局将本案移送审查起诉。经退回补充侦查并完善证据，查清了案件事实。2019年1月16日，法院依法公开开庭审理本案。审理中，柯某及其辩护人对柯某的业务模式、涉案信息数量等事实问题无异议，但认为柯某的行为不构成犯罪。辩护人提出，第一，房源信息是用于房产交易的商用信息，部分信息没有业主实名，不属于《刑法》保护的公民个人信息；第二，网站的房源信息多

[①] 参见最高人民检察院检例第140号。

由房产中介人员上传，房产中介人员获取该信息时已得到业主许可，系公开信息，网站属合理使用，无须另行授权；第三，网站对信息核实后，将真实房源信息整合，主要向房产中介人员出售，促进房产交易，符合业主意愿和利益。

公诉人答辩指出，柯某的行为依法构成犯罪。第一，业主房源信息中的门牌号码、业主电话，组合后足以识别特定自然人，且部分信息有业主姓名，符合刑法对公民个人信息的界定；第二，业主委托房产中介时提供姓名、电话等，目的是供相对的房产中介提供服务时联系使用，不能以此视为业主同意或者授权中介对社会公开；第三，柯某安排员工冒充房产中介向业主核实时，仍未如实告知信息获取的途径及用途。而且，该网站并不从事中介业务帮助业主寻找交易对象，只是将公民个人信息用于倒卖牟利。

2019年12月31日，法院作出判决，采纳检察院指控的犯罪事实和意见，以侵犯公民个人信息罪判处柯某有期徒刑三年，缓刑四年，并处罚金人民币160万元。宣判后，柯某未提出上诉，判决已生效。

实务分析

1. 罪名概念及法律依据

《刑法》第二百五十三条之一规定，违反国家有关规定，向他人出售或者提供公民个人信息，情节严重的，处三年以下有期徒刑或者拘役，并处或者单处罚金；情节特别严重的，处三年以上七年以下有期徒刑，并处罚金。违反国家有关规定，将在履行职责或者提供服务过程中获得的公民个人信息，出售或者提供给他人的，依照前款的规定从重处罚。窃取或者以其他方法非法获取公民个人信息的，依照第一款的规定处罚。单位犯前三款罪的，对单位判处罚金，并对其直接负责的主管人员和其他直接责任人员，依照该款的规定处罚。

2. 犯罪构成和案例解析

本罪的行为方式主要包括有出售行为和提供行为。在分析两者之间，首先应当明确何谓"公民个人信息"。

（1）公民个人信息的认定根据最高人民法院、最高人民检察院、公安部《关于依法惩处侵害公民个人信息犯罪活动的通知》，公民个人信息包括公民的姓名、年龄、有效证件号码、婚姻状况、工作单位、学历、履历、家庭住址、电话号码等能够识别公民个人身份或者涉及公民个人隐私的信息、数据资料。根据《个人信息保护法》第四条第一款的规定，个人信息是以电子或者其他方式记录的与已识别或者可识别的自然人有关的各种信息，不包括匿名化处理后的信息。

（2）出售行为。"出售"是指将自己掌握的公民信息卖给他人，自己从中牟利的行为。有学者认为，出售是一种有偿转让行为，行为人具有明确的获利目的，在获利意图支配下，获利较少或者还没有来得及获利的，不影响出售的认定。

本案中，法院认为，业主房源信息包括房产坐落区域、面积、售租价格等描述房产特征的信息，也包含门牌号码、业主电话、姓名等具有身份识别性的信息，上述信息组合，使业主房源信息符合公民个人信息"识别特定自然人"的规定。上述信息非法流入公共领域存在较大风险。现实生活中，被害人因信息泄露被频繁滋扰，更有大量信息进入黑灰产业链，被用于电信网络诈骗、敲诈勒索等犯罪活动，严重威胁公民人身财产安全、社会公共利益，甚至危及国家信息安全，应当依法惩处。

3. 追诉标准

根据《最高人民法院、最高人民检察院关于办理侵犯公民个人信息刑事案件适用法律若干问题的解释》第五条第一款规定，非法获取、出售或者提供公民个人信息，具有下列情形之一的，应当认定为刑法第二百五十三条之一规定的"情节严重"：（1）出售或者提供行踪轨迹信息，被他人用于犯罪的；（2）知道或者应当知道他人利用公民个人信息实施犯罪，向其出售或者提供的；（3）非法获取、出售或者提供行踪轨迹信息、通信内容、征信信息、财产信息五十条以上的；（4）非法获取、出售或者提供住宿信息、通信记录、健康生理信息、交易信息等其他可能影响人身、财产安全的公民个人信息五百条以上的；（5）非法获取、出售或者提供第三项、第四项规定以外的公民个人信息五千条以上的；（6）数量未达到第三项至第五项规定标准，但是按相应比例合计达到有关数量标准的；（7）违法所得五千元以上的；（8）将在履行职责或者提供服务过程中获得的公民个人信息出售或者提供给他人，数量或者数额达到第三项至第七项规定标准一半以上的；（9）曾因侵犯公民个人信息受过刑事处罚或者二年内受过行政处罚，又非法获取、出售或者提供公民个人信息的；（10）其他情节严重的情形。

根据《最高人民法院、最高人民检察院关于办理侵犯公民个人信息刑事案件适用法律若干问题的解释》第六条第一款规定，为合法经营活动而非法购买、收受本解释第五条第一款第三项、第四项规定以外的公民个人信息，具有下列情形之一的，应当认定为刑法第二百五十三条之一规定的"情节严重"：（1）利用非法购买、收受的公民个人信息获利五万元以上的；（2）曾因侵犯公民个人信息受过刑事处罚或者二年内受过行政处罚，又非法购买、收受公民个人信息的；（3）其他情节严重的情形。

（八）侵犯著作权罪

典型案例：陈力等八人侵犯著作权案[①]

2017年7月至2019年3月，被告人陈力受境外人员委托，先后招募被告人林

---

① 最高人民检察院检例第100号。

鉴、赖冬、严杰、杨小明、黄亚胜、吴兵峰、伍健兴，组建QQ聊天群，维护"www.131zy.net""www.zuikzy.com"等多个盗版影视资源网站。其中，陈力负责发布任务并给群内其他成员发放报酬；林鉴负责招募部分人员，培训督促其他成员完成工作任务、统计工作量等；赖冬、严杰、杨小明等人通过从正版网站下载、云盘分享等方式获取片源，通过云转码服务器进行切片、转码、增加赌博网站广告及水印、生成链接，最后将该链接复制粘贴至上述盗版影视资源网站。其间，陈力收到境外人员汇入的盗版影视资源网站运营费用共计1250万余元，各被告人从中获利50万元至1.8万余元不等。案发后，公安机关从上述盗版影视网站内固定、保全了被告人陈力等人复制、上传的大量侵权影视作品，包括《流浪地球》《廉政风云》《疯狂外星人》等2019年春节档电影。

2019年9月27日，上海三分院以被告人陈力等8人构成侵犯著作权罪向上海市第三中级人民法院（以下简称上海三中院）提起公诉。同年11月20日，本案依法公开开庭审理。8名被告人及其辩护人对指控的罪名均无异议，但对本案非法经营数额的计算提出各自辩护意见。陈力的辩护人提出，陈力租借服务器的费用及为各被告人发放的工资应予扣除，其他辩护人提出应按照各被告人实得报酬计算非法经营数额。此外，本案辩护人均提出境外人员归案后会对各被告人产生影响，应当对各被告人适用缓刑。

公诉人对此答辩：第一，通过经营盗版资源网站的方式侵犯著作权，其网站经营所得即为非法经营数额，租借服务器以及用于发放各被告人的报酬等支出系犯罪成本，不应予以扣除。公诉机关按照各被告人加入QQ群以及获取第一笔报酬的时间，认定各被告人参与犯罪的起始时间，并结合对应期间网站的整体运营情况，计算出各被告人应承担的非法经营数额，证据确实、充分。第二，本案在案证据已能充分证实各被告人实施了共同犯罪及其在犯罪中所起的作用，按照相关法律和司法解释规定，境外人员是否归案不影响各被告人的量刑。第三，本案量刑建议是根据各被告人的犯罪事实、证据、法定酌定情节、社会危害性等因素综合判定，并经各被告人具结认可，而且本案侵权作品数量多、传播范围广、经营时间长，具有特别严重情节，且被告人陈力在刑罚执行完毕后五年内又犯应当判处有期徒刑以上刑罚之罪，构成累犯，故不应适用缓刑。合议庭采纳了公诉意见和量刑建议。

2019年11月20日，上海三中院作出一审判决，以侵犯著作权罪分别判处被告人陈力等8人有期徒刑十个月至四年六个月不等，各处罚金2万元至50万元不等。判决宣告后，被告人均未提出上诉，判决已生效。

实务分析

1. 罪名概念及法律依据

《刑法》第二百一十七条规定，以营利为目的，有下列侵犯著作权或者与著作权有关的权利的情形之一，违法所得数额较大或者有其他严重情节的，处三年以下有期徒刑，并处或者单处罚金；违法所得数额巨大或者有其他特别严重情节的，处三年以上十年以下有期徒刑，并处罚金：（1）未经著作权人许可，复制发行、通过信息网络向公众传播其文字作品、音乐、美术、视听作品、计算机软件及法律、行政法规规定的其他作品的；（2）出版他人享有专有出版权的图书的；（3）未经录音录像制作者许可，复制发行、通过信息网络向公众传播其制作的录音录像的；（4）未经表演者许可，复制发行录有其表演的录音录像制品，或者通过信息网络向公众传播其表演的；（5）制作、出售假冒他人署名的美术作品的；（6）未经著作权人或者与著作权有关的权利人许可，故意避开或者破坏权利人为其作品、录音录像制品等采取的保护著作权或者与著作权有关的权利的技术措施的。

2. 犯罪构成和案例解析

互联网语境下侵犯著作权类犯罪认定主要关注以下几个问题：

（1）关于"营利目的"的认定。侵犯著作权罪的认定以具有"营利目的"为要件，根据相关司法解释的规定，以刊登收费广告等方式直接或间接收取费用的情形，可以认定为"营利目的"。需要说明的是，"营利目的"为主观要素，不以客观上是否实际盈利为要件，亦即行为主体不能以客观上没有盈利，甚至亏损作为有效抗辩。除了直接收取广告费、会员费、贩卖侵权作品等传统获利方式以外，互联网流量经济下、不与提供作品直接关联的新型变现手段也很可能被认定为"营利目的"的体现。从笔者团队此前办理类似案件的经验来看，此类变现手段包括：①植入第三方链接或者在提供作品同时进行页面跳转、弹窗等；②通过免费提供作品以增加账户粉丝数、平台用户数，后续利用平台流量进行推广、带货；③直接贩卖注册用户信息进行牟利等（此种情况下，可能同时构成侵犯公民个人信息罪）。

（2）"合理使用"的认定及抗辩。侵犯著作权类犯罪原则上应以行为构成民事侵权为基础，鉴于此，《著作权法》第二十四条规定的"合理使用"的情形应可以同时作为民事侵权和刑事犯罪的抗辩。从《著作权法》的规定来看，"合理使用"一般应满足非营利性、不影响作品正常使用、不侵害著作权人合法权益等条件。此外，应注意刑事法律实质审查的特点，形式上符合"合理使用"但实质上严重侵权的行为也可能构成刑事犯罪，例如相关平台在对公众提供的侵权影视作品中一般均标注"作品仅供个人学习、研究之用，请下载后24小时内删除"的行为并不能使其免除刑事法律责任。

（3）值得关注的新型作品形式的刑事法律风险。在短视频流行的背景下，我们也注意到一些新型作品形式，例如通过剪辑形式对影视作品进行加工（常见的"×分钟带你看完××电影"）、对经典影视片段进行重新配音、对他人发布在先的观点类/创意类短视频进行照搬拍摄等。此类行为涉嫌侵犯权利人对作品的修改权、改编权、信息网络传播权等，如大肆、恶意实施相关侵权行为进行牟利的、不排除构成刑事犯罪的可能。

3. 追诉标准

根据《最高人民检察院、公安部关于公安机关管辖的刑事案件立案追诉标准的规定（一）》第二十六条第一款规定，以营利为目的，未经著作权人许可，复制发行其文字作品、音乐、电影、电视、录像作品、计算机软件及其他作品，或者出版他人享有专有出版权的图书，或者未经录音录像制作者许可，复制发行其制作的录音录像，或者制作、出售假冒他人署名的美术作品，涉嫌下列情形之一的，应予立案追诉：(1) 违法所得数额三万元以上的；(2) 非法经营数额五万元以上的；(3) 未经著作权人许可，复制发行其文字作品、音乐、电影、电视、录像作品、计算机软件及其他作品，复制品数量合计五百张（份）以上的；(4) 未经录音录像制作者许可，复制发行其制作的录音录像制品，复制品数量合计五百张（份）以上的；(5) 其他情节严重的情形。

根据《关于办理侵犯知识产权刑事案件适用法律若干问题的意见》第十三条第一款规定，以营利为目的，未经著作权人许可，通过信息网络向公众传播他人文字作品、音乐、电影、电视、美术、摄影、录像作品、录音录像制品、计算机软件及其他作品，具有下列情形之一的，属于刑法第二百一十七条规定的"其他严重情节"：(1) 非法经营数额在五万元以上的；(2) 传播他人作品的数量合计在五百件（部）以上的；(3) 传播他人作品的实际被点击数达到五万次以上的；(4) 以会员制方式传播他人作品，注册会员达到一千人以上的；(5) 数额或者数量虽未达到第（一）项至第（四）项规定标准，但分别达到其中两项以上标准一半以上的；(6) 其他严重情节的情形。

三、互联网企业合规要点

（一）明确公司及员工的行为底线

对《刑法》《网络安全法》《数据安全法》《个人信息保护法》等有关法律、法规和司法解释的禁止性和义务性条款进行整合，转化为企业内部规章制度和员工手册，为企业及高管、员工、第三方合作伙伴确立行为规范和边界。

（二）依法履行互联网企业的社会责任

严格落实实名制，依法要求网络用户提供真实身份信息。依法履行合法性审查义务，对发现利用网络实施违法活动的，不得提供存储、计算、运维、接入互联网等服务。依法利用数据，禁止未经信息所有人同意获取、使用其个人信息，严禁侵犯其他企业商业秘密。履行网络和数据安全义务，建立必要的安全制度，对于发现的安全漏洞及时弥补，并告知客户并报告主管部门。积极配合监管部门、司法机关的监管和案件查办工作。

(三) 既要加强功能合规也要重视运营合规

对于研发的新软件新程序,要审查有无违法犯罪专属功能,对于具有黑客、传销、赌博等违法犯罪专属功能的软件产品,不得上架或者运行。对于通用软件和程序,也要加强运行的合规性审查,防止利用合法软件从事违法犯罪活动。互联网平台对于客户拟上架销售的APP,可以要求对方就APP功能合规性和运行合规性写出承诺书、提交相关鉴定意见、尽职调查报告等证明材料。

(四) 建立网络违法犯罪的日常巡查、事后监督及举报机制

针对常见违法犯罪信息建模并定期更新,利用技术和人工手段对网络违法进行常态化监控排查。在官方网站、服务页面,以显著的方式设置举报信箱、邮箱、线上平台、电话等便捷举报渠道,列明可以举报的具体违法犯罪情形和举报所需材料,便于广大用户举报网络违法犯罪的活动。对于发现的违法犯罪线索要及时调查处理。

第十三章
企业行政监管风险管理

第一节　企业行政监管风险概述

一般而言，企业在经营过程中会面临三个方面的风险：一是经营风险；二是财务风险；三是合规风险。下面简要分析一下这三种风险的关系。

首先，是经营风险，也被称为"业务风险"。企业在开展投资并购、市场销售、质量保障等各种业务活动过程中，所面临的投资得不到回报、企业无法营利、生存困难的风险，都可以被称为经营风险。

其次，是财务风险，这主要是指由于在财务管理上存在混乱、舞弊、贪腐等行为，企业遭受经济损失，无法实现营利目的，甚至濒临破产的风险。

最后，是合规风险。合规风险既不同于经营风险，也不同于财务风险，是指企业在经营中因为存在违法违规乃至犯罪行为，而可能遭受行政监管部门处罚和司法机关刑事追究的风险。因此，合规风险主要分为行政监管风险、刑事风险。合规风险一旦得不到控制，企业除了被追究法律责任，还有可能被剥夺特许经营资格，甚至被吊销营业执照，从而使企业遭受经济损失、声誉损失，乃至被剥夺主体资格，是企业"难以承受之重"。

这里需要对企业的行政监管风险予以进一步说明。在我国，行政监管的"毛细血管"深入到企业的"出生"、经营与"死亡"，行政监管风险是实践中企业遇到最多的但往往又是容易忽略的，所以行政监管风险的管理对于企业而言更具有普遍意义。

一、行政监管风险的定义

《经营者反垄断合规指南》第三条将合规风险定义为，经营者及其员工因反垄断不合规行为，引发法律责任、造成经济或者声誉损失以及其他负面影响的可能性。《中央企业合规管理办法》第三条亦将合规风险界定为企业及其员工在经营管理过程中因违规行为引发法律责任、造成经济或者声誉损失以及其他负面影响的可能性。参考上述定义，笔者认为，行政监管风险是指企业及其员工因在经营管理过程中因违规行为引发行政法律责任的可能性。

本章尝试从"违规"对"行政监管风险"这一概念做进一步的分析。从文义上看，"违规"即"违反规定"的意思，其中"规"的含义，目前理论和实践中存在多种理解。结合《立法法》相关规定，笔者认为，企业应当遵守的"规"主要包括法律、法规、规章、行政规范性文件、强制性国家标准。

虽然种类繁多，但在我国行政监管法律体系中，法律、法规、规章及行政规范性文件，因为其比较明确具体，有着强制约束力和相应的责任后果，应当是企业重点关注及遵守的。

二、行政监管风险的类型

从行政执法的类型来看，行政执法主要包括行政处罚、行政许可、行政强制和其他行政监管措施。对应地，行政监管风险也包括行政处罚风险、行政强制风险和其他行政监管风险。

（一）行政处罚风险

结合《行政处罚法》第九条，企业可能面临的行政处罚风险主要包括以下类型：

第一，名誉罚，包括警告、通报批评等。警告系行政处罚中最轻的一种，一般适用于较为轻微的违法行为。通报批评系新增的处罚种类之一，指行政机关对违法企业在一定范围内通过书面批评加以谴责和告诫，避免其再犯的一种处罚种类。目前，《慈善法》等近十部法律均规定了通报批评的行政处罚。此外，证券监管领域中运用较多的公开谴责[1]也属于通报批评。[2]

第二，财产罚，包括罚款、没收违法所得、没收非法财物等。罚款系最为常用、最普遍的行政处罚种类。没收违法所得指行政机关依法将企业因从事违法行为而获得的金钱收入予以没收的一种处罚种类。在违法所得的计算标准上，根据《行政处罚法》第二十八条，违法所得指的是实施违法行为所取得的金额，原则上不扣除成本；确应扣除成本的，应由法律、行政法规和部门规章作出规定。[3]

第三，资格罚，包括暂扣许可证件、降低资质等级、吊销许可证件等。降低资质等级系新增的处罚种类之一，指行政机关依法对违反行政管理秩序的企业所取得的行政许可由较高等级降为较低等级，从而限制其生产经营活动范围。目前，《城乡规划法》《建筑法》《建设工程质量管理条例》等多部法律、法规和规章规定了降低资质等级的行政处罚。

第四，行为罚，包括限制开展生产经营活动、责令停产停业、责令关闭、限制从业等，其中限制开展生产经营活动、责令关闭和限制从业系新增的处罚种类。

限制开展生产经营活动是指行政机关依法对违反行政管理秩序的企业限制其从事新的生产经营活动或者扩大生产经营活动的行政处罚，包括责令停止接受新业务

---

[1] 例如，《证券基金经营机构信息技术管理办法》第五十七条规定："证券基金经营机构违反本办法规定的，中国证监会及其派出机构可以依法对其采取责令改正、暂停业务、出具警示函、责令定期报告、责令增加合规检查次数、公开谴责等行政监管措施；对直接负责的主管人员和其他责任人员采取责令改正、监管谈话、出具警示函、公开谴责等行政监管措施。"

[2] 见许安标主编：《中华人民共和国行政处罚法释义》，中国民主法制出版社2021年版，第49页。

[3] 见许安标主编：《中华人民共和国行政处罚法释义》，中国民主法制出版社2021年版，第102页。

和在一定期限内禁止开展相关生产经营活动。限制开展生产经营活动是对违法企业尚未从事生产经营活动的限制，体现了行政管理精细化趋势。[①]

责令关闭是指行政机关依法对违反行政管理秩序的企业停止全部生产经营活动的行政处罚，是一种较为严厉的行政处罚。目前，《水污染防治法》《建设项目环境保护管理条例》等多部法律、法规均规定了责令关闭的行政处罚。

限制从业是指行政机关对违反行政管理秩序的公民限制其从事一定职业的行政处罚。实践中，《药品管理法》《食品安全法》《认证认可条例》等多部法律、法规均规定了禁止违法企业的法定代表人、主要负责人等在一定期限内从事相关工作的行政处罚。

第五，自由罚，主要指行政拘留。目前，限制人身自由的行政处罚只能由法律规定，且主要适用于治安管理领域以及引入单位行政违法双罚制的环境保护、药品管理等领域。

此外，除行政处罚外，企业及其员工的不合规行为还会引发其他合规风险，如被采取纳入违法失信名单、行政约谈等行政监管措施。

(二) 行政强制风险

根据《行政强制法》相关规定，企业可能面临的行政强制风险包括行政强制措施和行政强制执行。

行政强制措施是指行政机关在行政管理过程中，为制止违法行为、防止证据损毁、避免危害发生、控制危险扩大等情形，依法对公民的人身自由实施暂时性限制，或者对公民、法人或者其他组织的财物实施暂时性控制的行为。行政强制措施主要包括：(1) 限制公民人身自由；(2) 查封场所、设施或者财物；(3) 扣押财物；(4) 冻结存款、汇款；(5) 其他行政强制措施。

行政强制执行，是指行政机关或者行政机关申请人民法院，对不履行行政决定的公民、法人或者其他组织，依法强制履行义务的行为。行政强制执行包括：(1) 加处罚款或者滞纳金；(2) 划拨存款、汇款；(3) 拍卖或者依法处理查封、扣押的场所、设施或者财物；(4) 排除妨碍、恢复原状；(5) 代履行；(6) 其他强制执行方式。

(三) 其他行政监管风险

随着执法现状的日益复杂和监管手段的日益多样化，企业还会面临被行政约谈、行政处罚决定公开、被列入失信名单并实施联合惩戒、被出具警示函、被责令改正、被指定中介机构进行核查、被要求报送专门报告等其他行政监管风险。

[①] 见许安标主编：《中华人民共和国行政处罚法释义》，中国民主法制出版社2021年版，第52页。

第二节　企业行政监管风险管理的激励机制

风险管理需要企业投入大量资源，因此引入外部的激励机制督促企业进行风险管理就成了必然选择。

企业是否愿意投入足够资源做合规，关键是看到底有多少激励，而实践中企业遇到最多的其实是行政执法，所以企业风险管理的行政监管激励可能更具有普遍意义。

一、企业行政监管风险管理的正向激励机制

（一）作为从轻、减轻行政处罚依据的风险管理

1.《行政处罚法》相关规定

《行政处罚法》第三十二条规定："当事人有下列情形之一，应当从轻或者减轻行政处罚：（一）主动消除或者减轻违法行为危害后果的；（二）受他人胁迫或者诱骗实施违法行为的；（三）主动供述行政机关尚未掌握的违法行为的；（四）配合行政机关查处违法行为有立功表现的；（五）法律、法规、规章规定其他应当从轻或者减轻行政处罚的。"上述规定虽没有将风险管理作为从轻、减轻处罚的法定情节，但具有一定的风险管理激励因素。"主动消除或者减轻违法行为危害后果"在实践中包含堵塞制度漏洞、消除管理隐患和预防违法违规行为再次发生的因素，属于合规风险识别与控制的范畴；"供述"与"配合"则包含合规风险应对的因素。

也就是说，风险管理制度的建立与执行有利于企业在面对行政调查时主张符合《行政处罚法》第三十二条规定的从轻、减轻处罚的情形，进而争取从轻、减轻处罚。

2. 特定行政监管领域

海关及证券监管领域存在类似规定。例如，《海关稽查条例》第二十六条第二款规定："与进出口货物直接有关的企业、单位主动向海关报告其违反海关监管规定的行为，并接受海关处理的，应当从轻或者减轻行政处罚。"上述规定明确了进出口企业主动披露的激励机制，即进出口企业在建立健全内控机制的基础上，对照海关监管要求，通过自我检查，将与进出口货物有关的不合规问题主动报告海关，海关对企业主动报明的问题经核实后依法从宽处理的一种管理模式。

再如，《证券公司和证券投资基金管理公司合规管理办法》第三十六条第一款则直接规定了合规尽职减免处罚制度："证券基金经营机构通过有效的合规管理，主动发现违法违规行为或合规风险隐患，积极妥善处理，落实责任追究，完善内部控制制度和业务流程并及时向中国证监会或其派出机构报告的，依法从轻、减轻处

理；情节轻微并及时纠正违法违规行为或避免合规风险，没有造成危害后果的，不予追究责任。"

(二) 作为免予行政处罚依据的风险管理

1. 《行政处罚法》相关规定

《行政处罚法》第三十三条规定："违法行为轻微并及时改正，没有造成危害后果的，不予行政处罚。初次违法且危害后果轻微并及时改正的，可以不予行政处罚。当事人有证据足以证明没有主观过错的，不予行政处罚。法律、行政法规另有规定的，从其规定……"上述三种不予行政处罚的法定情形中，"当事人有证据足以证明没有主观过错的，不予行政处罚"包含较多的风险管理激励的因素。

虽然"没有主观过错"的具体判断标准尚未进一步明确，但普遍认为上述规定旨在打通风险管理、合规评价与主观过错评价之间的等效关系，是支撑行政合规的关键依据①。换言之，是否建立并执行合规体系对风险进行管理是判断是否具有主观过错的重要保障之一，"企业如果没有合规体系，则可以认定具有过失。有了合规体系，如果没有执行到位，也有可能被认定为有过失"②。此外，从司法实践上看，当事人是否履行了法律、法规、规章规定的注意义务亦是判断有无主观过错的主要依据。③

因此，企业可以结合自身经营活动中存在的行政违法风险点，建立相应的风险管理制度并严格执行，是面临行政处罚时证明自己没有主观过错进而争取不予处罚的重要基础。

2. 特定行政监管领域

首先，食品药品监管领域普遍存在类似规定。例如，《食品安全法》第一百三十六条规定："食品经营者履行了本法规定的进货查验等义务，有充分证据证明其不知道所采购的食品不符合食品安全标准，并能如实说明其进货来源的，可以免予处罚，但应当依法没收其不符合食品安全标准的食品；造成人身、财产或者其他损害的，依法承担赔偿责任。"根据上述规定，经营者履行了法律、法规、规章规定的进货查验等合规义务，并能如实说明其进货来源的，可以免予行政处罚。类似的规定还有《医疗器械监督管理条例》第八十七条、《药品管理法实施条例》第七十五条、《化妆品监督管理条例》第六十八条等。

其次，《反不正当竞争法》第七条第三款则厘清了经营者与工作人员之间的责任界限："经营者的工作人员进行贿赂的，应当认定为经营者的行为；但是，经营

---

① 参见熊樟林：《企业行政合规论纲》，载《法制与社会发展》2023年第1期。
② 袁雪石：《中华人民共和国行政处罚法释义》，中国法制出版社2021年版，第222页。
③ 参见程琥：《论行政处罚过错推定的司法审查》，载《行政法学研究》2022年第2期。

者有证据证明该工作人员的行为与为经营者谋取交易机会或者竞争优势无关的除外。""有证据证明该工作人员的行为与为经营者谋取交易机会或者竞争优势无关"是指经营者已制定合法合规合理的措施，采取有效措施进行监管，不放纵或变相放纵工作人员实行贿赂行为。①

最后，互联网广告监管领域有着类似规定。《互联网广告管理办法》第二十八条第三款规定："广告主、广告经营者、广告发布者能够证明其已履行相关责任、采取措施防止链接的广告内容被篡改，并提供违法广告活动主体的真实名称、地址和有效联系方式的，可以依法从轻、减轻或者不予行政处罚。"

《互联网广告管理办法》结合《行政处罚法》关于"有证据足以证明没有主观过错的，不予行政处罚"的规定，规定广告主、广告经营者、广告发布者"能够证明其已履行相关责任、采取措施防止链接的广告内容被篡改，并提供违法广告活动主体的真实名称、地址和有效联系方式"，即广告主、广告经营者、广告发布者尽到法定职责，可以从轻、减轻或者不予行政处罚。此外，《互联网广告管理办法》将尽责轻罚减罚免罚的适用范围扩大到包括广告主在内的广告活动主体，亦属立法首创，值得特别关注。

《互联网广告管理办法》上述规定系首次在广告监管类立法中规定"尽责可轻罚减罚免罚"，将为后续类似立法树立标杆，为互联网广告的包容审慎监管提供法律依据，也为广告经营者建立广告合规管理体系确立了行政监管激励机制，有利于激励广告活动主体主动合规。具体而言，一方面，《互联网广告管理办法》明确规定了广告主、广告经营者、广告发布者未建立包括广告档案制度在内的广告业务管理制度或者未对广告内容进行核对的法律责任，通过强制合规确立了反向的行政监管激励机制；另一方面，《互联网广告管理办法》明确规定履行法定义务可以从轻、减轻或者不予行政处罚，通过风险管理减免处罚确立了正向的行政机关激励机制。

（三）作为行政和解条件的风险管理

随着行政监管模式的转型，行政和解日益成为一种重要的行政监管方式。中国证监会在证券期货执法领域率先引入行政和解协议制度。2015年2月17日，中国证监会发布了《行政和解试点实施办法》②，首次在证券期货违法案件中试点行政和解制度。2020年3月1日，新修订的《证券法》正式实施，证券期货违法行为行政和解制度成为我国证券监管部门对证券期货违法行为进行监管的法定措施。

---

① 参见《总局反垄断与反不正当竞争执法局局长就新〈反不正当竞争法〉接受记者专访》，载《中国工商报》2017年11月9日。

② 该文件已失效，仅为说明具体问题，供读者研究和参考。

2021年10月26日，根据《证券法》的授权，《证券期货行政执法当事人承诺制度实施办法》发布。《证券期货行政执法当事人承诺制度实施办法》以行政法规的形式对《证券法》第一百七十一条规定的行政执法当事人承诺制度进行了细化，即证监会对涉嫌证券期货违法的单位或者个人进行调查期间，被调查的当事人承诺纠正涉嫌违法行为、赔偿有关投资者损失、消除损害或者不良影响并经证监会认可，当事人履行承诺后证监会将终止案件调查。

除证券执法领域外，行政执法承诺制度还适用于反垄断执法领域和银行金融执法领域。

二、企业行政监管风险管理的反向激励机制

（一）行政处罚决定公开

《行政处罚法》第四十八条第一款规定具有一定社会影响的行政处罚决定应当依法公开，使得行政处罚决定公开有了明确的法律依据。在此基础上，各部门、各地方对行政处罚决定公开的范围、内容、期限等配套制度进行了细化。例如，《市场监督管理行政处罚信息公示规定》规定，市场监督管理部门对适用普通程序作出行政处罚决定的相关信息（包括行政处罚决定书和行政处罚信息摘要）应当向社会公示，且除通报批评或者较低数额罚款外的其他行政处罚信息的公示期限一般为三年。

在信息社会，公开行政处罚决定客观上会对行政相对人的声誉、名誉等权利造成减损，甚至产生"行政处罚决定公开的效果比处罚决定本身具有更大的制裁性"的效果，这将倒逼企业建立合规管理体系以规避监管处罚风险。

（二）分级分类监管

《国务院办公厅关于进一步优化营商环境降低市场主体制度性交易成本的意见》明确，加快在市场监管、税收管理、进出口等领域建立健全信用分级分类监管制度，依据风险高低实施差异化监管。各部门、各地方则出台了相应的细化规定。例如，根据市场监管总局发布的《关于推进企业信用风险分类管理进一步提升监管效能的意见》，企业信用风险分类管理是基于各类信用风险信息对企业违法失信的可能性进行研判，通过科学建立企业信用风险分类指标体系，将企业分为信用风险低（A）、信用风险一般（B）、信用风险较高（C）、信用风险高（D）四类，分类结果作为配置监管资源的内部参考依据，不是对企业的信用评价。推进实施企业信用风险分类管理，目的是使监管对违法失信者"无处不在"，对诚信守法者"无事不扰"，以公正监管促进公平竞争、优胜劣汰。

分类分级监管在突出精准、科学监管的同时，也无形中为企业开展合规管理提供了一种潜在激励，即在分类分级监管之下，监管对违法失信者"无处不在"，对

诚信守法者"无事不扰"。

(三) 失信名单制度与联合惩戒

2020年12月，国务院办公厅出台《关于进一步完善失信约束制度构建诚信建设长效机制的指导意见》，要求各部门严格限定严重失信主体名单设列领域范围，依法依规确定失信惩戒措施。在此基础上，各部门、各地方以部门规章、行政规范性文件和失信联合惩戒措施合作备忘录等方式确立并实施了大量失信联合惩戒措施。例如，《市场监督管理严重违法失信名单管理办法》将违反法律、行政法规，性质恶劣、情节严重、社会危害较大，受到较重行政处罚的行政相对人列入严重违法失信名单并实施联合惩戒。再如，环境保护、安全生产、政府采购、税收监管、海关监管等领域均通过联合惩戒措施合作备忘录确立并实施失信联合惩戒措施。

以《关于对安全生产领域失信生产经营单位及其有关人员开展联合惩戒的合作备忘录》为例，该备忘录明确规定对在安全生产领域存在失信行为的生产经营单位实施如下主要惩戒措施：(1) 加强安全监管监察；(2) 依法暂停审批其新的重大项目申报，核减、停止拨付或收回政府补贴资金；(3) 依法限制参与建设工程招投标；(4) 依法限制取得政府性资金支持；(5) 依法限制生产经营单位取得或者终止其基础设施和公用事业特许经营；(6) 依法限制、暂停企业债券、公司债券和股票发行；(7) 暂停审批存在失信行为的生产经营单位科技项目；(8) 在全国企业信用信息公示系统上公示存在失信行为的生产经营单位行政处罚信息。

失信名单管理制度与联合惩戒的实施，实现"利剑高悬"，将促使企业知敬畏、存戒惧、守规矩，积极开展合规管理，提升守法诚信意识和水平。

(四) 强制合规

所谓强制合规，是指法律、法规对相关企业提出明确的建立合规管理体系的义务，并对拒不履行合规管理义务的企业予以行政处罚的制度。一些行政监管领域初步确立了行政强制合规制度。例如，《中央企业合规管理办法》以部门规章的形式对中央企业深化合规管理设定了更高要求，并明确规定国资委可以约谈因合规管理不到位引发违规行为的中央企业并责成整改，造成损失或者不良影响的开展责任追究。

在推动企业建立合规管理体系方面，强制合规制度为企业确立了一种法定的激励机制，不建立合规体系的企业将受到行政处罚，从而使得企业在建立合规体系方面具有了较大的动力。

(五) 行刑衔接

在涉企犯罪中，企业所实施的犯罪大都是由行政违法行为转化而来的"行政犯"或"法定犯"，即涉案企业的行为违反了行政法律规范，且情节严重的，构成刑事犯罪。一方面，行政违法行为往往是刑事犯罪的起点；另一方面，因行政违法被行政处罚则可能被认定为构成刑事犯罪的"情节严重"情形。

以虚假广告罪为例。《刑法》第二百二十二条规定："广告主、广告经营者、广告发布者违反国家规定，利用广告对商品或者服务作虚假宣传，情节严重的，处二年以下有期徒刑或者拘役，并处或者单处罚金。"此外，在"情节严重"的认定上，2022年修订的《最高人民检察院、公安部关于公安机关管辖的刑事案件立案追诉标准的规定（二）》对立案标准作出了重大修改：

虚假广告罪立案标准变化	
修订前	修订后
广告主、广告经营者、广告发布者违反国家规定，利用广告对商品或者服务作虚假宣传，涉嫌下列情形之一的，应予立案追诉： （一）违法所得数额在十万元以上的； （二）给单个消费者造成直接经济损失数额在五万元以上的，或者给多个消费者造成直接经济损失数额累计在二十万元以上的； （三）假借预防、控制突发事件的名义，利用广告作虚假宣传，致使多人上当受骗，违法所得数额在三万元以上的； （四）虽未达到上述数额标准，但两年内因利用广告作虚假宣传，受过行政处罚二次以上，又利用广告作虚假宣传的； （五）造成人身伤残的； （六）其他情节严重的情形。	广告主、广告经营者、广告发布者违反国家规定，利用广告对商品或者服务作虚假宣传，涉嫌下列情形之一的，应予立案追诉： （一）违法所得数额在十万元以上的； （二）假借预防、控制突发事件、**传染病防治**的名义，利用广告作虚假宣传，致使多人上当受骗，违法所得数额在三万元以上的； （三）**利用广告对食品、药品作虚假宣传，违法所得数额在三万元以上的**； （四）虽未达到上述数额标准，但二年内因利用广告作虚假宣传受过二次以上行政处罚，又利用广告作虚假宣传的； （五）**造成严重危害后果或者恶劣社会影响的**； （六）其他情节严重的情形。

因此，一方面，实施虚假广告行为且情节严重的构成虚假广告罪，虚假广告违法行为是构成虚假广告罪的前提；另一方面，"二年内因利用广告作虚假宣传受过二次以上行政处罚，又利用广告作虚假宣传"直接构成"情节严重"。

第三节　行政监管风险的管理

一、行政监管风险的事前管理

行政监管风险的事前管理，是指企业为了避免因违反法律法规规章和有关政策规定等而受到行政处罚，而有针对性地制定合规管理等风险管理制度并执行，一方面最大限度规避违法行为的发生，另一方面争取在面临行政调查时从轻、减轻甚至不予行政处罚。

导源于企业合规需求的日益强烈，我国行政监管部门日益关注企业合规建设发展进程，形成了正反双向行政监管激励机制，通过"阳光与阴影"的交织组合来引导企业建立合规管理制度，并在一定领域内获得可见的成效。但是，现有的合规行政监管激励机制具有局部性、试验性和探索性的特点。一方面，2021年修订的《行政处罚法》虽完善了不予处罚的情形，但既没有将合规作为不予行政处罚的法定依据，也没有将合规作为从轻、减轻处罚的法定情节，行政处罚基本法层面尚未引入企业合规理念。另一方面，现有正向激励机制主要集中于证券、反垄断、反不正当竞争等监管领域，未涉足企业的其他常见行政违法行为。因此，行政监管风险的事前管理应当以已建立正向激励机制的监管领域为主。

（一）互联网广告监管领域

2023年5月1日实施的《互联网广告管理办法》在《广告法》的原则框架内，通过对互联网广告活动各主体责任和义务的细致规定：

1. 广告主

《互联网广告管理办法》	《互联网广告管理办法》
无	**第十三条第四款**　广告主自行发布互联网广告的，广告发布行为应当符合法律法规的要求，建立广告档案并及时更新。相关档案保存时间自广告发布行为终了之日起不少于三年。 **第十五条**　利用算法推荐等方式发布互联网广告的，应当将其算法推荐服务相关规则、广告投放记录等记入广告档案。 **第十八条**　发布含有链接的互联网广告，广告主、广告经营者和广告发布者应当核对下一级链接中与前端广告相关的广告内容。

续表

《互联网广告管理办法》	《互联网广告管理办法》
无	第二十八条第二款　违反本办法第十三条第四款、第十五条、第十八条规定，广告主未按规定建立广告档案，或者未对广告内容进行核对的，由县级以上市场监督管理部门责令改正，可以处五万元以下的罚款。

首先，增加广告主建立并保存广告档案义务的规定。《广告法》与《互联网广告管理办法》仅要求广告经营者、广告发布者建立档案管理制度，并未明确广告主的档案建立与保存义务。《互联网广告管理办法》第十三条第四款规定广告主应当建立广告档案并及时更新，相关档案保存时间自广告发布行为终了之日起不少于三年。此外，利用算法推荐等方式发布互联网广告的，应当将其算法推荐服务相关规则、广告投放记录等记入广告档案。

其次，明确链接广告的审核边界。上述规定一定程度上明确了链接广告的审核边界：第一，应当审核下一级链接即首次跳转页面内容；第二，主要对落地页与前端广告相关的广告内容进行审核。此外，广告主应当采取措施防止链接的广告内容被篡改。

2. 广告经营者、广告发布者

承接登记制度	登记广告主或者广告代理公司的名称、营业执照号、地址、有效联系方式、广告种类与名称等信息	
档案制度	建立广告档案并定期查验更新，记录、保存广告活动的有关电子数据	
	利用算法推荐等方式发布互联网广告的，应当将其算法推荐服务相关规则、广告投放记录等记入广告档案	
	相关档案保存时间自广告发布行为终了之日起不少于三年	
审核制度	审核内容	核对主体身份证明文件，如《营业执照》《医疗机构许可证》等
		核对有关行政许可文件，如《食品经营许可证》《药品经营许可证》和广告审查批准文件等
		核对广告内容，采取将广告内容与有关证明文件对照或者其他办法进行核对，避免广告内容不真实、不准确
		发布含有链接的互联网广告，应当核对下一级链接中与前端广告相关的广告内容
	审核机构	配备熟悉广告法律法规的广告审核人员或者设立广告审核机构

与此同时，《互联网广告管理办法》结合《行政处罚法》关于"有证据足以证明没有主观过错的，不予行政处罚"的规定，规定广告主、广告经营者、广告发布者"能够证明其已履行相关责任、采取措施防止链接的广告内容被篡改，并提供违法广告活动主体的真实名称、地址和有效联系方式"，即广告主、广告经营者、广告发布者尽到法定职责，可以从轻、减轻或者不予行政处罚。

3. 小结

因此，对广告活动主体而言，应当建立健全包括广告档案制度、广告审核制度在内的广告合规管理体系：一方面，避免因未履行法定义务而遭受行政处罚，同时最大限度规避广告违法行为。另一方面，在面临广告行政调查时亦可以通过广告合规管理体系的建立与运行证明已履行法定义务进而主张减免处罚。

（二）商业贿赂监管领域

《反不正当竞争法》第七条第三款规定："经营者的工作人员进行贿赂的，应当认定为经营者的行为；但是，经营者有证据证明该工作人员的行为与为经营者谋取交易机会或者竞争优势无关的除外。""有证据证明该工作人员的行为与为经营者谋取交易机会或者竞争优势无关"是指经营者已制定合法合规合理的措施，采取有效措施进行监管，不放纵或变相放纵工作人员实行贿赂行为。[①]

因此，对于经营者而言，应当制定合法合规合理的措施，采取有效措施进行监管，从制度上不放纵或变相放纵工作人员实行贿赂行为，如此则可以实现员工行为及责任与单位行为及责任的切割。

（三）其他领域

《行政处罚法》第三十三条规定："违法行为轻微并及时改正，没有造成危害后果的，不予行政处罚。初次违法且危害后果轻微并及时改正的，可以不予行政处罚。当事人有证据足以证明没有主观过错的，不予行政处罚。法律、行政法规另有规定的，从其规定……"上述三种不予行政处罚的法定情形中，"当事人有证据足以证明没有主观过错的，不予行政处罚"包含着较多的风险管理激励的因素。

虽然"没有主观过错"的具体判断标准尚未进一步明确，但普遍认为是否建立并执行合规管理制度等风险管理体系是判断是否具有主观过错的重要保障之一。

因此，尽管目前实体性层面尚无统一的风险管理的激励规定，但企业可以结合自身经营活动中存在的行政违法风险点，建立相应的合规管理制度并严格执行，是面临行政处罚时证明自己没有主观过错进而争取不予处罚的重要基础。

[①] 参见《【新规】严惩刷单、炒信行为！限定有奖销售最高奖金额……新修订反不正当竞争法还有哪些重大变化？》，载中国普法微信公众号，2018年1月6日发布，最后访问时间：2024年6月27日。

二、行政监管风险的事中应对

2021年7月15日,新修订的《行政处罚法》(以下简称新《行政处罚法》或新法)实施。相较于修订前的《行政处罚法》(以下简称原《行政处罚法》或旧法),新法遵循"保障执法既有力度又有温度"原则,在行政相对人承担行政责任方面明确了诸如轻微不罚、首违不罚、无主观过错不罚等规定。

因此,企业可以依据新《行政处罚法》相关规定,通过提出合理的陈述、申辩意见等方式,与行政机关积极沟通,进而达到更好地维护自身合法权益的目的。从这一层面来说,新《行政处罚法》实施后,对行政处罚进行救济的重心已经前移至行政处罚决定作出之前,即行政调查阶段。那么,新《行政处罚法》实施后,企业应当如何应对行政调查?本书将结合相关立法与执法实践,尝试对这一问题进行回答。

(一)针对重大经营风险制定相应合规政策,证明无主观过错

1. 无主观过错的申辩思路

新《行政处罚法》第三十三条第二款规定:"当事人有证据足以证明没有主观过错的,不予行政处罚。法律、行政法规另有规定的,从其规定。"上述规定是本次《行政处罚法》修订新增内容,系对当事人无主观过错不予处罚的确定。关于主观过错是否属于行政处罚的构成要件,原《行政处罚法》未作出规定,实践中大部分行政机关认为只要当事人的行为客观上违反了法律规定,则不用过多考虑其是否具有主观过错,均可加以处罚。新《行政处罚法》采取了"普遍过错推定+单行法补充"的立法模式,明文规定除法律、行政法规另有规定,当事人无主观过错的应当不予行政处罚。

在"过错推定原则"下,当事人有违法行为的,行政机关可以推定当事人具有主观过错,并据此作出处罚决定;只有当事人能够举证证明自身没有主观过错,即当事人提交了相关证据材料并且所提交证据足以证明其对所实施的违法行为不存在故意或过失,行政机关才应当不予处罚。①

2. 无主观过错的证明要点

如前所述,当事人若主张无主观过错不予处罚,应当提供充分的证据证明没有主观过错。此外,在无主观过错的证明要点上,新法未予以细化,而是留待执法实践予以进一步明确。但是,一方面,已有观点认为是否建立合规体系是判断是否具有主观过错的重要标准之一,"企业如果没有合规体系,则可以认定具有过失。有了合规体系,如果没有执行到位,也有可能被认定为有过失"②。另一方面,为更

---

① 参见许安标主编:《中华人民共和国行政处罚法释义》,中国民主法制出版社2021年版,第111页。
② 袁雪石:《中华人民共和国行政处罚法释义》,中国法制出版社2021年版,第222页。

好地适用新《行政处罚法》上述规定，地方已有对"没有主观过错"予以界定的尝试。例如，《江西省市场监管领域轻微违法行为不予处罚指导意见》第二条第三项规定，当事人自我举证已经履行相关法律、法规、规章规定的义务，市场监管部门经查证属实的，可以认定为当事人没有主观过错。[1] 最后，从司法实践上看，当事人是否履行了法律、法规、规章规定的注意义务是判断当事人有无主观过错的主要依据。[2] 因此，结合自身经营活动中存在的主要行政合规风险建立相应的合规管理制度并严格执行，是企业面临行政处罚时证明自己没有主观过错进而争取不予处罚的重要依据。

以经营不符合食品安全标准的食品为例。根据《食品安全法》第五十三条，企业在日常经营过程中应当建立食品进货查验记录制度并严格执行，如实记录所采购食品的名称、规格、数量、生产日期或者生产批号、保质期、进货日期以及供货者名称、地址、联系方式等内容，并保存相关凭证。在面临行政调查时，企业若能提供相关证据证明其已经履行了进货查验等义务，不知道所采购的食品不符合食品安全标准，不存在主观过错，则可以排除经营不符合食品安全标准的食品企业的行政责任。

再以广告违法行为为例。《广告法》第三十四条第一款规定，广告经营者、广告发布者应当按照国家有关规定，建立、健全广告业务的承接登记、审核、档案管理制度。在面临行政调查时，若作为广告经营者、广告发布者的企业能够证明其建立了广告业务的审核、档案管理等制度，在发布涉案广告之前查验有关证明文件、核对广告内容，充分履行了审核义务，不知道广告主发布的广告为违法广告，则可以排除企业相关行政责任。

（二）积极抗辩轻微不罚

新《行政处罚法》第三十三条第一款规定："违法行为轻微并及时改正，没有造成危害后果的，不予行政处罚……"考虑到行政法律规定越来越多，行政管理要求越来越严密，有一些违法行为违法性较弱，没有造成危害后果，不必一律给予行政处罚，因此《行政处罚法》明确规定了当事人违法行为轻微不予处罚。[3]

需要注意的是，"轻微不罚"是原《行政处罚法》的规定，新《行政处罚法》保留了该规定。新《行政处罚法》实施后，"轻微不罚"的适用标准逐步细化，"不予处罚清单"也得到了广泛适用，因此，企业面对行政调查时应当积极争取

---

[1] 其他规定，如《江苏省市场监管领域轻微违法行为不予处罚和从轻减轻处罚规定》第十条规定，当事人是否存在主观过错，可以结合当事人是否履行了法定的生产经营责任、当事人是否通过合法途径取得商品或者相关授权等因素综合认定。

[2] 参见程琥：《论行政处罚过错推定的司法审查》，载《行政法学研究》2022年第2期。

[3] 参见许安标主编：《中华人民共和国行政处罚法释义》，中国民主法制出版社2021年版，第110页。

"轻微不罚"。

1. "轻微不罚"的申辩思路

新《行政处罚法》第三十三条第一款规定了"轻微不罚",其适用条件如下:(1)违法行为轻微;(2)及时改正;(3)没有造成危害后果。新法虽未对上述三个条件的判断标准予以细化,但是各部门各地方已有相关立法对轻微不罚的适用条件作出细化,如《江西省市场监管领域轻微违法行为不予处罚指导意见》《江苏省市场监管领域轻微违法行为不予处罚和从轻减轻处罚规定》等。

因此,企业在进行"轻微不罚"的申辩时,应当依据各部门各地方关于"轻微不罚"的具体规定进行申辩;若相关部门或地方尚未出台相关规定,笔者认为,企业可以参照以下标准进行申辩:

首先,在"违法行为轻微"的判断上,可以结合无主观过错或主观过错较小、违法行为持续时间较短、及时中止违法行为、没有违法所得或者违法所得金额较小、案涉货值金额较小等因素综合认定。

其次,在"及时改正"的判断上,一般在行政机关发现前主动改正或者在行政机关责令限期改正的期限内改正的属于及时改正。

最后,在"没有造成危害后果"的判断上,一般是指违法行为对行政管理秩序造成影响较小且已及时改正,未对公民、法人或者其他组织的合法权益或者未对社会公众、社会正常生产生活秩序等造成影响。

以广告违法行为为例。在"苏州某公司发布违法广告案"中,当事人在无相关依据情况下,在其公司官方网站中发布"世界首创7轴多功能工业用机器人"等宣传内容。但是,一方面,当事人未对涉案网站主动进行推广,且涉案广告在其自建网站的二级页面以下发布,案发前半年内网站访问量为0,造成的影响范围较小;另一方面,当事人实施此类违法行为非主观故意,接受检查后主动对违法页面进行整改并停用涉案网站。因此,市场监管部门对其发布违法广告的违法行为依法不予行政处罚。[①]

2. "不予处罚清单"的适用

新《行政处罚法》实施前后,各部门各地均通过发布"轻微违法行为不予行政处罚清单"对《行政处罚法》规定的"轻微不罚"规则予以细化、具体化。据不完全统计,北京、上海、天津、河北、广东、重庆、浙江、江苏、湖北、山东、湖南、安徽、江西、福建、广西、海南等省市先后出台了"免罚清单"或"不予处罚清单",涉及市场监管、生态环境、劳动保障、税务监管、交通运输、卫生健

---

① 参见《省市场监管局公布市场监管领域轻微违法行为免予处罚十大典型案例》,载江苏省药品监督管理局网站,http://da.jiangsu.gov.cn/art/2022/2/18/art_ 84700_ 10671131.html,最后访问时间:2024年7月12日。

康、地方金融监管等多个领域。此外，北京市亦于2022年开始全面推广轻微违法免罚制度，北京市各政府部门将陆续出台"不予处罚清单"。

因此，企业在面对行政调查时，应当依据各部门各地方发布的"不予处罚清单"进行申辩。以广告违法行为为例，根据《北京市市场监督管理轻微违法行为容错纠错清单》，发布的广告中使用"国家级""最高级""最佳"等用语、广告中涉及专利产品或专利方法未标明专利号和专利种类、通过大众传播媒介发布的广告未标明"广告"字样等违法行为均属于"轻微不罚"的范围。

(三) 积极争取首违不罚

1. "首违不罚"的申辩思路

新《行政处罚法》第三十三条第一款规定："……初次违法且危害后果轻微并及时改正的，可以不予行政处罚。"上述规定是关于"首违不罚"的规定。"首违不罚"是从执法实践中探索出来的经验，被《行政处罚法》立法所进一步采纳。

根据上述规定，"首违不罚"的适用条件包括：第一，初次违法；第二，危害后果轻微；第三，及时改正。此外，"初次违法"是指在一定期限内同一个领域或同领域中同一类违法行为范围内，当事人第一次有该违法行为。有关部门和地方应当根据实际情况，合理确定一定期限和领域范围。① 在"首违不罚"的适用上，已有地方出台具体规定对上述三个条件予以细化，如《江苏省市场监管领域轻微违法行为不予处罚和从轻减轻处罚规定》等。

因此，企业在面对行政调查时，应当结合各部门各地方出台的相关规定进行申辩。若尚未出台相关规定，企业可以参照以下标准进行申辩：首先，在"初次违法"的判断上，一般指未因同类违法行为受到过行政处罚；其次，在"危害后果轻微"的判断上，一般可以结合对行政管理秩序影响较小、危害范围较小、危害后果易于消除、主动与违法行为对象达成和解等因素综合认定。但是，法律、法规、规章规定"情节严重"的情形除外。最后，"及时改正"的判断与"轻微不罚"一致。

2. "首违不罚清单"的适用

近年来，地方政府有关部门在积极探索轻微违法不罚和首次违法免罚清单制度。为增强首违不罚的可操作性，新《行政处罚法》出台后各部门各地区陆续根据实际制定并公开多领域或本领域初次违法免予处罚清单。② 例如，国家税务总局于2021年分别发布了《税务行政处罚"首违不罚"事项清单》和《第二批税务行政

---

① 参见许安标主编：《中华人民共和国行政处罚法释义》，中国民主法制出版社2021年版，第110页。
② 参见《司法部相关负责人回应"首违不罚"如何落地》，载光明网，https://m.gmw.cn/baijia/2021-07/14/1302406044.html，最后访问时间：2024年7月12日。

处罚"首违不罚"事项清单》。

因此,企业在面对行政调查时,应当依据各部门各地方发布的"首违不罚清单"进行申辩。以广告违法行为为例,根据《江苏省市场监管领域轻微违法行为不予处罚清单》,违法发布虚假广告,若符合以下条件,则可以不予处罚:(1)初次违法。(2)在自有经营场所或者互联网自媒体发布自有商品或者服务广告,广告影响力和影响范围较小;对市场秩序的扰乱程度较轻,对消费者欺骗、误导作用较小;持续时间较短,或浏览人数较少,或案涉商品或者服务经营额较少。(3)及时改正。

(四)主动披露违法行为,争取宽大处理

新《行政处罚法》第三十二条规定:"当事人有下列情形之一,应当从轻或者减轻行政处罚:(一)主动消除或者减轻违法行为危害后果的;(二)受他人胁迫或者诱骗实施违法行为的;(三)主动供述行政机关尚未掌握的违法行为的;(四)配合行政机关查处违法行为有立功表现的;(五)法律、法规、规章规定其他应当从轻或者减轻行政处罚的。"与修订前相比,新《行政处罚法》增加了受他人诱骗实施违法行为、主动供述行政机关尚未掌握的违法行为这两个应当从轻、减轻行政处罚的法定情形。

执法实践中,违法行为日益呈现出隐蔽性强、法律关系复杂、执法难度大的特点,调动当事人配合调查、自我合规的积极性在提高执法效率、尽快恢复行政管理秩序等方面具有重要意义。在行政执法领域、反垄断执法领域已经引入了宽大制度。[1] 新《行政处罚法》关于主动供述行政机关尚未掌握的违法行为的规定系首次在行政处罚基本法层面确立了主动披露违法行为的激励机制。因此,企业在面对行政调查时,应当积极开展内部调查,主动向执法部门报告,以争取宽大处理。

(五)用好程序性权利,积极有效应对行政调查

新《行政处罚法》一方面增加了不予行政处罚的情形,另一方面完善了行政处罚告知和听证制度,使得当事人在行政调查过程中可以通过依法行使陈述、申辩、申请听证等有关程序性权利,为己方争取从轻、减轻处罚甚至是不予行政处罚的结果。因而,对行政处罚予以救济的重心已经前移至行政处罚决定作出之前,即行政调查阶段。

1. 立案前的核查阶段,通过陈述、申辩争取不予立案

一般而言,行政处罚包括立案、调查、告知、听证、决定、送达等主要程序。

---

[1] 《反垄断法》第五十六条第三款规定,经营者主动向反垄断执法机构报告达成垄断协议的有关情况并提供重要证据的,反垄断执法机构可以酌情减轻或者免除对该经营者的处罚。

此外，立案之前一般会有一个核查阶段，即执法部门核查是否需要立案进行处罚。例如，《市场监督管理行政处罚程序规定》《证券期货违法行为行政处罚办法》等部门规章均对立案标准予以明确。若执法部门经核查作出不予立案决定，则意味着执法部门认为当事人存在违法事实不成立等情形，也就不会启动行政处罚程序。

以市场监管领域行政处罚为例，一方面，《市场监督管理行政处罚程序规定》第十九条第一款明确了立案条件，包括：(1) 有证据初步证明存在违反市场监督管理法律、法规、规章的行为；(2) 依据市场监督管理法律、法规、规章应当给予行政处罚；(3) 属于本部门管辖；(4) 在给予行政处罚的法定期限内。另一方面，该规定第二十条第一款将新《行政处罚法》第三十三条规定的三种不予处罚的情形直接规定为可以不予立案的情形。因此，企业在应对市场监管部门的立案核查时，一方面可以依据《市场监督管理行政处罚程序规定》第十九条第一款主张不符合立案标准应当不予立案，另一方面也可以依据第二十条第一款主张符合可以不予立案的情形。

2. 立案后，通过行使陈述、申辩、申请听证等程序性权利，争取从轻、减轻或不予行政处罚

首先，新《行政处罚法》第四十五条规定："当事人有权进行陈述和申辩。行政机关必须充分听取当事人的意见，对当事人提出的事实、理由和证据，应当进行复核；当事人提出的事实、理由或者证据成立的，行政机关应当采纳。行政机关不得因当事人陈述、申辩而给予更重的处罚。"陈述、申辩权是当事人的一项重要权利，在行政处罚决定作出之前，当事人有权进行陈述、申辩。其次，新《行政处罚法》扩大了听证的范围、延长了听证申请期限并规定了听证笔录的效力，使得听证程序的重要性越发凸显。

因此，若企业对拟作出的行政处罚决定存在异议，均可申请听证。一方面，听证程序是对行政调查过程中有关事实、理由、证据以及行政处罚建议的集中展示，是企业对拟作出行政处罚决定的事实认定、证据采信、法律适用、程序适用、结果裁量等方面进行申辩的有利机会。另一方面，一般情况下没有主观过错应当由相对人举证，因此通过听证程序向执法部门提交相关证据就成为认定企业是否具有主观过错的重要基础。最后，即使行政处罚是不可避免的，也能通过听证程序了解处罚决定的焦点问题以及相关证据，为后续通过行政复议或行政诉讼进行救济打下基础。

新《行政处罚法》增加不予行政处罚情形的同时，也引入了行为罚、资格罚等方面的行政处罚种类，规定了违法所得除依法退赔外应当予以没收。上述修订客观上加大了处罚力度并提高了违法成本，值得企业高度关注，并在遇到行政调查时积

极应对。同时，不予行政处罚的认定标准、执法尺度等，也需要执法实践予以丰富和完善。

我们提到，企业应当全面、系统地识别与评估主要的行政合规风险进而有针对性地制定风险管理方案，从而最大限度地规避合规风险的产生。而通过上文梳理，不难发现，优秀的合规风险管理体系不仅可以有效规避行政合规风险的产生，还可以在产生合规风险、面临行政调查时帮助企业提供更多有力证据和抗辩理由，进而争取从轻、减轻处罚甚至不予处罚。

三、行政监管风险的事后救济

企业在生产经营过程中应当遵守行政管理秩序。但是，制度方面的缺失、操作的疏忽，以及成本或其他因素的考量等，都会使企业面临行政监管措施。那么，企业在面对行政监管措施应当如何救济？

（一）行政复议与行政诉讼

1. 区分行政监管措施的性质——是否具备可诉性

为什么要区分行政监管措施的性质？那是因为，在"行政监管措施"这个大的概念下，各具体行政监管措施的性质不同，那么，就意味着它们不一定都具备可诉性。只有具备可诉性的行政监管措施，才有可能通过行政复议、行政诉讼来进行相应的权利救济。结合前述对行政监管风险的梳理，我们可以分解为如下几种类型：

首先，行政处罚。行政处罚，是指行政机关依法对违反行政管理秩序的公民、法人或者其他组织，以减损权益或者增加义务的方式予以惩戒的行为。因此，行政处罚具备可诉性是毋庸置疑。容易出现争议的反而是，到底是否属于"行政处罚"的认定上。尤其是在《行政处罚法》修改后，对"行政处罚"的定义作了界定。

其次，行政强制。从《行政强制法》第八条就可以看出，对于行政强制不服的，是有权依法申请行政复议或提起行政诉讼。如果因行政机关违法实施行政强制受到损害的，还有权依法要求赔偿。

最后，其他行政监管措施。随着《行政处罚法》的修改，首次对"行政处罚"进行了定义，因此，前述"其他强制监管措施"中如果有符合前述"行政处罚"定义，属于制裁行为，对当事人的权益有所减损或增加了当事人的义务，则可能被列入"行政处罚"的范畴，具备可诉性。反之，则不具备可诉性。

2. 常见问题——过程性、程序性行政行为

一般而言，可申请行政复议或行政诉讼的行政行为，应当是行政主体直接设定行政相对人权利义务或者对相对人权利义务直接产生影响、对外发生法律效果的行

为，也即行政管理活动的最终行政决定，一般不包括行政主体在作出最终行政决定过程中针对程序性事项所作的决定和处理。此类针对程序性事项所作的行为以及过程性行为虽具有一定法律意义，也会间接影响相对人权利义务，但它的法律效果是依附并被最终的行政决定所吸收，除非过程性行为具有独立的价值且对当事人权利义务产生重大影响。因此，行政主体在行政程序中所作的程序性行为以及过程性行为的合法性问题，可以在对最终的行政决定的合法性审查中予以解决。对于在最终行政决定作出后，甚至行政相对人已对最终的行政行为申请复议或提起诉讼的情况下，当事人再对过程性行为、程序性行为单独提起行政诉讼，显然已不再具有诉的利益，不再具备诉讼的必要性和实效性。因此，行政主体程序性行为、过程性行为，通常不能单独申请行政复议或提起诉讼，除非该程序性行为具有事实上的最终性，并影响公民、法人或者其他组织的合法权益。

比如，常见的违法建设处罚案件中。行政机关会在强制拆除决定作出之前作出的责改通知，这个通知就属于行政机关履行拆违职责的过程性行政行为，会被后续的强制拆除决定予以吸收。

3. 常见救济方式的抉择——选复议还是选诉讼，还有其他选择吗

企业面对行政监管措施常见的救济方式是行政复议或行政诉讼。那么，如何进行抉择，还有其他的选择吗？

（1）没有选择的情形——复议前置情形

所谓复议前置，是指行政相对人在寻求救济途径时，应当首先选择向行政复议机关申请行政复议，而不能直接向法院提起行政诉讼。需要特别注意的是，复议前置案件必须经过复议程序的实体处理，才能视为经过复议。也就是说，复议机关对复议申请不予答复，或作出程序性驳回复议申请的决定，不能视为已经经过复议，当事人只能对复议机关的不予答复、不予受理行为依法提起行政诉讼，无权直接起诉原行政行为。[1]

那么，复议前置的情形有哪些呢？《行政复议法》第二十三条规定了复议前置的情形[2]，其中需要注意的是"对行政机关作出的侵犯其已经依法取得的自然资源的所有权或者使用权的决定"，应当先申请行政复议；对行政复议决定不服的，才

---

[1] 参见最高人民法院（2019）最高法行申 11287 号行政裁定书，载中国裁判文书网，最后访问时间：2024 年 5 月 20 日。

[2] 《行政复议法》第二十三条规定："有下列情形之一的，申请人应当先向行政复议机关申请行政复议，对行政复议决定不服的，可以再依法向人民法院提起行政诉讼：（一）对当场作出的行政处罚决定不服；（二）对行政机关作出的侵犯其已经依法取得的自然资源的所有权或者使用权的决定不服；（三）认为行政机关存在本法第十一条规定的未履行法定职责情形；（四）申请政府信息公开，行政机关不予公开；（五）法律、行政法规规定应当先向行政复议机关申请行政复议的其他情形。对前款规定的情形，行政机关在作出行政行为时应当告知公民、法人或者其他组织先向行政复议机关申请行政复议。"

可以依法向人民法院提起行政诉讼。此外，对于行政复议前置的相关规定则散见于多部法律法规当中。比如，《反垄断法》第六十五条①涉及（不予）禁止经营者集中的决定，《价格违法行为行政处罚规定》第二十条涉及对政府价格主管部门作出的处罚决定等。

（2）如何选择的情形——复议还是诉讼

一般情形下，当事人对行政机关的行政监管措施不服的，可以选择向行政机关申请复议；也可以选择向人民法院起诉。那么，行政复议与行政诉讼到底有哪些区别，应当如何选择呢？行政复议是行政机关内部的一种纠错机制；行政诉讼是通过独立于行政机关的司法机关按照司法程序进行的外部纠错机制。两种纠错机制的不同，造成了它们在审查范围、起诉期限、管辖机关的选定、审理程序与周期、审查尺度、纠错率、法律文书的生效与救济、实质解决行政争议、公正性、收费等方面会有所差异。具体对比如下：

比较	行政复议	行政诉讼
审查范围	（1）既审查行政行为的合法性问题，又审查合理性问题。 （2）具体审核范围为《行政复议法》第十一条②，认为行政机关的具体行政行为侵犯其合法权益的，均可以提起行政复议。	（1）主要审查行政行为的合法性，对于明显不当的行政行为，人民法院才可判决撤销或者部分撤销，并可以判决被告重新作出行政行为。

---

① 《反垄断法》第六十五条规定："对反垄断执法机构依据本法第三十四条、第三十五条作出的决定不服的，可以先依法申请行政复议；对行政复议决定不服的，可以依法提起行政诉讼。对反垄断执法机构作出的前款规定以外的决定不服的，可以依法申请行政复议或者提起行政诉讼。"

② 《行政复议法》第十一条规定："有下列情形之一的，公民、法人或者其他组织可以依照本法申请行政复议：（一）对行政机关作出的行政处罚决定不服；（二）对行政机关作出的行政强制措施、行政强制执行决定不服；（三）申请行政许可，行政机关拒绝或者在法定期限内不予答复，或者对行政机关作出的有关行政许可的其他决定不服；（四）对行政机关作出的确认自然资源的所有权或者使用权的决定不服；（五）对行政机关作出的征收征用决定及其补偿决定不服；（六）对行政机关作出的赔偿决定或者不予赔偿决定不服；（七）对行政机关作出的不予受理工伤认定申请的决定或者工伤认定结论不服；（八）认为行政机关侵犯其经营自主权或者农村土地承包经营权、农村土地经营权；（九）认为行政机关滥用行政权力排除或者限制竞争；（十）认为行政机关违法集资、摊派费用或者违法要求履行其他义务；（十一）申请行政机关履行保护人身权利、财产权利、受教育权利等合法权益的法定职责，行政机关拒绝履行、未依法履行或者不予答复；（十二）申请行政机关依法给付抚恤金、社会保险待遇或者最低生活保障等社会保障，行政机关没有依法给付；（十三）认为行政机关不依法订立、不依法履行、未按照约定履行或者违法变更、解除政府特许经营协议、土地房屋征收补偿协议等行政协议；（十四）认为行政机关在政府信息公开工作中侵犯其合法权益；（十五）认为行政机关的其他行政行为侵犯其合法权益。"

续表

比较	行政复议	行政诉讼
审查范围		（2）具体审核范围为《行政诉讼法》第十二条①，认为行政机关侵犯人身权、财产权等合法权益的，以及法律法规规定可以提起诉讼的其他行政案件。
起诉期限	（1）一般情况下，自知道具体行政行为之日起60日内提出行政复议申请，除非法律规定申请期限超过60日的除外。 （2）关于"知道具体行政行为之日"的起算，详见《行政复议法实施条例》第十五条②。	（1）一般情况下，应当自知道或者应当知道作出行政行为之日起6个月内提起行政诉讼。法律另有规定的除外。 （2）因不动产提起诉讼的案件自行政行为作出之日起超过20年，其他案件自行政行为作出之日起超过5年提起诉讼的，人民法院不予受理。 （3）因不可抗力或者其他不属于其自身的原因耽误起诉期限的，被耽误的时间不计算在起诉期限内。

---

① 《行政诉讼法》第十二条规定："人民法院受理公民、法人或者其他组织提起的下列诉讼：（一）对行政拘留、暂扣或者吊销许可证和执照、责令停产停业、没收违法所得、没收非法财物、罚款、警告等行政处罚不服的；（二）对限制人身自由或者对财产的查封、扣押、冻结等行政强制措施和行政强制执行不服的；（三）申请行政许可，行政机关拒绝或者在法定期限内不予答复，或者对行政机关作出的有关行政许可的其他决定不服的；（四）对行政机关作出的关于确认土地、矿藏、水流、森林、山岭、草原、荒地、滩涂、海域等自然资源的所有权或者使用权的决定不服的；（五）对征收、征用决定及其补偿决定不服的；（六）申请行政机关履行保护人身权、财产权等合法权益的法定职责，行政机关拒绝履行或者不予答复的；（七）认为行政机关侵犯其经营自主权或者农村土地承包经营权、农村土地经营权的；（八）认为行政机关滥用行政权力排除或者限制竞争的；（九）认为行政机关违法集资、摊派费用或者违法要求履行其他义务的；（十）认为行政机关没有依法支付抚恤金、最低生活保障待遇或者社会保险待遇的；（十一）认为行政机关不依法履行、未按照约定履行或者违法变更、解除政府特许经营协议、土地房屋征收补偿协议等协议的；（十二）认为行政机关侵犯其他人身权、财产权等合法权益的。除前款规定外，人民法院受理法律、法规规定可以提起诉讼的其他行政案件。"

② 《行政复议法实施条例》第十五条规定："行政复议法第九条第一款规定的行政复议申请期限的计算，依照下列规定办理：（一）当场作出具体行政行为的，自具体行政行为作出之日起计算；（二）载明具体行政行为的法律文书直接送达的，自受送达人签收之日起计算；（三）载明具体行政行为的法律文书邮寄送达的，自受送达人在邮件签收单上签收之日起计算；没有邮件签收单的，自受送达人在送达回执上签名之日起计算；（四）具体行政行为依法通过公告形式告知受送达人的，自公告规定的期限届满之日起计算；（五）行政机关作出具体行政行为时未告知公民、法人或者其他组织，事后补充告知的，自该公民、法人或者其他组织收到行政机关补充告知的通知之日起计算；（六）被申请人能够证明公民、法人或者其他组织知道具体行政行为的，自证据材料证明其知道具体行政行为之日起计算。行政机关作出具体行政行为，依法应当向有关公民、法人或者其他组织送达法律文书而未送达的，视为该公民、法人或者其他组织不知道该具体行政行为。"

续表

比较	行政复议	行政诉讼
管辖机关的选定	(1) 海关、金融、外汇管理等实行垂直领导的行政机关、税务和国家安全机关向上一级主管部门申请行政复议。① (2) 对本级人民政府工作部门、本级人民政府依法设立的派出机关、下一级人民政府、对本级人民政府或者其工作部门管理的法律法规规章授权的组织作出的行政行为，由本级政府审查。 (3) 省、自治区、直辖市人民政府同时管辖对本机关作出的行政行为不服的行政复议案件。 (4) 对直辖市、设区的市人民政府工作部门依法设立的派出机构作为被申请人的行政复议案件管辖，可以选择本级人民政府，也可以选择其所在地人民政府管辖。② (5) 国务院部门管辖本部门、其派出机构、授权组织作出的行政行为不服的行政复议案件。③ (6) 对履行行政复议机构职责的地方人民政府司法行政部门的行政行为不服，申请人可以向本级人民政府，也可以向上一级司法行政部门申请行政复议。④	(1) 地域管辖：行政案件由最初作出行政行为的行政机关所在地人民法院管辖。经复议的案件，也可以由复议机关所在地人民法院管辖。 (2) 关于级别管辖：分为基层、中级、高级人民法院以及最高人民法院四级法院管辖；上级法院有权审理下级法院管辖的一审案件，下级法院认为须由上级法院审理或指定管辖的可以报请上级法院；复议机关为共同被告，以原行政行为的行政机关确定案件的级别管辖。 (3) 专属管辖：对限制人身自由的行政强制措施不服，由被告所在地或原告所在地（原告户籍所在地、经常居住地和被限制人身自由地⑤）人民法院管辖；因不动产提起的行政诉讼，由不动产所在地（已登记的，为不动产登记簿记载所在地；未登记的，为不动产实际所在地⑥）人民法院管辖。 (4) 相对集中管辖：行政案件相对集中管辖，就是将部分基层人民法院管辖的一审行政案件，通过上级人民法院统一指定的方式，交由其他基层人民法院集中管辖的制度。

---

① 《行政复议法》第二十七条。
② 《行政复议法》第二十四条。
③ 《行政复议法》第二十五条。
④ 《行政复议法》第二十八条。
⑤ 《最高人民法院关于适用〈中华人民共和国行政诉讼法〉的解释》第八条规定："行政诉讼法第十九条规定的'原告所在地'，包括原告的户籍所在地、经常居住地和被限制人身自由地。对行政机关基于同一事实，既采取限制公民人身自由的行政强制措施，又采取其他行政强制措施或者行政处罚不服的，由被告所在地或者原告所在地的人民法院管辖。"
⑥ 《最高人民法院关于适用〈中华人民共和国行政诉讼法〉的解释》第九条规定："行政诉讼法第二十条规定的'因不动产提起的行政诉讼'是指因行政行为导致不动产物权变动而提起的诉讼。不动产已登记的，以不动产登记簿记载的所在地为不动产所在地；不动产未登记的，以不动产实际所在地为不动产所在地。"

续表

比较	行政复议	行政诉讼
审理程序与周期	(1) 适用简易程序审理的行政复议案件，可以书面审理；适用普通程序审理的行政复议案件，行政复议机构应当当面或者通过互联网、电话等方式听取当事人的意见，并将听取的意见记录在案。因当事人原因不能听取意见的，可以书面审理。 (2) 适用简易程序审理的行政复议案件，自受理申请之日起 30 日内作出行政复议决定；适用普通程序审理的行政复议案件，自受理申请之日起 60 日内作出行政复议决定；但是法律规定的行政复议期限少于 60 日的除外。情况复杂，经负责人批准，可以适当延长，但不得超过 30 日。并且要书面告知当事人。	(1) 除涉及国家秘密、个人隐私和法律另有规定外，一般公开审理。涉及商业秘密的，当事人申请不公开，可以不公开。 (2) 一审应当在立案之日起 6 个月内作出第一审判决；有特殊情况需要延长的，由高院批准，高院审理第一审案件需要延长的，由最高人民法院批准。 (3) 适用简易程序的，立案之日起 45 日内审结。 (4) 二审应在收到上诉状之日起 3 个月内作出终审判决。有特殊情况需要延长的，由高院批准，高院审理上诉案件需要延长的，由最高人民法院批准。
审查尺度	(1) 复议机关在对本业务领域的行政行为及行政争议焦点问题理解、行业法规政策的把握都具备自身专业优势，能够从行业管理角度去统筹和完善法规及管理制度。 (2) 随着复议体制改革，复议案件的统一办理将促进案件审判的规范化、标准化。 (3) 鉴于行政诉讼确立行政复议"双被告"制度，增加了行政复议机关的应诉、败诉压力，导致行政复议机关裁量尺度更为严格。	(1) 需要时间充分了解案涉行业管理制度及行政争议焦点问题，中立考量正反双方意见，进而做出更合乎法律兼具社会效果的判决，更贴近普通人的逻辑视角。 (2) 注重类案检索分析，"同案同判"强调统一法律适用标准。
纠错率	以 2021 年为例。据统计，全国各级行政复议机关共办结各类行政复议案件 25.4 万件，其中作出撤销、变更、确认违法和责令履行法定职责的比例达 13.3%。[①]	以北京市四中院为例，在其公布的《2021 年度行政案件司法审查报告》中，2021 年度审结的一审行政案件中，行政机关败诉案件 99 件，败诉率为 8.02%。[②]

[①] 参见《行政复议机构"刀刃向内"严格依法办案》，载法治网，http://www.legaldaily.com.cn/legal_case/content/2022-03/09/content_8685079.html，最后访问时间：2024 年 7 月 12 日。

[②] 参见《聚焦法治政府建设 北京四中院通报 2021 年行政案件司法审查情况》，载北京四中院微信公众号，2022 年 5 月 26 日发布，最后访问时间：2024 年 7 月 12 日。

续表

比较	行政复议	行政诉讼
法律文书生效与救济	(1) 行政复议决定书一经送达，即发生法律效力。 (2) 行政相对人对复议决定不服的可以提起行政诉讼①，还可以申请裁决②；而行政机关在行政复议中败诉的，一裁终局，不得起诉。	(1) 一审判决（裁定）作出后，当事人不服的，自收到判决之日起15日（10日）内，可以向上一级人民法院提起上诉。逾期不起诉的，一审判决（裁定）生效。 (2) 二审判决（裁定）自送达之日生效。 (3) 当事人对已经发生法律效力的判决、裁定认为确有错误的，可以向上一级人民法院申请再审，但判决、裁定不停止执行。
调解	(1) 按照合法、自愿的原则，在不损害国家利益、社会公共利益和他人合法权益，不违反法律、法规的强制性规定的情况下，行政复议机关可以进行调解。③ (2) 当事人经调解达成协议的，行政复议机关应当制作行政复议调解书。调解书应当载明行政复议请求、事实、理由和调解结果，并加盖行政复议机关印章。行政复议调解书经双方当事人签字或盖章，并加盖行政复议机关印章，即具有法律效力。 (3) 调解未达成协议或者调解书生效前一方反悔的，行政复议机关应当依法审查及时作出行政复议决定。④	(1) 人民法院审理行政案件，不适用调解。但是，行政赔偿、补偿以及行政机关行使法律、法规规定的自由裁量权的案件可以调解。调解应当遵循自愿、合法原则，不得损害国家利益、社会公共利益和他人合法权益。⑤ (2) 人民法院审理行政诉讼法第六十条第一款规定的行政案件，认为法律关系明确、事实清楚，在征得当事人双方同意后，可以迳行调解。⑥ (3) 调解达成协议，人民法院应当制作调解书。调解书应当写明诉讼请求、案件的事实和调解结果。调解书由审判人员、书记员署名，加盖人民法院印章，送达双方当事人。调解书经双方当事人签收后，即具有法律效力。调解书生效日期根据最后收到调

---

① 《行政复议法》第十条规定："公民、法人或者其他组织对行政复议决定不服的，可以依照《中华人民共和国行政诉讼法》的规定向人民法院提起行政诉讼，但是法律规定行政复议决定为最终裁决的除外。"

② 《行政复议法》第二十六条规定："对省、自治区、直辖市人民政府依照本法第二十四条第二款的规定、国务院部门依照本法第二十五条第一项的规定作出的行政复议决定不服的，可以向人民法院提起行政诉讼；也可以向国务院申请裁决，国务院依照本法的规定作出最终裁决。"

③ 《行政复议法》第五条。

④ 《行政复议法》第七十三条。

⑤ 《行政诉讼法》第六十条。

⑥ 《最高人民法院关于适用〈中华人民共和国行政诉讼法〉的解释》第八十四条。

续表

比较	行政复议	行政诉讼
调解		解书的当事人签收的日期确定。① （4）调解过程一般不公开，除非当事人同意公开。调解协议内容一般也不公开，除非为保护国家利益、社会公共利益、他人合法权益，法院认为确有必要公开。 （5）当事人一方或者双方不愿调解、调解未达成协议的，人民法院应当及时判决。 （6）法院对调解协议的内容合法性进行审查。
撤回申请/撤诉	（1）当事人达成和解后，由申请人向行政复议机构撤回行政复议申请。 （2）行政复议机构准予撤回、行政复议机关决定终止行政复议的，申请人撤回行政复议申请的，不得再以同一事实和理由提出行政复议申请。但是，申请人能够证明撤回行政复议申请违背其真实意思表示的除外。②	（1）法院对行政案件宣告判决或者裁定前，原告申请撤诉的，或者被告改变其所作的行政行为，原告同意并申请撤诉的，是否准许，由法院裁定。③ （2）法院裁定不予准许的，原告或者上诉人经传票传唤无正当理由拒不到庭，或者未经法庭许可中途退庭的，法院可以缺席判决。④ （3）法院裁定准许撤诉后，原告以同一事实和理由重新起诉的，人民法院不予立案。⑤
实质解决行政争议	行政复议机关对原行政行为实施机关具有较大的督促权能，通过"刀刃向内"严格依法办案来实质解决行政争议，能够推动源头规范治理。	司法判决具有权威性，不仅可以对当事人有争议的行政监管措施进行合法性审查，并且可以对复议机关的复议决定进行实质性审查。但司法机关无权直接指示或命令原行政行为实施机关。

---

① 《最高人民法院关于适用〈中华人民共和国行政诉讼法〉的解释》第八十五条。
② 《行政复议法》第七十四条。
③ 《行政诉讼法》第六十二条。
④ 《最高人民法院关于适用〈中华人民共和国行政诉讼法〉的解释》第七十九条第一款。
⑤ 《最高人民法院关于适用〈中华人民共和国行政诉讼法〉的解释》第六十条第一款。

比较	行政复议	行政诉讼
公正性	此前，行政复议机关与被申请人都是同一系统的行政机关，容易陷入先入为主的境地，可能影响其对事实的正确判断和对法律法规的正确理解。但是，随着复议体制改革后，复议机关相对集中，复议尺度相对统一规范，极大地提高了公正性。	法院作为司法机关，具有相对的独立性，可以独立行使审判权。其与行政机关是两个不同部门、不同系统，且法律专业人员具有较强的法律意识及较高的法律职业道德，相对客观中立。
费用	不收费。	50元。

通过上述梳理，可以看出，对于行政复议与行政诉讼的选择，需要综合考量的因素较多，并且因监管领域与地域差异，亦会对个案产生不同影响。此外，对救济结果的预判及追究不同，也会在行政复议与行政诉讼的选择中产生一定差异。

4. 常见问题——行政复议和行政诉讼是否可以同时进行

《行政复议法》第二十九条规定，公民、法人或者其他组织申请行政复议，行政复议机关已经依法受理的，在行政复议期间不得向人民法院提起行政诉讼。公民、法人或者其他组织向人民法院提起行政诉讼，人民法院已经依法受理的，不得申请行政复议。因此，二者不可并行。

5. 关于复议或诉讼期间的行政监管措施执行

（1）关于行政处罚的复议或诉讼期间的执行问题

首先，当事人对行政处罚决定不服，申请行政复议或者提起行政诉讼的，行政处罚不停止执行，法律另有规定的除外。如《行政复议法》第四十二条[1]以及《行政诉讼法》第五十六条[2]规定了停止执行的情形。当事人对限制人身自由的行政处罚决定不服，申请行政复议或者提起行政诉讼的，可以向作出决定的机关提出暂缓执行申请。符合法律规定情形的，应当暂缓执行。

其次，对于行政处罚的执行，当事人可以根据自身经济情况，申请延期或分期缴纳。

---

[1] 《行政复议法》第四十二条规定："行政复议期间行政行为不停止执行；但是有下列情形之一的，应当停止执行：（一）被申请人认为需要停止执行的；（二）行政复议机关认为需要停止执行的；（三）申请人、第三人申请停止执行，行政复议机关认为其要求合理，决定停止执行的；（四）法律、法规、规章规定停止执行的其他情形。"

[2] 《行政诉讼法》第五十六条规定："诉讼期间，不停止行政行为的执行。但有下列情形之一的，裁定停止执行：（一）被告认为需要停止执行的；（二）原告或者利害关系人申请停止执行，人民法院认为该行政行为的执行会造成难以弥补的损失，并且停止执行不损害国家利益、社会公共利益的；（三）人民法院认为该行政行为的执行会给国家利益、社会公共利益造成重大损害的；（四）法律、法规规定停止执行的。当事人对停止执行或者不停止执行的裁定不服，可以申请复议一次。"

最后，对于行政处罚不服提起行政复议或行政诉讼，复议或诉讼期间并不会造成罚款的增加。但是，仍应当注意如期履行行政监管措施，或加速行政复议、行政诉讼的申请期限，避免罚款的加处。

（2）关于行政强制措施的复议或诉讼期间的执行问题

首先，对于行政强制措施的执行，在不损害公共利益和他人合法权益的情况下，是有机会与行政机关达成执行协议，分阶段履行。

其次，如果采取了补救措施，可以向行政机关申请减免加处的罚款或滞纳金。

最后，如果有中止执行的情形（确有困难或暂无履行能力；第三人对执行标的主张权利确有理由；执行可能造成难以弥补的损失且中止执行不损害公共利益；行政机关认为的其他情形），可以申请中止执行。中止执行的情形消失后，行政机关应当恢复执行。对没有明显社会危害，当事人确无能力履行，中止执行满三年未恢复执行的，行政机关不再执行。

（二）行政复议与行政诉讼以外的选择

1. 信访制度

信访制度与行政复议、行政诉讼都是法律规定的权利救济渠道。但是，它们在职责任务、法律地位、方式方法却有着明显的不同。并且信访作为公民享有的合法权利，其行使的前提亦应当符合相关法律法规的范围、程序。

（1）适用范围

公民、法人或者其他组织可以通过信访渠道，向各级党的机关、人大机关、行政机关、政协机关、监察机关、审判机关、检察机关，以及群团组织、国有企事业单位等反映情况，提出建议、意见或者投诉请求等。

但是，信访制度是与行政复议和行政诉讼制度相互独立、相互分离的权利救济制度。也就是，对于能够通过诉讼、仲裁、行政复议等法定途径解决的事项，信访途径是排斥的。因此，涉及申诉求决类信访事项，如果其中内容涉及法定途径的（如仲裁、行政复议、行政诉讼、行政裁决、行政确认、申诉、民事诉讼等），则将导入相应程序处理，即不适用信访程序；对于不属于前述涉及法定途径的事项，才进入信访程序，行政机关听取信访人陈述事实和理由，并调查核实，出具信访处理意见书。

（2）重复信访的问题

信访事项已经受理或者正在办理的，信访人在规定期限内向受理、办理机关、单位的上级机关、单位又提出同一信访事项的，上级机关、单位不予受理。

信访人对复核意见不服，仍然以同一事实和理由提出投诉请求的，各级党委和政府信访部门和其他机关、单位不再受理。

（3）处理程序

根据信访事项性质的不同，《信访工作条例》区分了建议意见类、检举控告类、申诉求决类事项，并分别明确了受理办理程序，保证合理合法诉求依照法律规定和程序就能得到合理合法的结果。

对于申诉求决类中属于信访事项的，行政机关应当听取信访人陈述事实和理由，必要时可以要求信访人、有关组织和人员说明情况，需要进一步核实有关情况的，可以向其他组织和人员调查。然后依据相关的法律、法规、规章及其他有关规定，书面答复信访人。

（4）处理期限

自受理之日起 60 日内办结；如果情况复杂的，经本机关、单位负责人批准，可以适当延长办理期限，但延长期限不得超过 30 日，并告知信访人延期理由。

（5）救济渠道

①复查：信访人对信访处理意见不服的，可以自收到书面答复之日起 30 日内请求原办理机关、单位的上一级机关、单位复查。收到复查请求的机关、单位应当自收到复查请求之日起 30 日内提出复查意见，并予以书面答复。

②复核：信访人对复查意见不服的，可以自收到书面答复之日起 30 日内向复查机关、单位的上一级机关、单位请求复核。收到复核请求的机关、单位应当自收到复核请求之日起 30 日内提出复核意见。

③程序终结：信访人对复核意见不服，仍然以同一事实和理由提出投诉请求的，各级党委和政府信访部门和其他机关、单位不再受理。

2. 向上级行政机关申诉、控告

（1）内部层级监督的性质

上级机关对下级机关的内部层级监督是与行政复议、行政诉讼并行的监督和救济途径，但不同于以直接救济行政相对人权利为目的的复议和诉讼制度，内部层级监督侧重于维护行政机关内部的管理秩序，最终目的是确保上级政府对下级政府及其所属部门的有效管理。

（2）内部层级监督的救济

一般情况下，当事人可以通过申诉或控告等方式启动内部层级监督程序的线索。但是否能够启动内部层级监督程序以及程序启动后如何作出处理决定，则需要行政机关根据上下级管理需要自行判断，属于政府内部管理范畴。鉴于其不改变公民、法人或者其他组织既有的权利义务关系，因此，利害关系人不能以上级行政机关不履行法定职责为由申请行政复议或提起行政诉讼。

如上级行政机关启动了内部层级监督行为，并作出不改变或不撤销下级行政机关行政行为的处理、答复，因为没有对公民、法人或者其他组织设定新的权利义务关系，利害关系人申请复议或者提起诉讼的，也不属于行政复议诉讼受案范围。

仅在上级机关基于内部监督管理职责作出的改变或者撤销下级行政机关行政行

为的决定、命令等行为，因重新设定利害关系人权利义务的情况下，内部层级监督行为才外化为可复议和诉讼的行政行为。利害关系人申请复议或者提起诉讼的，属于行政诉讼受案范围。

3. 向纪检监察检举控告

（1）受理范围

根据《纪检监察机关处理检举控告工作规则》第四条、第十三条的规定，纪检监察机关主要处理下述检举控告：①党组织、党员违反政治纪律、组织纪律、廉洁纪律、群众纪律、工作纪律、生活纪律等党的纪律行为；②监察对象不依法履职、违反秉公用权、廉洁从政从业以及道德操守等规定，涉嫌贪污贿赂、滥用职权、玩忽职守、权力寻租、利益输送、徇私舞弊以及浪费国家资财等职务违法、职务犯罪行为；③其他依照规定应当由纪检监察机关处理的违纪违法行为。

对于已经或者依法应当通过诉讼、仲裁、行政裁决、行政复议等途径解决的；依照有关规定，属于其他机关或者单位职责范围的；仅列举出违纪或者职务违法、职务犯罪行为名称但无实质内容的事项，则不予受理。

（2）处理期限

①受理期限：纪检监察机关信访举报部门对属于本机关受理的实名检举控告，应当在收到检举控告之日起 15 个工作日内告知实名检举控告人受理情况。重复检举控告的，不再告知。

②办理期限：下级纪检监察机关接到交办的检举控告后，一般应当在 3 个月内办结，并报送核查处理情况；经本机关主要负责人批准，可以延长 3 个月，并向上级纪检监察机关报告。特殊情况需要再次延长办理期限的，应当报上级纪检监察机关批准。

③反馈期限：承办的监督检查、审查调查部门应当将实名检举控告的处理结果在办结之日起 15 个工作日内向检举控告人反馈，并记录反馈情况。检举控告人提出异议的，承办部门应当如实记录，并予以说明；提供新的证据材料的，承办部门应当核查处理。

（三）信用修复

企业若违法，除了会被行政处罚，还会面临行政处罚决定公开、列入失信名单等信用监管措施。因此，对企业来说，除了要对行政处罚决定等主要行政监管措施本身进行救济，亦应当重视对信用监管措施的修复与救济。目前，信用修复相关规定主要集中在《失信行为纠正后的信用信息修复管理办法（试行）》和《市场监督管理信用修复管理办法》。本书将以《市场监督管理信用修复管理办法》为例对信用修复作重点介绍。

根据《市场监督管理信用修复管理办法》第二条，信用修复管理是指市场监管部门按照规定的程序,将符合条件的当事人依法移出经营异常名录、恢复个体工商户正常记载状态、提前移出严重违法失信名单、提前停止通过国家企业信用信息公示系统公示行政处罚等相关信息,并依法解除相关管理措施。

1. 信用修复的具体操作

(1) 信用修复的条件

当事人被列入严重违法失信名单满一年,且符合下列条件的,可以依法向市场监督管理部门申请提前移出:①已经自觉履行行政处罚决定中规定的义务;②已经主动消除危害后果和不良影响;③未再受到市场监督管理部门较重行政处罚。另外,需要注意的是,依照法律、行政法规规定,实施相应管理措施期限尚未届满的,不得申请提前移出。

(2) 信用修复的程序

信用修复制度旨在鼓励违法失信当事人重塑信用,激发市场主体活力。为了方便当事人申请信用修复、保护当事人的合法权益,《市场监督管理信用修复管理办法》规定的信用修复的程序如下:

①申请:当事人可以到市场监督管理部门,或者通过公示系统向市场监管部门提出申请。当事人申请信用修复,应当提交以下材料:信用修复申请书、守信承诺书、履行法定义务纠正违法行为的相关材料和国家市场监管总局要求提交的其他材料。

②受理:市场监管部门应当自收到申请之日起二个工作日内作出是否受理的决定。申请材料齐全、符合法定形式的,应当予以受理,并告知当事人。不予受理的,应当告知当事人,并说明理由。

③核实:市场监管部门可以采取网上核实、书面核实、实地核实等方式,对当事人履行法定义务、纠正违法行为等情况进行核实。

④决定:市场监管部门应当自受理之日起十五个工作日内作出决定。准予提前移出严重违法失信名单的,应当自作出决定之日起三个工作日内,停止公示相关信息,并依法解除相关管理措施。不予提前停止公示行政处罚信息或者移出严重违法失信名单的,应当告知当事人,并说明理由。

⑤信用修复决定的撤销:申请移出的当事人故意隐瞒真实情况、提供虚假资料,情节严重的,由市场监管部门撤销移出决定,恢复列入状态。公示期重新计算。

2. 列入严重违法失信名单的救济

(1) 列入严重违法失信名单的撤销

列入严重违法失信名单所依据的行政处罚被撤销、确认违法或者无效的,市场监督管理部门应当撤销对当事人的列入决定,于三个工作日内停止公示相关信息,并解除相关管理措施。

《行政复议法》《行政诉讼法》对行政行为的变更、撤销和确认违法的法定情形作了具体规定，但是，需要注意的是，《行政处罚法》对行政处罚无效制度作了进一步完善，明确了行政处罚无效的三种情形：①行政处罚没有依据，即作出行政处罚决定没有法律、法规和规章的依据；②实施主体不具有行政主体资格，一种情况为行政处罚决定作出主体不具有法律、法规、规章规定的行政主体资格，另一种情况为行政处罚决定作出主体超越职权作出行政处罚决定；③行政处罚决定的作出违反法定程序且构成重大且明显违法，一般性违反程序的行政处罚决定则属于撤销情形。

（2）对被列入、移出严重违法失信名单的决定申请行政复议或提起行政诉讼

为了将信用修复制度纳入法治轨道，保障行政相对人救济权，《市场监督管理严重违法失信名单管理办法》第二十三条规定，当事人对被列入、移出严重违法失信名单的决定不服的，可以依法申请行政复议或者提起行政诉讼。

按笔者理解，严重违法失信名单作为管理强度较高的信用监管工具，对当事人权利影响较大，上述规定赋予当事人不服被列入、移出严重违法失信名单的决定的诉权，将依法行政的要求落实到严重违法失信名单制度中，一方面有助于行政相对人依法修复自身信用，维护自身合法权益，监督市场监管部门依法依规实施严重违法失信名单制度。另一方面也要求市场监管部门重视严重违法失信名单列入与移出工作的实体合法性和程序合法性。

综上，企业面对行政监管措施后应当谨慎选择救济途径，充分考量个案的具体争议焦点、行业领域、地域差异、结果预判以及追求效果，合法合理地选择有效救济途径，才能充分保障企业合法权益，妥善解决面临的风险及难问题。

四、小结

通过前述梳理，可以发现，行政监管风险的事前管理、事中应对与事后救济并非各自独立而是相互联系的。一方面，行政监管风险的事前管理不仅可以降低风险发生的概率，还可以在事中应对阶段结合相关成果主张不具有主观过错进而争取减免行政处罚；另一方面，行政监管风险的事中应对不仅可以避免行政处罚，还可以通过事中程序了解处罚决定的焦点问题以及相关证据，为后续通过行政复议或行政诉讼进行救济打下基础。

第十四章

贸易救济

随着经济的发展，对外出口成为企业的一条重要发展道路。随着中国企业生产的产品涌入国外市场，越来越多的中国产品遭受国外贸易救济调查，包括反倾销调查、反补贴调查和保障措施调查。

企业应该了解与贸易救济有关的基本概念，建立预警机制，了解立案前和立案后的应对方法和策略，利用法律维护合法的自由贸易权利。

本章主要讨论反倾销调查的应诉，反补贴调查和保障措施调查涉及政府方面的实务较多，企业在其中发挥的作用有限，因此，本章暂不赘述。

第一节　与反倾销有关的基本概念

我们先来了解倾销和反倾销调查的基本概念。我国已经是 WTO 成员，我们的主要国际贸易伙伴也都是 WTO 成员。《WTO 反倾销协议》是全体 WTO 成员在反倾销调查中必须遵守的最高法律。因此，在本书中，我们完全按照《WTO 反倾销协议》解释倾销和反倾销调查的基本概念。

《WTO 反倾销协议》又被称为《关于实施 1994 年关税及贸易总协定第六条的协议》。后一个名称说明了《WTO 反倾销协议》的法律渊源。《1994 年关税及贸易总协定》第六条既涉及反倾销问题，也涉及反补贴问题。《WTO 反倾销协议》仅实施《1994 年关税及贸易总协定》第六条有关反倾销的条款。

一、倾销的定义

1. 倾销的定义

在日常生活中和经济学理论上，倾销指的是以低于成本的价格在市场上大量抛售商品的行为。但是，在 WTO 框架内，倾销有严格的法律上的定义。《1994 年关税及贸易总协定》第六条对倾销的定义是"将一国产品以低于正常价值的方法进入另一国市场"为倾销。《WTO 反倾销协议》是这样定义倾销的："如果一产品从一国出口到另一国的出口价格低于在出口国国内消费的正常贸易过程中的同类产品的可比价格，则该产品应被认为是倾销。"这两个定义实质上是等价的，只是后一个定义更具有实践上的可操作性。

2. 澄清关于倾销的误解

一般人根据日常生活经验理解倾销的含义，会产生误解。常见的误解有：

一些企业看到自己的产品价格低于进口国国内同类产品的价格，就自认为存在倾销行为，甚至因而认为不可能在反倾销诉讼中取胜，从而放弃应诉，不战自败。

实际上，确定倾销是否存在，是将出口产品的出口价格与该产品在原产地国内市场上的销售价格作比较，而不是将出口价格与进口国国内同类产品的价格作比较。只有当受调查产品的出口价格低于该产品在原产地国内市场上的销售价格时，才存在倾销。举例来说，如果 A 国某一产品出口到 B 国的价格为 700 元，而 B 国生产的同类产品的价格是 1000 元，这并不能证明 A 国的产品存在倾销；只有当 A 国的产品在本国国内市场上卖 1000 元，而出口到 B 国的价格低于 1000 元时，才存在倾销。

也有一些企业认为，只要自己产品的出口价格不低于国内销售价格，就不必担心受到进口国的反倾销指控；即使受到指控，也能够胜诉。按照《WTO 反倾销协议》对倾销的定义，这样的认识没有什么不对。但是，这种认识是由于不了解中国所处的国际贸易大环境而产生的误解。如果按照这种认识制定企业的出口战略，很有可能遭受外国的反倾销指控。应诉时也未必一定能够胜诉。这是因为一些发达国家至今仍然拒绝给予中国企业市场经济待遇，不考虑中国产品在中国市场上的价格，而是实行"替代国"政策。这些国家在确定受调查中国企业的倾销幅度时，不是将中国产品的出口价格与该产品在中国国内市场的销售价格作比较，而是将中国产品的出口价格与非驴非马的"替代国"价格作比较。因此，中国企业在制定出口战略时，需要在国际贸易大环境之下充分考虑。

还有一些企业认为，自己的产品有利润，不可能被认定为倾销。这种误解源于对倾销的定义仍然没有认识清楚。有利润绝对不意味着没有倾销。根据《WTO 反倾销协议》对倾销的定义，倾销实际上是一种价格歧视，通常指产品对外出口的售价低于在国内市场的售价，且该国内市场的售价必须高于成本，也就是说，"出口国国内消费的正常贸易过程中的同类产品"的售价。倾销关注的是利润的多少、利润的差别或者利润率的大小。因此，不能简单认为自己的产品有利润，就不可能被认定为倾销。只有在国外市场的利润额大于或者等于国内市场的利润额时，产品才可能被认定为没有倾销。还应该注意一点，如果国内销售是低于成本进行的，也就是说，国内售价不是在"出口国国内消费的正常贸易"中产生的，那么国内售价不能作为比较的基础，和出口价格进行比较的是成本加利润（正常利润率是由调查当局决定的）。因此，在这种情况下，也不能简单根据自己的产品有利润就武断地得出不存在倾销的结论。

有的企业误认为倾销都是违法的或者应当受到惩罚，需要动用反倾销措施。这种错误观点源于对使用反倾销措施的条件存在误解。这个观点错在三个方面：第一，即使倾销成立，倾销并不一定受到惩罚。第二，即使倾销确实存在，如果损害不成立，那么倾销也是不应受到惩罚的。第三，即使倾销和损害确实都存在，但损害不是由出口国产品的倾销造成的，也就是倾销与损害之间没有因果关系，那么倾销也不能受到惩罚。根据《WTO 反倾销协议》的规定，倾销应当受到惩罚必须符合三个条件：第一，确定出口产品倾销存在；第二，确定实质损害或实质损害威胁进口国已建立的国内产业，或实质阻碍国内产业新建的事实；第三，国内产业的实质损害或实质损害威胁是由出口国产品的倾销造成的，即两者之间具有因果关系。因此，不能简单认为，倾销都是违法的或者应当受到惩罚。

二、反倾销调查常用术语

为了更好地理解反倾销调查的各个环节，我们将反倾销调查中常见的概念、术语介绍如下：

（一）出口价格

《WTO反倾销协议》并未明确规定出口价格这一概念，通常认为，出口价格指出口商将出口产品出售给进口商的价格，通常是指国际货物买卖中的FOB、CFR、CIF等交易条件下的价格。在具体案件中如何确定出口价格呢？根据《WTO反倾销协议》第二十三条的规定，确定出口价格有三种方法，而且这三种方法的适用有先后顺序，只有当一种方法不适用时，才采取后一种方法确定出口价格：

1. 出售给出口商的实际价格。这是最常见的，也是应该首先使用的确定出口商的实际价格的方法。

2. 进口产品首次转售给独立买方的价格，但该价格只适用于两种情况：一是没有出口价格的情况，二是由于出口商和进口商或第三方之间存在伙伴关系或某种补偿安排，当局认为出口价格不可靠的情况。

3. 调查当局决定的合理基础价格，但这种情况仅限于产品不转手给独立买方，或转售时产品状况与进口时不同的情况下才采用。

（二）正常价值

正常价值在《WTO反倾销协议》中没有明确定义，但从第2.1条中可以推断出的概念是"在正常贸易过程中出口国供消费的同类产品的可比价格"。因为一产品是否倾销是通过比较出口价格和正常价值而得出的，但是出口价格比较容易确定，调整弹性小，而正常价值比较复杂，调整空间相对大，所以正常价值对倾销成立以及倾销幅度高低的影响比较大。正常价值的确定在反倾销调查中有着至关重要的意义。根据《WTO反倾销协议》第2.1条和第2.2条的规定，确定正常价值有三种方法：

第一种方法是在出口国国内消费的正常贸易过程中的同类产品的可比价格。这是确定正常价值的首选方法。只有不存在第一种"可比价格"时，才可能适用第二种或第三种方法。但适用第一种方法时，也需要满足三个条件：一是被采用的出口国价格能反映此产品在出口国市场的普遍交易情况；二是被采用的出口国价格应该是在正常贸易过程中产生的价格，而不是因关联关系产生的交易价格等；三是被采用的出口价格应基于一定规模交易，并且国内交易与出口交易在相同时期内发生。国际贸易中还经常存在产品不是直接从原产地国进口，而是由一个中间国向进口成员方出口的情况。这种情况下产品的正常价值如何确定？一般情况下，正常价值为出口国的可比价格，也就是出口国国内市场受调查产品在正常贸易过程中的市场价格。但是在三种情况下，原产地国产品的价格也可以作为正常价值：一是产品只是经由出口国转运；二是出口国不生产这类产品；三是在出口国不存在与其进行价格比较的可比价格。

第二种方法是受调查产品的同类产品出口到一个适当的第三国且具有代表性的可比价格，这可以简称为第三国价格。通常适用第三国价格的情况有哪些呢？第一，出口国国内市场上不存在受调查产品的同类产品在正常贸易过程中的销售；第二，出口国国内市场存在特殊情况；第三，出口国国内市场的销售量太小，致使这些销售不允许进行适当比较，具体销售数量参考标准是，为出口国国内市场消费目的而销售的同类产品的数量达到或超过该产品在进口成员方销售量的5%（假如有证据表明较低比例的国内销售仍然具有足够的数量提供适当比较的话，则该较低比例应被接受）。

第三种方法是原产地国的生产成本，加上合理数额的管理费、销售费用和一般费用以及利润。管理费、销售费和一般费用以及利润数额应以被调查的出口商或生产商在正常贸易条件下同类产品实际的生产和销售数据为基准。当上述费用在此基础上无法确定时，可以下列为基础确定：该出口商或生产商在原产地国国内市场上生产和销售一般同类产品所发生和实现的实际费用；其他受调查的出口商或生产商在原产地国国内市场上生产和销售同类产品所发生和实现的加权平均实际费用；任意其他合理的方法，只要其计算的利润数额不超过其他出口商或生产商在原产地国国内市场上生产和销售同类产品实现的正常利润。

(三) 同类产品

同类产品通常解释为同样的产品，即在所有方面都与受调查的产品相似的产品；或者，如果不存在这样的产品，则指那种虽然不是所有方面都与受调查的产品相同，但具有与受调查产品非常相似的特性的其他产品。在反倾销实践中，确定同类产品的范围往往是案件的关键点之一，对反倾销调查程序、正常价值的计算和损害的认定都会产生重要的影响。确定同类产品通常考虑的因素包括：基本的物理、化学和技术性能；原材料以及生产流程、替代性或竞争性；销售渠道；最终用途；消费者的观念等。

(四) 国内产业

国内产业是指国内生产同类产品的全部或者主要部分的生产商，对于共同市场而言，达到了具有单一而统一的市场特点的一体化程度，在整个一体化地区里的产业应视为国内产业，如欧盟。在确定申请人是不是国内产业或代表国内产业提出申请时，主要考虑两个因素：生产被调查产品的数量和企业的数量，即支持申请的本国生产商的同类产品产量占本国同类产品总产量25%以上，且支持申请的本国生产商占该产业支持或反对申请的部分所生产的本国同类产品总产量50%以上。在特定情况下，国内产业也可指某地区的生产商。

损害是指倾销进口产品对国内产业产生的影响，包括三种表现形态：实质性损害、实质性损害威胁和实质性阻碍国内产业的建立。确定倾销是否造成损害的过程包括确定国内产业、确定损害、确定损害与倾销之间的因果关系。损害的确定应以无可辩驳的证据为根据，并须对两点作客观审查：(1) 倾销进口货的数量及倾销进口货对国内市场同类产品价格的影响；(2) 这些进口货对国内同类产品生产商造成的后续冲击程度。为确定实质性损害之目的，审查倾销进口货对相关国内工业的冲击程度，应对影响工业状况的全部有关经济因素和指数进行评定，包括销售、利润、产量、市场份额、生产率、投资收益或设备利用能力等方面的实际的和潜在的下降；影响国内价格的因素；倾销幅度的大小；对现金流动量、库存、就业、工资、增长、融资或投资能力等方面的实际的和潜在的副作用。为确定实质性损害威胁之目的，除要审查确定实质性损害的所有因素，还要对案件情况特定的因素进行审查，评估应该依据的事实，而不能根据诉称、臆测等，必须能够明确预见到，并且是迫近的。

（五）非市场经济国家及替代国政策

一些国家（地区）在对它们认定的"非市场经济国家"的出口产品进行反倾销调查时，不使用前文《WTO反倾销协议》规定的正常地确定倾销幅度的方法。这些国家认为，"非市场经济国家"的市场价格受政府控制，受调查产品的市场价格被扭曲了，不能反映它的正常价值，不能用来与出口价格作比较确定倾销幅度。这些国家选用一个第三国作为"替代国"，以"替代国"国内市场上同类产品的价格作为受调查产品的正常价值。然后，以这个替代价格与受调查产品的出口价格作比较，确定受调查产品的倾销幅度。欧盟、美国为此发展了一整套确定"非市场经济国家"受调查产品的正常价值和受调查生产商/出口商倾销幅度的方法，这样的方法被称为"'替代国'方法"。

（六）价格承诺

价格承诺实质上是受调查生产商/出口商与调查当局之间的一个合同，通常称为"价格承诺协议"（又称为"中止协议"，因为反倾销调查发起国将根据价格承诺协议中止反倾销调查）。根据该协议，受调查生产商/出口商承诺提高受调查产品的价格，从而停止倾销对进口国国内工业的损害或损害威胁；调查当局同意暂停或终止反倾销调查，不征收反倾销税。

第二节 建立反倾销预警机制

反倾销预警工作一般包括两个方面：一是对中国出口产品遭受进口国反倾销调查的预警，二是对中国国内产业损害预警即对进口产品的倾销行为的预警。一个完善的反倾销预警系统（体制）通常也应当同时具备这两个方面的职能。在本节中，一般情况下，将这两个方面的预警工作统称为"反倾销预警"，只有在必要时才明确区分反倾销预警这两个方面的工作。由于篇幅所限，本节主要针对中国出口产品遭受进口国反倾销调查的预警进行阐述。

一、企业建立反倾销预警机制的意义和作用

对于中国出口厂商来讲，首先，反倾销预警最重要的作用是"防患于未然"。

反倾销调查是一个法律规定的法定行政调查程序，开启该程序需要满足许多法定的前提条件。根据一般实践经验，发起国的某一国内产业针对进口产品提起反倾销调查申请之前，至少需要一年多的时间对本国国内同类产品生产商的立场进行商议和协调，甄选和聘请律师，并准备大量的申诉材料。与此同时，为了造势促使发起国政府立案，关于国内同类产品销售疲软、国内产品价格降低、进口产品数量增加、进口国内生产商经营状况恶化、公司裁员等消息可能出现在国内各大媒体上。作为策应，关于进口国国内同类产品生产商提出反倾销调查申请的协商、游说、准备活动的消息也可能出现在媒体上。政府相关人员经常会对国内厂商的这类活动进行支持和声援，以便为媒体提供更多报道资源。已建立的有效的反倾销预警机制会对上述信息筛选分析，当对本国出口产品被诉倾销的危险进行确认之后，系统会向各级政府主管部门及驻外机构、相关商协会、出口厂商报警。据此，涉案出口企业根据报警信息会相应调整出口策略，降低被诉的风险；商会等可以组织民间相关业界的交流，中央政府部门可以通过组织政府间谈判，加强对各自利益的理解和认知，互换双方的立场进行换位思考，并作出一定程度上的妥协安排，从而将发起对华反倾销调查的危险在萌芽状态消灭。

其次，在不能有效阻碍进口国发起反倾销调查时，反倾销预警机制可以使出口企业在立案前"未雨绸缪"，预作安排，减少反倾销调查的危害。国外的反倾销案一旦立案，填答调查问卷的时间一般平均只有35天左右。调查问卷内容繁多，各部分的填答内容必须相互对应，不得出现不一致和矛盾的回答，而调查问卷中填答的资料将决定倾销税率的判定。因此，如果企业没有在立案前进行准备，则在立案

后往往无充分时间准备资料。反倾销预警系统使出口企业建立有效的商情网络，随时掌握反倾销动态信息；帮助企业积累历史出口数据，便于立案后调取分析，便于企业迅速掌握反倾销发起国的反倾销法律法规；一旦反倾销调查立案，随时启动应急体制，使应诉工作变为主动，争取足够的时间准备资料。

通过对多年的反倾销应诉经验总结，反倾销预警对于中国出口企业的意义和作用体现在以下六个方面：

1. 使政府部门和涉案的行业协会尽早掌握全球各国对中国产品可能发起反倾销调查的信息，根据个案的具体情况，利用民间和非民间的交流和谈判，帮助涉案的中国企业将可能发生的反倾销调查提前预防。

2. 在企业中建立高效的商务信息网络，随时掌握反倾销的最新动态，促使企业对进口国产业和市场动态以及全球市场动态有进一步认识。

3. 通过各种途径无法阻碍进口国发起反倾销调查时，涉案企业可以根据已知的预警预报信息，提前进行数据资料的准备，组织模拟调查，以便及时发现问题，制定应诉方针和策略。

4. 在进口国正式反倾销立案之前，尽早做出预警预报，使出口企业能够及时调整出口市场策略，适当提高出口价格和/或减少出口数量，为今后应诉创造有利条件，同时行业协会号召全体涉案的会员企业实行出口自律，规范出口秩序，尽量在反倾销调查中争取有利裁决。

5. 做好应诉的各项准备工作和人员动员，为反倾销立案后回答调查问卷争取较为宽裕的时间，准确及时地填写调查问卷、准备充足的争取市场经济地位的资料、选择对中方有利的替代国，在最大程度上减少填写调查问卷时可能出现的瑕疵，在一定程度上减轻反倾销对出口企业的压力。

6. 根据世界经济发展趋势和主要出口国国内经济最新态势、反倾销及时动态等，作出中长期的预测，为行业协会和出口企业制定中、长期市场战略提供重要的参考依据。

二、反倾销预警体制如何建立

在实际操作中，反倾销预警系统从狭义上来说是一个动态电子信息平台，包括对定量信息和非定量信息的捕获、记录，对定量信息的统计、分析，对定量和非定量信息进行综合分析和预测。具体来说，该信息平台对出口产品的数量、价格、市场容量、产业经营状况、质量标准、市场政策、产品标准的变化和产业政策导向的变化等信息进行收集，经由中国驻外机构、中国海关以及驻外商贸机构、相关行业协会、国外咨询公司和市场调研机构等各种渠道获取相关上述信息，并协同国内市场研究机构进行数据分析和数据处理，就我国出口产品遭受反倾销调查的可能性进行分析，对出口产品形成一系列级别不同的预警信息，企业根据预警系统提供的各类信息采取相应措施，如调整出口产品的数量、价格，采取特殊的市场策略，启动应诉应急体制等。

一个完善的反倾销预警体制应建立在大量有用信息、数据模型分析及特定专家论证基础上，动态电子信息平台虽然只是整个反倾销预警体制的有机组成部分，但是由于该平台是预警体制的数据库和综合分析的工具，所以其发挥的作用是非常重要的。要建立完善有效的反倾销预警机制必须从以下三个方面着手：

1. 市场预警系统：该系统指的就是前述的动态电子信息平台，包括收集和记录相关数据系统、数据和模型分析系统、预警和反馈系统。在不同的级别上，市场预警系统提供不同的服务功能。在企业的级别上，在系统数据库的支持下，出口企业可以利用市场预警系统进行模拟测试，例如：（1）国内市场销售价格如何定价不会导致国内销售成为低于生产成本的销售，从而保证在遭受反倾销调查时国内销售价格被用于计算倾销幅度（这一点仅适用于获得市场经济地位的企业）；（2）出口价格如何定价不会导致倾销的产生；（3）当调查当局使用结构正常价值代替正常价值计算倾销幅度时，生产成本如何构成最有利于获得低倾销幅度；（4）如何改变生产成本的构成，以避免国内销售成为低于生产成本的销售；（5）如何改变销售渠道以降低倾销幅度。

2. 企业与政府、行业协会之间的协调机制：政府、行业协会、企业在反倾销预警体制中发挥各自的优势和利用掌握的资源。该机制主要包括以下内容：（1）建立各级信息共享机制和反应机制，保证预警信息的通报与反馈，并在出现不同级别的预警信息时，按照系统预先设计的程序，启动三位一体的政府、行业协会、企业的应急体制，协调政府、行业协会和企业的活动，保证步伐一致，组织有序。（2）建立规定政府、行业协会、企业在反倾销预警体制中的责任制度。保证责任严格落实到各个组织机构中。（3）建立监督检查制度，确保反倾销预警体制的正常运行、逐步完善、健康发展。

3. 预警政策研究系统：该系统主要由提供专业技术支持的政府、大学、科研机构、律师事务所的反倾销专家组成。动态电子信息平台作为政策预警系统的数据库，为该系统提供研究的基础，如目标国家（地区）的贸易政策、产业政策、产品标准等可能发生变化的信息，提供 GDP 增长率、失业率、汇率等宏观经济发展的趋势，提供目标产业利润率、开工率、市场价格、目标产品库存量等微观经济指标的变化。反倾销专家根据上述信息分析目标国家（地区）的贸易政策、产业政策、产品标准的变化趋势。

为了建立高效完善的反倾销预警机制，需要政府、行业协会、企业三个层面共同协调；各个层面因为具有各自的优势和特点而具有不可替代的作用，任何一个层面所发挥的作用都不容忽视。反倾销预警体制实质上是政府、行业协会、企业以松散的组织形式形成的网络，企业在其中扮演了非常重要的角色。中国产业的共同利益是驱动这个网络协同工作的动力源泉。因此，涉案企业之间在政府和商会协会的组织协调下，要全力化解行业利益冲突，寻求共同利益点。

最终，因为企业是反倾销预警系统的终端用户，也是该系统终端的建设者，所以，在发挥政府、行业协会作用的同时，企业应是反倾销预警机制的主体，因为企业是市场的主体，对本企业产品市场形势的变化通常比政府、行业协会敏感很多。从根本上看，企业的反应和动作决定反倾销预警信息是否能够起到预警作用。无论政府如何指导、行业协会如何组织，最终反倾销调查的应诉主体是企业。

一方面，企业层面的反倾销预警系统要与政府层面、行业协会层面的反倾销预警系统互联互通，实现信息共享，确保预警信息和反馈信息的畅通。另一方面，企业层面的反倾销预警系统不是政府层面、行业协会层面的反倾销预警系统的附庸，而是独立运作的主体。企业要配合有关政府部门，在企业内部设立专门机构或人员，或者在主要目标市场设立代表处，注意通过与驻国外商务机构或律师事务所及时联系，跟踪该国反倾销动向，从事收集和调研国际市场的相关信息，为企业在产品出口国别、出口数量和出口价格方面的决策提供依据。这些信息包括各有关国家或地区市场同类产品的主价格水平、竞争状况、产品市场前景等。建立和完善反倾销预警监控机制，充分发挥反倾销预警机制的作用。一般来说，大型企业应当建立，也有能力建立完善的企业级别的反倾销预警系统；小型企业应重视充分利用行业协会的反倾销预警系统。

企业应重视自己的客户即国外进口商的作用，发挥国外进口商在本国掌握的资源和优势，进一步加强与国外进口商的联系和沟通。首先，我国出口企业与进口商在利益上是一致的，若两者能及时、有效地沟通，则会对案件应对产生非常积极的作用；其次，虽然应诉方只有在申诉方的反倾销申诉被当局受理，国外调查当局决定开启调查程序，发布公告或通知后才知道出口产品遭到反倾销，但是有时申诉方为了能够使申诉满足法律规定而在正式提出申诉以前，与调查当局多次接触，其代理律师也会就申诉的形式和实质法律问题向调查当局进行咨询和征求意见，这些相关活动的信息可能已由进口商预先获知。中国出口企业与国外进口商充分沟通，随时了解出口国市场的各类需求和进口商所面临的各种问题，这样才能对随时变化的市场态势进行有针对性的调整，适应进口国的需要，从而在最大程度上发挥反倾销预警机制的作用。

第三节　反倾销征兆发生时的应对

当完善高效的反倾销预警机制向各级政府、相关商协会、涉案企业发出反倾销预警警报后，对于涉案企业来说，在明确反倾销预警信息的真实性，通过自有渠道进行多方印证的同时，应积极准备应对工作，多方位、全角度处理这一危机。

一、在科学分析测算后适当提高出口价格

当得到反倾销预警消息时，企业首先应当根据产品的成本状况和反倾销发起国国内市场同类产品的价格水平和销售状况，尽快提高调查产品的出口价格，根据科学测算的范围，将本企业同类产品的价格水平提高到与出口国国内市场同类产品持平，或者比发起国同类产品的价格水平略低。采取这种做法的原因是：（1）根据《WTO反倾销协议》的规定，如果应诉方的最终倾销幅度不超过2%，可不被征收反倾销税。因此在预警阶段适当提高出口价，尽快以高价格成交，可以在一定程度上避免被征收反倾销税，将反倾销调查消灭在萌芽状态，避免更大的经济损失，减少反倾销对企业的出口影响。（2）计算倾销幅度的倾销调查期间一般是从发起反倾销调查时的前一个季度起，往回推算一年的时间。计算倾销幅度是依据倾销调查期间受调查产品的出口价格与原产地国国内市场销售价格（对于不能获得市场经济地位的中国出口企业，使用"替代国"国内市场销售价格）之间的价格差确定的。一旦得到反倾销预警消息，中国企业应当抓紧时间联合合作关系紧密的进口商，以经过科学测算的较高价格出口货物，从而可能在三个月或者半年后发起的反倾销调查中切实地和有效地降低倾销幅度。但是，企业应当注意使用上述方法的前提条件，即必须找有长期紧密合作关系的进口商，因为双方在长期交易中有重大利益，并愿意与进口商合作。在上述交易中，企业应在律师的指导下注意相关保密工作和证据处理工作。

二、开拓新的销售市场

出口企业在正常经营过程中就应持续开拓新市场，将某一产品过分集中于某一市场的风险非常大，而且应该根据销售的具体情形确定在各个目标市场占有市场份额的合适配比。如将一类产品只集中于某一个特定市场或者特定市场的特定区域，就会过分依赖该市场，把鸡蛋放在同一个篮子里风险太大，有被反倾销调查的风险，如果被发起反倾销调查，再转向别的国家市场则困难重重。由于开发新市场的费用多，遇到的贸易问题具有不可预见性，中国企业开发新市场的动力不足，中国出口产品习惯于既有的一国市场。但是，一旦遭受该国的反倾销调查，就会对中国

企业产生较大的影响，很容易引起连锁反应。

中国企业在发生反倾销征兆时，应该利用各方面的条件尽快积极开发其他国家的市场。在开发其他国家市场的同时，要注意在科学计划下提高市场份额，如果数量在未科学计划下急剧增加，则容易被认定为对国内产业损害的主要原因。出现反倾销征兆后，如果企业确实无法立即将受调查产品转销到其他市场，也应及时尽量将被调查产品的销售区域分散。

三、加深发起国反倾销法规的理解

企业应对反倾销发起国的反倾销法规进行深入了解，不仅了解反倾销调查国反倾销法的实体法的规定，而且还需了解反倾销程序法的规定。随着近年来各国反倾销调查程序日趋完善，对应诉方的法定权利保护提供了法定保障，如果中国企业能够随时对最新修改的法律规定加以掌握，那么这样可以有针对性地避免其倾销的控诉，在一定程度上使得企业在应诉时有可预期性，对应诉的方向和策略有较大的把握，避免在接到正式立案后六神无主。同时可以利用已经掌握的反倾销背景知识充分监督律师的应诉工作，为取得理想结果奠定基础。

四、在行业协会的组织协调下，涉案行业共同应对

在发生反倾销征兆后，随着应急预警机制将预警信息传达给各级政府、商会协会和涉案企业，涉案企业须尽快与主管商会协会联系，报告自身出口情况和关注的问题，进一步了解反倾销诉讼的阶段和程序以及应诉工作的主要内容，从而对即将面临的应诉工作有具体和深入的认识。行业协会也会针对案件具体情况组织愿意应诉的相关企业并商讨应对的办法。

依据出口商品的分类不同，政府将行业协会分为纺织进出口商会、五矿化工进出口商会、轻工进出口商会、食品土畜进出口商会、机电进出口商会、医药保健产品进出口商会。经过十余年反倾销实战的锤炼，这些行业协会已经身经百战，对组织国内企业对外反倾销应诉过程得心应手，具备强大的组织能力和应诉能力，企业可以完全信任商会协会，并利用商会协会的资源和优势为自己的应诉工作取得胜利争取最强大的支持。

五、提前建立与外国出口商及其消费者的应诉同盟

如果对中国受调查产品征收反倾销税，那么反倾销发起国国内产业及其产业工人会因此受益，但发起调查国国内广大消费者或者下游生产商会因为买不到价廉的产品而遭受损失。因此，中国出口企业可以联合发起调查国的下游企业及相关消费者权益保护组织等对征收反倾销税有抵触情绪的组织，建立应诉同盟。利用所掌握

的媒体资源宣传贸易保护主义可能造成的各种危害，宣传扩大廉价进口所带来的有利影响。通过这种方法可以在最大程度上降低反倾销发起国保护国内产业的情绪所造成的影响。同时，组织社会各界力量进行有针对性的游说活动。

六、形成审查和调整市场价格策略的日常经营制度

价格因素和价格比较是整个反倾销调查的核心，是确定倾销幅度以及裁定反倾销税率的关键因素和认定基础。当出现反倾销征兆时，企业应当全面审查出口价格策略，作必要的调整，变被动为主动，并在日常活动中形成审查调整市场价格的经常性制度。

第一，在日常销售活动中保持出口价格高于国内市场同类产品的价格水平或者与国内价格持平，是一个重要的价格策略，因为国内价格是确定倾销是否存在而进行价格比较的两个因素之一，而且是比较重要的因素。在日常经营活动中，当企业对于自身的市场经济条件占优势有信心时，保持出口价格略高于国内市场同类产品的价格水平或者与国内价格持平，是最安全、最稳妥的价格策略；即使企业对于争取市场经济地位没有信心，由于替代国价格的不确定性，保持出口价格略高于国内市场同类产品的价格水平或者与国内价格持平，也是最安全的价格策略。

第二，在企业出口产品、订立销售合同过程中，对于合同价格条款的商定应具有技巧性，避免订立固定的、长期的价格，而是应该根据国内市场和国际市场的变化对价格作出适时调整，采用弹性价格机制。

第三，在确定出口价格时，与进口商商定将售后服务费、当地营销费用、知识产权费用以及电脑运输费用等归入出口价格，为出口价格的提高创造更大的空间。

第四，号召行业建立健康的出口机制，避免竞相低价出口，不能作"害群之马"，在出现反倾销征兆时低价甩出一批货物，然后溜之大吉，到另一个市场继续低价倾销。低价竞相出口只可能有两个可悲的结局：一是导致被对方反倾销调查。二是导致出口全行业亏损，企业难以为继，破产倒闭。企业要有全局意识，服从行业协会的价格协调，加强企业价格自律。

七、收集整理应诉所需的资料和证据，为立案后做充分准备

反倾销调查作为类似行政诉讼的涉外程序，案件的每一个阶段都有严格明确的时间限制。以填答调查问卷为例，《WTO反倾销协定》规定的时限为不少于三十天，各国反倾销法规定的填答问卷的时间很少有超过四十天的。虽然可以根据案件特殊情况适时申请延期，但是延期期间大多在七天至十四天。如果超过时限，就会被调查当局根据WTO规定所谓"最佳可获得信息"直接裁定反倾销税，而所谓"最佳可获得信息"往往就是反倾销案件申请人提供的信息，往往是对我方最不利

的信息。立案后各种应对工作应同时铺开，参加应诉会，协调与其他涉案企业的协作、挑选代理律师、应诉登记等工作应同时进行。如果企业在日常经营活动中没有收集整理应诉所需的资料，则难免忙中出现纰漏，可能将整个应诉工作置于危险境地。出口企业，特别是大、中型企业，应在平时设立电子管理系统，建立固定工作制度，指派专人负责收集、整理反倾销诉讼所必需的资料，建立完善的档案制度，建立与反倾销应诉相关资料的索引目录。

第四节 反倾销调查正式立案后的应对

一、填答调查问卷应注意的事项

（一）明确调查问卷填写的重要性

在反倾销实践中，企业往往忽视问卷填写的重要性，认为各国的反倾销问卷的内容大体相同，格式性填答即可，一味地追求所谓的成本调整。以这种忽视态度填写问卷是反倾销调查中的大忌。调查问卷的填写应当根据企业的具体情况，结合发起国问卷的重点内容，按照经过反复讨论确定的应诉策略进行认真填写，从而奠定胜诉的坚实基础。

在通常情况下，反倾销调查当局接受国内产业的申请，对一起反倾销调查公告立案后，就会通过外交途径将调查问卷寄给涉案产品的出口商或生产商或商会，说明告知回答调查问卷的期限并要求按照规定寄回反倾销调查当局。

反倾销调查当局针对不同的调查对象发送不同的问卷，发送给被调查生产商、出口商（以下简称应诉方）调查问卷的内容与发送给进口商以及提出反倾销调查申请的国内生产商（以下简称为申诉方）调查问卷的内容不同。本节仅仅讨论应诉方填答调查问卷的问题。

调查问卷是各国反倾销调查当局收集证据的基本途径，是调查当局进行反倾销调查的主要手段。调查问卷设计的各项问题都是经过科学设计并具有深度用意的，分别涉及公司结构、公司会计基本制度、涉案产品性质、在国内市场、第三国市场、起诉国的具体销售情况、涉案产品生产成本构成（或生产要素）、生产流程等专业问题。调查当局非常重视调查问卷，应诉方填答调查问卷的内容是调查当局作出裁决时所依据的最重要的根据。

在反倾销应诉过程中，应诉方非常重要的义务和责任就是依据调查问卷的填写要求，按时、全部、正确、翔实地完成问卷。根据《WTO反倾销协定》第6.8条的规定，如果任何一个有利害关系的当事方在合理的期限内拒绝当局使用或拒绝提供必要的资料，或严重阻碍调查，当局就可以根据"可获得的事实"作出不管是肯定的或否定的、临时的或最终的裁定。各国反倾销国内法都参照《WTO 反倾销协定》第 6.8 条进行了规定，有些国家甚至规定，如果任何一有利害关系的当事方拒绝与调查当局合作，当局可以适用"不利的可获得的事实"作出裁决。因此，如果应诉方拒绝回答调查问卷的问题，将被认为拒绝与调查当局合作，调查当局就有可能适用"不利的可获得的事实"裁定很高的反倾销税率。如果应诉方对调查问卷的回答不准确或者有遗漏或对各个调查问卷的回答相互矛盾，一旦被调查当局认定为有"欺诈"嫌疑，重则同样导致适用"不利的可利用的事实"作出裁决，轻则也将导致提供的信息和提出的抗辩不被采信，当局将适用"可获得的事实"作出裁决。所谓"可获得的事实"常常就是申诉方提供的信息，当然也是对应诉方非常不利的。

反倾销应诉不一定能取得理想的结果，但是不应诉肯定是死路一条。同样的道理，答好一份调查问卷或许不一定取得胜诉的结果，但是，一份低质量的调查问卷将肯定无疑地导致整个应诉全盘皆输。因此，成功的应诉应该从细节做起，答好调查问卷是细节工作的第一步。

调查问卷的回答是提交补充问卷、应对实地核查等反倾销后续程序推进的基础，对后续调查产生深远的影响，甚至影响到倾销是否存在、损害是否存在以及倾销与损害之间因果关系的抗辩，直至影响到案件的最终结果。调查当局发出调查问卷，应诉方回答和寄回调查问卷——预示着反倾销调查刚刚开始。如果应诉方对于问卷中的问题答非所问，或者相关问题在不同部分回答得不一致致使调查当局有所猜忌或申诉方对此提出质疑，调查当局就有可能根据自己的判断一次或者多次发出补充问卷对可疑的回答要求应诉方进行解释。如果在实地核查阶段证明对调查问卷的回答是没有根据的或者是虚假不实的，同样会导致调查当局适用"不利的可获得的事实"作出最终裁决。如果应诉方对调查问卷的回答准确，并无互相矛盾之处，所有相关回答都附有充分的证据，则补充问卷的问题将非常少，实地核查会较顺利通过。

总之，填答调查问卷实际上是应诉方应调查当局的要求提供证据材料的一种法律形式，是应诉方向调查当局提供受调查产品的销售和成本的情况，从而避免被征收反倾销税的主要途径。对于应诉方来讲，调查问卷是调查当局给予的一个重要的阐述机会，使应诉方能够向当局陈述企业和涉案产品的真实情况，陈述那些证明被指控的倾销行为实际上不存在的客观事实等。应诉方当然应当把握这个机会，用数据和事实证明自己不存在倾销行为，驳斥申诉方在其发起反倾销调查申请书中的指控。反倾销调查实质上是一种行政诉讼程序，国外调查当局相当于行政法主体，负有根据国内反倾销法关于程序和实体的规定，依法进行反倾销调查、公平对待申诉方和应诉方的责任。在市场经济条件下，政府过度保护国内产业，是一种有害于国内产业整体长期利益的政策。过度限制外国产品的进口，必然招致报复，还可能在 WTO 争端解决机构内受到指控，最终不得不改正。这些因素制约了反倾销调查当局，使之在行使自由裁量权、袒护国内产业时有所顾忌；为了国家、政府以及调查当局本身的利益，调查当局在某种程度上不得不尊重客观事实、尊重其本国的法律。

（二）填答调查问卷的基本原则

在明确填写调查问卷的重要性之后，填好调查问卷的原则现阐述如下，供企业和律师参考。

第一个原则是真实、诚信，不要弄虚作假。一旦国外调查当局发现应诉企业有失信行为，势必会影响应诉企业的最终应诉结果，企业应当根据日常经营活动中积累、整理的文档和资料，诚信地填答调查问卷。反倾销问卷是调查当局通过多年反倾销调查积累的经验并经过科学设计的调查问卷，其各个部分内容有内在联系，环环相扣，内容和数据之间照应，互相印证；所填的每一项数据和内容需要真实证据的支持，而不是凭空地臆测；调查问卷要求的书面证据繁多，涉及原材料的采购、产品的生产、销售产品直至银行收款的全部过程。在核查阶段，问卷所填答的数据都需要与总账、成本账、会计资料、财务报表等相挂钩。在某一处进行不合理的调整或错误虚假填报，可能导致对多处财务文件甚至整个账套的修改，虚假填报的结果往往弄巧成拙。一旦被调查当局盯上，就容易被认定为欺诈，一切应诉的努力可能付诸东流。再者，企业需要发挥主观能动性和科学的经营规划，才能长期屹立于国际市场而不倒，而不是靠一时的小聪明和弄虚作假，这会对反倾销的应对带来巨大的风险。在应诉反倾销调查中，要采取科学的应诉措施。根据多位从事反倾销实务的国际和国内律师的经验，为了企业的短期利益和长期利益，"诚信、真实"是填答调查问卷的第一个重要的原则。

第二个原则是妥善处理保密问题，既不能因为保守商业机密而拒绝回答调查问卷的问题，也要防止泄密的原则。本部分所指"机密"仅限于企业的商业机密。根据一般反倾销调查问卷涉及的问题范围和深入程度，企业如果按照调查当局的要求回答全部问题之后，有关受调查产品的全部商业机密（例如，原材料及配件的供货渠道及价格，产品的销售渠道及价格，产品的制造工艺，单位产品的原材料、配件、人工、能源等生产要素消耗量，单位产品的成本、利润等），都将暴露在调查当局面前。在企业实际生产经营过程中，部分涉及商业机密的问题需要层层审批，每一个层级承担着可能泄密的风险，这不仅延误了应诉时间，而且增加了保密处理的不确定性和不可预期性；有的企业由于担心泄露商业机密而不愿意回答调查问卷中涉及商业机密的问题。对此正确的处理原则是：提供调查当局索要的全部资料，同时又要按照法律规定，妥善处理机密资料，防止泄密。

根据反倾销法律规定，为调查之目的，反倾销调查当局有权力要求受调查的生产商或出口商提供包括机密信息在内所有与调查相关的信息。但是，除非获得信息提供者的特殊允许，对于机密信息或当事人在保密条件下提供的信息，调查当局不得对外披露该信息。同时，为了保证反倾销调查的透明性，机密信息提供者必须提供充足的理由从而向调查当局申请保密，并同时提供该机密信息的非机密摘要，以便各个利益相关方了解。该摘要应包括足够的细节和内容，使各当事方对机密信息的实质性内容有合理的理解。在特殊的情况下，如果提供机密信息的当事方认为该机密信息不应作出摘要，那么，该当事方必须提供一份为什么不能作出摘要的解释。

反倾销调查当局如果认为保密的理由不充分，则可以拒绝信息提供者对信息进行机密处理的要求。但是，反倾销调查当局必须书面通知信息提供者。如果出现这种情况，信息提供者可以作出收回该信息或者同意作为非机密信息提供的决定。如果信息提供者决定收回该信息，当局可能使用"可获得的最佳信息"作出裁决，这通常对于信息提供者非常不利。各当事方可以查阅、复制机密信息的非机密摘要以及不能提供非机密信息摘要的说明。代理律师可以查阅、复制非机密信息、机密信息的非机密摘要等，也可以查阅机密信息，但是，不能复制或摘抄机密信息。由于代理律师的法定保密义务，代理律师不能将查阅的机密信息透露给各当事方。由此可见，保密待遇仅仅是针对竞争对手的；对于反倾销调查当局和代理律师，提供的信息是无法保密的，否则反倾销调查工作无法正常开展。

有经验的反倾销代理律师知道哪些信息可以做机密信息处理，也知道如何提出保密的理由。同时，代理律师也会询问被调查的生产商或出口商哪些信息需要保密，并在律师的指导下做好保密处理。在实践中，反倾销当局一般在倾销问卷上会说明答卷的总要求。作为应诉方应该严格按照要求进行逐项回答；否则，有可能被当局视为信息不完整的答卷，或者因为回答不切题而被调查当局视为不合作而被适用"可获得的最佳信息"导致高倾销幅度，或者因为发起调查生产商或出口商提供的不太切题的资料而引起调查当局追问或核查其他的资料，造成不必要的麻烦。总之，问什么答什么，尽量不牵涉其他问题，以免引起可能的纠纷和麻烦。

第三个原则或者说是填写反倾销问卷的最高境界，就是通过填答调查问卷，促成调查向有利于出口商或生产商的方向转化。这是应当在填答问卷中时刻铭记的指导性原则。填答调查问卷实质上是在反倾销程序中第一次提交书面陈述或者是抗辩书，如果准确得当地进行回答就会促成反倾销调查向有利于出口商或生产商的方向转化。也就是说，通过填答调查问卷向反倾销调查当局展示数据和证据证明企业没有进行倾销行为或者没有申诉方指控的那样高的倾销幅度，也要通过填答调查问卷证明中国的出口产品没有对起诉国国内产业造成损害或不可能造成损害威胁。一切填答调查问卷的所谓原则或要求都是为实现这个目的而设定的。

其他填写问卷的一般注意事项：（1）问卷要求提供一定时期内往往是调查期间的证据材料，这种时间的要求一般因国家、案件、事项的不同，常常有所不同。（2）在规定的时间内完成答卷，并寄回反倾销当局不能超过时限，如有理由请求延期，必须事先提出延期申请并获得准许。（3）按要求的语言文字填答或提供材料，一般是要求用调查当局的工作语言填答。（4）在律师指导下，在反倾销发起国反倾销法允许的范围内，对一些答卷的事项进行合理的处理，从而使答卷向有利于出口商方向发展，不但不会被视为违背事实，而且还显示答卷的水平。例如，在计算成本时，可用不同分摊方法进行，并经过科学测试确定对应诉方最有利的分摊方法从而降低成本，为获得较低的最终倾销幅度创造有利条件。（5）填答问卷的同时尽量为核查阶段的工作做准备，必须保持答卷的有关数据与生产商或出口商的总账、成本账、会计资料、财务报表等相一致。在填答问卷阶段就开始做实地核查的准备，可以保证填答数据的准确性、保证核查工作的下一步开展。

（三）反倾销调查问卷的内容及填答注意事项

在反倾销实践中，各国反倾销调查当局针对每个案件的不同情况和调查官员关注点的不同，对调查问卷的设计各不相同。但是，各国调查问卷的基本内容都是相似的，所以现将这些具有共性的基本内容和填答时的注意事项阐述如下：

第一部分：受调查企业的一般情况

1. 公司本身的基本情况

调查问卷在这部分通常包括以下内容：

（1）公司的名称、地址、电传和传真；（2）与其他公司的从属关系和关联关系；（3）资本及股本的构成；（4）经营范围；（5）产品商标名称；等等。

填写注意事项如下：

应当概述公司组织为制造厂或贸易商，是否经营内外销业务，如有子公司应列明其名称及其关系，如其本身为子公司应列明母公司或联属公司的名称及其关系。

2. 公司内部组织机构及其人员

调查问卷在这部分通常包括以下内容：

公司组织结构以及内部的决策和管理机构的产生、组成、公司雇员人数等情况，特别要说明的是公司负责人的产生程序及其与主管部门的关系是民主产生，还是上级领导任免的。

填写注意事项如下：

该项对于中国企业申请分别税率和市场经济地位至关重要，应当附上公司章程及相关文件证明之。

3. 公司财务会计状况

调查问卷在这部分通常包括以下内容：

(1) 提供所要求的会计年度（一般是自申诉之日起算上一个至三个会计年度）的公司内部财务报表或报告；(2) 提供审计部门对其上述报表或报告进行审计的结果。

填写注意事项如下：

注明会计年度，提供所要求的会计年度财务报表，包括资产负债表及损益表，等等。

4. 公司产品情况

调查问卷在这部分通常包括以下内容：

提供公司生产的有关产品的制造情况，提供产品种类、型号、内部使用的代码、产品目录及说明书等资料。

填写注意事项如下：

详述在国内销售的产品、销往第三国的产品与销往起诉国的产品规格相同及不同之处，提供相应的目录及说明书。

5. 产品销售情况

调查问卷通常包括以下内容：

(1) 产品在起诉国的销售系统，销售程序环节；(2) 被调查期间在起诉国所有客户的名称、地址及公司之间的关系；(3) 出口方式（是直接出口还是经第三国家或地区转口）以及直接出口和转口各种方式所占的比例；(4) 产品价格的优惠对象及幅度。

填写注意事项如下：

说明内销和外销的销售网络，概述决定销售条件的理由以及销售不同层次顾客（如批发商、零售商以及装配商）价格决定的因素；列明在调查期间销往国内、第三国及起诉国的涉案产品数量及金额；提供规定的价格表、折扣及回扣表。

第二部分：国内市场和第三国市场的销售情况

1. 国内市场和第三国市场销售对象

调查问卷在这部分通常包括以下内容：提供客户情况，包括独立客户和有关联的客户。

2. 销售情况

调查问卷在这部分通常包括以下内容：(1) 列明在国内市场销售的批发和零售具体价格；(2) 出口到第三国市场 FOB 或 CIF 等价格条件下的具体价格。

3. 销售费用

调查问卷在这部分通常包括以下内容：(1) 列明陆、海、空运输费用；(2) 保险费用；(3) 包装费用；(4) 其他有关费用。

4. 销售条件费用

调查问卷在这部分通常包括以下内容：(1) 说明技术转让或服务费用；(2) 售后服务费用；(3) 与销售有关的信贷费用；(4) 产品担保和责任赔偿费用；(5) 广告和其他促销费用；(6) 仓储费用；(7) 其他有关的费用。

5. 价格减让和佣金、回扣

调查问卷在这部分通常包括以下内容：价格减让的情况以及用途和回扣发生的金额和幅度以及这样做所依据的理由和条件。

6. 税收

调查问卷在这部分通常包括以下内容：列举为产品销售支付的所有税金以及减免情况。

7. 补贴

调查问卷在这部分通常包括以下内容：说明有关部门对产品销售提供的补贴及所依据的理由。

8. 销售付款事项

调查问卷在这部分通常包括以下内容：说明产品买方的付款方式和付款期限。

9. 相似产品的差别情况

调查问卷在这部分通常包括以下内容：(1) 要求将在国内市场或第三国市场所销售的产品与出口到起诉国产品差别作出说明；(2) 详细提供由上述造成的销售条件、销售价格的差别及差别幅度。

10. 其他相关情况

调查问卷在这部分通常包括以下内容：(1) 除出口补贴外的政府资助；(2) 对第三方的支付；(3) 租赁行为；(4) 借款和租赁担保；(5) 产品的寄售情况；等等。

问卷第二部分的填写注意事项如下：

第二部分的内容在计算发起调查产品的正常价值时用作价格调整。因此，详细填答并根据填答结果模拟测算正常价值，并与第三部分测算的出口价格作比较，模拟测算倾销幅度，是填答调查问卷时非常必要的工作。据此可以寻求改变计算方法，降低倾销幅度，作为今后提出抗辩的内容之一。这也将使企业对自己是否倾销以及倾销幅度的大小心中有底，检查和核对调查当局计算的倾销幅度。

各种可能发生的调整项目如下：

(1) 有关费用的调整：根据销售条件，计算每一单位产品应负担的费用，包括但不限于下列各项：内陆运费、保险费、佣金、包装费等。

(2) 数量性的调整：由于销售时的折扣政策而需要进行的调整；说明公司的折扣政策，注明数量折扣或非数量折扣，并应附折扣表。

(3) 产品差异性调整：由于国内销售或向第三国销售的产品与销往起诉国的产品在规格、性能等方面差异而需要进行的调整；说明比较产品的不同之处，需要调整的项目、数额及其调整理由。

(4) 销售环境差异性调整：由于国内销售或向第三国销售的销售环境与销往起诉国的环境的差异而需要进行的调整；包括但不限于下列各项：利息费用、技术服务费、销售佣金、售后服务保证费、权利金、广告费、仓储费等。

(5) 其他必要的调整：如果有上列各项调整以外的其他调整减除项目，也可注明分摊基础，并予以调整减除。

第三部分：向发起国销售情况

1. 发起调查产品在起诉国的销售笔数

调查问卷在这部分通常包括以下内容：要求按时间先后将所有销售的笔数一一列明。

2. 销售价格情况

调查问卷在这部分通常包括以下内容：列明出口到起诉国的价格及具体的价格条件（例如，FOB 条件下的价格还是 CIF 条件下的价格）。

3. 出口费用

调查问卷在这部分通常包括以下内容：提供为了出口而支付的各种费用，主要有但不限于下列各项：(1) 进口国以外海陆空运输费用；(2) 从进口国港口到第一个买方的运输费用；(3) 运输保险费用；(4) 在进口国的佣金和回扣；(5) 港口费、装船费、仓储费和有关手续费；(6) 进口税及减免情况。

4. 销售条件费用

调查问卷在这部分通常包括以下内容：(1) 技术服务或技术转让费用；(2) 贷款费用；(3) 售后服务费用；(4) 产品责任费用及其担保费用；(5) 广告和其他促销费用；(6) 其他有关费用。

5. 出口后再加工或再销售费用

调查问卷在这部分通常包括以下内容：列出产品出口后再销售给独立买主所发生的费用，以及在这一销售前进行加工所发生的费用。

6. 出口产品的付款情况

调查问卷在这部分通常包括以下内容：说明进口商或买方的付款方式及期限。

7. 其他有关事项的情况

调查问卷在这部分通常包括以下内容：(1) 向由特许权使用费、商业秘密许可等产生的第三方付款；(2) 租赁交易及担保情况；(3) 所获得的各种资助。

调查问卷第三部分的填写注意事项如下：

第三部分的内容在计算发起调查产品的出口价格时用作价格调整。因此，详细填答并根据填答结果模拟测算出口价格（一般是出厂价格），并与第二部分测算的正常价值作比较，模拟测算倾销幅度，是填答调查问卷时非常必要的工作。据此可以寻求改变计算方法，降低倾销幅度，作为今后提出抗辩的内容之一。这也将使企业对自己是否倾销以及倾销幅度的大小心中有底，检查和核对调查当局计算的倾销。

第四部分：生产成本和生产流程

1. 生产发起调查产品所需的各生产要素

调查问卷在这部分通常包括以下内容：(1) 全部原材料名称、数量、价格及来源；(2) 所需的人员及工时总数；(3) 所耗的各种能源及其数量；(4) 直接生产所用的机器设备及其折旧；(5) 日常开支项目及数量；(6) 其他可计入产品生产成本的费用。

2. 产品生产工序

调查问卷在这部分通常包括以下内容：(1) 说明生产所涉及产品每一阶段的生产程序和生产步骤；(2) 生产线数目；(3) 生产能力及其利用率。

3. 产品情况

调查问卷在这部分通常包括以下内容：(1) 所涉产品及其相似产品的代号、型号及其总产量；(2) 所涉生产厂家的其他生产产品的一般情况。

4. 产品包装情况

调查问卷在这部分通常包括以下内容：产品包装所用的原材料，使用工艺及所需的其他成本。

上述问卷内容只是国外反倾销调查当局在正式立案后向涉案企业发放的常规调查问卷的基础性内容。但是，在调查过程中，调查当局在收到涉案企业问卷后，可以根据案件的需要，对出口商提交的模糊地方或者自相矛盾的地方发出补充问卷。

补充调查问卷的内容应该比第一次调查问卷的内容更加具有针对性，更加具体，所以应诉企业对补充调查问卷的回答须更加重视，不能掉以轻心。

二、实地核查的应对

实地核查大多在调查问卷和补充问卷回答完毕后，在初步裁决之前进行。

少数国家是在初步裁决发布之后、最终裁决之前进行。实地核查的主要目的是证实填答调查问卷时提供的资料或者获取更详细的情况。

实地核查是《WTO反倾销协定》规定的调查程序之一，该条款规定："为了核实提供的资料或者为了进一步获得更详细的资料，如果得到有关公司的同意，并通知了该成员方政府的代表，当局可以根据需要，在其他成员方领域内进行调查，除非该成员方反对这一调查。附录Ⅰ中规定的程序应当适用于在出口成员方领域内进行的调查。在保护机密信息的前提下，当局应当使现场调查的结果可供各当事方利用，或者根据第 6.9 条的规定向有关公司披露现场调查的结果，并可以使该调查的结果可供申请人利用。"

《WTO 反倾销协定》附录 I 规定的实地核查程序主要有：

1. 调查开始前，应当将进行实地核查的意图通知出口成员方当局和已知的有关的公司。

2. 在最终确定核查日程之前，应当获得出口成员方的有关公司的明确同意。

3. 一旦得到有关公司的同意，调查当局应当立即将被核查公司的名称、地址和一致同意的调查日期通知出口成员方当局。

4. 在核查访问之前，应当预先通知要访问的公司，并给它们留出充分的准备时间。

5. 对于出口成员方当局或公司提出的并且对成功地进行实地核查重要的询问或问题，只要有可能，调查当局应当在进行调查访问之前给予答复。

6. 在实地核查之前，通告有关公司待核查内容的一般性质及需要进一步提供的信息；但这并不排除调查人员根据已获得的信息，在现场要求提供进一步的详细资料。

各国的反倾销法根据《WTO 反倾销协定》规定了实地核查程序。在实际应对实地核查时，应注意以下几点：

1. 调查当局在实地核查开始的一周或两周前给应诉企业发送的核查大纲会列出要核查的主要项目内容，企业应当在代理律师的指导下按照核查大纲做好充分准备。这种准备工作包括：

（1）代理律师应当提前一定时间到企业全面检查应对核查的资料，核对钩稽数据，发现调查问卷中出现的问题并发现潜在的问题，及时纠正错误，做好核查预案的工作。

（2）按照核查大纲和积累的核查经验，准备好填答调查问卷内容的资料及其支撑材料，往上追溯到总分类账和财务报表，往下追溯到各部门、各生产车间的报表以及所有出口数据和出口文件等。

（3）在核查之前，在代理律师组织下，应诉企业各个部门主要负责人员举行一次核查预备会议，根据案情的最新进展，预测核查的重点和方向，向负责人演示核查程序，预测核查人员可能询问的问题，准备我方的回答，制订充分的核查应对方案，并准备紧急事项处理方案。将回答询问的人员进行分工，答卷负责人负责回答与填答调查问卷有关的问题，各有关部门、各车间人员作为辅助人员要对本部门（车间）提供的材料心中有数，回答核查人员对细节问题的询问。证明（支撑）材料的原件应有专人保管，分门别类保存，不能与其他材料相混。

(4) 准备计算器、复印机等核查需要的工具。证据和材料的原始记录通过某种计算机程序以电子数据形式存在，应保证上述计算机程序能够正常运转，并且该电子数据可复制、打印。所有的资料都要翻译成调查当局的工作语言。

(5) 至少准备 2 套支持答卷和补充答卷中所提供信息的所有证据和材料证明、计算依据，以备调查官员分别查阅。

(6) 在核查进行中，与核查有关的全部人员应当在岗位上，以备随时调阅有关证据。

2. 实地核查的时间极短，一般只有一周左右，而有待核查的数据成千上万，因此，充分准备，备有预案，特别是应对不顺利情况的预案，随时准备回答核查人员的提问，特别重要。

3. 在实地核查中，核查人员一般不接受应诉企业提交的任何新的资料，但是，下列情况例外：对已经提交的资料作细微的修正；对已经提交的资料起证明或澄清作用的资料；调查当局以前没有要求提交而在实地核查之前或实地核查中要求提交的资料。如果应诉企业试图修改已经提交的资料，最好在调查一开始就提交给核查人员一份资料修正清单，并附上详细的支撑和证明材料。

4. 核查官员相当于中立的裁判者，应诉企业和代理律师应当与核查官员保持正常的交往距离，既不能太冷淡也不能表现得太密切，应当根据核查官员的态度和性格决定交往的亲密程度，为核查的顺利进行营造良好的氛围。在核查进行中，积极配合核查的工作关系，提供核查官员要求提供的资料，不相关的资料不需提供。

实地核查人员既不是应诉企业的敌人，也不是应诉企业的朋友。对他们有时表现出的严厉、生硬以及个别核查人员偶然出现的蛮不讲理，都应当理性处理，切忌急躁。对他们提出的刁钻问题，不回避、不遮掩，有问必答，百问不厌。应当明确核查官员的职责是核实应诉企业填答调查问卷内容的准确性。在核实之前，他们对填答内容和答卷中出现的可疑错误抱怀疑态度是可以理解的。如果核查官员对于一个问题有误解，应诉企业和代理律师应当与之积极沟通。如果确有错误，应当积极补救。如果错误比较小，加上应诉企业的积极配合，是完全有可能得到补救的。

三、参加听证会应注意的事项

作为反倾销调查程序的重要组成部分，听证会是保证反倾销调查程序上和实体上公正性的重要保障措施。听证会的重要性在于，它在法律制度上保证为案件各个利益相关方提供了面对面交流的一个机会，使利益相关方能够直接向调查当局陈述自己对调查中涉及的关键性问题的看法，使利益相关方能够支持和反驳其他利益相关方的观点，支持或者反驳其他利益相关方提供的证据。对于调查当局来说，听证会是一次直接面对案件利益相关方的机会，能够对各方的观点和抗辩进行更直观的评估和判断。对于应诉方来说，在应诉的初期通过填答调查问卷、应对实地核查的方式，应诉方只能按调查当局的要求，被动地提供调查当局需要的信息和材料，没有机会向调查当局陈述对案件关键性问题的全面看法，阐述自己的观点并反驳申诉方的观点，更没有机会向调查当局提供对本案的全面认识。积极参加听证会阐述自己的观点是利益相关方的法定权利，放弃参加听证会就等于放弃了一个重要的抗辩机会。虽然除了听证会之外，应诉方拥有其他机会阐明自己的观点，伸张自己的权利。例如，以书面的形式对申诉方的指控提出抗辩，针对申诉方的未经证实的证据提出反驳，但是应诉方不能面对面地与调查当局交流，无法保证这些书面材料被哪一个或哪几个调查官员审阅和分析。在听证会上则可以直接与调查当局的官员交流，至少保证调查当局的官员能知道自己的观点。因此中国企业及其代理应当重视听证会，为听证会做好充足的准备，使应诉方对调查案件的看法在调查官员的脑海中留下完整和清晰的印象。

举行听证会的WTO规则依据是《WTO反倾销协定》第6.2条的规定，该条款规定："在整个反倾销调查期间，所有有利害关系的当事人应有充分的机会为其利益进行辩护。为了达到这一目的，如有请求，当局应当为所有有利害关系的当事人提供与其有相反利益的当事人会见的机会，以便让不同的观点得到陈述，并为双方提供辩驳的机会。在提供这样的机会时，必须考虑保护机密的需要和方便有关当事人。任何一当事方都没有必须参加会见的义务，不得因当事人不参加会见而对其案件处理产生偏见。有利害关系的当事人也应有权在有正当理由时，以口头方式陈述其他有关信息。"

虽然各国反倾销法对于反倾销调查听证会的规定不尽相同，但是，比较通行的听证程序如下：

1. 预先通知程序：调查当局在反倾销法规定的召开听证会的时限内召开，并在召开听证会前的法定时间内发出公告，通知利益相关方报名参加，并通知利益相关方有关本次听证会的主题及其他要求。

2. 申请参加程序：在收到召开听证会的通知后，在公告规定的时限内，希望参加听证会的利益相关方向调查当局提出参加听证会的申请，包括议题和参加人数，过期将被视为放弃参加本次听证会；如果有充分理由不能按期参加听证会又不愿意放弃参加听证会，应当及早以书面的方式提出延期申请，由当局决定是否延期举行听证会。

3. 提前提交议题规则：调查当局通常会要求各当事方提交议题清单，以便安排听证会议程，各当事方在听证会上的发言原则上不超过议题内容，以便提高听证会的效率并控制时间。

4. 保密规则：如果当事方认为在听证会中进行的陈述将涉及其商业秘密，则可以将秘密和非秘密部分分离,向当局提出申请,要求举行禁止对方参加的秘密听证会。

5. 调查当局在听证会上可以就案件的有关情况向有关当事方提问,但是,当局没有义务回答各当事方提出的与案件调查有关的问题。

6. 听证会使用的工作语言是当局的官方语言,当局一般不为当事方配备翻译,因此,应诉企业如果亲自参加听证会,通常由国外的代理律师陪同参加,以便了解听证会最新情况。

7. 当事方通常会向调查当局提交听证会后的书面陈述——在听证会上口头提供的情况,如果是以前没有向调查当局提供的,并且希望调查当局在作出裁定时予以考虑,则必须在事后以书面形式提交,否则,当局一般不会予以考虑,这些以书面形式补充提交的材料,如同以前向当局提交的任何信息一样,当局将按法律规定向其他有利害关系的当事人提供(秘密信息则按有关秘密信息的规定处理)。

8. 非强制性原则:任何一当事方没有参加听证会的义务,调查当局不得因当事人不参加听证会而对其案件处理产生偏见。

虽然上述通行的听证会规则具有一些共性,但是各国反倾销法和相关条例对听证会细节的规定差别很大,各国不同调查部门举行的听证会的重要性也不尽相同。因此,中国企业应当研究反倾销调查发起国听证会制度的特点,有针对性地准备参加听证会的发言。

对于企业而言,如何利用听证会维护自己的正当合法权益是一个非常重要的问题:

1. 为听证会做准备的最重要工作是分配和确定发言的内容和重点。应诉的生产商、出口商、进口商、下游用户等应当形成联盟,根据既定的听证会策略,共同准备和协调在听证会上的发言。根据各自的分工不同,应诉方各企业之间、应诉方与进口商、下游用户之间,应当有各自发言的重点。依据各方在应诉中的角色和利益的不同,分配各方的发言重点,调整发言顺序,使各方的发言连贯形成有逻辑的结构,力争应诉方的发言在案件关键问题上给调查当局官员呈现清晰的架构,使官员们对应诉方的意见产生足够的重视。

2. 代理律师在听证会召开前必须进行预案的准备工作和预演。听证会对各当事方发言的时间是有限制的,为了能够有更好的发言效果,代理律师应指导发言者在听证会前练习念发言稿,并指导提醒发言的重点。在进行预演时,发言者应根据代理律师预测,对调查当局官员可能提出的问题做好回答的准备,对应对突发情况提出具体的应对策略。代理律师必须根据案件发展的最新态势和呈现的特点,对每一个发言人进行通盘考察,帮助发言人精心准备发言。

3. 重视和发挥进口商、下游用户以及其他与应诉方有相同利益的当事方(例如，销售商、消费者团体等）在听证会上的作用：通过听证会的准备，联系走访进口商、下游用户，一起分析案件的背景并关注最新进展，针对应诉面临的现状提出共同应对的建议。中国企业可以在中国使馆人员的帮助下，走访反倾销发起国的调查当局及相关单位，以便增进双方的理解。同时，代理律师可以抓紧时间进一步修改和完善与听证会有关的材料。反倾销调查发起国的当事方可以从当事国的利益出发，陈述无损害的抗辩意见。他们的立场和发言会引起调查当局官员的一定重视，从而衡量征收反倾销税的利和弊。如果有可能促使申诉方撤诉或者有可能以价格承诺协议结案，还应当在听证会召开前挑选合适的时机拜访申诉方厂商、商会及其律师，增进了解，消除他们对中国产品大规模倾销的疑虑，表达和解的愿望。

4. 根据案件最新进展，酌情使用请求延期的权利。如果发现对方有和解的愿望，需要时间争取，我们可以提出延期召开听证会。或者由于案情出现重大变化，我方对听证会相关情况的准备不充分，我方可以要求调查当局延期举行听证会。

综上，听证会是一个维护应诉方权益的法定机会。参加反倾销应诉的中国企业一定要重视这个机会，通过听证会程序进一步争取自己的合法权益，变被动为主动。但这些都离不开前述的前提条件，即熟悉调查国有关程序法的规定，促使调查当局采取公正的态度，使之在一定范围和程度上采纳我方的观点。

四、充分利用复审程序

在反倾销调查终裁发布后反倾销调查结束，但这并不意味着中国应诉企业只能消极地被征收五年反倾销税。复审制度为应诉企业提供了救济法律制度，是反倾销调查当局对已经发生法律效力的反倾销措施依法进行重新审查的程序性活动。在反倾销税有效期间内，反倾销法一般规定了三种复审程序，分别是：行政复审、日落复审、新出口商复审。

（一）行政复审

反倾销措施的直接目的是抵销倾销对国内产业的损害。因此，在征收反倾销税之后一段时间，应根据市场情况的变化，对反倾销措施是否能够继续实施以及实施的范围和程度进行审查。行政复审每年进行一次，直至反倾销税令被撤销为止。

1. 行政复审的发起

行政复审，对于进口商是极为重要的事，关系着一年的出口。而对于生产商来讲，参加行政复审是义务也是责任，对于出口有重要利益在其中。如果生产商和进口商积极参加行政复审，则一年的出口就有一定保障。如果生产商和进口商不参加行政复审，就会把自己的贸易伙伴置于非常不利的地位。行政复审一般依据申请启动，利益相关方须提交书面申请启动年度复审。申请启动行政复审必须根据法定的时间进行，即在反倾销税令公布后的每一个周年月期间，也就是反倾销税令发布所在的日历月。申请启动行政复审的主体是受调查产品的同类产品的国内产业生产商和被征收反倾销税的应诉出口商或者生产商。

2. 行政复审的开展

行政复审的主要工作是根据最新市场的情况对正常价值、出口价格、倾销幅度、现金保证金的百分比作出最新的估算和判断,并得出最终应交纳的反倾销税额。行政复审的程序与反倾销原审调查中的若干基本程序,如调查问卷的寄送、对调查问卷的回复、事实信息的提交、保密处理等都很类似。行政复审程序中所涉及的实体标准与反倾销的原审调查也非常近似,但行政复审有以下两方面特点。(1) 范围限制:仅对申请书中列明的出口商或生产商进行复审。(2) 期限特点:对于第一次行政复审,复审期间为从暂停清关或中止调查到第一个周年月之前的最后一天;对于随后的行政复审,其复审期间为最近的周年月之前的十二个月。

被征收反倾销税的出口商或生产商参加年度复审既是为了进口商的利益,也是为了出口商自身的利益。

第一,行政复审是被征收反倾销税后涉案产品继续进入进口国市场的救济途径。被征收反倾销税不一定意味着应诉企业将失去全部市场,反倾销税命令公布的反倾销税率是根据原审调查期间的倾销幅度裁定的。生产商或出口商可以在代理律师的指导下采取合理的方法,力争在下一轮的行政复审时取得较低的倾销幅度,从而获得较低的实际征收税率。

第二,参加每年的行政复审是为参加日落复审①做准备。中国企业容易产生的误区是,在被征收较高的反倾销税后,容易走向另一个极端,将全面退出进口国市场。这个误区会导致战略上的失误。就算反倾销税率再高,也应当对该市场继续少量地出口,为五年之后的日落复审做准备。如果参加年度复审,进口国国内产业在反倾销税命令五年期满时申请进行日落复审时,将会有充足的数据证明企业没有倾销行为,很难证明倾销、损害或损害威胁还存在。如果不参加行政复审,那么在日落复审中证明如果取消反倾销税,倾销将重新发生,从而证明损害威胁仍然存在,以此要求将反倾销税命令延期五年的证据可能不充分。因此,为了贸易伙伴和企业自身的利益,出口商应当利用年度复审达到减轻和消除反倾销税命令危害的目的,既为当下争取了直接利益,也为维护长远利益做好了充分的准备。出口商应当像应对原审调查一样,应对每年的年度复审。根据经验,年度复审所花费的时间和精力往往比原审少,应诉难度相对小一些,但是取得的效果往往比原审好。

(二) 日落复审

在通常情况下,反倾销调查当局在不晚于五年之时必须决定如果一项反倾销令

---

① 日落复审指的是在对产品征收反倾销税五年即将期满进行的复审,将决定征收反倾销税令是否继续生效,还是终止。

被取消或中止协议被终止，倾销是否可能继续或再度发生，损害是否会继续或再度发生。如果反倾销调查当局作出肯定的裁定，则反倾销税继续征收。反之，则反倾销税被取消。

1. 日落复审的发起

一项反倾销措施到期前，调查当局在法定期限内决定是否进行日落复审。日落复审是《欧盟反倾销法》首先规定的，因此现以欧盟日落复审制度为例进行说明。首先，欧委会应当在反倾销措施期限最后一年的时候于欧盟官方公报上公布一项反倾销措施即将到期的通知。其次，欧委会有权依照自身的职权或者应欧盟产业的请求启动日落复审，提出请求的时间不迟于五年期限结束前三个月的时候。最后，如果启动复审的请求有充分证据表明终止反倾销措施可能导致倾销和损害的继续存在或者重新发生，则日落复审程序立即开启。如果欧委会没有收到复审请求，且欧委会自身认为没有发起日落复审的必要性，则反倾销措施到期后自动终止。

2. 日落复审的开展

日落复审是针对全体出口国涉案产业，并不是针对个别出口商的，因为反倾销税的征收对象是出口国涉案产业的全体生产商或出口商。因此，涉案的全体生产商或出口商都应当参加日落复审。如果只有个别涉案企业参加日落复审，那么调查当局可能以"参加复审的企业不具有代表性"为借口，裁定反倾销税命令继续有效。因此，日落复审的应诉费用通常由涉案企业进行分担。

单一涉案企业在日落复审倾销调查期间内有出口的才有参与日落复审的资格，否则，很难向调查当局提供证据证明倾销、损害或损害威胁已经不存在。参加年度复审会为参加日落复审创造最有利的条件。日落复审通常在发起日落复审之日起十二个月内完成，但如果调查当局认为案件的情况特别复杂，则可以延期完成复审，延期的时限因为各国反倾销法律规定的不同而不同，欧盟日落复审不超过十五个月。

日落复审期间，反倾销措施仍然有效。需要注意的是，有些国家日落复审的结果只能是撤销或者继续实施措施，除非同时还启动了期中复审，日落复审不能变更原措施。但是，有些国家日落复审的结果可以变更原先的反倾销措施，改变反倾销税率。因此，企业需要根据应诉国家日落复审制度确定日落复审应诉的策略。

（三）新出口商复审

新出口商是指在反倾销调查期间未出口被调查产品，且与在调查期间出口被调查产品的出口商或生产商无关联关系的出口商或生产商。由新出口商提起的复审称为新出口商复审。对于经复审后认定的新出口商，反倾销调查当局将为该新出口商确定是否存在倾销以及单独的倾销幅度。新出口商复审的基本程序与行政复审的程序一样，两者的区别主要体现为对复审各个步骤的时间限制上的不同，另外，新出口商复审只审查新出口商的倾销幅度，而不涉及国内产业的损害情况。

欧盟对于新出口商的认定有具体的规定，出口商必须满足以下条件：（1）在最初调查期间未向欧盟出口涉案产品；（2）在调查期过后开始向欧盟出口；（3）与适用反倾销措施的任何出口商或出口生产商无任何关联关系。复审后，一般根据其个案倾销幅度采取个案措施或者不采取任何措施。新出口商复审应当在九个月内完成调查。

新出口商复审的优势在于，一旦决定正式立案，则在立案后到正式裁决前，对新出口商不征收关税，但主管机构可以要求提供保证金；而且根据复审结果，该新出口商有可能被赋予单独的低税率。

新出口商复审一旦启动，其后的主要程序与原审调查基本相同，但复审调查必须在启动调查后一年左右结束。对于符合新出口商资格的出口商或者生产商，应当尽早申请新出口商复审，如果符合新出口商的认定条件，则至少获得与终裁中应诉生产商相同的待遇，开启获得理想结果的第一步。

五、善用司法审查程序

根据《WTO 反倾销协议》的要求，发起反倾销调查的国家对行政机构的贸易救济提供司法审查，发达国家均有较为完善的贸易救济司法审查机制，如果企业发现调查当局的裁决存在法律上或程序上的错误，或有不公正的做法，则可在调查发起国提起行政复议和/或司法诉讼，请求改变或撤销原裁决或决定。

司法复审程序本质上是行政诉讼中的上诉程序。反倾销调查是政府机关的行政行为，司法审查是司法机关的执法行为。各国反倾销法律一般也规定由独立于反倾销调查机构的司法机构对反倾销调查结论进行司法审查。欧盟的反倾销事务由欧盟委员会第一关税司具体负责确定倾销和损害调查，由欧盟部长理事会负责作出最终裁决，由设在卢森堡的欧盟初审法院负责反倾销案件的司法审查。对于不服从欧盟委员会和部长理事会裁决的生产商或出口商来说，欧盟初审法院相当于上诉法院。

发起调查生产商或出口商以及进口商通过司法复审推翻调查当局的裁决，其间困难重重，胜诉与否也根据不同国家的实践倾向而不同。但是，司法复审也是一种挑战调查当局裁决的有效救济方式。当调查当局的行为和裁决严重违反其本国的反倾销法，严重背离事实时，可以考虑使用司法复审这一救济手段。

作为中国企业，首先应当了解调查发起国司法审查程序为案件当事人提供哪些种类的程序性保障，还要了解发起国受理司法审查的法院在反倾销领域所作出的判决等内容的发展变化，从中了解法院在类似情形下的倾向或者态度。这样在司法审查程序中才能适时有针对性地提出抗辩，从而最大限度保护自己的权益。另外，还应当注意：除非非最终性决定具有重大影响，《WTO 反倾销协定》以及各国反倾销法都禁止对调查当局的非最终性决定（例如，临时措施）提起司法复审。上述规定主要出于以下原因：在反倾销调查过程中，申诉方与应诉方处于对立状态，一方面是当非法行为影响了申诉方的经济活动，申诉方有寻求救济的权利；另一方面如果允许在调查当局调查过程中，甚至采取任何具体措施之前的每一个步骤，不管那个步骤多么小，启动司法复审程序，那么，调查当局就有被骚扰或司法资源被浪费的可能。

六、如何聘请律师

在应对外国反倾销调查中聘用律师应本着公开透明、公平竞争、充分比较、慎重选择的原则进行，受聘律师应符合以下基本条件：（1）熟悉中国经济体制特别是对外贸易体制；（2）擅长反倾销诉讼业务并具备一定的经验；（3）信誉良好，收费合理；（4）在立案之前五年内或立案调查之时未代理过起诉国生产商对我国出口产品进行反倾销诉讼。

中国企业应诉外国的反倾销调查时，需要聘请国内律师。此外，即使外国律师事务所有华人律师，聘请国内律师也更有助于维护自己的合法权益。国内律师在这方面起到的主要作用是负责企业应诉前的准备工作。对聘请的国内律师的要求是不仅要熟悉反倾销法律业务，而且要精通法律外语，这是因为：（1）在应诉反倾销答卷时，涉案企业通常要对我国出口企业的法律机制、日常经营中各类活动的法律性质等问题进行详细的阐述，而中国律师可以根据中国法律法规，对我国企业市场化运作及其机制进行解释，从而可以有力地证明我国出口企业市场机制的法律地位，这比单独聘请外国律师做这些工作更有优势。（2）由于准备反倾销答卷的外文法律文件很多，而企业内部人员准备的材料往往是中文的非法律语言，因此通过中、外方律师一起来准备应答材料，不仅能提高效率，还能在法律语言上有更强的准确性和连贯性，对于顺利完成应诉工作是有很大帮助的。至于考察和选聘的方法，除了前面讨论的各点之外，还要求律师有较高的外文水平。

应诉外国反倾销调查，建议一定要聘请进口国（反倾销调查发起国）的律师，这主要是因为：（1）出于国家主权原则的考虑，在任何一个国家的法庭上一般只允许获得本国执业律师资格的本国公民为诉讼当事人辩护，因此，在进行反倾销诉讼中，代理律师只能是发起反倾销调查国家的律师。（2）反倾销调查是行政诉讼，由进口国调查当局作裁决，适用的是进口国的法律，遵循的是进口国反倾销调查当局的习惯做法。这些是进口国的律师精通的。（3）进口国律师熟悉本国的政治、经济形势，有调查研究本国进口商、下游生产商、销售商、申诉方企业的有利条件，能够在损害等问题上为中国应诉企业作有利抗辩。

前面有关聘请律师的讨论均适用于聘请外国律师。但是，聘请外国律师有其特殊性。首先，由于中国企业不熟悉外国的律师事务所，需要在商务部或行业协会的帮助下选择。行业协会通过多年的组织工作，和一些信誉好、责任心强、反倾销经验丰富的律师建立了联系。商务部也会推荐一些国外律师事务所。因此，企业可以通过行业协会的介绍、推荐去选择国外律师。其次，对选聘的外国律师，还要增加以下考察：(1) 对中国的经济体制、相关经济法律有较为全面的了解；(2) 代理过针对中国或其他"非市场经济国家"反倾销案件。最后，选择对中外国情和法律熟知的华人律师。在聘请外国律师的同时，最好选择有中国律师工作的外国律师事务所。这样的律师事务所不但非常熟悉该国的法律规范和国情，同时对中国的国情也了解。因此，他们在指导涉诉企业如何填答调查问卷、如何准备核查材料、如何在听证会上进行抗辩等方面比外国律师更胜一筹，更由于双语的语言优势可以帮助应诉企业与外国律师进行直接交流。因此，外国律师事务所有华人律师显得尤为重要。

律师一旦选定，企业就应充分信任律师。为雇主服务和为雇主保密是律师的职业道德，既然聘请了律师，不管是中国律师还是外国律师，都要为自己的雇主服务，故企业作为雇主都应该给予充分的信任。

企业可以从以下几个方面配合律师的工作：

第一，以积极的态度全面参与反倾销调查是决定反倾销应诉成败的关键。在诉讼过程中，企业自身必须针对申诉方的指控不断进行反驳和举证。

第二，积极主动地帮助律师熟悉产品，包括向律师介绍企业的情况、发起调查产品在国内市场和国外市场的竞争态势、生产流程、原材料及配件厂商的情况、成本构成等。

第三，积极主动地向律师提供充分的材料和数据，以便他们准备有说服力的抗辩词。

第四，利用企业对国外同类产品熟悉的优势，协助律师选出合适的"替代国"，力争选择国内销售价格比中国价格低或相近的外国企业作为替代价格。

信任和配合律师工作是一方面，监督律师的工作是另一方面，这两者并不矛盾。律师也是普通的雇员，需要雇主的监督，反倾销律师的雇主就是应诉企业。由于一个反倾销调查案的周期长达一年到一年半，主办律师不大可能在这么长的时间内仅仅承办一个案件；基于上述原因，企业可以采取以下方法来监督和考察律师的工作：第一，在委托律师的协议中确定律师的服务范围、工作内容、工作进程以及在应诉各个阶段律师应当向企业提交的报告内容。第二，选定律师后，要求律师给企业作出一个详细的案件进度表，以及各阶段的主要工作，同时应说明各阶段之间的相互联系和注意事项，使企业做到心里有底，便于及时安排人力、物力。第三，律师在进行现场调查时，应于一周前到企业检查与核查有关的材料是否完备、相互之间是否有矛盾,如发现问题及时查找原因,及时解决。

企业在聘请律师时经常会碰到以下问题:

1. 企业单独聘请律师好还是多个企业联合聘请律师好

首先,聘请反倾销律师是企业根据自身利益和需要作出的决定。企业可以选择单独或联合其他企业共同聘请,抑或请行业协会出面为全体应诉企业共同聘请律师。企业固然应当听取行业协会的建议,注意与其他涉案同行企业的协调,但是,企业必须从企业自身的情况、对反倾销调查的合理诉求、与同行企业的差异、对行业协会能力的评估等多个方面判断是否单独聘请律师。

其次,单独聘请与联合聘请律师各有利弊。联合聘请律师具有节省律师费便于协调行动的优势。在行业协会帮助企业联合聘请律师方面有很多成功的案例。而单独聘请律师能使企业获得有针对性的应诉方案。如果一个律师在同一个案件中为多个企业服务,有限的精力将限制其工作的认真程度,难以为每一个企业都制订完善的方案。

最后,在同一个案子中有企业单独聘请律师,也有几个企业联合聘请律师的情况下,可以组成律师团,在选择"替代国"、参加听证会等问题上协调企业的应诉行动。

2. 是否一定要聘请知名度高的律师事务所

首先应当明确,直接为企业提供法律服务的是律师,不是律师事务所。因此,除律师事务所的大小或知名度外,企业聘请律师时首先应当考虑的是律师的水平和代理反倾销案的实践经验;主要不是考察律师事务所代理过哪些反倾销案件,而是考虑律师本人反倾销案件代理业绩。

近年来,律师业有全球化的趋势。知名度高的大型律师事务所有遍布全球主要经济和政治中心的办事处,这便利于他们代理反倾销和国际贸易这样的跨国案件。

这样的律所对主要诉讼业务一般也有比较成熟和固定的流程(或工作步骤)。知名度高的律师事务所当然不乏知名律师,但是,知名度高的律师事务所中也存在新手律师。尽管高知名度律师事务所对初出茅庐的律师经手的业务有严格的指导和审查,但新手毕竟是新手。如果企业选了知名度高的律师事务所,请着重考察代理律师是否单独接受过企业委托的反倾销案子。

律师行业是一个个人才能得到充分重视和显露的行业。当有才华的律师感到才华受限或者成为合伙人的前景渺茫时,他们比一般专业人士更容易跳槽或创立自己的事务所。律师行业充满了小型精品所。一个不知名的小所很可能有经验丰富的律师。因此,企业同样能够从小律师事务所中聘请到最合适的律师。

3. 是否可以用招标的方法选聘律师

可以采用招标的方法,但是,应诉企业和行业协会不大需要发出招标通告,因为现在代理反倾销诉讼的律师事务所较多。一旦有反倾销案件立案的消息甚至预警信息，很多律师事务所都会向企业毛遂自荐，企业或行业协会只要准备好需要律师回答的问题就可以了。企业可以从律师的基本情况、对反倾销调查发起国的反倾销法和相关法律的熟知程度、代理反倾销案的实务经验、对涉诉产品的了解程度和报价及付费方法等方面进行考察。和其他招标一样，在没有公布最后挑选的律师事务所前，企业应该注意保密工作；在招标结束之后，对未中标律所提供的资料也应保密。

4. 关于律师事务所的报价和估算律师费

一般情况下，律师事务所的报价很低，肯定不好，除非该所能够提供详尽的代理工作计划，对当前案件有深刻理解和独到见解，并对代理质量和事务所盈利的措施有所保证。律师行业与其他不做赔本业务的服务行业一样，也是要考虑投入和收益的，收费太低，必然要减少投入的人员、时间和精力，该做的调查和研究不做了，应当安排的出差减少了，其不良结果只能由企业承担。

当然，也并非报价高就好。由于各个律师事务所大小不同，知名度差异很大，管理方式不同，报价差异可能很大。不但要看总报价，更要看各个应诉阶段的报价。不但要看报价，更要看律师本人（或律师组）的素质、承诺的服务等。企业对报价的考虑基于对诸多因素的综合考虑。

对于反倾销案件，律师事务所一般不采取按小时收费的计费方法，因为反倾销调查通常将延续一年甚至更长时间，企业承受不了昂贵的小时费用，一般采取与律师事务所签订包干价合同的方式，付费的期限可根据案子大小、费用多少而分两次或三次结清。企业也可以要求律师事务所按阶段报价，然后再报一个总价。如果今后应诉工作中有部分工作未做，企业可以不支付这部分报酬。一个反倾销案件公告立案之后，在调查程序进行中，由于多种原因（例如，申诉方因面临败诉而撤诉、双方和解等），有可能中途终止调查。按照分阶段付费，企业可以免付部分律师费。另外，当一个反倾销案件涉及很多企业时，调查当局有可能采用抽样调查方法。调查当局通常选择出口量大、有代表性的应诉企业作为抽样调查的对象，一般是在初步裁决之后实地核查之前宣布被选中的企业名单。如果那些没有被选为抽样调查对象的应诉企业不打算主动提供资料，争取单独的倾销幅度，那么，这些企业及其律师的代理任务已经不多了，至少是大大地减少了。如果一个应诉企业认为调查当局可能采用抽样调查方法而自己不大可能被选择为抽样调查对象，那么，该企业应当要求律师事务所分阶段报价，并与律师事务所商定详细的付费方法。

自中国加入世界贸易组织以来，兰台律师事务所 WTO 与国际贸易救济律师团队（以下简称兰台国际贸易救济团队）主办律师多年来致力于反倾销、反补贴、保障措施、WTO 争端解决等国际贸易争端领域的学术研究和纠纷解决实践。曾经多次代表中国政府、中国产业和企业处理多起国内外反倾销、反补贴、保障措施、

WTO争端解决案件，涉及美国、欧盟、加拿大、澳大利亚、巴西、墨西哥、阿根廷、南非、埃及、土耳其、印度、韩国、印度尼西亚、马来西亚等国家和地区，多次为中国政府和中国产业妥善解决国际贸易争端提供专业的法律建议，为所代理的众多中国企业赢得终止调查、零税率、全国最低税率等优良业绩，取得了理想的应诉结果，成功地维护了中国在国际贸易中的合法权益。

尤为难得的是，我们拥有一批长期从事WTO争端案例研究、通读全部世贸纠纷解决案例的律师和专家，拥有专门为WTO争端解决服务的网站，能够为政府和企业应对反倾销、反补贴、保障措施调查WTO争端解决案提供分析意见和应对策略。这一优势在国际贸易救济调查的应对中发挥了关键性的作用，为代理企业取得优异应对成绩奠定了坚实的理论基础。

在多年的应诉实践中，兰台国际贸易救济团队与全球主要国家和地区最优秀的国际贸易法律师及其知名律师事务所建立并一直保持着紧密的合作关系。借助多年建立起的国际化法律事务网络，兰台律师与国外合作律师事务所为中国政府和企业提供及时、准确的国际贸易救济信息和WTO信息和服务，包括预警信息通报、具体案件应对策略分析、具体案件应对法律服务等，为客户取得理想的应对结果提供有利的先决条件。

由于贸易救济并非单纯的法律事务，而是涉及经济、外交、国际政治等诸多因素的国际事项，需要调动各种社会资源，协调各种社会力量。中国政府和商会协会在国际贸易救济争端解决中日益发挥着不可忽视的作用。兰台国际贸易救济团队与这些机构紧密合作，在做好法律应对的同时，帮助客户通过各种可能的途径维护其合法贸易权利提供了最大可能性。

第十五章
民营企业股东及实际控制人财富保护与传承

第十五章　民营企业股东及实际控制人财富保护与传承

2022年，国内共有539位企业家登上福布斯《全球亿万富豪榜》[1]，可见我国企业家并不缺乏创造财富的能力与经验，然而综合诸多公司创始人的离婚纠纷事件可以发现，众多民营企业家们尚未意识到"后院烽火"的严峻性，缺乏对风险防范以及财富传承的有效安排，以致面临亲情破裂的突然爆发无所适从。企业的未来我们无法预测，但其创始人、实际控制人、股东的婚姻家事甚至个人风评事件等很显然会牵动着企业的发展，甚至成为企业前行的绊脚石。

那么，股东及实际控制人的婚姻家事对企业有什么影响？企业资产是否需要与家庭资产进行隔离？如何隔离？家族企业的股权如何进行安排与传承？财富保护与传承的工具有哪些？本章内容将对上述问题进行逐一阐释，以飨读者。

第一节　企业股东及实际控制人婚姻家事对企业的影响

一、股东及实际控制人婚姻与企业的关系

婚姻本是"家务事"，但民营企业家的个人婚姻关系往往伴随着复杂的财产关系，一段婚姻甚至还肩负着企业的兴衰。调查显示，成功企业的实际控制人婚姻状况往往都是幸福美满的，概率性事件告诉我们，企业负责人的婚姻状况对企业的生存起着至关重要的作用。

（一）股东及实际控制人结婚与企业的关系

典型案例：某游戏公司股东因未披露结婚事宜被警告[2]

2016年5月18日，上海证券交易所对某游戏公司的股东刘某、代某通报批评，原因是二者未将结婚事宜进行披露。刘某持该公司有表决权股票85639603股，占公司股本总额的10.28%；代某持该公司股票77483451股，占公司股本总额的9.31%，其中47483451股为有表决权股票，占公司股本总额的5.70%。二人于2015年1月登记结婚，将结婚当作私人信息未进行披露，受到上海证券交易所的警告。

根据《证券法》《上市公司信息披露管理办法》等的规定，持有公司5%以上股份的股东或者实际控制人，其持有股份或者控制公司的情况发生较大变化，应当

---

[1]《2022年福布斯全球亿万富豪榜》，载福布斯网站，https://www.forbeschina.com/lists/1781?eqid=b3518a2c0018da5f0000000464773a63，最后访问时间：2024年2月18日。

[2]《关于对某游戏公司股东刘某、代某予以通报批评的决定》，载上海证券交易所网站，http://www.sse.com.cn/disclosure/credibility/supervision/measures/criticism/c/c_20160524_4118445.shtml，最后访问时间：2024年2月18日。

依法进行信息披露。而《上市公司收购管理办法》第八十三条第二款第九项规定，"……父母、配偶、子女及其配偶、配偶的父母、兄弟姐妹及其配偶、配偶的兄弟姐妹及其配偶等亲属，与投资者持有同一上市公司股份"的，系一致行动人。而《上市公司收购管理办法》第三条第二款同时规定，"上市公司的收购及相关股份权益变动活动中的信息披露义务人，应当充分披露其在上市公司中的权益及变动情况，依法严格履行报告、公告和其他法定义务。在相关信息披露前，负有保密义务"。案例中，两位股东持有公司表决权股份均达到了5%以上，属于法定的信息披露义务人。二者缔结婚姻关系后，成为《上市公司收购管理办法》第八十三条规定中所认定的一致行动人，双方持股及对公司的控制情况都发生了变化，应当依法进行信息披露。

由上述案例可见，股东之间相互结婚可能引起公司控制权和公司治理等方面的变化，有限责任公司和非上市的股份公司也一样，仅向公众披露的要求不同。股东与公司高管结婚的，也可能引起公司控制权和治理结构的变化。

（二）股东及实际控制人婚内财产分割与企业的关系

婚内财产分割指的是夫妻之间在不解除婚姻关系的前提下，就夫妻共同财产进行分割。《民法典》第一千零六十六条规定，"婚姻关系存续期间，有下列情形之一的，夫妻一方可以向人民法院请求分割共同财产：（一）一方有隐藏、转移、变卖、毁损、挥霍夫妻共同财产或者伪造夫妻共同债务等严重损害夫妻共同财产利益的行为；（二）一方负有法定扶养义务的人患重大疾病需要医治，另一方不同意支付相关医疗费用"。

可以看出，基于我国当前的司法实践，在不解除婚姻关系的前提下，夫妻任何一方原则上不能申请分割共同财产，但一方有严重损害夫妻共同财产利益的行为，或一方有法定扶养义务的人患重大疾病需要医治，另一方不同意支付医药费的，可以进行分割。所以，在特定情况下，股东可能会被要求婚内财产分割。此种情况虽然并不常见，但只要配偶可以证明股东或实际控制人的某些行为构成"隐藏、转移、变卖、毁损、挥霍"夫妻共同财产的，即使所隐藏、转移或挥霍的财产并非标的股权本身，配偶也可以要求分割作为夫妻共同财产的股权。相对于离婚财产分割而言，婚内财产分割的诉讼不以"感情破裂"为前提，法院的审理周期更短，进行股权实物分割的，对企业控制权、治理等方面的影响也更为迅速，企业往往来不及想出应对之策（股权分割的具体方式和影响将在离婚股权分割部分进行介绍）。

（三）股东及实际控制人离婚与企业的关系

离婚往往涉及财产分割与子女抚养方面的争议，夫妻经过几年甚至几十年的共同生活与经营，往往积累了很多的财富，而股权作为夫妻共同财产的重要组成部分尤其是高净值人群的股权分割，在离婚纠纷中通常会被重点关注，非为股东的配偶一方极有可能申请法院采取保全措施冻结股权。而股东或实际控制人的离婚风波对家族企业的影响往往更为致命，家族企业投资有长期性和专用性的特征，基于家族亲属间的信任关系，起初的投资交易成本较低，但婚姻关系破裂会导致这一信任基础动摇，家族企业的投资甚至会消失。①

企业受离婚风波的影响在我国早已不是新闻，大量的案件和事实表明，股东或实际控制人离婚，可能导致其持有的部分股权作为夫妻共同财产而被分割，公司控制权亦可能发生变化，继而影响公司的治理。对于拟上市的股份公司而言，离婚风波甚至将直接影响公司的上市安排；对上市公司而言，股东或实际控制人的离婚诉讼会使公众投资者对公司产生信任危机，从而影响股权在二级市场的交易价格，导致公司资产缩水。

1. 离婚股权分割相关规定

《民法典》第一千零六十二条第一款规定："夫妻在婚姻关系存续期间所得的下列财产，为夫妻的共同财产，归夫妻共同所有：（一）工资、奖金、劳务报酬；（二）生产、经营、投资的收益；（三）知识产权的收益；（四）继承或者受赠的财产，但是本法第一千零六十三条第三项规定的除外；（五）其他应当归共同所有的财产。"该条虽然没有明确规定股权属于夫妻共同财产，但我国采用夫妻财产共同所有制，婚姻关系存续期间取得的财产，以共有为原则，以夫妻双方分别所有为例外。参照《最高人民法院关于适用〈中华人民共和国民法典〉婚姻家庭编的解释（一）》第二十六条的规定，夫妻一方个人财产在婚后产生的收益，除孳息和自然增值外，应认定为夫妻共同财产。第七十二条亦对作为夫妻共同财产的股票、债券、投资基金份额在离婚时的分割方式进行规定。可见，婚姻关系存续期间取得的股票、股权也是夫妻共同财产，在离婚时应当予以分割。

参照《最高人民法院关于适用〈中华人民共和国民法典〉婚姻家庭编的解释（一）》第七十二条的规定："夫妻双方分割共同财产中的股票、债券、投资基金份额等有价证券以及未上市股份有限公司股份时，协商不成或者按市价分配有困难的，人民法院可以根据数量按比例分配。"对于有限责任公司而言，参照《最高人民法院关于适用〈中华人民共和国民法典〉婚姻家庭编的解释（一）》第七十三条第一款的规定，人民法院审理离婚案件，涉及分割夫妻共同财产中以一方名义在有限责任公司的出资额，另一方不是该公司股东的，按以下情形分别处理：（1）夫妻双方协商一致将出资额部分或者全部转让给该股东的配偶，其他股东过半数同

---

① 吴国艳：《婚姻关系对家族企业的影响——基于产权分析的视角》，载《财经界（学术版）》2015年第21期。

意,并且其他股东均明确表示放弃优先购买权的,该股东的配偶可以成为该公司股东;(2)夫妻双方就出资额转让份额和转让价格等事项协商一致后,其他股东半数以上不同意转让,但愿意以同等条件购买该出资额的,人民法院可以对转让出资所得财产进行分割。其他股东半数以上不同意转让,也不愿意以同等条件购买该出资额的,视为其同意转让,该股东的配偶可以成为该公司股东。

对于合伙企业而言,参照《最高人民法院关于适用〈中华人民共和国民法典〉婚姻家庭编的解释(一)》第七十四条的规定,人民法院审理离婚案件,涉及分割夫妻共同财产中以一方名义在合伙企业中的出资,另一方不是该企业合伙人的,当夫妻双方协商一致,将其合伙企业中的财产份额全部或者部分转让给对方时,按以下情形分别处理:(1)其他合伙人一致同意的,该配偶依法取得合伙人地位;(2)其他合伙人不同意转让,在同等条件下行使优先购买权的,可以对转让所得的财产进行分割;(3)其他合伙人不同意转让,也不行使优先购买权,但同意该合伙人退伙或者削减部分财产份额的,可以对结算后的财产进行分割;(4)其他合伙人既不同意转让,也不行使优先购买权,又不同意该合伙人退伙或者削减部分财产份额的,视为全体合伙人同意转让,该配偶依法取得合伙人地位。

对于个人独资企业而言,参照《最高人民法院关于适用〈中华人民共和国民法典〉婚姻家庭编的解释(一)》第七十五条的规定,夫妻以一方名义投资设立个人独资企业的,人民法院分割夫妻在该个人独资企业中的共同财产时,应当按照以下情形分别处理:(1)一方主张经营该企业的,对企业资产进行评估后,由取得企业资产所有权一方给予另一方相应的补偿;(2)双方均主张经营该企业的,在双方竞价基础上,由取得企业资产所有权的一方给予另一方相应的补偿;(3)双方均不愿意经营该企业的,按照《个人独资企业法》等有关规定办理。

离婚时股权的分割本质上也属于股权的转让行为,因此,应与其他法律限制股权转让的强制性规定进行衔接适用。如果允许通过离婚财产分割的方式,突破了其他法律对股权转让的限制,则会使其他法律限制股权转让的相应立法目的落空,并可能导致司法实践中虚假诉讼的增加。

2. 离婚时股权分割的具体操作及分割后果

股权分割方式主要有价金分割、价格补偿和实物分割三种:(1)价金分割:将一方所持有的股份或出资份额全部转让变现后,夫妻对变现后的价款进行分割,此种分割方式适用于夫妻二人均无意继续参与企业经营的情形。(2)价格补偿:由一方取得作为共有财产的股权或出资份额的所有权,并对对方进行现金补偿的分割方式。(3)实物分割:在夫妻双方均希望继续经营企业,无法就价金分割和价格补偿达成一致意见时,需要对股权进行实物分割,这一分割方式会引起原股东持股比例的变化,还可能导致股东人数增加,从而影响企业控制权和治理。

对于登记在夫妻一方名下的股权，在上市公司和非上市股份有限公司中，进行股权实物分割没有其他程序上的要求，仅需变更登记即可。其结果是，原股东在公司的持股比例降低，其配偶成为新股东，企业股东人数发生变化。在有限责任公司中登记在夫妻一方名下的股权，对其进行实物分割的情况则相对较为复杂，除夫妻一方份额减少，另一方进入企业外，其他股东行使优先购买权的，非股东配偶一方仅能获得经济补偿，股权在夫妻间的分割将会表现为作为股东的配偶一方和其他股东之间就相应股权的交易，引起企业内部股权比例的变化。此时，股权实物分割将部分转为变价分割。对于夫妻二人均为有限责任公司股东，法院进行股权分割时，会对二者之间的持股比例进行重新配置，但二者股权总和不会发生变化。

3. 股权分割与公司控制权的关系

典型案例：某股份公司实际控制人因离婚丧失公司控制权①

2013年8月28日，某股份公司公告控股股东、实际控制人陈某与张某离婚，陈某将其所持有的32.29%股权的一半过户给张某。股票过户完成后，张某持某股份公司16.146%的股权，成为大股东之一。由于二者并未达成任何一致行动协议，而陈某又面临因股权分割丧失公司控制权的风险，只能通过与公司其他股东签订一致行动协议，成为共同实际控制人。

股东或实际控制人离婚时，配偶可能通过股权实物分割成为新股东，取得可与原股东或实际控制人抗衡的股权份额。原实际控制人可能因股权分割丧失对公司的控制权。因离婚纠纷引发公司运营等方面的冲突时，可能导致公司无法作出有效的股东会决议，以致陷入僵局。此外，配偶进入公司后，即使不直接丧失实际控制权，原股东的实际控制权也会存在较大的隐患，若配偶联合其他股东一致行动，也可能出现公司控制权旁落的窘况。在有限责任公司中，其他股东可以通过行使优先购买权，购买该股东将要分割给配偶的股权份额，增加出资比例，从而取代原实际控制人成为新的实际控制人。

4. 股权分割与公司治理的关系

典型案例：某科技公司股东因离婚影响公司治理②

2011年，某科技公司股东王某与杨某就离婚事宜达成《人民法院民事调解书》，王某将其持有的1881万股某科技公司的股票分割给杨某。此次权益变动后，王某及杨某位居某科技公司股权排名并列第三。杨某于离婚后第3年进入公司董事

---

① 《某股份公司关于股权过户手续完成的公告》，载深圳证券交易所网站，https：//www.szse.cn/disclosure/listed/bulletinDetail/index.html? c05f5451-895d-4535-8ac8-ba60db78319c，最后访问时间：2024年2月18日。

② 《某科技公司关于持股5%以上股东股份完成过户的公告》，载深圳证券交易所网站，https：//www.szse.cn/disclosure/listed/bulletinDetail/index.html? b083fcc5-0f13-46a9-a125-246ae95713f3，最后访问时间：2024年2月18日。

会，而王某离婚后又与公司第二大股东的女儿结婚，从而与第二大股东成为实际上的一致行动人。

股东或实际控制人离婚的，会对公司治理产生较大的影响。一般而言，对股权进行实物分割不会直接引起公司高管的变化，但会造成股权集中度降低，股东持股比例将重新洗牌，董事会的结构和规模可能会随之改变，从而进一步影响公司的经营管理模式，甚至影响公司的业绩。据悉，在股东担任高管的上市公司中，离婚后部分高管会减持股份，导致其在公司经营管理中的地位被削弱，有些甚至直接离职。股东或实际控制人离婚对家族企业治理的影响更大，家族成员、股东成员和企业成员的主体重合会使得家族企业出现企业与家族平行治理的局面，离婚会影响家族成员之间的关系，从而影响企业股东和高管之间现有的平衡关系，容易造成企业内部分派，影响企业的发展和管理。

（四）股东及实际控制人离婚对公司上市和股票交易的影响

1. 股东及实际控制人离婚对公司上市的影响

典型案例：甲网络视频公司创始人因离婚影响公司上市进程①

甲网络视频公司创始人王某与杨某于2007年8月结婚，2009年，甲网络视频公司赶在竞争对手乙网络视频公司之前，向美国证监会提交了在纳克达斯上市的申请。在上市之际，王某向杨某提出了离婚的要求，并承诺向杨某支付10万美元的补偿金。但杨某对于这一补偿十分不满，于王某提交上市申请的次日，向法院提交了起诉状，并申请法院冻结王某名下三家公司的股权。王某持有甲网络视频公司95%的股权，其中76%可能被法院认定为夫妻共同财产，故杨某主张自己对甲网络视频公司38%的股权实际上享有所有权。法院随后冻结了王某所持有的甲网络视频公司38%的股权，禁止转让。这场离婚官司持续了一年零三个月，最终双方达成协议，王某付给杨某700万美元的补偿，以避免其名下股权被实物分割。但这场离婚风波使甲网络视频公司错过了最佳的上市时机，本来一马当先的甲网络视频公司成为第三家在美股上市的视频公司，且上市后股价不容乐观，最终被乙网络视频公司收购。

由上述案例可见，股东或实际控制人离婚纠纷对正在进行IPO运作的企业的影响是十分致命的。《证券法》第四十七条规定："申请证券上市交易，应当符合证券交易所上市规则规定的上市条件。证券交易所上市规则规定的上市条件，应当对发行人的经营年限、财务状况、最低公开发行比例和公司治理、诚信记录等提出要求。"上海证券交易所及深圳证券交易所的上市规则规定的最低公开发行比例均为公司股份总数的25%以上。大股东股票因离婚纠纷被冻结时，可能导致公司股份无

---

① 贾明军、吴卫义：《上市公司股权分割与传承》，法律出版社2016年版，第395—396页。

法交易而失去上市资格。待股权解冻恢复上市的条件后再上市的，也可能面临甲网络视频公司的困境，竞争对手已领先一步上市并抢占市场，即使之后强行上市，股价也会受到影响。另外，即使实际控制人股份没有被采取强制措施，可以按时上市，离婚纠纷也可能导致股东或实际控制人个人声誉受到影响，连带影响公司的形象，导致公司股价下跌。

2. 股东及实际控制人离婚对上市公司的影响

上市公司股东或实际控制人离婚导致股权分割的，需遵守《公司法》《证券法》等法律法规的相关规定。这是由于发起人与上市公司存在特殊利益关系，为了防止其设立公司谋取私利，逃避法律责任，需对其转让公司股份进行特别限制。《公司法》第一百六十条第一款、第二款规定："公司公开发行股份前已发行的股份，自公司股票在证券交易所上市交易之日起一年内不得转让。法律、行政法规或者国务院证券监督管理机构对上市公司的股东、实际控制人转让其所持有的本公司股份另有规定的，从其规定。公司董事、监事、高级管理人员应当向公司申报所持有的本公司的股份及其变动情况，在就任时确定的任职期间每年转让的股份不得超过其所持有本公司股份总数的百分之二十五；所持本公司股份自公司股票上市交易之日起一年内不得转让。上述人员离职后半年内，不得转让其所持有的本公司股份。公司章程可以对公司董事、监事、高级管理人员转让其所持有的本公司股份作出其他限制性规定。"现行法中未对上市公司股权分割进行特别解释，但股权的分割本质上亦属于股权转让行为，上市公司股东离婚需对股权进行实物分割时，不应违背《公司法》第一百六十条的规定。考虑到股东大多情况下也会出任公司的高管，其转让股票可能受到双重限制。换言之，上市公司股东或高管离婚时，可能无法立刻对股权进行实物分割，只有解禁的条件满足后，才能进行实物分割。

根据《证券法》第八十条第二款第八项规定，持有公司百分之五以上股份的股东或者实际控制人持有股份或者控制公司的情况发生较大变化，公司的实际控制人及其控制的其他企业从事与公司相同或者相似业务的情况发生较大变化的，应当进行信息披露。所以，上市公司股东或实际控制人离婚但不引起持股变化的，无须对其离婚的事实进行信息披露，对公司股票交易价格的影响较小。但如需进行股权实物分割，只要该股东或实际控制人持公司股份达5%以上，就需要进行信息披露。企业股东或实际控制人离婚会影响其个人形象，并进一步影响企业的信誉，使公众投资者对其盈利能力持消极看法，导致股价下跌，市值缩水。

（五）应对股东及实际控制人婚姻对企业影响的律师建议

1. 订立婚内财产协议

对于婚姻关系存续期间取得的股权，可以通过签订协议的方式对股权的归属进行提前安排，避免离婚时股权分割导致对公司控制权、市值等的影响。然而，财产共有的传统观念在一般夫妻之间根深蒂固,考虑到协议的签订可能会影响夫妻感情,婚内财产协议并不能完全适合所有家庭。

2. 尽量避免诉讼离婚

离婚有两种方式,即协议离婚和诉讼离婚。协议离婚需双方共同向民政局婚姻登记机关递交申请,并对夫妻共同财产分割和子女抚养达成一致意见。相较于诉讼离婚,协议离婚更加便捷,容易操作,但须夫妻双方对解除婚姻关系以及财产分割、子女抚养等问题达成一致意见。换言之,不论选择哪种股权分割方式,股东及实际控制人与其配偶必须就股权分割达成一致意见或由法院依法判决。对公司股东或实际控制人而言,协议离婚可以避免诉讼离婚导致的股权被采取强制措施等情形,不会引起公众投资者恐慌,对上市公司市值的稳定尤其重要。

3. 优先采取价格补偿方式

在股权分割的三种方式中,价格补偿对公司的影响最小。为保障企业的有效传承,建议股东离婚时应尽量选择价格补偿的方式对股权进行分割。虽然价格补偿需要夫妻双方就股权的市价及其未来的发展情况达成一致意见,但在离婚诉讼中,双方就价格补偿达成协议可以最大可能地减少对公司的影响。

4. 订立一致行动协议

进行股权实物分割的,也可以通过签署一致行动协议来保证公司的控制权不会受离婚的影响。离婚时签署一致行动协议可以缓解股东或实际控制人离婚对公司控制权和治理的影响。对于上市公司而言,一致行动协议可以稳定公众对公司的信赖,公司股价也不会受到太大的影响,从而减少公司市值的缩水。

5. 设立信托

基于信托财产的独立性,对股权设立信托的,可以最大限度保障股权不受持有人婚姻状况的影响。股权信托大致可以分为股权管理信托和股权投资信托两类。股权管理信托指委托人将需要管理的公司的股权通过设立信托交由受托人进行管理的信托。股权投资信托中的委托人并非一开始就持有股权,而是将自己的其他财产交由受托人进行管理,由受托人将这些财产进行投资,从而获得股权。无论是上述哪种方式,夫妻离婚时原则上将不能对股权进行分割,从而可以维持公司控制权和治理的稳定性。设置信托还可以缓和签订婚内协议对夫妻关系的影响,对财富传承的保障功能也更强。

二、夫妻共同债务与企业的关系

(一)夫妻共同债务的界定标准与证明责任的变迁

夫妻共同债务,是在婚姻关系存续期间夫妻双方或者其中一方为夫妻共同生活对第三人所负的债务。夫妻共同债务的认定与处理,一直是司法实践中的疑难问题。2001年修改后的《婚姻法》虽然对此作出了明文规定，但由于过于原则和概括，在实践中难以准确地把握和适用。2004年4月1日起开始实施的《最高人民法院关于适用〈中华人民共和国婚姻法〉若干问题的解释（二）》[①] 第二十四条的规定一度被认为是司法实践中认定夫妻共同债务的"金科玉律"，该条规定："债权人就婚姻关系存续期间夫妻一方以个人名义所负债务主张权利的，应当按夫妻共同债务处理。但夫妻一方能够证明债权人与债务人明确约定为个人债务，或者能够证明属于婚姻法第十九条第三款规定情形的除外。"最高人民法院出台该条规定的立法目的是在夫妻财产共有制的基础上，防止夫妻二人串通逃避债务损害债权人的利益。该条所确定的是"共债推定"的原则，即夫妻一方在婚内以自己的名义举债的，法律上首先推定其为夫妻共同债务，除非有法律明确规定的例外情形，夫妻应当对此债务共同承担。该司法解释在严格限定不属于夫妻共同债务的范围的同时，规定夫妻一方需要对债权人明确知道夫妻间有财产协议或夫妻一方与债权人明确约定夫妻一方单独负债承担证明责任。这一证明责任较为严苛，在实践中通常会导致夫妻共同债务的范围扩大。

2017年2月28日，《最高人民法院关于适用〈中华人民共和国婚姻法〉若干问题的解释（二）》修改第二十四条，增加两款内容："夫妻一方与第三人串通，虚构债务，第三人主张权利的，人民法院不予支持。夫妻一方在从事赌博、吸毒等违法犯罪活动中所负债务，第三人主张权利的，人民法院不予支持。"该条增补规定出台后，被普遍认为依然没有彻底解决夫妻共同债务的认定标准问题。

2018年1月16日公布，并于1月18日开始实施的《最高人民法院关于审理涉及夫妻债务纠纷案件适用法律有关问题的解释》[②] 共4条，第一条规定，夫妻双方共同签字或者夫妻一方事后追认等共同意思表示所负的债务，应当认定为夫妻共同债务。第二条规定，夫妻一方在婚姻关系存续期间以个人名义为家庭日常生活需要所负的债务，债权人以属于夫妻共同债务为由主张权利的，人民法院应予支持。第三条规定，夫妻一方在婚姻关系存续期间以个人名义超出家庭日常生活需要所负的债务，债权人以属于夫妻共同债务为由主张权利的，人民法院不予支持，但债权人能够证明该债务用于夫妻共同生活、共同生产经营或者基于夫妻双方共同意思表示的除外。

这一最新司法解释明确地确立了"共债共签"的原则。根据这一原则，如果夫妻双方有共同举债的意愿，那么不论夫妻双方是否共享了该债务带来的利益，该债务均应视为夫妻共同债务；如果夫妻事先无共同举债的意思表示，但债务发生以

[①] 该文件已失效，仅为说明具体问题，供读者研究和参考。下文不再提示。
[②] 该文件已失效，仅为说明具体问题，供读者研究和参考。下文不再提示。

后，债务带来的利益却由夫妻二人共同分享的，同样应视为共同债务。同时，该解释第三条明确把夫妻关系存续期间以个人名义超出家庭日常生活需要所负的"大额举债"属于夫妻共同债务的举证责任分配给了债权人，即债权人此时需要举证证明该"大额举债"用于夫妻共同生活、共同生产经营或者是夫妻双方有举债合意，否则债权人将承担不利的后果。

家庭日常生活需要的支出是指通常情况下必要的家庭日常消费，主要包括正常的衣食消费、日用品购买、子女抚养教育、老人赡养等各项费用，是维系一个家庭正常生活所必需的开支。城镇居民家庭日常消费主要分为八大类，分别为食品、衣着、家庭设备用品及维修服务、医疗保健、交通通信、文娱教育及服务、居住、其他商品和服务。家庭日常生活的范围，可以参考上述八大类家庭消费，根据夫妻共同生活的状态（如双方的职业、身份、资产、收入、兴趣、家庭人数等）和当地一般社会生活习惯予以认定。第三条则进一步扩大了夫妻共同债务的范围，即一方为家庭日常生活所需之外的事宜负债，只要负债用于夫妻共同生活、共同生产经营或者实际上是基于夫妻共同的意思表示，债权人也可以主张属于夫妻共同债务。《民法典》编纂过程中吸收了《最高人民法院关于审理涉及夫妻债务纠纷案件适用法律有关问题的解释》中关于夫妻共债的规定，虽然在语言表述上更为精炼，但其实质内容并未发生变化。《民法典》第一千零六十四条规定："夫妻双方共同签名或者夫妻一方事后追认等共同意思表示所负的债务，以及夫妻一方在婚姻关系存续期间以个人名义为家庭日常生活需要所负的债务，属于夫妻共同债务。夫妻一方在婚姻关系存续期间以个人名义超出家庭日常生活需要所负的债务，不属于夫妻共同债务；但是，债权人能够证明该债务用于夫妻共同生活、共同生产经营或者基于夫妻双方共同意思表示的除外。"

（二）夫妻共同债务与企业的关系

1. 企业经营导致夫妻共债

典型案例：某公司创始人配偶承担巨额夫妻共债[①]

某公司是一家著名的影视出品公司。某公司及其实际控制人李甲、李乙、李丙与某文化公司签署了一份"对赌协议"，该协议约定，如某公司未能在2013年12月31日之前实现合格上市，则投资方某文化公司有权在2013年12月31日后的任何时间，要求某公司或其实际控制人李甲、李乙、李丙中的任何一方一次性收购某文化公司所持有的某公司的股权。2014年1月2日，某公司创始人李丙突然离世，企业陷入了股权之争和控制权之争的混乱中。因为李丙"对赌"失败，其遗孀金某

---

① 北京市高级人民法院（2018）京民终18号民事判决书，载中国裁判文书网，最后访问时间：2024年2月18日。

被一审法院判决在 2 亿元范围内承担"夫妻共同债务"的连带清偿责任。

上述判决系根据《最高人民法院关于适用〈中华人民共和国婚姻法〉若干问题的解释（二）》第二十四条，但《最高人民法院关于审理涉及夫妻债务纠纷案件适用法律有关问题的解释》实施后，金某依据新的规定提起上诉。2019 年 10 月 22 日，法院作出二审判决，认定金某对于案涉协议约定的股权回购义务是明知的，其参与了公司的共同经营，案涉债务属于李丙、金某夫妻共同经营所负债务，构成夫妻共同债务。

夫妻一方以个人名义负债，超过家庭日常生活所需的（一般指大额负债），债权人需证明负债用于夫妻共同生活或共同生产经营或基于夫妻共同意思表示，方能被认定为夫妻共同债务。上述案件反映了一个现实问题，企业经营等问题可能导致夫妻共同债务。对于夫妻双方同为公司股东的情况，我们要考虑的是此种债权债务关系符不符合夫妻共同生产经营的条件，夫妻共同生产经营的认定更为复杂，所谓夫妻共同生产经营主要是指由夫妻双方共同决定生产经营事项，或者虽由一方决定但另一方进行了授权的情形。判断生产经营活动是否属于夫妻共同生产经营，要根据经营活动的性质以及夫妻双方在其中的地位作用等综合认定。夫妻从事商业活动，视具体情形可能适用《公司法》《合同法》《合伙企业法》等法律及司法解释的规定。夫妻共同生产经营所负的债务一般包括双方共同从事工商业、共同投资以及购买生产资料等所负的债务。不可否认的是，在《最高人民法院关于审理涉及夫妻债务纠纷案件适用法律有关问题的解释》实施后，认定为夫妻共同债务的情形会有所减少，但也不能完全杜绝夫妻受企业经营影响的情形。

2. 夫妻共同债务对企业的影响

夫妻一方以自己的名义负债，被认定为夫妻共同债务时，可能会导致另一方的股权被强制执行，对企业的正常经营影响颇大。例如，甲、乙为一对夫妻，甲是 A 公司的股东，乙以自己名义负债，这一债务如果被认定为夫妻共同债务，则甲在 A 公司的股份也可能被强制执行，由此对公司产生影响。如果甲是控股股东或实际控制人的，甚至会影响公司控制权和公司治理，使公众对 A 公司的评价降低，导致 A 公司股价缩水，降低 A 公司市值。《最高人民法院关于审理涉及夫妻债务纠纷案件适用法律有关问题的解释》及《民法典》的规定对于企业的稳定和家族财富的传承是较为有利的，减少了可以认定为夫妻共同债务的情形，更有利于保护夫妻一方及其担任股东的企业免受另一方以自己名义所负债务的影响。

（三）应对夫妻共债对企业影响的律师建议

根据《民法典》的规定，为避免一方负债对另一方及企业产生影响，首先应当对共同签署合同的风险持谨慎态度，在共同签署合同之前均应当对合同可能对个人及企业产生的风险进行评估。一般而言，家庭日常生活需要所负债务数额不会过高，共同签署的借款合同对企业不会产生太大的影响。因此，防止夫妻共债对企业造成影响，关键在于预防用于共同生产经营的负债对企业的影响，而将股权与个人其他财产进行隔离可谓最佳选择。

三、遗产继承与企业的关系

(一) 国内遗产继承的现状

1. 法定继承的现状

《民法典》第一千一百二十七条规定，在法定继承的情况下，遗产应按照不同的顺序进行继承。继承开始后，由第一顺序继承人继承，第二顺序继承人不继承。没有第一顺序继承人继承的，由第二顺序继承人继承。第一顺序的继承人包括配偶、子女、父母；第二顺序的继承人包括兄弟姐妹、祖父母、外祖父母。[1] 第一千一百二十八条规定，被继承人的子女先于被继承人死亡的，由被继承人的子女的直系晚辈血亲代位继承。被继承人的兄弟姐妹先于被继承人死亡的，由被继承人的兄弟姐妹的子女代位继承。代位继承人一般只能继承被代位继承人有权继承的遗产份额。

《民法典》在法定继承的规定上较之于原《继承法》主要是扩大了代位继承人的范围。原《继承法》只规定了"被继承人的子女先于被继承人死亡的，由被继承人的子女的晚辈直系血亲代位继承"的情形。《民法典》将"被继承人的兄弟姐妹的子女"，也就是被继承人的侄子（女）、外甥（女），也列入代位继承人的范畴，扩大了代位继承人的范围。是随着时代的发展、文化的融合，人们的婚育、家庭价值观念发生了很大的变化，很多家庭只生育一两个孩子，法定继承人数也相应减少。《民法典》的这一规定，扩大了继承人范围，也会使得各亲属之间的联系更加紧密，有利于树立优良家风，建设家庭文明，弘扬家庭美德。

上述规定对被继承人和继承人同样存在不利之处。站在被继承人的立场上，即便扩大了代位继承的范围，但法定继承规定的继承人范围仍然非常狭窄，不利于保护自然人的继承权。根据《民法典》规定，法定继承人包括配偶、子女、父母和兄弟姐妹、祖父母（父系祖父母）、外祖父母（母系祖父母），孙子女、外孙子女以及被继承人的晚辈直系血亲和兄弟姐妹的子女为代位继承人。

站在继承人的立场上，我国法律上关于法定继承的规定对于继承人本身有很多不利。具体体现在以下几点：(1) 现代社会中，个人拥有财产的形式较为多样，包括动产、不动产、有价证券、股权等，继承开始时难以明确具体的遗产范围。

---

[1] 根据该条规定，"子女"，包括婚生子女、非婚生子女、养子女和有扶养关系的继子女；"父母"，包括生父母、养父母和有扶养关系的继父母；"兄弟姐妹"，包括同父母的兄弟姐妹、同父异母或者同母异父的兄弟姐妹、养兄弟姐妹、有扶养关系的继兄弟姐妹。

（2）即便遗产仅为现金存款，也可能分散在不同的银行账户，甚至微信、支付宝或其他账户。所以，法定继承人对于被继承人的财产存在无处可查的可能。（3）由于核心家庭形式已经逐渐占据主导地位，家庭的财产情况也不为外人所知，可能造成第二顺序继承人无法顺利继承的困境。

2. 遗嘱继承的现状

确保遗嘱人真实意思表示是现代遗嘱类型强制的首要价值目标。法律规定遗嘱的形式要件是为了保证遗嘱的真实性，确保遗嘱是遗嘱人自身处分遗产的真实意思表示。根据《民法典》第一千一百三十四条至第一千一百三十九条的规定，我国有六种形式的遗嘱，分别是自书遗嘱、代书遗嘱、打印遗嘱、以录音录像形式立的遗嘱、口头遗嘱和公证遗嘱。遗嘱人可以撤回、变更自己所立的遗嘱。立遗嘱后，遗嘱人实施与遗嘱内容相反的民事法律行为的，视为对遗嘱相关内容的撤回。为了尊重遗嘱人的真实意愿，《民法典》取消了《最高人民法院关于贯彻执行〈中华人民共和国继承法〉若干问题的意见》[1] 所确定的公证遗嘱的优先效力，立有数份遗嘱，内容相抵触的，以最后的遗嘱为准。这一删改举动，使得立遗嘱人不必拘泥于公证遗嘱本身的形式，也代表着新法对于立遗嘱人意思自治的充分肯定和尊重。

在遗嘱形式上，《民法典》增设了打印遗嘱和以录音录像形式立的遗嘱两种新的形式。首先，增设了打印遗嘱。依据《民法典》的规定，打印遗嘱是指应当有两个以上见证人在场见证，遗嘱人和见证人应当在遗嘱每一页签名，注明年、月、日。该等增设，主要源于时代的变化。原《继承法》于1985年颁布，彼时电脑、打印机等电子设备非常稀少，普通人很少考虑以打印形式设立遗嘱。社会发展到现在，电脑已经十分普及，人们的日常生活已经离不开打印，打印文件也远多于手写文件，可预见通过打印形成遗嘱文本的情况将越来越普遍。其次，补充了以录音录像形式立的遗嘱。《民法典》在原《继承法》规定的"以录音录像形式立的遗嘱，应当有两个以上见证人在场见证"的基础上，对形式要件进行了补充规定，增加了"录像"这一形式。通过录音录像形式订立遗嘱的，立遗嘱人和见证人应当在录音录像中记录其姓名、肖像，以及年、月、日。录像形式的补充，正体现出我国立法与经济科技发展的同步性。

法定继承在我国相对普遍。相对于法定继承而言，遗嘱继承的被继承人在生前即对其遗产进行安排、分配，可以较好地避免法定继承所面临的困境。但遗嘱继承依旧面临风险，各类遗嘱都有其生效的形式要件，遗嘱人一旦不注意上述要件，遗嘱是否为其真实意思表示在法律上将难以判断，甚至可能导致遗嘱无效。尤其是代

---

[1] 该文件已失效，仅为说明具体问题，供读者研究和参考。下文不再提示。

书遗嘱的各个要件有时会被忽视,很多老人在年老丧失书写能力时,会邀请子女代为书写遗嘱,对遗产进行处分,但往往由于没有符合法律规定的见证人在场,代书遗嘱会被认为无效。

(二)遗产继承对企业控制权和治理的影响

从家族财富传承的角度来讲,法定继承人范围扩大,可能导致家族财富过于分散,不利于财富的传承。我国规定了代位继承制度,原《继承法》第十一条规定,被继承人的子女先于被继承人死亡的,由被继承人的子女的晚辈直系血亲代位继承。但《民法典》进一步扩大了代位继承的范围,第一千一百二十八条第一款、第二款规定:"被继承人的子女先于被继承人死亡的,由被继承人的子女的直系晚辈血亲代位继承。被继承人的兄弟姐妹先于被继承人死亡的,由被继承人的兄弟姐妹的子女代位继承。"换言之,此前只有直系晚辈血亲可以代位继承,但《民法典》实施后,侄子、侄女、外甥、外甥女等人也可以代位继承。代位继承人能否实际继承遗产取决于原继承人能否继承遗产。兄弟姐妹在我国《民法典》中是第二顺序的继承人,当有第一顺序的继承人时,原继承人无权继承遗产,代位继承人亦无法继承遗产。且代位继承人一般只能继承原继承人有权继承的遗产份额。相较于直接扩大法定继承人的范围而言,代位继承制度在保障财富的集中传承方面更为有利。

一般而言,法定继承对于财富的传承确有不足之处。例如,甲与兄弟乙共同设立有限责任公司A公司,甲在婚后持有A公司60%的股权,乙持有公司40%的股权。后甲突发心脏病去世,其第一顺序继承人有其配偶、一个孩子和年迈的母亲。甲持有的60%股权属于夫妻共同财产,有30%属于其配偶所有。剩余30%股权由配偶、孩子和母亲平均分配,各获得10%。法定继承发生后公司股东可能变成4人。且配偶因此获得40%的股权,与乙同样成为大股东。我国《公司法》第九十条规定,自然人股东死亡后,其合法继承人可以继承股东资格;但是,公司章程另有规定的除外。换言之,只要公司章程未对股权继承作特别规定,未成年继承人也可以继承股东资格。此时由于行为能力的限制,其必然无法亲自行使股东权利,而须由其法定代理人代为行使。一般来说,这一法定代理人就是甲的配偶。因此,其配偶作为一个从未参与过公司经营的人,一跃成为公司实际控制人,对公司经营的影响是不言而喻的。所以,法定继承由于缺乏统一的安排,可能导致作为遗产的股权过度分散,不利于家族财富的传承。此外,法定继承并不利于保护潜在继承人的继承利益。被继承人死亡后,潜在继承人因无人通知而不知道继承的发生,待其知道继承发生之后,遗产可能因无人管理而毁损灭失,潜在继承人可能无法实现其继承权。[①]

[①] 于晓:《继承人有无不明时的继承法完善》,载《政法论丛》2017年第6期。

相比较而言，遗嘱继承可以较好地避免公司股权分散、控制权易主的情形，但从家族财富传承的角度而言，也并非最优工具。股权和一般财产权利不同，是一种综合性的权利，不仅体现为财产权，也体现为社员权，取得股权的人进而成为公司股东，参与股东会议并进行投票表决，进而影响公司的治理。就股份公司而言，继承人继承被继承人的股权从而成为公司股东并不存在法律障碍。在有限责任公司中，公司章程无特殊约定时，继承人也可继承被继承人的股东资格。但是，所有继承人都将成为公司股东，无疑将导致股东人数增加，从而影响公司的控制权和治理。在有限责任公司中，还可能因股东人数增加导致公司本身不再满足法律对有限责任公司股东人数的限制。即使通过遗嘱指定一个继承人继承股权，也不能避免该继承人死亡后股权被再次分割的风险。而且我国法律明确规定，遗嘱自由并非仅受遗嘱形式要件的限制，遗嘱中还应当对缺乏劳动能力又没有生活来源的继承人保留必要的遗产份额，这也为股权稀释埋下了隐患。此外，只指定一个继承人在现实生活中可能性也比较小，大公司的股东一般都有两个或两个以上的孩子，形成一个关系较为复杂的家族，股权只留给一人继承的情况实际上并不多见。这些对企业的影响都是遗嘱继承无法克服和避免的。

（三）应对遗产继承对企业影响的律师建议

1. 及时订立遗嘱

虽然遗嘱继承在维护公司控制权等方面还存在一定的弊端，但也是保护企业不受控股股东或实际控制人死亡影响的重要工具。通过早早设立遗嘱，控股股东或实际控制人可以对公司的发展和安排早做打算，即使不可避免地要在一定程度上分散股权，但也可以避免因突然离世可能导致的负面后果，以维护公司控制权和治理的稳定，延续家族财富。

2. 签署股权代持协议

如前文中提到的，股权既是一种财产权，也是一种社员权，股权财产权部分的继承性和继承价值较高。但作为一种社员权，尤其在有限责任公司中，股权的继承存在种种隐患。股权代持又称委托持股，隐名投资，是指实际出资人（隐名股东）与名义出资人（显名股东）约定，由实际出资人出资并享有投资权益，由名义投资人代替实际出资人作为名义股东的一种股权处置方式。[①] 正因为股权代持的隐蔽性和灵活性，可以为投资者带来一定的便利，股权代持已经成为商事活动中一种常见的股权持有方式。股权代持可以保障股权持有情况不受股东婚姻、继承等情况的影响，而且也可以有效地将股权财产权与社员权二分，财产权进行继承，社员权则保持不变，以维护公司的稳定，延续家族财富。但是，股权代持也有一定的风险。需

[①] 荣明潇：《股权代持行为效力的司法认定》，载《法律适用（司法案例）》2019年第2期。

要通过具体的代持协议安排来规避这些风险（详见下文）。

3. 设立信托

代持和信托本质上都属于将财产权和社员权隔离的财富传承方式，但二者各有优劣。代持的优点在于其更加隐秘，而且仅涉及私人之间的协议事项，更加容易操作且费用更低，而信托是更为持久、稳定的财富传承方式。鉴于信托财产的独立性，委托人可以将股权信托给专业的信托公司进行管理，而指定其继承人为受益人，委托人也可以通过遗嘱设立信托，防止其继承人挥霍财产，从而实现家族财富传承的目的。

第二节 企业资产与家庭资产的隔离

企业资产是指由企业拥有或控制的能以货币计量的经济资源，不仅包括金钱、实物等有形财产，还包括知识产权、债权等无形资产。根据《公司法》第三条第一款的规定，"公司是企业法人，有独立的法人财产，享有法人财产权。公司以其全部财产对公司的债务承担责任"，即法人的独立财产权。企业资产预期会给企业带来经济利益，是企业正常生产运营所必需的资源。而家庭资产是指家庭拥有的全部经济资源，可以分为金融资产和实物资产两大类。企业资产和家庭资产本身应分属企业和家庭，但由于部分企业家的法律意识淡薄和对企业规章制度的不遵守，导致企业资产和家庭资产出现混同，甚至出现企业家、企业、家庭成员为此承担民事或刑事责任的情形。

企业初创时期，经营者往往会投入家庭资产作为启动资金进行经营。当企业步入正轨后，部分企业家家庭的开销也常常摊入企业成本之中，如交通费用、业务拓展成本等，对于企业家而言，这既是企业的经营成本，也是家庭的日常开销。家庭生活开销与企业经营成本相互混淆成为家族企业的常态。尽管企业资产日益增多，但原有家庭资产以及家庭生活开销也掺杂其中，企业规模越来越大，财产混同产生的隐患也越来越大。

近年来，企业资产和家庭资产"公私不分"在实务中引发了许多问题，如"某餐饮管理公司案"[1]"某信息技术公司案"[2]等让社会大众开始认识到企业资产和家庭资产混淆的风险及进行资产隔离的必要性。

---

[1] 参见广东省高级人民法院（2015）粤高法刑申字第416-1号通知书，载中国裁判文书网，最后访问时间：2024年2月18日。

[2] 参见北京市第一中级人民法院（2017）京01执636号执行裁定书等，载中国裁判文书网，最后访问时间：2024年2月18日。

一、企业资产与家庭资产不分的风险

在《公司法》的司法解释和相关法律法规不断对公司依法依规运营加强管控的情势下，公司已越来越难掩盖企业资产与家庭或个人资产混同的情形，企业家对以下多种可能导致承担民事或刑事责任的财产混同状态应当加以避免。

（一）公司人格混同

公司的独立人格和股东的有限责任是现代公司法人制度的两大基石，公司和股东彻底分离是公司取得法人独立资格的前提，但是现实中，有许多企业出现了法人人格混同、即企业法人资产与股东个人资产不独立的情形。法人人格混同是指公司与股东或实际控制人的人格全部重合，公司完全失去独立意志，彻底沦为股东或实际控制人的工具。[①] 主要分为股东与公司之间的混同、关联公司之间的混同。

1. 股东与公司的混同

股东与公司人格混同，常常构成公司法人人格否认的依据，其主要有以下特征：（1）财产混同。公司财产与股东财产混同，公司缺乏了独立的财产，也失去了独立人格存在的基础。一方面体现在公司财产与股东财产在实际经营中的混同，无法严格区分；另一方面体现在公司与股东利益一体化上。[②] 例如，公司的营业场所与股东的生产生活场所同一；公司法人资产与股东的个人财产或者其他资产混同；公司与股东的账簿合一，账目不清；股东随意调配公司的财产，甚至转为股东个人财产；等等。（2）业务混同。业务混同是指股东从事业务与公司经营范围、经营行为、交易方式同一或相似。实践中存在大量股东以自己的名义从事交易行为，又以公司名义从事同样交易行为的情况，使得交易相对方无法辨认是与股东个人还是与公司的交易行为，以致公司在形式上的独立性都无法保证。

根据《公司法》第二十三条之规定，当公司股东滥用公司法人独立地位和股东有限责任，逃避债务，严重损害公司债权人利益的，应当对公司债务承担连带责任。就股东滥用公司法人独立地位和股东有限责任来逃避债务的情形，在司法实践中一般与虚假出资、抽逃出资、虚假交易、挪用公司财产等行为关联。在上述情形下，股东不仅很有可能被追究连带责任，情节严重时，股东甚至可能会被科以刑事责任。根据《刑法》第二百七十一条以及《最高人民法院、最高人民检察院关于办理贪污贿赂刑事案件适用法律若干问题的解释》相关规定，公司、企业或者其他单位的人员，利用职务上的便利，将本单位财物非法占为己有，数额达到6万元或20万元以上的，应分别以"数额较大"或"数额巨大"标准立案追诉。公司的财产与资金

[①] 张磊：《认缴制下公司法人人格否认规则的司法适用新探》，载《法律适用》2018年第8期。
[②] 范健、王建文：《公司法》，法律出版社2016年版，第232页。

的所有权属于公司，只有公司有权处置自己的财产。股东个人不能处分公司财产或将公司财产转移成为自己的财产，如出现上述情形，情节严重时可能涉嫌刑事犯罪。

2. 关联公司之间的混同

关联公司是与独立公司相对应的概念，是指与其他公司之间存在直接或间接控制关系或重大影响关系的公司，即相互之间具有联系的各公司互为关联公司。公司间通过订立契约或相互持股，或者同时采用这两种方式可以形成关联公司。在交易实践中，常见的关联公司形式主要有以下几种：（1）母子公司。母公司是指拥有另一个公司一定比例以上的股份或通过协议方式能够对另一个公司实行实际控制的公司，具有法人资格，可以独立承担民事责任。子公司是与母公司相对应的法律概念，是指一定比例以上的股份被另一个公司持有或通过协议方式受到另一个公司实际控制的公司。子公司具有法人资格，可以独立承担民事责任。（2）控股公司。控股公司是指持有他公司一定比例的股份，而能够对他公司进行控制的公司。一般来说，在母、子公司关系中，母公司为控股公司。（3）跨国公司。跨国公司是指以一国为基地，通过对外直接投资，在其他国家或地区设立分公司或子公司，从事国际性经营的公司集团。跨国公司事实上是由设立于一国的母公司与设立于他国的若干个子公司构成的。

在具有关联关系的公司之中，容易出现人事混同，即公司与股东的组织机构、管理人员互相交叉。例如，董事会人员互相兼任，高管人员统一调配等。组织机构尽管形式上独立，但实质上互为一体，公司因此失去独立的意思机关、执行机关及监督机关，丧失公司本质性法律人格要素。[①] 关联公司内部，控制公司可能滥用公司的有限责任形式，逃避责任，甚至滥用其支配性地位，损害从属公司的少数股东及其债权人的利益。

在徐工集团工程机械股份有限公司诉成都川交工贸有限责任公司等买卖合同纠纷案中，[②] 法院判定涉案三个公司存在人格混同。一是三个公司人员混同。三个公司的经理、财务负责人、出纳会计、工商手续经办人均相同，其他管理人员亦存在交叉任职的情形。二是三个公司业务混同。三个公司实际经营中均涉及工程机械相关业务，经销过程中存在共用销售手册、经销协议的情形，且对外进行宣传时信息混同。三是三个公司财务混同。三个公司使用共同账户，对其中的资金及支配无法证明已作区分。本案中，三个公司与徐工集团工程机械股份有限公司之间的债权债务、业绩、账务及返利均计算在成都川交工贸有限责任公司名下。因此法院认为三公司各自财产无法区分，已丧失独立人格，构成人格混同，应当承担连带清偿责任。

---

① 范健、王建文：《公司法》，法律出版社 2016 年版，第 232 页。
② 最高人民法院指导案例 15 号。

对于关联企业的债权人而言,各企业本应以其各自所有的全部财产对外承担责任,但由于人格的混同,很难辨别关联企业各自所有的财产,法人财产不再泾渭分明,关联企业之间资产的随意移转,很容易导致债权人的权益落空。[①] 当关联公司之间的人格混同达到严重损害债权人的利益时,法院很可能会否认关联公司的法人人格,让关联公司互相承担连带责任。

(二)家庭财产的"连带责任"

在企业作为债务人对外负有债务时,特别是在企业的融资活动当中,企业的控制人或管理人员时常作为共同债务人或保证人出现,此时就涉及该共同债务人或保证人的夫妻共有财产可能要对此承担责任的风险。《最高人民法院关于审理涉及夫妻债务纠纷案件适用法律有关问题的解释》发布后,夫妻共同债务的推定在双方共同签字或事后追认时成立,这就使得在企业融资过程中,出资方要求共同债务人或保证人的配偶签署"配偶承诺函"等类型性质的文件几乎成为常态。一旦企业因经营困难、市场波动等问题无力偿还到期债务,不仅作为共同债务人或保证人的企业主将对此承担责任,也会使得企业主的配偶在夫妻共同财产的范围内对此担责。如此一来,企业财产和企业主的家庭财产均处于受损的风险中,可能导致家庭生活乃至财富传承受到严重影响。家庭财富受影响不仅体现在最终对夫妻共同财产的执行上,还在于对该部分财产所采取的查封、扣押、冻结等保全措施上。

二、企业资产与家庭资产如何隔离

前文较为详细地介绍了资产混同可能带来的风险,无论是对于企业资产,还是家庭资产来说,这种资产隔离都是必需的。因此企业在生产经营中必须对以下几方面加以注意,必要时应利用相关法律工具规避风险。

(一)加强经营管理

1. 选择合适的企业组织形式

企业组织形式是指企业存在的形态和类型,以下主要介绍个人独资企业、有限责任公司和合伙企业。为有效隔离家庭资产和企业资产,投资者在从事经营活动中应选择合适的企业组织形式。

(1)个人独资企业

个人独资企业是指由一个自然人投资,财产为投资人个人所有,投资人以其个人财产对企业债务承担无限责任的经营实体,企业资产所有权、控制权、经营权、收益权高度统一。根据《个人独资企业法》第十八条的规定,个人独资企业投资人

---

① 裴莹硕、李晓云:《关联企业人格混同的法人人格否认》,载《人民司法》2009年第2期。

在申请企业设立登记时明确以其家庭共有财产作为个人出资的，应当依法以家庭共有财产对企业债务承担无限责任。在此种情况下，若企业经营不善，不仅仅是企业本身的破产，企业主还需要以家庭所有的财产承担无限责任，这对于投资者以及他的家庭来说，风险是巨大的。

(2) 有限责任公司

有限责任公司，简称有限公司，是指由一定人数以上股东共同出资，股东以其出资为限对公司承担责任，公司以其全部资产对其债务承担责任的公司。有限责任公司兼具人合和资合的双重性质，且设立条件低、程序便捷；股东人数少，便于股东投资经营。在有限责任公司中，股东以其对公司的认缴额为限承担有限责任，故承担的风险相对较小。实践中，大量的中小企业通常会选择一人有限责任公司的组织形式。一人有限责任公司设立的初衷是通过有限责任制，将公司法人的财产和股东个人财产相分离，股东仅以有限的资产承担债务责任。这与个人独资企业相比，大大地降低了投资者的投资风险以及其家庭资产的风险。

值得注意的是，由于一人公司缺少了很多公司内部机制的制约与监控，为了避免一人公司的股东滥用公司独立地位，我国法律对一人公司提出了更为严苛的独立性证明要求。根据《公司法》第二十三条第三款的规定，只有一个股东的公司，股东不能证明公司财产独立于股东自己的财产的，应当对公司债务承担连带责任。不仅如此，在执行过程中，一人有限责任公司也存在可能被否认股东有限责任的情形。根据《最高人民法院关于民事执行中变更、追加当事人若干问题的规定》第二十条的规定，作为被执行人的一人有限责任公司，财产不足以清偿生效法律文书确定的债务，股东不能证明公司财产独立于自己的财产，申请执行人申请变更、追加该股东为被执行人，对公司债务承担连带责任的，人民法院应予支持。在我国的司法实践中，一人公司的股东作为公司债务的连带责任人是较为常见的现象。因此在设立公司时应尽量避免一人有限责任公司的形式。

(3) 合伙企业

合伙企业是指由各合伙人订立合伙协议，共同出资、共同经营、共享收益、共担风险，并对企业债务承担无限连带责任的营利性组织。合伙企业分为普通合伙企业和有限合伙企业。相较于个人独资企业，合伙企业更有利于扩张资本，使企业的筹资能力有所提高，同时能够让更多投资者发挥优势互补的作用，比如技术、知识产权、土地和资本的合作。但无论是普通合伙还是有限合伙企业，普通合伙人均要对企业的债务承担无限连带责任。当合伙企业经营困难时，应先以其全部财产进行清偿。合伙企业不能清偿到期债务的，有限合伙人承担有限责任，普通合伙人承担无限连带责任。在特定情况下，普通合伙人的家庭财产存在被强制执行的危险。合伙企业这种组织形式总体上来说难以隔离家庭资产和企业资产，家庭资产很大程度上会受到合伙企业经营状况的影响，因此建议慎选合伙企业的组织形式。

2. 设置合理的公司注册资本

注册资本是指公司成立时由公司章程记载并在公司登记机构注册登记的资本总额。① 公司资本是公司赖以生存的物质基础，也是反映公司资信能力的显著标志。2023 年我国修订了《公司法》，要求认缴公司注册资本需要自公司成立之日起五年内缴足。因此股东在认缴注册资本时，不能随意扩大注册资本，应根据自身的资产情况合理设置注册资本额。否则会在公司资产与家庭资产隔离方面引发极大的风险。

2023 年修订的《公司法》对注册资本缴纳时间作出了明确规定，这意味着若股东未按期缴纳注册资本，将承担补足出资责任，还要对其他股东承担违约责任，更要对债权人承担补充赔偿责任。另外，根据《公司法》第二百五十二条、第二百六十四条的规定，公司的发起人、股东虚假出资，未交付或者未按期交付作为出资的货币或非货币财产的，由公司登记机关责令改正，可以处以五万元以上二十万元以下的罚款；情节严重的，处以虚假出资或者未出资金额百分之五以上百分之十五以下的罚款；对直接负责的主管人员和其他直接责任人员处以一万元以上十万元以下的罚款。构成犯罪的，依法追究刑事责任。一旦随意增大注册资本，股东的出资义务也随之加重。情节严重时，法院可能判决股东的家庭资产承担连带责任，使股东的家庭资产遭受巨大风险，股东及其家属甚至面临刑事责任。

3. 建立完善的财务管理制度

完善的财务管理制度是有效隔离家庭资产和企业资产的重要途径，必须加以重视。例如，按照公司章程约定对公司利润进行分配，股东因此获得的收入属于个人财产，应及时从公司账户中支出，避免企业资产和个人资产的混淆。当公司需要融资借贷时，也应以公司名义办理相关手续，加盖公司公章。切勿以个人名义签订借款合同，为公司融资提供担保。否则一旦公司出现经营困难，不能按时清偿借款，股东将以个人的家庭资产承担担保责任，造成家庭资产的流失。

如果个人必须为企业的债务承担保证责任，要注意选择承担一般保证责任而非连带保证责任。依据《民法典》的规定，一般保证是指债务人不能履行债务时，由保证人承担保证责任，即先让债务人还债，在债务人无法清偿的时候才由担保人还钱。连带保证则是债权人可以先要求债务人履行债务，也可以先要求保证人在其保证范围内承担保证责任，当然也可以同时要求债务人和保证人承担责任。当然，企业主个人家庭借贷也不宜用企业资产作担保，让企业承担连带责任。同时应当避免用个人账户收取企业应收账款，避免随意地将企业借款用于个人或家庭生活，否则轻则按偷税漏税处理，被税务机关处以罚款，重则面临职务侵占罪、挪用资金罪等，被追究刑事责任。

---

① 范健、王建文：《公司法》，法律出版社 2016 年版，第 235 页。

(二) 善用法律工具

企业资产与家庭资产混同引发的资产风险主要来源之一是企业端，包括企业家本人与企业人格混同，进而触发《公司法》第二十三条的规定，导致家庭资产受到企业债务的牵连产生损失，以及企业家为企业提供连带责任担保等。另一主要风险来源为个人端，主要包括企业家对外举债、签订"对赌"协议、婚姻关系变更、发生继承、失能或其他意外事件等。因此，从法律的角度出发，除了加强企业管理使得家庭资产与企业资产相互区隔降低财产混同的风险以外，也可以善用一些法律工具，使得家庭资产与企业资产相互隔离，同样可以降低财产受损的风险。常见的法律工具包括签订协议明确归属、订立有效遗嘱或购买保险实现财富传承、信托规划区隔财产等。但在规划风险隔离之前，必须明确的一点是，不同企业家因其资产状况、家庭状况的不同以及自身规划需求的特殊性，不同的人会有不同的方案，并无固定模式或公式可以直接套用，别人看似成功的经验亦不可复制。因此，需要聚焦核心需求并结合资产特殊情况，利用多种法律工具和金融工具打好组合拳。企业家家庭是亿万资产超净值家庭构成的核心主力军。亿万资产企业家（家庭）数量持续增长，同时也带来了巨大的资产管理和规划的市场需求空间，而资产管理和规划正是家族传承的主要内容之一。[①] 本章第四节将详述五种法律工具，以期为企业资产、家庭资产和个人资产的隔离建言献策，进一步保护财富的有效传承。

第三节　家族企业的股权传承

一、家族企业是否有必要做股权传承安排

自1978年我国进入改革开放以来，民营企业应运而生，而且在国民经济中的地位越发重要。而如今，当前第一代企业家逐渐进入退休年龄，家族企业的传承也成为重要问题，企业传承最为核心的还是股权传承，传统上的股权传承通常是通过遗产继承的方式进行的，若存在有效遗嘱尚可达到企业传承的目的，但实践中很多企业创一代生前并未设立有效遗嘱，则极易产生家族企业的股权继承纠纷。很显然，家族企业是有必要提前做好股权传承规划的，倘非如此，企业又将会面临何种境遇？

（一）家族企业的内部"核裂变"

1. 代际冲突导致股权无人继承

"创一代"与"继任者"之间的矛盾冲突一直都是家族企业传承的障碍。这种

[①] 《〈2018中国企业家家族传承白皮书〉发布》，载人民政协网，http://www.rmzxb.com.cn/c/2018-11-08/2212631.shtml，最后访问时间：2024年10月15日。

矛盾冲突的存在是有其合理性的,"创一代"大多是白手起家,历经数年的辛苦打拼后创立了家族企业,但二代接班人大都从小生活优越,衣食无忧,这种生活环境的差异也就导致一些"继任者"并没有"创一代"的紧迫感与危机感。再者,"创一代"经过创业洗礼后往往形成了一套自有的行事方案,这种风格也就使得企业家们习惯于用同一套标准去衡量甚至是强势控制二代接班人。面对"创一代"的"墨守成规",二代接班人很容易产生极大的逆反心理,或者不学无术,或者转行创业。

正是由于思想与时代的差异,"创一代"与"继任者"之间的矛盾与冲突始终无法得到调和,很多企业家也就普遍缺乏家族企业的传承规划。即使有些企业家有传承的系统思考,一般也是对二代接班人采取带三年、帮三年、看三年的方式。但在传递阶段,二代接班人处于相对敏感时期,两代人对于企业的经营方式与理念很大程度上是存在差异的,再加上双方缺乏有效沟通,冲突只会不断扩大。

归根结底,"创一代"的交班意愿与"继任者"的接班意愿不匹配才是家族企业传承规划无法启动的根本原因。虽"创一代"具有较高的交班意愿,但在何时交班?如何交班?企业家们往往没有较为周全的传承规划,甚至还会处于相对被动的局面。相较而言,"继任者"却没有较为强烈的接班意愿,很多二代接班人表示并不愿意接班。其不愿意接班的原因有很多种,两代人之间的矛盾冲突难以调和是最重要的原因。当然还有很多"继任者"表示传统工业、实业等已经形成了较为稳定的局面,上升以及创新的空间不大,其所学无法得到施展,所以更会倾向于生物科技、互联网等新兴行业。根据中国民营经济研究会家族企业委员会 2015 年发布的《中国家族企业传承报告》[1],对二代接班人的接班意愿分布进行了直观、清晰的图示:

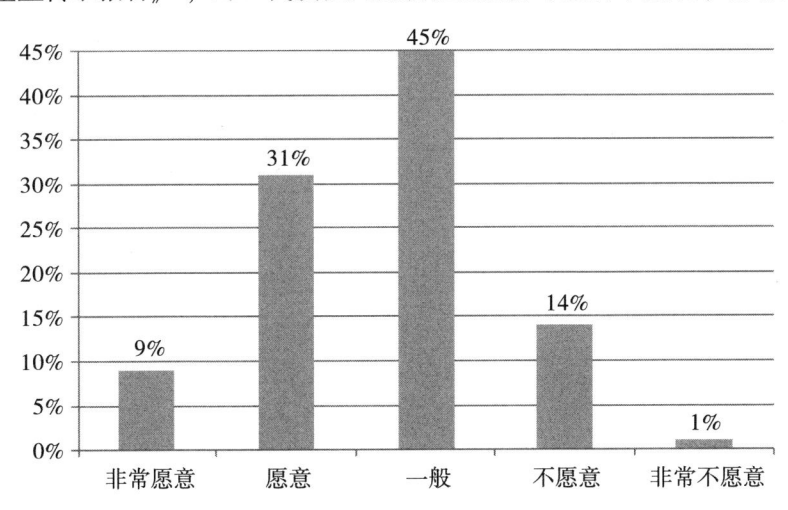

家族企业"继任者"的接班意愿分布

非常愿意	愿意	一般	不愿意	非常不愿意
9%	31%	45%	14%	1%

---

[1] 中国民营经济研究会家族企业委员会:《中国家族企业传承报告》,中信出版社 2015 年版,第 34 页。

可想而知，当"创一代"进行企业交接时，很容易出现股权无人继承的尴尬局面，因此，建立有效的沟通机制以解决纠纷和冲突才是"家族治理"的关键。针对年轻的"继任者"，建议企业家培养他们"脚踏实地""独立自主""勤奋拼搏"等内在的个人素质、能力以及品质，同时也要不断革新自我的传统意识，并与"继任者"时常进行有效沟通。针对正在接班的"继任者"，建议企业家直面冲突、化解冲突，出现问题时尽可能不要选择一味地回避，更不要独断专行，一味地否决"继任者"的决定。同样地，"继任者"亦是如此，才会有效化解冲突，达到企业传承的真正目的。

2. 股权分散导致家族成员控制权丧失

家族企业的股权与一般财产的区别在于，股东拥有股权财产性权利的同时，还拥有股东的身份权利，有权参与公司的决策与经营。因此，股权传承不仅涉及家族财富的传承，还涉及家族企业是否能够平稳过渡与持续性发展。但由于我国民营企业家普遍缺乏系统的传承规划，甚至会避讳遗嘱等身后财产的安排，一旦意外过世极易引发家族企业的股权及控制权之争，致企业经营与管理动荡不安。

典型案例：某家族企业股东去世致使家族成员控制权丧失[①]

徐某与某有限公司股东资格确认纠纷案。在这个案例中，刘1、刘2、刘3系兄弟关系。徐某系刘3妻子，刘4系刘3与徐某的儿子。刘5、蒋某系刘1、刘2、刘3的父母。2001年11月15日，由刘1、刘2、刘3签署某有限公司章程，共同出资组建某有限公司。某有限公司注册资本1910万元，其中刘1以原材料、产成品及机器设备出资1410万元，占73.82%；刘2、刘3以现金各出资250万元，各占13.09%。2003年8月4日，某有限公司经股东会议决定追加公司注册资本1100万元。其中，刘2与刘3以现金的形式分别追加550万元。同月，该公司进行了变更登记并通过工商行政管理局的核准。现该公司注册资本为3010万元，刘1占46.84%，刘2及刘3分别占26.58%。2003年9月3日，刘3不幸身亡。2005年8月1日，徐某与刘4共同向某法院起诉，请求判令确认其为某有限公司股东或受偿股份出资额，同时该有限公司应支付其自2003年9月至今的红利。法律关系图，如下：

[①] 本案为兰台律师事务所承办，经笔者改编，仅为说明具体问题，供读者研究和参考。

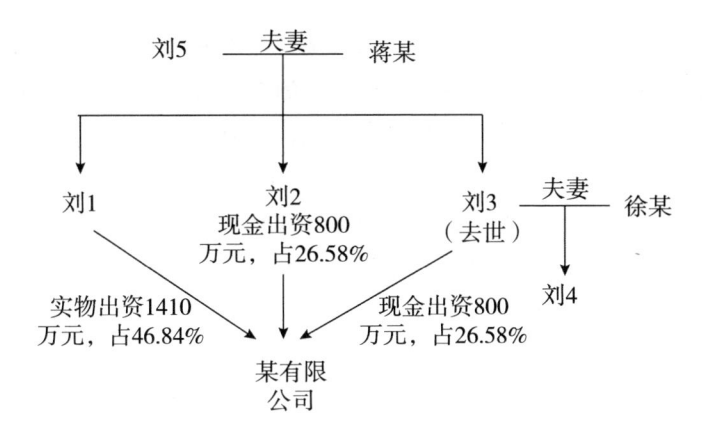

```
         刘5 ——夫妻—— 蒋某
          │
    ┌─────┼─────┐
    ▼     ▼     ▼
   刘1   刘2   刘3 ——夫妻—— 徐某
        现金出资800 （去世）
        万元，占26.58%   │
                        ▼
   实物出资1410        现金出资800        刘4
   万元，占46.84%      万元，占26.58%
              ↘   ↓   ↙
                某有限
                 公司
```

案件审理过程中，刘1主张该公司的实际出资人仅为其一人，刘2与刘3均为名义股东，但由于刘3生前与刘1之间并无关于刘3为名义股东，刘1为隐名股东的书面约定，因此认定刘3为名义股东的依据不足。鉴于某有限公司的公司章程中并未有关于死亡股东股份的继承规定，法院最终确认徐某与刘4有权继承刘3的股东身份，即徐某享有某有限公司16.6125%的股份，刘4享有某有限公司3.3225%的股份。

类似的股权继承纠纷案件数不胜数，很大程度上是由于企业家在生前未做股权传承安排导致的股权争夺大战。《公司法》第九十条规定："自然人股东死亡后，其合法继承人可以继承股东资格；但是，公司章程另有规定的除外。"若有限责任公司章程没有特殊规定时，其股份是可以依据《民法典》继承编有关规定发生法定继承的。一旦发生继承，如同本案，企业的股权就会被支配得分崩离析，涉及企业重大决策时各大股东存在分歧，很容易出现公司股东会无法作出有效决议的风险（《公司法》第六十六条规定，涉及企业重大决策的，如修改公司章程，增加或减少注册资本，公司合并、分立、解散或者变更公司形式的决议，必须经代表2/3以上表决权的股东通过）。

（二）家族企业的外部"防火墙"危机

1. 规避股权代持中的重重风险

股权代持又称委托持股、隐名投资，是指实际出资人（隐名股东）与名义出资人（显名股东）约定，由实际出资人出资并享有投资权益，由名义投资人代替实际出资人作为名义股东的一种股权处置方式。正因为股权代持的隐蔽性和灵活性，可以为投资者带来一定的便利，股权代持已经成为商事活动中一种常见的股权持有方式。

《最高人民法院关于适用〈中华人民共和国公司法〉若干问题的规定（三）》第二十四条第一款规定，有限责任公司的实际出资人与名义出资人订立合同，约定由实际出资人出资并享有投资权益，以名义出资人为名义股东，实际出资人与名义股东对该合同效力发生争议的，如无法律规定的无效情形，人民法院应当认定该合同有效，该条款明确了股权代持协议的合法地位，但协议合法有效的前提是不存在违反《民法典》第一百五十三条、第一百五十四条及第五百零八条规定的情形，比如国家工作人员违反《公务员法》有关规定，以股权代持的形式经商的，即便股权代持协议合法有效，在司法实务中不论是对于实际出资人还是名义出资人而言都是存在很多法律风险的，所以很多出资人通常选择与自身关系密切、值得信任又很容易控制的人员，尤其是近亲属作为名义股东，为自己设置一道"防火墙"。

名义股东的选择往往是父母、子女以及兄弟姐妹这种关系比较亲密的人员，较之其他人员风险明显降低了很多，但从婚姻家事角度分析最易发生的法律风险即名义股东离婚或死亡时，其代持的股权极易被认定为夫妻共同财产或者遗产，从而由配偶分割或被其继承人继承。然而，股权代持的性质仅是委托法律关系，与股权归属并非同一法律关系，一旦双方因股权问题发生纠纷，只能依据双方签订的股权代持协议进行处理。实践中，基于信赖，亲属之间往往并不会订立协议，尤其是高净值人群出于股权传承的考虑直接将股权登记在子女名下，一旦子女婚姻发生裂变，股权或婚后股权收益被分割的可能性就极大，继而影响公司的稳定性。

为避免上述风险，签订合法有效的股权代持协议即为最佳的选择，但还要注意的是一定要合理安排协议条款，比如设置排除名义股东财产权的条款及增加股权代持协议的违约成本，同时还要保留好实际出资凭证，确保股权代持的真实性，必要时还可将代持的股权向实际出资人办理股权质押担保。当然，质押权的合法存在是以债权的合法性为基础的，因此隐名股东在办理股权质押担保时注意避免虚拟债权，以防止债权被认定为无效时影响股权质押的效力。

2. 防范公司章程与股东协议的漏洞

公司章程是公司依法约定公司内部法律关系，确定公司内部管理体制和股东基本权利义务的法律文件，既是公司成立的基础，也是公司治理的重要依据。然而，很多公司在设立初期由于互相之间的信任往往不会制定个性化章程，甚至仅套用市场主体登记的模板，没有公司的个性化设置甚至内容设置简陋，股东权益亦不涉及。不仅如此，实践中公司还普遍存在决策与执行角色混同的情况，一旦股东的身份与经营管理人的身份混同，势必引发该股东利用职权为其谋私利的法律风险。此现象在家族企业中发生的概率极大，这也是由于企业主通常认为家族企业是属于个人家庭财产的原因，这种潜意识极易引发家庭资产与企业资产混同的法律后果。那么，在实际经营中，一旦股东之间或公司与股东之间发生争议，公司章程不仅形同虚设起不到任何的纷争止息效果，甚至还会影响公司的稳定发展。

因《公司法》属于私法的性质，其很大一部分条款为任意性规范条款。其中，最明确的表述为"按照公司章程的规定","公司章程另有规定的除外"以及"公司章程规定的其他职权"等条款。因此，这就需要股东在设立公司章程条款前，建议对《公司法》中属于任意性规范的条款进行全面了解，以实现公司章程的自治性。当然，除任意性条款外，还须注意《公司法》规定的强制性条款，比如《公司法》第六十六条以及第七十三条，以避免制定无效条款。具体的协议定制将在下文中予以阐释。

股东协议是公司成立的基本前提，股东之间在开始合作之前通常会先签署股东协议，对退出机制、股东义务、决策机制以及企业方向四大问题作出明确约定，并制定具体实施办法。但是在实践中，很多股东，尤其是家族成员在签署协议时只是简单潦草地约定出资金额、设立公司基本情况，对各股东的分工安排、股权继承、违约责任等条款并未涉及。一旦发生纠纷，股东利益根本无法保障，比如股权发生继承且无遗嘱的情况下，股权分崩离析甚至是家族企业动荡不安皆是可能产生的法律后果。又或者公司章程的制定与股东协议的内容相矛盾的情况，一旦发生纠纷，股东各方将会各执一词。那么，在协议与章程冲突的情况下，应优先适用哪方？股东协议又该如何起草才能更好地保障股东权益？我国《公司法》仅对公司章程作出明确规定（股东之间如需另行约定的，可在公司章程中予以确定），并未对股东协议的效力进行明确规定。一般来说，在协议与章程发生冲突时应优先适用公司章程的规定。且从效力范围而言，公司章程对公司、股东以及董监高人员均具有约束力，但股东协议的效力仅局限在签约股东之间，无法对抗第三人。鉴于上述股东协议的法律风险，建议在设定具体条款时协调妥善公司章程与股东协议之间的关系，以切断法律纠纷发生的燃爆点。

二、如何做股权传承安排

在家族企业传承的过程中，大多数的家族企业都希望在未来十几年甚至是几十年可以实现家族主要成员对企业的控制，而企业的控制权与股权传承又是密切相关的。家族企业往往在股权传承方面面临多重挑战：一是家族企业因为代际传承发生分配而导致无人继承或股权分散等冲突；二是家族企业由于扩张、融资、上市等原因股权遭受稀释，或基于股权代持或公司章程等外部"防火墙"危机导致的企业控制权丧失。若没有一套完善且量身定制的股权传承计划，家族企业很可能在代际传承之后举步维艰，导致家族企业的大权旁落，丧失企业核心竞争力。[1] 因此，就需要针对家族企业内部冲突以及治理失灵问题量身定制股权架构与方案设计。

---

[1] 龚乐凡：《私人财富管理与传承》，中信出版集团2016年版，第360—361页。

(一) 股权架构的搭建与方案设计

1. 公司股权架构的顶层设计

公司股权架构的顶层设计是指各家族企业以及各类投资中的权益都集中到一个家族控股公司名下，而家族控股公司则由家族成员持有。在分配资产（遗产）时，就很可能自然地将不同的资产板块在不同的家族成员中分配。若采取此种模式，公司的实际控制权人只要控制顶层公司即可取得对下属其他所有公司的最终控制权。

对于家族企业传承而言，该模式也具有一定优势，主要体现在以下几个方面：

第一，便于股权转让或家族传承。当家族企业具有多家公司，且董事长需要将其股份传承给下一代时，只需要转让顶层的控股公司股份即可将所有产业传承给家族成员。又或者股权需要在家族成员之间进行转移或流动时，仅需要对控股公司的股权进行设计即可实现家族内部的股权移动。

第二，可以排除家族成员与外部投资者的冲突。家族成员不仅会关注企业的资金回报，还会关注企业的荣誉、无形资产的维护和传承、接班人的培养以及员工利益等，这一点与外部投资者是相互区别的。倘若采用顶层设计的模式，由家族成员控制顶层公司即可防止家族成员与外部投资者因内部冲突导致企业控制权旁落的法律风险。

第三，顶层设计可以提供产业多元化发展的路径。控股公司通常会有若干分属不同业务的子公司，若其在进行债务融资或者引进投资人时仅在该子公司层面进行即可。即使子公司经营状况出现问题，与控股公司的风险也会剥离，不会动摇家族企业的根本。

当然，这种股权架构的模式往往建立在家族成员之间相对和谐的状态下，若成员之间存在冲突矛盾，很容易出现控股公司的家族成员产生内乱以及代际传承或离婚风险导致的股权过度分散。

2. 双层股权架构

双层股权架构，又被称为"同股不同权"，是一种通过分离现金流和控制权的方式实现对公司的有效控制。具体方式为上市公司可将股票分为 A、B 两个层次，对外部投资者发行的 A 股有 1 票表决权，而企业创始人或管理层持有的 B 股每股有 N 票表决权。

在发达国家的资本市场上，这一模式的股权架构已历史悠久，该种模式之所以受到推崇，主要基于以下原因：

第一，在企业募集资金时，若实行"同股同权"的方式，创始人及管理层股东的股权必然会被大量稀释，控制权也会因此被削弱。但在双层股权架构模式下，企业创始人或管理层股东可以通过持有少量股份即享有较高投票权的方式实现对企业较强的控制力，从而降低对企业上市的顾虑。

第二，可以对敌意收购或企业并购进行有效回应。企业创始人及管理层股东掌握公司控制权能够有效克服投票权分散的情况，避免被恶性并购。即使无法避免并购风险，享有控制权的股东也可以借此获得更高的并购溢价。

第三，有利于企业的长期发展。投资者通常关注的是企业能够带来的短期利益，而管理层对企业的长期计划可能与投资者的短期利益诉求相悖，这一模式可以使管理层免受短期股价波动的压力，从而专注于企业的长期管理。即使持有B股的管理层想要转让B类股票，同样要求先将B类股票转换成A类股票再对外转让，那么管理层将会始终掌握着企业的控制权。

当然，双层股权架构还存在一些反对的声音，主要原因在于：一是双层股权架构违背了传统公司法"同股同权"以及股东民主原则，不利于投资者（尤其是中小股东）利益的保护。二是企业控制权始终由管理层把控，很容易发生决策独裁的现象。一旦管理层股东触犯严重的错误，不仅造成投资者的损失，甚至很可能严重影响企业的未来。

正是基于上述消极因素的考量，我国《公司法》并不允许上市公司直接实施双层股权架构，比如《公司法》第一百一十六条第一款明确规定，"股东出席股东大会会议，所持每一股份有一表决权"，即发行股份同股同权、同股同利。即便如此，我国《公司法》还是对股份有限公司开了一道口子，即《公司法》第一百一十八条规定，股东委托代理人出席股东会会议的，应当明确代理人代理的事项、权限和期限；代理人应当向公司提交股东授权委托书，并在授权范围内行使表决权。企业创始人及管理层可以通过与其他股东达成关于投票权授权的协议，从而代表其他股东行使表决权，实现控制企业的目的。

当然，我国《公司法》虽限制股份有限公司采用"同股不同权"的模式，但这一限制对于具有"人合性"的有限责任公司而言是有一定放宽的。《公司法》第六十五条规定"股东会会议由股东按照出资比例行使表决权；但是，公司章程另有规定的除外"，换言之，有限责任公司创始人或其管理层股东可以采用双层股权架构的形式并在公司章程中进行明确约定。就处于发展阶段、短时间内并无快速上市需求的企业而言，创始人或管理层可采用有限责任公司以及双层股权架构的模式保障企业控制权。

3. 合伙人制度架构

合伙人制度不同于通常所说的合伙制企业，这两个概念是高度重合但又存在实质性区别的。合伙制企业是企业的一种组织形式，而合伙人制度是企业的一种治理机制，是企业管理层的一种权力机构。也就是说，不论是合伙制企业还是其他形式的公司都是可以采用合伙人制度的。在这种模式下，企业的合伙人既是公司的股东,又是企业的高层管理者,但并非所有的股东都是合伙人。

要注意的是,采用不同的组织形式,设置合伙人制度的架构也是不同的。在合伙制企业中,主要存在"普通合伙企业"和"有限合伙企业"两种企业形态,具体为:(1)"普通合伙企业"通常属于轻资产、重人力资本的行业,合伙人必须是经过严格筛选才能胜任,均属于企业的管理层。但此种组织形式需要合伙人承担无限连带责任,法律风险系数比较高,为了避免承担较高法律责任的风险,可以设置合伙人成立一家绝对控股的有限责任公司或一人有限责任公司。然而,该种方式并不能解决创始合伙人股份被稀释、控制权丧失的困境,在家族企业中推行尚存在困难。(2)"有限合伙企业"包括普通合伙人(GP)与有限合伙人(LP)两类,GP主要参与企业的经营管理,LP负责资金的支持。通过此种组织形式设立持股平台可进行股权激励,即企业员工可作为有限合伙人,而实际控制人可以通过设立有限责任公司的方式实现对有限合伙企业的绝对控制。

在公司制企业的合伙人制度中,最常见的三种形态是以身份象征为主、股权激励为主以及公司控制权为主,主要为:(1)以身份象征为主的合伙人制度,"合伙人"仅为员工备受激励的一种职业发展通道,并不享有企业的控制权。(2)以股权激励为主的合伙人制度,核心在于合伙人享有利润分享权,而企业控制权依旧由企业控股股东享有。(3)以公司控制权为主的合伙人制度,这种模式的存在主要是基于国内实行的是同股同权的股权形式,而早期某些公司因经营需要引进外来资本势必会导致创始股东股权遭受稀释,致使其控制权不断丧失,甚至改变公司原有的经营策略、企业文化与使命等。但采用合伙人制度可由一批被称作"合伙人"的人(最初大多为创始股东)提名董事会中的大多数董事人选,而非按照持有股份的比例分配董事提名权,这种模式可以充分保证创始团队和核心管理者的控制权、决策权以及企业文化的可持续性,对于企业传承也存在一定的可实施性。

4. 交叉持股架构

交叉持股是指两个公司直接或间接相互持有对方的股权,继而相互成为对方股东的情形。交叉持股的类型很多,具体可分为以下五种基本形态:

交叉持股	释义	图示
单一交叉持股	两个企业相互成为彼此股东的类型	A ↔ B
环状型交叉持股	即在许多公司间相互持有股份，形成圆环状封闭式的交叉持股关系	A-B-D-C环状
网状型交叉持股	四家企业参与网状交叉持股，每家都与其他三家企业各有交叉持股关系存在	A、B、C、D相互连接
放射型交叉持股	以一家核心企业为中心，由其分别与其他企业形成交叉股权关系，但其他企业之间则无交叉持股	A为中心，连接B、C、D、E
放射型的变形	在整体交叉股权中，可看出有主力企业的存在，但与前项类型不同	A为中心，B、C、D、E之间也有连接

上述几种类型中，第一种是最基本的形态，其他几种都是由第一种模式演化而来。当然，实践中公司的交叉持股的形态可能并非上述任一形态，但有可能是上述几种形态的复合。而我国法律对于该领域的相关规定基本是空白，因此对于非上市公司之间存在的交叉持股情况，只要不存在其他如涉嫌虚假出资或抽逃出资等情况，则应认定为合法的投资关系。

事实上，交叉持股之所以可以在家族企业中运用，最重要的原因之一即交叉持股是企业间防止恶意并购、增强协同性的有效手段，因此可以更好地保障家族对企业的控制权。在相互交叉持股之后，由于企业之间持有对方的股份形成一种比较密切的战略合作关系，在遭遇外敌收购时，不仅可以有效阻止敌意收购，使股权处于相对稳定的状态，而且被收购公司的联盟一方考虑到股权被收购的同时也会控制联盟一方企业进而可以阻断向收购者进行抛售股权。当然，虽在一定程度上可以达到阻击恶意收购的目的，但是一旦出现股市下跌很容易形成助跌效应，导致交叉持股的企业极易受到收购者的青睐。

不过，交叉持股在股权传承方面也具有一定优势，这主要是基于交叉持股企业之间的管理层职位可以自我选任。利用交叉持股管理层可以架空股东的表决权，尤其是母子公司交叉持股的情况，母公司的董事会可较为轻易地将股东表决权传导给自己，继而形成事实上完全由母公司的董事会控制两家公司的局面。即使是在非母子公司之间的交叉持股，双方董事如果在比较和谐的基础上即可相互沟通，可以继续维持董事职位，起到传承家族企业的积极效果。举例说明：假若家族企业要分配给三位家族成员，由每位家族成员掌管一个企业，利用交叉持股实现每位家族成员均可以控制其他家族企业的目的。这样既保障了每位成员既有自己分到的企业控制权，同时又有其他家族成员在该公司持有股份，相互之间可以互相帮衬。当然，这一股权架构的实行是基于家族成员之间相互和谐为背景的，倘若存在相互分歧或积怨较深的情形，建议根据企业自身情况选择合适的股权架构模式。

交叉持股的这一模式并非绝对适用任一企业，与其他股权架构模式一样存在消极效应，比如虚增资本、诱发内幕交易和关联交易等。若要真正做到家族企业的有效传承，还需要家族在公司治理和家族治理上投入更多的精力和心血。

5. 信托持股架构

在顶层架构中可设计顶层的家族控股公司，并由家族成员持有控股企业，但值得家族企业考虑的是控股公司是由家族成员各自持股，还是采用家族信托方式由委托人作为控股人，家族成员作为受益人？一般来说，采取何种形式最终还是根据家族企业自身特点，同时兼顾家族治理与企业治理的要素，进行科学的定制。

在早期，家族企业通常采取引进职业经理人并在公司治理方面采取两权（公司所有权和经营决策权）分离或者三权（公司所有权、决策权、经营权）分立模式，但这两种模式不仅无法解决家族成员因继承、离婚、成员内斗等股权分散风险，甚至增加如职业经理人能力、忠诚度、频繁变动以及与家族成员人际矛盾等导致企业不稳定的风险。如果将家族控股公司以家族信托的方式由受托人所有，而家族成员可以作为该信托的受益人，这样不仅可以避免职业经理人带来的企业不稳定风险，还可避免家族成员股权分散的风险，甚至是家企财产不分的风险，最终实现家族财富的有效传承。然而，值得深究的是，以股权作为信托财产设立家族企业股权信托是否具有可行性？

（1）境内股权信托

《信托法》第二条明确将信托标的物界定为"财产权"，且第十四条进一步明确了信托财产的范围，即受托人因承诺信托而取得的财产是信托财产，受托人因信托财产的管理运用、处分或者其他情形而取得的财产，法律、行政法规限制流通的财产依法经有关主管部门批准后可以作为信托财产，但法律、行政法规禁止流通的财产，不得作为信托财产。可见，信托标的物必须符合以下条件，即信托标的物必须是一种财产权；该财产权必须具有可转让性；该财产权必须具有合法性。股权作为一种可转让的财产性权利，完全符合《信托法》规定的信托标的物条件。且《信托法》第二十九条规定，受托人必须将信托财产与其固有财产分别管理、分别记帐，并将不同委托人的信托财产分别管理、分别记帐，因此从信托财产独立性角度而言，以股权为信托财产设立股权信托具有强有力的财产保障。该模式如下（仅供参考）：

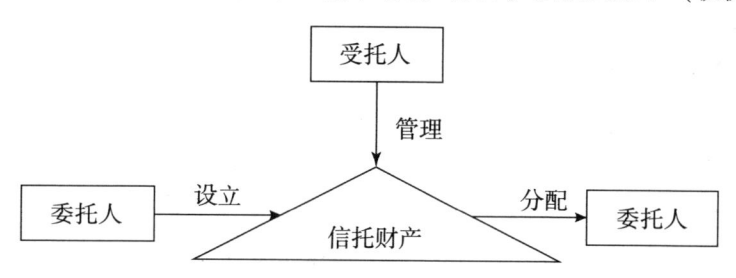

```
                    受托人
                     │
                     │ 管理
                     ↓
  委托人 ──设立──→ 信托财产 ──分配──→ 委托人
```

然而，《信托法》第十条规定"设立信托，对于信托财产，有关法律、行政法规规定应当办理登记手续的，应当依法办理信托登记。未依照前款规定办理信托登记的，应当补办登记手续；不补办的，该信托不产生效力"，结合我国《公司法》相关规定，以股权设立信托的需要进行信托登记，但国内尚无可登记股权信托的合法机构。基于此，股权信托很可能会由于无法登记而面临不生效的法律风险。此外，股权信托国内笼统而有限的法律规定亦不足以调整复杂的股权信托行为，也因此会带来不可预知的法律风险。正是基于对国内立法不成熟的考量，境内股权信托一直游离在尝试阶段。

为规避上述风险，尚有学者提出可通过间接股权信托的方式设立股权信托，即可先采取以资金设立信托，再由受托人以资金收购委托人股权的模式实现家族企业的股权信托。① 家族信托模式如下（仅供参考）：

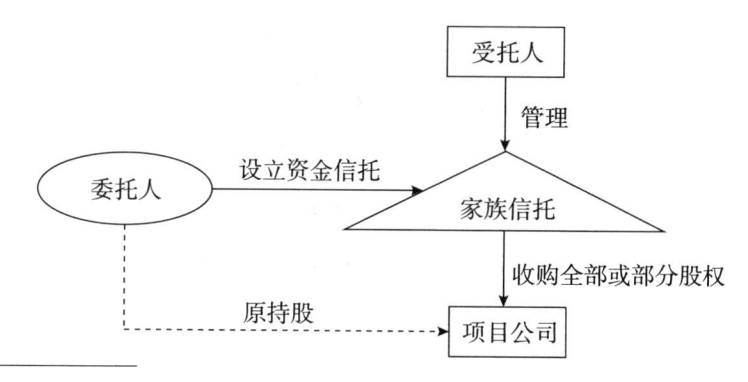

```
                        受托人
                          │
                          │ 管理
                          ↓
  委托人 ──设立资金信托──→ 家族信托
     ╎                      │
     ╎                      │ 收购全部或部分股权
     ╎     原持股            ↓
     ╎·················→ 项目公司
```

---

① 韩良：《家族信托法理与案例精析》，中国法制出版社 2015 年版，第 190 页。

该模式具有一定的可行性，即使涉及增量股权时亦可通过委托人设立资金型的家族信托，然后由家族信托对委托人名下的家族企业进行增资的方式实现目的。但该种模式无法从根本上化解股权信托不登记可能带来的法律风险，原因在于：信托财产不仅包括设立信托之时的原始财产，也包括因信托财产的管理运用、处分或者其他情形而取得的信托收益。而《信托法》第十条规定需要办理登记手续的是广义范围的信托财产，并不排除信托收益部分的信托登记。正是基于上述原因，目前国内的家族信托尚未设立真正的家族企业股权信托。

（2）离岸股权信托

离岸股权信托又称海外信托，是指委托人在司法管辖权以外的属地设立的信托。相较中国内地的股权信托，境外信托不仅有稳定而又灵活的立法保障，灵活、私密且专业的信托架构更具有较强的吸引力。因此，诸多高净值人群为了实现财富的有效传承及相关风险的规避，一般选择在海外设立家族信托。同样地，各离岸地为了吸引投资、增加财政收入和就业，甚至会以修改立法的方式实时更新，以便为海外投资者提供财产权利保护、税收优惠等便利，诸如开曼群岛、新加坡、库克群岛以及我国香港地区等。

在实践操作中，委托人普遍采用层级架构下的离岸公司控制上市公司股权，如BVI的VISTA结构①，以实现间接持有国内股权的目的。该结构模式如下②（仅供参考）：

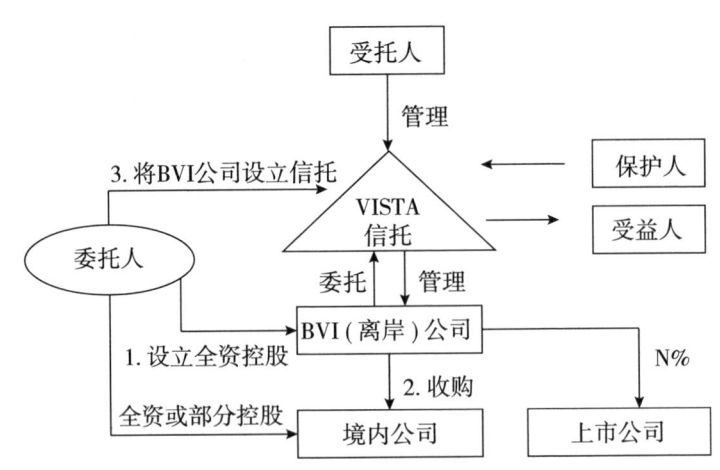

除上述股权架构外，设立离岸股权家族信托的方式还有很多，由于离岸地的信托法通常较为灵活，境外股权信托的设立程序也是较为灵活的。在具体的操作上，

---

① 只有BVI公司的股权才能直接设立VISTA信托，其他资产，如财产、投资或非BVI公司的股份，委托人欲设立VISTA信托则需要事先成立一家BVI公司，然后将上述财产转让给BVI公司。

② VISTA信托架构的基本程序为上图1→2→3。

委托人可将自身情况详细告知精通离岸金融业务的律师或者中介机构，由其根据家族企业的保护与传承、家族企业的治理、税收筹划等多方位因素进行考量，作出适合家族企业的离岸股权信托方案。①

目前，境外信托是实现家族企业财富的有效传承、资产配置等方面最有效的方式，但并非跨境信托不可击穿，还是存在诸多法律风险。如委托人在配偶未知的前提下单方将原属夫妻共同股权进行信托设计，在双方婚姻关系恶化时配偶一方极易以对共同财产所有权受侵害为由要求重新分割财产，致使诉讼纠纷跨境多地产生诉累。又或者因核心资产主要在境内，且委托人等通常在境内居住，境内法院对境外信托极大可能享有管辖权，在境内法院判决的制约下信托财产再次陷入危险境地。因此，境外信托并非绝对的安全、尽善尽美，若存在严重的法律设计缺陷，即使境外信托架构完成，同样可以被击穿，达不到财产隔离的效果。

（二）保险资金股权投资

根据《公司法》第九十条规定，"自然人股东死亡后，其合法继承人可以继承股东资格；但是，公司章程另有规定的除外"，在没有妥善安排下，股东资格的继承对于其他股东及公司本身的影响往往是负面的。这就意味着其他股东很可能面临无法支付高额股权对价的窘况，又或者股权转让给竞争对手或无任何信赖基础的第三人，造成的后果只能是公司股权所赋予的表决权长期缺位，严重影响公司的生死存亡。然而，通过投资企业所适合的保险方式，一定程度上可以规避企业经营风险。

1. 股东互保保险

股东互保保险又称合伙人保险，是指股东互为购买寿险，当一方死亡，另一方股东将以获得赔付的保险金来收购过世股东的股权。股东互保保险作为人寿保险的一种，是企业有效规避风险的重要手段之一，其目的在于防范股东突遇变故给公司整体经营带来的影响和损失。

那股东互保保险究竟能解决什么问题呢？首先我们要明确股东身故后会带来怎样的问题。第一，股东辞世后，若公司章程无特别约定，公司股权会由其继承人继承，股权继承者不愿意参与公司经营并希望公司回购其股权的，公司抽调大量的现金进行收购会不会对公司经营造成严重的影响？第二，若继承人继承股权后愿意作为新股东参与公司经营，但与原股东的经营思路不合，会不会在未来公司经营策略和经营方式上产生分歧而影响公司未来发展？第三，在股权继承的期间，公司管理层极易出现混乱，公司债权人更会以此为契机主张自己的债权，此时公司如何渡过难关？

---

① 韩良：《家族信托法理与案例精析》，中国法制出版社 2015 年版，第 195 页。

鉴于以上问题的存在，股东互保保险即有其存在的必要性。我国《保险法》第三十九条第一款、第二款规定："人身保险的受益人由被保险人或者投保人指定。投保人指定受益人时须经被保险人同意。投保人为与其有劳动关系的劳动者投保人身保险，不得指定被保险人及其近亲属以外的人为受益人。"因此除法律规定的特殊情形外，只要被保险人同意的，任何人都可以成为受益人。其优势主要体现在以下方面：

第一，保证财富分配的正确性。股东身故后，依照遗嘱或法定继承制度，已逝股东的继承人通过继承取得其股权后，其他核心股东极有可能会失去对公司的绝对控制，继而增加公司经营的风险。然而，通过设置保险的方式，互保股东在取得保险公司赔付的保费后，可以利用该笔资金回购已逝股东的股权以保证公司的运营和决策不受影响。

第二，债务隔离。《民法典》继承编第一千一百五十九条规定，分割遗产，应当清偿被继承人依法应当缴纳的税款和债务；但是，应当为缺乏劳动能力又没有生活来源的继承人保留必要的遗产。《最高人民法院关于人身保险金能否作为被保险人的遗产进行赔偿问题的批复》中，指定了受益人的，被保险人死亡后，其人身保险金应付给受益人；未指定受益人的，被保险人死亡后，其人身保险金应作为其遗产处理，可以用来清偿债务或赔偿。因此，股东互保保险即可实现保费与债务相互隔离的法律效果。

第三，税费成本的降低。目前我国还未实行遗产税，但若国际上很多国家和地区已经开征遗产税，我国相关部门也在研究遗产税相关问题，这也意味着股权继承在未来存在被征收遗产税的可能性。[①] 即使在无遗产税的规定下，股权继承也会产生一系列的费用，诸如遗嘱起草的律师费或遗嘱公证费或继承权公证费等，甚至还会产生诸多复杂的程序性问题。然而人寿保险具有一定的人身属性，即使实行遗产税，受益人领取保险金时很有可能无须缴纳任何费用。

2. 设立关键股东的投保

虽股东互为其购买寿险的方式好处颇多，但若公司的重要股东超过三名，操作起来难度比较大，股东互保保险便缺乏可操作性。然而，并不意味着企业风险无法规避，设立关键股东的投保不仅可弥补上述缺陷，而且可防止因股东意外死亡致使公司遭受较大损失。

关键人物保险（Key Man Insurance），是人寿保险的一种，是指公司为对其盈利及持续经营会产生重大影响的股东、雇员购买人身寿险，以补偿公司因这些关键

[①] 《财政部关于政协十二届全国委员会第五次会议第 0107 号（财税金融类 018 号）提案答复的函》，载财政部网站，https://szs.mof.gov.cn/jytafwgk_ 8391/2017jytafwgk/2017zxwytafwgk/201710/t20171017_2726094.htm，最后访问时间：2024 年 2 月 18 日。

人物的死亡或者永久伤残而遭受的经济上的损失。其主要保障各种中小型企业，比如独资、合资和封闭型公司等重要人物的人身风险，而就规模较大的公司而言，业务增长较快，可替代的人才比较多，关键人物保险的设置仅可针对对企业生死存亡至关重要的人员。当然，衡量关键人物的标准是，如果一方死亡或者丧失劳动能力将使公司遭受较大的经济损失，或者在短期内无法寻找到合适的替代者，这也是关键人物保险的可保利益所在。[①] 该保险的模式主要如下：

投保人（企业） → 被保险人（关键人） → 受益人（企业）

对于家族企业而言，在这种模式下，关键人物一旦发生意外，不仅可以有力保障因其过世造成业务或经济上的损失，稳定企业的资信程度，必要时还可回购关键人物的股权以顺利实现企业的变更或交接。此外，"关键人物保险"对于企业投资者来说也是一份有力保障。在融资活动中，为防止企业关键股东过世造成企业资金风险，投资者往往要求被投资者购买以企业法人为受益人的保险。

(三) 公司章程与股东协议的兜底设计

1. 公司章程自治范围内的风险防范

在前文中已谈到公司章程存在的法律风险，鉴于《公司法》大部分条款属于任意性规范条款，建议在拟定公司章程时对章程自治范围内的法律问题及风险防范进行系统的梳理。

第一，明确法定代表人，避免授权争议。由于《公司法》第十条第一款规定，"公司的法定代表人按照公司章程的规定，由代表公司执行公司事务的董事或者经理担任"，笔者建议章程中明确约定由哪一方担任公司法定代表人以防止出现内部争权的混乱。尤其是家族企业，因涉及企业的传承，建议尽量将法定代表人落实到职务层面以避免公司人员变动导致的公司章程修订。

第二，约定"同股不同权"，实现双层股权架构。由于《公司法》第六十五条规定"股东会会议由股东按照出资比例行使表决权；但是，公司章程另有规定的除外"，因此，在有限责任公司的章程中适用此种股权架构模式并不违反法律的强制性规定。这样不仅可以保证家族成员股权不会因为新的投资人加入而被稀释，又可实现对家族企业的长久有效控制。

第三，明确股东继承资格，有效传承家族企业。《公司法》第九十条规定，"自然人股东死亡后，其合法继承人可以继承股东资格；但是，公司章程另有规定的除外"，由于有限责任公司的存续是基于股东之间的互相信任，若无章程的前提

---

① 邬润龙、王东平：《关键人物保险》，载《中国保险》2003年第12期。

下根据该法律规定继承人是可以继承股东资格的，这样势必影响股东之间的信任基础。若家族企业担心日后隐患，建议在公司章程中事先作出明确约定。

除上述法律问题外，家族企业还可在公司章程中明确约定股东会职权，防止股东权力滥用损害公司或小股东利益。同时，还可进一步补充法定解散事由以外的其他情形，以防止非常态下公司持续经营造成损失等。当然，家族企业若选择其他股权架构模式，建议结合股权架构模式并在公司章程中进行贴合设计。

2. 股东协议的完美设计

制定规则和遵守规则是成为股东的前提，故在股东开始合作之前建议一定要签署股东协议。那股东协议可以约定哪些内容呢？在上述内容中，已经讲到股东协议与公司章程发生矛盾纠纷时，很可能会优先适用公司章程的规定。由此可知，在签署股东协议时建议仅对公司章程中未约定事项进行补充，如企业方向、设立阶段各股东的职责分工、退出机制等条款，并制定具体实施办法，才能确保公司的根基长治久安。具体措施如下：

第一，达成股东共识，明确企业方向。股东协议需要明确股东投资的企业具体目的是什么，应该怎么做。只有事先解决企业的根本问题，在面临企业的各项决策或企业传承时，股东之间才不会乱了方寸，偏离了根本。

第二，约定股东职责，明确股东义务。企业经营不仅包括股东的义务，即投入资金以及避免损害公司利益，还包括企业经营以及运转过程中各股东之间的职责分配。当然，股东职责的设定与其自身资源以及经验是密不可分的，但职责的权限有多大以及未能履行职责的违约责任都需要明确约定，以防止股东出现分歧时无法调和的悲剧发生。

第三，确定退出机制，防止企业危机。由于股东之间在企业经营过程中很容易出现分歧而决定退出企业，若未约定退出机制，极易导致企业解体，甚至是崩塌。又或者由于企业大股东的婚姻家事问题很大程度上会影响到企业的生死存亡，因此，退出机制是必须在股东协议中明确约定的。建议在协议中明确约定退出的条件、方式、作价等，即使有分歧也不足以影响企业的正常发展。

除上述条款的设定外，股东在签署协议时也可针对企业的发展等问题进行量身定制。尤其是对每一事项的违约责任进行充分设定，切不可碍于情面为企业埋下隐患。

第四节 财富管理与传承的工具

近年来，代际传承问题的频繁发生，也导致不少财富持有者基于"人无远虑必有近忧""防患于未然""未雨绸缪"等心态逐渐重视财富的提前安排与筹划。财富管理与传承的大门已然敞开。事实上，财富管理与传承的流程及目标即为创富、守富、享富、传富。那在物质财富的管理与传承层面，则主要涉及：家族资金"安全"与"增长"问题、婚姻财富风险保障、子女财富安全与监护、个人养老保障规划、家庭财富保全传承设计与执行、个人/企业税收安全、企业主刑事犯罪风险防控、家庭与企业的资产隔离、企业产权梳理与筹划安排等问题。这些都需要我们持续地关注与研究，更离不开专业人员的参与。然而财富管理与传承的核心不仅仅是物质财富的管理、控制、保全与传承，亦应该包含和睦共荣的家庭关系和积极向上的道德精神，并通过家庭及家族治理体系的构建，形成良好家风，固化家族社会资源，帮助后代在前行过程中不迷失方向，将财富创造的因素根植在家庭及家族体系中，并使其不断发扬光大。那么随着国内个人、家庭、企业财富的不断积累，"财富管理与传承"成为炙手可热的话题也就有其内在合理性。但在具体的操作层面，又面临以下问题：如何做财富传承？财富传承有哪些工具，如何选择？家庭财富保全与传承如何设计与执行？鉴于此，本节将从财富传承的工具角度作为切入点，重点介绍协议、保险、遗嘱、家族信托、全球资产配置五项工具。

一、工具一：协议

当前包括企业家在内的高净值人群逐步从创富、守富、享富过渡到传富的阶段，也不断意识到从"重事后处理"到"重事前预防"的重要性。而协议恰恰是得以发挥事前预防功能的重要工具，协议包括婚前财产协议、婚内财产协议、离婚协议、赠与协议、代持协议等，因篇幅原因，下文主要围绕"婚姻风险"重点讲述前三种常见协议工具。

(一) 财产风险隔离的意义

某些情况下，人们往往认为签署各项协议是一种伤害彼此感情甚至是相互不信任的行为，抑或认为交情很深不可能有纠纷，内心开始排斥拒绝签署"协议"。实际不然，财产风险隔离是最为常见的风险隔离需求，签订协议正是高净值人群常用的风险隔离工具，可以通过最小的成本化解大多数的潜在风险，继而让财富配置更为合法合理合乎传承规则。尤其是对于含有涉外因素或有移民规划的高净值人群而言，协议更是选择法律适用甚至是司法管辖权的有效工具。具体可以实现：(1) 避免个人财产面临离婚分割风险。这并非一味剥夺配偶财产权利，相反为财富配置目的可以给予配偶物质保障与照顾，比如购买保险或列为家族信托受益人等。(2) 避免配偶与子女被自身债务所牵连。协议中明确债务分担方式，必要时还可以结合信托工具为配偶与子女规划信托利益分配，一定程度上规避债务风险。(3) 避免复杂的继承程序与继承风险，可以与遗嘱或其他传承工具协同、组合、交叉使用。

若未签订协议，在某些情况下可能会面临：比如需要采取更为烦琐复杂的方式，甚至需要花费数倍的时间与金钱成本；潜在风险所带来的家族根基松动甚至是倾倒，比如债务风险导致配偶共同承担连带责任；又比如婚前股权在婚后的收益属于夫妻共同财产，涉及离婚时因需要查明婚后收益部分，家族企业经营财务状况将很可能会面临审计和评估。

（二）合理使用婚姻财产协议工具

1. 婚姻财产协议的界定

《民法典》第一千零六十五条规定："男女双方可以约定婚姻关系存续期间所得的财产以及婚前财产归各自所有、共同所有或者部分各自所有、部分共同所有。约定应当采用书面形式……"因此，男女双方为了维护既存的或者即将开始的婚姻关系的稳定，在婚前或婚姻关系存续期间，可以就婚前财产和婚后所得财产的所有、处分、使用、收益、管理以及婚前婚后债务的划分和清偿等事项达成书面协议。① 这也就是婚姻财产协议，主要包括婚前财产协议和婚内财产协议。两者的区别在于：婚前财产协议为婚前签署，登记结婚后生效；婚内财产协议为婚后签署，签署后生效。除以上区别外，在协议起草、签署、效力、注意事项等方面基本是一致的。另外，需要提示的是：婚姻财产协议应当采用书面形式，口头协议往往难以证实有效性并不被采用。

2. 婚姻财产协议起草的过程及注意事项

对于民营企业股东及实际控制人而言，财产除了房产、银行账户，还可能涉及数十个公司的股权与收益，甚至是跨境资产。缔结婚姻不但可能引起"财产混同"，甚至会因家族企业经营导致夫妻间发生"债务混同"。因此，通过财产协议将财产范围、性质、婚后管理的方式、债权债务约定甚至是继承事项的安排等提前做好规划，更利于家族财富的传承与安排。那如何制定一份有效的婚姻财产协议呢？实践中有的可能会选择所谓通用模板起草并签署，但往往协议书模板仅仅针对不特定的对象而"通用"，对于家族企业而言"通用"版本并不能发现或预估现在或将来可能出现的各种因素，量身定制协议是当下较多高净值人群选择的方式。起草的具体过程与注意事项可参考如下：

第一，起草协议前通常需要由专业律师进行充分的尽职调查。

尽职调查不仅仅局限于对个人财产的调查，一定程度上还会延伸到对两个家庭的成员情况及财产情况进行调查，梳理财产与规划意见后才能着手起草，可以说这是量身定制婚姻财产协议的必要程序。整个委托过程包括尽职调查事项都会签署保密协议，并严格履行保密义务。

具体的调查事项，大致可以区分以下几个维度：（1）对委托人及家庭成员的基

---

① 田小皖、张研：《资产保护与风险隔离操作实务》，中国财政经济出版社2022年版，第84页。

础信息予以调查，充分了解家庭成员对未来财富传承安排的态度，以及婚姻状况、身体状况、年龄状况、子女情况等相关信息；(2) 对委托人及家庭成员的财产信息予以调查，范围包括婚前财产、婚内财产、境外资产、债权债务情况、未来财产形态可能发生的变化或者可能通过赠与或继承等获得的资产等信息；(3) 对委托人及家庭成员未来移民规划有所预判，并对不同国家或地区关于协议效力是否认可进行提前确认；(4) 对委托人的财富传承规划与想法予以充分了解。

第二，协议起草时应当注意的事项。

绝大多数的财产协议核心包括两部分内容：一是明确婚前婚后财产的范围，这里的范围并非仅以登记结婚时间作为区分婚前婚后财产的依据，而应当作详尽列举，比如对于无法明确取得时间的贵重物品在无任何证据情况下很可能会界定为共同财产；二是明确财产分配方案，比如是采用各自所有、共同所有、部分各自所有还是部分共同所有方式需要予以界定。

除此之外，在生活与子女支出、赡养老人、债权债务、未来财产形态变化或未来可能获得的资产等方面都可以作出界定。协议内容应当充分结合事实背景分析潜在风险并结合委托人需求起草针对性协议，必要情况下也可以结合信托、保险等工具设计对应的架构。尤其是对于有移民规划或资产处于境外的情况，还需要结合移民所在地、财产所在地等地的法律规定，在协议中对法律适用甚至是司法管辖权问题一并作出约定。比如我国香港地区不区分婚前财产与婚后财产，原则上均视为双方共同财产，则对于高净值人群来说适用香港地区法律规定明显不合理，所以在起草协议时就需要通过尽职调查充分了解委托人需求和规划，通过法律方式合理防范可能存在的风险。

第三，注重协议的效力保障。

一份有效的协议，需要在内容与形式两方面均为有效。比如协议内容违背公序良俗的，协议无效；在形式层面，通常情况下由当事人双方签字日期即有效。同时，为防范风险，建议在签署协议的同时对签署过程与签署内容录音录像，并保留原始载体。

婚姻财产协议的签署对双方均具有法律约束力，不能约束协议以外的第三人。根据《民法典》第一千零六十五条第二款规定也存在特殊例外，[①] 即可避免配偶一方共同承担债务。这里包括两个关键条件：(1) 双方对财产约定为各自所有；

[①] 《民法典》第一千零六十五条规定，男女双方可以约定婚姻关系存续期间所得的财产以及婚前财产归各自所有、共同所有或者部分各自所有、部分共同所有。约定应当采用书面形式。没有约定或者约定不明确的，适用本法第一千零六十二条、第一千零六十三条的规定。夫妻对婚姻关系存续期间所得的财产以及婚前财产的约定，对双方具有法律约束力。夫妻对婚姻关系存续期间所得的财产约定归各自所有，夫或者妻一方对外所负的债务，相对人知道该约定的，以夫或者妻一方的个人财产清偿。

(2) 债权人知道财产各自所有的约定。因此，实践中主张不承担债务的一方，则需要对以上关键条件予以举证证实，法院才有可能会支持其主张。

(三) 谨慎签订离婚协议

1. 离婚登记的办理规定

《民法典》第一千零七十六条第一款规定："夫妻双方自愿离婚的，应当签订书面离婚协议，并亲自到婚姻登记机关申请离婚登记。"因此，夫妻双方决定自愿离婚时，对离婚后财产如何处理以及子女抚养相关事宜可以达成书面约定，并可在夫妻一方户籍所在地民政局申请办理离婚登记。

其中，对于北京市居民而言，自2015年12月1日起，北京市居民婚姻登记可跨区办理，即一方或者双方为本市居民的结婚登记、离婚登记或者补领婚姻登记证（包括涉外、涉华侨、涉港澳台婚姻登记），当事人可到本市任一区民政局婚姻登记处办理。[1] 2016年5月6日，北京市民政局发布《北京市婚姻登记工作规范》对该问题予以明确。2021年5月17日，民政部发布《关于开展婚姻登记"跨省通办"试点工作的通知》，[2] 明确在试点地区将内地居民结（离）婚登记由一方当事人常住户口所在地的婚姻登记机关办理，扩大到一方当事人常住户口所在地或者经常居住地婚姻登记机关办理。因此，申请办理婚姻登记时，当事人可以结合上述规定选择最便捷地的民政局办理，操作省时省力更为高效。

2. 离婚协议起草的过程及注意事项

在实践中，当事人往往忽略离婚协议的实质内容，认为只要迅速办理离婚登记则万事大吉。这种操作短时间内省时省力，但事与愿违，一旦发生争议，双方将面临的是旷日持久的诉讼程序与潜在风险。尤其是对于高净值人群而言，离婚协议并非仅仅追求双方财产权利上的公平，还需要考虑财产分割对家族企业或者是对未来财富保全与传承是否有实质性影响。比如涉及夫妻之间股权分割时，上市公司大股东（上市公司控股股东及持股5%以上的股东）或董监高减持其通过二级市场买入的上市公司股份时还应适用《上市公司股东减持股份管理暂行办法》以及上海证券交易所与深圳证券交易所关于该规定发布的通知。[3] 这就需要律师全方位了解相关法律法规，为高净值人群制定合理且具有可操作性的离婚协议，以充分保障其合法权益。起草的具体过程与注意事项，可参考如下：

---

[1] 参见《北京居民12月起可跨区婚姻登记系全国率先推出》，载北京政法微信公众号，2015年11月18日发布，最后访问时间：2024年7月12日。

[2] 《关于开展婚姻登记"跨省通办"试点工作的通知》第三条规定，试点地区：辽宁省、山东省、广东省、重庆市、四川省实施内地居民结婚登记和离婚登记"跨省通办"试点，江苏省、河南省、湖北省武汉市、陕西省西安市实施内地居民结婚登记"跨省通办"试点。试点期限。试点期限为2年，自2021年6月1日起至2023年5月31日止。

[3] 贾明军、吴卫义：《上市公司股权分割与传承》，法律出版社2016年版，第522—523页。

第一，充分了解离婚协议应当包括的内容。

根据《民法典》第一千零七十六条第二款规定，离婚协议应当载明双方自愿离婚的意思表示和对子女抚养、财产以及债务处理等事项协商一致的意见。这四个方面是办理离婚登记必须具备的内容，除此之外也可以根据双方协商内容予以补充，必要时可以设置兜底性条款，比如约定"除本协议列举财产外，其他各自名下财产归各自所有"。实践中，往往还存在离婚协议内容表达不清晰的问题，比如协议约定"财产已分割完毕，双方对此无任何异议"。因协议本身未对财产数额以及分割方案等协议一致，存在较大争议，很可能会视为约定不明而重新诉诸法院予以解决，增加诉累，故协议的起草尽可能将情况考虑周全，避免出现类似风险。

第二，结合实践可操作性细化离婚协议内容。

当事人签署协议时往往局限于当事人的个人主观想法决定条款，反而忽略了实践的可操作性。比如，子女探望权的约定，仅仅原则性地规定了每周对方有权探望几天，但对于能否带走过夜、探望的具体时间等内容并未详细约定。再如，房产登记在男方名下，贷款由男方偿还，但男方应当支付给女方补偿款，因男方并无资金支付打算对房产进行二次抵押，此时就需要结合银行实际操作考虑男方二次抵押能否成功的问题。

又或者房产登记在男方名下，协议约定房产归女方所有，剩余贷款由女方偿还，因贷款未偿还完毕时无法办理过户，过户前贷款仍旧在男方名下。实际上，该情况对于双方而言均面临不同的法律风险。则此时需要结合银行的实际操作详细约定彼此之间配合办理的事项以及违约责任，同时可以设置相互制衡的条款以平衡双方风险。

第三，含有涉外因素时，可考虑法律适用条款的制定。

《涉外民事关系法律适用法》第二十六条对协议离婚的法律适用问题作出明确规定，因此可以在离婚协议中明确选择一方当事人经常居所地法律或者国籍国法律。法律适用的选择往往要结合当地国家或地区的法律规定，在初步审查离婚协议效力的认定以及夫妻财产制度后，再进一步分析对当事人的利弊。

第四，离婚协议在双方领取离婚证时发生效力。

因离婚协议是集人身关系、财产关系、抚养关系于一体的综合书面约定，相互之间紧密相连、互为一体，夫妻中任何一方无权单方撤销或反悔，比如在离婚协议中约定赠与子女房屋时，任何一方不得以未办理产权过户登记为由单方撤销赠与。若仅仅是夫妻双方签字但未办理离婚登记，一旦任何一方反悔，根据《最高人民法院关于适用〈中华人民共和国民法典〉婚姻家庭编的解释（一）》第六十九条规定，法院应当认定该财产以及债务处理协议没有生效。虽然离婚协议没有生效，但一旦双方签订过离婚协议，其协议内容比如有关子女抚养权归属、财产归属等条款将有可能会成为法院判决的重要参考依据。

协议可以说是财富管理与传承的有效工具,在涉及协议内容时并非仅局限于《民法典》规定,还可能涉及《公司法》《信托法》甚至是域外领域的各项法律规定与政策。这就需要律师全方位认知与了解,实现当事人需求的同时尽可能为其防范风险。当然,协议的单一设计在一定程度上可以实现传富目的,但对不同高净值人群的需求而言,欲有效完成财富传承的整体方案,亦可以结合具体需求搭配其他法律工具协同、组合、交叉使用。

二、工具二:保险

(一)保险功能的发挥

保险是通过订立保险合同来分摊意外事故损失的一种风险管理方式。[1] 保险可以分为社会保险和商业保险,社会保险是一种社会保障制度,主要通过统筹社会保险基金,对参加劳动关系的劳动者在丧失劳动能力或失业时给予必要的物质帮助。而商业保险则是通过订立保险合同,投保人向保险公司支付保险费,在保险期内发生合同约定的保险事故时,由保险公司向投保人赔付保险金的一种制度。从财富管理与传承的角度出发,商业保险系高净值人群采用的主要工具。商业保险大致分为财产保险和人身保险两类。其中人身保险中的人寿保险在财富传承方面有明显的优势。人寿保险是以被保险人的寿命作为保险标的,在保险责任期内以被保险人的死亡为给付条件的人身保险。[2]

1. 人寿保险

一般而言,人寿保险的赔付金额是高昂的,通过保险赔付的保险金不需要缴纳其他税费[3],特别是未来很有可能会出台的遗产税。[4] 但是保险在其拥有财富传承功能时也有弊端。当被保险人死亡或者出现其他赔付情形时,保险公司即将保险金给付至受益人。但是当受益人为未成年人时,保险金的实际控制人为其监护人,或者接收保险金时受益人尚不具有财产管理能力,此时财富所有人利用保险进行财富传承的实际效果将大打折扣。

2. 大额保单

基于人寿保险有上述的资产隔离和财富传承的功能和作用,在实务中,不少高净值客户会选择使用"大额保单"。"大额保单"即每年缴纳超过百万保费的保单,

---

[1] 《保险法》第二条规定,本法所称保险,是指投保人根据合同约定,向保险人支付保险费,保险人对于合同约定的可能发生的事故因其发生所造成的财产损失承担赔偿保险金责任,或者当被保险人死亡、伤残、疾病或者达到合同约定的年龄、期限等条件时承担给付保险金责任的商业保险行为。
[2] 《保险法》第十二条第三款规定,人身保险是以人的寿命和身体为保险标的的保险。
[3] 《个人所得税法》第四条规定:"下列各项个人所得,免征个人所得税……(五)保险赔款……"
[4] 《国务院办公厅关于深化收入分配制度改革重点工作分工的通知》等现行有效文件中均提到要适当时间开征遗产税。

其主要有以下几种常见的类型：年金类大额保单、储蓄分红类大额保单、万能寿险类大额保单、国内大额终身寿险保单、美国指数型万能寿险大额保单。大额保单在财富传承中有其独有的优势：其一，高净值客户可以将自身的人身风险通过风险转移的方式"转嫁分散"到保险公司。其二，通常而言，被保险人通过较低的费用就可以获得保险公司较高的保障，这是保险中特有的杠杆作用，也体现出保险的分散效果。其三，大额保单具有储蓄功能，一般只要投保人不提前终止合同，基本上不会有本金的损失。加之我国对保险公司的监管十分严格，很少会出现保险公司破产，投保人和被保险人的权益无从救济的情形。因此，对于国内高净值人士而言，大额保单是其进行财富管理和传承的一个不错的选择。

（二）保险作为财富传承工具的风险

不论是为了资产隔离，还是为了财富传承，保险在发挥上述作用时还要注意以下两个风险：一是离婚时保险作为财产被分割的风险，二是保险人作为债务人所投保险被强制执行的风险。因为这两种情况都会破坏保险的稳定与区别功能。而规避风险需要提前了解保险这种特殊资产在离婚分割时与强制执行时法院的惯常做法。

1. 离婚时保险的分割

保险不同于一般的财产，如夫妻一方作为投保人为自己投保人身保险，那么仅夫妻一方与保险人建立了合同关系，相应的权利直接由夫妻一方行使，义务也由夫妻一方履行。但是，根据我国法律规定，夫妻在婚姻关系存续期间获得的财产，除法律有特别规定或当事人有特别约定的外，属于夫妻共同财产。因此，即使保险合同的权利义务直接由合同相对方享有或承担，如系在婚姻关系存续期间获得，保险相关的利益可能构成夫妻共同财产，在离婚时需要进行分割。一般来说，相关利益指的是婚姻关系存续期间保险现金价值的增加、所获得的保险金及支付的保费。

基于保险特殊的性质，在离婚进行分割时，并不对"保险"本身进行分割，而是需要判断婚姻关系存续期间基于保险获得的相关利益（婚姻关系存续期间保单现金价值的增值、所交保费或者获得的保险金）是否属于夫妻共同财产，如是，则需要进行分割。具体情况如下：

（1）对具有人身性质的保险金，一般认为是夫妻一方的个人财产，不进行分割。

（2）保单现金价值的分割一般适用于夫妻一方在婚姻关系存续期间为自己投保订立保险合同的情形，此时属于"家事代理"的范围，视为对方同意该投保行为。

（3）如婚前购买保险婚后缴纳部分保费的，司法实践中有分割所交保费或对应的现金价值两种操作类型。

（4）如夫妻一方为双方子女投保的，属于"家事代理"范畴，一般视为对子女的赠与，离婚时不分割；但如对方能明确证明投保未经其同意的，可以要求对所交保费进行分割。

（5）如夫妻一方为非双方子女的他人投保，离婚时另一方可以要求对所交保费进行分割。

就保险在离婚财产分割中的情况来看，保险在财富传承方面具有一定优势，那就是离婚时对于人寿保险这种具有人身性质的保险，一般不进行分割，不会影响保险本身的功能，投保人进行投保的目的亦不会受到影响。但对于大额保单这种不具有人身性质的保险，需要企业家结合协议等其他工具提前做好规避。

2. 人身保险现金价值的强制执行

在司法实践中，对于"人身保险的现金价值能否强制执行"这一问题，首先需考虑其是否属于法律规定的可以执行的财产，如其在法律性质上具有人身依附性和专有性，或者是被执行人及其所扶养家属所必需的生活物品和生活费用，则其依法不能被强制执行。

有一些法院倾向于认为人身保险的现金价值可以被强制执行，原因在于人身保险具有财产价值，在保险事故发生前体现为保单的现金价值，由投保人享有，保单不具有人身专属性，且投保人可以通过解除保险合同随时获得保单的现金价值。

有一些法院则会根据具体情况判断保险的现金价值是否能够强制执行、强制执行的方式。就是否执行，有些案例中，法院以保险现金价值过低而未予以强制执行，有些涉及医疗险或重疾险的案例中，法院均以保险现金价值不大，但对被执行人关涉利益较大，出于保障被执行人生存等原因，未予以强制执行。可见，保险的现金价值的高低，以及保险的具体类型都会影响个案中保险是否强制执行的判断。相对而言，重疾险、医疗险等与人的生存、健康关系密切的保险，较之理财型或分红型的保险，法院在强制执行时会更加慎重。

就强制执行的方式，"强制解除"并非强制执行的唯一方式，可以通过由被保险人提供保险现金价值同等的财产，使得保险免予被强制解除，尽量维持申请执行人实现债权的权利与投保人、被保险人及受益人利益的平衡。

三、工具三：遗嘱

遗嘱继承对于包括企业家在内的高净值人群财富传承的重要性已不言而喻。但法律认可的遗嘱和我们随口说、随手写下的遗嘱之间有着巨大的差距，遗嘱人稍加不慎的行为就会导致遗嘱无效，从而直接影响遗产的继承方式，最终出现遗产无法按照遗嘱人的真实意愿进行传承的情况。现行《民法典》共规定了六种遗嘱形式，分别为自书遗嘱、代书遗嘱、打印遗嘱、录音录像遗嘱、口头遗嘱以及公证遗嘱。在本部分，我们将着重介绍这六种遗嘱的基本形式及常见误区，帮助当事人订立出符合内心真实意思且形式有效的遗嘱，从而达成"传富"的法律效果。

(一) 自书遗嘱

《民法典》第一千一百三十四条规定，自书遗嘱由遗嘱人亲笔书写，签名，注明年、月、日。自书遗嘱有三个生效要件，即亲笔书写、遗嘱人签名和注明年月日。亲笔书写和签字都是为了保证遗嘱内容是遗嘱人真实意思表示，注明年月日可以认定遗嘱人在书写自书遗嘱时是否具有遗嘱能力，也可在有多份遗嘱时，判断应以哪一份为准。参照《最高人民法院关于贯彻执行〈中华人民共和国继承法〉若干问题的意见》第四十条的规定，公民在遗书中涉及死后个人财产处分的内容，确为死者真实意思的表示，有本人签名并注明了年、月、日，又无相反证据的，可按自书遗嘱对待。所以，遗嘱人在日记等中对其死后的遗产进行安排的，由遗嘱人签字并注明日期，可以认定是遗嘱人真实意思表示，也属于自书遗嘱。

通常来说，死者临死时留下的书信，即遗书，不属于自书遗嘱。法律尊重自然人的自由表达，没有对遗书的内容和形式作出明确的规定，但是基于遗书书写背景、过程以及形式上与自书遗嘱较为类似，最高法司法解释规定对于符合一定条件的遗书可以按自书遗嘱对待，尊重保护遗书人/遗嘱人真实的意思。

(二) 代书遗嘱

顾名思义，代书遗嘱即由他人代为书写的遗嘱。代书遗嘱应当有两个以上见证人在场见证，由其中一人代书，遗嘱书写完毕后，交由其他见证人核实，并向遗嘱人当场宣读，经遗嘱人认定无误后，由遗嘱人、代书人和其他见证人签名，注明年、月、日。见证人应当具有完全民事行为能力，见证人的作用是证明代书遗嘱的内容是遗嘱人真实意思表示，所以其必须对此具有辨别能力。参照《最高人民法院关于贯彻执行〈中华人民共和国继承法〉若干问题的意见》第三十六条的规定，继承人、受遗赠人的债权人、债务人，共同经营的合伙人，也应当视为与继承人、受遗赠人有利害关系，不能作为遗嘱的见证人。

(三) 打印遗嘱

打印遗嘱是《民法典》中新增的遗嘱形式，使遗嘱形式与当今社会生活的现实状况和科技发展的实际水平相适应。《民法典》第一千一百三十六条对该遗嘱形式作出了规定："打印遗嘱应当有两个以上见证人在场见证。遗嘱人和见证人应当在遗嘱每一页签名，注明年、月、日。"该类遗嘱可能是遗嘱人亲自操作电脑，也可以是见证人进行操作。需要注意的是打印遗嘱需要遗嘱人和见证人在每一页上签字并注明年、月、日。

(四) 录音录像遗嘱

《继承法》中规定了录音遗嘱，此次编撰《民法典》时将这一遗嘱形式改为"录音录像遗嘱"。《民法典》第一千一百三十七条规定，以录音录像形式立的遗嘱，应当有两个以上见证人在场见证。遗嘱人和见证人应当在录音录像中记录其姓名或者肖像，以及年、月、日。一般情况下，在制作录音录像遗嘱时应先由遗嘱人亲自叙述遗嘱的全部内容，并由两个以上的见证人在场见证，见证人的个人信息部分亦应逐一明确并录制，同时还要对录制情况作出说明。整个叙述和见证过程应当全程同步进行摄像、录音。

（五）口头遗嘱

口头遗嘱是一种较为特殊的遗嘱。《民法典》第一千一百三十八条规定，遗嘱人在危急情况下，可以立口头遗嘱。口头遗嘱应当有两个以上见证人在场见证。危急情况消除后，遗嘱人能够以书面或者录音录像形式立遗嘱的，所立的口头遗嘱无效。但对于危急情况过后多久口头遗嘱失效目前法律和司法解释都没有进行规定。由于口头遗嘱不利于保存，对遗嘱人真实意思表示的争议较大，只有在紧急情况下才能立口头遗嘱，而且一旦紧急情况解除，可以另立其他形式的遗嘱的，口头遗嘱失效。

（六）公证遗嘱

公证遗嘱，是指遗嘱人经公证机构办理证明的遗嘱。遗嘱公证是公证处按照法定程序证明遗嘱人设立遗嘱行为真实、合法的活动。《民法典》第一千一百三十九条规定，公证遗嘱由遗嘱人经公证机构办理。民法典第一千一百四十二条较《继承法》，删除了"自书、代书、录音、口头遗嘱，不得撤销、变更公证遗嘱"内容，因此《民法典》施行后，遗嘱人订立新的遗嘱，当不同遗嘱内容发生冲突时，以最后的遗嘱为准，不再考虑数份遗嘱中是否存在公证遗嘱。

四、工具四：家族信托

家族信托在财富传承方面的天然优势使其受到越来越多高净值人群在"传富"方面的青睐。《中国银保监会关于规范信托公司信托业务分类的通知》明确，"信托公司应当以信托目的、信托成立方式、信托财产管理内容为分类维度，将信托业务分为资产服务信托、资产管理信托、公益慈善信托三大类共25个业务品种（具体分类要求见附件）"，其中家族信托归入到资产服务信托的类别，明确了家族信托的在信托业务中地位。

（一）何谓家族信托

根据《信托法》第二条，本法所称信托，是指委托人基于对受托人的信任，将其财产权委托给受托人，由受托人按委托人的意愿以自己的名义，为受益人的利益或者特定目的，进行管理或者处分的行为。从"信托"的含义中可以看出，在信托关系中，委托人将其财产转让至受托人名下，受托人根据委托人该特定目的处分或者管理信托财产的行为。那么家族信托作为信托业务中的一种特殊的类别,其在满足信托基本要素的前提下,还有何特殊之处呢。家族信托指信托公司接受单一个人或者家庭的委托,以家庭财富的保护、传承和管理为主要信托目的,以信托公司自身的名义按照信托文件的约定,提供财产规划、风险隔离、资产配置、子女教育、家族治理、公益(慈善)事业等事务管理和金融服务的信托业务。

(二)家族信托的基本要素

一般而言,家族信托中主要包含以下要素:

1. 家族信托当事人

家族信托的当事人主要包括家族信托委托人、受托人和受益人。为了监督受托人如实履行信托合同中约定的义务,有的家族信托中还设置专门的保护人,但信托保护人不是家族信托的必要当事人。

第一,家族信托委托人,即家族财产的原始所有者,包括家族事业的创始人、家族财富的所有权人。委托人可以是单一的个人,也可以是家族财产的共同拥有者,如夫妻。根据《信托法》的规定,委托人具有知情权、信托财产管理方法调整的要求权、信托财产损害的救济权以及受托人的解任权、辞任同意权和新受托人同意权。对于家族信托而言,家族信托的委托人还可以根据设立信托的目的,将受托人的部分权利作为保留权利,如家族事务管理权、家族信托财产的管理参与权、家族信托保护人的选任权等,可由委托人自己或者其他主体来实施。

第二,家族信托受托人,是按照委托人的信托意愿,管理被授予的信托财产及家族事务,并承担受托义务的当事人。家族信托的受托人为经金融主管机关核准的经营信托业务的信托公司。在家族信托法律主体中,受托人不论是作为信托财产名义上的所有权人,还是通过直接管理财产使财产保值和增值来实现信托目的,都意味着其对家族财富传承起着更为重要的作用。

第三,家族信托受益人,是委托人指定的享受家族信托财产利益及因家族事务管理所产生的利益享有者,其主要是委托人的家庭成员、为家族企业作出重大贡献的员工或者根据委托人的要求指定的其他需要帮助的人。但在此需要注意是委托人不得作为唯一受益人。

2. 家族信托财产

根据《信托法》第十四条第一款、第二款,受托人因承诺信托而取得的财产是信托财产。受托人因信托财产的管理运用、处分或者其他情形而取得的财产,也归入信托财产。信托财产来源于委托人,且应当为委托人合法所有的、确定的财产。设立家族信托时,其财产金额或价值应不低于人民币1000万元。此外,根据《信托法》第十五条、第十六条的规定,信托财产既独立于委托人其他未设立信托的财产,同时与受托人的财产也相互独立。

3. 基于特定的目的

家族信托是以家庭财富的保护、传承和管理为目的，提供财产规划、风险隔离、资产配置、子女教育、家族治理、公益（慈善）事业等事务管理和金融服务的信托业务。其兼具财产与事务性管理的双重特性。

(三) 家族信托的功能

根据信托法律原理，一旦有效、合法地设立了家族信托，投入信托内的财产即具有独立性，不论委托人离婚、破产、死亡，家族信托内的财产都将独立存在，不会因上述原因而导致存托财产受损或者消减，从而达到财富传承的目的。一般而言，家族信托主要有以下功能：

1. 传承与规划功能

委托人将自己合法、确定的财产投入家族信托中，受托人根据信托合同的约定将信托财产利益分配给受益人，能够避免传统的继承法律行为所导致的一次性将资产、企业的所有权交给继承人的情况，避免下一代"败家"的风险。同时，家族信托具有很强的灵活性，可以依照委托人的心愿，预先安排资产分配于各家庭成员、亲友、慈善团体及其他机构。此外，家族信托中受托人和信托财产具有独立性，可以有效缓解家族成员之间因财富管理观念、财产分配标准冲突造成的矛盾和内耗的风险，保证财富继承的有效进行。

2. 资产隔离功能

目前国内很多家族企业的与家族财产没有做严格的区分与隔离，通常无法清晰界定。当家族企业对外负债或者破产时，家族资产往往也成为债权人追偿的对象，甚至有的资产面临查封、冻结、抵债的风险。而在家族信托中依据信托财产独立性的原理，信托财产是独立存在的，与委托人的其他财产隔离。且最高人民法院发布了《全国法院民商事审判工作会议纪要》第九十五条规定，当事人因其与委托人、受托人或者受益人之间的纠纷申请对存管银行或者信托公司专门账户中的信托资金采取保全措施的，除符合《信托法》第十七条规定的情形外，人民法院不应当准许。故一般情况下债权人无权对信托财产进行追索，从而降低因家族企业或者委托人个人的债务问题对家族财富的减损，为家族的抗风险能力增加了一层屏障。

3. 家族企业治理功能

目前正值第一代家族企业的创始人向第二代接班人传承的时期，在此阶段，存在的困难就是接班人缺少必要的历练，对企业的管理缺乏经验，教育经历可能与合格的继任者不符。此外，在家族企业传承中，企业的股份控制权、经营控制权和决策控制权不可避免地由三权合一趋向分散和稀释，以及新老团队的融合问题。

家族信托，将家族成员与企业所有权相剥离，既保持了家族对家族企业的控制权、决策权的完整性，又避免了不愿或不能胜任管理家族企业工作的家族成员对企业的不适当作为，且提高了企业管理层的可预期性和新老团队衔接、融合的稳定性。

4. 税收筹划功能

通过家族信托设计的功能可以有效避免财富代际传承中发生的遗产税、赠与税。如永续存在的家族信托可以避免遗产税，委托人将财产设定信托可以利用信托财产的独立性避免遗产税。委托人将企业所有权转让给信托公司，只保留控制权，可以一定程度上避免营业税、个人所得税等税负。

5. 私密性保护

相较于其他财富传承工具而言，家族信托具有较强的私密性，家族信托依委托人和受托人意定设立而成，大多数的海外信托管辖区域设立了严格的信托财产保密制度，信托财产的运用和管理都是以受托人的名义进行的。依据法律，受托人必须履行保密义务，除特殊情况外，受托人没有权利向外界披露信托财产的运营情况。

（四）家族信托常见的问题

1. 委托人应何时设立家族信托

根据《信托法》第十九条，委托人应当是具有完全民事行为能力的自然人、法人或者依法成立的其他组织。因此委托人应在自己身体健康、思路清晰之时设立家族信托。避免因自己身体状况恶化，子女或者其他人为了获得更多利益来实施不当影响，导致委托人设立家族信托时，不能正确表达自己的意思表示。

2. 未经夫妻一方同意，而用夫妻共同财产设立的信托，是否有效

信托财产是家族信托的构成要件之一，设立家族信托，委托人必须提供符合设立家族信托要求的财产，即委托人设立家族信托的财产必须具有合法性，否则会存在使家族信托无效或者被撤销的法律风险。

在某家族信托财产被保全案[①]中，杨某（女）与胡某为合法夫妻，后胡某与张某育有一名非婚子小张，2016年1月，胡某出于法定义务为其与张某的非婚生子小张在某信托公司设立了家族信托基金。之后杨某以不当得利纠纷，向武汉市中级人民法院申请财产保全，冻结查封张某名下银行存款及《某财富传承财产信托》项下的信托资金和收益。被申请人张某及案外人小张申请解除保全措施，向法院提起执行异议。武汉市中级人民法院裁定驳回异议人张某的异议请求，中止对张某在某信托公司设立的《某财富传承财产信托》项下信托收益的执行。

为避免上述风险，对于设立信托的委托人所转入信托的资产很可能是夫妻共同财产的情况下，有的受托人要求在转入资产时须提供配偶同意转让资产的同意函。

---

① 参见湖北省武汉市中级人民法院（2020）鄂01执异661号执行裁定书，载中国裁判文书网，最后访问时间：2024年2月18日。

3. 设立家族信托后，受益人的利益能否完全保障

由于家族信托的期限普遍较长，在委托人去世后，如何保障受益人的利益？如何确保受托人能尽心履行信托责任和义务而不侵害受益人权益？该问题是作为家族信托的委托人在设立家族信托时最为关注的问题。为保障受益人的利益，在信托架构时必须严谨。如在家族信托架构中设置制衡和监督条款，设置"保护人"，当受托人可能存在侵犯受益人权益时，保护人就有权撤销受托人的资格。在此，需注意的是，为避免出现利益冲突的情况，一般不宜将受益人或受益人的晚辈或者其他利害关系人指定为保护人。

4. 家族信托是否导致家庭成员丧失对家族企业的掌控

企业创始人将家族股份作为信托财产设立家族信托时，一般会在信托合同中保留其家族企业的经营管理权，例如任命家族成员担任公司的董事、高管等，并约定受托人不得干预公司的日常经营，从而使得家族企业处于家族的控制之下。

五、工具五：全球资产配置

资产的全球化配置也是当前高净值人群关心的重点。

（一）个人外汇管理

目前，我国已实现人民币经常项目可兑换，但资本项目仍实施必要的管制，对经常项目外汇收支管理仍要进行真实性审核。对个人结汇由单笔限额管理改为年度总额管理。统一了个人结汇与购汇管理的政策，适当简化了相关手续、便利个人结汇、提高监管效率。

根据外汇监管政策，在年度总额内，个人凭本人有效身份证件，直接在银行就可以办理结汇，与以前逐笔审核的办理方式相比手续较为简便。超过年度总额的，经常项下外汇资金，需个人提交有交易额的证明材料，经银行审核后结汇。资本项下按资本项目的相关规定办理。在此我们需要注意，我们国家对境内个人于海外投资（包括不动产投资和金融债权类投资），需要按照资本项下外汇管理制度，由外汇管理局进行预先审核批准。

1. 境内个人应怎样办理对外贸易的外汇资金收付

《个人外汇管理办法》明确，个人办理对外贸易进行外汇资金收付时，应开立外汇结算账户。在商务部门办理对外贸易经营权登记备案后，个人对外贸易经营者从事货物进出口时的外汇资金收付按机构办理；进行工商登记或者办理其他执业手续后，个人可凭有关单证办理委托具有对外贸易经营权的企业代理进出口项下及旅游购物、边境小额贸易等项下的外汇资金收付、划转及结汇。也就是说，只要符合有关规定，个人真实贸易项下的外汇，不论结汇还是购汇，都没有总额限制，按实际需要办理。

2. 《个人外汇管理办法》对个人资本项目交易是如何管理的

《个人外汇管理办法》明确，境内个人在履行必要的核准、登记手续后，可进行符合国家规定的境外投资。境内个人可通过银行、基金公司等具有相应业务资格的境内金融机构，进行境外股票、债券等金融产品的买卖。个人资本项下的结售汇也适用个人年度总额管理的规定，总额以内的，可持个人有效身份证明直接在银行办理。超过总额的，须符合国家有关规定，并经外汇局核准。

3. 境内个人可不可以到境外购买保险（包括寿险和财险）

境内个人因到境外旅行、留学和商务活动等购买的个人人身意外险、疾病保险，属于服务贸易类的交易，在外汇管理的政策框架下是允许和支持的。但境内个人到境外购买的人寿保险和投资返还分红类保险，均属于金融和资本项下的交易，现行的外汇管理政策尚未开放。

4. 申请对外转移的个人财产指什么财产

申请对外转移的个人财产是指移民财产和继承财产。申请对外转移的财产应是本人所有的合法财产，且不得与他人有权益的争议。

5. 申请人对外转移财产应向什么地方的外汇局提出申请

申请人办理移民财产转移，应向移民原户籍所在地外汇局申请；申请人办理继承财产转移，应向被继承人生前户籍所在地外汇局申请。

6. 申请财产对外转移可以委托他人办理吗

申请财产对外转移，可由本人办理，也可委托他人办理。委托他人办理的，需提交由申请人与受托人签订的委托代理协议。

7. 申请财产转移按规定购汇后可以提取外币现钞吗

银行按有关规定为申请人办理售汇后，应直接将外汇汇往移民或继承人居住国或地区申请人本人的账户，不得在境内提取外币现钞。

8. 哪些对外转移的财产申请外汇局不予受理

司法、纪检监察等部门依法限制对外转移的财产的对外转移申请，外汇局不予受理；涉及国内刑事、民事诉讼案件财产的对外转移申请，在案件审结前，外汇局不予受理；涉及国内刑事、民事案件人员的近亲属申请对外转移财产，应提交案件管辖机关出具的该财产与案件无关的证明；法律规定不得对外转移的财产、不能证明合法来源的财产等的对外转移申请，外汇局不予受理。

（二）居留卡、永居与护照

1. 护照是国家发放的出入境证件，获取某个国家的护照就意味着正式加入某国国籍，成为某国公民，拥有相应的政治权利，享有相应的社会保障福利。

2. 居留卡是非本国公民，在这个国家长期合法停留，比如工作，学习等需要办理的证件。"居留卡"是通往"绿卡"或"国籍"的其中一个阶段。

3. 永居属于居留卡的延伸版本。以欧洲为例，居留卡根据不同性质（比如工作居留，学生居留，探亲居留等）需要在一定时间内办理续期，是有时效性的。一般为1—2年不等。永居则是，当你满足所在国的永久居留条件之后，申领的居留卡是无期限的，永远有效，类国民待遇，享有相应的社会保障福利，但不享有政治权利。

（三）中国税务居民身份认定的变化

由经合组织主导、G20国家背书的《金融账户涉税信息自动交换多边主管当局间协议》（CRS）首要解决的问题就是税务居民身份的确定，这是一切交换信息的基础和前提。这也是我国在2015年12月17日签署了CRS协议之后，立即着手修正《个人所得税法》的主要因素之一，修正后的《个人所得税法》已经于2019年1月1日起施行。全球资产配置，我们首先要考虑的就是：是否会带来纳税居民身份的变化？引发法律风险是什么？因此以下误区，是我们需要了解的。

1. 持有中国护照不等于中国税务居民

新的个人所得税法对税务居民规则进行了修改。借鉴国际惯例，明确引入了居民个人和非居民个人的概念，并将"在中国境内居住的时间"作为判定居民个人和非居民个人的标准，由现行的"是否满1年"调整为"是否满183天"。

税务居民决定了个人所得税法对谁适用，对谁的全球所得行使管辖权。在新的税务居民规则下，是否持有中国护照本身这一单一法律事实对税务居民身份的判定应该没有决定性作用，关键是个人在中国的居住时间等综合因素。

根据原《个人所得税法实施条例》，"在中国境内有住所的个人，是指因户籍、家庭、经济利益关系而在中国境内习惯性居住的个人"。这是将中国国内法意义上的"户籍"替换为在国际范围内通用的"护照"，故有了"持有中国护照就是中国税务居民"的错误理解和说法。

修改后的个人所得税法延续了修改前对住所的界定。修改后的《个人所得税法实施条例》第二条规定："个人所得税法所称在中国境内有住所，是指因户籍、家庭、经济利益关系而在中国境内习惯性居住。"但是对于"住所"的判定，在国内可以由相关司法或者行政机关判定，但是在CRS等国际多边协议的背景下，交换信息之前的税务居民的认定，一般由金融机构予以认定，在复杂且多变的"住所"和简单便于理解的"连续居住满183天"的国际惯例之间的做选择，金融机构更会相信"护照完整复印件"带来的确定性。例如：你护照上的签章已经足以证明连续183天，都在中国境内。因此无论你提供任何文件，都不能证明你是他国纳税居民，反之即便你持有中国护照，亦不是中国纳税居民。

2. 新《个人所得税法》已有"弃籍税"

《个人所得税法》第十条增加了新的规定，即"有下列情形之一的，纳税人应当依法办理纳税申报……（五）因移居境外注销中国户籍……"这样一个规定还只是原则性的，具体的适用还有待进一步明确。如果按照其他国家的一些做法，在税法上通常会视同按照市场公允价值处置资产，则需要缴纳20%的个人所得税。

（四）共同申报准则（CRS）

1. CRS首先是一个税务问题

CRS的核心是税务居民身份，而不是法律居民身份。获得一个其他国家护照，针对的是法律居民身份。由于某些国家或者地区没有个人所得税，而且几乎没有人真正在这些地方居住，成为这些地方的税务居民几乎是不可能的。2018年10月16日，OECD公布了可能被用于规避CRS的高风险投资移民"黑名单"。21个国家的36个居住卡、护照项目在列，这些项目的共同特点是以一定的投资金额换取居住卡或护照，同时对居住期限没有硬性要求，且一般不需要在这些国家申报缴纳个人所得税。从本质上来讲，这些国家提供的是一个居住卡或护照的移民项目而不能直接解决CRS施行后给全球资产配置带来的税务法律风险。

2. 纳税人不等于税务居民

即使居住卡或者护照不是从"黑名单"国家获得，高净值人士也需要认识到：纳税人≠税务居民、纳税记录≠税务居民。

这是一个非常大的误解，很多人认为自己在当地有一份工资薪金、董事费等收入并在当地缴纳了税，就是当地的税务居民了。这是错误的。来源于当地的工资薪金、租金等收入需要在当地纳税，产生了税单，并不必然让个人成为当地的税务居民。这些收入在当地纳税很可能是基于来源地税收管辖权，而不是税务居民管辖权。不同国家对税务居民的规定不同，但通俗地讲，税务居民最基本的特征是：你的全球所得都要在某一个区域内进行纳税申报（申报≠纳税）。如果个人从一些个人所得税税率很低、声誉很好的国家获得居住卡或者护照，不代表就没有风险，个人只有真正成为这些区域的税务居民才能够保证当年是没有问题的。

第四版《企业法律顾问实务操作全书》在上一版的基础上进行了修订，作者如下：

第一章【修订章节】杨光、杨强

第二章【修订章节】田韶卿、张昊

第三章【修订章节】王清、孙洋洋

第四章【新增、修订章节】王殿禄、王浩、刘朋华、赵文、徐丽媛、马瑞彬

第五章【新增、修订章节】张步勇、王婷、吴金诚

第六章【修订章节】盖皓、朱键龙、曹圆觉、冯爽歆、刘素梅、耿子健

第七章【新增、修订章节】马灵珏、陈晶、曾凯、徐黎虹、雷瑞睿、张悦

第八章【修订章节】程阳

第九章【修订章节】张峰、高子植、钟延红

第十章【修订章节】毛子熙、杨光、杨强

第十一章【新增、修订章节】杨光、周吉川、齐晓东

第十二章【修订章节】王海、刘丽芳、陈钾奇、彭睿媛、路皓

第十三章【新增章节】游宗源、马灵珏

第十四章【未修订】陈静、许媛婧

第十五章【新增、修订章节】王丽、潘国瑞

图书在版编目（CIP）数据

企业法律顾问实务操作全书 / 北京市兰台律师事务所编著. -- 4版. -- 北京：中国法治出版社，2024.12. -- ISBN 978-7-5216-4384-8

Ⅰ. D922.291.914

中国国家版本馆 CIP 数据核字第 2024B8D063 号

策划编辑/责任编辑：黄会丽　　　　　　　　　　　封面设计：杨泽江

企业法律顾问实务操作全书
QIYE FALÜ GUWEN SHIWU CAOZUO QUANSHU

编著/北京市兰台律师事务所
经销/新华书店
印刷/三河市紫恒印装有限公司
开本/730 毫米×1030 毫米　16 开　　　　　　　　印张/57.5　字数/ 895 千
版次/2024 年 12 月第 4 版　　　　　　　　　　　2024 年 12 月第 1 次印刷

中国法治出版社出版
书号 ISBN 978-7-5216-4384-8　　　　　　　　　　　定价：188.00 元

北京市西城区西便门西里甲 16 号西便门办公区
邮政编码：100053　　　　　　　　　　　　　　　　传真：010-63141600
网址：http：//www.zgfzs.com　　　　　　　　　　编辑部电话：010-63141784
市场营销部电话：010-63141612　　　　　　　　　　印务部电话：010-63141606

（如有印装质量问题，请与本社印务部联系。）